한림일본학자료총서
아사히신문 외지판 12

아사히신문 외지판(조선판)

기사명 색인 _제7권

This publication has been executed with grant from
the Japan Foundation(Support Program for Japanese Studies Organizations),
National Research Foundation of Korea grant funded
by the Korean Government(2017S1A6A3A01079517)
and the fund of the Institute of Japanese Studies, Hallym University.

한림대학교 일본학연구소는 이 책을 간행함에 있어
출판비용의 일부를 일본국제교류기금과 한국연구재단으로부터 지원받았고,
한림대학교 일본학연구소 발전기금을 사용하였습니다.

한림일본학자료총서
아사히신문 외지판 12

아사히신문 외지판(조선판)

기사명 색인 _ 제7권

1928.01. ~ 1928.12.

한림대학교 일본학연구소
서정완 외 17인

1928년

朝日新聞外地版(朝鮮版) 記事名 索引

〈아사히신문 외지판(조선판) 기사명 색인 – 1928.1~1928.12 –〉을 간행하며

한림대학교 일본학연구소 소장

서 정 완

1. 「기사명 색인」 제12권, 「조선판」 제7권을 간행하며

한림대학교 일본학연구소는 일본을 중심으로 한 동아시아 관련 연구 수행과 성과는 물론이고 독자적으로 구축한 일본학 인프라를 학계와 사회에 제공하는 이른바 연구소의 사회적 역할을 매우 중요한 과업으로 생각하고 있다.

이를 구체적으로 실천한 성과의 첫 번째가 한국도서관협회에 정식으로 등록된 국내 유일의 일본학 전문도서관인 '일본학도서관'의 설치와 운영이다. 6만 5천 점이 넘는 일본학 전문 서적과 본 연구소가 주도해서 한림대학교 일송도서관 장서로 들여놓은 故 오에 시노부 교수, 故 아베 타카시 교수의 기증 서적 약 3만 점과 지명관 초대 소장이 연구소에 기능한 서적 등을 합치면 한림대학교는 10만 점이 넘는 일본학 전문 서적을 보유한 국내에서 유일무이한 기관이다. 한국의 일본연구를 대표할 수 있는 인프라라 할 수 있으며, 학계와 사회에 공헌하기에 충분한 양과 질을 갖추었다고 할 수 있다.

그리고 두 번째는 일본학 데이터베이스 구축이다. 크게 두 가지 주요사업이 있는데, 하나는 아래에서 보는 바와 같이 일본학도서관의 질적 제고를 도모하는 신문 자료와 주로 제국일본과 근대라는 시대를 조사하기 위한 문헌자료 인프라의 구축이다.

【주요신문자료】

『京城日報』,『京城新報』,『한성신보(漢城申報)』,『読売新聞』,『朝日新聞』,『朝日新聞外地版』,『毎日新聞外地版』,『横浜毎日新聞』,『台湾日日新報』,『帝国大学新聞』,『台湾民報』,『大連新聞』,『大陸新報』,『上海新報』,『占領期琉球諸島新聞集成』,『占領期新興新聞集成』,『近代沖縄新聞集成』,『時局新聞』,『愛国新聞』,『図書新聞』,『日本労働新聞』 등

【주요문헌자료】

『十五年戦争極秘資料集』,『十五年戦争重要文献シリーズ)』,『特高警察関係資料集成』,『出版警察資料』,『出版警察概観』,『出版警察報』,『外事警察資料』,『外事警察報』,『外事警察概況』,『外事月報』,

『外務省警察史』, 『文部省思想統制関連資料集成』, 『情報局関連極秘資料』, 『朝鮮公論』, 『満蒙』, 『優生学』, 『芸文』, 『南洋庁公報』, 『南洋群島』, 『植民地社会事業関係資料集(朝鮮編・台湾編・満洲満州国編)』, 『雑誌朝社会事業』, 『朝鮮総督府帝国議会説明資料』, 『満洲開拓関係雑誌集成』, 『特審月報』, 『占領期雑誌資料大系』, 『新亜細亜』, 『日本植民地文学精選集(朝鮮編・南洋群島編・樺太編)』, 『映画検閲時報』, 『映画公社旧蔵戦時統制下映画資料集成』, 『伊藤博文文書』, 『朝鮮憲兵隊歴史』, 『植民地帝国人物叢書(朝鮮編・満洲編・台湾編・解題)』, 『朝鮮総督府及所属官署職員録』, 『靖国神社忠魂史』, 『在日朝鮮人関係資料集成(戦前編・戦後編)』, 『内閣調査室海外関係史料「焦点」』, 『学園評論』, 『守礼の光』, 『今日の琉球』, 『朝鮮戦争下公安関係資料』, 『文教時報』, 『沖縄教育』, 『占領下の奄美・琉球における教員団体関係史料集成』, 『戦後初期沖縄開放運動資料集』, 『旅行満洲』, 『コレクション・モダン都市文化』, 『戦後博覧会資料集成』, 『買売春問題資料集成戦(前編戦)』, 『植民地朝鮮下におけるハンセン病資料集成』 등

위의 모든 소장자료는 일본학연구소 장서검색시스템은 물론이고 본교 일송도서관 검색시스템을 통해서 검색작업이 가능하다. 그리고 신문 자료 중 『京城日報』하고 『京城新報』는 교내 일송도서관 전산망을 통해서 열람할 수 있으며, 『요미우리신문(読売新聞)』, 『아사히신문(朝日新聞)』, 『近代沖縄新聞集成』은 연구소에 비치된 전용 단말기를 통해서 검색 및 열람을 할 수 있다. 나머지는 모두 도서 상태로 열람이 제공된다. 참고로 『요미우리신문』은 1874년 창간호부터 1980년대까지 모든 지면에 대해서 자유롭게 문자열 검색을 할 수 있으며, 『아사히신문』은 전체에 대해서 검색과 열람을 할 수 있다. 이 외에 메이지시대부터 현재까지 일본 국내의 모든 재판 판례에 대한 검색을 할 수 있는 데이터베이스도 이용 가능하다.

이상에 더해서 일본학 데이터베이스 구축의 또 다른 트랙이 『아사히신문 외지판 기사명 색인』에 대표되는 1차 자료의 디지털화 작업을 통해서 데이터베이스를 구축하는 작업이다. 현재 이 작업은 '한림일본학총서', '한림일본학연구총서', '한림일본학자료총서', '아시아를 생각하는 시리즈' 등으로 대표되는 연구소 출판산업과 연계해서 진행하고 있으며, 이 『아사히신문 외지판 기사명 색인』은 『계간 삼천리 해제집』과 함께 '한림일본학자료총서'로서 간행되고 있다. 1935년부터 1945년까지를 수록한 <남선판>은 이미 완간하였다. 현재 1915년부터 1935년까지를 수록하는 <조선판>이 진행 중이며, 이 권은 1928년도를 수록한다. 2021년 3월에 예정대로 1928년을 담은 제7권과 1929년을 담은 제8권이 간행되면, 1930년~1935년까지 총 6년분이 남는다. 제8권 이후는 앞으로 2년 이내 완간을 목표로 하고 있으며, 최종적으로는 1915년~1945년까지 30년 동안 한반도에서 배포된 『아사히신문 외지판』 기사명 색인에 대해 자유 문자열로 자유롭게 검색할 수 있는 데이터베이스를 구축해서 본 연구소 홈페이지에 공개하는 것을 최종목표로 삼고 있다.

이상의 사업을 통해서 국내 일본연구, 일본학의 기초를 튼튼하게 만드는 데 미력하나마 공헌하기를 바란다.

2. 「조선판」 제7권의 구성·내용과 제작 일지

1) 구성

'鮮滿附録'과 '鮮滿版'이라는 명칭을 거쳐서 1925년 4월 1일부터 1935년 2월 10일까지 '朝鮮朝日'라는 명칭으로 간행되는 이른바 '아사히신문 외지판'은 1928년 첫 호인 1월 5일자에도 '大阪朝日新聞附録「朝鮮朝日」'라는 제목으로 간행되고 있다. 그러다가 7월 1일자부터는 '서북판(西北版)'과 '남선판(南鮮版)'으로 나뉜다. 흥미로운 것은 7월 1일자에 야마나시(山梨) 총독 이름으로 이 신문의 2판제(版制)는 민중이 환영할 것으로 믿어 의심치 않는다고 적고 있다.

구체적으로는 첫째, 일반 민중에 대한 지도기관으로서 오늘날 신문보다 뛰어난 것은 없다는 칭송에 이어서 오사카아사히신문사(大阪朝日新聞社)는 정비된 조직과 풍부한 자원을 지니고 업계에서 아주 뛰어난 역량을 발휘하고 있으며, 신문으로서의 본래 사명을 수행하는 데 있어서 절대적인 힘을 지닌다, 둘째, 오사카아사히신문사는 조선을 비롯한 여러 식민지에서 제반 설비를 갖춤에 있어서 늘 주도면밀함을 보여서 깊이 경의를 표한다. 셋째, 애초에 조선이라는 땅은 광범하여 남북에 따라서 역사, 인정, 풍속은 물론이고 산업적인 상황마저 다르기에 개괄적으로 하나의 조선으로 묶어버리는 것은 타당하지 않다. 이러한 점을 오사카아사히신문사가 잘 숙지해서 각 지역에 알맞은 기사 보도를 통해서 민중의 목소리를 전하려는 노력은 민중의 환영을 받을 것이며, 민중을 지도하는 기관으로서의 입지와 식민통치에 협력하려는 의식을 명확하게 밝히게 되어 앞으로도 그 진가를 발휘하기를 마음으로 바란다는 내용이다.

서북판과 남선판으로 나뉘는 2판제에 대해서 야마나시 총독 입장에서는 총독부의 식민지 조선 통치에 대한 자신감과 안정화의 결과로 보고 있다고 해석된다. 다만 실제에 대해서는 오사카아사히신문사의 내부사정에 대한 확인작업이 수반되어야 할 것이다. 관련해서 서북판은 크게는 오늘날 북한 지역, 남선판은 크게는 남한 지역을 담당한다고 봐도 큰 오류는 없을 것으로 보인다. 야마나시 총독이 말하는 "산업적인 상황"이라 함은 농업 중심의 남한 지역과 공업 중심의 북한 지역을 염두에 둔 것으로 보인다. 참고로 이 기사는 서북판, 남선판 모두 같은 위치에 고정되어 실려 있으며, 실제로 주요 기사는 서북판과 남선판 모두 공통이며, 지역성을 담은 몇 기사에서 이동(異同)이 있는 것으로 확인된다. 또한 광고는 서북판, 남선판 모두 공통이다.

2) 내용

1926년 4월 순종이 서거하고, 같은 해 12월 다이쇼(大正) 천황이 사망하자, 황태자 히로히토(裕仁)가 천황 자리에 올라 쇼와(昭和) 시대를 열게 된다. '쇼와 3년'이라 불리는 1928년은 어떤 시대였는가? 신문 지면만 보면 비교적 조용해 보이나, 조금만 신경을 쓰면 당시 제국일본이 어떤

방향으로 움직이고 있는지를 가늠할 수 있는 중요한 사건이 몇 가지 일어난다.

하나는 공산당에 대한 대대적인 탄압이다.

1928년 2월 1일, 일본공산당이 인가를 받지 못한 불법 상태로 당 기관지『적기(赤旗)』를 간행한 데서 알 수 있듯이, 마르크스주의, 공산주의운동이 일본공산당 등을 중심으로 확산되고 있었다. 이에 대한 압박이 3월 15일에 일본공산당 당원에 대한 대대적인 검거를 실시한 이른바 '3.15 사건'으로 실행되었다. 나아가서 4월 10일에는 노동농민당, 일본노동조합평의회, 전일본무산청년동맹(全日本無産靑年同盟)에 대한 해산 명령이 내려졌다. 그리고 이른바 '빨갱이' 사상이 확산되는 것을 막기 위한 법제 정비를 서둘러서 1925년에 제정된 치안유지법을 강화해서 6월 29일 긴급칙령으로 공포했다. 1925년 제정 당시에는 "국체에 대해 변혁을 꾀하거나 또는 사유재산제도 부인을 목적으로 결사를 조직하고 또는 이러한 내용을 알고 여기에 가입하는 자는 10년 이하의 징역 또는 금고에 처한다."로 되어 있었으나, "국체에 대해 변혁을 꾀하는 목적으로 결사를 조직하는 자 또는 결사의 임원 기타 지도자로서의 임무에 종사하는 자는 사형 또는 무기 또는 5년 이상의 징역 또는 금고에 처한다."로 국체에 도전하는 자에 대해서 최고형을 사형으로 하는 탄압체제를 확립한 것이다. 여기에는 "결사의 목적 수행을 위해 행하는 행위를 하는 자는 2년 이상의 유기징역 또는 금고에 처한다."는 내용도 추가되어, 실제로 결사에 가입하지 않았더라도 결사의 목적을 수행하는 행위를 한 자에 대해서는 결사에 가입한 것과 동등한 처벌을 가하겠다는 의지가 담기게 된다. 또한 여기서 무시할 수 없는 사실은 이 강화된 치안유지법 공포가 긴급칙령 형태로 강행되었다는 데에 있다. 의회에서 충분한 심의를 하지 못한 상태에서 긴급칙령이라는 형태로 개정을 강행할 정도로 긴급한 상황인식이 있었음을 알 수 있다.

마르크스주의를 충실하게 실천하며, 사유재산제를 부정하는 국제공산주의운동은 대일본제국의 국체를 위협한다고 경계하고 있던 대일본제국 정부가 이를 저지하고 일소하기 위해서 3월 15일 전국에서 일제검거를 단행해서 치안유지법 위반으로 488명이 기소된 것이 3.15 사건이다. 일·소 기본조약 체결로 대일본제국과 소비에트연방 사이에 국교가 수립된 것이 1925년 1월 20일인데, "국체에 대해 변혁을 꾀하거나 또는 사유재산제도 부인을 목적으로" 결사를 조직하고 운동을 전개하는 자를 처벌한다는 치안유지법이 제정된 것도 앞에서 언급한 것처럼 1925년이다. 소비에트와 국교를 수립하면서 마르크스주의, 공산주의 사상의 침투에 대해서 경계를 했는데, 그런 경계가 현실화되어 긴급칙령으로 처벌을 강화한 것으로 볼 수 있다. 일본 프로레타리아문학의 대표적 작가인 고바야시 다키지(小林多喜二)가 3.15 사건을 소재로『1928년 3월 15일』이라는 소설을 1928년 5월부터 1931년 12월까지 간행된 프로레타리아문학의 중요한 공간이었던『전기(戰旗)』에 발표한 사실도 당시의 시대상을 알 수 있는 사건이다.

그리고 최고 '사형'이라는 칼을 휘두를 수 있는 강화된 치안유지법을 실행하는 기관으로 '특고(特高)'라는 악명이 붙은 특별고등경찰을 전국에 설치하였는데, 고바야시 다키지도 요주의인물로

특고에서 감시당하고 있었다. 실제로 고바야시 다키지는 1933년 일본공산당청년동맹 중앙위원회에 잠입해서 활동하고 있던 특고에 의해 체포되어 고문을 당해서 사망하였으며, 경찰은 사인을 심장마비로 발표했으나, 유족 곁으로 돌아온 고바야시 다키지 몸은 온통 고문으로 피멍이 들고 부어있었으며, 유족은 사체해부를 통해서 사인에 대한 진실을 밝히려 했으나, 특고에 대한 공포심 때문에 해부를 해주는 병원은 없었다.

【그림1】 고바야시 타키지 시신 앞에 모인 프로레타리아문학 동지들

특별고등경찰 즉 특고의 설치와 그 경위를 통해서도 1928년이라는 한해의 상황을 가늠할 수 있다.

대한제국이 대일본제국에 합병당한 1910년, 일본에서는 메이지 천황 암살을 계획했다는 이유로 사회주의자, 무정부주의자가 다수 체포되고 처형된 '대역(大逆) 사건'이 발생하였다. 이 사건의 영향으로 1911년 기존의 고등경찰이 맡고 있던 업무의 일부였던 위험사상범을 단속하는 업무를 전담하는 부서를 내무성이 주도해서 주요 지역 경찰서에 배치했는데, 이것이 사회운동을 대상으로 단속하는 특별고등과(特別高等課)였다. 1922년에 일본공산당이 창당되자, 이에 위기감을 느낀 대일본제국 정부는 특별고등과를 1926년까지 홋카이도(北海道), 가나가와(神奈川), 나가노(長野), 아이치(愛知), 교토(京都), 효고(兵庫), 야마구치(山口), 후쿠오카(福岡), 나가사키(長崎)에 확대했다. 그러다가 1928년에 3.15 사건으로 전국에 특별고등과가 설치되었으며, 1932년에 특별고등경찰부로 승격하게 된다.

'다이쇼 데모크라시'라는 말로 상징되던 다이쇼 시대하고는 전혀 다른 사회분위기가 조성되고 있음을 쉽게 알 수 있다. 대체로 1910년대부터 1920년대 일본은 민주주의 발전을 이룩한 시대로 평가받고 있는데, 여기에는 정당정치의 실현, 민중의 뜻에 따라서 정책이 결정되어야 한다는 요시노 사쿠조(吉野作造)의 민본주의(民本主義), 천황은 국가의 일개 기관에 불과하다는 미노베 다쓰키치(美濃部達吉)의 '천황기관설(天皇機関説)'과 같은 반 권력중심적인 사상이 호응을 얻었고 또한 가능했다는 평가가 있었기 때문이었다. 1926년에 발생한 교토제국대학 학생들이 검거된 교토학련사건(京都学連事件)을 통해서도 알 수 있듯이, 그리고 1928년의 사상탄압과 강권의 발동은 '다이쇼 데모크라시'라는 말은 무색하게 만들 정도로, 쇼와라는 시대는 결코 평탄하지 않을 것이라는 예고였다고도 할 수 있을 것이다.

이처럼 1928년은 아래에서 보는 바와 같이, 마르크스주의에 대한 사상탄압이 본격적으로 강행된 해였다.

02.01 일본공산당 기관지『赤旗』발간. (불인가 하에서 '불법' 간행)
03.15 일본공산당 당원 대량 검거 (3.15사건)
04.10 노동농민당, 일본노동조합평의회, 전일본무산청년동맹에 대한 해산 명령
06.29 치안유지법이 긴급칙령으로 개정되어 최고형을 사형으로 강화, 탄압체제 확립
07.03 모든 부(府)와 현(縣) 경찰부에 특별고등경찰 설치

여기서 흥미로운 것은 이 외지판 즉『大阪朝日新聞附錄　朝鮮朝日』에는 이른바 3.15사건에 대한 보도가 없다는 점이다. 적어도 1928년 중에는 확인할 수 없었다. 제국의 본체에서 사상범의 존재와 그에 대한 대대적인 탄압과 통제를 식민지에서 보도하는 것은 적절하지 않다는 판단에서였을까? 가령 3월 20일자에는 재만 조선인에 대한 압박 문제를 조사하기 위해 2월 초부터 만주에 건너가 있었던 상애회(相愛會) 부회장인 박춘금(朴春琴)이 15일 저녁에 시모노세키로 들어와서 동경으로 '상경'했다는 기사를 크게 내보내고 있다. 만주에서도 상애회와 같은 단체를 조직해서 재만 조선인이 일치단결해서 '지나인(支那人)'에 대항해야 한다는 주장과 함께 우리(일본)의 '대지(對支) 외교'를 근본적으로 바꾸어야 한다는 이른바 간도 문제와 연결된 중국 견제를 조선인 보호를 위한 정책인 양 보도하고 있다. 3월 29일자에는 조선총독부 사무관급 인사에 대한 기사를 전면에 내세우면서 "세계에서 유일한 이왕가의 아악(世界で唯だ一つの李王家の雅楽)"처럼 평화로운 식민지 통치를 그려내고 있는 것처럼 보인다. 그나마 3.15사건과 유관해 보이는 기사는 3월 25일 제1회 대회를 열어서 조선소년동맹으로 이름을 바꾼 전선소년연합회(全鮮少年聯合會)은 26일 천도교 중앙집행위원회를 열어서 무산소년(無産少年)에 대한 교양 함양에 역점을 두기로 하고, 야학, 도시노동자를 위한 야학 설치, 조선아동도서관 설치 등을 사업목표로 했다는 기사 정도일 것이다.

이렇듯 제국의 본체에서 사상탄압이 자행되고 있다는 보

【그림2】 장쭤린(張作霖)

도는 식민지 조선에서는 함구된 채로 지난(齊南)사건으로 관심과 화제가 옮겨간다. 1928년 4월 19일 다나카 내각이 각의로 제2차 산둥 출병을 결정, 20일 톈진(天津) 파견부대의 지난 입성, 5월 3일 일본군과 장제스가 이끄는 혁명군 사에 전투 발생(지난사건), 5월 7일 다나카 내각이 제2차 파병 결정, 6월 4일 관동군에 의해 장쭤린(張作霖) 폭사 사건 등으로 이어진다.

구체적으로는 『大阪朝日新聞附錄 朝鮮朝日』 4월 20일자에서는 사진과 함께 "출동명령을 받은 후쿠다 제6사단장"을 실으며, "제6사단 사령부에서는 육군성(陸軍省)에서 계속 들어오는 암호전보를 받으며 간부들이 비밀회의를 열고 있는데, 스즈키 참모장의 의하면 '이번에 파견되는 각 부대의 목적은 이미 파견된 히메지 제10시단의 임무와 같다'고 한다." 등의 기사를 내보내고 있으며, 5월 6일자에서는 "지난사건이 중대화, 내지부터 5개 중대 파견(齊南事件の重大化内地より五個中隊派遣)", "무기, 탄약, 식량을 만재한 구원열차 무사히 지난에 도착하다(兵器弾薬食糧満載の救援列車無事に済南に着す)" 등 군사적 충돌의 긴박함을 전하고 있다. 5월 8일자에서는 평양비행대 소속 나카이(中井) 중위의 "베이징이나 톈진에는 펑톈군(奉天軍)이 만든 훌륭한 비행장이 있고 격납고도 있다. 면적도 평양비행대가 사용하는 것보다 2배 이상 넓으며, 언제든지 군사적 근거지로 삼을 수 있다. 내가 시찰했을 때는 지난의 상황은 크게 나쁘지 않았으나 큰일이 났다는 걸 알고 귀국하는 길에 놀랐다."는 말을 전하고, 5월 9일자에서는 1만 2천명에 이르는 나고야 사단이 전시편성으로 대기하고 있으며, 오늘 동원령이 내려질 것이라는 보도가 이어진다.

【그림3】 『大阪朝日新聞附錄 朝鮮朝日』 5월 20일자 호외 「済南日支兵衝突畫報」 1면과 2면

그러다가 5월 10일에는 3.15사건 때의 소극적인 자세와는 정반대로 "濟南日支兵衝突畫報"라는 제목에서 알 수 있듯이, 호외까지 발행해서 적극적이고 대대적으로 지난사건을 보도하고 있다. 이 호외는 【그림3】에서 보는 것처럼 기사보다는 사진을 대거 게재해서 이른바 대일본제국의 군대가 중국대륙에서 승리와 진격을 이어가고 있다는 국민통합을 위한 선전전을 전개하고 있다는 인상을 매우 강하게 받는다. 다음날 11일자에서는 "적군을 격퇴하고 지난의 요지를 점령, 아군 각지에서 분투 중"이라는 승전보를 내보내고 있다. 여기서 흥미로운 관련 기사는 현재 전란에 휩싸인 지난에는 평안남도에서 이주한 조선인 200명이 있는데 이들 대부분은 중국으로 귀화해서 오지에서 농업에서 종사하고 있다는 기사하고, 앞에서 언급한 5월 8일자 평양비행대 소속 나카이 중위 기사와 관련되는데 지난을 대상으로 하는 작전에 평양공항(평양비행장)을 이용한다는 기사이다.

이상에서 본 것처럼, 1928년은 일본공산당 당원을 대대적으로 검거한 3.15사건과 일본제국이 실질적인 승리를 이끈 지난사건으로 대표되는 한해였다고 할 수 있다. 이를 다르게 표현하면 하나는 사상을 통제하고 탄압하는 체제를 구축했다는 이야기이며, 다른 하나는 중국대륙에 대한 파병과 실제 전투를 통해서 대일본제국의 군대의 위용을 떨쳐서 군부의 자존심을 끌어올린 사건이었다고 볼 수 있다. 그러나 『大阪朝日新聞附錄 朝鮮朝日』은 3.15사건에 대해서는 적극적인 보도 자세를 보이지 않았다. 이런 1928년은 가령 1926년에 발생한 교토대학 학생들에 치안유지법을 적용한 이른바 교토학연사건, 박열·가네코 후미코(金子文子)에게 대역죄를 적용해서 사형 판결을 내린 이른바 박열사건, 순종 황제 국장 때 벌어진 6.10 만세운동, 1927년 3월 장제스의 국민혁명군의 외국 영사관을 습격한 이른바 난징사건, 4월에 한커우(漢口)의 일본조계에서 일본육전대와 중국인이 충돌한 한커우사건과 국공분열 등 일본열도와 식민지를 포함한 제국 그리고 중국대륙에서 전개되는 일련의 사건들은 1920년대를 마무리하는 쇼와 시대의 시작이 역사의 소용돌이 속에서 결코 평탄하지 않음을 보여주고 있다.

3) 제작 일지
한림대학교 일본학연구소 일본학DB 사업의 일환으로 <한림일본학자료총서>로서 간행되는 『아사히신문 외지판(조선판) 기사명 색인』 제7권(1928.1~1928.12)은 연구소장이 총괄기획과 전체조율을 담당하고, 심재현 연구원/사서와 박상진 인턴직원이 색인 추출작업과 출판간행을 위한 전체 구성에 대한 편집 작업을 담당하였다. 그리고 한림대학교 학부생으로 구성된 일본학연구소 연구보조원이 데이터 입력 신뢰성 확보를 위한 총 세 차례에 걸친 검증작업을 통해서 오타와 기사 누락 최소화하는 작업을 수행하였다. 작업 참가자는 다음과 같다.

· 1차 입력

이윤상(12), 김건용(13), 박상진(13), 정중근(14), 백현지(14)

허성진(14), 고하연(15), 김유진(15), 김지훈(15), 최평화(16)

김채연(17), 유 성(17), 이하림(17)

· 1차, 2차 검수

이윤상(12), 김건용(13), 박상진(13), 정중근(14), 백현지(14)

허성진(14), 고하연(15), 김유진(15), 김지훈(15), 최평화(16)

김채연(17), 유 성(17), 이하림(17)

· 3차 검수

김은경(18), 김혜진(18), 유혜연(18)

마지막으로 이 책을 간행함에 있어서 일본국제교류기금(JapanFoundation)이 함께 해주었다. 깊이 감사드린다.

3. 데이터 현황

『아사히신문 외지판 (조선판) 기사명 색인』은 데이터 검색을 용이하게 할 수 있도록 모든 기사에 일련번호를 부여하고 있으며, 이번 12권(조선판 7권)에서는 147,526~164,117을 수록하였다. 색인어는 일본어 한자음을 가나다 순으로 정리하였으며, 총 2,743개이다.

朝日新聞 外地版(조선판) 기사명 색인 제7권 1928.01.~1928.12.
범 례

1. 본 DB는『朝日新聞 外地版 朝鮮朝日』중 1928.01.~1928.12.의 기사를 대상으로 하였다.

2. 본 DB는 일련번호, 판명, 간행일, 단수, 기사명 순으로 게재하였다.

3. 신문이 휴간, 결호, 발행불명인 경우 해당날짜와 함께 休刊, 缺號, 發行不明이라 표기하였다.

4. DB작업 시 색인어 입력을 병행하였다.

5. 기사명 입력은 원문의 줄 바꿈을 기준으로 '/'로 구분을 두었다.

   예) 關東廳移置問題

   　　旅順より大連へとの議

   　　第一困難なるは廳舍舍宅の設備 (이하 기사 본문)

   　→ 關東廳移置問題/旅順より大連へとの議/第一困難なるは廳舍舍宅の設備

6. 광고 및 訂正, 取消, 正誤 등 신문내용의 수정을 알리는 기사는 생략하였다.

7. 연재물기사(번호와 저자명이 기입된 기사)는 '제목(편수)/저자명'의 형태로 입력하였다.
   이어지는 부제목은 생략하였다.

   예) 朝鮮道中記(57) 貴妃の靈に遭ふ 顏が四角で腕が達者 これが大邱一番の歌ひ女 大阪にて瓢齊
   　　(이하 기사 본문)

   　→ 朝鮮道中記(57)/大阪にて瓢齊翁

8. 연관기사(연계기사)는 '기사명1/기사명2/기사명3'의 형태로 표시한다. 이때 하나의 기사명 내에
   서는 상기의 줄 바꿈 표시인 '/' 대신 '스페이스(공백)'를 사용하였다. 또한, 기사명 전체를 이탤
   릭체(기울임꼴)로 변환하였다.

   예) 朝鮮の土を踏むのは今度が最初 家內に敎はる積り机上の學問は駄目 何の事業も無く慚愧の至
   　　りです (이하 기사본문)

   　→ *朝鮮の土を踏むのは今度が最初 家內に敎はる積り机上の學問は駄目/何の事業も無く慚愧の至り
   　　です*

9. 기사명의 내용과 문맥이 이어지는 기사는 '상위 기사명(하위 기사명/하위 기사명)' 형태로 입력
   하였다.

10. 괄호로 묶어서 입력한 하위 기사명은 '슬래쉬(/)'로 구분하였다.

   예) 米穀收用と影響 朝鮮の各地方に於する 大邱地方 慶山地方 金泉地方 浦項地方 (이하 기사본문)

   　→ 米穀收用と影響/朝鮮の各地方に於ける(大邱地方/慶山地方/金泉地方/浦項地方)

11. 신문기사에 있는 숫자, !, ?, ´, "", 「」 등의 기호는 모두 전각으로 입력하였다. 단, '()'와 '슬래쉬(/)'는 반각으로 입력하였다.

12. 촉음과 요음은 현행 표기법에 맞게 고쳐서 입력하였다.

예) ちよつと → ちょっと, ニユース → ニュース, 2ヶ月 → 2ヶ月

13. 기사명에 사용된 '◆', '……' '='와 같은 기호들은 생략하고 중점은 한글 아래아(·)로 입력하였다.

14. 한자는 원문에 약자로 표기되어있어도 모두 정자로 통일해서 입력할 것을 원칙으로 했다. 단 오늘날 일본에서 쓰이는 이체자(異體字)는 원문대로 입력하였다.

15. 이체자 중 PC에서 입력이 불가능한 경우 현대에서 통용되는 한자로 표기, 범례에 표기하는 형태를 취하였다.

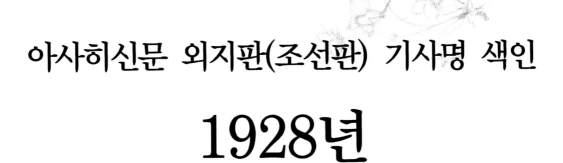

아사히신문 외지판(조선판) 기사명 색인

1928년

1928년 1월 (조선아사히)

일련번호	판명	간행일	면	단수	기사명
147526	朝鮮朝日	1928-01-05	1	01단	龍/前田東水氏筆
147527	朝鮮朝日	1928-01-05	1	01단	朝鮮統治の大業は官民の協力に俟つ昭和三年の劈頭に當り/山梨新總督談
147528	朝鮮朝日	1928-01-05	1	01단	半島二千萬民の福利と安寧の增進に努力せん/山梨總督の初訓示
147529	朝鮮朝日	1928-01-05	1	04단	大邱消防組出初式擧行(新義州/咸興/沙里院)
147530	朝鮮朝日	1928-01-05	1	04단	昭和三年度新豫算案の檢討(一)/醫專の病院新設と京城大學の完成/教育費增額の內容
147531	朝鮮朝日	1928-01-05	1	04단	短歌/橋田東聲選
147532	朝鮮朝日	1928-01-05	1	04단	金谷司令官と雅懷
147533	朝鮮朝日	1928-01-05	1	05단	赤鱆の中毒で二十六名が死亡/結婚披露宴のお客全部が發病し大騷ぎ
147534	朝鮮朝日	1928-01-05	1	05단	群山普校增設
147535	朝鮮朝日	1928-01-05	1	06단	稅損分局が警察近くに移轉執務す
147536	朝鮮朝日	1928-01-05	1	06단	新義州署の初捕物/橋上の亂鬪
147537	朝鮮朝日	1928-01-05	1	06단	新年と催し(間島の拜賀式/沙里院名札交換會/各種學校遙拜式)
147538	朝鮮朝日	1928-01-05	1	07단	松浦城大總長と押韻
147539	朝鮮朝日	1928-01-05	1	07단	半島茶話
147540	朝鮮朝日	1928-01-05	1	07단	鬚のない女龍は矢張り池中のもの私の繪は餘技ですよ/土居彩畝
147541	朝鮮朝日	1928-01-05	1	08단	會(咸興愛婦祝賢會/咸興祝賀互禮會)
147542	朝鮮朝日	1928-01-05	1	08단	土井彩畝女史筆
147543	朝鮮朝日	1928-01-05	2	01단	鐵窓高き別天地で御代萬歲の喜び/世に背いた罪の人達にもお正月は訪れる
147544	朝鮮朝日	1928-01-05	2	01단	寒中平壤の名物氷上の鯉釣りお正月も何處吹く風と長煙管の今大公望
147545	朝鮮朝日	1928-01-05	2	03단	植民地の文藝界(一)/高梨一郎
147546	朝鮮朝日	1928-01-05	2	03단	同人隨筆(１)/S.T生
147547	朝鮮朝日	1928-01-05	2	04단	綿江流城の史實を調査/公職者に頒布
147548	朝鮮朝日	1928-01-05	2	05단	大新義州建設の一步/新義州府尹伊藤正愨
147549	朝鮮朝日	1928-01-05	2	05단	加耶辰の神が昇天した傳說/釜山牧ノ島に今も殘る赤崎半島の城趾
147550	朝鮮朝日	1928-01-05	2	06단	海の幸山の幸/美味を蒐め御馳走ぶり鮮人街のお正月
147551	朝鮮朝日	1928-01-05	3	01단	國境酷寒時の難務物語(上)/氷上更に道を作り時に武力を用ゐ密輸の群が橫行す
147552	朝鮮朝日	1928-01-05	3	01단	半島キネマ譚(一)/映畵の一、二本も作ると思へば早もく資金で行詰り/會社受難時代の卷(京城だけでも十五、六の映畵製作所が/高級映畵をつゞけて二本も作れば会

일련번호	판명	간행일	면	단수	기사명
147552	朝鮮朝日	1928-01-05	3	01단	社は/あゝ金がほしい、誰か資本を出さぬか)
147553	朝鮮朝日	1928-01-05	3	03단	生の悩みの釜山公會堂いよいよ實現
147554	朝鮮朝日	1928-01-05	3	04단	京城手形交換高/百十九萬圓
147555	朝鮮朝日	1928-01-05	3	04단	お米の話/眞の鮮米宣傳に大成功を收めた檢査封緘米
147556	朝鮮朝日	1928-01-05	3	04단	氷上監視の稅關吏
147557	朝鮮朝日	1928-01-05	3	05단	新義州商議特別評議員/三氏が決定
147558	朝鮮朝日	1928-01-05	3	05단	國立倉庫の設置候補地群山が有力
147559	朝鮮朝日	1928-01-05	3	05단	天圖鐵道の無能呼はり聲が高くなる
147560	朝鮮朝日	1928-01-05	3	06단	京南鐵道未設線工事/五月着工か
147561	朝鮮朝日	1928-01-05	3	06단	新義州局年賀郵便物/投數十八萬通
147562	朝鮮朝日	1928-01-05	3	06단	篤行者表彰四日の佳き日
147563	朝鮮朝日	1928-01-05	3	06단	新義州氷滑場
147564	朝鮮朝日	1928-01-06	1	01단	朝鮮は要するに農業で立つ土地さ/産米增殖を活用し内地移民を吸收したいもの池上新總監下關で語る
147565	朝鮮朝日	1928-01-06	1	01단	案に相違して年賀郵便が減少/當局も意外の感じ/年賀廢止の傾向か(内地へ行ったもの/内地から來たもの/京城府内で配達したもの)
147566	朝鮮朝日	1928-01-06	1	02단	中樞院會議十日から開會
147567	朝鮮朝日	1928-01-06	1	02단	平南道議會十日から開催
147568	朝鮮朝日	1928-01-06	1	02단	滿蒙研究會が鮮人壓迫の事實を調査
147569	朝鮮朝日	1928-01-06	1	03단	俳句/鈴木花蓑選
147570	朝鮮朝日	1928-01-06	1	03단	釜山消防出初式
147571	朝鮮朝日	1928-01-06	1	04단	警察官聯合點檢
147572	朝鮮朝日	1928-01-06	1	04단	帆船が顚覆し六名は死亡し九名は今なほ行方不明/慶南鳥島沖の珍事
147573	朝鮮朝日	1928-01-06	1	04단	昭和三年度新豫算の檢討(二)/鐵道と衛生に注ぐ經費の總額六百五十三萬餘圓
147574	朝鮮朝日	1928-01-06	1	04단	京城消防組出初式府廳前で擧行
147575	朝鮮朝日	1928-01-06	1	05단	木材輸送のインクラインこの程竣工す
147576	朝鮮朝日	1928-01-06	1	05단	平壤聯隊が耐寒行軍擧行
147577	朝鮮朝日	1928-01-06	1	05단	釜山の寒さ零下九度
147578	朝鮮朝日	1928-01-06	1	06단	同人隨筆(２)/梁川生
147579	朝鮮朝日	1928-01-06	1	06단	會(愛婦名刺交換會/釜山意話大會)
147580	朝鮮朝日	1928-01-06	1	06단	人(山梨總督/高柳中將(滿鐵囑託)/嚴志煥氏(忠北永同郡守))
147581	朝鮮朝日	1928-01-06	1	07단	親しい間で/川上喜久子
147582	朝鮮朝日	1928-01-06	1	10단	半島茶話
147583	朝鮮朝日	1928-01-06	2	01단	朝鮮の紡績女工の話(上)/賃銀が良いので爭議の心配はない代りに結婚が早い
147584	朝鮮朝日	1928-01-06	2	01단	國境酷寒時の勤務物語(下)/江岸の巡察見張に息も凍る

일련번호	판명	간행일	면	단수	기사명
147584	朝鮮朝日	1928-01-06	2	01단	曉き氷上に立ち盡す
147585	朝鮮朝日	1928-01-06	2	02단	お米の話/不合格米が精米買者に叩かれる
147586	朝鮮朝日	1928-01-06	2	03단	朝鮮第一の昭和水利認可さる
147587	朝鮮朝日	1928-01-06	2	03단	安東縣豫算總額三十萬圓
147588	朝鮮朝日	1928-01-06	2	03단	一月一日付買收された私鐵全南線
147589	朝鮮朝日	1928-01-06	2	03단	京城手形交換高
147590	朝鮮朝日	1928-01-06	2	03단	鮮酒品評會永同で擧行
147591	朝鮮朝日	1928-01-07	1	01단	秩父宮妃として松平節子姫を選びいよいよ近く宮内省から松平家に正式に交渉/御慶事成立を裏書する松平家侍女の急遽歸朝
147592	朝鮮朝日	1928-01-07	1	01단	古稀の老齡とは見えぬ元氣さで池上總監京城に着任一般に與へた印象はよい
147593	朝鮮朝日	1928-01-07	1	04단	行政上の施設で社會の改善は期し得られない/要は民衆の勉勵/池上新政務總監の聲明
147594	朝鮮朝日	1928-01-07	1	04단	毛皮の外套に巨軀を包み釜山棧橋に上陸/初朝鮮入の池上總監
147595	朝鮮朝日	1928-01-07	1	05단	大邱を通過見送が盛ん
147596	朝鮮朝日	1928-01-07	1	05단	龍山の觀兵式八日に擧行
147597	朝鮮朝日	1928-01-07	1	05단	朝鮮の感じ/好印象の一語に止る榮轉の露國領事語る
147598	朝鮮朝日	1928-01-07	1	06단	土曜漫筆/み佛の慈悲は遂に總てを救ふ雲念さんの前半生/大朝京城支局平松生
147599	朝鮮朝日	1928-01-07	1	06단	內鮮飛機の耐寒飛行/新義州で決行
147600	朝鮮朝日	1928-01-07	1	07단	朝鮮入營兵宇品を出帆
147601	朝鮮朝日	1928-01-07	1	07단	日南丸坐礁す/乘組員は救助
147602	朝鮮朝日	1928-01-07	1	07단	國境守備隊の無線七日から開通/萬一の場合には民間の通信も受理
147603	朝鮮朝日	1928-01-07	1	08단	共産黨事件判決言渡は廿八、九日か
147604	朝鮮朝日	1928-01-07	1	08단	大同橋から人妻の墜死/夫婦喧嘩の果
147605	朝鮮朝日	1928-01-07	1	08단	遭難鱈漁船全部絶望か
147606	朝鮮朝日	1928-01-07	1	09단	二百名の馬賊が鴨江對岸に來襲/我が官憲に應援を求め住民は鮮地に避難
147607	朝鮮朝日	1928-01-07	1	09단	安東縣の大火五十戶を燒く
147608	朝鮮朝日	1928-01-07	1	09단	釜山公會堂建築が遅れ批難高まる
147609	朝鮮朝日	1928-01-07	1	10단	土砂崩壞し下敷となり二名が慘死
147610	朝鮮朝日	1928-01-07	1	10단	人(山梨總督二令息/草間本府財務局長/井上匡四郎子(前鐵道大臣))
147611	朝鮮朝日	1928-01-07	1	10단	半島茶話
147612	朝鮮朝日	1928-01-07	2	01단	朝鮮の紡績女工の話(下)/柔順な女工ほど成績が良好でお轉婆や饒舌家は駄目

일련번호	판명	간행일	면	단수	기사명
147613	朝鮮朝日	1928-01-07	2	01단	平安北道の普校新設數二、三校程度
147614	朝鮮朝日	1928-01-07	2	01단	お米の話/酒造米として内地で大好評
147615	朝鮮朝日	1928-01-07	2	01단	先覺者を祀る勸蠶院を設立/全鮮一と謳はるゝ平北寧邊の蠶業
147616	朝鮮朝日	1928-01-07	2	03단	卒業生の捌口を求む新義州商業
147617	朝鮮朝日	1928-01-07	2	03단	中毒事件に毒殺の疑/目下取調中
147618	朝鮮朝日	1928-01-07	2	03단	コソ泥棒が空砲に脅へ捕へらる
147619	朝鮮朝日	1928-01-07	2	03단	强盜二名が大邱で逮捕/巡査が重傷
147620	朝鮮朝日	1928-01-08	1	01단	各般の施設は大體旣定の計劃に準據 民衆には親切なれ 池上政務總監の初訓示/酷寒を冒して朝鮮神宮に參拜 昌德宮を訪問す
147621	朝鮮朝日	1928-01-08	1	01단	滿蒙材の開發を要路に進言
147622	朝鮮朝日	1928-01-08	1	02단	大阪府の鮮人有權者四千七百名
147623	朝鮮朝日	1928-01-08	1	02단	賣買價格の協定が今一步のところ/釜山瓦電の買收案
147624	朝鮮朝日	1928-01-08	1	02단	短歌/橋田東聲選
147625	朝鮮朝日	1928-01-08	1	04단	內地行小包通關制度の改正を要望
147626	朝鮮朝日	1928-01-08	1	04단	京城の煙草工場猛火に一嘗め損害は三十八萬圓 煙草の配給に當局惱む/一夜に七度火災が頻々/復舊工事の追加豫算提出
147627	朝鮮朝日	1928-01-08	1	04단	半島キネマ譚(二)/一番受けるのは社會運動の劇全篇の纏りはどうでも良い場當りが覗ひどころ
147628	朝鮮朝日	1928-01-08	1	05단	耐寒飛行の日程が決定
147629	朝鮮朝日	1928-01-08	1	05단	昭和三年度新豫算の檢討(三)/新事業の中でも目に立つ森林鐵道二十箇年間で純利五百萬圓をあげ得る計劃
147630	朝鮮朝日	1928-01-08	1	06단	歐洲が生む藝術の殿堂を訪ねて渡佛する武石氏/國境に憧るゝ藝術の士
147631	朝鮮朝日	1928-01-08	1	06단	小學校の先生が教へ子に戲る/父兄が憤り告訴す
147632	朝鮮朝日	1928-01-08	1	07단	安東氷滑大會
147633	朝鮮朝日	1928-01-08	1	09단	全南道議會七日から開催
147634	朝鮮朝日	1928-01-08	1	09단	手を空うし虎狩隊遂に引揚ぐ
147635	朝鮮朝日	1928-01-08	1	09단	全南道の物産陳列館八日竣工す
147636	朝鮮朝日	1928-01-08	1	09단	馬賊も恐れた太刀會の暴擧/軍警の取締に反抗して鋒起した宗敎團體
147637	朝鮮朝日	1928-01-08	1	10단	會(東拓社員打合會)
147638	朝鮮朝日	1928-01-08	1	10단	人(福原俊丸男(朝鮮社長)/伊達順之助氏/寺內朝鮮軍參謀長/淸河海軍中將(鎭海要港部司令官)/井上匡四郎子(元鐵道大臣)/有賀光豊氏(殖銀頭取))
147639	朝鮮朝日	1928-01-08	1	10단	逝ける茶川氏(母紙參照)
147640	朝鮮朝日	1928-01-08	1	10단	半島茶話

일련번호	판명	긴행일	면	단수	기사명
147641	朝鮮朝日	1928-01-08	2	01단	李王家の牧場に奇病が發生す/北鮮産の燕麥を飼料とするためと判明
147642	朝鮮朝日	1928-01-08	2	01단	平南の豫算二年度に比し十萬圓を增加
147643	朝鮮朝日	1928-01-08	2	01단	慶南沿岸の漁村が賑ふ鰤鱈が豐漁
147644	朝鮮朝日	1928-01-08	2	01단	貿易界で元山の飛躍/移出入とも增加
147645	朝鮮朝日	1928-01-08	2	02단	安東金融界存續の運動
147646	朝鮮朝日	1928-01-08	2	02단	全南の金組利子引下げ
147647	朝鮮朝日	1928-01-08	2	02단	京城組合銀行年末の帳尻昨年より減少
147648	朝鮮朝日	1928-01-08	2	02단	元山港の米豆移出高昭和二年中の
147649	朝鮮朝日	1928-01-08	2	02단	十萬圓でビルヂング群山に設立
147650	朝鮮朝日	1928-01-08	2	03단	朝鮮鐵道上半期決算/益金三十五萬圓
147651	朝鮮朝日	1928-01-08	2	03단	年越境の局線の荷動米と燃料とが昨年より減少
147652	朝鮮朝日	1928-01-08	2	03단	農事講習會貞洞女高普で
147653	朝鮮朝日	1928-01-08	2	03단	會社銀行(漢城銀行/朝鮮商業銀行/朝鮮電氣協會/韓一銀行/海東銀行)
147654	朝鮮朝日	1928-01-08	2	03단	遠眼鏡
147655	朝鮮朝日	1928-01-08	1	01단	昭和三年度新豫算の檢討(四)/お臺所をかせぐ遞信局の新豫算/前年度に比較し八百萬圓を增加
147656	朝鮮朝日	1928-01-10	1	01단	陽春四月の候には神戸に御歸着/李王殿下御近況につき韓李王職長官語る
147657	朝鮮朝日	1928-01-10	1	01단	朝鮮神宮參拜者十二月中一萬二千人
147658	朝鮮朝日	1928-01-10	1	01단	國境を通過入國の外人數
147659	朝鮮朝日	1928-01-10	1	01단	鮮人壓迫の對策問題で安東も出席
147660	朝鮮朝日	1928-01-10	1	01단	簡易保險の加入を勸誘/安東の鮮人に
147661	朝鮮朝日	1928-01-10	1	02단	狡るいぞ狡るいぞ！自分の言ふだけ言ってのけてサッサと引揚げた池上總監
147662	朝鮮朝日	1928-01-10	1	03단	奉天大連への通話が增加/支那人が多い
147663	朝鮮朝日	1928-01-10	1	03단	醫專設立と兩道　本府の諒解を得て明年豫算に計上　二十萬圓を寄附に仰ぐ慶北道の新計劃/解氷を俟って校舍を新築し講習所の內容を充實/本館の工費十三萬圓
147664	朝鮮朝日	1928-01-10	1	04단	平壤、安州の農校の昇格/明年度實現か
147665	朝鮮朝日	1928-01-10	1	04단	俳句/領木花養選
147666	朝鮮朝日	1928-01-10	1	05단	陸軍始
147667	朝鮮朝日	1928-01-10	1	06단	安東高普校豫算に計上
147668	朝鮮朝日	1928-01-10	1	06단	規則に背く某普通學校認可を取消か
147669	朝鮮朝日	1928-01-10	1	06단	凍りつめた道路が鏡の如く滑り車馬の往來杜絶す京城の氣違ひ天候
147670	朝鮮朝日	1928-01-10	1	07단	放送局の加入者四千名を突破/月賦でセットを販賣し鮮人側も增加す

일련번호	판명	간행일	면	단수	기사명
147671	朝鮮朝日	1928-01-10	1	07단	大陸キネマ撮影所が新設/活躍を期待さる
147672	朝鮮朝日	1928-01-10	1	07단	池上總監の披露茶話會出席者二百名
147673	朝鮮朝日	1928-01-10	1	07단	失業職工に賃銀を支給/專賣局の火事
147674	朝鮮朝日	1928-01-10	1	08단	家計整理簿を家庭に贈呈/平壤郵便局が
147675	朝鮮朝日	1928-01-10	1	08단	蠅の捕獲場各地に設く
147676	朝鮮朝日	1928-01-10	1	08단	和解の成立に當時の人達が斡旋告訴人側肯んぜず
147677	朝鮮朝日	1928-01-10	1	08단	平南の大雪/交通が杜絶
147678	朝鮮朝日	1928-01-10	1	09단	朝日新聞の製作順序や映畫を上演
147679	朝鮮朝日	1928-01-10	1	09단	全南特産品を埃及に出品/寒天その他
147680	朝鮮朝日	1928-01-10	1	09단	弓術射初式
147681	朝鮮朝日	1928-01-10	1	09단	平北氷滑大會
147682	朝鮮朝日	1928-01-10	1	09단	朝鮮水電の雷管爆發重傷者八名
147683	朝鮮朝日	1928-01-10	1	09단	連絡船から船客が入水/原因は不明
147684	朝鮮朝日	1928-01-10	1	10단	不逞の曹長/歸順を申出
147685	朝鮮朝日	1928-01-10	1	10단	會(消防組新年宴會)
147686	朝鮮朝日	1928-01-10	1	10단	人(横田義太郎氏(光州地方法院檢事)/安田重雄氏(光州地方法院判事)/井田啗壽家氏(前鎭南浦第二公立普通學校長)/松井信助氏(平壤府尹)/福島莊平氏(平壤實業家)/內藤確介氏(採木公司理事長)/恩田銅吉氏(朝郵社長)/本田義成氏(代議士)/松崎直大佐(鎭海要港部參謀長)/スワグロプスキー氏(チェッコスロヴァキア駐日公使)/大村卓一氏(鐵道局長))
147687	朝鮮朝日	1928-01-10	1	10단	半島茶話
147688	朝鮮朝日	1928-01-10	2	01단	豫想を裏切った運送店の利益/僅に三百七十萬圓合同論者結束を固む
147689	朝鮮朝日	1928-01-10	2	01단	お米の話(終)/どんな土地にどんなのが一番適するか
147690	朝鮮朝日	1928-01-10	2	01단	輸出增の輸入減對外貿易高
147691	朝鮮朝日	1928-01-10	2	02단	咸南の豫算二百餘萬圓
147692	朝鮮朝日	1928-01-10	2	02단	粟の模範作平南が奬勵
147693	朝鮮朝日	1928-01-10	2	02단	鎭海飛行場の設置は後廻し經費捻出が困難/然し實現は時期の問題
147694	朝鮮朝日	1928-01-10	2	03단	採木公司の本年流筏高百萬尺締か
147695	朝鮮朝日	1928-01-10	2	03단	御祝儀商內鎭南浦穀商
147696	朝鮮朝日	1928-01-10	2	03단	遠眼鏡
147697	朝鮮朝日	1928-01-10	1	01단	昭和三年度新豫算の檢討(五)/お臺所をかせぐ遞信局の新豫算御自慢の一つは共濟組合の實施
147698	朝鮮朝日	1928-01-11	1	01단	府營だけ認め個人の市內バスは許可せぬ方針らしい
147699	朝鮮朝日	1928-01-11	1	01단	邱南線の實地を踏査/大邱商議が
147700	朝鮮朝日	1928-01-11	1	01단	植民地の文藝界(二)/內野健兒
147701	朝鮮朝日	1928-01-11	1	02단	中樞院會議/地方狀況を報告

일련번호	판명	간행일	면	단수	기사명
147702	朝鮮朝日	1928-01-11	1	02단	靑年團內地視察
147703	朝鮮朝日	1928-01-11	1	02단	間島移住の鮮人が增加/多くは小作人
147704	朝鮮朝日	1928-01-11	1	03단	盤松群仙間に高級自動車近く運轉す
147705	朝鮮朝日	1928-01-11	1	03단	鮮人家族五百名が日本服を着用/不便だが融和上必要と金澤英氏は語る
147706	朝鮮朝日	1928-01-11	1	04단	警察官吏の共濟組合新設
147707	朝鮮朝日	1928-01-11	1	04단	在滿鮮人の歸化が第一/代表者が協議
147708	朝鮮朝日	1928-01-11	1	04단	滿鐵へ對し補助を要望/中日懇親學堂
147709	朝鮮朝日	1928-01-11	1	05단	大刀會員南下の噂安東が警戒
147710	朝鮮朝日	1928-01-11	1	05단	短歌/橋田東聲選
147711	朝鮮朝日	1928-01-11	1	05단	芥川氏葬儀
147712	朝鮮朝日	1928-01-11	1	05단	辰に困む龍頭山神社/今年が丁度二百五十年
147713	朝鮮朝日	1928-01-11	1	05단	患者が增加し手不足の道醫院/內地から醫師を招聘し醫員の增加を圖る
147714	朝鮮朝日	1928-01-11	1	06단	半島キネマ譚(三)/眞劍なだけに凄味と感激が橫溢する朝鮮の俳優惠まれぬのはその收入
147715	朝鮮朝日	1928-01-11	1	06단	不良客引を釜山署取締る
147716	朝鮮朝日	1928-01-11	1	07단	中等學生が思想の研究聯合會を組織
147717	朝鮮朝日	1928-01-11	1	07단	盟休生徒に强硬な通告/第一高普校
147718	朝鮮朝日	1928-01-11	1	07단	妓生に身を沈め賴なき老母と弟妹を劬はり救ふ闇に咲く名花一輪
147719	朝鮮朝日	1928-01-11	1	08단	新幹會大會平壤も出席
147720	朝鮮朝日	1928-01-11	1	08단	勅語を燒く普校小使が
147721	朝鮮朝日	1928-01-11	1	09단	鴨江を渡り逃げ歸った鮮人の群れ
147722	朝鮮朝日	1928-01-11	1	09단	日南丸の船員救はる鎭南浦へ歸着
147723	朝鮮朝日	1928-01-11	1	10단	轢殺車掌に暴行を働く
147724	朝鮮朝日	1928-01-11	1	10단	運動界(大邱乘馬初乘會/新義州氷滑記錄)
147725	朝鮮朝日	1928-01-11	1	10단	人(牧山耕藏代議士(朝新社長)/境長三郎氏(大邱覆番檢事長)/加茂正雄博士(東大敎授)/露國廳領事夫人(京城駐在)/大村卓一氏(鐵道局長)/寺內朝鮮軍參謀長)
147726	朝鮮朝日	1928-01-11	1	10단	半島茶話
147727	朝鮮朝日	1928-01-11	2	01단	大阪米商との意見の疏隔を融和するやうにと穀物聯合會が協議
147728	朝鮮朝日	1928-01-11	2	01단	平南豫算歲出入增減
147729	朝鮮朝日	1928-01-11	2	01단	雫の聲
147730	朝鮮朝日	1928-01-11	2	02단	棉花の高値/農民が喜ぶ
147731	朝鮮朝日	1928-01-11	2	02단	池沼の養魚/慶南の計劃
147732	朝鮮朝日	1928-01-11	2	02단	若布の豐作近く採取解禁
147733	朝鮮朝日	1928-01-11	2	02단	煙草製造高一月中の總計

일련번호	판명	간행일	면	단수	기사명
147734	朝鮮朝日	1928-01-11	2	03단	局私線連絡/貨物輸送高
147735	朝鮮朝日	1928-01-11	2	03단	京城郵貯高/百九十萬圓
147736	朝鮮朝日	1928-01-11	2	03단	全鮮會社異動數
147737	朝鮮朝日	1928-01-11	2	03단	京城手形交換高
147738	朝鮮朝日	1928-01-11	2	03단	新刊紹介『體操教科書』
147739	朝鮮朝日	1928-01-11	2	03단	遠眼鏡
147740	朝鮮朝日	1928-01-11	1	01단	目を大局に注いで翼替に努められよ中樞院會議の劈頭山梨新總督の訓旨
147741	朝鮮朝日	1928-01-12	1	01단	國境鐵道の敷設で支那の諒解を得て来た大村局長/國境の開拓を語る
147742	朝鮮朝日	1928-01-12	1	01단	新義州スケート大會
147743	朝鮮朝日	1928-01-12	1	03단	池上總監初巡視/巨軀を搖り
147744	朝鮮朝日	1928-01-12	1	03단	淸河新司令官十一日入城/公署を訪問
147745	朝鮮朝日	1928-01-12	1	03단	昭和三年度新豫算の檢討(完)/土木の主なるは龍塘浦の築港と釜山港北濱の埋立/社會事業にも少々捻出
147746	朝鮮朝日	1928-01-12	1	03단	不十分の審理で罪を斷ぜらるゝ京城法院の手不足で檢事は四苦八苦の態
147747	朝鮮朝日	1928-01-12	1	04단	釜山吉岡氏が立候補/福岡縣一區で
147748	朝鮮朝日	1928-01-12	1	04단	內鮮外女學生の音樂會を開き近く平壤に集まる全鮮教育會總會員を招待
147749	朝鮮朝日	1928-01-12	1	05단	半島キネマ譚(完)/觀賞の標準も漸次向上して高級品は相當受ける/有力會社の出現をまつ
147750	朝鮮朝日	1928-01-12	1	06단	俳句/領木花蓑選
147751	朝鮮朝日	1928-01-12	1	06단	雲楚間道路開設を陳情
147752	朝鮮朝日	1928-01-12	1	06단	一萬餘圓の寄附を醸出/農校新設運動
147753	朝鮮朝日	1928-01-12	1	06단	試驗苦が迫る京城內の中等校は昨年と大差なき入學率
147754	朝鮮朝日	1928-01-12	1	07단	釜山工業補習/乙種に改め存續に決定
147755	朝鮮朝日	1928-01-12	1	07단	火の用心さっしゃりませと總監が通牒/平北火災數二百三十件
147756	朝鮮朝日	1928-01-12	1	07단	平壤氷滑大會
147757	朝鮮朝日	1928-01-12	1	08단	教育總會や酒類品評會/平壤で開催
147758	朝鮮朝日	1928-01-12	1	08단	お米の値上げ
147759	朝鮮朝日	1928-01-12	1	08단	普通學校の卒業生指導/初等學校長會議で審議
147760	朝鮮朝日	1928-01-12	1	08단	給水栓の結氷に困る平壤の水道
147761	朝鮮朝日	1928-01-12	1	08단	朝鮮部隊に入營の兵士/輸送が終了
147762	朝鮮朝日	1928-01-12	1	09단	大刀會員五百餘名が鴨江を渡り鮮內に侵入の噂さ 國境警官嚴重に警戒/官民には害を加へぬ大刀會員聲明
147763	朝鮮朝日	1928-01-12	1	09단	遭難漁船が迎日沖に漂ふ 乘組員は行方不明/泳ぎ着いて漁夫が助かる

일련번호	판명	간행일	면	단수	기사명
147764	朝鮮朝日	1928-01-12	1	10단	京城の火事/商銀調査課長宅
147765	朝鮮朝日	1928-01-12	1	10단	會(鈴木領事招待宴)
147766	朝鮮朝日	1928-01-12	1	10단	人(山梨朝鮮總督/吉橋卓四郎氏(慶北道內務部長))/志岐信太郎氏(京城實業家)/柿原琢郎氏(平壤覆番法院檢事長)/加藤木保次氏(慶南道農務課長)/倉知鐵吉氏(貴族院議員)/松岡俊三氏(代議士)/加藤茂苞氏(朝鮮總督府勤業模範場長))
147767	朝鮮朝日	1928-01-12	1	10단	半島茶話
147768	朝鮮朝日	1928-01-12	2	01단	京城のタキシー物語(一)/觀光團の入城ごと自動車の借入に苦心する現在の貧弱
147769	朝鮮朝日	1928-01-12	2	01단	鮮人壓迫の對策は商租權の確立/事實は噂ほど無い倉知鐵吉氏語る
147770	朝鮮朝日	1928-01-12	2	01단	雲の聲
147771	朝鮮朝日	1928-01-12	2	01단	朝鮮紡織製綿絲の運賃/特定割引實施
147772	朝鮮朝日	1928-01-12	2	01단	十二月中の鐵道の收入/三百二十萬圓
147773	朝鮮朝日	1928-01-12	2	02단	南朝鮮鐵道創立會開催
147774	朝鮮朝日	1928-01-12	2	02단	大邱組銀十二月帳尻/貸借とも減少
147775	朝鮮朝日	1928-01-12	2	02단	資金の需要が薩っ張りない米も安く株も底値/舊節季には多少活躍か
147776	朝鮮朝日	1928-01-12	2	03단	大邱の荷動發着とも減少
147777	朝鮮朝日	1928-01-12	2	03단	京畿金組竣工
147778	朝鮮朝日	1928-01-12	2	03단	遠眼鏡
147779	朝鮮朝日	1928-01-13	1	01단	各參議口を揃へて統治の方針を攻擊す 過去の歷史にこだはり將來をトするかと山梨總督逆襲 珍しく賑った中樞院會議微に入り細に互り朝鮮の民情を聞いた 山梨總督東上に際し語る/俺は吸取紙だ 寫ったところは實際となって現れるよ
147780	朝鮮朝日	1928-01-13	1	01단	小河秘書官歐米へ出張
147781	朝鮮朝日	1928-01-13	1	02단	日本海大時化/橫斷航路の汽船が遲る
147782	朝鮮朝日	1928-01-13	1	02단	咸北の林野を總督府が拂下/入札は二月中旬ごろ
147783	朝鮮朝日	1928-01-13	1	04단	優秀な鮮人を歸農せしめて事業費にあてる丸山學院/八幡の鮮人敎化機關
147784	朝鮮朝日	1928-01-13	1	04단	短歌/橋田東聲選
147785	朝鮮朝日	1928-01-13	1	04단	煙火工場爆發し十餘名が慘死す久留米の大珍事/主人が一緖に死んで吳れてせめてもの申譚ができます 工場長の妻女語る
147786	朝鮮朝日	1928-01-13	1	05단	內線海底の三回線不通南洋丸が出動
147787	朝鮮朝日	1928-01-13	1	05단	大邱林檎を畏き邊へ總督が獻上
147788	朝鮮朝日	1928-01-13	1	05단	米穀の輸入制限を近く朝鮮にも適用/閣議の決定をまち勅令を以て公布
147789	朝鮮朝日	1928-01-13	1	06단	橫暴地主が鮮人に對し退去を迫る

일련번호	판명	간행일	면	단수	기사명
147790	朝鮮朝日	1928-01-13	1	06단	急進非急進両派の態度が頗る注目される/新幹會の大會
147791	朝鮮朝日	1928-01-13	1	07단	救濟組合を私鐵が組織
147792	朝鮮朝日	1928-01-13	1	07단	傳染病患者一名も無い/平壤の衛生狀態良好
147793	朝鮮朝日	1928-01-13	1	07단	豚コレラが支那地に發生
147794	朝鮮朝日	1928-01-13	1	08단	東亞印畫展/三越で開催
147795	朝鮮朝日	1928-01-13	1	08단	各署聯合の耐寒大演習/十日より開始
147796	朝鮮朝日	1928-01-13	1	08단	馬賊百餘名が把頭を脅迫/七千圓の提供をせまる
147797	朝鮮朝日	1928-01-13	1	09단	內地の漁船が南鮮を荒し廻る優秀なる發動機船で取締りの眼を掠む
147798	朝鮮朝日	1928-01-13	1	09단	國境の酷寒零下四十度/城津の大雪尺餘に達す
147799	朝鮮朝日	1928-01-13	1	09단	平北道廳放火の公判/二十五日開廷
147800	朝鮮朝日	1928-01-13	1	09단	過まって鮮人を撃ち自殺を企つ
147801	朝鮮朝日	1928-01-13	1	10단	婚禮披露宴の中毒事件/死者三十五名
147802	朝鮮朝日	1928-01-13	1	10단	會(煙草會社設置披露宴/警官情報委員會)
147803	朝鮮朝日	1928-01-13	1	10단	半島茶話
147804	朝鮮朝日	1928-01-13	2	01단	自動車運轉手が團體を組織す/裏面に勞働團體介在
147805	朝鮮朝日	1928-01-13	2	01단	國立倉庫の下準備にと農務課長來裡
147806	朝鮮朝日	1928-01-13	2	01단	平壤のお湯/値上を斷行
147807	朝鮮朝日	1928-01-13	2	01단	慶南沿海鱈の豊漁/百萬尾を突破
147808	朝鮮朝日	1928-01-13	2	01단	大邱荷主の合同運送店創立行惱む
147809	朝鮮朝日	1928-01-13	2	01단	京城のタクシー物語(二)/賃銀競爭の結果/朦朧車が跋扈メーターが安物で客は高いとコボす
147810	朝鮮朝日	1928-01-13	2	02단	豆粕を見合せ米糠と硫安全北が使用
147811	朝鮮朝日	1928-01-13	2	02단	慶北尙州の農蠶校昇格有志が陳情
147812	朝鮮朝日	1928-01-13	2	02단	古茂山に郵便所設置/二月に開始
147813	朝鮮朝日	1928-01-13	2	02단	安東無盡總會
147814	朝鮮朝日	1928-01-13	2	03단	箕城券番總會
147815	朝鮮朝日	1928-01-13	2	03단	南浦倉庫在穀高
147816	朝鮮朝日	1928-01-13	2	03단	眼鏡遠
147817	朝鮮朝日	1928-01-14	1	01단	二十日間に吸收した朝鮮知識を藏して初東上の山梨總督/何でも聞いて吳れと上機嫌
147818	朝鮮朝日	1928-01-14	1	01단	俺は無知識で来たのではない白紙と言ふ意味は他のものを寫すといふのだ
147819	朝鮮朝日	1928-01-14	1	02단	輸出の制限と鮮米の買上は不可分のものとし總督府は要望してゐる
147820	朝鮮朝日	1928-01-14	1	04단	荷主側の委員が運送店の合同に絶對反對を決議し運送店自營を計劃/報償金の査定で容易に纒らぬ合同派の小委員會
147821	朝鮮朝日	1928-01-14	1	04단	釜山南港埋立許可/時機の問題
147822	朝鮮朝日	1928-01-14	1	04단	定州農學校新設の運動

일련번호	판명	간행일	면	단수	기사명
147823	朝鮮朝日	1928-01-14	1	05단	軍事輸送の委員會開催
147824	朝鮮朝日	1928-01-14	1	05단	普通校二十四を明年度に新設/一面一校を聲明した慶南の學校増設方針
147825	朝鮮朝日	1928-01-14	1	05단	二道をかける受驗を防ぐため慶南の中等學校が入學試驗日を統一
147826	朝鮮朝日	1928-01-14	1	06단	土曜漫筆/見たり聞いたり/醫學博士/小林靜雄
147827	朝鮮朝日	1928-01-14	1	06단	咸北茂山新年宴會
147828	朝鮮朝日	1928-01-14	1	06단	咸南教員試驗
147829	朝鮮朝日	1928-01-14	1	06단	漁業取締船/朝風の進水
147830	朝鮮朝日	1928-01-14	1	06단	崇實中學校近く認可か
147831	朝鮮朝日	1928-01-14	1	07단	平壤の鮮人遊廓を近く移轉の計劃/市中に餘りに接近し風紀を紊し發展を害す
147832	朝鮮朝日	1928-01-14	1	07단	太平洋飛行の一助にもと無名の兵士三圓を送る
147833	朝鮮朝日	1928-01-14	1	07단	遙々高松から野球選手を平壤が招聘
147834	朝鮮朝日	1928-01-14	1	08단	感心な節婦表彰碑を建設
147835	朝鮮朝日	1928-01-14	1	08단	臨江縣に起った大刀會の内幕/宗教團體と馬賊の混合で奉天に對し示威運動/ 鮮人の安危氣遣はれる大刀會の襲來
147836	朝鮮朝日	1928-01-14	1	09단	會(馬山麻雀大會/會計主任講習會/憲兵隊長會議/茂山カルタ會)
147837	朝鮮朝日	1928-01-14	1	10단	人(香椎源太郎氏(釜山會議所會頭)/水野嚴氏(釜山日報重役)/宮本和吉氏(城大教授)/速水晃氏(同上))
147838	朝鮮朝日	1928-01-14	1	10단	半島茶話
147839	朝鮮朝日	1928-01-14	2	01단	平南北の生牛は釜山と仁川で檢疫を行ひ移出を許可/鎮南浦港結氷のため
147840	朝鮮朝日	1928-01-14	2	01단	京畿管内金融組合が定期豫金利下
147841	朝鮮朝日	1928-01-14	2	01단	平南大同の美林水組がいよいよ着工
147842	朝鮮朝日	1928-01-14	2	01단	釜山で組織の水産業組合認可が遅れる
147843	朝鮮朝日	1928-01-14	2	01단	京城のタクシー物語(三)/お客に不安を與へる乘車賃の不同/利用する人も臆劫がる
147844	朝鮮朝日	1928-01-14	2	02단	慶南の收入/二百十萬圓
147845	朝鮮朝日	1928-01-14	2	02단	平南二礦山/不景氣で閉鎖
147846	朝鮮朝日	1928-01-14	2	02단	鐵道局の荷物輸送高/七萬八千噸
147847	朝鮮朝日	1928-01-14	2	02단	清津貿易高/二百九十萬圓
147848	朝鮮朝日	1928-01-14	2	03단	新義州商議地域を擴張
147849	朝鮮朝日	1928-01-14	2	03단	畜産業大會獸醫も出席
147850	朝鮮朝日	1928-01-14	2	03단	南浦水産檢查高
147851	朝鮮朝日	1928-01-14	2	03단	全鮮手形交換高
147852	朝鮮朝日	1928-01-14	2	03단	遠眼鏡
147853	朝鮮朝日	1928-01-15	1	01단	米穀法の適用は鮮米の買上げを條件としての實施と總

일련번호	판명	간행일	면	단수	기사명
147853	朝鮮朝日	1928-01-15	1	01단	督府側は觀測
147854	朝鮮朝日	1928-01-15	1	01단	運送店合同の收支案が成る/資本金八百萬圓で年八朱の配當豫定
147855	朝鮮朝日	1928-01-15	1	01단	大邱慶南兩銀合倂/慶南側すねる
147856	朝鮮朝日	1928-01-15	1	02단	大邱商議が委員を派し私鐵に要望
147857	朝鮮朝日	1928-01-15	1	02단	病院を追はれた醫專の大困り/大學の御情を乞ひ一隅を使用させて貰ふ
147858	朝鮮朝日	1928-01-15	1	02단	特診料の內規を定めて欲しいと城大の教授達が叫ぶ
147859	朝鮮朝日	1928-01-15	1	03단	京城大連直通電話/三月ごろ開通
147860	朝鮮朝日	1928-01-15	1	03단	支那側地主に壓迫されて移住鮮人立退
147861	朝鮮朝日	1928-01-15	1	04단	在滿同胞救護同盟委員會開催
147862	朝鮮朝日	1928-01-15	1	04단	平安北道の綠故林讓渡出願は九割
147863	朝鮮朝日	1928-01-15	1	04단	日支直通列車は支那の狀勢に今後左右される諒解は既に得てゐる
147864	朝鮮朝日	1928-01-15	1	04단	俳句/鈴木花蓑選
147865	朝鮮朝日	1928-01-15	1	05단	神仙爐
147866	朝鮮朝日	1928-01-15	1	05단	購買組合以外の人に物を賣ると釜山の商人が迷惑
147867	朝鮮朝日	1928-01-15	1	05단	宮川氏の後任官選道議員福島氏に決定
147868	朝鮮朝日	1928-01-15	1	05단	所澤機が三十日中に釜山を通過
147869	朝鮮朝日	1928-01-15	1	05단	永進中學紛糾の解決/容易でない
147870	朝鮮朝日	1928-01-15	1	06단	僅か八名を採用に二百名の申込/高文パスの連中が總督府に就職の運動
147871	朝鮮朝日	1928-01-15	1	06단	お茶のあと
147872	朝鮮朝日	1928-01-15	1	06단	一戶當り十錢/橫斷飛行の寄附を募集
147873	朝鮮朝日	1928-01-15	1	07단	モヒ患者の治療に成功/アンチモール使用
147874	朝鮮朝日	1928-01-15	1	07단	一高普盟休/漸く解決す
147875	朝鮮朝日	1928-01-15	1	07단	學生や兒童を中心の圖書館釜山が設立の計劃/大倉翁の寄附金で
147876	朝鮮朝日	1928-01-15	1	07단	平壤圖書館六月に開館
147877	朝鮮朝日	1928-01-15	1	08단	圖書館に寄贈
147878	朝鮮朝日	1928-01-15	1	08단	平壤警察署の天井が墜落/死傷はない
147879	朝鮮朝日	1928-01-15	1	08단	外人院長が人を轢く自家自動車で
147880	朝鮮朝日	1928-01-15	1	08단	来る二月十一日紀元節發行/鮮滿大觀第一卷
147881	朝鮮朝日	1928-01-15	1	09단	雜貨と稱して書籍を積載す浦潮からの入港船/警務局が取寄せて檢閱
147882	朝鮮朝日	1928-01-15	1	09단	お牧の茶屋/主人公病む
147883	朝鮮朝日	1928-01-15	1	09단	會(警察部長招宴)
147884	朝鮮朝日	1928-01-15	1	09단	人(山口太兵衛氏(京城實業家)/淸河鎭海要港部司令官))
147885	朝鮮朝日	1928-01-15	1	10단	半島茶話

일련번호	판명	간행일	면	단수	기사명
147886	朝鮮朝日	1928-01-15	2	01단	*鮮米の輸移出大體に於いて良好 七百萬石突破を實現か/木浦米移出七萬五千石*
147887	朝鮮朝日	1928-01-15	2	01단	短期低資愈よ貸付
147888	朝鮮朝日	1928-01-15	2	01단	運賃問題には觸れぬ朝鮮穀商と大阪側會見
147889	朝鮮朝日	1928-01-15	2	01단	長崎物産の協會を興し移出を圖る
147890	朝鮮朝日	1928-01-15	2	02단	平南養蠶種五萬四千枚/大部分は輸入
147891	朝鮮朝日	1928-01-15	2	02단	土地購入の資金の融通/新義州が盛ん
147892	朝鮮朝日	1928-01-15	2	02단	全南穀物檢査高
147893	朝鮮朝日	1928-01-15	2	02단	釜山商議の豫算案可決
147894	朝鮮朝日	1928-01-15	2	02단	間島大豆に石塊を入れ取調べらる仲介業者の奸策か
147895	朝鮮朝日	1928-01-15	2	03단	移住小作人を東拓が取締/支店長が監視
147896	朝鮮朝日	1928-01-15	2	03단	安東屠獸場成績
147897	朝鮮朝日	1928-01-15	2	03단	全南叺檢査
147898	朝鮮朝日	1928-01-15	2	03단	安東木材商總會
147899	朝鮮朝日	1928-01-15	2	03단	大邱穀組總會
147900	朝鮮朝日	1928-01-15	2	03단	藥種業總會
147901	朝鮮朝日	1928-01-15	2	03단	安東商議擴張
147902	朝鮮朝日	1928-01-15	2	03단	眼鏡遠
147903	朝鮮朝日	1928-01-17	1	01단	米穀法の適用は鮮米の産殖計劃に牴觸する嫌ひがあると總督府側が反對
147904	朝鮮朝日	1928-01-17	1	01단	三井や三菱が朝鮮に進出し地盤の開拓を圖る/他の大手筋もぼつぼつ計劃
147905	朝鮮朝日	1928-01-17	1	01단	井上京畿內務煙草會社の專務に內定
147906	朝鮮朝日	1928-01-17	1	01단	內地人民會議員の選擧
147907	朝鮮朝日	1928-01-17	1	01단	醫專校昇格豫算の計上/十三萬千圓
147908	朝鮮朝日	1928-01-17	1	02단	馬山、鎮海の電氣料值下/地元民が運動
147909	朝鮮朝日	1928-01-17	1	02단	*大刀會の暴狀やゝ下火になった十四日までの被害の程度/酒食を饗し却て銃殺さる*
147910	朝鮮朝日	1928-01-17	1	03단	釜山下關間海底線故障/十四日復舊
147911	朝鮮朝日	1928-01-17	1	03단	短歌/橋田東聲選
147912	朝鮮朝日	1928-01-17	1	04단	群山渡船移轉
147913	朝鮮朝日	1928-01-17	1	04단	*全鮮氷滑大會淸溪川リンクで擧行暖氣でレコードが悪い/選手を詮衡鴨江の大會に出場/鴨綠江氷上競技*
147914	朝鮮朝日	1928-01-17	1	05단	優良保線區表彰
147915	朝鮮朝日	1928-01-17	1	05단	乘合自動車平壤で計劃
147916	朝鮮朝日	1928-01-17	1	05단	釜山の鹽界色めく青島鹽の滿洲逆輸反張作霖の策動で滿洲側鹽飢饉に苦しむ
147917	朝鮮朝日	1928-01-17	1	05단	平北道で調べた衛生關係の迷信/伴ふ悲劇が少からず衛生課で之が打破に苦慮

일련번호	판명	간행일	면	단수	기사명
147918	朝鮮朝日	1928-01-17	1	06단	明け放しの水道栓多く大邱水の憂ひ
147919	朝鮮朝日	1928-01-17	1	06단	江界營林署のインクライン朝鮮で初めて
147920	朝鮮朝日	1928-01-17	1	07단	鷄の傳染病平北に蔓延
147921	朝鮮朝日	1928-01-17	1	07단	耐寒飛行に平壤機も參加
147922	朝鮮朝日	1928-01-17	1	07단	神仙爐
147923	朝鮮朝日	1928-01-17	1	08단	他校に魁し新義州中學近く入學試驗
147924	朝鮮朝日	1928-01-17	1	08단	朱唇のさけび平壤の女性同盟が婦人の解放に猛進
147925	朝鮮朝日	1928-01-17	1	08단	三萬圓の土地を僅に八千圓で買ふのは不都合だと土地返還の訴へ
147926	朝鮮朝日	1928-01-17	1	08단	鮮人も交る馬賊の襲撃
147927	朝鮮朝日	1928-01-17	1	08단	不法檢束で問題を起す平北定州署
147928	朝鮮朝日	1928-01-17	1	09단	內地人强盜安東に現る
147929	朝鮮朝日	1928-01-17	1	10단	會(平南道財務株主任會/龍井鐵物組合會)
147930	朝鮮朝日	1928-01-17	1	10단	人(樫谷朝鮮水産會副會長/寫田喜平氏(三菱商事京城出張所主任)/大池忠助氏(釜山實業家)/廣潮博氏(朝郵釜山支店長)/住井辰男氏(三井物産京城支店長)/石恒孝治氏(朝汽社長)/牧山耕藏氏(朝新社長)/林原鐵道局監督課副參事/本田義成氏(代議士)/北村松治氏(元春洋丸船長)/石崎賴久氏(鐵道局庶務課長)/西岡英太郎氏(城大敎授)/寺田美佐男大尉/トラヤノフスキー氏(駐日ロシヤ大使)/天日常次郎氏(京取社長)/佐分利通商局長/赤塚前奉天總領事/山崎猛氏(滿洲日報社長))
147931	朝鮮朝日	1928-01-17	1	10단	半島茶話
147932	朝鮮朝日	1928-01-17	2	01단	船舶無線電信法を朝鮮でも實施/鎭南浦と東海岸の無線發信が開始の後に
147933	朝鮮朝日	1928-01-17	2	01단	殖銀の配當八分の据置
147934	朝鮮朝日	1928-01-17	2	01단	平北金組が貸出金利を二厘万引下
147935	朝鮮朝日	1928-01-17	2	01단	淸津水産品內地移出高
147936	朝鮮朝日	1928-01-17	2	01단	雫の聲
147937	朝鮮朝日	1928-01-17	2	01단	間島穀類の輸移出入に牛馬車使用
147938	朝鮮朝日	1928-01-17	2	02단	咸北の優牛石川で大歡迎
147939	朝鮮朝日	1928-01-17	2	02단	間島畜産組成績が良好
147940	朝鮮朝日	1928-01-17	2	02단	一月上旬の局線收入昨年より減少
147941	朝鮮朝日	1928-01-17	2	02단	光州線良好國有最初の成績
147942	朝鮮朝日	1928-01-17	2	03단	華工勞務の成績を調査
147943	朝鮮朝日	1928-01-17	2	03단	國境の毛皮高値を呼ぶ
147944	朝鮮朝日	1928-01-17	2	03단	全南棉花共販
147945	朝鮮朝日	1928-01-17	2	03단	木浦魚類水揚高
147946	朝鮮朝日	1928-01-17	2	03단	平壤靴下組合

일련번호	판명	간행일	면	단수	기사명
147947	朝鮮朝日	1928-01-17	2	03단	金組朝鮮語講習
147948	朝鮮朝日	1928-01-17	2	03단	遠眼鏡
147949	朝鮮朝日	1928-01-18	1	01단	朝鮮の海産物を直接に支那地へ輸出をはかるべく/松本水産課長が實地を視察
147950	朝鮮朝日	1928-01-18	1	01단	咸北と江原の兩水電の計劃/內地資本家の進出
147951	朝鮮朝日	1928-01-18	1	01단	不凍港を如實に示す/鎭商浦港
147952	朝鮮朝日	1928-01-18	1	01단	スケート
147953	朝鮮朝日	1928-01-18	1	02단	新しい事業は何んにも無い/城大の來年度豫算/松浦城大總長談
147954	朝鮮朝日	1928-01-18	1	03단	在滿洲の朝鮮人大會經費の醵出
147955	朝鮮朝日	1928-01-18	1	03단	海員養成所入學試驗施行
147956	朝鮮朝日	1928-01-18	1	04단	釜山商業の講堂の新築/三月に竣成
147957	朝鮮朝日	1928-01-18	1	04단	電燈の新設おことはり
147958	朝鮮朝日	1928-01-18	1	04단	俳句/鈴木花蓑選
147959	朝鮮朝日	1928-01-18	1	04단	木浦の人口三萬突破は近く實現せん
147960	朝鮮朝日	1928-01-18	1	04단	量は增したが金額は減じた/昭和二年鮮米移出/六百四十萬石一億九千萬圓
147961	朝鮮朝日	1928-01-18	1	04단	朝鮮物産の宣傳が導火線となり平壤の新幹會支部或は分裂を來さん
147962	朝鮮朝日	1928-01-18	1	05단	氷上も陸上も自由に滑る自動車橇の計劃
147963	朝鮮朝日	1928-01-18	1	05단	益沃水利の用水を貰ふ群山の水道
147964	朝鮮朝日	1928-01-18	1	05단	科學的の犯罪捜査法平南で講習
147965	朝鮮朝日	1928-01-18	1	06단	神仙爐
147966	朝鮮朝日	1928-01-18	1	06단	全國の鹽田に鑛滓洋灰を使用/普通洋灰よりも有利/目下三田尻で試驗中
147967	朝鮮朝日	1928-01-18	1	06단	正月三日間に渡船鮮人が激增　正月は渡航を許すとの風說が傳はった結果/歸鄕鮮人で賑ふ釜山港
147968	朝鮮朝日	1928-01-18	1	06단	釜山運動場へ電車延長は當分不可能
147969	朝鮮朝日	1928-01-18	1	07단	旅行や遠足や郊外散步と一日の生活を樂しまうと釜山に行樂會が組織されて一般から非常に歡迎される
147970	朝鮮朝日	1928-01-18	1	07단	強盗頻々京城に出沒
147971	朝鮮朝日	1928-01-18	1	08단	井上氏正式推薦/新煙草會社專務
147972	朝鮮朝日	1928-01-18	1	08단	濟州島の海女の整理/今後は必要
147973	朝鮮朝日	1928-01-18	1	08단	鰊の初漁迎日灣の活況
147974	朝鮮朝日	1928-01-18	1	08단	妻を滅多斬卽死せしむ
147975	朝鮮朝日	1928-01-18	1	08단	官史の苛欽誅求に反抗して起った/宗教團體の一種/邦人に危害を加へぬ大刀會
147976	朝鮮朝日	1928-01-18	1	09단	坂本警部の處置に辯護士團が憤起/委員を派し實狀を調査
147977	朝鮮朝日	1928-01-18	1	09단	會(石全南知事招宴/光州小學音樂會/鐵道警備會議/龍山

일련번호	판명	간행일	면	단수	기사명
147977	朝鮮朝日	1928-01-18	1	09단	記者團總會)
147978	朝鮮朝日	1928-01-18	1	09단	人(池上政務總監/稅田谷五郎氏(總督府稅務課事務官)/松本伊織氏(本府水産課長)/泉崎三郎氏(釜山府尹)/香推釜山會講所會頭/松浦鎭次郎氏(城大總長)/若宋內通釜山支店長/トロヤノフスキ—氏(駐日勞農口シヤ敎大使)/山領貞二氏(京城鐵道局工程司)/中山龍次氏(中國交通部頭間)/石崎賴久氏(鐵道局應務課長))
147979	朝鮮朝日	1928-01-18	1	10단	半島茶話
147980	朝鮮朝日	1928-01-18	2	01단	移出は增加し移入は減少す/輸出は增し輸入は減ず/昭和二年度の貿易
147981	朝鮮朝日	1928-01-18	2	01단	低資の償還極めて好成績
147982	朝鮮朝日	1928-01-18	2	01단	零の聲
147983	朝鮮朝日	1928-01-18	2	01단	滿洲粟輸入年々に增加
147984	朝鮮朝日	1928-01-18	2	01단	産業的な催しものを平南が計劃
147985	朝鮮朝日	1928-01-18	2	02단	氷特定運賃近く實施
147986	朝鮮朝日	1928-01-18	2	02단	殖産電氣が事業を擴張/田舍に進出
147987	朝鮮朝日	1928-01-18	2	02단	慶南過剩の勞働者達を全北に送る
147988	朝鮮朝日	1928-01-18	2	02단	煙草賣上高十二月中の
147989	朝鮮朝日	1928-01-18	2	02단	府營市場の十二月賣上高
147990	朝鮮朝日	1928-01-18	2	03단	京城手形交換高
147991	朝鮮朝日	1928-01-18	2	03단	南浦穀組總會
147992	朝鮮朝日	1928-01-18	2	03단	新刊紹介『朝鮮現勢の考察』
147993	朝鮮朝日	1928-01-18	2	03단	遠眼鏡
147994	朝鮮朝日	1928-01-19	1	01단	總豫算の數字位は卽答が出來るよと他愛なくトボける/お酒制限撤廢の池上さん
147995	朝鮮朝日	1928-01-19	1	01단	煙草工場その他の復舊の費用に追加豫算を提出/二、三年度に互り六百萬圓
147996	朝鮮朝日	1928-01-19	1	01단	醫專の敎授城大へ轉任
147997	朝鮮朝日	1928-01-19	1	02단	鎭南浦無線二月に開始
147998	朝鮮朝日	1928-01-19	1	03단	短歌/橋田東聲選
147999	朝鮮朝日	1928-01-19	1	03단	運送店合同に平壤が反對大會を開く
148000	朝鮮朝日	1928-01-19	1	03단	議會で豫算の答辯はするが追加豫算はよく知らぬ/合はぬ口ジックを平氣でいふ老獪で苦勞人の池上老總監
148001	朝鮮朝日	1928-01-19	1	04단	一萬五千人に對しお醫者が一人/醫學講習所卒業生に開業免許を與へる
148002	朝鮮朝日	1928-01-19	1	04단	釜山學組費巨額の膨脹 財源は不如意/京城學組豫算百三萬餘圓 三萬圓を增加
148003	朝鮮朝日	1928-01-19	1	05단	初、中等學校敎授研究會大邱で開催
148004	朝鮮朝日	1928-01-19	1	05단	瘦馬に重荷新義州豫算

일련번호	판명	간행일	면	단수	기사명
148005	朝鮮朝日	1928-01-19	1	05단	更に塚を發掘し陳列品を整へる/慶州博物館の計劃/盜難品の手懸りはない
148006	朝鮮朝日	1928-01-19	1	05단	全南道評議員製絲場を視察
148007	朝鮮朝日	1928-01-19	1	06단	釜高女入學試驗
148008	朝鮮朝日	1928-01-19	1	06단	神仙爐
148009	朝鮮朝日	1928-01-19	1	06단	全南商品館三月に開館
148010	朝鮮朝日	1928-01-19	1	06단	女のお醫者朝鮮では必要/素肌を嫌ふ鮮婦人
148011	朝鮮朝日	1928-01-19	1	06단	京城のお巡りさん一人の受持は四百十六戸を警戒/近く増員の計劃がある
148012	朝鮮朝日	1928-01-19	1	07단	天圖鐵道が運轉を中止/二日の降雪で
148013	朝鮮朝日	1928-01-19	1	07단	釜山の空家百戸を超ゆ
148014	朝鮮朝日	1928-01-19	1	07단	運動界(全滿氷滑豫選)
148015	朝鮮朝日	1928-01-19	1	08단	辯護士と署長がいよいよ睨合ふ/定州署の辯護士檢束
148016	朝鮮朝日	1928-01-19	1	08단	*燈臺守の兒童に對し通學手當交付/平北警察武道始*
148017	朝鮮朝日	1928-01-19	1	08단	來る二月十一日紀元節發行/鮮滿大觀第一卷/四六倍版六十八頁全文グラビヤ美術印刷/表紙石版數色頗る美本/朝鮮滿洲の本紙月極讀者に限り進呈
148018	朝鮮朝日	1928-01-19	1	09단	火葬場移轉に果して反對/釜山府の癌
148019	朝鮮朝日	1928-01-19	1	09단	密航支那人釜山から歸國
148020	朝鮮朝日	1928-01-19	1	10단	釜山高女に猩紅熱發生/大騷ぎで消毒
148021	朝鮮朝日	1928-01-19	1	10단	會(全南畜産技術員會議/新義州商議評議會)
148022	朝鮮朝日	1928-01-19	1	10단	人(石鎭衡氏(全南道知事)/關谷益一氏(全南土木課長)/トロイヤノフスキー氏(新任難日露國大使)/吉野直二氏(承天日々新聞社長))
148023	朝鮮朝日	1928-01-19	1	10단	半島茶話
148024	朝鮮朝日	1928-01-19	2	01단	咸北の褐炭は經濟的に見て撫順炭以上に有望/加茂東大教授は語る
148025	朝鮮朝日	1928-01-19	2	01단	殖銀社債一千萬圓發行
148026	朝鮮朝日	1928-01-19	2	01단	雫の聲
148027	朝鮮朝日	1928-01-19	2	01단	平安漁業の社長の椅子役員會で協議
148028	朝鮮朝日	1928-01-19	2	02단	預金部低資平北の割當
148029	朝鮮朝日	1928-01-19	2	02단	大同江採氷十四日許可
148030	朝鮮朝日	1928-01-19	2	02단	木浦の貿易甚しく不振
148031	朝鮮朝日	1928-01-19	2	02단	預金は增し貸出は減少/京城組銀帳尻
148032	朝鮮朝日	1928-01-19	2	02단	昭和元年度の鮮內の生産高/十八億八百萬圓
148033	朝鮮朝日	1928-01-19	2	03단	道路品評會慶北達城で
148034	朝鮮朝日	1928-01-19	2	03단	京城組銀爲替高
148035	朝鮮朝日	1928-01-19	2	03단	京城組銀貸出高
148036	朝鮮朝日	1928-01-19	2	03단	遠眼鏡

일련번호	판명	간행일	면	단수	기사명
148037	朝鮮朝日	1928-01-20			缺號
148038	朝鮮朝日	1928-01-21	1	01단	大阪米穀會が折れ社外船を容認か/鮮航會との運賃の開きは百石に二十一圓餘/朝鮮側が上阪懇談
148039	朝鮮朝日	1928-01-21	1	01단	小學校を整理し普通學校に併合/慶南が考慮研究
148040	朝鮮朝日	1928-01-21	1	01단	國語使用が注目を惹く/初等學校長會
148041	朝鮮朝日	1928-01-21	1	01단	土曜漫筆/三寒四溫/京城測候所長/窪田次郎治
148042	朝鮮朝日	1928-01-21	1	02단	釜山鎮海電動力値下卽行を要望
148043	朝鮮朝日	1928-01-21	1	02단	內鮮支人が集り懇談を交へて支人は鮮人優遇を奉天省長に陳情す/在滿鮮人壓迫の對策安東で協議
148044	朝鮮朝日	1928-01-21	1	03단	辭令(東京電話)
148045	朝鮮朝日	1928-01-21	1	04단	ルイラ女史の遺産は自分の物だと弟のゼー・ルイラが遙々米國から來て爭ふ
148046	朝鮮朝日	1928-01-21	1	04단	二月十一日紀元節發行/鮮滿大觀第一卷/四六倍版六十八頁全文グラビヤ美術印刷/表紙石版數色頗る美本/朝鮮滿洲本紙月極讀者に限り進呈
148047	朝鮮朝日	1928-01-21	1	05단	平壤府の學校費豫算約二十萬圓
148048	朝鮮朝日	1928-01-21	1	05단	鮮米買上の的確な言質を得なければ米穀法二條のみの適用は絶對に反對の意向
148049	朝鮮朝日	1928-01-21	1	06단	酎寒飛行に氣象を通報/新義州局が
148050	朝鮮朝日	1928-01-21	1	06단	入學試驗(慶南晋州師範/慶南金海農業/義州農學校/龍岩浦水産校/京城兩高女)
148051	朝鮮朝日	1928-01-21	1	06단	龍井村在住內鮮人口戶數
148052	朝鮮朝日	1928-01-21	1	07단	神仙爐
148053	朝鮮朝日	1928-01-21	1	07단	世界周遊船績々と人鮮
148054	朝鮮朝日	1928-01-21	1	07단	新義州府をヌクテが荒す
148055	朝鮮朝日	1928-01-21	1	08단	鮮魚輸送の車輛倉庫で大欠伸/滿鮮では早すぎて需要者が殆どない
148056	朝鮮朝日	1928-01-21	1	08단	寄る邊なき哀れな人へ同情金を交付/婦人團體が義金を贈與露天に曝され
148057	朝鮮朝日	1928-01-21	1	08단	大聲をあげ泣き叫ぶ本夫殺の姦婦
148058	朝鮮朝日	1928-01-21	1	09단	佛國寺への道路を改善
148059	朝鮮朝日	1928-01-21	1	09단	六十爺と二十の女が私生兒認知の訴訟
148060	朝鮮朝日	1928-01-21	1	09단	看護婦の不足に衛生課が困る/おまけに本年から養成所が一つ減る
148061	朝鮮朝日	1928-01-21	1	10단	人(重村義一氏(總督府科學館長)/町野武馬氏(張作霖顧問)/兵頭儁氏(全北道稅務課長)/山崎猛氏(滿日社長)/金障奉氏(釜山慶南銀行支配人))
148062	朝鮮朝日	1928-01-21	1	10단	半島茶話
148063	朝鮮朝日	1928-01-21	2	01단	ヒネ物が多く出て値段が高ばる/朝鮮産林檎の缺點/安け

일련번호	판명	간행일	면	단수	기사명
148063	朝鮮朝日	1928-01-21	2	01단	れば米國産にも優る
148064	朝鮮朝日	1928-01-21	2	01단	雫の聲
148065	朝鮮朝日	1928-01-21	2	01단	鮮銀理事增加の噂さ
148066	朝鮮朝日	1928-01-21	2	01단	大邱、慶南兩銀合併/時機の問題
148067	朝鮮朝日	1928-01-21	2	02단	釜山南港埋立の認可出願者が奔走
148068	朝鮮朝日	1928-01-21	2	02단	郵便局經由資金の流失二千二百萬圓
148069	朝鮮朝日	1928-01-21	2	02단	昨年中の活牛移出數四萬三千頭
148070	朝鮮朝日	1928-01-21	2	02단	穀類の滯貨天圓沿線の
148071	朝鮮朝日	1928-01-21	2	03단	東拓貸付高五千二百萬圓
148072	朝鮮朝日	1928-01-21	2	03단	鎭南浦貿易十二月の成績
148073	朝鮮朝日	1928-01-21	2	03단	韓銀配當六分
148074	朝鮮朝日	1928-01-21	2	03단	商銀配當六分
148075	朝鮮朝日	1928-01-21	2	03단	鮮鐵會計檢査
148076	朝鮮朝日	1928-01-21	2	03단	牛車組合組織
148077	朝鮮朝日	1928-01-21	2	03단	南浦金組評議會
148078	朝鮮朝日	1928-01-21	2	03단	遠眼鏡
148079	朝鮮朝日	1928-01-22	1	01단	解散と朝鮮の影響 總選擧の結果如何で總督總監の更送が早くも取沙汰さる 財界には影響がない/緊急な事業は責任支出を斷行し第二豫備金から支辨/土木事業の延期は多少こたへる
148080	朝鮮朝日	1928-01-22	1	01단	定州署の不法監禁問題(一)/サーベルが勝つかお口が勝つか署長と辯護士の唯合ひ定州に起った大嵐
148081	朝鮮朝日	1928-01-22	1	03단	東邊鎭守使後任が內定
148082	朝鮮朝日	1928-01-22	1	03단	道路敷地所有の一部の公職者に無斷で府有地を交換/惡例を胎すと府民が憤慨
148083	朝鮮朝日	1928-01-22	1	03단	ごたごたの釜山火葬場道は認可す
148084	朝鮮朝日	1928-01-22	1	04단	京城學組費豫算流用府尹に許す
148085	朝鮮朝日	1928-01-22	1	04단	中等校卒業式
148086	朝鮮朝日	1928-01-22	1	04단	爆竹に引火したマッチの火が原因福州丸の大悲慘事/死體の發見に非常な困難を感ず潛水夫を入れ海中まで捜査
148087	朝鮮朝日	1928-01-22	1	05단	蔚山電氣の値下斷行を面民が要望
148088	朝鮮朝日	1928-01-22	1	05단	『普通校の濫設は農村を疲弊さす』/道議員の言が祟り全南道議會が紛糾
148089	朝鮮朝日	1928-01-22	1	05단	短歌/橋田東聲選
148090	朝鮮朝日	1928-01-22	1	06단	神仙爐
148091	朝鮮朝日	1928-01-22	1	06단	入學試驗(大邱中學校/大邱高女校/大邱高普校/大邱商業校/大邱女高普/大邱農業校/尚州農蠶校/慶北師範校)
148092	朝鮮朝日	1928-01-22	1	06단	梅花も綻ぶ釜山の暖さ
148093	朝鮮朝日	1928-01-22	1	07단	鮮滿大觀非常な歡迎

일련번호	판명	간행일	면	단수	기사명
148094	朝鮮朝日	1928-01-22	1	07단	法廷內で革命歌/治安維持法被告が高唱
148095	朝鮮朝日	1928-01-22	1	07단	森岡辯護士の監禁全鮮の問題化す 各地方辯護士團起ち各々調査員を派す/坂本署長が西鮮日を訴ふ/大邱からも委員が視察
148096	朝鮮朝日	1928-01-22	1	07단	朴吉陽の社會團體葬禁止される
148097	朝鮮朝日	1928-01-22	1	08단	モヒ患者の絶滅を圖る/アンチモールを使用
148098	朝鮮朝日	1928-01-22	1	08단	結婚披露宴中毒の原因は腐ったゑい
148099	朝鮮朝日	1928-01-22	1	08단	自動車墜落三名が慘死
148100	朝鮮朝日	1928-01-22	1	08단	盲人も目が見える/眼球の入れ替へ早野博士が研究中/殘念なは眼球の提供がない
148101	朝鮮朝日	1928-01-22	1	09단	僞造奉天票行使の疑ひ
148102	朝鮮朝日	1928-01-22	1	09단	會(燒酎製造講習會/南浦無線落成式/全南水産會議/エス語講習會)
148103	朝鮮朝日	1928-01-22	1	09단	人(山梨總督/米川正夫氏(早大教授)/井上淸氏(京畿道內務部長)/井內鮮銀理事/小坂貞治氏/井上忠夫氏/渡邊第十九師團長/近藤信一氏(元間島局子街分館主任)/鎌田富久子嬢)
148104	朝鮮朝日	1928-01-22	1	10단	半島茶話
148105	朝鮮朝日	1928-01-22	2	01단	水産會社合同の現狀(上)/値段が高くて行商が遲いと早くも起る批難の聲
148106	朝鮮朝日	1928-01-22	2	01단	新義州商議豫算九千九百圓
148107	朝鮮朝日	1928-01-22	2	01단	雫の聲
148108	朝鮮朝日	1928-01-22	2	01단	舊節季金融平凡に推移
148109	朝鮮朝日	1928-01-22	2	01단	商銀の專務山下氏就任古宇田氏辭す
148110	朝鮮朝日	1928-01-22	2	02단	蘆草の利用平南が研究
148111	朝鮮朝日	1928-01-22	2	02단	鴨江の採氷弗々始まる
148112	朝鮮朝日	1928-01-22	2	02단	羊の輸入が許可される
148113	朝鮮朝日	1928-01-22	2	02단	成績の良い緬羊の飼育平北が獎勵
148114	朝鮮朝日	1928-01-22	2	03단	漢銀配當四分
148115	朝鮮朝日	1928-01-22	2	03단	遠眼鏡
148116	朝鮮朝日	1928-01-24	1	01단	新規要求は全部臨時議會に提出/會期が四月ごろなら責任支出は僅ですむ
148117	朝鮮朝日	1928-01-24	1	01단	淸津敦賀間直通の航路いよいよ開始さる北日本汽船の伏木丸就航
148118	朝鮮朝日	1928-01-24	1	01단	鈴木間島領事歸朝のまゝ他に轉任か
148119	朝鮮朝日	1928-01-24	1	01단	定州署の不法監禁問題(二)/法を濫用して私憤を晴らす森岡辯護士の言分
148120	朝鮮朝日	1928-01-24	1	02단	中等學校視學の指導第二回を實施
148121	朝鮮朝日	1928-01-24	1	02단	博士製造所として名聲が高まる/總督府醫院の譽れ博士の出ない科は皆無

일련번호	판명	간행일	면	단수	기사명
148122	朝鮮朝日	1928-01-24	1	03단	京城府の細菌檢査と水質の試驗
148123	朝鮮朝日	1928-01-24	1	04단	俳句/鈴木花蓑選
148124	朝鮮朝日	1928-01-24	1	04단	通信の補助に傳書鳩を使用し國境警備の完全を期す
148125	朝鮮朝日	1928-01-24	1	04단	京南鐵氷滑大會
148126	朝鮮朝日	1928-01-24	1	05단	神仙爐
148127	朝鮮朝日	1928-01-24	1	05단	寫眞說明(爆發した福州丸船上の混雜と死體の收容)
148128	朝鮮朝日	1928-01-24	1	05단	御大典記念に講堂を新築木浦小學校
148129	朝鮮朝日	1928-01-24	1	05단	決議通りに實現を期す釜山火葬場
148130	朝鮮朝日	1928-01-24	1	05단	除隊兵の土着が漸次多くなる/中には農業者もあり當局は大變な喜び
148131	朝鮮朝日	1928-01-24	1	05단	お風を召さぬやうと涙で滲む手紙を封じ込めた慰問袋/國境勤務の人達へ贈る
148132	朝鮮朝日	1928-01-24	1	06단	僻地の患者に耐寒行軍の醫官が投藥
148133	朝鮮朝日	1928-01-24	1	07단	泉城大教授の論文/當局に忌避され外公時報差押へらる
148134	朝鮮朝日	1928-01-24	1	07단	新義州署を襲撃の計劃/巨頭を捕へて
148135	朝鮮朝日	1928-01-24	1	07단	大邱の藥市/品薄で値を呼び六十萬圓を賣上
148136	朝鮮朝日	1928-01-24	1	08단	傳說に絡むドルメン/群山で發見
148137	朝鮮朝日	1928-01-24	1	08단	新幹會大會/二月十五日開催に決定
148138	朝鮮朝日	1928-01-24	1	08단	爲替證書で釣錢を詐取/京城で發見
148139	朝鮮朝日	1928-01-24	1	09단	安東の大火三十八戶全燒
148140	朝鮮朝日	1928-01-24	1	09단	メートルの不正が時々發見される/實業家の自覺を促し更に嚴重取締る
148141	朝鮮朝日	1928-01-24	1	09단	大刀會遂に官憲と妥協 不調に終れば一層混亂 國境の警備を嚴にす/水上警察隊馬賊退治に上流に向ふ
148142	朝鮮朝日	1928-01-24	1	09단	會(國境觀世謠曲會/金谷夫人新年宴會)
148143	朝鮮朝日	1928-01-24	1	10단	人(李堈公殿下/黑田誠氏(國際運輸專務)/三上淸津府伊)
148144	朝鮮朝日	1928-01-24	1	10단	半島茶話
148145	朝鮮朝日	1928-01-24	2	01단	魚市場合同後の批難(下)/開市前に毎日昨日の代金を拂はねばならぬ仲賀人/それが立會遲延の原因
148146	朝鮮朝日	1928-01-24	2	01단	品安に促されて地方の購買力意外に活氣を見せ舊歲末平穩に越年
148147	朝鮮朝日	1928-01-24	2	01단	蟾津江の水電許可/南鮮電氣か
148148	朝鮮朝日	1928-01-24	2	01단	雫の聲
148149	朝鮮朝日	1928-01-24	2	02단	米價安で滿洲粟輸入昨年より減少
148150	朝鮮朝日	1928-01-24	2	02단	豚が多くなり牛が減じた平北屠獸高
148151	朝鮮朝日	1928-01-24	2	02단	朝鮮もの大豆品薄で高騰す/交通が回復せば下押を豫想される
148152	朝鮮朝日	1928-01-24	2	03단	原料高で燒酎が高値滿州高粱輸入
148153	朝鮮朝日	1928-01-24	2	03단	金剛電氣拂込

일련번호	판명	간행일	면	단수	기사명
148154	朝鮮朝日	1928-01-24	2	03단	遠眼鏡
148155	朝鮮朝日	1928-01-25	1	01단	議會解散と朝鮮とは何の關係も無いよ/お土産を買込んで山梨總督上機嫌で歸鮮
148156	朝鮮朝日	1928-01-25	1	01단	鯛飯に舌つづみ盃を重ねて上機嫌意氣揚々釜山を出發
148157	朝鮮朝日	1928-01-25	1	01단	中原また鹿を逐ふ！/朝鮮に緣りのある立候補の名士不名士/古いところで安達、三土の兩氏
148158	朝鮮朝日	1928-01-25	1	03단	學力と經濟的に自信を得た上/內地に留學して欲しい稻葉督學官は語る
148159	朝鮮朝日	1928-01-25	1	04단	臨時道議會忠南が開催
148160	朝鮮朝日	1928-01-25	1	04단	洛東江の水電計劃/三箇所に起る
148161	朝鮮朝日	1928-01-25	1	04단	南朝鮮鐵道重役が來鮮實地を踏査
148162	朝鮮朝日	1928-01-25	1	05단	定州署の不法監禁問題(三)/寢卷姿の署長が憤激の氣を吐き聞くに堪へぬ惡罵を森岡氏は浴びせたと語る
148163	朝鮮朝日	1928-01-25	1	05단	校舍を新築して早も設立を待つ/平壤醫專のお膳立解氷後直に工事に着手
148164	朝鮮朝日	1928-01-25	1	05단	短歌/橋田東聲選
148165	朝鮮朝日	1928-01-25	1	06단	英語雄辯大會
148166	朝鮮朝日	1928-01-25	1	06단	競願が多くて處分に困難な緣故林の拂下げ四箇年に亙り施行
148167	朝鮮朝日	1928-01-25	1	06단	お茶のあと
148168	朝鮮朝日	1928-01-25	1	07단	大同江改修明年度に着手
148169	朝鮮朝日	1928-01-25	1	07단	御成婚記念に初等學童の表彰式擧行
148170	朝鮮朝日	1928-01-25	1	07단	煙草會社の相談役決定重役會で詮衡
148171	朝鮮朝日	1928-01-25	1	07단	新義州醫院內容を充實
148172	朝鮮朝日	1928-01-25	1	08단	朝鮮産品使用の宣傳平壤で擧行
148173	朝鮮朝日	1928-01-25	1	08단	府議員に却って反感/淸津府民大會
148174	朝鮮朝日	1928-01-25	1	08단	釜山の豪雨坪當り三斗
148175	朝鮮朝日	1928-01-25	1	08단	森岡辯護士の檢束を調査/京城の委員が
148176	朝鮮朝日	1928-01-25	1	08단	神仙爐
148177	朝鮮朝日	1928-01-25	1	09단	全鮮卓球大會
148178	朝鮮朝日	1928-01-25	1	09단	講堂館鏡開式
148179	朝鮮朝日	1928-01-25	1	09단	木部しげの孃飛行界を引退/自動車屋を開業/最後の全鮮飛行を擧行
148180	朝鮮朝日	1928-01-25	1	09단	會(平北教授研究會/馬山新春團募會)
148181	朝鮮朝日	1928-01-25	1	09단	人(山梨朝鮮總督/木下關東廳長官/松本正寬氏(京城辯護士)/植田福岡縣政友支部幹事/塚越卯三郎氏(東京實業家)/稻葉彦六氏(文部省督學官)/新田留次郎氏(朝鐵專務)/石鎭衡氏(全南道知事)/朴喆熙氏(全南道參與官)/木村寬藏氏(全南地方課長)/石村義太郎氏(馬山法院支廳上席判事))

일련번호	판명	간행일	면	단수	기사명
148182	朝鮮朝日	1928-01-25	1	10단	巨頭の捕縛で歸順相つぎ正義府衰退
148183	朝鮮朝日	1928-01-25	1	10단	半島茶話
148184	朝鮮朝日	1928-01-25	2	01단	鮮航會以外の船に積んだお米も矢張り荷受をする/大阪側が漸く納得
148185	朝鮮朝日	1928-01-25	2	01단	輸入組合の設置を要望
148186	朝鮮朝日	1928-01-25	2	01단	雫の聲
148187	朝鮮朝日	1928-01-25	2	01단	平南牛移出
148188	朝鮮朝日	1928-01-25	2	01단	南浦水産會第八回評議會
148189	朝鮮朝日	1928-01-25	2	01단	去る人來る人(上)/商銀專務の更迭古宇田氏と山下氏
148190	朝鮮朝日	1928-01-25	2	02단	局線の貨物十二萬餘噸
148191	朝鮮朝日	1928-01-25	2	02단	一月中旬の私鐵在荷高好況を示す
148192	朝鮮朝日	1928-01-25	2	02단	大邱商議所役員が決定/平壤商議特議員
148193	朝鮮朝日	1928-01-25	2	03단	土地改良社總會
148194	朝鮮朝日	1928-01-25	2	03단	咸興商珠算競技
148195	朝鮮朝日	1928-01-25	2	03단	京城手形交換高
148196	朝鮮朝日	1928-01-25	2	03단	遠眼鏡
148197	朝鮮朝日	1928-01-26	1	01단	權限問題などに拘はる必要はない 鮮米の買上は實際上不可能 米穀法の適用は己むを得ぬ 山梨總督歸來談/總督の裁斷で米穀法は適用 鮮米の買上は是非必要と殖産局側では漏す
148198	朝鮮朝日	1928-01-26	1	02단	在滿邦人救濟具體案/安東が研究
148199	朝鮮朝日	1928-01-26	1	02단	全南操棉檢査不評判手數科も激減
148200	朝鮮朝日	1928-01-26	1	02단	定州署の不法監禁問題(四)/それはそれは口惜しかったと主人がこぼしました署長の奥さんまで憤慨
148201	朝鮮朝日	1928-01-26	1	03단	青年訓練を朝鮮でも實施/內地人の多い都市に限り/七八月ごろに開始
148202	朝鮮朝日	1928-01-26	1	03단	俳句/鈴木花蓑選
148203	朝鮮朝日	1928-01-26	1	04단	鮮銀の異動
148204	朝鮮朝日	1928-01-26	1	04단	平壤の學議手當を引上
148205	朝鮮朝日	1928-01-26	1	04단	卒業生指導成績が良好/更に增設す
148206	朝鮮朝日	1928-01-26	1	05단	新校舍で授業を開始/光州女高普校
148207	朝鮮朝日	1928-01-26	1	05단	メートル展覽會/平壤で開催
148208	朝鮮朝日	1928-01-26	1	05단	豫算問題で學議と當局懇談を重ぬ
148209	朝鮮朝日	1928-01-26	1	05단	光州警察署昇格
148210	朝鮮朝日	1928-01-26	1	05단	さ程激しくない中等校の入學難十人に六、七人位は這入れる見こみ
148211	朝鮮朝日	1928-01-26	1	05단	入學試驗(第一、二高等校/第一、二高女校/京城女子普校/仁川南商校/京城女子實業/安東中學校/安東高女校/平北師範校/光州中學校/光州高普校/光州師範校/光州農業

일련번호	판명	간행일	면	단수	기사명
148211	朝鮮朝日	1928-01-26	1	05단	校/光州女高普/光州高女校)
148212	朝鮮朝日	1928-01-26	1	06단	神仙爐
148213	朝鮮朝日	1928-01-26	1	06단	平壤機隊の夜間飛行三四月頃擧行
148214	朝鮮朝日	1928-01-26	1	06단	新義州府地料の値下いよいよ折衝
148215	朝鮮朝日	1928-01-26	1	07단	朝鮮産業の槪念を與ふ/釜山驛の設備
148216	朝鮮朝日	1928-01-26	1	07단	恐しい勢ひで增加する肺結核 溫突の雜居生活が第一原因 豫防施設を計劃中/總督府醫院の結核講習會聽講者が少い
148217	朝鮮朝日	1928-01-26	1	07단	氷上自動車橇試運轉
148218	朝鮮朝日	1928-01-26	1	08단	龍谷女學校假校舍で開校
148219	朝鮮朝日	1928-01-26	1	09단	殺せ殺せ水利組合の反對者憤る
148220	朝鮮朝日	1928-01-26	1	09단	發疹チブス京畿道に流行
148221	朝鮮朝日	1928-01-26	1	09단	射水丸の船員に感謝金員を贈る
148222	朝鮮朝日	1928-01-26	1	10단	人(渡邊定一郎氏(京城商議會頭)/阪部正康中尉(所澤飛行學校付)/ストーリー氏(東京駐在オースタリー領事))
148223	朝鮮朝日	1928-01-26	1	10단	半島茶話
148224	朝鮮朝日	1928-01-26	2	01단	石粉抜き精米の可否を研究/當業者も贊否轟々糠の肥料化が實際問題
148225	朝鮮朝日	1928-01-26	2	01단	漁組に低資金組が融通
148226	朝鮮朝日	1928-01-26	2	01단	南浦果物の代行問題で總會が賑ふ
148227	朝鮮朝日	1928-01-26	2	01단	去る人來る人(中)/線の太い古宇田氏滿洒な紳士の山下さん
148228	朝鮮朝日	1928-01-26	2	02단	慶南の鯖漁近來の豊況
148229	朝鮮朝日	1928-01-26	2	02단	慶南産の鯖や鰯節が京阪で歡迎
148230	朝鮮朝日	1928-01-26	2	03단	全南の海苔洪建
148231	朝鮮朝日	1928-01-26	2	03단	釜山産組創立
148232	朝鮮朝日	1928-01-26	2	03단	遠眼鏡
148233	朝鮮朝日	1928-01-27	1	01단	小作慣行の調査を全鮮に互り施行し爭議調停法を制定
148234	朝鮮朝日	1928-01-27	1	01단	釜山埋築工事の難關は兩堤防/國庫補助によりたい中心人物の塚越氏語る
148235	朝鮮朝日	1928-01-27	1	01단	國境從事員御慰問使矢野中佐渡鮮
148236	朝鮮朝日	1928-01-27	1	01단	慶南道議會二十五日から
148237	朝鮮朝日	1928-01-27	1	01단	銀行合同は至極結構/井内鮮銀理事談
148238	朝鮮朝日	1928-01-27	1	02단	今度は案外圓滿らしい/忠南臨時道議會
148239	朝鮮朝日	1928-01-27	1	02단	壓迫されて歸る鮮農の畜牛を檢疫の必要があり國境楚山で警戒に着手
148240	朝鮮朝日	1928-01-27	1	02단	現在の滿洲は滿鐵の滿洲だ/開發の遲れるはその爲か木下關東長官語る
148241	朝鮮朝日	1928-01-27	1	03단	短歌/橋田東聲選
148242	朝鮮朝日	1928-01-27	1	03단	火葬場移轉反對の聲/果して猛烈

일련번호	판명	간행일	면	단수	기사명
148243	朝鮮朝日	1928-01-27	1	04단	府に昇格を光州が窺ふ
148244	朝鮮朝日	1928-01-27	1	04단	在學中の成績が非常に物言ふ/慶南の中等校試驗/試驗問題は平易になる
148245	朝鮮朝日	1928-01-27	1	04단	お茶のあと
148246	朝鮮朝日	1928-01-27	1	04단	神仙爐
148247	朝鮮朝日	1928-01-27	1	05단	馬山の水道滿場一致可決
148248	朝鮮朝日	1928-01-27	1	05단	公州學議戰
148249	朝鮮朝日	1928-01-27	1	05단	準備教育は希望者に限り/二時間を教授
148250	朝鮮朝日	1928-01-27	1	05단	來る二月一日紀元節發行/鮮滿大觀第一卷/四六倍版六十八頁全文グラビヤ美術印刷/表紙石版數色頗る美本/朝鮮滿洲の本紙月極讀者に限り進呈
148251	朝鮮朝日	1928-01-27	1	05단	大邱高女試驗期
148252	朝鮮朝日	1928-01-27	1	06단	*定州署の不法監禁問題(完) 要するに水掛論どっちにしても感心は出來かねると平壤での噂とりどり/京城辯護士が最後の態度協議で決定*
148253	朝鮮朝日	1928-01-27	1	06단	記念放送に苦心を重ね種目を選定中
148254	朝鮮朝日	1928-01-27	1	06단	兒童本位の活寫を科學館で映寫/常設館行を遮り惡弊を除く計劃
148255	朝鮮朝日	1928-01-27	1	07단	木浦商業改築
148256	朝鮮朝日	1928-01-27	1	07단	博川農民社創立準備會
148257	朝鮮朝日	1928-01-27	1	08단	平北水産會が遭難漁業者救助の計劃
148258	朝鮮朝日	1928-01-27	1	08단	渡船顚覆に批難の聲/監督が不行届
148259	朝鮮朝日	1928-01-27	1	08단	遺産を繞って組んづほぐれつの爭ひ/また現れた相續人
148260	朝鮮朝日	1928-01-27	1	09단	南枝膨らむ鎭海の梅林
148261	朝鮮朝日	1928-01-27	1	09단	留置人にお雜煮光州署の振舞
148262	朝鮮朝日	1928-01-27	1	10단	またまた偽造の紙幣京畿に流通
148263	朝鮮朝日	1928-01-27	1	10단	鮮日の主筆違反で收容
148264	朝鮮朝日	1928-01-27	1	10단	會(書堂教師講習會/全南獻醫會議)
148265	朝鮮朝日	1928-01-27	1	10단	人(森岡二三氏(平壤辯護士)/塚越卯太郎氏(東京實業家)/井內勇氏(鮮銀理事)/鈴木間島總督領事)
148266	朝鮮朝日	1928-01-27	1	10단	半島茶話
148267	朝鮮朝日	1928-01-27	2	01단	我々には石炭を安く賣って吳れ/炭の上に坐す我々だと平南人が會社に要望
148268	朝鮮朝日	1928-01-27	2	01단	平安漁業の拂込問題/注意を惹く
148269	朝鮮朝日	1928-01-27	2	01단	實業補習校校長會開催
148270	朝鮮朝日	1928-01-27	2	01단	寺洞行電車非常な盛況
148271	朝鮮朝日	1928-01-27	2	01단	去る人來る人(下)/やもめの古宇田さんの後任がまたやもめ山下さんの御腕を今後に拜見
148272	朝鮮朝日	1928-01-27	2	02단	崇農同志會定州で組織

일련번호	판명	간행일	면	단수	기사명
148273	朝鮮朝日	1928-01-27	2	02단	平北水産總會
148274	朝鮮朝日	1928-01-27	2	02단	南浦商議評議會
148275	朝鮮朝日	1928-01-27	2	02단	新義州商議分科
148276	朝鮮朝日	1928-01-27	2	03단	鐵道共濟預金高
148277	朝鮮朝日	1928-01-27	2	03단	京城送氷高
148278	朝鮮朝日	1928-01-27	2	03단	遠眼鏡
148279	朝鮮朝日	1928-01-28	1	01단	社外船の三隻は三月末まで承認/鮮航會の運賃問題/二十五日漸く協定が成立す
148280	朝鮮朝日	1928-01-28	1	01단	實行豫算編成方針を指示/二月中に編成を終って三月大藏省に回付
148281	朝鮮朝日	1928-01-28	1	01단	圖們鐵道に新機關車到着
148282	朝鮮朝日	1928-01-28	1	01단	土曜漫筆/女の少い朝鮮/善生永助
148283	朝鮮朝日	1928-01-28	1	02단	新義州電氣發電所竣功電力不足救はる
148284	朝鮮朝日	1928-01-28	1	02단	膃肭臍漁業に曙光を與へる/回游狀態の新調査非常な期待を以て見らる
148285	朝鮮朝日	1928-01-28	1	03단	安東商人が邦人救濟の諮問に答申
148286	朝鮮朝日	1928-01-28	1	03단	産婆養成所醫院から獨立
148287	朝鮮朝日	1928-01-28	1	04단	辻褄の合はぬ平北の豫算歳入が不足
148288	朝鮮朝日	1928-01-28	1	04단	來る二月一日紀元節發行/鮮滿大觀第一卷/四六倍版六十八頁全文グラビヤ美術印刷/表紙石版數色頗る美本/朝鮮滿洲の本紙月極讀者に限り進呈
148289	朝鮮朝日	1928-01-28	1	04단	移出中の鮮牛に飼料を與へる可否/名倉技師その他が乘組み細部に亙って研究
148290	朝鮮朝日	1928-01-28	1	05단	國境守備隊の氷上演習橇や馬車を使用
148291	朝鮮朝日	1928-01-28	1	06단	神仙爐
148292	朝鮮朝日	1928-01-28	1	06단	耐寒飛行の準備に着手
148293	朝鮮朝日	1928-01-28	1	06단	鐵道員養成所本年度募集人員
148294	朝鮮朝日	1928-01-28	1	06단	北漢の雪列車が延着/江界も大雪三尺に達す/釜山の大雨冬に珍しい
148295	朝鮮朝日	1928-01-28	1	06단	副總裁の任命は我々は與らぬ/配當は四分の据置/井內鮮銀理事の土産話
148296	朝鮮朝日	1928-01-28	1	06단	朝鮮の最大風速は一時間に二百キロ/冬季口が一番多い/松田平壤測候所長の研究
148297	朝鮮朝日	1928-01-28	1	07단	太平洋橫斷飛行の寄附金平南でも募集
148298	朝鮮朝日	1928-01-28	1	07단	巡查通譯試驗
148299	朝鮮朝日	1928-01-28	1	08단	頭のてっぺんに穴を開ける手術/腦溢血を治癒した小川博士の大成功
148300	朝鮮朝日	1928-01-28	1	08단	不退の頭目全德元豫審が終結
148301	朝鮮朝日	1928-01-28	1	08단	平壤傳染病猩紅熱が最多

일련번호	판명	간행일	면	단수	기사명
148302	朝鮮朝日	1928-01-28	1	09단	平南大同に感冒が蔓延患者二百餘名
148303	朝鮮朝日	1928-01-28	1	09단	極貧者達に白米を施す
148304	朝鮮朝日	1928-01-28	1	09단	僞の人蔘エキスが內地に橫行し聲價を著しく落とす/今後は嚴重に取締る
148305	朝鮮朝日	1928-01-28	1	10단	會(プロ藝術創立會)
148306	朝鮮朝日	1928-01-28	1	10단	人(黑田誠氏(國際運輸專務)/石森久彌氏(朝鮮公論社長)/石塚峻氏(殖産局技師)/木下關東廳長官一行)
148307	朝鮮朝日	1928-01-28	1	10단	半島茶話
148308	朝鮮朝日	1928-01-28	2	01단	鰊の定置漁場に他の漁夫が侵入/大群を獲り逃がすとて當業者が取締を陳情
148309	朝鮮朝日	1928-01-28	2	01단	打瀨網の會費引上慶南の交涉に慶北側が肯んぜず/兩道間に紛糾生ぜん
148310	朝鮮朝日	1928-01-28	2	01단	美林水組愈よ起工/考古資料の埋藏が多い
148311	朝鮮朝日	1928-01-28	2	01단	慶北道の鑛業界非常に賑ふ
148312	朝鮮朝日	1928-01-28	2	01단	農業倉庫を農會が利用
148313	朝鮮朝日	1928-01-28	2	01단	繩叺の過剩會社が惱む
148314	朝鮮朝日	1928-01-28	2	02단	國境の流筏豫定通り到着
148315	朝鮮朝日	1928-01-28	2	02단	魚群を逸する虞れがあると水産試驗場設置を平北の當業者叫ぶ
148316	朝鮮朝日	1928-01-28	2	03단	慶南水産總代會
148317	朝鮮朝日	1928-01-28	2	03단	慶北果物生産高
148318	朝鮮朝日	1928-01-28	2	03단	全南の質屋貸付
148319	朝鮮朝日	1928-01-28	2	03단	遠眼鏡
148320	朝鮮朝日	1928-01-29	1	01단	普選の逐鹿場裡に馳せ參ずる朝鮮人/各地に散在するので代議士を選む迄は無い
148321	朝鮮朝日	1928-01-29	1	01단	本年度に比し三四十萬圓を減ずる明年度の實行豫算
148322	朝鮮朝日	1928-01-29	1	01단	慶北靑松に大水電遞信局が調査
148323	朝鮮朝日	1928-01-29	1	01단	蘭領印度學術會議の出席者詮衡
148324	朝鮮朝日	1928-01-29	1	01단	入學試驗(京城中學校/龍山中學校/京畿商業校/京城師範校/鎭海高女校)
148325	朝鮮朝日	1928-01-29	1	02단	根本の意見に相違は無い/米穀法適用で爭ふ殖、財兩局の確執は無い
148326	朝鮮朝日	1928-01-29	1	02단	俳句/鈴木花蓑選
148327	朝鮮朝日	1928-01-29	1	03단	松汀里木浦間一列車增發近く實現か
148328	朝鮮朝日	1928-01-29	1	03단	桐や竹の大造林計劃/御大典記念
148329	朝鮮朝日	1928-01-29	1	03단	平北のスケートの强み(上)/國境都市の誇り若人の氷上亂舞/全鮮最强の新商チーム
148330	朝鮮朝日	1928-01-29	1	04단	嚴島神社神前相場出來値段
148331	朝鮮朝日	1928-01-29	1	04단	服役の期間が短くなるので軍敎實施を希望する專門校

일련번호	판명	간행일	면	단수	기사명
148331	朝鮮朝日	1928-01-29	1	04단	の學生が多い
148332	朝鮮朝日	1928-01-29	1	04단	お茶のあと
148333	朝鮮朝日	1928-01-29	1	05단	奧平氏外遊
148334	朝鮮朝日	1928-01-29	1	05단	鬱陵島で露艦の引揚來春に着手
148335	朝鮮朝日	1928-01-29	1	05단	いよいよ迫った受驗地獄の悩み試驗問題は簡單に身體檢査を嚴重に準備教育の弊を救ふ大苦心
148336	朝鮮朝日	1928-01-29	1	06단	南鮮の面長本社見學
148337	朝鮮朝日	1928-01-29	1	06단	救護看護婦給費生募集
148338	朝鮮朝日	1928-01-29	1	07단	坂本署長の免官を官憲に警告す/京城の辯護士大會で決議/全鮮に通牒を發す
148339	朝鮮朝日	1928-01-29	1	07단	平北の降雪交通が杜絶
148340	朝鮮朝日	1928-01-29	1	07단	新幹會支部平北に數箇所
148341	朝鮮朝日	1928-01-29	1	08단	神仙爐
148342	朝鮮朝日	1928-01-29	1	08단	純情/神の如し武藤氏の原作教育美談映畫
148343	朝鮮朝日	1928-01-29	1	08단	德江開城郡守
148344	朝鮮朝日	1928-01-29	1	08단	スケート滿鮮大會
148345	朝鮮朝日	1928-01-29	1	09단	艀が顚覆し二十二名の乘客/行方不明となる
148346	朝鮮朝日	1928-01-29	1	09단	會(兒童慰安活寫會/觀世流素謠會/配車事務打合會)
148347	朝鮮朝日	1928-01-29	1	09단	人(陶延吉道尹/ルネ、ペルトロー博士(巴里大學哲學科名譽教授)/ハーバート、ウエルチ博士(メンチスト教會鮮滿部長))
148348	朝鮮朝日	1928-01-29	1	09단	半島茶話
148349	朝鮮朝日	1928-01-29	2	01단	農家の經濟形態を農會が實地調查/今後の施設の上に重要な資料を提供
148350	朝鮮朝日	1928-01-29	2	01단	移出生牛が釜山に殺到出廻なほ增加
148351	朝鮮朝日	1928-01-29	2	01단	雲の聲
148352	朝鮮朝日	1928-01-29	2	01단	慶北原蠶種製造所移轉/四、五月着手
148353	朝鮮朝日	1928-01-29	2	01단	慶北農會主催産繭品評會/延期の模樣
148354	朝鮮朝日	1928-01-29	2	02단	漁業取締船/三月に竣工
148355	朝鮮朝日	1928-01-29	2	02단	京城商議の各部役員決定
148356	朝鮮朝日	1928-01-29	2	02단	京城卸物價やゝ騰貴
148357	朝鮮朝日	1928-01-29	2	02단	鮮婦人達にミシンの講習
148358	朝鮮朝日	1928-01-29	2	03단	柞蠶工場を英人が設置
148359	朝鮮朝日	1928-01-29	2	03단	産業書記講習會
148360	朝鮮朝日	1928-01-29	2	03단	局私線荷物連帶
148361	朝鮮朝日	1928-01-29	2	03단	朝鮮土地一割配
148362	朝鮮朝日	1928-01-29	2	03단	寧邊穀物檢查所
148363	朝鮮朝日	1928-01-29	2	03단	木浦經濟會
148364	朝鮮朝日	1928-01-29	2	03단	遠眼鏡

일련번호	판명	간행일	면	단수	기사명
148365	朝鮮朝日	1928-01-31	1	01단	朝鮮米の買上げ米穀委員會を同意 數量は決定せぬが買上場所は内地で/自分としては鮮米買上げは贊成山本農相が語る
148366	朝鮮朝日	1928-01-31	1	01단	小銀行の合同機運が熟したのは喜ばしい松本理財課長語る
148367	朝鮮朝日	1928-01-31	1	01단	平北のスケートの強み(下)/世界的スケーターを産むは何時の日/朝鮮代表の選手は新義州に求めねばならぬ
148368	朝鮮朝日	1928-01-31	1	02단	お茶のあと
148369	朝鮮朝日	1928-01-31	1	03단	京畿中等學校の入學者の難易父兄の選擇が必要
148370	朝鮮朝日	1928-01-31	1	03단	安東附屬地鮮人の救濟滿鐵に陳情
148371	朝鮮朝日	1928-01-31	1	04단	黃海道豫算二百九萬圓
148372	朝鮮朝日	1928-01-31	1	04단	零下二十六度の酷寒を衝いて新義州の耐寒飛行 いよいよ三十一日から開始/新義州へ耐寒飛行
148373	朝鮮朝日	1928-01-31	1	05단	自殺が罪惡だとは人の勝手な言葉/孤獨な尊い淋しさを小さい胸に祕めて死を急いだ夏子さん
148374	朝鮮朝日	1928-01-31	1	05단	新遞信局長山本氏就任
148375	朝鮮朝日	1928-01-31	1	05단	水産會が記念の貯金組合が斡旋
148376	朝鮮朝日	1928-01-31	1	06단	短歌/橋田東聲選
148377	朝鮮朝日	1928-01-31	1	06단	內地からも演藝家を招き記念の放送
148378	朝鮮朝日	1928-01-31	1	06단	街から巷へ(1)/一に堅實二に信用と石橋を叩いて渡る木浦の商人の堅實ぶり花火線香式の投機に寄付かぬ
148379	朝鮮朝日	1928-01-31	1	07단	初等教員合格者
148380	朝鮮朝日	1928-01-31	1	07단	無盡藏の火山灰鬱陵島で發見/質も內地品より良いセメントの代用品
148381	朝鮮朝日	1928-01-31	1	08단	府營魚市場に貨車引込線/近日中に設備
148382	朝鮮朝日	1928-01-31	1	08단	溶けて流れる大漢江の氷近頃の暖さ
148383	朝鮮朝日	1928-01-31	1	09단	肺結核患者年齡別調べ/總數七千餘名
148384	朝鮮朝日	1928-01-31	1	10단	氣腫疽豫防注射
148385	朝鮮朝日	1928-01-31	1	10단	武道寒稽古
148386	朝鮮朝日	1928-01-31	1	10단	會(京城女教員新年會/地稅地籍講習會)
148387	朝鮮朝日	1928-01-31	1	10단	人(今井伍介氏(朝鮮土地改良社長)/松本誠氏(本府理財課長)/池上朝鮮政務總監)
148388	朝鮮朝日	1928-01-31	1	10단	半島茶話
148389	朝鮮朝日	1928-01-31	2	01단	立派な木材を提供して欲しい/滿洲材使用の請願に對し滿鐵側の回答が到着
148390	朝鮮朝日	1928-01-31	2	01단	農作物に打擊を與ふ氣狂ひ御天氣
148391	朝鮮朝日	1928-01-31	2	01단	大同郡の平壤編入を府が認可要望
148392	朝鮮朝日	1928-01-31	2	01단	安東瓦斯の新義州供給/關係筋で調査
148393	朝鮮朝日	1928-01-31	2	01단	牛は增したが豚が減じた/平北家畜數

일련번호	판명	간행일	면	단수	기사명
148394	朝鮮朝日	1928-01-31	2	02단	植林事業を行ふ慶南道/御大典記念事業
148395	朝鮮朝日	1928-01-31	2	02단	木浦の擴張二老面編入
148396	朝鮮朝日	1928-01-31	2	02단	全南金組の年度末成績發展著るし
148397	朝鮮朝日	1928-01-31	2	02단	具體化して來た石油の共同購入/朝鮮水産會が斡旋/米國ライヂングサンと契約
148398	朝鮮朝日	1928-01-31	2	03단	定州農學校設立運動猛烈
148399	朝鮮朝日	1928-01-31	2	03단	會社銀行(安東實業年八分)
148400	朝鮮朝日	1928-01-31	2	03단	平壤工友會
148401	朝鮮朝日	1928-01-31	2	03단	雫の聲
148402	朝鮮朝日	1928-01-31	2	03단	平壤商議評議會

1928년 2월 (조선아사히)

일련번호	판명	간행일	면	단수	기사명
148403	朝鮮朝日	1928-02-01	1	01단	朝鮮米の買上は鮮內で行ふらしい/銀行が不良貸を銷却せば低資を融通し合同を慫慂/松本理財局長歸來談
148404	朝鮮朝日	1928-02-01	1	01단	在滿鮮人壓迫で支那官憲に交渉/山梨總督の進言を容れ/外務省の態度決定
148405	朝鮮朝日	1928-02-01	1	01단	豫想を裏ぎる/鮮米の移出/非常な增加を來す/七百萬圓を突破か
148406	朝鮮朝日	1928-02-01	1	01단	甘浦の築港/一月中に完成
148407	朝鮮朝日	1928-02-01	1	01단	浦項港浚渫/いよいよ着手
148408	朝鮮朝日	1928-02-01	1	02단	噂に噂を産んだ 朝鮮官界の大搖れ 今度のは前總監の引繼ぎ 本搖りは總選擧後(新慶南知事 水口 隆三氏/新專賣局長 松本 誠氏/勇退の前慶南 和田 純氏/新遞信局長 山本 犀藏氏)/官界の足を濯ひ九尺二間の裏店で子供の成長でも待ませう 勇退した和田純氏
148409	朝鮮朝日	1928-02-01	1	03단	海事法規の統一は政府も承認す/臨時議會に提出し/直ちに實施に着手
148410	朝鮮朝日	1928-02-01	1	04단	運送店合同 商議が協議/甲子倶樂部は合同方針で進む
148411	朝鮮朝日	1928-02-01	1	04단	俳句/鈴木花養選
148412	朝鮮朝日	1928-02-01	1	04단	慶南師範に女子講習科/四月から實施
148413	朝鮮朝日	1928-02-01	1	05단	生徒募集を中止し/內容充實を圖る/平壤醫學講習所いよいよ醫專設置の前提
148414	朝鮮朝日	1928-02-01	1	05단	山梨總督に陳情書提出/釜山火葬場/反對の運動
148415	朝鮮朝日	1928-02-01	1	05단	雲楚間道路/改修を陳情
148416	朝鮮朝日	1928-02-01	1	06단	釜山奉天間長距離騎行/小林氏の壯擧
148417	朝鮮朝日	1928-02-01	1	06단	機關銃を備へた/橇を氷上に運轉して國境の警備を嚴にす
148418	朝鮮朝日	1928-02-01	1	06단	車輪を橇に替へ 耐寒機の飛翔所澤機の來着をまつ/朝鮮として二回目の飛行/所澤の三機 平壤を通過/萬一のため驅逐艦を準備
148419	朝鮮朝日	1928-02-01	1	07단	入學試驗(馬山商業)
148420	朝鮮朝日	1928-02-01	1	07단	釜山運動場工事が遲々
148421	朝鮮朝日	1928-02-01	1	08단	お茶のあと
148422	朝鮮朝日	1928-02-01	1	08단	海外派遣者詮衡
148423	朝鮮朝日	1928-02-01	1	08단	九條武子夫人/病ひ篤く/憂慮される
148424	朝鮮朝日	1928-02-01	1	08단	京畿道のチフス/ますます蔓廷
148425	朝鮮朝日	1928-02-01	1	08단	新義州ホテル/民衆的に改造
148426	朝鮮朝日	1928-02-01	1	09단	松本係長葬儀
148427	朝鮮朝日	1928-02-01	1	09단	『信じなば必らず悔も多からん/男は祕ごと多きものなり』各流夫人餘技展で富田八重子夫人の詠嘆
148428	朝鮮朝日	1928-02-01	1	09단	平壤中氷滑大會
148429	朝鮮朝日	1928-02-01	1	09단	人(松本醫盛氏(總督府祕書官)/望月瀧三氏(總督府獸疫血

일련번호	판명	간행일	면	단수	기사명
148429	朝鮮朝日	1928-02-01	1	09단	濟製造所長)/伊達順之助氏/三上淸津府尹/渡邊第十九師團長/米國人ランドン氏(加州大學政治料教授))
148430	朝鮮朝日	1928-02-01	1	10단	在軍武道競技會
148431	朝鮮朝日	1928-02-01	1	10단	半島茶話
148432	朝鮮朝日	1928-02-01	2	01단	四月から舊協定の運賃に引戻す/鮮航會の肚らしく穀物聯合會では對策を研究
148433	朝鮮朝日	1928-02-01	2	01단	全南の水組/二月頃認可
148434	朝鮮朝日	1928-02-01	2	01단	全南の篤農/內地を視察
148435	朝鮮朝日	1928-02-01	2	01단	雫の聲
148436	朝鮮朝日	1928-02-01	2	01단	咸南の鹽鰯/輸出の計劃
148437	朝鮮朝日	1928-02-01	2	02단	慶南の鱈漁/非常な豊況
148438	朝鮮朝日	1928-02-01	2	02단	牡蠣の養殖/平北が試驗
148439	朝鮮朝日	1928-02-01	2	02단	朝鮮、鎭海兩汽船合併/總會で可決
148440	朝鮮朝日	1928-02-01	2	02단	光陽の海苔/非常な不作
148441	朝鮮朝日	1928-02-01	2	02단	あれも人の子！/寒夜の店員が可哀想だと店の早仕舞/實は電燈料の儉約
148442	朝鮮朝日	1928-02-01	2	03단	海苔の增殖/慶南が計劃
148443	朝鮮朝日	1928-02-01	2	03단	京城手形交換高
148444	朝鮮朝日	1928-02-01	2	03단	遠眼鏡
148445	朝鮮朝日	1928-02-02	1	01단	京城の市街自動車は府營が理想的だと申請を待つ道當局/競願の二者は却下
148446	朝鮮朝日	1928-02-02	1	01단	移轉を世話し火田民の生活を脅かさないやうと各營林署員へ通牒
148447	朝鮮朝日	1928-02-02	1	01단	釜山南港の埋立は總監が歸任し/詮議の上で決定か/防波堤の國費支辨は困難
148448	朝鮮朝日	1928-02-02	1	01단	豆滿江岸線/殘工事入札
148449	朝鮮朝日	1928-02-02	1	01단	咸北道議會
148450	朝鮮朝日	1928-02-02	1	02단	御慰問使の來茂を仰望
148451	朝鮮朝日	1928-02-02	1	02단	さう追出すやうに言って下さるな 命令ならば行きませうと 喜ばぬげな水口氏/意見抱負はまだ憚ると山本新局長歸任す
148452	朝鮮朝日	1928-02-02	1	03단	査定を終る 慶南の新豫算/衛生課十六萬圓
148453	朝鮮朝日	1928-02-02	1	03단	短歌/橋田東聲選
148454	朝鮮朝日	1928-02-02	1	03단	守備隊長の支那官憲訪問
148455	朝鮮朝日	1928-02-02	1	04단	釜山女高普/敷地が決定
148456	朝鮮朝日	1928-02-02	1	04단	難航を續けつゝ/所澤の三機も到着/平壤機江界に飛翔/國境の耐寒飛行は酣なは
148457	朝鮮朝日	1928-02-02	1	05단	同一の海底線で二重通信を研究/九州あての電報が激增し/是が緩和を圖るため

일련번호	판명	간행일	면	단수	기사명
148458	朝鮮朝日	1928-02-02	1	05단	チフスの防疫に公醫も警官も怖氣を震って避ける/感染した殉職者もある
148459	朝鮮朝日	1928-02-02	1	06단	大同郡廳を移轉の計劃
148460	朝鮮朝日	1928-02-02	1	06단	街から巷へ(2)/長夜の夢さめて酒造米の移出に憤起する木浦商人棉と海苔とは全南の寶庫
148461	朝鮮朝日	1928-02-02	1	07단	炎上した華頂寺
148462	朝鮮朝日	1928-02-02	1	07단	御大典記念/運動場建設
148463	朝鮮朝日	1928-02-02	1	07단	中國人の基督教會堂/平壤に建設
148464	朝鮮朝日	1928-02-02	1	08단	初中等學校/教育研究會/大邱で開催
148465	朝鮮朝日	1928-02-02	1	09단	地方見學のお人形さん/道廳へお歸り
148466	朝鮮朝日	1928-02-02	1	09단	慶州博物館の盜品に懸賞/繁榮會が發表
148467	朝鮮朝日	1928-02-02	1	09단	會(光州普校學藝會)
148468	朝鮮朝日	1928-02-02	1	10단	人(上原二十師團長/山本犀藏氏(新總督府遞信局長)/高橋利三郎氏(遞信局庶務課長)/松下芳三郎氏(全南警察部長)/土屋泰助氏(殖銀光州支店長)/圓田寬氏(本府山林部長))
148469	朝鮮朝日	1928-02-02	1	10단	半島茶話
148470	朝鮮朝日	1928-02-02	2	01단	『動く人々』慶南知事/水口隆三氏
148471	朝鮮朝日	1928-02-02	2	01단	昨年の高値に惚れ/甜菜の栽培に農民が乘氣になる/補助金を增して更に獎勵
148472	朝鮮朝日	1928-02-02	2	01단	平安漁業の社長詮衡を當局に一任
148473	朝鮮朝日	1928-02-02	2	01단	慶北の米作/五萬石を減收
148474	朝鮮朝日	1928-02-02	2	01단	發展著しき/平壤靴下業
148475	朝鮮朝日	1928-02-02	2	01단	平北に入込む/支那魚商船/年々に增加
148476	朝鮮朝日	1928-02-02	2	02단	三十五輛の貨車が竣工
148477	朝鮮朝日	1928-02-02	2	02단	鰊の大群が迎日灣に來襲
148478	朝鮮朝日	1928-02-02	2	02단	學校は殖えたが先生が足らぬ/補充に困る慶南道/轉職が三日に一人の割合
148479	朝鮮朝日	1928-02-02	2	03단	馬山鱈水揚/百六十萬尾
148480	朝鮮朝日	1928-02-02	2	03단	平北水産總代會
148481	朝鮮朝日	1928-02-02	2	03단	遠眼鏡
148482	朝鮮朝日	1928-02-03	1	01단	社外船の積荷でも大阪側は荷受する/鮮米の積取り問題圓滿に解決し調印を了す
148483	朝鮮朝日	1928-02-03	1	01단	殖銀增配/九分に決定
148484	朝鮮朝日	1928-02-03	1	01단	釜山教育費/七十七萬圓
148485	朝鮮朝日	1928-02-03	1	02단	浦潮鰊買出船/査證のため領事會員來淸
148486	朝鮮朝日	1928-02-03	1	02단	總務課を新設し/人事の異動を所管させる新計劃/或は近く實現せん
148487	朝鮮朝日	1928-02-03	1	02단	街から巷へ(3)/米か棉か海苔か天産豊な全南縄叭の製造は全鮮第一目覺めた木浦府

일련번호	판명	간행일	면	단수	기사명
148488	朝鮮朝日	1928-02-03	1	03단	德惠姫の生母梁氏の容態/經過が良好
148489	朝鮮朝日	1928-02-03	1	03단	總督の名で宴會縮小を各課に回覽
148490	朝鮮朝日	1928-02-03	1	04단	寫眞や氣象觀測/偖は食料の研究 酷寒の上空を飛行し 平壤飛機隊活躍す/義州の戰跡 飛行隊員見學
148491	朝鮮朝日	1928-02-03	1	04단	俳句/鈴木花蓑選
148492	朝鮮朝日	1928-02-03	1	05단	鮮人保護の內地人達が全鮮を視察
148493	朝鮮朝日	1928-02-03	1	05단	坂本署長の免官を總督に建議し/更に瀆職で高等法院に告訴/京城の辯護士起つ
148494	朝鮮朝日	1928-02-03	1	06단	見るもの聞くもの凡てが懷しいとしんみりした態度で釜山を去る和田花子夫人
148495	朝鮮朝日	1928-02-03	1	06단	橫斷飛行/寄附金/お話にならぬほどの乏しさ
148496	朝鮮朝日	1928-02-03	1	07단	突如鐘路署の共産黨狩り/署員を總動員してソール靑年會員五名を逮捕
148497	朝鮮朝日	1928-02-03	1	07단	內鮮二名の强盜が現れ/二箇所を荒す
148498	朝鮮朝日	1928-02-03	1	07단	歸還鮮人の携行家畜を臨時に檢疫
148499	朝鮮朝日	1928-02-03	1	08단	全鮮の野犬を屠り盡す/衛生課の計劃
148500	朝鮮朝日	1928-02-03	1	08단	何故に彼女達は家を見棄てた?/性教育の缺陷も原因の一つ/宇留島釜高女校長談
148501	朝鮮朝日	1928-02-03	1	09단	無免許醫者/釜山署で取調
148502	朝鮮朝日	1928-02-03	1	09단	二十二名の少女を誘拐/釜山で捕はる
148503	朝鮮朝日	1928-02-03	1	10단	運動界(全鮮スケート會/安東中學の活躍)
148504	朝鮮朝日	1928-02-03	1	10단	會(黃海警官講習會)
148505	朝鮮朝日	1928-02-03	1	10단	人(池上總監/淺井次郎大佐(佐世保鎭守府艦舶部)/野田三■大佐(平壤聯隊長)/安■良夫大佐(龍山聯隊長)/橫巷茂雄大佐(大邱聯隊長)/園部和一郎大佐(咸興聯隊長)/橫漢和議大佐(龍山七十九聯隊長)/榮本寬氏(釜山地方法院長)/森戶遞信事務官/鹿野咸南警察部長)
148506	朝鮮朝日	1928-02-03	1	10단	半島茶話
148507	朝鮮朝日	1928-02-03	2	01단	『動く人々』/前遞信局長/蒲原久四郎氏
148508	朝鮮朝日	1928-02-03	2	01단	山主の意向を汲み/收益の多い樹を今後の植林に充當/直ちに養苗に着手
148509	朝鮮朝日	1928-02-03	2	01단	鮮米買上の聲に惣れて頻りに昂騰
148510	朝鮮朝日	1928-02-03	2	01단	迎日灣內の鰊定置漁場區域を取締る
148511	朝鮮朝日	1928-02-03	2	01단	京城商議が裏面でゴタゴタ少壯者の憤慨
148512	朝鮮朝日	1928-02-03	2	02단	全南經濟力/年々に高まる
148513	朝鮮朝日	1928-02-03	2	02단	落葉松枕木/需要が增加
148514	朝鮮朝日	1928-02-03	2	02단	平壤府電が水銀整流式變壓機增置
148515	朝鮮朝日	1928-02-03	2	03단	金組設置の陳情
148516	朝鮮朝日	1928-02-03	2	03단	京城手形交換高/一月中に不渡三十名

일련번호	판명	간행일	면	단수	기사명
148517	朝鮮朝日	1928-02-03	2	03단	遠眼鏡
148518	朝鮮朝日	1928-02-04	1	01단	朝鮮米の買上げは矢っ張り大阪でか人事異動は考へて居らぬ/池上總監の歸來談
148519	朝鮮朝日	1928-02-04	1	01단	農相の言に怯え/米價が軟調/萬一慘落の場合は政府は買上ると當局は辯明
148520	朝鮮朝日	1928-02-04	1	01단	朝鮮人の有權者/內務省調査
148521	朝鮮朝日	1928-02-04	1	02단	土曜漫筆/或る夜の愚感/松山致芳
148522	朝鮮朝日	1928-02-04	1	03단	咸南道議會
148523	朝鮮朝日	1928-02-04	1	03단	紀元節奉祝會
148524	朝鮮朝日	1928-02-04	1	04단	辭令
148525	朝鮮朝日	1928-02-04	1	04단	體育主事を設け/運動を指導奬勵す/四年度には實現か
148526	朝鮮朝日	1928-02-04	1	04단	短歌/橋田東聲選
148527	朝鮮朝日	1928-02-04	1	05단	街から巷へ(4)/內地人と鮮農とが相睦み救け合ふ/美しく平和な全南農村/唯一の暗黑は宮三面
148528	朝鮮朝日	1928-02-04	1	05단	慰問品傳達/國境局員に
148529	朝鮮朝日	1928-02-04	1	05단	緣故林拂下は責任支出で一日から實施
148530	朝鮮朝日	1928-02-04	1	05단	朝來の雪を冒し/所澤機の活躍/平壤機は一先づ歸還
148531	朝鮮朝日	1928-02-04	1	06단	補助金を與へ/模範村を作り/地方を改良
148532	朝鮮朝日	1928-02-04	1	06단	京畿道農會 さまざまの新事業を計劃/溫水補給車 成績は良好
148533	朝鮮朝日	1928-02-04	1	07단	篤農家詮衡/慶南が決定
148534	朝鮮朝日	1928-02-04	1	07단	惡宣傳を平氣で居るのが不思議/併合前後の實情を聽いてブルンナ博士驚く
148535	朝鮮朝日	1928-02-04	1	08단	夫婦仲も良い/內鮮の結婚/平南での調査
148536	朝鮮朝日	1928-02-04	1	09단	鎭浦普校の改造
148537	朝鮮朝日	1928-02-04	1	09단	お茶の代りに藥を飲ませて寄生蟲の驅除を圖る/全鮮學童の半數は保有者
148538	朝鮮朝日	1928-02-04	1	09단	世を騷がせた/家出の少女/中津で發見
148539	朝鮮朝日	1928-02-04	1	09단	强盜の片割/平壤で逮捕
148540	朝鮮朝日	1928-02-04	1	10단	槿友會が在滿鮮人に金員を贈る
148541	朝鮮朝日	1928-02-04	1	10단	釜山誌友會/水口夫人を會長に希望
148542	朝鮮朝日	1928-02-04	1	10단	會(和田知事送別宴)
148543	朝鮮朝日	1928-02-04	1	10단	人(矢野侍從武官/水口隆三氏(新慶南道知事)/今村覺次郎氏(仁川實業家))
148544	朝鮮朝日	1928-02-04	2	01단	『動く人々』/新遞信局長/山本犀藏氏
148545	朝鮮朝日	1928-02-04	2	01단	運送店合同開設を急ぐ/準備委員會
148546	朝鮮朝日	1928-02-04	2	01단	慶南米作高/二百二十萬石
148547	朝鮮朝日	1928-02-04	2	01단	叺の需要が滿洲で旺勢
148548	朝鮮朝日	1928-02-04	2	01단	敦賀揚げの疑似炭疽牛/城津積込か
148549	朝鮮朝日	1928-02-04	2	01단	木材を運搬/購牛資金捻出

일련번호	판명	간행일	면	단수	기사명
148550	朝鮮朝日	1928-02-04	2	01단	海難救助者/協會が表彰
148551	朝鮮朝日	1928-02-04	2	02단	昭和二年の鐵道局收入/三千百萬圓
148552	朝鮮朝日	1928-02-04	2	02단	預金は増し/貸出は減少/京城銀行帳尻
148553	朝鮮朝日	1928-02-04	2	02단	雀退治/懸賞付で平南江東郡が農閑季に獎勵
148554	朝鮮朝日	1928-02-04	2	03단	大同江採氷/近く終了す
148555	朝鮮朝日	1928-02-04	2	03단	實業補習校/校長會議開催
148556	朝鮮朝日	1928-02-04	2	03단	遠眼鏡
148557	朝鮮朝日	1928-02-05	1	01단	當局にも掛合ったが薩張り埒が明かぬ/鮮人壓迫問題を解決すべく相愛會の幹部が奉天に向ふ
148558	朝鮮朝日	1928-02-05	1	01단	在滿の鮮人の歸化は許さぬ鮮人の投票は興味がある池上總監京城に歸る/追加豫算の額は二千萬圓足らぬ位釜山南港の埋立は知らぬ
148559	朝鮮朝日	1928-02-05	1	01단	仁川海戰記念
148560	朝鮮朝日	1928-02-05	1	01단	國立倉庫/建設要望/南浦商議が
148561	朝鮮朝日	1928-02-05	1	02단	總督の初巡視/內地の總選擧も濟んだ/四月下旬にならう
148562	朝鮮朝日	1928-02-05	1	02단	街から巷へ(5)/生活に餘裕あり教育は普及し一面一校の豪勢それだけ人がすれてゐる
148563	朝鮮朝日	1928-02-05	1	03단	南浦領事館/支那が復活
148564	朝鮮朝日	1928-02-05	1	03단	和田前知事/南朝鐵入り
148565	朝鮮朝日	1928-02-05	1	03단	咸北平野で十九師團演習
148566	朝鮮朝日	1928-02-05	1	04단	平壤高女/改革問題/當局と懇談
148567	朝鮮朝日	1928-02-05	1	04단	俳句/鈴木花養選
148568	朝鮮朝日	1928-02-05	1	04단	いよいよ實現する/京城の府營バス/運轉系統を四つに分ち/賃銀は一區が七錢/四月には見らるゝバスガール
148569	朝鮮朝日	1928-02-05	1	05단	試驗飛行を續行/猶も研究を續ける/所澤機と平壤の後半隊
148570	朝鮮朝日	1928-02-05	1	06단	出馬を中止/吉岡釜山府議
148571	朝鮮朝日	1928-02-05	1	07단	剩除金を出して削られた國庫補助/慶南學務課の痛事
148572	朝鮮朝日	1928-02-05	1	07단	俸給の千分の二/橫斷飛行に寄附
148573	朝鮮朝日	1928-02-05	1	07단	勞働者救濟/視察團計劃
148574	朝鮮朝日	1928-02-05	1	07단	愛と謙讓の情で自然をみつめ/纖細で感受性の溢るゝ/松山畫伯の作品展
148575	朝鮮朝日	1928-02-05	1	08단	校長殺/小便の公判
148576	朝鮮朝日	1928-02-05	1	08단	腸チフスの患者を隱匿/京城の醫者が
148577	朝鮮朝日	1928-02-05	1	09단	竣工近づく/平壤圖書館
148578	朝鮮朝日	1928-02-05	1	09단	新規事業の中で危ないものは森林鐵と砂防工事/簡保などが案ぜられる
148579	朝鮮朝日	1928-02-05	1	09단	會(早大民衆講演會/全南庶務主任會議/三郡長村長會/咸興職人組合發會)
148580	朝鮮朝日	1928-02-05	1	10단	料金不納で送電を中止/里民が憤る

일련번호	판명	간행일	면	단수	기사명
148581	朝鮮朝日	1928-02-05	1	10단	朝鮮慶光丸/木浦で火災
148582	朝鮮朝日	1928-02-05	1	10단	工夫の震死
148583	朝鮮朝日	1928-02-05	1	10단	人(伍堂卓雄氏(炭海軍工廠長)/水口新慶南道知事/朴春琴氏(相愛會々長)/吉岡重實氏(釜山府協議會員)/石森久彌氏(朝鮮公論社長)/陶彬氏(延吉道尹)/神尾社會課長)
148584	朝鮮朝日	1928-02-05	1	10단	半島茶話
148585	朝鮮朝日	1928-02-05	2	01단	『動く人々』/新專賣局長/松本誠氏
148586	朝鮮朝日	1928-02-05	2	01단	外米の關稅增徵に除外を求める滿洲米の內地輸入/安東商議が當局に電請
148587	朝鮮朝日	1928-02-05	2	01단	松汀里水組/解決困難/實業會が調停
148588	朝鮮朝日	1928-02-05	2	01단	南鮮六道の畜産品評會/開催地詮衡
148589	朝鮮朝日	1928-02-05	2	01단	運送店合同問題の經緯/荷主は反對 運送店は賛成/日和見の姿 意見を出さぬ
148590	朝鮮朝日	1928-02-05	2	02단	慶南の豫算/三百三十萬圓
148591	朝鮮朝日	1928-02-05	2	02단	平壤學組費/本年より減少
148592	朝鮮朝日	1928-02-05	2	02단	清津を根據地の沿海州鰊の買出/豊漁と鈴木の沒落で本年は盛況を豫想さる
148593	朝鮮朝日	1928-02-05	2	03단	釜山商議所/新社屋建築/商品館跡に
148594	朝鮮朝日	1928-02-05	2	03단	遠眼鏡
148595	朝鮮朝日	1928-02-07	1	01단	憶ひ起す廿五年の古へ瓜生艦隊に護られて八日夜半の敵 前上陸仁川在留邦人の一喜一憂日露戰爭劈頭を飾る我が軍の大勝/驅逐艦榎は七日仁川入港
148596	朝鮮朝日	1928-02-07	1	06단	短歌/橋田東聲選
148597	朝鮮朝日	1928-02-07	1	07단	武子夫人/容態險惡/天命をまつ
148598	朝鮮朝日	1928-02-07	1	07단	殖銀配當/八分の据置
148599	朝鮮朝日	1928-02-07	1	08단	在滿鮮人の歸化を思想團體が支持/中央委員會で決議
148600	朝鮮朝日	1928-02-07	1	08단	南浦無線局/佳節に開通
148601	朝鮮朝日	1928-02-07	1	08단	五日は立春 釜山の暖さ/大邱では大雪
148602	朝鮮朝日	1928-02-07	1	08단	慶北道議會/二十日から
148603	朝鮮朝日	1928-02-07	1	08단	耐寒飛行/なほも續行
148604	朝鮮朝日	1928-02-07	1	09단	南滿電氣が料金の値下
148605	朝鮮朝日	1928-02-07	1	09단	斬殺し盜む/開城の强盜
148606	朝鮮朝日	1928-02-07	1	09단	大刀會員/安東潜入/支那側が警戒
148607	朝鮮朝日	1928-02-07	1	09단	運動界(國境乘馬倶樂部/全鮮スキー大會)
148608	朝鮮朝日	1928-02-07	1	09단	往復文書多數を證據として押收/更に活動をつゞける/鐘路署の共産黨狩り
148609	朝鮮朝日	1928-02-07	1	10단	會(紀元節學祝講習會/咸興高女展覽會)
148610	朝鮮朝日	1928-02-07	1	10단	人(新田留次郎氏(朝鐵專務)/木村雄次郎氏(第一生命保險重役)/武者練三氏(京電專務)/和田純氏(前慶南道知事)/岡

일련번호	판명	간행일	면	단수	기사명
148610	朝鮮朝日	1928-02-07	1	10단	崎哲郎氏(本府商工課長)/前原繩治氏(海軍航空本部付)/大橋悌氏(一銀釜山支店長)/澤山寅彦氏(釜山實業家)/河野竹之助氏(仁川實業家)/阿部充家氏(朝鮮協會理事)/宮崎又三郎氏(釜山稅關長))
148611	朝鮮朝日	1928-02-07	1	10단	半島茶話
148612	朝鮮朝日	1928-02-07	2	01단	重油の合同購入？/私はまだ知らぬ/ラ社の一手販賣店/釜山の立石商店は否定
148613	朝鮮朝日	1928-02-07	2	01단	荷主協會/京城で設立
148614	朝鮮朝日	1928-02-07	2	01단	合同運送店各地の意向/元山は反對 杉野會頭出席/評議會を開き贊否を決する
148615	朝鮮朝日	1928-02-07	2	01단	奉票慘落で購買力衰へ綿絲布商打擊
148616	朝鮮朝日	1928-02-07	2	01단	神仙爐
148617	朝鮮朝日	1928-02-07	2	02단	栗三本を各戶が植栽/御大典記念
148618	朝鮮朝日	1928-02-07	2	02단	西新興松興間/輕鐵が開通/二月一日より
148619	朝鮮朝日	1928-02-07	2	02단	黃海收繭高/桑苗植付數
148620	朝鮮朝日	1928-02-07	2	03단	公設市場の改善を企圖
148621	朝鮮朝日	1928-02-07	2	03단	元山貿易高/米豆の內譯
148622	朝鮮朝日	1928-02-07	2	03단	百萬圓を一年に激增/全鮮の郵貯
148623	朝鮮朝日	1928-02-07	2	03단	內地行小包
148624	朝鮮朝日	1928-02-07	2	03단	新義州專賣局/煙草賣上高/養莨が四十五萬圓
148625	朝鮮朝日	1928-02-08	1	01단	合同非合同が對峙し/互ひに運送店設立/合同派は資本金六百萬圓/荷主側のは一千萬圓
148626	朝鮮朝日	1928-02-08	1	01단	警察の一般事務をラヂオで訓示/警察部に放送機を備付く/慶北の新しい試み
148627	朝鮮朝日	1928-02-08	1	01단	祝歌を中繼/D局の放送
148628	朝鮮朝日	1928-02-08	1	01단	鴨緑江を中心に飛行機も參加し/氷上の攻防大演習/酷寒を冒して擧行
148629	朝鮮朝日	1928-02-08	1	02단	南朝鮮鐵道/起點は麗水
148630	朝鮮朝日	1928-02-08	1	03단	公州の學議戰酣/平壤の二機 先づ歸還す
148631	朝鮮朝日	1928-02-08	1	03단	御大典の獻上品/織物と穀類
148632	朝鮮朝日	1928-02-08	1	04단	國境の道路費は實行豫算に計上/總額は百五十萬圓
148633	朝鮮朝日	1928-02-08	1	04단	俳句/鈴木花蓑選
148634	朝鮮朝日	1928-02-08	1	04단	內地博への宣傳計劃/不相變朝鮮館
148635	朝鮮朝日	1928-02-08	1	04단	街から巷へ(６)/鐵道の發達と光州の將來！他道に見られぬ公設質屋と更に誇るべき癩病院
148636	朝鮮朝日	1928-02-08	1	05단	釜山港埋築の附帶施設を總監に陳情
148637	朝鮮朝日	1928-02-08	1	05단	綱領は空漠で行動は急激/社會に不安を與へるとて新幹會大會禁止さる
148638	朝鮮朝日	1928-02-08	1	05단	茂山郵便所開所

일련번호	판명	간행일	면	단수	기사명
148639	朝鮮朝日	1928-02-08	1	06단	九條武子夫人/四十二歳を一期として七日午後七時二十五分逝く
148640	朝鮮朝日	1928-02-08	1	06단	須彼亞女校竣工
148641	朝鮮朝日	1928-02-08	1	06단	生き度いが精一杯で夫殺の二女囚/平壤刑務所を逃亡/大同郡內で捕はる
148642	朝鮮朝日	1928-02-08	1	07단	內地へ再渡航の鮮人で賑ふ/釜山の棧橋
148643	朝鮮朝日	1928-02-08	1	08단	平壤權友會/新に組織さる
148644	朝鮮朝日	1928-02-08	1	08단	女中の大拂底/內地語に啞のオモ二ーでもどんどんと捌ける
148645	朝鮮朝日	1928-02-08	1	08단	金剛山の山開き/五月に繰上げ
148646	朝鮮朝日	1928-02-08	1	08단	腸チフスが京城に蔓延/原因を調査中
148647	朝鮮朝日	1928-02-08	1	08단	鮮滿スケート鴨綠江リンクで擧行/滿洲軍頻に活躍す
148648	朝鮮朝日	1928-02-08	1	10단	共産黨の判決言渡/來る十三日
148649	朝鮮朝日	1928-02-08	1	10단	會(全南棉作員會議/光州消防組觀劇會)
148650	朝鮮朝日	1928-02-08	1	10단	人(小野寺海軍少將(吳海軍工廠造機部長)/陶彬氏(延吉道尹)/實田直治氏(京城實業家)/天日常次郎氏(同)/熊本利平氏(同)/三田村平太郎氏(釜山辯護士)/丹羽淸次郎氏/水口慶南知事)
148651	朝鮮朝日	1928-02-08	2	01단	神仙爐
148652	朝鮮朝日	1928-02-08	2	01단	鮮米の買上場所は鮮內を望むが保管が困難だらうし倉庫設置が何より急問題
148653	朝鮮朝日	1928-02-08	2	01단	雫の聲
148654	朝鮮朝日	1928-02-08	2	01단	慶北道が水産加工の獎勵を高唱
148655	朝鮮朝日	1928-02-08	2	01단	京城魚市場二年中賣上高
148656	朝鮮朝日	1928-02-08	2	02단	當局の答辯を聞いた上で態度を決する 運送店合同問題/大勢に順應 新義州商議
148657	朝鮮朝日	1928-02-08	2	02단	有望な石炭層/慶北でまた發見さる/礦業界頓に色めく
148658	朝鮮朝日	1928-02-08	2	03단	南浦專賣局 煙草賣上高/煙草製造高
148659	朝鮮朝日	1928-02-08	2	03단	新義州商議自祝
148660	朝鮮朝日	1928-02-08	2	03단	全鮮手形交換高
148661	朝鮮朝日	1928-02-09	1	01단	絶對反對の電報が續々と舞ひ込む 運送店合同の懇談會 各地商議代表も反對の意向/合同反對 平壤市民大會/大邱からも激勵
148662	朝鮮朝日	1928-02-09	1	02단	高等教育を避けて實際に役立つ/學問を普校で授く/李學務局長歸來談
148663	朝鮮朝日	1928-02-09	1	02단	街から巷へ(７)/何を措いても仁川は米と酒御自慢は鹽湯に閑門名物は精米所と米豆取引所
148664	朝鮮朝日	1928-02-09	1	03단	全北道議會
148665	朝鮮朝日	1928-02-09	1	03단	小作慣行調査委員/七日に發表
148666	朝鮮朝日	1928-02-09	1	04단	道路受益稅/群山に認可

일련번호	판명	간행일	면	단수	기사명
148667	朝鮮朝日	1928-02-09	1	04단	施肥が必要になった/間島の耕地/鮮人壓迫は見られぬ/神尾社會課長の土産話
148668	朝鮮朝日	1928-02-09	1	04단	短歌/橋田東聲選
148669	朝鮮朝日	1928-02-09	1	04단	楚山の農校運動
148670	朝鮮朝日	1928-02-09	1	05단	普通學校入學の兒童/募集規定發布
148671	朝鮮朝日	1928-02-09	1	05단	京城府圖書館/一月閲覽者數
148672	朝鮮朝日	1928-02-09	1	05단	平壤ホテルがバーを新設す
148673	朝鮮朝日	1928-02-09	1	05단	內地法に則った/銀行條令を公布/資本金增加は內地と異る/草間局長當局と懇談
148674	朝鮮朝日	1928-02-09	1	06단	平壤高女の改革問題(一)/慶か、はた弔か漸く影の薄い教育第一主義の姿/平壤一記者
148675	朝鮮朝日	1928-02-09	1	06단	四機相次いで新義州を出發 所澤機悉く歸還 耐寒飛行全く終る/好結果を得た 綜合研究伊藤大佐談
148676	朝鮮朝日	1928-02-09	1	07단	漁業取締の朝風丸進水
148677	朝鮮朝日	1928-02-09	1	07단	紀元節發行/鮮滿大觀/月極讀者に進呈
148678	朝鮮朝日	1928-02-09	1	08단	府營になっても高くはムらぬ/魚價暴騰の批難に對し/府が辯明書を發表
148679	朝鮮朝日	1928-02-09	1	08단	新幹會と主義反する/關西同友會
148680	朝鮮朝日	1928-02-09	1	08단	實業青年を平北で表影
148681	朝鮮朝日	1928-02-09	1	09단	放流罐投下/これで四回目
148682	朝鮮朝日	1928-02-09	1	09단	慶南道の運轉手取締/嚴重になる
148683	朝鮮朝日	1928-02-09	1	09단	十二、三名が檢事局送り二人は女性
148684	朝鮮朝日	1928-02-09	1	10단	京城の腸チフスますます蔓延/患者數百二十五名/府當局豫防に忙し
148685	朝鮮朝日	1928-02-09	1	10단	會(釜山國帝會發會式/釜山貯金管理所坡露宴/青年團評議員會)
148686	朝鮮朝日	1928-02-09	1	10단	人(李軫鎬氏(總督府學務局長)/迫間房太郎氏(釜山實業家)/齋藤吉十郎氏(朝鮮專務)/林駒生氏(東洋水産新聞社長)/草間鶴子夫人(草間局長夫人)/町野武馬氏(張作霖顧問)/吉岡重實氏(釜山府協議員)/吉谷淸少將(所澤陸軍飛行學校長)/森岡收氏夫人(京城府衛生課長))
148687	朝鮮朝日	1928-02-09	1	10단	半島茶話
148688	朝鮮朝日	1928-02-09	2	01단	不景氣のせいか巡査の應募者內地で非常に多い/希望者二千名を突破す
148689	朝鮮朝日	1928-02-09	2	01단	京城の通知預金が二百萬圓圖を激增/なほ增加の兆があり/鮮銀は利子を引下
148690	朝鮮朝日	1928-02-09	2	01단	慶南道豫算/三百二十萬圓
148691	朝鮮朝日	1928-02-09	2	01단	神仙爐
148692	朝鮮朝日	1928-02-09	2	02단	百萬個を突破す/慶南産の鷄卵/貯藏法を研究して値段の平均を保つ

일련번호	판명	간행일	면	단수	기사명
148693	朝鮮朝日	1928-02-09	2	03단	全鮮一の製紙高/慶南が生産
148694	朝鮮朝日	1928-02-09	2	03단	平北の疫牛/四百五十頭
148695	朝鮮朝日	1928-02-09	2	03단	京城府穀類價額
148696	朝鮮朝日	1928-02-09	2	03단	平南大豆作
148697	朝鮮朝日	1928-02-09	2	03단	煙草會社總會
148698	朝鮮朝日	1928-02-10	1	01단	街から巷へ(8)/なぜに仁川は精米が盛んか昔から各地の米が集散して女までもお米の鑑識が達者
148699	朝鮮朝日	1928-02-10	1	01단	二百萬石も近く/昨年よりも増收/鮮米實收千七百萬石
148700	朝鮮朝日	1928-02-10	1	01단	全南豫算高/三百十萬圓
148701	朝鮮朝日	1928-02-10	1	01단	京城府の自治制施行/協議會開催
148702	朝鮮朝日	1928-02-10	1	01단	滿洲輸入組合/組織の内容/安東にも通知
148703	朝鮮朝日	1928-02-10	1	02단	平壤高女の改革問題(二)/決議提出は見合せ委員を選んで兎も角も當局と懇談/改革問題の臨時集合に不穩な空氣/平壤一記者
148704	朝鮮朝日	1928-02-10	1	03단	海軍省が木浦近海の水路を調査
148705	朝鮮朝日	1928-02-10	1	03단	非常な發達を見た/印度の公衆衛生/國際聯盟熱帶病學會出席の志賀潔博士歸任す
148706	朝鮮朝日	1928-02-10	1	04단	盈德電氣/設立は認可/五、六月に點燈
148707	朝鮮朝日	1928-02-10	1	04단	俳句/鈴木花蓑選
148708	朝鮮朝日	1928-02-10	1	04단	全南道廳舍/五年度に新築
148709	朝鮮朝日	1928-02-10	1	05단	警官の佩劍廢止！/考へても見ない/現在の朝鮮では却って活動をそぐ
148710	朝鮮朝日	1928-02-10	1	05단	優良青年團内地を視察
148711	朝鮮朝日	1928-02-10	1	05단	耐寒の三機/太刀洗に歸着
148712	朝鮮朝日	1928-02-10	1	05단	鴨綠江氷上攻防演習/鐵橋下流の江岸で防禦する南軍
148713	朝鮮朝日	1928-02-10	1	06단	紀元節奉祝講演
148714	朝鮮朝日	1928-02-10	1	06단	國旗を掲げて海戰を回想す/祝賀氣分が漲ぎる/仁川の日露戰爭記念日
148715	朝鮮朝日	1928-02-10	1	07단	初等教育の功勞者表彰/紀元の佳節に
148716	朝鮮朝日	1928-02-10	1	07단	法學講習會/全南で開催
148717	朝鮮朝日	1928-02-10	1	07단	紀元節發行/鮮滿大觀/月極讀者に進呈
148718	朝鮮朝日	1928-02-10	1	07단	平北に地震/道路が龜裂
148719	朝鮮朝日	1928-02-10	1	07단	國民道德/廓清の運動/基督教徒起つ
148720	朝鮮朝日	1928-02-10	1	08단	全南水産會/巡邏漁船の建造を急ぐ
148721	朝鮮朝日	1928-02-10	1	08단	又も官吏の古手を天降りさせて煙草會社に割込ませ運動/臨時總會が大揉め
148722	朝鮮朝日	1928-02-10	1	08단	船舶遭難數
148723	朝鮮朝日	1928-02-10	1	08단	女囚分監/移轉計劃/當局が決意
148724	朝鮮朝日	1928-02-10	1	08단	湖南雜筆會/光州で組織

일련번호	판명	간행일	면	단수	기사명
148725	朝鮮朝日	1928-02-10	1	09단	社會課編纂/朝鮮の勞働/內地で映寫
148726	朝鮮朝日	1928-02-10	1	09단	自動車不通/北鮮地方の
148727	朝鮮朝日	1928-02-10	1	09단	會(大邱國史研究會/全南金組總會)
148728	朝鮮朝日	1928-02-10	1	09단	患者の收容に病室が足らぬ/京城府の腸チフス猛烈/患者百六十名に達す
148729	朝鮮朝日	1928-02-10	1	10단	人(趙欣伯氏(奉天軍頭間)/志賀潔博士(城大醫學部長)/田淵豊吉氏(前代議士)/河內山樂三氏(朝鮮火災海上社長)/水口新慶南道知事/菊池愼之助大將/堅山坦氏(畫家)/鈴木夢哉氏(木浦府庶務課長)/小泉雅治氏(鎮南浦無線電信局長))
148730	朝鮮朝日	1928-02-10	1	10단	半島茶話
148731	朝鮮朝日	1928-02-10	2	01단	神仙爐
148732	朝鮮朝日	1928-02-10	2	01단	內地で評判の良い/濟州島の鮮人/他道の者が生地を僞り/島民に化けて渡航
148733	朝鮮朝日	1928-02-10	2	01단	朝鮮私鐵/社債借替/總會に附議
148734	朝鮮朝日	1928-02-10	2	01단	朝鮮紡績/擴張工事/六月に竣成
148735	朝鮮朝日	1928-02-10	2	01단	官鹽の値上/各等五錢づゝ
148736	朝鮮朝日	1928-02-10	2	02단	洛東江利用/水力電氣の計劃が多い
148737	朝鮮朝日	1928-02-10	2	02단	全南の産繭/四萬石計劃
148738	朝鮮朝日	1928-02-10	2	02단	卸商組合と廻漕業者の運賃問題協議
148739	朝鮮朝日	1928-02-10	2	03단	鎮海中心の漁業者會同/打合を遂ぐ
148740	朝鮮朝日	1928-02-10	2	03단	好成績の棉花の共販/出廻百萬石
148741	朝鮮朝日	1928-02-10	2	03단	一月中の私鐵の收入/二十二萬圓
148742	朝鮮朝日	1928-02-10	2	03단	殖銀支店の運動
148743	朝鮮朝日	1928-02-11	1	01단	朝鮮の米穀法施行/十日の閣議で決定/總督府の權限は浸されぬ/鮮米は多少反撥せん
148744	朝鮮朝日	1928-02-11	1	01단	社會事業の團體へ獎勵の御下賜金/聖恩朝鮮に浴し
148745	朝鮮朝日	1928-02-11	1	01단	水口新知事/九日着任す
148746	朝鮮朝日	1928-02-11	1	01단	咸興の區域/擴張の計劃
148747	朝鮮朝日	1928-02-11	1	02단	南浦無線局/參觀を許す
148748	朝鮮朝日	1928-02-11	1	02단	大田の道醫院設立/條件付きで可決/忠南の臨時道評議會兎も角も圓滿に終る
148749	朝鮮朝日	1928-02-11	1	02단	土曜漫筆/愛すべき旅の噂/犁牛生
148750	朝鮮朝日	1928-02-11	1	03단	箕林里の電燈料問題/無事に解決
148751	朝鮮朝日	1928-02-11	1	03단	咸興萬歲橋/本年に起工か
148752	朝鮮朝日	1928-02-11	1	04단	入學試驗(元山)
148753	朝鮮朝日	1928-02-11	1	04단	補助金を貰ふか官營とするか/瀕死の京城放送局/切りぬけ策を考究
148754	朝鮮朝日	1928-02-11	1	04단	短歌/橋田東聲選
148755	朝鮮朝日	1928-02-11	1	04단	小學校長が外國を視察

일련번호	판명	간행일	면	단수	기사명
148756	朝鮮朝日	1928-02-11	1	05단	平壤高女の改革問題(三)/褒貶こもごもの學議員の態度/外部に洩れたのは何といっても一番の痛事/平壤一記者
148757	朝鮮朝日	1928-02-11	1	05단	態度は愼重/穩健なれ新幹會が通牒
148758	朝鮮朝日	1928-02-11	1	05단	思想上の囚人を收容する/獨房が全鮮に非常に少い/無産黨判決を前に大困り
148759	朝鮮朝日	1928-02-11	1	06단	武力を避け/和睦主義で大刀會と交涉
148760	朝鮮朝日	1928-02-11	1	06단	職業紹介所/聯合協議會/京城で開催
148761	朝鮮朝日	1928-02-11	1	06단	人を救って病床に惱む/中本春子さん
148762	朝鮮朝日	1928-02-11	1	07단	八萬圓を當豪が詐欺
148763	朝鮮朝日	1928-02-11	1	07단	また新患者が發生/看護婦が不足/他道へ應援を依賴/京城のチブス猖獗
148764	朝鮮朝日	1928-02-11	1	07단	統營郵便局の印紙紛失は局員の仕業か
148765	朝鮮朝日	1928-02-11	1	07단	街から巷へ(９)/船渠を廣くし海岸を埋立て鐵道に賣付ける/一石三鳥を覗ふ仁川振興會
148766	朝鮮朝日	1928-02-11	1	08단	支那人農夫が鮮人を脅迫/保護を求む
148767	朝鮮朝日	1928-02-11	1	09단	會(水口新知事招宴/京城春季川柳大會)
148768	朝鮮朝日	1928-02-11	1	09단	人(和田純氏(前慶南道知事)/大池忠助氏(釜山實業家)/多木条次郎氏(前代議士)/名倉勝氏(總督府技師)/細井肇氏(文部省囑託)/阪本末雄氏(陸軍運輸部釜山所長)/田村節三氏(元山同)/小川芳雄氏(淸津同)/栗山兼吉氏(木浦支廳檢事)/平尾遞信局管理課長)
148769	朝鮮朝日	1928-02-11	1	09단	半島茶話
148770	朝鮮朝日	1928-02-11	2	01단	神仙爐
148771	朝鮮朝日	1928-02-11	2	01단	實情に適した/內容が必要/現在內地の銀行法をそのまゝ施行は困難
148772	朝鮮朝日	1928-02-11	2	01단	米倉會社/設立の目論み
148773	朝鮮朝日	1928-02-11	2	01단	運送店の合同有志が善後策考究
148774	朝鮮朝日	1928-02-11	2	02단	柞蠶絲の試驗場設置/滿鐵に要望
148775	朝鮮朝日	1928-02-11	2	02단	釜山の半を增す/南濱の埋立/九日付で許可さる/資本金は五百萬圓
148776	朝鮮朝日	1928-02-11	2	03단	龍塘浦築港/いよいよ決定
148777	朝鮮朝日	1928-02-11	2	03단	奉票暴落を官憲が取締る
148778	朝鮮朝日	1928-02-11	2	03단	迎日灣の鰊の大豊漁/七千噸の水揚
148779	朝鮮朝日	1928-02-11	2	03단	繭の共販を全南が計劃
148780	朝鮮朝日	1928-02-11	2	03단	順南水組認可
148781	朝鮮朝日	1928-02-12	1	01단	*總工費は五百萬圓 面積は十四萬坪 十箇年の繼續事業で釜山南濱の埋立愈よ着工/埋立てる土は何處からとるか*
148781	朝鮮朝日	1928-02-12	1	01단	*が研究を要する重大案件*

일련번호	판명	간행일	면	단수	기사명
148782	朝鮮朝日	1928-02-12	1	01단	荷爲替の期日を統一したいと銀行業者達が協議/困難もあるが結局は決定
148783	朝鮮朝日	1928-02-12	1	01단	九大演習林/茂山に設置
148784	朝鮮朝日	1928-02-12	1	02단	支那關稅の二分五厘に安東は反對
148785	朝鮮朝日	1928-02-12	1	02단	街から巷へ(１０)/將來に生きる鐵原の淋しさ聽て鐵道十字を切らば大都市を出現せん
148786	朝鮮朝日	1928-02-12	1	03단	面長を表彰/行政府勞者
148787	朝鮮朝日	1928-02-12	1	03단	朝鮮神宮/紀元節祭/嚴かに執行
148788	朝鮮朝日	1928-02-12	1	03단	雪で粧った 紀元の佳節/横斷飛行の資金を募集
148789	朝鮮朝日	1928-02-12	1	04단	朝鮮のオットセイが産業化すが否か調査して見たいと農林省石野技師は語る
148790	朝鮮朝日	1928-02-12	1	04단	俳句/鈴木花蓑選
148791	朝鮮朝日	1928-02-12	1	04단	無産藝術の同盟を組織
148792	朝鮮朝日	1928-02-12	1	05단	本府の意見を聞いた上で松汀里水組を善處
148793	朝鮮朝日	1928-02-12	1	05단	圖書館を擴張/群山の御大典記念
148794	朝鮮朝日	1928-02-12	1	05단	平壌女高普を巢立つ女性/上級への志望
148795	朝鮮朝日	1928-02-12	1	05단	台灣にも恥かしい朝鮮の郵便網/二萬九千人に一箇所
148796	朝鮮朝日	1928-02-12	1	06단	平壌高女の改革問題(四)/人事の問題を表面に出すなら官の威信上からも斷じて動かさぬと道は言ふ/學校が動搖父兄が協議/平壌一記者
148797	朝鮮朝日	1928-02-12	1	06단	二千年前の古壺
148798	朝鮮朝日	1928-02-12	1	06단	故原首相が入質の名畫/咸興に所藏
148799	朝鮮朝日	1928-02-12	1	07단	名馬五頭/內地へ送る/アラブ種の優良馬
148800	朝鮮朝日	1928-02-12	1	07단	舊府廳舍の一部に患者を收容 京城のチブス猖獗/隔難病舍の建設を附議/患者累計 二百と五名
148801	朝鮮朝日	1928-02-12	1	08단	家鷄傳染病/漸く喰止む
148802	朝鮮朝日	1928-02-12	1	08단	隣れな母子/生活に窮す
148803	朝鮮朝日	1928-02-12	1	09단	楮や桑を與へて火田民を救ひ/指導者を各地に配置し林野の荒廢を防ぐ
148804	朝鮮朝日	1928-02-12	1	09단	坊ちやん孃ちやんも容易に訪れぬ/昌慶苑動物園の淋しさ/スケートだけが大賑ひ
148805	朝鮮朝日	1928-02-12	1	09단	安東赤十字/社屋を新築
148806	朝鮮朝日	1928-02-12	1	10단	不正漁業が年々に増加/慶南の調査
148807	朝鮮朝日	1928-02-12	1	10단	會(三長普校學藝會/全南潭陽教育會/光州高普後援會)
148808	朝鮮朝日	1928-02-12	1	10단	人(福田儀作氏(京城實業家)/西原八十八氏(全南道水産課長)/小林晴次郎氏(城大教授))
148809	朝鮮朝日	1928-02-12	2	01단	煙草會社の餘震物語(一)/またも問題化した煙草會社のゴタゴタ重役ひそかに談合し永谷課長を左遷せしめんとするのこと

일련번호	판명	간행일	면	단수	기사명
148810	朝鮮朝日	1928-02-12	2	01단	朝鮮の海苔は內地品に劣らぬ たゞ遺感なのは中間商人の不正/海苔業者を道が救濟する
148811	朝鮮朝日	1928-02-12	2	01단	雫の聲
148812	朝鮮朝日	1928-02-12	2	01단	全南の捕鯨/百頭に達す
148813	朝鮮朝日	1928-02-12	2	01단	不二農村の移民好成績/豫定數を超過
148814	朝鮮朝日	1928-02-12	2	02단	群山府豫算/約五十萬圓
148815	朝鮮朝日	1928-02-12	2	02단	叺檢查所を陳情
148816	朝鮮朝日	1928-02-12	2	02단	會社異動の調査
148817	朝鮮朝日	1928-02-12	2	02단	移出中の生牛に飼料を與へるのは結果がよいと判明
148818	朝鮮朝日	1928-02-12	2	03단	神仙爐
148819	朝鮮朝日	1928-02-14	1	01단	十二日言渡された 共産黨一味の判決 前夜より詰かけた/雪崩の如き大群衆 金在鳳、姜達永は六年、權五卨は五年
148820	朝鮮朝日	1928-02-14	1	03단	群山の擴張/府議員が踏査
148821	朝鮮朝日	1928-02-14	1	04단	平北新豫算/依然緊縮方針
148822	朝鮮朝日	1928-02-14	1	04단	國境の人たちの喜びもさこそ畏き邊りよりの御慰問使/矢野侍從武官來鮮
148823	朝鮮朝日	1928-02-14	1	04단	山野道議の陳謝問題は圓滿に解決
148824	朝鮮朝日	1928-02-14	1	05단	師團設置/平壤が運動
148825	朝鮮朝日	1928-02-14	1	05단	舍人場順川/十一月に開通
148826	朝鮮朝日	1928-02-14	1	05단	短歌/橋田東聲選
148827	朝鮮朝日	1928-02-14	1	05단	平南の表彰/紀元の佳節に
148828	朝鮮朝日	1928-02-14	1	05단	平壤高女の改革問題(五)/從來の世評に對し我れ關せずの官廳と學校當事者優柔不斷が生んだこの悲劇/平壤一記者
148829	朝鮮朝日	1928-02-14	1	06단	紀元節奉祝會/朝鮮神宮にて
148830	朝鮮朝日	1928-02-14	1	06단	附近の丘陵を切取って使用/釜山南港埋立の土砂/早くも遊廓移轉の噂さ
148831	朝鮮朝日	1928-02-14	1	06단	民衆の意思に反する 運送業の獨占 平壤の府民大會で一驛一店の反對を絶叫/鐵道局の態度如何で强ゐては反對せぬ 釜山の態度/平壤商議も反對を決議
148832	朝鮮朝日	1928-02-14	1	08단	吉會鐵道の行惱みを憂慮/淸津市民が促進會を組織/積極的に活動する
148833	朝鮮朝日	1928-02-14	1	08단	申參議逝く享年七十一
148834	朝鮮朝日	1928-02-14	1	08단	京釜線遲延/釜山の混雜
148835	朝鮮朝日	1928-02-14	1	09단	二階が墜落/十四名負傷
148836	朝鮮朝日	1928-02-14	1	09단	チブス二百七十名/假病舍新築 府議會で決議/醫師看護婦を平南が急派 京城を應援
148837	朝鮮朝日	1928-02-14	1	09단	關稅の引上げに拘束はされぬ/米穀法施行に關し池上總監は語る
148838	朝鮮朝日	1928-02-14	1	10단	海軍大臣を相手に訴訟

일련번호	판명	간행일	면	단수	기사명
148839	朝鮮朝日	1928-02-14	1	10단	會(平南蠶業技術員會)
148840	朝鮮朝日	1928-02-14	1	10단	人(思田銅吉氏(朝郵社長)/吉岐信太郎氏(京城實業家)/堂本貞一氏(忠北道財務部長)/濱本八治郎氏(姬路會議所會頭)/桀川傳次郎氏(元仁川府尹東京辯護士)/岩井本府建築課長/小島源藏氏(遞信吏員養成所長)/田中武雄氏(總督府事務官)/小河正儀氏(總督府事務官)/矢鍋永三郎氏(殖銀理事))
148841	朝鮮朝日	1928-02-14	2	01단	神仙爐
148842	朝鮮朝日	1928-02-14	2	01단	植民地の文藝界/沈滯せる半島歌壇/丘草之助
148843	朝鮮朝日	1928-02-14	2	01단	龍塘浦築港/七、八月頃着工
148844	朝鮮朝日	1928-02-14	2	02단	全南の海苔/漸く見直す
148845	朝鮮朝日	1928-02-14	2	02단	*平南米實收 六十五萬石/平北も增收*
148846	朝鮮朝日	1928-02-14	2	02단	群山學組費/二十萬七千圓
148847	朝鮮朝日	1928-02-14	2	03단	御大典の記念事業に公園を完成
148848	朝鮮朝日	1928-02-14	2	03단	昭和二年中釜山貿易高/二億四千萬圓
148849	朝鮮朝日	1928-02-14	2	03단	南浦倉庫在穀高
148850	朝鮮朝日	1928-02-14	2	03단	全南電氣が送電を擴張
148851	朝鮮朝日	1928-02-14	2	03단	木浦在庫米
148852	朝鮮朝日	1928-02-14	2	03단	全南穀物檢查高
148853	朝鮮朝日	1928-02-14	2	03단	平壤釀造品評會
148854	朝鮮朝日	1928-02-15	1	01단	運送店の合同問題/突如暗礁に乘揚ぐ/目論見書に不安を抱き/脫退者が續出す
148855	朝鮮朝日	1928-02-15	1	01단	國倉の設置は緊急な問題だ/外米關稅は自主で進む/池田殖産局長語る
148856	朝鮮朝日	1928-02-15	1	01단	御慰問使/十四日京城着
148857	朝鮮朝日	1928-02-15	1	01단	山林の拂下/咸南北の兩地
148858	朝鮮朝日	1928-02-15	1	01단	忠北の表彰/紀元の佳節に
148859	朝鮮朝日	1928-02-15	1	02단	三電氣合同/九月に點燈
148860	朝鮮朝日	1928-02-15	1	02단	落葉を拾っても法に問はれる/貧民泣かせの森林法/改正の必要が叫ばれる
148861	朝鮮朝日	1928-02-15	1	02단	街から巷へ(１１)/鐵原を甦らす水利組合の出現移出牛の集散地としては全鮮でも相當に謳はれる
148862	朝鮮朝日	1928-02-15	1	03단	新義州商議/創立祝賀會
148863	朝鮮朝日	1928-02-15	1	03단	俳句/鈴木花蓑選
148864	朝鮮朝日	1928-02-15	1	04단	妓生たちが演藝會を開き/收入の全部を橫斷飛行に寄贈
148865	朝鮮朝日	1928-02-15	1	04단	安東高女音樂會
148866	朝鮮朝日	1928-02-15	1	05단	出席の多い/敎授硏究會
148867	朝鮮朝日	1928-02-15	1	05단	大邱の大雪/八寸と二分
148868	朝鮮朝日	1928-02-15	1	06단	酒が言はせる睖呵/赤い黴が見えぬか/喧譁がもとで空前
148868	朝鮮朝日	1928-02-15	1	06단	の大檢擧となった共産黨事件

일련번호	판명	간행일	면	단수	기사명
148869	朝鮮朝日	1928-02-15	1	06단	沙里院記念事業
148870	朝鮮朝日	1928-02-15	1	06단	お醫者は親切/藥價も安い/總督府の醫院/來診者が激增
148871	朝鮮朝日	1928-02-15	1	06단	義侠に富む/奇特な鮮人/表彰方を申請
148872	朝鮮朝日	1928-02-15	1	07단	他道からの應授でやっと急場を凌ぐ 京城のチブス防疫患者總數三百五十二名に達し 病舍の大不足を告げる有樣/又も醫員を京城に派遣
148873	朝鮮朝日	1928-02-15	1	08단	南浦無線開廳式
148874	朝鮮朝日	1928-02-15	1	08단	運動界(元山氷滑大會/京師柔劍道大會/咸南警察部大勝)
148875	朝鮮朝日	1928-02-15	1	09단	會(行政事務研究會/無線電信講習會/京城カルタ會)
148876	朝鮮朝日	1928-02-15	1	10단	人(佐藤信中將(工兵監)/山下諭八郎中將(海軍燃料師長)/池田殖産局長/加藤茂苞氏(總督府働業模範場長)/張間源四郎氏(全南內務部長)/龍山記者團)
148877	朝鮮朝日	1928-02-15	1	10단	半島茶話
148878	朝鮮朝日	1928-02-15	2	01단	神仙爐
148879	朝鮮朝日	1928-02-15	2	01단	煙草會社の餘震物語(二)/何故に永谷氏を重役が嫌ふか 合同に際し策を弄したか西田支配人が煙たがるか
148880	朝鮮朝日	1928-02-15	2	01단	雫の聲
148881	朝鮮朝日	1928-02-15	2	02단	上旬鮮米の移出高/二十二萬石
148882	朝鮮朝日	1928-02-15	2	02단	兌換發行高/前月より收縮
148883	朝鮮朝日	1928-02-15	2	02단	京城の春を飾る/鮮展の持廻は地方が經費を負擔すれば實現の可能性がある
148884	朝鮮朝日	1928-02-15	2	03단	耕牛の低資/金組が融通
148885	朝鮮朝日	1928-02-15	2	03단	咸南の米作/實收五十萬石
148886	朝鮮朝日	1928-02-15	2	03단	補助造林の植栽が終了
148887	朝鮮朝日	1928-02-15	2	03단	商銀支店落成
148888	朝鮮朝日	1928-02-15	2	03단	慶南肥料資金
148889	朝鮮朝日	1928-02-15	2	03단	一月中煙草賣高
148890	朝鮮朝日	1928-02-15	2	03단	蔘業組合總會
148891	朝鮮朝日	1928-02-16	1	01단	天恩渥し！！/矢野御慰問使/聖旨、令旨を傳達
148892	朝鮮朝日	1928-02-16	1	01단	各地の商議所は絕對に反對/運送店合同問題臨時聯合會開催
148893	朝鮮朝日	1928-02-16	1	01단	鮮內銀行は十行位に減ずるが良い
148894	朝鮮朝日	1928-02-16	1	01단	支那側が稅關派出所廢止の噂さ
148895	朝鮮朝日	1928-02-16	1	02단	齋藤前總督に記念品を贈呈
148896	朝鮮朝日	1928-02-16	1	02단	苦心して蒐めた朝鮮の新聞を城大の奥平教授が世界の新聞展に出品
148897	朝鮮朝日	1928-02-16	1	03단	御大典記念(燃料局を設け廉價供給を平壤が計劃/運動場新設平北體協が)
148898	朝鮮朝日	1928-02-16	1	03단	短歌/橋田東擊選

일련번호	판명	간행일	면	단수	기사명
148899	朝鮮朝日	1928-02-16	1	03단	萬頃橋竣工
148900	朝鮮朝日	1928-02-16	1	03단	迎日水利の整理困難不景氣の今日
148901	朝鮮朝日	1928-02-16	1	04단	京城中等學校入學率昨年と變らぬ
148902	朝鮮朝日	1928-02-16	1	04단	先生の健康狀態は內地より良い/病傷者への施設を總督府が頻に研究
148903	朝鮮朝日	1928-02-16	1	04단	朝鮮最初の飛行機檢査/汝矣島で擧行
148904	朝鮮朝日	1928-02-16	1	04단	執務に困り光州警察署一部を改築
148905	朝鮮朝日	1928-02-16	1	04단	大刀會を恐れた支人/安東に逃込む
148906	朝鮮朝日	1928-02-16	1	04단	大閤掘開鑿/五年に竣工/通航料を取る
148907	朝鮮朝日	1928-02-16	1	05단	繪畫研究所/美術學校に昇格の運動
148908	朝鮮朝日	1928-02-16	1	05단	三月末までは續發する見込京城のチブス猖獗　十五日の新　患者三十名/當局狼狠水道を消毒/鮮魚の搬出はったと止る/牛島醫官が應援/平壤も警戒
148909	朝鮮朝日	1928-02-16	1	05단	營林署の製函工場
148910	朝鮮朝日	1928-02-16	1	06단	平壤高女の改革問題(完)/お金が無くてはどんな名手も手腕が揮へぬ現狀校舍だけは堂々と竣工/平壤一記者
148911	朝鮮朝日	1928-02-16	1	06단	權友會支部大邱に設置
148912	朝鮮朝日	1928-02-16	1	08단	鼻持ならぬ臭い喧嘩糞便値下事件
148913	朝鮮朝日	1928-02-16	1	09단	軍服姿の匪賊/保甲隊を襲ふ
148914	朝鮮朝日	1928-02-16	1	09단	國境靑年黨十九日創立會
148915	朝鮮朝日	1928-02-16	1	09단	三年ぶりで靑空を仰ぐ無罪の人びと
148916	朝鮮朝日	1928-02-16	1	10단	安東選手の活躍
148917	朝鮮朝日	1928-02-16	1	10단	滿鮮カルタ大會
148918	朝鮮朝日	1928-02-16	1	10단	會(私鐵經理打合會)
148919	朝鮮朝日	1928-02-16	1	10단	人(今村力三郎氏(東京辯護士)/和田一郎氏(朝鮮商銀頭取)/木島信次氏(釜山穀物信託支配人)
148920	朝鮮朝日	1928-02-16	1	10단	半島茶話
148921	朝鮮朝日	1928-02-16	1	10단	三十六萬圓の起債で紛糾/仁川府協議會が停頓/通過しても認可が問題
148922	朝鮮朝日	1928-02-16	2	01단	雫の聲
148923	朝鮮朝日	1928-02-16	2	01단	農會斡旋の酒造米好成績を收む
148924	朝鮮朝日	1928-02-16	2	01단	商務會分會熙川に設置
148925	朝鮮朝日	1928-02-16	2	02단	水組の設計に誤差ありと設置に反對
148926	朝鮮朝日	1928-02-16	2	02단	二月上旬局線の荷動十一萬餘噸
148927	朝鮮朝日	1928-02-16	2	02단	外米關稅の引上げ八月頃に實施か率は百斤に五十錢總督府で目下考慮中
148928	朝鮮朝日	1928-02-16	2	03단	平安漁業の社長問題は目鼻がつかぬ
148929	朝鮮朝日	1928-02-16	2	03단	肥料增産に補助を交付/慶南が奬勵
148930	朝鮮朝日	1928-02-16	2	03단	新義州寧邊電話が開通

일련번호	판명	간행일	면	단수	기사명
148931	朝鮮朝日	1928-02-16	2	03단	莞島に水道工費二萬圓
148932	朝鮮朝日	1928-02-16	2	03단	大興電氣進出
148933	朝鮮朝日	1928-02-16	2	03단	新安州振興會
148934	朝鮮朝日	1928-02-16	2	03단	朝鮮農會總會
148935	朝鮮朝日	1928-02-16	2	03단	慶南水産會終了
148936	朝鮮朝日	1928-02-17	1	01단	大村鐵道局長に對し痛烈な質問を浴せ更に商議代表者間の大論戰緊張した運合問題/群山商工業者大會を開き反對を決定
148937	朝鮮朝日	1928-02-17	1	01단	醫生の弊害の著しきに懲り晋州醫院に講習所を設け限地開業を許す計劃
148938	朝鮮朝日	1928-02-17	1	01단	技術員を內地に派遣して研究理想的な校舎を新築する平南の醫學講習所
148939	朝鮮朝日	1928-02-17	1	01단	忠北道議會十三日開會
148940	朝鮮朝日	1928-02-17	1	02단	新義州小校いよいよ新築
148941	朝鮮朝日	1928-02-17	1	02단	穀物繰綿の檢査所敷地移轉の陳情
148942	朝鮮朝日	1928-02-17	1	03단	俳句/鈴木花蓑選
148943	朝鮮朝日	1928-02-17	1	03단	街から巷へ(１２)/世界的の遊園金剛山へ日歸り電鐵の遠大な計劃惠まれたりな探勝の人
148944	朝鮮朝日	1928-02-17	1	04단	農校設置の運動が起る
148945	朝鮮朝日	1928-02-17	1	04단	馬賊に脅かされて筏の作業か停頓例年の半數だけの流筏が精一杯所か
148946	朝鮮朝日	1928-02-17	1	04단	華橋小學校移轉
148947	朝鮮朝日	1928-02-17	1	04단	平壤高女の催し
148948	朝鮮朝日	1928-02-17	1	04단	珍魚の標本科學館へ送る
148949	朝鮮朝日	1928-02-17	1	05단	二百五十年の大祭を行ふ釜山龍頭山神社
148950	朝鮮朝日	1928-02-17	1	05단	平壤警察署佗び住まひ新築までを
148951	朝鮮朝日	1928-02-17	1	05단	寄附までしたのに建てゝ貰へぬ/忠州の道立醫院道議員當局の不誠意に憤る
148952	朝鮮朝日	1928-02-17	1	06단	鴨綠江の採氷
148953	朝鮮朝日	1928-02-17	1	06단	新巡査たち平北に到着
148954	朝鮮朝日	1928-02-17	1	07단	運轉手試驗
148955	朝鮮朝日	1928-02-17	1	07단	新幹會創立記念祝賀會盛況を極む
148956	朝鮮朝日	1928-02-17	1	08단	奉天行列車貨車と衝突/死傷は無い
148957	朝鮮朝日	1928-02-17	1	08단	釜山火葬場の移轉地元民の反對/ますます猛烈となる當局は飽くまで猛進
148958	朝鮮朝日	1928-02-17	1	08단	新義州球場工費七千圓
148959	朝鮮朝日	1928-02-17	1	08단	寫眞(十四日落成式を擧げた光州須彼亞女學校)
148960	朝鮮朝日	1928-02-17	1	09단	猩紅熱患者浦項に發生
148961	朝鮮朝日	1928-02-17	1	09단	金若水ほか三名は控訴/五十三名服役

일련번호	판명	간행일	면	단수	기사명
148962	朝鮮朝日	1928-02-17	1	09단	會(釜山貯管局披露/全南道農會組合/慶南署長會議/鐵道工務所長會議)
148963	朝鮮朝日	1928-02-17	1	09단	系統を尋ねて上流を調査/京城のチブスの病院トクソン水源池と信ぜらる
148964	朝鮮朝日	1928-02-17	1	10단	人(西田三郎氏(平南道視學)/柳生平南學務課長/三浦計氏(日糖平壤支店長)/古莊幹朗氏(陸軍省軍事課長)/池田長康氏(貴族院議員)/内藤確介氏(安東縣採木公司理事長)/平野宗三郎氏(釜山實業家)/多田義一氏(光州警察署長))
148965	朝鮮朝日	1928-02-17	1	10단	半島茶話
148966	朝鮮朝日	1928-02-17	2	01단	京城府の新豫算四百十八萬圓/自動車經營の費目三十萬圓は起債に仰ぐ
148967	朝鮮朝日	1928-02-17	2	01단	全南海苔を大阪で競賣
148968	朝鮮朝日	1928-02-17	2	01단	支那硝子の輸入が增加/白國品は減退
148969	朝鮮朝日	1928-02-17	2	01단	鰊の大漁迎日沿岸に
148970	朝鮮朝日	1928-02-17	2	01단	商工聯合會平壤で組織
148971	朝鮮朝日	1928-02-17	2	01단	煙草會社の餘震物語(三)/京城派の沒落と南鮮派の擡頭高木社長も結局は傀儡
148972	朝鮮朝日	1928-02-17	2	02단	平南商品館本年度の催し
148973	朝鮮朝日	1928-02-17	2	02단	京畿道金組一月末帳尻
148974	朝鮮朝日	1928-02-17	2	02단	鮮鐵の在貨一萬一千噸
148975	朝鮮朝日	1928-02-17	2	02단	二月上旬鐵道局業績收入九十一萬圓
148976	朝鮮朝日	1928-02-17	2	03단	神仙爐
148977	朝鮮朝日	1928-02-18	1	01단	街から巷へ(13)/戀に盲ひ愛に背き二十歳の青春を朝鮮に流浪の旅安春山大人の奧田禎次郎氏
148978	朝鮮朝日	1928-02-18	1	01단	仰き見る麗人のみ顔み口べに懷し笑のこもらせませり今はなき武子夫人と朝鮮/XYZ
148979	朝鮮朝日	1928-02-18	1	03단	山林に投資する內地の資本家/年々に增加する成績も極めて良好
148980	朝鮮朝日	1928-02-18	1	04단	短歌/橋田東擊選
148981	朝鮮朝日	1928-02-18	1	05단	吉會鐵道速成期成會活動を開始
148982	朝鮮朝日	1928-02-18	1	05단	釜山木浦間直通電話本月末開通
148983	朝鮮朝日	1928-02-18	1	05단	安東縣を中心に鴨綠江の開發/江口、港灣等を調査
148984	朝鮮朝日	1928-02-18	1	05단	鮮人救濟策滿鐵が考慮
148985	朝鮮朝日	1928-02-18	1	05단	鎭海學議員選擧決定す
148986	朝鮮朝日	1928-02-18	1	05단	南浦學組費可決
148987	朝鮮朝日	1928-02-18	1	06단	矢野御慰問使/いよいよ國境に
148988	朝鮮朝日	1928-02-18	1	06단	藥學會總會京城で開催
148989	朝鮮朝日	1928-02-18	1	06단	八百戶の家族が糊口に窮する慶南河東の海苔の全滅救濟の必要がある/光陽組合も悲慘な狀態

일련번호	판명	간행일	면	단수	기사명
148990	朝鮮朝日	1928-02-18	1	07단	『我等の友よ』
148991	朝鮮朝日	1928-02-18	1	07단	籲入大會で橫斷飛行の寄附が集まる
148992	朝鮮朝日	1928-02-18	1	07단	下火となった京城の腸チブス府では永久的病舍新築/泣面に蜂の發疹チブス/戰々競々と大邱の警戒
148993	朝鮮朝日	1928-02-18	1	08단	文藝談懇會高梨氏の送別
148994	朝鮮朝日	1928-02-18	1	08단	高飛中の總督府吏員靜岡で逮捕
148995	朝鮮朝日	1928-02-18	1	09단	朝鮮の民謠資料が乏しい
148996	朝鮮朝日	1928-02-18	1	09단	牡丹臺で學生の自殺/失戀の結果か
148997	朝鮮朝日	1928-02-18	1	09단	印紙竊取事件意外に擴大/一局員も留置
148998	朝鮮朝日	1928-02-18	1	09단	人(小田安馬氏(總督府通譯官)/高橋漢吉氏(總督府視學官)/國友尙議氏(前醫務局醫務課長)/堤貞之氏(釜山商議評議員)/極口景洞畵伯/大村百藏氏/上田交次郎氏(仁川實業家)/津田量丈氏(東拓理事))
148999	朝鮮朝日	1928-02-18	1	10단	半島茶話
149000	朝鮮朝日	1928-02-18	2	01단	慶南北全南三道鯖巾着網の組合/十五日に發起人會釜山に本部を置く
149001	朝鮮朝日	1928-02-18	2	01단	龍井の滯貨五萬五百袋/圖們天圖沿線の滯貨十日の調査
149002	朝鮮朝日	1928-02-18	2	01단	新義州商議三年度豫算
149003	朝鮮朝日	1928-02-18	2	01단	煙草會社の餘震物語(完)/永谷氏の左遷で餘震は治まるたゞあまりに早すぎた
149004	朝鮮朝日	1928-02-18	2	02단	新義州の米穀檢査所榮町に移轉
149005	朝鮮朝日	1928-02-18	2	02단	京南鐵豫算收入三十二萬圓
149006	朝鮮朝日	1928-02-18	2	02단	南浦貿易高
149007	朝鮮朝日	1928-02-18	2	03단	京城勞銀騰貴
149008	朝鮮朝日	1928-02-18	2	03단	平南蔬菜生産高
149009	朝鮮朝日	1928-02-18	2	03단	安東の土木事業
149010	朝鮮朝日	1928-02-18	2	03단	神仙爐
149011	朝鮮朝日	1928-02-19	1	01단	國庫補助も增し良教員も養成して實業教育を獎勵す 學校も一郡一校が理想/實科教育の效果顯著平北が補助
149012	朝鮮朝日	1928-02-19	1	01단	前年の豫算と同じ程度で大體編成を終わった草間財務局長語る/二十三萬圓の豫備支出金閣議を通過
149013	朝鮮朝日	1928-02-19	1	02단	淸津府の陸軍運輸部縮小の噂さ
149014	朝鮮朝日	1928-02-19	1	02단	木浦三鶴島の附近を埋立て市街地建設の計劃競願者多く紛糾せん
149015	朝鮮朝日	1928-02-19	1	02단	淸津學組が授業料を改訂
149016	朝鮮朝日	1928-02-19	1	03단	矢野御慰問使元山を通過北行
149017	朝鮮朝日	1928-02-19	1	03단	沙上驛新設
149018	朝鮮朝日	1928-02-19	1	03단	在滿鮮人の擁護團組織本部を安東に
149019	朝鮮朝日	1928-02-19	1	04단	飽くまで押し切る釜山火葬場

일련번호	판명	간행일	면	단수	기사명
149020	朝鮮朝日	1928-02-19	1	04단	お茶のあと
149021	朝鮮朝日	1928-02-19	1	04단	航空機乗員試驗
149022	朝鮮朝日	1928-02-19	1	04단	安東中高女入學志願者募集の二倍
149023	朝鮮朝日	1928-02-19	1	05단	トクソンの水は何故に惡いか水源地が狹すぎて濾過の速度が早きに過ぐ
149024	朝鮮朝日	1928-02-19	1	05단	沙里院面が大會を開き重要問題決議
149025	朝鮮朝日	1928-02-19	1	05단	中等教員委託生を來年度から減少不景氣がたゝって教員の不足がない
149026	朝鮮朝日	1928-02-19	1	05단	俳句/鈴木花蓑選
149027	朝鮮朝日	1928-02-19	1	05단	全鮮唯一の理髮學校釜山に設置
149028	朝鮮朝日	1928-02-19	1	06단	私立矯南學院經營困難で人手に渡る
149029	朝鮮朝日	1928-02-19	1	06단	一家枕を並べる悲慘な家庭が隨所に發見される未だに患者の隱匿がある/周防道課長感染し重態/釜山に發生當局が憂慮
149030	朝鮮朝日	1928-02-19	1	07단	朝鮮自動社批難さる獨占の弊あり
149031	朝鮮朝日	1928-02-19	1	07단	蔚山電氣の改善を要望大會を開いて
149032	朝鮮朝日	1928-02-19	1	08단	鮮鐵發行の乘車割引證內地でも有效
149033	朝鮮朝日	1928-02-19	1	08단	聲樂に始まり鰌掬に終る鐵道勤務のモガの茶目
149034	朝鮮朝日	1928-02-19	1	08단	鮮婦人達にミシンの講習
149035	朝鮮朝日	1928-02-19	1	08단	京城の人口三十一萬五千
149036	朝鮮朝日	1928-02-19	1	09단	大刀會員間島に進出馬賊と提携
149037	朝鮮朝日	1928-02-19	1	09단	一つ家を二度も襲ふ三人組強盜
149038	朝鮮朝日	1928-02-19	1	09단	赤白兩系が教會の爭奪裁判で爭ふ
149039	朝鮮朝日	1928-02-19	1	10단	釜山の火事八戶を燒く
149040	朝鮮朝日	1928-02-19	1	10단	寫眞機を見て犯人が氣絶殺される思ひ
149041	朝鮮朝日	1928-02-19	1	10단	會(全南刑事講習會/全南校長研究會)
149042	朝鮮朝日	1928-02-19	1	10단	人(水口慶南知事招宴/弘中儀一氏(海軍技師)/赤堀研吉大佐(吳鎭守府橋關部附)/佐々木克己氏(朝紡工場長)/玉置豊助氏(三井鑛山技師)/山下巍八郎中將(德山海軍燃料廠長)/西田常三郎氏(元山毎日社長)/西崎義太郎氏(鎭南浦實業家))
149043	朝鮮朝日	1928-02-19	1	10단	半島茶話
149044	朝鮮朝日	1928-02-19	2	01단	一驛一店による合同を認めぬ商議聯合會の決議を當局や合同側に手交
149045	朝鮮朝日	1928-02-19	2	01단	前年に比し八十萬圓減慶北の豫算
149046	朝鮮朝日	1928-02-19	2	01단	煎子の大漁鎭海灣外に
149047	朝鮮朝日	1928-02-19	2	01단	目新しい事業も無い大邱學組費
149048	朝鮮朝日	1928-02-19	2	01단	商議聯合會の運合論議(一)/反對派の人々が祕密の回覽は合同を認めずの決議瓢簞鯰の大村局長の答辯
149049	朝鮮朝日	1928-02-19	2	02단	昨年中の獸疫の調査七千頭に上る

일련번호	판명	간행일	면	단수	기사명
149050	朝鮮朝日	1928-02-19	2	02단	統計から見て今年は豊漁新造船が多い
149051	朝鮮朝日	1928-02-19	2	03단	京城組合銀二月十五日帳尻
149052	朝鮮朝日	1928-02-19	2	03단	北鮮運輸總會
149053	朝鮮朝日	1928-02-19	2	03단	靈巖水組の計劃
149054	朝鮮朝日	1928-02-19	2	03단	水産會支部設置
149055	朝鮮朝日	1928-02-19	2	03단	神仙爐
149056	朝鮮朝日	1928-02-20	1	01단	政友會が敗れたら山梨總督の留任は想像できない話/興味深く見られる總選擧
149057	朝鮮朝日	1928-02-20	1	01단	政府の方針が決定した後に追加豫算は提出す銀行合同は數の問題でない
149058	朝鮮朝日	1928-02-20	1	01단	東邊道に無線電信の設置を計劃
149059	朝鮮朝日	1928-02-20	1	01단	黃海道議會十八日から
149060	朝鮮朝日	1928-02-20	1	02단	平北緣故林讓渡の出願三萬五百件
149061	朝鮮朝日	1928-02-20	1	02단	街から巷へ(１４)/流轉の相を凝視したゞ忘れ得ぬ大西鄉を懷ひつゝ寂寞の運命に忍從して
149062	朝鮮朝日	1928-02-20	1	03단	滿鐵公費の賦課率改訂安東に諮問
149063	朝鮮朝日	1928-02-20	1	03단	全鮮の銀行業者京城に集まり銀行條令の改正や當面の重要問題を附議
149064	朝鮮朝日	1928-02-20	1	04단	短歌/橋田東聲選
149065	朝鮮朝日	1928-02-20	1	04단	中學設置や重要問題を淸州が協議
149066	朝鮮朝日	1928-02-20	1	05단	滅びんとする朝鮮の古典樂/復活を圖る協議が各地を巡廻し宣傳
149067	朝鮮朝日	1928-02-20	1	05단	慶南署長異動
149068	朝鮮朝日	1928-02-20	1	05단	新義州中學志願者が多い
149069	朝鮮朝日	1928-02-20	1	05단	救濟金を勝手に支出/价川郡民が郡守を糾彈
149070	朝鮮朝日	1928-02-20	1	06단	金陵學院講習所慶北が許可せず一千餘名の生徒達が就學の途がなく
149071	朝鮮朝日	1928-02-20	1	07단	天野女史に瑞寶章下賜勳七等に叙す
149072	朝鮮朝日	1928-02-20	1	07단	光州高普が課外講座擴張
149073	朝鮮朝日	1928-02-20	1	07단	啓星女學院新學年開始
149074	朝鮮朝日	1928-02-20	1	08단	鮮人飛行家全部で十四名
149075	朝鮮朝日	1928-02-20	1	08단	下火となった京城のチブスたゞ憂慮されるは二期感染者の發病
149076	朝鮮朝日	1928-02-20	1	08단	殆ど全部が蛔蟲の保持者
149077	朝鮮朝日	1928-02-20	1	08단	歸順相次ぐ輯安の大刀會
149078	朝鮮朝日	1928-02-20	1	09단	民國學生がモヒ吸飮の惡弊を憤慨
149079	朝鮮朝日	1928-02-20	1	09단	馬賊の頭目歸順を申込
149080	朝鮮朝日	1928-02-20	1	09단	鮮婦人達に裁縫の講習
149081	朝鮮朝日	1928-02-20	1	09단	郵便所が千餘圓入の金庫を盜まる

일련번호	판명	간행일	면	단수	기사명
149082	朝鮮朝日	1928-02-20	1	10단	運動界(全南學童競技に朝日優勝旗を寄贈/安東卓球大會/送別劍道會)
149083	朝鮮朝日	1928-02-20	1	10단	會(畜産同業評議會/全南文廟釋典祭)
149084	朝鮮朝日	1928-02-20	1	10단	人(野村中將(海軍々令部次長)/草間財務局長/谷口吳鎭守府司令長官/古莊平南財務部長/牛島友記氏(釜山港務醫官)/高砂政太郎氏(大阪鮮滿案內所主任)/全南養苗業者會議/全南船匠講習會/鳥飼平壤中學校長外中等、初等學校長/澤田豐丈氏母堂)
149085	朝鮮朝日	1928-02-20	1	10단	半島茶話
149086	朝鮮朝日	1928-02-20	2	01단	商議聯合會の運合論議(完)/我々は灰色で結構君等は赤色だと老武者まで駒を進め鎬を削るの大論戰
149087	朝鮮朝日	1928-02-20	2	01단	鮮滿案內所東京で會議
149088	朝鮮朝日	1928-02-20	2	01단	海女の取締全南が協議
149089	朝鮮朝日	1928-02-20	2	01단	四月中旬に米國觀光團仁川に入港
149090	朝鮮朝日	1928-02-20	2	01단	海苔漁場の整理を行ひ增殖を圖る
149091	朝鮮朝日	1928-02-20	2	01단	需要の多い秕酸鉛驅蟲劑
149092	朝鮮朝日	1928-02-20	2	02단	鴨江の採氷四十萬貫見當
149093	朝鮮朝日	1928-02-20	2	02단	全南の寒天百萬圓計劃
149094	朝鮮朝日	1928-02-20	2	02단	東拓の預金貸付
149095	朝鮮朝日	1928-02-20	2	02단	水原の勤儉週間
149096	朝鮮朝日	1928-02-20	2	02단	京城の物價前月よりやゝ勝貴
149097	朝鮮朝日	1928-02-20	2	03단	京城商議協議
149098	朝鮮朝日	1928-02-20	2	03단	神仙爐
149099	朝鮮朝日	1928-02-21	1	01단	京城商議の態度に慊らぬ荷主たち鮮人側結束して反對荷主協會員が總監を訪問/公平な人格者の仲裁が欲しい永びいたこの紛糾
149100	朝鮮朝日	1928-02-21	1	01단	朝鮮在住內地人の參政權獲得は考へねばならぬ問題朝鮮貴族の上院入は困難
149101	朝鮮朝日	1928-02-21	1	01단	電氣事業令改正は年內に發令
149102	朝鮮朝日	1928-02-21	1	02단	慶北道議會豫算三百五十萬圓
149103	朝鮮朝日	1928-02-21	1	02단	酷寒零下三十度の氷上で裸の行事/國境新義州の名物與加郎の主人今田さん
149104	朝鮮朝日	1928-02-21	1	03단	俳句/鈴木花蓑選
149105	朝鮮朝日	1928-02-21	1	03단	慶南道議會いよいよ開會
149106	朝鮮朝日	1928-02-21	1	03단	陸軍記念日各地とも盛大
149107	朝鮮朝日	1928-02-21	1	04단	水産業關係の各種の大會を今秋釜山で開催す發動機共進會を機會に
149108	朝鮮朝日	1928-02-21	1	04단	學校新設と學年の延長平北で盛ん
149109	朝鮮朝日	1928-02-21	1	05단	殉職者追悼元山郵便局が

일련번호	판명	간행일	면	단수	기사명
149110	朝鮮朝日	1928-02-21	1	05단	大同江解氷昨今の暖氣で
149111	朝鮮朝日	1928-02-21	1	05단	平南の火災三百と七回
149112	朝鮮朝日	1928-02-21	1	05단	叺生産者直接の販賣を取締れと慶南道農會に建議一時の少利に迷ふとて
149113	朝鮮朝日	1928-02-21	1	06단	神祕的妙義をもって官の横暴を抑壓/一時は十萬餘の信徒を有した今から百年前の白蓮教の末徒/問題の大刀會の正體
149114	朝鮮朝日	1928-02-21	1	06단	盟休をやった生徒は入れぬ/京城內專門學校の方針入學志願者大恐慌
149115	朝鮮朝日	1928-02-21	1	06단	今度は平南にチブス患者十一名が發生/滿浦鎭にも發生
149116	朝鮮朝日	1928-02-21	1	07단	鮮人學校費負擔力調査/一面一校の實現を期し
149117	朝鮮朝日	1928-02-21	1	07단	兼二浦署武道會
149118	朝鮮朝日	1928-02-21	1	07단	街から巷へ（１５）/諦らめの哲人死線を越えて貧しくとも平和な生活に浸る安春山大人
149119	朝鮮朝日	1928-02-21	1	08단	元山府の傳染病患者猩紅熱が最多
149120	朝鮮朝日	1928-02-21	1	08단	會(新義州高普卒業式)
149121	朝鮮朝日	1928-02-21	1	08단	人(加藤常美氏(京城三越支店長)/田中半四郎氏(京城實業家)/多田順三郎氏(同上)/中部幾次郎氏(慶南道評議員))
149122	朝鮮朝日	1928-02-21	1	08단	半島茶話
149123	朝鮮朝日	1928-02-21	2	01단	金組中央會設立の贊否 總督府は贊成だが經濟調査委員に難色がある/聯合會を廢し派出所設置 利鞘を狹める
149124	朝鮮朝日	1928-02-21	2	01단	五萬圓を增す大邱學組費近く內示す
149125	朝鮮朝日	1928-02-21	2	01단	畜牛の飼料改善を企圖
149126	朝鮮朝日	1928-02-21	2	01단	目ざましいは獨逸の復興熱垂涎にひするは林政に對する遠大な計劃
149127	朝鮮朝日	1928-02-21	2	02단	咸鏡南北の三國有林を三月に拂下
149128	朝鮮朝日	1928-02-21	2	02단	雫の聲
149129	朝鮮朝日	1928-02-21	2	02단	和順の送電交渉
149130	朝鮮朝日	1928-02-21	2	02단	慶南穀物檢查米は增加大豆は減少
149131	朝鮮朝日	1928-02-21	2	03단	平壤栗産額減少
149132	朝鮮朝日	1928-02-21	2	03단	神仙爐
149133	朝鮮朝日	1928-02-22	1	01단	新規事業は殆ど何等の遲延も見ず/着々遂行が出來る實行豫算を大藏當局も諒解
149134	朝鮮朝日	1928-02-22	1	01단	バインタラ、カイ口鐵道は行惱み借欵その他の都合で程四洮鐵道副局長談
149135	朝鮮朝日	1928-02-22	1	01단	李王殿下御出迎への人々が決定
149136	朝鮮朝日	1928-02-22	1	01단	殖銀總會配當年八分
149137	朝鮮朝日	1928-02-22	1	02단	釜山學組費十一萬八千圓
149138	朝鮮朝日	1928-02-22	1	02단	鮮人一萬餘人の有權者を出した國民協會の祝賀會/兇刃

일련번호	판명	간행일	면	단수	기사명
149138	朝鮮朝日	1928-02-22	1	02단	に倒れた閔元植地下笑まんと李炳烈氏喜ぶ
149139	朝鮮朝日	1928-02-22	1	03단	崇實校雄辯大會
149140	朝鮮朝日	1928-02-22	1	04단	釜山水道の計量制實施增加の計劃/群山中學の道移管運動道議會に提案
149141	朝鮮朝日	1928-02-22	1	04단	傳へられる程に甚しく無い/在滿鮮人の壓迫中心は矢張り奉天
149142	朝鮮朝日	1928-02-22	1	04단	短歌/橋田東撃選
149143	朝鮮朝日	1928-02-22	1	04단	街から巷へ（１６）/烈婦と讃ふべき安大人の妻女兇刃の下を潛り夫の重要書類を携へて逃る
149144	朝鮮朝日	1928-02-22	1	05단	馬山商業校入學者激增
149145	朝鮮朝日	1928-02-22	1	05단	郵便局員の全鮮競技會四月に開催
149146	朝鮮朝日	1928-02-22	1	06단	元山で開かれた全鮮スキー大會參加者二百名に達し一、四キロに新記錄を作る
149147	朝鮮朝日	1928-02-22	1	06단	林川水組に反對里民が視察員に暴行
149148	朝鮮朝日	1928-02-22	1	07단	平壤謠曲大會
149149	朝鮮朝日	1928-02-22	1	07단	大邱藝妓の花代値上は當局が許さぬ
149150	朝鮮朝日	1928-02-22	1	08단	機關庫主任慘殺さる犯人は解雇された部下
149151	朝鮮朝日	1928-02-22	1	08단	自動車顚覆し一名は卽死六名は重傷
149152	朝鮮朝日	1928-02-22	1	08단	またぶりかへし惡性に變じた京城府の腸チブス仁川にも發生し大狼狽/京城に懲り平壤水源地所在民に注射
149153	朝鮮朝日	1928-02-22	1	09단	拾った鰒で三名が變死
149154	朝鮮朝日	1928-02-22	1	09단	全北の大火八棟を全燒
149155	朝鮮朝日	1928-02-22	1	09단	沙里院面民大會(十九日附參照)
149156	朝鮮朝日	1928-02-22	1	10단	タンク工事の內鮮人夫が大亂鬪を演ず
149157	朝鮮朝日	1928-02-22	1	10단	會(及川博士披露宴/水口知事招宴/釜山學組委員會/池田府井招待宴)
149158	朝鮮朝日	1928-02-22	1	10단	人(佐伯兵次氏(平壤若松小學校訓導))
149159	朝鮮朝日	1928-02-22	1	10단	半島茶話
149160	朝鮮朝日	1928-02-22	2	01단	鮮航會所屬船の米運賃の値上五分を割もどして七十五圓見當で落着か
149161	朝鮮朝日	1928-02-22	2	01단	朝郵社債野村銀行引受
149162	朝鮮朝日	1928-02-22	2	01단	京城商議が運合問題の態度を協議/飽くまでも運合に反對
149163	朝鮮朝日	1928-02-22	2	01단	江景で開く穀商聯合會準備を進む
149164	朝鮮朝日	1928-02-22	2	01단	軍事から考へられた交通機關の發達/微細な點まで研究して國富をはかるドイツ
149165	朝鮮朝日	1928-02-22	2	02단	農會と畜産豫算が增加
149166	朝鮮朝日	1928-02-22	2	02단	咸南の繩叺前途は有望
149167	朝鮮朝日	1928-02-22	2	02단	品質優良な漢江の採氷二萬二千噸
149168	朝鮮朝日	1928-02-22	2	02단	美林水組起工

일련번호	판명	간행일	면	단수	기사명
149169	朝鮮朝日	1928-02-22	2	03단	葉煙草收納三百九十萬貫
149170	朝鮮朝日	1928-02-22	2	03단	高くなった平壤の犬の皮
149171	朝鮮朝日	1928-02-22	2	03단	神仙爐
149172	朝鮮朝日	1928-02-23	1	01단	平和的な解決は殆ど絶望に歸す/渡邊會頭も仲裁の手を引く運合問題愈よ紛糾
149173	朝鮮朝日	1928-02-23	1	01단	南港の埋立地に漁港の施設を計劃して欲しいと釜山商議が道に陳情
149174	朝鮮朝日	1928-02-23	1	01단	朝鮮教育會第六回總會平壤で開催
149175	朝鮮朝日	1928-02-23	1	01단	光州學議員選擧終了す
149176	朝鮮朝日	1928-02-23	1	01단	不逞鮮人まで壓迫される在住民に同情
149177	朝鮮朝日	1928-02-23	1	02단	太平通の電車いよいよ着工
149178	朝鮮朝日	1928-02-23	1	02단	蒙古貴族の子弟を日本に連歸り立派な教育を施し日蒙親善に資する
149179	朝鮮朝日	1928-02-23	1	02단	街から巷へ(１７)/遊覽の地とし將來を期すか教育の地として起つか岐路にある水原
149180	朝鮮朝日	1928-02-23	1	03단	電車式自動車大邱で運轉五月頃から
149181	朝鮮朝日	1928-02-23	1	03단	專賣局辭令
149182	朝鮮朝日	1928-02-23	1	04단	濟州島を一周の軌道工事に着手
149183	朝鮮朝日	1928-02-23	1	04단	平北原鼇所新議州に移轉
149184	朝鮮朝日	1928-02-23	1	04단	茂山を訪うた矢野御慰使問
149185	朝鮮朝日	1928-02-23	1	05단	上水道の管理を衛生課に移す土木課に任せては衛生方面の注意を缺くと
149186	朝鮮朝日	1928-02-23	1	05단	泉博士を特に招き論文の正誤を命ず外交時報の筆禍事件城大少壯教授が憤慨
149187	朝鮮朝日	1928-02-23	1	06단	釜山商議の新舍屋建築遷延の模樣
149188	朝鮮朝日	1928-02-23	1	06단	全鮮を廻ってお名殘の飛行木部孃空を退いて病父のために自動車經營
149189	朝鮮朝日	1928-02-23	1	07단	マラリヤの撲滅を期す平南の江西
149190	朝鮮朝日	1928-02-23	1	07단	俳句/鈴木花蓑選
149191	朝鮮朝日	1928-02-23	1	07단	うら若い女性も交る藥學校卒業生
149192	朝鮮朝日	1928-02-23	1	07단	移動勞働者の實狀を調査し可及的需給の調節を圖る職業紹介所令を施行
149193	朝鮮朝日	1928-02-23	1	08단	交通事故平南の調査
149194	朝鮮朝日	1928-02-23	1	08단	平南の不具者五千に上る衛生課の調査
149195	朝鮮朝日	1928-02-23	1	08단	更に新患者十二名五百名を突破
149196	朝鮮朝日	1928-02-23	1	08단	鷄のチブス平南に流行
149197	朝鮮朝日	1928-02-23	1	08단	建築業者の家宅捜索事件は擴大か
149198	朝鮮朝日	1928-02-23	1	09단	李夏榮子を對手の訴訟原告が敗訴
149199	朝鮮朝日	1928-02-23	1	09단	老いたる父の目を癒すべく自分の目を捧げたいと切な

일련번호	판명	간행일	면	단수	기사명
149199	朝鮮朝日	1928-02-23	1	09단	る孝子の願ひ
149200	朝鮮朝日	1928-02-23	1	09단	御知らせ本日も總選擧開票結果を附錄として添付致しました
149201	朝鮮朝日	1928-02-23	1	09단	人(川添種一郎氏(鎭南浦實業家)/中井良太郎大佐/吉岡重實氏(釜山實業家)/深川傳次郎氏(東京辨護士)/小河正儀氏(總督府事務官)/野尻喜輔氏(大日本農村産業振興會總務)/石鎭衡氏(全南道知事))
149202	朝鮮朝日	1928-02-23	1	10단	大刀會員と銃火を交へ官兵が逃走
149203	朝鮮朝日	1928-02-23	1	10단	安東氷滑納會
149204	朝鮮朝日	1928-02-23	1	10단	半島茶話
149205	朝鮮朝日	1928-02-23	2	01단	僅か五萬の資本で五郡の電化計劃裏面に魂膽ありと一般に取沙汰さる
149206	朝鮮朝日	1928-02-23	2	01단	潮力利用の水電事業廣く中鮮に適所が多い
149207	朝鮮朝日	1928-02-23	2	01단	前年に比し五萬圓增の大邱學組費
149208	朝鮮朝日	1928-02-23	2	01단	共産主義の露國に乞食の多い皮肉/モスクワの共産大學には內鮮支人が相當ゐる
149209	朝鮮朝日	1928-02-23	2	02단	海苔漁者の實情を調査救濟を急ぐ/品質も粗惡內地で姿を消す
149210	朝鮮朝日	1928-02-23	2	02단	繼子扱ひをせぬやうと平壤土木業者が道に陳情す
149211	朝鮮朝日	1928-02-23	2	03단	全鮮郵貯高
149212	朝鮮朝日	1928-02-23	2	03단	京城の物價
149213	朝鮮朝日	1928-02-23	2	03단	二月中旬局線の荷動十一萬四千噸
149214	朝鮮朝日	1928-02-23	2	03단	元煙草會社解散
149215	朝鮮朝日	1928-02-23	2	03단	順南水組起工
149216	朝鮮朝日	1928-02-23	2	03단	鳥島漁業存續
149217	朝鮮朝日	1928-02-24	1	01단	政友の旗色が惡く山梨總督不安の態後任は宇垣氏をと氣早な連中は噂さ/金融界には格別影響はあるまいと一般に觀測される/平壤の空氣異常に動搖
149218	朝鮮朝日	1928-02-24	1	01단	製造に追はるゝ改良の釀造瓶朝鮮藥酒釀造に使用保存にも便利で能率も上る
149219	朝鮮朝日	1928-02-24	1	02단	特殊銀は勿論民間の人も入れ愈よ金融調查會組織臨時議會終了後進捗を急ぐ
149220	朝鮮朝日	1928-02-24	1	03단	文科は增し理科は減少城大豫科志願者
149221	朝鮮朝日	1928-02-24	1	03단	自動車會社の濫立を取締慶北の意向
149222	朝鮮朝日	1928-02-24	1	04단	九年勤續の慶北道議員七氏に達す
149223	朝鮮朝日	1928-02-24	1	04단	咸南道路の改修豫定線總延長七百里
149224	朝鮮朝日	1928-02-24	1	04단	外米關稅の引上は內地より五十錢安の百斤につき五十錢程度で大藏省當局と交涉
149225	朝鮮朝日	1928-02-24	1	05단	土地建物を鮮人に貸與するを禁ず/臨江縣知事が嚴命支那語を解せねば居住させぬ

일련번호	판명	간행일	면	단수	기사명
149226	朝鮮朝日	1928-02-24	1	05단	吉鐵促成會運動費捻出―萬圓の豫定
149227	朝鮮朝日	1928-02-24	1	05단	短歌/橋田東聲選
149228	朝鮮朝日	1928-02-24	1	06단	南浦學組費異議なく可決
149229	朝鮮朝日	1928-02-24	1	06단	文川小學校開設
149230	朝鮮朝日	1928-02-24	1	06단	朝鮮最古の日新女學校舊校舍保存を關係者が協議
149231	朝鮮朝日	1928-02-24	1	06단	新紀元を劃す釜山港の施設第二期工事終了し土木部出張所閉鎖/工事竣工式總監も臨席/釜山で大祝賀會
149232	朝鮮朝日	1928-02-24	1	07단	春の球界の一瞥(一)/名手を集めて充實した京電の新チーム
149233	朝鮮朝日	1928-02-24	1	07단	新義州圖書館內容充實の要望が高い
149234	朝鮮朝日	1928-02-24	1	07단	安東の公費賦課率改訂
149235	朝鮮朝日	1928-02-24	1	07단	五萬圓の私財を投じ育央舍を設立苦學英に補助
149236	朝鮮朝日	1928-02-24	1	08단	平北の警官內地を視察
149237	朝鮮朝日	1928-02-24	1	08단	鮮航會の汽船が規約を破って協定以下の運賃で鮮米を積取るものがある
149238	朝鮮朝日	1928-02-24	1	08단	平壤府內でチブスの豫注
149239	朝鮮朝日	1928-02-24	1	09단	敎育映畫を釜山で上映
149240	朝鮮朝日	1928-02-24	1	09단	釜山の大荒連絡船缺航
149241	朝鮮朝日	1928-02-24	1	09단	思想犯罪專門の判檢事を設け裁判の正確を期す經費の關係で實施は遲る
149242	朝鮮朝日	1928-02-24	1	10단	渡船が顚覆二名溺死/九名は救はる
149243	朝鮮朝日	1928-02-24	1	10단	平南體育協會陸上競技豫定
149244	朝鮮朝日	1928-02-24	1	10단	半島茶話
149245	朝鮮朝日	1928-02-24	2	01단	如何に妨げても宗敎の力のみは如何ともなし難く以前に增す露國の宗敎熱
149246	朝鮮朝日	1928-02-24	2	01단	慶南三年度の豫算二十八萬餘圓新規事業の內譯
149247	朝鮮朝日	1928-02-24	2	01단	內地の低資を融通して貰ひ金融組合を指導援助する中央金融會の計劃
149248	朝鮮朝日	1928-02-24	2	01단	雫の聲
149249	朝鮮朝日	1928-02-24	2	02단	新義州醫院卓球
149250	朝鮮朝日	1928-02-24	2	02단	小作組合を作り爭議を防ぐべく密陽國農沼關係者當局に諒解を求む
149251	朝鮮朝日	1928-02-24	2	03단	平北不良米東京で發見當局が驚く
149252	朝鮮朝日	1928-02-24	2	03단	土木業者が會を組織し舊慣を打破
149253	朝鮮朝日	1928-02-24	2	03단	神仙爐
149254	朝鮮朝日	1928-02-25	1	01단	中央政界の雲行が怪しく/追加豫算の提出が出來るか否か疑問
149255	朝鮮朝日	1928-02-25	1	01단	辭表を出したら口が乾上るよ 法專校長に轉じた平井氏の意味深い言葉/後任の噂さ
149256	朝鮮朝日	1928-02-25	1	01단	土曜漫筆/麻雀漫語新義州ステーションホテル/宮川聲

일련번호	판명	간행일	면	단수	기사명
149257	朝鮮朝日	1928-02-25	1	02단	群山中學は愈よ道移管道議會で可決/南浦府議會豫算案を附議
149258	朝鮮朝日	1928-02-25	1	02단	輿論に鑑み運送店合同は適當ならずと認む京城商議評議會で決議/運送店合同群山も反對府民が決議
149259	朝鮮朝日	1928-02-25	1	03단	俳句/鈴木花蓑選
149260	朝鮮朝日	1928-02-25	1	04단	東拓の出張所が公費を拒絶す貸付金はあっても申達機關に過ぎぬとて
149261	朝鮮朝日	1928-02-25	1	04단	平壤機隊の夜間飛行四月ごろ擧行
149262	朝鮮朝日	1928-02-25	1	04단	御大典記念に公會堂建設大邱の計劃
149263	朝鮮朝日	1928-02-25	1	05단	滿日の連絡會議ハルビンで開催列車時刻等を打合せ更に大連でも開催
149264	朝鮮朝日	1928-02-25	1	05단	沙里院の市區改正は紛糾が伴ふ
149265	朝鮮朝日	1928-02-25	1	06단	春の球界の一瞥(二)/投手難に悩むのが朝鮮諸チームの缺陷
149266	朝鮮朝日	1928-02-25	1	06단	上級學校への志願者増加平北普校卒業生
149267	朝鮮朝日	1928-02-25	1	06단	僅か十日の間に八十名も死亡傳染病の隱匿はないかと府當局が調査を始む
149268	朝鮮朝日	1928-02-25	1	07단	粟の不足で生活に窮す平北上流民
149269	朝鮮朝日	1928-02-25	1	07단	殉職警官追悼會
149270	朝鮮朝日	1928-02-25	1	07단	放送局內にラヂオドラマ研究會を設置
149271	朝鮮朝日	1928-02-25	1	07단	崇實送別音樂會
149272	朝鮮朝日	1928-02-25	1	08단	大刀會員を怖れた支人朝鮮に避難
149273	朝鮮朝日	1928-02-25	1	08단	思想團體の講演などへ學生の立入を固く禁ず
149274	朝鮮朝日	1928-02-25	1	08단	高普生が公判を見學海州法院で
149275	朝鮮朝日	1928-02-25	1	08단	從妹の死を悼み愛兒を道連れに線路に飛込んで慘死
149276	朝鮮朝日	1928-02-25	1	09단	龍頭山神社社名を改稱祭日を變更
149277	朝鮮朝日	1928-02-25	1	09단	小島展覽會平壤で開催
149278	朝鮮朝日	1928-02-25	1	09단	岡崎汽船の嘉辰丸南海沖で沈没
149279	朝鮮朝日	1928-02-25	1	10단	水船に縋り四名の漁夫危く救はる
149280	朝鮮朝日	1928-02-25	1	10단	西鮮三道の選手を募り通信競技會
149281	朝鮮朝日	1928-02-25	1	10단	運動界(安東卓球戰)
149282	朝鮮朝日	1928-02-25	1	10단	人(矢野侍從武官)
149283	朝鮮朝日	1928-02-25	1	10단	半島茶話
149284	朝鮮朝日	1928-02-25	2	01단	神仙爐
149285	朝鮮朝日	1928-02-25	2	01단	銀行令の施行は本年中は不可能問題が問題だけに審議が手間取る
149286	朝鮮朝日	1928-02-25	2	01단	群山府豫算五十三萬圓
149287	朝鮮朝日	1928-02-25	2	01단	咸南共進會五年度に開催
149288	朝鮮朝日	1928-02-25	2	01단	平壤蔬菜組合事業を開始準備を急ぐ

일련번호	판명	간행일	면	단수	기사명
149289	朝鮮朝日	1928-02-25	2	02단	慶南の植樹四千數百萬本
149290	朝鮮朝日	1928-02-25	2	02단	鴨江對岸の豚コレラ終熄
149291	朝鮮朝日	1928-02-25	2	02단	釜山港修築の第二期計劃は考慮して居ないが南港埋立は結構なもの
149292	朝鮮朝日	1928-02-25	2	03단	牛疫免疫地豫注は好成績
149293	朝鮮朝日	1928-02-25	2	03단	産業團體總會
149294	朝鮮朝日	1928-02-25	2	03단	平南道路の成績を考査
149295	朝鮮朝日	1928-02-25	2	03단	酒造會社計劃
149296	朝鮮朝日	1928-02-25	2	03단	南浦商議役員會
149297	朝鮮朝日	1928-02-26	1	01단	朝鮮への内地移民はもう眞つ平お斷り/總督府からまで苦情渡邊東拓總裁釜山で愚痴る
149298	朝鮮朝日	1928-02-26	1	01단	京城府營バスの認可は遅れる起債の解決如何を見た上で決定の模様
149299	朝鮮朝日	1928-02-26	1	01단	御大典記念植林の計劃
149300	朝鮮朝日	1928-02-26	1	01단	運動選手の賣行の良い裡里農校卒業生
149301	朝鮮朝日	1928-02-26	1	01단	東萊温泉の道營計劃が危ぶまれる
149302	朝鮮朝日	1928-02-26	1	02단	京城を中心に支線を設けて旅客貨物の航空輸送を鮮人有力者に希望
149303	朝鮮朝日	1928-02-26	1	02단	吏として仕ふべく餘りに理論的に讀書家で思索的な平井新法專學校長/沈み勝ちに辭意を打消す
149304	朝鮮朝日	1928-02-26	1	03단	便利となった歐亞連絡の乗車券
149305	朝鮮朝日	1928-02-26	1	03단	交通展京城で開催
149306	朝鮮朝日	1928-02-26	1	03단	海員免許試験
149307	朝鮮朝日	1928-02-26	1	04단	取集貯金の成績が良好總額三百八十萬圓
149308	朝鮮朝日	1928-02-26	1	04단	朝鮮産の黄楊木が内地で歡迎され移出が弗々増加す
149309	朝鮮朝日	1928-02-26	1	04단	日支官憲に決議を突付警備の充實を間島民が要望
149310	朝鮮朝日	1928-02-26	1	05단	鐵道醫院が看護婦養成志願者を募集
149311	朝鮮朝日	1928-02-26	1	05단	平壤高女生電話交換の實際を見學
149312	朝鮮朝日	1928-02-26	1	05단	女子技藝成績展
149313	朝鮮朝日	1928-02-26	1	05단	新義州のバザー
149314	朝鮮朝日	1928-02-26	1	05단	渡航鮮人俄に殖え釜山の大混雜
149315	朝鮮朝日	1928-02-26	1	06단	街から巷へ(１８)/綺羅星の如くに學者を集めて農事の改良に全力を盡す水原の勸業模範場
149316	朝鮮朝日	1928-02-26	1	06단	槿友會支部臨時總會開催
149317	朝鮮朝日	1928-02-26	1	06단	日本音樂を妓生に授け向上を圖る
149318	朝鮮朝日	1928-02-26	1	06단	上水道の取水を鑿井式に改め病菌の混入を防ぐ京城水道の新計劃/大邱は終熄/下火だが死亡者漸増京城のチブス/水原の豫注施行
149319	朝鮮朝日	1928-02-26	1	07단	花代を値上藝妓を優遇

일련번호	판명	간행일	면	단수	기사명
149320	朝鮮朝日	1928-02-26	1	08段	列車が脱線吹雪のため
149321	朝鮮朝日	1928-02-26	1	08段	貨車の火事輜重車を燒く
149322	朝鮮朝日	1928-02-26	1	08段	十二年前の殺人兄弟が舞戻って逮捕
149323	朝鮮朝日	1928-02-26	1	08段	京城運動場開き四月三日に擧行
149324	朝鮮朝日	1928-02-26	1	09段	都市對抗卓球戰
149325	朝鮮朝日	1928-02-26	1	09段	全南商品館開館
149326	朝鮮朝日	1928-02-26	1	09段	會(社會事業講演會/野田大塊翁追悼會)
149327	朝鮮朝日	1928-02-26	1	09段	人(淸水槌太郎氏(釜山鎭埋築會社副社長)/恩田銅吉氏(朝鮮郵船社長)/橋本實斐(農林省事務官)/柳田諒三氏(復興局區劃整理委員會副議長)/吉田秀次郎氏(仁川會議所會頭)/渡邊勝三郎氏(東拓總裁)/野村吉三郎少將(海軍々令部次長)/趙欽伯博士(東三省法律顧問)/原孝一氏(太田學組議員)/河內山樂三氏(朝鮮火災海上社長)/寺內壽一少將/諸岡源吉氏(京城體育協會幹事)
149328	朝鮮朝日	1928-02-26	1	10段	半島茶話
149329	朝鮮朝日	1928-02-26	2	01段	崇られた財界一夕談(一)/農作と恐慌が生む銀行家の惱み仕舞込んで置けぬ/偏在資金の融通に苦慮
149330	朝鮮朝日	1928-02-26	2	01段	苗木や種子の移入が激減し自給自足が出來る
149331	朝鮮朝日	1928-02-26	2	01段	咸北木炭の內地移出著しく増加
149332	朝鮮朝日	1928-02-26	2	01段	安東海關の常關廢止は當局も諒解
149333	朝鮮朝日	1928-02-26	2	01段	奉天票慘落で支那豪商の破産が多い
149334	朝鮮朝日	1928-02-26	2	01段	銀行業務の改善を協議組銀委員會で
149335	朝鮮朝日	1928-02-26	2	02段	荷主協會群山が組織連合に反對
149336	朝鮮朝日	1928-02-26	2	02段	銀行集會所鮮銀裏に新築
149337	朝鮮朝日	1928-02-26	2	02段	二月中旬鐵道局業績前年より増收
149338	朝鮮朝日	1928-02-26	2	03段	南浦の林檎取引が旺盛
149339	朝鮮朝日	1928-02-26	2	03段	水原郡農會總會
149340	朝鮮朝日	1928-02-26	2	03段	神仙爐
149341	朝鮮朝日	1928-02-28	1	01段	どうせやるなら花々しくやれと京城の府營バス車臺も運轉回數も増加
149342	朝鮮朝日	1928-02-28	1	01段	いよいよ始る總督の初巡視先づ手始は黃海道出發は三月上旬の豫定
149343	朝鮮朝日	1928-02-28	1	01段	自動車事業を獨占の意思は毛頭持って居らぬ福原自動車社長釋明す
149344	朝鮮朝日	1928-02-28	1	01段	南浦府議會豫算を可決
149345	朝鮮朝日	1928-02-28	1	02段	大邱初等校根本策經費廿五萬圓
149346	朝鮮朝日	1928-02-28	1	02段	街から巷へ(１９)/品種の改良で産米の増收は三百萬石に達した改良に餘念ない水原模範場
149347	朝鮮朝日	1928-02-28	1	03段	大刀會の首領に保護を加へたと通化臨江の兩縣知事免

일련번호	판명	간행일	면	단수	기사명
149347	朝鮮朝日	1928-02-28	1	03단	職の上に逮捕命令
149348	朝鮮朝日	1928-02-28	1	03단	短歌/橋田東聲選
149349	朝鮮朝日	1928-02-28	1	03단	御大典記念館黃海道が設立
149350	朝鮮朝日	1928-02-28	1	04단	生田局長に漁港施設を香椎氏が陳情
149351	朝鮮朝日	1928-02-28	1	04단	平壤小學生上級學校へ入學希望者數
149352	朝鮮朝日	1928-02-28	1	04단	道議員を押へつけこづき廻した/慶北道議の珍喧嘩原因は通譯廢止論から
149353	朝鮮朝日	1928-02-28	1	05단	入學志願者定員の八倍新義州商校
149354	朝鮮朝日	1928-02-28	1	05단	嚴肅裡に營まれた下村氏の葬儀
149355	朝鮮朝日	1928-02-28	1	05단	宣川信聖學校理事會で經營
149356	朝鮮朝日	1928-02-28	1	06단	客死した內地人の憐れな孤兒を貧苦の中に育てあげた朝鮮人夫婦を表彰
149357	朝鮮朝日	1928-02-28	1	06단	老婦人宣教師の遺産に絡って養女と稱する二人がまたも法院に訴訟を提起
149358	朝鮮朝日	1928-02-28	1	06단	平北雄辯會
149359	朝鮮朝日	1928-02-28	1	06단	日支學童聯合學藝會安東で開催
149360	朝鮮朝日	1928-02-28	1	07단	京城のチブスまたぶり返し死亡者が激增す患者累計五百八十名/專賣局從業員六百名に豫注
149361	朝鮮朝日	1928-02-28	1	07단	土木組合の事件道廳に飛火し廳員家宅調査を受く他の官廳にも擴大か
149362	朝鮮朝日	1928-02-28	1	07단	平壤の流感漸くに下火
149363	朝鮮朝日	1928-02-28	1	08단	撒水自動車新義州で計劃
149364	朝鮮朝日	1928-02-28	1	08단	平北學童の寄生蟲檢査
149365	朝鮮朝日	1928-02-28	1	08단	三陟の大火三十一戶全燒
149366	朝鮮朝日	1928-02-28	1	08단	二十一の若い身空で覺悟の自殺
149367	朝鮮朝日	1928-02-28	1	09단	郵便所長が病死の前夜公金が紛失
149368	朝鮮朝日	1928-02-28	1	09단	鎌や棍棒を揮ひ專賣局員に暴行/煙草密作の疑ひで家宅捜査を受けんとして
149369	朝鮮朝日	1928-02-28	1	09단	安東相撲大會
149370	朝鮮朝日	1928-02-28	1	09단	會(釜山學校組合會)
149371	朝鮮朝日	1928-02-28	1	09단	人(福原俊丸男(朝鮮鐵道副社長)/東條正平氏(朝鐵重役)/賀田直治氏(東京實業家)/松田貞次郎氏(兼二浦三菱製鐵所長)/加藤密氏/寺師正樹氏(釜山府立病院外科長)/谷口尙眞中將(吳鎮守府司令長官)/生田內務局長/中村文雄氏)
149372	朝鮮朝日	1928-02-28	1	10단	スケート研究會
149373	朝鮮朝日	1928-02-28	1	10단	半島茶話
149374	朝鮮朝日	1928-02-28	2	01단	解氷期に入って活況を呈した平壤內のゴム工場滿洲からまで注文が殺到
149375	朝鮮朝日	1928-02-28	2	01단	柞蠶檢查所計劃を擴張

일련번호	판명	간행일	면	단수	기사명
149376	朝鮮朝日	1928-02-28	2	01단	兼二浦開港道議で可決
149377	朝鮮朝日	1928-02-28	2	01단	水原模範場で肥料分析の依賴に應ず
149378	朝鮮朝日	1928-02-28	2	01단	安東の人口
149379	朝鮮朝日	1928-02-28	2	01단	崇られた財界一夕談(完)/お米を擔保にして農家に融通する偏在資金の消化法こゝ銀行家の大成功
149380	朝鮮朝日	1928-02-28	2	02단	江界の穀價上騰
149381	朝鮮朝日	1928-02-28	2	02단	漢江漁獲高二萬七千圓
149382	朝鮮朝日	1928-02-28	2	02단	私鐵沿線の二月在貨高一萬二千噸
149383	朝鮮朝日	1928-02-28	2	02단	京城府內の水産業者數勸業課の調査
149384	朝鮮朝日	1928-02-28	2	03단	神仙爐
149385	朝鮮朝日	1928-02-29	1	01단	釜山から福岡へ海底電話の大工事完成は昭和四年度九州關係は直に着手
149386	朝鮮朝日	1928-02-29	1	01단	補習敎育の振興は目下の急務補習學校長會議で池上總監が訓示す
149387	朝鮮朝日	1928-02-29	1	01단	鮮人の海軍志願は採用論が多い近き將來に實現か谷口吳長官は語る
149388	朝鮮朝日	1928-02-29	1	01단	缺員中の英國の領事漸く決定す
149389	朝鮮朝日	1928-02-29	1	01단	道路の開通に面民が反對耕地を減ずと
149390	朝鮮朝日	1928-02-29	1	02단	街から巷へ(２０)/傳說に色づき名勝古跡に富む水原の誇りと惱み經濟力の貧しきが憾み
149391	朝鮮朝日	1928-02-29	1	03단	日支交渉の分所を設置國境帽兒山に
149392	朝鮮朝日	1928-02-29	1	03단	營林署長が流筏の打合總督府で開催
149393	朝鮮朝日	1928-02-29	1	03단	御大典の盛儀を短波長で連絡完全とは言へぬが相當聽取は出來る
149394	朝鮮朝日	1928-02-29	1	04단	寺刹所有林整理を終る
149395	朝鮮朝日	1928-02-29	1	04단	俳句/鈴木花蓑選
149396	朝鮮朝日	1928-02-29	1	04단	女子夜學會平壤で開設
149397	朝鮮朝日	1928-02-29	1	05단	川崎造船社長に鹿島房次郎氏內諾を得たか
149398	朝鮮朝日	1928-02-29	1	05단	新しい警官任地に向ふ
149399	朝鮮朝日	1928-02-29	1	05단	永興注射事件で痛烈な質問珍らしく波瀾を見た咸南道々評議會
149400	朝鮮朝日	1928-02-29	1	05단	盛大に催す陸軍記念日釜山の計劃
149401	朝鮮朝日	1928-02-29	1	06단	砂防工事の完成で荒蕪地が耕地に續々と變って行く各地で實施を要望
149402	朝鮮朝日	1928-02-29	1	06단	苦學よく努めて鳥人の試驗に首尾よく合格した光州出身の趙飛行士
149403	朝鮮朝日	1928-02-29	1	07단	愛蘭黨との會見記事が忌避に觸れる
149404	朝鮮朝日	1928-02-29	1	07단	病院から葬場へ死體を運ぶ車が頻繁になって來た京城のチブス終熄なほ遠し/搗でゝ加へて發疹チブス頻りに蔓延

일련번호	판명	간행일	면	단수	기사명
149405	朝鮮朝日	1928-02-29	1	08단	新義州球場設置
149406	朝鮮朝日	1928-02-29	1	09단	鐵道局關係を活寫に撮影
149407	朝鮮朝日	1928-02-29	1	09단	靑年の投身大同江上で
149408	朝鮮朝日	1928-02-29	1	09단	宙に迷ふ十萬圓貰ひ手は誰れ米國で客死した鮮人の遺産の取り手が無い
149409	朝鮮朝日	1928-02-29	1	09단	補助を增しマラリヤの撲滅を圖る
149410	朝鮮朝日	1928-02-29	1	09단	滯納の多い沙里院學組費
149411	朝鮮朝日	1928-02-29	1	10단	車輦館の駐在所襲擊犯人を逮捕
149412	朝鮮朝日	1928-02-29	1	10단	小田俊輔氏訃/葬儀は二十九日執行
149413	朝鮮朝日	1928-02-29	1	10단	人(吉岡重實氏(釜山府協議員)/淸水勝美氏(元山海軍出張所長)/吉留直哉氏(專賣局副事務官)/山岸銑造氏(專賣局廣梁灣出張所長)/木部茂松氏(木部しげの孃嚴父))
149414	朝鮮朝日	1928-02-29	1	10단	半島茶話
149415	朝鮮朝日	1928-02-29	2	01단	神仙爐
149416	朝鮮朝日	1928-02-29	2	01단	私鐵の補助金百三十九萬餘圓二十八日交付さる
149417	朝鮮朝日	1928-02-29	2	01단	社長問題まだ行惱み平北漁業會社
149418	朝鮮朝日	1928-02-29	2	01단	天日鹽田は三月に手入四月から採取
149419	朝鮮朝日	1928-02-29	2	01단	舊馬山埋立地借地料値下居民が要望
149420	朝鮮朝日	1928-02-29	2	01단	勤儉週間に貯金の大宣傳
149421	朝鮮朝日	1928-02-29	2	01단	西鮮氣がいよいよ創立
149422	朝鮮朝日	1928-02-29	2	02단	南市の水組創立の運び
149423	朝鮮朝日	1928-02-29	2	02단	朝鮮無煙炭第二回總會
149424	朝鮮朝日	1928-02-29	2	02단	諒闇明けと品安で昨年の四割は賣行がよされそうな雛のお節句近づく
149425	朝鮮朝日	1928-02-29	2	03단	鴨綠江材の運材作業がやゝ遲れる
149426	朝鮮朝日	1928-02-29	2	03단	全南金組業績
149427	朝鮮朝日	1928-02-29	2	03단	京城手形交換高
149428	朝鮮朝日	1928-02-29	2	03단	倉荷證券發行高

1928년 3월 (조선아사히)

일련번호	판명	간행일	면	단수	기사명
149429	朝鮮朝日	1928-03-01	1	01단	諮問から決議へと道評議會の改訂は現在の處まだ問題にならぬ
149430	朝鮮朝日	1928-03-01	1	01단	李王、妃兩殿下は四月に御歸朝/五月、垢殿下大嘗祭にお揃ひで御參列
149431	朝鮮朝日	1928-03-01	1	01단	晋州師範の移轉と改築が衝突しー波瀾を見た慶南道議會兩案撤回で兎も角焉/大閤堀借入金 償還財源の補助で悶着
149432	朝鮮朝日	1928-03-01	1	01단	牛捕った山七面鳥を李王家へ獻納
149433	朝鮮朝日	1928-03-01	1	02단	茂山分院長更迭
149434	朝鮮朝日	1928-03-01	1	02단	太平洋橫斷練習機墜落火災を起し後藤飛行士燒死をとぐ諏訪、岡村兩氏は負傷す/悲報に接した實家の悲嘆 返す返ずも殘念だと 母堂と令兄が涙の話/後藤勇吉氏の實父實兄等墜落地へ急行
149435	朝鮮朝日	1928-03-01	1	03단	釜山港沿岸貿易施設/三年度に實施
149436	朝鮮朝日	1928-03-01	1	03단	短歌/橋田東聲選
149437	朝鮮朝日	1928-03-01	1	03단	一面一校の完成を急ぐ慶南の計劃
149438	朝鮮朝日	1928-03-01	1	04단	新研究を提げ加藤博士を援けて神經傳導說で京大と戰ふ/城大の大塚藤吉博士
149439	朝鮮朝日	1928-03-01	1	04단	地代の滯納と評價で一騷動は免れぬ/東拓と移住農民が呪み合って讓らぬ
149440	朝鮮朝日	1928-03-01	1	05단	鄕土訪問の愼飛行士の所有機檢査
149441	朝鮮朝日	1928-03-01	1	05단	鮮人勞働者の保護/現在以上に必要支那勞働者が續々入り込み/漫然渡航者愈よ增加
149442	朝鮮朝日	1928-03-01	1	06단	遺産に絡むお家騷動の淺間しさんを見せ府けられ一念發起した田村みね氏は育英事業に全財產を捧げた
149443	朝鮮朝日	1928-03-01	1	06단	航海業者の注意を要す/嘉辰丸の沈沒
149444	朝鮮朝日	1928-03-01	1	06단	五錢均一の乘合自動車/咸興で許可
149445	朝鮮朝日	1928-03-01	1	07단	滿鮮視察團の組織を計劃/中外產業博の終了後/大分運輸事務所の計劃
149446	朝鮮朝日	1928-03-01	1	07단	全南圖書館/御大典記念
149447	朝鮮朝日	1928-03-01	1	07단	藥劑師が會を組織し洋藥を宣傳
149448	朝鮮朝日	1928-03-01	1	07단	在滿鮮人救濟資金/好成績を示す
149449	朝鮮朝日	1928-03-01	1	07단	釜中內に猩紅熱發生大騷ざで消毒
149450	朝鮮朝日	1928-03-01	1	08단	就職難雇員四名の募集に應募者百餘名
149451	朝鮮朝日	1928-03-01	1	08단	咸南警察部勝つ
149452	朝鮮朝日	1928-03-01	1	08단	基礎醫學に暗い田舍のお醫者/細菌學の講習會を總督府醫院で開催
149453	朝鮮朝日	1928-03-01	1	08단	四月ごろまでは發生の憂がある/京城府の腸チブス保菌者も相當多い
149454	朝鮮朝日	1928-03-01	1	09단	釜山女高生謎の死/十七の蕾の身

일련번호	판명	간행일	면	단수	기사명
149455	朝鮮朝日	1928-03-01	1	10단	松汀里水組設立無效を反對側訴訟
149456	朝鮮朝日	1928-03-01	1	10단	木村劍士逝く腸ブスの犧牲
149457	朝鮮朝日	1928-03-01	1	10단	會(光州女高普母子會/全南咸平郡教育會/羅州校長視察會)
149458	朝鮮朝日	1928-03-01	1	10단	人(渡邊東拓總裁/澤田豊丈氏(東拓理事)/五島甚吉氏(釜山實業家)/森岡善作氏(平北義州郡守)/朝昌熙(漢城銀行頭取韓相龍氏令息))
149459	朝鮮朝日	1928-03-01	1	10단	半島茶話
149460	朝鮮朝日	1928-03-01	2	01단	資金と販路擴張に特殊な手腕を有する人材が必要/行きづまりの平北漁業社長
149461	朝鮮朝日	1928-03-01	2	01단	雫の聲
149462	朝鮮朝日	1928-03-01	2	01단	神仙爐
149463	朝鮮朝日	1928-03-01	2	02단	朝鮮電興の江東炭坑が大々的に發展
149464	朝鮮朝日	1928-03-01	2	02단	三德銀山の身賣り發展を期待
149465	朝鮮朝日	1928-03-01	2	03단	新義州在住の請負業資に小學校建築は指名して吳れ
149466	朝鮮朝日	1928-03-01	2	03단	御大典記念産業品評會/平南平原で
149467	朝鮮朝日	1928-03-01	2	03단	優良犁の使用を講習/深耕を奬勵
149468	朝鮮朝日	1928-03-01	2	03단	新義州商議/營業査定を詳細に調査
149469	朝鮮朝日	1928-03-02	1	01단	*初めての營業には計劃が大過ぎると先づ一號線だけを運轉 府協議會が大事をとる 府營バス愈よ四月から//バスの出現で電車に影響は多少はあらうが脅威は受けまい*
149470	朝鮮朝日	1928-03-02	1	01단	平井前課長愈よ辭任/國民紙入りか
149471	朝鮮朝日	1928-03-02	1	01단	建議案全部道議會で可決
149472	朝鮮朝日	1928-03-02	1	02단	九十萬圓減額の見込/平壤府豫算
149473	朝鮮朝日	1928-03-02	1	02단	外米關稅引上は下層民の脅威/釜山の穀商組合が緊急會議を開き反對
149474	朝鮮朝日	1928-03-02	1	02단	咸鏡線工事阿吾地訓戎間入札が遲れる
149475	朝鮮朝日	1928-03-02	1	02단	公費の滯納安東が多い
149476	朝鮮朝日	1928-03-02	1	03단	淸津府豫算昨年より膨脹
149477	朝鮮朝日	1928-03-02	1	03단	俳句/鈴木花蓑選
149478	朝鮮朝日	1928-03-02	1	03단	街から巷へ(２１)/いぶせき草屋根の寂しい寒村が赤いシャッポの兵隊とお役人で都と變る
149479	朝鮮朝日	1928-03-02	1	04단	平南道立商業夜學校ちかく廢校
149480	朝鮮朝日	1928-03-02	1	04단	平壤府船橋里に記念館を設け日淸の役に沒した將卒苦鬪の跡を偲ぶ
149481	朝鮮朝日	1928-03-02	1	05단	內地に向ふ蒙古王/京城を通過
149482	朝鮮朝日	1928-03-02	1	05단	補助を與へ私立學校の內容を充實
149483	朝鮮朝日	1928-03-02	1	06단	安東普通校寄附も集り遠からず新築
149484	朝鮮朝日	1928-03-02	1	06단	事業に一步遲れる電力統制の調査/遞信、鐵道兩局が協力/委員會を組織する噂さ

일련번호	판명	간행일	면	단수	기사명
149485	朝鮮朝日	1928-03-02	1	06단	怪しくなった追加豫算の提出/緊急を要する經費は第二豫備金から支出
149486	朝鮮朝日	1928-03-02	1	06단	航路標識の從業傳習生遞信局が募集
149487	朝鮮朝日	1928-03-02	1	07단	除隊兵への勤勞賞與金/二千六百圓
149488	朝鮮朝日	1928-03-02	1	07단	國境の三箇所に檢疫所を設け引揚鮮人の家畜の臨時檢疫を實施
149489	朝鮮朝日	1928-03-02	1	08단	李飛行孃應援音樂會 公會堂で開催/同情した愼氏飛行機を貸與
149490	朝鮮朝日	1928-03-02	1	08단	上水道の鹽素消毒を協議會に提出
149491	朝鮮朝日	1928-03-02	1	08단	お雛の祭り華頂寺幼稚園
149492	朝鮮朝日	1928-03-02	1	08단	朝鮮朝日會いよいよ創立
149493	朝鮮朝日	1928-03-02	1	08단	東京市長に慰藉料請求
149494	朝鮮朝日	1928-03-02	1	09단	行路病者の大部分は朝鮮人/漫然渡航者の哀れさ/救濟に縣が力を注ぐ
149495	朝鮮朝日	1928-03-02	1	09단	米國お人形歡迎の活寫/ギ博士に贈呈
149496	朝鮮朝日	1928-03-02	1	09단	鮮人生徒を侮辱したと校長に談判
149497	朝鮮朝日	1928-03-02	1	10단	國境カルタ大會
149498	朝鮮朝日	1928-03-02	1	10단	會(慶南府郡庶務主任會議)
149499	朝鮮朝日	1928-03-02	1	10단	人(野村軍令部次長/香椎源太郎氏(釜山會議所會頭)/小林博氏(新釜山府庶務係主任)/上野竹逸氏(新慶南道官房主事))
149500	朝鮮朝日	1928-03-02	1	10단	半島茶話
149501	朝鮮朝日	1928-03-02	2	01단	京畿道が實施する畜牛の共濟制度/飼牛の斃死した場合/三種に分ち共濟金を給與
149502	朝鮮朝日	1928-03-02	2	01단	分科調査に力を注ぐ新義州商議
149503	朝鮮朝日	1928-03-02	2	01단	補助を與へ免許漁場の養殖を奬勵
149504	朝鮮朝日	1928-03-02	2	01단	釜山學組の三年度豫算/七十二萬圓
149505	朝鮮朝日	1928-03-02	2	02단	豆粕運賃の割戻を認容
149506	朝鮮朝日	1928-03-02	2	02단	安東驛改築
149507	朝鮮朝日	1928-03-02	2	02단	桑園を設置/御大典記念
149508	朝鮮朝日	1928-03-02	2	02단	豆滿江流筏二十萬尺締
149509	朝鮮朝日	1928-03-02	2	02단	鮮內で消化しきれぬ牡蠣の大量生産/慶南の漁場全部が着手された曉には
149510	朝鮮朝日	1928-03-02	2	03단	朝鮮運輸社配當一割二分
149511	朝鮮朝日	1928-03-02	2	03단	卸商組合長更迭
149512	朝鮮朝日	1928-03-02	2	03단	神仙爐
149513	朝鮮朝日	1928-03-03	1	01단	國立倉庫の設置を農會が本省に要望 收容能力四百萬石の見當/群山の視察 國倉の前提か
149514	朝鮮朝日	1928-03-03	1	01단	海底線は全部遞信省の受持/釜山京城の陸線だけは朝鮮側がやる約束

일련번호	판명	간행일	면	단수	기사명
149515	朝鮮朝日	1928-03-03	1	01단	實業補助教育改善案/校長會の答申
149516	朝鮮朝日	1928-03-03	1	01단	土曜漫筆/朝鮮松分布の鍵を握る縞栗鼠/林學博士後藤收藏
149517	朝鮮朝日	1928-03-03	1	02단	中學移管の代償に高女補助全廢
149518	朝鮮朝日	1928-03-03	1	02단	異存はないが實現は困難な內地師團の朝鮮移轉/各地でまた運動が始まる
149519	朝鮮朝日	1928-03-03	1	03단	鳥致院大平里間自動車營業許可
149520	朝鮮朝日	1928-03-03	1	04단	醫師試驗五月の上旬
149521	朝鮮朝日	1928-03-03	1	04단	道が株主となり自動車業を經營/收め得た利益金を道路修繕費に充當
149522	朝鮮朝日	1928-03-03	1	04단	戰雲動く釜山商議戰月餘に迫る
149523	朝鮮朝日	1928-03-03	1	05단	海事審判二審制度の實施を要望
149524	朝鮮朝日	1928-03-03	1	05단	鮮人巡査募集
149525	朝鮮朝日	1928-03-03	1	05단	軍事教練の實施を靑年團が要望/總督府と軍司令部が實施方につき考究
149526	朝鮮朝日	1928-03-03	1	05단	陸軍記念日/各地の催し(京城/安東/平壤)
149527	朝鮮朝日	1928-03-03	1	06단	鎭南浦公會堂工事が進捗
149528	朝鮮朝日	1928-03-03	1	06단	卒業式
149529	朝鮮朝日	1928-03-03	1	07단	淸州高女入試
149530	朝鮮朝日	1928-03-03	1	07단	鮮人保護團體鮮滿視察團/一日朝入城
149531	朝鮮朝日	1928-03-03	1	07단	大邱土木組合疑獄三日に豫審
149532	朝鮮朝日	1928-03-03	1	07단	大邱印刷の職工が盟休/賃金値上で
149533	朝鮮朝日	1928-03-03	1	07단	女子商業の生徒が盟休/校長を排斥
149534	朝鮮朝日	1928-03-03	1	07단	春さめ煙る京城の暖さ
149535	朝鮮朝日	1928-03-03	1	08단	事情を問合せる鮮人は多いが首肯される者がない/十萬圓の遺産相續者
149536	朝鮮朝日	1928-03-03	1	08단	四人組強盜の主魁/平壤で逮捕
149537	朝鮮朝日	1928-03-03	1	08단	大邱中等校の教師が逃亡/詐欺を働く
149538	朝鮮朝日	1928-03-03	1	08단	他人の子供/欲しさの放火
149539	朝鮮朝日	1928-03-03	1	08단	列車內の現金泥棒/縛につかず
149540	朝鮮朝日	1928-03-03	1	09단	共助組合費を返濟せぬと理事者が暴行
149541	朝鮮朝日	1928-03-03	1	09단	大刀會を討伐の官兵が逆に掠奪/在住鮮人も大迷惑/外務省が支那に交涉
149542	朝鮮朝日	1928-03-03	1	09단	會(麗水水産校落成式/燒酎釀造講習會)
149543	朝鮮朝日	1928-03-03	1	09단	人(野口遵氏(日本窒素專務)/守屋德夫氏(殖銀社員)/金谷朝鮮軍司令官/古庄逸夫氏(平南財務部長)/黑澤輝喜氏(光州高女教諭))
149544	朝鮮朝日	1928-03-03	1	10단	大同江船運勞働組合は當局が許さぬ
149545	朝鮮朝日	1928-03-03	1	10단	安東俱樂部開放
149546	朝鮮朝日	1928-03-03	1	10단	半島茶話

일련번호	판명	간행일	면	단수	기사명
149547	朝鮮朝日	1928-03-03	2	01단	國倉設置要望の理由(一)/異論もあったが兎も角も纏った/朝鮮農會の國倉要望
149548	朝鮮朝日	1928-03-03	2	01단	白米の移出が特に多いのは重大な問題だとて玄米業者が研究會組織
149549	朝鮮朝日	1928-03-03	2	01단	兒童の犧牲に適した職業/紹介所が斡旋
149550	朝鮮朝日	1928-03-03	2	01단	咸興學祖費二千圓を増加
149551	朝鮮朝日	1928-03-03	2	01단	忠北の納税/成績は良好
149552	朝鮮朝日	1928-03-03	2	01단	豚の枝肉を內地へ移出
149553	朝鮮朝日	1928-03-03	2	02단	京城手形交換高
149554	朝鮮朝日	1928-03-03	2	02단	全南製氷落成
149555	朝鮮朝日	1928-03-03	2	02단	平城水組竣工
149556	朝鮮朝日	1928-03-03	2	02단	神仙爐
149557	朝鮮朝日	1928-03-03	2	02단	肺結核の多いのは農林と牧畜業/漁業や製鹽業者は少い無職者に割合多い
149558	朝鮮朝日	1928-03-03	2	03단	全北唎酒會
149559	朝鮮朝日	1928-03-04	1	01단	八十萬石に限って外米の輸入を許す 期間は八月末日まで/內地は工業原料以外は禁止/大して影響はあるまいと觀らる 人氣に作用するぐらゐか/關税引上も米買上げも立消えの姿
149560	朝鮮朝日	1928-03-04	1	01단	追加豫算の提出は總督府は樂觀/大藏省から指示あり次第/回付すべき心組み
149561	朝鮮朝日	1928-03-04	1	01단	龍塘浦築港四月に起工
149562	朝鮮朝日	1928-03-04	1	01단	大同江改修/計劃を練る
149563	朝鮮朝日	1928-03-04	1	02단	御大典記念館/黃海道が設立
149564	朝鮮朝日	1928-03-04	1	02단	街から巷へ(２２)/時代のお蔭で米の實る木を知るやうになった咸北/おまけに廉くて旨い
149565	朝鮮朝日	1928-03-04	1	03단	沿海州鰊買出/渡航出願船人氣未だし
149566	朝鮮朝日	1928-03-04	1	03단	朝鮮人學生に多い受驗地獄の悲慘さ/女子高普は六人に一人の割/內地人側はやゝ緩和
149567	朝鮮朝日	1928-03-04	1	04단	咸興魚菜市場遂に折れて言ひ値で身賣
149568	朝鮮朝日	1928-03-04	1	04단	朝鮮の海産物は品質が惡いと支那で批難される/乾物は將來有望らしい/松本水産課長歸來談
149569	朝鮮朝日	1928-03-04	1	04단	朝鮮教育會總會二十六日から
149570	朝鮮朝日	1928-03-04	1	05단	例によって釜山上水道給水を制限
149571	朝鮮朝日	1928-03-04	1	06단	火田の農民まで國旗を揭げて御慰問使を歡迎 感泣した國境の在住民/矢野武官が京城を視察
149572	朝鮮朝日	1928-03-04	1	06단	專門學校以上の授業料の値上/內地とは事情が違ひ朝鮮では實施が困難
149573	朝鮮朝日	1928-03-04	1	06단	短歌/橋田東聲選

일련번호	판명	간행일	면	단수	기사명
149574	朝鮮朝日	1928-03-04	1	06단	卒業式
149575	朝鮮朝日	1928-03-04	1	07단	慶北通信競技會
149576	朝鮮朝日	1928-03-04	1	07단	辭令(東京電話)
149577	朝鮮朝日	1928-03-04	1	07단	負傷が癒えたら再び機上の人になると信じてゐる/諏訪飛行士の令兄語る
149578	朝鮮朝日	1928-03-04	1	07단	京城の不正醫者腸チブスを隱匿す/醫師會長を召喚し警告
149579	朝鮮朝日	1928-03-04	1	07단	衛生宣傳に忠南が大童
149580	朝鮮朝日	1928-03-04	1	08단	咸興學組の財産十七萬圓
149581	朝鮮朝日	1928-03-04	1	08단	慶北酒造家二班に分れ京城を視察
149582	朝鮮朝日	1928-03-04	1	08단	免囚保護演藝會
149583	朝鮮朝日	1928-03-04	1	08단	凍死の多い間島の寒さ
149584	朝鮮朝日	1928-03-04	1	09단	趙民照子禮遇を停止/破産の宣告で
149585	朝鮮朝日	1928-03-04	1	09단	東京局の短波長を京城で受けてD局が連絡放送/兎も角も聞こえはする
149586	朝鮮朝日	1928-03-04	1	09단	氷滑研究を開始
149587	朝鮮朝日	1928-03-04	1	10단	取締りの目を晦ます/漫然渡航者の惡垉手段
149588	朝鮮朝日	1928-03-04	1	10단	爆彈犯人の金の葬儀を許さぬと不平
149589	朝鮮朝日	1928-03-04	1	10단	南浦署武道納會
149590	朝鮮朝日	1928-03-04	1	10단	會(慶北水産總會)
149591	朝鮮朝日	1928-03-04	1	10단	人(野村海軍々令部次長/國峰專吉氏嚴父/西田三郎氏(平南道視學)/永井松藏氏(瑞典公使)/ブルセウィッチ氏(日瑞協會長)/增谷副領事(瑞典駐在)/黑田技師(鐵道省工務局))
149592	朝鮮朝日	1928-03-04	2	01단	黃金の雨をふらす珍客/來る八日に又も來別泉都の春をいろどる
149593	朝鮮朝日	1928-03-04	2	01단	中外博使り/全國新聞記者大會/第一回協議會
149594	朝鮮朝日	1928-03-04	2	01단	農業倉庫の農會經營問題
149595	朝鮮朝日	1928-03-04	2	01단	佐賀郡市の徵兵檢査の日割
149596	朝鮮朝日	1928-03-04	2	01단	九大の學位授與式/最初の支那人博士
149597	朝鮮朝日	1928-03-04	2	02단	御下賜金傳達
149598	朝鮮朝日	1928-03-04	2	02단	佐賀化粧品/卸値段協定
149599	朝鮮朝日	1928-03-04	2	02단	修理艦完成期
149600	朝鮮朝日	1928-03-04	2	02단	職工優遇の特務工手任命
149601	朝鮮朝日	1928-03-04	2	03단	見習工殺到
149602	朝鮮朝日	1928-03-04	2	03단	炭鑛のため川魚が減る/善後策考究中
149603	朝鮮朝日	1928-03-04	2	03단	映畵と演藝
149604	朝鮮朝日	1928-03-04	2	03단	關門商況三日(砂糖/製粉/米穀/雜穀/肥料)
149605	朝鮮朝日	1928-03-04	2	03단	鹿兒島正米
149606	朝鮮朝日	1928-03-04	2	03단	廣島黑糖(三日)
149607	朝鮮朝日	1928-03-06	1	01단	朝鮮統治の實績を紹介する貴重な資料/萬國農事協會の

일련번호	판명	간행일	면	단수	기사명
149607	朝鮮朝日	1928-03-06	1	01단	決議に基く農事百般に亙る調査
149608	朝鮮朝日	1928-03-06	1	01단	軍資は十分で猛運動を開始/平壤府民の師團誘致/軍隊側では極めて樂觀す
149609	朝鮮朝日	1928-03-06	1	01단	久宮御重態で御見舞の電報
149610	朝鮮朝日	1928-03-06	1	01단	二月下旬の鮮米移出/十八萬二千石
149611	朝鮮朝日	1928-03-06	1	01단	大邱府豫算/六十萬圓程度
149612	朝鮮朝日	1928-03-06	1	02단	銀行業務改善案五日より實施/京城組合銀行が決議/他地銀行も追隨せん
149613	朝鮮朝日	1928-03-06	1	02단	平壤、安州の農校の昇格/或は延期か
149613	朝鮮朝日	1928-03-06	1	03단	義州通りを商業地域に有志が要望
149614	朝鮮朝日	1928-03-06	1	03단	俳句/鈴木花蓑選
149615	朝鮮朝日	1928-03-06	1	03단	商業夜學講習所
149616	朝鮮朝日	1928-03-06	1	03단	街から巷へ（２３）/十三年一日の缺勤もせない/松野羅南小學校長さんと元面長の福島律治さん
149617	朝鮮朝日	1928-03-06	1	04단	判任以下の警官の人事/官房が擔當
149618	朝鮮朝日	1928-03-06	1	04단	落つきが肝腎いよいよ始まった/京城府の受驗地獄
149619	朝鮮朝日	1928-03-06	1	04단	聖上陛下御容體/やゝおよろしい久宮内親王殿下御容體
149620	朝鮮朝日	1928-03-06	1	05단	裡理學組戰混戰を呈す
149621	朝鮮朝日	1928-03-06	1	05단	二千萬人が一人一木を記念の植樹
149622	朝鮮朝日	1928-03-06	1	05단	清津公會堂陳列館を兼用
149623	朝鮮朝日	1928-03-06	1	06단	施藥所を設け醫藥を常置/農民に備へる
149624	朝鮮朝日	1928-03-06	1	06단	患者運搬車/咸興醫院が購入す
149625	朝鮮朝日	1928-03-06	1	06단	金組員内地視察
149626	朝鮮朝日	1928-03-06	1	06단	公州の高女開設
149627	朝鮮朝日	1928-03-06	1	06단	清津高女の入試
149628	朝鮮朝日	1928-03-06	1	06단	模擬戰を中繼放送/京城D局が
149629	朝鮮朝日	1928-03-06	1	07단	大村海軍機朝鮮各地で氣象を調査
149630	朝鮮朝日	1928-03-06	1	07단	第二艦隊が四月に巡航
149631	朝鮮朝日	1928-03-06	1	07단	卒業式
149632	朝鮮朝日	1928-03-06	1	07단	慶山小學々藝會
149633	朝鮮朝日	1928-03-06	1	07단	七百萬圓を投じて國境道路の大開鑿/外匪賊の侵入を防ぎ内産業の開發を企圖
149634	朝鮮朝日	1928-03-06	1	08단	死亡者遂に五十四名に達す 患者累計七百一名 大々的消毒を開始/患者隱匿の四醫師を檢擧/慶南昌原に猖獗
149635	朝鮮朝日	1928-03-06	1	08단	我が警官拉致さる/支那官憲に
149636	朝鮮朝日	1928-03-06	1	08단	平壤キマネ茶屋から發火
149637	朝鮮朝日	1928-03-06	1	09단	窮民の救助恩賜賑恤金で
149638	朝鮮朝日	1928-03-06	1	09단	釜山の忘雪氣溫降下す
149639	朝鮮朝日	1928-03-06	1	09단	慈城青年が困憊農民の救護を計劃

일련번호	판명	간행일	면	단수	기사명
149640	朝鮮朝日	1928-03-06	1	09단	天道教會の少年聯合會/記念館で總會
149641	朝鮮朝日	1928-03-06	1	10단	突風に襲はれ漁船三隻の行方が不明
149642	朝鮮朝日	1928-03-06	1	10단	武德殿建設計劃
149643	朝鮮朝日	1928-03-06	1	10단	新義州通信競技
149644	朝鮮朝日	1928-03-06	1	10단	運動界(南鮮陸上競技會/安東市民運動會)
149645	朝鮮朝日	1928-03-06	1	10단	會(京城府協議會/山田勇雄氏披露宴/全北畜産技術員會/朝鮮保護視察團)
149646	朝鮮朝日	1928-03-06	1	10단	人(關水武氏(平南內務部長)/三浦計氏(日糖平壤支店長)/朴咸北知事/中山貞雄氏(代議士)/武井秀吉氏(忠南內務部長))
149647	朝鮮朝日	1928-03-06	2	01단	神仙爐
149648	朝鮮朝日	1928-03-06	2	01단	春着や夏物の仕入に忙しい京城本町筋の商況/運轉資金でこゝ大弱り
149649	朝鮮朝日	1928-03-06	2	01단	平北不正米/防止策協議
149650	朝鮮朝日	1928-03-06	2	01단	畜牛の保險/水原で實施
149651	朝鮮朝日	1928-03-06	2	01단	薫莚をやめその原料で繩叭を奬勵
149652	朝鮮朝日	1928-03-06	2	02단	安東奧地の豆粕の保管/實施に內定
149653	朝鮮朝日	1928-03-06	2	02단	家畜の大市
149654	朝鮮朝日	1928-03-06	2	02단	滿鐵から遊資を受け建築物整理
149655	朝鮮朝日	1928-03-06	2	03단	新義州貿易/三百五十萬圓
149656	朝鮮朝日	1928-03-06	2	03단	京城製鹽高/四百七萬斤
149657	朝鮮朝日	1928-03-06	2	03단	平南優良面/唐井、祥原指定さる
149658	朝鮮朝日	1928-03-07	1	01단	道の自動車經營は民業壓迫も甚しいと慶北の自動車業者が結束して本府に陳情
149659	朝鮮朝日	1928-03-07	1	01단	鴨江の水電事業を支那側喜ばず/奉天省議會の問題となり近く反對運動を起す
149660	朝鮮朝日	1928-03-07	1	01단	久宮御平癒を平安神社に祈願
149661	朝鮮朝日	1928-03-07	1	01단	皇后陛下へ女高普生の製作品を獻上
149662	朝鮮朝日	1928-03-07	1	01단	地久節祝賀式
149663	朝鮮朝日	1928-03-07	1	01단	寄附金募集でゴジれ氣味/淸津公會堂
149664	朝鮮朝日	1928-03-07	1	02단	判任資格の警官を集め監督官たる技能を講習
149665	朝鮮朝日	1928-03-07	1	02단	折角の研究が寶の持ち腐れ/解散で旅費がなく醫學會に出席が出來ぬ
149666	朝鮮朝日	1928-03-07	1	02단	署長の異動
149667	朝鮮朝日	1928-03-07	1	02단	兼二浦開港/企劃の設備
149668	朝鮮朝日	1928-03-07	1	03단	短歌/橋田東聲選
149669	朝鮮朝日	1928-03-07	1	03단	街から巷へ(２４)/羅南の誇り圓タクと老孃/生じっか高等の教育を受けて墓のたつ女學生
149670	朝鮮朝日	1928-03-07	1	04단	蟲の博士橫山桐郎氏/朝鮮松毛蟲驅除を研究
149671	朝鮮朝日	1928-03-07	1	04단	二十年以上勤續の教育者表彰/御大典の佳き日を卜し三

일련번호	판명	간행일	면	단수	기사명
149672	朝鮮朝日	1928-03-07	1	04단	百五十名に達す
149673	朝鮮朝日	1928-03-07	1	04단	*御氣先およろし昨夜の聖上御容態 六日午後十一時宮內省發表/久宮樣御容態御體溫なほお高い 六日午後十一時宮內省發表/宮相、次官急遽伺候*
149674	朝鮮朝日	1928-03-07	1	05단	新平北學務課長國分重慶氏
149675	朝鮮朝日	1928-03-07	1	06단	大邱土水道計量器据付/快費を防ぐ
149676	朝鮮朝日	1928-03-07	1	06단	運送店合同反對の腰を固めるべく計算會社を創立/中小運送店が加盟
149677	朝鮮朝日	1928-03-07	1	06단	間島琿春兩地內鮮支人の人口の調査
149678	朝鮮朝日	1928-03-07	1	07단	支那勞働者一千名入港
149679	朝鮮朝日	1928-03-07	1	07단	陸軍定期異動愈よ決定あす發表
149680	朝鮮朝日	1928-03-07	1	08단	救濟金を交付の意向/海苔漁業家に
149681	朝鮮朝日	1928-03-07	1	08단	淸いお目々のお人形を客に咸興のお雛祭り
149682	朝鮮朝日	1928-03-07	1	08단	專門校にも見る受驗苦の悲劇/醫專が一番烈しく八人弱に一人の割
149683	朝鮮朝日	1928-03-07	1	09단	糞便檢査に係員が困憊/應援を求む
149684	朝鮮朝日	1928-03-07	1	10단	滿鐵消防隊の支那人二名外務省が表彰
149685	朝鮮朝日	1928-03-07	1	10단	會(慶南庶務主任會/釜山府協議會)
149686	朝鮮朝日	1928-03-07	1	10단	人(藤原喜藏氏(總督府事務官)/高橋演吉氏(總督府視學官)/池田直吉氏(總督府衛生課員池內勝太郎氏嚴父)/大谷一男氏(羅南步兵三十八旅團長)/馬場德藏氏(鮮銀淸津支店次席)/鵜狩榮吉氏/久保田德松氏(日本特殊鋼合資會社專務)/朴咸北知事)
149687	朝鮮朝日	1928-03-07	1	10단	半島茶話
149688	朝鮮朝日	1928-03-07	2	01단	神仙爐
149689	朝鮮朝日	1928-03-07	2	01단	內地輸入木材の關稅に相當する/助成金を交付して吳れ安東が滿鐵に答申
149690	朝鮮朝日	1928-03-07	2	01단	煙草增收の産地擴張/實施が疑問
149691	朝鮮朝日	1928-03-07	2	01단	雫の聲
149692	朝鮮朝日	1928-03-07	2	02단	釜山學組費/起債は減少
149693	朝鮮朝日	1928-03-07	2	02단	間島貿易高/逐年增加率
149694	朝鮮朝日	1928-03-07	2	02단	全鮮の郵貯/前期より增加
149695	朝鮮朝日	1928-03-07	2	03단	慶南の桑苗
149696	朝鮮朝日	1928-03-07	2	03단	二月中の鐵道局收入/二百七十萬圓
149697	朝鮮朝日	1928-03-07	2	03단	局私線蓮帶荷物輸送高
149698	朝鮮朝日	1928-03-07	2	03단	煙草製造高
149699	朝鮮朝日	1928-03-07	2	03단	元山手形交換高
149700	朝鮮朝日	1928-03-08	2	03단	京城手形交換高
149701	朝鮮朝日	1928-03-08	1	01단	*今は哀しき御面影/久宮內親王殿下薨法 八日午前三時卅八分/宮內省告示/御容態御經過/御年譜*

일련번호	판명	간행일	면	단수	기사명
149702	朝鮮朝日	1928-03-08	1	01단	殖銀また起債/內地資金のダブつきで高利の社債を借替
149703	朝鮮朝日	1928-03-08	1	03단	矢野御慰問使/鴨江沿岸を視察
149704	朝鮮朝日	1928-03-08	1	04단	銀行大會/五月二十六日
149705	朝鮮朝日	1928-03-08	1	04단	俳句/鈴木花蓑選
149706	朝鮮朝日	1928-03-08	1	05단	チブス菌が充滿する 惡水が水道管に浸入 危險極まる京城水道 城大醫學部が研究/患者に滿たされ地獄さながらの總督府醫院の混雜 假病舍を晝夜兼行で増築/京城のチブス依然猖獗 患者七五二名/疑問の患者も強制的に診斷出來る 道令を公布して防疫/臨時防疫費豫算に計上
149707	朝鮮朝日	1928-03-08	1	05단	反對の烽火が意外に手強く/釜山の火葬場問題/候補地變更の噂さ
149708	朝鮮朝日	1928-03-08	1	05단	折半よりも單獨を殖銀は喜ぶ/昭和水利の代行
149709	朝鮮朝日	1928-03-08	1	05단	府營自動車條令草案/府議會に諮問
149710	朝鮮朝日	1928-03-08	1	06단	殖銀異動
149711	朝鮮朝日	1928-03-08	1	06단	一枚の切符で局私線も連絡/汽船側も參加する/連帶運輸規則の協議
149712	朝鮮朝日	1928-03-08	1	06단	醫師試驗
149713	朝鮮朝日	1928-03-08	1	07단	京城放送局波長を變更/內地に準じ
149714	朝鮮朝日	1928-03-08	1	08단	元山穀商の組合長辭任/注目を惹く
149715	朝鮮朝日	1928-03-08	1	08단	沙里院面營電氣の買收を企圖する/西鮮電氣創立さる/讓渡は困難が伴ふ
149716	朝鮮朝日	1928-03-08	1	08단	法門から追放された銀海寺住持
149717	朝鮮朝日	1928-03-08	1	09단	入學と卒業
149718	朝鮮朝日	1928-03-08	1	09단	難波憲兵大佐京城隊長に榮轉
149719	朝鮮朝日	1928-03-08	1	10단	人(平井三男氏(前本府學務課長)/黑木吉郎氏(前本府鑛務課長)/箕浦維成中佐/古宇田嚴氏(元朝鮮商銀專務)/樫谷政鶴氏(朝鮮水産副會長)/西原八十八氏(全南道水産課長))
149720	朝鮮朝日	1928-03-08	1	10단	半島茶話
149721	朝鮮朝日	1928-03-08	2	01단	神仙爐
149722	朝鮮朝日	1928-03-08	2	01단	京南鐵の新線は工費捻出が問題 急速には運ぶまい/下半期業績良好を示す
149723	朝鮮朝日	1928-03-08	2	01단	鯖巾着綱の同業者組合/釜山で創立
149724	朝鮮朝日	1928-03-08	2	01단	平北移出の産米の不正/防遏に腐心
149725	朝鮮朝日	1928-03-08	2	02단	江界營林署運材軌道を延長の計劃
149726	朝鮮朝日	1928-03-08	2	02단	鴨綠江木材/安東の在貨
149727	朝鮮朝日	1928-03-08	2	02단	國有林拂下/入札を施行
149728	朝鮮朝日	1928-03-08	2	03단	鈴木の鑛區/三井に讓渡
149729	朝鮮朝日	1928-03-08	2	03단	東京大博に平南の出品
149730	朝鮮朝日	1928-03-08	2	03단	雫の聲

일련번호	판명	간행일	면	단수	기사명
149731	朝鮮朝日	1928-03-08	2	03단	平南道農會總會
149732	朝鮮朝日	1928-03-09	1	01단	制限量を突破する/外米の輸入はない鮮米との値開が狹い/外米輸入制限勅令で發布
149733	朝鮮朝日	1928-03-09	1	01단	臺灣、東京の航路補助/果して實現か
149734	朝鮮朝日	1928-03-09	1	01단	安奉線の鮮人が蹶起/救護運動開始
149735	朝鮮朝日	1928-03-09	1	01단	清津府協議會殺氣だつ/瀬戸議員退場
149736	朝鮮朝日	1928-03-09	1	02단	思ひ出の深い地新憲兵隊長/難波光造大佐語る
149737	朝鮮朝日	1928-03-09	1	02단	久宮内親王薨法/全鮮各地の奉悼(奉悼の誠を馬野府尹打電/歌舞音曲を中止)
149738	朝鮮朝日	1928-03-09	1	03단	短歌/橋田東聲選
149739	朝鮮朝日	1928-03-09	1	03단	道衛生課が水道を監督/各道へ通牒
149740	朝鮮朝日	1928-03-09	1	04단	陸軍異動/朝鮮關係の分
149741	朝鮮朝日	1928-03-09	1	04단	一年後の今日形勢なほ混沌/釜山瓦電買收の經緯/府當局の責任問題起らん
149742	朝鮮朝日	1928-03-09	1	04단	朝鮮朝日創立會/六日京城花月食堂て開かる
149743	朝鮮朝日	1928-03-09	1	05단	全南産繭の自由販賣を繭業家要望
149744	朝鮮朝日	1928-03-09	1	05단	惠まれぬ鮮人志願者/大邱商業校
149745	朝鮮朝日	1928-03-09	1	06단	全南北の寶庫を開發する鐵道/南朝鮮鐵の工事は五、六月頃測量にか〻る
149746	朝鮮朝日	1928-03-09	1	06단	全鮮三百餘の運送店と提携し運輸計算會社設立の計劃/京城で協議會開催
149747	朝鮮朝日	1928-03-09	1	06단	鎮海面埋立大頓挫/鹽田所有者の九鬼氏が横槍
149748	朝鮮朝日	1928-03-09	1	06단	入學と卒業
149749	朝鮮朝日	1928-03-09	1	07단	慶南初等教員近く大移動/百名内外か
149750	朝鮮朝日	1928-03-09	1	07단	海苔の窮民/一萬人に達す
149751	朝鮮朝日	1928-03-09	1	07단	資金が充實し自給自足ができる/京畿道金組の發達
149752	朝鮮朝日	1928-03-09	1	07단	平壤署移轉二三週間延期
149753	朝鮮朝日	1928-03-09	1	08단	釜日社長に丸山氏就任か
149754	朝鮮朝日	1928-03-09	1	08단	通信競技會
149755	朝鮮朝日	1928-03-09	1	08단	拉致警官無事に還る
149756	朝鮮朝日	1928-03-09	1	08단	チブス患者の葬式/毎日打つづく
149757	朝鮮朝日	1928-03-09	1	08단	不穩文書を大邱に撒布
149758	朝鮮朝日	1928-03-09	1	08단	德源の火事/普校を全燒
149759	朝鮮朝日	1928-03-09	1	08단	不穩な文句を教室に刻む/大邱高普で
149760	朝鮮朝日	1928-03-09	1	09단	慶南道が部落振興の實行會を開く
149761	朝鮮朝日	1928-03-09	1	09단	取調中の警官が一味に加はりモヒの密輸を企む
149762	朝鮮朝日	1928-03-09	1	09단	安東卓球會
149763	朝鮮朝日	1928-03-09	1	09단	會(鐵道局講演會/保線區長會議)
149764	朝鮮朝日	1928-03-09	1	09단	人(渡邊勝三郎氏(東拓總裁)/朴泳喆氏(東拓理事)/堀少將

일련번호	판명	간행일	면	단수	기사명
149764	朝鮮朝日	1928-03-09	1	09단	(咸興步兵第三十八旅團長)/日下部道德氏(朝鮮憲兵司令官)/石森久彌氏(朝鮮公論會社長)/立石良雄氏(釜山實業家)/根津嘉一郎氏(南朝鮮鐵道社長)/横井半三郎氏(王子製紙重役)/岩上治一郎氏(大阪商船重役)/朴喆熙氏(全南道參與官))
149765	朝鮮朝日	1928-03-09	1	10단	平壤ゴルフ開放
149766	朝鮮朝日	1928-03-09	1	10단	半島茶話
149767	朝鮮朝日	1928-03-09	2	01단	渤海寒流の接近で全南の漁場が近年甚だしく不振/道では實地踏査を行ふ
149768	朝鮮朝日	1928-03-09	2	01단	鯨群の游來/意外に少い
149769	朝鮮朝日	1928-03-09	2	01단	美林水組の工事が挫折/地主の反對で
149770	朝鮮朝日	1928-03-09	2	01단	雫の聲
149771	朝鮮朝日	1928-03-09	2	01단	湖南銀行業績
149772	朝鮮朝日	1928-03-09	2	01단	安東輸入組合
149773	朝鮮朝日	1928-03-09	2	02단	麗水水産校增築
149774	朝鮮朝日	1928-03-09	2	02단	元山移出の米豆の數量
149775	朝鮮朝日	1928-03-09	2	02단	平壤米穀商組合を創立
149776	朝鮮朝日	1928-03-09	2	02단	黃煙組合の事業が不振/整理を考究
149777	朝鮮朝日	1928-03-09	2	02단	安東の無限公司が新義州に進出/大關實施を見越し/鮮內當業者の脅威
149778	朝鮮朝日	1928-03-09	2	03단	新義州營林署/製材能力は七百七十尺締
149779	朝鮮朝日	1928-03-09	2	03단	全南操棉檢査
149780	朝鮮朝日	1928-03-09	2	03단	全鮮手形交換高
149781	朝鮮朝日	1928-03-09	2	03단	朝郵臨時株主會
149782	朝鮮朝日	1928-03-09	2	03단	南浦穀物檢査高
149783	朝鮮朝日	1928-03-09	2	03단	平安畜産總會
149784	朝鮮朝日	1928-03-09	2	03단	南浦倉庫在穀高
149785	朝鮮朝日	1928-03-10	1	01단	權利を獲るだけでも無意義ではないと京城バスの反對論に對し內務當局は好意を示す
149786	朝鮮朝日	1928-03-10	1	01단	師團の移轉は單なる風說に止まる/財政上實現は不可能
149787	朝鮮朝日	1928-03-10	1	01단	鮮展の審査員は新顏を選んで正木美術校長に依賴/幹事會を開いて決定す
149788	朝鮮朝日	1928-03-10	1	01단	運輸計算會社創立打合/委員を決定
149789	朝鮮朝日	1928-03-10	1	02단	土曜漫筆/外國の飛行機でその儘飛んだ失敗のかずかず/遞信局囑託陸軍航空兵中佐/中西勇
149790	朝鮮朝日	1928-03-10	1	03단	視學會議/十六日から
149791	朝鮮朝日	1928-03-10	1	03단	平北道議會
149792	朝鮮朝日	1928-03-10	1	03단	木浦驛前の溜池を埋立
149793	朝鮮朝日	1928-03-10	1	03단	黃海綠故林拂下が多く處理は永びく
149794	朝鮮朝日	1928-03-10	1	04단	大邱府の市街整理/計劃を縮小

일련번호	판명	간행일	면	단수	기사명
149795	朝鮮朝日	1928-03-10	1	04단	湖南開發の鍵を握る光州麗水間の鐵道は着工後一箇年で竣工の豫定/麗水港には一萬噸級を繫留
149796	朝鮮朝日	1928-03-10	1	05단	*全南の海苔に對し現金取引だとて大阪商人が二分引を主張 一分でやっと折合ふ/惡例を貽す 關係者が憂慮*
149797	朝鮮朝日	1928-03-10	1	05단	海事課出張所適地を求め/移轉實現か
149798	朝鮮朝日	1928-03-10	1	05단	私立崇實專門校が新に農科を設け專門學校令による認可かたを申請す
149799	朝鮮朝日	1928-03-10	1	06단	和田前知事/南朝鐵入り
149800	朝鮮朝日	1928-03-10	1	06단	仁川經由で入鮮の支人/三萬七千人
149801	朝鮮朝日	1928-03-10	1	06단	貯金の大宣傳
149802	朝鮮朝日	1928-03-10	1	07단	木浦水道の貯水が激減/氣遣はれる
149803	朝鮮朝日	1928-03-10	1	07단	*艀賃が高過ぎると業を煮した荷主 專屬の艀會社を設立 木浦海交會と峙峙す/鴨江の解氷中旬ごろか*
149804	朝鮮朝日	1928-03-10	1	07단	日露役を回顧し士氣の緊張を高唱した金谷司令官
149805	朝鮮朝日	1928-03-10	1	07단	*平壤の春は大同江に訪る/光州の水道制限給水で面民が大困り*
149806	朝鮮朝日	1928-03-10	1	08단	大村海軍機新義州飛來/係官が來新
149807	朝鮮朝日	1928-03-10	1	08단	入學と卒業
149808	朝鮮朝日	1928-03-10	1	08단	舊日新校舍保存策決定/同窓會が買收
149809	朝鮮朝日	1928-03-10	1	09단	春の夜をしとしとと降る/大邱の櫻雪
149810	朝鮮朝日	1928-03-10	1	09단	水路を斷れ苗代に困り農民が大騒ぎ
149811	朝鮮朝日	1928-03-10	1	09단	南浦の流感/猛烈に蔓延
149812	朝鮮朝日	1928-03-10	1	09단	大邱春季競馬
149813	朝鮮朝日	1928-03-10	1	09단	木浦卓球會
149814	朝鮮朝日	1928-03-10	1	09단	漂流機船の船籍判明す
149815	朝鮮朝日	1928-03-10	1	10단	戀の鞘あて朝鮮人の暴行
149816	朝鮮朝日	1928-03-10	1	10단	人(佐分利參事官(英國大仕館階)/寺島敏三氏(貴族院議員)/久保田晙氏(內務省醫保局ハルビン駐在事務官)/住井辰男氏(三井物産京城支店長)/松崎直氏(海軍大佐)/時岡昇平氏(朝鮮紡績會社庶務課長)/根津嘉一郎氏(南朝鮮鐵道社長)/原田貞介氏(工溥)/今村眞談喜氏(同社技師長))
149817	朝鮮朝日	1928-03-10	1	10단	半島茶話
149818	朝鮮朝日	1928-03-10	2	01단	棉作增收の計劃不成績に終る/耕作が小規模すぎ十分の能率が擧らぬ
149819	朝鮮朝日	1928-03-10	2	01단	內務省が許可した賣藥の移出に再檢査の要はあるまい/內地賣藥商が請願
149820	朝鮮朝日	1928-03-10	2	01단	水組協會/組織の計劃
149821	朝鮮朝日	1928-03-10	2	01단	製絲協會請願事項を役員が協議
149822	朝鮮朝日	1928-03-10	2	01단	雫の聲

일련번호	판명	간행일	면	단수	기사명
149823	朝鮮朝日	1928-03-10	2	02단	新義州豫算/二十一萬圓
149824	朝鮮朝日	1928-03-10	2	02단	共同牧場を畜組が設置
149825	朝鮮朝日	1928-03-10	2	02단	豆粕の需要/平北が增加
149826	朝鮮朝日	1928-03-10	2	03단	鐵道による滿洲粟輸入/三萬二百噸
149827	朝鮮朝日	1928-03-10	2	03단	城津貿易高/六十萬三千圓
149828	朝鮮朝日	1928-03-10	2	03단	木浦市場水揚高
149829	朝鮮朝日	1928-03-10	2	03단	平北道農總會
149830	朝鮮朝日	1928-03-10	2	03단	神仙爐
149831	朝鮮朝日	1928-03-11	1	01단	穀商聯合會の鼻息が荒く鮮航會の運賃値上に應じる氣色が無い
149832	朝鮮朝日	1928-03-11	1	01단	北鮮航路の補助を陸軍側が打切る　大商、朝郵の兩社が今後は小型船を運航/陸軍運輸釜山出張所 三月限り廢止
149833	朝鮮朝日	1928-03-11	1	01단	御喪儀當日は弔旗を揭揚
149834	朝鮮朝日	1928-03-11	1	01단	計算會社愈よ創立/委員會で決定
149835	朝鮮朝日	1928-03-11	1	02단	煙草販賣規定の改正/近く發令か
149836	朝鮮朝日	1928-03-11	1	02단	結氷期も過ぎて平南北の移出は從來通り鎭南浦で檢疫することに決定
149837	朝鮮朝日	1928-03-11	1	02단	街から巷へ（２５）/日ましに盛な羅南の釀造業/野菜だけは矢張り支那人に及ばぬ
149838	朝鮮朝日	1928-03-11	1	03단	平元線工事用地買收に地主が異論
149839	朝鮮朝日	1928-03-11	1	03단	お茶のあと
149840	朝鮮朝日	1928-03-11	1	03단	普選ポスター展
149841	朝鮮朝日	1928-03-11	1	04단	平壤機隊の夜間飛行/月末ごろ擧行
149842	朝鮮朝日	1928-03-11	1	04단	平安北道授業料改正/四月から實施
149843	朝鮮朝日	1928-03-11	1	04단	五十八名乘組の團平船突風と激浪で顚覆/十五名溺死五名行方不明/きのふ門司海岸の珍事
149844	朝鮮朝日	1928-03-11	1	05단	米穀、操棉の檢査所建築/敷地で行惱む
149845	朝鮮朝日	1928-03-11	1	05단	新しい兩切煙草專賣局が計劃/ピジョンとマコーの中間品を製作する
149846	朝鮮朝日	1928-03-11	1	05단	外出先きでの飲食は頗ぶる危險　接客業者に保菌者を發見/患者累計八百と五名
149847	朝鮮朝日	1928-03-11	1	06단	安州、平壤の兩農校昇格/新學期に實現
149848	朝鮮朝日	1928-03-11	1	06단	職業紹介所/二月の成績
149849	朝鮮朝日	1928-03-11	1	06단	卒業式
149850	朝鮮朝日	1928-03-11	1	07단	發掘した寶物は京城で保存しなるべく地方へは出さぬ/紛失の懼れがある
149851	朝鮮朝日	1928-03-11	1	07단	俳句/鈴木花蓑選
149852	朝鮮朝日	1928-03-11	1	07단	料亭芳千閣/復活は困難
149853	朝鮮朝日	1928-03-11	1	07단	內地學校の修學旅行團續々と入鮮

일련번호	판명	간행일	면	단수	기사명
149854	朝鮮朝日	1928-03-11	1	08단	大邱學組費十二萬四千圓
149855	朝鮮朝日	1928-03-11	1	08단	ラヂオを通じて長唄のお稽古/內地、滿洲からの申込もあり京城放送局の大乘氣
149856	朝鮮朝日	1928-03-11	1	08단	高麗共産黨續行公判/證人を申請
149857	朝鮮朝日	1928-03-11	1	08단	野球聯盟戰/期日が決定
149858	朝鮮朝日	1928-03-11	1	09단	*新義州商校 卒業生の賣行/大邱商も良好*
149859	朝鮮朝日	1928-03-11	1	09단	釜山の流感/猖獗を極む
149860	朝鮮朝日	1928-03-11	1	09단	露人の買占めで犬の皮が暴騰/防寒用に精製して英國へ賣出す模樣
149861	朝鮮朝日	1928-03-11	1	10단	會(安邊産業講演會)
149862	朝鮮朝日	1928-03-11	1	10단	人(水口慶南道知事/澤本與一氏(代議士)/植村卯三郎氏(八幡製鐵所醫官)/野口逡氏(日室專務)/平尾壬午郎氏(遞信局監理課長)/白勢鼕吉氏(臺灣鐵道部長))
149863	朝鮮朝日	1928-03-11	2	10단	半島茶話
149864	朝鮮朝日	1928-03-11	2	01단	二月中鮮內の主要物産相場/金融は依然と閑散
149865	朝鮮朝日	1928-03-11	2	01단	將來有望な牡蠣養殖/全南が獎勵
149866	朝鮮朝日	1928-03-11	2	01단	雫の聲
149867	朝鮮朝日	1928-03-11	2	01단	木浦驛東裏干潟地埋立/妥協させ許可
149868	朝鮮朝日	1928-03-11	2	01단	釜山鎭埋立/新會社設立
149869	朝鮮朝日	1928-03-11	2	02단	淡水養魚場いよいよ着工
149870	朝鮮朝日	1928-03-11	2	02단	鰈の處理法/未だ奏效せず
149871	朝鮮朝日	1928-03-11	2	02단	京南鐵道上半期計劃/事業の內容
149872	朝鮮朝日	1928-03-11	2	02단	木浦棉作場不用田拂下
149873	朝鮮朝日	1928-03-11	2	02단	釜山經由苗木の移入/果樹が多い
149874	朝鮮朝日	1928-03-11	2	03단	私鐵と局線/連帶輸送高
149875	朝鮮朝日	1928-03-11	2	03단	平北絹布の檢査を實施
149876	朝鮮朝日	1928-03-11	2	03단	平壤蔬菜組合
149877	朝鮮朝日	1928-03-11	2	03단	平南穀物檢査所/鎭南浦に移轉
149878	朝鮮朝日	1928-03-11	2	03단	勤續店員表彰
149879	朝鮮朝日	1928-03-11	2	03단	神仙爐
149880	朝鮮朝日	1928-03-13	1	01단	在滿鮮人の壓迫は豫想以上に激しい/遺憾なのは滿鐵が何故か朝鮮人に好意を有せぬ
149881	朝鮮朝日	1928-03-13	1	01단	大同江を取入れる平壤の府勢擴張/總督府が認可せぬ感情問題と府民が憤慨
149882	朝鮮朝日	1928-03-13	1	01단	師團誘致/平壤の運動
149883	朝鮮朝日	1928-03-13	1	01단	教育費の質問で賑ふ平北道議會
149884	朝鮮朝日	1928-03-13	1	02단	好成績を示した平壤の府營電氣/豫算よりも五萬圓の增收/第二値下考慮さる
149885	朝鮮朝日	1928-03-13	1	02단	群山法聖間航路が開始

일련번호	판명	간행일	면	단수	기사명
149886	朝鮮朝日	1928-03-13	1	02단	群山の築港半ばを竣工/完成は七年度
149887	朝鮮朝日	1928-03-13	1	03단	短歌/橋田東聲選
149888	朝鮮朝日	1928-03-13	1	03단	普通學校に補習科設置/學評會で可決
149889	朝鮮朝日	1928-03-13	1	03단	利權漁りとは迷惑千萬な話/滿洲歸りの序に京城を視察したに過ぎないと中山代議士大に辯明
149890	朝鮮朝日	1928-03-13	1	04단	裡里學議員當選者決定
149891	朝鮮朝日	1928-03-13	1	04단	百害はあっても一利はないと密陽釜北の水組計劃に地元民が猛烈に反對
149892	朝鮮朝日	1928-03-13	1	04단	元山、淸津の運輸出張所/四月に引揚
149893	朝鮮朝日	1928-03-13	1	04단	卒業式
149894	朝鮮朝日	1928-03-13	1	05단	李朝時代の醫術の發達/柳樂氏の發表
149895	朝鮮朝日	1928-03-13	1	05단	交通制限を商議が協議/警察が諮問
149896	朝鮮朝日	1928-03-13	1	05단	一萬に近き家族のその日の糧を奪ふ/京城の人力車業者が府營バスの延期を嘆願す
149897	朝鮮朝日	1928-03-13	1	06단	國境通過の入鮮外國人
149898	朝鮮朝日	1928-03-13	1	06단	全南道議員辭表提出/紛糾の蒸返し
149899	朝鮮朝日	1928-03-13	1	06단	人類相愛の立場から內鮮融和に努む/講演や展覽會を開く/關門聯合婦人會
149900	朝鮮朝日	1928-03-13	1	07단	牡丹臺野話
149901	朝鮮朝日	1928-03-13	1	07단	平壤圖書館/開館は七月
149902	朝鮮朝日	1928-03-13	1	08단	龍山署の高等主任が密輸團に加盟 大仕掛にモヒを製造す 大正製藥事件の殘黨/警察界の腐敗を雄辯に物語る
149903	朝鮮朝日	1928-03-13	1	08단	寫眞說明(この程新築落成した在鄕軍人會新義州分會の本館)
149904	朝鮮朝日	1928-03-13	1	09단	僧侶を伴ひ滿洲戰歿の英靈を弔ふ
149905	朝鮮朝日	1928-03-13	1	09단	內務局土木部出張所跡に社會協會移轉
149906	朝鮮朝日	1928-03-13	1	09단	京城府の牛乳が不足/平壤に求む
149907	朝鮮朝日	1928-03-13	1	09단	京城チブス學童の罹病/百十六名
149908	朝鮮朝日	1928-03-13	1	09단	替玉を使ひ/保險金を詐取
149909	朝鮮朝日	1928-03-13	1	10단	柔劍道巡回指導
149910	朝鮮朝日	1928-03-13	1	10단	會(東北大學視察團/群山商議評議會/潭陽製簾講習會)
149911	朝鮮朝日	1928-03-13	1	10단	人(伊藤利三郎氏(京南鐵監査役)/朴春琴氏(相愛會副會長)/辻謹之助氏(太田實業家)/中山貞雄氏(代議士)/齋藤堅氏(鐵道局工務課長)/山本犀藏氏(遞信局長)/道邊東拓總裁一行/荻根少佐(新義州憲兵分隊長))
149912	朝鮮朝日	1928-03-13	1	10단	半島茶話
149913	朝鮮朝日	1928-03-13	2	01단	獨立の組合を組織/預金を吸收し地方低資も借受け漁業資金の充實を期す
149914	朝鮮朝日	1928-03-13	2	01단	零の聲
149915	朝鮮朝日	1928-03-13	2	01단	鯖と鰯の罐詰工場/淸津に設置

일련번호	판명	간행일	면	단수	기사명
149916	朝鮮朝日	1928-03-13	2	01단	一萬三千圓の補組を計上/水産業を獎勵
149917	朝鮮朝日	1928-03-13	2	02단	鎭南浦生牛最初の移出/百五十三頭
149918	朝鮮朝日	1928-03-13	2	02단	群山の埋立/認可される
149919	朝鮮朝日	1928-03-13	2	02단	平北道內の地主懇談會/農閑期に開催
149920	朝鮮朝日	1928-03-13	2	02단	朝鮮私鐵が貨車を改造/三十噸に增大
149921	朝鮮朝日	1928-03-13	2	02단	新義州營林署/流筏豫想高/七十五萬尺締
149922	朝鮮朝日	1928-03-13	2	03단	海苔の入札/賣上一萬四千圓
149923	朝鮮朝日	1928-03-13	2	03단	京城府水産市場/二月中の賣上高
149924	朝鮮朝日	1928-03-13	2	03단	慶南漁組總會
149925	朝鮮朝日	1928-03-13	2	03단	專賣支局長會議
149926	朝鮮朝日	1928-03-13	2	03단	朝鮮建築會總會
149927	朝鮮朝日	1928-03-13	2	03단	船舶職員試驗
149928	朝鮮朝日	1928-03-13	2	03단	神仙爐
149929	朝鮮朝日	1928-03-14	1	01단	拂込の半額に減資し重役の私財提供と日銀、鮮銀の低資で漢城銀行の大整理
149930	朝鮮朝日	1928-03-14	1	01단	間島の投資は御免を蒙る/擔保が確實でない/渡邊東拓總裁の視察談
149931	朝鮮朝日	1928-03-14	1	01단	鮮展會場/總督府圖書館流用に決定す
149932	朝鮮朝日	1928-03-14	1	01단	方魚津築港漸く竣工す
149933	朝鮮朝日	1928-03-14	1	02단	英國總領事大連より着任
149934	朝鮮朝日	1928-03-14	1	02단	地稅の徵收/二期とも完納
149935	朝鮮朝日	1928-03-14	1	02단	弔旗しめやかに奉悼の誠を致す/全鮮各地の遙拜式
149936	朝鮮朝日	1928-03-14	1	03단	深刻を極めた淸津府議會/九日終了す
149937	朝鮮朝日	1928-03-14	1	04단	反對の烽火に怖れを抱き府議員が傳染的に變節/釜山火葬場の紛糾
149938	朝鮮朝日	1928-03-14	1	04단	俳句/鈴木花蓑選
149939	朝鮮朝日	1928-03-14	1	05단	釜山鐵道工場請負に改め生産を增加
149940	朝鮮朝日	1928-03-14	1	05단	生活苦の實相か兒童にも就職難/例年にない奇現象
149941	朝鮮朝日	1928-03-14	1	05단	平井前學務課長十一日付依願免
149942	朝鮮朝日	1928-03-14	1	05단	專賣支局長三日間協議
149943	朝鮮朝日	1928-03-14	1	06단	學校その他/團體の預金一萬四千圓
149944	朝鮮朝日	1928-03-14	1	06단	牡丹臺野話
149945	朝鮮朝日	1928-03-14	1	06단	航空機關士/朝鮮で最初
149946	朝鮮朝日	1928-03-14	1	06단	卒業式
149947	朝鮮朝日	1928-03-14	1	06단	內地人は減じ鮮人は增加/釜商議有權者
149948	朝鮮朝日	1928-03-14	1	07단	新義州堤防今秋末に竣工
149949	朝鮮朝日	1928-03-14	1	07단	警戒水も洩らさぬ總督の毛皮が自動車內で盜まる/京畿道警察部が叱らる
149950	朝鮮朝日	1928-03-14	1	07단	全國兒童の童謠を募り選集を作成

일련번호	판명	간행일	면	단수	기사명
149951	朝鮮朝日	1928-03-14	1	07단	漢江の天然氷/チブス菌は含まぬ/大腸菌含有品は廢棄す
149952	朝鮮朝日	1928-03-14	1	07단	子供衛生展/大邱で開催
149953	朝鮮朝日	1928-03-14	1	07단	茂山對岸に疑似チブス/罹病者百名
149954	朝鮮朝日	1928-03-14	1	07단	損害はゝや昨年と同額/平壤の火災
149955	朝鮮朝日	1928-03-14	1	08단	朝鮮婦人のミシン作品でバザーを開く
149956	朝鮮朝日	1928-03-14	1	08단	奉票取引を道令で强制
149957	朝鮮朝日	1928-03-14	1	08단	淸潔法で判った夥しい流感/チブス患者の倍以上/肺炎や呼吸器病も多い
149958	朝鮮朝日	1928-03-14	1	09단	更に數名の警官を引致し取調
149959	朝鮮朝日	1928-03-14	1	09단	五百餘名の生徒が盟休/校長を排斥
149960	朝鮮朝日	1928-03-14	1	09단	女工五名が脱出し逃走
149961	朝鮮朝日	1928-03-14	1	10단	土木組合員不正事件の豫審が開始
149962	朝鮮朝日	1928-03-14	1	10단	會(郵便局所長打合會/鐵道通信員會議)
149963	朝鮮朝日	1928-03-14	1	10단	人(矢野侍從武官/上原二十師團長/佐分利貞男氏(英國大使館參事官)/松岡正男氏(京日社長)/賀田直治氏(第一生命相互保險重役)/水口慶南知事/村山沼一郎氏(慶南道警察部長)/吉植庄三氏/遠山淳氏(南滿銀行重役))
149964	朝鮮朝日	1928-03-14	1	10단	半島茶話
149965	朝鮮朝日	1928-03-14	2	01단	神仙爐
149966	朝鮮朝日	1928-03-14	2	01단	二月中對內貿易移出入四千五百萬圓/前年より九十萬圓を減退
149967	朝鮮朝日	1928-03-14	2	01단	日支柞蠶商/取引改善で懇談を重ぬ
149968	朝鮮朝日	1928-03-14	2	01단	雫の聲
149969	朝鮮朝日	1928-03-14	2	01단	滿洲粟輸入/漸く增加す
149970	朝鮮朝日	1928-03-14	2	02단	銅佛寺方面大豆と粟の貯藏見込高
149971	朝鮮朝日	1928-03-14	2	02단	運送店承認/期限が終了
149972	朝鮮朝日	1928-03-14	2	02단	堆肥の增産を平北が獎勵/豆粕も斡旋
149973	朝鮮朝日	1928-03-14	2	03단	繩叭需要の激增を豫想/增殖を獎勵
149974	朝鮮朝日	1928-03-14	2	03단	養豚の獎勵/咸南の計劃
149975	朝鮮朝日	1928-03-14	2	03단	西湖津貿易
149976	朝鮮朝日	1928-03-14	2	03단	煙草の賣上/激增を示す
149977	朝鮮朝日	1928-03-14	2	03단	京城手形交換高
149978	朝鮮朝日	1928-03-14	2	03단	牛乳組合の計劃
149979	朝鮮朝日	1928-03-14	2	03단	京城屠獸場成績
149980	朝鮮朝日	1928-03-15	1	01단	朝鮮の農業は初期の道程を終へたに過ぎない/池田殖産局長訓示
149981	朝鮮朝日	1928-03-15	1	01단	大嘗祭御供の新米粟の耕作 米は京畿道に求め粟は黃海道を選む/積机供物を總督府が嚴選
149982	朝鮮朝日	1928-03-15	1	01단	體面の失墜は暫らく忍んで釜山將來の平和のために火

일련번호	판명	간행일	면	단수	기사명
149982	朝鮮朝日	1928-03-15	1	01단	葬場は位置變更か
149983	朝鮮朝日	1928-03-15	1	01단	京城バス愈よ可決/四月から運轉
149984	朝鮮朝日	1928-03-15	1	02단	街から巷へ(２６)/高麗の舊都、松部を訪れて(一)/朝鮮には珍らしく商業的に發達した小資本家の多い開城
149985	朝鮮朝日	1928-03-15	1	03단	浦鹽政廳が公債を發行/購入を勸誘
149986	朝鮮朝日	1928-03-15	1	03단	短歌/橋田東聲選
149987	朝鮮朝日	1928-03-15	1	03단	追加豫算打合に財務局長東上
149988	朝鮮朝日	1928-03-15	1	04단	模範部落に補助を與へ基本財産造成
149989	朝鮮朝日	1928-03-15	1	04단	京城の動物園は場所が廣いので動物に生氣がある/蟲行脚の横山博士談
149990	朝鮮朝日	1928-03-15	1	04단	牡丹臺野話
149991	朝鮮朝日	1928-03-15	1	05단	鐵道綱大額交通博に出品
149992	朝鮮朝日	1928-03-15	1	05단	靈嚴郡廳舍/新築に決定
149993	朝鮮朝日	1928-03-15	1	05단	水道の消毒に手拔りあって今日のチブス蔓延と醫學界の權威が主張す
149994	朝鮮朝日	1928-03-15	1	06단	京城府の都計に關し總監に陳情
149995	朝鮮朝日	1928-03-15	1	06단	卒業式
149996	朝鮮朝日	1928-03-15	1	06단	岡山勸業博に朝鮮館設置/朝鮮美人を賣子に雇傭
149997	朝鮮朝日	1928-03-15	1	06단	元山、淸津の運輸出張所/廢止を告示
149998	朝鮮朝日	1928-03-15	1	07단	平南警察部中堅警察官/講習を開く
149999	朝鮮朝日	1928-03-15	1	07단	「內鮮一如の標語をかゝげ創造の知識を磨きて萬代のいしずえ築かん」/京城靑年團が短歌を作成
150000	朝鮮朝日	1928-03-15	1	07단	本町通りは夜半に限り自動車を許可
150001	朝鮮朝日	1928-03-15	1	07단	鐵工所燒く損害一萬圓
150002	朝鮮朝日	1928-03-15	1	07단	防疫が行屆き傳染病患者/平壤は皆無
150003	朝鮮朝日	1928-03-15	1	08단	料理屋と券番が公休日で喧合ふ/原因は花代の支拂/不景氣が齎す珍喧嘩
150004	朝鮮朝日	1928-03-15	1	08단	かみしも着けて醉っ拂った形の文語と口チャンポンの平北近頃の公文書
150005	朝鮮朝日	1928-03-15	1	09단	兩者とも態度强硬/光成校の盟休
150006	朝鮮朝日	1928-03-15	1	09단	全南穀物檢査高
150007	朝鮮朝日	1928-03-15	1	09단	奉票を嫌ひ中止を決議
150008	朝鮮朝日	1928-03-15	1	10단	會(若松小學校保護者會)
150009	朝鮮朝日	1928-03-15	1	10단	人(草間秀雄氏(朝鮮財務局長)/戸田正氏(全南理事官、稅務課長)/池田哲哉氏(全南農貿課長)/ホプキンス氏夫妻(米雜誌エヂトア記者)/道邊定一郎氏(京城商議會頭)/李椎源太郎氏(釜山會議所會頭)/白勢鑿吉氏(臺灣鐵道部長)/伊達四雄氏(平南警察部長)/甘華義邦氏(江原道警察部長)/上瀧基氏(專賣局製造課長))

일련번호	판명	간행일	면	단수	기사명
150010	朝鮮朝日	1928-03-15	1	10단	半島茶話
150011	朝鮮朝日	1928-03-15	2	01단	運送店合同は愈よオジャンか/出資條件が纏らぬ/當局は責任なしと放言
150012	朝鮮朝日	1928-03-15	2	01단	財源に悩んで營利事業の經營を各道や面が希望す
150013	朝鮮朝日	1928-03-15	2	01단	內地の大家を社長に擬す/平北漁業社
150014	朝鮮朝日	1928-03-15	2	01단	會社の異動/新設三十二
150015	朝鮮朝日	1928-03-15	2	01단	私鐵の在貨/豆粕が增加
150016	朝鮮朝日	1928-03-15	2	01단	二月上旬局線の動き十二萬餘噸
150017	朝鮮朝日	1928-03-15	2	02단	高等蠶業講習會
150018	朝鮮朝日	1928-03-15	2	02단	不動産取得稅千分の八に改定
150019	朝鮮朝日	1928-03-15	2	02단	緣故林讓渡の出願/百萬を突破し六年度迄に處分する
150020	朝鮮朝日	1928-03-15	2	03단	養鷄品評會達城で開催
150021	朝鮮朝日	1928-03-15	2	03단	熙川新豊が金組設置の運動を起す
150022	朝鮮朝日	1928-03-15	2	03단	京城府市場賣上
150023	朝鮮朝日	1928-03-15	2	03단	木浦貿易高/三百三十萬圓
150024	朝鮮朝日	1928-03-15	2	03단	神仙爐
150025	朝鮮朝日	1928-03-16	1	01단	鐵道局本年度の收入素晴らしい好成績全收三千六百萬圓/前年より二百六十萬圓の增收
150026	朝鮮朝日	1928-03-16	1	01단	鮮內は汽車も汽船も一枚の切符で自由に旅行が出來る/連帶運輸の規則改正
150027	朝鮮朝日	1928-03-16	1	01단	結局は諮問をやり直した上で適當な地に移轉か/反對論者が寄附金を出す/新移轉地は汚水が問題
150028	朝鮮朝日	1928-03-16	1	02단	運輸計算會社設立の可否/商工者が協議
150029	朝鮮朝日	1928-03-16	1	02단	ほっておけば滅亡の恐がある/高麗雉近年の激減/禁止を狩獵官會議に提出
150030	朝鮮朝日	1928-03-16	1	03단	お茶のあと
150031	朝鮮朝日	1928-03-16	1	04단	滿鮮電話を大連に延長/目下準備中
150032	朝鮮朝日	1928-03-16	1	04단	歸化の朝鮮人で一部落を造り/年一回朝鮮禮裝で/壇君を祀る鹿兒島伊集院
150033	朝鮮朝日	1928-03-16	1	04단	當局は飽まで起工に邁進/釜北の水組
150034	朝鮮朝日	1928-03-16	1	04단	切手印紙の手數料引上/近く實施
150035	朝鮮朝日	1928-03-16	1	05단	淸津の華商/商會を組織/役員を決定
150036	朝鮮朝日	1928-03-16	1	05단	試問係の先生の前に小羊のやうに立つ子供/蕾のやうな唇でお答へする/初等學校をも襲ふ受驗地獄
150037	朝鮮朝日	1928-03-16	1	06단	千五百圓で買った砂金の鑛區を百萬圓に買ってくれ平安水利の大暗礁
150038	朝鮮朝日	1928-03-16	1	06단	俳句/鈴木花蓑選
150039	朝鮮朝日	1928-03-16	1	06단	平壤府が滿鮮視察團/歡迎の準備
150040	朝鮮朝日	1928-03-16	1	06단	御大典記念公會堂建設/五萬圓は寄附

일련번호	판명	간행일	면	단수	기사명
150041	朝鮮朝日	1928-03-16	1	07단	醫學講習所いよいよ起工
150042	朝鮮朝日	1928-03-16	1	07단	卒業式
150043	朝鮮朝日	1928-03-16	1	07단	各務ヶ原飛機/羅針盤應用/平壤に飛行
150044	朝鮮朝日	1928-03-16	1	07단	行長張宴の大同練光亭/破損を修理
150045	朝鮮朝日	1928-03-16	1	08단	明治三十七、八年の政界の裏面がさらけ出される/お鯉劇京劇で上演
150046	朝鮮朝日	1928-03-16	1	08단	佛教團體が修養研學の大會を開く
150047	朝鮮朝日	1928-03-16	1	08단	牡丹臺野話
150048	朝鮮朝日	1928-03-16	1	08단	警官駐在所に救急藥常置/僻陬な地に
150049	朝鮮朝日	1928-03-16	1	08단	滿洲に厚くて朝鮮には薄い從來の鮮滿視察團今後一層宣傳に努める
150050	朝鮮朝日	1928-03-16	1	09단	持久戰に入る光成の盟休雙方態度强硬
150051	朝鮮朝日	1928-03-16	1	09단	光州體協の行事
150052	朝鮮朝日	1928-03-16	1	10단	平壤實業チーム高松で猛練習
150053	朝鮮朝日	1928-03-16	1	10단	會(光州女高普上棟式)
150054	朝鮮朝日	1928-03-16	1	10단	人(藤原喜藏氏(總督府事務官)/河合朝雄氏(朝鮮民報社長)/白勢黎吉氏(臺灣鐵道部長)/吉田秀次郎氏(仁川會議會頭)/靑木戒三氏(平南知事)/伊達四雄氏(平南警察部長)
150055	朝鮮朝日	1928-03-16	1	10단	半島茶話
150056	朝鮮朝日	1928-03-16	2	01단	問題となった小切手問題(一)/交換によらねば他店の小切手で爲替の決濟は拒絶
150057	朝鮮朝日	1928-03-16	2	01단	不動産の金利を五厘がた引下げ/殖銀が總督府に申請
150058	朝鮮朝日	1928-03-16	2	01단	滿洲粟の輸入は不況/奉天で滯貨
150059	朝鮮朝日	1928-03-16	2	01단	平南林産額
150060	朝鮮朝日	1928-03-16	2	01단	一銀の異動
150061	朝鮮朝日	1928-03-16	2	01단	零の聲
150062	朝鮮朝日	1928-03-16	2	01단	馬山新酒品評會
150063	朝鮮朝日	1928-03-16	2	02단	補租を與へ桑苗植栽を平北が奬勵
150064	朝鮮朝日	1928-03-16	2	02단	小銀行を合同し不良なのを整理その後で銀行條令を改正する財務局の肚裡
150065	朝鮮朝日	1928-03-16	2	03단	平北移出牛/直取引開始/畜産組合が
150066	朝鮮朝日	1928-03-16	2	03단	神仙爐
150067	朝鮮朝日	1928-03-17	1	01단	七百餘萬圓の巨費と九箇年の長歲月を費した釜山の大築港 第二期工事目出度く竣工す/貨物の呑吐が逐年大激增を來し築港擴張の必要に促さる/職工の延人員 二百萬人に近く死傷者五百名に達す 從業員の刻苦 想ふべし
150068	朝鮮朝日	1928-03-17	1	05단	花時には是非に實現したいバス車掌は內鮮の若い婦人を採用する
150069	朝鮮朝日	1928-03-17	1	05단	國倉設置を大邱が請願

일련번호	판명	간행일	면	단수	기사명
150070	朝鮮朝日	1928-03-17	1	05단	社會問題や教育設備で平北道議賑ふ
150071	朝鮮朝日	1928-03-17	1	06단	朝鮮神宮祈年祭
150072	朝鮮朝日	1928-03-17	1	07단	土曜漫筆/批評の批評/文教の朝鮮『國語敎育研究號』讀後感/貝谷砂丘
150073	朝鮮朝日	1928-03-17	1	07단	安田銀行の支店長異動
150074	朝鮮朝日	1928-03-17	1	07단	平壤に師團設置/期成會を組織
150075	朝鮮朝日	1928-03-17	1	08단	內地博巡覽/視察團募集
150076	朝鮮朝日	1928-03-17	1	08단	辯論大會をラヂオで放送
150077	朝鮮朝日	1928-03-17	1	08단	山內氏の調停を反對側が拒絶　場所は兎も角として移轉は己むを得ぬ火葬場/體面固持の議員を懷柔
150078	朝鮮朝日	1928-03-17	1	08단	卒業式
150079	朝鮮朝日	1928-03-17	1	08단	京城府の高齢者調査/御大典に備ふ
150080	朝鮮朝日	1928-03-17	1	08단	チブスで賣れ出した淸凉飲料水
150081	朝鮮朝日	1928-03-17	1	09단	東宮殿下御成婚記念受賞者決定
150082	朝鮮朝日	1928-03-17	1	09단	鴨江の名物白魚の走り
150083	朝鮮朝日	1928-03-17	1	09단	お鯉物語座談會/河合丈が出席
150084	朝鮮朝日	1928-03-17	1	10단	受けるのは大衆物/河合丈語る
150085	朝鮮朝日	1928-03-17	1	10단	人(生田淸三郎氏(內務局長)/渡邊勝三郎氏(東拓總裁)/河合武雄丈/大谷正之助氏(京城專賣支局長)/佐伯顯氏(忠南道警察部長)
150086	朝鮮朝日	1928-03-17	2	01단	問題となった小切手問題(二)/要するに小切手は紙一枚に過ぎぬ/結局は背景の提出人の信用が第一の條件
150087	朝鮮朝日	1928-03-17	2	01단	低資融通の延期を大藏省に交渉/鮮內銀行の整理が終った後に利用したい
150088	朝鮮朝日	1928-03-17	2	01단	漢銀重役を矢鍋理事が兼務し監督
150089	朝鮮朝日	1928-03-17	2	01단	雫の聲
150090	朝鮮朝日	1928-03-17	2	01단	間島米豆商人油房を計劃/可否が問題
150091	朝鮮朝日	1928-03-17	2	02단	慶東線買收/車輛の檢査
150092	朝鮮朝日	1928-03-17	2	02단	自給自作が漸く出來る平北の苗木
150093	朝鮮朝日	1928-03-17	2	03단	安東輸入商組合を創立
150094	朝鮮朝日	1928-03-17	2	03단	舊元賣捌の不動産評價
150095	朝鮮朝日	1928-03-17	2	03단	慶北水産總代會
150096	朝鮮朝日	1928-03-17	2	03단	釜山府豫算二百四萬圓
150097	朝鮮朝日	1928-03-17	2	03단	三月上旬/鐵道局業績收入百六萬圓
150098	朝鮮朝日	1928-03-18	1	01단	預金部で決定した朝鮮への低資融通/總額二百五十萬圓/殖銀を通じて融通
150099	朝鮮朝日	1928-03-18	1	01단	五百萬圓の償還は手許資金で十分/殖銀の社債借替は金融硬化で條件が惡い
150100	朝鮮朝日	1928-03-18	1	01단	移入稅で保護する必要はないと綿絲布業が協議し/これ

일련번호	판명	간행일	면	단수	기사명
150100	朝鮮朝日	1928-03-18	1	01단	が撤廢を叫ぶ
150101	朝鮮朝日	1928-03-18	1	01단	矢野御慰問使/十九日新義州到着
150102	朝鮮朝日	1928-03-18	1	01단	釜山港北濱貿易設備/豫算に計上
150103	朝鮮朝日	1928-03-18	1	02단	慶北郡守異動
150104	朝鮮朝日	1928-03-18	1	02단	街から巷へ(２７)/高麗の舊都を訪れて(二)/年産額四百萬圓の開城の高麗人蔘メンソレタムを高價にした萬病に效く妙藥
150105	朝鮮朝日	1928-03-18	1	03단	運合反對の荷主運送社/解散か維持か
150106	朝鮮朝日	1928-03-18	1	03단	短歌/橋田東聲選
150107	朝鮮朝日	1928-03-18	1	03단	咸興電氣の增燈拒絶は兎も角解決
150108	朝鮮朝日	1928-03-18	1	04단	沙里院學組豫算
150109	朝鮮朝日	1928-03-18	1	04단	海女の制限は漸進的に行ふ慶南が全南と交渉
150110	朝鮮朝日	1928-03-18	1	04단	辭令(東京電話)
150111	朝鮮朝日	1928-03-18	1	04단	釜山高女の道移管問題/實現は困難
150112	朝鮮朝日	1928-03-18	1	05단	御大禮記念の施設を諮問/教育總會に
150113	朝鮮朝日	1928-03-18	1	05단	總督總監兩夫人/前後して渡鮮
150114	朝鮮朝日	1928-03-18	1	05단	朝鮮人が著しく減少/京畿道の人口
150115	朝鮮朝日	1928-03-18	1	05단	玉垣を繞らす獻穀の耕作地/新に自動車道路を設け/光榮を喜ぶ陰德面
150116	朝鮮朝日	1928-03-18	1	06단	大同の清流を脚下に眺める牡丹臺の清流亭
150117	朝鮮朝日	1928-03-18	1	06단	京城の戶數/七萬五千餘
150118	朝鮮朝日	1928-03-18	1	07단	移轉地を廣義に解釋して解決/移轉費用は反對者が寄附
150119	朝鮮朝日	1928-03-18	1	08단	慶南の放流壜を千葉沖で發見/千三百本のうちで拾得されたは僅に二割
150120	朝鮮朝日	1928-03-18	1	08단	牡丹臺野話
150121	朝鮮朝日	1928-03-18	1	08단	朝鮮人巡查/平北が募集
150122	朝鮮朝日	1928-03-18	1	08단	面書記採用試驗
150123	朝鮮朝日	1928-03-18	1	08단	平北の窮民/救濟が必要
150124	朝鮮朝日	1928-03-18	1	09단	平壤中學生/乘馬の稽古/今年も始める
150125	朝鮮朝日	1928-03-18	1	09단	電話局競技/十五日擧行
150126	朝鮮朝日	1928-03-18	1	09단	暖になって始末に困る/釜山の癩患
150127	朝鮮朝日	1928-03-18	1	10단	傳染病院の累計患者數一萬二千人
150128	朝鮮朝日	1928-03-18	1	10단	京城運動場開き
150129	朝鮮朝日	1928-03-18	1	10단	會(在軍分館落成式/日支學生演說會)
150130	朝鮮朝日	1928-03-18	1	10단	人(渡遠十九師團長/吉木陽氏(山口縣代議士)/前田稔靖氏(小倉市助役)/池田綠次郎氏(釜山府協議員)/吉崎宗一氏(同上)/町野武馬氏(張作霖氏軍事顧問)/平田驥一郎氏(國際通運株式會社當務)/京城高工生二十一名)
150131	朝鮮朝日	1928-03-18	1	10단	半島茶話

일련번호	판명	간행일	면	단수	기사명
150132	朝鮮朝日	1928-03-18	2	01단	朝鮮産果實の慘落は時の相場/物産協會や出荷組合の手落でないと發表
150133	朝鮮朝日	1928-03-18	2	01단	平北産米の優良種植付/面積が増加
150134	朝鮮朝日	1928-03-18	2	01단	平北産業課に水産調査部設置が叫ばる
150135	朝鮮朝日	1928-03-18	2	01단	神仙爐
150136	朝鮮朝日	1928-03-18	2	02단	損するやうな移轉はお斷り/義州通り工場の移轉を專賣局が肯んぜぬ
150137	朝鮮朝日	1928-03-18	2	02단	京城組銀擔保貨
150138	朝鮮朝日	1928-03-18	2	03단	郵便爲替の送金超過額九十餘萬圓
150139	朝鮮朝日	1928-03-18	2	03단	京城銀行貨付高
150140	朝鮮朝日	1928-03-18	2	03단	不渡り手形/四十枚に達す
150141	朝鮮朝日	1928-03-18	2	03단	豆粕の入荷/漸く忙しい
150142	朝鮮朝日	1928-03-20	1	01단	鮮人壓迫の原因は對支政策の失敗/當面の保護策として相愛會支部を設置
150143	朝鮮朝日	1928-03-20	1	01단	利害を異にし重役が論爭/兎も角鬼となった/煙草元賣捌の財産評價
150144	朝鮮朝日	1928-03-20	1	01단	矢野御慰問使新義州到着聖旨令旨を傳達/更に平壤で衛戍病院慰問
150145	朝鮮朝日	1928-03-20	1	01단	百草溝鮮人が警官派出所設置を要望
150146	朝鮮朝日	1928-03-20	1	02단	全鮮警察部長會議
150147	朝鮮朝日	1928-03-20	1	02단	府の當事者に誠意がないと/釜山電氣府營の速行を內務、遞信局長に陳情
150148	朝鮮朝日	1928-03-20	1	02단	大邱農校が農林兩科を新設に決定
150149	朝鮮朝日	1928-03-20	1	03단	俳句/鈴木花蓑選
150150	朝鮮朝日	1928-03-20	1	03단	鮮農を選拔/內地で實習
150151	朝鮮朝日	1928-03-20	1	03단	中日懇新學堂經營が困難/補租打切で
150152	朝鮮朝日	1928-03-20	1	04단	醫療機關の增置を陳情/百草溝內鮮人が
150153	朝鮮朝日	1928-03-20	1	04단	師團の設置地は運動しても駄目/朝鮮に必要だとは思ふ/山梨總督運動を戒む
150154	朝鮮朝日	1928-03-20	1	04단	南鮮鐵の工事は一年位で開通/沿線を視察した根津嘉一郎氏語る
150155	朝鮮朝日	1928-03-20	1	04단	先生、生徒の教具製作展 御大典記念/鄰保館設立
150156	朝鮮朝日	1928-03-20	1	04단	學資貸與の田村育英社/準備が進む
150157	朝鮮朝日	1928-03-20	1	05단	お茶のあと
150158	朝鮮朝日	1928-03-20	1	05단	矢張り彼等も女性ではある/想ふ夫のため海に潜る海女
150159	朝鮮朝日	1928-03-20	1	06단	創立された朝鮮朝日會/六月に總會
150160	朝鮮朝日	1928-03-20	1	06단	沿海州鰊の豊漁を豫想 買出船逐日増加し漸く活氣を帶びる/漁太津でも鰊の初漁
150161	朝鮮朝日	1928-03-20	1	06단	既定位置の移動は府も承認か/決議尊重の四議は辭任か

일련번호	판명	간행일	면	단수	기사명
150162	朝鮮朝日	1928-03-20	1	07단	日本人の入境を嚴重に取締る/吉林で開催された道尹會議で決議
150163	朝鮮朝日	1928-03-20	1	07단	牡丹臺野話
150164	朝鮮朝日	1928-03-20	1	08단	平壤府が月謝滯納を嚴重に取締る
150165	朝鮮朝日	1928-03-20	1	08단	卒業式
150166	朝鮮朝日	1928-03-20	1	08단	李飛行孃/立川に入學
150167	朝鮮朝日	1928-03-20	1	08단	漁業取締船/朝風が進水/釜山に入港
150168	朝鮮朝日	1928-03-20	1	08단	夜ざくら鎭海の催し
150169	朝鮮朝日	1928-03-20	1	09단	鮮滿視察團/鐵道省が勸誘
150170	朝鮮朝日	1928-03-20	1	09단	氷上渡江を安東署が禁止
150171	朝鮮朝日	1928-03-20	1	09단	邦樂演奏會/廿七日釜山で
150172	朝鮮朝日	1928-03-20	1	09단	京城府の蠅退治/四月一日から
150173	朝鮮朝日	1928-03-20	1	09단	朝鮮人學生戀の中心/相手は女學生
150174	朝鮮朝日	1928-03-20	1	09단	高麗革命黨/首魁に死刑/檢事が求刑
150175	朝鮮朝日	1928-03-20	1	10단	モヒ密輸の布川の一味/遂に起訴さる
150176	朝鮮朝日	1928-03-20	1	10단	會(鐵道局友素謠會)
150177	朝鮮朝日	1928-03-20	1	10단	人(堀透氏(日糖名古屋出張所長)/生田淸三郎氏(本府內務局長)/山本遞信局長/榎葉孝平氏(內務局土木課長)/池松みね子氏(朝鮮郵船經理課長池松時雄氏夫人)
150178	朝鮮朝日	1928-03-20	1	10단	半島茶話
150179	朝鮮朝日	1928-03-20	2	01단	高粱の加工を滿鐵試驗所が研究/澱粉の原料として有望
150180	朝鮮朝日	1928-03-20	2	01단	西鮮電氣が沙里院電氣/買收を申込む
150181	朝鮮朝日	1928-03-20	2	01단	鴨江製紙が南支に進出
150182	朝鮮朝日	1928-03-20	2	01단	雫の聲
150183	朝鮮朝日	1928-03-20	2	01단	局私線連帶/貨物の動き
150184	朝鮮朝日	1928-03-20	2	02단	京城組合銀/二月中旬帳尻
150185	朝鮮朝日	1928-03-20	2	02단	平壤貿易高/出入とも增加
150186	朝鮮朝日	1928-03-20	2	02단	全鮮郵貯高/二千六百萬圓
150187	朝鮮朝日	1928-03-20	2	02단	借地人組合が地主に對し警告を發す
150188	朝鮮朝日	1928-03-20	2	02단	田園の實際生活に主力を注いで/卒業生の俸給生活希望を京畿道が匡正する
150189	朝鮮朝日	1928-03-20	2	03단	石炭運送船/大同江を上下
150190	朝鮮朝日	1928-03-20	2	03단	沙里院面豫算
150191	朝鮮朝日	1928-03-20	2	03단	神仙爐
150192	朝鮮朝日	1928-03-21	1	01단	見物かたがた子供を連れて 渡鮮しますので新學期には歸ります/槪念だけは持て居ります 池上總監夫人の渡鮮
150193	朝鮮朝日	1928-03-21	1	01단	政局安定と見てか腰を据ゑた總督が人事の大異動を行ふ/馘首、榮轉噂とりどり
150194	朝鮮朝日	1928-03-21	1	02단	矢野御慰問使

일련번호	판명	간행일	면	단수	기사명
150195	朝鮮朝日	1928-03-21	1	03단	三百の兒童が入學が叶はぬ釜山の普校入學者 希望者千百七十名/馬山普校も收容で大困り
150196	朝鮮朝日	1928-03-21	1	04단	机代物供物/獻上品/名産を選ぶ
150197	朝鮮朝日	1928-03-21	1	05단	四十八萬餘圓の減少を示した三年度地方費豫算
150198	朝鮮朝日	1928-03-21	1	05단	短歌/橋田東聲選
150199	朝鮮朝日	1928-03-21	1	05단	安取が粟を上場/實行法を協議
150200	朝鮮朝日	1928-03-21	1	05단	大邱府豫算六十四萬圓/廿八日協議會
150201	朝鮮朝日	1928-03-21	1	06단	卒業式
150202	朝鮮朝日	1928-03-21	1	06단	光州內地間電報が直通/十六日から
150203	朝鮮朝日	1928-03-21	1	06단	內鮮連絡の長距離飛行第二聯隊の/地上員が來鮮
150204	朝鮮朝日	1928-03-21	1	06단	釜山商議選擧/氣乘薄/候補者が少い
150205	朝鮮朝日	1928-03-21	1	07단	涙を流して喜んだ/山林部の國境從業員慰問
150206	朝鮮朝日	1928-03-21	1	07단	火田民の救濟を建議/平北道議會が
150207	朝鮮朝日	1928-03-21	1	07단	酌婦にならぬとて妻を刺し殺し己れも自殺を企つ/亂暴な大工の兇行
150208	朝鮮朝日	1928-03-21	1	07단	平壤神社の床下に潜む逃亡兵捕はる
150209	朝鮮朝日	1928-03-21	1	07단	最近またまた渡航鮮人が著しく增加
150210	朝鮮朝日	1928-03-21	1	08단	延吉縣知事/近く異動
150211	朝鮮朝日	1928-03-21	1	08단	南浦通信競技會
150212	朝鮮朝日	1928-03-21	1	08단	お鯉物語座談會/盛況を極む
150213	朝鮮朝日	1928-03-21	1	08단	朝鮮古代の壺を漁る/內地の古物商
150214	朝鮮朝日	1928-03-21	1	08단	日本側が許可せぬ怪しい職業を支那側が勝手に許可し簡易ぶりを見せる
150215	朝鮮朝日	1928-03-21	1	09단	過失致死で醫師を訴ふ
150216	朝鮮朝日	1928-03-21	1	09단	注射事件で慰藉料請求/知事を對手に
150217	朝鮮朝日	1928-03-21	1	09단	運動界(成興高女庭球會/京大柔道部來壤/南鮮陸上競技會)
150218	朝鮮朝日	1928-03-21	1	10단	人(石鎭衡氏(全南道知事)/關谷金一氏(全南土木議長)/近藏朗吉氏/湯地末男氏)
150219	朝鮮朝日	1928-03-21	1	10단	半島茶話
150220	朝鮮朝日	1928-03-21	2	01단	神仙爐
150221	朝鮮朝日	1928-03-21	2	01단	銀行に追隨して金融組合が減配 成績はむしろ良好/安田信託の朝鮮進出 京城府債引受/安田銀行が京城府貸付利子を引下
150222	朝鮮朝日	1928-03-21	2	01단	昭和水利/愈よ實現/技師が檢分
150223	朝鮮朝日	1928-03-21	2	01단	寫眞(進水した慶北漁業取締指導船朝風丸)
150224	朝鮮朝日	1928-03-21	2	01단	生獸肉類の檢疫代辦を安東で實施
150225	朝鮮朝日	1928-03-21	2	02단	公設市場の物價が廉く商人が大恐慌
150226	朝鮮朝日	1928-03-21	2	02단	朝鮮人の渡航を阻上しても駄目/寧ろ門戶を開放し自然の落付を待つが賢明

일련번호	판명	간행일	면	단수	기사명
150227	朝鮮朝日	1928-03-21	2	02단	小資本の鮮酒業者と不許可の流說
150228	朝鮮朝日	1928-03-21	2	03단	外鹽輸入高/三千六十萬圓
150229	朝鮮朝日	1928-03-21	2	03단	京城手形交換高
150230	朝鮮朝日	1928-03-21	2	03단	新酒褒賞授與式
150231	朝鮮朝日	1928-03-21	2	03단	三杜氏に賞與
150232	朝鮮朝日	1928-03-21			休刊
150233	朝鮮朝日	1928-03-23	1	01단	國境警備の人々聖恩の廣大に感激 各地を視察し聖旨を傳達す 矢野侍從武官語る/矢野侍從守備隊慰問 聖旨を傳達す
150234	朝鮮朝日	1928-03-23	1	01단	國境の守備は甚だ成績が好い軍情奏上に東上の金谷軍司令官語る
150235	朝鮮朝日	1928-03-23	1	01단	十分研究の上/明年から實施か/種々困難の事情から鮮內の靑年訓練
150236	朝鮮朝日	1928-03-23	1	02단	平壤飛行隊 種々の催し夜間飛行/長距離飛行/記念祝賀
150237	朝鮮朝日	1928-03-23	1	02단	內地師團の移轉は可能か/噂さのある候補地
150238	朝鮮朝日	1928-03-23	1	03단	俳句/鈴木花蓑選
150239	朝鮮朝日	1928-03-23	1	04단	獻穀耕作者選定された/前田隆氏
150240	朝鮮朝日	1928-03-23	1	04단	人心を一新する朝鮮官界に大異動/當局愈最後の肚を定む動く人約四十名に上らん
150241	朝鮮朝日	1928-03-23	1	04단	社會事業援助/貧窮者救濟/御大典記念に慈善團體組織
150242	朝鮮朝日	1928-03-23	1	05단	線路敷設の計劃を變更/麗水築港も大擴張/根津南鮮鐵道社長談
150243	朝鮮朝日	1928-03-23	1	05단	元山豫算會議/またも流會
150244	朝鮮朝日	1928-03-23	1	05단	全議員が辭表を提出す/知事、部長の不信任を決した元山公職者大會
150245	朝鮮朝日	1928-03-23	1	05단	連壯會を設けて馬賊討伐の利便を圖る
150246	朝鮮朝日	1928-03-23	1	06단	試驗期で大繁昌/一日に二千人/總督府圖書館
150247	朝鮮朝日	1928-03-23	1	06단	教授連/內地の學會へ續々出發
150248	朝鮮朝日	1928-03-23	1	07단	尙州農蠶學校/甲種に昇格
150249	朝鮮朝日	1928-03-23	1	07단	委員七名を選び目的を貫徹/釜山の瓦電府營問題
150250	朝鮮朝日	1928-03-23	1	07단	密陽江岸で新羅燒を發見す
150251	朝鮮朝日	1928-03-23	1	07단	校長宅に暴行/生徒や教員を夫々處分す
150252	朝鮮朝日	1928-03-23	1	07단	平壤牡丹臺/美化設備は着々と進む
150253	朝鮮朝日	1928-03-23	1	08단	卒業式
150254	朝鮮朝日	1928-03-23	1	08단	會社銀行(金剛山電氣社債借替)
150255	朝鮮朝日	1928-03-23	1	08단	新情酒唎會/入賞者九名
150256	朝鮮朝日	1928-03-23	1	08단	平壤の水道料金引下
150257	朝鮮朝日	1928-03-23	1	08단	第四會の天滿市/四月廿二日から
150258	朝鮮朝日	1928-03-23	1	08단	平壤體協の野球團成る/選手は全部高松から招聘
150259	朝鮮朝日	1928-03-23	1	09단	大邱で公會堂建設/御大典記念事業

일련번호	판명	간행일	면	단수	기사명
150260	朝鮮朝日	1928-03-23	1	09단	生活難から夫婦心中
150261	朝鮮朝日	1928-03-23	1	09단	鄭に死刑/高麗革命黨事件の求刑
150262	朝鮮朝日	1928-03-23	1	09단	道知事に對し一萬圓を請求
150263	朝鮮朝日	1928-03-23	1	10단	更に蠅取り京城府の宣傳
150264	朝鮮朝日	1928-03-23	1	10단	會(セロ獨奏大會/釜山局通信競技會)
150265	朝鮮朝日	1928-03-23	1	10단	人(矢野侍從武官/金谷軍司令官/木村恒夫大佐/久保田駿氏(外務省事務官)/廣潮憲二氏(平壤高等女學校長)/別府丑太郎氏(南朝鮮鐵道專務)/東北帝大生一行)
150266	朝鮮朝日	1928-03-23	2	01단	神仙爐
150267	朝鮮朝日	1928-03-23	2	01단	干潟地を利用し海苔の大養殖/年産一千萬圓にする/木浦試驗場の計劃
150268	朝鮮朝日	1928-03-23	2	01단	地方敎化や農村振興に努力/二十七團體に對して道から助成金を下付
150269	朝鮮朝日	1928-03-23	2	02단	柞蠶界活況
150270	朝鮮朝日	1928-03-23	2	02단	鎭南浦の二月中貿易
150271	朝鮮朝日	1928-03-23	2	03단	南朝鮮鐵道豫定通りの遂行を陳情
150272	朝鮮朝日	1928-03-23	2	03단	苧布共同作業場/四月落成す
150273	朝鮮朝日	1928-03-23	2	03단	輸入組合へ加入勸誘
150274	朝鮮朝日	1928-03-23	2	03단	鼈繭令撤廢を生産者側希望
150275	朝鮮朝日	1928-03-24	1	01단	滿洲粟の輸入狀況に鑑み粟の增産を計る/總督府當局の對策
150276	朝鮮朝日	1928-03-24	1	01단	總督府三年度の追加豫算削減か/豫算額一千六百萬圓
150277	朝鮮朝日	1928-03-24	1	01단	各地豫算と明年度事業
150278	朝鮮朝日	1928-03-24	1	01단	朝鮮人勞働者の群れを御覽遊ばし/種々御下問あらせられた伏見海軍大將宮殿下
150279	朝鮮朝日	1928-03-24	1	01단	土曜漫筆/植ゑむ哉/總督府造林課長木谷重榮
150280	朝鮮朝日	1928-03-24	1	02단	京奉線の急行料金引下
150281	朝鮮朝日	1928-03-24	1	03단	公私有林の造林事業/面積卅萬町步
150282	朝鮮朝日	1928-03-24	1	03단	設備が整ったフランスの病院/廣田康氏の土産ばなし
150283	朝鮮朝日	1928-03-24	1	03단	全鮮藥劑師會組織準備進む
150284	朝鮮朝日	1928-03-24	1	04단	フランスへ美術研究に山田新一氏
150285	朝鮮朝日	1928-03-24	1	04단	知事、部長を糺彈す/片倉製絲問題 元山府民大會
150286	朝鮮朝日	1928-03-24	1	05단	貴重な雅樂を完全に保存したい/田邊尚雄氏語る
150287	朝鮮朝日	1928-03-24	1	05단	近年月覺ましい鮮兒童の就學熱/慶南では全部收容し切れず實業方面も激增す
150288	朝鮮朝日	1928-03-24	1	05단	授業料滯納整理につき/松井府尹談
150289	朝鮮朝日	1928-03-24	1	06단	全鮮武道大會/慶南道體育會 明年度の行事
150290	朝鮮朝日	1928-03-24	1	06단	苦學力行の飛行士に有志の同情集る/飛行場や格納庫等を松汀里の實業家が建設

일련번호	판명	간행일	면	단수	기사명
150291	朝鮮朝日	1928-03-24	1	06단	引張り凧の/女齒科醫/京城齒科醫學校の本年卒業生
150292	朝鮮朝日	1928-03-24	1	06단	平壤博物館/六月から開館
150293	朝鮮朝日	1928-03-24	1	07단	光成普通校の大紛擾 生徒廿八名に退學を命ず/全生徒同盟退學に決し六教師は退職
150294	朝鮮朝日	1928-03-24	1	08단	新らしい計劃で平康に移民部落/非常な期待を以て觀られてゐる
150295	朝鮮朝日	1928-03-24	1	08단	消毒に費す金
150296	朝鮮朝日	1928-03-24	1	08단	朝鮮酒の製造工業化す/指導監督が必要
150297	朝鮮朝日	1928-03-24	1	09단	D二十型自動車を京城、春川間に運轉
150298	朝鮮朝日	1928-03-24	1	09단	歸順して直ちに反旗を飜へす/王樹將等の大刀會員
150299	朝鮮朝日	1928-03-24	1	09단	海難の積出を防ぐ關係法規の改正に着手す
150300	朝鮮朝日	1928-03-24	1	09단	京城府內の腸チブス患者/現在五百餘名
150301	朝鮮朝日	1928-03-24	1	09단	人(廣潮寫二氏/吉岡重實氏(釜山府協議員)/寺內壽一少將(朝鮮軍參謀將)/思田銅吉氏(朝郵社長)/高村政吉氏(全南理財課長)/柳樂總督府醫院齒科長)
150302	朝鮮朝日	1928-03-24	1	10단	京城府戶數二月末現在
150303	朝鮮朝日	1928-03-24	1	10단	半島茶話
150304	朝鮮朝日	1928-03-24	2	01단	神仙爐
150305	朝鮮朝日	1928-03-24	2	01단	渡來鮮人を保護する下關市の昭和館/四月から愈々開館す朝鮮總督府も補助
150306	朝鮮朝日	1928-03-24	2	01단	安邊水利組合の紛擾解決す
150307	朝鮮朝日	1928-03-24	2	01단	買收價格については會社側未交涉/當局難詰の聲高まる/釜山の電氣公營問題
150308	朝鮮朝日	1928-03-24	2	03단	水龍水利組合/工費廿二萬圓
150309	朝鮮朝日	1928-03-24	2	03단	豆粕輸入增す
150310	朝鮮朝日	1928-03-24	2	03단	京城の物價/二月中の調査
150311	朝鮮朝日	1928-03-25	1	01단	事ごとに總督府が平壤に干涉すると府協議員が憤慨し總督の意志を問ふと敦圍く
150312	朝鮮朝日	1928-03-25	1	01단	毎日積み殘すお客が三百人/關釜連絡船の混雜/社船を利用する者もある
150313	朝鮮朝日	1928-03-25	1	01단	聖慮畏し滿洲動亂で朝鮮事情を聞し召さる
150314	朝鮮朝日	1928-03-25	1	01단	平壤、安州の兩農校昇格/寄附が成立
150315	朝鮮朝日	1928-03-25	1	01단	朝鮮銀行大異動/理事の呼聲
150316	朝鮮朝日	1928-03-25	1	02단	愛婦の花の日/四月の三日
150317	朝鮮朝日	1928-03-25	1	02단	財産を差押へても滯納の授業料を强收する平壤高女/大正十三年からの總決算
150318	朝鮮朝日	1928-03-25	1	02단	街から巷へ(２８)/高麗の舊都を訪れて(三)/世界にも誇るべき雅趣に當む高麗燒/端溪の硯、蜀の錦と比肩して推獎されたもの

일련번호	판명	간행일	면	단수	기사명
150319	朝鮮朝日	1928-03-25	1	03단	ホール夫人が女子醫專設置の計劃
150320	朝鮮朝日	1928-03-25	1	03단	短歌/橋田東聲選
150321	朝鮮朝日	1928-03-25	1	04단	桑原內部は片倉入か 裏面の事實/記者團奮起 申合をなす/時期でないと中野知事默す
150322	朝鮮朝日	1928-03-25	1	04단	御大典記念に大規模の植樹/山林部、道、面、學校が主に一人一木の大計劃
150323	朝鮮朝日	1928-03-25	1	04단	鴨江の流水/盛んになる
150324	朝鮮朝日	1928-03-25	1	05단	短波長の中繼放送/試驗に着手
150325	朝鮮朝日	1928-03-25	1	06단	陸軍大異動/朝鮮部隊の關係(十九師團/二十師團)
150326	朝鮮朝日	1928-03-25	1	06단	卒業式
150327	朝鮮朝日	1928-03-25	1	06단	光成の盟休/父兄が協議/調査を開始
150328	朝鮮朝日	1928-03-25	1	06단	縮小される普校の父兄/反對を叫ぶ
150329	朝鮮朝日	1928-03-25	1	07단	飛彈の工匠が刻んだ古面/桝産氏が所藏
150330	朝鮮朝日	1928-03-25	1	08단	朱唇をつき/熱辯を揮ふ槿友會創立會
150331	朝鮮朝日	1928-03-25	1	08단	５００，０００圓/チブスの損害/內輪に見積った道衛生課の調査
150332	朝鮮朝日	1928-03-25	1	10단	國境道路の不正と瀆職/土木業者引致
150333	朝鮮朝日	1928-03-25	1	10단	排日運動を企てた朝人/支那から送還
150334	朝鮮朝日	1928-03-25	1	10단	會(單級敎授研究會)
150335	朝鮮朝日	1928-03-25	1	10단	人(橫田仁川府尹/秋月胤逸少將/松本正實氏(京城辯護士)/ゲオルゲフ氏(東支鐵道ハルビン工場次長)/小島源藏氏(遞信局事務官))
150336	朝鮮朝日	1928-03-25	1	10단	半島茶話
150337	朝鮮朝日	1928-03-25	2	01단	神仙爐
150338	朝鮮朝日	1928-03-25	2	01단	期日の迫るに連れ白熱して來た/釜商の評議員選擧/內地人は定員突破か
150339	朝鮮朝日	1928-03-25	2	01단	朝鮮沿岸の寄港を大連汽船が出願/航路割込の計劃か/實現せば朝郵其他に打擊
150340	朝鮮朝日	1928-03-25	2	01단	博多着大豆の運賃を割引/汽船と對抗
150341	朝鮮朝日	1928-03-25	2	01단	上頭砂金鑛/採掘に着手
150342	朝鮮朝日	1928-03-25	2	01단	平北の農家十九萬餘戶歸鮮農家が國境で農耕
150343	朝鮮朝日	1928-03-25	2	02단	初等敎育で日本は外國に劣らぬ男女共學は衰へ氣味/高橋視學官の歸朝談
150344	朝鮮朝日	1928-03-25	2	03단	平壤府豫算百三十萬圓/二十四日附議
150345	朝鮮朝日	1928-03-25	2	03단	雫の聲
150346	朝鮮朝日	1928-03-25	2	03단	郵貯强調の成績
150347	朝鮮朝日	1928-03-27	1	01단	東海岸隨一を誇る 方魚津の築港完成 東海岸開通の曉は大飛躍を期待さる/總工費七十萬圓 四箇年の歲月を費して漸く竣工す/尊き犧牲者は四十八名に達する 十四年の

일련번호	판명	간행일	면	단수	기사명
150347	朝鮮朝日	1928-03-27	1	01단	*水害もよく切ぬく*
150348	朝鮮朝日	1928-03-27	1	01단	*盛大な竣工式*
150349	朝鮮朝日	1928-03-27	1	01단	寫眞(方魚津防波堤平面圖と責任者慶南土木課長上田政義氏)
150350	朝鮮朝日	1928-03-27	1	03단	*天惠の漁港灣形も可良 工事主任鈴木高次氏談/地方團體の施設港では全鮮で唯一つ 慶南道土木課長 上田政義氏談*
150351	朝鮮朝日	1928-03-27	1	04단	知事級に數名の異動を見る/朝鮮官界の大搖れ/二十七日の閣議で決定
150352	朝鮮朝日	1928-03-27	1	04단	俳句/鈴木花蓑選
150353	朝鮮朝日	1928-03-27	1	04단	三年度實行豫算二億二千萬圓/前年度に比較して一千萬圓の增加
150354	朝鮮朝日	1928-03-27	1	04단	商銀と三南合併進展/漸く實現か
150355	朝鮮朝日	1928-03-27	1	05단	新義州でも師團誘致運動を開始
150356	朝鮮朝日	1928-03-27	1	05단	元山電氣の取付線檢査/遞信局が睨む
150357	朝鮮朝日	1928-03-27	1	06단	陸軍異動/朝鮮關(續)
150358	朝鮮朝日	1928-03-27	1	06단	我々は飽くまで豫算を承認せぬ/剩餘金での府債償還に平壤府議員が反對
150359	朝鮮朝日	1928-03-27	1	06단	內地人以上に入學苦に惱む高普校への志願者/京畿道が對策を協議
150360	朝鮮朝日	1928-03-27	1	06단	御大典記念公會堂建設/全部を府費で
150361	朝鮮朝日	1928-03-27	1	06단	公職者の總辭職から元山府豫算遂に不成立
150362	朝鮮朝日	1928-03-27	1	07단	完全に育ておけてぞ子はたから/子供衛生の標語
150363	朝鮮朝日	1928-03-27	1	07단	地上を這ふ霧に難航を續けて各務ヶ原の三機打揃ひ/前後して大邱に到着
150364	朝鮮朝日	1928-03-27	1	08단	代表野球團/晴の平壤入り
150365	朝鮮朝日	1928-03-27	1	08단	釜山局通信競技
150366	朝鮮朝日	1928-03-27	1	08단	卒業式
150367	朝鮮朝日	1928-03-27	1	08단	安東の徵兵檢查
150368	朝鮮朝日	1928-03-27	1	09단	入學試驗に不正行爲/慶北尙州農校
150369	朝鮮朝日	1928-03-27	1	09단	亂暴巡査は安州署に留置
150370	朝鮮朝日	1928-03-27	1	09단	大刀會員の聞島侵入說/支那側が警戒
150371	朝鮮朝日	1928-03-27	1	09단	釜山遞信クラブ
150372	朝鮮朝日	1928-03-27	1	09단	漢江春季競馬
150373	朝鮮朝日	1928-03-27	1	10단	會(林務主任會々議/安東商業常議會/固山聯隊長披露宴)
150374	朝鮮朝日	1928-03-27	1	10단	人(新田朝鐵專務/池田殖産局長/水口慶南道知事/秋本豐之進氏(京南鐵道重役)/淸野謙次(京大敎授)/吉良元夫氏(前代議士)/雜賀博愛氏(日本及日本人社主)/寒川鼠骨氏(俳人)/瀉本順次氏(平壤漁業支配人))
150375	朝鮮朝日	1928-03-27	1	10단	半島茶話

일련번호	판명	간행일	면	단수	기사명
150376	朝鮮朝日	1928-03-27	2	01단	南朝鮮鐵の認可近し本店は何處
150377	朝鮮朝日	1928-03-27	2	01단	安取上場の粟の檢査/商議所が管理
150378	朝鮮朝日	1928-03-27	2	01단	豫算決定の光州郡諸會議
150379	朝鮮朝日	1928-03-27	2	01단	前年よりも激減を見た新義州府豫算
150380	朝鮮朝日	1928-03-27	2	01단	沿海州鰊の買出帆船は百隻に達す
150381	朝鮮朝日	1928-03-27	2	01단	土地改良の實績著しき咸北の發展
150382	朝鮮朝日	1928-03-27	2	02단	安東奧地の線絲布動く/大阪は不引合
150383	朝鮮朝日	1928-03-27	2	02단	咸北大豆の內地移出高/四十八萬餘石
150384	朝鮮朝日	1928-03-27	2	02단	全南金組の二月中業績
150385	朝鮮朝日	1928-03-27	2	02단	三月中旬の鐵道局業績/百十二萬圓
150386	朝鮮朝日	1928-03-27	2	03단	米價不振で私鐵の在貨/前年より減少
150387	朝鮮朝日	1928-03-27	2	03단	官鹽の押賣/鮮農が恐る
150388	朝鮮朝日	1928-03-27	2	03단	同仁水利の擴張計劃に下流民が反對
150389	朝鮮朝日	1928-03-27	2	03단	神仙爐
150390	朝鮮朝日	1928-03-28	1	01단	蓋を開けたら案外にも平凡な朝鮮官界の大異動　豫想通り池田殖産局長勇退(池田/今村/安達/磯野)/殖産關係の仕事は判らぬ大 に勉强するさと今村新局長は語る/大元氣で咸北を禮讚 安達新知事
150391	朝鮮朝日	1928-03-28	1	03단	短歌/橋田東聲選
150392	朝鮮朝日	1928-03-28	1	03단	漢城銀行の特別融資/日銀が承諾
150393	朝鮮朝日	1928-03-28	1	03단	勞農政廳が露支國境に鐵道を計劃
150394	朝鮮朝日	1928-03-28	1	04단	雲岩水電は南鮮電氣に許可されるか
150395	朝鮮朝日	1928-03-28	1	04단	米穀取引所設置の噂さ滿更否定も出來ぬと發起人格の天日氏語る
150396	朝鮮朝日	1928-03-28	1	04단	不成立豫算に比し五百萬圓を減ず/三年度の實施豫算/森林鐵、簡易保險は削除
150397	朝鮮朝日	1928-03-28	1	04단	家門の譽れと獻上穀奉耕者/吳氏は感激す
150398	朝鮮朝日	1928-03-28	1	05단	浦項江浚渫起工と起債やっと認可
150399	朝鮮朝日	1928-03-28	1	06단	學閥を避けて新進の士を選む　城大の講座增設で教授二十人を招聘/篠崎博士が城大教授に
150400	朝鮮朝日	1928-03-28	1	06단	沙里院面電委讓問題を二十七日協議
150401	朝鮮朝日	1928-03-28	1	06단	在滿朝鮮人擁護團體組織/加入者夥し
150402	朝鮮朝日	1928-03-28	1	06단	慶北師範の女子講習科/志願者が多い
150403	朝鮮朝日	1928-03-28	1	06단	大邱高普の補習科新設/認可を申請
150404	朝鮮朝日	1928-03-28	1	07단	木浦海交會艀賃値下/妥協が成立
150405	朝鮮朝日	1928-03-28	1	07단	總督府の內達に一顧も與へず/剩餘金は鐚一文も府債償還に使はぬ
150406	朝鮮朝日	1928-03-28	1	07단	薪炭備林を設け燃料の供給を圓滑にする計劃/山林部で研究中

일련번호	판명	간행일	면	단수	기사명
150407	朝鮮朝日	1928-03-28	1	07단	龍井市街地稅/滯納督促を支那側が迫る
150408	朝鮮朝日	1928-03-28	1	07단	運轉手とバスガール京城府が募集
150409	朝鮮朝日	1928-03-28	1	08단	郵便所船が漁場を巡航/貯金を蒐む
150410	朝鮮朝日	1928-03-28	1	08단	內地中學の教諭を拜命/馬山出身の金英銀氏
150411	朝鮮朝日	1928-03-28	1	08단	青年總同盟/幹部を檢束
150412	朝鮮朝日	1928-03-28	1	08단	沿岸から遠海に進む/朝鮮の漁業
150413	朝鮮朝日	1928-03-28	1	08단	整然たる組織に改めた少年團/名前も總同盟と改む/發會式では不穩の綱領
150414	朝鮮朝日	1928-03-28	1	09단	新義州刑務所/春季大廉賣會
150415	朝鮮朝日	1928-03-28	1	09단	歡迎される鮮滿大觀/第二卷を發行
150416	朝鮮朝日	1928-03-28	1	09단	釜山の火事一日に三度び
150417	朝鮮朝日	1928-03-28	1	10단	ラヂオ盜聽/最初の處罰者
150418	朝鮮朝日	1928-03-28	1	10단	元山局競技會
150419	朝鮮朝日	1928-03-28	1	10단	會(畜産技術員會議/光州小學校學藝會)
150420	朝鮮朝日	1928-03-28	1	10단	人(山本友子氏(遞信局長夫人)/澤山寅彦氏(釜山實業家)/中島隆衛氏(鳥致院面長)/吉木陽代議士/陶彬氏(延吉道尹)/高立桓氏(龍井商埠局長))
150421	朝鮮朝日	1928-03-28	1	10단	半島茶話
150422	朝鮮朝日	1928-03-28	2	01단	神仙爐
150423	朝鮮朝日	1928-03-28	2	01단	特別融通による低資は不必要/銀行合同に件ふ低資は大藏省に仰ぐ意向
150424	朝鮮朝日	1928-03-28	2	01단	銀行支店の設置を要望する聲が全鮮の地方に高く/總督府でも贊成の模様
150425	朝鮮朝日	1928-03-28	2	01단	安東商議が豆粕運債の低減を請願
150426	朝鮮朝日	1928-03-28	2	01단	慶南道が燐酸肥料の使用を宣傳
150427	朝鮮朝日	1928-03-28	2	01단	奉票慘落で穀類を賣惜/出廻が少い
150428	朝鮮朝日	1928-03-28	2	02단	杉檜の植栽は朝鮮でも可能/困るは濕氣が不足/木谷造林部長の視察談
150429	朝鮮朝日	1928-03-28	2	03단	咸北の家畜
150430	朝鮮朝日	1928-03-28	2	03단	斤數は殖え價額は減る/官鹽販賣高
150431	朝鮮朝日	1928-03-28	2	03단	天日鹽用の收獲見込高/一億八千萬斤
150432	朝鮮朝日	1928-03-28	2	03단	京城の勞銀/前年より低落
150433	朝鮮朝日	1928-03-29	1	01단	事務官級の異動/引つゞき發表/穗積、竹内の兩氏は洋行/今村忠淸が勇退/動くべき人びと(藤原喜藏/張間源四郎/今村邦典/岡崎哲郎/田中武男/關水武/田中三雄/安藤袈裟一/飯島貫一郎/湯村辰二郎)
150434	朝鮮朝日	1928-03-29	1	02단	指折り數へて御歸りを待つ李王、妃殿下の御動靜/故坧殿下御三年祭に御歸鮮
150435	朝鮮朝日	1928-03-29	1	02단	林務主任會議

일련번호	판명	간행일	면	단수	기사명
150436	朝鮮朝日	1928-03-29	1	02단	京城府廳/龍山出張所擴張と決定
150437	朝鮮朝日	1928-03-29	1	03단	辭令
150438	朝鮮朝日	1928-03-29	1	03단	メートル展釜山で開催
150439	朝鮮朝日	1928-03-29	1	03단	街から巷へ(２８)/高麗の舊都を訪れて(四)/雁を馴らして貴郎の家路を教へて便りがして見たい/古人の戀を祕める開城
150440	朝鮮朝日	1928-03-29	1	04단	釜山牧ノ島間渡船の改良/橋はお流れ
150441	朝鮮朝日	1928-03-29	1	04단	世界で唯だ一つの李王家の雅樂/今秋御大典前後に天覽に供し奉る
150442	朝鮮朝日	1928-03-29	1	04단	俳句/鈴木花蓑選
150443	朝鮮朝日	1928-03-29	1	05단	教員の割當に全南が悩む四十名を解職
150444	朝鮮朝日	1928-03-29	1	05단	新義州學組豫算を附議
150445	朝鮮朝日	1928-03-29	1	05단	局子街の朝鮮人民會議員が決定
150446	朝鮮朝日	1928-03-29	1	06단	活水高女音樂部を巢立つ聲樂家/天才光井とも子孃
150447	朝鮮朝日	1928-03-29	1	06단	釜山球場への電車延長を重役會で協議
150448	朝鮮朝日	1928-03-29	1	06단	山東省の避難民が敦化方面に殺到/生活に悩む朝鮮人を壓迫はせぬかと憂へらる
150449	朝鮮朝日	1928-03-29	1	06단	各務ヶ原機太刀洗歸着/途中大邱でガソリン補給
150450	朝鮮朝日	1928-03-29	1	07단	水力電氣を活寫に撮影/內地に宣傳
150451	朝鮮朝日	1928-03-29	1	08단	無産少年の教養にまづ主力を注ぐ少年同盟の新方針/盛澤山の標語を決定
150452	朝鮮朝日	1928-03-29	1	08단	純金の地がねを密に賣り歩く/慶州博物館の犯人かと道警察部が俄然緊張
150453	朝鮮朝日	1928-03-29	1	08단	全市を擧げ大賑ひ方魚津築港/竣工式擧行
150454	朝鮮朝日	1928-03-29	1	09단	鎭南浦築港促進運動に平壤が協力
150455	朝鮮朝日	1928-03-29	1	09단	叔父さん筆はいかゞ女子職業生京城で行商
150456	朝鮮朝日	1928-03-29	1	10단	土木業者の不正事件が更に擴大す
150457	朝鮮朝日	1928-03-29	1	10단	會(警官會計講習會)
150458	朝鮮朝日	1928-03-29	1	10단	人(王孝總氏(新任仁川駐在支那領事)/重村義一氏(總督府科學館長)/牧山耕藏代議士(朝鮮新聞社長)/水口慶南道知事)
150459	朝鮮朝日	1928-03-29	1	10단	半島茶話
150460	朝鮮朝日	1928-03-29	2	01단	神仙爐
150461	朝鮮朝日	1928-03-29	2	01단	行政調査機關を釜山府が設置/經費一萬圓を計上
150462	朝鮮朝日	1928-03-29	2	01단	京畿道が遠洋漁業を頻りに獎勵
150463	朝鮮朝日	1928-03-29	2	01단	貨物輸送の事故無し競技
150464	朝鮮朝日	1928-03-29	2	01단	咸興金組理事弘瀨氏が當選
150465	朝鮮朝日	1928-03-29	2	01단	紫雲英の增殖を獎勵/補助金を支出
150466	朝鮮朝日	1928-03-29	2	02단	城川江改修分擔金割當/五年に分納
150467	朝鮮朝日	1928-03-29	2	02단	木材と肥料の需要增加で局線好成績

일련번호	판명	간행일	면	단수	기사명
150468	朝鮮朝日	1928-03-29	2	02단	工事期に入って火藥の爆發が相ついで起るので警務局が取締を嚴達す
150469	朝鮮朝日	1928-03-29	2	03단	東拓本年度融通額三百六十四萬圓
150470	朝鮮朝日	1928-03-29	2	03단	稻の獎勵品種/慶北道で決定
150471	朝鮮朝日	1928-03-29	2	03단	長南水組起工
150472	朝鮮朝日	1928-03-29	2	03단	豆粕共同購入數
150473	朝鮮朝日	1928-03-29	2	03단	精米界閑散
150474	朝鮮朝日	1928-03-30	1	01단	在鄉軍人と憲兵の連繫に努めて令旨の御趣旨に添はん日下部司令官語る
150475	朝鮮朝日	1928-03-30	1	01단	平壤醫專の建築/六月には起工し/本年內に竣工の豫定/設計が漸く出來上る
150476	朝鮮朝日	1928-03-30	1	01단	愚弄も甚しい元山府民代表道當局に憤慨
150477	朝鮮朝日	1928-03-30	1	01단	都市計劃の調査部會を開いて協議
150478	朝鮮朝日	1928-03-30	1	02단	自動車協會設立の計劃
150479	朝鮮朝日	1928-03-30	1	02단	無線を利用して航行中の船客の病態を陸地に打電/手當法を聞いて治療す
150480	朝鮮朝日	1928-03-30	1	02단	去る人と來る人を偲ぶ(一)/家族を東京に歸し首を洗って悠々と發令を待った池田前殖産/肝の据った太っ復
150481	朝鮮朝日	1928-03-30	1	03단	慶南初等校教員の異動/三十名內外
150482	朝鮮朝日	1928-03-30	1	03단	短歌/橋田東聲選
150483	朝鮮朝日	1928-03-30	1	04단	總監の開城見物
150484	朝鮮朝日	1928-03-30	1	04단	朝鮮語を强調し國語を驅逐する意味が含まれてると文盲退治のビラを押收
150485	朝鮮朝日	1928-03-30	1	05단	平壤大連間連絡飛行決行
150486	朝鮮朝日	1928-03-30	1	05단	益山面協議會
150487	朝鮮朝日	1928-03-30	1	05단	五十年記念に第一銀行が一萬圓を寄附
150488	朝鮮朝日	1928-03-30	1	06단	京城本町筋の乘物を制限/自動車は嚴禁
150489	朝鮮朝日	1928-03-30	1	06단	滴る生血を啜る/兇暴無殘な殺人鬼/癩病治癒の迷信から六歲の小兒を慘殺す
150490	朝鮮朝日	1928-03-30	1	06단	御大典の祝賀會費を豫算に計上
150491	朝鮮朝日	1928-03-30	1	06단	單一高小校の設立を計劃/併置を廢す
150492	朝鮮朝日	1928-03-30	1	07단	子を持つ親達は戒めて欲しい/京城府の電車事件/子供の橫斷死傷が一番多い
150493	朝鮮朝日	1928-03-30	1	07단	渡航の朝鮮人を覘ふ魔の手/旅費を捲きあげる下關の不良朝鮮人
150494	朝鮮朝日	1928-03-30	1	07단	衡平社大會/四月京城で
150495	朝鮮朝日	1928-03-30	1	07단	地料を供託し地主と闘ふ新義州借地人
150496	朝鮮朝日	1928-03-30	1	08단	馬山の櫻花/膨らみそめる
150497	朝鮮朝日	1928-03-30	1	08단	資金を募って滿洲の荒野で養兵を計劃した儒林團事件

일련번호	판명	간행일	면	단수	기사명
150497	朝鮮朝日	1928-03-30	1	08단	が結審
150498	朝鮮朝日	1928-03-30	1	09단	持兇器强盜と格鬪を演じ遂に之を捕ふ
150499	朝鮮朝日	1928-03-30	1	09단	光成高普の盟休解決/退學を取消
150500	朝鮮朝日	1928-03-30	1	09단	回數券制度の食堂を開く釜山公會堂
150501	朝鮮朝日	1928-03-30	1	10단	平原の田舍にチブス猖獗/係官が急行
150502	朝鮮朝日	1928-03-30	1	10단	春季弓術大會
150503	朝鮮朝日	1928-03-30	1	10단	人(福原俊丸男(賞族院議員)/石垣孝治氏(釜山朝鮮汽船社長)/今村邦典氏(忠北道警察部長)/高久敏男氏(朝鮮殖銀理事)/岡景氏(全南麗水水産校長)/神尾本府社會課長/山田隆秀氏(遞信局事務官))
150504	朝鮮朝日	1928-03-30	1	10단	半島茶話
150505	朝鮮朝日	1928-03-30	2	01단	全南の海苔直賣を釜山側が反對/他地同樣の恩典を得てから實施したいと
150506	朝鮮朝日	1928-03-30	2	01단	水産品展の幹部が決定/準備を急ぐ
150507	朝鮮朝日	1928-03-30	2	01단	雫の聲
150508	朝鮮朝日	1928-03-30	2	01단	鴨江の初筏/二十日ごろ
150509	朝鮮朝日	1928-03-30	2	01단	釜山棧橋の船車連絡に上屋を建設
150510	朝鮮朝日	1928-03-30	2	02단	商銀、三南兩銀の合倂/條件は對等
150511	朝鮮朝日	1928-03-30	2	02단	南鮮にも優る元山の淸酒/味噌も優良
150512	朝鮮朝日	1928-03-30	2	02단	馬山のバス夜間も運轉
150513	朝鮮朝日	1928-03-30	2	02단	定州の苗樹/需要が多い
150514	朝鮮朝日	1928-03-30	2	03단	施肥の效果/顯著に現れ/全南が奬勵
150515	朝鮮朝日	1928-03-30	2	03단	全南線の買收賠償金/本月中に交付
150516	朝鮮朝日	1928-03-30	2	03단	蔚山郵便局新築
150517	朝鮮朝日	1928-03-30	2	03단	咸北の豫算/百六十萬圓
150518	朝鮮朝日	1928-03-30	2	03단	群山商議所豫算
150519	朝鮮朝日	1928-03-30	2	03단	神仙爐
150520	朝鮮朝日	1928-03-31	1	01단	政府の方針は消極一天張/朝鮮だけは特別に或程度認められた實行豫算
150521	朝鮮朝日	1928-03-31	1	01단	旣定の計劃で滿足してならぬ朝鮮の鐵道網實現/國澤新慶南鐵會長語る
150522	朝鮮朝日	1928-03-31	1	01단	警察部長會議/五月に延期
150523	朝鮮朝日	1928-03-31	1	01단	御眞影の下付を出願/奉安所建設
150524	朝鮮朝日	1928-03-31	1	01단	忠南道が普校を整理/支障はない
150525	朝鮮朝日	1928-03-31	1	01단	釜山女高普新築工費の寄附が集らぬ
150526	朝鮮朝日	1928-03-31	1	02단	志願者不足/公州高女が
150527	朝鮮朝日	1928-03-31	1	02단	移住の朝鮮人を管內に呼戻し小作料を廉くする臨江縣三道溝の朝鮮人優遇
150528	朝鮮朝日	1928-03-31	1	02단	辭令

일련번호	판명	간행일	면	단수	기사명
150529	朝鮮朝日	1928-03-31	1	02단	大藏省が承認した追加豫算の內容/總額一千八百餘萬圓/五百萬圓を削減さる
150530	朝鮮朝日	1928-03-31	1	03단	助興稅の免除を請願/刎ねられる
150531	朝鮮朝日	1928-03-31	1	03단	俳句/鈴木花蓑選
150532	朝鮮朝日	1928-03-31	1	03단	セロリスト高氏が出演
150533	朝鮮朝日	1928-03-31	1	04단	鮮展審査員/漸く決定す
150534	朝鮮朝日	1928-03-31	1	04단	晝を欺く照明裡に平壤の夜間飛行/氣流は極く良いと操縱者は交々語る
150535	朝鮮朝日	1928-03-31	1	05단	愼飛行士の晴の鄕土飛行
150536	朝鮮朝日	1928-03-31	1	06단	去る人と來る人を偲ふ(二)/海州灣に舟を浮べ蛸を釣り眺入った酒豪で磊落な今村殖産/腕は相當に利く
150537	朝鮮朝日	1928-03-31	1	06단	新義州の上水道擴張準備を進む
150538	朝鮮朝日	1928-03-31	1	06단	缺員を補充すれば賞與が貰へずこのまゝでは過勞に堪へず京畿道警官の悩み
150539	朝鮮朝日	1928-03-31	1	06단	春の昌慶苑を音樂や電飾で感興を添へる企て今年は櫻も早からう
150540	朝鮮朝日	1928-03-31	1	07단	花だより南鮮のさくら
150541	朝鮮朝日	1928-03-31	1	07단	龍頭山神社/二百五十年/大祭を執行
150542	朝鮮朝日	1928-03-31	1	08단	姐さん達が橫斷飛行に義金を寄贈
150543	朝鮮朝日	1928-03-31	1	08단	メートル法記念の賣出/小賣商人が
150544	朝鮮朝日	1928-03-31	1	08단	六百名が連署し總退學を届出づ平壤光成校の盟休/同窓會の調停ならず
150545	朝鮮朝日	1928-03-31	1	09단	鴨江の鐵橋/開閉を開始
150546	朝鮮朝日	1928-03-31	1	09단	黃煙組合の整理問題で朝鮮人が騷ぐ
150547	朝鮮朝日	1928-03-31	1	10단	驛夫の奇禍/腹部を切斷
150548	朝鮮朝日	1928-03-31	1	10단	人(立川若氏(慶南鐵道專務)/小山介藏少將(朝鮮憲兵司令官)/橫山藤三郎氏(西大門刑務所長心得)/高久敏雄氏(殖銀理事)/有賀光豊氏(殖銀頭取)/野田新吾氏(殖銀勸業金融主任)/森田燒次氏(京畿道土木課長)
150549	朝鮮朝日	1928-03-31	1	10단	半島茶話
150550	朝鮮朝日	1928-03-31	2	01단	西海岸船路の大波瀾(上)/大連汽船が投じた一片の申請が朝鮮海運界を脅す
150551	朝鮮朝日	1928-03-31	2	01단	全線の森林に防火線を設定/山火事を豫防する/總督府山林部の計劃
150552	朝鮮朝日	1928-03-31	2	01단	山林事業に力を注ぐ/東拓の豫算
150553	朝鮮朝日	1928-03-31	2	01단	安東豆粕の混合保管は一日から實施
150554	朝鮮朝日	1928-03-31	2	01단	安東出荷豆粕運賃の引下は拒絶
150555	朝鮮朝日	1928-03-31	2	01단	平安漁業社七十一隻の漁船が出漁
150556	朝鮮朝日	1928-03-31	2	02단	平南の蜜蠟/海軍が購入

일련번호	판명	간행일	면	단수	기사명
150557	朝鮮朝日	1928-03-31	2	02단	編筏の準備/營林署が開始
150558	朝鮮朝日	1928-03-31	2	02단	達城郡農會に大邱營農者編入に決定
150559	朝鮮朝日	1928-03-31	2	02단	京城商工新役員
150560	朝鮮朝日	1928-03-31	2	03단	神仙爐

1928년 4월 (조선아사히)

일련번호	판명	간행일	면	단수	기사명
150561	朝鮮朝日	1928-04-01	1	01단	動く人こそ多かれ何等の新味もない今回の人事の異動官界の空氣一掃は不可能/惜しまれる劉參與官 平北の生字引/燒酎密輸の取締功勞者　矢野財務部長/名殘が惜い咸北を去る美座氏
150562	朝鮮朝日	1928-04-01	1	02단	殖銀と東拓が不動産貸の利下/四月一日から實施
150563	朝鮮朝日	1928-04-01	1	02단	短歌/橋田東聲選
150564	朝鮮朝日	1928-04-01	1	03단	都大路を彩る流行をたづねて/太い柄の中に香水まで用意/モガ向の繪日傘/洋傘、草履、帽子其他(洋傘/日傘/草履/ショール/ストロウ/其他)
150565	朝鮮朝日	1928-04-01	1	04단	拘束される約束はない/片倉製絲辯明
150566	朝鮮朝日	1928-04-01	1	04단	朝鮮に流れ込む民國の勞働者/昨年中に五萬九千人
150567	朝鮮朝日	1928-04-01	1	04단	在平北支人に居住證明書/領事が交付
150568	朝鮮朝日	1928-04-01	1	04단	辭令
150569	朝鮮朝日	1928-04-01	1	04단	新義州に高女設置を府議が請願
150570	朝鮮朝日	1928-04-01	1	05단	清津運輸部開所式擧行
150571	朝鮮朝日	1928-04-01	1	05단	五十名の募集に應募者が九百名/京城電氣が驚いた運轉手、車掌の志願者
150572	朝鮮朝日	1928-04-01	1	05단	書堂の改善平南が計劃
150573	朝鮮朝日	1928-04-01	1	06단	開港二十年/清津の祝賀
150574	朝鮮朝日	1928-04-01	1	06단	醫學講習院一日から開院
150575	朝鮮朝日	1928-04-01	1	06단	府外兒童の入學を拒絶/平壤の小學校
150576	朝鮮朝日	1928-04-01	1	06단	釜山府立病院改善を企圖/府議が調査
150577	朝鮮朝日	1928-04-01	1	07단	道立醫院が扱った婦人科の患者九萬名を突破す/衛生思想が普及の結果
150578	朝鮮朝日	1928-04-01	1	07단	學校關係で列車の時間繰上げらる
150579	朝鮮朝日	1928-04-01	1	07단	釜山大連間長距離騎行四月三日出發
150580	朝鮮朝日	1928-04-01	1	07단	權友會の網領の原案/委員會で決定
150581	朝鮮朝日	1928-04-01	1	08단	新波長放送D局が開始
150582	朝鮮朝日	1928-04-01	1	08단	出刃を揮ひ/刺し殺す
150583	朝鮮朝日	1928-04-01	1	08단	ツングスの流を汲み女が男を呼ばふ/哀調そのものゝ戀唄が多い朝鮮の民謠
150584	朝鮮朝日	1928-04-01	1	09단	京城卓球會
150585	朝鮮朝日	1928-04-01	1	09단	世界一周のポール少年朝鮮に向ふ/セロ獨奏會
150586	朝鮮朝日	1928-04-01	1	10단	會(釜山府協議會)
150587	朝鮮朝日	1928-04-01	1	10단	人(池上政務總監/白勢台灣鐵道部長/有賀光豊氏(殖銀頭取)/水口慶南道知事/池田秀雄氏(前殖産局長)/安達房次郎(新咸北知事))
150588	朝鮮朝日	1928-04-01	2	01단	西海岸航路の大波瀾(中)/年に八千圓の噸稅が儲かる/大連在籍船の强味

일련번호	판명	긴행일	면	단수	기사명
150589	朝鮮朝日	1928-04-01	2	01단	豫想を裏切って滿洲粟の不作/輸出能力は七萬噸
150590	朝鮮朝日	1928-04-01	2	01단	漢城銀行整理總會/異議なく可決
150591	朝鮮朝日	1928-04-01	2	01단	雫の聲
150592	朝鮮朝日	1928-04-01	2	02단	指定部落に補助を與へ地方を開發
150593	朝鮮朝日	1928-04-01	2	02단	元山穀市場解散
150594	朝鮮朝日	1928-04-01	2	02단	豆粕と流安/消費が激增
150595	朝鮮朝日	1928-04-01	2	03단	鎭南浦築港促進協議會
150596	朝鮮朝日	1928-04-01	2	03단	物産品評會延期
150597	朝鮮朝日	1928-04-01	2	03단	神仙爐
150598	朝鮮朝日	1928-04-03	1	01단	新規要求の全部は容認されないが他の植民地より良い/これでは幸棒せねばなるまい
150599	朝鮮朝日	1928-04-03	1	01단	榮轉の噂ばなしで賑ふ平南の道廳 靑木知事も上機嫌/釜山は結構誠意で努める 土屋全南內務/一生懸命に努力 土屋全南內務/知事だけは知己 金咸南財務
150600	朝鮮朝日	1928-04-03	1	01단	釜山商議評議員選擧
150601	朝鮮朝日	1928-04-03	1	01단	李王、妃殿下晴の御歸朝/四月の九日
150602	朝鮮朝日	1928-04-03	1	02단	平壤電氣の五錢均一制/一日から實施
150603	朝鮮朝日	1928-04-03	1	02단	三商議所が兵備充實の必要を要請
150604	朝鮮朝日	1928-04-03	1	02단	去る人、來る人を偲ぶ(三)/下世話に碎けた外國通の安達咸北/外國語では本府隨一/鷄群の一鶴か朴黃海
150605	朝鮮朝日	1928-04-03	1	03단	黃海載寧が面を廢合す/普校名も改正
150606	朝鮮朝日	1928-04-03	1	03단	江原道物産館拂下に絡み有志が反對
150607	朝鮮朝日	1928-04-03	1	03단	在外居留民を保護の實施演習/鎭海要港部の試み
150608	朝鮮朝日	1928-04-03	1	04단	月並を避け盛大に開く今村氏送別會
150609	朝鮮朝日	1928-04-03	1	04단	新義州高女設置問題は漸次具體化す
150610	朝鮮朝日	1928-04-03	1	05단	景福、德壽の二船にも無線電話を設備/料金は低廉にする
150611	朝鮮朝日	1928-04-03	1	05단	學校が是か我等が非か公正な批判をまつと申合す
150612	朝鮮朝日	1928-04-03	1	05단	新義州學校費昨年に比し五千圓增額
150613	朝鮮朝日	1928-04-03	1	06단	鐵道局辭令
150614	朝鮮朝日	1928-04-03	1	07단	御茶の後
150615	朝鮮朝日	1928-04-03	1	07단	花の五月から營業を開始する京城の府營バス/十六日に自動車を受渡
150616	朝鮮朝日	1928-04-03	1	07단	平壤醫專の設計圖なる
150617	朝鮮朝日	1928-04-03	1	07단	平壤府內の內鮮宗教界/內情を調査
150618	朝鮮朝日	1928-04-03	1	08단	瓦電會社と鬪ふ者は破る/買收に直面した今日泉崎府尹釜山をさる
150619	朝鮮朝日	1928-04-03	1	08단	安東縣市街排水の設備雨季迄に完成
150620	朝鮮朝日	1928-04-03	1	08단	短歌/鈴木花蓑選
150621	朝鮮朝日	1928-04-03	1	08단	天候に惠まれ龍頭山神社お祭で大賑

일련번호	판명	간행일	면	단수	기사명
150622	朝鮮朝日	1928-04-03	1	08단	詩歌の雜誌に不穩な主義を宣傳する作品が多く/今後は嚴重に取締る
150623	朝鮮朝日	1928-04-03	1	08단	修業證書がお粗末だと書堂生が憤慨
150624	朝鮮朝日	1928-04-03	1	09단	仁川月尾島遊園の開始/十五日から
150625	朝鮮朝日	1928-04-03	1	09단	特別檢査で景福丸休航
150626	朝鮮朝日	1928-04-03	1	09단	休み中に不良生徒を退校して非難
150627	朝鮮朝日	1928-04-03	1	10단	警官を引致/土木不正事件
150628	朝鮮朝日	1928-04-03	1	10단	人(古川釜山運事所長/神尾總督府社會課長/松岡正男氏(京城日報社長)/迫間一男氏(釜山實業家)/白勢黎吉(台灣鐵道部長)/デ、ラ、トール伯爵(駐日伊國大使)/戸田鐵道局理事/小林小將披露宴)
150629	朝鮮朝日	1928-04-03	1	10단	半島茶話
150630	朝鮮朝日	1928-04-03	2	01단	朝鮮古來の石佛に內地味が加はった藝術味豊かな作品/坧殿下御陸に奉置
150631	朝鮮朝日	1928-04-03	2	01단	沿海州の練買出は個人との取引をロシヤ側が喜ばぬさりとて組合組織は困難
150632	朝鮮朝日	1928-04-03	2	01단	商銀と三南合倂條件三南株主承認
150633	朝鮮朝日	1928-04-03	2	02단	雫の聲
150634	朝鮮朝日	1928-04-03	2	03단	全州愛婦員市中を視察
150635	朝鮮朝日	1928-04-03	2	03단	朝鮮自動車賃金を値下/運轉も變改
150636	朝鮮朝日	1928-04-03	2	03단	忙人閑話/雜俳氣分に浸って/東拓裡里支店長佐々木久松
150637	朝鮮朝日	1928-04-03	2	04단	任那王國發祥の地金海郡の遺蹟/發掘品の散逸を防ぎ保存會を起して蒐集
150638	朝鮮朝日	1928-04-03	2	04단	天平文化綜合展覽會/繪畫彫刻を始め大佛殿の模型等/朝日會館で展觀
150639	朝鮮朝日	1928-04-03	2	04단	甲種昇格の平壤農學校/生徒を募集
150640	朝鮮朝日	1928-04-03	2	05단	慶北金組聯合利下の研究/實施は下旬
150641	朝鮮朝日	1928-04-03	2	06단	豆滿江解氷
150642	朝鮮朝日	1928-04-03	2	06단	瀝靑炭發見/品質は優良
150643	朝鮮朝日	1928-04-03	2	06단	江界營林署流下材激增/十三萬尺締
150644	朝鮮朝日	1928-04-03	2	06단	酒類品評會
150645	朝鮮朝日	1928-04-03	2	06단	密輸入の增加で折角の關稅保護も何等の效果が見られぬ/新義州地方の影響
150646	朝鮮朝日	1928-04-03	2	07단	朝鮮の物産/獎勵會の決議
150647	朝鮮朝日	1928-04-03	2	07단	淸州繁榮會創立
150648	朝鮮朝日	1928-04-03	2	07단	片倉製絲の全州新工場工女を募集
150649	朝鮮朝日	1928-04-03	2	07단	神仙爐
150650	朝鮮朝日	1928-04-04	1	01단	哲人で手腕もあり中央向きの純吏肌/土地改良の松村氏/端正そのものゝ好紳士

일련번호	판명	간행일	면	단수	기사명
150651	朝鮮朝日	1928-04-04	1	01단	全鮮の一等道への轉任は嬉しい/思想の取締が面倒だ/伊達新慶南警察部長語る
150652	朝鮮朝日	1928-04-04	1	01단	府協議代表が知事を訪問/釜山瓦電の買收を陳情して諒解を得
150653	朝鮮朝日	1928-04-04	1	01단	釜山商議所役員の選擧/豫斷を許さぬ
150654	朝鮮朝日	1928-04-04	1	02단	優良道路に優勝旗授與/慶南の試み
150655	朝鮮朝日	1928-04-04	1	02단	鎭南浦築港實行委員が平壤で懇談
150656	朝鮮朝日	1928-04-04	1	03단	地球を卷く凡そ十倍の卷煙草製造高
150657	朝鮮朝日	1928-04-04	1	03단	俳句/鈴木花蓑選
150658	朝鮮朝日	1928-04-04	1	03단	立川平壤間長距離飛行/偵察四機が
150659	朝鮮朝日	1928-04-04	1	03단	四千坪を二十萬圓で/誰か買ひ手はないか/京城府が四苦八苦
150660	朝鮮朝日	1928-04-04	1	04단	平壤飛行隊創立記念祝賀
150661	朝鮮朝日	1928-04-04	1	04단	古茂山驛に電信電話の事務を開始
150662	朝鮮朝日	1928-04-04	1	04단	記念植樹の目的は愛林の思想を根强く植付けるため　外形的の施設丈では駄目/植樹式
150663	朝鮮朝日	1928-04-04	1	05단	老松の綠に映えて龍宮城を偲ぶ/丹碧の色美しき朝鮮館/人氣を呼ぶ朝鮮美人
150664	朝鮮朝日	1928-04-04	1	05단	都計研究會が根本法規の意見を交換
150665	朝鮮朝日	1928-04-04	1	06단	京城學組が管外生徒の授業料値上
150666	朝鮮朝日	1928-04-04	1	06단	萬歲聲裡に長途騎行の小林氏出發
150667	朝鮮朝日	1928-04-04	1	07단	玄海に沈む妙齡の女子/文學にかぶれ
150668	朝鮮朝日	1928-04-04	1	07단	まづ自分等の人格を高めやう/彦島町在住の有志が內鮮融和に努力す
150669	朝鮮朝日	1928-04-04	1	07단	花時の受難/電車はいづれも滿員/會社側の呑氣な話
150670	朝鮮朝日	1928-04-04	1	07단	美貌を第一條件に京城の府營バス/女車掌の採用試驗/筆算は良いが暗算が惡い
150671	朝鮮朝日	1928-04-04	1	08단	驛員殉職者追悼
150672	朝鮮朝日	1928-04-04	1	08단	不穩鮮人を支那が取締る
150673	朝鮮朝日	1928-04-04	1	09단	寫眞(全鮮で珍しいといふ大規模な新義州小學校の設計圖)
150674	朝鮮朝日	1928-04-04	1	09단	罷業に加盟せぬと職工を袋叩き/盟休職工二十餘名を本町署が檢擧取調べ
150675	朝鮮朝日	1928-04-04	1	09단	京城放送局波長變更三百六十六米
150676	朝鮮朝日	1928-04-04	1	09단	連絡船で大金を向井中佐が拔き取らる
150677	朝鮮朝日	1928-04-04	1	10단	會(新義州在軍總會/釜山公會堂披露宴/磯野、今村氏送別式)
150678	朝鮮朝日	1928-04-04	1	10단	人(朴全南參與官/當田儀作氏(鎭南浦實業家)/佐々木志賀治氏(貴族院議員)/山縣悌三郎氏(城大教授)/柴田善三郎氏(前愛知縣知事)/伊達四郎氏(新慶南道警察部長)/松村松盛氏(總督府土地改良部長)/泉崎三郎氏(新咸南內務部

일련번호	판명	간행일	면	단수	기사명
150678	朝鮮朝日	1928-04-04	1	10단	長)/五十嵐翠氏(京城憲兵分隊附大尉)
150679	朝鮮朝日	1928-04-04	1	10단	殖銀の球場開
150680	朝鮮朝日	1928-04-04	1	10단	鄕軍競技會
150681	朝鮮朝日	1928-04-04	1	10단	京城手形交換高
150682	朝鮮朝日	1928-04-04	1	10단	桑の代食品として柘樹の眞價を發見/全北原蠶種所が研究/三齡以後に與へれば良好
150683	朝鮮朝日	1928-04-04	2	01단	朝鮮海運界を見舞ふ甚大なる危機/外國汽船と大連の汽船とで腹背敵を受ける悩み
150684	朝鮮朝日	1928-04-04	2	01단	雫の聲
150685	朝鮮朝日	1928-04-04	2	01단	神仙爐
150686	朝鮮朝日	1928-04-04	2	02단	日本商工に京商も加入
150687	朝鮮朝日	1928-04-04	2	03단	秋田名物のゼンマイ織咸南で研究
150688	朝鮮朝日	1928-04-04	2	03단	三月下旬局線の荷動/總量十五萬噸
150689	朝鮮朝日	1928-04-04	2	03단	動力工業の機運勃興す/晝間送電要望
150690	朝鮮朝日	1928-04-04	2	04단	漁組聯合が會報を發行/懇談會も開く
150691	朝鮮朝日	1928-04-04	2	04단	メートル法宣傳
150692	朝鮮朝日	1928-04-04	2	04단	水産輸移出品/鎭南浦の成績
150693	朝鮮朝日	1928-04-04	2	04단	地元本位として漫然渡航を阻止/從來の方針を變更する/釜山のは全然廢止せぬ
150694	朝鮮朝日	1928-04-05	1	01단	三班に分れて植樹を行ふ 千餘名の來賓參列し盛大だった記念植樹/大邱府の記念植樹/杉と檜の植栽を行ふ 全州の記念植樹
150695	朝鮮朝日	1928-04-05	1	02단	入學志願者十一倍/實に素晴しい裡里農林學校
150696	朝鮮朝日	1928-04-05	1	02단	海員ホームの設置に奔走/一般から寄附を募り設置の經費にあてる
150697	朝鮮朝日	1928-04-05	1	03단	御大典記念の米作品評會
150698	朝鮮朝日	1928-04-05	1	03단	短歌/橋田東聲選
150699	朝鮮朝日	1928-04-05	1	03단	京南鐵道の豫定線實査/六月頃起工か
150700	朝鮮朝日	1928-04-05	1	04단	春の大祭日/昌慶園は大賑ひ
150701	朝鮮朝日	1928-04-05	1	04단	交通展とコドモ展十五日より倭城台にて
150702	朝鮮朝日	1928-04-05	1	04단	全州郡の春季植桑終了す
150703	朝鮮朝日	1928-04-05	1	05단	特命檢閲使馬公へ向ふ
150704	朝鮮朝日	1928-04-05	1	05단	自動車協會の設立大會
150705	朝鮮朝日	1928-04-05	1	05단	學校諸事
150706	朝鮮朝日	1928-04-05	1	05단	暴威を揮へる新民府の首領達/その罪狀逐一判明し遂に檢事局へ送らる
150707	朝鮮朝日	1928-04-05	1	06단	足掛四年もかゝって原告つひに敗訴/遺産百萬圓監理のやゝこしい訴訟問題
150708	朝鮮朝日	1928-04-05	1	06단	平壤府圖書館開館準備進む

일련번호	판명	간행일	면	단수	기사명
150709	朝鮮朝日	1928-04-05	1	06단	不忍池の眞中に大規模な朝鮮館/水に映じて異彩を放つ御大禮記念博覧會
150710	朝鮮朝日	1928-04-05	1	06단	大邱券番の藝妓騷動/花代値上から置屋側敗ける
150711	朝鮮朝日	1928-04-05	1	07단	脚氣衝心し船內で死ぬ/乘客の美い同情
150712	朝鮮朝日	1928-04-05	1	07단	釜山の櫻花第三日曜が滿開
150713	朝鮮朝日	1928-04-05	1	08단	運動界(京城府內の商店リレー/奮戰の結果引分け京都大學軍對全京城柔道戰/弓道京城支部設立披露會/武道大會)
150714	朝鮮朝日	1928-04-05	1	08단	愛讀者慰安活寫
150715	朝鮮朝日	1928-04-05	1	10단	會(釜山の送別會)
150716	朝鮮朝日	1928-04-05	1	10단	人(關水武氏(新慶南內務部長)/大泉製之助少將(鎮海要塞司令官)/迫間房太郎氏(釜山實業家)/山根貞一氏(釜山郵便局長)/鳥居百三氏(朝鮮軍々醫部長)/大橋悌氏(弟一銀行釜山支店長)/泉末治氏(釜山商銀專務)/宮崎又治郎氏(釜山稅關長)/恩田銅吉(朝鮮郵船社長))
150717	朝鮮朝日	1928-04-05	1	10단	半島茶話
150718	朝鮮朝日	1928-04-05	1	10단	春訪づれて(一)/旗は日の丸、筏は丸太/筏流しの見事な壯觀/鴨綠江の氷やうやく解く
150719	朝鮮朝日	1928-04-05	2	01단	私と親交ある人々が地方かせぎに出る私の爲に涙を流してくれたので柄にもないヌレ場を演じました山崎大邱府尹沁々語る/倭城台の春になごりを惜しむ夫君とゝもに平壤に去る藤原氏夫人の話
150720	朝鮮朝日	1928-04-05	2	01단	全南道の氣候がよくて嬉しい 岡崎氏夫人談/思ひ出多い六年の在住 寺島府尹談
150721	朝鮮朝日	1928-04-05	2	04단	神仙爐
150722	朝鮮朝日	1928-04-05	2	04단	鮮內中等學校長の大異動を斷行する/教育界氣分一新のため/廣島閥が果してどの程度まで擡頭するか一般の注意を惹く
150723	朝鮮朝日	1928-04-06	1	01단	瓦電公營の速決を期し釜山府協議員らは桑原新府尹を激勵
150724	朝鮮朝日	1928-04-06	1	01단	池田前局長の前總督禮讚
150725	朝鮮朝日	1928-04-06	1	01단	龍山操車場擴張案/通常議會に豫算計上か
150726	朝鮮朝日	1928-04-06	1	01단	鎮南浦築港完成を促進/近く運動開始
150727	朝鮮朝日	1928-04-06	1	01단	釜山商業會議所役員決定す
150728	朝鮮朝日	1928-04-06	1	02단	八日擧行する京城運動場開き/各學校や實業團體が參加して盛大に行ふ
150729	朝鮮朝日	1928-04-06	1	02단	道營自動車の撤回を要望
150730	朝鮮朝日	1928-04-06	1	02단	會社銀行(漢城銀頭取の辭任を承認/釜山商議所新築に着手)
150731	朝鮮朝日	1928-04-06	1	02단	俳句/鈴木花蓑選
150732	朝鮮朝日	1928-04-06	1	03단	大連京城間直通電話開通五月早々から
150733	朝鮮朝日	1928-04-06	1	03단	櫻松二千本子城台に植栽/記念植樹/全南道も
150734	朝鮮朝日	1928-04-06	1	03단	教育的の映畵/『神を忘れし街』とダビデ大王/京城基督靑年會の主催で八日に公開

일련번호	판명	간행일	면	단수	기사명
150735	朝鮮朝日	1928-04-06	1	04단	平壤光成校ますます粉糾/學校諸事/醫師、齒科醫受驗指針發行/鐵道生徒募集
150736	朝鮮朝日	1928-04-06	1	04단	在城外人の一大演奏會
150737	朝鮮朝日	1928-04-06	1	05단	寫眞說明(春の海雛のやうな漁夫も出る)
150738	朝鮮朝日	1928-04-06	1	05단	內地で金剛山の大宣傳を行ふ/あらたに組織された江原の金剛山宣傳會
150739	朝鮮朝日	1928-04-06	1	06단	朝鮮美術展審査員發表
150740	朝鮮朝日	1928-04-06	1	06단	花祭り
150741	朝鮮朝日	1928-04-06	1	06단	在滿朝鮮人擁護團發會式
150742	朝鮮朝日	1928-04-06	1	06단	都計地域を定めて諸施設を連系統一す/大禮方針やっとなる/京城都市計劃委員會で協議
150743	朝鮮朝日	1928-04-06	1	06단	牧野內大臣園公を訪問
150744	朝鮮朝日	1928-04-06	1	07단	社會運動には同情をもつ/田中警察部長談
150745	朝鮮朝日	1928-04-06	1	08단	土師海事課長の送別乘馬會
150746	朝鮮朝日	1928-04-06	1	08단	飛行船定期に航行/八日から開始
150747	朝鮮朝日	1928-04-06	1	08단	第一艦隊全艦近く仁川へ
150748	朝鮮朝日	1928-04-06	1	08단	料理屋と置屋またごたごた
150749	朝鮮朝日	1928-04-06	1	09단	全鮮卓球大會
150750	朝鮮朝日	1928-04-06	1	09단	乘船賃金の割引を目的とする僞學生多くなる
150751	朝鮮朝日	1928-04-06	1	09단	鮮童竊盜團首魁ら捕まる
150752	朝鮮朝日	1928-04-06	1	09단	罷業を相談中檢束さる
150753	朝鮮朝日	1928-04-06	1	10단	會(全鮮藥劑師評議員會/全南送別宴)
150754	朝鮮朝日	1928-04-06	1	10단	人(岡崎哲郎氏(新全南內務部長)/兪萬兼氏(新平北參與官)/池田秀雄氏(前殖産局長)/池上總監/山梨總督夫人/ゲオルゴフ氏(東支鐵道工場次長)/木下關東廳長官夫妻および田中枾井兩祕書宮/金谷軍司令官/寺內參謀長/桑原一郎氏(新釜山府尹)/張間源四郎氏(新本府會計課長))
150755	朝鮮朝日	1928-04-06	1	10단	半島茶話
150756	朝鮮朝日	1928-04-06	1	10단	春訪づれて(二)/鴨綠江の國境奧地に斧鉞を加へぬ大原始林/筏節も淋しい筏夫の生活
150757	朝鮮朝日	1928-04-06	2	01단	定置網漁撈の改善を圖る/慶南道で試驗
150758	朝鮮朝日	1928-04-06	2	01단	お茶のあと
150759	朝鮮朝日	1928-04-06	2	01단	內地改良種試驗成績良好
150760	朝鮮朝日	1928-04-06	2	01단	鮮鐵三月末の在貨は不況
150761	朝鮮朝日	1928-04-06	2	02단	安取の栗上場
150762	朝鮮朝日	1928-04-06	2	02단	火砲祭
150763	朝鮮朝日	1928-04-06	2	02단	預金と貸出し減少を示す
150764	朝鮮朝日	1928-04-06	2	03단	植桑小組合非常に好成績
150765	朝鮮朝日	1928-04-06	2	03단	海苔組合に資金を融通す

일련번호	판명	간행일	면	단수	기사명
150766	朝鮮朝日	1928-04-06	2	03단	生牛移出數
150767	朝鮮朝日	1928-04-06	2	03단	戸籍係長に朝鮮人を採用
150768	朝鮮朝日	1928-04-06	2	04단	平壤毛髣の同盟罷工/賃金値上から
150769	朝鮮朝日	1928-04-06	2	04단	高麗丸から投身自殺す
150770	朝鮮朝日	1928-04-06	2	04단	神仙爐
150771	朝鮮朝日	1928-04-06	2	04단	何等の新味なしと異動の評香しからず/山梨總督政界の安定を竢ち更に第二次異動を行ふ
150772	朝鮮朝日	1928-04-07	1	01단	支那海方面の漁業問題の打合/朝鮮からも參加し繁殖制限等を協議
150773	朝鮮朝日	1928-04-07	1	01단	德惠姫さま御出迎へに神戸にお成り
150774	朝鮮朝日	1928-04-07	1	01단	同仁水利の反對運動ますます熾烈
150775	朝鮮朝日	1928-04-07	1	01단	朝鮮人の青年訓練は時機の問題/上原二十師團長談
150776	朝鮮朝日	1928-04-07	1	02단	春訪づれて(三)/橋を渡る人々は必ず何かの品を購めて歸る新義州の奇觀/廉きにつく人ごゝろ
150777	朝鮮朝日	1928-04-07	1	02단	短歌/橋田東聲選
150778	朝鮮朝日	1928-04-07	1	03단	朝鮮貴族令を內地に統一し貴族院議員も出したい/朴泳孝侯釜山で語る
150779	朝鮮朝日	1928-04-07	1	04단	輪船公司の飛行船改造/速力を增加
150780	朝鮮朝日	1928-04-07	1	04단	木部孃が格納庫新設/平壤練兵場に
150781	朝鮮朝日	1928-04-07	1	05단	動く人の側面(一)/行く先き先きで必ず子供を儲ける/鮮やかな技巧の持主平南を去る關水內務/平壤一記者
150782	朝鮮朝日	1928-04-07	1	05단	各道の産米を集め倉庫に貯藏し內地での貯藏と比較/米穀商聯合大會で計劃
150783	朝鮮朝日	1928-04-07	1	05단	大閣堀掘鑿五月に延期
150784	朝鮮朝日	1928-04-07	1	05단	南浦女校入學式
150785	朝鮮朝日	1928-04-07	1	05단	深刻な不景氣/娼家や貸座敷破産が多い/殖えたのは自動車車夫の慘めさ
150786	朝鮮朝日	1928-04-07	1	05단	大阪朝日の祝賀ビラを飛機で撒布
150787	朝鮮朝日	1928-04-07	1	06단	東學黨の名は不穩だとて許されぬ/天道教記念式
150788	朝鮮朝日	1928-04-07	1	06단	置屋の盟休近く解決か
150789	朝鮮朝日	1928-04-07	1	07단	覇者の冠は何人かよく戴く/全鮮ア式蹴球大會二十八日火蓋を切る
150790	朝鮮朝日	1928-04-07	1	07단	平壤府內で古錢を發見/造幣局の跡
150791	朝鮮朝日	1928-04-07	1	07단	落第の腹癒に教師を毆打/亂暴な延禧生
150792	朝鮮朝日	1928-04-07	1	07단	生徒側の結束破れた光成校の盟休
150793	朝鮮朝日	1928-04-07	1	07단	群山春季競馬
150794	朝鮮朝日	1928-04-07	1	07단	會(釜山府協議會/異動官送別會/上內氏送別會)
150795	朝鮮朝日	1928-04-07	1	07단	人(上原平太郎中將(第二十師團長)/筧光顯(東京キリスト教青年會主事)/後藤登丸氏(鮮銀釜山支店支配人)/松田貞

일련번호	판명	간행일	면	단수	기사명
150795	朝鮮朝日	1928-04-07	1	07단	次郎氏(兼二浦三菱製鐵所長)/木下謙二郎(關東廳長官)/伊達四郎氏(新慶南道警察部長)/恩田鐵彌博士(農業大學教授)/ダンバー氏夫妻(在紐育日本協會幹事)/アスマフ氏(ハンブルグ・アメリカライン橫濱代表)/陶天圖鐵道文書課長/美座流石氏(新任慶北警察部長)/石本堅氏(新任平安警察部長)/上內彦策氏(新任忠北警察部長)/高武公美氏(中樞院書記官)/井坂圭一郎氏(新任本府事務官)
150796	朝鮮朝日	1928-04-07	1	08단	園兒の體格檢査
150797	朝鮮朝日	1928-04-07	1	08단	第二回全鮮ア式蹴球選手權大會
150798	朝鮮朝日	1928-04-07	1	08단	半島茶話
150799	朝鮮朝日	1928-04-07	1	10단	ビール會社の大宣傳戰(上)/鮮內で消費するビールの賣行四打入り十三萬八千函/十年間に倍の增加
150800	朝鮮朝日	1928-04-07	2	01단	作成を終った朝鮮の漁業令/遲くも本年內には發令の運びに至らん
150801	朝鮮朝日	1928-04-07	2	01단	南港埋築社創立總會本月中に開催
150802	朝鮮朝日	1928-04-07	2	01단	京南未設線八月に起工/開通は來年秋
150803	朝鮮朝日	1928-04-07	2	01단	水産學校を試驗所に變更
150804	朝鮮朝日	1928-04-07	2	01단	慶北道の衛生試驗所一月から開始
150805	朝鮮朝日	1928-04-07	2	05단	商品陳列館新築移轉す
150806	朝鮮朝日	1928-04-07	2	02단	鯖巾着網を更に整理/七十統程度に
150807	朝鮮朝日	1928-04-07	2	02단	農校卒業生を農場に配置/耕作せしむ
150808	朝鮮朝日	1928-04-07	2	02단	春季の鐵道成績豫想外の盛況/滿洲粟の思惑買と豆粕の輸入が旺盛
150809	朝鮮朝日	1928-04-07	2	02단	穀物業者が組合を組織/一般が歡迎
150810	朝鮮朝日	1928-04-07	2	03단	成績良好の平北大豆收穫
150811	朝鮮朝日	1928-04-07	2	03단	內地人の旅客が減少/原因は不景氣
150812	朝鮮朝日	1928-04-07	2	03단	局私線連帶貨物の動き一萬九千噸
150813	朝鮮朝日	1928-04-07	2	04단	三月末現在郵便貯金高二千六百萬圓
150814	朝鮮朝日	1928-04-07	2	04단	裡里の耕地整理
150815	朝鮮朝日	1928-04-07	2	04단	釜山漁業組合長香椎氏が就任
150816	朝鮮朝日	1928-04-07	2	04단	水産市場賣上高
150817	朝鮮朝日	1928-04-07	2	04단	神仙爐
150818	朝鮮朝日	1928-04-07	2	04단	一新紀元を劃する教育制度の大改正 統治の根本策とし山梨總督の新經綸/朝鮮の統治に光明を齎らす 現在の就學兒童は僅に三割に過ぎぬ
150819	朝鮮朝日	1928-04-08	1	01단	天長節の拜賀をお濟しの上で御歸鮮遊ばされる 李王、妃殿下は九日御歸朝/馬野府尹が御歸朝の祝電を發送
150820	朝鮮朝日	1928-04-08	1	01단	大邱測候所技師を增員/事業を擴張
150821	朝鮮朝日	1928-04-08	1	01단	辭任說を打消し/池上總監東上

일련번호	판명	간행일	면	단수	기사명
150822	朝鮮朝日	1928-04-08	1	02단	大邱農學校林業科增設
150823	朝鮮朝日	1928-04-08	1	02단	大邱公會堂敷地が決定
150824	朝鮮朝日	1928-04-08	1	02단	動く人の側面(二)/佩刀から一足飛に二千石を望む/我儘で短氣な伊達警察付合へば味のある男/平壤一記者
150825	朝鮮朝日	1928-04-08	1	03단	俳句/鈴木花蓑選
150826	朝鮮朝日	1928-04-08	1	03단	奈良女高師本年入學生四名が梅田着
150827	朝鮮朝日	1928-04-08	1	04단	商校と高女學年を延長
150828	朝鮮朝日	1928-04-08	1	04단	愼飛行士晴れの飛行/全州上空で
150829	朝鮮朝日	1928-04-08	1	05단	十七萬圓を投じた釜山の公會堂新裝なって九日に盛大な/落成式を擧行
150830	朝鮮朝日	1928-04-08	1	06단	二百餘名の移住鮮人歸鮮
150831	朝鮮朝日	1928-04-08	1	07단	年來の主張である騎兵旅團の移轉/經濟さへ許したら至極結構ではある
150832	朝鮮朝日	1928-04-08	1	07단	居住申告書を支那側沒收/領事館を侮辱
150833	朝鮮朝日	1928-04-08	1	08단	鑛業所海軍祭
150834	朝鮮朝日	1928-04-08	1	08단	人(崎山武夫氏(代議士)/陶延吉道尹/花田七五三氏(會計檢査院副檢査官)/宮地龜吉氏(會計檢査院副檢査官)/荻原三郎氏(平壤運輸事務所長)/趙性根小將(朝鮮軍司令部附)/釜瀨富太氏(前咸北內務部長)/新田隣平氏(專賣大邱支局長)/池田秀雄氏(前朝鮮總督府殖産局長))
150835	朝鮮朝日	1928-04-08	1	09단	桑原氏送別庭球
150836	朝鮮朝日	1928-04-08	1	09단	侍天教の幹部を排斥/記念日に何等の催がないと
150837	朝鮮朝日	1928-04-08	1	09단	餘りにも寂しい池田氏の退鮮/朝鮮の山靑く晴れ心おきなく我獨り行く
150838	朝鮮朝日	1928-04-08	1	09단	半島茶話
150839	朝鮮朝日	1928-04-08	1	09단	麥酒會社の大宣傳戰(下)/佛の顔も三度の麥酒會社の協定/守られた例はない
150840	朝鮮朝日	1928-04-08	1	10단	全鮮の人が一度は汽車に乘った勘定/總督府の台所を背負ふ鐵道の成績は極上
150841	朝鮮朝日	1928-04-08	2	01단	外米の輸入は增加した反面に滿洲粟の輸入が減少/三月中の對外貿易
150842	朝鮮朝日	1928-04-08	2	01단	煙草會社一割配當五月に重役會
150843	朝鮮朝日	1928-04-08	2	01단	北海道明太元山に移入
150844	朝鮮朝日	1928-04-08	2	01단	京城金組の聯合會利下
150845	朝鮮朝日	1928-04-08	2	02단	金剛山電鐵上半期事業豫算案提出
150846	朝鮮朝日	1928-04-08	2	02단	雫の聲
150847	朝鮮朝日	1928-04-08	2	02단	初の着筏は十三、四日ごろ
150848	朝鮮朝日	1928-04-08	2	03단	京畿道の桑苗の植付中旬に終了
150849	朝鮮朝日	1928-04-08	2	04단	道路網の達成を期す/慶南土木會

일련번호	판명	간행일	면	단수	기사명
150850	朝鮮朝日	1928-04-08	2	04단	荷馬車徒路安東が增加
150851	朝鮮朝日	1928-04-08	2	04단	全北種苗場落成
150852	朝鮮朝日	1928-04-08	2	04단	神仙爐
150853	朝鮮朝日	1928-04-08	1	01단	漁りする白帆の影もほの見えて妃殿下の御詠草に李王殿下の富士の御繪/御評判の良い妃殿下の御噂さ
150854	朝鮮朝日	1928-04-08	1	01단	簡易國民學校は教育の逆轉/當局は實行の勇乏し/柴田元學務局長の評
150855	朝鮮朝日	1928-04-10	1	01단	不二興業內地移民/三百名が來鮮
150856	朝鮮朝日	1928-04-10	1	01단	釜山府の行政區擴張/反對が多い
150857	朝鮮朝日	1928-04-10	1	02단	咸興慈城間道路の改修/速成を陳情
150858	朝鮮朝日	1928-04-10	1	02단	動く人の側面(三)/獸のお醫者から役人に早變り/風變りな土屋新城南財務眉目秀麗の優さ男/平壤一記者
150859	朝鮮朝日	1928-04-10	1	03단	穀商大會江景で開催
150860	朝鮮朝日	1928-04-10	1	03단	奉仕會の趣旨徹底を府尹に依賴
150861	朝鮮朝日	1928-04-10	1	04단	海外に赴く人參行商人年々に增加
150862	朝鮮朝日	1928-04-10	1	04단	新義州電氣高燭を勸誘/十五年記念に
150863	朝鮮朝日	1928-04-10	1	05단	産婆看護婦京畿道の試驗
150864	朝鮮朝日	1928-04-10	1	05단	金剛山探勝の機關
150865	朝鮮朝日	1928-04-10	1	05단	釜山公會堂落成式擧行
150866	朝鮮朝日	1928-04-10	1	05단	薪炭備林を設け燃料の供給を潤澤にする計劃/各道に通牒して調査
150867	朝鮮朝日	1928-04-10	1	05단	短歌/橋田東聲選
150868	朝鮮朝日	1928-04-10	1	05단	バスガール九日に再檢査
150869	朝鮮朝日	1928-04-10	1	06단	春訪づれて(四)/全鮮一を誇る平北道の優良牛/現在の頭數二十萬/始政當時に比し六倍の增加
150870	朝鮮朝日	1928-04-10	1	06단	驅逐艦三隻淸津に入港
150871	朝鮮朝日	1928-04-10	1	06단	鐵道局が地方慰問の活寫を開催
150872	朝鮮朝日	1928-04-10	1	07단	本願寺花祭り
150873	朝鮮朝日	1928-04-10	1	07단	光成高普の盟休生亂暴/警察が睨む
150874	朝鮮朝日	1928-04-10	1	07단	年末まで何を食べて生きるか/困窮せる河東海苔漁民/當局は救濟に苦慮
150875	朝鮮朝日	1928-04-10	1	07단	寫眞(奈良女高師入學の金樂信(前列)韓南吉、許河伯、鄭寬淑(後列向って右より)の四媛(八日附朝鮮朝日參照))
150876	朝鮮朝日	1928-04-10	1	07단	腸チブスなほも發生/現患者三百名
150877	朝鮮朝日	1928-04-10	1	08단	天圖鐵道の機關庫燃ゆ原因が怪しい
150878	朝鮮朝日	1928-04-10	1	08단	岩壁が崩壞人夫が壓死
150879	朝鮮朝日	1928-04-10	1	09단	そぼ降る春雨裡に京城の運動場開き盛大に擧行さる
150880	朝鮮朝日	1928-04-10	1	10단	半島茶話
150881	朝鮮朝日	1928-04-10	1	10단	會(村山氏送別會/山根郵便局長招宴)

일련번호	판명	간행일	면	단수	기사명
150882	朝鮮朝日	1928-04-10	1	10단	人(チチャエフ氏(ソヴエート總領事))
150883	朝鮮朝日	1928-04-10	2	01단	政黨者が目論む取引所の設立計劃/實現は案外早いか/大商事會社の傍系として
150884	朝鮮朝日	1928-04-10	2	01단	雫の聲
150885	朝鮮朝日	1928-04-10	2	01단	鮮展を繞る閨秀作家の精進振り(一)/悲しみに澄んだ土居さんの筆が今年は見られぬ寂しさ/飯田さんは弗々準備
150886	朝鮮朝日	1928-04-10	2	02단	大邱慶南兩銀合倂行惱む/原因は低資
150887	朝鮮朝日	1928-04-10	2	02단	全州學組の所有林野に異議の申立
150888	朝鮮朝日	1928-04-10	2	03단	安東區公費二十九萬圓
150889	朝鮮朝日	1928-04-10	2	03단	八百町歩の耕地に四十尺も低い/漢江から揚水して灌漑/全國に珍らしい試み
150890	朝鮮朝日	1928-04-10	2	03단	忙人閑話/ベル哲學/給仕クンの內緒話
150891	朝鮮朝日	1928-04-10	2	04단	平北畜産組合本年度事業計劃を進む
150892	朝鮮朝日	1928-04-10	2	04단	三千浦の海面埋立/工費五十萬圓
150893	朝鮮朝日	1928-04-10	2	05단	冬眠中の茂山古茂山自動車復活
150894	朝鮮朝日	1928-04-10	2	06단	移出閑散で釜山の在米三十五萬叺
150895	朝鮮朝日	1928-04-10	2	06단	三年上半期圖們の豫算/益金十八萬圓
150896	朝鮮朝日	1928-04-10	2	06단	安東の油房原料に惱む
150897	朝鮮朝日	1928-04-10	2	06단	金組の理事有給に改正
150898	朝鮮朝日	1928-04-10	2	06단	平北不正米取締の方策
150899	朝鮮朝日	1928-04-10	2	06단	淸津建築界頻に色めく
150900	朝鮮朝日	1928-04-10	2	06단	魚靈祭と大漁の祈願/淸津漁組が
150901	朝鮮朝日	1928-04-10	2	07단	鹽密輸入を支那側が取締
150902	朝鮮朝日	1928-04-10	2	07단	三月中の鐵道局業績/收入三百五十萬圓
150903	朝鮮朝日	1928-04-10	2	07단	鳳凰城に書堂を新設/平北が補助
150904	朝鮮朝日	1928-04-10	2	07단	神仙爐
150905	朝鮮朝日	1928-04-11	1	01단	神戶御着の李王、同妃兩殿下
150906	朝鮮朝日	1928-04-11	1	01단	計劃が大きいだけ贊否の論で騷しき初等、社會教育振興案/財務的に見て現實を氣遣はれる 地方民が負擔に堪へるか
150907	朝鮮朝日	1928-04-11	1	02단	兩陛下に南浦苹果を總監が獻上
150908	朝鮮朝日	1928-04-11	1	02단	守備隊を獨立させ騎兵旅團を置き國境守備の充實を朝鮮軍當局が企圖
150909	朝鮮朝日	1928-04-11	1	03단	血淸製造所移轉の噂さ/釜山は反對か
150910	朝鮮朝日	1928-04-11	1	03단	俳句/鈴木花蓑選
150911	朝鮮朝日	1928-04-11	1	04단	群山開港の三十周年祝賀
150912	朝鮮朝日	1928-04-11	1	04단	朝鮮の統治に拂はせ給ふ大御心の畏しこさ金谷司令官感激す
150913	朝鮮朝日	1928-04-11	1	04단	京城醫專の病院いよいよ着工/八月に竣工の豫定/教授も數名を增員

일련번호	판명	간행일	면	단수	기사명
150914	朝鮮朝日	1928-04-11	1	04단	不二農村の移住民到着九十四戸
150915	朝鮮朝日	1928-04-11	1	04단	元山府民が總監に陳情
150916	朝鮮朝日	1928-04-11	1	05단	新義州電氣料金の値下自發的に實施
150917	朝鮮朝日	1928-04-11	1	05단	密雲を衝く空中分列式
150918	朝鮮朝日	1928-04-11	1	06단	鮮展を繞る閨秀作家の精進振り(二)/胸に迫った惜別の情を注いでの作品/今年限りの加藤夫人中西孃と湯川さんも出品
150919	朝鮮朝日	1928-04-11	1	06단	鈴木獎學金蠣崎博士受領
150920	朝鮮朝日	1928-04-11	1	06단	エス語講座D局が開設
150921	朝鮮朝日	1928-04-11	1	06단	府立圖書館三月閲覽者數
150922	朝鮮朝日	1928-04-11	1	07단	春漸く訪る間島の天地
150923	朝鮮朝日	1928-04-11	1	07단	三百名の子供が石合戰を始め卽死者一名を出し十數名が負傷す
150924	朝鮮朝日	1928-04-11	1	07단	世界一周團十一日入城
150925	朝鮮朝日	1928-04-11	1	07단	勞働聯盟が少年團組織
150926	朝鮮朝日	1928-04-11	1	08단	安東の火事製材工場燃ゆ
150927	朝鮮朝日	1928-04-11	1	08단	土木課野球戰
150928	朝鮮朝日	1928-04-11	1	08단	運動記者倶樂部
150929	朝鮮朝日	1928-04-11	1	08단	動く人の側面(四)/年こそ若けれ細いところまでよく氣のつく柳生學務/まづ以て危げはない/平壤一記者
150930	朝鮮朝日	1928-04-11	1	09단	會(公州錦城金組總會/專賣局出張所長會議)
150931	朝鮮朝日	1928-04-11	2	09단	人(牧山耕藏氏(代議士)/田中萬逸氏(大議士)/山梨朝鮮總督夫人/朴黄海道知事/小倉武之助氏(大興電氣社長)/山副昇氏(帝通京城支局長)/山田信吉氏(釜山鐵道病院長)/澤本與一氏(代議士)/馬野京城府尹/今泉少佐(元第十九師團參謀)/宇都宮將校團/飯田慶氏(天圖鐵總■)/大島良士氏(新任全北內務部長))
150932	朝鮮朝日	1928-04-11	2	10단	半島茶話
150933	朝鮮朝日	1928-04-11	2	01단	春訪づれて(五)/山野到るところ多くの野桑あり/氣候も亦養蠶に適した平北寧邊の誇り
150934	朝鮮朝日	1928-04-11	2	01단	七鐵道と商船がハルビンに會し日滿連絡の交通會議/極東側時刻表も打合せ
150935	朝鮮朝日	1928-04-11	2	01단	酸素注入による活魚長距離輸送/釜山水産試驗場が研究/釜山阪神間で試驗
150936	朝鮮朝日	1928-04-11	2	01단	雫の聲
150937	朝鮮朝日	1928-04-11	2	01단	南朝鮮電氣江景電氣を買收の交渉
150938	朝鮮朝日	1928-04-11	2	02단	農會斡旋の金肥の購入二十七萬圓
150939	朝鮮朝日	1928-04-11	2	02단	漢銀支店は五月に閉店
150940	朝鮮朝日	1928-04-11	2	02단	平北の金組成績は良好
150941	朝鮮朝日	1928-04-11	2	03단	專賣局鹽田採鹽始まる
150942	朝鮮朝日	1928-04-11	2	03단	三月煙草賣上高二百六十二萬圓

일련번호	판명	간행일	면	단수	기사명
150943	朝鮮朝日	1928-04-11	2	03단	京城手形交換高
150944	朝鮮朝日	1928-04-11	2	03단	南朝鮮電氣總會
150945	朝鮮朝日	1928-04-11	2	03단	花に浮るゝか春の大賣出し/中等品の賣行は相當/男物は薩っぱり駄目
150946	朝鮮朝日	1928-04-11	2	04단	全州在軍の植林
150947	朝鮮朝日	1928-04-11	2	04단	神仙爐
150948	朝鮮朝日	1928-04-12	1	01단	愈よ九月一日には咸鏡線が全通する/清津へは二十四時間會寧へは二十五時間で到着
150949	朝鮮朝日	1928-04-12	1	01단	二十一日に早くも運轉を始める京城の府營バス/運轉手の試驗も終る
150950	朝鮮朝日	1928-04-12	1	01단	大嘗祭への獻上品/平南からの
150951	朝鮮朝日	1928-04-12	1	01단	學童の授業料全廢/全南の珍島が
150952	朝鮮朝日	1928-04-12	1	01단	池上總監咸興を視察/陳情を聞く
150953	朝鮮朝日	1928-04-12	1	02단	第十一回商議聯合五月に開催
150954	朝鮮朝日	1928-04-12	1	02단	山の中から出て來たばかりだからよろしく賴む
150955	朝鮮朝日	1928-04-12	1	02단	春訪づれて(六)/實生活に落伍し若草を求め漂ふ/哀れな火田民の群れ平北だけで九萬人
150956	朝鮮朝日	1928-04-12	1	03단	短歌/橋田東聲選
150957	朝鮮朝日	1928-04-12	1	03단	馬山府議員朝鮮側辭任
150958	朝鮮朝日	1928-04-12	1	03단	京城驛の附近に簡易ホテル建設/食事なしの低廉な民衆的なのを計劃
150959	朝鮮朝日	1928-04-12	1	04단	普通團體の割引率非常によくなる
150960	朝鮮朝日	1928-04-12	1	04단	碧潼警察署改築の準備
150961	朝鮮朝日	1928-04-12	1	04단	電信事務を五驛が廢止
150962	朝鮮朝日	1928-04-12	1	05단	光州面民が面長を糺彈/市場貸付に奇怪な噂さ
150963	朝鮮朝日	1928-04-12	1	05단	總監のお達し、虛禮廢止も更に何の效き目もなくて今次の大搖れで動く大官の送迎でゴッタ返す京城の驛
150964	朝鮮朝日	1928-04-12	1	05단	昭和新政初の天長節盛大に祝ふ/旗と提燈行列 大邱の奉祝
150965	朝鮮朝日	1928-04-12	1	06단	在奉朝鮮人裡里を視察
150966	朝鮮朝日	1928-04-12	1	06단	立川機太刀洗出發 平壤に向ふ/春霞をついて釜山を通過/一機不時着 三機は平壤に
150967	朝鮮朝日	1928-04-12	1	06단	お茶のあと
150968	朝鮮朝日	1928-04-12	1	07단	美しいバスガール
150969	朝鮮朝日	1928-04-12	1	07단	逆賊を弔ふなど以ての外だと大藏省の將門祭に佐々木辯護士が藏相に進言
150970	朝鮮朝日	1928-04-12	1	08단	第二艦隊三十餘隻が仁川に入港
150971	朝鮮朝日	1928-04-12	1	08단	京城靑年團雄辯會開催
150972	朝鮮朝日	1928-04-12	1	08단	釜山日報社長芥川武氏に決定
150973	朝鮮朝日	1928-04-12	1	08단	朝鮮ホテルサンルーム十日から開放

일련번호	판명	간행일	면	단수	기사명
150974	朝鮮朝日	1928-04-12	1	09단	世界一周の無錢旅行家新義州を通過
150975	朝鮮朝日	1928-04-12	1	09단	吉林で計劃された軍憲の土地開墾/在住朝鮮農民達が驅逐されぬかと憂慮さる
150976	朝鮮朝日	1928-04-12	1	09단	水源地のさくら/滿開は十五日
150977	朝鮮朝日	1928-04-12	1	09단	櫻樹一千本朝新が寄附
150978	朝鮮朝日	1928-04-12	1	09단	稀に見る貞婦張氏の表彰方を申請
150979	朝鮮朝日	1928-04-12	1	10단	衡平社大會二十四、五日
150980	朝鮮朝日	1928-04-12	1	10단	八時間餘を燃え續けた慶北の山火事
150981	朝鮮朝日	1928-04-12	1	10단	春季野外試合
150982	朝鮮朝日	1928-04-12	1	10단	平南土木課勝つ
150983	朝鮮朝日	1928-04-12	1	10단	人(藤原喜藏氏(新平南內務部長)/石本堅氏(新平南警察部長)/澤慶治郎氏(山林部林務課長)/矢野桃郎氏(慶南財務部長)/劉鎭淳氏(江原道參與官)/井上主計(新義州稅關長)/山本犀藏氏(遞信局長)/桑原一郎氏(新釜山府尹)/泉崎三郎氏(新咸南道內務部長)/陳ノ內利夫氏(新慶南道學務課長)/馬野精一氏(京城府尹)/閔丙奭子/尹德榮子/嚴柱益氏)
150984	朝鮮朝日	1928-04-12	2	01단	東津水利の貯水池
150985	朝鮮朝日	1928-04-12	2	01단	釜山南港の埋立所要の土砂を何處に是を求むるか/總量六十萬立方坪
150986	朝鮮朝日	1928-04-12	2	01단	廉くなければ內地産の苹果と太刀打は出來ぬ朝鮮産/恩田鐵彌博士語る
150987	朝鮮朝日	1928-04-12	2	01단	群山米市場委託店撤廢
150988	朝鮮朝日	1928-04-12	2	02단	福原男一行三千浦視察
150989	朝鮮朝日	1928-04-12	2	02단	經濟的な教育が羨ましい
150990	朝鮮朝日	1928-04-12	2	03단	若い者に多い京城の失職者/その七割迄は女子
150991	朝鮮朝日	1928-04-12	2	03단	鱈や明太の餌料冷藏庫注文津に設置
150992	朝鮮朝日	1928-04-12	2	03단	鐵道局の不用地拂下本年で終る
150993	朝鮮朝日	1928-04-12	2	04단	神仙爐
150994	朝鮮朝日	1928-04-13	1	01단	國産博の朝鮮館に聖上陛下がお成り/池上總監が東上しお出迎へ申上げる豫定
150995	朝鮮朝日	1928-04-13	1	01단	朝鮮中等學生の軍事教練は必要/逐次に實施したい/金谷軍司令官語る
150996	朝鮮朝日	1928-04-13	1	01단	京城府營バスの料金と區間/三線に分って運轉/乘車賃は一區七錢
150997	朝鮮朝日	1928-04-13	1	02단	南原支廳竣工
150998	朝鮮朝日	1928-04-13	1	02단	米國觀光團/(上)朝鮮神宮參拜(中)京城驛頭にて(下)團員が笠子、朝鮮人の帽子を冠って興ずるところ
150999	朝鮮朝日	1928-04-13	1	02단	東海岸に無線と燈台設置の希望
151000	朝鮮朝日	1928-04-13	1	03단	漫然渡航者激增/昨年度五萬人

일련번호	판명	간행일	면	단수	기사명
151001	朝鮮朝日	1928-04-13	1	03단	釜山機關庫工作場移轉/本年度に着工
151002	朝鮮朝日	1928-04-13	1	03단	大邱普校の補習科設置却下される
151003	朝鮮朝日	1928-04-13	1	04단	*歸還の一機また不時着/立川機太刀洗到着*
151004	朝鮮朝日	1928-04-13	1	04단	朝鮮人の渡航が著しく增加し/連絡船の收容難で鐵道省が對策を考究
151005	朝鮮朝日	1928-04-13	1	04단	俳句/鈴木花養選
151006	朝鮮朝日	1928-04-13	1	05단	弗箱を抱へ込んだ米國のお客さん三百六十名が入城/臨時賣店が出來る大騷ぎ
151007	朝鮮朝日	1928-04-13	1	06단	世相は移り行く/車屋さん達の御難/速く廉く美人の聲も聞く府營バスに崇らる
151008	朝鮮朝日	1928-04-13	1	06단	メートル懸賞當選者決定/六百九名
151009	朝鮮朝日	1928-04-13	1	06단	光州の櫻花滿開に近い
151010	朝鮮朝日	1928-04-13	1	06단	觀櫻列車二十一日夜太田を發車
151011	朝鮮朝日	1928-04-13	1	07단	空中燈台車平壤に到着
151012	朝鮮朝日	1928-04-13	1	07단	露國領事入支を拒絶さる
151013	朝鮮朝日	1928-04-13	1	07단	全鮮實業野球の聯盟を組織し/全鮮を三區に分ち覇者を集めて京城で決勝
151014	朝鮮朝日	1928-04-13	1	07단	朝鮮の犯罪は竊盜が一番多い/お次が賭博と富籤
151015	朝鮮朝日	1928-04-13	1	08단	その場で吹込み直ぐに聞ける便利な音管移動器
151016	朝鮮朝日	1928-04-13	1	08단	釜山府病院外科部長決定
151017	朝鮮朝日	1928-04-13	1	09단	拳銃强盜が高陽郡に出現
151018	朝鮮朝日	1928-04-13	1	10단	御大典運動豫選
151019	朝鮮朝日	1928-04-13	1	10단	安東奉天間走破
151020	朝鮮朝日	1928-04-13	1	10단	會(光州女高普落成式/靈巖公小祝賀式)
151021	朝鮮朝日	1928-04-13	1	10단	人(トロヤノフスキー氏(駐日露國大使)/兪萬兼氏(平安北道參與官)/多賀秀敏氏(忠南新財務部長)/金谷範三中將(朝鮮軍司令官)/山本遞信局長/天日常次郎氏(鮮米協會長)/山崎貞雄氏(新任大邱府尹))
151022	朝鮮朝日	1928-04-13	1	10단	半島茶話
151023	朝鮮朝日	1928-04-13	2	01단	春訪づれて(七)/不逞の輩の襲撃に妻も銃取り應戰す/國境警備の唄その儘/尊き犧牲者中村きよ子さん
151024	朝鮮朝日	1928-04-13	2	01단	組合を脱退し社外船を利用の米穀商が弗々ある/鮮航會の運賃値上は困難
151025	朝鮮朝日	1928-04-13	2	01단	雫の聲
151026	朝鮮朝日	1928-04-13	2	01단	朝鮮農會が國倉の設置を建議
151027	朝鮮朝日	1928-04-13	2	02단	釜商議役員十一日決定
151028	朝鮮朝日	1928-04-13	2	02단	東拓、殖銀肥料資金の各道貸付高
151029	朝鮮朝日	1928-04-13	2	02단	安東輸入商組合は好成績
151030	朝鮮朝日	1928-04-13	2	02단	京城家畜市場三月入頭數二千三百頭

일련번호	판명	간행일	면	단수	기사명
151031	朝鮮朝日	1928-04-13	2	03단	綠肥の栽培京畿道が成功
151032	朝鮮朝日	1928-04-13	2	03단	神仙爐
151033	朝鮮朝日	1928-04-13	2	03단	杏花ひらく(京畿道廳內の)
151034	朝鮮朝日	1928-04-14	1	01단	在滿洲朝鮮人の歸化は絶對に反對/政府に力說すべく/生田、淺利兩局長急遽東上
151035	朝鮮朝日	1928-04-14	1	01단	支那側の壓迫を新聞に發表し政府の善處を促す/在滿邦人五十名が東上す
151036	朝鮮朝日	1928-04-14	1	01단	電氣府營で新府尹の決意を質す
151037	朝鮮朝日	1928-04-14	1	02단	京城府自治府議が懇談
151038	朝鮮朝日	1928-04-14	1	02단	防穀令解禁支那桓仁縣
151039	朝鮮朝日	1928-04-14	1	03단	清津東海岸漁港の修築計劃が進む
151040	朝鮮朝日	1928-04-14	1	03단	春訪づれて(七)/豊な資源に惠まれ平北の實業教育少年少女の手になる/製作品が弗々市場に現る
151041	朝鮮朝日	1928-04-14	1	04단	鎮南浦築港促進府民大會
151042	朝鮮朝日	1928-04-14	1	04단	京南鐵の新事業總工費六百萬圓/廣川水東里間未開通線を昭和六年までに竣工
151043	朝鮮朝日	1928-04-14	1	04단	咸南の農民は貧富の差が甚しくない上に自作農の多いのが嬉しい
151044	朝鮮朝日	1928-04-14	1	04단	短歌/橋田東聲選
151045	朝鮮朝日	1928-04-14	1	04단	池上老總監老儒を訪問/懇談に寛ぐ
151046	朝鮮朝日	1928-04-14	1	05단	金組の小切手も交換出來るやう京城商議が希望す/銀行側の承諾が疑問
151047	朝鮮朝日	1928-04-14	1	06단	東萊太邊の漁船避難港/築港は困難
151048	朝鮮朝日	1928-04-14	1	06단	御大典記念館工事の入札工費三萬五百圓/御大典記念造林の計劃
151049	朝鮮朝日	1928-04-14	1	06단	大同江中の島に避水台/高さ十二尺
151050	朝鮮朝日	1928-04-14	1	07단	第二回全鮮ア式蹴球選手權大會
151051	朝鮮朝日	1928-04-14	1	07단	慶南水産會員が旅商隊を組織し水産品の大量を携へ台灣の懇談會で宣傳賣捌く
151052	朝鮮朝日	1928-04-14	1	07단	五百叺のうち二百七十叺の不拔石米を發見す/咸南穀物檢査の粗漏を非難
151053	朝鮮朝日	1928-04-14	1	07단	ケシの栽培張知事が禁止
151054	朝鮮朝日	1928-04-14	1	07단	立川の一機大邱を出發
151055	朝鮮朝日	1928-04-14	1	08단	同番地の多い漢江通りの町名を變更
151056	朝鮮朝日	1928-04-14	1	08단	看守を昏倒させた破獄の未遂犯/十三日遂に起訴さる
151057	朝鮮朝日	1928-04-14	1	08단	世界早廻り西行選手入鮮
151058	朝鮮朝日	1928-04-14	1	08단	安東支那街阿片の禁止/表面だけ
151059	朝鮮朝日	1928-04-14	1	09단	平北義州統軍亭の櫻/來月の初め
151060	朝鮮朝日	1928-04-14	1	09단	麗水觀光團全州を視察

일련번호	판명	간행일	면	단수	기사명
151061	朝鮮朝日	1928-04-14	1	09단	釜山奉天間單獨騎乗者京城を通過
151062	朝鮮朝日	1928-04-14	1	09단	チブス發生平北定州に
151063	朝鮮朝日	1928-04-14	1	09단	四子を産む/母子とも健全
151064	朝鮮朝日	1928-04-14	1	10단	全日本軟式庭球の豫選五月に開催
151065	朝鮮朝日	1928-04-14	1	10단	茂山署武道大會
151066	朝鮮朝日	1928-04-14	1	10단	人(山梨總督/陸軍大學戰趾旅行團/阿部千一氏(咸北道警察部長)/權藤四郎介氏(朝新副社長)/崎山武夫代議士/島原鐵三氏(一銀京都支店支配人)/朴容九氏(新全南參與官)/田淵勳氏(東拓業務部金融主任))
151067	朝鮮朝日	1928-04-14	1	10단	半島茶話
151068	朝鮮朝日	1928-04-14	2	01단	京濱へ移入された鮮米は六十萬石/昨年よりも増加す
151069	朝鮮朝日	1928-04-14	2	01단	迎日水利整理なる/東拓が融資
151070	朝鮮朝日	1928-04-14	2	01단	東拓總會五月二十一日
151071	朝鮮朝日	1928-04-14	2	01단	安東商議が檢糧局設置/當議會に附議
151072	朝鮮朝日	1928-04-14	2	01단	沿海州の鰊初入荷
151073	朝鮮朝日	1928-04-14	2	01단	朝鮮私鐵が黃海自動車買收を計劃
151074	朝鮮朝日	1928-04-14	2	01단	準備に忙しい全南九郡の畜産の品評會
151075	朝鮮朝日	1928-04-14	2	02단	粟と豆粕の輸入が減少
151076	朝鮮朝日	1928-04-14	2	02단	慶北畜産額七十五萬圓
151077	朝鮮朝日	1928-04-14	2	02단	産卵共進會盛況
151078	朝鮮朝日	1928-04-14	2	02단	成績良好な阿片の製造/六千瓦に達す
151079	朝鮮朝日	1928-04-14	2	02단	理事と組合長の連署でなくば金組を代表し得ぬ/高等法院の新判令
151080	朝鮮朝日	1928-04-14	2	03단	京城の物價低落の氣味
151081	朝鮮朝日	1928-04-14	2	03단	私鐵の在貨一萬七千噸
151082	朝鮮朝日	1928-04-14	2	03단	淸津學校組合戸別割査定/總額五萬餘圓
151083	朝鮮朝日	1928-04-14	2	03단	新義州貿易四百三十萬圓
151084	朝鮮朝日	1928-04-14	2	03단	元山橫斷航貿易
151085	朝鮮朝日	1928-04-14	2	03단	元山手形交換高
151086	朝鮮朝日	1928-04-14	2	04단	南浦倉庫在穀高
151087	朝鮮朝日	1928-04-14	2	04단	南浦金組總會
151088	朝鮮朝日	1928-04-14	2	04단	全州金組總會
151089	朝鮮朝日	1928-04-14	2	04단	新刊紹介『極東時報』
151090	朝鮮朝日	1928-04-14	2	04단	神仙爐
151091	朝鮮朝日	1928-04-15	1	01단	李王、妃兩殿下明治神宮御參拜
151092	朝鮮朝日	1928-04-15	1	01단	朝鮮の增師問題は自分も痛感する/武斷や威壓ではない/除隊兵の永住は今後も獎勵
151093	朝鮮朝日	1928-04-15	1	01단	天長節の祝賀
151094	朝鮮朝日	1928-04-15	1	01단	總督府としては手が着けられぬ在滿朝鮮人の壓迫/生

일련번호	판명	간행일	면	단수	기사명
151094	朝鮮朝日	1928-04-15	1	01단	田、淺利兩局長語る
151095	朝鮮朝日	1928-04-15	1	03단	慶南の梨を總監が獻上/美事な晩三吉
151096	朝鮮朝日	1928-04-15	1	03단	教育振興案の經費年度割/近く開く教育審議會で具體案を研究決定
151097	朝鮮朝日	1928-04-15	1	04단	御大禮獻穀/地鎮祭決定
151098	朝鮮朝日	1928-04-15	1	04단	郵貯原簿の所管廳設置/釜山が請願
151099	朝鮮朝日	1928-04-15	1	05단	イロハから始めます/南鮮入りを喜ぶ關水新內務
151100	朝鮮朝日	1928-04-15	1	05단	想像も出來ない多數の不合格米/咸南穀物の再檢査/目下大掛りで實施
151101	朝鮮朝日	1928-04-15	1	05단	帽兒山の領事分館設置に決定す/排日の吳知事斷し支那側の對日感情融和す
151102	朝鮮朝日	1928-04-15	1	05단	俳句/鈴木花蓑選
151103	朝鮮朝日	1928-04-15	1	05단	昌慶苑の櫻綻ぶ
151104	朝鮮朝日	1928-04-15	1	06단	土葬の廢止/朝鮮人が申合
151105	朝鮮朝日	1928-04-15	1	06단	一萬餘人に僅に一人の平北の醫師
151106	朝鮮朝日	1928-04-15	1	07단	在滿邦人代表(十四日下關上陸東上昨紙參照)
151107	朝鮮朝日	1928-04-15	1	07단	本町、鍾路署にサイドカー二台を備付く
151108	朝鮮朝日	1928-04-15	1	07단	女子商業生十七名が盟休
151109	朝鮮朝日	1928-04-15	1	08단	簡易國民學校設置に關し慶北が調査
151110	朝鮮朝日	1928-04-15	1	08단	元山署射擊會
151111	朝鮮朝日	1928-04-15	1	08단	黃金館の改稱
151112	朝鮮朝日	1928-04-15	1	09단	釜山少年野球
151113	朝鮮朝日	1928-04-15	1	09단	司法處分者を出さん形勢/光成の盟休依然と紛糾
151114	朝鮮朝日	1928-04-15	1	09단	會(鐵道經理野遊會/中川技師視察談會/公設市場上棟式/艦隊歡迎協議會/全南光州郡表彰式)
151115	朝鮮朝日	1928-04-15	1	10단	牡丹臺野話
151116	朝鮮朝日	1928-04-15	1	10단	人(本山大每社長/山崎猛氏(滿日社長)/關水武氏(新慶南道內務部長)/伊藤四雄氏(新慶南道警察部長))
151117	朝鮮朝日	1928-04-15	1	10단	半島茶話
151118	朝鮮朝日	1928-04-15	2	01단	春訪づれて(八)/春長閑な鴨江に渦を巻くせゝらぎ密輸入の取締りに日も足らぬ稅關吏の勞苦
151119	朝鮮朝日	1928-04-15	2	01단	人工交配により宿根性の稻の改良種を作る試み/慶南種苗場の計畫
151120	朝鮮朝日	1928-04-15	2	01단	東拓本年の農改貸付三百六十萬圓
151121	朝鮮朝日	1928-04-15	2	01단	鴨江の流筏/七十八萬尺の豫定
151122	朝鮮朝日	1928-04-15	2	01단	蝟島の漁業いまが酣は
151123	朝鮮朝日	1928-04-15	2	01단	東城卸商聯盟の仁川艀賃の低減を協議
151124	朝鮮朝日	1928-04-15	2	02단	新義州木材出荷で賑ふ
151125	朝鮮朝日	1928-04-15	2	02단	實用期に入る石灰窒素大々的に試驗

일련번호	판명	간행일	면	단수	기사명
151126	朝鮮朝日	1928-04-15	2	02단	京城の勞銀昨年より低落
151127	朝鮮朝日	1928-04-15	2	02단	諺文「漁の友」十錢で頒布
151128	朝鮮朝日	1928-04-15	2	03단	三月中の商況と金融/平凡に越月
151129	朝鮮朝日	1928-04-15	2	03단	鎭南浦築港促進期成會の盛況/滿場一致決議宣言を可決/政府要路者に打電
151130	朝鮮朝日	1928-04-15	2	04단	京城公設市場/三月賣上高八萬一千圓
151131	朝鮮朝日	1928-04-15	2	04단	湖南銀行業績
151132	朝鮮朝日	1928-04-15	2	04단	神仙爐
151133	朝鮮朝日	1928-04-17	1	01단	阪神の實業家を同伴して歸鮮し朝鮮事情を宣傳する池上總監十六日東上
151134	朝鮮朝日	1928-04-17	1	01단	師團誘致の運動に商議は關係せぬ/産業の六大要望を先づ實現すべく努力す
151135	朝鮮朝日	1928-04-17	1	01단	航空標識いよいよ設置
151136	朝鮮朝日	1928-04-17	1	01단	懸崖の爆破作業
151137	朝鮮朝日	1928-04-17	1	02단	國境警備の人達は親切/チ領事語る
151138	朝鮮朝日	1928-04-17	1	02단	朝郵の缺損十萬圓に達す/積立金を繰り入れ辛うじて六分配當
151139	朝鮮朝日	1928-04-17	1	03단	公職者の連袂辭任は解決の模樣
151140	朝鮮朝日	1928-04-17	1	04단	郡守と署長異動を發表
151141	朝鮮朝日	1928-04-17	1	04단	教科書を中心に理論と實地を徹底的に研究する初等教育者聯合會
151142	朝鮮朝日	1928-04-17	1	04단	牡丹臺野話
151143	朝鮮朝日	1928-04-17	1	04단	夫を相手どって離婚の訴へが最近非常に殖えた/朝鮮婦人の覺醒か
151144	朝鮮朝日	1928-04-17	1	04단	生理學研究會
151145	朝鮮朝日	1928-04-17	1	05단	御大典記念碑/全南咸平の計劃
151146	朝鮮朝日	1928-04-17	1	05단	間島領事館巡査の募集
151147	朝鮮朝日	1928-04-17	1	05단	運動場への電車の延長/委員が懇談
151148	朝鮮朝日	1928-04-17	1	05단	鳳凰城黃煙除名會員が援助を請願
151149	朝鮮朝日	1928-04-17	1	06단	武德館野外試合(十五日獎忠壇で)
151150	朝鮮朝日	1928-04-17	1	06단	咸北の砂防/工事を設計
151151	朝鮮朝日	1928-04-17	1	06단	露國領事館に闖入/國旗を引下しを强要して亂暴を働く/捕へて見れば精神病者
151152	朝鮮朝日	1928-04-17	1	06단	空陸相應じ水師營襲撃演習を行ふ
151153	朝鮮朝日	1928-04-17	1	06단	正裝にも白袴を用ふ警官夏の服裝
151154	朝鮮朝日	1928-04-17	1	07단	高陽郡廳舍竣工
151155	朝鮮朝日	1928-04-17	1	07단	國粹會本部元山に設置
151156	朝鮮朝日	1928-04-17	1	07단	倉品面長或は辭職/市場問題て
151157	朝鮮朝日	1928-04-17	1	08단	衡平社員と面民が爭鬪/數十名が入亂れ死者一名を出す

일련번호	판명	간행일	면	단수	기사명
151158	朝鮮朝日	1928-04-17	1	08단	交通展とコドモ博/花々しく開催
151159	朝鮮朝日	1928-04-17	1	08단	公醫講習會五月に開催
151160	朝鮮朝日	1928-04-17	1	08단	咲いた咲いた櫻が咲いた 京城の春色/平壤の春も景色やゝ整ふ
151161	朝鮮朝日	1928-04-17	1	08단	盟休の背後に思想團體が活躍を始む
151162	朝鮮朝日	1928-04-17	1	09단	釜山の時化/氣溫が降る
151163	朝鮮朝日	1928-04-17	1	09단	京城のチブス愈よ終熄/死亡は少い
151164	朝鮮朝日	1928-04-17	1	09단	猩紅熱發生/釜山高女休校
151165	朝鮮朝日	1928-04-17	1	09단	天然痘蔓延/天實山管內
151166	朝鮮朝日	1928-04-17	1	09단	學校側の態度强硬/女子商の盟休
151167	朝鮮朝日	1928-04-17	1	10단	新義州春季競馬
151168	朝鮮朝日	1928-04-17	1	10단	安東の相撲
151169	朝鮮朝日	1928-04-17	1	10단	會(韓知事觀櫻會)
151170	朝鮮朝日	1928-04-17	1	10단	人(山梨總督/池上政務總監/デラトール伯(駐日伊國大使)/安達新任咸北知事/後藤崎氏(本社記者)/茅野正大少佐(新義州憲兵分隊長)/加藤茂苞博士(勸業模範場長)/閔詠瓚氏(中樞院參議)/■■■氏(咸興地方法院檢事正堀勘次郎氏夫人))
151171	朝鮮朝日	1928-04-17	1	10단	半島茶話
151172	朝鮮朝日	1928-04-17	2	01단	本居翁の解釋を根底から覆した松島氏の古事記研究/國學史上の大革命(淤能碁呂島原文/本居翁の解釋/松島氏の解釋)
151173	朝鮮朝日	1928-04-17	2	01단	咸南の硫安の製造が進めば內鮮ともに不自由せぬ/加藤模範場長語る
151174	朝鮮朝日	1928-04-17	2	01단	甲種編入を平壤農校の在學生が要望
151175	朝鮮朝日	1928-04-17	2	01단	全南羅州視察團十四日本社見學
151176	朝鮮朝日	1928-04-17	2	02단	裡里有志が專賣支局の移轉を運動
151177	朝鮮朝日	1928-04-17	2	03단	新義州高女設立運動で檄を飛ばす
151178	朝鮮朝日	1928-04-17	2	03단	京城學組が豫算を追加/學級增加で
151179	朝鮮朝日	1928-04-17	2	03단	淸津水産品三月檢査高
151180	朝鮮朝日	1928-04-17	2	03단	第二回全鮮ア式蹴球選手權大會
151181	朝鮮朝日	1928-04-17	2	04단	殖銀や鮮銀の支店の設置/各地が要望
151182	朝鮮朝日	1928-04-17	2	04단	昨年より減少した對內地貿易額/三月中五千四百萬圓
151183	朝鮮朝日	1928-04-17	2	05단	河大豆出荷減少の豫想
151184	朝鮮朝日	1928-04-17	2	05단	安東縣の公費の賦課/昨年より減少
151185	朝鮮朝日	1928-04-17	2	05단	鮮米の宣傳/行屆いて注文が增加
151186	朝鮮朝日	1928-04-17	2	05단	鴨江下流の萍島小作權獲得を運動
151187	朝鮮朝日	1928-04-17	2	06단	平元鐵支線年內に起工
151188	朝鮮朝日	1928-04-17	2	06단	淸津繁榮會創立さる

일련번호	판명	간행일	면	단수	기사명
151189	朝鮮朝日	1928-04-17	2	06단	數字的に細民の調査を行つて適應する社會施設を京畿道が實施する
151190	朝鮮朝日	1928-04-17	2	06단	堆肥品評會/好成績を收む
151191	朝鮮朝日	1928-04-17	2	06단	四月上旬鐵道局業績百十四萬圓
151192	朝鮮朝日	1928-04-17	2	06단	安東輸入組合いよいよ創立
151193	朝鮮朝日	1928-04-17	2	06단	東拓の貸付帳尻
151194	朝鮮朝日	1928-04-17	2	06단	高等蠶業講習會
151195	朝鮮朝日	1928-04-17	2	07단	古今水組認可
151196	朝鮮朝日	1928-04-17	2	07단	淸津埋立地/競賣を行ふ
151197	朝鮮朝日	1928-04-17	2	07단	神仙爐
151198	朝鮮朝日	1928-04-18	1	01단	地方開發を急いで寄附金を募るのは嚴重に取締るやう各道の長官へ通牒
151199	朝鮮朝日	1928-04-18	1	01단	總督府の櫻花
151200	朝鮮朝日	1928-04-18	1	02단	小農者の命の糧/少額低資の融通/たゞ心配は高利貸の跋扈/補導員の監督が必要
151201	朝鮮朝日	1928-04-18	1	03단	京城商議も兵備充實の運動に參加
151202	朝鮮朝日	1928-04-18	1	04단	府營バス開業が遲れる
151203	朝鮮朝日	1928-04-18	1	04단	中國々民黨一周年記念會
151204	朝鮮朝日	1928-04-18	1	04단	移出牛檢疫所設置を請願/慶北浦項が
151205	朝鮮朝日	1928-04-18	1	04단	暫らく傍觀してお手並を拜見/釜山の電氣府營で評議員府尹の意見を叩く
151206	朝鮮朝日	1928-04-18	1	04단	醫師試驗の受驗者激增/妙齡の內鮮婦人も混る
151207	朝鮮朝日	1928-04-18	1	04단	長途騎行家乘馬を購入
151208	朝鮮朝日	1928-04-18	1	05단	釜山木浦間電話が開通
151209	朝鮮朝日	1928-04-18	1	05단	鴨江の水深/深める計劃
151210	朝鮮朝日	1928-04-18	1	05단	短歌/橋田東聲選
151211	朝鮮朝日	1928-04-18	1	05단	郵便自動車忠南で實施
151212	朝鮮朝日	1928-04-18	1	05단	面の合併で郡守面長の排斥を決議
151213	朝鮮朝日	1928-04-18	1	05단	三千町步の耕地が今年も水害に怯ゆ/富平水利の復舊工事/お金が無くて工事が出來ぬ/組合地主の大憤慨
151214	朝鮮朝日	1928-04-18	1	06단	南浦築港促進大會
151215	朝鮮朝日	1928-04-18	1	06단	海軍々樂隊京城で演奏/第二艦隊の歡迎方法決定
151216	朝鮮朝日	1928-04-18	1	06단	二球式で樂に東京が聞ける十キロ放送の感應
151217	朝鮮朝日	1928-04-18	1	08단	廣陵軍來鮮/慶熙軍が招待
151218	朝鮮朝日	1928-04-18	1	08단	安東總商會に金品の提供を馬賊の頭目が强要/支那街住民戰慄す
151219	朝鮮朝日	1928-04-18	1	08단	光州女高普校舍が竣工/授業を開始
151220	朝鮮朝日	1928-04-18	1	08단	教師間にも紛糾を釀す/京城女商盟休
151221	朝鮮朝日	1928-04-18	1	09단	癩患者三十名が帆船を襲つて芋を奪はんとして乘組員

일련번호	판명	간행일	면	단수	기사명
151221	朝鮮朝日	1928-04-18	1	09단	と格鬪を演ず
151222	朝鮮朝日	1928-04-18	1	09단	射擊界の新レコード五發四十九點
151223	朝鮮朝日	1928-04-18	1	10단	人(朴泳孝侯/權藤朝新副社長/澤本與一代議士/松本誠氏(專賣局長)/山澤和三郎(專賣局製造課長))
151224	朝鮮朝日	1928-04-18	1	10단	半島茶話
151225	朝鮮朝日	1928-04-18	2	01단	二百九十の卵を一年間で産む優秀な白色レグホン/愛知競進會で一等
151226	朝鮮朝日	1928-04-18	2	01단	不動産金利金組が引下
151227	朝鮮朝日	1928-04-18	2	01단	商議聯合會五月末開會
151228	朝鮮朝日	1928-04-18	2	01단	京城商品館移轉が決定/南大門に
151229	朝鮮朝日	1928-04-18	2	01단	海藻潛漁者/府郡が許可
151230	朝鮮朝日	1928-04-18	2	01단	肥料講習會慶南が開く
151231	朝鮮朝日	1928-04-18	2	02단	京城商議副會頭
151232	朝鮮朝日	1928-04-18	2	02단	分局を設け郵貯を整理/南鮮は釜山で
151233	朝鮮朝日	1928-04-18	2	02단	春に浮かれてか汽車や電車の忘れ物が多くなる/届ける者は殆んどない
151234	朝鮮朝日	1928-04-18	2	02단	二千五百名に限り海女の入漁を慶南道が許可する/明年度は嚴しく整理す
151235	朝鮮朝日	1928-04-18	2	03단	京城府營家畜市場の二年度成績
151236	朝鮮朝日	1928-04-18	2	03단	元山港に引込線設置/起重機も設備
151237	朝鮮朝日	1928-04-18	2	03단	京城手形交換會
151238	朝鮮朝日	1928-04-18	2	04단	局私線連帶/貨物の動き
151239	朝鮮朝日	1928-04-18	2	04단	煙草製造高
151240	朝鮮朝日	1928-04-18	2	04단	楚山雲山間道路の速成實測を開始
151241	朝鮮朝日	1928-04-18	2	04단	京畿金組聯合會三月末帳尻
151242	朝鮮朝日	1928-04-18	2	04단	永同穀組總會
151243	朝鮮朝日	1928-04-18	2	04단	不二興業總會
151244	朝鮮朝日	1928-04-18	2	04단	平北道內東拓の貸付七百三十萬圓
151245	朝鮮朝日	1928-04-18	2	04단	神仙爐
151246	朝鮮朝日	1928-04-19	1	01단	昂騰を見こして地價を修正すべく/總督府が準備調査/多大の時日を要する見込
151247	朝鮮朝日	1928-04-19	1	01단	京畿の砂防工事/豫算を增して例年よりも廣汎な地域に就いて着手
151248	朝鮮朝日	1928-04-19	1	01단	普選の施行を朝鮮に及ぼせ/國民協會が本府を通じ特別議會に建白す
151249	朝鮮朝日	1928-04-19	1	01단	獻穀田地鎭祭
151250	朝鮮朝日	1928-04-19	1	01단	東支鐵道が出張所を安東に設置
151251	朝鮮朝日	1928-04-19	1	01단	天長節祝賀第一會議室で
151252	朝鮮朝日	1928-04-19	1	02단	鎭南浦築港速成の決議文

일련번호	판명	간행일	면	단수	기사명
151253	朝鮮朝日	1928-04-19	1	02단	朝鮮ところどころの印象(上)/鰊の買出船で賑ふ北鮮の咽喉淸津港/間島産の穀物類はこの港を經て內地へ動く
151254	朝鮮朝日	1928-04-19	1	03단	或は延期か朝鮮敎育會
151255	朝鮮朝日	1928-04-19	1	03단	賣店を設けて旣決の囚人にも饂飩やパンを賣る/近く全鮮で實施す
151256	朝鮮朝日	1928-04-19	1	03단	獵天狗の痛事！/狩獵期間の短縮が狩獵官會議で問題となる
151257	朝鮮朝日	1928-04-19	1	04단	朝鮮私鐵の黃海線延長/二線を計劃
151258	朝鮮朝日	1928-04-19	1	04단	安邊面氏が農校設置を當局に要望
151259	朝鮮朝日	1928-04-19	1	05단	二派に分れて衡平社が確執/慶、全、忠の三南道で大會を開き本部に對抗
151260	朝鮮朝日	1928-04-19	1	05단	所澤航空隊の飛行機墜落し操縱者と同乘者の二人ともに慘死す
151261	朝鮮朝日	1928-04-19	1	05단	俳句/鈴木花蓑選
151262	朝鮮朝日	1928-04-19	1	05단	平壤崇實校文科農工科授業を開始
151263	朝鮮朝日	1928-04-19	1	06단	慶南警務課長後任の詮衡/道內から採用
151264	朝鮮朝日	1928-04-19	1	06단	水ばかり飮んで生きてゆく女/身體にも異狀がないお醫者さんも驚く
151265	朝鮮朝日	1928-04-19	1	06단	龍山工兵隊道路橋梁の改修に援助
151266	朝鮮朝日	1928-04-19	1	07단	鴨綠江の編筏
151267	朝鮮朝日	1928-04-19	1	07단	公州錦城普校十一日に開校
151268	朝鮮朝日	1928-04-19	1	07단	第二艦隊仁川入港十八日午後/アットホーム金剛艦で開催
151269	朝鮮朝日	1928-04-19	1	07단	間島在住民內地視察團十九日出發
151270	朝鮮朝日	1928-04-19	1	08단	思想團體が義州で創立
151271	朝鮮朝日	1928-04-19	1	08단	痘瘡の疑ひ釜山に發生
151272	朝鮮朝日	1928-04-19	1	08단	虎の子の拳銃を家賃の支拂に賣り拂ふ
151273	朝鮮朝日	1928-04-19	1	08단	全關西寫眞聯盟撮影競技會來る二十二日擧行
151274	朝鮮朝日	1928-04-19	1	09단	解決は近い光成の盟休
151275	朝鮮朝日	1928-04-19	1	09단	女子商業の盟休ますます惡化す/反對派の二敎師は辭職/學校は當分休校す
151276	朝鮮朝日	1928-04-19	1	09단	撲殺して强奪す利川署で逮捕
151277	朝鮮朝日	1928-04-19	1	10단	會(全南敎育大會)
151278	朝鮮朝日	1928-04-19	1	10단	人(李堈公殿下/ド・レルネット少佐(佛國航空官)/野世溪閑了(新平南地方課長)/松浦鎭次郎氏(城大總長)/松本伊織氏(本府水産課長)/張學銘氏/張廷一氏(張大元帥令息)/牟田友一氏))
151279	朝鮮朝日	1928-04-19	2	01단	水産物の精製器/油を抽き取っても原形は立派に殘る/京城の山崎喜一氏が發明
151280	朝鮮朝日	1928-04-19	2	01단	恩賜金管理の規則を改正し小農保護の貸付金/捻出方法を確定す

일련번호	판명	간행일	면	단수	기사명
151281	朝鮮朝日	1928-04-19	2	01단	金組理事の有給は組合會が反對/知事が許すか否か成行が注目される
151282	朝鮮朝日	1928-04-19	2	01단	鯖の放流/慶南が實施
151283	朝鮮朝日	1928-04-19	2	01단	天圖輸送量一日八十輌
151284	朝鮮朝日	1928-04-19	2	01단	輸入組合創立會
151285	朝鮮朝日	1928-04-19	2	02단	牛城水組竣工
151286	朝鮮朝日	1928-04-19	2	02단	鷹の羽鱛/珍らしい魚
151287	朝鮮朝日	1928-04-19	2	02단	京城の勞銀/府廳の調査
151288	朝鮮朝日	1928-04-19	2	03단	京城組銀の貸出と預金/何れも減少
151289	朝鮮朝日	1928-04-19	2	03단	京城組銀帳尻
151290	朝鮮朝日	1928-04-19	2	03단	京城組銀擔保貸
151291	朝鮮朝日	1928-04-19	2	03단	平壤貿易高
151292	朝鮮朝日	1928-04-19	2	04단	牡蠣養殖の講習
151293	朝鮮朝日	1928-04-19	2	04단	新義州金組總會
151294	朝鮮朝日	1928-04-19	2	04단	神仙爐
151295	朝鮮朝日	1928-04-20	1	01단	暗號電報により密議を凝らす 部隊指揮官は齋藤少將 黑田參謀長はあす急遽歸熊する 出兵で色めき立った第六師團/多分自分も行くだらう 豫備役は召集しない 福田第六師團長の談
151296	朝鮮朝日	1928-04-20	1	02단	白米と林檎を慶北が獻上/獻納者詮衡中
151297	朝鮮朝日	1928-04-20	1	03단	公職者の連袂辭任は兎も角解決
151298	朝鮮朝日	1928-04-20	1	03단	李王、妃殿下を山梨總督御招待
151299	朝鮮朝日	1928-04-20	1	03단	京畿道が會議室新築/年內に竣工
151300	朝鮮朝日	1928-04-20	1	04단	咸興のバス/實現を待たる
151301	朝鮮朝日	1928-04-20	1	04단	取引所增設などは考へても居ないと今村局長は否定す/法令改廢の調査もやらぬ
151302	朝鮮朝日	1928-04-20	1	04단	短歌/橋田東聲選
151303	朝鮮朝日	1928-04-20	1	04단	裡里上水道設置の計劃
151304	朝鮮朝日	1928-04-20	1	04단	僅か十三の若冠で大人をも凌ぐ少年の天才畫家/櫻井小學の美原邦俊さん
151305	朝鮮朝日	1928-04-20	1	05단	在滿朝鮮人壓迫根本の解決は政府でやるべきこと/兩局長が打合はやったらう
151306	朝鮮朝日	1928-04-20	1	05단	竹內、穗積氏出發
151307	朝鮮朝日	1928-04-20	1	05단	完成を急ぐ小作慣習の調査/愛蘭の例を參考に資す
151308	朝鮮朝日	1928-04-20	1	05단	金組小切手の交換銀行側に難色/組合同志で交換せよと承諾の色が見えぬ
151309	朝鮮朝日	1928-04-20	1	06단	植物研究で學位を得た植木秀幹氏
151310	朝鮮朝日	1928-04-20	1	07단	櫻咲く京城見物に春の名殘を惜しむ第二艦隊の乘組員/夜は軍樂を奏で厚意に酬ゆ
151311	朝鮮朝日	1928-04-20	1	07단	龍川郡廳舍落成

일련번호	판명	간행일	면	단수	기사명
151312	朝鮮朝日	1928-04-20	1	07단	鐵の網戸で扉を閉し船客を出さぬ連絡船の入水防止
151313	朝鮮朝日	1928-04-20	1	07단	槿友會野遊會
151314	朝鮮朝日	1928-04-20	1	08단	慶南道屬異動
151315	朝鮮朝日	1928-04-20	1	08단	全南小鹿へ癩患を送る
151316	朝鮮朝日	1928-04-20	1	08단	全北の富豪に脅迫文を送り五百圓の提供を迫る
151317	朝鮮朝日	1928-04-20	1	08단	釜山の時化
151318	朝鮮朝日	1928-04-20	1	08단	激昂した小作人達が水組長に暴行
151319	朝鮮朝日	1928-04-20	1	08단	ア式蹴球期日變更/廿八、卅の兩日
151320	朝鮮朝日	1928-04-20	1	08단	詐欺の被害が一番に多い/京畿道の犯罪
151321	朝鮮朝日	1928-04-20	1	09단	二十里マラソン
151322	朝鮮朝日	1928-04-20	1	09단	金泉運動會
151323	朝鮮朝日	1928-04-20	1	09단	忠北武道講習會
151324	朝鮮朝日	1928-04-20	1	09단	廣陵中野球日程
151325	朝鮮朝日	1928-04-20	1	09단	一等船客男女が抱合って心中/救ひ上げ手當したが兩名とも蘇生せず
151326	朝鮮朝日	1928-04-20	1	10단	鳥骨城跡探訪
151327	朝鮮朝日	1928-04-20	1	10단	會(鮮滿視察團/鮮滿技術會議)
151328	朝鮮朝日	1928-04-20	1	10단	人(恩田銅吉氏(朝鮮郵船社長)/光永雄基電燈社長/本山彦一氏(大阪毎日社長)/小松寬美氏(新任京城本町署長))
151329	朝鮮朝日	1928-04-20	1	10단	半島茶話
151330	朝鮮朝日	1928-04-20	2	01단	朝鮮ところどころの印象(下)/堂々たる學校舍と道路の良いのが淸津では目につく
151331	朝鮮朝日	1928-04-20	2	01단	米價の下落で四百萬圓の減額/三月中の移出鮮米貿易總額七千二百萬圓
151332	朝鮮朝日	1928-04-20	2	01단	靑森産の林檎が大邱に侵入す/品は落ちるが値が安く苹果業者の大恐慌
151333	朝鮮朝日	1928-04-20	2	01단	鴨江河大豆常關問題で支那側が協議
151334	朝鮮朝日	1928-04-20	2	01단	營林署材新義州到着十六日早い
151335	朝鮮朝日	1928-04-20	2	01단	陶器の創製咸南で研究
151336	朝鮮朝日	1928-04-20	2	02단	大邱府の職業紹介所五月に開始
151337	朝鮮朝日	1928-04-20	2	02단	淸津酒産組合役員が決定/定期總會で
151338	朝鮮朝日	1928-04-20	2	02단	製粉の需給狀況/京城商議所の調査/過去三年間の統計
151339	朝鮮朝日	1928-04-20	2	03단	安商の補助增額
151340	朝鮮朝日	1928-04-20	2	03단	鳳凰城黃煙除名者救濟資金を融通
151341	朝鮮朝日	1928-04-20	2	03단	在荷に惱む安東の柞蠶
151342	朝鮮朝日	1928-04-20	2	04단	京城府郵貯高
151343	朝鮮朝日	1928-04-20	2	04단	神仙爐
151344	朝鮮朝日	1928-04-21	1	01단	府營バスの勢備ひ/二十二日からいよいよ開始
151345	朝鮮朝日	1928-04-21	1	01단	內鮮中等校の共學は理想としては結構/卽時實行は事情

일련번호	판명	간행일	면	단수	기사명
151345	朝鮮朝日	1928-04-21	1	01단	が許さぬと李學務局長噂を否認
151346	朝鮮朝日	1928-04-21	1	01단	教育の振興を具體的に決する教育審議會の組織/豫算編成前匆々に設置
151347	朝鮮朝日	1928-04-21	1	01단	京城神社大祭
151348	朝鮮朝日	1928-04-21	1	02단	山梨總督の湖南線視察二十八一出發/群山に到着す
151349	朝鮮朝日	1928-04-21	1	03단	天長節奉祝
151350	朝鮮朝日	1928-04-21	1	03단	釜山下水溝大改修/明年に起工
151351	朝鮮朝日	1928-04-21	1	04단	全南林業基本調査の講習を開く
151352	朝鮮朝日	1928-04-21	1	04단	名妓も交る鮮展の出品者/學生や官吏が多く/畫家一本立ちの人は少い
151353	朝鮮朝日	1928-04-21	1	04단	小繭蜂松毛蟲の大敵/慶南道が移入
151354	朝鮮朝日	1928-04-21	1	04단	所は南山莊の一室/櫻欄漫と亂れ咲く/窓下に茶を煎て古詩を誦す半山老總督の雅懷
151355	朝鮮朝日	1928-04-21	1	05단	辭令
151356	朝鮮朝日	1928-04-21	1	05단	火田民の實情を調査/委員會を組織
151357	朝鮮朝日	1928-04-21	1	05단	俳句/鈴木花蓑選
151358	朝鮮朝日	1928-04-21	1	05단	芳千閣復活/喜久屋が經營
151359	朝鮮朝日	1928-04-21	1	06단	軍樂隊の演奏
151360	朝鮮朝日	1928-04-21	1	06단	內地に比較して花柳病の多い朝鮮今次の入營兵/靑訓修了者の成績は良い
151361	朝鮮朝日	1928-04-21	1	08단	今樣三井寺！/六年前に別れた我子ど圖らず巡り遭ふ養父の支那人が離さぬ
151362	朝鮮朝日	1928-04-21	1	08단	朝鮮勞働者職業の補導/下關市の成功
151363	朝鮮朝日	1928-04-21	1	08단	號泣して減刑を哀願/元水上署長
151364	朝鮮朝日	1928-04-21	1	08단	夫婦心中は病に苦しむ厭世自殺か
151365	朝鮮朝日	1928-04-21	1	09단	乙密台四虛亭修理に着手/六百年の建物
151366	朝鮮朝日	1928-04-21	1	09단	動物飼養室や血清貯藏庫平北が設置
151367	朝鮮朝日	1928-04-21	1	09단	工夫が盟休平元鐵道の
151368	朝鮮朝日	1928-04-21	1	09단	府民慰安の觀櫻音樂會二十二日から
151369	朝鮮朝日	1928-04-21	1	10단	會(社會事業總會/竹林講習會/全南金組理事會議/黃乾かき講習)
151370	朝鮮朝日	1928-04-21	1	10단	人(藤田權三郎氏(總督府外事係屬)/古賀國太郎氏(新京城東門署長)/田賀奈良吉氏(東拓顧問)/岡田源太郎氏(中外綿花取締役)/全南內地視察團/內地視察團一行)
151371	朝鮮朝日	1928-04-21	1	10단	半島茶話
151372	朝鮮朝日	1928-04-21	2	01단	業績が振はぬ民間の勸農機關/專門の經營者を置いて事業の發展を企劃
151373	朝鮮朝日	1928-04-21	2	01단	段當り增收を目標に置いて第三次の綿作獎勵/七十四斤を百斤まで引上

일련번호	판명	간행일	면	단수	기사명
151374	朝鮮朝日	1928-04-21	2	01단	殖銀社債一千萬圓募集
151375	朝鮮朝日	1928-04-21	2	01단	朝郵社債野村が引受
151376	朝鮮朝日	1928-04-21	2	01단	吉敦線の完成を前に道路の計劃
151377	朝鮮朝日	1928-04-21	2	02단	交通部計劃釜商が決定
151378	朝鮮朝日	1928-04-21	2	02단	雫の聲
151379	朝鮮朝日	1928-04-21	2	02단	第二回全鮮ア式蹴球選手權大會
151380	朝鮮朝日	1928-04-21	2	03단	咸南の牛疫豫防液が不足
151381	朝鮮朝日	1928-04-21	2	03단	安東支那商人大豆常關稅引下を陳情
151382	朝鮮朝日	1928-04-21	2	03단	慶南の春蠶掃立が迫る
151383	朝鮮朝日	1928-04-21	2	03단	三萬圓を交付しモヒ患者を治療/全治者には職業を紹介/惡習に歸るを防ぐ
151384	朝鮮朝日	1928-04-21	2	04단	全南の養兎成績が良好
151385	朝鮮朝日	1928-04-21	2	04단	江界金組好成績
151386	朝鮮朝日	1928-04-21	2	04단	織物展覽會釜山で開催
151387	朝鮮朝日	1928-04-21	2	04단	釜山移出牛一萬四千頭
151388	朝鮮朝日	1928-04-21	2	04단	繩叺生産者組合を組織
151389	朝鮮朝日	1928-04-21	2	04단	全南三水組認可
151390	朝鮮朝日	1928-04-22	1	01단	熊本師團の出動/(上)熊本十三聯隊兵士の銃の手入/(下)出兵命令を傳へる福田師團長
151391	朝鮮朝日	1928-04-22	1	01단	教育振興案もあり活氣を豫想させる本年の道知事會議/總監の歸任を待って決定
151392	朝鮮朝日	1928-04-22	1	01단	兩殿下お揃ひで御歸鮮遊ばされ/官民多數を御招き御歸朝披露の宴を御開き
151393	朝鮮朝日	1928-04-22	1	01단	初鹽を獻納/朝鮮神宮に
151394	朝鮮朝日	1928-04-22	1	02단	領事館の無力を語る交渉の遲滯
151395	朝鮮朝日	1928-04-22	1	02단	釜山の大池氏が別莊地三千坪に一萬圓を添へ寄贈 古館城跡公園建設費に/壽像除幕式六月に擧行/府から感謝狀
151396	朝鮮朝日	1928-04-22	1	03단	朝鮮私鐵が自動車經營/江原道內で
151397	朝鮮朝日	1928-04-22	1	03단	殖銀が計劃した八步債の一掃/中央市場の形勢を見て期限前に償還を行ふ
151398	朝鮮朝日	1928-04-22	1	04단	牡丹臺野話
151399	朝鮮朝日	1928-04-22	1	05단	府に燃料局を設け廉い煉炭の供給/平壤の有志が計劃/近く當局に交渉を開始
151400	朝鮮朝日	1928-04-22	1	05단	小野田洋灰第一期工事年內に竣工
151401	朝鮮朝日	1928-04-22	1	05단	全州市民が總督に陳情/巡視を機に
151402	朝鮮朝日	1928-04-22	1	05단	勞農軍團が軍馬補充の牧場を新說
151403	朝鮮朝日	1928-04-22	1	05단	平壤驛改築明年度から着工の豫定
151404	朝鮮朝日	1928-04-22	1	06단	鎭南浦築港實行委員會
151405	朝鮮朝日	1928-04-22	1	06단	不信案が出れば停會を奏請 その上で堂々と戰ふ與黨の對議

일련번호	판명	간행일	면	단수	기사명
151405	朝鮮朝日	1928-04-22	1	06단	會策なる/臨時閣議で態度を決定する 內相不信任案問題/野黨聯合で不信任案提出か 明政會の獨自案に民政黨が同意して/選擧干涉と言論壓迫を指摘 民政黨の不信任案
151406	朝鮮朝日	1928-04-22	1	06단	助産婦試驗平北て施行
151407	朝鮮朝日	1928-04-22	1	07단	倫敦東京間個人飛行英海軍少佐が
151408	朝鮮朝日	1928-04-22	1	07단	兒童愛護デー各種の催し學務局が後援
151409	朝鮮朝日	1928-04-22	1	08단	鮮、外看護婦大會を開催/參會者三百
151410	朝鮮朝日	1928-04-22	1	08단	三回以上の入選者は內地に歸っても出品が出來るやう鮮展の規定を改正
151411	朝鮮朝日	1928-04-22	1	08단	短歌/橋田東聲選
151412	朝鮮朝日	1928-04-22	1	08단	戰不利と見て光成高普の盟休生復校
151413	朝鮮朝日	1928-04-22	1	08단	高麗革命黨判決新義州法院で
151414	朝鮮朝日	1928-04-22	1	09단	裏面からの煽動で女子商の盟休が惡化す
151415	朝鮮朝日	1928-04-22	1	09단	巡査の取調中に衡平社員が死亡/本部から幹部が出張/死因の眞相を調査
151416	朝鮮朝日	1928-04-22	1	10단	人(山梨總督/澤田豊丈氏(東拓理事)/林奉天總額領事/石森久彌氏(朝鮮公論社長)/松田文藏氏(新戸石油商)/三山喜三郎氏(京城高等工業校長)/阪田政治郎氏(新大田高女校長)/楢崎淺太郎氏(東京帝大敎授)/津田兆臧氏(東鐵局船舶課勤務)/山根謙氏(京畿道金融組合聯合會理事長))
151417	朝鮮朝日	1928-04-22	1	10단	半島茶話
151418	朝鮮朝日	1928-04-22	2	01단	朝鮮海運界の大波紋(上)/橫紙破りの名手/大連汽船の割込/當業者の脅威は兎も角當局は如何に見るか
151419	朝鮮朝日	1928-04-22	2	01단	不良水組救濟に低資融通の計劃/産米增殖の殘金を充當すべく研究中
151420	朝鮮朝日	1928-04-22	2	01단	新義州商議金利引下を役員會で附議
151421	朝鮮朝日	1928-04-22	2	01단	雫の聲
151422	朝鮮朝日	1928-04-22	2	01단	驛賣の名産陳列會を開く
151423	朝鮮朝日	1928-04-22	2	01단	電車式の乘合自動車咸興に出現
151424	朝鮮朝日	1928-04-22	2	02단	仁川艀賃の解決を協議/實行委員が
151425	朝鮮朝日	1928-04-22	2	02단	振贊貯金の拂出と受入昨年より激增
151426	朝鮮朝日	1928-04-22	2	02단	平南の小蝦移出が激增
151427	朝鮮朝日	1928-04-22	2	02단	京畿金組聯合配當は年七分
151428	朝鮮朝日	1928-04-22	2	03단	三月中の生牛の移出六千百餘頭
151429	朝鮮朝日	1928-04-22	2	03단	市場數百十六で賣買高七千萬圓/貸物の實取引は千九百萬圓に達す
151430	朝鮮朝日	1928-04-22	2	04단	日本製糖の異動
151431	朝鮮朝日	1928-04-22	2	04단	神仙爐
151432	朝鮮朝日	1928-04-24	1	01단	今日で丁度一周年/財界を焼く火焰に戰いた恐慌の思ひ

일련번호	판명	간행일	면	단수	기사명
151432	朝鮮朝日	1928-04-24	1	01단	出/湯淺前總監の落ついた態度
151433	朝鮮朝日	1928-04-24	1	01단	朝鮮産馬の改良で鮮內の軍馬は需要は充たし得る/三好騎兵監は語る
151434	朝鮮朝日	1928-04-24	1	01단	乙密台の櫻花
151435	朝鮮朝日	1928-04-24	1	02단	庭積机代物慶北の苹果/産地を選定
151436	朝鮮朝日	1928-04-24	1	03단	專檢受驗者の科目免除の效力/內鮮共通に認めらる
151437	朝鮮朝日	1928-04-24	1	03단	安東滿鐵醫院皮膚科新設/醫長も着任
151438	朝鮮朝日	1928-04-24	1	04단	朝鮮事情のパンフレット
151439	朝鮮朝日	1928-04-24	1	04단	釜山高女校移管の計劃
151440	朝鮮朝日	1928-04-24	1	04단	平凡で難かしい寫眞競技の課題/この日天氣晴朗で撮影に絶好の天氣
151441	朝鮮朝日	1928-04-24	1	04단	汽車も電車も自動車も櫻を訪ふお客で滿員鮨づめの盛況/京城の人出十萬人
151442	朝鮮朝日	1928-04-24	1	04단	飛行溫水車平壤に到着
151443	朝鮮朝日	1928-04-24	1	05단	女車掌や運轉手は晝飯も食へぬ大繁昌/京城の府營バス好奇心も手傳ってお客が殺到
151444	朝鮮朝日	1928-04-24	1	05단	消防協會愈よ設立
151445	朝鮮朝日	1928-04-24	1	05단	善隣商校の大倉翁/嘗って二十周年記念式で
151446	朝鮮朝日	1928-04-24	1	06단	夏を控へてチブス豫防/對策を協議
151447	朝鮮朝日	1928-04-24	1	06단	一齊に檢擧された無産黨の陰謀/これで第四回目/新義州で端緒を發見
151448	朝鮮朝日	1928-04-24	1	07단	釜山のみぞれ時ならぬ寒さ
151449	朝鮮朝日	1928-04-24	1	08단	警察官の雨外套今年から支給
151450	朝鮮朝日	1928-04-24	1	08단	奉軍の募兵安東から輸送
151451	朝鮮朝日	1928-04-24	1	08단	樹木の凍傷枯死が多い
151452	朝鮮朝日	1928-04-24	1	08단	府尹に反對は良くないと北鮮水産が支配人排斥
151453	朝鮮朝日	1928-04-24	1	09단	大刀會員再興の噂さ對策を考究
151454	朝鮮朝日	1928-04-24	1	09단	河豚の卵で五名が中毒
151455	朝鮮朝日	1928-04-24	1	09단	釜山軍優勝
151456	朝鮮朝日	1928-04-24	1	10단	南鮮弓道大會
151457	朝鮮朝日	1928-04-24	1	10단	會(光山金組落成式/配合車主事會議)
151458	朝鮮朝日	1928-04-24	1	10단	人(今村眞護喜氏(南朝鮮鐵道技師長)/安倍能成氏(城大教授)/大坪豊氏(釜山府立病院外科部長)/高久甚五郎氏(鐵道省國際課長)/韓昌洙男(李王職長官)/原田貞介氏(南朝鮮鐵顧問)/齋藤長治氏(新全南警務課長)/大內猪之助氏(新光州女子高普校長)/三好騎兵監)
151459	朝鮮朝日	1928-04-24	1	10단	半島茶話
151460	朝鮮朝日	1928-04-24	2	01단	石狩川の釣と釣キチ/嶺田兵造
151461	朝鮮朝日	1928-04-24	2	01단	痘兒の家へ狐がやってくる/痘瘡神は芋好きで芋畑に祠

일련번호	판명	간행일	면	단수	기사명
151461	朝鮮朝日	1928-04-24	2	01단	れ/正德六年には痘瘡で八萬人死亡/天然痘と怪奇物語
151462	朝鮮朝日	1928-04-24	2	02단	時事鳥瞰/手から口への貧農の救濟が果して出來得るか/小農者への資金融通法
151463	朝鮮朝日	1928-04-24	2	05단	髪の衛生洗料と油は何がよいか
151464	朝鮮朝日	1928-04-24	2	06단	新銀行令の施行/實情が異るとて鮮銀、殖銀は一笑に付す
151465	朝鮮朝日	1928-04-24	2	06단	行き詰った運送合同幹部が凝議
151466	朝鮮朝日	1928-04-24	2	06단	零の聲
151467	朝鮮朝日	1928-04-24	2	07단	安取の粟上場代表者協議
151468	朝鮮朝日	1928-04-24	2	07단	神仙爐
151469	朝鮮朝日	1928-04-25	1	01단	藤の花咲く
151470	朝鮮朝日	1928-04-25	1	01단	府營バスと電車が早くも睨み合ふ電車府營の前衛戰だと氣早の人達の噂さ/初櫟き禮智洞で
151471	朝鮮朝日	1928-04-25	1	01단	朝鮮米は果たして貯藏が出來るか/穀商大會を機會に共進會を開き試驗
151472	朝鮮朝日	1928-04-25	1	01단	天長節奉祝釜山の行事
151473	朝鮮朝日	1928-04-25	1	02단	煙草耕作地千町步擴張
151474	朝鮮朝日	1928-04-25	1	02단	庭積机代物苹果栽培者三氏に決定
151475	朝鮮朝日	1928-04-25	1	03단	俳句/鈴木花蓑選
151476	朝鮮朝日	1928-04-25	1	03단	全鮮銀行聯合會五月二十六日
151477	朝鮮朝日	1928-04-25	1	04단	朝鮮人側の漁船の建造だんだん增加
151478	朝鮮朝日	1928-04-25	1	04단	滿洲の石首魚漁期に入る
151479	朝鮮朝日	1928-04-25	1	04단	殖銀東拓に亂入/拳銃を亂射して重輕傷者七名を出した羅錫疇の共犯結審(崔天浩の犯行/李化翼の犯行)
151480	朝鮮朝日	1928-04-25	1	05단	全鮮ア式蹴球大會は迫る/參加申込六チーム/訓練院での猛練習
151481	朝鮮朝日	1928-04-25	1	05단	櫻花に曳かれて昌慶苑を訪れたお客の數が十六萬人/同苑開始以來のレコード
151482	朝鮮朝日	1928-04-25	1	05단	平井三男氏に記念品を贈呈
151483	朝鮮朝日	1928-04-25	1	05단	多獅島築港促進を期待
151484	朝鮮朝日	1928-04-25	1	06단	支那側が朝鮮內での打電を禁止
151485	朝鮮朝日	1928-04-25	1	06단	待遇改善の叫びで大邱醫院の內紛/新任醫員を高給で採
151486	朝鮮朝日	1928-04-25	1	06단	用したのは不埒と憤る
151487	朝鮮朝日	1928-04-25	1	07단	平壤大連間長距離飛行/八機が出發
151488	朝鮮朝日	1928-04-25	1	07단	奉祝煙草專賣局が發賣
151489	朝鮮朝日	1928-04-25	1	07단	人蔘耕作者優良者表彰
151489	朝鮮朝日	1928-04-25	1	07단	渡航朝鮮人四萬三千人
151490	朝鮮朝日	1928-04-25	1	07단	大倉翁へ弔辭を贈る吉岡氏が東上
151491	朝鮮朝日	1928-04-25	1	08단	昌慶苑に巢箱を設け鳥類を保護
151492	朝鮮朝日	1928-04-25	1	08단	男子と思って入學させたら女が十名も混る

일련번호	판명	간행일	면	단수	기사명
151493	朝鮮朝日	1928-04-25	1	08단	純勞働者のみの示威なら許す/朝鮮のメーデー
151494	朝鮮朝日	1928-04-25	1	08단	大道での飲料水賣り嚴重に取締る
151495	朝鮮朝日	1928-04-25	1	09단	無期休校は苛酷だと女子商盟休生決議文を作成
151496	朝鮮朝日	1928-04-25	1	09단	運動界(慶熙決勝す廣陵軍振はず)
151497	朝鮮朝日	1928-04-25	1	10단	高普生も混る無産黨の一味/光州署で檢擧さる
151498	朝鮮朝日	1928-04-25	1	10단	半島茶話
151499	朝鮮朝日	1928-04-25	2	01단	人(久山治郎吉氏(新忠北警務課長)/上野竹逸氏(新慶南晉州郡守)/加來美知雄氏(國際會議資本代表顧問)/宮田修氏(成蹊女學校長修養團理事)/宇田駿一郎(大連國際運送常務)/高崎弓彦男(貴族院議員)/本山大每社長/城戶元亮氏/平北寧邊面書記/間島在鮮人/林久次郎氏(奉天總領事))
151500	朝鮮朝日	1928-04-25	2	01단	朝鮮海運界の大波紋(下)/時期と航數を制限して許可/板挾みとなって苦しんだ遞信局の考へた窮策
151501	朝鮮朝日	1928-04-25	2	01단	三百萬圓で麗水築港を計劃/三千噸級船舶が自由に出入/原田貞介博士談
151502	朝鮮朝日	1928-04-25	2	01단	大邱、慶南兩銀の合倂/依然と行惱む
151503	朝鮮朝日	1928-04-25	2	01단	鮭の放流人工孵化成功
151504	朝鮮朝日	1928-04-25	2	01단	組合から資金を融通/養鼈を獎勵
151505	朝鮮朝日	1928-04-25	2	02단	外鹽の輸入三千四百萬斤
151506	朝鮮朝日	1928-04-25	2	02단	鴨江の高瀨船支那船舶の制限を請願
151507	朝鮮朝日	1928-04-25	2	02단	釜山の淸酒江原道へ進出
151508	朝鮮朝日	1928-04-25	2	02단	鴨綠江大豆漸く出廻る
151509	朝鮮朝日	1928-04-25	2	03단	昭和二年中遞信局收入二千四百萬圓
151510	朝鮮朝日	1928-04-25	2	03단	道高水組創立
151511	朝鮮朝日	1928-04-25	2	03단	煙草支店長會議
151512	朝鮮朝日	1928-04-25	2	03단	京城手形交換高
151513	朝鮮朝日	1928-04-25	2	03단	奉票慘落で安東支那街移住者が多い
151514	朝鮮朝日	1928-04-25	2	03단	局線の貨物十三萬噸
151515	朝鮮朝日	1928-04-25	2	03단	産業組合總會
151516	朝鮮朝日	1928-04-25	2	04단	朝鮮鐵道總會
151517	朝鮮朝日	1928-04-25	2	04단	淸津金組總會
151518	朝鮮朝日	1928-04-25	2	04단	郵便爲贊取組高
151519	朝鮮朝日	1928-04-25	2	04단	外國郵便爲贊高
151520	朝鮮朝日	1928-04-25	2	04단	南浦貿易高五百十萬圓
151521	朝鮮朝日	1928-04-26	1	01단	神仙爐
151522	朝鮮朝日	1928-04-26	1	01단	鶴の巣立
151523	朝鮮朝日	1928-04-26	1	01단	孝寧殿で行はれる莊嚴な大祥祭 李王、妃殿下は一日京城御到着の御豫定/德惠姫さま御同伴御歸鮮
151524	朝鮮朝日	1928-04-26	1	01단	山東の出兵と滿蒙の問題は全然別個の問題と林新任奉

일련번호	판명	간행일	면	단수	기사명
151524	朝鮮朝日	1928-04-26	1	01단	天領事語る
151525	朝鮮朝日	1928-04-26	1	02단	東萊溫泉の道路の改修/慶南道が計劃
151526	朝鮮朝日	1928-04-26	1	03단	鮮內のところどころの印象記/獨津の蒼い海原が鏡と光るの謂れでこれを鏡城と名づく/學校と役所の街
151527	朝鮮朝日	1928-04-26	1	03단	南浦築港の速成運動猛烈
151528	朝鮮朝日	1928-04-26	1	03단	短歌/橋田東聲選
151529	朝鮮朝日	1928-04-26	1	04단	天長節奉祝
151530	朝鮮朝日	1928-04-26	1	04단	二百萬圓を投じ電信電話を增設/五ヶ年の繼續事業來年度豫算に提出
151531	朝鮮朝日	1928-04-26	1	05단	牡丹臺野話
151532	朝鮮朝日	1928-04-26	1	05단	慶南道で初等教員の大異動斷行
151533	朝鮮朝日	1928-04-26	1	05단	ウッド氏の銅像が竣工/延禧校庭に
151534	朝鮮朝日	1928-04-26	1	05단	中央耕地の轉貨問題で馬山に內紛
151535	朝鮮朝日	1928-04-26	1	05단	いよいよ始まる鮮展の審査/願書もほゞ出揃ふ
151536	朝鮮朝日	1928-04-26	1	06단	花祭り/各宗が聯合
151537	朝鮮朝日	1928-04-26	1	06단	義州農校の新しい試み/經濟農業實施
151538	朝鮮朝日	1928-04-26	1	06단	辛女教師が俸給を割き貧兒を救ふ
151539	朝鮮朝日	1928-04-26	1	06단	貧民に代り稅金を代納
151540	朝鮮朝日	1928-04-26	1	07단	平壤北金組理事選擧で流會また流會
151541	朝鮮朝日	1928-04-26	1	07단	大池翁の壽像
151542	朝鮮朝日	1928-04-26	1	07단	朝鮮人勞働者へ連絡船も割引を實施して欲しいと職業紹介所會議に提出
151543	朝鮮朝日	1928-04-26	1	07단	迷子の郵便物
151544	朝鮮朝日	1928-04-26	1	07단	安圖の農民が馬賊の保護下にケシの栽培に走り穀類の作付が激減
151545	朝鮮朝日	1928-04-26	1	08단	崇實專門生授業を拒む
151546	朝鮮朝日	1928-04-26	1	08단	春の夜の別れの演奏柳夫人出演
151547	朝鮮朝日	1928-04-26	1	08단	十七驅逐隊淸津に入港
151548	朝鮮朝日	1928-04-26	1	09단	體溫計を一齊に檢查/不正確を取締
151549	朝鮮朝日	1928-04-26	1	09단	傍聽者夥しくて氣勢を擧げた衡平社の全鮮大會/水平社からも代表者が出席
151550	朝鮮朝日	1928-04-26	1	09단	女商盟休生不穩だとて鐘路署が出動
151551	朝鮮朝日	1928-04-26	1	10단	運動界(總督府陸上競技/西鮮弓道大會/全鮮卓球大會/柔道段外者試合/平壤庭球行事/淸州野球戰/安東の奉納柔道)
151552	朝鮮朝日	1928-04-26	1	10단	會(京都平安會/製糖記念運動會/平每披露會)
151553	朝鮮朝日	1928-04-26	1	10단	人(松井民次郎氏(平壤商議會頭)/石本堅氏(平南警察部長)/葭濱忠太郎氏(元山實業家)/納富善五郎氏(同上)/兒島元三郎氏(京城第一高等普通學校教諭))
151554	朝鮮朝日	1928-04-26	2	01단	半島茶話

일련번호	판명	간행일	면	단수	기사명
151555	朝鮮朝日	1928-04-26	2	01단	米豆類の積合車扱/規定を改正
151556	朝鮮朝日	1928-04-26	2	01단	國境鐵道實地を踏査
151557	朝鮮朝日	1928-04-26	2	01단	釜山棧橋のホーム新設/雨季に備へる
151558	朝鮮朝日	1928-04-26	2	01단	滿洲方面へ生牛の移出年々に增加
151559	朝鮮朝日	1928-04-26	2	02단	キネマニュース/「支那街の祕密」(大陸キネマプロダクション第二回作品)
151560	朝鮮朝日	1928-04-26	2	02단	朝鮮からの郵便に限り隔日に到着
151561	朝鮮朝日	1928-04-26	2	03단	雫の聲
151562	朝鮮朝日	1928-04-26	2	03단	鴨江の水路深くなる
151563	朝鮮朝日	1928-04-26	2	03단	小型機船にも補助を支給/小漁業者救濟
151564	朝鮮朝日	1928-04-26	2	03단	平南の蜂蜜增産を獎勵
151565	朝鮮朝日	1928-04-26	2	03단	新義州の各種商業者組合を組織
151566	朝鮮朝日	1928-04-26	2	03단	新義州煙草賣上
151567	朝鮮朝日	1928-04-26	2	03단	南浦生牛好成績
151568	朝鮮朝日	1928-04-26	2	04단	土地開墾社創立
151569	朝鮮朝日	1928-04-26	2	04단	平壤栗の向ふを張る忠南の栗植栽
151570	朝鮮朝日	1928-04-26	2	04단	安東の公費最低率を引下
151571	朝鮮朝日	1928-04-27	1	01단	神仙爐
151572	朝鮮朝日	1928-04-27	1	01단	資本金の倍額まで私鐵に起債を許す/新法案を公布か議會の形勢如何で
151573	朝鮮朝日	1928-04-27	1	01단	電話の一回線を二回線に使用/釜山福岡間の海底線に設備すべく遞信局が研究
151574	朝鮮朝日	1928-04-27	1	01단	天長節當日の觀兵式盛大に擧行
151575	朝鮮朝日	1928-04-27	1	01단	天長節奉祝
151576	朝鮮朝日	1928-04-27	1	02단	庭積机代物拱納品決定
151577	朝鮮朝日	1928-04-27	1	02단	大邱慶南兩銀行合倂近く實現か
151578	朝鮮朝日	1928-04-27	1	02단	山火事の豫防に傳書鳩を使用/山林部が肝煎って一般に普及せしむる
151579	朝鮮朝日	1928-04-27	1	02단	緣故林拂下成績が良好
151580	朝鮮朝日	1928-04-27	1	03단	江原道通川郡廳の爭奪/當局も困る
151581	朝鮮朝日	1928-04-27	1	03단	總督の視察釜山の日程
151582	朝鮮朝日	1928-04-27	1	03단	俳句/鈴木花蓑選
151583	朝鮮朝日	1928-04-27	1	03단	沿海州渡航旅券の査證/必要がない
151584	朝鮮朝日	1928-04-27	1	04단	特に優遇した譯ではない大邱醫院の騷ぎ
151585	朝鮮朝日	1928-04-27	1	04단	大邱道醫院工事が進步/十一月に完成
151586	朝鮮朝日	1928-04-27	1	04단	軌道自動車淸津で運轉
151587	朝鮮朝日	1928-04-27	1	05단	猛練習を積んだ五强豪の爭霸/二十八日午後一時火蓋を切る本社主催ア式蹴球戰(メンバー)
151588	朝鮮朝日	1928-04-27	1	06단	牡丹臺野話

일련번호	판명	간행일	면	단수	기사명
151589	朝鮮朝日	1928-04-27	1	06단	思想犯人に限り獨房に收容して惡思想の傳播を防ぐ/大邱に獨立刑務所新設は訛傳
151590	朝鮮朝日	1928-04-27	1	07단	模範靑年が內地を視察
151591	朝鮮朝日	1928-04-27	1	07단	咸南の道廳新築の噂さ/工費四十萬圓
151592	朝鮮朝日	1928-04-27	1	07단	春がすみたなびく玄海を越えて新婚旅行の若夫婦が最近頻りに入鮮
151593	朝鮮朝日	1928-04-27	1	07단	前漢時代の古鏡を發見/樂浪の地で
151594	朝鮮朝日	1928-04-27	1	08단	禁止問題で警察に交渉/緊張を見た衡平社大會
151595	朝鮮朝日	1928-04-27	1	08단	鐵道慰問婦八名を增員
151596	朝鮮朝日	1928-04-27	1	08단	府營バス運轉手試驗第二回を施行
151597	朝鮮朝日	1928-04-27	1	08단	釜日の社長芥川氏に決定
151598	朝鮮朝日	1928-04-27	1	08단	行商者に腕章を付し安東署が取締る
151599	朝鮮朝日	1928-04-27	1	09단	延吉靑年總聯盟發會支那側が惱む
151600	朝鮮朝日	1928-04-27	1	09단	小とりの熱咸興で大流行
151601	朝鮮朝日	1928-04-27	1	09단	天然痘發生新義州に
151602	朝鮮朝日	1928-04-27	1	09단	自動車と電車が衝突/運轉手が重傷
151603	朝鮮朝日	1928-04-27	1	09단	咽喉を突き汽車に飛込慘死を遂ぐ
151604	朝鮮朝日	1928-04-27	1	09단	帆船が沈沒
151605	朝鮮朝日	1928-04-27	1	10단	運動界(廣陵中チーム徽文と戰ふ/新義州弓術會)
151606	朝鮮朝日	1928-04-27	1	10단	會(大池翁招宴/畜産技術員會議)
151607	朝鮮朝日	1928-04-27	1	10단	人(有馬純吉氏(京城日々新聞社長)/小野久太郎氏(朝鮮經濟日報社長)/天日常次郎氏(鮮米協會々長)/山口太兵衛氏(京城有力者)/南源兵衛氏/康氣封氏(開拓鐵路主任)/有賀光豊氏(殖銀頭取))
151608	朝鮮朝日	1928-04-27	2	01단	半島茶話
151609	朝鮮朝日	1928-04-27	2	01단	岡山の米穀大會で朝鮮米の買上げを滿場一致で採決す/今後は輿論の力に俟つ
151610	朝鮮朝日	1928-04-27	2	01단	釜山下水道改修計劃工費百萬圓
151611	朝鮮朝日	1928-04-27	2	01단	苦竹林に黑腫病蔓延豫防法を宣傳
151612	朝鮮朝日	1928-04-27	2	01단	咸興郡廳舍新築費用の增配を請願
151613	朝鮮朝日	1928-04-27	2	02단	國農沼に復も爭議が氣遣はれる
151614	朝鮮朝日	1928-04-27	2	02단	慶山水利の改善工事は十萬圓が必要
151615	朝鮮朝日	1928-04-27	2	02단	忠北製絲の工場設置は淸州に決定
151616	朝鮮朝日	1928-04-27	2	02단	鴨江河大豆弗々出廻る
151617	朝鮮朝日	1928-04-27	2	02단	圖們鐵の大豆の滯貨一掃さる
151618	朝鮮朝日	1928-04-27	2	02단	忠南の植桑豫定通り進捗
151619	朝鮮朝日	1928-04-27	2	02단	豆粕の輸入漸次增加す
151620	朝鮮朝日	1928-04-27	2	02단	雛鷄を分讓優良レグホン
151621	朝鮮朝日	1928-04-27	2	03단	慶南の製紙增産を圖る

일련번호	판명	간행일	면	단수	기사명
151622	朝鮮朝日	1928-04-27	2	03단	鷄龍水組有望
151623	朝鮮朝日	1928-04-27	2	03단	四月中旬鐵道局業績收入百十萬圓
151624	朝鮮朝日	1928-04-27	2	04단	清津金組總會
151625	朝鮮朝日	1928-04-27	2	04단	清州金組總會
151626	朝鮮朝日	1928-04-27	2	04단	全州金組總會
151627	朝鮮朝日	1928-04-28	2	04단	京城府調査寄託品數量證券發行高
151628	朝鮮朝日	1928-04-28	1	01단	政友死力を盡して彈劾案の上程を妨げ議場しばしば混亂 午後八時五十七分遂に散會/彈劾案上程は本日も疑はる その間に政府切崩しを目論む野黨又必勝を期して防戰/民政黨側は緊急上程に努め決戰に專念す總辭職の外なしと緊張す
151629	朝鮮朝日	1928-04-28	1	03단	關釜連絡船改善を協議京城商議が
151630	朝鮮朝日	1928-04-28	1	04단	鎭南浦築港實行委員が平壤側と協議
151631	朝鮮朝日	1928-04-28	1	04단	釜山の進展開發は諸君の努力に竣つ/陳情などの小い考は捨てよ總督巧に機先を制す
151632	朝鮮朝日	1928-04-28	1	04단	支那側地主が鮮農を放逐/更に暴行を加へる朝鮮人擁護團幹部が急行
151633	朝鮮朝日	1928-04-28	1	04단	供納苹果修祓祭
151634	朝鮮朝日	1928-04-28	1	04단	廷吉に動員令奉天の後衛
151635	朝鮮朝日	1928-04-28	1	04단	重要案件を提げて出城松井府尹が
151636	朝鮮朝日	1928-04-28	1	05단	東萊川改修有志が陳情當局も重視す
151637	朝鮮朝日	1928-04-28	1	05단	京城大連間の電話五月中旬に開通目下關東廳と打合中/一通話が二圓四、五十錢
151638	朝鮮朝日	1928-04-28	1	05단	地方委員會決議機關に改訂案留保
151639	朝鮮朝日	1928-04-28	1	05단	支那勞働者の殺到で壓迫を受ける/新義州の朝鮮人勞働者救濟策を考案中
151640	朝鮮朝日	1928-04-28	1	06단	モヒを密賣したのは捜査上の方便と元警部補布用の答辯密賣事件一味の公判
151641	朝鮮朝日	1928-04-28	1	06단	短歌/橋田東声聲選
151642	朝鮮朝日	1928-04-28	1	06단	大邱商議員表彰
151643	朝鮮朝日	1928-04-28	1	07단	電車と自動車の衝突/パコダ公園前で(二十七日朝鮮朝日參照)
151644	朝鮮朝日	1928-04-28	1	07단	水平社との提携を激論の末に可決衡平社大會二日目/今後共同戰線を張り活動
151645	朝鮮朝日	1928-04-28	1	07단	保護者の承諾が要る釜山の女給さん
151646	朝鮮朝日	1928-04-28	1	07단	高陽郡の殺人強盜を大連で逮捕
151647	朝鮮朝日	1928-04-28	1	08단	戰跡視察團十六日安東
151648	朝鮮朝日	1928-04-28	1	08단	原田、福田兩選手來鮮デ盃戰の勇者
151649	朝鮮朝日	1928-04-28	1	09단	失張り佛教の信徒が一番多い京畿道内の宗派別神道では天理教が最多
151650	朝鮮朝日	1928-04-28	1	09단	關釜連絡船に天然痘患者三百餘名の乘客に檢疫の上で

일련번호	판명	간행일	면	단수	기사명
151650	朝鮮朝日	1928-04-28	1	09단	上陸を許す
151651	朝鮮朝日	1928-04-28	1	09단	運動界(廣陵また敗る/鐵道局庭球大會/博川體協創立/東拓殖銀弓術戰/平壤署射擊大會/元中一萬米競走)
151652	朝鮮朝日	1928-04-28	1	10단	會(湯村內務晩餐會)
151653	朝鮮朝日	1928-04-28	1	10단	人(藤田謙一氏(東京商工會議所會頭)/寺內軍參謀長/恩田銅吉氏(朝郵社長)/尾間立顯氏(總督府囑託)/島銅生駒氏(平壤中學校長)/イ・チチャエフ氏(京城露領事))
151654	朝鮮朝日	1928-04-28	1	10단	半島茶話
151655	朝鮮朝日	1928-04-28	2	01단	七十九名の地主に收用法を適用紛糾半年に及んだ/釜山上水道擴張工事の敷地
151656	朝鮮朝日	1928-04-28	2	01단	安くて親切だと道立醫院の繁昌/收入豫算に比較し約一割かたの增收
151657	朝鮮朝日	1928-04-28	2	01단	京取仲買人救濟を取引所に具陳
151658	朝鮮朝日	1928-04-28	2	01단	朝鮮窒素が鐵や鋼まで製出する計劃
151659	朝鮮朝日	1928-04-28	2	02단	山火事頻々黃海道內で
151660	朝鮮朝日	1928-04-28	2	03단	平壤の人口八萬三千人
151661	朝鮮朝日	1928-04-28	2	03단	雫の聲
151662	朝鮮朝日	1928-04-28	2	03단	五月一日のメーデーに示威の運動
151663	朝鮮朝日	1928-04-28	2	03단	十年計劃で初等學校の施設を改善
151664	朝鮮朝日	1928-04-28	2	03단	二百六十餘萬圓を前年より增收昭和二年鐵道局業績
151665	朝鮮朝日	1928-04-28	2	04단	慶北線の店村醴泉間工事が進捗
151666	朝鮮朝日	1928-04-28	2	04단	細民地區と住宅の建築釜山の計劃
151667	朝鮮朝日	1928-04-28	2	04단	朝鮮生命社長韓相龍氏就任
151668	朝鮮朝日	1928-04-28	2	04단	神仙爐
151669	朝鮮朝日	1928-04-29	1	01단	背後に全北平野を控へ鮮米の移出港として確固な地位を築いた群山開港後はや三十年閲す
151670	朝鮮朝日	1928-04-29	1	01단	獻穀田地鎭祭
151671	朝鮮朝日	1928-04-29	1	03단	俳句/鈴木花蓑選
151672	朝鮮朝日	1928-04-29	1	03단	南鮮視察も無事に終へ山梨總督歸城/總督に陳情
151673	朝鮮朝日	1928-04-29	1	04단	航空路の施設に力瘤を入れて遞信局が豫算編成/內地との連絡も考慮す
151674	朝鮮朝日	1928-04-29	1	04단	憧れの春の旅の欣びを胸に包みイソイソと身も輕く北行した柳兼子さん
151675	朝鮮朝日	1928-04-29	1	04단	社外船に積んでも制裁は加へぬ/鮮船會長近の態度
151676	朝鮮朝日	1928-04-29	1	05단	朝鮮畫壇は收穫時代/鮮展審査員田邊氏語る
151677	朝鮮朝日	1928-04-29	1	05단	李王、妃殿下一日に御來鮮
151678	朝鮮朝日	1928-04-29	1	05단	朝鮮人への土地賣買を琿春が禁止
151679	朝鮮朝日	1928-04-29	1	05단	急設電話增設箇所
151680	朝鮮朝日	1928-04-29	1	05단	三寸五分角の象牙に教育勅語を謹刻御大典記念に獻上/

일련번호	판명	간행일	면	단수	기사명
151680	朝鮮朝日	1928-04-29	1	05단	文字の數が三百と三十字
151681	朝鮮朝日	1928-04-29	1	06단	鮮展の搬入
151682	朝鮮朝日	1928-04-29	1	06단	養鷄組合が救濟を陳情忠南知事に
151683	朝鮮朝日	1928-04-29	1	06단	金剛山の山開き
151684	朝鮮朝日	1928-04-29	1	06단	女ばかりの養鷄の講習
151685	朝鮮朝日	1928-04-29	1	06단	大村海軍機京城に飛行
151686	朝鮮朝日	1928-04-29	1	06단	少年祭に大示威運動五千名出動
151687	朝鮮朝日	1928-04-29	1	07단	藥水と蕨の三防に停車場
151688	朝鮮朝日	1928-04-29	1	07단	御下賜品の恩命に浴す咸興の高齢者
151689	朝鮮朝日	1928-04-29	1	07단	二千名が近く除隊す二期入營で
151690	朝鮮朝日	1928-04-29	1	07단	平壤農校の竊盜を逮捕學校荒し專門
151691	朝鮮朝日	1928-04-29	1	08단	京城全市を花で覆ふ佛教徒の花祭り/今後はクリスマスのやう毎年盛大に開催す
151692	朝鮮朝日	1928-04-29	1	08단	平北天然痘蔓延に兆あり
151693	朝鮮朝日	1928-04-29	1	09단	運動界(蹴球大會決勝戰徽新と普成/廣陵軍惜敗す/スタクトン來鮮/寶塚球團來襲す/京電球場開き)
151694	朝鮮朝日	1928-04-29	1	09단	一頭二體八足の犢慶北で生れる
151695	朝鮮朝日	1928-04-29	1	10단	朝日活寫會木浦で開催
151696	朝鮮朝日	1928-04-29	1	10단	會(上內部長招宴/松井府君招宴)
151697	朝鮮朝日	1928-04-29	1	10단	人(寺內朝鮮軍參謀長/ダニレフスキー氏(東支鐵道員)/生田內務局長/西原八十八氏(全南水産主任)/矢澤弦月氏(畫家)/田邊室氏(畫家))
151698	朝鮮朝日	1928-04-29	1	10단	半島茶話
151699	朝鮮朝日	1928-04-29	2	01단	調査班を設けて咸北の富源を大々的に調査を行ふ五月末に現地に向ふ
151700	朝鮮朝日	1928-04-29	2	01단	鬮繭特賣制廢止に各地に反對の聲/慶北內に續出する養鷄道だけに注目される
151701	朝鮮朝日	1928-04-29	2	01단	安東上場の栗の格付七等に分つ
151702	朝鮮朝日	1928-04-29	2	01단	雫の聲
151703	朝鮮朝日	1928-04-29	2	01단	大邱慶南合併は急轉直下解決
151704	朝鮮朝日	1928-04-29	2	02단	群山が取引所設置を要望
151705	朝鮮朝日	1928-04-29	2	02단	平安北道移出穀類の不正が絶えぬ
151706	朝鮮朝日	1928-04-29	2	02단	新義州商議會員が增加二十名ほど
151707	朝鮮朝日	1928-04-29	2	02단	吳海軍が鎭南浦米を大口の注文
151708	朝鮮朝日	1928-04-29	2	03단	新義州の燃料調節關係者協議
151709	朝鮮朝日	1928-04-29	2	03단	新義州の靴下の製造ますます增加
151710	朝鮮朝日	1928-04-29	2	03단	十萬瓦の牛疫血淸を釜山で製造
151711	朝鮮朝日	1928-04-29	2	03단	吉林省が朝鮮人取締便法を規定
151712	朝鮮朝日	1928-04-29	2	03단	四月中旬私鐵の在貸一萬九千噸

일련번호	판명	간행일	면	단수	기사명
151713	朝鮮朝日	1928-04-29	2	04단	天滿市賣上非常な好況
151714	朝鮮朝日	1928-04-29	2	04단	淸津魚市場活況
151715	朝鮮朝日	1928-04-29	2	04단	釜山金組長更迭
151716	朝鮮朝日	1928-04-29	2	04단	官鹽販賣人總會
151717	朝鮮朝日	1928-04-29	2	04단	神仙爐

1928년 5월 (조선아사히)

일련번호	판명	간행일	면	단수	기사명
151718	朝鮮朝日	1928-05-01	1	01단	御多忙の間を割き兩殿下お揃ひで德惠姬さま御同伴御歸朝後最初の御歸鮮
151719	朝鮮朝日	1928-05-01	1	01단	天長の佳節朝來の霧雨霽れ陽光和に輝き絶好の奉祝日和に夜更けまで歡聲盡きず/祝賀園遊會慶會樓で開催
151720	朝鮮朝日	1928-05-01	1	04단	大阪商船の北鮮航路配船を變更
151721	朝鮮朝日	1928-05-01	1	04단	清津府有地入札を終る
151722	朝鮮朝日	1928-05-01	1	04단	天圖鐵道の輸送順調天候に恵まれ
151723	朝鮮朝日	1928-05-01	1	05단	肉彈あい搏つ接戰を演じ蹴球大會第一日目を終る敬新と普成二勝す(6ー1普專大勝鐵道敗退す/4ー1敬新快勝セ軍惜敗す/4ー0普專二勝普高敗退す)
151724	朝鮮朝日	1928-05-01	1	06단	追跡する警察官の跫音を後ろに聞き橫濱から上海に逃走間島共産黨の幹部の犯行/東京で檢擧した共産黨員護送
151725	朝鮮朝日	1928-05-01	1	09단	咸南の大山火事赴戰嶺驛も全燒し男女三名が窒死す
151726	朝鮮朝日	1928-05-01	1	09단	大同江口で抱合ひ心中關東丸から
151727	朝鮮朝日	1928-05-01	1	09단	仁川吏員が妓樓で心中金に困って
151728	朝鮮朝日	1928-05-01	1	10단	無錢旅行の獨逸人靑年釜山に上陸
151729	朝鮮朝日	1928-05-01	1	10단	松汀里普校と光州高普の共産黨關係は全然無根
151730	朝鮮朝日	1928-05-01	1	10단	平原の火事四棟を全燒
151731	朝鮮朝日	1928-05-01	1	10단	會(支那料理講習會)
151732	朝鮮朝日	1928-05-01	1	10단	人(福井哲之助氏(新任安田銀行仁川支店長)/鈴木兵作氏(新光州郡守)/全南內地視察團/武久拾眞氏(釜山實業家)/豊田福太郎氏(同上)/松尾三太郎氏(昌德宮警察長))
151733	朝鮮朝日	1928-05-01	2	01단	時事鳥瞰/世界的の勞働選手支那人の侵入に備へる方策は如何大なる産業組織は一方法か
151734	朝鮮朝日	1928-05-01	2	01단	服飾藝術と現代女性/京都美術工藝學校囑託森守明
151735	朝鮮朝日	1928-05-01	2	01단	漢江の怪物
151736	朝鮮朝日	1928-05-01	2	03단	婦人室/內鮮融和は婦人から關門婦人會の運動
151737	朝鮮朝日	1928-05-01	2	04단	平壤內鮮外人宗教信者數
151738	朝鮮朝日	1928-05-01	2	04단	乳兒の死亡率は內地より遙に低い大工業が發達せず母親に女工が無い爲めか研究に價する面白き現象
151739	朝鮮朝日	1928-05-01	2	05단	廣告ビラは美を損ずと釜山署が取締
151740	朝鮮朝日	1928-05-01	2	05단	神仙爐
151741	朝鮮朝日	1928-05-01	2	06단	慶南卵の內地移出はますます有望
151742	朝鮮朝日	1928-05-01	2	06단	清津靑訓所一日發會
151743	朝鮮朝日	1928-05-01	2	06단	咸北會寧に官營製材所設置の計劃
151744	朝鮮朝日	1928-05-01	2	06단	朝鮮の郵貯昨年に比し五百萬圓增加
151745	朝鮮朝日	1928-05-01	2	07단	平北の水組いづれも着工
151746	朝鮮朝日	1928-05-01	2	07단	朝鮮害蟲編來月に發行
151747	朝鮮朝日	1928-05-01	2	07단	鮭の初漁

일련번호	판명	간행일	면	단수	기사명
151748	朝鮮朝日	1928-05-01	2	07단	京城の物價
151749	朝鮮朝日	1928-05-01	2	07단	殖銀の産業貸付
151750	朝鮮朝日	1928-05-01	2	07단	沙里院金祖總會
151751	朝鮮朝日	1928-05-01	2	07단	北鮮信託總會
151752	朝鮮朝日	1928-05-02	1	01단	お迎への群衆我を忘れ殿下の萬歲を叫ぶ 御出迎の人に笑顔で御會釋大造殿に入らせらる/御日程御滯城中の/薄がすむ釜山の風光を賞でられ久方ぶりの兩殿下御機嫌麗しく釜山御上陸/御巡遊の箇所は十四國に達した 御壯健だったのは何より篠田李王職次官謹み語る/大邱御通過御會釋を賜ふ
151753	朝鮮朝日	1928-05-02	1	01단	內相自發的に辭意を申出づ田中首相も內諾を與ふ首相兼攝して議會を切拔け閉會後に改造斷行の方針
151754	朝鮮朝日	1928-05-02	1	01단	水道の經營を個人にも許す上水道の取締令を近く審議して公布
151755	朝鮮朝日	1928-05-02	1	02단	群山府の高齡者調査/最高は九十九
151756	朝鮮朝日	1928-05-02	1	02단	群山府廳舍移轉に決定/正門が問題
151757	朝鮮朝日	1928-05-02	1	03단	短歌/橋田東聲選
151758	朝鮮朝日	1928-05-02	1	04단	大邱の旗行列
151759	朝鮮朝日	1928-05-02	1	04단	船舶相手の無線局を東海岸に設置/場所は淸津附近か
151760	朝鮮朝日	1928-05-02	1	04단	京城府招魂祭
151761	朝鮮朝日	1928-05-02	1	05단	借地人組合總會を開き値下に邁進
151762	朝鮮朝日	1928-05-02	1	06단	水組の水源地に水電を許せば灌漑用水に不足すと多木氏が不許可を嘆願
151763	朝鮮朝日	1928-05-02	1	06단	牡丹臺野話
151764	朝鮮朝日	1928-05-02	1	06단	母性愛の講演を開く/兒童愛護デー
151765	朝鮮朝日	1928-05-02	1	07단	平壤警察署新築に着工
151766	朝鮮朝日	1928-05-02	1	07단	技術は達者だが朝鮮の匂ひが薄い/數は減ったが質は向上した/本年の鮮展の出品
151767	朝鮮朝日	1928-05-02	1	07단	八代、傳家の珍しい長煙管長さ四尺五寸/專賣局が買入
151768	朝鮮朝日	1928-05-02	1	08단	第四會共産黨員は六百名に達す相當大仕掛な團體日本大學生外數名も檢擧さる
151769	朝鮮朝日	1928-05-02	1	08단	素燒の小瓶に黃金が一杯公州で發掘
151770	朝鮮朝日	1928-05-02	1	08단	美人も交る主義者一味朝鮮に送還
151771	朝鮮朝日	1928-05-02	1	09단	慶北永川の大火事一部落全滅
151772	朝鮮朝日	1928-05-02	1	09단	避難支那人が北滿の各地で朝鮮人部落を掠奪/支那官憲は放任す
151773	朝鮮朝日	1928-05-02	1	10단	運動界(全鮮クラブ野球聯盟戰日程が決定/廣陸軍惜敗す/鐵道殖銀庭球戰)
151774	朝鮮朝日	1928-05-02	1	10단	人(長屈戒一氏(京城地方法院檢事正)/ソーリス少佐(軍國

일련번호	판명	간행일	면	단수	기사명
151774	朝鮮朝日	1928-05-02	1	10단	公使館附武官))
151775	朝鮮朝日	1928-05-02	1	10단	半島茶話
151776	朝鮮朝日	1928-05-02	2	01단	朝鮮汽船の割込は朝鮮には大打擊/兎も角申請は却下その都度都度に許可する
151777	朝鮮朝日	1928-05-02	2	01단	京取の仲買人が仁取側と提携し取引所設置を申請内地の運動に刺戟され
151778	朝鮮朝日	1928-05-02	2	01단	警察官異動
151779	朝鮮朝日	1928-05-02	2	01단	大藏省の低資殖銀が分配
151780	朝鮮朝日	1928-05-02	2	02단	鴨綠江製紙南支方面に移出が旺盛
151781	朝鮮朝日	1928-05-02	2	02단	仁川港の艀賃の引下强硬に交渉
151782	朝鮮朝日	1928-05-02	2	02단	咸北新幹部に主要都市が集って陳情
151783	朝鮮朝日	1928-05-02	2	02단	大邱府營職業紹介所いよいよ創立
151784	朝鮮朝日	1928-05-02	2	02단	賣藥營業の取締令改正目下起案中
151785	朝鮮朝日	1928-05-02	2	03단	無軌道電車と軌道自動車淸津で競願
151786	朝鮮朝日	1928-05-02	2	03단	內閣總辭職の虛報に接し大邱市場慘落
151787	朝鮮朝日	1928-05-02	2	03단	定員以外の海女の入漁絕對に許さぬ
151788	朝鮮朝日	1928-05-02	2	03단	昭和二年度中の鐵道局線の動き輸送總量四百萬噸昨年に比較し悉く增加
151789	朝鮮朝日	1928-05-02	2	04단	雫の聲
151790	朝鮮朝日	1928-05-02	2	04단	電話の申請安東局が受付
151791	朝鮮朝日	1928-05-02	2	04단	神仙爐
151792	朝鮮朝日	1928-05-03	1	01단	政府及び與黨から屈辱的の妥協は絕對に避けて貰ひたい/內相から首相に進言/明政會の申合せ/內閣瓦解の危機を孕んで內相の挂冠は最早疑ふ餘地なきに至る/改造により一時を糊塗黨內の意向も略一致　時期引延ばした苦心/總括的不信任案に尾崎氏反對
151793	朝鮮朝日	1928-05-03	1	02단	醫師試驗醫專で執行
151794	朝鮮朝日	1928-05-03	1	03단	少年囚の軍事敎練は朝鮮では困難/內鮮を區別するも妙で駐屯部隊も行き屆かぬ
151795	朝鮮朝日	1928-05-03	1	03단	李王殿下親しく孝寧殿に御成り故埴殿下御大祥祭を莊嚴に執行遊ばさる
151796	朝鮮朝日	1928-05-03	1	04단	國境兵備の充實を企圖有志が協議
151797	朝鮮朝日	1928-05-03	1	04단	俳句/鈴木花蓑選
151798	朝鮮朝日	1928-05-03	1	04단	安東縣招魂祭
151799	朝鮮朝日	1928-05-03	1	04단	ルーツ夫人ソプラノ獨唱
151800	朝鮮朝日	1928-05-03	1	05단	設備も完成し來年は初めて新卒業生を出だす/城大創立以來はや五年
151801	朝鮮朝日	1928-05-03	1	05단	夏は商店の飾窓から訪れる/早くも麥藁帽子や浴衣地が人目をひく

일련번호	판명	간행일	면	단수	기사명
151802	朝鮮朝日	1928-05-03	1	05단	白熱の接戦を續け普專軍遂に優勝す/四對零敬新の力鬪も空し全鮮蹴球大會優勝戰(優勝旗授與)
151803	朝鮮朝日	1928-05-03	1	07단	兒童協會謝恩會
151804	朝鮮朝日	1928-05-03	1	07단	上帝敎關係初等學校の昇格は困難
151805	朝鮮朝日	1928-05-03	1	07단	納稅組合に奬勵金交付
151806	朝鮮朝日	1928-05-03	1	07단	釜山放言(一)/青い鳥
151807	朝鮮朝日	1928-05-03	1	08단	城大五周年記念講演會盛況を極む
151808	朝鮮朝日	1928-05-03	1	08단	火災に罹った全滅部落の救濟に着手
151809	朝鮮朝日	1928-05-03	1	08단	蚊の季節的消長を小林敎授が研究衛生課や道醫院で研究材料の蒐集を應援
151810	朝鮮朝日	1928-05-03	1	09단	七名共謀の誘拐事件取調べ漸く終る
151811	朝鮮朝日	1928-05-03	1	09단	商工社長の豫約金詐欺有罪と決定
151812	朝鮮朝日	1928-05-03	1	09단	オリニデーに五千の少年旗行列を擧行
151813	朝鮮朝日	1928-05-03	1	10단	平日と變らず極めて靜な釜山のメーデー
151814	朝鮮朝日	1928-05-03	1	10단	警官殺しに死刑を求刑/犯人泣出す
151815	朝鮮朝日	1928-05-03	1	10단	人(李堈公殿下/松井京畿道內務部長/本田義成代議士/淺田航空大佐(平壤飛行聯隊長))
151816	朝鮮朝日	1928-05-03	1	10단	半島茶話
151817	朝鮮朝日	1928-05-03	2	01단	眞意の捕捉に苦しむ取引所の新設要望/內地からの運動に驚いて或は割込みの一策か
151818	朝鮮朝日	1928-05-03	2	01단	受渡の道具から足をば洗って實需方面に進展する慶北米の品質向上
151819	朝鮮朝日	1928-05-03	2	01단	凰城縣でも在住朝鮮人壓迫の噂さ
151820	朝鮮朝日	1928-05-03	2	01단	農村振興の模範部落に補助金交付
151821	朝鮮朝日	1928-05-03	2	01단	山火事豫防の宣傳ビラを山林會が配布
151822	朝鮮朝日	1928-05-03	2	02단	南鮮地方竹と闊葉樹植栽の調査
151823	朝鮮朝日	1928-05-03	2	02단	打續く旱天に平南の作物枯死に瀕す
151824	朝鮮朝日	1928-05-03	2	02단	振替貯金の受拂が激增
151825	朝鮮朝日	1928-05-03	2	02단	不渡り手形
151826	朝鮮朝日	1928-05-03	2	02단	輸送中の米の拔取り平北が取締
151827	朝鮮朝日	1928-05-03	2	03단	商品見本展示會
151828	朝鮮朝日	1928-05-03	2	03단	南浦商議役員會
151829	朝鮮朝日	1928-05-03	2	03단	脫稅目的の骨牌再移出嚴重に取締る
151830	朝鮮朝日	1928-05-03	2	03단	煙草製造高
151831	朝鮮朝日	1928-05-03	2	03단	採鹽の成績頗る良好
151832	朝鮮朝日	1928-05-03	2	04단	京城手形交換高
151833	朝鮮朝日	1928-05-03	2	04단	神仙爐
151834	朝鮮朝日	1928-05-04	1	01단	山東の形勢重大化す/濟南附近で盛んに交戰し彼我多數の負傷を出す/日支兵衝突事件の交渉は不調に終り東西

일련번호	판명	간행일	면	단수	기사명
151834	朝鮮朝日	1928-05-04	1	01단	兩警備區の連絡全く斷たる/我が居留民約百名慘殺さるとの噂/邦人虐殺さる/日本軍死傷三十名/支那側死傷八百名/六師團主力は南軍と接戰掠奪を制止すれば南軍兵士突然發砲/居留民の安否いまだ不明南軍は續々と增加/孤立無援となり至急應援乞ふ酒井少佐より無電/宇都宮師團急派か今日閣議を開いて決定
151835	朝鮮朝日	1928-05-04	1	03단	放漫な經營が崇り朝郵の窮狀が暴露恩田社長の留任も困難全資本の一割が缺損
151836	朝鮮朝日	1928-05-04	1	04단	內相の後任は犬養毅氏が有力/或は中橋商相を推さん
151837	朝鮮朝日	1928-05-04	1	04단	政局の安定を待ち解決策を講ず在滿朝鮮人壓迫の救濟を政府も諒解
151838	朝鮮朝日	1928-05-04	1	06단	連絡船の輻湊は一時的の現像併し大型船の設計は鐵道省で考究中
151839	朝鮮朝日	1928-05-04	1	06단	一戶より十粒宛の繭の寄贈を受け羽二重に謹製して聖上、皇后兩陛下へ獻上
151840	朝鮮朝日	1928-05-04	1	06단	坧殿下望哭式
151841	朝鮮朝日	1928-05-04	1	06단	山梨總督が李王、妃殿下の御機嫌を奉伺
151842	朝鮮朝日	1928-05-04	1	06단	群山開港三十週年祝賀の催し
151843	朝鮮朝日	1928-05-04	1	06단	市內電話の開始十ヶ所
151844	朝鮮朝日	1928-05-04	1	06단	鴨綠江の漁業に課稅/東邊道尹が
151845	朝鮮朝日	1928-05-04	1	07단	自轉車稅の輕減を附議/京城商議が
151846	朝鮮朝日	1928-05-04	1	07단	早くも京城の府營バス五十台を增す計劃/十日間の收入二千二百圓損した日は僅に一日
151847	朝鮮朝日	1928-05-04	1	07단	十三名の靑年團幹部內地を視察
151848	朝鮮朝日	1928-05-04	1	08단	釜山放言(二)/靑い鳥
151849	朝鮮朝日	1928-05-04	1	08단	朝鮮から續々と製鐵所見學
151850	朝鮮朝日	1928-05-04	1	08단	短歌/橋田東聲選
151851	朝鮮朝日	1928-05-04	1	08단	虐待されて自殺を企つ釜山の遊女
151852	朝鮮朝日	1928-05-04	1	08단	咸興の大火十八戶全燒
151853	朝鮮朝日	1928-05-04	1	08단	早くも始まった國農沼の爭議從來の綠故を無視し三百名の小作權を認めぬ
151854	朝鮮朝日	1928-05-04	1	09단	海軍記念日模擬戰を行ふ
151855	朝鮮朝日	1928-05-04	1	09단	二十餘坪の鍾乳洞平南で發見
151856	朝鮮朝日	1928-05-04	1	10단	間島奧地に痘瘡が流行痘苗を送る
151857	朝鮮朝日	1928-05-04	1	10단	人(崔岡氏(京城府寬勳洞總代)/堀田延之助氏(北海道拓殖部長)/渡邊勘次氏(農林省蠶業試驗場技師)/定行八郞氏(元代議士)/釜山第一商業生/撫煙炭同業店主/飯塚主計監/上田耕一郞氏(安東商業會議所書記長))
151858	朝鮮朝日	1928-05-04	1	10단	半島茶話
151859	朝鮮朝日	1928-05-04	2	01단	舊煙草會社讓受の財産の評價で紛糾双方の主張價格に

일련번호	판명	간행일	면	단수	기사명
151859	朝鮮朝日	1928-05-04	2	01단	二萬圓の差があって讓らず
151860	朝鮮朝日	1928-05-04	2	01단	郵便局と金組が預金の爭奪戰/郵便局は金品で釣り金組は資金を貸し副業獎勵
151861	朝鮮朝日	1928-05-04	2	01단	慶南道の春蠶掃立弗々始まる
151862	朝鮮朝日	1928-05-04	2	01단	多獅島から平北米移出社外船を利用
151863	朝鮮朝日	1928-05-04	2	01단	勞務に從事し學資を得る沙里院農校生
151864	朝鮮朝日	1928-05-04	2	02단	奥地の出穀意外に捗り荷問えの狀態
151865	朝鮮朝日	1928-05-04	2	02단	無煙炭會社初の移出/大阪東京へ
151866	朝鮮朝日	1928-05-04	2	02단	西鮮の旱魃苗代も出來ぬ
151867	朝鮮朝日	1928-05-04	2	02단	柔苗代金の回收良好副業の收入で
151868	朝鮮朝日	1928-05-04	2	03단	中江鎭初筏式
151869	朝鮮朝日	1928-05-04	2	03단	淺海漁業と淡水養魚を慶南が獎勵
151870	朝鮮朝日	1928-05-04	2	03단	群山商議の評議員改選六月に施行
151871	朝鮮朝日	1928-05-04	2	03단	穀類平均値京城府調査
151872	朝鮮朝日	1928-05-04	2	04단	京城府內の商工業調査
151873	朝鮮朝日	1928-05-04	2	04단	四月下旬私鐵の在貨一萬四千噸
151874	朝鮮朝日	1928-05-04	2	04단	運輸部跡を魚類水揚場淸津府が借用
151875	朝鮮朝日	1928-05-04	2	04단	京城組銀帳尻
151876	朝鮮朝日	1928-05-04	2	04단	神仙爐
151877	朝鮮朝日	1928-05-05	1	01단	政治的の決議案五票の差で修正可決つひに野黨側の勝利/きのふの衆議院本會議
151878	朝鮮朝日	1928-05-05	1	01단	異常の緊張を見せ出動準備を整へた滿洲派遣の朝鮮軍五日夜龍山發列車で渡滿　平讓飛機隊も靑島に出動/銃器の手入れや被服兵糧の準備で出動聯隊の非常な混雜/支那を相手の戰爭ではないし大したこともなからう/わしが出る幕ではない納った金谷司令官/飛機先發隊五日朝出動/出動の八機は地上員の到着をまち靑島へ空中輸送
151879	朝鮮朝日	1928-05-05	1	01단	疲れも忘れて喜ぶ兵隊さん
151880	朝鮮朝日	1928-05-05	1	03단	十三聯隊南軍と衝突/事態更に惡化/重大事態發生か
151881	朝鮮朝日	1928-05-05	1	04단	御歸鮮を御祝ひ申し交魚淸酒獻上/德惠姬さま五日御退城
151882	朝鮮朝日	1928-05-05	1	05단	兩東邊道尹營口に轉任
151883	朝鮮朝日	1928-05-05	1	05단	公立普校の補習科設置一蹴されて議員達連袂辭任か
151884	朝鮮朝日	1928-05-05	1	06단	大祥祭の群衆の夜(一萬二千人に及ぶ)
151885	朝鮮朝日	1928-05-05	1	06단	臨時恩賜金管理の規則を改正し小農救濟の資金に充當すべく起案中
151886	朝鮮朝日	1928-05-05	1	07단	日本海戰で沈んだ露艦ドミトリドンスコイ引揚げ作業は認可朝鮮では初めての試み
151887	朝鮮朝日	1928-05-05	1	07단	俳句/鈴木花蓑選
151888	朝鮮朝日	1928-05-05	1	08단	鐵道局辭令

일련번호	판명	간행일	면	단수	기사명
151889	朝鮮朝日	1928-05-05	1	08단	京城附近の聯合演習に平壤飛機參加
151890	朝鮮朝日	1928-05-05	1	08단	蠅取の標語京城府が募集
151891	朝鮮朝日	1928-05-05	1	08단	天然痘發生
151892	朝鮮朝日	1928-05-05	1	08단	外國爲替の詐欺が露見/犯人は義烈團員
151893	朝鮮朝日	1928-05-05	1	09단	迷子の奪合ひで人妻の大立廻
151894	朝鮮朝日	1928-05-05	1	09단	五十名の馬賊が安奉沿線を襲ひ民家を燒き拂って人質二十名を拉去
151895	朝鮮朝日	1928-05-05	1	09단	火藥大密輸判決言渡
151896	朝鮮朝日	1928-05-05	1	09단	咸興高普生盟休を企つ二、三、四年生
151897	朝鮮朝日	1928-05-05	1	09단	元陸軍計手恩給證書を種に詐欺
151898	朝鮮朝日	1928-05-05	1	09단	恩賜金の傳達に困る遺族が不明
151899	朝鮮朝日	1928-05-05	1	10단	釜山の競馬
151900	朝鮮朝日	1928-05-05	1	10단	會(安東地方委員會/慶南漁組研究會)
151901	朝鮮朝日	1928-05-05	1	10단	人(赤木萬次郎氏(京城師範學校長)/禪道文藥氏(前代議士)/中村漁策氏(釜山鎭壓策社長)/清水槌太郎氏(同上副社長)/松井京畿道內務部長/康氣雁氏(支那開拓鐵路董事)/渡邊十九師團長)
151902	朝鮮朝日	1928-05-05	1	10단	半島茶話
151903	朝鮮朝日	1928-05-05	2	01단	六百九十萬石を突破する見込/本年の朝鮮米移出
151904	朝鮮朝日	1928-05-05	2	01단	取引所設置で仁川側は回答を延期
151905	朝鮮朝日	1928-05-05	2	01단	釜商議豫算四萬七千圓/評議會で決定
151906	朝鮮朝日	1928-05-05	2	01단	獻穀田地鎭祭
151907	朝鮮朝日	1928-05-05	2	02단	昭和元年度直接稅負擔前年より增加
151908	朝鮮朝日	1928-05-05	2	02단	工業低資の融通を要望
151909	朝鮮朝日	1928-05-05	2	02단	渴水に惱む鴨江の流筏減水甚し
151910	朝鮮朝日	1928-05-05	2	03단	大邱專賣局煙草荒刻み操業は九月
151911	朝鮮朝日	1928-05-05	2	03단	思惑買が崇って變質米を出し大手筋の損害多し
151912	朝鮮朝日	1928-05-05	2	03단	金剛山電鐵下半期業績
151913	朝鮮朝日	1928-05-05	2	04단	益山の春蠶掃立
151914	朝鮮朝日	1928-05-05	2	04단	預金貸出激增/京畿金組聯合會
151915	朝鮮朝日	1928-05-05	2	04단	神仙爐
151916	朝鮮朝日	1928-05-06	1	01단	感激の涙を湛へて使命の遂行を誓ひ黑山の如き群衆に見送られ龍山部隊滿洲に向ふ/出發時刻の發表で將卒の意氣は昂り重々しい緊張裡に總べての準備は進める/萬歲の聲に送られ平壤部隊も出發五日夜の臨時列車で一路滿洲に向ふ
151917	朝鮮朝日	1928-05-06	1	01단	濟南事件の犧牲者軍人や在留邦人五十餘名漸次食糧品も缺乏/酸鼻をきはめた邦人の慘らしき死體/濟南事件の重大化 內地より五個中隊派遣/兵器彈藥食糧滿載の救援列車無事に濟南に着す/平壤飛行隊靑島へ二十名出發

일련번호	판명	간행일	면	단수	기사명
151918	朝鮮朝日	1928-05-06	1	07단	*幹部の顔觸/先發飛機隊新義州を通過*
151919	朝鮮朝日	1928-05-06	1	07단	數十の鷺舞うて森嚴を加へた李王、妃殿下の御視察歸途普殿下の御廟に御參拜
151920	朝鮮朝日	1928-05-06	1	07단	經濟國難決議案多數を以て可決さる/きのふの衆議院本會議
151921	朝鮮朝日	1928-05-06	1	07단	短歌/橋田東聲選
151922	朝鮮朝日	1928-05-06	1	08단	*審査員の顔觸が變り入選の標準が向上/鮮展の入選畵發表京城高女の松岡孃も入選/米山朴堂氏鮮展に入選*
151923	朝鮮朝日	1928-05-06	1	09단	統營沖で機船が沈沒/二名行方不明
151924	朝鮮朝日	1928-05-06	1	10단	モヒ密輸の不良警官に判決言渡し
151925	朝鮮朝日	1928-05-06	1	10단	半島茶話
151926	朝鮮朝日	1928-05-06	1	10단	生首を釣る大同江口で
151927	朝鮮朝日	1928-05-06	2	01단	本年度の鮮米移出は七百萬石を突破か外米の輸入も從って增し十一月以降累計十四萬石
151928	朝鮮朝日	1928-05-06	2	01단	金融制度の調査は本年內に完了/この調査に本づき諸法令の改正を行ふ
151929	朝鮮朝日	1928-05-06	2	01단	京城取引所創立は京取仲買人單獨で進む
151930	朝鮮朝日	1928-05-06	2	01단	安東檢糧局粟の檢査の料金が決定
151931	朝鮮朝日	1928-05-06	2	01단	不正增量の支那側柞蠶不買を決議
151932	朝鮮朝日	1928-05-06	2	02단	元山擔稅額
151933	朝鮮朝日	1928-05-06	2	02단	濟州島の蜜柑餘地なき迄植盡される
151934	朝鮮朝日	1928-05-06	2	02단	朔星美術展覽會
151935	朝鮮朝日	1928-05-06	2	03단	外鹽の輸入昨年より激增
151936	朝鮮朝日	1928-05-06	2	03단	奉天で開く東京見本市安東から出席
151937	朝鮮朝日	1928-05-06	2	03단	御大典記念學校の植樹苗木を交附
151938	朝鮮朝日	1928-05-06	2	04단	朝鮮人夫が漸次減少し支那苦力が代る
151939	朝鮮朝日	1928-05-06	2	04단	安東縣が空地を整理
151940	朝鮮朝日	1928-05-06	2	04단	京城傳染病三ヶ年の調査
151941	朝鮮朝日	1928-05-06	2	04단	局線對私鐵連帶貨物高
151942	朝鮮朝日	1928-05-06	2	04단	四月中の鐵道局收入三百三十萬圓
151943	朝鮮朝日	1928-05-06	2	04단	神仙爐
151944	朝鮮朝日	1928-05-08	1	01단	寫眞(李王、同妃兩殿下洪陵御參拜と六日朝下關御着御歸東の德專姬さま、右は京城の兒童愛護デー)
151945	朝鮮朝日	1928-05-08	1	01단	議會で承認を得た追加豫算の納譯總額が一千二百萬圓/實行豫算を加へ二億二千萬圓
151946	朝鮮朝日	1928-05-08	1	01단	北京や天津には奉天軍の造った立派な飛行場があり何時でも根據地に出来る
151947	朝鮮朝日	1928-05-08	1	01단	飛機に託し出動部隊に慰問品寄贈
151948	朝鮮朝日	1928-05-08	1	01단	新義州有志が兵備充實の研究會に出席
151949	朝鮮朝日	1928-05-08	1	02단	舊京城煙草會社の財産賣却値段を株主達が承認せぬ雙

일련번호	판명	긴행일	면	단수	기사명
151949	朝鮮朝日	1928-05-08	1	02단	方の開きが二萬圓
151950	朝鮮朝日	1928-05-08	1	03단	西鮮電氣の沙里院面電買收は成立か
151951	朝鮮朝日	1928-05-08	1	03단	平北模範林御大典記念
151952	朝鮮朝日	1928-05-08	1	03단	小規模な家庭工業を副業に獎勵
151953	朝鮮朝日	1928-05-08	1	04단	愛せよ敬せよ國の寶の子供をと標語入りの旗や造花で賑はった兒童愛護デー/釜山の催し
151954	朝鮮朝日	1928-05-08	1	04단	警務監察官平北で新設
151955	朝鮮朝日	1928-05-08	1	05단	釜山放言(三)/青い鳥
151956	朝鮮朝日	1928-05-08	1	05단	兒童協會の謝恩デー/至弘氏の挨拶
151957	朝鮮朝日	1928-05-08	1	06단	支那向けの水産品は品質の統一と多量の生産が必要/共同販賣が一番理想的
151958	朝鮮朝日	1928-05-08	1	06단	オリンピック豫選降雨を冒して京城運動場で擧行/新記録五種を出す(トラック/フ井ルド)
151959	朝鮮朝日	1928-05-08	1	08단	新義州電氣の高燭勸誘の成績は良好
151960	朝鮮朝日	1928-05-08	1	08단	機關銃を持つ漁業取締船朝風丸出動
151961	朝鮮朝日	1928-05-08	1	08단	大阪朝日掲載照る日雲る日光州で上映
151962	朝鮮朝日	1928-05-08	1	08단	ユーゴー一代の傑作レ・ミゼラブルの映畫を京城公會堂で上映/文部省推薦の名作品
151963	朝鮮朝日	1928-05-08	1	09단	咸興商業生或は盟休か陳情書提出
151964	朝鮮朝日	1928-05-08	1	09단	血染めの出刃を翳し強盜を働く
151965	朝鮮朝日	1928-05-08	1	09단	安東製材者の脫稅發見破産者を見ん
151966	朝鮮朝日	1928-05-08	1	10단	朝日の優勝旗庭球大會に寄贈
151967	朝鮮朝日	1928-05-08	1	10단	運動界(本町署優勝)
151968	朝鮮朝日	1928-05-08	1	10단	會(有賀殖銀頭取招宴/婦人修養講習會)
151969	朝鮮朝日	1928-05-08	1	10단	人(後藤一郎氏(仁川測候所長)/有賀光豊氏(殖銀頭取)/井上綾太郎氏(會計檢查官))
151970	朝鮮朝日	1928-05-08	1	10단	半島茶話
151971	朝鮮朝日	1928-05-08	2	01단	鮮展入選の喜び嬉しき人々の言葉 モデルのないのが一番の不幸です特選「花冠」の製作の苦心を語る遠田運雄氏/五日の間にバタバタと描上げました 佐藤九二男氏/新聞なんかに出しちゃイーヤ 十五歳の春江孃/初入選の喜び秋畝さんのお弟子 眞鍋由幸氏/平面な油繪を東洋畫化す私の理想 俵雅亮氏/好きな道は止められぬ 中尾菊太郎氏/お二人揃って目出度く入選 柴田中川の兩孃/土居彩畝女史が出品を突然撤回念を押した四君子を無斷で東洋畫に入れてその上取消屆を出せと迫る
151972	朝鮮朝日	1928-05-08	2	02단	時事鳥瞰/現在の朝鮮に見て取引所の設置が果して必要だらうかたゞ恐るゝは政黨の浸潤
151973	朝鮮朝日	1928-05-08	2	03단	入選者(東洋畫/西洋畫/彫刻/書/四君子/特選)
151974	朝鮮朝日	1928-05-08	2	05단	寫眞(佐藤九二男氏の「T夫人の像」(上右)/遠田運雄氏の「花冠」(上左)/金鍾泰氏の「ポーズ」(下))

일련번호	판명	간행일	면	단수	기사명
151975	朝鮮朝日	1928-05-09	1	01단	戰時編成にして兵員數一萬二千名古屋師團の編成內容けふ動員令が下る筈
151976	朝鮮朝日	1928-05-09	1	01단	鮮展はじまる赤旗晩春の陽光に飜
151977	朝鮮朝日	1928-05-09	1	01단	嬉しさが語る鮮展入選のさまざま 朝鮮の色が出た作品が非常に少ない 矢澤、田邊兩審査員の批評/三人揃って目出度く入選/御馴染の加藤氏夫妻今年でお別れ/つい出して見たのです 荻山タケノさん/ほんの小品で恥づかしい高橋いし子さん/湖上に釣する閑人を見た 松山致芳氏/酒の代りに書でも書くお醫師達の申合せ 宇野宗一氏/帝展へも進みたいと 前田金七氏
151978	朝鮮朝日	1928-05-09	1	03단	承認を得た東拓の外債三十年長期の四千萬圓/今後の活動を期待さる
151979	朝鮮朝日	1928-05-09	1	04단	出動部隊滿洲到着飛機も靑島着
151980	朝鮮朝日	1928-05-09	1	04단	釜山と連絡船との無線電話の實施/釜山の設備さへ急げば年內に話が出來る
151981	朝鮮朝日	1928-05-09	1	05단	御大典記念釜山遊園地大家博士設計
151982	朝鮮朝日	1928-05-09	1	05단	俳句/鈴木花蓑選
151983	朝鮮朝日	1928-05-09	1	05단	平南の警官不足で困る
151984	朝鮮朝日	1928-05-09	1	05단	京城の電話は大阪橫濱と殆ど同率
151985	朝鮮朝日	1928-05-09	1	06단	釜山の市街計劃工費は約四十萬圓當局の腹案なる
151986	朝鮮朝日	1928-05-09	1	06단	支那人の歸國滅切と殖え人目を惹く
151987	朝鮮朝日	1928-05-09	1	06단	御大典記念に教育審勢展大邱で開催
151988	朝鮮朝日	1928-05-09	1	06단	元山局の電話の遣繰新設に困る
151989	朝鮮朝日	1928-05-09	1	07단	動物園の御めでた珍らしくも豹がまるまると太った可愛い二匹の子を持つ
151990	朝鮮朝日	1928-05-09	1	07단	今度は平北にチブスが猖獗/初發以來の患者二百名なほ蔓延の兆あり
151991	朝鮮朝日	1928-05-09	1	07단	世界早廻り荒木選手が釜山を通過
151992	朝鮮朝日	1928-05-09	1	08단	金剛山/宣傳隊の活躍
151993	朝鮮朝日	1928-05-09	1	08단	紛擾を起した花代の値上條件付で許可
151994	朝鮮朝日	1928-05-09	1	08단	草梁驛の公金五千圓消え失せる
151995	朝鮮朝日	1928-05-09	1	09단	年々に增加する鮮内の出版物一年間に約千五百種/文藝物が一番多い
151996	朝鮮朝日	1928-05-09	1	09단	篤農を表彰金品を贈る
151997	朝鮮朝日	1928-05-09	1	09단	女子商の盟休學生が軟化自然に解決
151998	朝鮮朝日	1928-05-09	1	09단	運動界(全鮮女子庭球大會須々木石塚組優勝/國際大會第二次豫選出場者決定/明大蹴球軍來鮮/南浦運動會)
151999	朝鮮朝日	1928-05-09	1	10단	會(慶北金組理事會)
152000	朝鮮朝日	1928-05-09	1	10단	人(澤田豊丈氏(東拓理事)/山下犀藏氏(遞信局長))

일련번호	판명	간행일	면	단수	기사명
152001	朝鮮朝日	1928-05-09	1	10단	半島茶話
152002	朝鮮朝日	1928-05-09	2	01단	ますます紛糾する煙草會社の解散/松本局長の無條件一任も硬派の株主が不承知/高木社長虐めの說もある
152003	朝鮮朝日	1928-05-09	2	01단	戶數割賦課委員會設置
152004	朝鮮朝日	1928-05-09	2	01단	平北上流の金肥の需要年々に增加
152005	朝鮮朝日	1928-05-09	2	01단	官鹽の値下
152006	朝鮮朝日	1928-05-09	2	01단	慶南の養蠶掃立が增加
152007	朝鮮朝日	1928-05-09	2	01단	東拓の總會配當は五分
152008	朝鮮朝日	1928-05-09	2	01단	イカナゴの走り
152009	朝鮮朝日	1928-05-09	2	01단	沿海州の鰊の買出殆んど失敗
152010	朝鮮朝日	1928-05-09	2	02단	繭の安値で農民が澁る平北の養蠶
152011	朝鮮朝日	1928-05-09	2	02단	平北の養蠶掃立見込數
152012	朝鮮朝日	1928-05-09	2	02단	籾三千石を露領に輸出
152013	朝鮮朝日	1928-05-09	2	02단	普通學童が水田を耕作收益を貯蓄
152014	朝鮮朝日	1928-05-09	2	02단	天日鹽採取高昨年の四倍
152015	朝鮮朝日	1928-05-09	2	02단	春川の植林
152016	朝鮮朝日	1928-05-09	2	02단	淸津の金融平凡に越月
152017	朝鮮朝日	1928-05-09	2	03단	村井の農場迫間氏が買收
152018	朝鮮朝日	1928-05-09	2	03단	初等教員試驗
152019	朝鮮朝日	1928-05-09	2	03단	米豆移出高元山四月中の
152020	朝鮮朝日	1928-05-09	2	03단	湖南銀行業績
152021	朝鮮朝日	1928-05-09	2	03단	元山手形交換高
152022	朝鮮朝日	1928-05-09	2	03단	京城手形交換高
152023	朝鮮朝日	1928-05-09	2	04단	平安金組總會
152024	朝鮮朝日	1928-05-09	2	04단	北鮮水産水揚高
152025	朝鮮朝日	1928-05-09	2	04단	神仙爐
152026	朝鮮朝日	1928-05-10	1	01단	教育振興の大計劃に投ぜられた大暗影/一面一校の實現は年八百圓の補助では不可能/京畿道の調査で判明す
152027	朝鮮朝日	1928-05-10	1	01단	營業成績の良い京電の値下は社會政策上からも必要と遞信局が目下調査中
152028	朝鮮朝日	1928-05-10	1	01단	海事法規の統一は通常議會に提出/釜山連絡船の無線通話は具體化せば考慮する
152029	朝鮮朝日	1928-05-10	1	01단	群をなして本社特電を支那人が注視
152030	朝鮮朝日	1928-05-10	1	02단	李王、妃殿下御外遊記念講演會開催
152031	朝鮮朝日	1928-05-10	1	02단	嘗て見ぬ大規模な施政記念の博覽會準備費も議會を通過しいよいよ計劃を進む
152032	朝鮮朝日	1928-05-10	1	03단	高等商業や教育館設置/釜山の計劃
152033	朝鮮朝日	1928-05-10	1	03단	短歌/橋田東聲選
152034	朝鮮朝日	1928-05-10	1	04단	寫眞(橋本勝治氏の引率で本社を見學した二十餘名の黃

일련번호	판명	간행일	면	단수	기사명
152034	朝鮮朝日	1928-05-10	1	04단	海道海州郡面職員)
152035	朝鮮朝日	1928-05-10	1	04단	慶北本年度普校新設數十ヶ所の豫定
152036	朝鮮朝日	1928-05-10	1	04단	茂山營林署合宿所上棟式
152037	朝鮮朝日	1928-05-10	1	04단	山林會支部忠南に設置
152038	朝鮮朝日	1928-05-10	1	04단	石器時代の遺物を發掘
152039	朝鮮朝日	1928-05-10	1	05단	忠北管下郵便局所長事務打合會
152040	朝鮮朝日	1928-05-10	1	05단	鮮內へ送還した六名の朝鮮人は民國の歸化人だとて退去命令に支那が抗議
152041	朝鮮朝日	1928-05-10	1	05단	咸興の壯丁檢査は良好
152042	朝鮮朝日	1928-05-10	1	05단	御大典を控へて記念植樹が多く苗木の移人が夥しい實質本位の果樹が多い
152043	朝鮮朝日	1928-05-10	1	06단	釜山放言(四)/青い鳥
152044	朝鮮朝日	1928-05-10	1	06단	慶北の流感死者が續出
152045	朝鮮朝日	1928-05-10	1	06단	黃金の雨が黃海に降る
152046	朝鮮朝日	1928-05-10	1	07단	模型軍艦を江上で爆沈海軍記念日に
152047	朝鮮朝日	1928-05-10	1	07단	天然痘猖獗/新義州の警戒
152048	朝鮮朝日	1928-05-10	1	07단	麥藁帽の人も見え汗ばむ暑さの夏は早や京城を訪れ昨年より十一度も高い
152049	朝鮮朝日	1928-05-10	1	07단	北支方面の郵便は杜絶安東の郵局
152050	朝鮮朝日	1928-05-10	1	07단	咸興高普の盟休が惡化/警察が警戒
152051	朝鮮朝日	1928-05-10	1	07단	破獄囚に十年を求刑
152052	朝鮮朝日	1928-05-10	1	08단	好きで覺えた位な繪です/入選の東功氏
152053	朝鮮朝日	1928-05-10	1	08단	官許乞食が朝鮮農民を橫行し掠奪
152054	朝鮮朝日	1928-05-10	1	08단	子供の拳大の金塊を賣りに來た/擧動不審の朝鮮人或は慶州博物館の犯人か
152055	朝鮮朝日	1928-05-10	1	09단	國農沼の小作爭議警戒の打合
152056	朝鮮朝日	1928-05-10	1	09단	犯人は近く/逮捕されん草梁驛の盜難
152057	朝鮮朝日	1928-05-10	1	09단	仔豚六頭をヌクテが襲ふ
152058	朝鮮朝日	1928-05-10	1	09단	運動界(ス軍京城の日程/實業野球リーグ五對三殖銀勝つ/鐵道局庭球大會裡里軍優勝す/安東滿俱勝つ/國境競馬俱樂部)
152059	朝鮮朝日	1928-05-10	1	10단	會(佛教慈濟舊弔會/三道在憲總督)
152060	朝鮮朝日	1928-05-10	1	10단	人(山本犀藏氏(遞信局長)/西崎鶴太郎氏(鎭南浦實業家)/吉岡重實氏(釜山府協議員))
152061	朝鮮朝日	1928-05-10	1	10단	半島茶話
152062	朝鮮朝日	1928-05-10	2	01단	預金部の低資五百萬圓の融通是れが運用に關し金組理事長が協議
152063	朝鮮朝日	1928-05-10	2	01단	朝鮮電氣の無軌道電車いよいよ開始
152064	朝鮮朝日	1928-05-10	2	01단	ツルチュクエキスの製造

일련번호	판명	간행일	면	단수	기사명
152065	朝鮮朝日	1928-05-10	2	01단	凶作に惱む海苔漁業者救濟法決定
152066	朝鮮朝日	1928-05-10	2	01단	慶北種苗場參觀デー
152067	朝鮮朝日	1928-05-10	2	01단	平壤北金組理事が決定/粉糾は解決
152068	朝鮮朝日	1928-05-10	2	01단	二十六の普通校新設/二學期に開校
152069	朝鮮朝日	1928-05-10	2	02단	商議聯合に仁川の提出案/元山からの提案
152070	朝鮮朝日	1928-05-10	2	02단	三ヶ月間の生産と死亡/慶北の調査
152071	朝鮮朝日	1928-05-10	2	02단	慶北道の商品陳列所十月に竣工
152072	朝鮮朝日	1928-05-10	2	02단	雫の聲
152073	朝鮮朝日	1928-05-10	2	02단	觀衆殺到した全南九郡の畜産品評會
152074	朝鮮朝日	1928-05-10	2	03단	綠肥の採取で山野が荒廢/慶南の奧地で
152075	朝鮮朝日	1928-05-10	2	03단	紫雲英栽培視察者が多い
152076	朝鮮朝日	1928-05-10	2	03단	忠南の産組成績は良好
152077	朝鮮朝日	1928-05-10	2	03단	江原土木界消長の一瞥
152078	朝鮮朝日	1928-05-10	2	03단	財政難の奉天當局公債を强募し安東の支那街一帶に怨嗟の聲が高い
152079	朝鮮朝日	1928-05-10	2	04단	東洋畜産總會
152080	朝鮮朝日	1928-05-10	2	04단	新刊紹介(『最新陸上競技規則』)
152081	朝鮮朝日	1928-05-10	2	04단	神仙爐
152082	朝鮮朝日 特別號外	1928-05-10	1	01단	陳調元軍と衝突交戰し我が軍は戰死四名重輕傷廿九名を出す/十里河の高地を占領した我軍濟南には南軍の影なし/南軍を掃蕩し居留民保護を確保/蔣作賓氏姿を晦まし濟南城內混雜に陷る支那人も暴行を呪ふ/依然戰鬪を繼續誠意を缺ぐ南軍の軍使
152083	朝鮮朝日 特別號外	1928-05-10	2	01단	第一畫報と併せ四ペーヂグラフ濟南戰線の第一報
152084	朝鮮朝日	1928-05-11	1	01단	十日夜半には城內を占領か南軍武裝解除に應ぜず遂に濟南城總攻擊/敵軍を掃滅し濟南の要所占領我軍各地で盛に奮鬪死傷者四十餘名を出す/臨時列車は砲擊を受く車窓から物凄さを目擊靑島着の邦人歸來談
152085	朝鮮朝日	1928-05-11	1	04단	飛行機の根據地濟南に移る/小泉部隊死傷者
152086	朝鮮朝日	1928-05-11	1	04단	在濟南の朝鮮人平南から二百名大部分は歸化して奧地で農業に從事/飛行根據地を濟南に進めて平壤飛機隊の活躍/不時着陸の川本中尉は船で靑島へ
152087	朝鮮朝日	1928-05-11	1	04단	朝鮮人營農者の北海道移住を獎勵/道廳の手を通じ斡旋/成績が良ければ更に考慮
152088	朝鮮朝日	1928-05-11	1	04단	慶南道の道路選獎好結果を收む
152089	朝鮮朝日	1928-05-11	1	05단	俳句/鈴木花蓑選
152090	朝鮮朝日	1928-05-11	1	05단	全州面豫算
152091	朝鮮朝日	1928-05-11	1	05단	釜山放言(五)/靑い鳥

일련번호	판명	간행일	면	단수	기사명
152092	朝鮮朝日	1928-05-11	1	06단	醫師試驗合格者發表
152093	朝鮮朝日	1928-05-11	1	06단	大村機の京城飛行十五日擧行
152094	朝鮮朝日	1928-05-11	1	06단	南敏夫氏の『早春』が入選是で四回目
152095	朝鮮朝日	1928-05-11	1	07단	父の好む酒の代を得んと暗きに起きて繩をなふ篤行の少年に刺戟されて一村の少年總べてが感奮す
152096	朝鮮朝日	1928-05-11	1	07단	搜査鞄江原道の試み
152097	朝鮮朝日	1928-05-11	1	07단	時期遠ひの鰊の漁獲凶事の兆と住民が蜚語
152098	朝鮮朝日	1928-05-11	1	07단	チブス豫防平北の警戒
152099	朝鮮朝日	1928-05-11	1	08단	旅路で惱む婦人を優しく介抱し旅費まで與へた朝鮮人感謝したさに夫が捜索
152100	朝鮮朝日	1928-05-11	1	08단	また二名の天然痘が發生
152101	朝鮮朝日	1928-05-11	1	08단	李候爵家に强盜闖入貴金屬を奪ふ
152102	朝鮮朝日	1928-05-11	1	08단	京梁驛の公金紛失は帳簿の誤りか
152103	朝鮮朝日	1928-05-11	1	09단	隧道が崩落死傷者を出す
152104	朝鮮朝日	1928-05-11	1	09단	暴行女學生檢事局送り
152105	朝鮮朝日	1928-05-11	1	09단	運動界(京電鐵道を破る九A一三鐵道の慘敗/殖銀遞信に再勝五一三の接戰/全鮮警察官武道平南の出演者/南鮮庭球大會/老童庭球戰/平壤蹴球戰)
152106	朝鮮朝日	1928-05-11	1	10단	人(大河內繩亥少將(龍山第十九師團經理部長)/加藤鮮銀總裁/林茂樹氏(鐵道局經理課長)/守田福松氏(在奉天日本人會長)/佐々木淸綱氏(釜山辯護士)/時岡昇平氏(朝鮮紡績庶務主任)/板垣只二氏(新任馬山府尹))
152107	朝鮮朝日	1928-05-11	1	10단	半島茶話
152108	朝鮮朝日	1928-05-11	2	01단	白頭山麓一帶の森林地帶を調査/精密な施業案を編成し林利開發の計劃を進む
152109	朝鮮朝日	1928-05-11	2	01단	府內の腸チブスなほ跡を斷たず四、五名づゝ弗々發生/患者累計千五名に達す
152110	朝鮮朝日	1928-05-11	2	01단	交通事故頻發の責は民衆にもある/京畿道警察部の聲明
152111	朝鮮朝日	1928-05-11	2	01단	釜山商議商圈視察南鮮を橫斷し
152112	朝鮮朝日	1928-05-11	2	01단	平壤二小學校學級を增加/入學者激增
152113	朝鮮朝日	1928-05-11	2	02단	營業稅の收益稅改定大邱商議が提案
152114	朝鮮朝日	1928-05-11	2	02단	乞食收容所平壤に設立
152115	朝鮮朝日	1928-05-11	2	02단	雫の聲
152116	朝鮮朝日	1928-05-11	2	02단	天然痘患者を嚴重に取締/出航船も檢疫
152117	朝鮮朝日	1928-05-11	2	03단	春川煙草賣上高
152118	朝鮮朝日	1928-05-11	2	03단	元山の靑訓十五日開始
152119	朝鮮朝日	1928-05-11	2	03단	道立醫院九月に竣工十月に移轉
152120	朝鮮朝日	1928-05-11	2	03단	京城十倉庫貨物出入高
152121	朝鮮朝日	1928-05-11	2	03단	自轉車稅の半減を協議

일련번호	판명	간행일	면	단수	기사명
152122	朝鮮朝日	1928-05-11	2	03단	雇員の試驗總督府で施行
152123	朝鮮朝日	1928-05-11	2	04단	儒城溫泉に自動車開通
152124	朝鮮朝日	1928-05-11	2	04단	商品陳列館觀覽を停止
152125	朝鮮朝日	1928-05-11	2	04단	取集め貯金四月の成績
152126	朝鮮朝日	1928-05-11	2	04단	安東木材業者十五噸扱ひ存置を請願
152127	朝鮮朝日	1928-05-11	2	04단	釜山商議の賣品館賣却
152128	朝鮮朝日	1928-05-11	2	04단	料棧材着筏本年は少いか
152129	朝鮮朝日	1928-05-11	2	04단	神仙爐
152130	朝鮮朝日	1928-05-12	1	01단	特診料や病室の爭奪が起らぬやう城大醫院の制度改正 科長會を開いて愼重に審議/總督府醫院記念式 十六日擧行
152131	朝鮮朝日	1928-05-12	1	01단	李王、妃兩殿下十二日御出發
152132	朝鮮朝日	1928-05-12	1	01단	平壤飛行隊の第二次出動は或は見合となるか隊內の空氣は靜まる
152133	朝鮮朝日	1928-05-12	1	01단	忠南海岸に漁港の設置/調査に着手
152134	朝鮮朝日	1928-05-12	1	01단	安東の人口一萬七千人
152135	朝鮮朝日	1928-05-12	1	01단	岡山博覽會受賞者十日に授與
152136	朝鮮朝日	1928-05-12	1	02단	淸津の築港工事が竣工
152137	朝鮮朝日	1928-05-12	1	02단	鮮展洋畫の一瞥(一)/佐藤九二男
152138	朝鮮朝日	1928-05-12	1	03단	南浦築港の速成を要望
152139	朝鮮朝日	1928-05-12	1	03단	錦江の架橋地方費に計上
152140	朝鮮朝日	1928-05-12	1	03단	連絡船棧橋近く着工
152141	朝鮮朝日	1928-05-12	1	04단	平壤在軍が派遣部隊に慰問袋寄贈
152142	朝鮮朝日	1928-05-12	1	04단	百萬圓を投じて下水と道路の改修國境補助三十二萬圓五ヶ年繼續の計劃
152143	朝鮮朝日	1928-05-12	1	04단	山東鐵道の沿線が心配 殘留部隊も出動す/累々たる死屍の整理 濟南城內の大混雜/商埠地內の治安維持を總商會代表に慫慂 日本の好意を感謝/邦人の死體十四個を發見す
152144	朝鮮朝日	1928-05-12	1	05단	メートル法實施一年記念
152145	朝鮮朝日	1928-05-12	1	05단	京城府民の生活狀態を一齊に調査
152146	朝鮮朝日	1928-05-12	1	06단	釜山放言(六)/靑い鳥
152147	朝鮮朝日	1928-05-12	1	06단	科學映畫宇宙の創成京城で上映
152148	朝鮮朝日	1928-05-12	1	06단	子供洋服の裁方を放送
152149	朝鮮朝日	1928-05-12	1	07단	傳染病豫防施行規則の改正案實施
152150	朝鮮朝日	1928-05-12	1	07단	瓦電買收の交涉に一步を切込んだ桑原新釜山府尹前途が注目さる
152151	朝鮮朝日	1928-05-12	1	07단	短歌/橋田東聲選
152152	朝鮮朝日	1928-05-12	1	08단	安東學生が排日の宣傳氣勢をあぐ
152153	朝鮮朝日	1928-05-12	1	08단	モヒ類の取引を嚴重に取締るやう國際聯盟の決議で總督府に通牒して來る

일련번호	판명	간행일	면	단수	기사명
152154	朝鮮朝日	1928-05-12	1	09단	佛教慈濟院救護人員數
152155	朝鮮朝日	1928-05-12	1	09단	速度を限定自動を取締
152156	朝鮮朝日	1928-05-12	1	09단	學校父兄生徒三巴の紛糾咸興高普の盟休
152157	朝鮮朝日	1928-05-12	1	09단	立教大學生玄海で投身
152158	朝鮮朝日	1928-05-12	1	10단	祭の雜沓中宵强盗現る
152159	朝鮮朝日	1928-05-12	1	10단	總督の膝掛を盜んだ泥棒遂に自白す
152160	朝鮮朝日	1928-05-12	1	10단	會(京城町總代打合會)
152161	朝鮮朝日	1928-05-12	1	10단	人(松山當次郎氏(前代議士)/佐野伊豆彦氏(神理教管長)/加藤旭嶺氏(鮮展審査員))
152162	朝鮮朝日	1928-05-12	2	01단	朝鮮人保護に活動/立派に出來た下關市の昭和館開館は十五日頃から
152163	朝鮮朝日	1928-05-12	2	01단	豆粕の拂底で農家は苦しまん/張作霖氏は原豆課稅を一躍七十錢に引上
152164	朝鮮朝日	1928-05-12	2	01단	商業金融の特殊銀行設立を提案
152165	朝鮮朝日	1928-05-12	2	01단	氷價の競爭今年も現出か
152166	朝鮮朝日	1928-05-12	2	01단	咸北の漁場大敷綱の配置
152167	朝鮮朝日	1928-05-12	2	02단	靑陽公州間道路の改修
152168	朝鮮朝日	1928-05-12	2	02단	京城附近に竹林の造成或は可能か
152169	朝鮮朝日	1928-05-12	2	02단	供給不足で檀木が昂騰
152170	朝鮮朝日	1928-05-12	2	02단	移民村に産業組合を組織の計劃
152171	朝鮮朝日	1928-05-12	2	03단	米麥と大豆四月の商況
152172	朝鮮朝日	1928-05-12	2	03단	學童の郵貯一割を增加
152173	朝鮮朝日	1928-05-12	2	03단	濟南事件で釜山船舶界活氣づく
152174	朝鮮朝日	1928-05-12	2	03단	京城勞銀低下
152175	朝鮮朝日	1928-05-12	2	03단	南鮮畜産共進會
152176	朝鮮朝日	1928-05-12	2	03단	淸津四月中貿易
152177	朝鮮朝日	1928-05-12	2	04단	中江鎭自動車
152178	朝鮮朝日	1928-05-12	2	04단	專賣局會議東京で開催
152179	朝鮮朝日	1928-05-12	2	04단	視學委員を慶南が設置
152180	朝鮮朝日	1928-05-12	2	04단	新刊紹介(『極東時報』)
152181	朝鮮朝日	1928-05-12	2	04단	神仙爐
152182	朝鮮朝日	1928-05-13	1	01단	國境寶庫の開發に劃期的の進展を期待される地質調査/炭田や石油礦が豫想さる
152183	朝鮮朝日	1928-05-13	1	01단	山梨總督就任最初の知事會議二十二日から五日間池上
152184	朝鮮朝日	1928-05-13	1	01단	總監統裁で開催
152185	朝鮮朝日	1928-05-13	1	01단	朝鮮の風物人情が美しくなるのを李王殿下悉く御喜び御多忙の旅を終らせらる
152186	朝鮮朝日	1928-05-13	1	01단	李王、妃兩殿下京城御出發御機嫌麗し
152187	朝鮮朝日	1928-05-13	1	01단	金谷司令官鎭海を訪問/時節柄注目さる

일련번호	판명	간행일	면	단수	기사명
152187	朝鮮朝日	1928-05-13	1	02단	分掌郵便局長京城で會議/遞信局の提案
152188	朝鮮朝日	1928-05-13	1	02단	鮮展洋畵の一瞥(二)/佐藤九二男
152189	朝鮮朝日	1928-05-13	1	03단	大邱府人口十萬突破/案外近からん
152190	朝鮮朝日	1928-05-13	1	03단	俳句/鈴木花蓑選
152191	朝鮮朝日	1928-05-13	1	04단	宙に迷ふ牧島埋築地海軍側が弱る
152192	朝鮮朝日	1928-05-13	1	04단	沙防工事監督子を本年中に養成し豫算が議會を通過後の工事着手に備へる
152193	朝鮮朝日	1928-05-13	1	04단	全鮮通信競技大會/十九日京城で
152194	朝鮮朝日	1928-05-13	1	05단	城壁は無殘に壞され敵の死屍ころがる/市民は日本軍を大歡迎金丸中尉は甲冑に身を固めて開門/濟南にて十一日森山特派員發電
152195	朝鮮朝日	1928-05-13	1	05단	昨年の酷寒で凍害の多い春川の果樹
152196	朝鮮朝日	1928-05-13	1	05단	産業組合を組織させ移民に低資融通　總額約三百萬圓で十五年乃至二十ヶ年賦/江原道でも組合を組織
152197	朝鮮朝日	1928-05-13	1	06단	準備整ふ金剛山遊客を待つ
152198	朝鮮朝日	1928-05-13	1	07단	爭鬪委員を設け火田民が反抗調査隊の侵入を拒絶/總督府では警官で保護
152199	朝鮮朝日	1928-05-13	1	07단	南浦築港委員會
152200	朝鮮朝日	1928-05-13	1	07단	京城府代筆件數
152201	朝鮮朝日	1928-05-13	1	08단	頭二つの畸形兒死んで生れる
152202	朝鮮朝日	1928-05-13	1	08단	勞働者風の死體を發見强盗の所爲か
152203	朝鮮朝日	1928-05-13	1	08단	蔣介石氏の使節我軍を訪ひ五ヶ條の要求を容る/曖昧の點あり折衝中
152204	朝鮮朝日	1928-05-13	1	09단	花の海/紫雲英の盛り
152205	朝鮮朝日	1928-05-13	1	09단	猩紅熱發生大邱市內に
152206	朝鮮朝日	1928-05-13	1	10단	徵兵忌避の自殺と判明
152207	朝鮮朝日	1928-05-13	1	10단	二棟を燒失京城の火事
152208	朝鮮朝日	1928-05-13	1	10단	朝鮮婦人が飛込み自殺
152209	朝鮮朝日	1928-05-13	1	10단	重大事件で間島署活動
152210	朝鮮朝日	1928-05-13	1	10단	人(尾崎敬義氏、丸山鶴吉氏、入江海平氏、中島司氏(中央朝鮮協會理事)/會田梅太郎氏(廣島高師教授)/斎藤吉十郎氏(朝鮮紡織專務)/津村重舍氏(貴族院議員)/園田本府山林部長/陸大戰跡旅行團/平南面職員)
152211	朝鮮朝日	1928-05-13	1	10단	半島茶話
152212	朝鮮朝日	1928-05-13	2	01단	釜山放言(七)/青い鳥
152213	朝鮮朝日	1928-05-13	2	01단	鮮米移出の見込七百二十萬石昨年實數に比較し約百萬石の增加豫想
152214	朝鮮朝日	1928-05-13	2	01단	是非に實現したい特殊商銀の設置 新義州商議の要望/商工會議所發令を提議/國立倉庫を木浦は提議

일련번호	판명	간행일	면	단수	기사명
152215	朝鮮朝日	1928-05-13	2	01단	金組聯合會二十四日總會
152216	朝鮮朝日	1928-05-13	2	01단	釜山水産品四月檢查高
152217	朝鮮朝日	1928-05-13	2	02단	金組理事に朝鮮語試驗
152218	朝鮮朝日	1928-05-13	2	02단	宣川の水組調査を終る
152219	朝鮮朝日	1928-05-13	2	02단	慶南龜浦の梨樹に害蟲/御大典の獻果もあり驅除に大童
152220	朝鮮朝日	1928-05-13	2	02단	慶北道が副業の調査一般に募集
152221	朝鮮朝日	1928-05-13	2	03단	局線五月上旬貨物の動き十二萬三千噸
152222	朝鮮朝日	1928-05-13	2	03단	京城の物價市場の賣行
152223	朝鮮朝日	1928-05-13	2	03단	降雨の量が足らず不作を免れぬ麥と畑作物の收穫北鮮で特に甚しい/慶北の早り農家が憂慮
152224	朝鮮朝日	1928-05-13	2	04단	釜山署の罰金と科料一萬三千圓
152225	朝鮮朝日	1928-05-13	2	04단	神仙爐
152226	朝鮮朝日	1928-05-13	2	04단	苗代繩叺品評賞品授與式
152227	朝鮮朝日	1928-05-15	1	01단	適當な財源を見つけ補助金を增しても教育振興案は實現/池上總監下關で語る
152228	朝鮮朝日	1928-05-15	1	01단	教育振興案の財源の捻出は總督、總監に自信があらう反對論もないやうだ
152229	朝鮮朝日	1928-05-15	1	02단	博物學例會
152230	朝鮮朝日	1928-05-15	1	02단	平壤の二機更に濟南に向ふ
152231	朝鮮朝日	1928-05-15	1	03단	ブレゲー機平壤に到着
152232	朝鮮朝日	1928-05-15	1	03단	齒科醫試驗內地からの受驗が多い
152233	朝鮮朝日	1928-05-15	1	03단	小泉中佐以下急遽天津へ
152234	朝鮮朝日	1928-05-15	1	04단	農林省の農務主任會名倉氏が出席
152235	朝鮮朝日	1928-05-15	1	04단	京城驛を乘降する男女學生の風紀が見兼ねる程に紊れる取締りに困るのは不正乘車
152236	朝鮮朝日	1928-05-15	1	04단	平南傳染病四月中の成績
152237	朝鮮朝日	1928-05-15	1	04단	櫻蝦漁場を支那人が獨占
152238	朝鮮朝日	1928-05-15	1	05단	京取仲買が計劃の取引所の定欵趣意書を添へ認可を十三日本府に提出/大邱取引所設置を協議
152239	朝鮮朝日	1928-05-15	1	05단	女學校の寄宿舍設置安東が提出
152240	朝鮮朝日	1928-05-15	1	05단	土地貸下料査定の際は借地人も參加
152241	朝鮮朝日	1928-05-15	1	05단	步兵隊の慰安日
152242	朝鮮朝日	1928-05-15	1	06단	內務行政に一寸も經驗が無いから熱と努力でやって行くサ/安藤新忠南內務は語る
152243	朝鮮朝日	1928-05-15	1	07단	平南美林の支那塚いよいよ發掘
152244	朝鮮朝日	1928-05-15	1	07단	槿友會大會禁止さる
152245	朝鮮朝日	1928-05-15	1	07단	安東が一番安奉線の驛辨
152246	朝鮮朝日	1928-05-15	1	07단	金に目がくれ前妻を慘殺す/兩手を釘付にして埋める五十男の慘酷な兇行

일련번호	판명	간행일	면	단수	기사명
152247	朝鮮朝日	1928-05-15	1	07단	釜山二商業庭球に優勝
152248	朝鮮朝日	1928-05-15	1	08단	貨物自動車にお客の搭載罷りならぬ
152249	朝鮮朝日	1928-05-15	1	08단	各道に通牒し惡自動車を嚴重に取締る
152250	朝鮮朝日	1928-05-15	1	08단	平南の痘瘡蔓延の兆あり
152251	朝鮮朝日	1928-05-15	1	08단	清潔檢査に不合格だと巡査に斬掛る
152252	朝鮮朝日	1928-05-15	1	08단	草梁驛の公金紛失は銀行員の所爲か
152253	朝鮮朝日	1928-05-15	1	09단	未亡人の手になる朝鮮のお人形米國で歡迎される/既に八十個も輸出された
152254	朝鮮朝日	1928-05-15	1	09단	蠅の驅除を平北が勵行
152255	朝鮮朝日	1928-05-15	1	09단	運動界(實業野球リーグ鐵道軍復讐す二對零京電敗る/京電遂に優勝す/府廳高工を破る/殖銀對商銀庭球/茂山署武道會)
152256	朝鮮朝日	1928-05-15	1	10단	人(望月瀧三氏(朝鮮總督府血淸製造所長)/新田隣平(慶北道內務部長)/前田昇氏(元朝鮮憲兵司令官)/福士末之助氏(總督府學務牒長)/安藤袈裟一氏(忠南內務部長)/望月瀧三氏(獸疫血淸製造所長)/京城第二高女生)
152257	朝鮮朝日	1928-05-15	1	10단	半島茶話
152258	朝鮮朝日	1928-05-15	2	01단	釜山放言(八)/青い鳥
152259	朝鮮朝日	1928-05-15	2	01단	日本人の體質を明かにせよ/榮養も體育も勤勞も各自の體質が基礎歐米醫學界の新趨向
152260	朝鮮朝日	1928-05-15	2	01단	時事鳥瞰/産業に卽してぞ初めて意義ある朝鮮の教育振興策當局にこの用意ありや否や
152261	朝鮮朝日	1928-05-15	2	02단	征韓役從來の歷史を覆す李舜臣の陣中日記修史官中村氏が發見
152262	朝鮮朝日	1928-05-15	2	04단	なつかしの『母の日』よ優しいその由來話
152263	朝鮮朝日	1928-05-15	2	05단	總じて惡い各道の農作物早魃の及ぼす影響(京畿/忠南/全北/全南/忠北/江原/慶北/慶南/黃海/平南/平北/咸南/咸北)
152264	朝鮮朝日	1928-05-15	2	06단	沙里院電話割當
152265	朝鮮朝日	1928-05-15	2	06단	咸鏡北中部線成績は良好豫算より激增
152266	朝鮮朝日	1928-05-15	2	06단	鯖の初漁咸南利原の
152267	朝鮮朝日	1928-05-15	2	06단	私鐵在貨高一萬四千噸
152268	朝鮮朝日	1928-05-15	2	06단	朝鮮産の材料を使用兵器製造所
152269	朝鮮朝日	1928-05-15	2	07단	天圖鐵道の荷痛が增加批難が高まる
152270	朝鮮朝日	1928-05-15	2	07단	南浦倉庫在穀高
152271	朝鮮朝日	1928-05-15	2	07단	神仙爐
152272	朝鮮朝日	1928-05-16	1	01단	東京、大連定期空路の支線を開拓すべく/京城を中心に四航路を/西尾飛行士が飛行
152273	朝鮮朝日	1928-05-16	1	01단	大阪の實業家は秋に來て貰ふ通り一遍の視察でなく本當な提携を望む/朝鮮紡織を視察

일련번호	판명	간행일	면	단수	기사명
152274	朝鮮朝日	1928-05-16	1	01단	火田調査/平北の日程
152275	朝鮮朝日	1928-05-16	1	01단	北鮮航路の定期船變更
152276	朝鮮朝日	1928-05-16	1	02단	新義州稅關遊動班設置/江岸を監視
152277	朝鮮朝日	1928-05-16	1	02단	排日記念で埋めた間島の支那紙/山東出兵反對を叫び一般民衆を煽動す
152278	朝鮮朝日	1928-05-16	1	02단	別府中外博朝鮮館の印象(一)/疊屋の引越のやうな陳列の亂雜さ/建物だけは異彩を放つ
152279	朝鮮朝日	1928-05-16	1	03단	大村の三機京城へ けふ歸還する/三機雁行し大邱に飛來
152280	朝鮮朝日	1928-05-16	1	04단	間島の警官天津に向ふ
152281	朝鮮朝日	1928-05-16	1	04단	府議員の冷淡さ批難さる
152282	朝鮮朝日	1928-05-16		04단	歩兵や砲兵も參加し釜山で大演習/防備軍は中等學生と在軍/驅逐艦も應援に出動
152283	朝鮮朝日	1928-05-16	1	04단	短歌/橋田東聲選
152284	朝鮮朝日	1928-05-16	1	05단	鮮展の一瞥(三)/後藤九二男
152285	朝鮮朝日	1928-05-16	1	05단	長安寺郵便局
152286	朝鮮朝日	1928-05-16	1	05단	平壤に暴風/板塀が倒る
152287	朝鮮朝日	1928-05-16	1	06단	み國へ御奉公が出來ぬのが殘念/奇篤な模範朝鮮人が出征將卒へ慰問の義金/師團では近く表彰する
152288	朝鮮朝日	1928-05-16	1	06단	在勤二十年一日の如く/よく勤めた鶴崎よし女史
152289	朝鮮朝日	1928-05-16	1	07단	松毛蟲の驅除費少く當局は大弱
152290	朝鮮朝日	1928-05-16	1	07단	釜山の癩患者を小鹿島に移す/更に便利な島嶼に收容所設置を計劃
152291	朝鮮朝日	1928-05-16	1	08단	三校の學生本社を見學
152292	朝鮮朝日	1928-05-16	1	08단	松毛蟲を喰ひ盡す珍らしい鳥
152293	朝鮮朝日	1928-05-16	1	08단	朝風丸の密漁取締り好成績を擧ぐ
152294	朝鮮朝日	1928-05-16	1	08단	賣飛はされた娘と巡會ひ買主はやらじと悲劇の一幕
152295	朝鮮朝日	1928-05-16	1	09단	正義府の副頭目吳東奎捕はる
152296	朝鮮朝日	1928-05-16	1	09단	大邱市內に賭博が流行/數十名檢擧
152297	朝鮮朝日	1928-05-16	1	09단	定州在軍射擊會
152298	朝鮮朝日	1928-05-16	1	10단	會(支那時局講演會)
152299	朝鮮朝日	1928-05-16	1	10단	人(遠藤一等王計正(朝鮮陸軍倉庫本庫長)/三上淸津府尹/安藤袈裟市氏(忠南內務部長))
152300	朝鮮朝日	1928-05-16	1	10단	半島茶話
152301	朝鮮朝日	1928-05-16	2	01단	心ある人に見せ度き鎭南浦埠頭の滯貨/棧橋の酷使では正に世界一/荷役待つ船の損害百五十萬圓
152302	朝鮮朝日	1928-05-16	2	01단	支那出兵の影響で生牛の移出が最近俄に激增す/四月中で四千四百頭
152303	朝鮮朝日	1928-05-16	2	01단	煙草會社の委託營業所/直營に決定
152304	朝鮮朝日	1928-05-16	2	01단	比安水利東拓が代行/目下調査中

일련번호	판명	간행일	면	단수	기사명
152305	朝鮮朝日	1928-05-16	2	01단	全州春蠶掃立數
152306	朝鮮朝日	1928-05-16	2	01단	釜山貿易高/二千三百萬圓
152307	朝鮮朝日	1928-05-16	2	01단	煙草賣上高/二百六十萬圓
152308	朝鮮朝日	1928-05-16	2	02단	大阪在住の滿鮮貿易商/安東で懇談
152309	朝鮮朝日	1928-05-16	2	02단	五月上旬の鐵道局業績/收入百餘萬圓
152310	朝鮮朝日	1928-05-16	2	02단	安東輸入組合
152311	朝鮮朝日	1928-05-16	2	02단	爲替、貯金の交換受拂高/七千七百萬圓
152312	朝鮮朝日	1928-05-16	2	02단	京城府の授業料收入/十三萬二千圓
152313	朝鮮朝日	1928-05-16	2	03단	神仙爐
152314	朝鮮朝日	1928-05-16	2	03단	內地渡航の勞働者農繁期の控へ最近は頓に減少す/內地の不景氣に覺醒す
152315	朝鮮朝日	1928-05-16	2	03단	學生の軍事教練は專門校だけに實施/中等學校は明年度から武器がなく手ブラで教練
152316	朝鮮朝日	1928-05-17	1	01단	三十萬圓の起債で車台を增加/七錢均一に改める京城バスの擴張案
152317	朝鮮朝日	1928-05-17	1	01단	通貨がまちまちで運賃の表示は遂に解決を見ない/日滿鐵道連絡會議
152318	朝鮮朝日	1928-05-17	1	01단	李王殿下に名馬を獻上/赤星鐵馬氏が
152319	朝鮮朝日	1928-05-17	1	01단	獨逸領事館再び設置か
152320	朝鮮朝日	1928-05-17	1	01단	全北武德殿建設に確定
152321	朝鮮朝日	1928-05-17	1	02단	鮮展の一瞥(四)/後藤九二男
152322	朝鮮朝日	1928-05-17	1	02단	五月半ばの雪平北に降る/咸南方面は五寸に達す
152323	朝鮮朝日	1928-05-17	1	03단	航空路の要地大邱の着陸場 改善の必要が叫ばる 練兵場を擴張し格納庫新設/大村海軍機京城を出發/大邱を通過
152324	朝鮮朝日	1928-05-17	1	03단	俳句/鈴木花蓑選
152325	朝鮮朝日	1928-05-17	1	03단	全州參禮間鐵道敷地買收
152326	朝鮮朝日	1928-05-17	1	04단	別府中外博朝鮮館の印象(二)/蠟を嚙むやうな素氣ない朝鮮館/一巡し去って何等の印象も記憶も殘らぬ
152327	朝鮮朝日	1928-05-17	1	05단	雉の卵祕苑で發見
152328	朝鮮朝日	1928-05-17	1	05단	取引所の請願は一先づ返却か/ほってもおけずし許すこともできぬ
152329	朝鮮朝日	1928-05-17	1	05단	永同電氣完成
152330	朝鮮朝日	1928-05-17	1	06단	資金難に惱される朝鮮の映畫製作所創立後僅か半年で大陸キネマ東京移轉の噂さ
152331	朝鮮朝日	1928-05-17	1	06단	平北の痘瘡ますます蔓延/京城府種痘十八日から
152332	朝鮮朝日	1928-05-17	1	06단	三百名に上る狂犬の被害最近增加す
152333	朝鮮朝日	1928-05-17	1	07단	搔っ拂ひの癩患者放逐
152334	朝鮮朝日	1928-05-17	1	09단	運動界(城大鐵道に勝つ對抗硬式庭球/實業庭球變更/鮮銀漢銀を破る/徽文培材を降す/光州高普優勝す/土器射

일련번호	판명	간행일	면	단수	기사명
152334	朝鮮朝日	1928-05-17	1	09단	擊會/警察官武道大會平北の出場者
152335	朝鮮朝日	1928-05-17	1	09단	會(久留島氏講演會/全南金組理事會議)
152336	朝鮮朝日	1928-05-17	1	10단	人(小西恭介氏(江原道內務部長)/佐田至弘氏(朝鮮兒童協會主幹)/石鎭衡氏(全南道知事))
152337	朝鮮朝日	1928-05-17	1	10단	半島茶話
152338	朝鮮朝日	1928-05-17	1	10단	貿易增進の趨勢は五年間に倍の發展/議會に請願すること三度/南浦築港運動の眞劍
152339	朝鮮朝日	1928-05-17	2	01단	注目されて來た全南の産業界/著名の實業家連が弗々視察に出かける
152340	朝鮮朝日	1928-05-17	2	01단	雫の聲
152341	朝鮮朝日	1928-05-17	2	01단	商議聯合提出案/各地の要望
152342	朝鮮朝日	1928-05-17	2	01단	大藏省低資六月一日融通/産業組合の低資も融通
152343	朝鮮朝日	1928-05-17	2	02단	鴨江上流の河大豆出廻/例年より減少
152344	朝鮮朝日	1928-05-17	2	02단	慶南沿岸の海女の入漁/意外に少い
152345	朝鮮朝日	1928-05-17	2	02단	全鮮九港の在庫米六十萬石
152346	朝鮮朝日	1928-05-17	2	03단	咸南道の自動車線路二百八十里
152347	朝鮮朝日	1928-05-17	2	03단	全南金組總會
152348	朝鮮朝日	1928-05-17	2	03단	慶南の人口百八十萬人
152349	朝鮮朝日	1928-05-17	2	04단	神仙爐
152350	朝鮮朝日	1928-05-17	2	04단	學校費の徵收は現在以上は不可能/籾を賣っても拂へぬ月謝案ぜられる教育振興
152351	朝鮮朝日	1928-05-18	1	01단	新聞紙改正に當分手を着けぬ/總督府當局の意向
152352	朝鮮朝日	1928-05-18	1	01단	南浦天津間定期航路いよいよ開始
152353	朝鮮朝日	1928-05-18	1	01단	一濟南城內達源門占領畵報
152354	朝鮮朝日	1928-05-18	1	01단	釜山南港の埋立成立が危ぶまる/表面の立役者池田氏は五月に實現と言明
152355	朝鮮朝日	1928-05-18	1	02단	國有となった慶東線運賃を引下
152356	朝鮮朝日	1928-05-18	1	03단	御大典記念に學校で養蠶/全南の計劃
152357	朝鮮朝日	1928-05-18	1	03단	素質の惡い先生を淘汰目下調査中
152358	朝鮮朝日	1928-05-18	1	04단	全國學童の優秀な圖畵釜山で展覽
152359	朝鮮朝日	1928-05-18	1	04단	記錄を謄寫するお金もないので辯護が十分に出來ぬ間島共産黨の公判
152360	朝鮮朝日	1928-05-18	1	04단	鮮展の一瞥(四)/佐藤九二男
152361	朝鮮朝日	1928-05-18	1	05단	山東問題に同情の餘り看護婦二名從軍を出願
152362	朝鮮朝日	1928-05-18	1	05단	鎭海灣內で模擬海戰/記念日に擧行
152363	朝鮮朝日	1928-05-18	1	06단	短歌(橋田東聲選)
152364	朝鮮朝日	1928-05-18	1	07단	消防聯合演習
152365	朝鮮朝日	1928-05-18	1	07단	面書記が公金を拐帶/行方を晦ます
152366	朝鮮朝日	1928-05-18	1	07단	看手を傷けた破獄囚二名十年の求刑

일련번호	판명	간행일	면	단수	기사명
152367	朝鮮朝日	1928-05-18	1	07단	總督の印を僞造して捕る
152368	朝鮮朝日	1928-05-18	1	07단	平北の天然痘ますます蔓延の兆あり/患者百餘名に上る
152369	朝鮮朝日	1928-05-18	1	07단	囚人に內地語平壤刑務所で敎授
152370	朝鮮朝日	1928-05-18	1	08단	總督府醫院閉院式
152371	朝鮮朝日	1928-05-18	1	08단	運動界(ス軍の日程/實業野球リーグ遞信京電を破る)/全鮮軟庭球選手權大會/鮮銀對商銀銀引分)
152372	朝鮮朝日	1928-05-18	1	10단	人(山田增市氏(茂山警察署長)/阿部千一氏(咸北警察部長)/サイアリシ氏(東支鐵道員)/有賀殖銀頭取/在米スタクトン野球團)
152373	朝鮮朝日	1928-05-18	1	10단	半島茶話
152374	朝鮮朝日	1928-05-18	2	01단	社外船の活躍で統制が亂れ出した 鮮航會の運賃競爭朝郵の脫退を希望する者が多い/割引を實行
152375	朝鮮朝日	1928-05-18	2	01단	酸素注入の活魚輸送實行期に入る
152376	朝鮮朝日	1928-05-18	2	01단	鯖の大漁濟州島近海で
152377	朝鮮朝日	1928-05-18	2	01단	お米の値下げ
152378	朝鮮朝日	1928-05-18	2	01단	關東廳が勃海黃海の海流を調査
152379	朝鮮朝日	1928-05-18	2	01단	盛期に入った石首魚漁業臨時郵便局
152380	朝鮮朝日	1928-05-18	2	01단	燒酎製造場品評會を開催
152381	朝鮮朝日	1928-05-18	2	02단	南鮮六道畜産共進會/全北の商品
152382	朝鮮朝日	1928-05-18	2	02단	南浦貿易高/五百五十萬圓
152383	朝鮮朝日	1928-05-18	2	02단	平鐵管內の貨物の動き一日四千餘噸
152384	朝鮮朝日	1928-05-18	2	02단	雫の聲
152385	朝鮮朝日	1928-05-18	2	03단	局私線連帶貨物の動き
152386	朝鮮朝日	1928-05-18	2	03단	鐵道局共濟組合積立金百五十萬圓
152387	朝鮮朝日	1928-05-18	2	03단	新刊紹介(『朝鮮公論』/『文敎の朝鮮』/『朝鮮土木建築協會々報』/『朝鮮及滿洲』)
152388	朝鮮朝日	1928-05-18	2	03단	今の旱魃が續けば米價は反撥せん/農家の手持もあり目下は下押し氣味
152389	朝鮮朝日	1928-05-18	2	04단	神仙爐
152390	朝鮮朝日	1928-05-19	1	01단	植民地の銀行經營は堅實を缺ぐ嫌あり 切に當業者の協調を望む加藤鮮銀總裁入城/加藤鮮銀總裁滿鮮を視察 浦潮へ向ふ
152391	朝鮮朝日	1928-05-19	1	01단	朝鮮に珍らしい美術學校の出現/舊日新校舍を流用する平壤同好者が計劃
152392	朝鮮朝日	1928-05-19	1	01단	淸州面が御大典記念事業を審議
152393	朝鮮朝日	1928-05-19	1	01단	鮮展の一瞥(六)/佐藤九二男
152394	朝鮮朝日	1928-05-19	1	02단	庭積机代物小豆耕作者池氏に決定
152395	朝鮮朝日	1928-05-19	1	02단	朝鮮米の試食は各地とも大繁昌/內地博覽會への出品は相當の效果を收めた

일련번호	판명	간행일	면	단수	기사명
152396	朝鮮朝日	1928-05-19	1	03단	*南浦築港を總督に要望/檢査官が來南*
152397	朝鮮朝日	1928-05-19	1	03단	釜山當局が建築條令の改廢を研究
152398	朝鮮朝日	1928-05-19	1	04단	沙里院市街設計が竣工
152399	朝鮮朝日	1928-05-19	1	04단	鮮展の一偉才遠田氏が洋行/二、三年間佛國に留まり畫道の研究に精進
152400	朝鮮朝日	1928-05-19	1	04단	俳句/鈴木花蓑選
152401	朝鮮朝日	1928-05-19	1	05단	平壤夜學講習所
152402	朝鮮朝日	1928-05-19	1	05단	釜山教育會が研究論文の推奨式を行ふ
152403	朝鮮朝日	1928-05-19	1	05단	醫師試驗に合格の多い講習所出身者
152404	朝鮮朝日	1928-05-19	1	05단	內閣改造問題いよいよコぢれる/久原氏の入閣に對し強硬な反對論が出る
152405	朝鮮朝日	1928-05-19	1	06단	八年いそしんだ繪筆を棄てゝ飯田さんのお目出た大阪の從兄さんと結婚
152406	朝鮮朝日	1928-05-19	1	06단	通信傳習生百餘名を採用
152407	朝鮮朝日	1928-05-19	1	06단	知事さん初の道廳員達が自ら田植ゑ
152408	朝鮮朝日	1928-05-19	1	07단	奧瀨氏個人展來靑閣で開催
152409	朝鮮朝日	1928-05-19	1	07단	交通事故は九分通り被害者の不注意/昨年中で二千八百件
152410	朝鮮朝日	1928-05-19	1	08단	講道館落成式
152411	朝鮮朝日	1928-05-19	1	08단	金剛山行き汽船が開航/初航は好成績
152412	朝鮮朝日	1928-05-19	1	08단	幼兒を健診優良兒を表彰
152413	朝鮮朝日	1928-05-19	1	08단	父を尋ねてはるばると食はず飲まずで京城へ辿着く
152414	朝鮮朝日	1928-05-19	1	09단	鮮支人が大亂鬪警官が鎮撫
152415	朝鮮朝日	1928-05-19	1	09단	人墓を發掘藥製造の目的
152416	朝鮮朝日	1928-05-19	1	09단	赤行囊泥棒遞送夫と判明
152417	朝鮮朝日	1928-05-19	1	09단	運動界(實業野球リーグ殖銀鐵道に大敗/京城府廳勝つ/滿鮮相撲大會)
152418	朝鮮朝日	1928-05-19	1	10단	會(農事宣傳活寫會/大橋氏歡迎會)
152419	朝鮮朝日	1928-05-19	1	10단	人(草間財務局長/朴榮吉氏(東拓監事)/佐々木志賀治氏(貴族院議員)/野口遵氏(日窒專務)/加藤敬三郎氏(鮮銀總裁)/兒島高信氏(總督府商工課長)/伊達慶南警察部長/脇谷洋次郎博士(水産試驗場長))
152420	朝鮮朝日	1928-05-19	1	10단	半島茶話
152421	朝鮮朝日	1928-05-19	2	01단	釜山放言(九)/青い鳥
152422	朝鮮朝日	1928-05-19	2	01단	人絹の需要增加は養蠶の前途を危くするとの惡宣傳で養蠶を手控へる者が多い
152423	朝鮮朝日	1928-05-19	2	01단	豆粕連賃割戾制度の改正を協議
152424	朝鮮朝日	1928-05-19	2	01단	全鮮一のれんげ畑/二百五十町步東拓の御自慢
152425	朝鮮朝日	1928-05-19	2	02단	釜全線速成福原男に懇談
152426	朝鮮朝日	1928-05-19	2	02단	鴨江の流筏意外に順調

일련번호	판명	간행일	면	단수	기사명
152427	朝鮮朝日	1928-05-19	2	03단	甜菜の發芽兎も角も順調
152428	朝鮮朝日	1928-05-19	2	03단	平南大同で栗樹の植栽十七萬餘本
152429	朝鮮朝日	1928-05-19	2	03단	忠南包裝叺括繩の改善
152430	朝鮮朝日	1928-05-19	2	03단	忠南各郡農會豫算が減少/彈力はある
152431	朝鮮朝日	1928-05-19	2	04단	薪炭市場を大邱府が設置
152432	朝鮮朝日	1928-05-19	2	04단	慶東線の運賃引下で自動車が打擊
152433	朝鮮朝日	1928-05-19	2	04단	種牛の移出慶北が初めて
152434	朝鮮朝日	1928-05-19	2	04단	京城組銀帳尻
152435	朝鮮朝日	1928-05-19	2	04단	神仙爐
152436	朝鮮朝日	1928-05-20	1	01단	他人の批評なんか氣に懸てゐては/銀行の經營は出來ぬ/貸した金はドシドシ取立てる
152437	朝鮮朝日	1928-05-20	1	01단	財政を離れた教育家の理想は實行は容易でない/私鐵社債增額令の實施は近い
152438	朝鮮朝日	1928-05-20	1	01단	戰死は本望です/父上よ弟たちよ私の死を悲しまず本分を盡したと喜んで下さい
152439	朝鮮朝日	1928-05-20	1	02단	全鮮警察部長會議
152440	朝鮮朝日	1928-05-20	1	02단	慶北忠北兩線十二月から開始
152441	朝鮮朝日	1928-05-20	1	02단	公職者大會六月に開催
152442	朝鮮朝日	1928-05-20	1	03단	帝制記念日英領事の視宴
152443	朝鮮朝日	1928-05-20	1	03단	平元龍城驛成績は良好
152444	朝鮮朝日	1928-05-20	1	03단	短歌/橋田東聲選
152445	朝鮮朝日	1928-05-20	1	03단	火花を散らす通信競技總督總監臨席
152446	朝鮮朝日	1928-05-20	1	04단	平壤に痘瘡患者は一名
152447	朝鮮朝日	1928-05-20	1	04단	全關西寫眞競技で入選の榮を贏えた京城のカメラマン准特選の山根氏外四氏
152448	朝鮮朝日	1928-05-20	1	05단	鮮展の一瞥(七)/佐藤九二男
152449	朝鮮朝日	1928-05-20	1	05단	平壤の死産內地より少い
152450	朝鮮朝日	1928-05-20	1	05단	水谷八重子來釜
152451	朝鮮朝日	1928-05-20	1	06단	排日宣傳を東邊道が取締
152452	朝鮮朝日	1928-05-20	1	06단	平南大同の水喧譁事態惡化す
152453	朝鮮朝日	1928-05-20	1	07단	咸北に牛疫警戒に大努力
152454	朝鮮朝日	1928-05-20	1	07단	未遂に終る夫婦の心中
152455	朝鮮朝日	1928-05-20	1	07단	三十餘名の馬賊江界を襲ひ巡査一名を射殺し武器を奪って逃走
152456	朝鮮朝日	1928-05-20	1	07단	檢事と警視の大增員を行ひ思想問題を取締る/高等警察課定員の增加
152457	朝鮮朝日	1928-05-20	1	07단	張作霖氏關外撤退か日本の警告を機に楊氏ら下野を勸告/大連駐在の朝鮮部隊奉天に出動
152458	朝鮮朝日	1928-05-20	1	09단	運動界(ス軍快勝す六A三京電敗る/實業野球リーグ鐵道

일련번호	판명	간행일	면	단수	기사명
152458	朝鮮朝日	1928-05-20	1	09단	殖銀に惜敗/平北警察射擊會/殖銀鮮銀を破る)
152459	朝鮮朝日	1928-05-20	1	10단	人(寺內少將(朝鮮軍參謀長長)/崎山參一郞氏(鐵道局技師)/澤井準一(朝鮮總督府囑託)/草間財務局長/富田儀作氏(鎭南浦實業家)/伊達順之助氏)
152460	朝鮮朝日	1928-05-20	1	10단	半島茶話
152461	朝鮮朝日	1928-05-20	2	01단	漁業の經營法を系統的に調査/當業者に指針を示す慶南道當局の計劃
152462	朝鮮朝日	1928-05-20	2	01단	御大禮博受賞者十九日發表(飮食物/紡績工業/化學工業)
152463	朝鮮朝日	1928-05-20	2	01단	元山商業補習夜學校十二日認可
152464	朝鮮朝日	1928-05-20	2	01단	一面一校の實現を期し平北が調査
152465	朝鮮朝日	1928-05-20	2	02단	海女の入漁非常に少い
152466	朝鮮朝日	1928-05-20	2	02단	新義州棧橋荷揚場擴張商議が要請
152467	朝鮮朝日	1928-05-20	2	02단	朝鮮水電の工事進捗せん
152468	朝鮮朝日	1928-05-20	2	02단	南浦の櫻蝦品質が向上
152469	朝鮮朝日	1928-05-20	2	03단	昭和二年度寺洞驛積出煉炭の數量
152470	朝鮮朝日	1928-05-20	2	03단	馬山上水道水源地解決
152471	朝鮮朝日	1928-05-20	2	03단	合格したら直ぐ備主が待構へる/醫師試驗の合格者十八日氏名を發表さる
152472	朝鮮朝日	1928-05-20	2	04단	神仙爐
152473	朝鮮朝日	1928-05-22	1	01단	三面二校でさへ實現が困難な平南の財政狀態では一面一校は到底不可能
152474	朝鮮朝日	1928-05-22	1	01단	先住者の案を鵜呑は出來ぬ/自分で研究した上で瓦電問題は善處したい
152475	朝鮮朝日	1928-05-22	1	01단	御眞影奉安所馬山高女が建設
152476	朝鮮朝日	1928-05-22	1	01단	國際航空路の要衝蔚山に飛行場/地元民は大喜びでどんな犧牲も拂ふ意氣込
152477	朝鮮朝日	1928-05-22	1	01단	太刀洗の支那出動機平壤に到着
152478	朝鮮朝日	1928-05-22	1	01단	群山の艀賃引下目下研究中
152479	朝鮮朝日	1928-05-22	1	02단	鮮展の一瞥(完)/佐藤九二男
152480	朝鮮朝日	1928-05-22	1	03단	都會の裏に潜む生活苦を覘ったモチーヴが審査員の共鳴を買ったでせう/寫眞を始めてやっと二年是から勉强すると大竹淳氏
152481	朝鮮朝日	1928-05-22	1	05단	釜山放言(十)/靑い鳥
152482	朝鮮朝日	1928-05-22	1	05단	支那と日本間に事を生ぜしめ奉天側を危くせん計劃か/馬賊團の國境襲擊
152483	朝鮮朝日	1928-05-22	1	05단	釜山市街の全部で猛烈な肉薄戰 演習の想定が確定/參加部隊を釜山府が招宴
152484	朝鮮朝日	1928-05-22	1	06단	委員を選び大邱取引所設置に猛進
152485	朝鮮朝日	1928-05-22	1	07단	張作霖が苦力に變裝して逃げたとの噂さがあって天津

일련번호	판명	간행일	면	단수	기사명
152485	朝鮮朝日	1928-05-22	1	07단	方面は大騒ぎ
152486	朝鮮朝日	1928-05-22	1	07단	七十餘町の植付が不能/農民が騒ぐ
152487	朝鮮朝日	1928-05-22	1	08단	出動部隊に慰問袋贈呈/平壤有志が
152488	朝鮮朝日	1928-05-22	1	08단	間島の慈雨農家が喜ぶ
152489	朝鮮朝日	1928-05-22	1	08단	水喧嘩が起りさうな/鳳山載寧の早魃
152490	朝鮮朝日	1928-05-22	1	08단	保護者の印を偽造し退學願を提出
152491	朝鮮朝日	1928-05-22	1	09단	四ヶ月間舌根に殘った煙管の吸口/摘出した珍らしい實驗例京城醫專の須古博士が發表
152492	朝鮮朝日	1928-05-22	1	09단	年增女が偽造の株で金を騙る
152493	朝鮮朝日	1928-05-22	1	09단	國際爲替詐欺犯の巨魁は平南生れ
152494	朝鮮朝日	1928-05-22	1	10단	運動界(商銀殖銀を破る/州外野球大會/平壤競馬會)
152495	朝鮮朝日	1928-05-22	1	10단	會(安東書道展覽會/靑木知事花見/全南棉花懇談會)
152496	朝鮮朝日	1928-05-22	1	10단	人(福原俊丸男(朝鐵副社長)/水口知事/目野春吉氏(新咸南道社會係主事))
152497	朝鮮朝日	1928-05-22	1	10단	半島茶話
152498	朝鮮朝日	1928-05-22	2	01단	時事鳥瞰/畫家を育くむべく朝鮮は餘りに貧しい/齡旣に七歲を數へる鮮展も畢竟ずるに素人の戲れ場所
152499	朝鮮朝日	1928-05-22	2	01단	愈これから朝顔の時期/大輪咲きの育て方/遠山椿吉博士のお話(土と水と芽摘み/肥料製造の祕法/結實を避けよ/大輪咲きと變種)
152500	朝鮮朝日	1928-05-22	2	02단	スケールの大きい地球は廻る(日活)/三篇にわかれて二十卷の長尺物
152501	朝鮮朝日	1928-05-22	2	05단	玉手箱
152502	朝鮮朝日	1928-05-22	2	05단	春蠶資金需要未だし
152503	朝鮮朝日	1928-05-22	2	05단	東北産業博朝鮮の受賞者
152504	朝鮮朝日	1928-05-22	2	06단	慶北の春蠶五萬餘石を收繭の見込
152505	朝鮮朝日	1928-05-22	2	06단	慶南の春蠶掃立が增加成績も良好
152506	朝鮮朝日	1928-05-22	2	06단	對支輸出の水産物支那の動亂で大手筋の買氣が動かず/當分取引は絶無か
152507	朝鮮朝日	1928-05-22	2	06단	肥料低資の貸出狀況
152508	朝鮮朝日	1928-05-22	2	06단	片倉製絲の咸興の工場九月に操業
152509	朝鮮朝日	1928-05-22	2	07단	東拓貸出高
152510	朝鮮朝日	1928-05-22	2	07단	全鮮聯合酒類品評會平壤で開催
152511	朝鮮朝日	1928-05-22	2	07단	雫の聲
152512	朝鮮朝日	1928-05-22	2	07단	神仙爐
152513	朝鮮朝日	1928-05-23	1	01단	兎も角親任式を本日午後奏請に決定 田中首相いよいよ焦る/文相の態度強く首相の懇請も斥け 昨夜つひに辭職を言明
152514	朝鮮朝日	1928-05-23	1	01단	文化と經濟發展は施政の二大標目/實業敎育に力を致せ知事會議で總督の初訓示

일련번호	판명	간행일	면	단수	기사명
152515	朝鮮朝日	1928-05-23	1	02단	鮮展の東洋畵(一)/加藤松林
152516	朝鮮朝日	1928-05-23	1	04단	咸鏡線開通九月の中旬
152517	朝鮮朝日	1928-05-23	1	04단	鮮台航路には近海郵船は就航/月に二回の往復で釜山には復航にのみ寄港
152518	朝鮮朝日	1928-05-23	1	04단	短歌/橋田東聲選
152519	朝鮮朝日	1928-05-23	1	04단	朝鮮教育會總會を延期
152520	朝鮮朝日	1928-05-23	1	05단	平壤鑛業所が石炭棧橋を大同江に設置
152521	朝鮮朝日	1928-05-23	1	05단	軍事郵便二十一日から
152522	朝鮮朝日	1928-05-23	1	05단	內地視察團慶北の計劃
152523	朝鮮朝日	1928-05-23	1	05단	昨年の旱害で困憊した農民が滿洲に移住を企つ/慶北迎日が一番烈しい
152524	朝鮮朝日	1928-05-23	1	06단	釜山放言(十一)/青い鳥
152525	朝鮮朝日	1928-05-23	1	06단	お茶のあと
152526	朝鮮朝日	1928-05-23	1	06단	影を見せぬ伊勢の海女
152527	朝鮮朝日	1928-05-23	1	07단	閑散となった關釜連絡船/渡航者が減少
152528	朝鮮朝日	1928-05-23	1	07단	殉職警察官第八回招魂祭
152529	朝鮮朝日	1928-05-23	1	07단	漫畵家一行金剛山を探勝
152530	朝鮮朝日	1928-05-23	1	07단	親鸞上人の御誕生の賑ひ
152531	朝鮮朝日	1928-05-23	1	07단	慶州博物館の盜難品發見さる/犯人は未だ判明せず白紙に包み棄てられた臟品
152532	朝鮮朝日	1928-05-23	1	08단	小切手で取引する大邱の紳士賭博/檢擧者は百數十名加藤署長風紀廓淸を期す
152533	朝鮮朝日	1928-05-23	1	08단	列車爆發驛を破壞す
152534	朝鮮朝日	1928-05-23	1	09단	辭令(東京電話)
152535	朝鮮朝日	1928-05-23	1	09단	動物愛護の馬水槽金具の盜難
152536	朝鮮朝日	1928-05-23	1	09단	暴行女學生起訴猶豫
152537	朝鮮朝日	1928-05-23	1	09단	運動界(八A對一でス軍鐵道に快勝/親和會ス軍招待/京電遞信に復讐/平壤光成組優勝/高松商球團來釜/平鐵平實に大勝/安東滿鐵運動會)
152538	朝鮮朝日	1928-05-23	1	10단	會(朝鮮蠶絲評議員會/全南教育會研究會/京城商議役員會/公設市場開業式)
152539	朝鮮朝日	1928-05-23	1	10단	人(加藤寬治氏(日本國民高等學校長)/伊藤重次郎氏(新義州營林署長)/谷多喜磨氏(平安北道知事)/湊省三氏(平壤飛行隊副官)/松岡滿鐵副社長/愛知縣參事會一行)
152540	朝鮮朝日	1928-05-23	1	10단	半島茶話
152541	朝鮮朝日	1928-05-23	2	01단	巨濟島の近海に大羽鰯群が來襲/總漁獲高八十四萬圓締粕として內地に移出
152542	朝鮮朝日	1928-05-23	2	01단	鮮銀券著しく膨張
152543	朝鮮朝日	1928-05-23	2	01단	納稅組合を新義州が勸誘

일련번호	판명	간행일	면	단수	기사명
152544	朝鮮朝日	1928-05-23	2	01단	揮發油の貯藏取締り本町署が通知
152545	朝鮮朝日	1928-05-23	2	01단	金融組合の功勞者表彰/御大典を機に
152546	朝鮮朝日	1928-05-23	2	01단	慶南道が綠肥堆肥の增産を獎勵
152547	朝鮮朝日	1928-05-23	2	02단	安東柞蠶絲の不正取引は圓滿に解決
152548	朝鮮朝日	1928-05-23	2	02단	安東縣の貿易館設置/滿鐵も承認
152549	朝鮮朝日	1928-05-23	2	02단	沙糖の分布船橋里積出
152550	朝鮮朝日	1928-05-23	2	02단	二十年來の珍しい現象/大邱の早魃
152551	朝鮮朝日	1928-05-23	2	02단	木浦の海草界弗々活氣を呈す/昨年の不足で手持少く相場は何れも强調
152552	朝鮮朝日	1928-05-23	2	03단	煙草耕作の違反が多い/取締が不十分
152553	朝鮮朝日	1928-05-23	2	03단	鬱陵島の露艦の引揚成功疑はし
152554	朝鮮朝日	1928-05-23	2	03단	外鹽輸入高/二千四百萬斤
152555	朝鮮朝日	1928-05-23	2	03단	平壤煙草賣上高
152556	朝鮮朝日	1928-05-23	2	03단	圖們鐵業績配當年七分
152557	朝鮮朝日	1928-05-23	2	04단	神仙爐
152558	朝鮮朝日	1928-05-23	2	04단	商品擔保貸京城組銀帳尻
152559	朝鮮朝日	1928-05-23	2	04단	朝鮮自動車三ヶ月の成績
152560	朝鮮朝日	1928-05-23	2	04단	京城組合銀行爲替受拂高
152561	朝鮮朝日	1928-05-23	2	04단	平南金組總會
152562	朝鮮朝日	1928-05-23	2	04단	京城手形交換高
152563	朝鮮朝日	1928-05-23	2	04단	元山米豆移出高
152564	朝鮮朝日	1928-05-24	1	01단	宮內關係方面で優詔の降下に疑念 袞龍の御袖に隱れ自己を保つ極めて卑屈な態度との惡評/聖明を覆ひ奉る由々しき事件であると民政黨側極度に緊張す/優詔を拜した如き水野文相の言明は首相の言と相違す事能頗る重大化す/「優詔を賜り」の文句を削除して水野文相言明の仕直しさきの言明は意味不明となる/政治の墮落を悲む首相の責任は益々重大 小泉策太郎氏談/御詔を奉じて留任を決意田中首相と會見後水野文相語る/文相の奏上や御言葉の內容は私は知らなぬと首相談
152565	朝鮮朝日	1928-05-24	1	01단	道知事會議での池上總監の訓示 教育、産業、思想、林政と各般に亙って詳述/諮問案/指示事項
152566	朝鮮朝日	1928-05-24	1	05단	短歌/橋田東聲選
152567	朝鮮朝日	1928-05-24	1	06단	鮮展お買上(宮內省御買上/李王家御買上)
152568	朝鮮朝日	1928-05-24	1	06단	鎭南浦築港促進の委員京城で運動/運動の經過報告
152569	朝鮮朝日	1928-05-24	1	06단	群山府廳舍六月下旬入札
152570	朝鮮朝日	1928-05-24	1	07단	出動の途飛機六台が新義州に着陸/太刀洗機が大邱に假泊
152571	朝鮮朝日	1928-05-24	1	07단	山に放火すれば雨降るとの迷信/京畿道に頻發した山火事の原因判明

일련번호	판명	간행일	면	단수	기사명
152572	朝鮮朝日	1928-05-24	1	07단	養鷄にいそしむ朝鮮の婦人たち
152573	朝鮮朝日	1928-05-24	1	07단	公醫講習會三週間開催
152574	朝鮮朝日	1928-05-24	1	07단	敎育映畵公開
152575	朝鮮朝日	1928-05-24	1	07단	鎭海要港部掃海事業
152576	朝鮮朝日	1928-05-24	1	08단	憲兵分遣所二箇所增設
152577	朝鮮朝日	1928-05-24	1	08단	九百六十圓を海苔業者の救濟に支出
152578	朝鮮朝日	1928-05-24	1	08단	中等學校の旅行團が旅の恥は搔き棄てとバーや飲食店で大騷ぎ
152579	朝鮮朝日	1928-05-24	1	08단	表彰金の中身が空で金組の大騷ぎ
152580	朝鮮朝日	1928-05-24	1	08단	牧ノ島沖合で機船が衝突/一名行方不明
152581	朝鮮朝日	1928-05-24	1	09단	全北井邑の男女靑年が慰問袋寄贈
152582	朝鮮朝日	1928-05-24	1	09단	新義州天然痘更に三名の患者が續發
152583	朝鮮朝日	1928-05-24	1	09단	大邱の慈雨愁眉を開く
152584	朝鮮朝日	1928-05-24	1	09단	咸興大火の罹災者救濟
152585	朝鮮朝日	1928-05-24	1	09단	博物館盜難の不足の品は僅かに三點
152586	朝鮮朝日	1928-05-24	1	09단	江界を襲うた馬賊の手引營林署の人夫
152587	朝鮮朝日	1928-05-24	1	10단	丸一賭博團四十名を檢擧
152588	朝鮮朝日	1928-05-24	1	10단	運動界(湖南野球大會木浦軍優勝す/西鮮庭球大會/東京大相撲來釜)
152589	朝鮮朝日	1928-05-24	1	10단	人(福原俊丸男(朝鐵副社長)/松岡洋右氏(滿鐵副社長)/若尾鴻太郎氏(實業家))
152590	朝鮮朝日	1928-05-24	1	10단	半島茶話
152591	朝鮮朝日	1928-05-24	2	01단	全鮮銀行大會順序と議案の探擇(提出議案)
152592	朝鮮朝日	1928-05-24	2	01단	朝郵の整理百萬圓を捻出
152593	朝鮮朝日	1928-05-24	2	01단	群山商議の選擧色めく十一月執行
152594	朝鮮朝日	1928-05-24	2	01단	定州安興に假驛設置請願
152595	朝鮮朝日	1928-05-24	2	01단	北鮮水産の辭職の騷ぎ瀨戶氏が强硬
152596	朝鮮朝日	1928-05-24	2	02단	柔の被害で江原の春鷬昨年より減少
152597	朝鮮朝日	1928-05-24	2	02단	會社の異動京城商議調査
152598	朝鮮朝日	1928-05-24	2	02단	平壤燒酎の汽車輸送高
152599	朝鮮朝日	1928-05-24	2	02단	五月中旬局線の貨物十二萬八千噸
152600	朝鮮朝日	1928-05-24	2	02단	平北道に電力灌漑の需要が增加
152601	朝鮮朝日	1928-05-24	2	02단	釜山放言(十二)/靑い鳥
152602	朝鮮朝日	1928-05-24	2	03단	群山對岸へ鐵道の延長本年から着工
152603	朝鮮朝日	1928-05-24	2	03단	咸南も旱魃例年の三分一の雨
152604	朝鮮朝日	1928-05-24	2	03단	朝鮮の靑年訓練本年から實施/主體は府面として强要を避け隨意に委す
152605	朝鮮朝日	1928-05-24	2	04단	優良面視察平北博川が
152606	朝鮮朝日	1928-05-24	2	04단	女子醫專設立の協議先づ講習所

일련번호	판명	간행일	면	단수	기사명
152607	朝鮮朝日	1928-05-24	2	04단	神仙爐
152608	朝鮮朝日	1928-05-25	1	01단	閣內にも批難高り文相遂に處決を決意 山崎、安藤兩政務官も殉じてけふ辭表を提出するに決定/責任ある言質を取り政府の責任を追撃 民正黨の態度硬化す/內閣不統一を彌縫せんため聖慮を煩し奉る計劃をめぐらした事蹟掩ふべからず 民政黨より聲明書を發表す/政府の聲明と文相の言が齟齬 それについて文相と本社記者との問答
152609	朝鮮朝日	1928-05-25	1	04단	俳句/鈴木花蓑選
152610	朝鮮朝日	1928-05-25	1	05단	三萬隻の漁船や汽船の航路八浬を短縮する 統營太閤堀の掘鑿迂餘曲折を經て廿六日起工式/總工費三十萬圓 四ヶ年の繼續事業 國庫補助は十萬圓
152611	朝鮮朝日	1928-05-25	1	07단	武裝警官を引具し森林調査の一隊茂山郡を振出しに四十日に互り農牧地踏査
152612	朝鮮朝日	1928-05-25	1	07단	面民一千名が鎌や棍棒を揮ひ大亂鬪を演じ形勢險惡/牧草刈取の繩張爭ひ
152613	朝鮮朝日	1928-05-25	1	07단	淸津學組補缺選
152614	朝鮮朝日	1928-05-25	1	07단	京城の種痘南山小學校で
152615	朝鮮朝日	1928-05-25	1	08단	海員養成所生徒を募集
152616	朝鮮朝日	1928-05-25	1	08단	太刀洗飛機大邱を離陸
152617	朝鮮朝日	1928-05-25	1	08단	英語講座をD局が開設
152618	朝鮮朝日	1928-05-25	1	08단	二百五十名の鮮滿視察團二十四日渡鮮
152619	朝鮮朝日	1928-05-25	1	08단	全南夏季大學
152620	朝鮮朝日	1928-05-25	1	08단	馬賊團來襲の報警官隊急行
152621	朝鮮朝日	1928-05-25	1	09단	八種樫卒の負傷は輕い
152622	朝鮮朝日	1928-05-25	1	09단	飮食店取締りの徹底を期すべく/京畿道の衛生課が技術員を數名增員
152623	朝鮮朝日	1928-05-25	1	09단	兩勇士の遺骨釜山に到着す/篠原未亡人の背に微笑む靖君の姿が涙を唆る
152624	朝鮮朝日	1928-05-25	1	09단	運動界(ス軍快勝す五A對一遞信敗る/實業野球リーグ/櫻井校優勝)
152625	朝鮮朝日	1928-05-25	1	09단	人(別府北太郎氏(鐵道協會副會長)/大村日藏氏(京城實業家)/和田一郎博士(商銀頭取)/陸軍大學敎官一行/松井信助氏(平讓府尹)/有賀光豊氏(殖銀頭取)/山口殖銀公共金融課長/吉原重政氏(鐵道局囑託))
152626	朝鮮朝日	1928-05-25	1	10단	會(全南納稅表彰式)
152627	朝鮮朝日	1928-05-25	1	10단	半島茶話
152628	朝鮮朝日	1928-05-25	2	01단	米突法規格統一の朝鮮の制度は大阪府廳の講習會で賞讚の的となった
152629	朝鮮朝日	1928-05-25	2	01단	鮮台就航船安東に寄港
152630	朝鮮朝日	1928-05-25	2	01단	金剛山電鐵社債の借替

일련번호	판명	간행일	면	단수	기사명
152631	朝鮮朝日	1928-05-25	2	01단	群山商議所臨時評議員會
152632	朝鮮朝日	1928-05-25	2	01단	地方の事業は地方の人にさせて吳れ
152633	朝鮮朝日	1928-05-25	2	01단	平北の「龜尾」非常に好評
152634	朝鮮朝日	1928-05-25	2	02단	全南特産品宣傳卽賣會
152635	朝鮮朝日	1928-05-25	2	02단	營林署工場工事が完成
152636	朝鮮朝日	1928-05-25	2	02단	米豆叭と繰綿檢查所近く着工
152637	朝鮮朝日	1928-05-25	2	02단	未檢查の平北大豆を道外に搬出
152638	朝鮮朝日	1928-05-25	2	02단	南浦の苹果鐵道輸送量
152639	朝鮮朝日	1928-05-25	2	02단	朝鮮對外貿易高
152640	朝鮮朝日	1928-05-25	2	02단	京城の物價
152641	朝鮮朝日	1928-05-25	2	03단	郵便自動車實現の猛運動
152642	朝鮮朝日	1928-05-25	2	03단	群山府水道敷地
152643	朝鮮朝日	1928-05-25	2	03단	卒業生の成績がよい平壤醫學講習所
152644	朝鮮朝日	1928-05-25	2	03단	印紙稅檢查十箇所で實施
152645	朝鮮朝日	1928-05-25	2	03단	金組理事會議
152646	朝鮮朝日	1928-05-25	2	03단	電氣協會總會
152647	朝鮮朝日	1928-05-25	2	03단	果物組合役員會
152648	朝鮮朝日	1928-05-25	2	04단	雫の聲
152649	朝鮮朝日	1928-05-25	2	04단	釜山租稅公課額
152650	朝鮮朝日	1928-05-25	2	04단	神仙爐
152651	朝鮮朝日	1928-05-26	1	01단	六十餘名の馬賊が鴨江遡江船を襲擊/若林中尉拉去さる守備隊警官隊が出動交戰す
152652	朝鮮朝日	1928-05-26	1	01단	參與官の廢止を知事達が主張/産業或は學務課を昇格か局部長會議で決定
152653	朝鮮朝日	1928-05-26	1	01단	朝鮮に印象の惡い新文相の勝田氏/鮮銀に西原借欵を押付け破綻の遠因を作った
152654	朝鮮朝日	1928-05-26	1	01단	城大の軍敎來月に開始
152655	朝鮮朝日	1928-05-26	1	01단	田中總裁排斥の聲政友會內に漲る/小泉氏は旣に首相と絶緣の姿脫黨者相踵がん
152656	朝鮮朝日	1928-05-26	1	02단	侍天敎の敎人大會で反幹部派敗る
152657	朝鮮朝日	1928-05-26	1	03단	十月に着工する公麗線の工事麗水港の完成と相埃ち 百萬噸の荷物を呑吐/南鮮他港に打擊はない
152658	朝鮮朝日	1928-05-26	1	03단	審議室の首席事務官空席が埋る
152659	朝鮮朝日	1928-05-26	1	04단	警察官試驗慶南が施行
152660	朝鮮朝日	1928-05-26	1	04단	雜音は交るが先づは聞える/東京十キ口放送の中繼D局に生彩を放たん
152661	朝鮮朝日	1928-05-26	1	04단	大邱慶南兩銀行合倂總會も終了
152662	朝鮮朝日	1928-05-26	1	04단	前各相の辭任で事件は解決せぬ/田中首相の責任が問題貴族院各派の意向

일련번호	판명	간행일	면	단수	기사명
152663	朝鮮朝日	1928-05-26	1	05단	短歌/橋田東聲選
152664	朝鮮朝日	1928-05-26	1	05단	長白山丸六月末竣工
152665	朝鮮朝日	1928-05-26	1	05단	移入賣藥の出願手續は從來通り存置
152666	朝鮮朝日	1928-05-26	1	05단	京城高女二十周年記念式(二十三日擧行)
152667	朝鮮朝日	1928-05-26	1	06단	東鄕さんの偲ぶ草四日の夢を結んだ/質素で頑丈な寢台
152668	朝鮮朝日	1928-05-26	1	06단	辭令
152669	朝鮮朝日	1928-05-26	1	06단	中央記者團一周年記念
152670	朝鮮朝日	1928-05-26	1	06단	支那當局が給料を增し兵士を引留
152671	朝鮮朝日	1928-05-26	1	07단	蠅取宣傳を活寫で强調
152672	朝鮮朝日	1928-05-26	1	07단	內地とは別個の學位令を制定/論文審査規定も作成城大いよいよ完成
152673	朝鮮朝日	1928-05-26	1	07단	當もない渡航者依然として多い/總督府の取締緩漫を門司署員が嘆息
152674	朝鮮朝日	1928-05-26	1	07단	增員よりも增俸それが一番の能率增進と/慶南道警官の昇給
152675	朝鮮朝日	1928-05-26	1	07단	朝日新聞讀者慰安の活寫會開催
152676	朝鮮朝日	1928-05-26	1	08단	咸南甲山の大火/百棟を燒失
152677	朝鮮朝日	1928-05-26	1	09단	女子商業の盟休再發か/首謀者が協議
152678	朝鮮朝日	1928-05-26	1	09단	運動界(殖銀對ス軍四對四引分/新義州競馬大會/原田福田兩硬球選手京城で試合)
152679	朝鮮朝日	1928-05-26	1	09단	もう我子とも思って居ません/不逞女流飛行家權基玉の母親は語る
152680	朝鮮朝日	1928-05-26	2	01단	釜山放言(十三)/靑い鳥
152681	朝鮮朝日	1928-05-26	2	01단	除隊兵の土着は有意義な企て各道知事を招いて金谷司令官が懇談
152682	朝鮮朝日	1928-05-26	2	01단	資格の低い教師を漸次に整理する慶南道學務課の方針/第三種訓導は現在二百名
152683	朝鮮朝日	1928-05-26	2	01단	繫筏場讓渡採木公司から總督府へ
152684	朝鮮朝日	1928-05-26	2	01단	木浦商圈の擴張隊組織
152685	朝鮮朝日	1928-05-26	2	01단	繭檢査機關設置を出願
152686	朝鮮朝日	1928-05-26	2	01단	耕牛の低資成績は良好
152687	朝鮮朝日	1928-05-26	2	02단	三菱鑛業部發電所計劃/全北金堤に
152688	朝鮮朝日	1928-05-26	2	02단	雫の聲
152689	朝鮮朝日	1928-05-26	2	02단	製絲の釜數四千二百餘
152690	朝鮮朝日	1928-05-26	2	03단	牛の密輸入嚴重に取締る
152691	朝鮮朝日	1928-05-26	2	03단	五月中旬鐵道局業績收入百萬圓
152692	朝鮮朝日	1928-05-26	2	03단	中華商務會事務を開始
152693	朝鮮朝日	1928-05-26	2	03단	鮮滿聯合商業學校會釜山で開催
152694	朝鮮朝日	1928-05-26	2	04단	支那側が授業料徵收/財政難の結果

일련번호	판명	간행일	면	단수	기사명
152695	朝鮮朝日	1928-05-26	2	04단	群山有志が社交團體の設置を計劃
152696	朝鮮朝日	1928-05-26	2	04단	都市金組總會
152697	朝鮮朝日	1928-05-26	2	04단	强制的募兵奉軍に編人
152698	朝鮮朝日	1928-05-26	2	04단	南浦商議評議會
152699	朝鮮朝日	1928-05-26	2	04단	外國爲替受拂高
152700	朝鮮朝日	1928-05-26	2	04단	神仙爐
152701	朝鮮朝日	1928-05-27	1	01단	高瀬船に乗込んでプロペラー船亂入　乘客の携帶品を強奪淺瀬を覘った計劃的な襲撃/支那側の警戒賴むに足らず　警官隊國境を越え討伐軍隊側も續々出動/我が討伐隊の撤退を支那側が要望/羅南野砲隊現場に急行/政治的意味を含む計劃的な暴行としか思はれない參謀本部課長田代大佐語る/警察部より警官が急行/國威に關すと軍司令部が徹底的に討伐
152702	朝鮮朝日	1928-05-27	1	03단	知事會議二十六日終了
152703	朝鮮朝日	1928-05-27	1	03단	大邱慶南兩銀合併大邱側承認
152704	朝鮮朝日	1928-05-27	1	03단	郵便局課長異動を發表
152705	朝鮮朝日	1928-05-27	1	03단	鮮展の東洋畫(二)/加藤松林
152706	朝鮮朝日	1928-05-27	1	04단	流筏に重稅支那商が惱む
152707	朝鮮朝日	1928-05-27	1	04단	漁業用重油値下問題/注目される釜山の協議
152708	朝鮮朝日	1928-05-27	1	04단	豫想ほど大きくない學校長の異動/平井氏の御聲掛りが衰へ宮城閼が擡頭の姿
152709	朝鮮朝日	1928-05-27	1	05단	避難の戎克鴨綠江に集る
152710	朝鮮朝日	1928-05-27	1	05단	太刀洗飛機新義州不時着
152711	朝鮮朝日	1928-05-27	1	05단	三種訓導素質改善の講習會開催
152712	朝鮮朝日	1928-05-27	1	05단	大邱公會堂敷地が決定
152713	朝鮮朝日	1928-05-27	1	06단	米國學生團朝鮮を見學
152714	朝鮮朝日	1928-05-27	1	06단	東學黨の首領崔時享の墓を天道、侍天、上帝の長老達が京城近郊へ遷葬を計劃
152715	朝鮮朝日	1928-05-27	1	06단	俳句/鈴木花蓑選
152716	朝鮮朝日	1928-05-27	1	06단	裡里農校生本社を見學
152717	朝鮮朝日	1928-05-27	1	06단	咸南の慈雨農民が蘇る/春川も降雨麥に好影響
152718	朝鮮朝日	1928-05-27	1	07단	警官招魂祭二十七日擧行
152719	朝鮮朝日	1928-05-27	1	07단	山火事豫防宣傳ポスター
152720	朝鮮朝日	1928-05-27	1	07단	松毛蟲驅除京畿道二面で
152721	朝鮮朝日	1928-05-27	1	07단	安東在軍が彈藥を購入
152722	朝鮮朝日	1928-05-27	1	08단	思想取締で平北の警官十餘名を增員
152723	朝鮮朝日	1928-05-27	1	08단	紳士賭博の二十七名が檢事局送り
152724	朝鮮朝日	1928-05-27	1	08단	演習見物に市場が休業/批難が多い
152725	朝鮮朝日	1928-05-27	1	08단	柔道の眞髓は人を造るにある/嘉納治五郎氏入鮮す

일련번호	판명	간행일	면	단수	기사명
152726	朝鮮朝日	1928-05-27	1	08단	船客の投身魚大津沖で
152727	朝鮮朝日	1928-05-27	1	09단	猥本の取締內務省が依賴
152728	朝鮮朝日	1928-05-27	1	09단	朝鮮日報筆禍事件は禁錮八ケ月
152729	朝鮮朝日	1928-05-27	1	09단	傳染病の季節近し京城府の警戒
152730	朝鮮朝日	1928-05-27	1	09단	大邱プール開き
152731	朝鮮朝日	1928-05-27	1	09단	會(佐藤殖銀支店長招宴/河野理事長招宴)
152732	朝鮮朝日	1928-05-27	1	10단	人(玄俊鎬氏(湖南銀行專務)/金信錫氏(湖南銀行支配人)/小田省吾氏(城大敎授)/名倉勝氏(警務局技師)/金應善大佐(李王職付武官)/朴榮吉氏(東拓監事)/杉谷茂氏(內務局草梁土木出張長)/嘉納治五郎氏(貴族院議員)/加藤政之助氏(同上)/松本勝太郎氏(同上)/山下義韶氏(講道館師範)/河谷靜夫氏(南鮮日報社長))
152733	朝鮮朝日	1928-05-27	1	10단	半島茶話
152734	朝鮮朝日	1928-05-27	2	01단	釜山放言(十四)/青い鳥
152735	朝鮮朝日	1928-05-27	2	01단	沙防工事の補助は國費で負擔し工事の進捗を圖り更に組合を設けて保護す
152736	朝鮮朝日	1928-05-27	2	01단	煙草會社年一割總會で附議
152737	朝鮮朝日	1928-05-27	2	01단	挿秧始まる
152738	朝鮮朝日	1928-05-27	2	01단	慶北道の地方稅徵收成績は良好
152739	朝鮮朝日	1928-05-27	2	01단	咸南金組聯合勤續者を表彰
152740	朝鮮朝日	1928-05-27	2	02단	鰤や鰭の回游狀況を潛水して試驗
152741	朝鮮朝日	1928-05-27	2	02단	平北西面が普校設置を當局に熱望
152742	朝鮮朝日	1928-05-27	2	02단	平壤草分會會員が百名
152743	朝鮮朝日	1928-05-27	2	02단	毛蟲を飼育し成蟲に育てゝ昆蟲の標本を製作
152744	朝鮮朝日	1928-05-27	2	03단	物産協會總會
152745	朝鮮朝日	1928-05-27	2	03단	運動界(明大蹴球團來壤/明大蹴球軍敗る/少年蹴球大會/大邱實業優勝/ス軍また勝つ)
152746	朝鮮朝日	1928-05-27	2	03단	輸移出は減じ輸移入は增額/入超一億三千萬圓農産品の輸移入金額
152747	朝鮮朝日	1928-05-27	2	04단	神仙爐
152748	朝鮮朝日	1928-05-29	1	01단	國外の不逞に對し斷乎たる處置を執り一般民衆の歸趨を誤らぬやう留意を要す/全鮮警察部長會議開かる
152749	朝鮮朝日	1928-05-29	1	01단	軍隊と警官が越境して討伐 馬賊團の蠢動頻りで中村旅團長が急行/プロペラ船航行を休止/八十餘名の馬賊が出現/越境討伐の中止を交涉/住民が續々安全地に避難
152750	朝鮮朝日	1928-05-29	1	02단	全市を花で埋めた京城の灌佛會/美しい夫人や令孃が街路に立って花を賣る
152751	朝鮮朝日	1928-05-29	1	03단	咸興聯隊が龍山に出動
152752	朝鮮朝日	1928-05-29	1	04단	驅逐艦二隻新義州に入港/驅逐艦乘員戰跡を視察

일련번호	판명	간행일	면	단수	기사명
152753	朝鮮朝日	1928-05-29	1	04단	京城の府有地買主が見つかる/大阪の島德藏氏が坪三圓二十錢で買受ける
152754	朝鮮朝日	1928-05-29	1	04단	民政黨やうやく積極的に動く　黨獨自の運動は勿論各派聯合國民運動にも參加/政務官の異動遂に決定す
152755	朝鮮朝日	1928-05-29	1	04단	釜山市街の一帶修羅の巷と化す　日本海大海戰の記念日釜山での攻防演習/鎭海灣頭の模擬海戰
152756	朝鮮朝日	1928-05-29	1	06단	鐵筋混凝土木浦校の講堂
152757	朝鮮朝日	1928-05-29	1	06단	蝟島で開いた船內郵便所成積が好い
152758	朝鮮朝日	1928-05-29	1	06단	五百名の里民が駐在所を襲擊し及咸川平署長を捉へて棍棒で滅多打ち
152759	朝鮮朝日	1928-05-29	1	07단	下村、杉村兩氏講演會
152760	朝鮮朝日	1928-05-29	1	07단	美貌花のごとき共産派の美人/色仕掛けで官憲を籠絡し巧みに祕密を探る
152761	朝鮮朝日	1928-05-29	1	07단	人夫二百名が監督と大亂鬪/仕事が樂だからと賃金を値下したから
152762	朝鮮朝日	1928-05-29	1	07단	濟南出動兵士慰問金募集の愛婦活寫會
152763	朝鮮朝日	1928-05-29	1	08단	樽に潜んだ留置場破り遂に捕はる
152764	朝鮮朝日	1928-05-29	1	09단	運動界(さすがにデ盃戰選手京城組零敗/ス軍惜敗す平鐵軍の奮鬪/明大蹴球軍零敗/明大軍また敗る/京電遞信に優勝/鐵道殖銀に快勝/講道館支部道場開き嘉納師範臨席)
152765	朝鮮朝日	1928-05-29	1	10단	會(木浦水源地竣工式/愛婦修養講習會)
152766	朝鮮朝日	1928-05-29	1	10단	人(渡邊定一郎氏(京城商議會頭)/近藤駿介氏(山口縣警察部長)/重光葵氏(外交官)/富永(氷)一二氏(平北警察部長)/山本条太郎氏(滿鐵社長)/望月瀧三(總督府獸疫血淸製造所長))
152767	朝鮮朝日	1928-05-29	1	10단	半島茶話
152768	朝鮮朝日	1928-05-29	2	01단	平淡の至味/橋田東聲
152769	朝鮮朝日	1928-05-29	2	02단	時事鳥瞰/民をして樂しませるこれ政治の要諦/不法な言論の壓迫は朝鮮を陰鬱ならしむる憂なきか
152770	朝鮮朝日	1928-05-29	2	03단	鮮展の東洋畫(三)/加藤松林
152771	朝鮮朝日	1928-05-29	2	06단	シネマランド/淸と濁との二女性に渦卷く戀の波/バリモアを中心としたワーナー社のドン・ファン
152772	朝鮮朝日	1928-05-29	2	07단	神仙爐
152773	朝鮮朝日	1928-05-30	1	01단	施政記念博の敷地は景福宮の十萬坪か/關係各局部が聯合し委員會を組織して準備
152774	朝鮮朝日	1928-05-30	1	01단	旱天に災された麥作の減收/四割に達する見込/他の農作物は被害なし
152775	朝鮮朝日	1928-05-30	1	01단	福寧さまが御乳癌で平壤で御治療
152776	朝鮮朝日	1928-05-30	1	01단	郵票の値上
152777	朝鮮朝日	1928-05-30	1	01단	鎭南浦築港運動經過報告
152778	朝鮮朝日	1928-05-30	1	01단	釜山鎭驛前に民衆公園を設立の計劃

일련번호	판명	간행일	면	단수	기사명
152779	朝鮮朝日	1928-05-30	1	02단	漁業用の重油値段の引下は圓滿に解決する模樣
152780	朝鮮朝日	1928-05-30	1	02단	全鮮知事會議後日譚(一)/栗鼠のやうに目を光らせ一言一句聞き洩らさじと/山梨總督の緊張ぶりに知事諸公かつ戰きかつ顧ふ
152781	朝鮮朝日	1928-05-30	1	03단	江原道鐵原に道立醫院の設置を請願
152782	朝鮮朝日	1928-05-30	1	03단	賃貸自動車の料金規定を警察部が通牒
152783	朝鮮朝日	1928-05-30	1	04단	年に二三萬人は間島に移住し耕作地の約六割は朝鮮人が所有主
152784	朝鮮朝日	1928-05-30	1	04단	短歌/橋田東聲選
152785	朝鮮朝日	1928-05-30	1	05단	掃海作業で鰯漁業者惱む
152786	朝鮮朝日	1928-05-30	1	05단	紙袋製造を朝鮮人に奬勵
152787	朝鮮朝日	1928-05-30	1	05단	三十名の馬賊が若林中尉を監禁　生命には別條ないが虐待されてゐる模樣/中村旅團長國境に急行/平壤の飛機國境を偵察/自動車を急派/若林中尉は二度目に遭難/健氣なうちに食も進まぬ若林氏夫人
152788	朝鮮朝日	1928-05-30	1	06단	鮮展の東洋畫(四)/加藤松林
152789	朝鮮朝日	1928-05-30	1	06단	辭令
152790	朝鮮朝日	1928-05-30	1	07단	お茶のあと
152791	朝鮮朝日	1928-05-30	1	08단	下村、杉村兩氏講演會
152792	朝鮮朝日	1928-05-30	1	08단	安東の夜市六月中旬から
152793	朝鮮朝日	1928-05-30	1	08단	バラック建の病舍を建築/痘瘡患者を會寧が收容
152794	朝鮮朝日	1928-05-30	1	08단	藥酒ならば二升迄は許す/平北厚昌の禁酒會
152795	朝鮮朝日	1928-05-30	1	08단	群衆に踏まれ老幼三名が重傷を負ふ/活寫會の騷ぎ
152796	朝鮮朝日	1928-05-30	1	09단	運動界(招待庭球戰/漕艇選手渡歐/新義州軍勝つ/淸州野球戰)
152797	朝鮮朝日	1928-05-30	1	09단	人(山梨總督/水口知事/織田萬博士(國際裁判員)/鈴木要太郎氏(間島領事)/天勝一行/加藤敬三郎氏(鮮銀總裁)/井內勇氏(鮮銀理事)/向井鮮銀東京支店課長)
152798	朝鮮朝日	1928-05-30	1	10단	半島茶話
152799	朝鮮朝日	1928-05-30	2	01단	釜山放言(十五)/靑い鳥
152800	朝鮮朝日	1928-05-30	2	01단	收穫期に入った東拓の植林事業第一回伐採は好成績
152801	朝鮮朝日	1928-05-30	2	01단	全南米の聲價失墜對策を協議
152802	朝鮮朝日	1928-05-30	2	01단	有卦に入った慶南の漁業
152803	朝鮮朝日	1928-05-30	2	01단	五倍の激增本年度採鹽高
152804	朝鮮朝日	1928-05-30	2	01단	四月以降の豆粕輸送量五萬三千噸
152805	朝鮮朝日	1928-05-30	2	02단	殖銀産業貸付
152806	朝鮮朝日	1928-05-30	2	02단	煙草會社異動
152807	朝鮮朝日	1928-05-30	2	02단	鮮、台航路第一就航船鎭南浦へ入港
152808	朝鮮朝日	1928-05-30	2	02단	全鮮銀行大會鮮銀本店內で開催/手形支拂場所を銀行に限定

일련번호	판명	간행일	면	단수	기사명
152809	朝鮮朝日	1928-05-30	2	02단	一ヶ年二十萬圓の種苗を移入する/今後は不正品を各道が嚴重に取締
152810	朝鮮朝日	1928-05-30	2	03단	咸南漁獲高五百四十萬圓
152811	朝鮮朝日	1928-05-30	2	03단	平南金組總會
152812	朝鮮朝日	1928-05-30	2	03단	清津府の戶別稅査定二萬六千圓
152813	朝鮮朝日	1928-05-30	2	03단	煙草收納高四百三十萬貫
152814	朝鮮朝日	1928-05-30	2	04단	京城手形交換高
152815	朝鮮朝日	1928-05-30	2	04단	平北水産會漁業者救濟規定を設く
152816	朝鮮朝日	1928-05-30	2	04단	局私線連帶貨物
152817	朝鮮朝日	1928-05-30	2	04단	神仙爐
152818	朝鮮朝日	1928-05-31	1	01단	消費量が增しても斷水の憂目は見せぬ/京城上水道の擴張府當局が意氣込む
152819	朝鮮朝日	1928-05-31	1	01단	緊急を要する國境道路の開通/警備上からも必要
152820	朝鮮朝日	1928-05-31	1	01단	李王殿下御歸鮮七月一日頃
152821	朝鮮朝日	1928-05-31	1	02단	王公家規範審議會職員近日中に任命
152822	朝鮮朝日	1928-05-31	1	02단	全鮮中等學校對抗陸上競技六月十七日に擧行/京城運動場の偉觀
152823	朝鮮朝日	1928-05-31	1	02단	きのふ朝保定陷落し奉天軍總崩れとなる
152824	朝鮮朝日	1928-05-31	1	03단	慶南東萊に金鑛發見/試掘出願中
152825	朝鮮朝日	1928-05-31	1	03단	俳句/鈴木花蓑選
152826	朝鮮朝日	1928-05-31	1	04단	金剛山電鐵新線の工事
152827	朝鮮朝日	1928-05-31	1	04단	忠北警察官異動
152828	朝鮮朝日	1928-05-31	1	04단	合併銀行重役の顏觸ほゝ決定す
152829	朝鮮朝日	1928-05-31	1	04단	中尉を返還せねば派遣の全軍を擧げ徹底的に討伐する金谷司令官は不言實行とのみ/逃走路を遮斷し馬賊を挾擊し若林中尉の奪還を圖る 地形の險惡に惱む/千五百名の警官何時にても出動 馬賊團は密林に潛み討伐が頗る困難/支那側討伐隊機關銃携帶上海に向ふ/拉致朝鮮人二名を放還/大邱聯隊の滿期除隊は當分延期か
152830	朝鮮朝日	1928-05-31	1	05단	鮮展の東洋畫(五)/加藤松林
152831	朝鮮朝日	1928-05-31	1	07단	支那官憲の包圍計劃二百名が出動
152832	朝鮮朝日	1928-05-31	1	07단	下村、杉村兩氏慶州を視察/大邱で講演
152833	朝鮮朝日	1928-05-31	1	07단	大阪朝日新聞大講演會
152834	朝鮮朝日	1928-05-31	1	08단	お茶のあと
152835	朝鮮朝日	1928-05-31	1	08단	日本航空社の內鮮滿飛行三回に決定
152836	朝鮮朝日	1928-05-31	1	09단	大邱初年兵六月に入隊
152837	朝鮮朝日	1928-05-31	1	09단	京城敎化活寫會
152838	朝鮮朝日	1928-05-31	1	09단	鯉山鑛山の鑛毒事件稻苗が枯死
152839	朝鮮朝日	1928-05-31	1	09단	原鹽の密輸安東で發見

일련번호	판명	간행일	면	단수	기사명
152840	朝鮮朝日	1928-05-31	1	10단	運動界(ス軍大邱を破る/專門校聯盟庭球/東京大相撲大邱で興行)
152841	朝鮮朝日	1928-05-31	1	10단	會(光州金組評議員會/鎭南浦府協議會)
152842	朝鮮朝日	1928-05-31	1	10단	人(志賀潔氏(總督府醫院長)/田中館愛橋博士/加藤榮一郎氏(大藏省普通銀行課長)/太田男次郎氏(農林省山林局技師)/松岡俊三氏(代議士)/迫問一男氏(釜山實業家)/野口遵氏(日窒專務))
152843	朝鮮朝日	1928-05-31	1	10단	半島茶話
152844	朝鮮朝日	1928-05-31	2	01단	全鮮に類を見ぬ鮎の多い全南/內地に移出されて大好評人工孵化が大流行
152845	朝鮮朝日	1928-05-31	2	01단	大藏省の低資殖銀を通じて六月一日から融通
152846	朝鮮朝日	1928-05-31	2	01단	全南の牡蠣全鮮一更に增產計劃
152847	朝鮮朝日	1928-05-31	2	01단	京城商議に應援を賴む/取引所設置
152848	朝鮮朝日	1928-05-31	2	01단	仁川艀賃の値下協議會/議論纏らず
152849	朝鮮朝日	1928-05-31	2	01단	降雨どきの海苔の保護/試驗場が發見
152850	朝鮮朝日	1928-05-31	2	02단	三校に對し賃金割引の發行を停止
152851	朝鮮朝日	1928-05-31	2	02단	淸津羅南間輕便軌道は運轉を中止
152852	朝鮮朝日	1928-05-31	2	02단	北鮮水產の辭職騷ぎは兎も角も解決
152853	朝鮮朝日	1928-05-31	2	02단	沙里院面電買收の條件/西鮮電氣提出
152854	朝鮮朝日	1928-05-31	2	03단	都市金組の第六回懇話會
152855	朝鮮朝日	1928-05-31	2	03단	郵便局長異動
152856	朝鮮朝日	1928-05-31	2	03단	金融組合創立以來早くも廿二年
152857	朝鮮朝日	1928-05-31	2	03단	天圖鐵業績
152858	朝鮮朝日	1928-05-31	2	03단	移出牛に現れる出血性の疾患陸揚げ後に發病する/原因は季候の關係か
152859	朝鮮朝日	1928-05-31	2	04단	間島藥種會社設立を認可さる
152860	朝鮮朝日	1928-05-31	2	04단	京城の物價鮮銀の調査
152861	朝鮮朝日	1928-05-31	2	04단	鎭南浦果物組合お流れとなる
152862	朝鮮朝日	1928-05-31	2	04단	神仙爐

1928년 6월 (조선아사히)

일련번호	판명	간행일	면	단수	기사명
152863	朝鮮朝日	1928-06-01	1	01단	張作霖氏脱出の噂 京漢線方面は總崩で北軍の三萬は南軍に通ず/南軍との協定問題は容易に纏まるまい/武裝を解除/和平を勸告/治安維持勸告/張氏いよいよ撤退に決定
152864	朝鮮朝日	1928-06-01	1	01단	教育審議會の人選も決定/會長には池上總監が當り具體案の作成を急ぐ
152865	朝鮮朝日	1928-06-01	1	01단	全鮮に七ヶ所航空標識を設備/一間四方の假名字で二千米の高空から見える
152866	朝鮮朝日	1928-06-01	1	03단	取引所問題は風說に過ぎぬ/當局は單に調査中賑った商議聯合會
152867	朝鮮朝日	1928-06-01	1	03단	牧野內大臣の常侍輔弼の責任優詔問題に關連して學者連が問責の協議
152868	朝鮮朝日	1928-06-01	1	04단	鮮展成績入場者二萬七千
152869	朝鮮朝日	1928-06-01	1	04단	全鮮刑務所所長會議
152870	朝鮮朝日	1928-06-01	1	04단	馬賊討伐で自動車徵發/新義州へ向ふ
152871	朝鮮朝日	1928-06-01	1	04단	わたしの將來？何もいへません/結婚話は噂に過ぎぬと本部飛行孃鎭南浦へ歸る
152872	朝鮮朝日	1928-06-01	1	05단	襲はれた追風/郵便局員が四局に應援
152873	朝鮮朝日	1928-06-01	1	05단	各地方別の天氣豫報をD局が放送
152874	朝鮮朝日	1928-06-01	1	06단	陸上競技會の雙璧總督府對鐵道局對抗陸上競技大會いよいよ三日京城運動場で
152875	朝鮮朝日	1928-06-01	1	06단	窮民救濟の資金慶南は十萬圓一面四組合に分って融通/償還時期は年一回
152876	朝鮮朝日	1928-06-01	1	06단	窮迫した朝鮮人の救濟に努むる下關市の昭和館/初日に十餘名のお客さん
152877	朝鮮朝日	1928-06-01	1	08단	大阪朝日新聞大講演會
152878	朝鮮朝日	1928-06-01	1	08단	洋琴提琴演奏會二日公會堂で
152879	朝鮮朝日	1928-06-01	1	08단	儒林に對し社會教化の講演
152880	朝鮮朝日	1928-06-01	1	08단	空株取引常習者京城で一齊檢擧數年來盛んに行はれた/今後は嚴重に取締る
152881	朝鮮朝日	1928-06-01	1	08단	短歌/橋田東聲選
152882	朝鮮朝日	1928-06-01	1	09단	杉谷所長洋行
152883	朝鮮朝日	1928-06-01	1	09단	運動界(遞信鐵道に惜敗/安東滿俱雪辱す/釜山の東京相撲)
152884	朝鮮朝日	1928-06-01	1	09단	會(宮本東樹氏講演會/久留島氏講演會)
152885	朝鮮朝日	1928-06-01	1	10단	人(下村海南博士(朝日新聞社專務)/杉村楚人冠氏(東京朝日編輯顧問)/牧野貞亮子爵(侍從)/福原俊丸男(朝鐵副社長)/稻畑勝太郎氏(大阪商議會頭)/菊山嘉雄氏(平北內務部長))
152886	朝鮮朝日	1928-06-01	1	10단	半島茶話
152887	朝鮮朝日	1928-06-01	2	01단	釜山放言(十六)/青い鳥
152888	朝鮮朝日	1928-06-01	2	01단	鼈兒の發育は概して良好/掃立見込五十六萬六千枚/昨年より七厘方增加

일련번호	판명	간행일	면	단수	기사명
152889	朝鮮朝日	1928-06-01	2	01단	私鐵新設線は四十五哩社債增發は必要がない/福原俊丸男語る
152890	朝鮮朝日	1928-06-01	2	01단	北支方面への輸出が減少/殆ど休業狀態
152891	朝鮮朝日	1928-06-01	2	01단	清津の初鰯漁業家色めく
152892	朝鮮朝日	1928-06-01	2	02단	九龍浦方面鯖が獲出し活氣を帶ぶ
152893	朝鮮朝日	1928-06-01	2	02단	特賣の値ごろが安くば競爭入札/慶北の鼈繭販賣法の研究山間だけは依然特賣
152894	朝鮮朝日	1928-06-01	2	02단	雫の聲
152895	朝鮮朝日	1928-06-01	2	02단	咸南文川に請願郵便所
152896	朝鮮朝日	1928-06-01	2	02단	昭和二年中洋灰輸送量十七萬餘噸
152897	朝鮮朝日	1928-06-01	2	03단	林土作業所近く閉鎖か
152898	朝鮮朝日	1928-06-01	2	03단	支那側流筏五百台を增加
152899	朝鮮朝日	1928-06-01	2	03단	豆黃金蟲の天敵寄生の蠅と蜂朝鮮で採取して米國に送って大成功
152900	朝鮮朝日	1928-06-01	2	04단	舊領事館跡に野菜の市場
152901	朝鮮朝日	1928-06-01	2	04단	城津畜産總會
152902	朝鮮朝日	1928-06-01	2	04단	また水喧嘩形勢が險惡
152903	朝鮮朝日	1928-06-01	2	04단	神仙爐
152904	朝鮮朝日	1928-06-02	1	01단	あはれ！若林中尉慘殺死體となり臨江縣奧地で發見さる殺されたは三十一日夜/軍服を纏った死體/彼等の全滅を期し討伐隊馬賊を追窮/これでは宗明は愈よ死にましたか流石は軍人の母堂顏色一つ變へぬ夏子刀自/夫妻が仲よく母堂宛に葉書を それは絕筆であった母堂の心情は如何に/まったく殘念だ 若林夫人の嚴父愁然と語る/鴨綠江沿岸一帶不穩の氣漲る二百餘名の馬賊團鮮內侵出の形勢あり/不良朝鮮人が馬賊に交ると支那側が宣傳/支那側が正式抗議警官の越境を/平壤の一機任務に服す
152905	朝鮮朝日	1928-06-02	1	04단	俳句/鈴木花蓑選
152906	朝鮮朝日	1928-06-02	1	04단	山梨總督近く上京月末に歸城時局に關係なし
152907	朝鮮朝日	1928-06-02	1	05단	刺繡で作った朝鮮の地圖御大禮に獻上
152908	朝鮮朝日	1928-06-02	1	05단	海事出張所所長會議
152909	朝鮮朝日	1928-06-02	1	05단	張作霖氏公使團に袂別/張作霖氏出發
152910	朝鮮朝日	1928-06-02	1	05단	朝鮮の兵備は極めて手薄兵備充實協議會の決議で滿場一致で可決す
152911	朝鮮朝日	1928-06-02	1	05단	京畿道が思想取締で警官を增員
152912	朝鮮朝日	1928-06-02	1	05단	度量衡檢查
152913	朝鮮朝日	1928-06-02	1	06단	一千數百餘名の聽衆を魅し去る下村、杉村兩氏の雄辯釜山の朝日講演會
152914	朝鮮朝日	1928-06-02	1	06단	大邱上水道給水を制限

일련번호	판명	간행일	면	단수	기사명
152915	朝鮮朝日	1928-06-02	1	06단	朝鮮を凝視した下村、杉村兩氏の感想は東西朝日に連載され讀者の興を唆らん
152916	朝鮮朝日	1928-06-02	1	07단	普通學童の養鷄東萊郡の試み
152917	朝鮮朝日	1928-06-02	1	07단	時の記念日慶北の計劃
152918	朝鮮朝日	1928-06-02	1	07단	釜や瓦を平南で發掘
152919	朝鮮朝日	1928-06-02	1	07단	小見寺氏個人展
152920	朝鮮朝日	1928-06-02	1	07단	高麗時代の石廓を慶北星州で發見/兜や古陶器多數が郭內に收められてゐる
152921	朝鮮朝日	1928-06-02	1	08단	列車廉賣會安奉線で開く
152922	朝鮮朝日	1928-06-02	1	08단	大阪朝日新聞大講演會
152923	朝鮮朝日	1928-06-02	1	09단	十七の少年が海底に潜って溺るゝ二兒を救ふ
152924	朝鮮朝日	1928-06-02	1	09단	教諭の妹二名を朝鮮青年が襲ふ/警官六名が現場に急行辛うじて虎口を免る
152925	朝鮮朝日	1928-06-02	1	09단	運動界(咸興庭球戰)
152926	朝鮮朝日	1928-06-02	1	09단	人(山梨總督/澤田豊丈氏(東拓理事)/宮崎又治郎氏(釜山稅關長)/安達房次郎氏(咸北知事))
152927	朝鮮朝日	1928-06-02	1	10단	宣川の痘瘡ますます蔓延
152928	朝鮮朝日	1928-06-02	1	10단	半島茶話
152929	朝鮮朝日	1928-06-02	2	01단	釜山放言(十七)/青い鳥
152930	朝鮮朝日	1928-06-02	2	01단	朝鮮米取引の改善案もあり異常の緊張を見た全朝鮮商議聯合會
152931	朝鮮朝日	1928-06-02	2	01단	平北の春蠶掃立五萬餘枚
152932	朝鮮朝日	1928-06-02	2	01단	鯖や鰯の鑵詰工場林兼が建設
152933	朝鮮朝日	1928-06-02	2	01단	見込がない蔚山の鰯漁
152934	朝鮮朝日	1928-06-02	2	02단	慶北の春蠶早くも出廻る
152935	朝鮮朝日	1928-06-02	2	02단	工業者大會京城で開催
152936	朝鮮朝日	1928-06-02	2	02단	雫の聲
152937	朝鮮朝日	1928-06-02	2	02단	五百尾の鯖を放流し廻游を調査
152938	朝鮮朝日	1928-06-02	2	03단	山東派遣隊慰問品輸送無賃で扱ふ
152939	朝鮮朝日	1928-06-02	2	03단	兼二浦の開港要望委員が陳情
152940	朝鮮朝日	1928-06-02	2	03단	打ち續く旱魃に慶北麥作の損害二百萬圓以上の見込/苗代も局部的に枯死
152941	朝鮮朝日	1928-06-02	2	03단	朝日新聞社優勝旗獲得/湖南野球大會
152942	朝鮮朝日	1928-06-02	2	04단	高溫續きで旱魃が心配慶南の山間部
152943	朝鮮朝日	1928-06-02	2	04단	二十師團の後期入營兵九日に入鮮
152944	朝鮮朝日	1928-06-02	2	04단	神仙爐
152945	朝鮮朝日	1928-06-03	1	01단	派遣部隊は當分現狀のまゝ駐屯し支那側の責任を强硬に糾彈する/頭部に無數の拳銃の彈痕臀部にも數ヶ所の裂傷虐殺の跡が明らか/か弱い女の手一つでやっと育て

일련번호	판명	간행일	면	단수	기사명
152945	朝鮮朝日	1928-06-03	1	01단	あげ今度の悲報に接し母の心中がどんなかと若林中尉の妹さん語る/新婚の夢覺めぬ若き未亡人のあはれ悲しき燒香に參列者擧って泣く/聯隊旗手を勤めた秀才軍人に似げぬ好丈夫だった/鄭重な弔電金谷司令官が/巡警と馬賊が提携しての兇行か/氏原少佐の一箇大隊馬賊と交戰/威嚇飛行を平壤機が決行/支那側の討伐は誠意を缺ぐ/警察局長が奥地に急行/六百の馬賊更に出沒す
152946	朝鮮朝日	1928-06-03	1	04단	釜山教育會御大典記念事業の計劃
152947	朝鮮朝日	1928-06-03	1	04단	好成績を擧げたモヒ患者の治療/六百八十四名の患者中六百六十名が全治
152948	朝鮮朝日	1928-06-03	1	04단	短歌/橋田東聲選
152949	朝鮮朝日	1928-06-03	1	04단	齒科醫試驗十八日から
152950	朝鮮朝日	1928-06-03	1	04단	城大醫院の新看板
152951	朝鮮朝日	1928-06-03	1	05단	政府要路に兵備充實陳情の打電
152952	朝鮮朝日	1928-06-03	1	05단	平壤醫專の基礎工事着手
152953	朝鮮朝日	1928-06-03	1	05단	全南郡守會議
152954	朝鮮朝日	1928-06-03	1	05단	府尹郡守會議
152955	朝鮮朝日	1928-06-03	1	05단	下村、杉村兩氏歡迎會盛況を極む/東萊を出發慶州に向ふ/朝日會に臨む本社の幹部十一日來鮮
152956	朝鮮朝日	1928-06-03	1	06단	朝日新聞大講演會(釜山公會堂で)
152957	朝鮮朝日	1928-06-03	1	06단	初等學童の机や腰掛を慶南が統一
152958	朝鮮朝日	1928-06-03	1	06단	京城紡績の女工七十名が盟休/負擔は重くなって收入は減ずるとて
152959	朝鮮朝日	1928-06-03	1	06단	松毛蟲退治大規模に行ふ
152960	朝鮮朝日	1928-06-03	1	07단	昭和館内に職業紹介設置
152961	朝鮮朝日	1928-06-03	1	07단	海事會總會遞信局で開催
152962	朝鮮朝日	1928-06-03	1	07단	善隣商業の宮田さんがオリンピックの視察に洋行
152963	朝鮮朝日	1928-06-03	1	08단	大阪朝日新聞大講演會
152964	朝鮮朝日	1928-06-03	1	08단	癩患者狩集小鹿島に送る
152965	朝鮮朝日	1928-06-03	1	08단	咸興高普の盟休惡化暴力を揮ふ
152966	朝鮮朝日	1928-06-03	1	08단	晋州高普の三年生盟休二年も參加
152967	朝鮮朝日	1928-06-03	1	08단	大邱府の土木事件が更に擴大す
152968	朝鮮朝日	1928-06-03	1	08단	不義の妻を滅多斬り
152969	朝鮮朝日	1928-06-03	1	08단	大邱に赤痢頻りに續出
152970	朝鮮朝日	1928-06-03	1	09단	運動界(女子中等校湖南庭球大會/優勝旗を獲て平南警官凱旋/咸興野球戰/全州弓術大會)
152971	朝鮮朝日	1928-06-03	1	09단	人(山梨總督/池上總監/井上綾太郎氏(會計檢査院滿鮮課長)/高橋濱吉氏(總督府視學官)/韓李王職長官/今村殖産局長/小池泉氏(咸北地方課長)/多田榮吉氏(新義州實業

일련번호	판명	간행일	면	단수	기사명
152971	朝鮮朝日	1928-06-03	1	09단	家)/里正義氏(札幌大學教授))
152972	朝鮮朝日	1928-06-03	1	10단	半島茶話
152973	朝鮮朝日	1928-06-03	2	01단	釜山放言(十八)/青い鳥
152974	朝鮮朝日	1928-06-03	2	01단	四千俵の鮮米を倉庫に貯藏し變質の有無を試驗/當業者は自信がある
152975	朝鮮朝日	1928-06-03	2	01단	商議聯合會決議を陳情
152976	朝鮮朝日	1928-06-03	2	01단	不二農村の産業組合に低資を融通
152977	朝鮮朝日	1928-06-03	2	01단	原木値下を公司に陳情
152978	朝鮮朝日	1928-06-03	2	01단	麥酒の戰爭大邱で酣は
152979	朝鮮朝日	1928-06-03	2	02단	農業見習に朝鮮の靑年熊本で勤勞
152980	朝鮮朝日	1928-06-03	2	02단	忠北營業稅成績は良好
152981	朝鮮朝日	1928-06-03	2	02단	零の聲
152982	朝鮮朝日	1928-06-03	2	02단	大邱の夜市衛生に注意
152983	朝鮮朝日	1928-06-03	2	03단	局線荷物の五月下旬總量
152984	朝鮮朝日	1928-06-03	2	03단	漁業懇談會
152985	朝鮮朝日	1928-06-03	2	03단	全南の海苔共同販賣高
152986	朝鮮朝日	1928-06-03	2	03단	京城手形交換高
152987	朝鮮朝日	1928-06-03	2	03단	不渡り手形
152988	朝鮮朝日	1928-06-03	2	03단	會社の收入調べ收益額一千三萬圓拂込資金の一割四分
152989	朝鮮朝日	1928-06-03	2	04단	神仙爐
152990	朝鮮朝日	1928-06-05	1	01단	見るからに馬賊の殘虐を思はせる 若林大尉の亡き骸無數の刀創に鮮血淋漓/糧食の不足と寒さに苦しみ我が討伐隊が惱む規律の整然さに支那側贊嘆/國境保安維持を明言するまでは一步も退かぬ決心 軍當局の意向決す/威嚇飛行をなほも續行/運命の致すところ致方ありません 若林中尉の未亡人多喜子さんの父親語る/國境郵便局多忙を極む/失神した若林氏夫人
152991	朝鮮朝日	1928-06-05	1	03단	西崎氏寄贈の鎭南浦公會堂三十一日に竣工/工費總額七萬圓下村博士最初の講演
152992	朝鮮朝日	1928-06-05	1	05단	吳俊陞氏死亡か張作霖氏は重體支那側は總てを祕す/吳氏の死は確實
152993	朝鮮朝日	1928-06-05	1	05단	城大病院長早野氏任命
152994	朝鮮朝日	1928-06-05	1	05단	十七驅逐隊新義州に入港
152995	朝鮮朝日	1928-06-05	1	05단	バスの値下げ三日から七錢均一乘客が鈴なりの大繁昌
152996	朝鮮朝日	1928-06-05	1	05단	龍塘浦で釣に興じた半山總督
152997	朝鮮朝日	1928-06-05	1	05단	水族館設置を釜山が運動今村局長に
152998	朝鮮朝日	1928-06-05	1	06단	淸津無線局敷地が決定
152999	朝鮮朝日	1928-06-05	1	06단	有識階級を惹きつけた下村、杉村兩氏大邱での講演/慶州を視察大邱に倒着/朝鮮朝日會京城で開催

일련번호	판명	간행일	면	단수	기사명
153000	朝鮮朝日	1928-06-05	1	06단	大阪朝日新聞大講演會
153001	朝鮮朝日	1928-06-05	1	07단	明年度の豫算は七日末迄に査定例によって緊縮方針
153002	朝鮮朝日	1928-06-05	1	07단	授業を休み普校學童請負束で道路を補修
153003	朝鮮朝日	1928-06-05	1	07단	*四十年來の大旱魃元山は/慶北山間部の水田が■挿秧■■*
153004	朝鮮朝日	1928-06-05	1	08단	衡平社總會全州で開催
153005	朝鮮朝日	1928-06-05	1	08단	對抗陸上競技に鐵道總督府を破り我社の優賞盃を獲得
153006	朝鮮朝日	1928-06-05	1	08단	牛疫の豫防準備が整ふ
153007	朝鮮朝日	1928-06-05	1	09단	大邱藝者の花代の値上兎も角解決
153008	朝鮮朝日	1928-06-05	1	09단	大ザリガニ咸南で採取
153009	朝鮮朝日	1928-06-05	1	09단	競爭中の府營渡船の乘客が少い
153010	朝鮮朝日	1928-06-05	1	09단	取引所內の合百賭博犯
153011	朝鮮朝日	1928-06-05	1	10단	一萬餘圓の黃金の密輸
153012	朝鮮朝日	1928-06-05	1	10단	運動界(高商軍優勝庭球聯盟戰/遞信鐵道に辛勝/殖銀京電に勝つ)
153013	朝鮮朝日	1928-06-05	1	10단	會(郵便切手展覽會)
153014	朝鮮朝日	1928-06-05	1	10단	人(池上總監/今村武志氏(總督府殖産局長)/鈴木萬次郎氏(朝鐵相談役)/高村良吉氏(新任總督府判事)/松下芳三郎氏(全南警察部長)/今井健彦氏(政友會代議士)/鳴海文四郎氏(同)/小西和氏(民政黨代議士)/崎山武夫(同)/松本忠雄氏(同)/中御門經民氏(衆議院書記官))
153015	朝鮮朝日	1928-06-05	2	01단	時事鳥瞰/國境の危險帶も平和的な開發で守り得るあかつきは繁榮を來す地とならん
153016	朝鮮朝日	1928-06-05	2	01단	シネマランド祖國愛の前に光と希望の戀人と訣れる(第七天國/水谷八重子來釜)
153017	朝鮮朝日	1928-06-05	2	01단	表情から見た眉の美的效果「美術解剖學のノートより」/東京美術學校助教授西田正秋
153018	朝鮮朝日	1928-06-05	2	02단	重々しい感じから淸楚な氣分へ/夏の室內裝飾
153019	朝鮮朝日	1928-06-05	2	04단	初夏の料理鯛の鹽むし
153020	朝鮮朝日	1928-06-05	2	05단	蠅/醫學博士原田四郎
153021	朝鮮朝日	1928-06-05	2	06단	金融制度調査準備會六日に再開
153022	朝鮮朝日	1928-06-05	2	06단	不足はない氷の在貨六萬九千噸
153023	朝鮮朝日	1928-06-05	2	06단	淸津の鱒漁水揚十三萬圓
153024	朝鮮朝日	1928-06-05	2	06단	价川鐵道下半期業績缺損減の好況
153025	朝鮮朝日	1928-06-05	2	06단	恩賜金管理の規則を改正し小農者を救濟する/少額低資の融通を圖る
153026	朝鮮朝日	1928-06-05	2	07단	圖們の新線工事の入札
153027	朝鮮朝日	1928-06-05	2	07단	鮮米協會總會
153028	朝鮮朝日	1928-06-05	2	07단	神仙爐
153029	朝鮮朝日	1928-06-06	1	01단	再犯者の出づるは優渥なる聖旨に副ひ奉る所以でない/

일련번호	판명	간행일	면	단수	기사명
153029	朝鮮朝日	1928-06-06	1	01단	刑務所長會議で總督の訓旨
153030	朝鮮朝日	1928-06-06	1	01단	不純な策動は排除したい/取引設置の問題で今村殖産局長釜山で語る
153031	朝鮮朝日	1928-06-06	1	02단	釜山土木管區道路選獎式十日に擧行
153032	朝鮮朝日	1928-06-06	1	03단	全北からの獻上品麻布外五種
153033	朝鮮朝日	1928-06-06	1	03단	張作霖はもはや過去の人物で滿鐵に影響はあるまい/古仁北京公所長語る
153034	朝鮮朝日	1928-06-06	1	03단	俳句/鈴木花蓑選
153035	朝鮮朝日	1928-06-06	1	04단	江岸監視所や警官駐在所茂山に增設
153036	朝鮮朝日	1928-06-06	1	04단	世界一周機朝鮮を通過
153037	朝鮮朝日	1928-06-06	1	04단	本社の初風大邱に着陸
153038	朝鮮朝日	1928-06-06	1	04단	不體裁な陋屋の改築を慫慂し黃金町の都會美を保つ家屋所有者も承諾
153039	朝鮮朝日	1928-06-06	1	05단	國境畫報(一)/平壤一記者
153040	朝鮮朝日	1928-06-06	1	06단	熊本縣から招かれ行く朝鮮の靑年
153041	朝鮮朝日	1928-06-06	1	06단	クラブを振ひ一日を淸遊下村、杉村氏/五日畫群山へ
153042	朝鮮朝日	1928-06-06	1	07단	淸州公會堂建設に決定
153043	朝鮮朝日	1928-06-06	1	07단	一番婦人の喜ぶ縮夏の衣裳選み
153044	朝鮮朝日	1928-06-06	1	07단	列車顚覆を圖る怪しい支那人或は便衣隊の一味か/守備兵に頑强に抵抗
153045	朝鮮朝日	1928-06-06	1	07단	慶北で降った大雹直徑一寸三分
153046	朝鮮朝日	1928-06-06	1	08단	大阪朝日新聞大講演會
153047	朝鮮朝日	1928-06-06	1	08단	佛像を强奪四名が押入る
153048	朝鮮朝日	1928-06-06	1	09단	運動界(西鮮女子庭球會/安東體協の行事/元山競技場竣工)
153049	朝鮮朝日	1928-06-06	1	10단	會(光州慈光會落成式)
153050	朝鮮朝日	1928-06-06	1	10단	人(河內山樂三氏(朝鮮火災海上社長)/松井信助氏(平壤府尹)/稻垣茂一氏(新總督府編輯官))
153051	朝鮮朝日	1928-06-06	1	10단	半島茶話
153052	朝鮮朝日	1928-06-06	2	01단	釜山放言(十九)/青い鳥
153053	朝鮮朝日	1928-06-06	2	01단	光麗線の敷設十月には着工/地元民の好意で敷地買收は容易
153054	朝鮮朝日	1928-06-06	2	01단	一日現在麥作豫想八百六十萬石
153055	朝鮮朝日	1928-06-06	2	02단	殖銀社債一千萬圓募集
153056	朝鮮朝日	1928-06-06	2	02단	十萬坪の硫化鐵鑛を試掘の計劃
153057	朝鮮朝日	1928-06-06	2	02단	黑鉛の移出二萬三千擔
153058	朝鮮朝日	1928-06-06	2	02단	木浦の海藻回着狀況/木浦海藻取引高
153059	朝鮮朝日	1928-06-06	2	03단	慶北の漁獲高/一哩當り十萬二千圓總額六百十八萬圓
153060	朝鮮朝日	1928-06-06	2	04단	元山港五月米豆移出高
153061	朝鮮朝日	1928-06-06	2	04단	据置貯金の期間滿了者五萬二千人

일련번호	판명	간행일	면	단수	기사명
153062	朝鮮朝日	1928-06-07	1	01단	確定財源として賴にならぬ朝鮮の租稅收入その上新規要求二千萬圓/明年度豫算の編成難
153063	朝鮮朝日	1928-06-07	1	01단	大體異議がない入監者の優遇思想犯の獨房は困難/刑務所長會議で附議
153064	朝鮮朝日	1928-06-07	1	01단	國境畫報(二)/平壤一記者
153065	朝鮮朝日	1928-06-07	1	02단	財務部長會議
153066	朝鮮朝日	1928-06-07	1	03단	咸興高女生が紅白の八橋皇后陛下へ獻上
153067	朝鮮朝日	1928-06-07	1	03단	獨逸領事館いよいよ開設
153068	朝鮮朝日	1928-06-07	1	03단	日支親善のため馬賊を討つとの宣傳文を臨江で撒布任務を果し平壤機還る/軍用電話線切斷さる/若林大尉の軍服と銃器發掘さる/臨江知事の謝罪狀軍司令官に傳達
153069	朝鮮朝日	1928-06-07	1	03단	馬賊討伐隊に隨從して(一)/京城ひさし
153070	朝鮮朝日	1928-06-07	1	04단	朝鮮暹羅間無線の取扱
153071	朝鮮朝日	1928-06-07	1	04단	俳句/鈴木花蓑選
153072	朝鮮朝日	1928-06-07	1	05단	寫眞(大邱ゴルフリンクにおける本社專務下村海南博士と大邱第一小學校での杉村楚人冠氏の講演會)
153073	朝鮮朝日	1928-06-07	1	05단	朝鮮藥學校十周年記念式
153074	朝鮮朝日	1928-06-07	1	05단	池上老總監間島を視察
153075	朝鮮朝日	1928-06-07	1	05단	大邱中學校の試驗問題が漏洩/受驗生の半數が白紙の答案を出す
153076	朝鮮朝日	1928-06-07	1	06단	お茶のあと
153077	朝鮮朝日	1928-06-07	1	07단	內鮮婦人に修養講習會
153078	朝鮮朝日	1928-06-07	1	07단	出來るだけ鮮內で職業を與へて漫然渡航者を取締る/無茶な制限は思想を惡化す
153079	朝鮮朝日	1928-06-07	1	07단	歐洲への飛行郵便朝鮮でも開始
153080	朝鮮朝日	1928-06-07	1	08단	張作霖氏の遭難を聞き南支人大喜び
153081	朝鮮朝日	1928-06-07	1	08단	大阪朝日新聞大講演會
153082	朝鮮朝日	1928-06-07	1	09단	鮮內の天然痘患者總數百三十名平北道が一番猖獗
153083	朝鮮朝日	1928-06-07	1	09단	普通學童の道路賦役はきついお目玉
153084	朝鮮朝日	1928-06-07	1	09단	女工團敗る京城紡績罷業
153085	朝鮮朝日	1928-06-07	1	10단	人(山梨總督/田中館愛橘博士/吉原重成氏(總督府囑託)/松本誠氏(專賣局長)/山澤和三郎氏(專賣局製造課長)/米村中將(海軍省水路部長)/高橋毅氏(高橋專賣局庶務課長次男))
153086	朝鮮朝日	1928-06-07	1	10단	半島茶話
153087	朝鮮朝日	1928-06-07	2	01단	釜山放言(二十)/靑い鳥
153088	朝鮮朝日	1928-06-07	2	01단	銀行側の希望を或程度容認し手形交換加入を金融組合が希望
153089	朝鮮朝日	1928-06-07	2	01단	施政二十年記念博委員を任命
153090	朝鮮朝日	1928-06-07	2	01단	府營バス成績は良好

일련번호	판명	간행일	면	단수	기사명
153091	朝鮮朝日	1928-06-07	2	01단	林野調査の不服申立を春川で調査
153092	朝鮮朝日	1928-06-07	2	01단	降雹の被害二萬圓に達す
153093	朝鮮朝日	1928-06-07	2	02단	京取の配當四朱に決定
153094	朝鮮朝日	1928-06-07	2	02단	元山管内の國有林賣却八千三百町步
153095	朝鮮朝日	1928-06-07	2	02단	雫の聲
153096	朝鮮朝日	1928-06-07	2	02단	米の出廻り依然振はず局線の動き
153097	朝鮮朝日	1928-06-07	2	03단	勸農記念日知事も挿秧
153098	朝鮮朝日	1928-06-07	2	03단	煙草賣上高
153099	朝鮮朝日	1928-06-07	2	03단	京城手形交換高
153100	朝鮮朝日	1928-06-07	2	03단	湖南銀行業績
153101	朝鮮朝日	1928-06-07	2	03단	驛長の異動
153102	朝鮮朝日	1928-06-07	2	03단	京取仲買人の救濟案を承認し四日重役會で附議
153103	朝鮮朝日	1928-06-07	2	04단	沙防工事を民營で施行
153104	朝鮮朝日	1928-06-07	2	04단	元山の漁況活氣づく
153105	朝鮮朝日	1928-06-07	2	04단	光州佛教慈光會慈善演藝會
153106	朝鮮朝日	1928-06-07	2	04단	神仙爐
153107	朝鮮朝日	1928-06-08	1	01단	張氏の御曹子父の凶報で急遽釜山を通過歸奉/重體ではないと語る
153108	朝鮮朝日	1928-06-08	1	01단	內務局と警務局の意見が一致せず/漫然渡航者の阻止實施は遲延の姿
153109	朝鮮朝日	1928-06-08	1	01단	乾鮑百個を謹製し奉獻
153110	朝鮮朝日	1928-06-08	1	01단	國境畫報(三)/平壤一記者
153111	朝鮮朝日	1928-06-08	1	02단	朝鮮神宮の參拜者朝鮮人も增加
153112	朝鮮朝日	1928-06-08	1	02단	滿洲への出兵で一番に困るのは兵營附近の飲食店/半歳もつゞけば閉店續出
153113	朝鮮朝日	1928-06-08	1	03단	清津無線局開始は明春
153114	朝鮮朝日	1928-06-08	1	03단	短歌/橋田東聲選
153115	朝鮮朝日	1928-06-08	1	03단	馬賊討伐隊に隨從して(二)/京城ひさし
153116	朝鮮朝日	1928-06-08	1	04단	南朝鮮電氣料金を値下/遞信局も容認
153117	朝鮮朝日	1928-06-08	1	04단	居留民を要地に集中兵力は現在で十分/滿洲事態についての閣議
153118	朝鮮朝日	1928-06-08	1	04단	反目せる衡平社の融和を圖るべく/近く全鮮大會を開く/兩派の參加は疑問
153119	朝鮮朝日	1928-06-08	1	04단	牡丹臺野話
153120	朝鮮朝日	1928-06-08	1	05단	奉天當局が商埠地稅の增徵を通告
153121	朝鮮朝日	1928-06-08	1	05단	下村、杉村兩氏湖南線入り群山で講演/更に木浦に向ふ/京城の日程
153122	朝鮮朝日	1928-06-08	1	06단	鋪道のお掃除人夫十八名を使用し撒水をやめて土沙を除く
153123	朝鮮朝日	1928-06-08	1	06단	雨もよひの空低く淚さらに新なる 若林大尉の本葬儀若

일련번호	판명	간행일	면	단수	기사명
153123	朝鮮朝日	1928-06-08	1	06단	き未亡人に參列者貰泣く/噫！若林大尉遺骨となり九日新義州着
153124	朝鮮朝日	1928-06-08	1	08단	大阪朝日新聞大講演會
153125	朝鮮朝日	1928-06-08	1	08단	爆彈を密輸して東拓の裡里支店を爆破せんとした犯人裡里署で逮捕さる
153126	朝鮮朝日	1928-06-08	1	08단	御大典記念教育博物館準備を進む
153127	朝鮮朝日	1928-06-08	1	08단	慶州博物館の犯人逮捕か/手掛りを得
153128	朝鮮朝日	1928-06-08	1	08단	西崎氏の胸像を建設南浦有志が
153129	朝鮮朝日	1928-06-08	1	09단	久留島氏の講演
153130	朝鮮朝日	1928-06-08	1	09단	馬賊團筏夫を襲ふ/厚昌對岸も危險に瀕す
153131	朝鮮朝日	1928-06-08	1	10단	海員爭議の影響もない靜かな釜山港
153132	朝鮮朝日	1928-06-08	1	10단	木浦野球戰
153133	朝鮮朝日	1928-06-08	1	10단	會(全州俱樂部總會/全南技術員會議)
153134	朝鮮朝日	1928-06-08	1	10단	人(多田榮吉氏(平北道評議員))
153135	朝鮮朝日	1928-06-08	1	10단	半島茶話
153136	朝鮮朝日	1928-06-08	2	01단	釜山放言(廿一)/青い鳥
153137	朝鮮朝日	1928-06-08	2	01단	初等學校の全部に桑園を設けて徹底的に養蠶を奬勵/全南の御大典記念事業
153138	朝鮮朝日	1928-06-08	2	01단	重油價額引下の協定が成立す/漁組が購買組合を組織し六ヶ月目に價額を協定
153139	朝鮮朝日	1928-06-08	2	01단	熱の乏しい群山商議選擧
153140	朝鮮朝日	1928-06-08	2	01단	許された煙草耕作地一萬九千町步
153141	朝鮮朝日	1928-06-08	2	02단	沙里院地方旱魃の被害
153142	朝鮮朝日	1928-06-08	2	02단	雫の聲
153143	朝鮮朝日	1928-06-08	2	03단	慶南の麥作平年作程度
153144	朝鮮朝日	1928-06-08	2	03단	私鐵の成績收入廿四萬圓
153145	朝鮮朝日	1928-06-08	2	03단	グチ漁場での貯金と爲替九萬圓に達す
153146	朝鮮朝日	1928-06-08	2	03단	假泊の漁船に照明燈を點火汽船との衝突を豫防/海事會が自發的に取締る
153147	朝鮮朝日	1928-06-08	2	04단	局私線連帶貨物
153148	朝鮮朝日	1928-06-08	2	04단	元山手形交換高
153149	朝鮮朝日	1928-06-08	2	04단	釜山織物展覽會
153150	朝鮮朝日	1928-06-08	2	04단	咸南內地視察團
153151	朝鮮朝日	1928-06-08	2	04단	鐵道局辭令
153152	朝鮮朝日	1928-06-08	2	04단	神仙爐
153153	朝鮮朝日	1928-06-09	1	01단	最大の小作料は全收穫の九割五分/最少でも五割を下らぬ過酷に惱む慶北の小作人
153154	朝鮮朝日	1928-06-09	1	01단	不良客引が姿を消し安心して內地へ宿泊したもの三十名昨今の昭和館と活動

일련번호	판명	간행일	면	단수	기사명
153155	朝鮮朝日	1928-06-09	1	01단	九百圓の救濟金もほんの燒石に水窮迫のドン底に喘ぐ慶南河東の海苔漁民
153156	朝鮮朝日	1928-06-09	1	01단	京城D局の中繼放送空電で困る
153157	朝鮮朝日	1928-06-09	1	02단	南浦築港を總督が視察
153158	朝鮮朝日	1928-06-09	1	02단	馬賊討伐隊に隨從して(三)/京城ひさし
153159	朝鮮朝日	1928-06-09	1	03단	咸興上水道來年度に擴張
153160	朝鮮朝日	1928-06-09	1	03단	俳句/鈴木花養選
153161	朝鮮朝日	1928-06-09	1	03단	周山聯隊も對岸に進出
153162	朝鮮朝日	1928-06-09	1	03단	普通學校の教科書値下運動を開始
153163	朝鮮朝日	1928-06-09	1	04단	病を押して下村專務が木浦で講演/杉村氏は新聞漫談
153164	朝鮮朝日	1928-06-09	1	04단	李王家に餘喘を保つ東洋音樂の精髓朝鮮の雅樂をレコードに/米國の會社と協定が成立
153165	朝鮮朝日	1928-06-09	1	05단	國境畵報(四)/平壤一記者
153166	朝鮮朝日	1928-06-09	1	05단	杉村氏ひとり木浦港內を見物/下村氏は靜養
153167	朝鮮朝日	1928-06-09	1	07단	料理屋への供給が精一杯の朝鮮の鮎一般の口へは容易に入らぬ
153168	朝鮮朝日	1928-06-09	1	07단	熊本縣農家の希望した朝鮮靑年は六日夜出發
153169	朝鮮朝日	1928-06-09	1	07단	松島海水場手入が始まる
153170	朝鮮朝日	1928-06-09	1	07단	慶北道の簡閱點呼二十三日から
153171	朝鮮朝日	1928-06-09	1	07단	後期入營兵八日渡鮮す
153172	朝鮮朝日	1928-06-09	1	08단	大阪朝日新聞大講演會
153173	朝鮮朝日	1928-06-09	1	08단	京城紡績女工の盟休圓滿に解決
153174	朝鮮朝日	1928-06-09	1	08단	四十條の要求を提出/漢信校の紛擾
153175	朝鮮朝日	1928-06-09	1	08단	敬新の盟休生徒が强硬解決は困難
153176	朝鮮朝日	1928-06-09	1	08단	放流された鯖が淸津から鳥取へ五百哩の旅を續け百三十日目に捕獲さる
153177	朝鮮朝日	1928-06-09	1	09단	支那人富豪三名を拉致
153178	朝鮮朝日	1928-06-09	1	09단	自分の主義に共鳴せぬと暴力を揮ふ
153179	朝鮮朝日	1928-06-09	1	09단	運動界(南加と早大京城で試合/東京相撲馬山へ/松山高商敗る)
153180	朝鮮朝日	1928-06-09	1	10단	會(初等校長打合會/鐵道修養講習會)
153181	朝鮮朝日	1928-06-09	1	10단	人(春日俊文氏(代議士)/上條信氏/宮川一貫氏/西岡長藏氏(京城高等法院書記)/堀內十朔氏(釜山ホテルマネジャー)/鹽見長衛大佐(鎭海要港部軍醫長)/井內勇三氏(鮮銀理事)/佐川寅次郎氏(咸北面協議員))
153182	朝鮮朝日	1928-06-09	1	10단	半島茶話
153183	朝鮮朝日	1928-06-09	2	01단	釜山放言(廿二)/靑い鳥
153184	朝鮮朝日	1928-06-09	2	01단	港灣行政の統一(上)/朝鮮の現狀と將來果して如何に解決するか

일련번호	판명	간행일	면	단수	기사명
153185	朝鮮朝日	1928-06-09	2	01단	雫の聲
153186	朝鮮朝日	1928-06-09	2	01단	イカナゴの漁業試驗
153187	朝鮮朝日	1928-06-09	2	01단	鎭南浦から大連天津へ航路を開始
153188	朝鮮朝日	1928-06-09	2	02단	蠶繭特賣に大反對慶北の生産者
153189	朝鮮朝日	1928-06-09	2	02단	慶北水電設立を認可
153190	朝鮮朝日	1928-06-09	2	02단	太刀魚豊漁巨濟島漁場で
153191	朝鮮朝日	1928-06-09	2	02단	汽船の怠業で大邱の卸商荷遅れを憂慮
153192	朝鮮朝日	1928-06-09	2	02단	滿鮮連絡電話開通協定が成立
153193	朝鮮朝日	1928-06-09	2	03단	漁業用の製氷會社に補助の指令
153194	朝鮮朝日	1928-06-09	2	03단	在台灣の朝鮮人は人參賣と醜業婦經濟的の根據が無い
153195	朝鮮朝日	1928-06-09	2	03단	手持米の賣り放しで新義州米出廻
153196	朝鮮朝日	1928-06-09	2	04단	木浦組銀帳尻
153197	朝鮮朝日	1928-06-09	2	04단	平北の牛皮增産
153198	朝鮮朝日	1928-06-09	2	04단	元山驛發送貨物
153199	朝鮮朝日	1928-06-09	2	04단	神仙爐
153200	朝鮮朝日	1928-06-09	2	04단	我が驅逐艦槇を射撃す/我が軍も遂に應戰
153201	朝鮮朝日	1928-06-10	1	01단	馬賊は全く近所迷惑だ/治安さへ保てれば討伐隊は撤退させる
153202	朝鮮朝日	1928-06-10	1	01단	鮮航會自身が契約を破って仁川で運賃を割引/群山荷主が抗議を提出
153203	朝鮮朝日	1928-06-10	1	01단	山梨總督の鎭南浦築視察
153204	朝鮮朝日	1928-06-10	1	01단	御大典施設費十萬三千圓豫算に計上
153205	朝鮮朝日	1928-06-10	1	03단	授業料の全廢普通學校長會の意見/趣旨は結講だが實現は困難
153206	朝鮮朝日	1928-06-10	1	03단	短歌/橋田東聲選
153207	朝鮮朝日	1928-06-10	1	03단	鮮滿電話通話料/開通は二十日
153208	朝鮮朝日	1928-06-10	1	03단	馬賊討伐隊に隨從して(四)/京城ひさし
153209	朝鮮朝日	1928-06-10	1	03단	新義州に內鮮共學の女學校を計劃
153210	朝鮮朝日	1928-06-10	1	04단	少年の犯罪が近年著しく增加/金泉開城の兩刑務所を明年度擴張の計劃
153211	朝鮮朝日	1928-06-10	1	04단	釜山運動場電車の開通會社が承諾
153212	朝鮮朝日	1928-06-10	1	04단	暑い！暑い！不意の暑さ昨年に比べ十三度高い
153213	朝鮮朝日	1928-06-10	1	05단	平北博川が普校設置を猛烈に運動
153214	朝鮮朝日	1928-06-10	1	05단	天杯を戴く慶南の高齡者
153215	朝鮮朝日	1928-06-10	1	05단	飛行學校の建設を協議
153216	朝鮮朝日	1928-06-10	1	06단	拳銃を忍ばせて池上總監を狙ふ怪朝鮮人が捕はる
153217	朝鮮朝日	1928-06-10	1	06단	夏の國に來た心地佐藤氏語る
153218	朝鮮朝日	1928-06-10	1	06단	安東滿鐵醫院明年度に擴張
153219	朝鮮朝日	1928-06-10	1	07단	工業協會設立

일련번호	판명	간행일	면	단수	기사명
153220	朝鮮朝日	1928-06-10	1	07단	金剛山探勝後元山を視察下村、杉村兩氏
153221	朝鮮朝日	1928-06-10	1	07단	時の記念日平壤の行事
153222	朝鮮朝日	1928-06-10	1	07단	農民デー京城で擧行
153223	朝鮮朝日	1928-06-10	1	07단	馬賊討伐隊慰問品の受付
153224	朝鮮朝日	1928-06-10	1	08단	大阪朝日新聞大講演會
153225	朝鮮朝日	1928-06-10	1	08단	若林大尉の悲しき遺骨新義州に到着/十一日の夜釜山を通過
153226	朝鮮朝日	1928-06-10	1	08단	慶南の旱魃ますます深刻/氣溫も不順雹害もある/棉が發芽せぬ
153227	朝鮮朝日	1928-06-10	1	08단	*殖銀遂に優勝實業野球聯盟戰終る 鐵道遞信に勝つ/春川武道大會*
153228	朝鮮朝日	1928-06-10	1	09단	蹴球から大亂鬪安州農校生が
153229	朝鮮朝日	1928-06-10	1	09단	朝日會に臨む本社の幹部小西局長一行九日夜に渡鮮
153230	朝鮮朝日	1928-06-10	1	10단	會(平壤鐵道打合會)
153231	朝鮮朝日	1928-06-10	1	10단	人(多田榮吉氏(輪船公司社長)/頭本元貞氏)
153232	朝鮮朝日	1928-06-10	1	10단	半島茶話
153233	朝鮮朝日	1928-06-10	2	01단	釜山放言(廿三)/靑の鳥
153234	朝鮮朝日	1928-06-10	2	01단	港灣行政の統一(下)(朝鮮の現狀と將來果して如何に解決するか)
153235	朝鮮朝日	1928-06-10	2	01단	鮮銀券の發行が平均して來た/一億圓の台割が少い
153236	朝鮮朝日	1928-06-10	2	01단	質屋利子の引下を社會課が研究
153237	朝鮮朝日	1928-06-10	2	02단	慶北春蠶第一回豫想收獲五萬石突破か
153238	朝鮮朝日	1928-06-10	2	02단	雫の聲
153239	朝鮮朝日	1928-06-10	2	02단	慶北の新繭はや出廻る
153240	朝鮮朝日	1928-06-10	2	03단	朝鮮水電の電力の不足漸く緩和さる
153241	朝鮮朝日	1928-06-10	2	03단	安東の商店が月末拂ひの勵行を協議
153242	朝鮮朝日	1928-06-10	2	03단	平北の麥作增收の見込
153243	朝鮮朝日	1928-06-10	2	03단	十戸に一人恩給受給者
153244	朝鮮朝日	1928-06-10	2	04단	博川の電話開通
153245	朝鮮朝日	1928-06-10	2	04단	五月中の會社の異動/京城商議調査
153246	朝鮮朝日	1928-06-10	2	04단	南浦商議役員會
153247	朝鮮朝日	1928-06-10	2	04단	京城卸商總會
153248	朝鮮朝日	1928-06-10	2	04단	神仙爐
153249	朝鮮朝日	1928-06-12	1	01단	守備隊、在鄉軍人が馬賊と猛烈に交戰/三名を斃して退却せしむ討伐隊は更に追擊
153250	朝鮮朝日	1928-06-12	1	01단	知事以下が田植穫れたお米を朝鮮神宮の神饌米に京畿道の獎農計劃
153251	朝鮮朝日	1928-06-12	1	01단	國境畫報(五)/平壤一記者
153252	朝鮮朝日	1928-06-12	1	03단	米棉檢査所新築が決定

일련번호	판명	간행일	면	단수	기사명
153253	朝鮮朝日	1928-06-12	1	03단	國定教科書の値下一般の問題となる/當局も調査を行ふ
153254	朝鮮朝日	1928-06-12	1	03단	全州公職者會議
153255	朝鮮朝日	1928-06-12	1	03단	沙里院驛竣工
153256	朝鮮朝日	1928-06-12	1	04단	下村、杉村兩氏入城九日朝七時/小西局長一行釜山通過北行
153257	朝鮮朝日	1928-06-12	1	04단	府尹郡守會議
153258	朝鮮朝日	1928-06-12	1	05단	爆彈に仆れた橘氏の墓に詣で香花を捧げる下村、杉村兩氏
153259	朝鮮朝日	1928-06-12	1	05단	蔣介石氏辭表を撤回/閻氏北京入城
153260	朝鮮朝日	1928-06-12	1	05단	警察署長會議
153261	朝鮮朝日	1928-06-12	1	05단	朝鮮電氣の晝間送電は近く認可か
153262	朝鮮朝日	1928-06-12	1	05단	蜃氣樓仁川に現る
153263	朝鮮朝日	1928-06-12	1	05단	果樹園に働いて儲けたお金を授業料に充てゝ勉強する解顔の普校生
153264	朝鮮朝日	1928-06-12	1	05단	府章や港歌群山が募集
153265	朝鮮朝日	1928-06-12	1	06단	後期入營兵京城に到着/淸津にも到着
153266	朝鮮朝日	1928-06-12	1	07단	南浦公會堂落成式擧行
153267	朝鮮朝日	1928-06-12	1	07단	若林大尉の告別式平壤聯隊で/京城を通過/釜山を離れ故鄕に還る
153268	朝鮮朝日	1928-06-12	1	08단	時の記念日京城の行事
153269	朝鮮朝日	1928-06-12	1	09단	京城府內の傳染病患者
153270	朝鮮朝日	1928-06-12	1	09단	首謀者に退校を命ず敬新の盟休
153271	朝鮮朝日	1928-06-12	1	09단	百餘名の農民が水路の堤防を破壊せんと押寄す/旱魃で水に困うじ
153272	朝鮮朝日	1928-06-12	1	09단	癩病患者が物品を强要府民が困る
153273	朝鮮朝日	1928-06-12	1	09단	運動界(安東の相撲大會/全北警察射擊會/淸津競馬會/醫專端艇大會)
153274	朝鮮朝日	1928-06-12	1	10단	除隊兵が辨當で中毒二名が重體
153275	朝鮮朝日	1928-06-12	1	10단	人(池上總監/ゾルフ駐目獨大使/中野咸南知事/恩田銅吉氏(朝郵社長))
153276	朝鮮朝日	1928-06-12	1	10단	半島茶話
153277	朝鮮朝日	1928-06-12	2	01단	たった十圓で建てられた夏の別莊/美はしくも深いベルリン郊外半日の印象/京都高等工藝學校教授本野精吾
153278	朝鮮朝日	1928-06-12	2	02단	古い書物の中から紙帳と蚊帳の話/紙帳賣、宗紙の蚊帳、蚊帳に匂袋と鈴、二重蚊帳と螢、繪と模樣、蚊除けのいろいろなまじなひ。
153279	朝鮮朝日	1928-06-12	2	03단	南鮮玄米商組合聯合會を組織/第一回を大邱で開催/來會者八十名に達す
153280	朝鮮朝日	1928-06-12	2	03단	全南棉の販賣は見本で現物取引/道當局が祕密に研究共

일련번호	판명	긴행일	면	단수	기사명
153281	朝鮮朝日	1928-06-12	2	05단	*慶南春繭初取引品質は良好/春繭の相場京畿道の協定/京城春繭豫想高*
153282	朝鮮朝日	1928-06-12	2	05단	鮮銀殖銀が貸出を警戒/倒産者續出
153283	朝鮮朝日	1928-06-12	2	05단	金融組合と銀行の關係/金調委員協議
153284	朝鮮朝日	1928-06-12	2	05단	濫獲に弱る慶南の鮑保護區を設定
153285	朝鮮朝日	1928-06-12	2	05단	釜山放言(廿四)/青い鳥
153286	朝鮮朝日	1928-06-12	2	06단	海苔養殖の作業を研究
153287	朝鮮朝日	1928-06-12	2	06단	底曳綱漁業禁止區域を荒し廻る
153288	朝鮮朝日	1928-06-12	2	06단	繩叭の會社群山に設立
153289	朝鮮朝日	1928-06-12	2	07단	南浦倉庫在穀表
153290	朝鮮朝日	1928-06-12	2	07단	神仙爐
153291	朝鮮朝日	1928-06-13	1	01단	支那側遂に折れ我が要求を容る討伐部隊は引揚げ慰藉料問題は國際關係に移す
153292	朝鮮朝日	1928-06-13	1	01단	咸南一帶の農民は非常に勤勉だ/生活も安定してゐる商人は高利に困り經營難
153293	朝鮮朝日	1928-06-13	1	01단	平南名物の芄羅を獻上山梨總督が
153294	朝鮮朝日	1928-06-13	1	01단	寫眞は下關に上陸した若林大尉の遺骨と平壤聯隊偕行社での告別式
153295	朝鮮朝日	1928-06-13	1	03단	平壤驛の改築は明年度か
153296	朝鮮朝日	1928-06-13	1	04단	公職者大會京城で開催
153297	朝鮮朝日	1928-06-13	1	04단	漫畫家一行金剛着探勝
153298	朝鮮朝日	1928-06-13	1	04단	洛東江支流の落差を利用し大水力電氣の計劃 資金八百五十萬圓
153299	朝鮮朝日	1928-06-13	1	04단	お茶のあと
153300	朝鮮朝日	1928-06-13	1	04단	馬賊討伐隊に隨從して(完)/京城ひさし
153301	朝鮮朝日	1928-06-13	1	05단	釜山女高普校舍の新築また行惱む
153302	朝鮮朝日	1928-06-13	1	05단	花々しく生れ出た朝鮮の朝日會/下村專務、小西局長等臨席一場の挨拶を述ぶ
153303	朝鮮朝日	1928-06-13	1	06단	國境畫報(七)/平壤一記者
153304	朝鮮朝日	1928-06-13	1	06단	本社優勝旗を中心に覇權を相爭ふ湖南の野球大會いよいよ群山球場で擧行
153305	朝鮮朝日	1928-06-13	1	07단	田植踊り
153306	朝鮮朝日	1928-06-13	1	07단	大池翁壽像十七日除幕式
153307	朝鮮朝日	1928-06-13	1	08단	命惜しけりゃ蠅取なされ入選の標語
153308	朝鮮朝日	1928-06-13	1	08단	追擊の腹癒せに人質を慘殺/山また山の奥に逃込み一氣に掃滅は困難
153309	朝鮮朝日	1928-06-13	1	08단	俳句/鈴木花蓑選
153310	朝鮮朝日	1928-06-13	1	08단	支那勞働者の厭迫を受け失業者續出/平北勞働界
153311	朝鮮朝日	1928-06-13	1	09단	南鮮一帶に黃金の雨/人も作物も蘇る

일련번호	판명	간행일	면	단수	기사명
153312	朝鮮朝日	1928-06-13	1	09단	禁止中止で持ち切った印刷職工總會
153313	朝鮮朝日	1928-06-13	1	09단	慾に迷うた夫婦が預った子を殺し便所內に遺棄す/鍾路署の手で逮捕さる
153314	朝鮮朝日	1928-06-13	1	10단	開城に赤痢十一名が罹病
153315	朝鮮朝日	1928-06-13	1	10단	牡丹臺野話
153316	朝鮮朝日	1928-06-13	1	10단	人(大久保利武氏(貴族院議員)/丸山鶴吉氏(元朝鮮警務局長)/久留島武彦氏/森御陰氏(ハルビン陳列館長)/水谷八重子孃/渡邊忍氏(全羅北道知事))
153317	朝鮮朝日	1928-06-13	2	01단	朝鮮の將來は北鮮にあり/今や産業的活躍の期水利組合熱が旺勢
153318	朝鮮朝日	1928-06-13	2	01단	一萬噸級汽船の入渠が出來る閘門を新設してくれと仁川府民が陳情
153319	朝鮮朝日	1928-06-13	2	01단	國農沼の小作爭議或は平穩か
153320	朝鮮朝日	1928-06-13	2	01단	當業者の反對を押切/慶北地方部が自動車を經營
153321	朝鮮朝日	1928-06-13	2	01단	お米の値上百キロ廿一圓
153322	朝鮮朝日	1928-06-13	2	01단	京畿の苗代成育は良好
153323	朝鮮朝日	1928-06-13	2	02단	元山附近の地價が暴騰別莊建設で
153324	朝鮮朝日	1928-06-13	2	02단	林間學校を今年も開く赤十字本部が
153325	朝鮮朝日	1928-06-13	2	02단	安東鄉軍の警備計劃は着々と進捗
153326	朝鮮朝日	1928-06-13	2	02단	旱魃の影響で漁業も不況/氣溫が關係す
153327	朝鮮朝日	1928-06-13	2	03단	新繭の値頃慶北の取引
153328	朝鮮朝日	1928-06-13	2	03단	兵備充實委員會
153329	朝鮮朝日	1928-06-13	2	03단	京城穀信總會
153330	朝鮮朝日	1928-06-13	2	03단	煙草賣上高
153331	朝鮮朝日	1928-06-13	2	03단	京城手形交換高
153332	朝鮮朝日	1928-06-13	2	03단	清津に設ける機關工場は一ヶ月後入札
153333	朝鮮朝日	1928-06-13	2	03단	咸鏡線の開通祝賀會十月一日擧行
153334	朝鮮朝日	1928-06-13	2	03단	朝鮮人の電報の五割までは和文/諺文電報は漸減す
153335	朝鮮朝日	1928-06-13	2	04단	大邱府の高齡者八十名
153336	朝鮮朝日	1928-06-13	2	04단	汚物運搬のタンク馬車大邱が設備
153337	朝鮮朝日	1928-06-13	2	04단	鎭南浦殖銀支店
153338	朝鮮朝日	1928-06-13	2	04단	鮮米協會總會
153339	朝鮮朝日	1928-06-13	2	04단	神仙爐
153340	朝鮮朝日	1928-06-14	1	01단	張作霖氏の死が確實にわかる/列車爆破當日の夜死亡
153341	朝鮮朝日	1928-06-14	1	01단	治案維持法緊急勅令案精査委員會で精査委員の顔ぶれ決定
153342	朝鮮朝日	1928-06-14	1	01단	重大事件の責を負ひ上山總督愈辭任/後任は川村竹治氏に/台灣總督府吏も異動
153343	朝鮮朝日	1928-06-14	1	01단	兩殿下から記念品を拜領す山陽ホテル勤續廿年に對し

일련번호	판명	간행일	면	단수	기사명
153343	朝鮮朝日	1928-06-14	1	01단	松本支配人感激す
153344	朝鮮朝日	1928-06-14	1	01단	教育總會廿日頃平壤で
153345	朝鮮朝日	1928-06-14	1	01단	本社朝鮮通信會議商議所で開催/下村專務が官民を招き晩餐會を開く/定刻前旣に滿員 下村、杉村氏京城の講演
153346	朝鮮朝日	1928-06-14	1	02단	下關市に出來た昭和館(1)/進退兩難に陷った憐れな朝鮮人達に一夜の宿を貸したり懇切なよき相談相手となる
153347	朝鮮朝日	1928-06-14	1	03단	短歌/橋田東聲選
153348	朝鮮朝日	1928-06-14	1	04단	朝鮮の雅樂を放送種目に加へ聽取者の滿足を圖る京城放送局の計劃
153349	朝鮮朝日	1928-06-14	1	04단	愛國婦人會が慰問袋募集派遣隊に贈る
153350	朝鮮朝日	1928-06-14	1	05단	獨逸領事館當分の間は朝鮮ホテルで事務を取扱ふ
153351	朝鮮朝日	1928-06-14	1	05단	大邱陳列館借地料問題契約が成立
153352	朝鮮朝日	1928-06-14	1	05단	補助を倍加し書堂を改善/在間島朝鮮人の教育機關の充實を圖る
153353	朝鮮朝日	1928-06-14	1	05단	釜山府財務係の重要書類が紛失內部の者の所爲らしい/原因は部內の軋轢か
153354	朝鮮朝日	1928-06-14	1	06단	戰場の朝夕を慰める陣中新聞/論說、感想、消息、都々逸もある『山派飛六ニュース』
153355	朝鮮朝日	1928-06-14	1	07단	國境畫報(六)/平壤一記者
153356	朝鮮朝日	1928-06-14	1	07단	鎭南浦が節水の宣傳/水源地が涸渇
153357	朝鮮朝日	1928-06-14	1	08단	死線に立つ一萬の農民慶北の雹寒烈し
153358	朝鮮朝日	1928-06-14	1	08단	大邱券番花代の値上認可さる
153359	朝鮮朝日	1928-06-14	1	09단	胎兒の男女判別器適中率は九十八％
153360	朝鮮朝日	1928-06-14	1	09단	三人組强盜東萊に出現
153361	朝鮮朝日	1928-06-14	1	09단	郡當局から欺かれたと農會へ招かれた朝鮮人逃歸る
153362	朝鮮朝日	1928-06-14	1	09단	運動界(日本代表の渡歐/專門校野球聯盟戰日割/全鮮陸上競技會)
153363	朝鮮朝日	1928-06-14	1	10단	會(尾上柴舟氏講演會/禪學講演會)
153364	朝鮮朝日	1928-06-14	1	10단	人(入江海平氏(東京辯護士)/吉田秀次郞氏(仁川會議所會頭)/前田昇氏/久留島武彥氏/尾崎敬義氏(元東拓理事)/守屋榮夫氏(代議士)/齋藤吉十郞氏(朝鮮紡績專務)/藤崎銳樹氏(大藏省胸)/金光秀文氏(長崎稅關長)/棟居俊一氏(神戶稅關總務課長)/松岡由三郞氏(熊本稅務監督局長)/石渡莊太郞氏(大藏省臨時土地賃貸價格調査課長))
153365	朝鮮朝日	1928-06-14	1	10단	半島茶話
153366	朝鮮朝日	1928-06-14	2	01단	釜山放言(廿五)/靑い鳥
153367	朝鮮朝日	1928-06-14	2	01단	支拂場所を銀行に限定せぬ爲替は割引も引受もお斷り京城銀行が關係者に通知
153368	朝鮮朝日	1928-06-14	2	01단	支那商人と直取引/朝鮮の水産品

일련번호	판명	간행일	면	단수	기사명
153369	朝鮮朝日	1928-06-14	2	01단	氣乘のせぬ群山商議選十一日終了す
153370	朝鮮朝日	1928-06-14	2	01단	艀賃値下の委員が協議
153371	朝鮮朝日	1928-06-14	2	02단	咸興市場の紛糾は解決
153372	朝鮮朝日	1928-06-14	2	02단	田植音頭
153373	朝鮮朝日	1928-06-14	2	02단	六月上旬豆粕の輸入三千八白噸
153374	朝鮮朝日	1928-06-14	2	02단	咸南農産品昨年度生産高
153375	朝鮮朝日	1928-06-14	2	03단	いま一息の雨が欲い慶南の農作
153376	朝鮮朝日	1928-06-14	2	03단	朝鮮人失業者下關に二百餘名生活に窮して邪道へ下關水上署取締に大困り
153377	朝鮮朝日	1928-06-14	2	03단	干瀉地の稻作反當り四石二斗東拓小作人の試作從來より二石二斗の增收/慶北の慈雨農作物蘇生/鹹水を灌漑苗代が枯死
153378	朝鮮朝日	1928-06-14	2	04단	神仙爐
153379	朝鮮朝日	1928-06-15	1	01단	支那の治安が亂れ朝鮮に影響すれば軍隊を出さねばならぬ/山梨總督京城で語る
153380	朝鮮朝日	1928-06-15	1	01단	第二守備隊兵員を增加
153381	朝鮮朝日	1928-06-15	1	01단	國境畫報(七)/平壤一記者
153382	朝鮮朝日	1928-06-15	1	02단	釜山府病院改善問題府議が研究
153383	朝鮮朝日	1928-06-15	1	02단	二つのブレーキを持たぬ自動車檢査官の認定如何で三百圓內外の改造費が入要
153384	朝鮮朝日	1928-06-15	1	03단	俳句/鈴木花蓑選
153385	朝鮮朝日	1928-06-15	1	03단	平壤圖書館七月一日開館
153386	朝鮮朝日	1928-06-15	1	04단	下關に出來た昭和館(2)/無理解な傭主の虐待に惱む者には相談相手となって保護し病める人には醫藥も給する
153387	朝鮮朝日	1928-06-15	1	04단	教育點呼平南の試み
153388	朝鮮朝日	1928-06-15	1	04단	商業夜學校十一日開校
153389	朝鮮朝日	1928-06-15	1	04단	在滿部隊の慰問を終へ牧野侍從歸東
153390	朝鮮朝日	1928-06-15	1	04단	道路鋪裝と下水溝工事/釜山の計劃
153391	朝鮮朝日	1928-06-15	1	04단	鮮內の淸凉飲料水産出額が增加し內地からの移入は昨年の半にも達せぬ
153392	朝鮮朝日	1928-06-15	1	05단	本社朝鮮通信會議(十三日京城商議所で)
153393	朝鮮朝日	1928-06-15	1	06단	中鮮以北は降り足らぬ朝鮮の旱魃/涸渇に瀕した大邱の水道壽命が延ぶ
153394	朝鮮朝日	1928-06-15	1	07단	不敬事件に連累はない/上阪するまでの犯人の素行は惡くなかった
153395	朝鮮朝日	1928-06-15	1	08단	西崎鶴太郎氏胸像贈呈式
153396	朝鮮朝日	1928-06-15	1	08단	平北の痘瘡まだ熄まぬ
153397	朝鮮朝日	1928-06-15	1	09단	敬新の盟休ますます擴大
153398	朝鮮朝日	1928-06-15	1	09단	赤痢患者が病院を逃出す

일련번호	판명	간행일	면	단수	기사명
153399	朝鮮朝日	1928-06-15	1	09단	不謹愼な訓導は免職當局調査の眞相
153400	朝鮮朝日	1928-06-15	1	09단	牡丹臺野話
153401	朝鮮朝日	1928-06-15	1	10단	貧主を殺し一家が逃亡
153402	朝鮮朝日	1928-06-15	1	10단	運動界(元山庭球聯盟戰)
153403	朝鮮朝日	1928-06-15	1	10단	會(宮坂師講演會)
153404	朝鮮朝日	1928-06-15	1	10단	人(山梨總督/船越光之丞男爵(貴族院議員)/オトー・キウネ氏(獨國グライフスワルド大學教授)/加茂正雄博士/宮崎又次郎氏(釜山稅關長)/小西恭介氏(江原道內務部長)/高橋克親氏(名古屋實業家)/中井博士(東大教授))
153405	朝鮮朝日	1928-06-15	1	10단	半島茶話
153406	朝鮮朝日	1928-06-15	2	01단	釜山放言(廿六)/青い鳥
153407	朝鮮朝日	1928-06-15	2	01단	牡蠣の年産額五十萬圓を目あてに/慶南道が養殖を獎勵
153408	朝鮮朝日	1928-06-15	2	01단	鮮滿部隊の兵器修理は全部平壤で作業したい
153409	朝鮮朝日	1928-06-15	2	01단	新義州稅關貨物陸揚場擴張を陳情
153410	朝鮮朝日	1928-06-15	2	02단	新義州商店聯合バザー成績は良好
153411	朝鮮朝日	1928-06-15	2	02단	南浦貿易額五百七十萬圓
153412	朝鮮朝日	1928-06-15	2	02단	六月上旬の鐵道局業績收入九十餘萬圓
153413	朝鮮朝日	1928-06-15	2	02단	朝鮮私鐵の沿線在貨高
153414	朝鮮朝日	1928-06-15	2	03단	平南穀物檢查
153415	朝鮮朝日	1928-06-15	2	03단	南浦商議評議會
153416	朝鮮朝日	1928-06-15	2	03단	釜山商議視察團
153417	朝鮮朝日	1928-06-15	2	03단	全鮮郵貯高
153418	朝鮮朝日	1928-06-15	2	03단	忠南大川の電話
153419	朝鮮朝日	1928-06-15	2	03단	傳染病が弗々と發生/例年より早い
153420	朝鮮朝日	1928-06-15	2	03단	苛性曹達を飲んで食道が狹窄する症狀と治療の硏究/城大小林靜雄博士が發表
153421	朝鮮朝日	1928-06-15	2	04단	お茶のあと
153422	朝鮮朝日	1928-06-15	2	04단	寫眞撮影の許可を制限/批難が多い
153423	朝鮮朝日	1928-06-15	2	04단	神仙爐
153424	朝鮮朝日	1928-06-16	1	01단	模擬の爆彈や拳銃で無智の良民を脅し金品を强奪せんと企らむ不逞團を本町署檢擧
153425	朝鮮朝日	1928-06-16	1	01단	支那側は大體我が要求を容認/馬賊事件に關する谷平北知事の交涉
153426	朝鮮朝日	1928-06-16	1	02단	二種に分るゝ平南の植物/中井博士談
153427	朝鮮朝日	1928-06-16	1	03단	慶州七首/下村海南
153428	朝鮮朝日	1928-06-16	1	03단	降り足らぬ群山地方の雨
153429	朝鮮朝日	1928-06-16	1	04단	荒刻みの煙草工場十月に操業
153430	朝鮮朝日	1928-06-16	1	04단	東西の兩海岸に無線局を增設/明年度豫算に計上漸を追うて多島海に及ぶ

일련번호	판명	간행일	면	단수	기사명
153431	朝鮮朝日	1928-06-16	1	04단	下關に出來た昭和館(3)/不良客引の跋扈を驅逐したゞけでも旣に大なる效果でたゞ心配は依賴心を起させる事
153432	朝鮮朝日	1928-06-16	1	05단	賑やかな田植歌の音頭に合せて道廳幹部連の田植赤前垂で揃ひの田植踊
153433	朝鮮朝日	1928-06-16	1	05단	短歌/橋田東聲選
153434	朝鮮朝日	1928-06-16	1	05단	普通學校の教科書値下大邱も運動
153435	朝鮮朝日	1928-06-16	1	06단	事務上の連絡が甚しく疎隔す/熱の足らぬ證據だ關水慶南內務部長の視察談
153436	朝鮮朝日	1928-06-16	1	06단	盛大な裡にも悲みふかく/故若林宗明大尉の葬儀鄉里で行はる
153437	朝鮮朝日	1928-06-16	1	07단	大邱小學の林間學校開設の計劃
153438	朝鮮朝日	1928-06-16	1	07단	平北の慰問袋奉天に發送す
153439	朝鮮朝日	1928-06-16	1	07단	京城で消費する氷が一萬五千噸/チブスの流行も物かは賣行は例年と變らぬ
153440	朝鮮朝日	1928-06-16	1	08단	牡丹臺野話
153441	朝鮮朝日	1928-06-16	1	08단	露國官憲に抑留された北辰丸歸る
153442	朝鮮朝日	1928-06-16	1	08단	雨乞ひ！！京畿高陽の
153443	朝鮮朝日	1928-06-16	1	09단	チブス患者一日に十名/漸增の兆あり
153444	朝鮮朝日	1928-06-16	1	09단	三百年前の珍奇な煙管釜山で發見
153445	朝鮮朝日	1928-06-16	1	09단	二十九名は起訴に決定/大邱賭博事件
153446	朝鮮朝日	1928-06-16	1	09단	佛教の信仰で萬病を治す/怪修業者逮捕
153447	朝鮮朝日	1928-06-16	1	10단	行方不明の少女の死體白骨となり發見
153448	朝鮮朝日	1928-06-16	1	10단	鐵道プール開場
153449	朝鮮朝日	1928-06-16	1	10단	在軍民衆射擊會
153450	朝鮮朝日	1928-06-16	1	10단	會(衛生主任打合會)
153451	朝鮮朝日	1928-06-16	1	10단	人(山梨總督/船越光之丞男/望月瀧三氏(獸疫血淸製造所長)/守屋榮夫代議士/金谷軍司令官/有賀光豊氏(朝鮮殖産銀行頭取))
153452	朝鮮朝日	1928-06-16	1	10단	半島茶話
153453	朝鮮朝日	1928-06-16	2	01단	釜山放言(廿七)/青い鳥
153454	朝鮮朝日	1928-06-16	2	01단	五月の廻着米三萬五千餘トンで前月より二萬トンを減ず
153455	朝鮮朝日	1928-06-16	2	01단	移出牛檢疫の手數料撤廢を當業者が總督に陳情/今後も一層運動を續ける
153456	朝鮮朝日	1928-06-16	2	01단	火田調查隊歸る
153457	朝鮮朝日	1928-06-16	2	02단	免許漁業は一割を認可か
153458	朝鮮朝日	1928-06-16	2	03단	東海中部線一日から國營
153459	朝鮮朝日	1928-06-16	2	03단	群山府議會
153460	朝鮮朝日	1928-06-16	2	03단	商工團體の委員が協議艀賃値下を
153461	朝鮮朝日	1928-06-16	2	03단	府尹郡守會議/慶南諮問案

일련번호	판명	간행일	면	단수	기사명
153462	朝鮮朝日	1928-06-16	2	04단	咸南春蠶共販契約は十日成立す
153463	朝鮮朝日	1928-06-16	2	04단	京畿の水稻/植付狀況
153464	朝鮮朝日	1928-06-16	2	04단	妥協が成立/北鮮水産の瀨戶氏辭任
153465	朝鮮朝日	1928-06-16	2	04단	水口知事視察
153466	朝鮮朝日	1928-06-16	2	04단	神仙爐
153467	朝鮮朝日	1928-06-17	1	01단	內鮮の社會相(１)/本社專務法學博士下村宏
153468	朝鮮朝日	1928-06-17	1	01단	教育振興案の財源は財政整理で捻出/取引所令は近く公布したい/朝鮮を知らぬ者の批評は困る/山梨總督下關で語る
153469	朝鮮朝日	1928-06-17	1	03단	教育審議會の委員が決定/會長は池上總監/豫算は附議せぬ
153470	朝鮮朝日	1928-06-17	1	04단	御獻上の梨總督が携行
153471	朝鮮朝日	1928-06-17	1	04단	俳句/鈴木花蓑選
153472	朝鮮朝日	1928-06-17	1	04단	御大典に獻上の乾鮑/濟州島で謹製
153473	朝鮮朝日	1928-06-17	1	05단	馬賊討伐隊の撤退と聞き江岸一帶の住民が撤兵反對を電請
153474	朝鮮朝日	1928-06-17	1	05단	施政記念博準備委員會第一回開催
153475	朝鮮朝日	1928-06-17	1	05단	靑天白日旗を掲げ革命の成功を在京城の華人が祝賀
153476	朝鮮朝日	1928-06-17	1	05단	彈よけのお守を派遣部隊へ送付
153477	朝鮮朝日	1928-06-17	1	06단	視學官會議
153478	朝鮮朝日	1928-06-17	1	06단	海陸連絡の無線電話を德壽も設備
153479	朝鮮朝日	1928-06-17	1	06단	雨降らぬ黃海の困惑
153480	朝鮮朝日	1928-06-17	1	06단	全世界の救世軍が擧って祈禱したタフト少將遂に近く/ブース大將の信任厚かった
153481	朝鮮朝日	1928-06-17	1	07단	寫眞說明(寫眞は昨報京城本町署に檢擧された上海假政府公債證書鮮銀十圓紙幣を偽造し玩具のピストル、威力皆無の模擬爆彈をもって軍資金を募集せんとした不良鮮人團一味)
153482	朝鮮朝日	1928-06-17	1	07단	鹿の夫婦を取り寄せて春川で養殖
153483	朝鮮朝日	1928-06-17	1	07단	お茶のあと
153484	朝鮮朝日	1928-06-17	1	08단	百十歲が一番の高齡/慶南の調査
153485	朝鮮朝日	1928-06-17	1	08단	槿友會支部新義州に設置
153486	朝鮮朝日	1928-06-17	1	08단	新幹會記念式
153487	朝鮮朝日	1928-06-17	1	08단	就職口を世話せぬと母校に放火
153488	朝鮮朝日	1928-06-17	1	09단	釜山府廳に蟠る積年の暗鬪がはからずも暴露したもの/重要書類の紛失事件
153489	朝鮮朝日	1928-06-17	1	09단	咸興の東京相撲
153490	朝鮮朝日	1928-06-17	1	10단	托鉢を裝ひ容子を探る/僧侶の强盜
153491	朝鮮朝日	1928-06-17	1	10단	平鐵松山に敗る
153492	朝鮮朝日	1928-06-17	1	10단	人(歐洲視察團/細井亥之助氏(全南財務部長)/朴容九氏

일련번호	판명	간행일	면	단수	기사명
153492	朝鮮朝日	1928-06-17	1	10단	(全南參與官)/小倉武之助氏(大興電氣社長)/美座流石氏(慶北警察部長)/杉村逸郎氏(釜山地方檢事正)/柴田虎太郎氏)
153493	朝鮮朝日	1928-06-17	1	10단	半島茶話
153494	朝鮮朝日	1928-06-17	1	10단	釜山放言(廿八)/靑い鳥
153495	朝鮮朝日	1928-06-17	2	01단	締粕には惜しい慶南の大羽鰯/支那向きの輸出とし鹽や乾物に加工を計劃
153496	朝鮮朝日	1928-06-17	2	01단	鮮産品愛用の烽火が擧って恰度今年が三年目/全南が京城に出て特産を宣傳
153497	朝鮮朝日	1928-06-17	2	01단	商銀三南愈よ合併/十六日から
153498	朝鮮朝日	1928-06-17	2	01단	平北米の聲價を落す不正商跋扈
153499	朝鮮朝日	1928-06-17	2	02단	鮮銀券今後增發か/繭資金需要で
153500	朝鮮朝日	1928-06-17	2	02단	低燭に少く高燭に多い/南鮮電氣の値下
153501	朝鮮朝日	1928-06-17	2	02단	何處でも作ってるゴム靴が特許品/鮮內の工業を脅かすとて取消方を其筋に請願
153502	朝鮮朝日	1928-06-17	2	03단	平北の春蠶昨年より減少
153503	朝鮮朝日	1928-06-17	2	03단	咸南の收繭三萬石內外
153504	朝鮮朝日	1928-06-17	2	03단	平南の春繭共販の市價
153505	朝鮮朝日	1928-06-17	2	03단	鴨江の着筏/新義州側增加
153506	朝鮮朝日	1928-06-17	2	04단	郵便小包の輸入稅問題/關東廳に要請
153507	朝鮮朝日	1928-06-17	2	04단	元山驛發送貨物
153508	朝鮮朝日	1928-06-17	2	04단	神仙爐
153509	朝鮮朝日	1928-06-19	1	01단	內鮮の社會相(２)/本社專務法學博士下村宏
153510	朝鮮朝日	1928-06-19	1	01단	國境の治安を保つに現在の兵力では不足/機宜に應じ增兵が必要/山梨總督田中首相と協議す
153511	朝鮮朝日	1928-06-19	1	01단	我が要求を快く容れて國境治安に努める/馬賊襲擊事件の交涉纒る
153512	朝鮮朝日	1928-06-19	1	01단	全鮮道立醫院醫官を增員/手不足で大困
153513	朝鮮朝日	1928-06-19	1	02단	土地改良部人員を增加
153514	朝鮮朝日	1928-06-19	1	02단	相手は聯合軍で勝敗は五分と五分/英京で戰ふ早大競技部十八日釜山通過渡歐
153515	朝鮮朝日	1928-06-19	1	03단	咸鏡線開通で淸津稅關が明年度昇格
153516	朝鮮朝日	1928-06-19	1	03단	初等敎員試驗
153517	朝鮮朝日	1928-06-19	1	04단	金剛山の探勝を終へ下村杉村兩氏元山に到着す
153518	朝鮮朝日	1928-06-19	1	04단	故野口博士追悼講演會/城大醫學部が
153519	朝鮮朝日	1928-06-19	1	04단	中國統一祝賀會(十七日京城中華民國領事館で)
153520	朝鮮朝日	1928-06-19	1	05단	植民的奴隷敎育の撤廢を叫んで釜山第二商業が盟休/廢校も辭せぬと學校側强硬
153521	朝鮮朝日	1928-06-19	1	05단	壓倒的の得點で京師再び優勝す 出場校十四に達す 全鮮

일련번호	판명	간행일	면	단수	기사명
153521	朝鮮朝日	1928-06-19	1	05단	中等校競技大會/大田軍先づ勝つ 湖南野球大會第一日/全群山優勝
153522	朝鮮朝日	1928-06-19	1	07단	喪服を纏ふ人もある安東
153523	朝鮮朝日	1928-06-19	1	07단	元山の水道早魃で渇水
153524	朝鮮朝日	1928-06-19	1	08단	大邱驛の入場料値上/七月一日から
153525	朝鮮朝日	1928-06-19	1	08단	小作人達が地主のため記念碑建設
153526	朝鮮朝日	1928-06-19	1	08단	朝鮮では珍しい智能的な犯罪/犯人は警察官あがりか金組を覘った詐欺犯
153527	朝鮮朝日	1928-06-19	1	09단	盟休生は嚴重處罰/學務局が通達
153528	朝鮮朝日	1928-06-19	1	09단	大邱癩患者一齊に狩立原籍地に送還
153529	朝鮮朝日	1928-06-19	1	10단	十二名の殺人魔京城に送らる
153530	朝鮮朝日	1928-06-19	1	10단	大邱プール開場
153531	朝鮮朝日	1928-06-19	1	10단	南浦競馬會
153532	朝鮮朝日	1928-06-19	1	10단	會(全南教育講習會/光州素人書畫會)
153533	朝鮮朝日	1928-06-19	1	10단	人(守屋榮夫氏(代議士)/牧野貞亮氏(侍從)/鈴木萬次郎氏(朝鐵監査役)/山內忠市氏(釜山府理事官)/吉岡義三郎氏(東拓釜山支配人)/山本忠興氏(早大教授)/吉澤作造少將(海軍燃料廠平壤礦業部長)/渡邊素治氏(本社大邱販賣店主渡邊登氏長男))
153534	朝鮮朝日	1928-06-19	1	10단	半島茶話
153535	朝鮮朝日	1928-06-19	2	01단	海水着/今年はとりわけ華やかに絢爛目を奪ふ色彩/表現派や構成派の模樣が全盛/新しく現れた水上スキー
153536	朝鮮朝日	1928-06-19	2	01단	シネマランド/藝術の香高き纖細な技巧有島武郎氏の「ども又の死」を思はせる(ラ・ポエーム)
153537	朝鮮朝日	1928-06-19	2	03단	都市金融組合の貸出限度擴張は組合內にも反對あり當局も認容せぬらしい
153538	朝鮮朝日	1928-06-19	2	03단	江原の挿秧四割を終る
153539	朝鮮朝日	1928-06-19	2	03단	武技として發達したわが水泳古流主なる流派とその特微(小堀流/向井流/神傳流/水府流/觀海流、能島流/講武流)
153540	朝鮮朝日	1928-06-19	2	04단	釜山放言(三十)/青い鳥
153541	朝鮮朝日	1928-06-19	2	04단	三南銀行看板を改め營業を開始
153542	朝鮮朝日	1928-06-19	2	05단	化學肥料の施肥方法を教へて欲しい
153543	朝鮮朝日	1928-06-19	2	05단	大豆の出廻三千二百屯
153544	朝鮮朝日	1928-06-19	2	05단	畜牛の輸送農繁期で激減
153545	朝鮮朝日	1928-06-19	2	05단	木浦港の鮮米移出高五十萬突破か
153546	朝鮮朝日	1928-06-19	2	06단	江原の春蠶二萬七千石
153547	朝鮮朝日	1928-06-19	2	06단	私鐵の業績
153548	朝鮮朝日	1928-06-19	2	06단	神仙爐
153549	朝鮮朝日	1928-06-20	1	01단	內鮮の社會相(3)/本社專務法學博士下村宏

일련번호	판명	간행일	면	단수	기사명
153550	朝鮮朝日	1928-06-20	1	01단	金融組合の理事者が徒に計數の膨脹を競ふか爲に滯り貸を出すが如きは戒心の要がある
153551	朝鮮朝日	1928-06-20	1	02단	支那奧地の低氣壓朝鮮半島に移動/南鮮と西海岸に降雨/畑作に好影響を與ふ
153552	朝鮮朝日	1928-06-20	1	02단	淸津無線局工費が不足/淸津府に交渉
153553	朝鮮朝日	1928-06-20	1	03단	黃海郡守會議
153554	朝鮮朝日	1928-06-20	1	03단	大邱道立醫院新築上棟式十八日擧行
153555	朝鮮朝日	1928-06-20	1	04단	警察署長會議
153556	朝鮮朝日	1928-06-20	1	04단	短歌/橋田東聲選
153557	朝鮮朝日	1928-06-20	1	04단	大邱驛前道路の擴張本年內に着工
153558	朝鮮朝日	1928-06-20	1	05단	國境畫報(八)/平壤一記者
153559	朝鮮朝日	1928-06-20	1	05단	大接戰を演じ群山遂に優勝す遠來の大田恨を呑む第一回湖南野球大會(15ー4群山大勝全光州敗る/8ー1大田鐵道全裡里を破る/6ー3群山優勝大田惜敗す)
153560	朝鮮朝日	1928-06-20	1	07단	瓦電の從業員百餘名が結束會社に要求書提出/目下の處交通に支障はない
153561	朝鮮朝日	1928-06-20	1	07단	訪日飛行機朝鮮を縱斷
153562	朝鮮朝日	1928-06-20	1	07단	小西局長が安東で招宴
153563	朝鮮朝日	1928-06-20	1	08단	大池忠助翁銅像除幕式十七日擧行
153564	朝鮮朝日	1928-06-20	1	08단	大邱府の衛生人夫八十名が盟休/原因は賃金の値上/府は何等痛痒を感ぜぬ
153565	朝鮮朝日	1928-06-20	1	09단	書類紛失で府尹が陳謝/實害はない
153566	朝鮮朝日	1928-06-20	1	09단	大鯨を拾ふ甘浦沖合で
153567	朝鮮朝日	1928-06-20	1	10단	敬新の盟休無事に解決
153568	朝鮮朝日	1928-06-20	1	10단	西鮮庭球慘敗す
153569	朝鮮朝日	1928-06-20	1	10단	會(國境記者聯盟大會/公州敎育硏究會)
153570	朝鮮朝日	1928-06-20	1	10단	人(大賀文藤氏(遞信技師)/忠田兵造氏(本社販賣部長)/鹿野宏氏(咸鏡南道警察部長))
153571	朝鮮朝日	1928-06-20	1	10단	半島茶話
153572	朝鮮朝日	1928-06-20	2	01단	釜山放言(卅一)/靑い鳥
153573	朝鮮朝日	1928-06-20	2	01단	全鮮都市金組懇話會の一幕(一)/庶民金融の規を越え普通銀行の域に進みつゝある金組/中央會設置は上司が不贊成
153574	朝鮮朝日	1928-06-20	2	01단	水利組合の創設を陳情
153575	朝鮮朝日	1928-06-20	2	01단	慶南を去り北鮮に向ふ大羽鰯の群れ
153576	朝鮮朝日	1928-06-20	2	02단	金鑛を發見春川北山面で
153577	朝鮮朝日	1928-06-20	2	02단	關釜連絡貨物打合會釜山で開催
153578	朝鮮朝日	1928-06-20	2	02단	平北春蠶の共同販賣成績
153579	朝鮮朝日	1928-06-20	2	02단	養蜂鷄卵の組合が合倂/産業組合組織

일련번호	판명	간행일	면	단수	기사명
153580	朝鮮朝日	1928-06-20	2	03단	營業稅徵收昨年より良好
153581	朝鮮朝日	1928-06-20	2	03단	鮮銀支店の設置を要望新義州商議が
153582	朝鮮朝日	1928-06-20	2	03단	局私線連帶荷物の輸送
153583	朝鮮朝日	1928-06-20	2	03단	京城組銀帳尻
153584	朝鮮朝日	1928-06-20	2	04단	京城手形交換高
153585	朝鮮朝日	1928-06-20	2	04단	六月採鹽高
153586	朝鮮朝日	1928-06-20	2	04단	京城電車の成績
153587	朝鮮朝日	1928-06-20	2	04단	神仙爐
153588	朝鮮朝日	1928-06-21	1	01단	內鮮の社會相(４)/本社專務法學博士下村宏
153589	朝鮮朝日	1928-06-21	1	01단	李王殿下の御歸鮮は御多忙で御取止/八月の定期異動で少佐に御進級のはず
153590	朝鮮朝日	1928-06-21	1	01단	殆ど顧みられぬ京城の小下水溝/保健上重大だとて百二十萬圓で改築の計劃
153591	朝鮮朝日	1928-06-21	1	01단	司令官を訪ひ兵備充實で委員が懇談
153592	朝鮮朝日	1928-06-21	1	01단	警官の增員と軍隊の駐屯國境民が要望
153593	朝鮮朝日	1928-06-21	1	02단	京城大連間直通電話祝辭交換で愈よ開通す
153594	朝鮮朝日	1928-06-21	1	02단	瓦電の爭議遂に決裂す/乘務員の殆ど全部假事務所に引揚ぐ(態度は穩健/釜山署は不干涉主義一度だけ警告/臨時バスを準備/要求の條項十條に及ぶ)
153595	朝鮮朝日	1928-06-21	1	03단	俳句/鈴木花蓑選
153596	朝鮮朝日	1928-06-21	1	03단	木浦商業學校新館の建築/今秋に竣工
153597	朝鮮朝日	1928-06-21	1	04단	國境畫報(九)/平壤一記者
153598	朝鮮朝日	1928-06-21	1	05단	圖書館の閱覽者暑さのせいかめっ切りと減少す/珍しいのは科學が讀まれる
153599	朝鮮朝日	1928-06-21	1	05단	府營バス大盛況/更に車輛增加
153600	朝鮮朝日	1928-06-21	1	06단	忠北郡守會議
153601	朝鮮朝日	1928-06-21	1	06단	思想問題の變遷を注意/江原署長會議
153602	朝鮮朝日	1928-06-21	1	06단	群山上水道計量制採用
153603	朝鮮朝日	1928-06-21	1	06단	學校の盟休頻發北は平北から南は慶南まで 釜山二商の一二年生も盟休に參加/東萊高普に飛火/盟休中の瀿信學校生暴行を働く/宣川信聖も盟休/五山高普が動搖
153604	朝鮮朝日	1928-06-21	1	07단	田植は始まる十八日來の慈雨で
153605	朝鮮朝日	1928-06-21	1	07단	間島領事館官舍の改築近く着工豫定
153606	朝鮮朝日	1928-06-21	1	07단	咸興郡廳の新築が決定
153607	朝鮮朝日	1928-06-21	1	08단	釜山商議の間島視察團龍井に到着
153608	朝鮮朝日	1928-06-21	1	08단	下村專務は二十日北行/杉村氏は滯在
153609	朝鮮朝日	1928-06-21	1	08단	南山御殿森家の遺産を中心に未亡人と庶子の爭ひ/またまた京城法院に訴訟
153610	朝鮮朝日	1928-06-21	1	09단	海南農業補習校七月から開校

일련번호	판명	간행일	면	단수	기사명
153611	朝鮮朝日	1928-06-21	1	09단	江原道の火田の調査廿一日着手
153612	朝鮮朝日	1928-06-21	1	09단	浴客のため元山京城間汽車賃割引
153613	朝鮮朝日	1928-06-21	1	09단	咸南の山火事損害五萬九千圓
153614	朝鮮朝日	1928-06-21	1	09단	大邱府廳衛生人夫の盟休は解決
153615	朝鮮朝日	1928-06-21	1	10단	松山高商勝つ
153616	朝鮮朝日	1928-06-21	1	10단	兼二浦球團勝つ
153617	朝鮮朝日	1928-06-21	1	10단	水泳選手渡歐
153618	朝鮮朝日	1928-06-21	1	10단	元山ゴルフ戰
153619	朝鮮朝日	1928-06-21	1	10단	人(松下芳三郎氏(全南警察部長)/租田商銀頭取招宴/守屋榮夫氏(代議士))
153620	朝鮮朝日	1928-06-21	2	01단	全鮮都市金組懇話會の一幕(下)/金組の貸出限度は少くして廣くと有識の理事者は言ふ親の心を知らぬ急進論者
153621	朝鮮朝日	1928-06-21	2	01단	建築用の洋灰の輸送が增加
153622	朝鮮朝日	1928-06-21	2	01단	全滿商議所聯合會は延期
153623	朝鮮朝日	1928-06-21	2	01단	都市金組の中央會設置總監に陳情
153624	朝鮮朝日	1928-06-21	2	01단	第二回全鮮工業者大會京城で開催
153625	朝鮮朝日	1928-06-21	2	01단	慶北九龍浦借款の整理目鼻がつく
153626	朝鮮朝日	1928-06-21	2	01단	忠南溫陽電話
153627	朝鮮朝日	1928-06-21	2	02단	慶南の棉作憂慮される/全北の棉作好況
153628	朝鮮朝日	1928-06-21	2	02단	雫の聲
153629	朝鮮朝日	1928-06-21	2	02단	忠北の收繭二萬石の見込
153630	朝鮮朝日	1928-06-21	2	02단	釜山放言(卅二)/靑い鳥
153631	朝鮮朝日	1928-06-21	2	03단	發動機關士講習會開催
153632	朝鮮朝日	1928-06-21	2	03단	五月中の貿易額六千六百萬圓
153633	朝鮮朝日	1928-06-21	2	04단	鷄の傳染病平南に流行
153634	朝鮮朝日	1928-06-21	2	04단	新義州電氣祝宴
153635	朝鮮朝日	1928-06-21	2	04단	神仙爐
153636	朝鮮朝日	1928-06-22	1	01단	內鮮の社會相(5)/本社專務法學博士下村宏
153637	朝鮮朝日	1928-06-22	1	01단	師團增設の必要を山梨總督大に力說 陸軍では取りあへず兵舍新築の豫算を計上す/支那官憲の誠意を認め今後の治安にだめを押し越境部隊近く引揚/要求全部を支那側承認 警官隊も歸還/若林大尉の責を負うて武署長免官
153638	朝鮮朝日	1928-06-22	1	02단	シベリヤ線に接續列車時間割改正
153639	朝鮮朝日	1928-06-22	1	02단	一ケ師團を愈よ增設か陸軍の新規豫算に四千餘萬圓を計上
153640	朝鮮朝日	1928-06-22	1	03단	馬賊討伐の飛機が墜落 百武、磯村兩氏殉難 楚山上空を旋回中/前途有爲の靑年將校だった百武中尉/半信半疑に顔を曇らす磯村少尉夫人
153641	朝鮮朝日	1928-06-22	1	04단	取引所令公布は十一月頃か

일련번호	판명	간행일	면	단수	기사명
153642	朝鮮朝日	1928-06-22	1	04단	八口浦を訪ふ健氣な玉島の母子楚人冠
153643	朝鮮朝日	1928-06-22	1	05단	鮮航會またまた運賃値上の策動/辰馬を道連にせんと焦慮荷主側は不可能と見る
153644	朝鮮朝日	1928-06-22	1	05단	短歌/橋田東聲選
153645	朝鮮朝日	1928-06-22	1	06단	下村專務が咸興で講演/更に羅南で講演/小西氏一行慶州を見物
153646	朝鮮朝日	1928-06-22	1	06단	大勢は既に罷業團に非七名の裏切者を出す 會社は新に乘務員を募集/要求を一蹴し會社側の態度强硬/桑原府尹が調停に乘出す
153647	朝鮮朝日	1928-06-22	1	07단	五山高普の盟休永びく
153648	朝鮮朝日	1928-06-22	1	07단	瑞鳳丸の引揚は困難
153649	朝鮮朝日	1928-06-22	1	07단	買受けた不貞な妻を老爺が慘殺
153650	朝鮮朝日	1928-06-22	1	08단	間島の大洪水溺死者十數名を出し天圖鐵道も遂に不通
153651	朝鮮朝日	1928-06-22	1	08단	鷄冠山に馬賊團二十名が出沒
153652	朝鮮朝日	1928-06-22	1	09단	馬賊と官兵糧食を强要
153653	朝鮮朝日	1928-06-22	1	10단	盟休校にはどしどし閉鎖を命ず
153654	朝鮮朝日	1928-06-22	1	10단	元山體協の豫算
153655	朝鮮朝日	1928-06-22	1	10단	會(守尾氏講演會/神職講究會/朝鮮語講習會)
153656	朝鮮朝日	1928-06-22	1	10단	人(池上總監/松岡俊三民(代議士)/岡崎哲郎氏(全南內務部長)/池田哲哉氏(全南農務課長)/村山本府衛生課長/圓中友太郎氏(釜山海事出張所長)/河谷靜夫氏(南鮮日報社長)/佐瀨武雄氏(鐵道局技師))
153657	朝鮮朝日	1928-06-22	1	10단	半島茶話
153658	朝鮮朝日	1928-06-22	2	01단	埠頭に立ちて(一)/釜山靑い鳥
153659	朝鮮朝日	1928-06-22	2	01단	早魃の場合は殆ど役に立たぬ/現在の水利工事當業者間に衝動を來す
153660	朝鮮朝日	1928-06-22	2	01단	京仁間の列車を客、貨に分離し三列車を增發して速度も急行程度に改む
153661	朝鮮朝日	1928-06-22	2	01단	雫の聲
153662	朝鮮朝日	1928-06-22	2	02단	産米低資千七百萬圓
153663	朝鮮朝日	1928-06-22	2	02단	慶東線の運賃は半額/一日から實施
153664	朝鮮朝日	1928-06-22	2	02단	鮮米のマークを劣等米に附して賣捌く不正者が多いのでマーク登錄說が擡頭
153665	朝鮮朝日	1928-06-22	2	03단	南浦電氣が料金を値下/會社が聲明
153666	朝鮮朝日	1928-06-22	2	03단	冬季前に牛疫の注射/本年から實行
153667	朝鮮朝日	1928-06-22	2	04단	森林組合が聯合會組織
153668	朝鮮朝日	1928-06-22	2	04단	忠南の棉作降雨で蘇る
153669	朝鮮朝日	1928-06-22	2	04단	南浦水産品檢査
153670	朝鮮朝日	1928-06-22	2	04단	神仙爐

일련번호	판명	간행일	면	단수	기사명
153671	朝鮮朝日	1928-06-23	1	01단	內鮮の社會相(６)/本社專務法學博士下村宏
153672	朝鮮朝日	1928-06-23	1	01단	普通學校の教科書を山梨總督の方針に合致するやう改正/委員を任命し具體案を急ぐ
153673	朝鮮朝日	1928-06-23	1	01단	一千五百萬圓の新規要求は結局政府も容認か/總督府明年度豫算
153674	朝鮮朝日	1928-06-23	1	01단	滿鮮連絡電話開通
153675	朝鮮朝日	1928-06-23	1	03단	安東領事館半旗を揭揚張氏の死去で
153676	朝鮮朝日	1928-06-23	1	03단	我々の決議を以って總監の出席を求むと全鮮公職者大會の席上で當局の不誠意を絶叫
153677	朝鮮朝日	1928-06-23	1	04단	京仁線列車時間を改正
153678	朝鮮朝日	1928-06-23	1	04단	漢江の溺死者ぽつぽつと出始める/一般の注意が必要
153679	朝鮮朝日	1928-06-23	1	04단	明るく廣く教育したい/平壤高女新校長鹿島氏語る
153680	朝鮮朝日	1928-06-23	1	05단	會津の藩士たらが螺鈿の手文筥を節子姬に差上げる總監も硯箱を贈る
153681	朝鮮朝日	1928-06-23	1	05단	吉會鐵道促進期成會評議會開催
153682	朝鮮朝日	1928-06-23	1	05단	持直した苗代廿一日の雨で
153683	朝鮮朝日	1928-06-23	1	06단	俳句/鈴木花蓑選
153684	朝鮮朝日	1928-06-23	1	06단	警備用の國境電話を近く開設
153685	朝鮮朝日	1928-06-23	1	06단	下村專務が羅南で講演/小西局長一行二十二日退鮮
153686	朝鮮朝日	1928-06-23	1	06단	度量衡檢査
153687	朝鮮朝日	1928-06-23	1	07단	元山の講演會
153688	朝鮮朝日	1928-06-23	1	07단	軍資は十分/瓦電の爭議遂に持久戰に入る(要求に對して考慮は拂はぬ會社の態度依然強硬/爭議團側が調停を謝絕/電車に投石)
153689	朝鮮朝日	1928-06-23	1	07단	牡丹臺野話
153690	朝鮮朝日	1928-06-23	1	08단	大邱高女と鳳山小學校校舍を擴張
153691	朝鮮朝日	1928-06-23	1	09단	半ば地中に埋沒した楚山の墜落機
153692	朝鮮朝日	1928-06-23	1	09단	平壤から隊員が急行
153693	朝鮮朝日	1928-06-23	1	09단	朝鮮礦油が特許侵害で告訴される
153694	朝鮮朝日	1928-06-23	1	10단	釜山二商の盟休は解決/三年生が登校
153695	朝鮮朝日	1928-06-23	1	10단	釜山體協更生
153696	朝鮮朝日	1928-06-23	1	10단	會(三島高女音樂會)
153697	朝鮮朝日	1928-06-23	1	10단	人(渡邊十九師團長/松岡俊三氏(代議士))
153698	朝鮮朝日	1928-06-23	1	10단	半島茶話
153699	朝鮮朝日	1928-06-23	2	01단	埠頭に立ちて(二)/釜山靑い鳥
153700	朝鮮朝日	1928-06-23	2	01단	社有地の經農を集約的に改め産米增殖の徹底を圖る/東拓二十周年の記念事業
153701	朝鮮朝日	1928-06-23	2	01단	慶南の挿秧順調に進捗
153702	朝鮮朝日	1928-06-23	2	01단	春蠶豫想二十二萬石 殖産局發表/慶南の春蠶例年に見

일련번호	판명	간행일	면	단수	기사명
153702	朝鮮朝日	1928-06-23	2	01단	*ぬ好成績を收む*
153703	朝鮮朝日	1928-06-23	2	01단	雫の聲
153704	朝鮮朝日	1928-06-23	2	02단	移出大豆の中實を摺替再檢査を實施
153705	朝鮮朝日	1928-06-23	2	02단	沙里院面電料金値下は當分不可能
153706	朝鮮朝日	1928-06-23	2	02단	世界的の香水原料咸南山奧で發見/採取して內地に送る/本名はローズダブリカ
153707	朝鮮朝日	1928-06-23	2	03단	六月中旬局線の動き/十二萬六千屯
153708	朝鮮朝日	1928-06-23	2	03단	群山府廳舍新築が決定/階上は公會堂
153709	朝鮮朝日	1928-06-23	2	03단	京城の勞銀鮮銀の調査
153710	朝鮮朝日	1928-06-23	2	04단	鳳山郡春蠶成績
153711	朝鮮朝日	1928-06-23	2	04단	淸津浦潮視察團
153712	朝鮮朝日	1928-06-23	2	04단	珠算進級試驗
153713	朝鮮朝日	1928-06-23	2	04단	神仙爐
153714	朝鮮朝日	1928-06-24	1	01단	內鮮の社會相(7)/本社專務法學博士下村宏
153715	朝鮮朝日	1928-06-24	1	01단	*議論もあったが兎も角も敎科書の値段は高すぎると全鮮公職者大會で認めらる/朝鮮の風俗に卽した敎材が殆ど忘れられてゐた 從來の敎科書を改める*
153716	朝鮮朝日	1928-06-24	1	01단	小範圍に限られた書堂の規則を改正して內容を完滿し普校の不足を補ふ
153717	朝鮮朝日	1928-06-24	1	03단	京釜間の電話一線を增說/更に五ヶ年計劃で鮮內の通信を完成
153718	朝鮮朝日	1928-06-24	1	03단	短歌/橋田東聲選
153719	朝鮮朝日	1928-06-24	1	04단	下級船員の給料引上/遞信局が發表
153720	朝鮮朝日	1928-06-24	1	04단	群山商議の役員が決定
153721	朝鮮朝日	1928-06-24	1	04단	*少年時代から非常な秀才 中江鎭で墜落慘死した百武榮次郎中尉/兩氏の葬儀 楚山で執行*
153722	朝鮮朝日	1928-06-24	1	05단	庭積机代物獻上の梨は出來榮え良好
153723	朝鮮朝日	1928-06-24	1	05단	大邱學院を同民會が援く
153724	朝鮮朝日	1928-06-24	1	06단	麗水上水道今秋に起工
153725	朝鮮朝日	1928-06-24	1	06단	瓦電の爭議圓滿に解決/雙方警察部長に一任す/犧牲者は出さぬ
153726	朝鮮朝日	1928-06-24	1	06단	新聞電報を無線も受付/七月一日から
153727	朝鮮朝日	1928-06-24	1	06단	物産陳列館新築記念に物産展覽會
153728	朝鮮朝日	1928-06-24	1	07단	海戀ふる人の訪れを待つ馬山
153729	朝鮮朝日	1928-06-24	1	07단	善行警察官二名を表彰
153730	朝鮮朝日	1928-06-24	1	07단	死んだ人が三百人生死不明の者が百七十人にも達する/昨年中の海難事故
153731	朝鮮朝日	1928-06-24	1	07단	瑞鳳丸の引卸は困難/大潮を待つか
153732	朝鮮朝日	1928-06-24	1	08단	慰問袋/非常な好況

일련번호	판명	간행일	면	단수	기사명
153733	朝鮮朝日	1928-06-24	1	08단	安ずるより産むが易い國農沼の挿秧
153734	朝鮮朝日	1928-06-24	1	08단	生徒が折れ養正の盟休漸く解決す
153735	朝鮮朝日	1928-06-24	1	09단	第一回全鮮中等校陸上競技の爭覇八月五日京城で擧行
153736	朝鮮朝日	1928-06-24	1	09단	慶南道屬が公金を費消免職となる
153737	朝鮮朝日	1928-06-24	1	09단	元龍山署員モヒ密賣の控訴公判開廷
153738	朝鮮朝日	1928-06-24	1	10단	陸上競技練習會
153739	朝鮮朝日	1928-06-24	1	10단	大邱プール開設
153740	朝鮮朝日	1928-06-24	1	10단	羅中軍敗る
153741	朝鮮朝日	1928-06-24	1	10단	人(富永文一氏(朝鮮總督府警務局保安課長)/松田貞次郎氏(三菱兼二浦製鐵所長)/龜割安藏代議士/大西良慶氏(淸水寺住持))
153742	朝鮮朝日	1928-06-24	1	10단	半島茶話
153743	朝鮮朝日	1928-06-24	2	01단	埠頭に立ちて(三)/釜山青い鳥
153744	朝鮮朝日	1928-06-24	2	01단	財源造成のために慶北が目論んだ自動車會社の設立は民間會社を解散させて合併/道の支出は二萬圓
153745	朝鮮朝日	1928-06-24	2	01단	雫の聲
153746	朝鮮朝日	1928-06-24	2	02단	南朝鮮鐵の事業計劃調査を終る
153747	朝鮮朝日	1928-06-24	2	02단	外米の輸入非常に減少
153748	朝鮮朝日	1928-06-24	2	02단	木浦光州間列車增發を木浦が要望
153749	朝鮮朝日	1928-06-24	2	02단	仕事がなくて無聊に困る/操棉檢査所
153750	朝鮮朝日	1928-06-24	2	02단	扇風機の貸付な千台近くに上る/電氣料は一時間でやっと五厘といふ安さ
153751	朝鮮朝日	1928-06-24	2	03단	六月中旬の木材の輸送一萬一千噸
153752	朝鮮朝日	1928-06-24	2	03단	十萬圓を漁獲の見込鬱陵島の鯖
153753	朝鮮朝日	1928-06-24	2	03단	東京の商人が商品を携帶/京城で見本市
153754	朝鮮朝日	1928-06-24	2	03단	寧邊勸鼈院保存禊總會
153755	朝鮮朝日	1928-06-24	2	04단	旱魃と高潮で稲作は全滅舍人面地方
153756	朝鮮朝日	1928-06-24	2	04단	神仙爐
153757	朝鮮朝日	1928-06-26	1	01단	內鮮の社會相(8)/本社專務法學博士下村宏
153758	朝鮮朝日	1928-06-26	1	01단	蔚山、京城、新義州に無線局を設け飛行機との連絡をはかる/明年の豫算に計上
153759	朝鮮朝日	1928-06-26	1	01단	釜山北濱貿易棧橋七月に着工
153760	朝鮮朝日	1928-06-26	1	01단	新義州の高女問題は目鼻がつかぬ
153761	朝鮮朝日	1928-06-26	1	01단	吉會線の豫定變更に淸津が大反對
153762	朝鮮朝日	1928-06-26	1	02단	下村專務間島を視察琿春に向ふ
153763	朝鮮朝日	1928-06-26	1	02단	手形の取立を金組に依賴 集金郵便よりも好成績 理事長が殖銀と協議/和歌を殘して龍井を出發
153764	朝鮮朝日	1928-06-26	1	03단	軍用金を寄附に仰ぐ兵備充實運動
153765	朝鮮朝日	1928-06-26	1	04단	穩城渡船場交通が杜絶/支那側が發砲

일련번호	판명	간행일	면	단수	기사명
153766	朝鮮朝日	1928-06-26	1	04단	全北武德殿いよいよ建設
153767	朝鮮朝日	1928-06-26	1	04단	同仁水利の流域住民が移轉費を請求
153768	朝鮮朝日	1928-06-26	1	05단	國境畫報(八)/平壤一記者
153769	朝鮮朝日	1928-06-26	1	06단	世界一周の徒步旅行家竹下康國氏
153770	朝鮮朝日	1928-06-26	1	06단	運動と教養を主とし朝鮮少年を德育/下關に培養院を設置市當局へ贊助を求む
153771	朝鮮朝日	1928-06-26	1	06단	平野地方はまだ水不足/京畿道の稻作
153772	朝鮮朝日	1928-06-26	1	07단	百武、磯村兩氏の遺骨新義州到着
153773	朝鮮朝日	1928-06-26	1	07단	匿名の兵士義金を送る
153774	朝鮮朝日	1928-06-26	1	07단	豆腐の冷っこが一番にあぶない/口さへ注意してをれば傳染病は怖しくない
153775	朝鮮朝日	1928-06-26	1	07단	釜商の盟休形勢逆轉/首謀者を退校
153776	朝鮮朝日	1928-06-26	1	08단	半里の福の免疫の地帶國境に設く
153777	朝鮮朝日	1928-06-26	1	08단	殉職警官招魂祭
153778	朝鮮朝日	1928-06-26	1	08단	平北の痘瘡小康を保つ
153779	朝鮮朝日	1928-06-26	1	08단	靴下職工罷業/睨合を續く
153780	朝鮮朝日	1928-06-26	1	09단	養正の盟休全く解決す
153781	朝鮮朝日	1928-06-26	1	09단	オートバイ遠乘
153782	朝鮮朝日	1928-06-26	1	09단	全鮮競技會體育會主催
153783	朝鮮朝日	1928-06-26	1	09단	庭球爭霸戰李林組優勝
153784	朝鮮朝日	1928-06-26	1	09단	殖銀慶熙を降す
153785	朝鮮朝日	1928-06-26	1	10단	學校職員庭球會
153786	朝鮮朝日	1928-06-26	1	10단	水泳講習會
153787	朝鮮朝日	1928-06-26	1	10단	會(府郡財務主任會/守屋氏講演會/全州小學唱歌會)
153788	朝鮮朝日	1928-06-26	1	10단	人(池上總監/忠田兵造氏/松下全南警察部長/飯田巖氏(天鐵日本側總辦)/渡邊十九師團長/山崎大邱府尹/河谷靜夫氏(南鮮日報社長)/丸山鶴吉氏(元警務局長))
153789	朝鮮朝日	1928-06-26	1	10단	半島茶話
153790	朝鮮朝日	1928-06-26	2	01단	扇風機の扱ひ方/壽命をちゞめるな/大阪市電氣局電燈部技師小畑康郎(一、使用前の取扱ひ/二、使用上の注意)
153791	朝鮮朝日	1928-06-26	2	01단	時事鳥瞰/任期に脅かされ腰の据らぬ重役/大した仕事の出來さうもない鮮銀や東拓の現狀
153792	朝鮮朝日	1928-06-26	2	02단	雫の聲
153793	朝鮮朝日	1928-06-26	2	03단	若林大尉を映畫にする
153794	朝鮮朝日	1928-06-26	2	03단	おもしろい鮎の瀨釣/大阪釣の會奧田貞子氏談
153795	朝鮮朝日	1928-06-26	2	04단	埠頭に立ちて(四)/釜山靑い鳥
153796	朝鮮朝日	1928-06-26	2	04단	群山商議の特別評議員三氏の任命
153797	朝鮮朝日	1928-06-26	2	04단	經濟協會の組織を改め名前も變更
153798	朝鮮朝日	1928-06-26	2	05단	忠南牙山の道高水組は近く着工

일련번호	판명	간행일	면	단수	기사명
153799	朝鮮朝日	1928-06-26	2	05단	忠南農家の肥料の購入四十萬圓
153800	朝鮮朝日	1928-06-26	2	05단	地方改良視察團
153801	朝鮮朝日	1928-06-26	2	06단	全北の春繭出廻が多い
153802	朝鮮朝日	1928-06-26	2	06단	昨年中の酒の密造量一萬石に上る
153803	朝鮮朝日	1928-06-26	2	07단	六月中旬鐵道局業績前年より良好
153804	朝鮮朝日	1928-06-26	2	07단	神仙爐
153805	朝鮮朝日	1928-06-27	1	01단	內鮮の社會相(９)/本社專務法學博士下村宏
153806	朝鮮朝日	1928-06-27	1	01단	可なり大がゝりに警察官を增員して思想問題を取締る/京畿平南北に特高課新設(高等警察の充實/警務局囑託新置/思想專門の檢事)
153807	朝鮮朝日	1928-06-27	1	01단	派遣軍に對する支那の逆宣傳/我が軍謝罪を要求/輯安縣知事は引責轉出か
153808	朝鮮朝日	1928-06-27	1	01단	釜山府の漁港の設置設計を依囑
153809	朝鮮朝日	1928-06-27	1	02단	群山無線局設置に決定
153810	朝鮮朝日	1928-06-27	1	02단	鐵條網を張り嚴重に警戒/鷄冠山附屬地
153811	朝鮮朝日	1928-06-27	1	03단	煙草の免稅地を宣川以南に縮小/二、三時間の汽車旅行に百本の煙草は多すぎる
153812	朝鮮朝日	1928-06-27	1	03단	韓邸の一夜/楚人冠
153813	朝鮮朝日	1928-06-27	1	04단	教育講習會/慶北各地で
153814	朝鮮朝日	1928-06-27	1	04단	九十五歲が一番の高齡 京城の調査/慶北も調査 最高は百九歲
153815	朝鮮朝日	1928-06-27	1	05단	中等學生の風紀が最近著しく頹廢/校長會議の問題となる今後嚴重に取締る
153816	朝鮮朝日	1928-06-27	1	06단	昭和館活動/精神講話其他
153817	朝鮮朝日	1928-06-27	1	07단	平壤女高普研究部成績ますます良好
153818	朝鮮朝日	1928-06-27	1	07단	安寧水組に絡まる不正事件が暴露す/東拓社員が請負人と結託し多額の收賄をなす
153819	朝鮮朝日	1928-06-27	1	07단	俳句/鈴木花蓑選
153820	朝鮮朝日	1928-06-27	1	08단	平壤博物館評議
153821	朝鮮朝日	1928-06-27	1	08단	兇暴な不逞漢李壽興の公判
153822	朝鮮朝日	1928-06-27	1	09단	釜山二商の盟休ますます惡化し首謀者が要所に頑ばり登校生徒を阻止す
153823	朝鮮朝日	1928-06-27	1	09단	牡丹臺野話
153824	朝鮮朝日	1928-06-27	1	09단	龍山鐵軍惜敗す
153825	朝鮮朝日	1928-06-27	1	10단	京電平鐵に勝つ
153826	朝鮮朝日	1928-06-27	1	10단	平北道武道試合
153827	朝鮮朝日	1928-06-27	1	10단	平壤の東京相撲
153828	朝鮮朝日	1928-06-27	1	10단	會(光州郡面長會議)
153829	朝鮮朝日	1928-06-27	1	10단	人(石鎭衡氏(全南道知事)/岡崎哲郎氏(全南內務部長)/平

일련번호	판명	간행일	면	단수	기사명
153829	朝鮮朝日	1928-06-27	1	10단	北視察團一行/松井民次郎氏(平南商議會頭))
153830	朝鮮朝日	1928-06-27	2	01단	半島茶話
153831	朝鮮朝日	1928-06-27	2	01단	不安の域を脱した各道の揷秧/現在の完了地六十五萬町歩/昨年總反別の四割一歩
153832	朝鮮朝日	1928-06-27	2	01단	三長管內警察官宿舍一萬圓で新築
153833	朝鮮朝日	1928-06-27	2	01단	普通學校の補習科設置近く認可か
153834	朝鮮朝日	1928-06-27	2	01단	城大夏季講習會金剛山小學で
153835	朝鮮朝日	1928-06-27	2	01단	朝鮮人の爲に內地語を教授
153836	朝鮮朝日	1928-06-27	2	02단	靑い鳥は歌ふ(一)/ひでまる生
153837	朝鮮朝日	1928-06-27	2	02단	群山の人口擴張で增加
153838	朝鮮朝日	1928-06-27	2	02단	胸像贈呈式二十四日擧行
153839	朝鮮朝日	1928-06-27	2	02단	雫の聲
153840	朝鮮朝日	1928-06-27	2	02단	平每社演奏會
153841	朝鮮朝日	1928-06-27	2	02단	朝鮮鐵道が海州附近の測量を開始
153842	朝鮮朝日	1928-06-27	2	03단	棉作改良楔好成績を收む
153843	朝鮮朝日	1928-06-27	2	03단	燐酸肥料の消費が增加
153844	朝鮮朝日	1928-06-27	2	03단	御難つゞきの朝鮮冷藏庫殖銀が手放す
153845	朝鮮朝日	1928-06-27	2	04단	畜牛の生飼全南が獎勵
153846	朝鮮朝日	1928-06-27	2	04단	谷城水利起工
153847	朝鮮朝日	1928-06-27	2	04단	鯖群の襲來/統營沖合に
153848	朝鮮朝日	1928-06-27	2	04단	官鹽の收穫昨年より增加
153849	朝鮮朝日	1928-06-27	2	04단	京城の物價
153850	朝鮮朝日	1928-06-27	2	04단	京城商議評議會
153851	朝鮮朝日	1928-06-27	2	04단	煙草耕作者表彰
153852	朝鮮朝日	1928-06-27	2	04단	京城手形交換高
153853	朝鮮朝日	1928-06-28	2	04단	京城社會館落成
153854	朝鮮朝日	1928-06-28	1	01단	內鮮の社會相(１０)/本社專務法學博士下村宏
153855	朝鮮朝日	1928-06-28	1	01단	二十六日の豪雨で九州一圓の大洪水/福岡、熊本、佐賀の三縣は慘害ことに甚し(福岡縣/佐賀縣/大分縣/熊本縣)
153856	朝鮮朝日	1928-06-28	1	03단	盟休事件の對應策/視學官が協議
153857	朝鮮朝日	1928-06-28	1	04단	慶北道內の御大典記念事業の數々
153858	朝鮮朝日	1928-06-28	1	04단	咸南郡守會議
153859	朝鮮朝日	1928-06-28	1	04단	國境警備の要諦を具し中江鎭が陳情
153860	朝鮮朝日	1928-06-28	1	05단	工業者會員京城附近の工場を視察
153861	朝鮮朝日	1928-06-28	1	05단	「北鮮の將來」下村專務講演
153862	朝鮮朝日	1928-06-28	1	05단	馬賊討伐隊の引揚げを延期/我が軍を侮辱した支那側が謝罪を拒絶
153863	朝鮮朝日	1928-06-28	1	05단	紛糾續きの普賢寺住持一日に選擧
153864	朝鮮朝日	1928-06-28	1	05단	警官五十名が出動 阻止學生を檢束 戰々競々たる登校生

일련번호	판명	간행일	면	단수	기사명
153864	朝鮮朝日	1928-06-28	1	05단	*釜山二校の盟休惡化/東萊高普もいさゝか動搖*
153865	朝鮮朝日	1928-06-28	1	06단	出動飛行隊全部歸還す
153866	朝鮮朝日	1928-06-28	1	07단	京城の赤痢昨年より倍加
153867	朝鮮朝日	1928-06-28	1	08단	通院堡に馬賊が襲來安東署員出動
153868	朝鮮朝日	1928-06-28	1	08단	短歌/橋田東聲選
153869	朝鮮朝日	1928-06-28	1	08단	慶北の武道大會
153870	朝鮮朝日	1928-06-28	1	08단	*灌漑水に苦しむ三百名の農民 安寧水組事務所に殺到し救濟を迫って暴行/日照り地獄 黃海の一帶*
153871	朝鮮朝日	1928-06-28	1	09단	龜井の收賄は巨額に達す/セメント會社にも强要し拒絶されたこと判明
153872	朝鮮朝日	1928-06-28	1	09단	大邱水泳競技會
153873	朝鮮朝日	1928-06-28	1	09단	南浦の東京相撲
153874	朝鮮朝日	1928-06-28	1	09단	會(平南機業講習會/初等敎員講習會)
153875	朝鮮朝日	1928-06-28	1	10단	人(金谷司令官/凌曼壽氏(中華民國朝鮮總領事館副領事))
153876	朝鮮朝日	1928-06-28	1	10단	牡丹臺野話
153877	朝鮮朝日	1928-06-28	1	10단	半島茶話
153878	朝鮮朝日	1928-06-28	2	01단	百萬圓の釜山府債目出度く手打/引受主は千代田生命二十年賦で六分九厘
153879	朝鮮朝日	1928-06-28	2	01단	産米低資東拓殖銀が社債で引受
153880	朝鮮朝日	1928-06-28	2	01단	台滿鮮の定期就航船鎭南浦に入港
153881	朝鮮朝日	1928-06-28	2	01단	手持を抱へて窮迫に喘ぐ慶南繩叺會社
153882	朝鮮朝日	1928-06-28	2	01단	二割五分の値下で解決仁川の艀賃
153883	朝鮮朝日	1928-06-28	2	01단	靑い鳥は歌ふ(二)/ひでまる生
153884	朝鮮朝日	1928-06-28	2	02단	洋灰の品薄で高値に惱む鮮內建築界
153885	朝鮮朝日	1928-06-28	2	02단	雫の聲
153886	朝鮮朝日	1928-06-28	2	02단	共榮自動車料金を値下/國鐵と競爭
153887	朝鮮朝日	1928-06-28	2	03단	沙里院面電料金値下/漸く問題化す
153888	朝鮮朝日	1928-06-28	2	03단	ゼンマイ織咸南で試驗
153889	朝鮮朝日	1928-06-28	2	03단	米穀資金の需要減退で貸出高激減
153890	朝鮮朝日	1928-06-28	2	04단	慶北安東の銅鑛は有望/銀含有も多い
153891	朝鮮朝日	1928-06-28	2	04단	五割を終へた慶北の挿秧稻苗は健全
153892	朝鮮朝日	1928-06-28	2	04단	京城穀信無配
153893	朝鮮朝日	1928-06-28	2	04단	神仙爐
153894	朝鮮朝日	1928-06-29	1	01단	內鮮の社會相(１１)/本社專務法學博士下村宏
153895	朝鮮朝日	1928-06-29	1	01단	貧農のみじめさは氣の毒で堪らない/舍音の橫暴は取締る/中鮮を視た池上總監は語る
153896	朝鮮朝日	1928-06-29	1	01단	初等學校充實具體案作成/第一回審議會開かる
153897	朝鮮朝日	1928-06-29	1	02단	自動車稅引上/慶北が決意
153898	朝鮮朝日	1928-06-29	1	02단	*家族あての遺書を常に用意してゐた百武、磯村の兩將*

일련번호	판명	간행일	면	단수	기사명
153898	朝鮮朝日	1928-06-29	1	02단	校/殉職將校陸軍葬二十八日執行/遭難狀況を遺族に語る
153899	朝鮮朝日	1928-06-29	1	03단	俳句/鈴木花蓑選
153900	朝鮮朝日	1928-06-29	1	03단	視學を增し改善を圖る平南教育界
153901	朝鮮朝日	1928-06-29	1	04단	警官隊も村民も緊張して對峙/用水路を絶たれた黃海西鐘民の憤激
153902	朝鮮朝日	1928-06-29	1	05단	海州電氣が料金を値下
153903	朝鮮朝日	1928-06-29	1	05단	京畿道郡守會議
153904	朝鮮朝日	1928-06-29	1	05단	石全南知事盲腸炎で卒倒
153905	朝鮮朝日	1928-06-29	1	06단	臨時靑年訓練所
153906	朝鮮朝日	1928-06-29	1	06단	登校生が當分家庭で謹愼 五年生は全部歸鄕/光州高普が二十六日盟休/農校生も盟休
153907	朝鮮朝日	1928-06-29	1	07단	世界一周の無錢旅行家釜山に上陸
153908	朝鮮朝日	1928-06-29	1	07단	大阪朝日新聞大講演會
153909	朝鮮朝日	1928-06-29	1	08단	船積の火藥三十貫が紛失
153910	朝鮮朝日	1928-06-29	1	08단	死刑と聞き淋しい笑を洩らす/巡査を狙擊負傷させた不逞李壽興の公判
153911	朝鮮朝日	1928-06-29	1	08단	牡丹臺野話
153912	朝鮮朝日	1928-06-29	1	09단	パンの素野間夫人が研究
153913	朝鮮朝日	1928-06-29	1	09단	安東滿俱勝つ
153914	朝鮮朝日	1928-06-29	1	10단	公金橫領の小使を逮捕
153915	朝鮮朝日	1928-06-29	1	10단	會(河野警察部長招宴/小學校聯合研究會/守屋榮夫氏講演會)
153916	朝鮮朝日	1928-06-29	1	10단	人(下村專務/內田眞吾氏(本社通信部次長)/伊藤仁太郎氏(代議士)/飯沼龍遠氏(台北帝大教授)/平野宗三郎氏(釜山實業家)/渡邊全北知事/石鎭衡氏(全南知事)/大竹勇氏(台灣稅關長)/林茂樹氏(鐵道局經理課長))
153917	朝鮮朝日	1928-06-29	1	10단	半島茶話
153918	朝鮮朝日	1928-06-29	2	01단	飛行機を利用して魚群を發見したい朝鮮水産會の計劃/蔚山の遞信局飛行場を利用
153919	朝鮮朝日	1928-06-29	2	01단	普通學校指導生に産業資金の貸付/學校を通じ實習田を交付/更に耕牛資金も貸與
153920	朝鮮朝日	1928-06-29	2	01단	共榮自動車愈よ成立/役員も決定
153921	朝鮮朝日	1928-06-29	2	01단	大邱の工事は土着の者に入札させてくれ
153922	朝鮮朝日	1928-06-29	2	01단	元山電氣の區域擴張許される
153923	朝鮮朝日	1928-06-29	2	02단	雫の聲
153924	朝鮮朝日	1928-06-29	2	02단	元山繫船岸壁延長問題で有志が上城
153925	朝鮮朝日	1928-06-29	2	02단	靑い鳥は歌ふ(三)/ひでまる生
153926	朝鮮朝日	1928-06-29	2	03단	慶北の插秧來月に終了
153927	朝鮮朝日	1928-06-29	2	03단	聲價を擧げた海老と白魚冷藏庫の成功

일련번호	판명	간행일	면	단수	기사명
153928	朝鮮朝日	1928-06-29	2	03단	滿洲粟輸入例になく增加
153929	朝鮮朝日	1928-06-29	2	04단	慶東線送迎會
153930	朝鮮朝日	1928-06-29	2	04단	全鮮郵貯受拂高
153931	朝鮮朝日	1928-06-29	2	04단	神仙爐
153932	朝鮮朝日	1928-06-30	1	01단	內鮮の社會相(１２)/本社專務法學博士下村宏
153933	朝鮮朝日	1928-06-30	1	01단	總督府案の骨子には大體に贊意を表す/教育審議會の意見三時間に互って熱心に討議
153934	朝鮮朝日	1928-06-30	1	01단	勤勞を好愛する精神を涵養し素質の向上を圖らん教育審議會で總監の挨拶
153935	朝鮮朝日	1928-06-30	1	01단	教育總會に平北の出席者
153936	朝鮮朝日	1928-06-30	1	02단	搬送式の多重通信を京城平壤間に試驗
153937	朝鮮朝日	1928-06-30	1	02단	電氣會社の强慾を痛烈に攻擊/動力料金の値下を可決賑った工業者大會
153938	朝鮮朝日	1928-06-30	1	03단	釜山府が學堂を調査/補助の計劃
153939	朝鮮朝日	1928-06-30	1	04단	群山二普校府外に新設
153940	朝鮮朝日	1928-06-30	1	04단	布教方針を米宣教師協議
153941	朝鮮朝日	1928-06-30	1	04단	下村杉村兩氏動靜
153942	朝鮮朝日	1928-06-30	1	05단	大邱小學の林間學校七月末から
153943	朝鮮朝日	1928-06-30	1	05단	學校の意外な强硬な態度に甘く見た生徒たちが驚いて復校を陳情/退學者總數百五十八名
153944	朝鮮朝日	1928-06-30	1	05단	短歌/橋田東聲選
153945	朝鮮朝日	1928-06-30	1	06단	試驗官も驚く成績の惡い齒科醫試驗
153946	朝鮮朝日	1928-06-30	1	06단	パイプオルガンD局が中繼放送
153947	朝鮮朝日	1928-06-30	1	06단	斷髮の勵行は自覺に竣つ
153948	朝鮮朝日	1928-06-30	1	06단	不良少年收容所設置計劃が進捗
153949	朝鮮朝日	1928-06-30	1	07단	李壽興の公判/押よせた傍聽人の群れ
153950	朝鮮朝日	1928-06-30	1	07단	佛國寺旅館鐵道局に寄附
153951	朝鮮朝日	1928-06-30	1	07단	安東陸上競技會
153952	朝鮮朝日	1928-06-30	1	07단	咸興公設運動場
153953	朝鮮朝日	1928-06-30	1	08단	亂暴を働いた西鐘面民八十名を檢擧/農民を返せ 面民が押寄す
153954	朝鮮朝日	1928-06-30	1	08단	酒に醉って工夫が暴行
153955	朝鮮朝日	1928-06-30	1	08단	大阪朝日新聞大講演會
153956	朝鮮朝日	1928-06-30	1	09단	控訴して却って重い布川等の判決
153957	朝鮮朝日	1928-06-30	1	10단	人(藤田敬二氏(東京鐵道官房研究所技師)/凌曼壽氏(京城駐在支那副領事)/迫間房太郎氏(釜山實業家)/迫間一男氏/守尾榮夫氏(代議士)/恩田銅吉氏(朝郵社長))
153958	朝鮮朝日	1928-06-30	1	10단	半島茶話
153959	朝鮮朝日	1928-06-30	2	01단	靑い鳥は歌ふ(五)/ひでまる生

일련번호	판명	간행일	면	단수	기사명
153960	朝鮮朝日	1928-06-30	2	01단	鮮航會と辰馬の運賃協定が纏る 近く新運賃を實施/何時まで保つか裏面から崩れるさ荷主側はかく觀る
153961	朝鮮朝日	1928-06-30	2	01단	沿海州錬の買出は旅券の查證が嚴重になった結果年々に減少の有樣
153962	朝鮮朝日	1928-06-30	2	01단	平安漁業エビ漁場の區域を變更
153963	朝鮮朝日	1928-06-30	2	01단	副業資金を平南が融通
153964	朝鮮朝日	1928-06-30	2	02단	間島の農作東拓への報告
153965	朝鮮朝日	1928-06-30	2	02단	昌原銅山の鑛毒事件殖産局が調査
153966	朝鮮朝日	1928-06-30	2	03단	日魯漁業株京取上場が漸く具體化す
153967	朝鮮朝日	1928-06-30	2	03단	平北の繭値昨年より高い
153968	朝鮮朝日	1928-06-30	2	03단	副業を獎勵して火田民を救濟/桑樹や楮の栽培を平北道が將勵する
153969	朝鮮朝日	1928-06-30	2	04단	堆肥增産共進會
153970	朝鮮朝日	1928-06-30	2	04단	舊馬山金組朝鮮側役員連袂辭職す
153971	朝鮮朝日	1928-06-30	2	04단	松毛蟲の强敵姫蜂の養殖/平南が計劃
153972	朝鮮朝日	1928-06-30	2	04단	太閤堀の船舶航行を工事中禁止
153973	朝鮮朝日	1928-06-30	2	04단	咸南道內の御大典記念事業の計劃

1928년 7월 (조선아사히)

일련번호	판명		간행일	면	단수	기사명
153974	朝鮮朝日	南鮮版	1928-07-01	1	01단	內鮮の社會相(完)/本社專務法學博士下村宏
153975	朝鮮朝日	南鮮版	1928-07-01	1	01단	朝鮮統治の上に良き影響を齎す/朝鮮朝日の二版制を喜び池上總監書を寄す(朝鮮朝日二版制を祝した池上總監の寄書)
153976	朝鮮朝日	南鮮版	1928-07-01	1	01단	旱魃で沙防工事が大打擊を蒙る沙原の芝草がつかぬ現在の處は五百町步も駄目
153977	朝鮮朝日	南鮮版	1928-07-01	1	01단	高等警察課慶南が新築
153978	朝鮮朝日	南鮮版	1928-07-01	1	02단	慈雨を喜び知事が田植
153979	朝鮮朝日	南鮮版	1928-07-01	1	03단	峽川農補校認可
153980	朝鮮朝日	南鮮版	1928-07-01	1	03단	安寧水組を對手どり西鐘民が訴訟
153981	朝鮮朝日	南鮮版	1928-07-01	1	03단	本紙の二版制は民衆の歡迎を博するものと余は確信する/山梨總督は語る
153982	朝鮮朝日	南鮮版	1928-07-01	1	04단	短歌/橋田東聲選
153983	朝鮮朝日	南鮮版	1928-07-01	1	04단	光州高普の盟休を憂ひ父兄が協議
153984	朝鮮朝日	南鮮版	1928-07-01	1	05단	人まち顔の松島海水浴場
153985	朝鮮朝日	南鮮版	1928-07-01	1	05단	總裁の賞與棒引？まだ何も聞かぬ龜井の事件は遺憾にたへぬ/澤田東拓理事語る
153986	朝鮮朝日	南鮮版	1928-07-01	1	07단	元山(一)/楚
153987	朝鮮朝日	南鮮版	1928-07-01	1	07단	復校の陳情に對したゞお氣の毒と取りあはぬ釜山二商/たゞ捨鉢的行動を警戒
153988	朝鮮朝日	南鮮版	1928-07-01	1	07단	海上で搭鬪し殺されたか出漁のまゝ歸らぬ
153989	朝鮮朝日	南鮮版	1928-07-01	1	07단	愛婦と赤十字巡回診療を各地に派遣
153990	朝鮮朝日	南鮮版	1928-07-01	1	07단	靑年修養團大邱が設立
153991	朝鮮朝日	南鮮版	1928-07-01	1	07단	靑い鳥は歌ふ(六)/ひでまる生
153992	朝鮮朝日	南鮮版	1928-07-01	1	08단	朝鮮在籍の般舶と船員
153993	朝鮮朝日	南鮮版	1928-07-01	1	08단	親日家の故で幾度か爆彈を見舞はれた李址鎔伯二十九日自邸で逝く
153994	朝鮮朝日	南鮮版	1928-07-01	1	09단	京城府內の傳染病弗々と發生
153995	朝鮮朝日	南鮮版	1928-07-01	1	09단	全北武德殿起工
153996	朝鮮朝日	南鮮版	1928-07-01	1	10단	人(澤田東拓理事/申錫麟氏(忠南知事)/東京商品展示會員/野口遵氏(目窒專務)/細井亥之助氏(全南財務部長))
153997	朝鮮朝日	南鮮版	1928-07-01	1	10단	半島茶話
153998	朝鮮朝日	西北・南鮮版	1928-07-01	2	01단	擔保付貸付を農民は喜ばぬ/肥料購入の資金は東拓のは消化されぬ
153999	朝鮮朝日	西北・南鮮版	1928-07-01	2	01단	現在の料金は決して高くない/工業者大會の決議に對し京城電氣見目氏は語る
154000	朝鮮朝日	西北・南鮮版	1928-07-01	2	01단	雫の聲
154001	朝鮮朝日	西北・南鮮版	1928-07-01	2	01단	平北道の小農低資十三萬七千圓

일련번호	판명		간행일	면	단수	기사명
154002	朝鮮朝日	西北・南鮮版	1928-07-01	2	02단	取引所發令群山が要望
154003	朝鮮朝日	西北・南鮮版	1928-07-01	2	02단	全鮮の挿秧狀況可なり順調
154004	朝鮮朝日	西北・南鮮版	1928-07-01	2	02단	慶東線買收/一日に調印
154005	朝鮮朝日	西北・南鮮版	1928-07-01	2	03단	繩叺拔賣の取締は困難/慶南當局の肚
154006	朝鮮朝日	西北・南鮮版	1928-07-01	2	03단	方魚津に稚鮑を放養/增殖を圖る
154007	朝鮮朝日	西北・南鮮版	1928-07-01	2	03단	紫雲英を逆に內地へ全南が移出
154008	朝鮮朝日	西北・南鮮版	1928-07-01	2	04단	安東縣の棉布界/活氣を帶ぶ
154009	朝鮮朝日	西北・南鮮版	1928-07-01	2	04단	東拓支店新築
154010	朝鮮朝日	西北・南鮮版	1928-07-01	2	04단	浮世草
154011	朝鮮朝日	西北版	1928-07-03	1	01단	朴泳孝侯を訪れ/歡談を交へた下村、杉村兩氏
154012	朝鮮朝日	西北版	1928-07-03	1	01단	總督の要求を容れ獨立守備隊を設置/兵數は約六ヶ大隊/二大隊づゝで三ヶ年で完了
154013	朝鮮朝日	西北版	1928-07-03	1	01단	支那側が正式に我が軍に謝罪/安東領事立會の上で曖昧な點を訂正させる
154014	朝鮮朝日	西北版	1928-07-03	1	01단	噂以上の進步は無い/浦潮視察團廿六日歸着
154015	朝鮮朝日	西北版	1928-07-03	1	02단	咸南漁組の本年借入金二十六萬圓
154016	朝鮮朝日	西北版	1928-07-03	1	02단	延び延びになった教育會の總會いよいよ開會に決定/出席會員は三百名
154017	朝鮮朝日	西北版	1928-07-03	1	03단	御禮
154018	朝鮮朝日	西北版	1928-07-03	1	03단	飛行郵便の料金制定/遞信局が研究
154019	朝鮮朝日	西北版	1928-07-03	1	04단	榮ある甲子園大會に駒を進むるは何校 全日本中等學校の野球大會 朝鮮豫選愈よ迫る/培材も參加
154020	朝鮮朝日	西北版	1928-07-03	1	04단	在滿の朝鮮人は我が軍の保護に/信賴して動搖せず危險地の者は奉天に避難
154021	朝鮮朝日	西北版	1928-07-03	1	04단	牡丹臺野話
154022	朝鮮朝日	西北版	1928-07-03	1	04단	面電移讓を協議
154023	朝鮮朝日	西北版	1928-07-03	1	05단	新興洪原間道路の新設/三郡民が要望
154024	朝鮮朝日	西北版	1928-07-03	1	05단	亡夫の殘した形見の寫眞機を唯一の賴りとして子供を育て行きたい/悲しい寫眞帳磯村中尉の記念
154025	朝鮮朝日	西北版	1928-07-03	1	05단	實際にあった話/世をめぐる愛慾悲戀の曲(一)/京城一記者
154026	朝鮮朝日	西北版	1928-07-03	1	06단	平壤測候所/無線を受信
154027	朝鮮朝日	西北版	1928-07-03	1	06단	獨立記念祭/米國領事館
154028	朝鮮朝日	西北版	1928-07-03	1	06단	輸出フキルム安東で檢査
154029	朝鮮朝日	西北版	1928-07-03	1	06단	茂山道路の修築
154030	朝鮮朝日	西北版	1928-07-03	1	07단	元山(二)/楚

일련번호	판명		간행일	면	단수	기사명
154031	朝鮮朝日	西北版	1928-07-03	1	07단	劍を奪ひ毆り蹴る西鐘面民の亂暴/涙を呑んで彼等の爲すまゝに任せた警察側
154032	朝鮮朝日	西北版	1928-07-03	1	09단	濕地に溜る泥水を唯一の飲料に黄海載寧附近の早魃/老人も子供も水を探し廻る
154033	朝鮮朝日	西北版	1928-07-03	1	09단	納凉マーケット
154034	朝鮮朝日	西北版	1928-07-03	1	09단	電動時報機平壤で据付
154035	朝鮮朝日	西北版	1928-07-03	1	09단	貨車が脱線/人夫が負傷
154036	朝鮮朝日	西北版	1928-07-03	1	09단	自動車を寄贈
154037	朝鮮朝日	西北版	1928-07-03	1	10단	兩帝大生が水利組合で實習を行ふ
154038	朝鮮朝日	西北版	1928-07-03	1	10단	十三萬人の患者を出すマラリヤ
154039	朝鮮朝日	西北版	1928-07-03	1	10단	清津刑務所の囚人が脱走/二日の拂曉に
154040	朝鮮朝日	西北版	1928-07-03	1	10단	事件は古創龜井氏は釋放
154041	朝鮮朝日	西北版	1928-07-03	1	10단	半島茶話
154042	朝鮮朝日	南鮮版	1928-07-03	1	01단	朴泳孝侯を訪れ/歡談を交へた下村、杉村兩氏
154043	朝鮮朝日	南鮮版	1928-07-03	1	01단	總督の要求を容れ獨立守備隊を設置/兵數は約六ヶ大隊/二大隊づゝで三ヶ年で完了
154044	朝鮮朝日	南鮮版	1928-07-03	1	01단	支那側が正式に我が軍に謝罪/安東領事立會の上で曖昧な點を訂正させる
154045	朝鮮朝日	南鮮版	1928-07-03	1	01단	どんな土産を府尹が齎すか/釜山の道路と下水溝改修四十萬圓の國庫補助
154046	朝鮮朝日	南鮮版	1928-07-03	1	01단	忠北郡守會議
154047	朝鮮朝日	南鮮版	1928-07-03	1	02단	職業紹介所に補助を支給/建築費にも
154048	朝鮮朝日	南鮮版	1928-07-03	1	03단	御禮
154049	朝鮮朝日	南鮮版	1928-07-03	1	03단	飛行郵便の料金制定/遞信局が研究
154050	朝鮮朝日	南鮮版	1928-07-03	1	03단	實際にあった話/世をめぐる愛慾悲戀の曲(一)/京城一記者
154051	朝鮮朝日	南鮮版	1928-07-03	1	04단	延び延びになった教育會の總會いよいよ開會に決定/出席會員は三百名
154052	朝鮮朝日	南鮮版	1928-07-03	1	04단	雨期を前にし避難の準備に萬全を期す龍山住民
154053	朝鮮朝日	南鮮版	1928-07-03	1	04단	獨立記念祭/米國領事館
154054	朝鮮朝日	南鮮版	1928-07-03	1	05단	煙草苗移植殆ど終了す
154055	朝鮮朝日	南鮮版	1928-07-03	1	05단	市民の半は借家の住居/大田の調査
154056	朝鮮朝日	南鮮版	1928-07-03	1	05단	榮ある甲子園大會に駒を進むるは何校 全日本中等學校の野球大會 朝鮮豫選愈よ迫る/培材も參加
154057	朝鮮朝日	南鮮版	1928-07-03	1	06단	青い鳥は歌ふ(七)/ひでまる生
154058	朝鮮朝日	南鮮版	1928-07-03	1	06단	元山(二)/楚

일련번호	판명		간행일	면	단수	기사명
154059	朝鮮朝日	南鮮版	1928-07-03	1	06단	學童作品展/全州高普で
154060	朝鮮朝日	南鮮版	1928-07-03	1	07단	昌慶丸入渠/二週間の豫定
154061	朝鮮朝日	南鮮版	1928-07-03	1	07단	全南高齡者最高百十歲
154062	朝鮮朝日	南鮮版	1928-07-03	1	07단	在滿の朝鮮人は我が軍の保護に/信賴して動搖せず危險地の者は奉天に避難
154063	朝鮮朝日	南鮮版	1928-07-03	1	08단	防疫網/慶北の試み
154064	朝鮮朝日	南鮮版	1928-07-03	1	08단	東拓釜山支店二十萬圓で着工
154065	朝鮮朝日	南鮮版	1928-07-03	1	08단	慶南道が一千餘名に定期の昇給
154066	朝鮮朝日	南鮮版	1928-07-03	1	09단	瀕死の漁船軍艦に救はる
154067	朝鮮朝日	南鮮版	1928-07-03	1	09단	檻を破った大熊/貨車內で暴れ廻り驛夫が腕を咬まる
154068	朝鮮朝日	南鮮版	1928-07-03	1	09단	全州農校生盟休を企つ/當局は强硬
154069	朝鮮朝日	南鮮版	1928-07-03	1	09단	子供の喧譁に親が出て毆打して殺す
154070	朝鮮朝日	南鮮版	1928-07-03	1	10단	事件は古きず龜井氏は釋放
154071	朝鮮朝日	南鮮版	1928-07-03	1	10단	釜山の火事
154072	朝鮮朝日	南鮮版	1928-07-03	1	10단	釜中快勝す/十對三釜一商敗る
154073	朝鮮朝日	南鮮版	1928-07-03	1	10단	木浦陸上競技會
154074	朝鮮朝日	南鮮版	1928-07-03	1	10단	會(全北財務主任會/木浦圍碁大會)
154075	朝鮮朝日	南鮮版	1928-07-03	1	10단	人(田中萬逸代議士、木槲三四郎代議士、村松恒一郎代議士/岸本康通代議士/渡邊定一郎氏(京城會議所會頭)/美根五郎氏(全南學務課長)/木村寬藏氏(全南地方課長)/丸山鶴吉氏(元朝鮮警務局長)/城大史學科生)
154076	朝鮮朝日	南鮮版	1928-07-03	1	10단	半島茶話
154077	朝鮮朝日	西北・南鮮版	1928-07-03	2	01단	時事鳥瞰/內鮮融和の眞諦は民族的の相互愛/峻嚴な法律の運用を不要となすが窮極の理想
154078	朝鮮朝日	西北・南鮮版	1928-07-03	2	01단	時は移り世は變る/吾妻下駄の響きは踵の高い靴の音に代る本ブラのジャズバンド/車の立場が自動車を營業
154079	朝鮮朝日	西北・南鮮版	1928-07-03	2	01단	夏の乳兒衛生/醫學博士余田忠吾(親の病氣と乳兒/哺育者の注意/梅雨季と赤ん坊/食物と夏季/母の脚氣と乳兒)
154080	朝鮮朝日	西北・南鮮版	1928-07-03	2	04단	木炭の粉は解毒劑になる
154081	朝鮮朝日	西北・南鮮版	1928-07-03	2	04단	ハーモニカのベースを樂譜に現はし理想的な奏法に成功/牙川普通學校菊田辰三氏
154082	朝鮮朝日	西北・南鮮版	1928-07-03	2	04단	露國婦人が邦語で獨唱/喝采を博す
154083	朝鮮朝日	西北・南鮮版	1928-07-03	2	06단	煙草會社の淸算事務漸く解決す
154084	朝鮮朝日	西北・南鮮版	1928-07-03	2	06단	全鮮商議の書記長會議/新義州も出席

일련번호	판명		간행일	면	단수	기사명
154085	朝鮮朝日	西北·南鮮版	1928-07-03	2	06단	大邱の提案
154086	朝鮮朝日	西北·南鮮版	1928-07-03	2	06단	築港借入金を面債に振替九龍浦甘浦が
154087	朝鮮朝日	西北·南鮮版	1928-07-03	2	06단	木浦電社長更迭
154088	朝鮮朝日	西北·南鮮版	1928-07-03	2	06단	平北米に容量不足の批難が擡頭
154089	朝鮮朝日	西北·南鮮版	1928-07-03	2	07단	鯖の大豊漁咸北沖合で
154090	朝鮮朝日	西北·南鮮版	1928-07-03	2	07단	新刑紹介/司法警察の理論と實際內田達孝氏の著
154091	朝鮮朝日	西北·南鮮版	1928-07-03	2	07단	新刊紹介(『極東時報六月二十四日號』)
154092	朝鮮朝日	西北·南鮮版	1928-07-03	2	07단	浮世草
154093	朝鮮朝日	南鮮版	1928-07-04	1	01단	元山(四)/楚
154094	朝鮮朝日	南鮮版	1928-07-04	1	01단	鮮航會の妥協に辰馬汽船は應ぜぬ/今後も競爭激甚か/困るのは鮮航會の小船主
154095	朝鮮朝日	南鮮版	1928-07-04	1	01단	教育者の至純な言動により盟休は解決し得ん/非違の徒輩は嚴重處罰せよ(指示事項/訓示要旨)
154096	朝鮮朝日	南鮮版	1928-07-04	1	02단	移動警察いよいよ實施
154097	朝鮮朝日	南鮮版	1928-07-04	1	02단	內容を改善し擴張に變へる/電信電話の充實計劃/整備費の總額は五十萬圓
154098	朝鮮朝日	南鮮版	1928-07-04	1	02단	拉致朝鮮人の放還を交渉/生命は無事
154099	朝鮮朝日	南鮮版	1928-07-04	1	03단	大邱公會堂敷地が決定
154100	朝鮮朝日	南鮮版	1928-07-04	1	04단	舍人場順川間工事が進捗/九月末に竣工
154101	朝鮮朝日	南鮮版	1928-07-04	1	04단	釜山府廳舍の新築本府當局も考慮/目下速水技師が設計中で總工費は五十萬圓
154102	朝鮮朝日	南鮮版	1928-07-04	1	04단	(實際にあった話)/世をめぐる愛慾悲戀の曲(二)/京城一記者
154103	朝鮮朝日	南鮮版	1928-07-04	1	05단	全北の點呼八月十日から
154104	朝鮮朝日	南鮮版	1928-07-04	1	05단	俳句/鈴木花蓑選
154105	朝鮮朝日	南鮮版	1928-07-04	1	05단	慶南郡守會議
154106	朝鮮朝日	南鮮版	1928-07-04	1	05단	古風な南大門に良き調和を保つ商品陳列館の建築/竣工は明年の夏ごろ
154107	朝鮮朝日	南鮮版	1928-07-04	1	06단	優しき人々に飛ぶ(1)/釜山青い鳥
154108	朝鮮朝日	南鮮版	1928-07-04	1	06단	晉州郵便局落成
154109	朝鮮朝日	南鮮版	1928-07-04	1	06단	李址鎔伯葬儀
154110	朝鮮朝日	南鮮版	1928-07-04	1	06단	半額の運賃で收入增加/客貨激增の東海中部線
154111	朝鮮朝日	南鮮版	1928-07-04	1	07단	キャンプを携へて內地の學生が鮮滿視察に見學旅行
154112	朝鮮朝日	南鮮版	1928-07-04	1	07단	下村杉村氏鎮南浦到着
154113	朝鮮朝日	南鮮版	1928-07-04	1	08단	出漁のまゝ歸らぬ漁夫/五名が遭難か

일련번호	판명		간행일	면	단수	기사명
154114	朝鮮朝日	南鮮版	1928-07-04	1	08단	光州高普の盟休一段落/停學者は歸省
154115	朝鮮朝日	南鮮版	1928-07-04	1	09단	知事を恨み校長襲撃の密議を凝らす
154116	朝鮮朝日	南鮮版	1928-07-04	1	09단	紳士風の男と丸髷の女が山林で縊死
154117	朝鮮朝日	南鮮版	1928-07-04	1	10단	失戀男の自殺
154118	朝鮮朝日	南鮮版	1928-07-04	1	10단	煙草の嗜好兩切に集る
154119	朝鮮朝日	南鮮版	1928-07-04	1	10단	力大學見學團
154120	朝鮮朝日	南鮮版	1928-07-04	1	10단	淸州農校惜敗す
154121	朝鮮朝日	南鮮版	1928-07-04	1	10단	人(藤尾直勝氏(京城穀物信託支配人)/松下芳三郎氏/今井伍介氏(朝鮮土地改良社長)/東京農大生七名一行/林駒生氏(東洋水産新聞社長)/大西良慶氏(總督府囑託))
154122	朝鮮朝日	南鮮版	1928-07-04	1	10단	半島茶話
154123	朝鮮朝日	西北・南鮮版	1928-07-04	2	01단	漁業資金の貸付に相當の資金を組合に交付してくれ水産會がさまざまの陳情/京畿の挿秧五割を終る
154124	朝鮮朝日	西北・南鮮版	1928-07-04	2	01단	雫の聲
154125	朝鮮朝日	西北・南鮮版	1928-07-04	2	01단	南滿電氣料金値下一日から實行
154126	朝鮮朝日	西北・南鮮版	1928-07-04	2	01단	東拓社有地六月末現在植付狀況
154127	朝鮮朝日	西北・南鮮版	1928-07-04	2	02단	安取の配當/五分に決定
154128	朝鮮朝日	西北・南鮮版	1928-07-04	2	02단	京城組銀も土曜半休總督府に申請
154129	朝鮮朝日	西北・南鮮版	1928-07-04	2	02단	上半期の京城府內銀行業績/商銀支店好成績
154130	朝鮮朝日	西北・南鮮版	1928-07-04	2	03단	北海道視察團京城商議が募集
154131	朝鮮朝日	西北・南鮮版	1928-07-04	2	03단	海女入漁の配布問題は圓滿に解決
154132	朝鮮朝日	西北・南鮮版	1928-07-04	2	03단	五千萬圓突破を計劃/全南の水産品
154133	朝鮮朝日	西北・南鮮版	1928-07-04	2	03단	元山魚類水揚高
154134	朝鮮朝日	西北・南鮮版	1928-07-04	2	04단	平北穀協總會
154135	朝鮮朝日	西北・南鮮版	1928-07-04	2	04단	沙里院殖銀好績
154136	朝鮮朝日	西北・南鮮版	1928-07-04	2	04단	京城手形交換高
154137	朝鮮朝日	西北・南鮮版	1928-07-04	2	04단	浮世草
154138	朝鮮朝日	西北版	1928-07-05	1	01단	元山(六)/楚
154139	朝鮮朝日	西北版	1928-07-05	1	01단	不得要領では飽まで不承知/支那側惡宣傳の謝罪を/我軍何處までも追究
154140	朝鮮朝日	西北版	1928-07-05	1	01단	幽嚴な雅樂の音は宗廟に木魂し故拓殿下の御靈は永へに鎭まります
154141	朝鮮朝日	西北版	1928-07-05	1	01단	(實際にあった話)/世をめぐる愛慾悲戀の曲(三)/京城一記者
154142	朝鮮朝日	西北版	1928-07-05	1	02단	段當り增收を今後は奬勵/それには農家が自覺し手入と施肥が必要
154143	朝鮮朝日	西北版	1928-07-05	1	03단	短歌/橋田東聲選

일련번호	판명		간행일	면	단수	기사명
154144	朝鮮朝日	西北版	1928-07-05	1	03단	阿片局支所安東に新設か
154145	朝鮮朝日	西北版	1928-07-05	1	04단	鐵道局明年度の豫算益金の見込額一千三百五十萬圓/新線開通は四ヶ所
154146	朝鮮朝日	西北版	1928-07-05	1	04단	上三峰の稅關出張所明年度に昇格
154147	朝鮮朝日	西北版	1928-07-05	1	04단	間島中央學校御大典事業/勞力で奉仕
154148	朝鮮朝日	西北版	1928-07-05	1	04단	百九十名の警官を增員/思想取締で
154149	朝鮮朝日	西北版	1928-07-05	1	05단	周山部隊に引揚の命令/四日に發令
154150	朝鮮朝日	西北版	1928-07-05	1	05단	十四年の歲月を費した咸鏡線十月一日いよいよ開通式/羅南では共進會を催す
154151	朝鮮朝日	西北版	1928-07-05	1	05단	全鮮女學校長會
154152	朝鮮朝日	西北版	1928-07-05	1	06단	國境畫報(十)/平壤一記者
154153	朝鮮朝日	西北版	1928-07-05	1	06단	沙里院學組決算
154154	朝鮮朝日	西北版	1928-07-05	1	06단	水邊の綠蔭に天幕を營んで夏を消す好適地は朝鮮では何處々々(金剛山/銀海寺/神仙台/靈岐山/華山/鷄龍山/內茂山/高下島/德津池)
154155	朝鮮朝日	西北版	1928-07-05	1	06단	牡丹臺野話
154156	朝鮮朝日	西北版	1928-07-05	1	07단	滿浦普校開設
154157	朝鮮朝日	西北版	1928-07-05	1	07단	畏き邊りから李址鎔伯に祭粢料御下賜
154158	朝鮮朝日	西北版	1928-07-05	1	08단	府協議會を可決した平壤府の擴張を本府は何故か許可せぬので明年度の施設に困る
154159	朝鮮朝日	西北版	1928-07-05	1	08단	工事を起し窮民を救濟
154160	朝鮮朝日	西北版	1928-07-05	1	08단	下村、杉村兩氏新義州に向ふ
154161	朝鮮朝日	西北版	1928-07-05	1	09단	朝鮮語辭典再版が出來
154162	朝鮮朝日	西北版	1928-07-05	1	09단	世界早廻り選手の國境通過
154163	朝鮮朝日	西北版	1928-07-05	1	09단	損害は微々平南の旱害
154164	朝鮮朝日	西北版	1928-07-05	1	09단	自動車巡回診療
154165	朝鮮朝日	西北版	1928-07-05	1	09단	國境商業視察團
154166	朝鮮朝日	西北版	1928-07-05	1	09단	安東相撲大會
154167	朝鮮朝日	西北版	1928-07-05	1	09단	御禮
154168	朝鮮朝日	西北版	1928-07-05	1	10단	鐵道對元山競技
154169	朝鮮朝日	西北版	1928-07-05	1	10단	堆肥場や牛舍を設け火田民を救濟
154170	朝鮮朝日	西北版	1928-07-05	1	10단	平壤で開く赤ン坊大會出場者三百名
154171	朝鮮朝日	西北版	1928-07-05	1	10단	儒林總務が橫領の疑ひ三十日送局
154172	朝鮮朝日	西北版	1928-07-05	1	10단	姑を絞殺す
154173	朝鮮朝日	西北版	1928-07-05	1	10단	人(森新助氏(間島中央學校長))
154174	朝鮮朝日	西北・南鮮版	1928-07-05	2	01단	火田民の生活(一)/橋本博士の調査終る
154175	朝鮮朝日	西北・南鮮版	1928-07-05	2	01단	金融組合を監督する專任の檢査官を明年度に新設する

일련번호	판명		간행일	면	단수	기사명
154176	朝鮮朝日	西北・南鮮版	1928-07-05	2	01단	二十周年記念に百萬圓を投じ産米增殖に努める東拓の事業計劃
154177	朝鮮朝日	西北・南鮮版	1928-07-05	2	01단	平壤の貿易順調
154178	朝鮮朝日	西北・南鮮版	1928-07-05	2	02단	元山移出米至って閑散
154179	朝鮮朝日	西北・南鮮版	1928-07-05	2	02단	籾の乾燥や包裝の改良/地主が協議
154180	朝鮮朝日	西北・南鮮版	1928-07-05	2	03단	咸南の揷秧雨不足で困る
154181	朝鮮朝日	西北・南鮮版	1928-07-05	2	03단	京城組銀帳尻
154182	朝鮮朝日	西北・南鮮版	1928-07-05	2	04단	浮世草
154183	朝鮮朝日	西北・南鮮版	1928-07-05	2	04단	雫の聲
154184	朝鮮朝日	西北版	1928-07-06	1	01단	産業第一主義が教育第一に變った來年度豫算の査定/農事改良事業は相當の痛手
154185	朝鮮朝日	西北版	1928-07-06	1	01단	淸津を終點とする吉會線の豫定を變更されては困る/淸津の有志が總監に陳情
154186	朝鮮朝日	西北版	1928-07-06	1	01단	故拓殿下/祔廟祭/黃朱の旗翩飜として莊嚴目を奪ふ
154187	朝鮮朝日	西北版	1928-07-06	1	01단	咸鏡線開通で京城羅南間半日を短縮
154188	朝鮮朝日	西北版	1928-07-06	1	01단	池上總監が平壤を視察
154189	朝鮮朝日	西北版	1928-07-06	1	02단	簡易上水道/載寧が計劃
154190	朝鮮朝日	西北版	1928-07-06	1	02단	中日學童の補助を繼續/辛くも維持
154191	朝鮮朝日	西北版	1928-07-06	1	02단	(實際にあった話)/世をめぐる愛慾悲戀の曲(終)/京城一記者
154192	朝鮮朝日	西北版	1928-07-06	1	03단	載寧神社建立
154193	朝鮮朝日	西北版	1928-07-06	1	03단	下村、杉村兩氏平壤で講演 盛況を呈す/國境を視察
154194	朝鮮朝日	西北版	1928-07-06	1	03단	教育會費の增徵で議場可なり賑ふ/朝鮮教育代議員會五日平壤公會堂で開催
154195	朝鮮朝日	西北版	1928-07-06	1	04단	平北の高齡者
154196	朝鮮朝日	西北版	1928-07-06	1	04단	俳句/鈴木花蓑選
154197	朝鮮朝日	西北版	1928-07-06	1	04단	平壤警察署新築工事進捗
154198	朝鮮朝日	西北版	1928-07-06	1	05단	馬賊に襲はれたら何を捨ても逃げる/身輕ないでたちで死んだ氣になって白頭山を突破した火田調査の悲喜劇
154199	朝鮮朝日	西北版	1928-07-06	1	05단	元山行き旅客の運賃を三割引
154200	朝鮮朝日	西北版	1928-07-06	1	05단	敬臨普校增築
154201	朝鮮朝日	西北版	1928-07-06	1	05단	米人宣教師殉職記念の事業を計劃
154202	朝鮮朝日	西北版	1928-07-06	1	06단	牡丹臺野話
154203	朝鮮朝日	西北版	1928-07-06	1	06단	化學工業の試驗所設置/新義州商議要望
154204	朝鮮朝日	西北版	1928-07-06	1	07단	國境畵報(一四)/平壤一記者
154205	朝鮮朝日	西北版	1928-07-06	1	08단	東支線を襲ひ內外人を拉致

일련번호	판명		간행일	면	단수	기사명
154206	朝鮮朝日	西北版	1928-07-06	1	09단	吉長鐵路の從業員が盟休
154207	朝鮮朝日	西北版	1928-07-06	1	09단	妓生の稼高四月が多い
154208	朝鮮朝日	西北版	1928-07-06	1	09단	咸興高普の盟休返咲く要求の不容認で/暴行學生の判決言渡し
154209	朝鮮朝日	西北版	1928-07-06	1	10단	主人の金を盗んで豪遊
154210	朝鮮朝日	西北版	1928-07-06	1	10단	我が警官の制服を着た馬賊の一隊
154211	朝鮮朝日	西北版	1928-07-06	1	10단	新義州の赤痢續發の模樣
154212	朝鮮朝日	西北版	1928-07-06	1	10단	新義州陸上競技
154213	朝鮮朝日	西北版	1928-07-06	1	10단	安東の相撲
154214	朝鮮朝日	西北版	1928-07-06	1	10단	人(鷺坂節子氏(本社咸興通信員鷺坂束氏令孃節子)/磯井五郎氏夫人(光州靑年團長))
154215	朝鮮朝日	西北版	1928-07-06	1	10단	半島茶話
154216	朝鮮朝日	南鮮版	1928-07-06	1	01단	産業第一主義が教育第一に變った來年度豫算の査定/農事改良事業は相當の痛手
154217	朝鮮朝日	南鮮版	1928-07-06	1	01단	清津を終點とする吉會線の豫定を變更されては困る/清津の有志が總監に陳情
154218	朝鮮朝日	南鮮版	1928-07-06	1	01단	故拓殿下/祔廟祭/黃朱の旗飜飜として莊嚴目を奪ふ
154219	朝鮮朝日	南鮮版	1928-07-06	1	01단	(實際にあった話)/世をめぐる愛慾悲戀の曲(終)/京城一記者
154220	朝鮮朝日	南鮮版	1928-07-06	1	02단	咸鏡線開通で京城羅南間半日を短縮
154221	朝鮮朝日	南鮮版	1928-07-06	1	02단	買收交涉を前に瓦電の擴張計劃/府營實現に困難を來すと一部の有志が憂慮す
154222	朝鮮朝日	南鮮版	1928-07-06	1	03단	朝鮮神宮參拜者六月中二萬餘人
154223	朝鮮朝日	南鮮版	1928-07-06	1	03단	財務主任會議
154224	朝鮮朝日	南鮮版	1928-07-06	1	03단	教育會費の增徵で議場可なり賑ふ/朝鮮教育代議員會五日平壤公會堂で開催
154225	朝鮮朝日	南鮮版	1928-07-06	1	04단	山梨總督の慶南初巡視/十一日から
154226	朝鮮朝日	南鮮版	1928-07-06	1	04단	俳句/鈴木花蓑選
154227	朝鮮朝日	南鮮版	1928-07-06	1	05단	馬賊に襲はれたら何を捨ても逃げる/身輕ないでたちで死んだ氣になって白頭山を突破した火田調査の悲喜劇
154228	朝鮮朝日	南鮮版	1928-07-06	1	05단	財務係が酒造業者に寄附金を出させオートバイを購入/本府の方針に悖ると批難さる
154229	朝鮮朝日	南鮮版	1928-07-06	1	05단	大邱專賣局煙草の植付發育が良好
154230	朝鮮朝日	南鮮版	1928-07-06	1	06단	國境を視察
154231	朝鮮朝日	南鮮版	1928-07-06	1	06단	危險の少ない地點を選んで漢江の水泳を許す
154232	朝鮮朝日	南鮮版	1928-07-06	1	06단	府營バスの跋扈も電車には無影響/京電當事者は樂觀

일련번호	판명		간행일	면	단수	기사명
154233	朝鮮朝日	南鮮版	1928-07-06	1	06단	飛行學校設立の計劃漸く具體化す
154234	朝鮮朝日	南鮮版	1928-07-06	1	07단	吉長鐵路の從業員が盟休
154235	朝鮮朝日	南鮮版	1928-07-06	1	07단	大羽鰯豊漁/九龍浦沖合
154236	朝鮮朝日	南鮮版	1928-07-06	1	07단	青い鳥は歌ふ/ひでまる生
154237	朝鮮朝日	南鮮版	1928-07-06	1	08단	東支線を襲ひ內外人を拉致
154238	朝鮮朝日	南鮮版	1928-07-06	1	08단	暑休前には釜山二商の始業は困難
154239	朝鮮朝日	南鮮版	1928-07-06	1	08단	子供を轢く
154240	朝鮮朝日	南鮮版	1928-07-06	1	08단	巡査の佩劍を奪ひ斬つく怪漢を逮捕
154241	朝鮮朝日	南鮮版	1928-07-06	1	09단	突然の賃銀値下で鮮人夫が罷業/組合側が折れて値下を撤回し解決
154242	朝鮮朝日	南鮮版	1928-07-06	1	10단	五歲の娘が溫突で燒死
154243	朝鮮朝日	南鮮版	1928-07-06	1	10단	人(淸水槌太郎氏(釜山鎭埋築副社長)/捕木直一郎氏(國學院大學敎授)/總督府巡査敎習所生/加藤茂包博士(勸業模範場長)/松岡俊三代議士、金澤安之助代議士/磯井五郎氏夫人(光州靑年團長))
154244	朝鮮朝日	南鮮版	1928-07-06	1	10단	會(全南實科講習會/全南夏季大學中止/婦人修養講習會/植木敎授講演會)
154245	朝鮮朝日	南鮮版	1928-07-06	1	10단	半島茶話
154246	朝鮮朝日	西北・南鮮版	1928-07-06	2	01단	火田民の生活(二)/橋本博士の調査終る
154247	朝鮮朝日	西北・南鮮版	1928-07-06	2	01단	鮮米內地移出高/六月中五十八萬石/十一月以降累計五百九十萬石
154248	朝鮮朝日	西北・南鮮版	1928-07-06	2	01단	全鮮水稻植付狀況六割を終る/雨を待わぶ咸南の植付
154249	朝鮮朝日	西北・南鮮版	1928-07-06	2	01단	平南の産繭共販が好成績
154250	朝鮮朝日	西北・南鮮版	1928-07-06	2	02단	桑樹の植付慶北が補助
154251	朝鮮朝日	西北・南鮮版	1928-07-06	2	02단	慶北道內の小農低資は十三萬四千圓
154252	朝鮮朝日	西北・南鮮版	1928-07-06	2	02단	平北上流の米價が昂騰/四圓を突破か
154253	朝鮮朝日	西北・南鮮版	1928-07-06	2	03단	金融組合も土曜に半休/銀行に追隨
154254	朝鮮朝日	西北・南鮮版	1928-07-06	2	03단	沙里院面電料金を値下/委讓は研究
154255	朝鮮朝日	西北・南鮮版	1928-07-06	2	04단	湖南銀行業績
154256	朝鮮朝日	西北・南鮮版	1928-07-06	2	04단	元山商議評議會
154257	朝鮮朝日	西北・南鮮版	1928-07-06	2	04단	大分滿鮮旅商團
154258	朝鮮朝日	西北・南鮮版	1928-07-06	2	04단	新義州無盡創立
154259	朝鮮朝日	西北・南鮮版	1928-07-06	2	04단	專賣局採鹽高
154260	朝鮮朝日	西北・南鮮版	1928-07-06	2	04단	浮世草
154261	朝鮮朝日	西北版	1928-07-07	1	01단	雅樂の音緩やかに青丹の色美はしき靈輿しづしづと進み御靈牌は永へに宗廟に鎭まります/六萬の人出 身動もならぬ

일련번호	판명		간행일	면	단수	기사명
154262	朝鮮朝日	西北版	1928-07-07	1	01단	寫眞說明(五日行はれた祔廟祭の豫行習儀、齒簿行進と神輦御進發)
154263	朝鮮朝日	西北版	1928-07-07	1	02단	取人所制度の調査を開始/意を決した總督府/本腰になって制定を急ぐ
154264	朝鮮朝日	西北版	1928-07-07	1	03단	全滿商議所/聯合會延期
154265	朝鮮朝日	西北版	1928-07-07	1	04단	京城大連間直通電話/通話の成績
154266	朝鮮朝日	西北版	1928-07-07	1	04단	*教員優遇案で活氣を見せた全鮮教育會總會出席者三百五十名に達す/總監の告辭*
154267	朝鮮朝日	西北版	1928-07-07	1	04단	短歌/橋田東聲選
154268	朝鮮朝日	西北版	1928-07-07	1	05단	メートル法と教育品展を平壤が開催
154269	朝鮮朝日	西北版	1928-07-07	1	05단	高等課長を召集し思想取締の打合/朝鮮で最初の試み/御大典當時の警戒も附議
154270	朝鮮朝日	西北版	1928-07-07	1	05단	實際にあった話/僅か二十圓の金で首を縊った男女(上)/男は藥屋のボンチ/女は瞳の美しい美人娼妓
154271	朝鮮朝日	西北版	1928-07-07	1	06단	頭道溝の殉難記念碑今度で七年目
154272	朝鮮朝日	西北版	1928-07-07	1	06단	鴨江の流筏/空前の好成績
154273	朝鮮朝日	西北版	1928-07-07	1	06단	咸鏡線驛長會議
154274	朝鮮朝日	西北版	1928-07-07	1	06단	朝鮮神職者總會
154275	朝鮮朝日	西北版	1928-07-07	1	07단	花輪に埋れた兩氏の遺骨多數に見送られ釜山を通過
154276	朝鮮朝日	西北版	1928-07-07	1	07단	半島同胞に過ちなかれと保護に努める相愛會が寶塚歌劇を聘し基金興行
154277	朝鮮朝日	西北版	1928-07-07	1	07단	鐵原驛改築
154278	朝鮮朝日	西北版	1928-07-07	1	08단	牡丹臺野話
154279	朝鮮朝日	西北版	1928-07-07	1	08단	國境勤務の郵便局員慰問
154280	朝鮮朝日	西北版	1928-07-07	1	08단	海水浴客に鐵道の割引
154281	朝鮮朝日	西北版	1928-07-07	1	09단	豆滿江增水/渡船が不通
154282	朝鮮朝日	西北版	1928-07-07	1	09단	鮮支人入り亂れ九十名が大亂鬪/朝鮮人三名が負傷/朝鮮水電の坑內で
154283	朝鮮朝日	西北版	1928-07-07	1	09단	海州警察署疫病豫防に各種の宣傳
154284	朝鮮朝日	西北版	1928-07-07	1	09단	六十一萬匹/安東の蠅取
154285	朝鮮朝日	西北版	1928-07-07	1	09단	木浦と麗水が海苔の爭奪/激甚を極めん
154286	朝鮮朝日	西北版	1928-07-07	1	09단	義州農校生九十名が盟休
154287	朝鮮朝日	西北版	1928-07-07	1	10단	京中の天幕生活
154288	朝鮮朝日	西北版	1928-07-07	1	10단	赤行囊の公金犯人は博川の局員
154289	朝鮮朝日	西北版	1928-07-07	1	10단	拳銃の密輸/新義州で發覺
154290	朝鮮朝日	西北版	1928-07-07	1	10단	會(中日學堂卒業式)
154291	朝鮮朝日	西北版	1928-07-07	1	10단	人(山梨總督/アラン・プチ博士(佛ル・プチ

일련번호	판명		간행일	면	단수	기사명
154291	朝鮮朝日	西北版	1928-07-07	1	10단	ジュルナル紙記者)/野田俊作、石坂豊一兩代議士)/今泉茂松氏(鐵道局清津出張所長)/湯川又夫農學博士(九大教授)/井上主計氏(新義州稅關長)/大家羅南第十九師國參謀長/張鏡城郡守)
154292	朝鮮朝日	西北版	1928-07-07	1	10단	半島茶話
154293	朝鮮朝日	南鮮版	1928-07-07	1	01단	雅樂の音緩やかに靑丹の色美はしき靈輿しづしづと進み御靈牌は永へに宗廟に鎭まります/六萬の人出 身動もならぬ
154294	朝鮮朝日	南鮮版	1928-07-07	1	01단	寫眞說明(五日行はれた祔廟祭の豫行習儀、齒簿行進と神轝御進發)
154295	朝鮮朝日	南鮮版	1928-07-07	1	02단	取人所制度の調査を開始 意を決した總督府 本腰になって制定を急ぐ/群山が運動
154296	朝鮮朝日	南鮮版	1928-07-07	1	04단	教員優遇案で活氣を見せた全鮮教育會總會出席者三百五十名に達す
154297	朝鮮朝日	南鮮版	1928-07-07	1	04단	短歌/橋田東聲選
154298	朝鮮朝日	南鮮版	1928-07-07	1	05단	時期尚早で不許可/釜山のバス
154299	朝鮮朝日	南鮮版	1928-07-07	1	05단	鐵原驛改築
154300	朝鮮朝日	南鮮版	1928-07-07	1	05단	釜山二商そっくりの要求を持ち出し晉州高普が盟休す 背後に黑幕があるらしい/光州農校が盟休で休校/全州農校の盟休は解決
154301	朝鮮朝日	南鮮版	1928-07-07	1	05단	實際にあった話/僅か二十圓の金で首を縊った男女(上)/男は藥屋のボンチ/女は瞳の美しい美人娼妓
154302	朝鮮朝日	南鮮版	1928-07-07	1	06단	花輪に埋れた兩氏の遺骨多數に見送られ釜山を通過
154303	朝鮮朝日	南鮮版	1928-07-07	1	06단	朝鮮神職者總會
154304	朝鮮朝日	南鮮版	1928-07-07	1	06단	聯合青年團組織の計劃
154305	朝鮮朝日	南鮮版	1928-07-07	1	06단	安岳農校舍竣工
154306	朝鮮朝日	南鮮版	1928-07-07	1	07단	朝日活動寫眞大會(映畫種目)
154307	朝鮮朝日	南鮮版	1928-07-07	1	07단	半島の同胞に過ちなかれと保護に努める相愛會が寶塚歌劇を聘し基金興行
154308	朝鮮朝日	南鮮版	1928-07-07	1	07단	高等課長を召集し思想取締の打合/朝鮮で最初の試み/御大典當時の警戒も附議
154309	朝鮮朝日	南鮮版	1928-07-07	1	07단	海水浴客に鐵道の割引
154310	朝鮮朝日	南鮮版	1928-07-07	1	08단	木浦と麗水が海苔の爭奪/激甚を極めん
154311	朝鮮朝日	南鮮版	1928-07-07	1	08단	道路の擴張が先決の問題で現在では許されぬ/釜山電車の複線計劃
154312	朝鮮朝日	南鮮版	1928-07-07	1	09단	海州警察署疫病豫防に各種の宣傳
154313	朝鮮朝日	南鮮版	1928-07-07	1	09단	世界にも珍しい奇病/治療の方法もなく死亡

일련번호	판명		간행일	면	단수	기사명
154314	朝鮮朝日	南鮮版	1928-07-07	1	09단	愛兒を道連れに入水した母親の後頭部に殘る傷痕/繼母を引致取調べ
154315	朝鮮朝日	南鮮版	1928-07-07	1	10단	城大九大に敗る
154316	朝鮮朝日	南鮮版	1928-07-07	1	10단	モーターボートで漢江を取締
154317	朝鮮朝日	南鮮版	1928-07-07	1	10단	人(山梨總督/アラン・プチ博士(佛ル・プチジュルナル紙記者)/野田俊作、石坂豊一兩代議士/町野武馬氏(東山省軍事顧問)/桑原一郎氏(釜山府尹)/吉澤作造氏(平壤海軍燃料廠長)/松尾喜一氏(下關運事船舶主任)/松波千海氏(全北日日社長)/松下芳三郎氏(全南警察部長))
154318	朝鮮朝日	南鮮版	1928-07-07	1	10단	半島茶話
154319	朝鮮朝日	西北・南鮮版	1928-07-07	2	01단	火田民の生活(完)/橋本博士の調査終る
154320	朝鮮朝日	西北・南鮮版	1928-07-07	2	01단	大邱名産/林檎の走り七百箱出廻る
154321	朝鮮朝日	西北・南鮮版	1928-07-07	2	01단	穀物檢査員百名を選拔高農で講習會
154322	朝鮮朝日	西北・南鮮版	1928-07-07	2	01단	雫の聲
154323	朝鮮朝日	西北・南鮮版	1928-07-07	2	02단	赤長米の混入に困る慶南の除去法
154324	朝鮮朝日	西北・南鮮版	1928-07-07	2	02단	新義州材界好況を呈す/杭木輸出旺盛
154325	朝鮮朝日	西北・南鮮版	1928-07-07	2	03단	金剛山電鐵に局線車輛の直通が出來る
154326	朝鮮朝日	西北・南鮮版	1928-07-07	2	03단	殆ど終った慶南の挿秧/城津の挿秧終る
154327	朝鮮朝日	西北・南鮮版	1928-07-07	2	04단	郵便局長異動
154328	朝鮮朝日	西北・南鮮版	1928-07-07	2	04단	京畿金組の帳尻
154329	朝鮮朝日	西北・南鮮版	1928-07-07	2	04단	浮世草
154330	朝鮮朝日	西北版	1928-07-08	1	01단	宗廟に移御された故坧殿下の神輿(六日祔廟祭當日宗廟にて)
154331	朝鮮朝日	西北版	1928-07-08	1	01단	鮮內の各都市に公設質屋を設ける/預金部の低資を借受けて府が經營にあたる
154332	朝鮮朝日	西北版	1928-07-08	1	01단	獨立守備隊の實現は留保か/大藏省が容認せぬ
154333	朝鮮朝日	西北版	1928-07-08	1	02단	新義州稅關陸揚場擴張/當局も承認
154334	朝鮮朝日	西北版	1928-07-08	1	03단	俳句/鈴木花蓑選
154335	朝鮮朝日	西北版	1928-07-08	1	03단	本年最初の國有林拂下/咸南安邊で
154336	朝鮮朝日	西北版	1928-07-08	1	04단	咸鏡線列車發着時決定
154337	朝鮮朝日	西北版	1928-07-08	1	04단	出品の勸誘と設計に着手 朝鮮博覽會の準備着々として進捗す/ポスターを一般に募集
154338	朝鮮朝日	西北版	1928-07-08	1	04단	白頭山の憤り/元山街上の京劇
154339	朝鮮朝日	西北版	1928-07-08	1	05단	實際にあった話/僅か二十圓の金で首を縊った男女(下)/息子の情死を聞いたとき流石の頑固な父も後悔した
154340	朝鮮朝日	西北版	1928-07-08	1	05단	社會教育振興に施設すべき事業教育會委員會で凝議 總督府諮問への答申案/朝鮮教

일련번호	판명		간행일	면	단수	기사명
154340	朝鮮朝日	西北版	1928-07-08	1	05단	*育總會二日目 飛行隊を見學*
154341	朝鮮朝日	西北版	1928-07-08	1	05단	牡丹臺野話
154342	朝鮮朝日	西北版	1928-07-08	1	06단	辭令(東京電話)
154343	朝鮮朝日	西北版	1928-07-08	1	06단	妓生學校を見る下村、衫村兩氏
154344	朝鮮朝日	西北版	1928-07-08	1	07단	太平洋橫斷飛行實現不可能となる
154345	朝鮮朝日	西北版	1928-07-08	1	08단	*朝鮮教育會施設事業 本年の計劃/各道提出案*
154346	朝鮮朝日	西北版	1928-07-08	1	08단	東三省の政狀不安に乘じ/不逞朝鮮人團體が共同戰線を張るべく劃策
154347	朝鮮朝日	西北版	1928-07-08	1	08단	本社主催全國中等學校野球大會/朝鮮豫選
154348	朝鮮朝日	西北版	1928-07-08	1	09단	豫定に達せぬ電話の申込/不景氣のため
154349	朝鮮朝日	西北版	1928-07-08	1	09단	平北の春繭共販の成績
154350	朝鮮朝日	西北版	1928-07-08	1	10단	御大典記念聖德文庫各學校に設く
154351	朝鮮朝日	西北版	1928-07-08	1	10단	朝鮮水電の發電力變更/遞信局が許可
154352	朝鮮朝日	西北版	1928-07-08	1	10단	中部地方喜雨/南鮮に少い
154353	朝鮮朝日	西北版	1928-07-08	1	10단	茂山金組長決定
154354	朝鮮朝日	西北版	1928-07-08	1	10단	沙里院金組總會
154355	朝鮮朝日	西北版	1928-07-08	1	10단	人(淺田航空大佐(平壤飛行聯隊長))
154356	朝鮮朝日	西北版	1928-07-08	1	10단	半島茶話
154357	朝鮮朝日	南鮮版	1928-07-08	1	01단	宗廟に移御された故坧殿下の神輿(六日祔廟祭當日宗廟にて)
154358	朝鮮朝日	南鮮版	1928-07-08	1	01단	鮮內の各都市に公設質屋を設ける/預金部の低資を借受けて府が經營にあたる
154359	朝鮮朝日	南鮮版	1928-07-08	1	01단	獨立守備隊の實現は留保か大藏省が容認せぬ
154360	朝鮮朝日	南鮮版	1928-07-08	1	02단	思想取締の增員警官は高等課に收容
154361	朝鮮朝日	南鮮版	1928-07-08	1	03단	俳句/鈴木花蓑選
154362	朝鮮朝日	南鮮版	1928-07-08	1	03단	本年最初の國有林拂下/咸南安邊で
154363	朝鮮朝日	南鮮版	1928-07-08	1	04단	咸鏡線列車發着時決定
154364	朝鮮朝日	南鮮版	1928-07-08	1	04단	*出品の勸誘と設計に着手 朝鮮博覽會の準備着々として進捗す/ポスターを一般に募集*
154365	朝鮮朝日	南鮮版	1928-07-08	1	04단	龍山の競馬場が東大門外に移轉/京城運動場と相埃ってスポーツ郊外を現出
154366	朝鮮朝日	南鮮版	1928-07-08	1	05단	實際にあった話/僅か二十圓の金で首を縊った男女(下)/息子の情死を聞いたとき流石の頑固な父も後悔した
154367	朝鮮朝日	南鮮版	1928-07-08	1	05단	公州上水道復舊工事完成
154368	朝鮮朝日	南鮮版	1928-07-08	1	05단	*群山府尹の後任下馬評/惜しまれる澤村群山府尹 慰勞金三千圓贈呈*
154369	朝鮮朝日	南鮮版	1928-07-08	1	05단	太平洋橫斷飛行實行不可能となる
154370	朝鮮朝日	南鮮版	1928-07-08	1	06단	場合によっては廢校も辭せぬ/晉高州普、

일련번호	판명		간행일	면	단수	기사명
154370	朝鮮朝日	南鮮版	1928-07-08	1	06단	農校の盟休に對し當局者の態度は強硬
154371	朝鮮朝日	南鮮版	1928-07-08	1	06단	釜山鎭海の埋築は進捗/明秋は竣工
154372	朝鮮朝日	南鮮版	1928-07-08	1	07단	辭令(東京電話)
154373	朝鮮朝日	南鮮版	1928-07-08	1	07단	慶南道の小農低資は來月から貸付
154374	朝鮮朝日	南鮮版	1928-07-08	1	07단	雨乞ひ/全州の各地で
154375	朝鮮朝日	南鮮版	1928-07-08	1	07단	社會教育振興に施設すべき事業教育會委員會で凝議/總督府諮問への答申案
154376	朝鮮朝日	南鮮版	1928-07-08	1	08단	中部地方喜雨/南鮮に少い
154377	朝鮮朝日	南鮮版	1928-07-08	1	08단	結婚もできる京城府社會館
154378	朝鮮朝日	南鮮版	1928-07-08	1	08단	李址鎔伯葬儀
154379	朝鮮朝日	南鮮版	1928-07-08	1	08단	發疹チブス發生
154380	朝鮮朝日	南鮮版	1928-07-08	1	08단	本社主催全國中等學校野球大會/朝鮮豫選
154381	朝鮮朝日	南鮮版	1928-07-08	1	09단	原鹽の陸揚人夫百二十名が盟休/艀人夫の勝利に刺戟され値上を要求拒絕さる
154382	朝鮮朝日	南鮮版	1928-07-08	1	09단	朝日活動寫眞大會
154383	朝鮮朝日	南鮮版	1928-07-08	1	10단	全州製絲場いよいよ操業
154384	朝鮮朝日	南鮮版	1928-07-08	1	10단	馬山水泳會
154385	朝鮮朝日	南鮮版	1928-07-08	1	10단	會(生田內務局長/上內彦策氏(忠北警察部長)/牛島友記氏(釜山港務醫官)/澤山寅彦氏(釜山實業家))
154386	朝鮮朝日	南鮮版	1928-07-08	1	10단	半島茶話
154387	朝鮮朝日	西北・南鮮版	1928-07-08	2	01단	火田民の生活(四)/橋本博士の調査終る
154388	朝鮮朝日	西北・南鮮版	1928-07-08	2	01단	五十萬圓を投じ水力地形の調査/雨期と乾燥期で大差ある/朝鮮では重要な問題
154389	朝鮮朝日	西北・南鮮版	1928-07-08	2	01단	雫の聲
154390	朝鮮朝日	西北・南鮮版	1928-07-08	2	02단	殖銀春時農事資金百七十萬圓
154391	朝鮮朝日	西北・南鮮版	1928-07-08	2	02단	忠全鐵道の速成聯合會
154392	朝鮮朝日	西北・南鮮版	1928-07-08	2	02단	全北の插秧早魃が心配
154393	朝鮮朝日	西北・南鮮版	1928-07-08	2	03단	鮮酒釀造業の整理を行ひ統一を圖る
154394	朝鮮朝日	西北・南鮮版	1928-07-08	2	03단	地域により料金が違ふ/大田電氣實施
154395	朝鮮朝日	西北・南鮮版	1928-07-08	2	04단	鐵道局收入二百六十萬圓
154396	朝鮮朝日	西北・南鮮版	1928-07-08	2	04단	全鮮手形交換高
154397	朝鮮朝日	西北・南鮮版	1928-07-08	2	04단	元山米豆移出高
154398	朝鮮朝日	西北・南鮮版	1928-07-08	2	04단	木浦海藻回着高
154399	朝鮮朝日	西北・南鮮版	1928-07-08	2	04단	浮世草
154400	朝鮮朝日	西北版	1928-07-10	1	01단	普通教育の徹底と貧民救濟に努むる/俺が最も怖れるのは內地人の無理解な批評
154401	朝鮮朝日	西北版	1928-07-10	1	01단	五球のセットを八十圓で賣る京城放送局の計劃/遠隔聽取者を勸誘

일련번호	판명		간행일	면	단수	기사명
154402	朝鮮朝日	西北版	1928-07-10	1	01단	越境部隊全部歸還す
154403	朝鮮朝日	西北版	1928-07-10	1	01단	江界郡民が安全地帶の設置を要望
154404	朝鮮朝日	西北版	1928-07-10	1	02단	國境守備に平壤から增派
154405	朝鮮朝日	西北版	1928-07-10	1	02단	仁川上陸の支那勞働者二萬四千人
154406	朝鮮朝日	西北版	1928-07-10	1	02단	實際にあった話/六百の馬賊團は沙漠を吹き荒す/熱風の如く琿春を襲った妻子を連れ進退に迷ふ柿山警部
154407	朝鮮朝日	西北版	1928-07-10	1	03단	間島日本俱樂部
154408	朝鮮朝日	西北版	1928-07-10	1	03단	間琿の支人は張氏の逝去を暗に喜ぶ風がある/魔公亡ぶとの風說が傳はる
154409	朝鮮朝日	西北版	1928-07-10	1	03단	吉會線の變更で猛烈な對抗運動/問題を重大視して滿鐵、鐵道局も沈默
154410	朝鮮朝日	西北版	1928-07-10	1	04단	內地行郵便物現地通關の實狀を視察
154411	朝鮮朝日	西北版	1928-07-10	1	04단	陶器原料の白土を產出
154412	朝鮮朝日	西北版	1928-07-10	1	04단	鄕土訪問に福岡に向ふ木部繁野孃
154413	朝鮮朝日	西北版	1928-07-10	1	05단	國境畫報(一五)/平壤一記者
154414	朝鮮朝日	西北版	1928-07-10	1	07단	各地だより(平壤/新義州/元山/咸興/海州)
154415	朝鮮朝日	西北版	1928-07-10	1	07단	御大典記念事業の美名に隱れて寄附を强要する不逞が鮮內各地を徘徊す
154416	朝鮮朝日	西北版	1928-07-10	1	07단	草根木皮を食べ辛じて露命を繫ぐ咸北吉州民の慘狀
154417	朝鮮朝日	西北版	1928-07-10	1	07단	淸流奇巖を嚙み夏を忘れしむる西鮮唯一の避暑地/黃海金剛の稱ある長壽山
154418	朝鮮朝日	西北版	1928-07-10	1	07단	牡丹臺野話
154419	朝鮮朝日	西北版	1928-07-10	1	09단	蓄音機に聞き惚れてモヒを忘れる
154420	朝鮮朝日	西北版	1928-07-10	1	10단	新義州商店聯合/マーケット好成績
154421	朝鮮朝日	西北版	1928-07-10	1	10단	陳列館內に納凉の設備
154422	朝鮮朝日	西北版	1928-07-10	1	10단	*間島の水害/諸物價が昂騰*
154423	朝鮮朝日	西北版	1928-07-10	1	10단	西鐘暴動民檢事局送置
154424	朝鮮朝日	西北版	1928-07-10	1	10단	元山陸競延期
154425	朝鮮朝日	西北版	1928-07-10	1	10단	會(醫生講習會)
154426	朝鮮朝日	西北版	1928-07-10	1	10단	人(木部繁野孃/福士總督府學務課長/スターテン氏(米國領事)/栗原福子孃)
154427	朝鮮朝日	西北版	1928-07-10	1	10단	半島茶話
154428	朝鮮朝日	南鮮版	1928-07-10	1	01단	普通敎育の徹底と貧民救濟に努むる/俺が最も怖れるのは內地人の無理解な批評
154429	朝鮮朝日	南鮮版	1928-07-10	1	01단	五球のセットを八十圓で賣る京城放送局の計劃/遠隔聽取者を勸誘
154430	朝鮮朝日	南鮮版	1928-07-10	1	01단	越境部隊全部歸還す

일련번호	판명		간행일	면	단수	기사명
154431	朝鮮朝日	南鮮版	1928-07-10	1	01단	灌漑對策の注意書を配布
154432	朝鮮朝日	南鮮版	1928-07-10	1	02단	全北道定期增俸
154433	朝鮮朝日	南鮮版	1928-07-10	1	02단	忠南郡守會議
154434	朝鮮朝日	南鮮版	1928-07-10	1	02단	仁川上陸の支那勞働者二萬四千人
154435	朝鮮朝日	南鮮版	1928-07-10	1	02단	實際にあった話/六百の馬賊團は沙漠を吹き荒す/熱風の
154436	朝鮮朝日	南鮮版	1928-07-10	1	02단	如く琿春を襲った妻子を連れ進退に迷ふ柿山警部
154437	朝鮮朝日	南鮮版	1928-07-10	1	03단	腸チブスの治療を研究/高橋隣夫氏博士號獲得木浦魚類水揚高
154438	朝鮮朝日	南鮮版	1928-07-10	1	03단	結核療養所東萊に設置
154439	朝鮮朝日	南鮮版	1928-07-10	1	03단	各地だより(馬山/群山/木浦/京城/釜山)
154440	朝鮮朝日	南鮮版	1928-07-10	1	04단	澤村前府尹寄附
154441	朝鮮朝日	南鮮版	1928-07-10	1	04단	新摯な繪や可愛らしい手藝品の展覽
154442	朝鮮朝日	南鮮版	1928-07-10	1	04단	背後に黑幕が動き學校の盟休が惡化 學校增設の計劃は朝鮮統治の癌と憂へらる/道幹部が鳩首し盟休の對策を考究/見當つかぬ晉州高普の開校
154443	朝鮮朝日	南鮮版	1928-07-10	1	05단	優しき人々に飛ぶ(3)/釜山青い鳥
154444	朝鮮朝日	南鮮版	1928-07-10	1	07단	禁ずるのは女よりも酒/氷店の取締
154445	朝鮮朝日	南鮮版	1928-07-10	1	07단	馬山の海開き
154446	朝鮮朝日	南鮮版	1928-07-10	1	08단	御大典記念事業の美名に隱れて寄附を强要する不逞が鮮內各地を徘徊す
154447	朝鮮朝日	南鮮版	1928-07-10	1	09단	二百餘人中百名が虎眼/尙州小學校
154448	朝鮮朝日	南鮮版	1928-07-10	1	09단	土木事件と紳士賭博で檢事局が活動
154449	朝鮮朝日	南鮮版	1928-07-10	1	09단	朝日活動寫眞大會
154450	朝鮮朝日	南鮮版	1928-07-10	1	10단	原鹽陸揚げ人夫の盟休無事に解決
154451	朝鮮朝日	南鮮版	1928-07-10	1	10단	木浦弓道會
154452	朝鮮朝日	南鮮版	1928-07-10	1	10단	會(釜山青年團發會)
154453	朝鮮朝日	南鮮版	1928-07-10	1	10단	人(松浦城大總長)
154454	朝鮮朝日	南鮮版	1928-07-10	1	10단	半島茶話
154455	朝鮮朝日	西北・南鮮版	1928-07-10	2	01단	火田民の生活(完)/橋本博士の調査終る
154456	朝鮮朝日	西北・南鮮版	1928-07-10	2	01단	眞夏にも萎れぬ盛花の水揚げ法/中尾流盛花家元中尾昇甫案
154457	朝鮮朝日	西北・南鮮版	1928-07-10	2	01단	時事鳥瞰/兵備の充實に肯定は與へるが朝鮮が之を必要とするを嘆ずべきとして認むるのみ
154458	朝鮮朝日	西北・南鮮版	1928-07-10	2	02단	獅子頭禁橋下で發掘
154459	朝鮮朝日	西北・南鮮版	1928-07-10	2	03단	群山取引所創立準備會

일련번호	판명		간행일	면	단수	기사명
154460	朝鮮朝日	西北・南鮮版	1928-07-10	2	03단	昨年よりも成績良好な黃海の春蠶
154461	朝鮮朝日	西北・南鮮版	1928-07-10	2	03단	奉票見直す
154462	朝鮮朝日	西北・南鮮版	1928-07-10	2	04단	紫雲英栽培全南が獎勵
154463	朝鮮朝日	西北・南鮮版	1928-07-10	2	04단	雫の聲
154464	朝鮮朝日	西北・南鮮版	1928-07-10	2	04단	土曜半休に落付さうな釜山の銀行
154465	朝鮮朝日	西北・南鮮版	1928-07-10	2	04단	日支柞蠶商協議
154466	朝鮮朝日	西北・南鮮版	1928-07-10	2	05단	大邱の貸家
154467	朝鮮朝日	西北・南鮮版	1928-07-10	2	05단	木浦組銀帳尻
154468	朝鮮朝日	西北・南鮮版	1928-07-10	2	05단	道溝河流筏高
154469	朝鮮朝日	西北・南鮮版	1928-07-10	2	05단	群山海運社倉立
154470	朝鮮朝日	西北・南鮮版	1928-07-10	2	05단	黃海穀物檢査高
154471	朝鮮朝日	西北・南鮮版	1928-07-10	2	05단	新刊紹介(『朝鮮および滿洲』/『實業時論』/『金融と經濟』)
154472	朝鮮朝日	西北・南鮮版	1928-07-10	2	05단	浮世草
154473	朝鮮朝日	西北・南鮮版	1928-07-10	2	06단	シネマランド/巧みなテンポで映畫を生かしたバリモアの演技と陰影の多いコステ口の妙技
154474	朝鮮朝日	西北版	1928-07-11	1	01단	繼續事業を打ち切って豫算の辻褄を合せる來年度の編成方針
154475	朝鮮朝日	西北版	1928-07-11	1	01단	經費が許すなら國境の警官は增員したいと思ふ/國境を巡視した池上總監
154476	朝鮮朝日	西北版	1928-07-11	1	01단	國境鐵道促進要望/新義州が運動
154477	朝鮮朝日	西北版	1928-07-11	1	01단	實際にあった話(二)/馬賊を射殪して危く身を遁れた彼女が正氣づいた時夫は最早この世に居なかった
154478	朝鮮朝日	西北版	1928-07-11	1	02단	滿洲向木材/貨車積の單位
154479	朝鮮朝日	西北版	1928-07-11	1	02단	眉唾ものゝ國倉の設置/殖産局も知らない農倉は來年度豫算に計上
154480	朝鮮朝日	西北版	1928-07-11	1	03단	黃海道の緣故林拂下四萬三千件
154481	朝鮮朝日	西北版	1928-07-11	1	03단	短歌/橋田東聲選
154482	朝鮮朝日	西北版	1928-07-11	1	03단	山梨總督夫人京城に滯在
154483	朝鮮朝日	西北版	1928-07-11	1	03단	辭令(東京電話)
154484	朝鮮朝日	西北版	1928-07-11	1	04단	國境の警備には飛行隊の充實が何よりの急務だと井上航空本部長語る/井上航空本部長平壤飛機隊檢閲
154485	朝鮮朝日	西北版	1928-07-11	1	04단	思想取締の警官は新に募集して更に教養を加へる/目下法制局で審議
154486	朝鮮朝日	西北版	1928-07-11	1	04단	雄基潼關鎭を結ぶ圖們鐵の工事着々と測
154486	朝鮮朝日	西北版	1928-07-11	1	04단	量を進め來々年に開通の豫定

일련번호	판명		간행일	면	단수	기사명
154487	朝鮮朝日	西北版	1928-07-11	1	05단	一年一人の煙の飲み高一圓八十六錢
154488	朝鮮朝日	西北版	1928-07-11	1	06단	飯の食へる教育を施すのが俺の理想/性質の良くない盟休は廢校を期しても處分
154489	朝鮮朝日	西北版	1928-07-11	1	06단	完成した安東驛
154490	朝鮮朝日	西北版	1928-07-11	1	07단	林間學校平壤で開催
154491	朝鮮朝日	西北版	1928-07-11	1	07단	鳥致院養蠶組合
154492	朝鮮朝日	西北版	1928-07-11	1	07단	單科女子大學を京城に設ける朝鮮婦人に限り收容/米國宣敎師會の計劃
154493	朝鮮朝日	西北版	1928-07-11	1	07단	朝鮮人の勞働者一千名を有する/山口縣宇部に相愛會組織/內鮮融和を目的に
154494	朝鮮朝日	西北版	1928-07-11	1	08단	牡丹臺野話
154495	朝鮮朝日	西北版	1928-07-11	1	08단	逐次廣軌に改良される慶東線九十哩
154496	朝鮮朝日	西北版	1928-07-11	1	09단	死刑に處せられる譯がないと暴れ看守六名を投出す/李
154497	朝鮮朝日	西北版	1928-07-11	1	09단	壽興の共犯柳澤秀
154498	朝鮮朝日	西北版	1928-07-11	1	09단	各地だより(京城/海州/平壤/安東縣)
154498	朝鮮朝日	西北版	1928-07-11	1	10단	平安水利に堤防排除の訴訟を提出
154499	朝鮮朝日	西北版	1928-07-11	1	10단	養信學校が校長異動で盟休と騒ぐ
154500	朝鮮朝日	西北版	1928-07-11	1	10단	安東相撲會
154501	朝鮮朝日	西北版	1928-07-11	1	10단	會(咸北穀物檢査會議/農事經營活寫會)
154502	朝鮮朝日	西北版	1928-07-11	1	10단	人(池上政務總監/西崎鶴太郎氏(鎭南浦實業家)/富永一二氏(本府保安課長)/齋藤吉十郎氏(朝紡社長))
154503	朝鮮朝日	西北版	1928-07-11	1	10단	半島茶話
154504	朝鮮朝日	南鮮版	1928-07-11	1	01단	飯の食へる教育を施すのが俺の理想/性質の良くない盟休は廢校を期しても處分
154505	朝鮮朝日	南鮮版	1928-07-11	1	01단	繼續事業を打ち切って豫算の辻褄を合せる來年度の編成方針
154506	朝鮮朝日	南鮮版	1928-07-11	1	01단	眉唾もの〻國倉の設置/殖産局も知らない農倉は來年度豫算に計上
154507	朝鮮朝日	南鮮版	1928-07-11	1	02단	實際にあった話(二)/馬賊を射殪して危く身を遁れた彼女が正氣づいた時夫は最早この世に居なかった
154508	朝鮮朝日	南鮮版	1928-07-11	1	03단	下水溝工事補助問題で府議と懇談
154509	朝鮮朝日	南鮮版	1928-07-11	1	03단	朝日活寫會(八日南大門小學校で)
154510	朝鮮朝日	南鮮版	1928-07-11	1	04단	木浦驛前埋立工事は近く着工す
154511	朝鮮朝日	南鮮版	1928-07-11	1	04단	國境の警備には飛行隊の充實が何よりの急務だと井上航空本部長語る/井上航空本
154511	朝鮮朝日	南鮮版	1928-07-11	1	04단	部長平壤飛機隊檢閱

일련번호	판명		간행일	면	단수	기사명
154512	朝鮮朝日	南鮮版	1928-07-11	1	05단	山梨總督夫人京城に滯在
154513	朝鮮朝日	南鮮版	1928-07-11	1	05단	辭令(東京電話)
154514	朝鮮朝日	南鮮版	1928-07-11	1	05단	思想取締の警官は新に募集して更に敎養を加へる/目下法制局で審議
154515	朝鮮朝日	南鮮版	1928-07-11	1	05단	朝鮮人の勞働者一千名を有する/山口縣宇部に相愛會組織/內鮮融和を目的に
154516	朝鮮朝日	南鮮版	1928-07-11	1	06단	靑い鳥は歌ふ/釜山/ひでまる生
154517	朝鮮朝日	南鮮版	1928-07-11	1	06단	各地だより(京城/釜山/木浦/淸州)
154518	朝鮮朝日	南鮮版	1928-07-11	1	07단	鳳山小學の海濱聚落/松島海岸で
154519	朝鮮朝日	南鮮版	1928-07-11	1	07단	短歌/橋田東聲選
154520	朝鮮朝日	南鮮版	1928-07-11	1	07단	美人も交る米國大學生釜山を見物
154521	朝鮮朝日	南鮮版	1928-07-11	1	08단	朝日活動寫眞大會
154522	朝鮮朝日	南鮮版	1928-07-11	1	08단	單科女子大學を京城に設ける朝鮮婦人に限り收容/米國宣敎師會の計劃
154523	朝鮮朝日	南鮮版	1928-07-11	1	08단	成績の惡い京城の種痘
154524	朝鮮朝日	南鮮版	1928-07-11	1	08단	お茶のあと
154525	朝鮮朝日	南鮮版	1928-07-11	1	08단	盟休首謀者校長に謝罪
154526	朝鮮朝日	南鮮版	1928-07-11	1	09단	總督府屬が收賄で收容/大邱に送らる
154527	朝鮮朝日	南鮮版	1928-07-11	1	09단	死刑に處せられる譯がないと暴れ看守六名を投出す/李壽興の共犯柳澤秀
154528	朝鮮朝日	南鮮版	1928-07-11	1	10단	謎の自殺は夫の不實を儚んだゝめ
154529	朝鮮朝日	南鮮版	1928-07-11	1	10단	人(池上政務總監/西崎鶴太郎氏(鎭南浦實業家)/富永一二氏(本府保安課長)/齋藤吉十郎氏(朝紡社長))
154530	朝鮮朝日	南鮮版	1928-07-11	1	10단	半島茶話
154531	朝鮮朝日	西北・南鮮版	1928-07-11	2	01단	この夏の流行/三越京城支店長加藤常美
154532	朝鮮朝日	西北・南鮮版	1928-07-11	2	01단	一番儲けるのは矢張り電氣會社/お次が銀行や金融業者/工業會社は缺損が多い
154533	朝鮮朝日	西北・南鮮版	1928-07-11	2	01단	雫の聲
154534	朝鮮朝日	西北・南鮮版	1928-07-11	2	01단	倍額社債いよいよ可能
154535	朝鮮朝日	西北・南鮮版	1928-07-11	2	02단	取引所設置/大邱も運動/調印を纏む
154536	朝鮮朝日	西北・南鮮版	1928-07-11	2	02단	揷秧できねば代用作物の播種を行ふ
154537	朝鮮朝日	西北・南鮮版	1928-07-11	2	02단	米は增加し大豆は減少/新義州の出廻
154538	朝鮮朝日	西北・南鮮版	1928-07-11	2	03단	木材の輸送極めて好調
154539	朝鮮朝日	西北・南鮮版	1928-07-11	2	03단	京城在庫高百五十萬圓
154540	朝鮮朝日	西北・南鮮版	1928-07-11	2	03단	安東協成銀成績
154541	朝鮮朝日	西北・南鮮版	1928-07-11	2	04단	新刊紹介(『今日の朝鮮財話』)
154542	朝鮮朝日	西北・南鮮版	1928-07-11	2	04단	浮世草

일련번호	판명		간행일	면	단수	기사명
154543	朝鮮朝日	西北版	1928-07-12	1	01단	教育の振興案は財務局も鵜呑み惟れ命從うて明年度豫算に計上(普通學校增設/師範學校改善/國民學校新設)
154544	朝鮮朝日	西北版	1928-07-12	1	01단	兵備と警備の運用は異る 學生の盟休は困ったこと 山梨總督釜山で語る/山梨總督が慶南を視察/大邱の要望
154545	朝鮮朝日	西北版	1928-07-12	1	02단	新坡の住民國境警備の充實を陳情
154546	朝鮮朝日	西北版	1928-07-12	1	02단	思想取締に關する特高警察の完備/三十八名を增員す
154547	朝鮮朝日	西北版	1928-07-12	1	02단	實際にあった話(一)/本町のカッフェー黑貓は世を忍ぶ/モヒ密賣者の經營/變裝せる本町署刑事の活躍
154548	朝鮮朝日	西北版	1928-07-12	1	03단	中江滿浦に一ケ大隊を當分の間駐屯
154549	朝鮮朝日	西北版	1928-07-12	1	03단	俳句/鈴木花蓑選
154550	朝鮮朝日	西北版	1928-07-12	1	04단	新義州法院擴張の運動/總監に陳情
154551	朝鮮朝日	西北版	1928-07-12	1	04단	司法官異動
154552	朝鮮朝日	西北版	1928-07-12	1	04단	白粉の含鉛を容易く識別する/試驗法を新に發見/博士になる城大の原氏
154553	朝鮮朝日	西北版	1928-07-12	1	05단	國境畫報(完)/平壤一記者
154554	朝鮮朝日	西北版	1928-07-12	1	05단	航路標識の視察巡邏船新造の計劃
154555	朝鮮朝日	西北版	1928-07-12	1	06단	教育點呼成績は良い
154556	朝鮮朝日	西北版	1928-07-12	1	06단	マラリヤの調査徹底的に行ってこれが殲滅を期す
154557	朝鮮朝日	西北版	1928-07-12	1	07단	道立病院と上水道工事/沙里院が實施
154558	朝鮮朝日	西北版	1928-07-12	1	07단	牡丹臺野話
154559	朝鮮朝日	西北版	1928-07-12	1	07단	隨所に塒を造り自然と親しむ樂しいキャンプの生活/鐵道局が力瘤を入れる
154560	朝鮮朝日	西北版	1928-07-12	1	08단	本社主催全國中等學校野球大會/朝鮮豫選
154561	朝鮮朝日	西北版	1928-07-12	1	08단	內鮮行路病者追善のため無緣塔を設立
154562	朝鮮朝日	西北版	1928-07-12	1	08단	各地だより(鎭南浦/咸興/安東縣/城津/城津/平壤)
154563	朝鮮朝日	西北版	1928-07-12	1	08단	支那學校の國恥の二字遂に撤廢す
154564	朝鮮朝日	西北版	1928-07-12	1	08단	故鄕を戀ひ兵卒が脫營
154565	朝鮮朝日	西北版	1928-07-12	1	09단	採木公司が保甲隊員の增派を要望
154566	朝鮮朝日	西北版	1928-07-12	1	09단	支那絹布に代はる人絹平壤で旺盛
154567	朝鮮朝日	西北版	1928-07-12	1	10단	御商組合が金利引下で銀行側と協議
154568	朝鮮朝日	西北版	1928-07-12	1	10단	逃走犯人を會寧で逮捕
154569	朝鮮朝日	西北版	1928-07-12	1	10단	安東庭球團快勝
154570	朝鮮朝日	西北版	1928-07-12	1	10단	南浦商工勝つ

일련번호	판명		간행일	면	단수	기사명
154571	朝鮮朝日	西北版	1928-07-12	1	10단	人(井上幾太郎大將(航空本部長))
154572	朝鮮朝日	西北版	1928-07-12	1	10단	半島茶話
154573	朝鮮朝日	南鮮版	1928-07-12	1	01단	教育の振興案は財務局も鵜呑み惟れ命從うて明年度豫算に計上(普通學校增設/師範學校改善/國民學校新設)
154574	朝鮮朝日	南鮮版	1928-07-12	1	01단	兵備と警備の運用は異る 學生の盟休は困ったこと 山梨總督釜山で語る/山梨總督が慶南を視察/大邱の要望
154575	朝鮮朝日	南鮮版	1928-07-12	1	01단	實際にあった話(一)/本町のカッフェー黑貓は世を忍ぶ/モヒ密賣者の經營/變裝せる本町署刑事の活躍
154576	朝鮮朝日	南鮮版	1928-07-12	1	02단	思想取締に關する特高警察の完備/三十八名を增員す
154577	朝鮮朝日	南鮮版	1928-07-12	1	03단	司法官異動
154578	朝鮮朝日	南鮮版	1928-07-12	1	03단	俳句/鈴木花蓑選
154579	朝鮮朝日	南鮮版	1928-07-12	1	04단	航路標識の視察巡邏船新造の計劃
154580	朝鮮朝日	南鮮版	1928-07-12	1	04단	濟州島馬の宣傳と卽賣/畜産共進會で
154581	朝鮮朝日	南鮮版	1928-07-12	1	04단	會社は何等の誠意を示さぬ/無條件で解決した瓦電爭議の成行が氣遣はる
154582	朝鮮朝日	南鮮版	1928-07-12	1	05단	黃金を撒いて魚、金、酒、賣笑婦と移り行く人生の縮圖、全南靑山島
154583	朝鮮朝日	南鮮版	1928-07-12	1	05단	朝日活寫會光州で開催
154584	朝鮮朝日	南鮮版	1928-07-12	1	05단	釜山府史調査が終る
154585	朝鮮朝日	南鮮版	1928-07-12	1	06단	白粉の含鉛を容易く識別する/試驗法を新に發見/博士になる城大の原氏
154586	朝鮮朝日	南鮮版	1928-07-12	1	06단	暑さに怯げず入場の多い京城府圖書館
154587	朝鮮朝日	南鮮版	1928-07-12	1	06단	慶全北線の萬頃江橋梁改築が竣工
154588	朝鮮朝日	南鮮版	1928-07-12	1	07단	救世軍司令官後任が決定
154589	朝鮮朝日	南鮮版	1928-07-12	1	07단	各地の會合(慶南夏季講習會/夏季教育講習會)
154590	朝鮮朝日	南鮮版	1928-07-12	1	07단	靑い鳥は歌ふ/釜山/ひでまる生
154591	朝鮮朝日	南鮮版	1928-07-12	1	08단	內鮮行路病者追善のため無緣塔を設立
154592	朝鮮朝日	南鮮版	1928-07-12	1	08단	木浦全州に快勝
154593	朝鮮朝日	南鮮版	1928-07-12	1	08단	本社主催全國中等學校野球大會/朝鮮豫選
154594	朝鮮朝日	南鮮版	1928-07-12	1	09단	貧に惱んで嬰兒を殺す
154595	朝鮮朝日	南鮮版	1928-07-12	1	09단	マラリヤの調査徹底的に行ってこれが殲滅を期す
154596	朝鮮朝日	南鮮版	1928-07-12	1	10단	暴行學生は十四名起訴
154597	朝鮮朝日	南鮮版	1928-07-12	1	10단	會(全南庶務主任會議/神戶高商議演會)
154598	朝鮮朝日	南鮮版	1928-07-12	1	10단	人(張稷相氏(大邱會議所會頭)/大村百藏氏

일련번호	판명		간행일	면	단수	기사명
154598	朝鮮朝日	南鮮版	1928-07-12	1	10단	(京城府協議員)/橘高憲土氏(門鐵釜山營業所主任)/迫間房太郎氏(釜山實業家)/村山沼一郎氏(本府衛生課長)/須藤素氏(慶北知事)/美座同警察部長/岡崎哲郎氏(全南內務部長)/寺內朝鮮軍參謀長/中川廿師團參謀長)
154599	朝鮮朝日	南鮮版	1928-07-12	1	10단	半島茶話
154600	朝鮮朝日	西北・南鮮版	1928-07-12	2	01단	取引所設置の運動振(一)/現物市場派と會社派が入亂れ白熱的競爭を續ける
154601	朝鮮朝日	西北・南鮮版	1928-07-12	2	01단	簡保や台航補助に內鮮電話直通の整備費を豫算に計上/明年度遞信局の計劃
154602	朝鮮朝日	西北・南鮮版	1928-07-12	2	01단	鑛業權出願/本年は多い
154603	朝鮮朝日	西北・南鮮版	1928-07-12	2	01단	煙草會社が總支店設置/四ヶ所に
154604	朝鮮朝日	西北・南鮮版	1928-07-12	2	01단	洋灰が暴騰/操業短縮で
154605	朝鮮朝日	西北・南鮮版	1928-07-12	2	02단	平北の種牛移出が增加
154606	朝鮮朝日	西北・南鮮版	1928-07-12	2	02단	叺の需要が咸南で多い
154607	朝鮮朝日	西北・南鮮版	1928-07-12	2	02단	小作農に限り勸農低資の融通の方針
154608	朝鮮朝日	西北・南鮮版	1928-07-12	2	02단	朝鮮勞働者の賃銀を定む/宇部相愛會
154609	朝鮮朝日	西北・南鮮版	1928-07-12	2	03단	局線の在貨八千二百噸
154610	朝鮮朝日	西北・南鮮版	1928-07-12	2	03단	局線の荷動十萬六千噸
154611	朝鮮朝日	西北・南鮮版	1928-07-12	2	03단	各地手形支換高
154612	朝鮮朝日	西北・南鮮版	1928-07-12	2	04단	南浦穀物檢查
154613	朝鮮朝日	西北・南鮮版	1928-07-12	2	04단	城津六月貿易高
154614	朝鮮朝日	西北・南鮮版	1928-07-12	2	04단	元山上半期貿易
154615	朝鮮朝日	西北・南鮮版	1928-07-12	2	04단	釜山水産檢查高
154616	朝鮮朝日	西北・南鮮版	1928-07-12	2	04단	朝鮮保險增配
154617	朝鮮朝日	西北・南鮮版	1928-07-12	2	04단	浮世草
154618	朝鮮朝日	西北版	1928-07-13	1	01단	教育の普及と頻發せる盟休/全然切り離して考へたい黑幕の思想團は怖い
154619	朝鮮朝日	西北版	1928-07-13	1	01단	面の特別會計を今後は許さる/面の事業經營に利便
154620	朝鮮朝日	西北版	1928-07-13	1	01단	御大典記念/事業內容を本府が調査
154621	朝鮮朝日	西北版	1928-07-13	1	01단	平壤府豫算擴張で膨れる
154622	朝鮮朝日	西北版	1928-07-13	1	01단	實際にあった話/大正製藥の商標や包紙を模造して廣く全鮮にモヒを密賣し數萬金を儲けた一味
154623	朝鮮朝日	西北版	1928-07-13	1	02단	短歌/橋田東聲選
154624	朝鮮朝日	西北版	1928-07-13	1	02단	海州面民が獨立守備隊設置を要望
154625	朝鮮朝日	西北版	1928-07-13	1	02단	清津機關庫竣工は十一月
154626	朝鮮朝日	西北版	1928-07-13	1	03단	清津城津間電話線增設/京城とも中繼

일련번호	판명		간행일	면	단수	기사명
154627	朝鮮朝日	西北版	1928-07-13	1	03단	討伐隊いよいよ國境を引揚ぐ新義州に續々と到着
154628	朝鮮朝日	西北版	1928-07-13	1	04단	增員警察官/黃海の割當
154629	朝鮮朝日	西北版	1928-07-13	1	04단	清津の人口二萬二千人
154630	朝鮮朝日	西北版	1928-07-13	1	05단	樂浪博郭墳博物館に建設
154631	朝鮮朝日	西北版	1928-07-13	1	05단	各地だより(茂山/海州/沙里院/平壤/清津/咸興)
154632	朝鮮朝日	西北版	1928-07-13	1	05단	中央會に代る金組協會を組織/所要基金五萬圓は各道聯合會が釀出
154633	朝鮮朝日	西北版	1928-07-13	1	05단	建物だけで一萬坪に達す始政記念の大博覽會/總經費百四十二萬圓
154634	朝鮮朝日	西北版	1928-07-13	1	06단	今モンテ・クリスト伯(上)/芍藥島に獨り住み/王さま氣取りの畵家の領木東邦さん
154635	朝鮮朝日	西北版	1928-07-13	1	06단	警察官異動
154636	朝鮮朝日	西北版	1928-07-13	1	07단	思想取締警察官を京城に集めて簡單な社會科學を授け取締の完璧を期す
154637	朝鮮朝日	西北版	1928-07-13	1	07단	街の噂/平壤一記者
154638	朝鮮朝日	西北版	1928-07-13	1	08단	殖銀社債一千萬圓發行
154639	朝鮮朝日	西北版	1928-07-13	1	08단	雜音の混らぬ畜音機放送/D局の試み
154640	朝鮮朝日	西北版	1928-07-13	1	09단	平南の降雹被害が多い
154641	朝鮮朝日	西北版	1928-07-13	1	09단	松毛蟲の發生が多い平南の諸公園
154642	朝鮮朝日	西北版	1928-07-13	1	10단	不逞大學生平壤で逮捕
154643	朝鮮朝日	西北版	1928-07-13	1	10단	不正漁者を安州署が檢擧
154644	朝鮮朝日	西北版	1928-07-13	1	10단	咸興農校の盟休生登校
154645	朝鮮朝日	西北版	1928-07-13	1	10단	盟休事件の退學生六十名
154646	朝鮮朝日	西北版	1928-07-13	1	10단	會(平南修養講習會)
154647	朝鮮朝日	西北版	1928-07-13	1	10단	人(海城他人男氏(清津刑務所長))
154648	朝鮮朝日	西北版	1928-07-13	1	10단	半島茶話
154649	朝鮮朝日	南鮮版	1928-07-13	1	01단	教育の普及と頻發せる盟休/全然切り離して考へたい黑幕の思想團は怖い
154650	朝鮮朝日	南鮮版	1928-07-13	1	01단	面の特別會計を今後は許さる/面の事業經營に利便
154651	朝鮮朝日	南鮮版	1928-07-13	1	01단	御大典記念/事業內容を本府が調査
154652	朝鮮朝日	南鮮版	1928-07-13	1	01단	山梨總督大邱に到着
154653	朝鮮朝日	南鮮版	1928-07-13	1	01단	實際にあった話/大正製藥の商標や包紙を模造して廣く全鮮にモヒを密賣し數萬金を儲けた一味
154654	朝鮮朝日	南鮮版	1928-07-13	1	02단	短歌/橋田東聲選
154655	朝鮮朝日	南鮮版	1928-07-13	1	02단	京仁兩地の有志が懇談/步調を揃へる
154656	朝鮮朝日	南鮮版	1928-07-13	1	03단	下水溝改修の補助問題で府議が上城

일련번호	판명		간행일	면	단수	기사명
154657	朝鮮朝日	南鮮版	1928-07-13	1	03단	中央會に代る金組協會を組織/所要基金五萬圓は各道聯合會が醵出
154658	朝鮮朝日	南鮮版	1928-07-13	1	05단	發動機共進會準備を進む/協贊會を組織
154659	朝鮮朝日	南鮮版	1928-07-13	1	05단	尾上柴舟氏八月に入鮮
154660	朝鮮朝日	南鮮版	1928-07-13	1	05단	水源地の剩水を利用して發電/電車を動かさうと大邱府の新らしい計劃
154661	朝鮮朝日	南鮮版	1928-07-13	1	05단	建物だけで一萬坪に達す始政記念の大博覽會/總經費百四十二萬圓
154662	朝鮮朝日	南鮮版	1928-07-13	1	06단	今モンテ・クリスト伯(上)/芍藥島に獨り住み/王さま氣取りの畫家の領木東邦さん
154663	朝鮮朝日	南鮮版	1928-07-13	1	06단	警察官異動
154664	朝鮮朝日	南鮮版	1928-07-13	1	06단	高麗と新羅の兩船を復活し乘客の緩和を圖る/近々に實施される
154665	朝鮮朝日	南鮮版	1928-07-13	1	07단	濟州島夏季大學
154666	朝鮮朝日	南鮮版	1928-07-13	1	07단	釜山だより
154667	朝鮮朝日	南鮮版	1928-07-13	1	08단	殖銀社債一千萬圓發行
154668	朝鮮朝日	南鮮版	1928-07-13	1	08단	奬忠壇の林間保養所/愛婦が開設
154669	朝鮮朝日	南鮮版	1928-07-13	1	08단	朝日活寫會/釜山で大盛況
154670	朝鮮朝日	南鮮版	1928-07-13	1	08단	青い鳥は歌ふ/釜山/ひでまる生
154671	朝鮮朝日	南鮮版	1928-07-13	1	09단	大田釜鐵を降す
154672	朝鮮朝日	南鮮版	1928-07-13	1	09단	雜音の混らぬ畜音機放送/D局の試み
154673	朝鮮朝日	南鮮版	1928-07-13	1	10단	盟休學生に最後の通牒
154674	朝鮮朝日	南鮮版	1928-07-13	1	10단	面長の惡事/宜寧署に引致
154675	朝鮮朝日	南鮮版	1928-07-13	1	10단	鐵砲で自殺/總督府技手
154676	朝鮮朝日	南鮮版	1928-07-13	1	10단	會(全南棉花懇談會)
154677	朝鮮朝日	南鮮版	1928-07-13	1	10단	人(重村義一少將(總督府科學館長)/肥田琢司代議士/野田俊作代議士/松井七夫代議士/宮川一貫代議士)
154678	朝鮮朝日	南鮮版	1928-07-13	1	10단	半島茶話
154679	朝鮮朝日	西北・南鮮版	1928-07-13	2	01단	取引所設置の運動振(完)/底を割って見れば利權屋の妄動/聲のみ徒らに大きい
154680	朝鮮朝日	西北・南鮮版	1928-07-13	2	01단	雫の聲
154681	朝鮮朝日	西北・南鮮版	1928-07-13	2	02단	悲觀材料が多く憂慮される植付/京畿黃海全北が惡い
154682	朝鮮朝日	西北・南鮮版	1928-07-13	2	02단	鐵道局が百六輛の車輛を新造
154683	朝鮮朝日	西北・南鮮版	1928-07-13	2	02단	ミツワ農場の藥用葡萄酒增産の計劃
154684	朝鮮朝日	西北・南鮮版	1928-07-13	2	03단	八月中には融通できる/細農の低資
154685	朝鮮朝日	西北・南鮮版	1928-07-13	2	03단	局線の動き十萬六千噸
154686	朝鮮朝日	西北・南鮮版	1928-07-13	2	03단	元山商人の滿洲粟扱高/漸次減少の兆

일련번호	판명		간행일	면	단수	기사명
154687	朝鮮朝日	西北・南鮮版	1928-07-13	2	04단	南浦農業活寫會
154688	朝鮮朝日	西北・南鮮版	1928-07-13	2	04단	豆滿江着筏高
154689	朝鮮朝日	西北・南鮮版	1928-07-13	2	04단	浮世草
154690	朝鮮朝日	西北版	1928-07-14	1	01단	博覽會場と決定した神武門外の廣場
154691	朝鮮朝日	西北版	1928-07-14	1	01단	財源難に祟られ補助金の大整理/航路補助や勸業方面を思ひ切って削減す
154692	朝鮮朝日	西北版	1928-07-14	1	01단	旅團位の兵數で飛行隊を持つ/守備隊の設置は國境には是非とも必要
154693	朝鮮朝日	西北版	1928-07-14	1	01단	豆粕輸入證明手續の簡易を希望
154694	朝鮮朝日	西北版	1928-07-14	1	02단	平北郡守會議
154695	朝鮮朝日	西北版	1928-07-14	1	02단	今モンテ・クリスト伯(中)/行方定めぬ旅衣/世界を歩き廻り蒙古よりの歸るさ/芍藥島に足を止めた鈴木さん
154696	朝鮮朝日	西北版	1928-07-14	1	03단	俳句/鈴木花蓑選
154697	朝鮮朝日	西北版	1928-07-14	1	03단	牡丹台上に商品陳列の分館を設く
154698	朝鮮朝日	西北版	1928-07-14	1	04단	我軍の立派な態度で寧ろ親日的な傾向を與へた感がある/金谷軍司令官語る
154699	朝鮮朝日	西北版	1928-07-14	1	04단	三十名の巡査募集に五百人が應募
154700	朝鮮朝日	西北版	1928-07-14	1	04단	平南度量衡檢査
154701	朝鮮朝日	西北版	1928-07-14	1	04단	同民會夏季大學
154702	朝鮮朝日	西北版	1928-07-14	1	05단	口腔衛生に安東小學留意
154703	朝鮮朝日	西北版	1928-07-14	1	05단	モヒ療養所/十四日開所
154704	朝鮮朝日	西北版	1928-07-14	1	05단	學資に不自由する學生のために職業を紹介したり便利を圖る城大の學友會
154705	朝鮮朝日	西北版	1928-07-14	1	05단	安東獵友射擊會
154706	朝鮮朝日	西北版	1928-07-14	1	06단	土曜漫筆/壺を燒いた話/淺川伯教
154707	朝鮮朝日	西北版	1928-07-14	1	06단	魚釣りの競技
154708	朝鮮朝日	西北版	1928-07-14	1	06단	咸興軍雪辱す
154709	朝鮮朝日	西北版	1928-07-14	1	06단	各地だより(海州/新義州/安東縣/沙里院/咸興/平壤)
154710	朝鮮朝日	西北版	1928-07-14	1	07단	綠蔭深き七星池
154711	朝鮮朝日	西北版	1928-07-14	1	07단	菊花御紋章類似の模樣/嚴重に取締る
154712	朝鮮朝日	西北版	1928-07-14	1	08단	本社主催全國中等學校野球大會/朝鮮豫選
154713	朝鮮朝日	西北版	1928-07-14	1	09단	電話のない警察が四十餘もある/不完全な警備狀況/電話の大擴張を計劃
154714	朝鮮朝日	西北版	1928-07-14	1	09단	會(載寧夏季講習會)
154715	朝鮮朝日	西北版	1928-07-14	1	10단	牡丹臺野話
154716	朝鮮朝日	西北版	1928-07-14	1	10단	半島茶話
154717	朝鮮朝日	南鮮版	1928-07-14	1	01단	博覽會場と決定した神武門外の廣場

일련번호	판명		간행일	면	단수	기사명
154718	朝鮮朝日	南鮮版	1928-07-14	1	01단	財源難に祟られ補助金の大整理/航路補助や勸業方面を
154719	朝鮮朝日	南鮮版	1928-07-14	1	01단	思ひ切って削減す
154720	朝鮮朝日	南鮮版	1928-07-14	1	01단	學資に不自由する學生のために職業を紹介したり便利を圖る城大の學友會
154720	朝鮮朝日	南鮮版	1928-07-14	1	01단	今モンテ・クリスト伯(中)/行方定めぬ旅衣/世界を歩き廻り蒙古よりの歸るさ/芍藥島に足を止めた鈴木さん
154721	朝鮮朝日	南鮮版	1928-07-14	1	02단	山梨總督安東に向ふ(山梨總督)
154722	朝鮮朝日	南鮮版	1928-07-14	1	03단	同民會夏季大學
154723	朝鮮朝日	南鮮版	1928-07-14	1	04단	忠北から德島に動く山口泉氏
154724	朝鮮朝日	南鮮版	1928-07-14	1	04단	俳句/鈴木花養選
154725	朝鮮朝日	南鮮版	1928-07-14	1	04단	ベタベタ貼られたビラや廣告を京城府が大掃除/風致を害ふものは取締る
154726	朝鮮朝日	南鮮版	1928-07-14	1	04단	各地だより(群山/清州)
154727	朝鮮朝日	南鮮版	1928-07-14	1	05단	土曜漫筆/壺を燒いた話/淺川伯教
154728	朝鮮朝日	南鮮版	1928-07-14	1	05단	歸鮮學生で釜山が賑ふ
154729	朝鮮朝日	南鮮版	1928-07-14	1	05단	英國軍艦入港
154730	朝鮮朝日	南鮮版	1928-07-14	1	05단	電話のない警察が四十餘もある/不完全な警備狀況/電話の大擴張を計劃
154731	朝鮮朝日	南鮮版	1928-07-14	1	06단	街の噂/平壤一記者
154732	朝鮮朝日	南鮮版	1928-07-14	1	06단	菊花御紋章類似の模樣/嚴重に取締る
154733	朝鮮朝日	南鮮版	1928-07-14	1	06단	河童の子供たちも頭の光る大人も號令勇しい國民體操/龍山靑年會の早起會
154734	朝鮮朝日	南鮮版	1928-07-14	1	07단	大邱の暑さ九十五度
154735	朝鮮朝日	南鮮版	1928-07-14	1	08단	賭博事件十六日公判
154736	朝鮮朝日	南鮮版	1928-07-14	1	08단	幼兒連れの三名を轢く/一名は卽死
154737	朝鮮朝日	南鮮版	1928-07-14	1	08단	本社主催全國中等學校野球大會/朝鮮豫選
154738	朝鮮朝日	南鮮版	1928-07-14	1	09단	釜山高女の姫ごぜ達が松島で海水浴
154739	朝鮮朝日	南鮮版	1928-07-14	1	09단	退學處分が百八十名停學が百九十名/盟休史に前例なき大英斷/閉鎖狀態の釜山二商
154740	朝鮮朝日	南鮮版	1928-07-14	1	09단	朝日活動寫眞大會
154741	朝鮮朝日	南鮮版	1928-07-14	1	10단	人(寺內壽一少將(朝鮮軍參謀長))
154742	朝鮮朝日	南鮮版	1928-07-14	1	10단	半島茶話
154743	朝鮮朝日	西北・南鮮版	1928-07-14	2	01단	九州の漁業家が續々と入鮮し沿海一帶の漁場を調査
154744	朝鮮朝日	西北・南鮮版	1928-07-14	2	01단	對支水産の視察に渡支
154745	朝鮮朝日	西北・南鮮版	1928-07-14	2	01단	雫の聲
154746	朝鮮朝日	西北・南鮮版	1928-07-14	2	01단	東拓の植付/昨年より惡い

일련번호	판명		간행일	면	단수	기사명
154747	朝鮮朝日	西北・南鮮版	1928-07-14	2	01단	經營既得線を四十萬圓に評價して決定/共榮自動會社
154748	朝鮮朝日	西北・南鮮版	1928-07-14	2	02단	新義州驛の擴張を要望/府協議員が
154749	朝鮮朝日	西北・南鮮版	1928-07-14	2	02단	東拓が計劃中の集約的の耕作法/小作人たちも惠まれて爭議はなくならう
154750	朝鮮朝日	西北・南鮮版	1928-07-14	2	02단	黃州林檎の作柄は不良/南浦林檎出廻る
154751	朝鮮朝日	西北・南鮮版	1928-07-14	2	02단	追っても甲斐の無い大邱の癩患者
154752	朝鮮朝日	西北・南鮮版	1928-07-14	2	03단	咸南の耕地一戶當り二町六反
154753	朝鮮朝日	西北・南鮮版	1928-07-14	2	03단	黃州郡稻作不良
154754	朝鮮朝日	西北・南鮮版	1928-07-14	2	03단	兼二浦製鐵銑鐵
154755	朝鮮朝日	西北・南鮮版	1928-07-14	2	04단	桑苗組合聯合會
154756	朝鮮朝日	西北・南鮮版	1928-07-14	2	04단	浮世草
154757	朝鮮朝日	西北版	1928-07-15	1	01단	何時までも京城の上空を裸に置くは萬一の場合頗る危險だとて高射砲大隊を設置
154758	朝鮮朝日	西北版	1928-07-15	1	01단	朝鮮の人が仲よく暮せるお禮にと相愛會三島支部が篤行家の記念碑を建設
154759	朝鮮朝日	西北版	1928-07-15	1	01단	元山淸津間命令航路廢止
154760	朝鮮朝日	西北版	1928-07-15	1	01단	宣統帝を下村專務訪問
154761	朝鮮朝日	西北版	1928-07-15	1	01단	漁太津の鰯の締粕製造さかん
154762	朝鮮朝日	西北版	1928-07-15	1	02단	軌道自動車羅南延長計劃
154763	朝鮮朝日	西北版	1928-07-15	1	02단	放送局飽きられ蓄音機が大流行/夏の夕凉みに聞くのか/レコードが非常に賣れる
154764	朝鮮朝日	西北版	1928-07-15	1	02단	今モンテ・クリスト伯(下)/偉大なる子供でこの世の反逆兒/新聞も讀まぬ書も繙かぬ世を知るは恐ろしい
154765	朝鮮朝日	西北版	1928-07-15	1	03단	南浦林檎が他品を壓倒
154766	朝鮮朝日	西北版	1928-07-15	1	03단	短歌/橋田東聲選
154767	朝鮮朝日	西北版	1928-07-15	1	04단	牡蠣の養殖/平南の計劃
154768	朝鮮朝日	西北版	1928-07-15	1	04단	大正十三年以上の大旱魃の慘狀 農務課長を招集し旱害の對策を協議/井水が涸渇 力浦地方が
154769	朝鮮朝日	西北版	1928-07-15	1	04단	郵便局の窓口正午かぎり
154770	朝鮮朝日	西北版	1928-07-15	1	04단	金剛山探勝鐵道が募集
154771	朝鮮朝日	西北版	1928-07-15	1	05단	米國會社が澱粉工場を平壤に設立
154772	朝鮮朝日	西北版	1928-07-15	1	05단	義州農校出身自作農者に二百圓を補助
154773	朝鮮朝日	西北版	1928-07-15	1	05단	白堊の殿堂に艷めいた脂粉の色香漂ふ本府の月給日/總督の俸給九百九十九圓
154774	朝鮮朝日	西北版	1928-07-15	1	06단	實際にあった話/お小夜は若い頃左褄を取って馬山で某銀行員と浮名を立てられ

일련번호	판명		간행일	면	단수	기사명
154774	朝鮮朝日	西北版	1928-07-15	1	06단	た仇だ姿
154775	朝鮮朝日	西北版	1928-07-15	1	06단	朝鮮水電の大堰堤工事/本年の豫定
154776	朝鮮朝日	西北版	1928-07-15	1	06단	放流標識鱒大敷網に掛る
154777	朝鮮朝日	西北版	1928-07-15	1	06단	凉み台/平壤一記者/賢愚の判らぬ不可解な萩原新課長
154778	朝鮮朝日	西北版	1928-07-15	1	07단	各地だより(咸興)
154779	朝鮮朝日	西北版	1928-07-15	1	08단	牡丹臺野話
154780	朝鮮朝日	西北版	1928-07-15	1	08단	淸津の暑さ三十二度
154781	朝鮮朝日	西北版	1928-07-15	1	09단	定州機關庫擴張に絡む農民の紛擾/圓滿に解決
154782	朝鮮朝日	西北版	1928-07-15	1	09단	平北に構成の牛疫免疫地/ワクチン注射
154783	朝鮮朝日	西北版	1928-07-15	1	09단	東京支會の權利を停止/槿友會が
154784	朝鮮朝日	西北版	1928-07-15	1	10단	五山高普の盟休生登校/停學生も謹愼
154785	朝鮮朝日	西北版	1928-07-15	1	10단	咸興水利の部員を袋叩/五十四名が
154786	朝鮮朝日	西北版	1928-07-15	1	10단	兇刃を揮ひ三人を斬る/痴情の兇行か
154787	朝鮮朝日	西北版	1928-07-15	1	10단	高專野球西部豫選開始
154788	朝鮮朝日	西北版	1928-07-15	1	10단	朝日活寫會/大邱の盛況
154789	朝鮮朝日	西北版	1928-07-15	1	10단	人(大家第十九師團參謀長/小林咸興步兵第三十七旅團長/木村又氏(道立新義州醫院小兒科長))
154790	朝鮮朝日	西北版	1928-07-15	1	10단	半島茶話
154791	朝鮮朝日	南鮮版	1928-07-15	1	01단	何時までも京城の上空を裸に置くは萬一の場合頗る危險だとて高射砲大隊を設置
154792	朝鮮朝日	南鮮版	1928-07-15	1	01단	朝鮮の人が仲よく暮せるお禮にと相愛會三島支部が篤行家の記念碑を建設
154793	朝鮮朝日	南鮮版	1928-07-15	1	01단	公州郡廳新築
154794	朝鮮朝日	南鮮版	1928-07-15	1	01단	今モンテ・クリスト伯(下)/偉大なる子供でこの世の反逆兒/新聞も讀まぬ書も繙かぬ世を知るは恐ろしい
154795	朝鮮朝日	南鮮版	1928-07-15	1	02단	工學院新卒業生
154796	朝鮮朝日	南鮮版	1928-07-15	1	02단	二學期から改めて授業/釜山二商校
154797	朝鮮朝日	南鮮版	1928-07-15	1	02단	染色衣の着用を郡守會議で決議/官吏や學校職員が先づ第一着に範を示す
154798	朝鮮朝日	南鮮版	1928-07-15	1	03단	短歌/橋田東聲選
154799	朝鮮朝日	南鮮版	1928-07-15	1	03단	金剛山探勝團鐵道が募集
154800	朝鮮朝日	南鮮版	1928-07-15	1	04단	おもむろに不穩分子を瓦電が一掃
154801	朝鮮朝日	南鮮版	1928-07-15	1	04단	放送局飽きられ蓄音機が大流行/夏の夕凉
154801	朝鮮朝日	南鮮版	1928-07-15	1	04단	みに聞くのか/レコードが非常に賣れる
154802	朝鮮朝日	南鮮版	1928-07-15	1	04단	牛に怖いのしの病/慶北に發生

일련번호	판명		간행일	면	단수	기사명
154803	朝鮮朝日	南鮮版	1928-07-15	1	04단	三十餘名の兵士が罹病/大腹カタルに
154804	朝鮮朝日	南鮮版	1928-07-15	1	05단	郵便局の窓口正午かぎり
154805	朝鮮朝日	南鮮版	1928-07-15	1	05단	東京支會の權利を停止/槿友會が
154806	朝鮮朝日	南鮮版	1928-07-15	1	05단	完成の域に近い漢江の大堤防/總工費三百七十萬圓/龍山の人も高枕で寝れる
154807	朝鮮朝日	南鮮版	1928-07-15	1	06단	實際にあった話(三)/お小夜は若い頃左棲を取って馬山で某銀行員と浮名を立てられた仇だ姿
154808	朝鮮朝日	南鮮版	1928-07-15	1	06단	青い鳥は歌ふ/釜山/ひでまる生
154809	朝鮮朝日	南鮮版	1928-07-15	1	06단	各地だより(釜山/京城/公州)
154810	朝鮮朝日	南鮮版	1928-07-15	1	06단	白堊の殿堂に艷めいた脂粉の色香漂ふ本府の月給日/總督の俸給九百九十九圓
154811	朝鮮朝日	南鮮版	1928-07-15	1	08단	*朝日活寫會 大邱の盛況/釜山も大盛況*
154812	朝鮮朝日	南鮮版	1928-07-15	1	09단	大正十三年以上の大旱魃の慘狀/農務課長を招集し旱害の對策を協議(打合事項)
154813	朝鮮朝日	南鮮版	1928-07-15	1	09단	高專野球/西部豫選開始
154814	朝鮮朝日	南鮮版	1928-07-15	1	10단	三名が溺死二名は訓導
154815	朝鮮朝日	南鮮版	1928-07-15	1	10단	三戸を燒く京城の火事
154816	朝鮮朝日	南鮮版	1928-07-15	1	10단	京城醫專敗る
154817	朝鮮朝日	南鮮版	1928-07-15	1	10단	南加大學來鮮
154818	朝鮮朝日	南鮮版	1928-07-15	1	10단	殖銀球團東上
154819	朝鮮朝日	南鮮版	1928-07-15	1	10단	人(山梨總督/黑板勝美博士(東大教授)/早稻田大學生)
154820	朝鮮朝日	南鮮版	1928-07-15	1	10단	半島茶話
154821	朝鮮朝日	西北・南鮮版	1928-07-15	2	01단	鮮航會と辰馬の手打は大阪で現行率六十二圓五十錢で纏るらしい見込み
154822	朝鮮朝日	西北・南鮮版	1928-07-15	2	01단	美田と化した洛東江の河床/專用認可申請者が多い/事情の許す限り拂下ぐ
154823	朝鮮朝日	西北・南鮮版	1928-07-15	2	01단	七月になってから受入が減少し拂出はウンと増加す/京城局の窓口から見た景氣
154824	朝鮮朝日	西北・南鮮版	1928-07-15	2	01단	工業大會が利子低減と貸出範圍の擴張を請願
154825	朝鮮朝日	西北・南鮮版	1928-07-15	2	02단	京城內銀行貸付の內容
154826	朝鮮朝日	西北・南鮮版	1928-07-15	2	02단	社長問題で共榮自動車今もごたつく
154827	朝鮮朝日	西北・南鮮版	1928-07-15	2	03단	馬鈴薯から立派な燒酎釀造に成功
154828	朝鮮朝日	西北・南鮮版	1928-07-15	2	03단	鐵道の業績前年より良好
154829	朝鮮朝日	西北・南鮮版	1928-07-15	2	03단	局線在貨高
154830	朝鮮朝日	西北・南鮮版	1928-07-15	2	03단	群山地方が代用作物を早くも準備
154831	朝鮮朝日	西北・南鮮版	1928-07-15	2	04단	沙里院金組理事

일련번호	판명		간행일	면	단수	기사명
154832	朝鮮朝日	西北・南鮮版	1928-07-15	2	04단	清津貿易高
154833	朝鮮朝日	西北・南鮮版	1928-07-15	2	04단	浮世草
154834	朝鮮朝日	西北版	1928-07-17	1	01단	取引所の問題に政黨政派の容喙は斷じて許さんよと山梨總督記者團に怪氣焰
154835	朝鮮朝日	西北版	1928-07-17	1	01단	朝鮮では當分刑罰萬能でゆくより外はない/治維法は朝鮮にこそ必要
154836	朝鮮朝日	西北版	1928-07-17	1	01단	東洋一の昭和水利東拓が代行
154837	朝鮮朝日	西北版	1928-07-17	1	01단	陣容整った平南高等警察
154838	朝鮮朝日	西北版	1928-07-17	1	01단	新警視橋口政義氏
154839	朝鮮朝日	西北版	1928-07-17	1	02단	油房業者が營業稅率の引下を陳情
154840	朝鮮朝日	西北版	1928-07-17	1	02단	軍隊が引揚げても馬賊の越境はもう殆どあるまい/周山聯隊長は語る
154841	朝鮮朝日	西北版	1928-07-17	1	02단	實際にあった話/美人教師に絡らまる話(一)/京城一記者
154842	朝鮮朝日	西北版	1928-07-17	1	03단	平南春蠶の共販取引量八千石に上る
154843	朝鮮朝日	西北版	1928-07-17	1	03단	鴨緑江口の通關手數料低減を陳情
154844	朝鮮朝日	西北版	1928-07-17	1	04단	御大典記念平壤の事業豫想できぬ
154845	朝鮮朝日	西北版	1928-07-17	1	04단	朝鮮の織物同盟に反旗を飜した金澤の人絹織業者/同盟側の操短交渉に應ぜず
154846	朝鮮朝日	西北版	1928-07-17	1	04단	牡丹台野話
154847	朝鮮朝日	西北版	1928-07-17	1	05단	凉み台/平壤一記者/謙遜で謹直な古市新義州署長
154848	朝鮮朝日	西北版	1928-07-17	1	05단	植付けに十分な黄金の雨が降る　當局も農民も愁眉を開く　北部が殊に多い/十六日の雨量一坪當りが一石三斗餘/平北奥地の交通が杜絶　豪雨、增水で
154849	朝鮮朝日	西北版	1928-07-17	1	06단	各地だより(平壤/咸興/元山)
154850	朝鮮朝日	西北版	1928-07-17	1	06단	是非に三百萬圓を貰はねばならぬ/明年度の沙防工事無理にも豫算に計上
154851	朝鮮朝日	西北版	1928-07-17	1	07단	歡迎される小農の低資/平南は副業奬勵
154852	朝鮮朝日	西北版	1928-07-17	1	07단	島嶼と本土との連絡を圖るべく簡易無線局を設立
154853	朝鮮朝日	西北版	1928-07-17	1	07단	女性ながらに勢力の爭ひで三日も激論を續けた權友會の全國大會
154854	朝鮮朝日	西北版	1928-07-17	1	08단	咸北審勢の調査會組織
154855	朝鮮朝日	西北版	1928-07-17	1	08단	東三省農作稀れな豊作
154856	朝鮮朝日	西北版	1928-07-17	1	08단	紛糾つゞきの普賢寺住職朴普峰師當選
154857	朝鮮朝日	西北版	1928-07-17	1	09단	全生徒を退校し瀋信校遂に休校/職員十三名も解職/盟休が産んだ不祥事

일련번호	판명		간행일	면	단수	기사명
154858	朝鮮朝日	西北版	1928-07-17	1	09단	義州農校の盟休は解決
154859	朝鮮朝日	西北版	1928-07-17	1	09단	暴行學生に懲役の判決
154860	朝鮮朝日	西北版	1928-07-17	1	09단	夏めく城津海水浴始まる
154861	朝鮮朝日	西北版	1928-07-17	1	09단	朝鮮赤痢が平壤に流行
154862	朝鮮朝日	西北版	1928-07-17	1	10단	江西大同の水利組合は一まづ中止
154863	朝鮮朝日	西北版	1928-07-17	1	10단	大邱の赤痢蔓延の兆あり
154864	朝鮮朝日	西北版	1928-07-17	1	10단	孫の死體を松の木に吊す
154865	朝鮮朝日	西北版	1928-07-17	1	10단	會(咸北稅務主任會議/麻布穀類檢査官會/國境記者聯盟(諺文))
154866	朝鮮朝日	西北版	1928-07-17	1	10단	人(古市金彌氏(新任新義州署長)/井上航空本部長/奧野定八氏(山口縣特高課長)/高橋秀人氏(新義州警務部長))
154867	朝鮮朝日	西北版	1928-07-17	1	10단	半島茶話
154868	朝鮮朝日	南鮮版	1928-07-17	1	01단	取引所の問題に政黨政派の容喙は斷じて許さんよと山梨總督記者團に怪氣焰
154869	朝鮮朝日	南鮮版	1928-07-17	1	01단	朝鮮では當分刑罰萬能でゆくより外はない/治維法は朝鮮にこそ必要
154870	朝鮮朝日	南鮮版	1928-07-17	1	01단	慶南道の警官の異動本月中に決定
154871	朝鮮朝日	南鮮版	1928-07-17	1	01단	全南新特高課長成富文五氏
154872	朝鮮朝日	南鮮版	1928-07-17	1	02단	木浦光州間列車の增發近く實現
154873	朝鮮朝日	南鮮版	1928-07-17	1	02단	朝鮮の織物同盟に反旗を飜した金澤の人絹織業者/同盟側の操短交涉に應ぜず
154874	朝鮮朝日	南鮮版	1928-07-17	1	02단	實際にあった話/美人教師に絡らまる話(一)/京城一記者
154875	朝鮮朝日	南鮮版	1928-07-17	1	03단	汝矣島へ幹線道路を近く開設する
154876	朝鮮朝日	南鮮版	1928-07-17	1	03단	魔の海/木浦附近の磁氣調査
154877	朝鮮朝日	南鮮版	1928-07-17	1	04단	伊達政宗の曾山城址を興宗伯が讓受
154878	朝鮮朝日	南鮮版	1928-07-17	1	04단	島嶼と本土との連絡を圖るべく簡易無線局を設立
154879	朝鮮朝日	南鮮版	1928-07-17	1	04단	武者振勇ましい小勇士の騎乘/めっきり腕をあぐ
154880	朝鮮朝日	南鮮版	1928-07-17	1	05단	各地だより(釜山/淸州/木浦/淸津)
154881	朝鮮朝日	南鮮版	1928-07-17	1	05단	一年一人の煙の飲み高一圓八十六錢
154882	朝鮮朝日	南鮮版	1928-07-17	1	06단	お茶のあと
154883	朝鮮朝日	南鮮版	1928-07-17	1	06단	防疫班を組織消毒を行ふ 大邱の赤痢/大邱聯隊の下痢患者も赤痢と決定
154884	朝鮮朝日	南鮮版	1928-07-17	1	06단	植付けに十分な黃金の雨が降る 當局も農
154884	朝鮮朝日	南鮮版	1928-07-17	1	06단	民も愁眉を開く 北部が殊に多い/十六日の雨量一坪當りが一石三斗餘

일련번호	판명		간행일	면	단수	기사명
154885	朝鮮朝日	南鮮版	1928-07-17	1	07단	靑い鳥は歌ふ/釜山/ひでまる生
154886	朝鮮朝日	南鮮版	1928-07-17	1	07단	精靈流し漢江が賑ふ
154887	朝鮮朝日	南鮮版	1928-07-17	1	07단	是非に三百萬圓を貰はねばならぬ/明年度の沙防工事無理にも豫算に計上
154888	朝鮮朝日	南鮮版	1928-07-17	1	07단	女性ながらに勢力の爭ひで三日も激論を續けた權友會の全國大會
154889	朝鮮朝日	南鮮版	1928-07-17	1	08단	傍聽人殺到/賭博事件公判
154890	朝鮮朝日	南鮮版	1928-07-17	1	08단	水喧嘩四名が重傷
154891	朝鮮朝日	南鮮版	1928-07-17	1	09단	全生徒を退校し瀗信校遂に休校/職員十三名も解職/盟休が産んだ不祥事
154892	朝鮮朝日	南鮮版	1928-07-17	1	09단	二名が燒死/仁川の火事
154893	朝鮮朝日	南鮮版	1928-07-17	1	09단	孫の死體を松の木に吊す
154894	朝鮮朝日	南鮮版	1928-07-17	1	09단	朝日活動寫眞大會
154895	朝鮮朝日	南鮮版	1928-07-17	1	10단	首謀者を退學させて反省を促す
154896	朝鮮朝日	南鮮版	1928-07-17	1	10단	二頭四足の畸形兒を産む
154897	朝鮮朝日	南鮮版	1928-07-17	1	10단	木浦のチブス
154898	朝鮮朝日	南鮮版	1928-07-17	1	10단	會(木浦軍事講演會)
154899	朝鮮朝日	南鮮版	1928-07-17	1	10단	人(福來友吉教授/武藤千丈氏(遞信副事務官)/井內勇氏(鮮銀理事)/中村竹藏氏(京城高等法院檢事長)/柳宗悅氏(美術評論家)/松田貞次郎氏(三菱兼二浦製鐵所長))
154900	朝鮮朝日	南鮮版	1928-07-17	1	10단	半島茶話
154901	朝鮮朝日	西北・南鮮版	1928-07-17	2	01단	チブス菌の恐ろしさとその隱れ場所/七年間保菌はあり得ること/大阪市立桃山病院長熊谷博士談
154902	朝鮮朝日	西北・南鮮版	1928-07-17	2	01단	時事鳥瞰/農倉のないのは佛作って魂を入れぬに等しい産米の增殖/國倉の實現は容易であるまい
154903	朝鮮朝日	西北・南鮮版	1928-07-17	2	01단	陶器美術史柳宗悅氏が書く
154904	朝鮮朝日	西北・南鮮版	1928-07-17	2	02단	風變りな婦人修養會
154905	朝鮮朝日	西北・南鮮版	1928-07-17	2	03단	蚊の本場に平壤を指定
154906	朝鮮朝日	西北・南鮮版	1928-07-17	2	03단	出廻旺盛な沙里院の小麥
154907	朝鮮朝日	西北・南鮮版	1928-07-17	2	03단	木浦在庫米
154908	朝鮮朝日	西北・南鮮版	1928-07-17	2	03단	元山橫斷航路上半期貿易
154909	朝鮮朝日	西北・南鮮版	1928-07-17	2	03단	長さ三間に及ぶ金剛山の鳥瞰圖/世界的大家吉田氏の筆/御大典記念博にも出品
154910	朝鮮朝日	西北・南鮮版	1928-07-17	2	04단	百萬圓を究破する平北のグチ漁業
154911	朝鮮朝日	西北・南鮮版	1928-07-17	2	05단	平壤對外貿易
154912	朝鮮朝日	西北・南鮮版	1928-07-17	2	05단	全南玄米檢査

일련번호	판명		간행일	면	단수	기사명
154913	朝鮮朝日	西北・南鮮版	1928-07-17	2	05단	元山驛發着貨物
154914	朝鮮朝日	西北・南鮮版	1928-07-17	2	05단	郵便爲替による資金流失高
154915	朝鮮朝日	西北・南鮮版	1928-07-17	2	06단	朝鮮內の恩給取り七百餘人もある一番永いのは五十年勤續/裁判所遞信局學校が多い
154916	朝鮮朝日	西北・南鮮版	1928-07-17	2	06단	國民學校の名前を變更/目下研究中
154917	朝鮮朝日	西北・南鮮版	1928-07-17	2	06단	新刊紹介(『朝鮮公論』/『朝鮮鐵道協會々誌』/『極東時報』』)
154918	朝鮮朝日	西北・南鮮版	1928-07-17	2	06단	浮世草
154919	朝鮮朝日	西北版	1928-07-18	1	01단	支那の民衆たちは我が軍隊の駐屯を非常に欣んでくれた/官吏は橫暴ができぬで嫌ふ
154920	朝鮮朝日	西北版	1928-07-18	1	02단	吉會線の終點は雄基が適當と滿鐵の諒解を得べく有志が急遽東上す
154921	朝鮮朝日	西北版	1928-07-18	1	02단	平北寧邊が土地改良の調査を開始
154922	朝鮮朝日	西北版	1928-07-18	1	03단	俳句/鈴木花蓑選
154923	朝鮮朝日	西北版	1928-07-18	1	03단	支那騎兵が鳳凰城に增駐
154924	朝鮮朝日	西北版	1928-07-18	1	03단	取引所設置の申請書を戻す/法令が制定された上で改めて受付ける
154925	朝鮮朝日	西北版	1928-07-18	1	04단	安岳警察署新築
154926	朝鮮朝日	西北版	1928-07-18	1	04단	平壤驛前の小公園計劃の內容
154927	朝鮮朝日	西北版	1928-07-18	1	04단	牡丹臺野話
154928	朝鮮朝日	西北版	1928-07-18	1	05단	斤量不足の豆粕の調査
154929	朝鮮朝日	西北版	1928-07-18	1	05단	朝鮮博の會場景福宮の後庭を公園にする計劃/天然園では內地にも珍しい
154930	朝鮮朝日	西北版	1928-07-18	1	05단	旱魃が濟んで今度は雨の脅威/大河を持つ各道は知事が防水に采配を振る
154931	朝鮮朝日	西北版	1928-07-18	1	05단	實際にあった話/美人教師に絡らまる話(二)/京城一記者
154932	朝鮮朝日	西北版	1928-07-18	1	06단	水に惱む西鐘面民の救濟工事施行
154933	朝鮮朝日	西北版	1928-07-18	1	06단	米突展覽會平壤で開催
154934	朝鮮朝日	西北版	1928-07-18	1	06단	朝鮮で初めての移動式無線船全南水産會が建造/十月に竣工の豫定
154935	朝鮮朝日	西北版	1928-07-18	1	07단	國境漫語
154936	朝鮮朝日	西北版	1928-07-18	1	07단	筏流し大同江に浮む
154937	朝鮮朝日	西北版	1928-07-18	1	07단	大分旅商團成功して退鮮
154938	朝鮮朝日	西北版	1928-07-18	1	08단	お茶のあと
154939	朝鮮朝日	西北版	1928-07-18	1	08단	五萬圓貯金會員を募集
154940	朝鮮朝日	西北版	1928-07-18	1	09단	若林大尉が死體となり發見されたのは遺
154940	朝鮮朝日	西北版	1928-07-18	1	09단	憾/馬賊討伐の中村旅團長歸る
154941	朝鮮朝日	西北版	1928-07-18	1	09단	東海中部線と慶東線故障/十六日の豪雨で

일련번호	판명		간행일	면	단수	기사명
154942	朝鮮朝日	西北版	1928-07-18	1	09단	朝郵の新船長白山丸が敦賀に就航
154943	朝鮮朝日	西北版	1928-07-18	1	09단	安東滿俱惜敗す
154944	朝鮮朝日	西北版	1928-07-18	1	10단	長瀨武氏
154945	朝鮮朝日	西北版	1928-07-18	1	10단	人(藤原正文氏(支那交通銀行顧問)/大野伴睦代議士/小野季雄氏(大每社員)/齋藤吉十郎氏(朝鮮紡織社長)/山口泉氏(前忠北學務課長)/幾世橋警視)
154946	朝鮮朝日	西北版	1928-07-18	1	10단	半島茶話
154947	朝鮮朝日	南鮮版	1928-07-18	1	01단	支那の民衆たちは我が軍隊の駐屯を非常に欣んでくれた 官吏は橫暴ができぬで嫌ふ/若林大尉が死體となり發見されたのは遺憾 馬賊討伐の中村旅團長歸る
154948	朝鮮朝日	南鮮版	1928-07-18	1	02단	鳥致院實女校校舍を增設
154949	朝鮮朝日	南鮮版	1928-07-18	1	03단	浮塵子慶南に發生
154950	朝鮮朝日	南鮮版	1928-07-18	1	03단	取引所設置の申請書を戻す/法令が制定された上で改めて受付ける
154951	朝鮮朝日	南鮮版	1928-07-18	1	03단	取引所設置群山の運動/委員を選定
154952	朝鮮朝日	南鮮版	1928-07-18	1	04단	大分旅商團成功して退鮮
154953	朝鮮朝日	南鮮版	1928-07-18	1	04단	俳句/鈴木花蓑選
154954	朝鮮朝日	南鮮版	1928-07-18	1	04단	朝日活寫會木浦の盛況
154955	朝鮮朝日	南鮮版	1928-07-18	1	04단	不正漁者が早くも出沒
154956	朝鮮朝日	南鮮版	1928-07-18	1	05단	青い鳥は歌ふ/釜山/ひでまる生
154957	朝鮮朝日	南鮮版	1928-07-18	1	05단	警官の殉職/傳馬が顚覆
154958	朝鮮朝日	南鮮版	1928-07-18	1	05단	平北宣州の金鑛は競願者を團體とし會社を組織させて許可す/株式は公募せぬ
154959	朝鮮朝日	南鮮版	1928-07-18	1	05단	旱魃が濟んで今度は雨の脅威/大河を持つ各道は知事が防水に采配を振る
154960	朝鮮朝日	南鮮版	1928-07-18	1	06단	朝鮮博の會場景福宮の後庭を公園にする計劃/天然園では內地にも珍しい
154961	朝鮮朝日	南鮮版	1928-07-18	1	06단	實際にあった話/美人教師に絡らまる話(二)/京城一記者
154962	朝鮮朝日	南鮮版	1928-07-18	1	07단	東海中部線と慶東線故障/十六日の豪雨で
154963	朝鮮朝日	南鮮版	1928-07-18	1	07단	拐帶支那人逮捕
154964	朝鮮朝日	南鮮版	1928-07-18	1	08단	朝鮮で初めての移動式無線船全南水産會が建造/十月に竣工の豫定
154965	朝鮮朝日	南鮮版	1928-07-18	1	08단	お茶のあと
154966	朝鮮朝日	南鮮版	1928-07-18	1	09단	朝日活動寫眞大會
154967	朝鮮朝日	南鮮版	1928-07-18	1	09단	會(慶南地主懇談會/全鮮會議所書記長會議)
154968	朝鮮朝日	南鮮版	1928-07-18	1	10단	長瀨武氏

일련번호	판명		간행일	면	단수	기사명
154969	朝鮮朝日	南鮮版	1928-07-18	1	10단	人(藤原正文氏(支那交通銀行顧問)/大野伴睦代議士/小野季雄氏(大毎社員)/齋藤吉十郎氏(朝鮮紡織社長)/山口泉氏(前忠北學務課長)/幾世橋警視)
154970	朝鮮朝日	南鮮版	1928-07-18	1	10단	半島茶話
154971	朝鮮朝日	西北・南鮮版	1928-07-18	2	01단	外米の輸入制限は期間を延長か/內鮮同樣に實施
154972	朝鮮朝日	西北・南鮮版	1928-07-18	2	01단	商取引の增加を如實に物語る遞信局の收入增加/景氣立直りの兆か
154973	朝鮮朝日	西北・南鮮版	1928-07-18	2	01단	雫の聲
154974	朝鮮朝日	西北・南鮮版	1928-07-18	2	01단	煙草會社の總支店設置/全鮮六ヶ所に
154975	朝鮮朝日	西北・南鮮版	1928-07-18	2	01단	平壤地方に洋灰が不足/高値に困る
154976	朝鮮朝日	西北・南鮮版	1928-07-18	2	02단	北鮮旅商隊九月ごろ出發
154977	朝鮮朝日	西北・南鮮版	1928-07-18	2	02단	酒類品評會平壤で開く
154978	朝鮮朝日	西北・南鮮版	1928-07-18	2	02단	南浦水産品出廻が減少
154979	朝鮮朝日	西北・南鮮版	1928-07-18	2	02단	鯖網漁撈を鱶が荒らす/嶺南丸が出動
154980	朝鮮朝日	西北・南鮮版	1928-07-18	2	03단	載寧の下水工事
154981	朝鮮朝日	西北・南鮮版	1928-07-18	2	03단	朝鮮土地五分配
154982	朝鮮朝日	西北・南鮮版	1928-07-18	2	03단	南浦六月貿易高
154983	朝鮮朝日	西北・南鮮版	1928-07-18	2	03단	日陜公司の擴張
154984	朝鮮朝日	西北・南鮮版	1928-07-18	2	03단	京城手形交換高
154985	朝鮮朝日	西北・南鮮版	1928-07-18	2	03단	(週刊朝日)の新縣賞/小說題名選定投票/受賞者總數二千六百名
154986	朝鮮朝日	西北・南鮮版	1928-07-18	2	04단	振替貯金受拂高
154987	朝鮮朝日	西北・南鮮版	1928-07-18	2	04단	人蔘の査定
154988	朝鮮朝日	西北・南鮮版	1928-07-18	2	04단	煙草賣上高
154989	朝鮮朝日	西北・南鮮版	1928-07-18	2	04단	浮世草
154990	朝鮮朝日	西北版	1928-07-19	1	01단	全鮮野球大會評判記(１)/脂の乗りきった京師ナインの強豪/惑星龍中の打擊と新興の氣漲るXの群山中學
154991	朝鮮朝日	西北版	1928-07-19	1	01단	警察官增員を警務局が計劃/現在の狀況から見て二千名を增す必要がある
154992	朝鮮朝日	西北版	1928-07-19	1	01단	教育勅語を象牙に刻み御大典に獻上
154993	朝鮮朝日	西北版	1928-07-19	1	01단	小農低資面を通じ貸付/副業を獎勵す
154994	朝鮮朝日	西北版	1928-07-19	1	02단	周山聯隊歸る
154995	朝鮮朝日	西北版	1928-07-19	1	03단	登錄稅令一日より改正
154996	朝鮮朝日	西北版	1928-07-19	1	04단	取引所令の囑託監督官兩氏が渡鮮
154997	朝鮮朝日	西北版	1928-07-19	1	04단	實際にあった話/美人教師に絡らまる話(三)/京城A記者

일련번호	판명		간행일	면	단수	기사명
154998	朝鮮朝日	西北版	1928-07-19	1	05단	露西亞語の通譯官增置/思想取締に關連
154999	朝鮮朝日	西北版	1928-07-19	1	05단	北鮮東京間命令航路は朝郵を指名か
155000	朝鮮朝日	西北版	1928-07-19	1	05단	燒酎にシロップを混ぜるは違法/酒造法で取締られる/カクテルはまあ良からう
155001	朝鮮朝日	西北版	1928-07-19	1	05단	短歌/橋田東聲選
155002	朝鮮朝日	西北版	1928-07-19	1	06단	軍事教練の關係者打合/司令官が訓示
155003	朝鮮朝日	西北版	1928-07-19	1	06단	安東事務所が野鷺試驗所設置を計劃
155004	朝鮮朝日	西北版	1928-07-19	1	07단	平壤博物館に樂浪の古墳模型を陳列す
155005	朝鮮朝日	西北版	1928-07-19	1	07단	全鮮學童に學習帳表紙口繪を募集
155006	朝鮮朝日	西北版	1928-07-19	1	07단	細民救濟の美談が二つ
155007	朝鮮朝日	西北版	1928-07-19	1	08단	牡丹台野話
155008	朝鮮朝日	西北版	1928-07-19	1	08단	各地だより(沙里院/安東縣/平壤/咸興)
155009	朝鮮朝日	西北版	1928-07-19	1	09단	農友聯盟の講演は禁止/遂に解散す
155010	朝鮮朝日	西北版	1928-07-19	1	09단	美しいモガ革命宣傳に安東に潜入
155011	朝鮮朝日	西北版	1928-07-19	1	09단	全鮮野球豫選
155012	朝鮮朝日	西北版	1928-07-19	1	09단	庭球選手權大會
155013	朝鮮朝日	西北版	1928-07-19	1	09단	朝日活動寫眞大會
155014	朝鮮朝日	西北版	1928-07-19	1	10단	老童野球團振ふ
155015	朝鮮朝日	西北版	1928-07-19	1	10단	國境漫語
155016	朝鮮朝日	西北版	1928-07-19	1	10단	長瀬氏葬儀
155017	朝鮮朝日	西北版	1928-07-19	1	10단	會(筧博士講演會)
155018	朝鮮朝日	西北版	1928-07-19	1	10단	人(渡邊定一郎氏(京城商議會頭)/後藤眞咲氏(本府林産課長)/大村友之丞氏(京城商議書記長)/大泉鎮海要塞司令官/篠田李王職次官/今井伍介氏(朝鮮土地改良社長)/東京帝大生/北海道帝大生)
155019	朝鮮朝日	西北版	1928-07-19	1	10단	半島茶話
155020	朝鮮朝日	南鮮版	1928-07-19	1	01단	全鮮野球大會評判記(1)/脂の乘りきった京師ナインの强豪/惑星龍中の打擊と新興の氣漲るXの群山中學
155021	朝鮮朝日	南鮮版	1928-07-19	1	01단	辭職などは考へても居ない/噂を打けしながら篠田李王職次官東上す
155022	朝鮮朝日	南鮮版	1928-07-19	1	01단	警察官增員を警務局が計劃/現在の狀況から見て二千名を增す必要がある
155023	朝鮮朝日	南鮮版	1928-07-19	1	01단	登錄稅令一日より改正
155024	朝鮮朝日	南鮮版	1928-07-19	1	02단	取引所令の囑託監督官兩氏が渡鮮
155025	朝鮮朝日	南鮮版	1928-07-19	1	03단	航空標識を大田に設置
155026	朝鮮朝日	南鮮版	1928-07-19	1	03단	露西亞語の通譯官增置/思想取締に關連

일련번호	판명		간행일	면	단수	기사명
155027	朝鮮朝日	南鮮版	1928-07-19	1	03단	實際にあった話/美人教師に絡らまる話(三)/京城A記者
155028	朝鮮朝日	南鮮版	1928-07-19	1	04단	軍事教練の關係者打合/司令官が訓示
155029	朝鮮朝日	南鮮版	1928-07-19	1	05단	取引所設置群山の運動/立ちおくれ
155030	朝鮮朝日	南鮮版	1928-07-19	1	05단	燒酎にシロップを混ぜるは違法/酒造法で取締られる/カクテルはまあ良からう
155031	朝鮮朝日	南鮮版	1928-07-19	1	05단	短歌/橋田東聲選
155032	朝鮮朝日	南鮮版	1928-07-19	1	06단	青い鳥は歌ふ/釜山/ひでまる生
155033	朝鮮朝日	南鮮版	1928-07-19	1	06단	地主懇談會釜山で開催/改良農具見本市
155034	朝鮮朝日	南鮮版	1928-07-19	1	06단	交換手にはなるべく優しくしてやって下さい/永柱、植木、小鳥とさまざまに慰安の方法を講ずる交換局
155035	朝鮮朝日	南鮮版	1928-07-19	1	07단	全鮮學童に學習帳表紙口繪を募集
155036	朝鮮朝日	南鮮版	1928-07-19	1	07단	金密陽郡守に收賄の疑ひ/釜山檢事局が活動/當局は遺憾の意を表す
155037	朝鮮朝日	南鮮版	1928-07-19	1	07단	癩病を癒さんと人肉を食はす/近所の子供を連れ込み殺した上での兇行
155038	朝鮮朝日	南鮮版	1928-07-19	1	08단	尾上柴舟氏京城で講演
155039	朝鮮朝日	南鮮版	1928-07-19	1	08단	農友聯盟の講演は禁止/遂に解散す
155040	朝鮮朝日	南鮮版	1928-07-19	1	08단	朝日活寫會盛況
155041	朝鮮朝日	南鮮版	1928-07-19	1	08단	木浦府廳軍勝つ
155042	朝鮮朝日	南鮮版	1928-07-19	1	09단	隨所に塒を造り自然と親しむ樂しいキャンプの生活/鐵道局が力瘤を入れる
155043	朝鮮朝日	南鮮版	1928-07-19	1	09단	朝日活動寫眞大會
155044	朝鮮朝日	南鮮版	1928-07-19	1	10단	長瀬氏葬儀
155045	朝鮮朝日	南鮮版	1928-07-19	1	10단	會(靈光夏季講習會)
155046	朝鮮朝日	南鮮版	1928-07-19	1	10단	人(今永政範氏(新任忠北高等課長)/細田範二郎氏(新任咸南技師)/成富文五氏(新任全南高等課長)/渡邊定一郎氏(京城商議會頭)/後藤眞咲氏(本府林産課長)/大村友之丞氏(京城商議書記長)/大泉鎭海要塞司令官/篠田李王職次官)
155047	朝鮮朝日	南鮮版	1928-07-19	1	10단	半島茶話
155048	朝鮮朝日	西北・南鮮版	1928-07-19	2	01단	內容は同じきに養成所なる故に待遇を差別される鎭海の海員養成所
155049	朝鮮朝日	西北・南鮮版	1928-07-19	2	01단	煙草や人蔘の耕作組合の借金/專賣局が斡旋して殖銀の利子を引下
155050	朝鮮朝日	西北・南鮮版	1928-07-19	2	01단	雫の聲
155051	朝鮮朝日	西北・南鮮版	1928-07-19	2	01단	東海中部線收入が增加
155052	朝鮮朝日	西北・南鮮版	1928-07-19	2	01단	大興電氣が水力發電地二箇所を發見

일련번호	판명		간행일	면	단수	기사명
155053	朝鮮朝日	西北・南鮮版	1928-07-19	2	02단	京城銀行預金偏在極めて濃厚
155054	朝鮮朝日	西北・南鮮版	1928-07-19	2	02단	酒米として木浦産雄町備前米に優る
155055	朝鮮朝日	西北・南鮮版	1928-07-19	2	02단	沙里院載寧両地の農作半作の見込
155056	朝鮮朝日	西北・南鮮版	1928-07-19	2	03단	棉業懇談會木浦で開催
155057	朝鮮朝日	西北・南鮮版	1928-07-19	2	03단	大型乾繭機平南が設置
155058	朝鮮朝日	西北・南鮮版	1928-07-19	2	03단	犢の飼養を平南が獎勵
155059	朝鮮朝日	西北・南鮮版	1928-07-19	2	04단	鳳凰城の葉煙草收葉は好成績
155060	朝鮮朝日	西北・南鮮版	1928-07-19	2	04단	浮世草
155061	朝鮮朝日	西北版	1928-07-20	1	01단	全鮮野球大會評判記(２)/甲子園行き候補の有力な徽文高普/進境著しき新進の清州農校と守備に優る木浦商業
155062	朝鮮朝日	西北版	1928-07-20	1	01단	新興指定面を府に昇格すべく/いよいよ調査を開始
155063	朝鮮朝日	西北版	1928-07-20	1	01단	府尹の大異動/三上、松井の兩氏退官/補充すべき郡守にも異動
155064	朝鮮朝日	西北版	1928-07-20	1	01단	御大典に平南の獻上品目が決定
155065	朝鮮朝日	西北版	1928-07-20	1	01단	清津の築港工事が進捗
155066	朝鮮朝日	西北版	1928-07-20	1	02단	安東天津間航路が復活
155067	朝鮮朝日	西北版	1928-07-20	1	02단	極秘で開かれる最初の高等課長會議/思想取締の具體的手段を考究
155068	朝鮮朝日	西北版	1928-07-20	1	03단	纎維工業の展覽會を開催
155069	朝鮮朝日	西北版	1928-07-20	1	03단	俳句/鈴木花蓑選
155070	朝鮮朝日	西北版	1928-07-20	1	03단	お知らせ
155071	朝鮮朝日	西北版	1928-07-20	1	04단	普遍的に設立された平北漁業組合
155072	朝鮮朝日	西北版	1928-07-20	1	04단	國境に飛行隊は是非とも必要/馬賊討伐から歸來した中村旅團長は語る
155073	朝鮮朝日	西北版	1928-07-20	1	04단	各地だより(平壤/新義州/鎭南浦/咸興)
155074	朝鮮朝日	西北版	1928-07-20	1	05단	平南金組の六月貸出高
155075	朝鮮朝日	西北版	1928-07-20	1	05단	實際にあった話/美人教師に絡らまる話(四)/京城A記者
155076	朝鮮朝日	西北版	1928-07-20	1	06단	澱粉大工場來年に竣工
155077	朝鮮朝日	西北版	1928-07-20	1	06단	巡査募集に十倍の應募
155078	朝鮮朝日	西北版	1928-07-20	1	06단	船橋里有志が大同江防水工事を陳情
155079	朝鮮朝日	西北版	1928-07-20	1	07단	朝鮮の地磁氣は北に赴く程少い/濟州島の調査が興味深い/松山教授一行入鮮
155080	朝鮮朝日	西北版	1928-07-20	1	07단	全國大會の豫選/野球大會の打合/各關係者が集合し朝鮮ホテルで懇談
155081	朝鮮朝日	西北版	1928-07-20	1	07단	牡丹台野話

일련번호	판명		간행일	면	단수	기사명
155082	朝鮮朝日	西北版	1928-07-20	1	08단	爭議の原因は小作權の移動が首位を占めてゐる/舍音制度の缺陷を物語る
155083	朝鮮朝日	西北版	1928-07-20	1	09단	貯水池擴張で水害あれば組合が負擔
155084	朝鮮朝日	西北版	1928-07-20	1	09단	百名に上る有位有勳者
155085	朝鮮朝日	西北版	1928-07-20	1	10단	因果の子を殺して河中に棄つ
155086	朝鮮朝日	西北版	1928-07-20	1	10단	全鮮警察官射擊大會九月に開催
155087	朝鮮朝日	西北版	1928-07-20	1	10단	州外野球大會
155088	朝鮮朝日	西北版	1928-07-20	1	10단	會(平壤素謠會/婦人修養講習會)
155089	朝鮮朝日	西北版	1928-07-20	1	10단	人(脇谷洋次郎氏(總督府水産試驗場長)/谷口新任咸南高等課長/藤原喜藏氏(平南內務部長))
155090	朝鮮朝日	西北版	1928-07-20	1	10단	半島茶話
155091	朝鮮朝日	南鮮版	1928-07-20	1	01단	全鮮野球大會評判記(２)/甲子園行き候補の有力な徽文高普/進境著しき新進の淸州農校と守備に優る木浦商業
155092	朝鮮朝日	南鮮版	1928-07-20	1	01단	新興指定面を府に昇格すべく/いよいよ調査を開始
155093	朝鮮朝日	南鮮版	1928-07-20	1	01단	府尹の大異動/三上、松井の兩氏退官/補充すべき郡守にも異動
155094	朝鮮朝日	南鮮版	1928-07-20	1	01단	極秘で開かれる最初の高等課長會議/思想取締の具體的手段を考究
155095	朝鮮朝日	南鮮版	1928-07-20	1	02단	忠南電氣大紛糾/株主の憤慨
155096	朝鮮朝日	南鮮版	1928-07-20	1	03단	買收交涉を前に料金の値下を釜山瓦電に要求す/改訂期は本年十一月
155097	朝鮮朝日	南鮮版	1928-07-20	1	03단	全國大會の豫選/野球大會の打合/各關係者が集合し朝鮮ホテルで懇談
155098	朝鮮朝日	南鮮版	1928-07-20	1	04단	朝鮮音樂の研究的演奏社會館で開催
155099	朝鮮朝日	南鮮版	1928-07-20	1	04단	實際にあった話/美人教師に絡らまる話(四)/京城A記者
155100	朝鮮朝日	南鮮版	1928-07-20	1	05단	俳句/鈴木花蓑選
155101	朝鮮朝日	南鮮版	1928-07-20	1	05단	お知らせ
155102	朝鮮朝日	南鮮版	1928-07-20	1	06단	各地だより(京城/木浦)
155103	朝鮮朝日	南鮮版	1928-07-20	1	06단	百名に上る有位有勳者
155104	朝鮮朝日	南鮮版	1928-07-20	1	06단	全鮮警察官射擊大會九月に開催
155105	朝鮮朝日	南鮮版	1928-07-20	1	07단	青い鳥は歌ふ/釜山/ひでまる生
155106	朝鮮朝日	南鮮版	1928-07-20	1	07단	朝鮮の地磁氣は北に赴く程少い/濟州島の調査が興味深い/松山教授一行入鮮
155107	朝鮮朝日	南鮮版	1928-07-20	1	07단	周山聯隊歸る
155108	朝鮮朝日	南鮮版	1928-07-20	1	09단	金郡守は留置さる/收賄金額は八百三十圓

일련번호	판명		간행일	면	단수	기사명
155109	朝鮮朝日	南鮮版	1928-07-20	1	09단	爭議の原因は小作權の移動が首位を占めてゐる/舍音制度の缺陷を物語る
155110	朝鮮朝日	南鮮版	1928-07-20	1	10단	覺悟の轢死/線路工夫が
155111	朝鮮朝日	南鮮版	1928-07-20	1	10단	人山を築いた傍聽人/賭博事件公判
155112	朝鮮朝日	南鮮版	1928-07-20	1	10단	夫に虐待され入水の人妻危く救はる
155113	朝鮮朝日	南鮮版	1928-07-20	1	10단	人(今永新任忠北高等警察課長/黑板勝美博士)
155114	朝鮮朝日	南鮮版	1928-07-20	1	10단	半島茶話
155115	朝鮮朝日	西北・南鮮版	1928-07-20	2	01단	二百萬圓を超ゆ平北の漁業界に生れ出てた改良漁船
155116	朝鮮朝日	西北・南鮮版	1928-07-20	2	01단	海運業者が怖れる大連汽船の侵入/優秀船六隻を新造し今秋の出穀期には活躍せん
155117	朝鮮朝日	西北・南鮮版	1928-07-20	2	01단	雫の聲
155118	朝鮮朝日	西北・南鮮版	1928-07-20	2	01단	商議書記長打合會釜山で開催
155119	朝鮮朝日	西北・南鮮版	1928-07-20	2	02단	委員を選び部署を定め取引所設置に群山が猛運動
155120	朝鮮朝日	西北・南鮮版	1928-07-20	2	02단	東拓の植付八割を終る
155121	朝鮮朝日	西北・南鮮版	1928-07-20	2	02단	漢銀の陣容新に整ふ
155122	朝鮮朝日	西北・南鮮版	1928-07-20	2	03단	京城の物價
155123	朝鮮朝日	西北・南鮮版	1928-07-20	2	03단	鰺と鯖の漁獲が盛んー日四萬尾
155124	朝鮮朝日	西北・南鮮版	1928-07-20	2	03단	果物業者が産業組合組織
155125	朝鮮朝日	西北・南鮮版	1928-07-20	2	04단	浮世草
155126	朝鮮朝日	西北版	1928-07-21	1	01단	全鮮野球大會評判記(３)/優勝圈內に入った今年の平壤中學と新進ながら守備に强き元氣一杯の京城商業
155127	朝鮮朝日	西北版	1928-07-21	1	01단	民族的意識の混る要求が多くなった鮮內學校の盟休騷ぎ/一學期だけで五十八校に達す
155128	朝鮮朝日	西北版	1928-07-21	1	01단	郵便課從業員の三部制を採用/二百名を增員すべく十五萬圓を要求す
155129	朝鮮朝日	西北版	1928-07-21	1	01단	公立學校校長打合會平北が開催
155130	朝鮮朝日	西北版	1928-07-21	1	02단	日鮮滿鐵道聯絡會議
155131	朝鮮朝日	西北版	1928-07-21	1	02단	租稅制度を確立すべき/平北の調査
155132	朝鮮朝日	西北版	1928-07-21	1	03단	朝鮮人巡査平北が募集
155133	朝鮮朝日	西北版	1928-07-21	1	03단	御大典を記念す朝鮮教育會の諸計劃/獻上品その他の事業
155134	朝鮮朝日	西北版	1928-07-21	1	03단	輸移入貨物陸揚げ運賃値下を要望
155135	朝鮮朝日	西北版	1928-07-21	1	04단	阿片吸喫を支那が禁止
155136	朝鮮朝日	西北版	1928-07-21	1	04단	土曜漫筆/煙草の煙り/朝鮮煙草元賣捌會社專務井上淸
155137	朝鮮朝日	西北版	1928-07-21	1	05단	初等教育普及の飛沫を受け大邱、平壤講

일련번호	판명		간행일	면	단수	기사명
155137	朝鮮朝日	西北版	1928-07-21	1	05단	習所の醫專昇格は當分駄目
155138	朝鮮朝日	西北版	1928-07-21	1	06단	王子製紙と新義州電氣紛糾は解決
155139	朝鮮朝日	西北版	1928-07-21	1	07단	優秀な朝鮮人兒童/兄は級長、妹は副級長/何れも堺錦小學校の運動選手
155140	朝鮮朝日	西北版	1928-07-21	1	07단	各地だより(安東縣/間島/鎭南浦)
155141	朝鮮朝日	西北版	1928-07-21	1	07단	農業實修のため來鮮する學生が年々に殖ゑてくる/總督府でも歡迎す
155142	朝鮮朝日	西北版	1928-07-21	1	08단	蛇に卷かれ子供が窒死
155143	朝鮮朝日	西北版	1928-07-21	1	08단	短歌/橋田東聲選
155144	朝鮮朝日	西北版	1928-07-21	1	08단	お知らせ
155145	朝鮮朝日	西北版	1928-07-21	1	09단	林土事件で警官を處罰
155146	朝鮮朝日	西北版	1928-07-21	1	09단	海州刑務所生産品販賣自動車を利用
155147	朝鮮朝日	西北版	1928-07-21	1	09단	朝日活動寫眞大會
155148	朝鮮朝日	西北版	1928-07-21	1	10단	特選入選者金牌を授與
155149	朝鮮朝日	西北版	1928-07-21	1	10단	平壤府の防水計劃部署が定まる
155150	朝鮮朝日	西北版	1928-07-21	1	10단	飛行隊火藥庫爆發す/一等卒が負傷
155151	朝鮮朝日	西北版	1928-07-21	1	10단	會(實科教育講習會)
155152	朝鮮朝日	西北版	1928-07-21	1	10단	半島茶話
155153	朝鮮朝日	南鮮版	1928-07-21	1	01단	全鮮野球大會評判記(3)/優勝圈內に入った今年の平壤中學と新進ながら守備に強き元氣一杯の京城商業
155154	朝鮮朝日	南鮮版	1928-07-21	1	01단	民族的意識の混る要求が多くなった鮮內學校の盟休騷ぎ/一學期だけで五十八校に達す
155155	朝鮮朝日	南鮮版	1928-07-21	1	01단	釜山南濱の埋立は必ず着工する/設計は本府推薦の技術者に委囑する
155156	朝鮮朝日	南鮮版	1928-07-21	1	01단	郵便課從業員の三部制を採用/二百名を增員すべく五十萬圓を要求す
155157	朝鮮朝日	南鮮版	1928-07-21	1	03단	日鮮滿鐵道聯絡會議
155158	朝鮮朝日	南鮮版	1928-07-21	1	03단	御大典を記念す朝鮮教育會の諸計劃/獻上品その他の事業
155159	朝鮮朝日	南鮮版	1928-07-21	1	03단	土用入り釜山は雨
155160	朝鮮朝日	南鮮版	1928-07-21	1	04단	府營住宅の家債値下を借家人が要望
155161	朝鮮朝日	南鮮版	1928-07-21	1	04단	土曜漫筆/煙草の煙り/朝鮮煙草元賣捌會社專務井上淸
155162	朝鮮朝日	南鮮版	1928-07-21	1	05단	御料羽二重の原料蠶繭を慶北が精選
155163	朝鮮朝日	南鮮版	1928-07-21	1	05단	初等教育普及の飛沫を受け大邱、平壤講習所の醫專昇格は當分駄目
155164	朝鮮朝日	南鮮版	1928-07-21	1	06단	不良學生を嚴重に取締/學校長に報告
155165	朝鮮朝日	南鮮版	1928-07-21	1	07단	優秀な朝鮮人兒童/兄は級長、妹は副級長/

일련번호	판명		간행일	면	단수	기사명
155165	朝鮮朝日	南鮮版	1928-07-21	1	07단	何れも堺錦小學校の運動選手
155166	朝鮮朝日	南鮮版	1928-07-21	1	07단	お茶のあと
155167	朝鮮朝日	南鮮版	1928-07-21	1	07단	農業實修のため來鮮する學生が年々に殖えてくる/總督府でも歡迎す
155168	朝鮮朝日	南鮮版	1928-07-21	1	08단	公文書僞造面長が依願免
155169	朝鮮朝日	南鮮版	1928-07-21	1	08단	短歌/橋田東聲選
155170	朝鮮朝日	南鮮版	1928-07-21	1	08단	お知らせ
155171	朝鮮朝日	南鮮版	1928-07-21	1	09단	各地だより(大邱/群山/洪原/釜山)
155172	朝鮮朝日	南鮮版	1928-07-21	1	09단	水道からみゝずおまけに給水制限/批難される大邱の上水道
155173	朝鮮朝日	南鮮版	1928-07-21	1	10단	人に感ぜぬ地震がある
155174	朝鮮朝日	南鮮版	1928-07-21	1	10단	紛糾中の銀海寺住職楊氏に決定
155175	朝鮮朝日	南鮮版	1928-07-21	1	10단	群山商議が月一回づゝ評議會開催
155176	朝鮮朝日	南鮮版	1928-07-21	1	10단	運動界(朝日記錄板寄贈/京電木浦で試合)
155177	朝鮮朝日	南鮮版	1928-07-21	1	10단	人(齋藤善一郎氏(新慶南警務課長)/竹田津吾一氏(朝鮮新聞大阪支社長))
155178	朝鮮朝日	南鮮版	1928-07-21	1	10단	半島茶話
155179	朝鮮朝日	西北・南鮮版	1928-07-21	2	01단	實際にあった話/美人教師に絡らまる話(五)/京城A記者
155180	朝鮮朝日	西北・南鮮版	1928-07-21	2	01단	共販施設を有する漁組への低資は回收も極めて順調/漁業家の資金難救はれん
155181	朝鮮朝日	西北・南鮮版	1928-07-21	2	01단	雫の聲
155182	朝鮮朝日	西北・南鮮版	1928-07-21	2	01단	大邱慶南兩銀の合併 三十一日總會/背任橫領で慶南銀行の常務を訴ふ
155183	朝鮮朝日	西北・南鮮版	1928-07-21	2	02단	書記長一行釜山港視察
155184	朝鮮朝日	西北・南鮮版	1928-07-21	2	02단	慶南の挿秧完全に終る
155185	朝鮮朝日	西北・南鮮版	1928-07-21	2	02단	遞信局が簡易保險の豫算を要求
155186	朝鮮朝日	西北・南鮮版	1928-07-21	2	03단	京畿造酒高三割を增加
155187	朝鮮朝日	西北・南鮮版	1928-07-21	2	03단	平南金組業績
155188	朝鮮朝日	西北・南鮮版	1928-07-21	2	03단	浮世草
155189	朝鮮朝日	西北版	1928-07-22	1	01단	全鮮野球大會評判記(4)/黃金時代を謳ふ粒揃ひの釜山中學/久し振りの培材高普と元氣に生きる元山中學
155190	朝鮮朝日	西北版	1928-07-22	1	01단	京城を中心とし大規模な防空演習/來年度に擧行されん/機動演習終了後準備に着手
155191	朝鮮朝日	西北版	1928-07-22	1	01단	指定面署長を警視に昇格/全鮮內で三十ヶ署來年度に實現せん
155192	朝鮮朝日	西北版	1928-07-22	1	01단	內地に倣って遞信病院の建設/當局に腹案はあるが來年度に實現するか疑問

일련번호	판명		간행일	면	단수	기사명
155193	朝鮮朝日	西北版	1928-07-22	1	03단	新義州驛の地下道擴張本年中に竣工
155194	朝鮮朝日	西北版	1928-07-22	1	03단	大麻と馬鈴薯江界が獻上
155195	朝鮮朝日	西北版	1928-07-22	1	03단	龍巖浦港澪筋の整理補助を申請
155196	朝鮮朝日	西北版	1928-07-22	1	04단	俳句/鈴木花蓑選
155197	朝鮮朝日	西北版	1928-07-22	1	04단	實際にあった話/泥棒と間違へて父を殺すまで(上)/樂しい夕食も濟み親子水入らずでしんみりと話が續き外では無氣味な梟が啼いてゐた
155198	朝鮮朝日	西北版	1928-07-22	1	05단	滿浦鎭普校假校舍で開校
155199	朝鮮朝日	西北版	1928-07-22	1	05단	關釜連絡船の優秀船建造/必要ではあるが來年度にはどうか
155200	朝鮮朝日	西北版	1928-07-22	1	06단	避難支那人安東に來る
155201	朝鮮朝日	西北版	1928-07-22	1	06단	間島行郵便陸路を遞送/一日早くなる
155202	朝鮮朝日	西北版	1928-07-22	1	07단	雜誌が減り檢閲係りがほっと一息
155203	朝鮮朝日	西北版	1928-07-22	1	07단	石炭の液化が完成の曉には咸北炭の需要が今度は大に增加せん
155204	朝鮮朝日	西北版	1928-07-22	1	07단	設備が不完全で活動が出來ぬ/朝鮮の海員クラブ社團法人に改め基金募集
155205	朝鮮朝日	西北版	1928-07-22	1	07단	米國旅行展に朝鮮も出品/弗客を吸引
155206	朝鮮朝日	西北版	1928-07-22	1	08단	朝日活動寫眞大會
155207	朝鮮朝日	西北版	1928-07-22	1	08단	各地だより(沙里院/安東縣/鎭南浦)
155208	朝鮮朝日	西北版	1928-07-22	1	08단	陸軍異動
155209	朝鮮朝日	西北版	1928-07-22	1	09단	牡丹台野話
155210	朝鮮朝日	西北版	1928-07-22	1	09단	山繭業者が附加稅に弱る
155211	朝鮮朝日	西北版	1928-07-22	1	09단	鎭南浦府廳に賊が忍入り印紙を盜む
155212	朝鮮朝日	西北版	1928-07-22	1	10단	運動界(京師一勝す/全鮮鐵道競技會/元山競泳大會/南浦商工海水浴)
155213	朝鮮朝日	西北版	1928-07-22	1	10단	新義州電氣配當年一割二分
155214	朝鮮朝日	西北版	1928-07-22	1	10단	淸道を爭ふ瓦電と大興/競爭白熱す
155215	朝鮮朝日	西北版	1928-07-22	1	10단	府尹と郡守二十一日異動
155216	朝鮮朝日	西北版	1928-07-22	1	10단	半島茶話
155217	朝鮮朝日	西北・南鮮版	1928-07-22	2	01단	小作權の設定を容易ならしむる登錄稅の率の引下げ/割合に反響のないのは氣の毒
155218	朝鮮朝日	西北・南鮮版	1928-07-22	2	01단	赤道と北極の間を彷徨する/それは製氷會社の工場/鐵管には粉雪が塗れてゐる
155219	朝鮮朝日	西北・南鮮版	1928-07-22	2	03단	殖銀配當八朱の据置
155220	朝鮮朝日	西北・南鮮版	1928-07-22	2	03단	慶州養鼈組合一枚當りの收繭が增加
155221	朝鮮朝日	西北・南鮮版	1928-07-22	2	03단	慶北秋鼈の掃立
155222	朝鮮朝日	西北・南鮮版	1928-07-22	2	04단	慶一銀支店設置

일련번호	판명		간행일	면	단수	기사명
155223	朝鮮朝日	西北・南鮮版	1928-07-22	2	04단	浮世草
155224	朝鮮朝日	西北版	1928-07-24	1	01단	時事鳥瞰/總督の胸三寸に秘められた取引所問題
155225	朝鮮朝日	西北版	1928-07-24	1	01단	財源捻出に惱む極度の豫算編成難/萬己むを得ぬ新規事業が六百二十萬圓を超ゆ
155226	朝鮮朝日	西北版	1928-07-24	1	01단	全鮮野球大會評判記(5)/傳統の力に生きる京城中學の強みと偉大なる惑星仁川南商業/虎視眈々たる釜商
155227	朝鮮朝日	西北版	1928-07-24	1	02단	全鮮を通じ百四十校に御眞影御下賜
155228	朝鮮朝日	西北版	1928-07-24	1	03단	船舶法規の內鮮統一は依然纏らぬ
155229	朝鮮朝日	西北版	1928-07-24	1	04단	吉會線陳情/間島側委員大連を訪問
155230	朝鮮朝日	西北版	1928-07-24	1	04단	北鮮東京間命令航路は却って不利
155231	朝鮮朝日	西北版	1928-07-24	1	05단	資本は十萬圓/健實に事業を進め度いと思考す/金鑛會社設立の聲明書
155232	朝鮮朝日	西北版	1928-07-24	1	05단	牡丹台野話
155233	朝鮮朝日	西北版	1928-07-24	1	06단	大同江改修明年から着工
155234	朝鮮朝日	西北版	1928-07-24	1	06단	近く本紙上に連載/神仙爐/楚人冠
155235	朝鮮朝日	西北版	1928-07-24	1	06단	各地だより(平壤/城津/新義州/安東縣/茂山/沙里院)
155236	朝鮮朝日	西北版	1928-07-24	1	07단	京城醫專惜敗
155237	朝鮮朝日	西北版	1928-07-24	1	08단	咸南署長異動
155238	朝鮮朝日	西北版	1928-07-24	1	08단	玩具展平壤高女で
155239	朝鮮朝日	西北版	1928-07-24	1	09단	發令のない中は話はないがと熱を帶びた金谷將軍は朝鮮の教育を論ず/參謀の仕事は忙しい 少將に榮進する中川參謀長
155240	朝鮮朝日	西北版	1928-07-24	1	09단	京城諸學校臨海團體が元山で天幕
155241	朝鮮朝日	西北版	1928-07-24	1	09단	醫學講習所基礎工事二十三日完了
155242	朝鮮朝日	西北版	1928-07-24	1	10단	警官十六名平南が增員
155243	朝鮮朝日	西北版	1928-07-24	1	10단	椿の原生林朝鮮で珍しい
155244	朝鮮朝日	西北版	1928-07-24	1	10단	金塊を掘出/平北江界で
155245	朝鮮朝日	西北版	1928-07-24	1	10단	牧師が自殺
155246	朝鮮朝日	西北版	1928-07-24	1	10단	京師惜敗す/劍道大會で
155247	朝鮮朝日	西北版	1928-07-24	1	10단	人(長岡敬作氏(咸北高等課長)/山田增市氏(新任城津警察署長)/三宅彦七氏(羅南警察署長)/古市金彌氏(新義州警察署長)/新藤寬三郎氏(新義州地方法院檢事正)/河村子壽孃(鎮南浦商業會議所副會頭河村國助氏令孃))
155248	朝鮮朝日	西北版	1928-07-24	1	10단	半島茶話

일련번호	판명		간행일	면	단수	기사명
155249	朝鮮朝日	南鮮版	1928-07-24	1	01단	時事鳥瞰/總督の胸三寸に秘められた取引所問題
155250	朝鮮朝日	南鮮版	1928-07-24	1	01단	財源捻出に惱む極度の豫算編成難/萬己むを得ぬ新規事業が六百二十萬圓を超ゆ
155251	朝鮮朝日	南鮮版	1928-07-24	1	01단	全鮮野球大會評判記(５)/傳統の力に生きる京城中學の强みと偉大なる惑星仁川南商業/虎視耽々たる釜商
155252	朝鮮朝日	南鮮版	1928-07-24	1	02단	全鮮を通じ百四十校に御眞影御下賜
155253	朝鮮朝日	南鮮版	1928-07-24	1	03단	連絡船棧橋の改造が叫ばる/現在のは狹くて腐朽
155254	朝鮮朝日	南鮮版	1928-07-24	1	04단	兎角の噂の共榮自動車いよいよ開始
155255	朝鮮朝日	南鮮版	1928-07-24	1	04단	府尹郡守會議
155256	朝鮮朝日	南鮮版	1928-07-24	1	05단	忠南警官異動
155257	朝鮮朝日	南鮮版	1928-07-24	1	05단	幾分の値下は己むを得ぬ/大邱府營住宅
155258	朝鮮朝日	南鮮版	1928-07-24	1	05단	資本は十萬圓/健實に事業を進め度いと思考す/金鑛會社設立の聲明書
155259	朝鮮朝日	南鮮版	1928-07-24	1	06단	全南校長會議
155260	朝鮮朝日	南鮮版	1928-07-24	1	06단	大邱の病院滿員の盛況
155261	朝鮮朝日	南鮮版	1928-07-24	1	06단	近く本紙上に連載/神仙爐/楚人冠
155262	朝鮮朝日	南鮮版	1928-07-24	1	06단	歸省學生で釜山の大賑ひ
155263	朝鮮朝日	南鮮版	1928-07-24	1	07단	京城醫專惜敗
155264	朝鮮朝日	南鮮版	1928-07-24	1	07단	朝日の活寫光州で開催/全州でも盛況
155265	朝鮮朝日	南鮮版	1928-07-24	1	08단	渡航勞働阻止の實況活寫に撮影
155266	朝鮮朝日	南鮮版	1928-07-24	1	08단	各地だより(全州/木浦/淸州/釜山)
155267	朝鮮朝日	南鮮版	1928-07-24	1	09단	發令のない中は話はないがと熱を帶びた金谷將軍は朝鮮の教育を論ず/參謀の仕事は忙しい 少將に榮進する中川參謀長
155268	朝鮮朝日	南鮮版	1928-07-24	1	09단	配屬將校が左傾思想の學生を取締る
155269	朝鮮朝日	南鮮版	1928-07-24	1	10단	汽船の火災/石油に引火
155270	朝鮮朝日	南鮮版	1928-07-24	1	10단	暴行生徒の公判は三十日
155271	朝鮮朝日	南鮮版	1928-07-24	1	10단	京師惜敗す/劍道大會で
155272	朝鮮朝日	南鮮版	1928-07-24	1	10단	海兵の五哩遠泳
155273	朝鮮朝日	南鮮版	1928-07-24	1	10단	會(沙防技術者大會)
155274	朝鮮朝日	南鮮版	1928-07-24	1	10단	人(土師盛貞氏(總督府海事課長)/太田宇之助氏(朝日新聞社員)/水野功德氏(法務局法務課長)/天日常次郎氏(京取社長)/加藤茂苞博士(水原勸業模範場長))
155275	朝鮮朝日	南鮮版	1928-07-24	1	10단	半島茶話
155276	朝鮮朝日	西北・南鮮版	1928-07-24	2	01단	「魂」に響く表現/演劇國に國難來/澤田正二郎

일련번호	판명		간행일	면	단수	기사명
155277	朝鮮朝日	西北・南鮮版	1928-07-24	2	01단	喜劇の味/成瀬無極
155278	朝鮮朝日	西北・南鮮版	1928-07-24	2	02단	時價を無視して高く買ふ必要が何處にあるかと殖銀の漢株銀買入を批難
155279	朝鮮朝日	西北・南鮮版	1928-07-24	2	03단	鑛産額前年より増加
155280	朝鮮朝日	西北・南鮮版	1928-07-24	2	04단	南浦の林檎初荷が出廻る
155281	朝鮮朝日	西北・南鮮版	1928-07-24	2	04단	雫の聲
155282	朝鮮朝日	西北・南鮮版	1928-07-24	2	04단	諸掛りが多く木浦の海藻麗水に奪はる
155283	朝鮮朝日	西北・南鮮版	1928-07-24	2	05단	全南の棉作順調に發芽
155284	朝鮮朝日	西北・南鮮版	1928-07-24	2	05단	新警備の唄/咸南警官の作
155285	朝鮮朝日	西北・南鮮版	1928-07-24	2	05단	黄海の稻作大減收/救助策を考究
155286	朝鮮朝日	西北・南鮮版	1928-07-24	2	06단	軌道自動車鮮鐵が運轉
155287	朝鮮朝日	西北・南鮮版	1928-07-24	2	06단	咸北の鰯昨年の倍増
155288	朝鮮朝日	西北・南鮮版	1928-07-24	2	06단	豆粕運賃の簡易割引を總督府に陳情
155289	朝鮮朝日	西北・南鮮版	1928-07-24	2	06단	安東驛が倉庫を増設/明年度に計上
155290	朝鮮朝日	西北・南鮮版	1928-07-24	2	07단	全南の二べ漁
155291	朝鮮朝日	西北・南鮮版	1928-07-24	2	07단	浮世草
155292	朝鮮朝日	西北版	1928-07-25	1	01단	全鮮野球大會評判記(6)/進歩の跡著しき大邱中學の強みと新進揃ひの大邱商と高普/引締った鎭南浦商工
155293	朝鮮朝日	西北版	1928-07-25	1	01단	本社主催の空中旅行/大空を翔り昨夕無事に大阪着/白秋氏と恩地畫伯かくて第一コースを終はる
155294	朝鮮朝日	西北版	1928-07-25	1	02단	平南側の新規要求は本府も諒解
155295	朝鮮朝日	西北版	1928-07-25	1	04단	烈日の意氣を包み烈日下に戰はんず/參加球團は十有八豫選大會はいよいよ迫る
155296	朝鮮朝日	西北版	1928-07-25	1	04단	短歌/橋田東聲選
155297	朝鮮朝日	西北版	1928-07-25	1	05단	信川長淵間線路の延長/敷地を測量
155298	朝鮮朝日	西北版	1928-07-25	1	05단	新少將中川二十師團參謀長
155299	朝鮮朝日	西北版	1928-07-25	1	06단	新義州驛上屋の擴張/現在の二倍に
155300	朝鮮朝日	西北版	1928-07-25	1	06단	社會民族兩運動の活動狀態を聽取/最初の高等課長會議
155301	朝鮮朝日	西北版	1928-07-25	1	07단	機業講習所開所さる
155302	朝鮮朝日	西北版	1928-07-25	1	07단	平壤驛發着貨物の夏枯/僅に五六百個
155303	朝鮮朝日	西北版	1928-07-25	1	07단	近く本紙上に連載/神仙爐/楚人冠
155304	朝鮮朝日	西北版	1928-07-25	1	07단	オートバイ嚴重に取締る
155305	朝鮮朝日	西北版	1928-07-25	1	07단	間島方面の水害が激甚/農作物全滅
155306	朝鮮朝日	西北版	1928-07-25	1	08단	舊韓國將校たちの恩給下附の陳情/山梨總督刎ねつく/代表者は東上して運動
155307	朝鮮朝日	西北版	1928-07-25	1	08단	元山公會堂建設に決定

일련번호	판명		간행일	면	단수	기사명
155308	朝鮮朝日	西北版	1928-07-25	1	08단	箕林里の林間學校二十二日から
155309	朝鮮朝日	西北版	1928-07-25	1	08단	牡丹台野話
155310	朝鮮朝日	西北版	1928-07-25	1	09단	精米所の職工が盟休/暴行を働く
155311	朝鮮朝日	西北版	1928-07-25	1	09단	鴨江花火大會
155312	朝鮮朝日	西北版	1928-07-25	1	09단	豫約電話の時間を自動的に知らす便利な器械の發明/遞信局大西技師の研究
155313	朝鮮朝日	西北版	1928-07-25	1	10단	運動界(京城醫專大敗す/同大チーム日程/木浦球團連勝す)
155314	朝鮮朝日	西北版	1928-07-25	1	10단	各地だより(新義州/鎮南浦/間島)
155315	朝鮮朝日	西北版	1928-07-25	1	10단	人(古市金彌氏(新任新義州署長))
155316	朝鮮朝日	西北版	1928-07-25	1	10단	半島茶話
155317	朝鮮朝日	南鮮版	1928-07-25	1	01단	全鮮野球大會評判記(6)/進歩の跡著しき大邱中學の强みと新進揃ひの大邱商と高普/引締った鎮南浦商工
155318	朝鮮朝日	南鮮版	1928-07-25	1	01단	本社主催の空中旅行/大空を翔り昨夕無事に大阪着/白秋氏と恩地畫伯かくて第一コースを終はる
155319	朝鮮朝日	南鮮版	1928-07-25	1	02단	府と寺院が社會施設の方面委員設置
155320	朝鮮朝日	南鮮版	1928-07-25	1	04단	燃える意氣を包み烈日下に戰はんず/參加球團は十有八豫選大會はいよいよ迫る
155321	朝鮮朝日	南鮮版	1928-07-25	1	04단	短歌/橋田東聲選
155322	朝鮮朝日	南鮮版	1928-07-25	1	05단	取引所設置の提携運動は依然不可能
155323	朝鮮朝日	南鮮版	1928-07-25	1	05단	新少將中川二十師團參謀長
155324	朝鮮朝日	南鮮版	1928-07-25	1	06단	社會民族兩運動の活動狀態を聽取/最初の高等課長會議
155325	朝鮮朝日	南鮮版	1928-07-25	1	07단	晉州電氣が二電氣買收
155326	朝鮮朝日	南鮮版	1928-07-25	1	07단	各地だより(淸州/釜山/木浦/釜山)
155327	朝鮮朝日	南鮮版	1928-07-25	1	07단	近く本紙上に連載/神仙爐/楚人冠
155328	朝鮮朝日	南鮮版	1928-07-25	1	07단	五萬町歩の植付が不能/雨がなくば
155329	朝鮮朝日	南鮮版	1928-07-25	1	07단	京畿道の代用作物を江原道が斡旋
155330	朝鮮朝日	南鮮版	1928-07-25	1	08단	舊韓國將校たちの恩給下附の陳情/山梨總督刎ねつく/代表者は東上して運動(再び騷げば廢校も辭せぬ)
155331	朝鮮朝日	南鮮版	1928-07-25	1	08단	朝鮮海峽稀有の濃霧/連絡船延着
155332	朝鮮朝日	南鮮版	1928-07-25	1	08단	嫁虐めの姑の公判六月を求刑
155333	朝鮮朝日	南鮮版	1928-07-25	1	08단	晉州農校の盟休生登校/漸く解決す
155334	朝鮮朝日	南鮮版	1928-07-25	1	09단	若い男女が愛の巣を營む
155335	朝鮮朝日	南鮮版	1928-07-25	1	09단	豫約電話の時間を自動的に知らす便利な器械の發明/遞信局大西技師の研究

일련번호	판명		간행일	면	단수	기사명
155336	朝鮮朝日	南鮮版	1928-07-25	1	10단	運動界(京城醫專大敗す/同大チーム日程/木浦球團連勝す)
155337	朝鮮朝日	南鮮版	1928-07-25	1	10단	人(伊藤明治氏(殖産銀行商業金融課長)/唐紹銘氏(元張作霖氏秘書長)/古市金彌氏(新任新義州署長))
155338	朝鮮朝日	南鮮版	1928-07-25	1	10단	半島茶話
155339	朝鮮朝日	西北・南鮮版	1928-07-25	2	01단	稻の公同植付東拓の新しい試み
155340	朝鮮朝日	西北・南鮮版	1928-07-25	2	01단	關西實業家の目を惹いた朝鮮物産のかずかず/取引上に主意すべき要點(苹果/馬鈴薯/豆腐、百合根/生魚/海苔/平壤栗)
155341	朝鮮朝日	西北・南鮮版	1928-07-25	2	01단	外鹽の輸入豊作で激減
155342	朝鮮朝日	西北・南鮮版	1928-07-25	2	02단	將來ある三千浦築港總督府が調査
155343	朝鮮朝日	西北・南鮮版	1928-07-25	2	02단	土曜半休商議は反對
155344	朝鮮朝日	西北・南鮮版	1928-07-25	2	02단	慶北の製紙逐年發達す/年産八十萬圓
155345	朝鮮朝日	西北・南鮮版	1928-07-25	2	03단	西南沿海潮流の調査/春風丸が廻航
155346	朝鮮朝日	西北・南鮮版	1928-07-25	2	03단	淸州酒造組合二十二日成立
155347	朝鮮朝日	西北・南鮮版	1928-07-25	2	03단	南浦移出牛旺勢
155348	朝鮮朝日	西北・南鮮版	1928-07-25	2	03단	京城手形交換高
155349	朝鮮朝日	西北・南鮮版	1928-07-25	2	04단	元山米豆移出高
155350	朝鮮朝日	西北・南鮮版	1928-07-25	2	04단	零の聲
155351	朝鮮朝日	西北・南鮮版	1928-07-25	2	04단	商銀配當六分
155352	朝鮮朝日	西北・南鮮版	1928-07-25	2	04단	浮世草
155353	朝鮮朝日	西北版	1928-07-26	1	01단	耕すべき田畑と漁獲すべき港灣を朝鮮窒素に奪はれ生活を脅かされる內湖民
155354	朝鮮朝日	西北版	1928-07-26	1	01단	當局の意見を聞かない裡は何とも明言できぬ取引所の設置問題/取引所制度調査委員が實地を調査
155355	朝鮮朝日	西北版	1928-07-26	1	01단	平南警察署大異動/巡査部長增員
155356	朝鮮朝日	西北版	1928-07-26	1	02단	咸南の警官增員と異動
155357	朝鮮朝日	西北版	1928-07-26	1	02단	犯罪と衛生の癌とも見るモヒ患者が激增す/少數の治療所では追つかぬ
155358	朝鮮朝日	西北版	1928-07-26	1	02단	二百五十名の若き戰士が火と相搏つ大會はいよいよ二十八日から擧行
155359	朝鮮朝日	西北版	1928-07-26	1	03단	支那駐屯軍帽兒山に到着
155360	朝鮮朝日	西北版	1928-07-26	1	03단	銀行土曜半休絶對反對を南浦が返電/釜山も反對
155361	朝鮮朝日	西北版	1928-07-26	1	04단	野球大會組合せ左の如く決定
155362	朝鮮朝日	西北版	1928-07-26	1	04단	球界ヱピソード
155363	朝鮮朝日	西北版	1928-07-26	1	04단	不戰一勝兒(觀覽者規定)

일련번호	판명		간행일	면	단수	기사명
155364	朝鮮朝日	西北版	1928-07-26	1	04단	崇實專門に農科を設置/校長が獎勵家
155365	朝鮮朝日	西北版	1928-07-26	1	04단	小農低資貸付の準備いよいよ整ふ
155366	朝鮮朝日	西北版	1928-07-26	1	05단	支那警備隊對岸各地に到着駐屯す
155367	朝鮮朝日	西北版	1928-07-26	1	05단	朝鮮人勞働者の生活狀態を視察/大阪府の失業者救濟
155368	朝鮮朝日	西北版	1928-07-26	1	05단	俳句/鈴木花養選
155369	朝鮮朝日	西北版	1928-07-26	1	05단	各地だより(平壤/新義州/咸興)
155370	朝鮮朝日	西北版	1928-07-26	1	05단	實際にあった話/泥棒と間違へて父を殺すまで(下)/薪割の一擊！/賊は脆くも僵れたと思ったのは一瞬の間でそれは實に彼の父であった
155371	朝鮮朝日	西北版	1928-07-26	1	06단	陸揚賃金値下に關し海運業者協議
155372	朝鮮朝日	西北版	1928-07-26	1	06단	山梨總督巡視前に發見された爆彈騷ぎ/重大目的を被告は否認/二十三日判決を言渡さる
155373	朝鮮朝日	西北版	1928-07-26	1	07단	牡丹台野話
155374	朝鮮朝日	西北版	1928-07-26	1	07단	南海築港促進期成會委員が會合
155375	朝鮮朝日	西北版	1928-07-26	1	08단	新義州商議看板の書替/商工會議所に
155376	朝鮮朝日	西北版	1928-07-26	1	08단	朝鮮に珍しい桐樹に蟲害/驅除に腐心
155377	朝鮮朝日	西北版	1928-07-26	1	08단	百才以上が百八名/木盃を賜ふ
155378	朝鮮朝日	西北版	1928-07-26	1	09단	拳銃を發射し人を殺した强盗咸北鍾城で逮捕
155379	朝鮮朝日	西北版	1928-07-26	1	09단	全鮮初等學校長百餘名を網羅す濟州島の夏季大學/驅逐艦に搭乘現地に臨む
155380	朝鮮朝日	西北版	1928-07-26	1	09단	警笛燈臺を五ヶ所新設
155381	朝鮮朝日	西北版	1928-07-26	1	09단	金組の恩人目賀田男銅像建設の計劃
155382	朝鮮朝日	西北版	1928-07-26	1	10단	群山府廳舍今秋に竣工
155383	朝鮮朝日	西北版	1928-07-26	1	10단	間島寫眞展
155384	朝鮮朝日	西北版	1928-07-26	1	10단	朝日活寫會元山で開催
155385	朝鮮朝日	西北版	1928-07-26	1	10단	兼二浦の人口
155386	朝鮮朝日	西北版	1928-07-26	1	10단	會(支那語講習會)
155387	朝鮮朝日	西北版	1928-07-26	1	10단	人(蜂谷輝雄氏(奉天領事)/永田彥太郎氏(商工省取引課長)/島剛氏(同上技師)/賀田直治氏(東畜重役)/吉田重實氏(釜山府協議員)/萩谷巖氏(畫家)/今井好子氏(龍井村在外指定間島尋常高等小學校長今井肇氏夫人))
155388	朝鮮朝日	西北版	1928-07-26	1	10단	半島茶話
155389	朝鮮朝日	南鮮版	1928-07-26	1	01단	耕すべき田畑と漁獲すべき港灣を朝鮮窒素に奪はれ生活を脅かされる內湖民
155390	朝鮮朝日	南鮮版	1928-07-26	1	01단	當局の意見を聞かない裡は何とも明言で

일련번호	판명		간행일	면	단수	기사명
155390	朝鮮朝日	南鮮版	1928-07-26	1	01단	きぬ取引所の設置問題/取引所制度調査委員が實地を調査
155391	朝鮮朝日	南鮮版	1928-07-26	1	01단	犯罪と衛生の癌とも見るモヒ患者が激增す/少數の治療所では追つかぬ
155392	朝鮮朝日	南鮮版	1928-07-26	1	01단	二百五十名の若き戰士が火と相搏つ大會はいよいよ二十八日から擧行
155393	朝鮮朝日	南鮮版	1928-07-26	1	03단	球界ヱピソード
155394	朝鮮朝日	南鮮版	1928-07-26	1	03단	京城の三線道路大平通りに實施
155395	朝鮮朝日	南鮮版	1928-07-26	1	03단	實際にあった話/泥棒と間違へて父を殺すまで(下)/薪割の一擊！/賊は脆くも僕れたと思ったのは一瞬の間でそれは實に彼の父であった
155396	朝鮮朝日	南鮮版	1928-07-26	1	04단	野球大會組合せ左の如く決定/不戰一勝者
155397	朝鮮朝日	南鮮版	1928-07-26	1	05단	銀行土曜半休絶對反對を南浦が返電/釜山も反對
155398	朝鮮朝日	南鮮版	1928-07-26	1	05단	大嘗祭に獻納の梨果/愼重に栽培
155399	朝鮮朝日	南鮮版	1928-07-26	1	05단	山梨總督巡視前に發見された爆彈騷ぎ/重大目的を被告は否認/二十三日判決を言渡さる
155400	朝鮮朝日	南鮮版	1928-07-26	1	06단	青い鳥は歌ふ/釜山/ひでまる生
155401	朝鮮朝日	南鮮版	1928-07-26	1	06단	海員養成所卒業生資格內地商船校卒業と同格
155402	朝鮮朝日	南鮮版	1928-07-26	1	07단	忠南大川より
155403	朝鮮朝日	南鮮版	1928-07-26	1	07단	忠南公州より
155404	朝鮮朝日	南鮮版	1928-07-26	1	07단	俳句/鈴木花蓑選
155405	朝鮮朝日	南鮮版	1928-07-26	1	08단	拳銃を發射し人を殺した强盜咸北鍾城で逮捕
155406	朝鮮朝日	南鮮版	1928-07-26	1	08단	全鮮初等學校長百餘名を網羅す濟州島の夏季大學/驅逐艦に搭乘現地に臨む
155407	朝鮮朝日	南鮮版	1928-07-26	1	08단	大田電氣と大興電氣の合倂を計劃
155408	朝鮮朝日	南鮮版	1928-07-26	1	08단	金組の恩人目賀田男銅像建設の計劃
155409	朝鮮朝日	南鮮版	1928-07-26	1	08단	警笛燈臺を五ヶ所新設
155410	朝鮮朝日	南鮮版	1928-07-26	1	09단	百才以上が百八名/木盃を賜ふ
155411	朝鮮朝日	南鮮版	1928-07-26	1	09단	送水管に故障を生じ釜山水道惱む/回復は困難
155412	朝鮮朝日	南鮮版	1928-07-26	1	10단	貧と病ひで自殺を企つ
155413	朝鮮朝日	南鮮版	1928-07-26	1	10단	嫁虐めの姑六月の懲役
155414	朝鮮朝日	南鮮版	1928-07-26	1	10단	群山府廳舍今秋に竣工
155415	朝鮮朝日	南鮮版	1928-07-26	1	10단	間島寫眞展
155416	朝鮮朝日	南鮮版	1928-07-26	1	10단	人(蜂谷輝雄氏(奉天領事)/永田彥太郎氏(商

일련번호	판명		간행일	면	단수	기사명
155416	朝鮮朝日	南鮮版	1928-07-26	1	10단	工省取引課長)/島剛氏(同上技師)/賀田直治氏(東畜重役)/吉田重實氏(釜山府協議員)/萩谷巖氏(畫家)/立川次郎氏(公州地方法院長)/藤丸友吉氏(禮山署長))
155417	朝鮮朝日	南鮮版	1928-07-26	1	10단	半島茶話
155418	朝鮮朝日	西北・南鮮版	1928-07-26	2	01단	炊事の時間が省け女も野良で働いておまけに食費も廉くつく/小作人の共同炊事
155419	朝鮮朝日	西北・南鮮版	1928-07-26	2	01단	金融組合協會設立役員が決定
155420	朝鮮朝日	西北・南鮮版	1928-07-26	2	01단	來雜物の混入が多い/平北の産米
155421	朝鮮朝日	西北・南鮮版	1928-07-26	2	01단	京畿の稻作減收豫想四割に及ぶ
155422	朝鮮朝日	西北・南鮮版	1928-07-26	2	01단	全鮮の稻作百三十萬町/慶南の植付良好
155423	朝鮮朝日	西北・南鮮版	1928-07-26	2	02단	慶南の鷄卵移出が激增/一月以降六十萬個
155424	朝鮮朝日	西北・南鮮版	1928-07-26	2	02단	咸南農産物約五千萬圓
155425	朝鮮朝日	西北・南鮮版	1928-07-26	2	02단	片倉製絲場進捗
155426	朝鮮朝日	西北・南鮮版	1928-07-26	2	02단	官鹽の直賣近く開始す
155427	朝鮮朝日	西北・南鮮版	1928-07-26	2	03단	元山上半期滿洲粟輸入前年より增加
155428	朝鮮朝日	西北・南鮮版	1928-07-26	2	03단	鱈締粕の防腐保存法淸津で試驗
155429	朝鮮朝日	西北・南鮮版	1928-07-26	2	04단	浮世草
155430	朝鮮朝日	西北版	1928-07-27	1	01단	旱害による鮮米の減收は二百萬石/十五萬町步は全く植付不能/實收千五百萬石か
155431	朝鮮朝日	西北版	1928-07-27	1	01단	學校の敎練を軍事の敎育と混同するは甚しき誤り/池上總監打合會で訓示(訓示要旨)
155432	朝鮮朝日	西北版	1928-07-27	1	01단	黃海警察部異動
155433	朝鮮朝日	西北版	1928-07-27	1	01단	五、六の人手でやすやすと開く五百餘噸の大橋桁/開閉を預る任務は重い
155434	朝鮮朝日	西北版	1928-07-27	1	02단	陃東邊道尹退官の噂さ/後任は高氏か
155435	朝鮮朝日	西北版	1928-07-27	1	02단	現在よりも六倍の廣さ/平壤府の擴張
155436	朝鮮朝日	西北版	1928-07-27	1	03단	永城新加坡間國境道路が二十八日竣工
155437	朝鮮朝日	西北版	1928-07-27	1	03단	瓦を敷いた採鹽は良質/割安で販賣
155438	朝鮮朝日	西北版	1928-07-27	1	03단	初等敎育の普及も方針である以上はやらねばなるまい/御機嫌頗る斜な草間財務局長
155439	朝鮮朝日	西北版	1928-07-27	1	04단	短歌/橋田東聲選
155440	朝鮮朝日	西北版	1928-07-27	1	04단	安東當業者原粟運債の値下を要望
155441	朝鮮朝日	西北版	1928-07-27	1	04단	厚昌內地視察團
155442	朝鮮朝日	西北版	1928-07-27	1	05단	實際にあった話/何が彼女を家出させたか(一)/京城A記者
155443	朝鮮朝日	西北版	1928-07-27	1	05단	咸興郡廳舍新築
155444	朝鮮朝日	西北版	1928-07-27	1	05단	平南奧地の埋藏鑛物は無盡藏にある
155445	朝鮮朝日	西北版	1928-07-27	1	06단	小作問題は機宜の處置を講ずるやうにと

일련번호	판명		간행일	면	단수	기사명
155445	朝鮮朝日	西北版	1928-07-27	1	06단	各道知事に通牒
155446	朝鮮朝日	西北版	1928-07-27	1	06단	牡丹台野話
155447	朝鮮朝日	西北版	1928-07-27	1	07단	鴨江の流筏順調に進捗
155448	朝鮮朝日	西北版	1928-07-27	1	07단	釜中を先頭に續々と入城した古豪新銳/若き力をXに包み甲子園ゆきを覘ふ十八球團
155449	朝鮮朝日	西北版	1928-07-27	1	08단	咸南生産品移出が減少/魚肥のみ增加
155450	朝鮮朝日	西北版	1928-07-27	1	08단	辯護士試驗委員を任命
155451	朝鮮朝日	西北版	1928-07-27	1	08단	お斷り
155452	朝鮮朝日	西北版	1928-07-27	1	09단	爆彈密輸犯(大統社長吉田三郎/中西勝男/杉本龜作/井上義夫)
155453	朝鮮朝日	西北版	1928-07-27	1	09단	間島水害罹災救濟金九百圓集る
155454	朝鮮朝日	西北版	1928-07-27	1	09단	咸興朝日活寫會
155455	朝鮮朝日	西北版	1928-07-27	1	09단	ケシ收穫を官兵と馬賊爭奪し合ふ
155456	朝鮮朝日	西北版	1928-07-27	1	10단	崖が崩壞し三名が生埋
155457	朝鮮朝日	西北版	1928-07-27	1	10단	搘鬪して出刃を揮ふ怪賊を捕ふ
155458	朝鮮朝日	西北版	1928-07-27	1	10단	各地だより(間島/江界/咸興)
155459	朝鮮朝日	西北版	1928-07-27	1	10단	會(松井府尹午餐會/平壤防空講演會)
155460	朝鮮朝日	西北版	1928-07-27	1	10단	半島茶話
155461	朝鮮朝日	南鮮版	1928-07-27	1	01단	旱害による鮮米の減收は二百萬石/十五萬町步は全く植付不能/實收千五百萬石か
155462	朝鮮朝日	南鮮版	1928-07-27	1	01단	學校の敎練を軍事の敎育と混同するは甚しき誤り/池上總監打合會で訓示(訓示要旨)
155463	朝鮮朝日	南鮮版	1928-07-27	1	01단	現在よりも六倍の廣さ/平壤府の擴張
155464	朝鮮朝日	南鮮版	1928-07-27	1	01단	實際にあった話/何が彼女を家出させたか(一)/京城A記者
155465	朝鮮朝日	南鮮版	1928-07-27	1	02단	陝東邊道尹退官の噂さ/後任は高氏か
155466	朝鮮朝日	南鮮版	1928-07-27	1	02단	全北署長會議
155467	朝鮮朝日	南鮮版	1928-07-27	1	02단	市街地の海岸線埋立出願が增加
155468	朝鮮朝日	南鮮版	1928-07-27	1	03단	瓦を敷いた採鹽は良質/割安で販賣
155469	朝鮮朝日	南鮮版	1928-07-27	1	03단	安東當業者原粟運債の値下を要望
155470	朝鮮朝日	南鮮版	1928-07-27	1	03단	初等敎育の普及も方針である以上はやらねばなるまい/御機嫌頗る斜な草間財務局長
155471	朝鮮朝日	南鮮版	1928-07-27	1	04단	咸興郡廳舍新築
155472	朝鮮朝日	南鮮版	1928-07-27	1	04단	金泉學校舍增築
155473	朝鮮朝日	南鮮版	1928-07-27	1	04단	期徒を裏切る棉業懇談會
155474	朝鮮朝日	南鮮版	1928-07-27	1	05단	短歌/橋田東聲選
155475	朝鮮朝日	南鮮版	1928-07-27	1	05단	辯護士試驗委員を任命
155476	朝鮮朝日	南鮮版	1928-07-27	1	05단	慶南道の食糧品檢査廢棄品が多い
155477	朝鮮朝日	南鮮版	1928-07-27	1	05단	釜山海底線故障を生ず

일련번호	판명		간행일	면	단수	기사명
155478	朝鮮朝日	南鮮版	1928-07-27	1	06단	青い鳥は歌ふ/釜山/ひでまる生
155479	朝鮮朝日	南鮮版	1928-07-27	1	06단	釜中を先頭に續々と入城した古豪新銳/若き力をXに包み甲子園ゆきを覘ふ十八球團
155480	朝鮮朝日	南鮮版	1928-07-27	1	06단	お斷り
155481	朝鮮朝日	南鮮版	1928-07-27	1	06단	府民のため納凉聚落/大邱の計劃
155482	朝鮮朝日	南鮮版	1928-07-27	1	06단	各地だより(全州/春川/大邱/木浦/京城)
155483	朝鮮朝日	南鮮版	1928-07-27	1	07단	朝鮮の輕井澤智異山上で林業講習會
155484	朝鮮朝日	南鮮版	1928-07-27	1	07단	爆彈密輸犯(大統社長吉田三郎/中西勝男/杉本龜作/井上義夫)
155485	朝鮮朝日	南鮮版	1928-07-27	1	08단	前田群山新府尹
155486	朝鮮朝日	南鮮版	1928-07-27	1	08단	鴨江の流筏順調に進捗
155487	朝鮮朝日	南鮮版	1928-07-27	1	08단	水の呪ひ釜山の困惑
155488	朝鮮朝日	南鮮版	1928-07-27	1	08단	小作問題は機宜の處置を講ずるやうにと各道知事に通牒
155489	朝鮮朝日	南鮮版	1928-07-27	1	09단	咸南生産品移出が減少/魚肥のみ增加
155490	朝鮮朝日	南鮮版	1928-07-27	1	09단	咸興朝日活寫會
155491	朝鮮朝日	南鮮版	1928-07-27	1	09단	賭博事件で檢事が控訴
155492	朝鮮朝日	南鮮版	1928-07-27	1	10단	肝臟ヂストマ患者が多い洛東江流域
155493	朝鮮朝日	南鮮版	1928-07-27	1	10단	迷信から少女を殺す二十女の兇行
155494	朝鮮朝日	南鮮版	1928-07-27	1	10단	運動界(大邱庭球爭覇戰/殖銀チーム東上)
155495	朝鮮朝日	南鮮版	1928-07-27	1	10단	人(藤原慶南高等警察課長/藤村義郎男夫妻/結城安次氏(外務省屬)/迫間房太郎氏(釜山實業家)/野田八幡製鐵所技監、村井技術課長)
155496	朝鮮朝日	南鮮版	1928-07-27	1	10단	半島茶話
155497	朝鮮朝日	西北・南鮮版	1928-07-27	2	01단	全南米の格下に驚いた當局が檢査規則を嚴にし當業者は撤廢を絶叫す
155498	朝鮮朝日	西北・南鮮版	1928-07-27	2	01단	辰馬の加入を鮮航會が希望/有賀、天日、庄野の三氏が交涉方を斡旋す
155499	朝鮮朝日	西北・南鮮版	1928-07-27	2	01단	朝鮮冷藏庫身賣の折衝/買主は未定
155500	朝鮮朝日	西北・南鮮版	1928-07-27	2	01단	慶南の秋蠶掃立が增加
155501	朝鮮朝日	西北・南鮮版	1928-07-27	2	01단	大邱專賣局煙草の作柄極めて良好
155502	朝鮮朝日	西北・南鮮版	1928-07-27	2	01단	畜牛の氣腫症百頭に達す/豫防は困難
155503	朝鮮朝日	西北・南鮮版	1928-07-27	2	02단	局私線連帶貨物
155504	朝鮮朝日	西北・南鮮版	1928-07-27	2	02단	支那人勞働者の驅逐を陳情す/三月から六月までの渡航者四萬人に達す
155505	朝鮮朝日	西北・南鮮版	1928-07-27	2	02단	釜山貿易高一億二千萬圓
155506	朝鮮朝日	西北・南鮮版	1928-07-27	2	02단	夏枯に拘らず成績が良好/鐵道局業績
155507	朝鮮朝日	西北・南鮮版	1928-07-27	2	03단	雫の聲
155508	朝鮮朝日	西北・南鮮版	1928-07-27	2	03단	野球生活の思ひ出

일련번호	판명		간행일	면	단수	기사명
155509	朝鮮朝日	西北・南鮮版	1928-07-27	2	04단	群山商議評議會
155510	朝鮮朝日	西北・南鮮版	1928-07-27	2	04단	元山附近諸港上半期移出額
155511	朝鮮朝日	西北・南鮮版	1928-07-27	2	04단	新刊紹介(『産業組合のお話(諺文)二十頁』)
155512	朝鮮朝日	西北・南鮮版	1928-07-27	2	04단	浮世草
155513	朝鮮朝日	西北版	1928-07-28	1	01단	滿洲側の反對で敢ない最後を遂げた木材關係の特例廢止/更に來議會に提出
155514	朝鮮朝日	西北版	1928-07-28	1	01단	金組に貯蓄預金を取扱はせて吳れ/金融制度調査委員會に組合側が希望す
155515	朝鮮朝日	西北版	1928-07-28	1	01단	東洋一を誇る總督府の廳舍/夜來の降雨で雨漏/古ボケたバケツの行列
155516	朝鮮朝日	西北版	1928-07-28	1	01단	醫師試驗十月八日から
155517	朝鮮朝日	西北版	1928-07-28	1	01단	南浦陸揚運賃値下問題で商議所に依賴
155518	朝鮮朝日	西北版	1928-07-28	1	02단	幾千の船舶を安全に導く燈臺/そこには都市の暑熱がありとは思へぬ涼しさ
155519	朝鮮朝日	西北版	1928-07-28	1	03단	若林大尉記念式
155520	朝鮮朝日	西北版	1928-07-28	1	03단	各地だより(新義州/新義州/安東縣/海州/鎭南浦/平壤)
155521	朝鮮朝日	西北版	1928-07-28	1	03단	博物館と圖書館十日から開館
155522	朝鮮朝日	西北版	1928-07-28	1	04단	俳句/鈴木花蓑選
155523	朝鮮朝日	西北版	1928-07-28	1	04단	五山高普の盟休が解決
155524	朝鮮朝日	西北版	1928-07-28	1	04단	神仙爐/杉村楚人冠/いよいよ八月一日から掲載します
155525	朝鮮朝日	西北版	1928-07-28	1	04단	野球戰績速報所一回每に掲示/顔なじみの選手が久闊を敍する和氣靄々選手茶話會 活寫の餘興で散會/D局も放送
155526	朝鮮朝日	西北版	1928-07-28	1	05단	轉轍機を逆に廻し列車顚覆を企つ/狂人の惡戲と判明
155527	朝鮮朝日	西北版	1928-07-28	1	06단	牡丹台野話
155528	朝鮮朝日	西北版	1928-07-28	1	06단	物凄き大旋風平北定州に襲來し家屋を倒し數名負傷
155529	朝鮮朝日	西北版	1928-07-28	1	06단	間島の大水害/天圖鐵の橋脚が流失し二期線不通となる
155530	朝鮮朝日	西北版	1928-07-28	1	07단	實際にあった話/何が彼女を家出させたか(二)/京城A記者
155531	朝鮮朝日	西北版	1928-07-28	1	07단	この寫眞は
155532	朝鮮朝日	西北版	1928-07-28	1	08단	撫順球團優勝す
155533	朝鮮朝日	西北版	1928-07-28	1	08단	人妻の自殺/夫に虐待され
155534	朝鮮朝日	西北版	1928-07-28	1	08단	平北の水害三十九萬圓
155535	朝鮮朝日	西北版	1928-07-28	1	09단	白晝拳銃を發射し强盜を働いた匪賊の巨

일련번호	판명		간행일	면	단수	기사명
155535	朝鮮朝日	西北版	1928-07-28	1	09단	魁捕はる
155536	朝鮮朝日	西北版	1928-07-28	1	10단	水利組合の水路幹線が豪雨で危險
155537	朝鮮朝日	西北版	1928-07-28	1	10단	咸興の疫病/猩紅熱發生
155538	朝鮮朝日	西北版	1928-07-28	1	10단	會(尾上柴舟氏講演會/井關教授商店講習會)
155539	朝鮮朝日	西北版	1928-07-28	1	10단	半島茶話
155540	朝鮮朝日	南鮮版	1928-07-28	1	01단	滿洲側の反對で敢ない最後を遂げた木材關係の特例廢止/更に來議會に提出
155541	朝鮮朝日	南鮮版	1928-07-28	1	01단	金組に貯蓄預金を取扱はせて吳れ/金融制度調査委員會に組合側が希望す
155542	朝鮮朝日	南鮮版	1928-07-28	1	01단	湖南線で唯一の松汀里の水泳場/光州から僅に三里
155543	朝鮮朝日	南鮮版	1928-07-28	1	02단	總監南鮮視察
155544	朝鮮朝日	南鮮版	1928-07-28	1	03단	連絡船の送迎に入場料の徵收/打合會で協議さる/早晚實施されやう
155545	朝鮮朝日	南鮮版	1928-07-28	1	03단	人は減ったが讀まれる本は却って增した京城府圖書館/婦人はお話にならぬ
155546	朝鮮朝日	南鮮版	1928-07-28	1	03단	實際にあった話/何が彼女を家出させたか(二)/京城A記者
155547	朝鮮朝日	南鮮版	1928-07-28	1	04단	各地だより(群山/公州/釜山/淸津)
155548	朝鮮朝日	南鮮版	1928-07-28	1	04단	御眞影を下賜される慶南の學校
155549	朝鮮朝日	南鮮版	1928-07-28	1	05단	配水池の源水が涸渇釜山上水道制限の原因
155550	朝鮮朝日	南鮮版	1928-07-28	1	05단	東洋一を誇る總督府の廳舍/夜來の降雨で雨漏/古ボケたバケツの行列
155551	朝鮮朝日	南鮮版	1928-07-28	1	05단	俳句/鈴木花蓑選
155552	朝鮮朝日	南鮮版	1928-07-28	1	05단	醫師試驗十月八日から
155553	朝鮮朝日	南鮮版	1928-07-28	1	06단	野球戰績速報所一回每に揭示/D局も放送/顏なじみの選手が久闊を敍する和氣靄々な選手茶話會 活寫の餘興で散會
155554	朝鮮朝日	南鮮版	1928-07-28	1	06단	神仙爐/杉村楚人冠/いよいよ八月一日から揭載します
155555	朝鮮朝日	南鮮版	1928-07-28	1	07단	青い鳥は歌ふ/釜山/ひでまる生
155556	朝鮮朝日	南鮮版	1928-07-28	1	07단	この寫眞は
155557	朝鮮朝日	南鮮版	1928-07-28	1	07단	安い西瓜でもせいぜい喰って我慢するんですと測候所暑さの永きを說く
155558	朝鮮朝日	南鮮版	1928-07-28	1	08단	亂暴な籔/嬰兒を無理にもぎ殺す
155559	朝鮮朝日	南鮮版	1928-07-28	1	09단	生膽を取るべく子供を菰で包み逃げ行く
155559	朝鮮朝日	南鮮版	1928-07-28	1	09단	癩病患者/危く救はれた四歲の男兒
155560	朝鮮朝日	南鮮版	1928-07-28	1	10단	思想的密航者潛入の取締/釜山が第一線
155561	朝鮮朝日	南鮮版	1928-07-28	1	10단	面會計員が排斥を恨み同僚を慘殺

일련번호	판명		간행일	면	단수	기사명
155562	朝鮮朝日	南鮮版	1928-07-28	1	10단	機船に忍び金品を盜む
155563	朝鮮朝日	南鮮版	1928-07-28	1	10단	人(松井七夫少將(東三省軍事顧問)/賀田直治氏(朝鐵監査役)/總督府道巡査一行)
155564	朝鮮朝日	南鮮版	1928-07-28	1	10단	半島茶話
155565	朝鮮朝日	西北・南鮮版	1928-07-28	2	01단	根深い感情が絡み解決が容易でない海事法規の統一案/內地が朝鮮を信用せぬ
155566	朝鮮朝日	西北・南鮮版	1928-07-28	2	01단	小農救濟慶南の低資方針が決定
155567	朝鮮朝日	西北・南鮮版	1928-07-28	2	01단	湖南實業家第二回懇話會
155568	朝鮮朝日	西北・南鮮版	1928-07-28	2	01단	平北の春繭漸く出廻る
155569	朝鮮朝日	西北・南鮮版	1928-07-28	2	01단	忠南の綠肥生産が激增
155570	朝鮮朝日	西北・南鮮版	1928-07-28	2	01단	元山港出入貨物の現狀
155571	朝鮮朝日	西北・南鮮版	1928-07-28	2	02단	安東輸入商販賣法改善
155572	朝鮮朝日	西北・南鮮版	1928-07-28	2	02단	鰊や鯖の稚魚の濫獲憂慮される
155573	朝鮮朝日	西北・南鮮版	1928-07-28	2	02단	忠南の植付殆ど終了す
155574	朝鮮朝日	西北・南鮮版	1928-07-28	2	02단	淸州建築界頓みに賑ふ
155575	朝鮮朝日	西北・南鮮版	1928-07-28	2	03단	群山商議評議會
155576	朝鮮朝日	西北・南鮮版	1928-07-28	2	03단	救濟を要する平北の窮農二萬八千人
155577	朝鮮朝日	西北・南鮮版	1928-07-28	2	04단	浮世草
155578	朝鮮朝日	西北版	1928-07-29	1	01단	雨に風に一年の血淚を注ぎ盡した若人の晴れの戰ひ生田會長の始球式に開始(6ー4京中先づ勝つ新進の大邱高普惜敗/17ー3釜商の健棒冱え大邱中學淚を呑む/18ー7淸州農業敗退强豪培材輕く勝つ/9ー0徽文の攻擊銳く群山中學遂に棄權)
155579	朝鮮朝日	西北版	1928-07-29	1	03단	實際にあった話/何が彼女を家出させたか(三)/京城A記者
155580	朝鮮朝日	西北版	1928-07-29	1	06단	直徑三尺の大木に憂々の音を立てる/筏夫も國に殘した戀人を思ひ切る木は無いといふ
155581	朝鮮朝日	西北版	1928-07-29	1	06단	張氏の葬儀に總督代理生田氏が參列
155582	朝鮮朝日	西北版	1928-07-29	1	06단	始政記念博協贊會設置の準備
155583	朝鮮朝日	西北版	1928-07-29	1	06단	取引市場視察の日程全鮮に亙る
155584	朝鮮朝日	西北版	1928-07-29	1	06단	全鮮各道でも賜饗の儀を行ふ/大饗宴の當日に
155585	朝鮮朝日	西北版	1928-07-29	1	07단	牡丹台野話
155586	朝鮮朝日	西北版	1928-07-29	1	07단	木浦無線局二週間休止アンテナ修繕
155587	朝鮮朝日	西北版	1928-07-29	1	07단	全鮮消防協會創立の打合せ組頭二十餘名
155587	朝鮮朝日	西北版	1928-07-29	1	07단	出席/總裁に政務總監を推戴
155588	朝鮮朝日	西北版	1928-07-29	1	08단	各地だより(平壤)
155589	朝鮮朝日	西北版	1928-07-29	1	08단	短歌/橋田東聲選

일련번호	판명		간행일	면	단수	기사명
155590	朝鮮朝日	西北版	1928-07-29	1	09단	産業の施設に巨費を要する朝鮮の現狀では增兵問題は一寸困難だらう
155591	朝鮮朝日	西北版	1928-07-29	1	09단	藝者を壓倒すべく妓生の大奮發/進んで三味線の稽古
155592	朝鮮朝日	西北版	1928-07-29	1	09단	元山海水浴場物價が高い/ビールが六十錢
155593	朝鮮朝日	西北版	1928-07-29	1	09단	六年以下の碧潼公普生四十五名盟休
155594	朝鮮朝日	西北版	1928-07-29	1	10단	拳銃殺人の共犯者逮捕/大田に潛伏中
155595	朝鮮朝日	西北版	1928-07-29	1	10단	平壤學組員某々問題で內務部長と懇談
155596	朝鮮朝日	西北版	1928-07-29	1	10단	紙幣僞造を種に詐取す
155597	朝鮮朝日	西北版	1928-07-29	1	10단	會(松井信助氏(平壤府尹))
155598	朝鮮朝日	南鮮版	1928-07-29	1	01단	雨に風に一年の血淚を注ぎ盡した若人の晴れの戰ひ生田會長の始球式に開始(6ー4京中先づ勝つ新進の大邱高普惜敗/17ー3釜商の健棒冱え大邱中學淚を呑む/18ー7淸州農業敗退强豪培材輕く勝つ/9ー0徽文の攻擊銳く群山中學遂に棄權)
155599	朝鮮朝日	南鮮版	1928-07-29	1	03단	實際にあった話/何が彼女を家出させたか(三)/京城A記者
155600	朝鮮朝日	南鮮版	1928-07-29	1	06단	朝鮮人巡査忠南が募集
155601	朝鮮朝日	南鮮版	1928-07-29	1	06단	公州上水道濁りが澄む
155602	朝鮮朝日	南鮮版	1928-07-29	1	06단	錦江の架橋調査が終る
155603	朝鮮朝日	南鮮版	1928-07-29	1	06단	張氏の葬儀に總督代理生田氏が參列
155604	朝鮮朝日	南鮮版	1928-07-29	1	06단	始政記念博協贊會設置の準備
155605	朝鮮朝日	南鮮版	1928-07-29	1	06단	全鮮各道でも賜饗の儀を行ふ/大饗宴の當日に
155606	朝鮮朝日	南鮮版	1928-07-29	1	07단	取引市場視察の日程全鮮に亙る
155607	朝鮮朝日	南鮮版	1928-07-29	1	07단	木浦無線局二週間休止アンテナ修繕
155608	朝鮮朝日	南鮮版	1928-07-29	1	07단	道路共進會褒狀授與式
155609	朝鮮朝日	南鮮版	1928-07-29	1	07단	各地だより(公州/大田)
155610	朝鮮朝日	南鮮版	1928-07-29	1	07단	全鮮消防協會創立の打合せ組頭二十餘名出席/總裁に政務總監を推戴
155611	朝鮮朝日	南鮮版	1928-07-29	1	08단	大邱德山市場移轉の計劃
155612	朝鮮朝日	南鮮版	1928-07-29	1	08단	短歌/橋田東聲選
155613	朝鮮朝日	南鮮版	1928-07-29	1	08단	二千鉢も集る菊花大會大邱で開催
155614	朝鮮朝日	南鮮版	1928-07-29	1	08단	秦巖氏個人展
155615	朝鮮朝日	南鮮版	1928-07-29	1	08단	浴衣一枚では肌に粟する慶北九龍浦避暑地の計劃
155616	朝鮮朝日	南鮮版	1928-07-29	1	09단	産業の施設に巨費を要する朝鮮の現狀では增兵問題は一寸困難だらう

일련번호	판명		간행일	면	단수	기사명
155617	朝鮮朝日	南鮮版	1928-07-29	1	09단	金郡守の收賄から面長續々と引致/取調の進行につれ餘罪續々と發覺す
155618	朝鮮朝日	南鮮版	1928-07-29	1	09단	學校盟休の總決算/思ひ切り斷行
155619	朝鮮朝日	南鮮版	1928-07-29	1	09단	拳銃殺人の共犯者逮捕/大田に潛伏中
155620	朝鮮朝日	南鮮版	1928-07-29	1	10단	遭難した第二播州丸長箭に入港
155621	朝鮮朝日	南鮮版	1928-07-29	1	10단	大ヌクテ子供を啣へ山林に逃ぐ
155622	朝鮮朝日	南鮮版	1928-07-29	1	10단	空屋を荒す家主が恐慌
155623	朝鮮朝日	南鮮版	1928-07-29	1	10단	平壤學組員某々問題で內務部長と懇談
155624	朝鮮朝日	南鮮版	1928-07-29	1	10단	人(松井信助氏(平壤府尹)/長岡半太郎博士(東大名譽敎授)/南次郎中將(參謀本部次長)/小野忠五郎氏(理研技師)/佐藤淸氏/牟田吉之助氏(王子製絲新義州工場長)/安倍殖銀公州支店長令孃)
155625	朝鮮朝日	西北・南鮮版	1928-07-29	2	01단	貯蓄銀行の經營を殖銀は考慮中/採算が立つか否か金融組合は大に希望
155626	朝鮮朝日	西北・南鮮版	1928-07-29	2	01단	新義州商議銀行半休に反對を表明
155627	朝鮮朝日	西北・南鮮版	1928-07-29	2	01단	銀行半休に大邱商議反對
155628	朝鮮朝日	西北・南鮮版	1928-07-29	2	01단	海産物の冷凍設備を江原が奬勵
155629	朝鮮朝日	西北・南鮮版	1928-07-29	2	01단	小麥の靑田十七圓で賣買
155630	朝鮮朝日	西北・南鮮版	1928-07-29	2	02단	慶南紫雲英稀有の豊作
155631	朝鮮朝日	西北・南鮮版	1928-07-29	2	02단	大田東拓の八割は植付/殘部は代用作
155632	朝鮮朝日	西北・南鮮版	1928-07-29	2	02단	安東滿鐵醫院傳染病棟の擴張を急ぐ
155633	朝鮮朝日	西北・南鮮版	1928-07-29	2	02단	錦山の人蔘年産額六萬圓
155634	朝鮮朝日	西北・南鮮版	1928-07-29	2	03단	平南一帶に香水原料の草花が多い/化粧品業者が着目
155635	朝鮮朝日	西北・南鮮版	1928-07-29	2	03단	雫の聲
155636	朝鮮朝日	西北・南鮮版	1928-07-29	2	03단	街路照明燈安東縣の計劃
155637	朝鮮朝日	西北・南鮮版	1928-07-29	2	03단	京畿の代作蕎麥の種を平南が斡旋
155638	朝鮮朝日	西北・南鮮版	1928-07-29	2	04단	朝鮮土地一割配
155639	朝鮮朝日	西北・南鮮版	1928-07-29	2	04단	京城の物價鮮銀の調査
155640	朝鮮朝日	西北・南鮮版	1928-07-29	2	04단	浮世草
155641	朝鮮朝日	西北版	1928-07-31	1	01단	時事鳥瞰/根本的の弊害の除去に努むべし/小作制度の改善
155642	朝鮮朝日	西北版	1928-07-31	1	01단	選手の意氣あがり試合は愈白熱化す好試合續出して緊張する朝鮮中等野球豫選(7-1龍中奮戰したが釜山一商に擊退さる/5A-3果然接戰となる京中京師を破る/6A-5接戰又接戰徽文遂に勝つ仁川商業惜敗

일련번호	판명		간행일	면	단수	기사명
155642	朝鮮朝日	西北版	1928-07-31	1	01단	す/9A一1最後の攻撃も木浦軍遂に空し平壤中悠悠勝つ/第二日戰績11A一1京師大勝鎭南浦敗退/6A一1平中振ふ大邱やぶる/4一8京中勝つ培材善戰す/15一4龍山振ひ京商敗る/8A一5釜山惜敗仁川勝つ/8一1木浦勝つ元山大敗す)
155643	朝鮮朝日	西北版	1928-07-31	1	06단	御大典に主産品獻上/平南道から
155644	朝鮮朝日	西北版	1928-07-31	1	06단	池上政務總監長興に向ふ
155645	朝鮮朝日	西北版	1928-07-31	1	06단	二十師團の不正御用商廿二名を檢擧
155646	朝鮮朝日	西北版	1928-07-31	1	09단	財政の許す限國境を警備/朝鮮軍司令部を訪問した南參謀次長語る
155647	朝鮮朝日	西北版	1928-07-31	1	09단	突如大旋風襲來/十二戶の家屋を倒壞す/平安南道肅川地方
155648	朝鮮朝日	西北・南鮮版	1928-07-31	2	01단	私財を投じ人を救ひ己れを持するに儉/名聞を好まぬ篤行家/驪州の李敏應氏のことゞも
155649	朝鮮朝日	西北・南鮮版	1928-07-31	2	01단	家庭園藝/涼風を呼ぶ夏の觀葉植物その種類と手入れ方/大阪府立園藝學校黑瀨教諭談
155650	朝鮮朝日	西北・南鮮版	1928-07-31	2	02단	朝鮮沿岸に無線電信網なる/今後の陸上設備と相まって航海の安全を期す
155651	朝鮮朝日	西北・南鮮版	1928-07-31	2	02단	鮎とスッポン産地ところどころ/大公望への道しるべ
155652	朝鮮朝日	西北・南鮮版	1928-07-31	2	02단	審勢展覽會
155653	朝鮮朝日	西北・南鮮版	1928-07-31	2	03단	電話取付
155654	朝鮮朝日	西北・南鮮版	1928-07-31	2	04단	青い鳥は歌ふ/釜山/ひでまる生
155655	朝鮮朝日	西北・南鮮版	1928-07-31	2	04단	釜山の火葬場位置遂に決定す
155656	朝鮮朝日	西北・南鮮版	1928-07-31	2	04단	風光明媚の九味浦海岸避暑客集る
155657	朝鮮朝日	西北・南鮮版	1928-07-31	2	05단	朝日活寫會內湖で大盛況
155658	朝鮮朝日	西北・南鮮版	1928-07-31	2	05단	出來さうで出來ぬ釜山牧島間の大鐵橋/速成を希望する牧島住民
155659	朝鮮朝日	西北・南鮮版	1928-07-31	2	06단	琿春地方の出材は旺盛
155660	朝鮮朝日	西北・南鮮版	1928-07-31	2	06단	浦項海陸運送合同組織進む
155661	朝鮮朝日	西北・南鮮版	1928-07-31	2	07단	市況通信豫約電話の取扱を要望
155662	朝鮮朝日	西北・南鮮版	1928-07-31	2	07단	咸鏡北部線在貨の狀況
155663	朝鮮朝日	西北・南鮮版	1928-07-31	2	07단	浮世草

1928년 8월 (조선아사히)

일련번호	판명		간행일	면	단수	기사명
155664	朝鮮朝日	西北版	1928-08-01	1	01단	準優勝戰に入り全鮮の人氣更に上る/悲壯を極む選手の意氣/朝鮮中等野球豫選大會(7－4接戰又接戰京中よく健鬪釜商を見事に破る/6－4安打を續出し平壤中辛勝す徽文の奮鬪空し)
155665	朝鮮朝日	西北版	1928-08-01	1	01단	神仙爐(一)/楚人冠
155666	朝鮮朝日	西北版	1928-08-01	1	04단	俳句/鈴木花蓑選
155667	朝鮮朝日	西北版	1928-08-01	1	04단	辭令
155668	朝鮮朝日	西北版	1928-08-01	1	04단	大邱靑訓打合會
155669	朝鮮朝日	西北版	1928-08-01	1	05단	在鮮內地人の自覺と官界の大革正が急/現在の朝鮮統治は駄目/早大敎授高橋博士の視察談
155670	朝鮮朝日	西北版	1928-08-01	1	06단	江原道の植付順調に進む
155671	朝鮮朝日	西北版	1928-08-01	1	06단	わが資本家代表は全く賴りない/國際勞働會議から歸った村井官勞代表語る
155672	朝鮮朝日	西北版	1928-08-01	1	07단	極東防疫會議朝鮮も參加/大連で開催
155673	朝鮮朝日	西北版	1928-08-01	1	08단	平壤遞信局管內に航空標識を設置/平壤、定州等に八ヶ所『文字は縱四間橫五間』
155674	朝鮮朝日	西北版	1928-08-01	1	08단	寺尾曹長の遺骸しめやかに通夜飛行隊外で告別式
155675	朝鮮朝日	西北版	1928-08-01	1	08단	英國飛行家の訪日飛行は中止と決定
155676	朝鮮朝日	西北版	1928-08-01	1	08단	馬山靑訓開所
155677	朝鮮朝日	西北版	1928-08-01	1	08단	この暑さに霜が降った豐山郡地方
155678	朝鮮朝日	西北版	1928-08-01	1	08단	運動界(慶南野球大會本社の優勝旗)
155679	朝鮮朝日	西北版	1928-08-01	1	09단	會(釜山府協議會/各道米穀檢査員講習會/朝鮮酒造組合總會/子供服裁縫講習會)
155680	朝鮮朝日	西北版	1928-08-01	1	09단	マラリヤ病撲滅/流行地甘浦に於て根本的調査をなす
155681	朝鮮朝日	西北版	1928-08-01	1	09단	怪しい夫婦
155682	朝鮮朝日	西北版	1928-08-01	1	10단	人(李東鎭氏(中樞院書記官)/康秉鉦氏(平壤順天病院長)/內地各鐵道局人事掛長一行十四名/松尾喜一氏/和忠北道衛生課長技師)
155683	朝鮮朝日	西北版	1928-08-01	1	10단	牡丹台野話
155684	朝鮮朝日	西北版	1928-08-01	1	10단	病院一棟全燒/藥劑師大火傷
155685	朝鮮朝日	西北・南鮮版	1928-08-01	2	01단	漢藥に親しみ洋藥を嫌ふ舊習を去らぬ朝鮮人/慶北道と醫療機關の調査
155686	朝鮮朝日	西北・南鮮版	1928-08-01	2	01단	元山府の道路收益稅/今日の經濟狀態では到底應じきれぬ/一部から異議を申立つ
155687	朝鮮朝日	西北・南鮮版	1928-08-01	2	01단	釜山正米下落步調在米十四萬叺
155688	朝鮮朝日	西北・南鮮版	1928-08-01	2	01단	ラヂオで漁船へ急報/慶北水産計劃

일련번호	판명		간행일	면	단수	기사명
155689	朝鮮朝日	西北・南鮮版	1928-08-01	2	01단	平壤の財界景氣を盛返す
155690	朝鮮朝日	西北・南鮮版	1928-08-01	2	02단	新義州の人々洪水を免る堤防工事進捗
155691	朝鮮朝日	西北・南鮮版	1928-08-01	2	02단	鰊稚漁捕獲は嚴重取締る/慶北道當局談
155692	朝鮮朝日	西北・南鮮版	1928-08-01	2	02단	氣腫疽豫防に注射を勵行/長和衛生課長談
155693	朝鮮朝日	西北・南鮮版	1928-08-01	2	03단	龍巖浦市街整理に着手
155694	朝鮮朝日	西北・南鮮版	1928-08-01	2	03단	洪城局廳舍新築
155695	朝鮮朝日	西北・南鮮版	1928-08-01	2	03단	講演と講習
155696	朝鮮朝日	西北・南鮮版	1928-08-01	2	03단	今後は容赦なく不正肥料商一掃/取締令を嚴重適用し總督府で係關協議
155697	朝鮮朝日	西北・南鮮版	1928-08-01	2	04단	貯水池に鮎成績が良い
155698	朝鮮朝日	西北・南鮮版	1928-08-01	2	04단	圍碁大會
155699	朝鮮朝日	西北・南鮮版	1928-08-01	2	04단	水泳大會
155700	朝鮮朝日	西北・南鮮版	1928-08-01	2	04단	會社銀行/創立總會
155701	朝鮮朝日	西北・南鮮版	1928-08-01	2	04단	浮世草
155702	朝鮮朝日	西北版	1928-08-02	1	01단	榮ある優勝旗を京城中學遂に獲得/燦と輝く記錄を殘して朝鮮中等野球大會幕を閉づ(１０－１奮戰つひに及ばず平壤中空しく敗る大勝した京城中學/感激の中に優勝旗授與平壤中ナインも拍手)
155703	朝鮮朝日	西北版	1928-08-02	1	01단	神仙爐(二)/楚人冠
155704	朝鮮朝日	西北版	1928-08-02	1	05단	童謠民謠北原白秋選
155705	朝鮮朝日	西北版	1928-08-02	1	06단	お禮/大阪朝日新聞京城支局
155706	朝鮮朝日	西北版	1928-08-02	1	06단	國有財産法朝鮮に施行/懸案解決す
155707	朝鮮朝日	西北版	1928-08-02	1	07단	三十一日朝墜落した平壤飛行隊戰鬪機と慘死した寺尾曹兵
155708	朝鮮朝日	西北版	1928-08-02	1	07단	平南道警官異動/高等警察官定員改正
155709	朝鮮朝日	西北版	1928-08-02	1	07단	短歌/橋田東聲選
155710	朝鮮朝日	西北版	1928-08-02	1	07단	
155711	朝鮮朝日	西北版	1928-08-02	1	07단	大典博に朝鮮館/總督府の計劃
155712	朝鮮朝日	西北版	1928-08-02	1	08단	漢銀總會
155713	朝鮮朝日	西北版	1928-08-02	1	08단	奉視獻上繭平安北道から
155714	朝鮮朝日	西北版	1928-08-02	1	08단	新黨組織は却って政局混亂 不參加の空氣が濃厚 本黨系代議士らの會合/脫黨の意なし山本顧問明言す/脫黨せぬ人々
155715	朝鮮朝日	西北版	1928-08-02	1	09단	朝鮮銀行大改革/京城を本店に
155716	朝鮮朝日	西北版	1928-08-02	1	09단	內地農村視察團
155717	朝鮮朝日	西北版	1928-08-02	1	10단	大邱靑訓所八月から開設
155718	朝鮮朝日	西北版	1928-08-02	1	10단	定州公會堂
155719	朝鮮朝日	西北版	1928-08-02	1	10단	ドルメン永久に保存

일련번호	판명		간행일	면	단수	기사명
155720	朝鮮朝日	西北版	1928-08-02	1	10단	僞造紙幣や僞造貨現る/平壤で注意
155721	朝鮮朝日	西北版	1928-08-02	1	10단	撲り殺す
155722	朝鮮朝日	西北版	1928-08-02	1	10단	人(三山喜三郎氏(京城高等工業校長)/相澤慶南水産課長)
155723	朝鮮朝日	南鮮版	1928-08-02	1	01단	榮ある優勝旗を京城中學遂に獲得/燦と輝く記錄を殘して朝鮮中等野球大會幕を閉づ(１０ー１奮戰つひに及ばず平壤中空しく敗る大勝した京城中學/感激の中に優勝旗授與平壤中ナインも拍手)
155724	朝鮮朝日	南鮮版	1928-08-02	1	01단	神仙爐(二)/楚人冠
155725	朝鮮朝日	南鮮版	1928-08-02	1	05단	童謠民謠北原白秋選
155726	朝鮮朝日	南鮮版	1928-08-02	1	06단	お禮/大阪朝日新聞京城支局
155727	朝鮮朝日	南鮮版	1928-08-02	1	06단	國有財産法朝鮮に施行/懸案解決す
155728	朝鮮朝日	南鮮版	1928-08-02	1	07단	池上政務總監二日夜歸城す
155729	朝鮮朝日	南鮮版	1928-08-02	1	07단	大典博に朝鮮館/總督府の計劃
155730	朝鮮朝日	南鮮版	1928-08-02	1	07단	國際航空路の最要地蔚山大飛行場工事/五萬坪の土地買收終り九月から愈々着手
155731	朝鮮朝日	南鮮版	1928-08-02	1	07단	奉視獻上繭平安北道から
155732	朝鮮朝日	南鮮版	1928-08-02	1	07단	鮮滿蒙訪問學生團一行三日釜山着
155733	朝鮮朝日	南鮮版	1928-08-02	1	07단	內地農村視察團
155734	朝鮮朝日	南鮮版	1928-08-02	1	08단	朝鮮銀行大改革京城を本店に
155735	朝鮮朝日	南鮮版	1928-08-02	1	08단	短歌/橋田東聲選
155736	朝鮮朝日	南鮮版	1928-08-02	1	08단	收賄郡守事件各地に波及す
155737	朝鮮朝日	南鮮版	1928-08-02	1	08단	新黨組織は却って政局混亂 不參加の空氣が濃厚 本黨系代議士らの會合/脫黨の意なし山本顧問明言す/脫黨せぬ人々
155738	朝鮮朝日	南鮮版	1928-08-02	1	09단	勸農組合設置
155739	朝鮮朝日	南鮮版	1928-08-02	1	10단	千五百名の生死に關す漁場專用問題
155740	朝鮮朝日	南鮮版	1928-08-02	1	10단	ドルメン永久に保存
155741	朝鮮朝日	南鮮版	1928-08-02	1	10단	違反事件一回公判
155742	朝鮮朝日	西北・南鮮版	1928-08-02	2	01단	ところどころ
155743	朝鮮朝日	西北・南鮮版	1928-08-02	2	01단	新羅高麗兩船を三等客專用船に/關釜連絡船改造問題/松尾下關運事船舶主任視察談
155744	朝鮮朝日	西北・南鮮版	1928-08-02	2	01단	故目賀田男の銅像を建設/醵出金を募集
155745	朝鮮朝日	西北・南鮮版	1928-08-02	2	01단	平壤も贊成
155746	朝鮮朝日	西北・南鮮版	1928-08-02	2	01단	平年作以上/平南の稻作況
155747	朝鮮朝日	西北・南鮮版	1928-08-02	2	01단	大田神社新營鮮內稀な結構
155748	朝鮮朝日	西北・南鮮版	1928-08-02	2	02단	春繭販賣高/六萬餘圓增收
155749	朝鮮朝日	西北・南鮮版	1928-08-02	2	02단	京城に追隨/釜山組合銀行

일련번호	판명		간행일	면	단수	기사명
155750	朝鮮朝日	西北・南鮮版	1928-08-02	2	02단	カキの養殖龍川郡沿岸
155751	朝鮮朝日	西北・南鮮版	1928-08-02	2	03단	農事改良の慶南割當資金
155752	朝鮮朝日	西北・南鮮版	1928-08-02	2	03단	鮎不漁
155753	朝鮮朝日	西北・南鮮版	1928-08-02	2	03단	煙草の消費高/一ケ月に三百萬圓/京畿道では一人當り三圓餘
155754	朝鮮朝日	西北・南鮮版	1928-08-02	2	04단	浮世草
155755	朝鮮朝日	西北版	1928-08-03	1	01단	神仙爐(三)/楚人冠
155756	朝鮮朝日	西北版	1928-08-03	1	01단	一面一校主義により普通學校を增設す/初年度は全鮮に二千校/總督府の教育普及案
155757	朝鮮朝日	西北版	1928-08-03	1	01단	八百戶以下の面を隣接面に廢合す/平南道廳で調査を開始
155758	朝鮮朝日	西北版	1928-08-03	1	01단	平壤醫學講習所を公立醫學校とし明年新學期から開校/鮮內の醫師不足を補充
155759	朝鮮朝日	西北版	1928-08-03	1	02단	平壤醫學校舍ちかく起工
155760	朝鮮朝日	西北版	1928-08-03	1	02단	新義州高女設置を危まる
155761	朝鮮朝日	西北版	1928-08-03	1	03단	俳句/鈴木花蓑選
155762	朝鮮朝日	西北版	1928-08-03	1	03단	平壤慈惠醫院動靜
155763	朝鮮朝日	西北版	1928-08-03	1	04단	朝鮮神宮へ奉納品決定
155764	朝鮮朝日	西北版	1928-08-03	1	04단	殖産銀總會
155765	朝鮮朝日	西北版	1928-08-03	1	04단	思想團體や列車內取締打合會を開く
155766	朝鮮朝日	西北版	1928-08-03	1	04단	立派な安岳農業補習學校
155767	朝鮮朝日	西北版	1928-08-03	1	04단	實際にあった話/何が彼女を家出させたか(四)/京城A記者
155768	朝鮮朝日	西北版	1928-08-03	1	05단	漁業組合規則一部を改正
155769	朝鮮朝日	西北版	1928-08-03	1	05단	銀行の半休反對に一致/各地の商業會議所が營業時間改正要望
155770	朝鮮朝日	西北版	1928-08-03	1	06단	涼み台/平壤一記者/怖い裡に慕はれる直情徑行の人/小將に榮進本部に轉する淺田平壤飛行隊長
155771	朝鮮朝日	西北版	1928-08-03	1	06단	寺尾曹長の告別式莊嚴に執行す
155772	朝鮮朝日	西北版	1928-08-03	1	06단	童謠民謠北原白秋選
155773	朝鮮朝日	西北版	1928-08-03	1	07단	新院海州間朝鮮鐵道延長
155774	朝鮮朝日	西北版	1928-08-03	1	07단	咸興上水道擴張
155775	朝鮮朝日	西北版	1928-08-03	1	07단	多獅島道路工事に着手す
155776	朝鮮朝日	西北版	1928-08-03	1	08단	國道改修陳情
155777	朝鮮朝日	西北版	1928-08-03	1	08단	齒科醫試驗見事にパス/若い娘さん
155778	朝鮮朝日	西北版	1928-08-03	1	08단	一地方を除き稻の植付終る/不能地へ代用作奬勵/地方別の植付狀況
155779	朝鮮朝日	西北版	1928-08-03	1	09단	脫黨はしない/小橋氏もとゞまる/大麻唯男

일련번호	판명		간행일	면	단수	기사명
155779	朝鮮朝日	西北版	1928-08-03	1	09단	代議士談
155780	朝鮮朝日	西北版	1928-08-03	1	10단	運動界(ゴルフ大會/ゴルフ競技/陸上競技/庭球試合)
155781	朝鮮朝日	西北版	1928-08-03	1	10단	安水面地方大雹が降る/農作物に被害
155782	朝鮮朝日	西北版	1928-08-03	1	10단	咸興に靑訓設置
155783	朝鮮朝日	西北版	1928-08-03	1	10단	朝鮮消防協會ちかく創立
155784	朝鮮朝日	西北版	1928-08-03	1	10단	會(遞信吏員養成所卒業式)
155785	朝鮮朝日	西北版	1928-08-03	1	10단	人(內村醫學博士(平壤慈惠醫院長)/長谷川事務官(平壤慈惠醫院庶務課長)/佐野吾作氏(平南保安課主任警部)/伊藤喜八郎氏(長崎縣知事)/中村寬猛氏(前專賣局庶務課長))
155786	朝鮮朝日	南鮮版	1928-08-03	1	01단	神仙爐(三)/楚人冠
155787	朝鮮朝日	南鮮版	1928-08-03	1	01단	特に目についた小農者の慘な生活/救濟輔導が今日の急/釜山で池上政務總官語る
155788	朝鮮朝日	南鮮版	1928-08-03	1	01단	一面一校主義により普通學校を增設す/初年度は全鮮に二千校/總督府の教育普及案
155789	朝鮮朝日	南鮮版	1928-08-03	1	01단	八百戶以下の面を隣接面に廢合す/平南道廳で調査を開始
155790	朝鮮朝日	南鮮版	1928-08-03	1	01단	平壤慈惠醫院動靜
155791	朝鮮朝日	南鮮版	1928-08-03	1	02단	殖産銀總會
155792	朝鮮朝日	南鮮版	1928-08-03	1	02단	朝鮮神宮へ奉納品決定
155793	朝鮮朝日	南鮮版	1928-08-03	1	03단	思想團體や列車內取締打合會を開く
155794	朝鮮朝日	南鮮版	1928-08-03	1	03단	漁業組合規則一部を改正
155795	朝鮮朝日	南鮮版	1928-08-03	1	04단	釜山の斷水責任問題起る
155796	朝鮮朝日	南鮮版	1928-08-03	1	04단	立派な安岳農業補習學校
155797	朝鮮朝日	南鮮版	1928-08-03	1	04단	實際にあった話/何が彼女を家出させたか(四)/京城A記者
155798	朝鮮朝日	南鮮版	1928-08-03	1	05단	新院海州間朝鮮鐵道延長
155799	朝鮮朝日	南鮮版	1928-08-03	1	05단	警部免官
155800	朝鮮朝日	南鮮版	1928-08-03	1	05단	寺尾曹長の告別式莊嚴に執行す
155801	朝鮮朝日	南鮮版	1928-08-03	1	06단	青い鳥は歌ふ/釜山/ひでまる生
155802	朝鮮朝日	南鮮版	1928-08-03	1	06단	俳句/鈴木花蓑選
155803	朝鮮朝日	南鮮版	1928-08-03	1	06단	朝鮮消防協會ちかく創立
155804	朝鮮朝日	南鮮版	1928-08-03	1	06단	多獅島道路工事に着手す
155805	朝鮮朝日	南鮮版	1928-08-03	1	06단	童謠民謠北原白秋選
155806	朝鮮朝日	南鮮版	1928-08-03	1	07단	脱黨はしない/小橋氏もとゞまる/大麻唯男代議士談
155807	朝鮮朝日	南鮮版	1928-08-03	1	07단	釜山教育界の大改革斷行/不良教員を淘汰する/當局で目下內査中

일련번호	판명		간행일	면	단수	기사명
155808	朝鮮朝日	南鮮版	1928-08-03	1	08단	安水面地方大雹が降る/農作物に被害
155809	朝鮮朝日	南鮮版	1928-08-03	1	08단	齒科醫試驗見事にパス/若い娘さん
155810	朝鮮朝日	南鮮版	1928-08-03	1	09단	新義州高女設置を危まる
155811	朝鮮朝日	南鮮版	1928-08-03	1	09단	一地方を除き稻の植付終る/不能地へ代用作獎勵/地方別の植付狀況
155812	朝鮮朝日	南鮮版	1928-08-03	1	09단	醫療設備なき地方へ救急箱を配布す/忠南道の大典記念事業
155813	朝鮮朝日	南鮮版	1928-08-03	1	10단	咸興上水道擴張
155814	朝鮮朝日	南鮮版	1928-08-03	1	10단	夫を慘殺す狂った若い妻
155815	朝鮮朝日	南鮮版	1928-08-03	1	10단	會(遞信吏員養成所卒業式)
155816	朝鮮朝日	南鮮版	1928-08-03	1	10단	人(佐野吾作氏(平南保安課主任警部)/伊藤喜八郎氏(長崎縣知事)/中村寬猛氏(前專賣局庶務課長))
155817	朝鮮朝日	西北・南鮮版	1928-08-03	2	01단	ところどころ(煙草作柄/牛の移出/米豆移出/株主總會/重役會合/盟休解決/量器檢查/十年記念/動物傷害/嬰兒壓殺/傳染病者/犯罪件數)
155818	朝鮮朝日	西北・南鮮版	1928-08-03	2	01단	小農家に對し資金を融通共濟組合を設置して/平安北道廳で計劃
155819	朝鮮朝日	西北・南鮮版	1928-08-03	2	01단	兼二浦でベンゾール製造/製鐵所の擴張工事
155820	朝鮮朝日	西北・南鮮版	1928-08-03	2	01단	平壤府に府營質屋明年度に開設
155821	朝鮮朝日	西北・南鮮版	1928-08-03	2	01단	副業を獎勵/好成績を示す
155822	朝鮮朝日	西北・南鮮版	1928-08-03	2	01단	釜山地方水産界の惡弊矯正が急務
155823	朝鮮朝日	西北・南鮮版	1928-08-03	2	02단	密漁船を嚴重に取締る
155824	朝鮮朝日	西北・南鮮版	1928-08-03	2	02단	纖維工業品展咸興で催す
155825	朝鮮朝日	西北・南鮮版	1928-08-03	2	03단	慶南の春繭高昨年より增收
155826	朝鮮朝日	西北・南鮮版	1928-08-03	2	03단	刑務所の製品一般に好評/品評會を開く
155827	朝鮮朝日	西北・南鮮版	1928-08-03	2	04단	大田宣傳歌共進會で募集
155828	朝鮮朝日	西北・南鮮版	1928-08-03	2	04단	商業通信
155829	朝鮮朝日	西北・南鮮版	1928-08-03	2	04단	鷄品評會
155830	朝鮮朝日	西北・南鮮版	1928-08-03	2	04단	浮世草
155831	朝鮮朝日	西北版	1928-08-04	1	01단	神仙爐(四)/楚人冠
155832	朝鮮朝日	西北版	1928-08-04	1	01단	朝鮮にも施行簡易保險法/今議會に法律案提出/內容は內地と同一
155833	朝鮮朝日	西北版	1928-08-04	1	01단	鮮銀の異動發表 各課廢合の後更に支店長の異動を行ふ/支店支配人と幹部の異動/百餘名の大馘首不安にかられる/名實共に京城を本店たらしむる方針 井內理事語る
155834	朝鮮朝日	西北版	1928-08-04	1	02단	實際にあった話/若い燈臺守の哀れな殉職

일련번호	판명		간행일	면	단수	기사명
155834	朝鮮朝日	西北版	1928-08-04	1	02단	(一)/京城A記者
155835	朝鮮朝日	西北版	1928-08-04	1	03단	短歌/橋田東聲選
155836	朝鮮朝日	西北版	1928-08-04	1	04단	全鮮の貯金高/前年より增加
155837	朝鮮朝日	西北版	1928-08-04	1	04단	預金と貸出前年より增加
155838	朝鮮朝日	西北版	1928-08-04	1	04단	勤農組合の趣旨を徹底各面長を鞭撻
155839	朝鮮朝日	西北版	1928-08-04	1	05단	漢川に港灣施設いよいよ着手
155840	朝鮮朝日	西北版	1928-08-04	1	05단	黃龍山國有林七千五百町步を公賣に附す
155841	朝鮮朝日	西北版	1928-08-04	1	05단	朝鮮博覽會と總督府/民衆と警察の接觸をはかる警務館と衛生館新設
155842	朝鮮朝日	西北版	1928-08-04	1	05단	防空飛行演習活動寫眞大會
155843	朝鮮朝日	西北版	1928-08-04	1	06단	土曜漫筆/汽車が停る/伊藤憲郎
155844	朝鮮朝日	西北版	1928-08-04	1	06단	運動場設置一部から反對
155845	朝鮮朝日	西北版	1928-08-04	1	06단	庭球試合
155846	朝鮮朝日	西北版	1928-08-04	1	06단	鐵道開通
155847	朝鮮朝日	西北版	1928-08-04	1	06단	江界釀造總會波瀾を呈す
155848	朝鮮朝日	西北版	1928-08-04	1	07단	キーサン大勉强
155849	朝鮮朝日	西北版	1928-08-04	1	07단	元山海水浴場連日大賑ひ
155850	朝鮮朝日	西北版	1928-08-04	1	07단	子供に適する模範玩具を選定/各家庭の參考にする平南道衛生課の計劃
155851	朝鮮朝日	西北版	1928-08-04	1	07단	匪賊討伐隊鴨綠江奧地へ
155852	朝鮮朝日	西北版	1928-08-04	1	08단	咸南道內出水の被害廿一萬二千圓
155853	朝鮮朝日	西北版	1928-08-04	1	08단	線路に故障/淸津發遲延
155854	朝鮮朝日	西北版	1928-08-04	1	08단	阿片栽培從事者凡そ三萬人續々と歸還
155855	朝鮮朝日	西北版	1928-08-04	1	08단	競馬大會
155856	朝鮮朝日	西北版	1928-08-04	1	08단	都會地襲擊を馬賊團計劃/支那官憲緊張
155857	朝鮮朝日	西北版	1928-08-04	1	09단	豚コレラ猖獗/旣に二千頭斃死/鴨綠江岸嚴重警戒
155858	朝鮮朝日	西北版	1928-08-04	1	09단	面長排斥運動猛烈となる
155859	朝鮮朝日	西北版	1928-08-04	1	09단	百餘名罷業
155860	朝鮮朝日	西北版	1928-08-04	1	09단	大邱驛前道路十二間に擴張
155861	朝鮮朝日	西北版	1928-08-04	1	09단	淸津地方大豪雨/被害は夥し
155862	朝鮮朝日	西北版	1928-08-04	1	10단	牡丹台野話
155863	朝鮮朝日	西北版	1928-08-04	1	10단	人(李塤公殿下/井內勇氏(鮮銀理事)/大池源二氏(釜山實業家)/堆浩氏(仁川會議所議員))
155864	朝鮮朝日	南鮮版	1928-08-04	1	01단	神仙爐(四)/楚人冠
155865	朝鮮朝日	南鮮版	1928-08-04	1	01단	職制改革から朝鮮銀行に大異動 休職馘首者多數を出す 鮮滿中心に積極的活動/支店支配人と幹部の異動/百餘名の大馘首不安にからる/名實共に京城を本店たらしむる

일련번호	판명		간행일	면	단수	기사명
155865	朝鮮朝日	南鮮版	1928-08-04	1	01단	*方針 #內理事語る*
155866	朝鮮朝日	南鮮版	1928-08-04	1	02단	殖銀の增配林理財課長談
155867	朝鮮朝日	南鮮版	1928-08-04	1	02단	實際にあった話/若い燈臺守の哀れな殉職(一)/京城A記者
155868	朝鮮朝日	南鮮版	1928-08-04	1	03단	短歌/橋田東聲選
155869	朝鮮朝日	南鮮版	1928-08-04	1	04단	*慶尙合銀總會各役員決定/四ヶ所に支店*
155870	朝鮮朝日	南鮮版	1928-08-04	1	04단	勤農組合の趣旨を徹底各面長を鞭撻
155871	朝鮮朝日	南鮮版	1928-08-04	1	04단	朝鮮にも施行簡易保險法/今議會に法律案提出/內容は內地と同一
155872	朝鮮朝日	南鮮版	1928-08-04	1	05단	土曜漫筆/汽車が停る/伊藤憲郎
155873	朝鮮朝日	南鮮版	1928-08-04	1	05단	橫巻八十聯隊長近く榮轉か
155874	朝鮮朝日	南鮮版	1928-08-04	1	06단	青い鳥は歌ふ/釜山/ひでまる生
155875	朝鮮朝日	南鮮版	1928-08-04	1	06단	異動
155876	朝鮮朝日	南鮮版	1928-08-04	1	06단	全鮮の貯金高/前年より增加
155877	朝鮮朝日	南鮮版	1928-08-04	1	06단	道廳舍新築や電氣府營等釜山の五氏が代表し池上總監へ陳情す
155878	朝鮮朝日	南鮮版	1928-08-04	1	06단	子供に適する模範玩具を選定/各家庭の參考にする平南道衛生課の計劃
155879	朝鮮朝日	南鮮版	1928-08-04	1	07단	朝鮮博覽會と總督府/民衆と警察の接觸をはかる警務館と衛生館新設
155880	朝鮮朝日	南鮮版	1928-08-04	1	07단	釜山に製絲場/片倉が計劃
155881	朝鮮朝日	南鮮版	1928-08-04	1	08단	漁船に燈火勵行を通達
155882	朝鮮朝日	南鮮版	1928-08-04	1	08단	大邱驛前道路十二間に擴張
155883	朝鮮朝日	南鮮版	1928-08-04	1	08단	珠算講習會
155884	朝鮮朝日	南鮮版	1928-08-04	1	09단	豚コレラ猖獗/旣に二千頭斃死/鴨綠江岸嚴重警戒
155885	朝鮮朝日	南鮮版	1928-08-04	1	09단	キーサン大勉强
155886	朝鮮朝日	南鮮版	1928-08-04	1	09단	二頭のヌクテ少女を咬伏す
155887	朝鮮朝日	南鮮版	1928-08-04	1	10단	秋鼈の掃立慶北道は增加
155888	朝鮮朝日	南鮮版	1928-08-04	1	10단	釜山沿岸は稀有の大潮
155889	朝鮮朝日	南鮮版	1928-08-04	1	10단	匪賊討伐隊鴨綠江奧地へ
155890	朝鮮朝日	南鮮版	1928-08-04	1	10단	藥劑師死亡
155891	朝鮮朝日	南鮮版	1928-08-04	1	10단	大興電氣遂に訴訟
155892	朝鮮朝日	南鮮版	1928-08-04	1	10단	會(面職員講習會)
155893	朝鮮朝日	南鮮版	1928-08-04	1	10단	人(李堈公殿下/井內勇氏(鮮銀理事)/大池源二氏(釜山實業家)/堆浩氏(仁川會議所議員)/同志社高商野球部員/井上收氏(京城極東時報主幹))
155894	朝鮮朝日	西北・南鮮版	1928-08-04	2	01단	ところどころ(豫防注射/土地處分/簡閲點

일련번호	판명		간행일	면	단수	기사명
155894	朝鮮朝日	西北・南鮮版	1928-08-04	2	01단	呼/マーケット/奉祝國旗/奉納石段/咸興聯隊/運轉手成績/不正商人/盜難防止/墜落溺死/倒壞壓死/初の溺死)
155895	朝鮮朝日	西北・南鮮版	1928-08-04	2	01단	地元漁民に打擊はあたへぬ海面專用權認可申請に對し慶尙南道當局は語る
155896	朝鮮朝日	西北・南鮮版	1928-08-04	2	01단	小農救濟資金犢、材料、機械その他の購入費に平南道が貸出す
155897	朝鮮朝日	西北・南鮮版	1928-08-04	2	01단	酒造稅納稅好成績を示す
155898	朝鮮朝日	西北・南鮮版	1928-08-04	2	01단	苹果は豊作/移出最盛期
155899	朝鮮朝日	西北・南鮮版	1928-08-04	2	01단	米豆移出高
155900	朝鮮朝日	西北・南鮮版	1928-08-04	2	02단	雨量が多く大豆は減收/間島の各地方
155901	朝鮮朝日	西北・南鮮版	1928-08-04	2	02단	平壤栗の增産を計劃/內地へ大宣傳
155902	朝鮮朝日	西北・南鮮版	1928-08-04	2	03단	鮑の禁漁期短縮を請願
155903	朝鮮朝日	西北・南鮮版	1928-08-04	2	03단	堤防修築に善後策を講ず
155904	朝鮮朝日	西北・南鮮版	1928-08-04	2	03단	電氣總會
155905	朝鮮朝日	西北・南鮮版	1928-08-04	2	04단	義城點燈工事
155906	朝鮮朝日	西北・南鮮版	1928-08-04	2	04단	浮世草
155907	朝鮮朝日	西北版	1928-08-05	1	01단	神仙爐(五)/楚人冠
155908	朝鮮朝日	西北版	1928-08-05	1	01단	日韓倂合を理解させ內鮮融和の實を擧ぐ 教科書編纂其他を協議 臨時教科書調査委員會
155909	朝鮮朝日	西北版	1928-08-05	1	01단	方針がきまらず處置の仕樣なし/取引所問題について池上政務總監語る
155910	朝鮮朝日	西北版	1928-08-05	1	01단	銀行改善の方針大體決定す/新委員二十名を選び金融調査本委員會を開く
155911	朝鮮朝日	西北版	1928-08-05	1	01단	遞信局の年金制度現業員大助り
155912	朝鮮朝日	西北版	1928-08-05	1	02단	思想取締警官增員/嚴重取締る
155913	朝鮮朝日	西北版	1928-08-05	1	02단	安東地方豫算五萬圓增加
155914	朝鮮朝日	西北版	1928-08-05	1	03단	鮮銀の支店增設
155915	朝鮮朝日	西北版	1928-08-05	1	03단	米檢講習
155916	朝鮮朝日	西北版	1928-08-05	1	03단	世界一周旅行家
155917	朝鮮朝日	西北版	1928-08-05	1	03단	電氣對製紙問題解決す
155918	朝鮮朝日	西北版	1928-08-05	1	03단	實際にあった話/若い燈臺守の哀れな殉職(二)/京城A記者
155919	朝鮮朝日	西北版	1928-08-05	1	04단	線路流失で咸鏡線不通/五日開通見込
155920	朝鮮朝日	西北版	1928-08-05	1	04단	麗水釜山間夜間急行船五日から開始
155921	朝鮮朝日	西北版	1928-08-05	1	04단	總督府の養殖池工事九月には完成
155922	朝鮮朝日	西北版	1928-08-05	1	04단	非常の喜びをもって憧れの朝鮮へ/歌行脚の柴舟博士
155923	朝鮮朝日	西北版	1928-08-05	1	05단	朝鮮豫選野球座談會/優勝した京中の關投

일련번호	판명		간행일	면	단수	기사명
155923	朝鮮朝日	西北版	1928-08-05	1	05단	手の評/豫想と結果は違った
155924	朝鮮朝日	西北版	1928-08-05	1	05단	にはかに活氣づく淸津の漁業界
155925	朝鮮朝日	西北版	1928-08-05	1	05단	群山米穀市場永田技師視察
155926	朝鮮朝日	西北版	1928-08-05	1	05단	高等事務打合會
155927	朝鮮朝日	西北版	1928-08-05	1	06단	各地の納凉場だより
155928	朝鮮朝日	西北版	1928-08-05	1	07단	雨が欲しい朝鮮の水田
155929	朝鮮朝日	西北版	1928-08-05	1	08단	俳句/鈴木花蓑選
155930	朝鮮朝日	西北版	1928-08-05	1	08단	安東地方農作物增收を豫想
155931	朝鮮朝日	西北版	1928-08-05	1	08단	友を送る三木弘君の事在巴里籠谷虹兒
155932	朝鮮朝日	西北版	1928-08-05	1	09단	南鮮聯合會が米の檢査規則改正を要望す
155933	朝鮮朝日	西北版	1928-08-05	1	09단	釜山府內に乳兒の死亡續出/母親の鉛毒性中毒で不良品を嚴重取締る
155934	朝鮮朝日	西北版	1928-08-05	1	09단	男にだまされ嬰兒を捨た女
155935	朝鮮朝日	西北版	1928-08-05	1	10단	松毛蟲の料理
155936	朝鮮朝日	西北版	1928-08-05	1	10단	人(依光好秋氏(朝鮮總督府秘書官)/富田儀作氏(京城實業家)/堀直喜氏/高橋章助氏(京城辯護士))
155937	朝鮮朝日	南鮮版	1928-08-05	1	01단	神仙爐(五)/楚人冠
155938	朝鮮朝日	南鮮版	1928-08-05	1	01단	日韓倂合を理解させ內鮮融和の實を擧ぐ教科書編纂其他を協議/臨時教科書調查委員會
155939	朝鮮朝日	南鮮版	1928-08-05	1	01단	方針がきまらず處置の仕樣なし取人所/問題について池上政務總監語る
155940	朝鮮朝日	南鮮版	1928-08-05	1	01단	銀行改善の方針大體決定す/新委員二十名を選び金融調查本委員會を開く
155941	朝鮮朝日	南鮮版	1928-08-05	1	01단	遞信局の年金制度現業員大助り
155942	朝鮮朝日	南鮮版	1928-08-05	1	02단	思想取締警官增員/嚴重取締る
155943	朝鮮朝日	南鮮版	1928-08-05	1	02단	線路流失で咸鏡線不通/五日開通見込
155944	朝鮮朝日	南鮮版	1928-08-05	1	03단	鮮銀の支店增設
155945	朝鮮朝日	南鮮版	1928-08-05	1	03단	大邱支店長に高橋氏就任
155946	朝鮮朝日	南鮮版	1928-08-05	1	03단	異動
155947	朝鮮朝日	南鮮版	1928-08-05	1	03단	實際にあった話/若い燈臺守の哀れな殉職(二)/京城A記者
155948	朝鮮朝日	南鮮版	1928-08-05	1	04단	麗水釜山間夜間急行船五日から開始
155949	朝鮮朝日	南鮮版	1928-08-05	1	04단	授業料滯納額六萬五千圓徵收方法をどうする/當局まったく惱む
155950	朝鮮朝日	南鮮版	1928-08-05	1	04단	非常の喜びをもって憧れの朝鮮へ歌行脚の柴舟博士
155951	朝鮮朝日	南鮮版	1928-08-05	1	05단	にはかに活氣づく淸津の漁業界
155952	朝鮮朝日	南鮮版	1928-08-05	1	05단	短歌/橋田東聲選

일련번호	판명		간행일	면	단수	기사명
155953	朝鮮朝日	南鮮版	1928-08-05	1	05단	總督府の養殖池工事九月には完成
155954	朝鮮朝日	南鮮版	1928-08-05	1	06단	大邱浦項間自動車賃値下
155955	朝鮮朝日	南鮮版	1928-08-05	1	06단	小松島の海濱聚落好成績で終る
155956	朝鮮朝日	南鮮版	1928-08-05	1	06단	水泳講習會
155957	朝鮮朝日	南鮮版	1928-08-05	1	06단	南鮮聯合會が米の檢查規則改正を要望す
155958	朝鮮朝日	南鮮版	1928-08-05	1	06단	釜山府內に乳兒の死亡續出/母親の鉛毒性中毒で不良品を嚴重取締る
155959	朝鮮朝日	南鮮版	1928-08-05	1	07단	朝鮮豫選野球座談會/優勝した京中の關投手の評豫想と結果は違った
155960	朝鮮朝日	南鮮版	1928-08-05	1	07단	青い鳥は歌ふ/釜山/ひでまる生
155961	朝鮮朝日	南鮮版	1928-08-05	1	07단	野球試合
155962	朝鮮朝日	南鮮版	1928-08-05	1	08단	電氣對製紙問題解決す
155963	朝鮮朝日	南鮮版	1928-08-05	1	08단	各地の納涼場だより
155964	朝鮮朝日	南鮮版	1928-08-05	1	10단	男にだまされ嬰兒を捨た女
155965	朝鮮朝日	南鮮版	1928-08-05	1	10단	松毛蟲の料理
155966	朝鮮朝日	西北・南鮮版	1928-08-05	2	01단	木材特例關稅撤廢案/何とかして臨機に處置する/圓田山林部長の談
155967	朝鮮朝日	西北・南鮮版	1928-08-05	2	01단	群山取引所問題/兩派の協調がならず設置運動行き惱む
155968	朝鮮朝日	西北・南鮮版	1928-08-05	2	01단	大羽鰯漁況北鮮を視察
155969	朝鮮朝日	西北・南鮮版	1928-08-05	2	01단	馬山米穀商新組合設置か
155970	朝鮮朝日	西北・南鮮版	1928-08-05	2	02단	元山七月中の米豆移出高
155971	朝鮮朝日	西北・南鮮版	1928-08-05	2	02단	活牛輸送高
155972	朝鮮朝日	西北・南鮮版	1928-08-05	2	03단	元山驛乘降客昨年より減少
155973	朝鮮朝日	西北・南鮮版	1928-08-05	2	03단	雫の聲
155974	朝鮮朝日	西北・南鮮版	1928-08-05	2	03단	製絲練習所
155975	朝鮮朝日	西北・南鮮版	1928-08-05	2	03단	ところどころ(簡閱點呼/納涼演藝/救濟方法)
155976	朝鮮朝日	西北・南鮮版	1928-08-05	2	04단	千石多八氏葬儀
155977	朝鮮朝日	西北・南鮮版	1928-08-05	2	04단	浮世草
155978	朝鮮朝日	西北版	1928-08-07	1	01단	時事鳥瞰/熱球相搏つ處眞の德育は成就されるであらう
155979	朝鮮朝日	西北版	1928-08-07	1	01단	神仙爐(六)/楚人冠
155980	朝鮮朝日	西北版	1928-08-07	1	01단	百餘の警官を增員/思想犯罪の取締に主力を注ぐ移動警察いよいよ九月一日から實施
155981	朝鮮朝日	西北版	1928-08-07	1	01단	金融制度調查委員が決定/第一回調查委員會を九月上旬ごろ開く
155982	朝鮮朝日	西北版	1928-08-07	1	03단	齋藤前總督九月ごろ來鮮
155983	朝鮮朝日	西北版	1928-08-07	1	03단	實際にあった話/若い燈臺守の哀れな殉職(三)/京城A記者

일련번호	판명		간행일	면	단수	기사명
155984	朝鮮朝日	西北版	1928-08-07	1	04단	龍塘浦築港準備が進捗
155985	朝鮮朝日	西北版	1928-08-07	1	04단	教育産業に力を注ぐ平南の豫算
155986	朝鮮朝日	西北版	1928-08-07	1	05단	地主懇談會平北が開催
155987	朝鮮朝日	西北版	1928-08-07	1	05단	思想取締の増員で理事官の異動大規模に行はれん
155988	朝鮮朝日	西北版	1928-08-07	1	06단	朝鮮豫選野球座談會(二)/京中の勝因と平壤中學の敗因附京中京師戰の回顧
155989	朝鮮朝日	西北版	1928-08-07	1	06단	羅南輸城間六日朝開通
155990	朝鮮朝日	西北版	1928-08-07	1	06단	寧邊郡廳舍新築
155991	朝鮮朝日	西北版	1928-08-07	1	06단	各地だより(平壤/沙里院/安東縣/新義州/城津)
155992	朝鮮朝日	西北版	1928-08-07	1	07단	牡丹台野話
155993	朝鮮朝日	西北版	1928-08-07	1	08단	南鮮島嶼に二ケ所雄基に一ケ所の燈臺を明年度に設置/八萬圓を豫算に計上
155994	朝鮮朝日	西北版	1928-08-07	1	08단	漁業警備船平南が設置
155995	朝鮮朝日	西北版	1928-08-07	1	08단	新幹會の總務の選擧/幹事は缺員
155996	朝鮮朝日	西北版	1928-08-07	1	09단	樹苗の自給平南の計劃
155997	朝鮮朝日	西北版	1928-08-07	1	09단	國際運輸が江界に出張店
155998	朝鮮朝日	西北版	1928-08-07	1	09단	柴舟氏講演會
155999	朝鮮朝日	西北版	1928-08-07	1	10단	平壤郊外に藥水が湧出/眞僞を調査
156000	朝鮮朝日	西北版	1928-08-07	1	10단	內地の都市に駐在員派遣/安東が提議
156001	朝鮮朝日	西北版	1928-08-07	1	10단	沙里院面の下水工事で紛糾を釀す
156002	朝鮮朝日	西北版	1928-08-07	1	10단	機關車顚覆乘客は無事
156003	朝鮮朝日	西北版	1928-08-07	1	10단	百名の馬賊對岸に現る
156004	朝鮮朝日	西北版	1928-08-07	1	10단	鴨綠江岸の水泳を禁ず
156005	朝鮮朝日	西北版	1928-08-07	1	10단	運動界(實塚軍來壤/同志社來襲)
156006	朝鮮朝日	南鮮版	1928-08-07	1	01단	時事鳥瞰/熱球相搏つ處眞の德育は成就されるであらう
156007	朝鮮朝日	南鮮版	1928-08-07	1	01단	神仙爐(六)/楚人冠
156008	朝鮮朝日	南鮮版	1928-08-07	1	01단	百餘の警官を増員/思想犯罪の取締に主力を注ぐ移動警察いよいよ九月一日から實施
156009	朝鮮朝日	南鮮版	1928-08-07	1	01단	實際にあった話/若い燈臺守の哀れな殉職(三)/京城A記者
156010	朝鮮朝日	南鮮版	1928-08-07	1	04단	齋藤前總督九月ごろ來鮮
156011	朝鮮朝日	南鮮版	1928-08-07	1	04단	金融制度調査委員が決定/第一回調査委員會を九月上旬ごろ開く
156012	朝鮮朝日	南鮮版	1928-08-07	1	05단	家族連れで東萊に遊ぶ山梨總督
156013	朝鮮朝日	南鮮版	1928-08-07	1	06단	朝鮮豫選野球座談會(二)/京中の勝因と平壤中學の敗因附京中京師戰の回顧
156014	朝鮮朝日	南鮮版	1928-08-07	1	06단	委員を擧げて府尹を鞭撻瓦電買收を急ぐ

일련번호	판명		간행일	면	단수	기사명
156014	朝鮮朝日	南鮮版	1928-08-07	1	06단	釜山の府協議員
156015	朝鮮朝日	南鮮版	1928-08-07	1	07단	釜山上水道制限を短縮
156016	朝鮮朝日	南鮮版	1928-08-07	1	08단	柴舟氏講演會
156017	朝鮮朝日	南鮮版	1928-08-07	1	08단	大阪教育會婦人見學團六日朝退鮮
156018	朝鮮朝日	南鮮版	1928-08-07	1	08단	南鮮沿海の海洋を調査/春風丸が入港
156019	朝鮮朝日	南鮮版	1928-08-07	1	09단	新幹會の總務の選擧幹事は缺員
156020	朝鮮朝日	南鮮版	1928-08-07	1	09단	思想取締の增員で理事官の異動大規模に行はれん
156021	朝鮮朝日	南鮮版	1928-08-07	1	09단	南鮮島嶼に二ケ所雄基に一ケ所の燈臺を明年度に設置/八萬圓を豫算に計上
156022	朝鮮朝日	南鮮版	1928-08-07	1	10단	モヒ密賣者一濟に檢擧
156023	朝鮮朝日	南鮮版	1928-08-07	1	10단	空船に火藥捜査中の贓品
156024	朝鮮朝日	南鮮版	1928-08-07	1	10단	運動界(鐵道對殖銀庭球/釜山龜峰軍敗る
156025	朝鮮朝日	南鮮版	1928-08-07	1	10단	人(李鍝公殿下/澤井準一氏(大阪市水道課長)/大阪府教育會/藤村義明男(國際聯盟總會代表))
156026	朝鮮朝日	西北・南鮮版	1928-08-07	2	01단	同人漫筆/海の思ひ出(島の夜 エス生/私の基碑を黑津の海底に 後藤哀子/昭三、八、海邊の妓樓 藪柑子/潮の岬 小川凡悟樓/「人間釣り」長谷川生/海邊の感傷 段三郎/ながれ星 今年竹)
156027	朝鮮朝日	西北・南鮮版	1928-08-07	2	02단	準禁治産を免れ大藏省の監督を蠲ては免るべき鮮銀/本店らしい本店となる京城
156028	朝鮮朝日	西北・南鮮版	1928-08-07	2	03단	水利組合起債の利子低減を計劃/八分五厘以上の高利債が千五百萬圓に達す
156029	朝鮮朝日	西北・南鮮版	1928-08-07	2	04단	咸興電氣の晝間運轉認可
156030	朝鮮朝日	西北・南鮮版	1928-08-07	2	04단	專賣局異動
156031	朝鮮朝日	西北・南鮮版	1928-08-07	2	05단	雫の聲
156032	朝鮮朝日	西北・南鮮版	1928-08-07	2	06단	童謠民謠北原白秋選
156033	朝鮮朝日	西北・南鮮版	1928-08-07	2	06단	安東豆粕輸出高
156034	朝鮮朝日	西北・南鮮版	1928-08-07	2	06단	七月中の鐵道業績/前年より激增
156035	朝鮮朝日	西北・南鮮版	1928-08-07	2	06단	平北夏秋蠶掃立
156036	朝鮮朝日	西北・南鮮版	1928-08-07	2	06단	元山手形交換高
156037	朝鮮朝日	西北・南鮮版	1928-08-07	2	07단	燒酎聯合會創立
156038	朝鮮朝日	西北・南鮮版	1928-08-07	2	07단	慶北漁業總會
156039	朝鮮朝日	西北・南鮮版	1928-08-07	2	07단	新義州繁榮會
156040	朝鮮朝日	西北・南鮮版	1928-08-07	2	07단	新刊紹介(『極東時報』/『同民四十七號』)
156041	朝鮮朝日	西北・南鮮版	1928-08-07	2	07단	浮世草
156042	朝鮮朝日	西北版	1928-08-08	1	01단	神仙爐(七)/楚人冠
156043	朝鮮朝日	西北版	1928-08-08	1	01단	內地の有力者取引所設置の請願書を提出す

일련번호	판명		간행일	면	단수	기사명
156043	朝鮮朝日	西北版	1928-08-08	1	01단	例によって直ちに返戻/平壤府が米穀市場設置を計劃
156044	朝鮮朝日	西北版	1928-08-08	1	01단	京電の大奮發料金の値下年收四十八萬圓を減す/一日に遡って實施
156045	朝鮮朝日	西北版	1928-08-08	1	01단	咸鏡線直通列車發着の時間
156046	朝鮮朝日	西北版	1928-08-08	1	02단	滿鮮電話利用增加/一日に十八回
156047	朝鮮朝日	西北版	1928-08-08	1	02단	朝鮮豫選野球座談會(三)/大會を通じて目立った選手試合の少いのが遺憾
156048	朝鮮朝日	西北版	1928-08-08	1	03단	新義州府の女學校設立前途は困難
156049	朝鮮朝日	西北版	1928-08-08	1	03단	明秋を期して花々しく開く全鮮金融組合大會寄附金募集に着手
156050	朝鮮朝日	西北版	1928-08-08	1	03단	鮮鐵のレールを製鐵所に注文/軌條總量は百哩/納期陸揚地等も決定
156051	朝鮮朝日	西北版	1928-08-08	1	04단	奉祝煙草六千萬本製造
156052	朝鮮朝日	西北版	1928-08-08	1	05단	各地だより(鎭南浦/安東縣/平壤)
156053	朝鮮朝日	西北版	1928-08-08	1	05단	短歌/橋田東聲選
156054	朝鮮朝日	西北版	1928-08-08	1	05단	由緒も深い日新校身賣
156055	朝鮮朝日	西北版	1928-08-08	1	06단	大阪朝日活寫會防空眞その他を映寫
156056	朝鮮朝日	西北版	1928-08-08	1	06단	平壤府圖書館十日から開館
156057	朝鮮朝日	西北版	1928-08-08	1	06단	普通學校新設を必要とする面は京畿道で勤(僅)に三十八/殘る七十餘は現狀では困難
156058	朝鮮朝日	西北版	1928-08-08	1	07단	女學校出を收容して助産婦を養成
156059	朝鮮朝日	西北版	1928-08-08	1	07단	*天圖圖們兩鐵不通 間島の豪雨/危險に瀕した龍井村の市街*
156060	朝鮮朝日	西北版	1928-08-08	1	07단	滿期除隊兵を警官に仕立てる/朝鮮居住者の中から馬山重砲隊の試み
156061	朝鮮朝日	西北版	1928-08-08	1	08단	赤痢の免疫體を腸內で生成する內服豫防劑の實驗/志賀、椎葉兩博士が製出
156062	朝鮮朝日	西北版	1928-08-08	1	08단	おかずの盛りが惡いとて盟休/岸和田紡の朝鮮人女工會社が要求を容れ解決
156063	朝鮮朝日	西北版	1928-08-08	1	08단	鐵原と沙里院道立醫院を明年度に設置
156064	朝鮮朝日	西北版	1928-08-08	1	08단	お茶のあと
156065	朝鮮朝日	西北版	1928-08-08	1	09단	運動界(全鮮中等校陸上競技選手權大會)
156066	朝鮮朝日	西北版	1928-08-08	1	09단	牡丹台野話
156067	朝鮮朝日	西北版	1928-08-08	1	10단	安東の水泳講習
156068	朝鮮朝日	西北版	1928-08-08	1	10단	義州金鑛代表者會義
156069	朝鮮朝日	西北版	1928-08-08	1	10단	會(勸業技手講習會/平壤喜多流謠曲會)
156070	朝鮮朝日	西北版	1928-08-08	1	10단	半島茶話
156071	朝鮮朝日	南鮮版	1928-08-08	1	01단	神仙爐(七)/楚人冠

일련번호	판명		간행일	면	단수	기사명
156072	朝鮮朝日	南鮮版	1928-08-08	1	01단	*内地の有力者取引所設置の請願書を提出す 例によって直ちに返戻/取人所の調査にあらゆる便宜を與ふべく 釜山が準備/設置運動に釜山は平靜*
156073	朝鮮朝日	南鮮版	1928-08-08	1	01단	京電の大奮發料金の値下年收四十八萬圓を減す/一日に遡って實施
156074	朝鮮朝日	南鮮版	1928-08-08	1	01단	咸鏡線直通列車發着の時間
156075	朝鮮朝日	南鮮版	1928-08-08	1	02단	奉祝煙草六千萬本製造
156076	朝鮮朝日	南鮮版	1928-08-08	1	03단	明秋を期して花々しく開く全鮮金融組合大會寄附金募集に着手
156077	朝鮮朝日	南鮮版	1928-08-08	1	03단	自動車網は鐵道の培養線に過ぎぬ/當業者は打撃はない/三千浦の築港は棧橋程度
156078	朝鮮朝日	南鮮版	1928-08-08	1	03단	朝鮮豫選野球座談會(三)/大會を通じて目立った選手試合の少いのが遺憾
156079	朝鮮朝日	南鮮版	1928-08-08	1	04단	警察官異動/京畿道管內
156080	朝鮮朝日	南鮮版	1928-08-08	1	04단	滿鮮電話利用增加/一日に十八回
156081	朝鮮朝日	南鮮版	1928-08-08	1	05단	鮮鐵のレールを製鐵所に注文/軌條總量は百哩/納期陸揚地等も決定
156082	朝鮮朝日	南鮮版	1928-08-08	1	05단	昭和館の恩惠に感じ下關市內在住朝鮮人が後援會を新に組織
156083	朝鮮朝日	南鮮版	1928-08-08	1	05단	普通學校新設を必要とする面は京畿道で僅に三十八/殘る七十餘は現狀では困難
156084	朝鮮朝日	南鮮版	1928-08-08	1	05단	赤痢の免疫體を腸內で生成する內服豫防劑の實驗/志賀、椎葉兩博士が製出
156085	朝鮮朝日	南鮮版	1928-08-08	1	07단	青い鳥は歌ふ/釜山/あをやま生
156086	朝鮮朝日	南鮮版	1928-08-08	1	07단	おかずの盛りが惡いとて盟休/岸和田紡の朝鮮人女工會社が要求を容れ解決
156087	朝鮮朝日	南鮮版	1928-08-08	1	07단	短歌/橋田東聲選
156088	朝鮮朝日	南鮮版	1928-08-08	1	07단	金剛山探勝團
156089	朝鮮朝日	南鮮版	1928-08-08	1	08단	運動界(全鮮中等校陸上競技選手權大會/全鮮野球豫選)
156090	朝鮮朝日	南鮮版	1928-08-08	1	08단	お茶のあと
156091	朝鮮朝日	南鮮版	1928-08-08	1	08단	滿期除隊兵を警官に仕立てる/朝鮮居住者の中から馬山重砲隊の試み
156092	朝鮮朝日	南鮮版	1928-08-08	1	08단	東拓と殖銀に爆彈を投じた羅錫疇を使嗾の首犯金昌肅等の豫審終結
156093	朝鮮朝日	南鮮版	1928-08-08	1	09단	京城納凉音樂會
156094	朝鮮朝日	南鮮版	1928-08-08	1	10단	義州金鑛代表者會義
156095	朝鮮朝日	南鮮版	1928-08-08	1	10단	プロ藝術聯盟支會創立を禁止される
156096	朝鮮朝日	南鮮版	1928-08-08	1	10단	會(勸業技手講習會)

일련번호	판명		간행일	면	단수	기사명
156097	朝鮮朝日	南鮮版	1928-08-08	1	10段	人(陶尚銘氏(東三省特使)/武者練三氏(東電專務))
156098	朝鮮朝日	南鮮版	1928-08-08	1	10段	半島茶話
156099	朝鮮朝日	西北・南鮮版	1928-08-08	2	01段	內地の資本家が北鮮に着目し北鮮企業組合を設けて各
156100	朝鮮朝日	西北・南鮮版	1928-08-08	2	01段	種産業の調査を行ふ
156100	朝鮮朝日	西北・南鮮版	1928-08-08	2	01段	七月中の對外貿易一千百萬圓
156101	朝鮮朝日	西北・南鮮版	1928-08-08	2	01段	全鮮穀商聯合大會期日が決定
156102	朝鮮朝日	西北・南鮮版	1928-08-08	2	01段	金融組合の御大典事業計劃を進む
156103	朝鮮朝日	西北・南鮮版	1928-08-08	2	01段	咸南國有林二十五日拂下
156104	朝鮮朝日	西北・南鮮版	1928-08-08	2	01段	統營の煎子非常な豊漁二百萬圓突破か
156105	朝鮮朝日	西北・南鮮版	1928-08-08	2	02段	零の聲
156106	朝鮮朝日	西北・南鮮版	1928-08-08	2	02段	煙草會社の支店長任命その他も異動
156107	朝鮮朝日	西北・南鮮版	1928-08-08	2	02段	京城手形交換高
156108	朝鮮朝日	西北・南鮮版	1928-08-08	2	03段	平北の水稻九十萬石の收穫を豫想
156109	朝鮮朝日	西北・南鮮版	1928-08-08	2	03段	平南三神鑛業規模を擴張/露天掘を開始
156110	朝鮮朝日	西北・南鮮版	1928-08-08	2	03段	朝鮮勞働者が釜山々腹に著しく發展
156111	朝鮮朝日	西北・南鮮版	1928-08-08	2	03段	近く創立される金組協會の職制會長には財務局長
156112	朝鮮朝日	西北・南鮮版	1928-08-08	2	04段	浮世草
156113	朝鮮朝日	西北版	1928-08-09	1	01段	神仙爐(八)/楚人冠
156114	朝鮮朝日	西北版	1928-08-09	1	01段	國境の警戒網を更に緻密にして對岸滿洲の有事の際には出兵に先立ち活動
156115	朝鮮朝日	西北版	1928-08-09	1	01段	異動の噂で賑ふ龍山の陸軍村/朝鮮內で三百名が動く
156116	朝鮮朝日	西北版	1928-08-09	1	01段	利益が無いと水源地工事中止を迫る
156117	朝鮮朝日	西北版	1928-08-09	1	02段	茂山新站間道路の修築
156118	朝鮮朝日	西北版	1928-08-09	1	02段	八百萬圓で事業を經營コンスターチ會社
156119	朝鮮朝日	西北版	1928-08-09	1	02段	現在の許可制度を認可制度などに改正は到底できぬ/鮮內新聞紙法の改正
156120	朝鮮朝日	西北版	1928-08-09	1	03段	經濟調査會初會合十日總督府で
156121	朝鮮朝日	西北版	1928-08-09	1	03段	咸南署長會議
156122	朝鮮朝日	西北版	1928-08-09	1	03段	探勝團が殺到/金剛山の賑ひ
156123	朝鮮朝日	西北版	1928-08-09	1	04段	元山府營糞尿溜池の移轉を迫る
156124	朝鮮朝日	西北版	1928-08-09	1	04段	朝鮮語試驗問題の脱漏過失と判明
156125	朝鮮朝日	西北版	1928-08-09	1	04段	昭和館の恩惠に感じ下關市內在住朝鮮人が後援會を新に組織
156126	朝鮮朝日	西北版	1928-08-09	1	04段	朝鮮豫選野球座談會(完)/出場選手から九人を選ばゝベストナインは誰々

일련번호	판명		간행일	면	단수	기사명
156127	朝鮮朝日	西北版	1928-08-09	1	05단	職を求めて內地へ內地へ(上)/果してどうなったか朝鮮人勞働者の行方
156128	朝鮮朝日	西北版	1928-08-09	1	05단	各地だより(新義州/元山)
156129	朝鮮朝日	西北版	1928-08-09	1	05단	赤ン坊大會平壤で開催
156130	朝鮮朝日	西北版	1928-08-09	1	06단	俳句/鈴木花蓑選
156131	朝鮮朝日	西北版	1928-08-09	1	06단	安東陸上競技
156132	朝鮮朝日	西北版	1928-08-09	1	06단	思想取締に關し檢事のみ增すは片手落の感がある/草場覆審法院檢事長談
156133	朝鮮朝日	西北版	1928-08-09	1	07단	浴客で大賑の仁川の月尾島
156134	朝鮮朝日	西北版	1928-08-09	1	08단	仲裁に入った監督を毆り支那人襲はる
156135	朝鮮朝日	西北版	1928-08-09	1	08단	牡丹台野話
156136	朝鮮朝日	西北版	1928-08-09	1	09단	自動車が二名を轢く一名は卽死
156137	朝鮮朝日	西北版	1928-08-09	1	09단	平壤醫學校開校の準備/敎授も殆ど內定す/聽講生は高女卒業の程度
156138	朝鮮朝日	西北版	1928-08-09	1	09단	良家の婦女や女給を誘惑する不良外人が增加し至る處で風俗を紊す
156139	朝鮮朝日	西北版	1928-08-09	1	10단	妓生上りの美人の入水危く救はる
156140	朝鮮朝日	西北版	1928-08-09	1	10단	半島茶話
156141	朝鮮朝日	南鮮版	1928-08-09	1	01단	神仙爐(八)/楚人冠
156142	朝鮮朝日	南鮮版	1928-08-09	1	01단	國境の警戒網を更に緻密にして對岸滿洲の有事の際には出兵に先立ち活動
156143	朝鮮朝日	南鮮版	1928-08-09	1	01단	異動の噂で賑ふ龍山の陸軍村/朝鮮內で三百名が動く
156144	朝鮮朝日	南鮮版	1928-08-09	1	01단	現在の許可制度を認可制度などに改正は到底できぬ/鮮內新聞紙法の改正
156145	朝鮮朝日	南鮮版	1928-08-09	1	02단	咸南管內の警官の異動小範圍で行ふ
156146	朝鮮朝日	南鮮版	1928-08-09	1	03단	水原模範場支場を增設大邱に決定
156147	朝鮮朝日	南鮮版	1928-08-09	1	03단	俳句/鈴木花蓑選
156148	朝鮮朝日	南鮮版	1928-08-09	1	03단	探勝團が殺到/金剛山の賑ひ
156149	朝鮮朝日	南鮮版	1928-08-09	1	04단	普校敎師の資格試驗慶南が施行
156150	朝鮮朝日	南鮮版	1928-08-09	1	04단	是非勝って來いと激勵の言葉に必勝の意氣を漲らせて京中選手征途に就く
156151	朝鮮朝日	南鮮版	1928-08-09	1	04단	思想取締に關し檢事のみ增すは片手落の感がある/草場覆審法院檢事長談
156152	朝鮮朝日	南鮮版	1928-08-09	1	04단	面目一新する黃金町通り陋屋を改築
156153	朝鮮朝日	南鮮版	1928-08-09	1	04단	朝鮮豫選野球座談會(完)/出場選手から九
156153	朝鮮朝日	南鮮版	1928-08-09	1	04단	人を選ばゝベストナインは誰々
156154	朝鮮朝日	南鮮版	1928-08-09	1	05단	職を求めて內地へ內地へ(上)/果してどうなったか朝鮮人勞働者の行方

일련번호	판명		간행일	면	단수	기사명
156155	朝鮮朝日	南鮮版	1928-08-09	1	05단	經濟調査會初會合十日總督府で
156156	朝鮮朝日	南鮮版	1928-08-09	1	06단	浴客で大賑の仁川の月尾島
156157	朝鮮朝日	南鮮版	1928-08-09	1	06단	犬の仔でも捨てたやうに三人の嬰兒を轉がす/捨子で名高い大邱府
156158	朝鮮朝日	南鮮版	1928-08-09	1	08단	良家の婦女や女給を誘惑する不良外人が增加し至る處で風俗を紊す
156159	朝鮮朝日	南鮮版	1928-08-09	1	08단	各地だより(釜山/大邱)
156160	朝鮮朝日	南鮮版	1928-08-09	1	08단	癩患者の驅逐を講ず釜山府の計劃
156161	朝鮮朝日	南鮮版	1928-08-09	1	08단	青い鳥は歌ふ/釜山/あをやま生
156162	朝鮮朝日	南鮮版	1928-08-09	1	09단	釜山府の職業紹介所七月の成績
156163	朝鮮朝日	南鮮版	1928-08-09	1	09단	子供を質に金を奪った強盗が逮捕
156164	朝鮮朝日	南鮮版	1928-08-09	1	10단	人を斬った強盗捕はる
156165	朝鮮朝日	南鮮版	1928-08-09	1	10단	會(私立教員講習會/江原道農事講習會/ハーモニカ演奏會/尾上柴丹氏講演會)
156166	朝鮮朝日	南鮮版	1928-08-09	1	10단	人(草場林五郎氏(京城覆審法院檢事長)/深澤新一郎氏(大邱覆審法院長)/橋本寬氏(釜山法院長)/山內忠市氏(釜山府理事官)/土師海事課長(遞信局))
156167	朝鮮朝日	南鮮版	1928-08-09	1	10단	半島茶話
156168	朝鮮朝日	西北・南鮮版	1928-08-09	2	01단	警察官に後顧の憂ひが無いやう共濟組合を設ける/豫算二千八萬圓を計上
156169	朝鮮朝日	西北・南鮮版	1928-08-09	2	01단	鐵道工事の單純化種類寸法を統一/八幡製鐵所が方針を提出/需求兩者の便を圖る
156170	朝鮮朝日	西北・南鮮版	1928-08-09	2	01단	雫の聲
156171	朝鮮朝日	西北・南鮮版	1928-08-09	2	01단	慶北の旱害二千萬圓に達する見込
156172	朝鮮朝日	西北・南鮮版	1928-08-09	2	02단	酒造原料に鮮米の宣傳/慶南が計劃
156173	朝鮮朝日	西北・南鮮版	1928-08-09	2	02단	朝鮮紡織が操業用發電九月に運轉
156174	朝鮮朝日	西北・南鮮版	1928-08-09	2	02단	安東の豆粕斤量が足らぬ
156175	朝鮮朝日	西北・南鮮版	1928-08-09	2	03단	新義州財界好況を特續
156176	朝鮮朝日	西北・南鮮版	1928-08-09	2	03단	昨年度中の肥料需給高
156177	朝鮮朝日	西北・南鮮版	1928-08-09	2	03단	群馬視察團の赤裸々な批評/內地人の官僚化は將來に悔を殘すと喝破
156178	朝鮮朝日	西北・南鮮版	1928-08-09	2	03단	童謠民謠北原白秋選
156179	朝鮮朝日	西北・南鮮版	1928-08-09	2	04단	取引所調査の永田氏一行大邱を視察
156180	朝鮮朝日	西北・南鮮版	1928-08-09	2	04단	浮世草
156181	朝鮮朝日	西北版	1928-08-10	1	01단	神仙爐(九)/楚人冠
156182	朝鮮朝日	西北版	1928-08-10	1	01단	豫備金を支出し旱害救濟を圖る/青田變じて赤田となる/大正十三年以上の大旱魃
156183	朝鮮朝日	西北版	1928-08-10	1	01단	食糧に缺乏し草根や木皮でその日の命を

일련번호	판명		간행일	면	단수	기사명
156183	朝鮮朝日	西北版	1928-08-10	1	01단	繋ぐ咸南豊山民の困窮
156184	朝鮮朝日	西北版	1928-08-10	1	01단	征途に上る京中選手
156185	朝鮮朝日	西北版	1928-08-10	1	03단	御大典事業安東が協議
156186	朝鮮朝日	西北版	1928-08-10	1	03단	平壤慈惠院改築斷行/工費三十萬圓
156187	朝鮮朝日	西北版	1928-08-10	1	04단	平壤警察署九月中に竣工
156188	朝鮮朝日	西北版	1928-08-10	1	04단	氣象觀測所安東に設置
156189	朝鮮朝日	西北版	1928-08-10	1	04단	平北管內の警察官異動
156190	朝鮮朝日	西北版	1928-08-10	1	04단	國有財産拂下が嚴重になる/今後は調査會にかける/大口次官が調査に渡鮮
156191	朝鮮朝日	西北版	1928-08-10	1	04단	雅樂のレコードは希望があれば一船の人にも頒つ/全曲が聞かれぬのが殘念
156192	朝鮮朝日	西北版	1928-08-10	1	04단	必勝の意氣を眉宇に漲らして京中ナイン上阪す
156193	朝鮮朝日	西北版	1928-08-10	1	04단	咸興聯隊點呼
156194	朝鮮朝日	西北版	1928-08-10	1	05단	燈台ローマンスかずかず(一)/暗夜の航海に命と頼む燈台の竣工するまでの苦心それは專門の技術を要する
156195	朝鮮朝日	西北版	1928-08-10	1	05단	陶器原料の埋藏量調査咸南洪原の
156196	朝鮮朝日	西北版	1928-08-10	1	06단	咸興で開く纖維工業展出品を勸誘
156197	朝鮮朝日	西北版	1928-08-10	1	06단	短歌/橋田東聲選
156198	朝鮮朝日	西北版	1928-08-10	1	06단	各地だより(新義州/平壤)
156199	朝鮮朝日	西北版	1928-08-10	1	07단	天穗丸離礁巨文島に向ふ
156200	朝鮮朝日	西北版	1928-08-10	1	07단	城川の初鮎市場に現る
156201	朝鮮朝日	西北版	1928-08-10	1	07단	墜落殉職の沼田伍長は平壤飛行隊勤務の下士
156202	朝鮮朝日	西北版	1928-08-10	1	07단	實際にあった話/惡口に逆上した或る巡査の非行優良警官と言はれてゐただけ村民は茫然と呆れた
156203	朝鮮朝日	西北版	1928-08-10	1	08단	細民階級の子弟を集め寺院で教育
156204	朝鮮朝日	西北版	1928-08-10	1	08단	渡航者總數二十四萬人
156205	朝鮮朝日	西北版	1928-08-10	1	09단	靑年訓練所釜山に開設
156206	朝鮮朝日	西北版	1928-08-10	1	09단	白骨を載せ漂ふ漁船を忠南沖で發見
156207	朝鮮朝日	西北版	1928-08-10	1	09단	運動界(慶熙軍敗る五A對二慶陵勝つ/西鮮庭球大會/寶塚平壤で試合)
156208	朝鮮朝日	西北版	1928-08-10	1	09단	牡丹台野話
156209	朝鮮朝日	西北版	1928-08-10	1	10단	預金の利下平南金組が
156210	朝鮮朝日	西北版	1928-08-10	1	10단	會(行政事務講習會)
156211	朝鮮朝日	西北版	1928-08-10	1	10단	半島茶話
156212	朝鮮朝日	南鮮版	1928-08-10	1	01단	神仙爐(九)/楚人冠

일련번호	판명		간행일	면	단수	기사명
156213	朝鮮朝日	南鮮版	1928-08-10	1	01단	豫備金を支出し旱害救濟を圖る/靑田變じて赤田となる/大正十三年以上の大旱魃
156214	朝鮮朝日	南鮮版	1928-08-10	1	01단	國有財産拂下が嚴重になる 今後は調査會にかける 大口次官が調査に渡鮮/大口次官が調査に渡鮮
156215	朝鮮朝日	南鮮版	1928-08-10	1	01단	征途に上る京中選手
156216	朝鮮朝日	南鮮版	1928-08-10	1	03단	天穗丸離礁巨文島に向ふ
156217	朝鮮朝日	南鮮版	1928-08-10	1	04단	雅樂のレコードは希望があれば一船の人にも頒つ/全曲が聞かれぬのが殘念
156218	朝鮮朝日	南鮮版	1928-08-10	1	04단	漫然渡航者地元の取締 釜山水上署に通牒し渡航表を交付させる/渡航者總數二十四萬人
156219	朝鮮朝日	南鮮版	1928-08-10	1	04단	短歌/橋田東聲選
156220	朝鮮朝日	南鮮版	1928-08-10	1	04단	必勝の意氣を眉宇に漲らして京中ナイン上阪す
156221	朝鮮朝日	南鮮版	1928-08-10	1	05단	朝鐵自動車の慶南進出/本舞台に入る
156222	朝鮮朝日	南鮮版	1928-08-10	1	05단	大邱驛の移轉協定が成立
156223	朝鮮朝日	南鮮版	1928-08-10	1	06단	交通取締の規則を制定/嚴罰を課す
156224	朝鮮朝日	南鮮版	1928-08-10	1	06단	各地だより(大田/京城)
156225	朝鮮朝日	南鮮版	1928-08-10	1	06단	細民階級の子弟を集め寺院で敎育
156226	朝鮮朝日	南鮮版	1928-08-10	1	06단	靑年訓練所釜山に開設
156227	朝鮮朝日	南鮮版	1928-08-10	1	06단	對滿政策は新規蒔直しといって名案もなくいよいよ厄介となる
156228	朝鮮朝日	南鮮版	1928-08-10	1	06단	實際にあった話/惡口に逆上した或る巡査の非行優良警官と言はれてゐただけ村民は茫然と呆れた
156229	朝鮮朝日	南鮮版	1928-08-10	1	07단	燈台ローマンスかずかず(一)/暗夜の航海に命と賴む燈台の竣工するまでの苦心それは專門の技術を要する
156230	朝鮮朝日	南鮮版	1928-08-10	1	07단	靑い鳥は歌ふ/釜山/あをやま生
156231	朝鮮朝日	南鮮版	1928-08-10	1	08단	咸興で開く纖維工業展出品を勸誘
156232	朝鮮朝日	南鮮版	1928-08-10	1	08단	白骨を載せ漂ふ漁船を忠南沖で發見
156233	朝鮮朝日	南鮮版	1928-08-10	1	10단	運動界(慶熙軍敗る六A對二慶陵勝つ)
156234	朝鮮朝日	南鮮版	1928-08-10	1	10단	會(行政事務講習會)
156235	朝鮮朝日	南鮮版	1928-08-10	1	10단	人(守星德夫氏(殖銀調査課長)/末松態彥氏
156235	朝鮮朝日	南鮮版	1928-08-10	1	10단	(李王職事務官)/西龜三圭氏(警務局技師))
156236	朝鮮朝日	南鮮版	1928-08-10	1	10단	半島茶話
156237	朝鮮朝日	西北・南鮮版	1928-08-10	2	01단	職を求めて內地へ內地へ(下)/果してどうなったか朝鮮人勞働者の行方
156238	朝鮮朝日	西北・南鮮版	1928-08-10	2	01단	新造の二隻を配し積極的に活動を開始す

일련번호	판명		간행일	면	단수	기사명
156238	朝鮮朝日	西北・南鮮版	1928-08-10	2	01단	る辰馬汽船/鮮米積取りの競爭激烈か
156239	朝鮮朝日	西北・南鮮版	1928-08-10	2	01단	慈城火田民三千餘戶を救濟する計劃
156240	朝鮮朝日	西北・南鮮版	1928-08-10	2	01단	慶南の棉花豐作を豫想
156241	朝鮮朝日	西北・南鮮版	1928-08-10	2	02단	雫の聲
156242	朝鮮朝日	西北・南鮮版	1928-08-10	2	02단	果物の發受で平壤驛賑ふ
156243	朝鮮朝日	西北・南鮮版	1928-08-10	2	03단	新義州管內煙草賣上高/四萬六千圓
156244	朝鮮朝日	西北・南鮮版	1928-08-10	2	03단	浮世草
156245	朝鮮朝日	西北版	1928-08-11	1	01단	神仙爐(十)/楚人冠
156246	朝鮮朝日	西北版	1928-08-11	1	01단	教育の振興案で內務局と學務局の意見が果して衝突 兩者自說を固持し降らず 板挾みとなった池上總監/總監最初の腕だめしと興味を以て見らるゝ 明年度豫算の査定
156247	朝鮮朝日	西北版	1928-08-11	1	01단	燈台ローマンスかずかず(二)/レンズの中に人が立て歩ける七發島の大燈台眞水を得るに大苦心
156248	朝鮮朝日	西北版	1928-08-11	1	02단	咸南警官異動
156249	朝鮮朝日	西北版	1928-08-11	1	03단	全鮮女學校校長會議
156250	朝鮮朝日	西北版	1928-08-11	1	03단	大寧江流城土地改良の實地を調査
156251	朝鮮朝日	西北版	1928-08-11	1	03단	鮮語を解せぬ金組の理事減俸と退職
156252	朝鮮朝日	西北版	1928-08-11	1	04단	朝鮮鐵道平南の新線十月中旬起工
156253	朝鮮朝日	西北版	1928-08-11	1	04단	檢擧賞與を倍にしたら成績が擧がる
156254	朝鮮朝日	西北版	1928-08-11	1	04단	國境の警備船二隻を增加/輪船公司の船にも萬一を顧慮し武裝
156255	朝鮮朝日	西北版	1928-08-11	1	04단	吉會線の豫定は變更はせぬと間島の陳情員達が要路の人の諒解を得た
156256	朝鮮朝日	西北版	1928-08-11	1	05단	日淸日露の古武士達が戰跡を巡禮
156257	朝鮮朝日	西北版	1928-08-11	1	05단	下村財務部長警務局に轉任
156258	朝鮮朝日	西北版	1928-08-11	1	05단	ゼンマイや蕨の加工を平南が獎勵
156259	朝鮮朝日	西北版	1928-08-11	1	05단	繫爭中の朝窒の敷地收用法適用
156260	朝鮮朝日	西北版	1928-08-11	1	05단	相當な自信は持って居ります/着阪した京中ナイン甲子園で初の練習
156261	朝鮮朝日	西北版	1928-08-11	1	06단	牡丹台野話
156262	朝鮮朝日	西北版	1928-08-11	1	06단	南浦の鰕漁今年は不況
156263	朝鮮朝日	西北版	1928-08-11	1	06단	內鮮人夫の大爭鬪警察が大警戒
156264	朝鮮朝日	西北版	1928-08-11	1	06단	俳句/鈴木花蓑選
156265	朝鮮朝日	西北版	1928-08-11	1	07단	陸軍定期大異動朝鮮軍關係の分
156266	朝鮮朝日	西北版	1928-08-11	1	07단	沒收した煙草が六萬本に達す/鴨綠江鐵橋の通行人が一日に一萬二千餘人
156267	朝鮮朝日	西北版	1928-08-11	1	07단	格納庫で怪人が拳銃を發射す捕へて見れ

일련번호	판명		간행일	면	단수	기사명
156267	朝鮮朝日	西北版	1928-08-11	1	07단	ば大同署の刑事/犯人を威嚇のための發射
156268	朝鮮朝日	西北版	1928-08-11	1	08단	全國野球大會經過の放送設備を急ぐ
156269	朝鮮朝日	西北版	1928-08-11	1	08단	身代金を馬賊に持參/人質を連歸る
156270	朝鮮朝日	西北版	1928-08-11	1	09단	天圖と圖們の被害が大きく當分開通の見込たゝず 郵便物は國境で交換/郵便物が會寧に山積復舊に大努力
156271	朝鮮朝日	西北版	1928-08-11	1	09단	柴舟氏一行八日朝入城
156272	朝鮮朝日	西北版	1928-08-11	1	09단	運動界(慶熙再敗す/對廣陵野球戰)
156273	朝鮮朝日	西北版	1928-08-11	1	09단	各地だより(安東縣/平壤/新義州/鎭南浦)
156274	朝鮮朝日	西北版	1928-08-11	1	10단	豚肉の密輸檢査を嫌がる
156275	朝鮮朝日	西北版	1928-08-11	1	10단	牡丹台の怪火
156276	朝鮮朝日	西北版	1928-08-11	1	10단	腸チブスの豫防注射を府民が嫌ふ
156277	朝鮮朝日	西北版	1928-08-11	1	10단	マラリヤにキニーネが利くか否か慶南が調査
156278	朝鮮朝日	西北版	1928-08-11	1	10단	會(平北夏季講習會)
156279	朝鮮朝日	西北版	1928-08-11	1	10단	人(上原平太郎中將(第二十師團長)/伊藤正愨氏(新義州府尹)/宮野隆義氏(新任大邱專賣支局庶務課長))
156280	朝鮮朝日	南鮮版	1928-08-11	1	01단	神仙爐(十)/楚人冠
156281	朝鮮朝日	南鮮版	1928-08-11	1	01단	教育の振興案で內務局と學務局の意見が果して衝突兩者自說を固持し降らず 板挾みとなった池上總監/總監最初の腕だめしと興味を以て見らるゝ明年度豫算の査定
156282	朝鮮朝日	南鮮版	1928-08-11	1	01단	燈台ローマンスかずかず(二)/レンズの中に人が立て歩ける七發島の大燈台眞水を得るに大苦心
156283	朝鮮朝日	南鮮版	1928-08-11	1	02단	全鮮女學校校長會議
156284	朝鮮朝日	南鮮版	1928-08-11	1	03단	鮮語を解せぬ金組の理事減俸と退職
156285	朝鮮朝日	南鮮版	1928-08-11	1	03단	木村前府尹の所有古瓦を慶州が買收
156286	朝鮮朝日	南鮮版	1928-08-11	1	03단	各地だより(公州/馬山)
156287	朝鮮朝日	南鮮版	1928-08-11	1	04단	盟休三校の暑休明けの開校は何時か
156288	朝鮮朝日	南鮮版	1928-08-11	1	04단	國境の警備船二隻を增加/輪船公司の船にも萬一を顧慮し武裝
156289	朝鮮朝日	南鮮版	1928-08-11	1	04단	吉會線の豫定は變更はせぬと間島の陳情員達が要路の人の諒解を得た
156290	朝鮮朝日	南鮮版	1928-08-11	1	05단	鳩山氏の僞紹介狀で各地を騙る
156291	朝鮮朝日	南鮮版	1928-08-11	1	05단	日淸日露の古武士達が戰跡を巡禮
156292	朝鮮朝日	南鮮版	1928-08-11	1	05단	柴舟氏一行八日朝入城
156293	朝鮮朝日	南鮮版	1928-08-11	1	05단	俳句/鈴木花蓑選

일련번호	판명		간행일	면	단수	기사명
156294	朝鮮朝日	南鮮版	1928-08-11	1	06단	青い鳥は歌ふ/釜山/あをやま生
156295	朝鮮朝日	南鮮版	1928-08-11	1	06단	相當な自信は持って居ります/着阪した京中ナイン甲子園で初の練習
156296	朝鮮朝日	南鮮版	1928-08-11	1	06단	全國野球大會經過の放送設備を急ぐ
156297	朝鮮朝日	南鮮版	1928-08-11	1	06단	京城各所に巢食ふ土幕民の追っ拂ひ今後は合法的手段に訴へ救濟の策を講ずる
156298	朝鮮朝日	南鮮版	1928-08-11	1	07단	マラリヤにキニーネが利くか否か慶南が調査
156299	朝鮮朝日	南鮮版	1928-08-11	1	07단	陸軍定期大異動朝鮮軍關係の分
156300	朝鮮朝日	南鮮版	1928-08-11	1	09단	腸チブスの豫防注射を府民が嫌ふ
156301	朝鮮朝日	南鮮版	1928-08-11	1	09단	瓦電の値下が果して何程京電の英斷に驚嘆した釜山府民が注目す
156302	朝鮮朝日	南鮮版	1928-08-11	1	09단	格納庫で怪人が拳銃を發射す捕へて見れば大同署の刑事/犯人を威嚇のための發射
156303	朝鮮朝日	南鮮版	1928-08-11	1	09단	天圖と圖們の被害が大きく當分開通の見込たゝず/郵便物は國境で交換
156304	朝鮮朝日	南鮮版	1928-08-11	1	10단	二歳の幼女を豺が喰去る/慶北達城で
156305	朝鮮朝日	南鮮版	1928-08-11	1	10단	運動界(慶熙再敗す對廣陵野球戰/慶南野球豫選)
156306	朝鮮朝日	西北・南鮮版	1928-08-11	2	01단	私等の調査を參考材料として取引所の設置場所を總督府が決定する
156307	朝鮮朝日	西北・南鮮版	1928-08-11	2	01단	慶北水電創立總會大邱で開催
156308	朝鮮朝日	西北・南鮮版	1928-08-11	2	01단	商銀の整理十數名を解職
156309	朝鮮朝日	西北・南鮮版	1928-08-11	2	02단	文川無煙炭近く移出さる
156310	朝鮮朝日	西北・南鮮版	1928-08-11	2	02단	重油採取の原料炭にと咸北炭移出
156311	朝鮮朝日	西北・南鮮版	1928-08-11	2	02단	小野田洋灰增産を計劃/平壤の拂底
156312	朝鮮朝日	西北・南鮮版	1928-08-11	2	02단	新義州が木材運賃の低減を希望
156313	朝鮮朝日	西北・南鮮版	1928-08-11	2	02단	豆粕營業稅低下を請願/新義州商議が
156314	朝鮮朝日	西北・南鮮版	1928-08-11	2	03단	馬山移出米十二萬餘石
156315	朝鮮朝日	西北・南鮮版	1928-08-11	2	03단	京城手形交換高
156316	朝鮮朝日	西北・南鮮版	1928-08-11	2	03단	平南米穀檢査高
156317	朝鮮朝日	西北・南鮮版	1928-08-11	2	03단	七月中の商況は米と大豆は軟調粟のみ獨り引締る/朝鮮銀行の調査
156318	朝鮮朝日	西北・南鮮版	1928-08-11	2	04단	南浦倉庫在穀表
156319	朝鮮朝日	西北・南鮮版	1928-08-11	2	04단	浮世草
156320	朝鮮朝日	西北版	1928-08-12	1	01단	神仙爐(十一)/楚人冠
156321	朝鮮朝日	西北版	1928-08-12	1	01단	三割の補助では開墾干拓は行詰る五割に
156321	朝鮮朝日	西北版	1928-08-12	1	01단	增額すべく/土地改良部が財務局と折衝
156322	朝鮮朝日	西北版	1928-08-12	1	01단	猛練習の京中ナイン/甲子園球場で

일련번호	판명		간행일	면	단수	기사명
156323	朝鮮朝日	西北版	1928-08-12	1	03단	絶望でない兵備充實/多田氏語る
156324	朝鮮朝日	西北版	1928-08-12	1	04단	短歌/橋田東聲選
156325	朝鮮朝日	西北版	1928-08-12	1	04단	道立病院實現の噂で沙里院喜ぶ
156326	朝鮮朝日	西北版	1928-08-12	1	04단	國有財産法の調査に留まり他に意味は無いと大口次官大に辯ず
156327	朝鮮朝日	西北版	1928-08-12	1	04단	條件が似よった敦賀との戰ひはカ一杯に努めます/箸野京中主將意氣込む
156328	朝鮮朝日	西北版	1928-08-12	1	05단	燈台ローマンスかずかず(三)/人手を要せぬ自動の明滅燈たゞ缺點は光達が短かいアガ式の加士島燈台
156329	朝鮮朝日	西北版	1928-08-12	1	05단	聖上陛下に眞瓜を獻上/成歡の良品を
156330	朝鮮朝日	西北版	1928-08-12	1	06단	*定期の坩を越えぬ無味乾燥な異動 それでも陸軍村では大騒ぎ/陸軍異動(未完)朝鮮關係分*
156331	朝鮮朝日	西北版	1928-08-12	1	06단	牡丹台野話
156332	朝鮮朝日	西北版	1928-08-12	1	07단	朝鮮神宮競技十月十三日から開催
156333	朝鮮朝日	西北版	1928-08-12	1	08단	朝鮮水電の一期送電線工事は認可
156334	朝鮮朝日	西北版	1928-08-12	1	08단	內地漁船の進出を朝鮮で禁止/然し取締りは困難
156335	朝鮮朝日	西北版	1928-08-12	1	09단	圖們線の四五兩區は本年は中止
156336	朝鮮朝日	西北版	1928-08-12	1	09단	楊市の電燈料金を値下
156337	朝鮮朝日	西北版	1928-08-12	1	09단	各地だより(新義州/平壤/咸興)
156338	朝鮮朝日	西北版	1928-08-12	1	09단	平壤タクシー乘車賃銀の値下を懇談
156339	朝鮮朝日	西北版	1928-08-12	1	09단	京城放送局の子供の時間畫に改まる
156340	朝鮮朝日	西北版	1928-08-12	1	10단	輸城川の氾濫狀況を記錄に留む
156341	朝鮮朝日	西北版	1928-08-12	1	10단	平南消防支部準備が完了す
156342	朝鮮朝日	西北版	1928-08-12	1	10단	平南當業者が不正肥料の取締を要望
156343	朝鮮朝日	西北版	1928-08-12	1	10단	職に殉じた消防手の遺族生活になやむ
156344	朝鮮朝日	西北版	1928-08-12	1	10단	安東卓球大會
156345	朝鮮朝日	西北版	1928-08-12	1	10단	半島茶話
156346	朝鮮朝日	南鮮版	1928-08-12	1	01단	神仙爐(十一)/楚人冠
156347	朝鮮朝日	南鮮版	1928-08-12	1	01단	三割の補助では開墾干拓は行詰る五割に增額すべく/土地改良部が財務局と折衝
156348	朝鮮朝日	南鮮版	1928-08-12	1	01단	猛練習の京中ナイン/甲子園球場で
156349	朝鮮朝日	南鮮版	1928-08-12	1	03단	金組書記の應募四百名/十五名を採用
156350	朝鮮朝日	南鮮版	1928-08-12	1	04단	山內理事官退職
156351	朝鮮朝日	南鮮版	1928-08-12	1	04단	聖上陛下に眞瓜を獻上/成歡の良品を
156352	朝鮮朝日	南鮮版	1928-08-12	1	04단	*國有財産法の調査に留まり他に意味は無いと*
156352	朝鮮朝日	南鮮版	1928-08-12	1	04단	*大口次官大に辯ず/大邱到着は十三日の豫定*
156353	朝鮮朝日	南鮮版	1928-08-12	1	04단	條件が似よった敦賀との戰ひはカ一杯に

일련번호	판명		간행일	면	단수	기사명
156353	朝鮮朝日	南鮮版	1928-08-12	1	04단	努めます/箸野京中主將意氣込む
156354	朝鮮朝日	南鮮版	1928-08-12	1	05단	燈台ローマンスかずかず(三)/人手を要せぬ自動の明滅燈たゞ缺點は光達が短かいアガ式の加士島燈台
156355	朝鮮朝日	南鮮版	1928-08-12	1	05단	仁川の喜雨府民が蘇る
156356	朝鮮朝日	南鮮版	1928-08-12	1	05단	書堂教師講習會
156357	朝鮮朝日	南鮮版	1928-08-12	1	06단	通る度ごとに山が青くなる釜山に上陸した內田伯/そゞろに昔を偲ぶ
156358	朝鮮朝日	南鮮版	1928-08-12	1	06단	定期の埒を越えぬ無味乾燥な異動 それでも陸軍村では大騷ぎ/陸軍異動(未完)朝鮮關係分
156359	朝鮮朝日	南鮮版	1928-08-12	1	07단	朝鮮神宮競技十月十三日から開催
156360	朝鮮朝日	南鮮版	1928-08-12	1	08단	短歌/橋田東聲選
156361	朝鮮朝日	南鮮版	1928-08-12	1	09단	內地漁船の進出を朝鮮で禁止/然し取締りは困難
156362	朝鮮朝日	南鮮版	1928-08-12	1	09단	松毛蟲驅除忠南の大努力
156363	朝鮮朝日	南鮮版	1928-08-12	1	09단	有鉛白粉が釜山に蔓る
156364	朝鮮朝日	南鮮版	1928-08-12	1	09단	短刀を揮ひ警官を斬るひるまず逮捕
156365	朝鮮朝日	南鮮版	1928-08-12	1	10단	職に殉じた消防手の遺族生活になやむ
156366	朝鮮朝日	南鮮版	1928-08-12	1	10단	安東卓球大會
156367	朝鮮朝日	南鮮版	1928-08-12	1	10단	會(森林職員講習會)
156368	朝鮮朝日	南鮮版	1928-08-12	1	10단	人(山中忠太氏(新任寧邊支廳判事)/牟田口利彦氏(忠南金組聯合會理社長)/大橋讓氏(■山群庶務主任)/內田康哉伯(條約締結に關する日本全權)/堀內謙介氏(大使館一等書記官)/千秋寬氏(鞍山製鐵所長)/大口喜六氏(大藏政務次官)/三上新氏(全淸津府尹))
156369	朝鮮朝日	南鮮版	1928-08-12	1	10단	半島茶話
156370	朝鮮朝日	西北・南鮮版	1928-08-12	2	01단	我れも我れもと朝鮮を目ざして押寄せる大小の船舶/遞信局の對策は如何
156371	朝鮮朝日	西北・南鮮版	1928-08-12	2	01단	品質は優良だが傷物が多くて米國品に押される朝鮮山林禽の賣行
156372	朝鮮朝日	西北・南鮮版	1928-08-12	2	01단	木材運賃低減に關し當業者に諮問
156373	朝鮮朝日	西北・南鮮版	1928-08-12	2	02단	煙草倉庫を全州に建設
156374	朝鮮朝日	西北・南鮮版	1928-08-12	2	02단	釜山七月中水産品檢查二萬六千個
156375	朝鮮朝日	西北・南鮮版	1928-08-12	2	02단	小樽の明太魚は一度朝鮮に來て朝鮮産品と變って更に內地に移出される
156376	朝鮮朝日	西北・南鮮版	1928-08-12	2	03단	新刊紹介(『千羽鶴』/『朝鮮鐵道協會々誌』/『朝鮮および滿洲』)
156377	朝鮮朝日	西北・南鮮版	1928-08-12	2	04단	浮世草

일련번호	판명		간행일	면	단수	기사명
156378	朝鮮朝日	南鮮版	1928-08-14	1	01단	時事鳥瞰/財務當局の緊褌を望む金融制度の調査
156379	朝鮮朝日	南鮮版	1928-08-14	1	01단	神仙爐(十二)/楚人冠
156380	朝鮮朝日	南鮮版	1928-08-14	1	01단	教育振興の飛沫で目星しき新規事業は殆ど天引を命ぜられ各局部が財務當局を怨む/哀愁漂ふ送別の宴げ陸軍異動終る
156381	朝鮮朝日	南鮮版	1928-08-14	1	01단	總督府が聖上陛下に清酒を獻上
156382	朝鮮朝日	南鮮版	1928-08-14	1	02단	氣遣はれる慶北の稻作救濟が必要
156383	朝鮮朝日	南鮮版	1928-08-14	1	02단	御大典を控へ慶南警察部警戒に腐心
156384	朝鮮朝日	南鮮版	1928-08-14	1	03단	陸軍異動朝鮮關係(未了)
156385	朝鮮朝日	南鮮版	1928-08-14	1	04단	自慢の健棒の亙え京中ナインの猛打 釣瓶打に安打を連發し北陸の梟雄敦賀を降す/暑さも物かはと速報台に群り得點ごとに喊聲をあげる野球大會の物凄い人氣/東大遞信に勝つ
156386	朝鮮朝日	南鮮版	1928-08-14	1	05단	茶色の安封筒が何處でも大流行/黑い封筒に白文字で凝った手紙を出す女學生
156387	朝鮮朝日	南鮮版	1928-08-14	1	07단	釜山瓦電買取の期成委員會が何故か秘密會とし記者團との會見を拒絶
156388	朝鮮朝日	南鮮版	1928-08-14	1	07단	各地だより(淸州/釜山/全州/群山)
156389	朝鮮朝日	南鮮版	1928-08-14	1	08단	全南が開く地主懇談會注目される
156390	朝鮮朝日	南鮮版	1928-08-14	1	08단	大邱日報發行を許可
156391	朝鮮朝日	南鮮版	1928-08-14	1	08단	納凉氣分で申込の多い淸州の精靈流
156392	朝鮮朝日	南鮮版	1928-08-14	1	09단	松明で誘殺する松毛蟲の驅除燃料も少くて好成績
156393	朝鮮朝日	南鮮版	1928-08-14	1	09단	い號潛水艦釜山に入港
156394	朝鮮朝日	南鮮版	1928-08-14	1	09단	櫻井鎭海司令官十八日頃赴任
156395	朝鮮朝日	南鮮版	1928-08-14	1	09단	百二十餘名に籾を給與す金氏の篤行
156396	朝鮮朝日	南鮮版	1928-08-14	1	09단	またも豺が幼女を喰去る
156397	朝鮮朝日	南鮮版	1928-08-14	1	10단	留置場內で強盜犯人が毒藥で自殺
156398	朝鮮朝日	南鮮版	1928-08-14	1	10단	婦女誘拐團大邱で檢擧
156399	朝鮮朝日	南鮮版	1928-08-14	1	10단	會(蠶業技術員打合會)
156400	朝鮮朝日	南鮮版	1928-08-14	1	10단	人(菊池武夫男(陸軍中將)/結城安次氏(實業家)/山田武之助氏(畫家)/鈴木正博士/野村海軍々令部次長/樋具詮三氏(法制局參事官)/靑柳恒篤博士(早大敎授)/關水武氏(慶南內務部長)/藤原同高等課長)
156401	朝鮮朝日	南鮮版	1928-08-14	1	10단	半島茶話
156402	朝鮮朝日	西北・南鮮版	1928-08-14	2	01단	火曜日のページ/人魚のはなし/柳田國男
156403	朝鮮朝日	西北・南鮮版	1928-08-14	2	02단	蟲/哀音にひかれる日本人

일련번호	판명		간행일	면	단수	기사명
156404	朝鮮朝日	西北·南鮮版	1928-08-14	2	02단	內地法に準據し朝鮮の特異性も愼重に考慮を加へ商工會議所法の立案
156405	朝鮮朝日	西北·南鮮版	1928-08-14	2	04단	平北産米「龜の尾」種の內地移出旺勢
156406	朝鮮朝日	西北·南鮮版	1928-08-14	2	04단	平北産の蜂蜜を注文海軍省から
156407	朝鮮朝日	西北·南鮮版	1928-08-14	2	04단	雫の聲
156408	朝鮮朝日	西北·南鮮版	1928-08-14	2	04단	北鮮方面小麥の入荷昨今尠しい
156409	朝鮮朝日	西北·南鮮版	1928-08-14	2	04단	慶南道の驛屯十拂下明年で終了
156410	朝鮮朝日	西北·南鮮版	1928-08-14	2	05단	鴨江の河豆弗々出廻る
156411	朝鮮朝日	西北·南鮮版	1928-08-14	2	05단	朝鐵業績益金廿九萬圓
156412	朝鮮朝日	西北·南鮮版	1928-08-14	2	05단	朝鮮燒酎の原料として滿洲粟の輸入
156413	朝鮮朝日	西北·南鮮版	1928-08-14	2	05단	將來有望な江界の製麻
156414	朝鮮朝日	西北·南鮮版	1928-08-14	2	06단	小野田洋灰增資の計劃二千萬圓を
156415	朝鮮朝日	西北·南鮮版	1928-08-14	2	06단	南浦貿易高/四百九十萬圓
156416	朝鮮朝日	西北·南鮮版	1928-08-14	2	06단	咸南國有林二十八日競賣
156417	朝鮮朝日	西北·南鮮版	1928-08-14	2	06단	御大典記念に郵貯を獎勵方法を協議
156418	朝鮮朝日	西北·南鮮版	1928-08-14	2	06단	豆腐の値上一丁八錢賣
156419	朝鮮朝日	西北·南鮮版	1928-08-14	2	06단	海州金組利下
156420	朝鮮朝日	西北·南鮮版	1928-08-14	2	07단	浮世草
156421	朝鮮朝日	西北版	1928-08-15	1	01단	神仙爐(十三)/楚人冠
156422	朝鮮朝日	西北版	1928-08-15	1	01단	來年度の豫算額一億三千五百萬圓 新規要求額は一千五百萬圓 總監の査定が終る/公債增額が認められゝば削減された事業も浮び上る事ができる/港灣擴張の費目百五十萬圓を計上 鎭南浦、仁川、雄基の三港に決定
156423	朝鮮朝日	西北版	1928-08-15	1	01단	平壤の都計調査を開始
156424	朝鮮朝日	西北版	1928-08-15	1	02단	中樞院參議缺員補充暗中飛躍旺ん
156425	朝鮮朝日	西北版	1928-08-15	1	03단	職業紹介所西部聯合會八幡も出席
156426	朝鮮朝日	西北版	1928-08-15	1	03단	大起重機の必要を痛感南浦埠頭に
156427	朝鮮朝日	西北版	1928-08-15	1	03단	燈台ローマンスかずかず(四)/一度足を辷らせば身は粉と碎ける絶壁にそゝり立つ大同江の西島燈台
156428	朝鮮朝日	西北版	1928-08-15	1	04단	安滿鐵道の分岐豫定線測量を開始
156429	朝鮮朝日	西北版	1928-08-15	1	04단	陸軍異動朝鮮關係(完)
156430	朝鮮朝日	西北版	1928-08-15	1	04단	俳句/鈴木花蓑選
156431	朝鮮朝日	西北版	1928-08-15	1	05단	寫眞(八月四日の豪雨で流失せんとする茂山橋を郡廳員、警官、消防隊總出で防止作業の實況)
156431	朝鮮朝日	西北版	1928-08-15	1	05단	
156432	朝鮮朝日	西北版	1928-08-15	1	05단	大口大藏次官二十三日來新

일련번호	판명		간행일	면	단수	기사명
156433	朝鮮朝日	西北版	1928-08-15	1	05단	目に入る風物は悉く思ひ出の種何時にない上機嫌で林權助男京城に一日を過す
156434	朝鮮朝日	西北版	1928-08-15	1	06단	各地だより(鎭南浦/安東縣)
156435	朝鮮朝日	西北版	1928-08-15	1	06단	元山府有地示談で賣却
156436	朝鮮朝日	西北版	1928-08-15	1	06단	航空行政の完備を期す遞信局の計劃
156437	朝鮮朝日	西北版	1928-08-15	1	06단	警備電話網完成の計劃工費百十四萬圓を來年度豫算に計上
156438	朝鮮朝日	西北版	1928-08-15	1	07단	旱魃と冷氣で農作物の減收/氣遣はれる大邱地方
156439	朝鮮朝日	西北版	1928-08-15	1	07단	大邱浦項間軌道自動車一日から運轉
156440	朝鮮朝日	西北版	1928-08-15	1	08단	帝國の後援で保境維持に努むる張學良氏の心境は察せらる
156441	朝鮮朝日	西北版	1928-08-15	1	08단	ポスター展盛況を呈す
156442	朝鮮朝日	西北版	1928-08-15	1	08단	東海岸鐵道安邊南山間踏切工事竣工
156443	朝鮮朝日	西北版	1928-08-15	1	08단	馬賊へ對する示威も兼ねて白頭山の軍事調査/茂山と惠山鎭守備隊が實施
156444	朝鮮朝日	西北版	1928-08-15	1	08단	沙里院署武德館
156445	朝鮮朝日	西北版	1928-08-15	1	08단	持兇器强盜東萊に現る
156446	朝鮮朝日	西北版	1928-08-15	1	09단	平鐵賣塚に勝つ
156447	朝鮮朝日	西北版	1928-08-15	1	09단	平壤日糖勝つ
156448	朝鮮朝日	西北版	1928-08-15	1	09단	スポンヂ野球
156449	朝鮮朝日	西北版	1928-08-15	1	09단	自動車網の噂は根據なき流言/朝鐵の自動車經營は鐵道の培養に過ぎぬ
156450	朝鮮朝日	西北版	1928-08-15	1	09단	牡丹台野話
156451	朝鮮朝日	西北版	1928-08-15	1	10단	お茶のあと
156452	朝鮮朝日	西北版	1928-08-15	1	10단	會(黃海水産講習會/筧博士講演會)
156453	朝鮮朝日	西北版	1928-08-15	1	10단	半島茶話
156454	朝鮮朝日	南鮮版	1928-08-15	1	01단	神仙爐(十三)/楚人冠
156455	朝鮮朝日	南鮮版	1928-08-15	1	01단	來年度の豫算額一億三千五百萬圓 新規要求額は一千五百萬圓 總監の査定が終る/公債增額が認められゝば削減された事業も浮び上る事ができる/港灣擴張の費目百五十萬圓を計上 鎭南浦、仁川、雄基の三港に決定
156456	朝鮮朝日	南鮮版	1928-08-15	1	01단	全州の水道給水を制限
156457	朝鮮朝日	南鮮版	1928-08-15	1	02단	御大典に備ふ釜山の警戒/早くも緊張
156458	朝鮮朝日	南鮮版	1928-08-15	1	03단	前田群山府尹十日着任す
156459	朝鮮朝日	南鮮版	1928-08-15	1	03단	陸軍異動朝鮮關係(完)
156460	朝鮮朝日	南鮮版	1928-08-15	1	03단	燈台ローマンスかずかず(四)/一度足を辷らせば身は粉と碎ける絶壁にそゝり立つ

일련번호	판명		간행일	면	단수	기사명
156460	朝鮮朝日	南鮮版	1928-08-15	1	03단	大同江の西島燈台
156461	朝鮮朝日	南鮮版	1928-08-15	1	04단	俳句/鈴木花養選
156462	朝鮮朝日	南鮮版	1928-08-15	1	04단	目に入る風物は悉く思ひ出の種何時にない上機嫌で林權助男京城に一日を過す
156463	朝鮮朝日	南鮮版	1928-08-15	1	05단	青い鳥は歌ふ/釜山/あをやま生
156464	朝鮮朝日	南鮮版	1928-08-15	1	05단	警備電話網完成の計劃工費百十四萬圓を來年度豫算に計上
156465	朝鮮朝日	南鮮版	1928-08-15	1	06단	ポスター展盛況を呈す
156466	朝鮮朝日	南鮮版	1928-08-15	1	06단	青年訓練所群山が實施
156467	朝鮮朝日	南鮮版	1928-08-15	1	07단	旱魃と冷氣で農作物の減收/氣遣はれる大邱地方
156468	朝鮮朝日	南鮮版	1928-08-15	1	07단	帝國の後援で保境維持に努むる張學良氏の心境は察せらる
156469	朝鮮朝日	南鮮版	1928-08-15	1	07단	お茶のあと
156470	朝鮮朝日	南鮮版	1928-08-15	1	07단	大邱浦項間軌道自動車一日から運轉
156471	朝鮮朝日	南鮮版	1928-08-15	1	08단	全州小學校林間聚落百五十名參加
156472	朝鮮朝日	南鮮版	1928-08-15	1	08단	釜山の商圈を全南に擴張する/幹線道路の建設を慶南道當局に陳情
156473	朝鮮朝日	南鮮版	1928-08-15	1	08단	人夫の轢死
156474	朝鮮朝日	南鮮版	1928-08-15	1	09단	全州在軍宣誓式
156475	朝鮮朝日	南鮮版	1928-08-15	1	09단	左傾主義の農學校教諭取調べらる
156476	朝鮮朝日	南鮮版	1928-08-15	1	09단	自動車網の噂は根據なき流言/朝鐵の自動車經營は鐵道の培養に過ぎぬ
156477	朝鮮朝日	南鮮版	1928-08-15	1	10단	人妻誘拐の犯人を逮捕
156478	朝鮮朝日	南鮮版	1928-08-15	1	10단	持兇器强盜東萊に現る
156479	朝鮮朝日	南鮮版	1928-08-15	1	10단	會(統營懇話會)
156480	朝鮮朝日	南鮮版	1928-08-15	1	10단	人(肥田琢司代議士/奧山賢氏(滿州醫大教授)/山縣悌三郎氏(城大教授)/筧克彦氏(法學博士)/新田留次郎氏(朝鐵專務))
156481	朝鮮朝日	南鮮版	1928-08-15	1	10단	半島茶話
156482	朝鮮朝日	西北・南鮮版	1928-08-15	2	01단	鮮內諸銀行の業績昨年より益金が少い/金融緩漫を物語る有力な證左
156483	朝鮮朝日	西北・南鮮版	1928-08-15	2	01단	鐵道の運賃拂戾近く廢止されん/交換條件
156483	朝鮮朝日	西北・南鮮版	1928-08-15	2	01단	さへあれば運送店側も承知す
156484	朝鮮朝日	西北・南鮮版	1928-08-15	2	01단	雫の聲
156485	朝鮮朝日	西北・南鮮版	1928-08-15	2	01단	平壤諸銀行手形支拂を銀行に限定
156486	朝鮮朝日	西北・南鮮版	1928-08-15	2	01단	欲知島民が汽船底曳網制限を陳情
156487	朝鮮朝日	西北・南鮮版	1928-08-15	2	02단	天津方面から平壤無煙炭取引を交涉
156488	朝鮮朝日	西北・南鮮版	1928-08-15	2	02단	安東の着筏順調に進む

일련번호	판명		간행일	면	단수	기사명
156489	朝鮮朝日	西北・南鮮版	1928-08-15	2	02단	平安北道肥料購入高/七十一萬圓
156490	朝鮮朝日	西北・南鮮版	1928-08-15	2	03단	肥料取締違反數千九百件で慶北が最多
156491	朝鮮朝日	西北・南鮮版	1928-08-15	2	03단	天日鹽採收一億四百萬斤
156492	朝鮮朝日	西北・南鮮版	1928-08-15	2	04단	全鮮畜産數
156493	朝鮮朝日	西北・南鮮版	1928-08-15	2	04단	八月煙草製造高
156494	朝鮮朝日	西北・南鮮版	1928-08-15	2	04단	浮世草
156495	朝鮮朝日	西北版	1928-08-16	1	01단	神仙爐(十四)/楚人冠
156496	朝鮮朝日	西北版	1928-08-16	1	01단	勝つべくして敗れた我が京中のナイン 關の快投も味方の好打も遂に球運に惠まれず/全國大會の野球速報に人氣が湧く
156497	朝鮮朝日	西北版	1928-08-16	1	01단	燈台ローマンスかずかず(五)/老練な船長でも身震して怖れる木浦港入口の急流大低な船舶は潮待をする
156498	朝鮮朝日	西北版	1928-08-16	1	04단	三百六十萬圓で車輛を增設/貨車客車取りまぜて二百輛を龍山工場で製造
156499	朝鮮朝日	西北版	1928-08-16	1	04단	鮮銀の朝鮮重視は財界のため喜ぶ殖銀とは共存共榮を圖る/稻作は悲觀の要なし
156500	朝鮮朝日	西北版	1928-08-16	1	05단	片や旱魃こなた洪水罹災民の救濟策に深甚の御考慮を煩し度いと願ひ出たる安達、朴の兩知事
156501	朝鮮朝日	西北版	1928-08-16	1	05단	御大典の奉祝方法を平壤で協議
156502	朝鮮朝日	西北版	1928-08-16	1	05단	朝鮮水電の堰堤工事が八日竣工す
156503	朝鮮朝日	西北版	1928-08-16	1	05단	朝鮮燒酎貯藏用樽を咸南で製造
156504	朝鮮朝日	西北版	1928-08-16	1	06단	朝鮮の國有財産を統一するとて直ちに管理法を適用するか否は判らぬ
156505	朝鮮朝日	西北版	1928-08-16	1	06단	元山間島視察團
156506	朝鮮朝日	西北版	1928-08-16	1	06단	朝鮮が産んだ天才提琴家桂貞植氏が來春ごろ歸鮮/獨逸音樂大學を卒業した偉才
156507	朝鮮朝日	西北版	1928-08-16	1	06단	牡丹台野話
156508	朝鮮朝日	西北版	1928-08-16	1	07단	親不孝を見兼て仲裁毆り殺す
156509	朝鮮朝日	西北版	1928-08-16	1	07단	風紀を紊す女給の服裝安東署が取締
156510	朝鮮朝日	西北版	1928-08-16	1	07단	各地だより(平壤/咸興)
156511	朝鮮朝日	西北版	1928-08-16	1	07단	夜中に度々電話がか〻ったり僞の電話で料理を注文したり火事で慌て〻呼び損ねたり電話交換に絡る悲喜劇
156512	朝鮮朝日	西北版	1928-08-16	1	08단	溫井嶺を貫いて內外金剛を結ぶ二十餘哩の隧道を金剛山電鐵が計劃
156513	朝鮮朝日	西北版	1928-08-16	1	08단	鐵道が消費する石炭の半分は朝鮮産品を使用する/來年度所要は三十二萬噸

일련번호	판명		간행일	면	단수	기사명
156514	朝鮮朝日	西北版	1928-08-16	1	09단	運動界(安東縣庭球會/鐵道帝大に勝つ/新義州弓術會/鮮滿弓術大會)
156515	朝鮮朝日	西北版	1928-08-16	1	10단	自分は總督の友人と稱し寡婦を欺く
156516	朝鮮朝日	西北版	1928-08-16	1	10단	短歌/橋田東聲選
156517	朝鮮朝日	西北版	1928-08-16	1	10단	遞信局長が行囊犯人の逮捕者を犒ふ
156518	朝鮮朝日	西北版	1928-08-16	1	10단	人(日北優氏(專賣局副事務官)/千綿英一大佐(前第二守備隊長)/清河鎮海要港部司令官)
156519	朝鮮朝日	西北版	1928-08-16	1	10단	半島茶話
156520	朝鮮朝日	南鮮版	1928-08-16	1	01단	神仙爐(十四)/楚人冠
156521	朝鮮朝日	南鮮版	1928-08-16	1	01단	勝つべくして敗れた我が京中のナイン 關の快投も味方の好打も遂に球運に惠まれず/野球大會の電氣速報人山を築く
156522	朝鮮朝日	南鮮版	1928-08-16	1	02단	燈台ローマンスかずかず(五)/老練な船長でも身震して怖れる木浦港入口の急流大低な船舶は潮待をする
156523	朝鮮朝日	南鮮版	1928-08-16	1	04단	三百六十萬圓で車輛を增設 貨車客車取りまぜて二百輛を龍山工場で製造
156524	朝鮮朝日	南鮮版	1928-08-16	1	04단	鮮銀の朝鮮重視は財界のため喜ぶ殖銀とは共存共榮を圖る/稻作は悲觀の要なし
156525	朝鮮朝日	南鮮版	1928-08-16	1	04단	朝鮮の國有財産を統一するとて直ちに管理法を適用するか否は判らぬ
156526	朝鮮朝日	南鮮版	1928-08-16	1	05단	青い鳥は歌ふ/釜山/あをやま生
156527	朝鮮朝日	南鮮版	1928-08-16	1	05단	運動界(鐵道帝大に勝つ)
156528	朝鮮朝日	南鮮版	1928-08-16	1	05단	共榮自動車設立に關し慶南道が聲明
156529	朝鮮朝日	南鮮版	1928-08-16	1	06단	留置中にモヒを嚥下强盜が自殺
156530	朝鮮朝日	南鮮版	1928-08-16	1	06단	朝鮮が産んだ天才提琴家桂貞植氏が來春ごろ歸鮮/獨逸音樂大學を卒業した偉才
156531	朝鮮朝日	南鮮版	1928-08-16	1	06단	慶南の綱紀肅正不良分子を一掃/臭い物に蓋を主義排し徹底的に取締
156532	朝鮮朝日	南鮮版	1928-08-16	1	06단	釜山上水道工事の設計に錯誤あり三、四十萬圓の節約ができる/府は變更の意なし
156533	朝鮮朝日	南鮮版	1928-08-16	1	06단	短歌/橋田東聲選
156534	朝鮮朝日	南鮮版	1928-08-16	1	07단	片や旱魃こなた洪水罹災民の救濟策に深甚の御考慮を煩し度いと願ひ出たる安達、朴の兩知事
156535	朝鮮朝日	南鮮版	1928-08-16	1	08단	山村技手が公金を橫領/行方を晦ます
156536	朝鮮朝日	南鮮版	1928-08-16	1	08단	溫井嶺を貫いて內外金剛を結ぶ二十餘哩の隧道を金剛山電鐵が計劃
156537	朝鮮朝日	南鮮版	1928-08-16	1	08단	宮坪水利竣工

일련번호	판명		간행일	면	단수	기사명
156538	朝鮮朝日	南鮮版	1928-08-16	1	09단	人(橫券茂雄氏(新任陸軍省軍務局徵募課長)/吉村懷氏(新任步兵第八十聯隊長)/竹下克明氏(新任大邱專賣局事業課長)/林權助男/有賀光豊氏(殖銀頭取)/伊達順之助氏/山之內伊平氏(金剛山電鐵專務)/岡村喜久雄氏(海軍法務官)/柳澤廣之氏(海軍主計大佐))
156539	朝鮮朝日	南鮮版	1928-08-16	1	09단	鐵道が消費する石炭の半分は朝鮮産品を使用する/來年度所要は三十二萬噸
156540	朝鮮朝日	南鮮版	1928-08-16	1	10단	自分は總督の友人と稱し寡婦を欺く
156541	朝鮮朝日	南鮮版	1928-08-16	1	10단	半島茶話
156542	朝鮮朝日	南鮮版	1928-08-16	1	10단	御大典の奉祝方法を平壤で協議
156543	朝鮮朝日	西北・南鮮版	1928-08-16	2	01단	鐵道局年度制公債の增額/財務局は諒解したが議會の協贊が疑問
156544	朝鮮朝日	西北・南鮮版	1928-08-16	2	01단	木材運賃の低減問題は一先づ保留
156545	朝鮮朝日	西北・南鮮版	1928-08-16	2	01단	大野自動車の朝鐵讓渡は認可が暇どる
156546	朝鮮朝日	西北・南鮮版	1928-08-16	2	01단	雫の聲
156547	朝鮮朝日	西北・南鮮版	1928-08-16	2	01단	原蠶種製造講習生募集
156548	朝鮮朝日	西北・南鮮版	1928-08-16	2	01단	七月中の釜山貿易高/千八百萬圓
156549	朝鮮朝日	西北・南鮮版	1928-08-16	2	02단	金更ながら水利組合の有難さを悟る
156550	朝鮮朝日	西北・南鮮版	1928-08-16	2	02단	京城荷主協會が機關誌を發行し運送合同の非ならざるを徐ろに宣傳に努む
156551	朝鮮朝日	西北・南鮮版	1928-08-16	2	02단	西野女史が公娼廢止の熱辯を揮ふ
156552	朝鮮朝日	西北・南鮮版	1928-08-16	2	02단	他地より高い平壤の電話低減を要望
156553	朝鮮朝日	西北・南鮮版	1928-08-16	2	03단	香水原料の咸南の薔薇巴里に送る
156554	朝鮮朝日	西北・南鮮版	1928-08-16	2	03단	慶南稻作の減收八十萬石を超ゆ金額にして二千萬圓/農家一戶に七十圓の減收
156555	朝鮮朝日	西北・南鮮版	1928-08-16	2	04단	浮世草
156556	朝鮮朝日	西北版	1928-08-17	1	01단	神仙爐(十五)/楚人冠
156557	朝鮮朝日	西北版	1928-08-17	1	01단	取引所の設置は問題の紛糾を恐れ議會開會前に決定 中央に本店各地に支店か/穀物市場視察の兩氏十九日歸城
156558	朝鮮朝日	西北版	1928-08-17	1	01단	一戶から十粒の優良繭を集め齋戒した女工が絲に繰り獻上羽二重を謹製
156559	朝鮮朝日	西北版	1928-08-17	1	01단	天圖、圖們連絡十六日復舊
156560	朝鮮朝日	西北版	1928-08-17	1	01단	平北校長會道廳で開催
156561	朝鮮朝日	西北版	1928-08-17	1	02단	平壤測候所無線を裝置氣象を受信
156562	朝鮮朝日	西北版	1928-08-17	1	02단	速報台に集った身動きならぬ觀衆 悲喜こもごもの喊聲 無念の腕組で四對三を見詰る/健鬪努めた京中ナイン十八日歸城
156563	朝鮮朝日	西北版	1928-08-17	1	03단	補助を與へ書堂の改善/平南の試み

일련번호	판명		간행일	면	단수	기사명
156564	朝鮮朝日	西北版	1928-08-17	1	04단	元山港の防波堤延長陳情を打電
156565	朝鮮朝日	西北版	1928-08-17	1	04단	咸興水利貯水池堤防來春ごろ着工
156566	朝鮮朝日	西北版	1928-08-17	1	05단	平壤府の三角地買收圓滿に解決
156567	朝鮮朝日	西北版	1928-08-17	1	05단	各地だより(平壤/咸興/淸津)
156568	朝鮮朝日	西北版	1928-08-17	1	05단	旱魃で知った水組の有難さ/水利組合設置の要望が最近俄かに擡頭す
156569	朝鮮朝日	西北版	1928-08-17	1	06단	初等教員試驗
156570	朝鮮朝日	西北版	1928-08-17	1	07단	涼み台/平壤一記者/寫眞に戒名を添へ友人の回向を賴んで廻る梶道夫君
156571	朝鮮朝日	西北版	1928-08-17	1	07단	新站茂山間郵便物を徒涉で運搬
156572	朝鮮朝日	西北版	1928-08-17	1	07단	總督府が意氣ごむモヒ官營の計劃/大正製藥の工場を買收し施療に必要だけを製造
156573	朝鮮朝日	西北版	1928-08-17	1	07단	俳句/鈴木花蓑選
156574	朝鮮朝日	西北版	1928-08-17	1	07단	濁りが取れぬ新義州水道一給水も制限
156575	朝鮮朝日	西北版	1928-08-17	1	08단	安東刑務所遂に廢止か
156576	朝鮮朝日	西北版	1928-08-17	1	08단	平北奧地窮民の救濟組合を作る
156577	朝鮮朝日	西北版	1928-08-17	1	08단	夫人令孃同伴で賑しく南下した駐支米公使マックマレー氏京城で一同下車す
156578	朝鮮朝日	西北版	1928-08-17	1	09단	鴨江で溺死
156579	朝鮮朝日	西北版	1928-08-17	1	09단	消防隊と支那人地主紛擾を釀す
156580	朝鮮朝日	西北版	1928-08-17	1	10단	牡丹台野話
156581	朝鮮朝日	西北版	1928-08-17	1	10단	運動界(京電殖銀を降す/安東寶塚に敗る/道廳實業に勝つ/咸興野球軍勝つ)
156582	朝鮮朝日	西北版	1928-08-17	1	10단	半島茶話
156583	朝鮮朝日	南鮮版	1928-08-17	1	01단	神仙爐(十五)/楚人冠
156584	朝鮮朝日	南鮮版	1928-08-17	1	01단	取引所の設置は問題の紛糾を恐れ議會開會前に決定 中央に本店各地に支店か/穀物市場視察の兩氏十九日歸城
156585	朝鮮朝日	南鮮版	1928-08-17	1	01단	一戸から十粒の優良繭を集め齋戒した女工が絲に繰り獻上羽二重を謹製
156586	朝鮮朝日	南鮮版	1928-08-17	1	01단	天圖、圖們連絡十六日復舊
156587	朝鮮朝日	南鮮版	1928-08-17	1	01단	教育講習會講師吉田博士
156588	朝鮮朝日	南鮮版	1928-08-17	1	02단	統營港に市街地埋立前田家一門が
156589	朝鮮朝日	南鮮版	1928-08-17	1	02단	速報台に集った身動きならぬ觀衆悲喜こもごもの喊聲 無念の腕組で四對三を見詰
156589	朝鮮朝日	南鮮版	1928-08-17	1	02단	る/健鬪努めた京中ナイン十八日歸城
156590	朝鮮朝日	南鮮版	1928-08-17	1	04단	店村醴泉間鐵道開通す十月下旬ごろ
156591	朝鮮朝日	南鮮版	1928-08-17	1	04단	俳句/鈴木花蓑選
156592	朝鮮朝日	南鮮版	1928-08-17	1	05단	府議員は焦せり會社は高を括る/釜山瓦電

일련번호	판명		간행일	면	단수	기사명
156592	朝鮮朝日	南鮮版	1928-08-17	1	05단	の府營問題板挾みの桑原府尹が出城
156593	朝鮮朝日	南鮮版	1928-08-17	1	05단	早魃で知った水組の有難さ/水利組合設置の要望が最近俄かに擡頭す
156594	朝鮮朝日	南鮮版	1928-08-17	1	07단	鼈兒の箱飼育法を原野氏が考案
156595	朝鮮朝日	南鮮版	1928-08-17	1	07단	聯合艦隊鎮海に集合/臨時列車運轉
156596	朝鮮朝日	南鮮版	1928-08-17	1	07단	總督府が意氣ごむモヒ官營の計劃/大正製藥の工場を買收し施療に必要だけを製造
156597	朝鮮朝日	南鮮版	1928-08-17	1	07단	代用作物の成育も到底望みがなく窮民救濟のために大沙防工事が必要
156598	朝鮮朝日	南鮮版	1928-08-17	1	07단	風凉し釜山の昨今
156599	朝鮮朝日	南鮮版	1928-08-17	1	08단	青い鳥は歌ふ/釜山/あをやま生
156600	朝鮮朝日	南鮮版	1928-08-17	1	08단	群山だより
156601	朝鮮朝日	南鮮版	1928-08-17	1	08단	一口十圓以下一世帶三口/大邱府營質屋愈々近く開設
156602	朝鮮朝日	南鮮版	1928-08-17	1	08단	夫人令孃同伴で賑しく南下した駐支米公使マックマレー氏京城で一同下車す
156603	朝鮮朝日	南鮮版	1928-08-17	1	09단	大邱の癩患者五十餘名を小鹿島に隔離
156604	朝鮮朝日	南鮮版	1928-08-17	1	09단	暴力團の巨魁を逮捕乾分と共に
156605	朝鮮朝日	南鮮版	1928-08-17	1	10단	支那人の姿が見えぬ痴情が絡む
156606	朝鮮朝日	南鮮版	1928-08-17	1	10단	運動界(京電殖銀を降す/東大釜山で試合)
156607	朝鮮朝日	南鮮版	1928-08-17	1	10단	人(池田長康男(貴族院議員))
156608	朝鮮朝日	南鮮版	1928-08-17	1	10단	半島茶話
156609	朝鮮朝日	西北・南鮮版	1928-08-17	2	01단	燈台ローマンスかずかず(六)/水がねばって船體に凍りつく船足は漸く重くなるかくして大同江で二隻が沈む
156610	朝鮮朝日	西北・南鮮版	1928-08-17	2	01단	咸鏡線の將來は吉會線の開通で北滿貨物の流出を見ねば採算點には達せぬ
156611	朝鮮朝日	西北・南鮮版	1928-08-17	2	02단	鎮南浦の石炭荷役便利になる
156612	朝鮮朝日	西北・南鮮版	1928-08-17	2	03단	慶南の夏鯖相當に豐魚
156613	朝鮮朝日	西北・南鮮版	1928-08-17	2	03단	清津漁業界鰯で活氣づく
156614	朝鮮朝日	西北・南鮮版	1928-08-17	2	03단	朝室水電の現況を撮影
156615	朝鮮朝日	西北・南鮮版	1928-08-17	2	03단	人數は多いが金額が少い朝鮮人の郵貯
156616	朝鮮朝日	西北・南鮮版	1928-08-17	2	04단	間島の大豆非常な不作か
156617	朝鮮朝日	西北・南鮮版	1928-08-17	2	04단	間島各市場夏枯で閑散食糧品は漸騰
156618	朝鮮朝日	西北・南鮮版	1928-08-17	2	04단	元山商議副會頭
156619	朝鮮朝日	西北・南鮮版	1928-08-17	2	04단	密陽牛の大市
156620	朝鮮朝日	西北・南鮮版	1928-08-17	2	04단	浮世草
156621	朝鮮朝日	西北版	1928-08-18	1	01단	神仙爐(十六)/楚人冠
156622	朝鮮朝日	西北版	1928-08-18	1	01단	龍巖浦と茂山を結ぶ國境の大鐵道支那臨

일련번호	판명		간행일	면	단수	기사명
156622	朝鮮朝日	西北版	1928-08-18	1	01단	江線との競爭から急速な敷設が叫ばる
156623	朝鮮朝日	西北版	1928-08-18	1	01단	旱害救濟金は七八十萬圓程度/災害地に土木事業を興し罹災民に職を與ふ
156624	朝鮮朝日	西北版	1928-08-18	1	01단	思想取締の警官に講習
156625	朝鮮朝日	西北版	1928-08-18	1	02단	遞信局の御大典記念繪葉書や切手
156626	朝鮮朝日	西北版	1928-08-18	1	03단	面の廢合平南が調査
156627	朝鮮朝日	西北版	1928-08-18	1	03단	土曜漫筆/廢流の君主達/京城大學教授藤井秋夫
156628	朝鮮朝日	西北版	1928-08-18	1	04단	山間地帶の農事改善策平南が樹立
156629	朝鮮朝日	西北版	1928-08-18	1	04단	學校卒業生の應募が多い巡査の試驗
156630	朝鮮朝日	西北版	1928-08-18	1	04단	平南の高齡者
156631	朝鮮朝日	西北版	1928-08-18	1	04단	社會施設上に新機軸を出す來年度の新計劃豫算にも容認さる(一、公設質屋施設/一、職業紹介所/一、公營住宅施設/一、副業の獎勵)
156632	朝鮮朝日	西北版	1928-08-18	1	05단	燈台ローマンスかずかず(七)/舊韓國にせがみ無理に建させた仁川沖白巖の燈標朝鮮最古のもの
156633	朝鮮朝日	西北版	1928-08-18	1	05단	留置所が非常に立派新築の平壤署
156634	朝鮮朝日	西北版	1928-08-18	1	06단	朝鮮博で鐵道は幾ら儲かる乘客五十萬人として純利二十萬圓を豫算に計上
156635	朝鮮朝日	西北版	1928-08-18	1	06단	短歌/橋田東聲選
156636	朝鮮朝日	西北版	1928-08-18	1	07단	新義州競馬大會
156637	朝鮮朝日	西北版	1928-08-18	1	07단	各地だより(新義州/平壤/鎭南浦)
156638	朝鮮朝日	西北版	1928-08-18	1	07단	一人の夜具を三人で共用す/狹過ぎる鮮內の刑務所來年に增築の計劃
156639	朝鮮朝日	西北版	1928-08-18	1	08단	忠南新米初移出大阪兵庫へ
156640	朝鮮朝日	西北版	1928-08-18	1	08단	老爺の身投
156641	朝鮮朝日	西北版	1928-08-18	1	09단	內地人幼兒慘殺の死體牧島に漂着
156642	朝鮮朝日	西北版	1928-08-18	1	09단	不逞教諭の取調に連れ責任問題起るか
156643	朝鮮朝日	西北版	1928-08-18	1	10단	艦隊入港で鎭海活氣づく
156644	朝鮮朝日	西北版	1928-08-18	1	10단	會(家具品展覽會)
156645	朝鮮朝日	西北版	1928-08-18	1	10단	人(大口大藏政務次官/淺田禮三氏)
156646	朝鮮朝日	西北版	1928-08-18	1	10단	牡丹台野話
156647	朝鮮朝日	西北版	1928-08-18	1	10단	半島茶話
156648	朝鮮朝日	南鮮版	1928-08-18	1	01단	神仙爐(十六)/楚人冠
156649	朝鮮朝日	南鮮版	1928-08-18	1	01단	龍巖浦と茂山を結ぶ國境の大鐵道支那臨江線との競爭から急速な敷設が叫ばる
156650	朝鮮朝日	南鮮版	1928-08-18	1	01단	旱害救濟金は七八十萬圓程度/災害地に土木事業を興し罹災民に職を與ふ

일련번호	판명		간행일	면	단수	기사명
156651	朝鮮朝日	南鮮版	1928-08-18	1	01단	共榮自動車賃銀値下げ
156652	朝鮮朝日	南鮮版	1928-08-18	1	02단	遞信局の御大典記念繪葉書や切手
156653	朝鮮朝日	南鮮版	1928-08-18	1	03단	京城上水道補助が確定
156654	朝鮮朝日	南鮮版	1928-08-18	1	03단	土曜漫筆/廢流の君主達/京城大學教授藤井秋夫
156655	朝鮮朝日	南鮮版	1928-08-18	1	04단	是から大に勉强する櫻井新司令官
156656	朝鮮朝日	南鮮版	1928-08-18	1	04단	統營金組が移轉問題で紛擾が起る/移轉經過報告會
156657	朝鮮朝日	南鮮版	1928-08-18	1	04단	社會施設上に新機軸を出す來年度の新計劃豫算にも容認さる(一、公設質屋施設/一、職業紹介所/一、公營住宅施設/一、副業の奬勵)
156658	朝鮮朝日	南鮮版	1928-08-18	1	05단	燈台ローマンスかずかず(七)/舊韓國にせがみ無理に建させた仁川沖白巖の燈標朝鮮最古のもの
156659	朝鮮朝日	南鮮版	1928-08-18	1	06단	朝鮮博で鐵道は幾ら儲かる乘客五十萬人として純利二十萬圓を豫算に計上
156660	朝鮮朝日	南鮮版	1928-08-18	1	06단	短歌/橋田東聲選
156661	朝鮮朝日	南鮮版	1928-08-18	1	07단	馬山體協發會式
156662	朝鮮朝日	南鮮版	1928-08-18	1	07단	燒石に水の京城の喜雨
156663	朝鮮朝日	南鮮版	1928-08-18	1	07단	一人の夜具を三人で共用す/狹過ぎる鮮內の刑務所來年に增築の計劃
156664	朝鮮朝日	南鮮版	1928-08-18	1	08단	忠南新米初移出大阪兵庫へ
156665	朝鮮朝日	南鮮版	1928-08-18	1	09단	池上政務總監慶北を視察
156666	朝鮮朝日	南鮮版	1928-08-18	1	09단	春川だより
156667	朝鮮朝日	南鮮版	1928-08-18	1	09단	入水死體の身許が判る
156668	朝鮮朝日	南鮮版	1928-08-18	1	10단	內地人幼兒慘殺の死體牧島に漂着
156669	朝鮮朝日	南鮮版	1928-08-18	1	10단	不逞教諭の取調に連れ責任問題起るか
156670	朝鮮朝日	南鮮版	1928-08-18	1	10단	艦隊入港で鎭海活氣づく
156671	朝鮮朝日	南鮮版	1928-08-18	1	10단	人(中野寅吉氏(前代議士)/田中千里氏(元大分縣知事)/鋤柄玉造氏(鎭海要港部參謀)/櫻井源之助少將(新鎭海要塞司令官)/吉田秀次郎氏(仁川會議所會頭)/河合武雄丈一行/美
156671	朝鮮朝日	西北・南鮮版	1928-08-18	1	10단	座流石氏(慶北警察部長)/杉村逸樓氏(釜山地方法院檢事正)/橫尾治一郎氏(代議士)/橫田大邱地方法院長/東大野球部員一行)
156672	朝鮮朝日	西北・南鮮版	1928-08-18	1	10단	半島茶話
156673	朝鮮朝日	西北・南鮮版	1928-08-18	2	01단	枯れ行く山林を傍觀するのみ/京畿道內の造林が旱魃で打擊を蒙る
156674	朝鮮朝日	西北・南鮮版	1928-08-18	2	01단	七月中の廻着米一萬七千噸で前月より激減
156675	朝鮮朝日	西北・南鮮版	1928-08-18	2	01단	農事改良低資の貸付二百二十萬圓

일련번호	판명		간행일	면	단수	기사명
156676	朝鮮朝日	西北・南鮮版	1928-08-18	2	01단	潮吹貝激減/密漁が多い
156677	朝鮮朝日	西北・南鮮版	1928-08-18	2	01단	慶北東海岸と北部奧地の交通が開く
156678	朝鮮朝日	西北・南鮮版	1928-08-18	2	02단	慶南煎子製法の改善當局が研究
156679	朝鮮朝日	西北・南鮮版	1928-08-18	2	02단	定置漁業の合理的經營慶南が指導
156680	朝鮮朝日	西北・南鮮版	1928-08-18	2	02단	鯖漁業の將來を劃す鯖節の製造
156681	朝鮮朝日	西北・南鮮版	1928-08-18	2	02단	補助を與へ牡蠣養殖を慶南が奬勵
156682	朝鮮朝日	西北・南鮮版	1928-08-18	2	03단	三百餘隻の漁船が出漁/エビ鮍鱇網
156683	朝鮮朝日	西北・南鮮版	1928-08-18	2	03단	原料不足で大同の繩叺生産が減少
156684	朝鮮朝日	西北・南鮮版	1928-08-18	2	03단	鷄龍水利設立は有望近く實現か
156685	朝鮮朝日	西北・南鮮版	1928-08-18	2	03단	南浦水産品檢査
156686	朝鮮朝日	西北・南鮮版	1928-08-18	2	04단	南浦金組評議會
156687	朝鮮朝日	西北・南鮮版	1928-08-18	2	04단	平北穀協總會
156688	朝鮮朝日	西北・南鮮版	1928-08-18	2	04단	浮世草
156689	朝鮮朝日	西北版	1928-08-19	1	01단	內務局は斷乎と反對/結局は妥協案を練り曲りなりに普校增設を決行か/公債、借入金が唯一の望み
156690	朝鮮朝日	西北版	1928-08-19	1	01단	金融調査委員近く初會議/總督總監も出席し銀行改善案を諮問
156691	朝鮮朝日	西北版	1928-08-19	1	01단	池上總監が鬱陵島視察/驅逐艦が護衛
156692	朝鮮朝日	西北版	1928-08-19	1	01단	神仙爐(十七)/楚人冠
156693	朝鮮朝日	西北版	1928-08-19	1	02단	開城電氣が新幕瑞興に十月頃送電
156694	朝鮮朝日	西北版	1928-08-19	1	03단	平南各府郡に靑年訓練所朝鮮も側參加
156695	朝鮮朝日	西北版	1928-08-19	1	03단	勸誘員を派し出品を慫慂/朝鮮博準備委員會が具體的な方策を決定
156696	朝鮮朝日	西北版	1928-08-19	1	03단	牡丹台野話
156697	朝鮮朝日	西北版	1928-08-19	1	04단	朝鮮藥劑師會大口次官出席
156698	朝鮮朝日	西北版	1928-08-19	1	04단	長津江水電工事施工の延期を出願
156699	朝鮮朝日	西北版	1928-08-19	1	04단	日支官憲が交驩を重ね國境は平靜
156700	朝鮮朝日	西北版	1928-08-19	1	05단	敵機の爆彈は先づ平壤に投ぜられる覺悟が必要/淺田前飛行聯隊長語る
156701	朝鮮朝日	西北版	1928-08-19	1	05단	俳句/鈴木花蓑選
156702	朝鮮朝日	西北版	1928-08-19	1	05단	北鮮間島穀物聯合會淸津で開催
156703	朝鮮朝日	西北版	1928-08-19	1	06단	平北穀物協會支部を設置沿線各地に
156704	朝鮮朝日	西北版	1928-08-19	1	06단	三千を增し三萬九千人元山の人口
156705	朝鮮朝日	西北版	1928-08-19	1	06단	各地だより(鎭南浦/沙里院/平壤)
156706	朝鮮朝日	西北版	1928-08-19	1	06단	豫算に關しては一切言明相ならぬ/元山府民の膝詰談判に驚き財務當局が大慌て
156707	朝鮮朝日	西北版	1928-08-19	1	06단	遠い昔から一度も旱害のなかった黃海鳳山西鐘面が載寧江の改修で大被害

일련번호	판명		간행일	면	단수	기사명
156708	朝鮮朝日	西北版	1928-08-19	1	07단	燈台ローマンスかずかず(八)/海雀や鷗の卵で足の踏場もない南鮮多島海の格烈燈台群山には末島燈台
156709	朝鮮朝日	西北版	1928-08-19	1	07단	北鮮日報社輪轉機設置/印刷を開始
156710	朝鮮朝日	西北版	1928-08-19	1	07단	安東の稅關から始終苦情が出る/鮮滿連絡の基本列車關係者が集り改正を協議
156711	朝鮮朝日	西北版	1928-08-19	1	08단	結實が良い平壤の栗
156712	朝鮮朝日	西北版	1928-08-19	1	09단	松茸平南の走り
156713	朝鮮朝日	西北版	1928-08-19	1	09단	平壤の三機海州に飛來
156714	朝鮮朝日	西北版	1928-08-19	1	09단	山蔘十五本平南で發見
156715	朝鮮朝日	西北版	1928-08-19	1	09단	盟休生徒は容赦せずに嚴重に處分
156716	朝鮮朝日	西北版	1928-08-19	1	10단	魚が悶死す平北の酷暑
156717	朝鮮朝日	西北版	1928-08-19	1	10단	女性講演會不穩で中止
156718	朝鮮朝日	西北版	1928-08-19	1	10단	三十人の警官が包圍/兇賊を捕ふ
156719	朝鮮朝日	西北版	1928-08-19	1	10단	人(大谷敏子孃(大谷京城專賣支局長次女))
156720	朝鮮朝日	西北版	1928-08-19	1	10단	半島茶話
156721	朝鮮朝日	南鮮版	1928-08-19	1	01단	內務局は斷乎と反對/結局は妥協案を練り曲りなりに普校增設を決行か/公債、借入金が唯一の望み
156722	朝鮮朝日	南鮮版	1928-08-19	1	01단	金融調查委員近く初會議/總督總監も出席し銀行改善案を諮問
156723	朝鮮朝日	南鮮版	1928-08-19	1	01단	池上總監が鬱陵島視察/驅逐艦が護衛
156724	朝鮮朝日	南鮮版	1928-08-19	1	01단	神仙爐(十七)/楚人冠
156725	朝鮮朝日	南鮮版	1928-08-19	1	02단	馬山二普校新築計劃は補助が問題
156726	朝鮮朝日	南鮮版	1928-08-19	1	03단	全南道が產業宣傳の繪葉書を作製
156727	朝鮮朝日	南鮮版	1928-08-19	1	03단	勸誘員を派し出品を慫慂/朝鮮博準備委員會が具體的な方策を決定
156728	朝鮮朝日	南鮮版	1928-08-19	1	03단	牡丹台野話
156729	朝鮮朝日	南鮮版	1928-08-19	1	04단	朝鮮藥劑師會大口次官出席
156730	朝鮮朝日	南鮮版	1928-08-19	1	04단	全南署長會議
156731	朝鮮朝日	南鮮版	1928-08-19	1	04단	朝鮮博協贊會設立の打合
156732	朝鮮朝日	南鮮版	1928-08-19	1	04단	總督府圖書館曝書で休館
156733	朝鮮朝日	南鮮版	1928-08-19	1	04단	大田神社上棟式
156734	朝鮮朝日	南鮮版	1928-08-19	1	04단	豫算に關しては一切言明相ならぬ/元山府民の膝詰談判に驚き財務當局が大慌て
156735	朝鮮朝日	南鮮版	1928-08-19	1	05단	甲子園でも優勝の自信を得た母校生や市民に迎へられ京中ナイン歸城す/捲土重來を期する覺悟で一杯です 痛恨なほさめやらず釜山に着いた朝鮮代表

일련번호	판명		간행일	면	단수	기사명
156736	朝鮮朝日	南鮮版	1928-08-19	1	05단	俳句/鈴木花蓑選
156737	朝鮮朝日	南鮮版	1928-08-19	1	05단	松汀里の燈籠流し雜沓を極む
156738	朝鮮朝日	南鮮版	1928-08-19	1	05단	安東の稅關から始終苦情が出る/鮮滿連絡の基本列車關係者が集り改正を協議
156739	朝鮮朝日	南鮮版	1928-08-19	1	06단	各地だより(鎭南浦/沙里院/平壤)
156740	朝鮮朝日	南鮮版	1928-08-19	1	06단	松茸平南の走り
156741	朝鮮朝日	南鮮版	1928-08-19	1	07단	燈台ローマンスかずかず(八)/海雀や鷗の卵で足の踏場もない南鮮多島海の格烈燈台群山には末島燈台
156742	朝鮮朝日	南鮮版	1928-08-19	1	07단	列車運轉競技大田木浦間で
156743	朝鮮朝日	南鮮版	1928-08-19	1	07단	京城高齡者
156744	朝鮮朝日	南鮮版	1928-08-19	1	07단	御崎丸の乘組員全部危く救はる
156745	朝鮮朝日	南鮮版	1928-08-19	1	07단	出帆したまゝ消息が不明發動機船
156746	朝鮮朝日	南鮮版	1928-08-19	1	08단	瓦電の値下げ果して幾何/釜山府民は穩やかに會社の自發的處置を期待
156747	朝鮮朝日	南鮮版	1928-08-19	1	08단	女學生誘惑を常習不良捕はる
156748	朝鮮朝日	南鮮版	1928-08-19	1	08단	盟休生徒は容赦せずに嚴重に處分
156749	朝鮮朝日	南鮮版	1928-08-19	1	09단	牧ノ島の漂着死體は他殺と決定
156750	朝鮮朝日	南鮮版	1928-08-19	1	09단	夫人の素行を種に恐喝し本町署で檢擧
156751	朝鮮朝日	南鮮版	1928-08-19	1	09단	三千名の勢子を驅り大ヌクテ狩り
156752	朝鮮朝日	南鮮版	1928-08-19	1	10단	會(吉田博士講演會/農業技術員講習會)
156753	朝鮮朝日	南鮮版	1928-08-19	1	10단	人(前田新任群山府尹/小林鴻策氏(新平南土木技師)/鹽田本府理事官(元忠北地方課長)/コール氏(米國スタンダード會社副社長)/松井榮夫少將/橫卷茂雄大佐(陸軍省徵募課長)/淸河中將(鎭海要港部司令官)/深澤松藏大佐(平壤兵器製造所長)/馬場是一郎氏(淸津府尹)/大谷敏子孃(大谷京城專賣支局長次女))
156754	朝鮮朝日	南鮮版	1928-08-19	1	10단	半島茶話
156755	朝鮮朝日	西北・南鮮版	1928-08-19	2	01단	漢銀株の買收は自發的にやった有賀頭取總會で辨明/殖銀配當九分が復活
156756	朝鮮朝日	西北・南鮮版	1928-08-19	2	01단	私鐵の總收入四百八十萬圓利益金は百五萬圓/前年より二十萬圓の增收
156757	朝鮮朝日	西北・南鮮版	1928-08-19	2	01단	群山取引所設置運動が兩派に分裂
156758	朝鮮朝日	西北・南鮮版	1928-08-19	2	02단	大邱の紅玉阪神で大歡迎
156759	朝鮮朝日	西北・南鮮版	1928-08-19	2	02단	安東輸入組合第一回拂込み
156760	朝鮮朝日	西北・南鮮版	1928-08-19	2	02단	畜産品評會慶北尙州で
156761	朝鮮朝日	西北・南鮮版	1928-08-19	2	03단	棉花品評會大田で開催
156762	朝鮮朝日	西北・南鮮版	1928-08-19	2	03단	平壤驛成績收入九萬餘圓

일련번호	판명		간행일	면	단수	기사명
156763	朝鮮朝日	西北・南鮮版	1928-08-19	2	03단	京城組合銀十三日帳尻
156764	朝鮮朝日	西北・南鮮版	1928-08-19	2	03단	京城商議役員會
156765	朝鮮朝日	西北・南鮮版	1928-08-19	2	04단	浮世草
156766	朝鮮朝日	西北版	1928-08-21	1	01단	時事鳥瞰/特定運賃制と粟増産の計劃/矛盾せる産業政策
156767	朝鮮朝日	西北版	1928-08-21	1	01단	神仙爐(十八)/楚人冠
156768	朝鮮朝日	西北版	1928-08-21	1	01단	取引所の問題は迂濶には話せぬ 永田、島兩氏の研究と意見は參考に資するのみ/永田島兩氏視察を終る
156769	朝鮮朝日	西北版	1928-08-21	1	01단	燈台ローマンスかずかず(九)/一番怖いのは支那の海賊船朝鮮の北端を守る大和島燈台の怪談
156770	朝鮮朝日	西北版	1928-08-21	1	04단	靑石の硯を平壤府が獻上
156771	朝鮮朝日	西北版	1928-08-21	1	04단	旅館協會總會釜山で開催
156772	朝鮮朝日	西北版	1928-08-21	1	05단	裁判所の大廳舍今月中に竣工す
156773	朝鮮朝日	西北版	1928-08-21	1	05단	近く咸鏡線の開通を待ち列車時間の大改正/京釜間に小口貨車を增發
156774	朝鮮朝日	西北版	1928-08-21	1	05단	南山の頂上へケーブルカーの計劃/朝鮮博に間に合はせる
156775	朝鮮朝日	西北版	1928-08-21	1	06단	咸興內湖に郵便所設置
156776	朝鮮朝日	西北版	1928-08-21	1	06단	牡丹台野話
156777	朝鮮朝日	西北版	1928-08-21	1	07단	燃料界の大革命北鮮褐炭の液化風化の早いものほど有望/朝窒が工場を設置
156778	朝鮮朝日	西北版	1928-08-21	1	07단	平南の異動近く發表か
156779	朝鮮朝日	西北版	1928-08-21	1	07단	改定期を待たず値下鎮南浦電氣
156780	朝鮮朝日	西北版	1928-08-21	1	07단	咸興上水道行き詰まる
156781	朝鮮朝日	西北版	1928-08-21	1	07단	平壤三機が新義州に飛行
156782	朝鮮朝日	西北版	1928-08-21	1	07단	平安水組の堤防問題は組合が敗訴
156783	朝鮮朝日	西北版	1928-08-21	1	08단	國境警備踊咸興で講習
156784	朝鮮朝日	西北版	1928-08-21	1	08단	朝窒會社の契約履行を部落民が懇願
156785	朝鮮朝日	西北版	1928-08-21	1	08단	人氣を呼んだ野球の電氣速報台/大邱朝日販賣店の計劃
156786	朝鮮朝日	西北版	1928-08-21	1	08단	元山の受益稅不納問題は解決/第一回分は徵收して過不足は次回納稅で取捨
156787	朝鮮朝日	西北版	1928-08-21	1	09단	江界木組補選
156788	朝鮮朝日	西北版	1928-08-21	1	10단	高等女學院を龍井に設置/朝鮮婦人收容
156789	朝鮮朝日	西北版	1928-08-21	1	10단	各地だより(咸興/沙里院/城津/平壤)
156790	朝鮮朝日	西北版	1928-08-21	1	10단	妻を奪はれ小刀で滅多斬
156791	朝鮮朝日	西北版	1928-08-21	1	10단	若い人妻が覺悟の自殺

일련번호	판명		간행일	면	단수	기사명
156792	朝鮮朝日	西北版	1928-08-21	1	10단	運動界(七對零東大快勝)
156793	朝鮮朝日	西北版	1928-08-21	1	10단	人(馬場是一郎氏(淸津府尹)/倉橋幸太郎氏(本社新義州特派員倉橋義雄氏嚴父))
156794	朝鮮朝日	西北版	1928-08-21	1	10단	半島茶話
156795	朝鮮朝日	南鮮版	1928-08-21	1	01단	時事鳥瞰/特定運賃制と粟增産の計劃/矛盾せる産業政策
156796	朝鮮朝日	南鮮版	1928-08-21	1	01단	神仙爐(十八)/楚人冠
156797	朝鮮朝日	南鮮版	1928-08-21	1	01단	取引所の問題は迂濶には話せぬ 永田、島兩氏の研究と意見は參考に資するのみ/永田島兩氏視察を終る
156798	朝鮮朝日	南鮮版	1928-08-21	1	01단	燈台ローマンスかずかず(九)/一番怖いのは支那の海賊船朝鮮の北端を守る大和島燈台の怪談
156799	朝鮮朝日	南鮮版	1928-08-21	1	04단	燃料界の大革命北鮮褐炭の液化風化の早いものほど有望/朝窒が工場を設置
156800	朝鮮朝日	南鮮版	1928-08-21	1	05단	裁判所の大廳舍今月中に竣工す
156801	朝鮮朝日	南鮮版	1928-08-21	1	05단	旅館協會總會釜山で開催
156802	朝鮮朝日	南鮮版	1928-08-21	1	06단	發展する慶北良浦に學組設置運動
156803	朝鮮朝日	南鮮版	1928-08-21	1	06단	近く咸鏡線の開通を待ち列車時間の大改正/京釜間に小口貨車を增發
156804	朝鮮朝日	南鮮版	1928-08-21	1	06단	南山の頂上へケーブルカーの計劃/朝鮮博に間に合はせる
156805	朝鮮朝日	南鮮版	1928-08-21	1	07단	青い鳥は歌ふ/釜山/あをやま生
156806	朝鮮朝日	南鮮版	1928-08-21	1	07단	人氣を呼んだ野球の電氣速報台/大邱朝日販賣店の計劃
156807	朝鮮朝日	南鮮版	1928-08-21	1	07단	大田學議補缺選
156808	朝鮮朝日	南鮮版	1928-08-21	1	08단	職業を惡用金品を收賄慶南の技手
156809	朝鮮朝日	南鮮版	1928-08-21	1	08단	蔚山の飛行場敷地の買收有志の奔走で圓滿に解決/着水場も計劃の噂
156810	朝鮮朝日	南鮮版	1928-08-21	1	08단	成案を得ない京城の都計總督府の補助額が少いとて增加を請願
156811	朝鮮朝日	南鮮版	1928-08-21	1	09단	論山川改修陳情書を提出
156812	朝鮮朝日	南鮮版	1928-08-21	1	10단	朝鮮は初で無い/石川軍醫部長談
156813	朝鮮朝日	南鮮版	1928-08-21	1	10단	慶州附近は可なり豊作/三四割增收
156814	朝鮮朝日	南鮮版	1928-08-21	1	10단	妻を奪はれ小刀で滅多斬
156815	朝鮮朝日	南鮮版	1928-08-21	1	10단	人(新井孫平氏(新全南土木課長)/多田榮吉氏(新義州實業家)/恩田銅吉氏(朝郵社長)/伊藤悌二氏(大阪兒童愛護聯盟主事)/仙波安藝少將(新龍山四十旅團長)/石川淸人軍醫監

일련번호	판명		간행일	면	단수	기사명
156815	朝鮮朝日	南鮮版	1928-08-21	1	10단	(新朝鮮軍々醫部長)/吉村憬大佐(新任大邱八十聯隊長)/倉橋幸太郎氏(本社新義州特派員倉橋義雄氏嚴父))
156816	朝鮮朝日	南鮮版	1928-08-21	1	10단	半島茶話
156817	朝鮮朝日	西北・南鮮版	1928-08-21	2	01단	まつり/同人隨筆(子供連中 エス生/お祭りの偶感 小川凡悟樓/絶食命令 逸散樓/月夜の祭 藪柑子/刀の持逃げ 後藤哀子/祭の歸り 黑葡萄)
156818	朝鮮朝日	西北・南鮮版	1928-08-21	2	04단	京畿道の旱害五十萬石の減收で救濟方法を考慮中
156819	朝鮮朝日	西北・南鮮版	1928-08-21	2	04단	大邱府が府營バスの經費を起債
156820	朝鮮朝日	西北・南鮮版	1928-08-21	2	04단	全南の鯖を咸南で漁獲/回游の調査
156821	朝鮮朝日	西北・南鮮版	1928-08-21	2	04단	鰤八千尾を城津で漁獲
156822	朝鮮朝日	西北・南鮮版	1928-08-21	2	04단	木炭共進會が出品を依賴/總督府も奬勵
156823	朝鮮朝日	西北・南鮮版	1928-08-21	2	05단	京畿道內に獸疫が猖獗/昨年の二倍
156824	朝鮮朝日	西北・南鮮版	1928-08-21	2	05단	大興統營支店書間動力の供給を開始
156825	朝鮮朝日	西北・南鮮版	1928-08-21	2	05단	群山土地畜産設置の計劃
156826	朝鮮朝日	西北・南鮮版	1928-08-21	2	05단	畜産共進會に平北の出品牛その他を
156827	朝鮮朝日	西北・南鮮版	1928-08-21	2	05단	四萬二千町の田植が不能/慶北の旱害
156828	朝鮮朝日	西北・南鮮版	1928-08-21	2	06단	芋布作業場利用者が多い
156829	朝鮮朝日	西北・南鮮版	1928-08-21	2	06단	銅店の久原工場職員を解雇閉鎖
156830	朝鮮朝日	西北・南鮮版	1928-08-21	2	06단	平南金組七月の帳尻貸出四十萬圓
156831	朝鮮朝日	西北・南鮮版	1928-08-21	2	06단	新義州貿易輸移出入增加
156832	朝鮮朝日	西北・南鮮版	1928-08-21	2	07단	安邊家禽品評會
156833	朝鮮朝日	西北・南鮮版	1928-08-21	2	07단	新刊紹介(『極東時報』)
156834	朝鮮朝日	西北・南鮮版	1928-08-21	2	07단	浮世草
156835	朝鮮朝日	西北版	1928-08-22	1	01단	神仙爐(十九)/楚人冠
156836	朝鮮朝日	西北版	1928-08-22	1	01단	旅費を引下げて七十萬圓を捻出す/それでも內地より良い/從來は惠まれ過ぎてゐた
156837	朝鮮朝日	西北版	1928-08-22	1	01단	夏なほ寒し長安寺のプール
156838	朝鮮朝日	西北版	1928-08-22	1	04단	吉會線の陳情委員が第二段を策す/雄基も陳情 各方面に打電
156839	朝鮮朝日	西北版	1928-08-22	1	04단	短歌/橋田東聲選
156840	朝鮮朝日	西北版	1928-08-22	1	04단	雄基學組會議
156841	朝鮮朝日	西北版	1928-08-22	1	04단	來年からは一週に三回の內鮮連絡飛行を實施/郵便料金は普通より稍高い
156842	朝鮮朝日	西北版	1928-08-22	1	04단	ほゞ決定した營繕費の內容/咸南道廳新築は駄目大部分は學校新築費
156843	朝鮮朝日	西北版	1928-08-22	1	05단	奉祝たばこ/菊花とコロネーション

일련번호	판명		간행일	면	단수	기사명
156844	朝鮮朝日	西北版	1928-08-22	1	05단	南浦土地會社地代を値上借地人が反對
156845	朝鮮朝日	西北版	1928-08-22	1	06단	日本海々戰の記念碑鎮海に建設の計劃/工費は約三十萬圓/旅順の忠魂碑に準ずる建物(東鄉元帥も來臨し除幕式を擧げる軍艦飛機も參加の豫定/準備の打合)
156846	朝鮮朝日	西北版	1928-08-22	1	06단	牡丹台野話
156847	朝鮮朝日	西北版	1928-08-22	1	07단	祝祭日にも擧式せぬ基督教の學校を今後は嚴重に取締る/まづ警告を發する
156848	朝鮮朝日	西北版	1928-08-22	1	07단	領事會議に朝鮮も出席/在滿朝鮮人の問題を打合せ
156849	朝鮮朝日	西北版	1928-08-22	1	08단	御大典記念に府廳舍新築/工費五十萬圓
156850	朝鮮朝日	西北版	1928-08-22	1	08단	全鮮衛生課長防疫の打合十八日から
156851	朝鮮朝日	西北版	1928-08-22	1	08단	平壤府內の圓タク値下/回數券も發行
156852	朝鮮朝日	西北版	1928-08-22	1	09단	總督と大藏大臣の權限問題を研究/國有財産の管理はその後で決定する
156853	朝鮮朝日	西北版	1928-08-22	1	09단	守備隊の白頭山突破一行百五十名/五十錢制は延期して吳れ人力車夫が嘆願
156854	朝鮮朝日	西北版	1928-08-22	1	10단	平壤の飛機海州で演習
156855	朝鮮朝日	西北版	1928-08-22	1	10단	半島茶話
156856	朝鮮朝日	南鮮版	1928-08-22	1	01단	神仙爐(十九)/楚人冠
156857	朝鮮朝日	南鮮版	1928-08-22	1	01단	旅費を引下げて七十萬圓を捻出す/それでも內地より良い/從來は惠まれ過ぎてゐた
156858	朝鮮朝日	南鮮版	1928-08-22	1	01단	夏なほ寒し長安寺のプール
156859	朝鮮朝日	南鮮版	1928-08-22	1	04단	政務總監の日程が變更
156860	朝鮮朝日	南鮮版	1928-08-22	1	04단	釜山瓦電が廣軌に改善/明春に實施
156861	朝鮮朝日	南鮮版	1928-08-22	1	04단	釜山水道の節約問題で部長と府尹相携へ出城
156862	朝鮮朝日	南鮮版	1928-08-22	1	04단	來年からは一週に三回の內鮮連絡飛行を實施/郵便料金は普通より稍高い
156863	朝鮮朝日	南鮮版	1928-08-22	1	04단	ほゞ決定した營繕費の內容/咸南道廳新築は駄目大部分は學校新築費
156864	朝鮮朝日	南鮮版	1928-08-22	1	05단	奉祝たばこ/菊花とコロネーション
156865	朝鮮朝日	南鮮版	1928-08-22	1	05단	御大典を控へ朝鮮勞働者渡航を取締
156866	朝鮮朝日	南鮮版	1928-08-22	1	06단	日本海々戰の記念碑鎮海に建設の計劃/工費は約三十萬圓/旅順の忠魂碑に準ずる建物(東鄉元帥も來臨し除幕式を擧げる軍艦飛機も參加の豫定/準備の打合)
156867	朝鮮朝日	南鮮版	1928-08-22	1	06단	短歌/橋田東聲選

일련번호	판명		간행일	면	단수	기사명
156868	朝鮮朝日	南鮮版	1928-08-22	1	07단	青い鳥は歌ふ/釜山/あをやま生
156869	朝鮮朝日	南鮮版	1928-08-22	1	07단	領事會議に朝鮮も出席/在滿朝鮮人の問題を打合せ
156870	朝鮮朝日	南鮮版	1928-08-22	1	07단	山崎府尹に捨子貰受の申込が續々
156871	朝鮮朝日	南鮮版	1928-08-22	1	08단	全鮮衛生課長防疫の打合/十八日から
156872	朝鮮朝日	南鮮版	1928-08-22	1	08단	國際青年デー催物禁止さる
156873	朝鮮朝日	南鮮版	1928-08-22	1	08단	コソ泥が京城に徘徊/警察が主意
156874	朝鮮朝日	南鮮版	1928-08-22	1	09단	總督と大藏大臣の權限問題を研究/國有財産の管理はその後で決定する
156875	朝鮮朝日	南鮮版	1928-08-22	1	09단	早大相撲部來邱
156876	朝鮮朝日	南鮮版	1928-08-22	1	09단	會(淸河中將歡迎會/慶北商品陳列所上棟式)
156877	朝鮮朝日	南鮮版	1928-08-22	1	09단	六十萬圓を支出し窮民を救濟か/慶北の旱害激甚
156878	朝鮮朝日	南鮮版	1928-08-22	1	10단	添へぬ戀で猫いらず自殺
156879	朝鮮朝日	南鮮版	1928-08-22	1	10단	三千圓强奪の噂さ
156880	朝鮮朝日	南鮮版	1928-08-22	1	10단	人(尾高城大教授/山本美越乃氏(京大教授)/南鄉三郎氏(神戸棧橋部社長)/杉山米堂氏(米タイムス社長)/仙波少將(新任第四十旅團長)/吉村憬氏(新任第八十聯隊長))
156881	朝鮮朝日	南鮮版	1928-08-22	1	10단	半島茶話
156882	朝鮮朝日	西北・南鮮版	1928-08-22	2	01단	燈台めぐり(１)/年に一二度といふ珍らしい凪に海雲丸は油のやうな海上を靜に走る
156883	朝鮮朝日	西北・南鮮版	1928-08-22	2	01단	朝鐵の自動車ツラツクも併用 私鐵の培養に資す/朝鐵自動車認可さる
156884	朝鮮朝日	西北・南鮮版	1928-08-22	2	03단	平壤無煙炭天津へ御目見得
156885	朝鮮朝日	西北・南鮮版	1928-08-22	2	03단	良浦製氷社機械を据付
156886	朝鮮朝日	西北・南鮮版	1928-08-22	2	03단	鰯が群集す/雄基近海に
156887	朝鮮朝日	西北・南鮮版	1928-08-22	2	03단	朝鮮皮革を海軍が指定
156888	朝鮮朝日	西北・南鮮版	1928-08-22	2	03단	七月中の煙草賣上高/二百六十萬圓
156889	朝鮮朝日	西北・南鮮版	1928-08-22	2	04단	圓本飽かる本屋の大恐慌
156890	朝鮮朝日	西北・南鮮版	1928-08-22	2	04단	郵便爲替取扱高
156891	朝鮮朝日	西北・南鮮版	1928-08-22	2	04단	京城手形交換高
156892	朝鮮朝日	西北・南鮮版	1928-08-22	2	04단	開城蔘業總會
156893	朝鮮朝日	西北・南鮮版	1928-08-22	2	04단	浮世草
156894	朝鮮朝日	西北版	1928-08-23	1	01단	神仙爐(二十)/楚人冠
156895	朝鮮朝日	西北版	1928-08-23	1	01단	特別委員を置き普通銀行の改善や銀行令改正を審議/金融制度調査委員會開かる
156896	朝鮮朝日	西北版	1928-08-23	1	01단	朝鮮の發展は豫想以上だ/平壤府を視察した大口大藏次官語る

일련번호	판명		간행일	면	단수	기사명
156897	朝鮮朝日	西北版	1928-08-23	1	01단	難解な字句や誤植が多い初等學校の學習帳一般から批難さる
156898	朝鮮朝日	西北版	1928-08-23	1	01단	未曾有の旱害土木事業を起して窮民に職業を與へ減稅、免稅等も考慮される
156899	朝鮮朝日	西北版	1928-08-23	1	03단	內鮮人の結婚は年々に殖えて行く/愛の殿堂として見るときその前途は賴もしい
156900	朝鮮朝日	西北版	1928-08-23	1	04단	西湖津行き臨時列車打切
156901	朝鮮朝日	西北版	1928-08-23	1	04단	巡査の大募集/現在千名不足
156902	朝鮮朝日	西北版	1928-08-23	1	04단	汝矣島飛行場の設備を改善して內鮮滿郵便飛行の離着陸を便にする
156903	朝鮮朝日	西北版	1928-08-23	1	04단	圖書館の精勤者を府廳員に採用/平壤府の新しい試み/讀書獎勵の一助と意氣込む
156904	朝鮮朝日	西北版	1928-08-23	1	05단	凉み台/平壤一記者/林檎を吹く風に頰を嬲らせて山や河をさけて林檎園に凉を趁ふ
156905	朝鮮朝日	西北版	1928-08-23	1	05단	農業獎勵の國庫補助金昨年と同額
156906	朝鮮朝日	西北版	1928-08-23	1	06단	豊作見込で滿洲粟賣急ぎ
156907	朝鮮朝日	西北版	1928-08-23	1	06단	旱魃による未使用肥料處分方を協議
156908	朝鮮朝日	西北版	1928-08-23	1	06단	俳句/鈴木花蓑選
156909	朝鮮朝日	西北版	1928-08-23	1	06단	各地だより(沙里院/平壤)
156910	朝鮮朝日	西北版	1928-08-23	1	06단	牡丹台野話
156911	朝鮮朝日	西北版	1928-08-23	1	07단	高女卒業生より小學校出が優秀十名の募集に志願者二百名/電話交換手の昨今
156912	朝鮮朝日	西北版	1928-08-23	1	07단	朝鮮の婦人達に機業を教へて家庭工業の振興を圖る/瑞興苧や絹織物を製作
156913	朝鮮朝日	西北版	1928-08-23	1	07단	お茶のあと
156914	朝鮮朝日	西北版	1928-08-23	1	08단	コンスターチ原料の唐黍增産を獎勵
156915	朝鮮朝日	西北版	1928-08-23	1	08단	豆滿江岸の國境を牧畜の地と化す/國民高等學校を設け卒業生を各地に配置す
156916	朝鮮朝日	西北版	1928-08-23	1	09단	平南成川に溫泉湧出風光も明媚
156917	朝鮮朝日	西北版	1928-08-23	1	09단	サツカリン混入の酢素押收される
156918	朝鮮朝日	西北版	1928-08-23	1	09단	蛤の密漁者大同江しい檢擧
156919	朝鮮朝日	西北版	1928-08-23	1	10단	咸鏡線の全通に伴ひ簡易驛を昇格
156920	朝鮮朝日	西北版	1928-08-23	1	10단	朝窒卓球部大勝
156921	朝鮮朝日	西北版	1928-08-23	1	10단	平壤ゴルフ競技
156922	朝鮮朝日	西北版	1928-08-23	1	10단	狂犬病が各地に發生/平北道内に
156923	朝鮮朝日	西北版	1928-08-23	1	10단	平南奧地のマラリヤを徹底的に豫防
156924	朝鮮朝日	西北版	1928-08-23	1	10단	雇員二十名の募集に對し應募百八十名
156925	朝鮮朝日	西北版	1928-08-23	1	10단	半島茶話
156926	朝鮮朝日	南鮮版	1928-08-23	1	01단	神仙爐(二十)/楚人冠

일련번호	판명		간행일	면	단수	기사명
156927	朝鮮朝日	南鮮版	1928-08-23	1	01단	特別委員を置き普通銀行の改善や銀行令改正を審議/金融制度調査委員會開かる
156928	朝鮮朝日	南鮮版	1928-08-23	1	01단	朝鮮の發展は豫想以上だ/平壤府を視察した大口大藏次官語る
156929	朝鮮朝日	南鮮版	1928-08-23	1	01단	難解な字句や誤植が多い初等學校の學習帳一般から批難さる
156930	朝鮮朝日	南鮮版	1928-08-23	1	01단	未曾有の旱害土木事業を起して窮民に職業を與へ減稅、免稅等も考慮される
156931	朝鮮朝日	南鮮版	1928-08-23	1	03단	內鮮人の結婚は年々に殖えて行く/愛の殿堂として見るときその前途は賴もしい
156932	朝鮮朝日	南鮮版	1928-08-23	1	04단	伊勢神宮の分靈を奉安九月に竣工
156933	朝鮮朝日	南鮮版	1928-08-23	1	04단	巡査の大募集/現在千名不足
156934	朝鮮朝日	南鮮版	1928-08-23	1	04단	汝矣島飛行場の設備を改善して內鮮滿郵便飛行の離着陸を便にする
156935	朝鮮朝日	南鮮版	1928-08-23	1	04단	お茶のあと
156936	朝鮮朝日	南鮮版	1928-08-23	1	05단	靑い鳥の翼は動く(一)/ジュネーブ湖畔に似た勝景だと柴舟氏がたゝへた美しき馬山の海
156937	朝鮮朝日	南鮮版	1928-08-23	1	05단	平南成川に溫泉湧出風光も明媚
156938	朝鮮朝日	南鮮版	1928-08-23	1	05단	産繭四萬石突破の祝賀全南が擧行
156939	朝鮮朝日	南鮮版	1928-08-23	1	06단	高女卒業生より小學校出が優秀十名の募集に志願者二百名/電話交換手の昨今
156940	朝鮮朝日	南鮮版	1928-08-23	1	06단	旱魃による未使用肥料處分方を協議
156941	朝鮮朝日	南鮮版	1928-08-23	1	06단	俳句/鈴木花蓑選
156942	朝鮮朝日	南鮮版	1928-08-23	1	06단	朝鮮神宮への獻納農作物奉仕者決定
156943	朝鮮朝日	南鮮版	1928-08-23	1	07단	有望らしい釜山府廳舍新築の設計
156944	朝鮮朝日	南鮮版	1928-08-23	1	07단	府營住宅の値下斷行か/一二圓程度を
156945	朝鮮朝日	南鮮版	1928-08-23	1	07단	釜山を起點に全北に通ず大道路計劃
156946	朝鮮朝日	南鮮版	1928-08-23	1	07단	コレラの豫防注射を釜山が實施
156947	朝鮮朝日	南鮮版	1928-08-23	1	08단	七面鳥の雄が産卵す/瑞兆だと噂さ
156948	朝鮮朝日	南鮮版	1928-08-23	1	08단	慶南晉州の水喧譁九名が負傷
156949	朝鮮朝日	南鮮版	1928-08-23	1	08단	心神耗弱者の富豪を欺き四萬圓を詐取
156950	朝鮮朝日	南鮮版	1928-08-23	1	08단	慘殺死體の身許が判る
156951	朝鮮朝日	南鮮版	1928-08-23	1	08단	台灣、樺太間の飛行を高唱し多木翁が一萬圓を懸賞
156952	朝鮮朝日	南鮮版	1928-08-23	1	09단	雇員二十名の募集に對し應募百八十名
156953	朝鮮朝日	南鮮版	1928-08-23	1	09단	狂犬病が各地に發生/平北道內に
156954	朝鮮朝日	南鮮版	1928-08-23	1	09단	コンスターチ原料の唐黍增産を獎勵
156955	朝鮮朝日	南鮮版	1928-08-23	1	10단	內鮮滿郵便爲替

일련번호	판명		간행일	면	단수	기사명
156956	朝鮮朝日	南鮮版	1928-08-23	1	10단	會(蔚山郵便局落成式/光州送別會)
156957	朝鮮朝日	南鮮版	1928-08-23	1	10단	人(木下元次郎氏(釜山商業會議所評議員)/コール氏(米國スタンダード石油會社副社長)/白銀朝則氏(審議室事務官)/多木粂次郎氏(多木肥料社長)/美根五郎氏(新任本府事務官))
156958	朝鮮朝日	南鮮版	1928-08-23	1	10단	半島茶話
156959	朝鮮朝日	西北・南鮮版	1928-08-23	2	01단	燈台めぐり(2)/靜寂を破って暗夜にピカリ而も無言の行を續ける仁川鳧島の燈台
156960	朝鮮朝日	西北・南鮮版	1928-08-23	2	01단	不足勝な金を兎も角切盛してメートル制の實施に鐵道局が力を入れる
156961	朝鮮朝日	西北・南鮮版	1928-08-23	2	03단	慶北の鑛山百三十五區
156962	朝鮮朝日	西北・南鮮版	1928-08-23	2	03단	籾の値上り/沙里院地方
156963	朝鮮朝日	西北・南鮮版	1928-08-23	2	03단	陸棉の開花昨年より早い
156964	朝鮮朝日	西北・南鮮版	1928-08-23	2	03단	慶北道の商品陳列館工費七萬圓
156965	朝鮮朝日	西北・南鮮版	1928-08-23	2	03단	醸造品評會慶南で開催
156966	朝鮮朝日	西北・南鮮版	1928-08-23	2	04단	無煙炭の使用を調査/平鐵管內で
156967	朝鮮朝日	西北・南鮮版	1928-08-23	2	04단	工業用の樹木の調査/慶南が開始
156968	朝鮮朝日	西北・南鮮版	1928-08-23	2	04단	浮世草
156969	朝鮮朝日	西北版	1928-08-24	1	01단	神仙爐(廿一)/楚人冠
156970	朝鮮朝日	西北版	1928-08-24	1	01단	鮮航、辰馬、島谷の三社が巴と入亂れ米穀積取の白熱戰を演出か/鮮航會の協定が觀もの
156971	朝鮮朝日	西北版	1928-08-24	1	01단	取引所設置熱の根强きに驚く學理的に調査した永田島兩氏が退鮮
156972	朝鮮朝日	西北版	1928-08-24	1	01단	利用の多い振替貯金一ヶ年間に五億圓突破
156973	朝鮮朝日	西北版	1928-08-24	1	02단	燈台めぐり(3)/島は痲しい！別れの涙をハンカチに包んで永劫會へぬ人と袂を分つ
156974	朝鮮朝日	西北版	1928-08-24	1	03단	産みの惱みの朝鮮軌道令年內に公布か
156975	朝鮮朝日	西北版	1928-08-24	1	03단	朝鮮博の協贊會設立出席者二百名
156976	朝鮮朝日	西北版	1928-08-24	1	04단	短歌/橋田東聲選
156977	朝鮮朝日	西北版	1928-08-24	1	04단	映畫檢閱料値下の陳情/台灣なみにと
156978	朝鮮朝日	西北版	1928-08-24	1	05단	內地の古手官吏を連れ込むなどは以ての
156978	朝鮮朝日	西北版	1928-08-24	1	05단	外の不埒で朝鮮は永年在勤者に限る
156979	朝鮮朝日	西北版	1928-08-24	1	05단	日本官憲が無力で威令が行はれず支那人が甘く見て在滿朝鮮人を馬鹿にする
156980	朝鮮朝日	西北版	1928-08-24	1	05단	支那人勞働者が互助組合を組織/內鮮勞働者に對抗
156981	朝鮮朝日	西北版	1928-08-24	1	06단	平北の水稻種子の更新成績が良好
156982	朝鮮朝日	西北版	1928-08-24	1	06단	言動が餘りに矯激で誰もが相手にせず幸ひ

일련번호	판명		간행일	면	단수	기사명
156982	朝鮮朝日	西北版	1928-08-24	1	06단	朝鮮では何事もなかった天理研究會の事件
156983	朝鮮朝日	西北版	1928-08-24	1	07단	メートル・ポスター展
156984	朝鮮朝日	西北版	1928-08-24	1	07단	セメントの大拂底平南の土木工事に祟る
156985	朝鮮朝日	西北版	1928-08-24	1	07단	中樞院參議の補缺に候補者が十七名/劣らず敗けずの運動ぶり興味を以て見らる
156986	朝鮮朝日	西北版	1928-08-24	1	08단	柴舟氏一行國境を見物
156987	朝鮮朝日	西北版	1928-08-24	1	08단	滿俱東大に勝つ/滿鮮競射引分
156988	朝鮮朝日	西北版	1928-08-24	1	09단	三班に分れ肥料增産の品評會審査
156989	朝鮮朝日	西北版	1928-08-24	1	09단	旱害の救濟費は二百萬圓程度か/水害救濟金は三百萬圓/內務局で調査中
156990	朝鮮朝日	西北版	1928-08-24	1	09단	牡丹台野話
156991	朝鮮朝日	西北版	1928-08-24	1	10단	練習艦木曾南浦に入港
156992	朝鮮朝日	西北版	1928-08-24	1	10단	三頭連れの猛虎江界に現る
156993	朝鮮朝日	西北版	1928-08-24	1	10단	半島茶話
156994	朝鮮朝日	南鮮版	1928-08-24	1	01단	神仙爐(廿一)/楚人冠
156995	朝鮮朝日	南鮮版	1928-08-24	1	01단	鮮航、辰馬、島谷の三社が巴と入亂れ米穀積取の白熱戰を演出か/鮮航會の協定が觀もの
156996	朝鮮朝日	南鮮版	1928-08-24	1	01단	取引所設置熱の根强きに驚く學理的に調査した永田島兩氏が退鮮
156997	朝鮮朝日	南鮮版	1928-08-24	1	01단	利用の多い振替貯金一ヶ年間に五億圓突破
156998	朝鮮朝日	南鮮版	1928-08-24	1	02단	燈台めぐり(3)/島は痲しい！別れの涙をハンカチに包んで永劫會へぬ人と袂を分つ
156999	朝鮮朝日	南鮮版	1928-08-24	1	03단	活魚輸送の獎勵を打合/明年一齊に實施
157000	朝鮮朝日	南鮮版	1928-08-24	1	03단	朝鮮博の協贊會設立出席者二百名
157001	朝鮮朝日	南鮮版	1928-08-24	1	04단	映畵檢閱料値下の陳情/台灣なみにと
157002	朝鮮朝日	南鮮版	1928-08-24	1	04단	短歌/橋田東聲選
157003	朝鮮朝日	南鮮版	1928-08-24	1	05단	青い島の翼は動く(二)/一面一校の悔い？學校費は膨脹し補助額は却て減少さりとて增稅も出來ぬ馬山
157004	朝鮮朝日	南鮮版	1928-08-24	1	05단	メートル・ポスター展
157005	朝鮮朝日	南鮮版	1928-08-24	1	06단	日本官憲が無力で威令が行はれず支那人が甘く見て在滿朝鮮人を馬鹿にする
157006	朝鮮朝日	南鮮版	1928-08-24	1	06단	旱害の救濟費は二百萬圓程度か 水害救濟金は三百萬圓 內務局で調査中/忠北の旱害救濟を要す/慶北道の旱害免稅額三十九萬圓
157007	朝鮮朝日	南鮮版	1928-08-24	1	07단	光州木浦間直通列車一日から運轉
157008	朝鮮朝日	南鮮版	1928-08-24	1	07단	共榮自動車盈德忠州の運轉を開始
157009	朝鮮朝日	南鮮版	1928-08-24	1	07단	各地だより(淸州/釜山)
157010	朝鮮朝日	南鮮版	1928-08-24	1	08단	言動が餘りに矯激で誰もが相手にせず幸ひ

일련번호	판명		간행일	면	단수	기사명
157010	朝鮮朝日	南鮮版	1928-08-24	1	08단	朝鮮では何事もなかった天理研究會の事件
157011	朝鮮朝日	南鮮版	1928-08-24	1	08단	私設靑訓所京城に開設
157012	朝鮮朝日	南鮮版	1928-08-24	1	09단	春風丸が釜山近海の海洋を調査
157013	朝鮮朝日	南鮮版	1928-08-24	1	09단	戀故の盗み看護婦上りが
157014	朝鮮朝日	南鮮版	1928-08-24	1	10단	大田東大に敗る
157015	朝鮮朝日	南鮮版	1928-08-24	1	10단	人(堀外務省參事官/大口大藏政務次官/永田商工事務官/古庄京畿財務部長)
157016	朝鮮朝日	南鮮版	1928-08-24	1	10단	半島茶話
157017	朝鮮朝日	西北・南鮮版	1928-08-24	2	01단	慶南全北を結ぶ幹線道路を通じ自動車會社を起し物資の釜山集中を目論す
157018	朝鮮朝日	西北・南鮮版	1928-08-24	2	01단	甜菜の褐斑病豫防に大成功/鳳山が試驗的にやったブロト劑が奏效す
157019	朝鮮朝日	西北・南鮮版	1928-08-24	2	01단	雫の聲
157020	朝鮮朝日	西北・南鮮版	1928-08-24	2	01단	濟州島の手押軌道工事に着手
157021	朝鮮朝日	西北・南鮮版	1928-08-24	2	02단	京東鐵道愈よ創立/拂込六十萬圓
157022	朝鮮朝日	西北・南鮮版	1928-08-24	2	02단	七十餘名の鮮銀の行員東京から移轉
157023	朝鮮朝日	西北・南鮮版	1928-08-24	2	02단	池上總監に大邱が陳情五項目に亘る
157024	朝鮮朝日	西北・南鮮版	1928-08-24	2	03단	忠全鐵道速成委員が沿線を視察
157025	朝鮮朝日	西北・南鮮版	1928-08-24	2	03단	大鰤の豊漁/城津附近で
157026	朝鮮朝日	西北・南鮮版	1928-08-24	2	03단	鳳山の水稻作柄昨年の七分作
157027	朝鮮朝日	西北・南鮮版	1928-08-24	2	03단	京城卸商視察隊
157028	朝鮮朝日	西北・南鮮版	1928-08-24	2	04단	平壤對外貿易高
157029	朝鮮朝日	西北・南鮮版	1928-08-24	2	04단	浮世草
157030	朝鮮朝日	西北版	1928-08-25	1	01단	神仙爐(廿二)/楚人冠
157031	朝鮮朝日	西北版	1928-08-25	1	01단	咸北炭液化の噂で廢坑同樣の鑛區が賣買談で活氣を呈す 內地の投資を妨げてはと憂慮/事業成功の曉は保留鑛區を讓渡す 總督府の補助計劃/咸北炭での製油朝室が着手か
157032	朝鮮朝日	西北版	1928-08-25	1	01단	京元線の南山安邊間新線が竣工
157033	朝鮮朝日	西北版	1928-08-25	1	01단	淸津水道擴張の起債六日づけ認可
157034	朝鮮朝日	西北版	1928-08-25	1	02단	グチで名高い黃海延平島防波堤築造
157035	朝鮮朝日	西北版	1928-08-25	1	02단	土曜漫筆/市の始まり/善生永助
157036	朝鮮朝日	西北版	1928-08-25	1	03단	北鮮方面に直通郵便車一日から開通
157037	朝鮮朝日	西北版	1928-08-25	1	03단	御大禮の記念章牌造幣局が作製/一般に頒布す
157038	朝鮮朝日	西北版	1928-08-25	1	03단	銀行令の公布明春一月か 倉庫業の兼營は免許によって許さる/貯蓄預金を持つ殖銀の今後が注目の的となる 普通銀は貯蓄預金を扱へぬ
157039	朝鮮朝日	西北版	1928-08-25	1	04단	平南道の緣故林拂下本年度四萬町/咸南の拂下二萬一千町步

일련번호	판명		간행일	면	단수	기사명
157040	朝鮮朝日	西北版	1928-08-25	1	04단	黄海の高齢者
157041	朝鮮朝日	西北版	1928-08-25	1	05단	産みの悩みの運送店の合同/局面が更に展開し今年中に目鼻がつくか
157042	朝鮮朝日	西北版	1928-08-25	1	05단	俳句/鈴木花蓑選
157043	朝鮮朝日	西北版	1928-08-25	1	05단	加藤鮮銀總裁九月三日入鮮
157044	朝鮮朝日	西北版	1928-08-25	1	06단	青年訓練所平壤に開設
157045	朝鮮朝日	西北版	1928-08-25	1	06단	平壤釜のメートル展一週間開催
157046	朝鮮朝日	西北版	1928-08-25	1	07단	水の多い平南も困る近頃の旱魃
157047	朝鮮朝日	西北版	1928-08-25	1	07단	新義州の電氣音響機火見櫓に設置
157048	朝鮮朝日	西北版	1928-08-25	1	07단	DKの奮發こ、一週間
157049	朝鮮朝日	西北版	1928-08-25	1	07단	赤字つゞきの鐵道ホテル依然儲らぬ
157050	朝鮮朝日	西北版	1928-08-25	1	07단	牡丹臺野話
157051	朝鮮朝日	西北版	1928-08-25	1	08단	關釜連絡船に警官を増し御大典に備ふ
157052	朝鮮朝日	西北版	1928-08-25	1	08단	汽車の煤煙で起った火事/六十四戸
157053	朝鮮朝日	西北版	1928-08-25	1	08단	インクライン切斷墜落し二名が卽死
157054	朝鮮朝日	西北版	1928-08-25	1	08단	日本の皇族を王樣に仰ぎたい/ハンガリ人の希望
157055	朝鮮朝日	西北版	1928-08-25	1	08단	空澄み月冴えて朝鮮はよい所だ/金剛山は全く美しい/尾上柴舟氏朝鮮を禮讚
157056	朝鮮朝日	西北版	1928-08-25	1	09단	讀者慰安活寫會
157057	朝鮮朝日	西北版	1928-08-25	1	09단	全鮮野球爭霸戰開始/萬俱橫商に勝つ
157058	朝鮮朝日	西北版	1928-08-25	1	09단	線路內に嬰兒を捨つ/急停車し救助
157059	朝鮮朝日	西北版	1928-08-25	1	10단	朝鮮産品の見本を示し取引問題を當業者と懇談
157060	朝鮮朝日	西北版	1928-08-25	1	10단	平南道廳舍明後年には新築實現か
157061	朝鮮朝日	西北版	1928-08-25	1	10단	會(淸河中將歡迎會)
157062	朝鮮朝日	西北版	1928-08-25	1	10단	人(富永一二氏(平北警察部長)/中野寅吉氏)
157063	朝鮮朝日	西北版	1928-08-25	1	10단	半島茶話
157064	朝鮮朝日	南鮮版	1928-08-25	1	01단	神仙爐(廿二)/楚人冠
157065	朝鮮朝日	南鮮版	1928-08-25	1	01단	咸北炭液化の噂で廢坑同樣の鑛區が賣買談で活氣を呈す/內地の投資を妨げてはと憂慮
157066	朝鮮朝日	南鮮版	1928-08-25	1	01단	補助の問題で目鼻が付かぬ京城の道路綱計劃/內務局と財務局の意見が相違
157067	朝鮮朝日	南鮮版	1928-08-25	1	01단	慶南豫算大緊縮/寄附事業打切
157068	朝鮮朝日	南鮮版	1928-08-25	1	02단	五萬圓の低資を借入/公設質屋營業
157069	朝鮮朝日	南鮮版	1928-08-25	1	02단	土曜漫筆/市の始まり/善生永助
157070	朝鮮朝日	南鮮版	1928-08-25	1	03단	御大禮の記念章牌造幣局が作製/一般に頒布す
157071	朝鮮朝日	南鮮版	1928-08-25	1	03단	銀行令の公布明春一月か 倉庫業の兼營は免許

일련번호	판명		간행일	면	단수	기사명
157071	朝鮮朝日	南鮮版	1928-08-25	1	03단	によって許さる/貯蓄預金を持つ殖銀の今後が注目の的となる 普通銀は貯蓄預金を扱へぬ
157072	朝鮮朝日	南鮮版	1928-08-25	1	04단	慶北道の旱害救濟金六十萬圓支出/永同の旱害 山野赤化す/水の多い平南も困る 近頃の旱魃
157073	朝鮮朝日	南鮮版	1928-08-25	1	05단	靑い鳥の翼は動く(三)/四季とりどりの眺めに飽かぬさりとて更生の途を辿らねばならぬ鎭海
157074	朝鮮朝日	南鮮版	1928-08-25	1	05단	産みの悩みの運送店の合同/局面が更に展開し今年中に目鼻がつくか
157075	朝鮮朝日	南鮮版	1928-08-25	1	06단	各地だより(春川/公州/忠州/永同/全州)
157076	朝鮮朝日	南鮮版	1928-08-25	1	07단	加藤鮮銀總裁九月三日入鮮
157077	朝鮮朝日	南鮮版	1928-08-25	1	07단	佐世保航空隊が飛行機八機で鎭海往復飛行/廿八日から三日間
157078	朝鮮朝日	南鮮版	1928-08-25	1	07단	俳句/鈴木花蓑選
157079	朝鮮朝日	南鮮版	1928-08-25	1	07단	モヒ患者の治療好成績/忠南が實施
157080	朝鮮朝日	南鮮版	1928-08-25	1	08단	新義州の電氣音響機火見櫓に設置
157081	朝鮮朝日	南鮮版	1928-08-25	1	08단	DKの奮發こ、一週間
157082	朝鮮朝日	南鮮版	1928-08-25	1	08단	關釜連絡船に警官を增し御大典に備ふ
157083	朝鮮朝日	南鮮版	1928-08-25	1	08단	赤字つゞきの鐵道ホテル依然儲らぬ
157084	朝鮮朝日	南鮮版	1928-08-25	1	09단	教育界の廓清を慶南が計劃
157085	朝鮮朝日	南鮮版	1928-08-25	1	09단	全鮮野球爭霸戰開始/柳中釜山で試合/全南武道大會
157086	朝鮮朝日	南鮮版	1928-08-25	1	10단	松茸の走り一貫二十圓
157087	朝鮮朝日	南鮮版	1928-08-25	1	10단	付協議員を拘引取調ぶ大邱の怪事件
157088	朝鮮朝日	南鮮版	1928-08-25	1	10단	旱魃の迷信/墓を發いて死體を遺棄
157089	朝鮮朝日	南鮮版	1928-08-25	1	10단	人(富永一二氏(平北警察部長)/中野寅吉氏/玄俊鎬氏(湖南銀行專務)/朴容九氏(全南參與官)/岡崎晢郎氏(全南內務部長)/奈良井多一郎氏(光州法院檢事正)/三宅光治少將(關東軍參謀長)/新田富次郎氏(朝鐵專務)/澤山寅彦氏(釜山實業家)/木村恒夫少將(新山口二十一旅團長)/江橋英太郎大佐(新平壤飛行聯隊長)/美野慶北警察部長)
157090	朝鮮朝日	南鮮版	1928-08-25	1	10단	半島茶話
157091	朝鮮朝日	西北・南鮮版	1928-08-25	2	01단	昨年に比して益金三百萬圓の增加を見積った鐵道局の來年度豫算
157092	朝鮮朝日	西北・南鮮版	1928-08-25	2	01단	群小自動車を拘擁すれば民營自動車認可されん
157093	朝鮮朝日	西北・南鮮版	1928-08-25	2	01단	永同電氣は九月に點燈
157094	朝鮮朝日	西北・南鮮版	1928-08-25	2	01단	旱害による回收不能で金組が焦慮

일련번호	판명		간행일	면	단수	기사명
157095	朝鮮朝日	西北・南鮮版	1928-08-25	2	02단	咸南洪原の陶土は有望/會社を設立か
157096	朝鮮朝日	西北・南鮮版	1928-08-25	2	02단	原料籾が弗々出廻り活氣を呈す
157097	朝鮮朝日	西北・南鮮版	1928-08-25	2	02단	鐵鑛石を吸收すれば平壤は有利
157098	朝鮮朝日	西北・南鮮版	1928-08-25	2	02단	安東氷の檢査を請願/新義州同業が
157099	朝鮮朝日	西北・南鮮版	1928-08-25	2	03단	平壤郵便局市內電話の區域を擴張
157100	朝鮮朝日	西北・南鮮版	1928-08-25	2	03단	安東三劇場合同行惱む
157101	朝鮮朝日	西北・南鮮版	1928-08-25	2	03단	旱害による黃海の減收/三十餘萬石
157102	朝鮮朝日	西北・南鮮版	1928-08-25	2	03단	東拓の米作各地とも減收
157103	朝鮮朝日	西北・南鮮版	1928-08-25	2	03단	珠算講習所二十二日終る
157104	朝鮮朝日	西北・南鮮版	1928-08-25	2	04단	浮世草
157105	朝鮮朝日	西北・南鮮版	1928-08-26	1	01단	神仙爐(廿三)/楚人冠
157106	朝鮮朝日	西北版	1928-08-26	1	01단	普通財源と公債に兩天秤を掛けた二段構への總豫算 公債で大藏省とのだんまり劇/草間局長鮮銀總裁と會見の上東上
157107	朝鮮朝日	西北版	1928-08-26	1	01단	燈台めぐり(4)/浮き世を繫ぐ電波を利用しラヂオに興をやる木德島台の人びと
157108	朝鮮朝日	西北版	1928-08-26	1	02단	社會事業打合會京城で開催
157109	朝鮮朝日	西北版	1928-08-26	1	03단	龍塘浦築港いよいよ着手
157110	朝鮮朝日	西北版	1928-08-26	1	03단	御大典に備へ京都京城間電氣線の準備
157111	朝鮮朝日	西北版	1928-08-26	1	04단	海州新院間朝鐵が測量
157112	朝鮮朝日	西北版	1928-08-26	1	04단	驛員名義で切手を賣る公衆電信所
157113	朝鮮朝日	西北版	1928-08-26	1	04단	短歌/橋田東聲選
157114	朝鮮朝日	西北版	1928-08-26	1	04단	ゴルフリンク平壤に設置
157115	朝鮮朝日	西北版	1928-08-26	1	04단	殖産局の當事者も愈よ本腰となって旱害の救濟に奔走/收穫皆無の田が十五萬町步
157116	朝鮮朝日	西北版	1928-08-26	1	05단	モデル探しに困る鮮內の洋畵家たち/裸體をせがんで朝鮮女に泣かれ折角摑へれば良い人と逃亡同棲
157117	朝鮮朝日	西北版	1928-08-26	1	05단	府營住宅や質屋を計劃/平壤府が
157118	朝鮮朝日	西北版	1928-08-26	1	05단	二百名の警官を平南が增加し警備の充實
157118	朝鮮朝日	西北版	1928-08-26	1	05단	を期す
157119	朝鮮朝日	西北版	1928-08-26	1	06단	赤いお芝居が朝鮮青年間に流行/當局が彈壓の手を加へる
157120	朝鮮朝日	西北版	1928-08-26	1	06단	國境の警備には無くてはならぬ/富永平北警察部長廿四日危篤に陷る
157121	朝鮮朝日	西北版	1928-08-26	1	07단	府營糞屎の汲取遲延で元山が惱む
157122	朝鮮朝日	西北版	1928-08-26	1	07단	惡疫流行を極力豫防御大典に際し(重體に陷った富永一二氏)
157123	朝鮮朝日	西北版	1928-08-26	1	08단	青年會長が突然檢束さる

일련번호	판명		간행일	면	단수	기사명
157124	朝鮮朝日	西北版	1928-08-26	1	08단	一萬町歩の鳳山の水組明年に實現か
157125	朝鮮朝日	西北版	1928-08-26	1	09단	咸興高普の暴行學生に有罪の判決
157126	朝鮮朝日	西北版	1928-08-26	1	09단	私鐵と自動車の競爭が激甚/內務、鐵道、警務の三局が集り統一策を協議する
157127	朝鮮朝日	西北版	1928-08-26	1	09단	鴨江プロペラ船に輕機關銃を搭載/一朝有事の際には江岸警備の任に服す
157128	朝鮮朝日	西北版	1928-08-26	1	09단	亂暴を働いた西鐘面民が控訴を申出
157129	朝鮮朝日	西北版	1928-08-26	1	09단	讀者慰安活寫會
157130	朝鮮朝日	西北版	1928-08-26	1	10단	玩具用の拳銃を携へ平南を荒す
157131	朝鮮朝日	西北版	1928-08-26	1	10단	新義州の大公園計劃/御大典記念に
157132	朝鮮朝日	西北版	1928-08-26	1	10단	全鮮庭球大會
157133	朝鮮朝日	西北版	1928-08-26	1	10단	半島茶話
157134	朝鮮朝日	南鮮版	1928-08-26	1	01단	神仙爐(廿三)/楚人冠
157135	朝鮮朝日	南鮮版	1928-08-26	1	01단	普通財源と公債に兩天秤を掛けた二段構への總豫算 公債で大藏省とのだんまり劇/草間局長鮮銀總裁と會見の上東上
157136	朝鮮朝日	南鮮版	1928-08-26	1	01단	燈台めぐり(4)/浮き世を繋ぐ電波を利用しラヂオに興をやる木德島台の人びと
157137	朝鮮朝日	南鮮版	1928-08-26	1	02단	社會事業打合會京城で開催
157138	朝鮮朝日	南鮮版	1928-08-26	1	03단	慶南警察部大異動/二十四日發表
157139	朝鮮朝日	南鮮版	1928-08-26	1	04단	御大典に備へ京都京城間電氣線の準備
157140	朝鮮朝日	南鮮版	1928-08-26	1	04단	龍中と高女記念館建設/同窓會の手で
157141	朝鮮朝日	南鮮版	1928-08-26	1	04단	殖産局の當事者も愈よ本腰となって旱害の救濟に奔走/收穫皆無の田が十五萬町歩
157142	朝鮮朝日	南鮮版	1928-08-26	1	05단	池上總監が大邱を視察/尙州面民が總監に陳情
157143	朝鮮朝日	南鮮版	1928-08-26	1	05단	短歌/橋田東聲選
157144	朝鮮朝日	南鮮版	1928-08-26	1	06단	モデル探しに困る鮮內の洋畫家たち/裸體をせがんで朝鮮女に泣かれ折角攝へれば
157144	朝鮮朝日	南鮮版	1928-08-26	1	06단	良い人と逃亡同棲
157145	朝鮮朝日	南鮮版	1928-08-26	1	06단	惡疫流行を極力豫防/御大典に際し
157146	朝鮮朝日	南鮮版	1928-08-26	1	06단	私鐵と自動車の競爭が激甚/內務、鐵道、警務の三局が集り統一策を協議する
157146	朝鮮朝日	南鮮版	1928-08-26	1	06단	
157147	朝鮮朝日	南鮮版	1928-08-26	1	07단	大邱府の府營バス年內に運轉/馬山のバス道當局考慮
157148	朝鮮朝日	南鮮版	1928-08-26	1	07단	猩紅熱續發/注射液急造
157149	朝鮮朝日	南鮮版	1928-08-26	1	08단	赤いお芝居が朝鮮靑年間に流行/當局が彈壓の手を加へる

일련번호	판명		간행일	면	단수	기사명
157150	朝鮮朝日	南鮮版	1928-08-26	1	08단	國境の警備には無くてはならぬ富永平北警察部長廿四日危篤に陷る/重體に陷った富永一二氏
157151	朝鮮朝日	南鮮版	1928-08-26	1	09단	大邱上水道斷水の憂ひ節約が必要
157152	朝鮮朝日	南鮮版	1928-08-26	1	10단	各地の旱害(慶南/忠南)
157153	朝鮮朝日	南鮮版	1928-08-26	1	10단	狂犬が暴る
157154	朝鮮朝日	南鮮版	1928-08-26	1	10단	柳中木浦で戰ふ
157155	朝鮮朝日	南鮮版	1928-08-26	1	10단	全鮮庭球大會
157156	朝鮮朝日	南鮮版	1928-08-26	1	10단	全鮮射擊大會
157157	朝鮮朝日	南鮮版	1928-08-26	1	10단	會(曉烏氏講演會)
157158	朝鮮朝日	南鮮版	1928-08-26	1	10단	人(池上政務摠監/依光好秋氏(總督秘書官)/松尾喜一氏(下關運事船舶係主任)/多田吉彌氏(淸津地方法院長)/力武黑左衛門氏(仁川實業家)/時岡昇平氏(朝鮮紡績重役)/棄忠南地方課長/佐伯忠南警察部長)
157159	朝鮮朝日	南鮮版	1928-08-26	1	10단	半島茶話
157160	朝鮮朝日	西北・南鮮版	1928-08-26	2	01단	伸び行く大邱の歩み(一)/家竝が整って內地の都會を見るやうな落ちつきがある/大邱は良い町である
157161	朝鮮朝日	西北・南鮮版	1928-08-26	2	01단	天日製鹽の豊作/二億五千萬斤突破か/倉庫の拂底に惱む
157162	朝鮮朝日	西北・南鮮版	1928-08-26	2	02단	慶南春季の肥料低資/借手が極少
157163	朝鮮朝日	西北・南鮮版	1928-08-26	2	03단	特産品取締規制を設け惡商人を警戒
157164	朝鮮朝日	西北・南鮮版	1928-08-26	2	03단	元山驛の貨物の動き/八月中旬分
157165	朝鮮朝日	西北・南鮮版	1928-08-26	2	04단	關東州には魚群が豊富/南浦漁夫歸る
157166	朝鮮朝日	西北・南鮮版	1928-08-26	2	04단	牛の炭疽病黃海に流行
157167	朝鮮朝日	西北・南鮮版	1928-08-26	2	04단	浮世草
157168	朝鮮朝日	西北版	1928-08-28	1		缺號
157169	朝鮮朝日	南鮮版	1928-08-28	1		缺號
157170	朝鮮朝日	西北・南鮮版	1928-08-28	2		缺號
157171	朝鮮朝日	南鮮版	1928-08-29	1	01단	神仙爐(廿五)/楚人冠
157172	朝鮮朝日	南鮮版	1928-08-29	1	01단	旱害の救濟を政府と打合/慶北視察の總監が驚く/九月末には東上か
157173	朝鮮朝日	南鮮版	1928-08-29	1	01단	新學期から始まる專門校軍事敎練/軍銃三十挺づゝを各校に配給せらる
157174	朝鮮朝日	南鮮版	1928-08-29	1	01단	女學校長會平壤で開催
157175	朝鮮朝日	南鮮版	1928-08-29	1	01단	燈台めぐり(5)/朝鮮で珍らしい椿で埋まる島冬になるとアザラシが妙な聲で驚ろかす
157176	朝鮮朝日	南鮮版	1928-08-29	1	02단	村落金融組合增設の個所十四ヶ所決定

일련번호	판명		간행일	면	단수	기사명
157177	朝鮮朝日	南鮮版	1928-08-29	1	03단	鮮銀の行員續々と入鮮
157178	朝鮮朝日	南鮮版	1928-08-29	1	03단	大邱上水道擴張の計劃/基本調査開始
157179	朝鮮朝日	南鮮版	1928-08-29	1	03단	朝鮮博の設計專門家を聘しその完璧を期する/一般設計は豊島氏に囑託
157180	朝鮮朝日	南鮮版	1928-08-29	1	04단	釜山府の下水道工事/國庫補助を本府も諒解
157181	朝鮮朝日	南鮮版	1928-08-29	1	04단	池上總監が鬱陵島に向ふ
157182	朝鮮朝日	南鮮版	1928-08-29	1	05단	靑い鳥の翼は動く(四)/コスモスの花に咲くローマンス當時海軍士官の人達から禁斷の實とされたお花さん
157183	朝鮮朝日	南鮮版	1928-08-29	1	05단	歐洲行郵便物は朝鮮を經由しシベリヤ鐵道で送達/二週間以上早く届く
157184	朝鮮朝日	南鮮版	1928-08-29	1	05단	滿洲に出動中の朝鮮部隊の歸還九月十日頃の豫定/司令部から正式に發令
157185	朝鮮朝日	南鮮版	1928-08-29	1	05단	木部孃鄕土で飛行
157186	朝鮮朝日	南鮮版	1928-08-29	1	06단	俳句/鈴木花蓑選
157187	朝鮮朝日	南鮮版	1928-08-29	1	06단	朝鐵の總會京城で開催
157188	朝鮮朝日	南鮮版	1928-08-29	1	06단	共同基地の移轉に伴ふ埋葬者の手續
157189	朝鮮朝日	南鮮版	1928-08-29	1	07단	烽火を揚げ雨乞の狂ふ慶北の旱害/忠南保寧の旱害も激甚
157190	朝鮮朝日	南鮮版	1928-08-29	1	07단	京中の奮鬪を活寫を通じファンが熱狂
157191	朝鮮朝日	南鮮版	1928-08-29	1	07단	不景氣の祟り入りが少く活動常設館の困憊フヰルム檢閱料値下を陳情
157192	朝鮮朝日	南鮮版	1928-08-29	1	08단	京城府圖書館暴書のため休館
157193	朝鮮朝日	南鮮版	1928-08-29	1	08단	春川の喜雨農民が蘇る
157194	朝鮮朝日	南鮮版	1928-08-29	1	08단	釜山火葬場全燒す/火葬ができぬ釜山の困惑
157195	朝鮮朝日	南鮮版	1928-08-29	1	09단	村上氏個人展三越樓上で
157196	朝鮮朝日	南鮮版	1928-08-29	1	09단	校舍新築の目鼻つかぬ釜山女高普校
157197	朝鮮朝日	南鮮版	1928-08-29	1	10단	財産分配で口論の果に實弟を蹴殺す
157198	朝鮮朝日	南鮮版	1928-08-29	1	10단	普校生溺死
157199	朝鮮朝日	南鮮版	1928-08-29	1	10단	全鮮野球戰二日目成績
157200	朝鮮朝日	南鮮版	1928-08-29	1	10단	仁川沖の慘殺事件主犯を逮捕
157201	朝鮮朝日	南鮮版	1928-08-29	1	10단	人(西崎鶴太郎氏(鎭南浦實業家)/松田貞治
157201	朝鮮朝日	南鮮版	1928-08-29	1	10단	郎氏(兼二浦三菱製鐵所長)/前田讓氏(鐵道書記官)/小倉武之助(大興電氣社長)/賀田直治氏(東蓄重役)/福原俊丸男/野村治一郎氏(朝郵重役)/樋貝法制局參事官/安江大藏書記官/松本誠氏(專賣局長))
157202	朝鮮朝日	南鮮版	1928-08-29	1	10단	半島茶話
157203	朝鮮朝日	西北・南鮮版	1928-08-29	2	01단	伸び行く大邱の歩み(二)/野球に庭球にス

일련번호	판명		간행일	면	단수	기사명
157203	朝鮮朝日	西北・南鮮版	1928-08-29	2	01단	ポーツを喜び水こそは汚ないがプールまで持つ熱心さ
157204	朝鮮朝日	西北・南鮮版	1928-08-29	2	01단	惠山線鐵道速成に關し委員が上城
157205	朝鮮朝日	西北・南鮮版	1928-08-29	2	01단	八月末の釜山の金融閑散を極む
157206	朝鮮朝日	西北・南鮮版	1928-08-29	2	01단	光城水利に揚水ポンプ二台を据付
157207	朝鮮朝日	西北・南鮮版	1928-08-29	2	02단	雫の聲
157208	朝鮮朝日	西北・南鮮版	1928-08-29	2	03단	平鐵管內小麥の滯貨安値で動かぬ
157209	朝鮮朝日	西北・南鮮版	1928-08-29	2	03단	黑龍江畔金鑛の採掘露國が國營
157210	朝鮮朝日	西北・南鮮版	1928-08-29	2	03단	煙草耕地の擴張に伴ひ工場を增築
157211	朝鮮朝日	西北・南鮮版	1928-08-29	2	03단	馬山のバス當局も諒解
157212	朝鮮朝日	西北・南鮮版	1928-08-29	2	03단	大邱府バス十二月に運轉
157213	朝鮮朝日	西北・南鮮版	1928-08-29	2	04단	煙草の作柄平年作以上
157214	朝鮮朝日	西北・南鮮版	1928-08-29	2	04단	七月末までの外鹽輸入高
157215	朝鮮朝日	西北・南鮮版	1928-08-29	2	04단	局私線連絡貨物の動き
157216	朝鮮朝日	西北・南鮮版	1928-08-29	2	04단	京城手形交換高
157217	朝鮮朝日	西北・南鮮版	1928-08-29	2	04단	浮世草
157218	朝鮮朝日	西北版	1928-08-30	1	01단	神仙爐(廿六)/楚人冠
157219	朝鮮朝日	西北版	1928-08-30	1	01단	干拓事業の補助三割を五割に增額/産米增殖計劃の完成までの增加額は一千萬圓
157220	朝鮮朝日	西北版	1928-08-30	1	01단	燈台めぐり(6)/親在せばこそ戀しの土地よ麻しい絶海の孤島も矢帳り懷しく感ぜらる
157221	朝鮮朝日	西北版	1928-08-30	1	02단	平壤府廳舍新築設計工費五十萬圓
157222	朝鮮朝日	西北版	1928-08-30	1	03단	平壤府の御大典奉祝
157223	朝鮮朝日	西北版	1928-08-30	1	03단	更に爆擊隊を平壤に設置し京城に防空隊を置く/現在の偵察機も新式に變更
157224	朝鮮朝日	西北版	1928-08-30	1	04단	雄基東京間命令航路の寄港地決定
157225	朝鮮朝日	西北版	1928-08-30	1	04단	日本守備隊の內情を調査/支那軍憲が
157226	朝鮮朝日	西北版	1928-08-30	1	04단	平南署長會議
157227	朝鮮朝日	西北版	1928-08-30	1	04단	船員試驗元山で執行
157228	朝鮮朝日	西北版	1928-08-30	1	05단	大阪東京を中斷放送/D局の試み
157229	朝鮮朝日	西北版	1928-08-30	1	05단	內地や滿洲へ移住朝鮮人漸次減少す
157230	朝鮮朝日	西北版	1928-08-30	1	05단	李朝の初めに立派な都計が旣に京城に行
157230	朝鮮朝日	西北版	1928-08-30	1	05단	はれてゐた/府史編纂事業進む
157231	朝鮮朝日	西北版	1928-08-30	1	05단	お茶のあと
157232	朝鮮朝日	西北版	1928-08-30	1	06단	涼み台/平壤一記者/檢閱に來た際に將校の氏名を殘らず覺えて行った江崎新平壤飛行聯隊長
157233	朝鮮朝日	西北版	1928-08-30	1	06단	副業を授け安東在住の朝鮮人を救濟
157234	朝鮮朝日	西北版	1928-08-30	1	06단	監視船を增加し燈台と陸上の連絡回數を

일련번호	판명		간행일	면	단수	기사명
157234	朝鮮朝日	西北版	1928-08-30	1	06단	增加す/燈台員への大福音
157235	朝鮮朝日	西北版	1928-08-30	1	07단	税金滯納四萬餘人に膝詰談判開始
157236	朝鮮朝日	西北版	1928-08-30	1	07단	短歌/橋田東聲選
157237	朝鮮朝日	西北版	1928-08-30	1	07단	郵便所にラヂオ設置/百十ヶ所に
157238	朝鮮朝日	西北版	1928-08-30	1	08단	カフヱーは今後許さぬ/安東署の意向
157239	朝鮮朝日	西北版	1928-08-30	1	08단	街路上での子供の遊戯平壤が取締
157240	朝鮮朝日	西北版	1928-08-30	1	08단	咸興の浸水家屋三千戸に達し二千名に炊出を行ふ北鮮の大水害/平北も豪雨 交通に故障
157241	朝鮮朝日	西北版	1928-08-30	1	08단	關釜連絡船の二等寢台の豫約/內鮮滿連絡會議に鐵道局から提出
157242	朝鮮朝日	西北版	1928-08-30	1	09단	滿浦鎭郵局新築移轉す
157243	朝鮮朝日	西北版	1928-08-30	1	09단	安東の高齢者八十歳以上四人
157244	朝鮮朝日	西北版	1928-08-30	1	09단	富永氏葬儀盛儀を極む
157245	朝鮮朝日	西北版	1928-08-30	1	10단	安東靑訓所入所生が漸減
157246	朝鮮朝日	西北版	1928-08-30	1	10단	美しい優勝楯女子庭球の勝者に寄贈
157247	朝鮮朝日	西北版	1928-08-30	1	10단	北鮮庭球大會
157248	朝鮮朝日	西北版	1928-08-30	1	10단	半島茶話
157249	朝鮮朝日	西北版	1928-08-30	1	10단	牡丹台野話
157250	朝鮮朝日	南鮮版	1928-08-30	1	01단	神仙爐(廿六)/楚人冠
157251	朝鮮朝日	南鮮版	1928-08-30	1	01단	干拓事業の補助三割を五割に增額/産米增殖計劃の完成までの增加額は一千萬圓
157252	朝鮮朝日	南鮮版	1928-08-30	1	01단	燈台めぐり(6)/親在せばこそ戀しの土地よ 寂しい絶海の孤島も矢帳り懷しく感ぜらる
157253	朝鮮朝日	南鮮版	1928-08-30	1	02단	警察署長會議
157254	朝鮮朝日	南鮮版	1928-08-30	1	03단	池上總監釜山通過歸城
157255	朝鮮朝日	南鮮版	1928-08-30	1	03단	雄基東京間命令航路の寄港地決定
157256	朝鮮朝日	南鮮版	1928-08-30	1	03단	京城の府民も漸く訓練され交通整理がうまく行く
157257	朝鮮朝日	南鮮版	1928-08-30	1	04단	大阪東京を中繼放送/D局の試み
157258	朝鮮朝日	南鮮版	1928-08-30	1	04단	短歌/橋田東聲選
157259	朝鮮朝日	南鮮版	1928-08-30	1	04단	大田だより
157260	朝鮮朝日	南鮮版	1928-08-30	1	05단	忠北新道議員
157261	朝鮮朝日	南鮮版	1928-08-30	1	05단	慶南の警官大異動發表
157262	朝鮮朝日	南鮮版	1928-08-30	1	05단	船員試驗元山で執行
157263	朝鮮朝日	南鮮版	1928-08-30	1	05단	李朝の初めに立派な都計が既に京城に行はれてゐた/府史編纂事業進む
157264	朝鮮朝日	南鮮版	1928-08-30	1	05단	お茶のあと
157265	朝鮮朝日	南鮮版	1928-08-30	1	06단	青い鳥の翼は動く(五)/霞むが常の春の夜を傳馬船に潜んで嬉しき人の手をとって

일련번호	판명		간행일	면	단수	기사명
157265	朝鮮朝日	南鮮版	1928-08-30	1	06단	鎭海を逃げたお花さん
157266	朝鮮朝日	南鮮版	1928-08-30	1	06단	不良飮料水多數を廢棄
157267	朝鮮朝日	南鮮版	1928-08-30	1	06단	全北の養蠶掃立が多い
157268	朝鮮朝日	南鮮版	1928-08-30	1	06단	監視船を增加し燈台と陸上の連絡回數を增加す/燈台員への大福音
157269	朝鮮朝日	南鮮版	1928-08-30	1	06단	咸興の浸水家屋三千戶に達し二千名に炊出を行ふ北鮮の大水害
157270	朝鮮朝日	南鮮版	1928-08-30	1	07단	三十三萬圓で水利工事/旱害民を使役
157271	朝鮮朝日	南鮮版	1928-08-30	1	08단	地主が集り旱害救濟の對策を考究
157272	朝鮮朝日	南鮮版	1928-08-30	1	08단	淸州の慈雨愁眉を開く
157273	朝鮮朝日	南鮮版	1928-08-30	1	08단	生活難で夫婦喧譁の揚句に縊死
157274	朝鮮朝日	南鮮版	1928-08-30	1	08단	全南道が濁酒製造の統一を企圖
157275	朝鮮朝日	南鮮版	1928-08-30	1	09단	大邱府廳員刑務所に收容
157276	朝鮮朝日	南鮮版	1928-08-30	1	09단	小切手帳を盜み出して騙り損なふ
157277	朝鮮朝日	南鮮版	1928-08-30	1	09단	關釜連絡船の二等寢台の豫約/內鮮滿連絡會議に鐵道局から提出
157278	朝鮮朝日	南鮮版	1928-08-30	1	10단	富永氏葬儀盛儀を極む
157279	朝鮮朝日	南鮮版	1928-08-30	1	10단	會(標本製作講習會)
157280	朝鮮朝日	南鮮版	1928-08-30	1	10단	人(李鍝公殿下/曉鳥敏氏/福士末之助氏(本府學務課長)/山梨總督夫人)
157281	朝鮮朝日	南鮮版	1928-08-30	1	10단	半島茶話
157282	朝鮮朝日	西北・南鮮版	1928-08-30	2	01단	南鮮の物資を釜山に吸收する自動車會社の計劃 釜山有志が協議す/山口縣では蕎麥の種子取締が出來ぬ
157283	朝鮮朝日	西北・南鮮版	1928-08-30	2	01단	代用作も出來ぬ 慶南の旱害/四萬人の救濟が必要 慶北安東の旱害/棉作の被害相當大きい
157284	朝鮮朝日	西北・南鮮版	1928-08-30	2	02단	京都市の御大典博に仁川の出品
157285	朝鮮朝日	西北・南鮮版	1928-08-30	2	02단	海苔業者の筬樹込みを當局が指導
157286	朝鮮朝日	西北・南鮮版	1928-08-30	2	02단	雫の聲
157287	朝鮮朝日	西北・南鮮版	1928-08-30	2	02단	水産懇談會巨濟島で開會
157288	朝鮮朝日	西北・南鮮版	1928-08-30	2	03단	平北の稻作昨年より增收
157289	朝鮮朝日	西北・南鮮版	1928-08-30	2	03단	間島の作柄悉くが不良
157290	朝鮮朝日	西北・南鮮版	1928-08-30	2	03단	元山北鮮視察團
157291	朝鮮朝日	西北・南鮮版	1928-08-30	2	04단	慶南造林計劃
157292	朝鮮朝日	西北・南鮮版	1928-08-30	2	04단	勤農共濟組合
157293	朝鮮朝日	西北・南鮮版	1928-08-30	2	04단	浮世草
157294	朝鮮朝日	西北版	1928-08-31	1	01단	神仙爐(廿七)/楚人冠
157295	朝鮮朝日	西北版	1928-08-31	1	01단	金融調査會決定の新銀行令の內容 兼業は殆ど認めず資本金は二百萬圓を原則/海外

일련번호	판명		간행일	면	단수	기사명
157295	朝鮮朝日	西北版	1928-08-31	1	01단	協會が朝鮮に進出 開墾に從事すべく幹部が北鮮を視察
157296	朝鮮朝日	西北版	1928-08-31	1	01단	燈台めぐり(完)/瞬く燈台の光は貴重な汗の結晶不眠不休で焦らだつ神經に怒鳴られる家族の辛さ仇やおろそかにな思ひそ
157297	朝鮮朝日	西北版	1928-08-31	1	02단	飛行學校設立の計劃
157298	朝鮮朝日	西北版	1928-08-31	1	03단	先帝陛下御眞影奉還內務で取纏め
157299	朝鮮朝日	西北版	1928-08-31	1	03단	女學校長會日程が決定
157300	朝鮮朝日	西北版	1928-08-31	1	03단	元山里の郵便配達は本局で取扱ふ
157301	朝鮮朝日	西北版	1928-08-31	1	04단	全鮮警察官射擊大會
157302	朝鮮朝日	西北版	1928-08-31	1	04단	靑年訓練所南浦の計劃
157303	朝鮮朝日	西北版	1928-08-31	1	04단	關東大震災/安東の追悼會
157304	朝鮮朝日	西北版	1928-08-31	1	04단	朝鮮の人たちも國有財産管理を切に希望してゐる/除外例は設けねばならぬ
157305	朝鮮朝日	西北版	1928-08-31	1	04단	九月の一日から子供の時を設け童謠や童話劇を放送/全鮮の學校が受信機を設置
157306	朝鮮朝日	西北版	1928-08-31	1	05단	甛菜褐斑病の豫防
157307	朝鮮朝日	西北版	1928-08-31	1	06단	朝日活寫會/新義州の盛況
157308	朝鮮朝日	西北版	1928-08-31	1	06단	品質も收穫も相當の效果を齎した今回の豪雨 慶南北に少いのが遺憾/京畿道では地租を減免 旱害地に對し
157309	朝鮮朝日	西北版	1928-08-31	1	06단	なほ降歇まぬ空を眺めて咸興市民は戰々恟々 北鮮の豪雨歇まず/鴨江の增水 家屋が流失
157310	朝鮮朝日	西北版	1928-08-31	1	07단	平南が計劃中の女のお巡りさん/十分調査研究を遂げて來年度部長會議に提案
157311	朝鮮朝日	西北版	1928-08-31	1	07단	強盜逮捕の功勞者表彰
157312	朝鮮朝日	西北版	1928-08-31	1	07단	詩/北原白秋選
157313	朝鮮朝日	西北版	1928-08-31	1	08단	大阪大連間の連絡飛機に同乘/遞信局の佐藤中佐が航空標識の可否を視察
157314	朝鮮朝日	西北版	1928-08-31	1	08단	人蔘種子の密輸を圖る/開城朝鮮人が
157315	朝鮮朝日	西北版	1928-08-31	1	08단	牡丹台野話
157316	朝鮮朝日	西北版	1928-08-31	1	09단	質屋荒しは京城に護送
157317	朝鮮朝日	西北版	1928-08-31	1	09단	雜誌大雄基發行
157318	朝鮮朝日	西北版	1928-08-31	1	09단	旅館協會の朝鮮總會を釜山で開催
157319	朝鮮朝日	西北版	1928-08-31	1	09단	北川女子庭球大會
157320	朝鮮朝日	西北版	1928-08-31	1	10단	日韓併合記念の催し平穩に終る
157321	朝鮮朝日	西北版	1928-08-31	1	10단	安東縣の魚菜市場は來年に新築
157322	朝鮮朝日	西北版	1928-08-31	1	10단	平壤の競馬
157323	朝鮮朝日	西北版	1928-08-31	1	10단	人(咸北金內務部長/中村光吉氏(殖産銀行

일련번호	판명		간행일	면	단수	기사명
157323	朝鮮朝日	西北版	1928-08-31	1	10단	前理事))
157324	朝鮮朝日	西北版	1928-08-31	1	10단	半島茶話
157325	朝鮮朝日	南鮮版	1928-08-31	1	01단	神仙爐(廿七)/楚人冠
157326	朝鮮朝日	南鮮版	1928-08-31	1	01단	金融調査會決定の新銀行令の內容 兼業は殆ど認めず資本金は二百萬圓を原則/海外協會が朝鮮に進出 開墾に從事すべく幹部が北鮮を視察
157327	朝鮮朝日	南鮮版	1928-08-31	1	01단	燈台めぐり(完)/瞬く燈台の光は貴重な汗の結晶不眠不休で焦らだつ神經に怒鳴られる家族の辛さ仇やおろそかにな思ひそ
157328	朝鮮朝日	南鮮版	1928-08-31	1	02단	飛行學校設立の計劃
157329	朝鮮朝日	南鮮版	1928-08-31	1	03단	統營福岡間定期航路の運動が起る
157330	朝鮮朝日	南鮮版	1928-08-31	1	03단	詩/北原白秋選
157331	朝鮮朝日	南鮮版	1928-08-31	1	04단	慶南三千浦の棧橋築造は近く竣功す
157332	朝鮮朝日	南鮮版	1928-08-31	1	04단	大邱府營バス收支表採算が立つ
157333	朝鮮朝日	南鮮版	1928-08-31	1	04단	出來るだけ救濟の實をあげたい/南鮮視察を終へた池上總監釜山で語る
157334	朝鮮朝日	南鮮版	1928-08-31	1	04단	朝鮮の人たちも國有財産管理を切に希望してゐる/除外例は設けねばならぬ
157335	朝鮮朝日	南鮮版	1928-08-31	1	05단	靑い鳥の翼は動く(完)/道廳は去ったが素晴しき發達の步みを續ける晉州府民の懸命の努力は心强い
157336	朝鮮朝日	南鮮版	1928-08-31	1	06단	慶東線の速力が增す/國營になり
157337	朝鮮朝日	南鮮版	1928-08-31	1	06단	七十隻の艨艟近く鎭海に入港/官民擧って歡迎の準備/對抗競技をも行ふ(釜山鎭海間に臨時列車を淀泊中運轉)
157338	朝鮮朝日	南鮮版	1928-08-31	1	06단	九月の一日から子供の時を設け童謠や童話劇を放送/全鮮の學校が受信機を設置
157339	朝鮮朝日	南鮮版	1928-08-31	1	06단	朝鮮神宮競技京城の豫選會九月十六日に擧行/申込は九月十日まで
157340	朝鮮朝日	南鮮版	1928-08-31	1	07단	大邱南門市場移動と聞き營業者が反對
157341	朝鮮朝日	南鮮版	1928-08-31	1	08단	敎員試驗春川で執行
157342	朝鮮朝日	南鮮版	1928-08-31	1	08단	旅館協會の朝鮮總會を釜山で開催
157343	朝鮮朝日	南鮮版	1928-08-31	1	08단	日韓併合記念の催し平穩に終る
157344	朝鮮朝日	南鮮版	1928-08-31	1	08단	京城の傳染病四月以降で二千七十名
157345	朝鮮朝日	南鮮版	1928-08-31	1	09단	品質も收穫も相當の效果を齎した今回の豪雨/慶南北に少いのが遺憾
157346	朝鮮朝日	南鮮版	1928-08-31	1	09단	人蔘種子の密輸を圖る/開城朝鮮人が
157347	朝鮮朝日	南鮮版	1928-08-31	1	10단	春川の豪雨
157348	朝鮮朝日	南鮮版	1928-08-31	1	10단	米盜びと遂に捕はる

일련번호	판명		간행일	면	단수	기사명
157349	朝鮮朝日	南鮮版	1928-08-31	1	10단	人(山梨總督夫人/白井季吉氏(門鐵局貨物掛長)/野並龜治氏(專賣局長)/加藤常美氏/森田正義代議士/小西江原道內務部長/石本芳文氏/咸北金內務部長/中村光吉氏(殖産銀行前理事))
157350	朝鮮朝日	南鮮版	1928-08-31	1	10단	半島茶話
157351	朝鮮朝日	西北・南鮮版	1928-08-31	2	01단	伸び行く大邱の歩み(三)/行人の目を惹く建物の多くは
157352	朝鮮朝日	西北・南鮮版	1928-08-31	2	01단	大抵學校だと言ふ教育の街である大邱府
157352	朝鮮朝日	西北・南鮮版	1928-08-31	2	01단	米價の昻騰で資金の需要が弗々起って來て金融界が活氣づく
157353	朝鮮朝日	西北・南鮮版	1928-08-31	2	01단	旱害地が著しく養鼈熱が擡頭す年五十圓を得るはさほどの困難がない有樣
157354	朝鮮朝日	西北・南鮮版	1928-08-31	2	02단	自動車の新規營業は今後許さぬ
157355	朝鮮朝日	西北・南鮮版	1928-08-31	2	03단	五十錢以上の入場料では入りがない活動常設館
157356	朝鮮朝日	西北・南鮮版	1928-08-31	2	04단	平南の稻作/平年作は確か
157357	朝鮮朝日	西北・南鮮版	1928-08-31	2	04단	慶南の稻作/二萬石減收か
157358	朝鮮朝日	西北・南鮮版	1928-08-31	2	04단	安東商議總會
157359	朝鮮朝日	西北・南鮮版	1928-08-31	2	04단	浮世草

1928년 9월 (조선아사히)

일련번호	판명		간행일	면	단수	기사명
157360	朝鮮朝日	西北版	1928-09-01	1	01단	神仙爐(廿八)/楚人冠
157361	朝鮮朝日	西北版	1928-09-01	1	01단	流込む山東苦力と朝鮮人との經濟戰/南滿で相當激甚か/土地所有權のないのが不安
157362	朝鮮朝日	西北版	1928-09-01	1	01단	北鮮寶庫の鍵/咸鏡線遂に全通す
157363	朝鮮朝日	西北版	1928-09-01	1	02단	理事官異動
157364	朝鮮朝日	西北版	1928-09-01	1	03단	滿洲派遣部隊歸還日六七の兩日
157365	朝鮮朝日	西北版	1928-09-01	1	04단	富永氏陞敍
157366	朝鮮朝日	西北版	1928-09-01	1	04단	豪雨漸く霽れたが通信は依然杜絶し水害の詳細判明せず復舊案の樹てやうが無い 損害一千萬圓を超ゆか/屋根の天ぺんが僅に水面に出る 浸水家屋の悲慘/十五の死體と牛十頭が鴨江に流る 上流方面の水害激甚/豪雨の被害三十萬圓以上/咸興淸津間電信と電話假修理完成/咸興京城間は列車辛うじて開通 以北は復舊の見込立たぬ
157367	朝鮮朝日	西北版	1928-09-01	1	04단	俳句/鈴木花蓑選
157368	朝鮮朝日	西北版	1928-09-01	1	05단	富永一二氏葬儀
157369	朝鮮朝日	西北版	1928-09-01	1	05단	咸鏡線直通列車主要驛の發着時間
157370	朝鮮朝日	西北版	1928-09-01	1	06단	衛生課長會議
157371	朝鮮朝日	西北版	1928-09-01	1	06단	百七十束の見事な花を患者に贈る
157372	朝鮮朝日	西北版	1928-09-01	1	06단	落穗集/下村海南
157373	朝鮮朝日	西北版	1928-09-01	1	07단	土曜漫筆/池田氏を送る/大朝支局廣瀬生
157374	朝鮮朝日	西北版	1928-09-01	1	07단	鮮航會から朝郵が脱退？自由を束縛されて非常な不利な地位にある
157375	朝鮮朝日	西北版	1928-09-01	1	09단	獻上の成歡眞瓜兩陛下共御賞味/皇太后陛下には畏こくも先帝陛下の御靈前にお供へ
157376	朝鮮朝日	西北版	1928-09-01	1	09단	朝鮮人勞働者が兇器を翳して二派に分れ大亂鬪/大阪府下岸和田の珍事
157377	朝鮮朝日	西北版	1928-09-01	1	09단	倂合記念日に囚人が絶食/新義州刑務所
157378	朝鮮朝日	西北版	1928-09-01	1	10단	新米を奉納/朝鮮神宮に
157379	朝鮮朝日	西北版	1928-09-01	1	10단	半島茶話
157380	朝鮮朝日	南鮮版	1928-09-01	1	01단	神仙爐(廿八)/楚人冠
157381	朝鮮朝日	南鮮版	1928-09-01	1	01단	流込む山東苦力と朝鮮人との經濟戰/南滿で相當激甚か/土地所有權のないのが不安
157382	朝鮮朝日	南鮮版	1928-09-01	1	01단	北鮮寶庫の鍵/咸鏡線遂に全通す
157383	朝鮮朝日	南鮮版	1928-09-01	1	02단	理事官異動
157384	朝鮮朝日	南鮮版	1928-09-01	1	03단	滿洲派遣部隊歸還日六七の兩日
157385	朝鮮朝日	南鮮版	1928-09-01	1	04단	富永氏陞敍
157386	朝鮮朝日	南鮮版	1928-09-01	1	04단	豪雨漸く霽れたが通信は依然杜絶し水害

일련번호	판명		간행일	면	단수	기사명
157386	朝鮮朝日	南鮮版	1928-09-01	1	04단	の詳細判明せず復舊案の樹てやうが無い/損害一千萬圓を超ゆか/咸興京城間は列車辛うじて開通 以北は復舊の見込立たぬ
157387	朝鮮朝日	南鮮版	1928-09-01	1	04단	俳句/鈴木花養選
157388	朝鮮朝日	南鮮版	1928-09-01	1	05단	待ち草臥れた瓦電の買收九月下旬に交渉開始/雙方持寄る價額の相違が問題
157389	朝鮮朝日	南鮮版	1928-09-01	1	05단	落穗集/下村海南
157390	朝鮮朝日	南鮮版	1928-09-01	1	05단	咸鏡線直通列車主要驛の發着時間
157391	朝鮮朝日	南鮮版	1928-09-01	1	07단	土曜漫筆/池田氏を送る/大朝支局廣瀬生
157392	朝鮮朝日	南鮮版	1928-09-01	1	07단	京電同樣の料金の引下/有志が要望
157393	朝鮮朝日	南鮮版	1928-09-01	1	07단	鮮航會から朝郵が脱退？自由を束縛されて非常な不利な地位にある
157394	朝鮮朝日	南鮮版	1928-09-01	1	07단	獻上の成歡眞瓜兩陛下共御賞味/皇太后陛下には畏こくも先帝陛下の御靈前にお供へ
157395	朝鮮朝日	南鮮版	1928-09-01	1	08단	三十萬石の減收で喰止/全北の旱害
157396	朝鮮朝日	南鮮版	1928-09-01	1	08단	關釜の時化/連絡船遲る
157397	朝鮮朝日	南鮮版	1928-09-01	1	08단	衛生課長會議
157398	朝鮮朝日	南鮮版	1928-09-01	1	09단	新米を奉納/朝鮮神宮に
157399	朝鮮朝日	南鮮版	1928-09-01	1	09단	五千五百屯級の優秀船を建造/鐵道省の關釜連絡意向/現況を見た上で計劃
157400	朝鮮朝日	南鮮版	1928-09-01	1	09단	朝鮮人勞働者が兇器を翳して二派に分れ大亂闘/大阪府下岸和田の珍事
157401	朝鮮朝日	南鮮版	1928-09-01	1	10단	震災記念日に酒無しデー/釜山基督教徒が
157402	朝鮮朝日	南鮮版	1928-09-01	1	10단	釜山の暑さ/盛り返へす
157403	朝鮮朝日	南鮮版	1928-09-01	1	10단	慶大劍道部入鮮
157404	朝鮮朝日	南鮮版	1928-09-01	1	10단	人(加藤鮮銀總裁/松原純一氏(鮮銀理事)/森島守人氏(新任奉天領事)/宮本吉太郎氏(三井物産所屬船長)/鳥山喜一氏(城大教授)/圓中友太郎氏(海事課釜山出張所長)/古川國治氏(釜山運輸事務所長)/湯村忠北內務部長)
157405	朝鮮朝日	南鮮版	1928-09-02	1	10단	半島茶話
157406	朝鮮朝日	南鮮版	1928-09-02	1	01단	神仙爐(廿九)/楚人冠
157407	朝鮮朝日	南鮮版	1928-09-02	1	01단	一日からいよいよ移動警察を實施 人數や配置は極秘 京畿道が主となって活動/御大典に備へ釜山の大警戒 連絡船の乘務員を增し移動警察にも努力
157408	朝鮮朝日	南鮮版	1928-09-02	1	01단	殖銀と姊妹の貯蓄銀行設立か/たゞ社長が誰かゞ見もの/何處から天降るか
157409	朝鮮朝日	南鮮版	1928-09-02	1	03단	學務課長異動
157410	朝鮮朝日	南鮮版	1928-09-02	1	03단	釜山府理事官/村上氏任命

일련번호	판명		간행일	면	단수	기사명
157411	朝鮮朝日	南鮮版	1928-09-02	1	03단	海軍用水を灌漑用水に分讓方懇願
157412	朝鮮朝日	南鮮版	1928-09-02	1	03단	神谷新財務部長
157413	朝鮮朝日	南鮮版	1928-09-02	1	04단	鎭海飛行は一先づ打切
157414	朝鮮朝日	南鮮版	1928-09-02	1	04단	宣敎師大會京城で開催
157415	朝鮮朝日	南鮮版	1928-09-02	1	04단	朝郵の總會
157416	朝鮮朝日	南鮮版	1928-09-02	1	04단	上水道を擴張して水電事業を起し疏水まで市内に通ずる/大邱府の大計劃
157417	朝鮮朝日	南鮮版	1928-09-02	1	04단	電氣事業工事に土地收用令が今後適用できるやう電氣事業令の制定
157418	朝鮮朝日	南鮮版	1928-09-02	1	05단	全鮮警察官射擊大會
157419	朝鮮朝日	南鮮版	1928-09-02	1	05단	短歌/橋田東聲選
157420	朝鮮朝日	南鮮版	1928-09-02	1	05단	お茶のあと
157421	朝鮮朝日	南鮮版	1928-09-02	1	06단	新連絡船は夜航に使用/乘客一千七百名を收容/釜山の棧橋は改築
157422	朝鮮朝日	南鮮版	1928-09-02	1	06단	一報至る毎に道當局の心配/洪原の浸水家屋二千戸死者三十名を出す
157423	朝鮮朝日	南鮮版	1928-09-02	1	06단	落穗集/下村海南
157424	朝鮮朝日	南鮮版	1928-09-02	1	06단	下士官兵に眼鏡を許可/ロイドは不可
157425	朝鮮朝日	南鮮版	1928-09-02	1	06단	小康を得た大邱の水道
157426	朝鮮朝日	南鮮版	1928-09-02	1	06단	兵馬に塗れた百濟の文化を偲ぶべき博物館を扶餘に建設の計劃
157427	朝鮮朝日	南鮮版	1928-09-02	1	07단	モヒ密輸團大邱で檢擧
157428	朝鮮朝日	南鮮版	1928-09-02	1	07단	釜山の小火
157429	朝鮮朝日	南鮮版	1928-09-02	1	08단	原始日本語といふ風變りな研究/獨英語に飜譯して歐洲學界の意見を問ふ
157430	朝鮮朝日	南鮮版	1928-09-02	1	08단	小鹿島の癩病院收容力を增し四道の患者を移す
157431	朝鮮朝日	南鮮版	1928-09-02	1	08단	繼續的に行はれた人蔘種子の密輸罰金十萬圓に上る/芋蔓式に檢擧さる
157432	朝鮮朝日	南鮮版	1928-09-02	1	09단	平南庭球コート
157433	朝鮮朝日	南鮮版	1928-09-02	1	09단	日本選手歸る
157434	朝鮮朝日	南鮮版	1928-09-02	1	09단	獻穀米の成育は順調/十八日刈取式
157435	朝鮮朝日	南鮮版	1928-09-02	1	09단	讀者慰安活寫會
157436	朝鮮朝日	南鮮版	1928-09-02	1	10단	咸北の大豪雨/輸城江氾濫す
157437	朝鮮朝日	南鮮版	1928-09-02	1	10단	三人强盜悉く捕はる
157438	朝鮮朝日	南鮮版	1928-09-02	1	10단	人(松原純一氏(鮮銀理事)/池田長康男/森澤德太郎氏(鐵道省船舶課長)/長谷川良磨氏(同上技師))
157439	朝鮮朝日	南鮮版	1928-09-02	1	10단	半島茶話

일련번호	판명		간행일	면	단수	기사명
157440	朝鮮朝日	西北・南鮮版	1928-09-02	2	01단	釜山商議が動力料金の値下を要望
157441	朝鮮朝日	西北・南鮮版	1928-09-02	2	01단	二百十日も釜山は平靜
157442	朝鮮朝日	西北・南鮮版	1928-09-02	2	01단	蟾津江の海苔漁場が增水で危險
157443	朝鮮朝日	西北・南鮮版	1928-09-02	2	01단	雫の聲
157444	朝鮮朝日	西北・南鮮版	1928-09-02	2	02단	旱害激しき鄕校財産の地稅を免除
157445	朝鮮朝日	西北・南鮮版	1928-09-02	2	02단	南鮮六道畜産共進會開會の打合
157446	朝鮮朝日	西北・南鮮版	1928-09-02	2	02단	手形割引の變更で協議
157447	朝鮮朝日	西北・南鮮版	1928-09-02	2	02단	平壤郵便局一ヶ年取扱高
157448	朝鮮朝日	西北・南鮮版	1928-09-02	2	02단	傳染病がまたも擡頭/京城府內に
157449	朝鮮朝日	西北・南鮮版	1928-09-02	2	03단	平北の春繭作年より減少
157450	朝鮮朝日	西北・南鮮版	1928-09-02	2	03단	肺ヂストマ根絶の計劃/ザリ蟹を採取
157451	朝鮮朝日	西北・南鮮版	1928-09-02	2	03단	車輪入替の競技優勝者
157452	朝鮮朝日	西北・南鮮版	1928-09-02	2	03단	釜山店員慰安會
157453	朝鮮朝日	西北・南鮮版	1928-09-02	2	03단	新刊紹介(『極東時報』『實業時論』)
157454	朝鮮朝日	西北・南鮮版	1928-09-02	2	04단	浮世草
157455	朝鮮朝日	西北版	1928-09-04	1	01단	通信の復舊と共に判明する慘害の跡 流失家屋八百餘戶に達し死者五百人を超ゆ/五日頃までに列車は復舊か 目下徹宵で修理中/道路橋梁の破損 算なきまでに夥しく鐵道線路の被害も多い/食料の急送に努む/橋梁は悉く全滅の有樣/水の缺乏で淸津が惱む/客車五輛が脫線す/淸津退潮間三日復舊す
157456	朝鮮朝日	西北版	1928-09-04	1	01단	神仙爐(三十)/楚人冠
157457	朝鮮朝日	西北版	1928-09-04	1	04단	落穗集/下村海南
157458	朝鮮朝日	西北版	1928-09-04	1	04단	關東、朝鮮兩司令官が交驩の電報
157459	朝鮮朝日	西北版	1928-09-04	1	05단	鮮支人の爭鬪で徐領事が來壤/民族的爭鬪であると憂ひ警務當局と會見す
157460	朝鮮朝日	西北版	1928-09-04	1	05단	朝鮮に適應した金融を行ふ/銀行合同に無理はいけぬ/加藤鮮銀總裁語る
157461	朝鮮朝日	西北版	1928-09-04	1	05단	爆擊隊平南に新設
157462	朝鮮朝日	西北版	1928-09-04	1	05단	獻穀粟成育/極めて良好
157463	朝鮮朝日	西北版	1928-09-04	1	06단	初等學校長會議
157464	朝鮮朝日	西北版	1928-09-04	1	06단	御大典煙草一日から製造
157465	朝鮮朝日	西北版	1928-09-04	1	06단	朝鮮事情協會役員が決定/頗る大がゝり
157466	朝鮮朝日	西北版	1928-09-04	1	06단	女死體行李詰犯人若松署に自首/吉田磯吉氏を賴り懇々と逃れられぬを諭され
157467	朝鮮朝日	西北版	1928-09-04	1	07단	景山新財務部長
157468	朝鮮朝日	西北版	1928-09-04	1	07단	府營バス/平壤が計劃
157469	朝鮮朝日	西北版	1928-09-04	1	07단	書畵展覽會龍井で開催

일련번호	판명		간행일	면	단수	기사명
157470	朝鮮朝日	西北版	1928-09-04	1	07단	沙里院が景巖山上に樓閣を建設
157471	朝鮮朝日	西北版	1928-09-04	1	07단	指紋の藥品外國製を採用
157472	朝鮮朝日	西北版	1928-09-04	1	07단	平南度量衡檢査
157473	朝鮮朝日	西北版	1928-09-04	1	07단	震災當日は握飯デーや禁酒の宣傳
157474	朝鮮朝日	西北版	1928-09-04	1	08단	生牛を屠る/雨乞の迷信
157475	朝鮮朝日	西北版	1928-09-04	1	08단	中江鎭對岸で七十の馬賊支那側が逮捕
157476	朝鮮朝日	西北版	1928-09-04	1	08단	高瀬舟四艘行方が不名
157477	朝鮮朝日	西北版	1928-09-04	1	08단	牡丹台野話
157478	朝鮮朝日	西北版	1928-09-04	1	09단	讀者慰安活寫會
157479	朝鮮朝日	西北版	1928-09-04	1	09단	ヒステリーの妻の狂態に世間を愧ぢての兇行
157480	朝鮮朝日	西北版	1928-09-04	1	09단	平南の落雷/三名が重傷
157481	朝鮮朝日	西北版	1928-09-04	1	09단	運動界(京電優勝慶熙遂に敗る/準決勝の成績/日佛競技朝鮮代表のベストレコード/龍鐵大連に遠征/黃海道野球大會/黃海庭球豫選/沙里院武道會/平壤獵友射擊會)
157482	朝鮮朝日	西北版	1928-09-04	1	10단	人(加藤鮮銀總裁)
157483	朝鮮朝日	西北版	1928-09-04	1	10단	半島茶話
157484	朝鮮朝日	南鮮版	1928-09-04	1	01단	通信の復舊と共に判明する慘害の跡　流失家屋八百餘戶に達し死者五百人を超ゆ/五日頃までに列車は復舊か　目下徹宵で修理中
157485	朝鮮朝日	南鮮版	1928-09-04	1	01단	會見したら案外談笑の裡に片づくかも知れぬ/香椎氏瓦電府營を語る
157486	朝鮮朝日	南鮮版	1928-09-04	1	01단	神仙爐(三十)/楚人冠
157487	朝鮮朝日	南鮮版	1928-09-04	1	03단	食料の急送に努む/淸津退潮間三日復舊す
157488	朝鮮朝日	南鮮版	1928-09-04	1	04단	關東、朝鮮司兩令官が交驩の電報
157489	朝鮮朝日	南鮮版	1928-09-04	1	04단	落穗集/下村海南
157490	朝鮮朝日	南鮮版	1928-09-04	1	04단	朝鮮事情協會役員が決定/頗る大がゝり
157491	朝鮮朝日	南鮮版	1928-09-04	1	05단	御大典煙草一日から製造
157492	朝鮮朝日	南鮮版	1928-09-04	1	05단	朝鮮に適應した金融を行ふ/銀行合同に無理はいけぬ/加藤鮮銀總裁語る
157493	朝鮮朝日	南鮮版	1928-09-04	1	05단	全北道が旱害救濟の補助を申請/忠南三郡の旱害減收は六十萬圓餘
157494	朝鮮朝日	南鮮版	1928-09-04	1	06단	御大典當時關釜連絡船五隻を運航
157495	朝鮮朝日	南鮮版	1928-09-04	1	06단	沙上驛十日に開始
157496	朝鮮朝日	南鮮版	1928-09-04	1	06단	兩派に別れた取引所の運動/株式派は軍資金を整へ運動の時機をまつ
157497	朝鮮朝日	南鮮版	1928-09-04	1	06단	女死體行李詰犯人若松署に自首/吉田磯吉氏を頼り懇々と逃れられぬを諭され

일련번호	판명		간행일	면	단수	기사명
157498	朝鮮朝日	南鮮版	1928-09-04	1	07단	青い鳥は歌ふ/釜山あをやま生
157499	朝鮮朝日	南鮮版	1928-09-04	1	07단	大邱の喜雨/畑作が蘇る
157500	朝鮮朝日	南鮮版	1928-09-04	1	07단	江原の雨は畑作に好影響
157501	朝鮮朝日	南鮮版	1928-09-04	1	07단	朝鮮人側理髮料値下圓滿に解決
157502	朝鮮朝日	南鮮版	1928-09-04	1	08단	大邱中學生兵營に宿泊/規律生活體驗
157503	朝鮮朝日	南鮮版	1928-09-04	1	08단	朝鮮東海岸二百十日は平穩に終る
157504	朝鮮朝日	南鮮版	1928-09-04	1	08단	强盗の片割京城で逮捕
157505	朝鮮朝日	南鮮版	1928-09-04	1	08단	弟を慘殺す
157506	朝鮮朝日	南鮮版	1928-09-04	1	09단	ヒステリーの妻の狂態に世間を愧ぢての兇行
157507	朝鮮朝日	南鮮版	1928-09-04	1	09단	馬賊團が間島を窺ふ/嚴重警戒中
157508	朝鮮朝日	南鮮版	1928-09-04	1	09단	運動界(京電優勝慶熙遂に敗る/準決勝の成績/日佛競技朝鮮代表のベストレコード/龍鐵大連に遠征)
157509	朝鮮朝日	南鮮版	1928-09-04	1	10단	思想取締で極度に緊張/釜山の警戒
157510	朝鮮朝日	南鮮版	1928-09-04	1	10단	人(加藤鮮銀總裁/森長文氏(新全南學務課長)/佐瀨直衛氏(新咸南甲山郡守)/加茂正雄博士(京大教授)/小西奏介氏(江原道內務部長))
157511	朝鮮朝日	南鮮版	1928-09-04	1	10단	半島茶話
157512	朝鮮朝日	西北・南鮮版	1928-09-04	2	01단	秋！秋！(秋　武者小路實篤/秋づく空　若山喜志子/言葉の細線　新居格/山莊の秋　杉浦翠子/初秋　今井邦子)
157513	朝鮮朝日	西北・南鮮版	1928-09-04	2	03단	伸び行く大邱の歩み(四)/青い灯の街を美しい人が通る物賣りで大賑ひの大邱の夏の夜市
157514	朝鮮朝日	西北・南鮮版	1928-09-04	2	04단	二十五の中學が樂に經營できる/大邱府の酒消費高/ビールの高さ富士の二十五倍
157515	朝鮮朝日	西北・南鮮版	1928-09-04	2	04단	零の聲
157516	朝鮮朝日	西北・南鮮版	1928-09-04	2	05단	改められた鮮銀の職制一日から實施
157517	朝鮮朝日	西北・南鮮版	1928-09-04	2	05단	商銀の異動
157518	朝鮮朝日	西北・南鮮版	1928-09-04	2	06단	味噌醬油の特定運賃制元山に適用
157519	朝鮮朝日	西北・南鮮版	1928-09-04	2	06단	商品陳列館移轉に寄附/京城商議が
157520	朝鮮朝日	西北・南鮮版	1928-09-04	2	07단	京城手形交換高
157521	朝鮮朝日	西北・南鮮版	1928-09-04	2	07단	新刊紹介(『迎春記』)
157522	朝鮮朝日	西北・南鮮版	1928-09-04	2	07단	浮世草
157523	朝鮮朝日	西北版	1928-09-05	1	01단	神仙爐(卅一)/楚人冠
157524	朝鮮朝日	西北版	1928-09-05	1	01단	市街地稅を廢し地稅令に統一する/第二次の稅制整理/歲入を增す目的では無い
157525	朝鮮朝日	西北版	1928-09-05	1	01단	御大禮に參列の光榮に浴す人々詮衡を經

일련번호	판명		간행일	면	단수	기사명
157525	朝鮮朝日	西北版	1928-09-05	1	01단	て四日發表
157526	朝鮮朝日	西北版	1928-09-05	1	02단	仕事に忠實なで鬼の綽名が冠せられたか/諄々と說く加藤鮮銀總裁
157527	朝鮮朝日	西北版	1928-09-05	1	04단	御大典で菊花の栽培大はやり
157528	朝鮮朝日	西北版	1928-09-05	1	04단	間島の朝鮮人は資金難に惱む 吉會線開通の曉は間島は非常に有望/草間局長の東上は延期
157529	朝鮮朝日	西北版	1928-09-05	1	04단	俳句/鈴木花蓑選
157530	朝鮮朝日	西北版	1928-09-05	1	05단	南浦の蘋果大減收
157531	朝鮮朝日	西北版	1928-09-05	1	05단	平南警官の採用の條件/人格が第一
157532	朝鮮朝日	西北版	1928-09-05	1	05단	八日より本紙上に連載/落穗集/下村海南
157533	朝鮮朝日	西北版	1928-09-05	1	06단	情實の府!李王家の女官八十餘名を解職す/專橫を振舞った秘史の終幕
157534	朝鮮朝日	西北版	1928-09-05	1	06단	商品館裏に遊園地動物も飼養
157535	朝鮮朝日	西北版	1928-09-05	1	07단	富永氏の補充に伴ふ警察部長異動(咸南警察部長鹿野宏/忠南警察部長佐伯顯/慶南財務部長矢野桃郎/江原財務部長西崎鶴司)
157536	朝鮮朝日	西北版	1928-09-05	1	07단	國有財産調査の一行七日に入城
157537	朝鮮朝日	西北版	1928-09-05	1	07단	內鮮滿連絡運輸會議三日から開催
157538	朝鮮朝日	西北版	1928-09-05	1	08단	平壤體協が蹴球を獎勵
157539	朝鮮朝日	西北版	1928-09-05	1	08단	慶大檢道軍惜敗
157540	朝鮮朝日	西北版	1928-09-05	1	08단	痛ましき溺死者八百八十名を算し行方不明また九百名 惠山は孤立し食糧に惱む/意外の慘害に當局も狼狽 救濟に各部局が一致し當る 差當り四十萬圓支出/水害狀況を宮內省に報告/雨歇まず鐵道の故障 復舊覺束なし
157541	朝鮮朝日	西北版	1928-09-05	1	09단	牡丹台野話
157542	朝鮮朝日	西北版	1928-09-05	1	09단	支那人を招き蘆草の栽培に力を注ぐ平南當局/醫專經營唯一の財源
157543	朝鮮朝日	南鮮版	1928-09-05	1	10단	半島茶話
157544	朝鮮朝日	南鮮版	1928-09-05	1	01단	神仙爐(卅一)/楚人冠
157545	朝鮮朝日	南鮮版	1928-09-05	1	01단	市街地稅を廢し地稅令に統一する/第二次の稅制整理/歲入を增す目的では無い
157546	朝鮮朝日	南鮮版	1928-09-05	1	01단	御大禮に參列の光榮に浴す人々詮衡を經て四日發表
157547	朝鮮朝日	南鮮版	1928-09-05	1	02단	仕事に忠實なで鬼の綽名が冠せられたか/諄々と說く加藤鮮銀總裁
157548	朝鮮朝日	南鮮版	1928-09-05	1	04단	釜山瓦電の料金値下を委員が交渉(商議も蹶起決議をなす)
157549	朝鮮朝日	南鮮版	1928-09-05	1	04단	情實の府!李王家の女官八十餘名を解職す/專橫を振舞った秘史の終幕

일련번호	판명		간행일	면	단수	기사명
157550	朝鮮朝日	南鮮版	1928-09-05	1	04단	俳句/鈴木花蓑選
157551	朝鮮朝日	南鮮版	1928-09-05	1	05단	草間局長の東上は延期
157552	朝鮮朝日	南鮮版	1928-09-05	1	05단	八日より本紙上に連載/落穗集/下村海南
157553	朝鮮朝日	南鮮版	1928-09-05	1	05단	仁川元山間直通列車の運轉を希望
157554	朝鮮朝日	南鮮版	1928-09-05	1	06단	弘中商會主收容さる
157555	朝鮮朝日	南鮮版	1928-09-05	1	06단	京城府內の自動車賃銀自發的に統一(新釜山府理事官村上恥己氏)
157556	朝鮮朝日	南鮮版	1928-09-05	1	07단	富永氏の補充に伴ふ警察部長異動(咸南警察部長鹿野宏/忠南警察部長佐伯顯/慶南財務部長矢野桃郎/江原財務部長西崎鶴司)
157557	朝鮮朝日	南鮮版	1928-09-05	1	07단	趙重應子追悼會
157558	朝鮮朝日	南鮮版	1928-09-05	1	07단	國有財産調査の一行七日に入城
157559	朝鮮朝日	南鮮版	1928-09-05	1	07단	內鮮滿連絡運輸會議三日から開催
157560	朝鮮朝日	南鮮版	1928-09-05	1	07단	大雷雨大邱を襲ふ
157561	朝鮮朝日	南鮮版	1928-09-05	1	08단	馬山の雨乞效果が無い
157562	朝鮮朝日	南鮮版	1928-09-05	1	08단	迷信で死亡
157563	朝鮮朝日	南鮮版	1928-09-05	1	08단	痛ましき溺死者八百八十名を算し行方不名また九百名 惠山は孤立し食糧に惱む/意外の慘害に當局も狼狽 救濟に各部局が一致し當る 差當り四十萬圓支出/水害狀況を宮內省に報告
157564	朝鮮朝日	南鮮版	1928-09-05	1	09단	レール枕に眠って轢死
157565	朝鮮朝日	南鮮版	1928-09-05	1	09단	購買組合の印章を僞造/千餘圓を詐取
157566	朝鮮朝日	南鮮版	1928-09-05	1	09단	三名が溺死/波に浚はれ
157567	朝鮮朝日	南鮮版	1928-09-05	1	09단	雨歇まず鐵道の故障/復舊覺束なし
157568	朝鮮朝日	南鮮版	1928-09-05	1	10단	各地だより(鳥致院/永同)
157569	朝鮮朝日	南鮮版	1928-09-05	1	10단	會(曉鳥師佛教講演會)
157570	朝鮮朝日	南鮮版	1928-09-05	1	10단	人(荒井初太郎氏(京城實業家)/原田等氏(釜山地方法院部長)/木本房太郎氏(鮮銀常務理事)/福島莊平氏(平壤實業家)/桑原一郎氏(釜山府尹)/林奉天總領事/金子大每京城支局長/福原俊丸男(朝鐵副社長)/東條正平氏(同上軍役)/上田慶南土木課長/迫間一男氏(釜山實業家)/木本鮮銀監事)
157571	朝鮮朝日	南鮮版	1928-09-05	1	10단	半島茶話
157572	朝鮮朝日	西北・南鮮版	1928-09-05	2	01단	伸び行く大邱の步み(完)/製絲工場に働く二千名の女工さん大邱から製絲を除けば何が殘る?との惡口
157573	朝鮮朝日	西北・南鮮版	1928-09-05	2	01단	釜山の漁港設備實地踏査を行ひ設計書を作成す/更に魚類の加工をも計劃
157574	朝鮮朝日	西北・南鮮版	1928-09-05	2	01단	雫の聲

일련번호	판명		간행일	면	단수	기사명
157575	朝鮮朝日	西北・南鮮版	1928-09-05	2	02단	海苔業者に低資の融通/殖銀に交渉
157576	朝鮮朝日	西北・南鮮版	1928-09-05	2	02단	空前の記録/天日製鹽採收高
157577	朝鮮朝日	西北・南鮮版	1928-09-05	2	02단	京城組合銀八月末帳尻
157578	朝鮮朝日	西北・南鮮版	1928-09-05	2	03단	生絲生産高/十九萬餘貫
157579	朝鮮朝日	西北・南鮮版	1928-09-05	2	03단	全鮮小包郵便數
157580	朝鮮朝日	西北・南鮮版	1928-09-05	2	03단	永同酒組合創立
157581	朝鮮朝日	西北・南鮮版	1928-09-05	2	04단	浮世草
157582	朝鮮朝日	西北版	1928-09-06	1	01단	今度は長雨で今年の米は品質が惡からうと加藤水原模範場長は語る
157583	朝鮮朝日	西北版	1928-09-06	1	01단	朝鮮と長崎間の米運賃の値下を長崎縣側が希望す/阪神同樣は無理と朝郵の肚
157584	朝鮮朝日	西北版	1928-09-06	1	01단	御大典に來朝する觀光團を招き秋の金剛山を紹介したい/困るのはホテルが少ない
157585	朝鮮朝日	西北版	1928-09-06	1	01단	鼻持ならぬ警察の手柄爭ひ/平壤署が捕へた犯人を本町署が我物顔に發表/その日の筆ご〻ろ平壤一記者
157586	朝鮮朝日	西北版	1928-09-06	1	03단	日滿貿易振興策/安東商議答申
157587	朝鮮朝日	西北版	1928-09-06	1	03단	短歌/橋田東聲選
157588	朝鮮朝日	西北版	1928-09-06	1	03단	御大典奉祝/平壤府の打合
157589	朝鮮朝日	西北版	1928-09-06	1	04단	內鮮滿連絡飛行發着時決定
157590	朝鮮朝日	西北版	1928-09-06	1	04단	百二十七歳が全鮮一の高齢者/八十歳以上が全鮮で五萬一千人に達す
157591	朝鮮朝日	西北版	1928-09-06	1	04단	文官高等筆記試驗に城大生の合格者五名におよぶ好成績
157592	朝鮮朝日	西北版	1928-09-06	1	05단	江界道立醫院醫官の不足/批難の聲高し
157593	朝鮮朝日	西北版	1928-09-06	1	05단	各地だより(新義州/鎭南浦/元山/平壤)
157594	朝鮮朝日	西北版	1928-09-06	1	06단	牡丹台野話
157595	朝鮮朝日	西北版	1928-09-06	1	06단	龍山聯隊の歸還部隊が平壤を通過
157596	朝鮮朝日	西北版	1928-09-06	1	06단	糧食が缺乏し物價が昂騰 咸鏡北部線の復舊は現在では見込たゝぬ/道路や橋梁で百五十萬圓の損害 八十年來の大出水/新興洪原の被害が激甚/給水が絶望 淸津の水道/水害を免れてゐた咸鏡中部線も三日夜來の豪雨で數ヶ所不通となる
157597	朝鮮朝日	西北版	1928-09-06	1	06단	八日より本紙上に連載/落穂集/下村海南
157598	朝鮮朝日	西北版	1928-09-06	1	07단	五人の畫家たちが柱を建て釘を打ち作りあげたアトリヱ/京城通義洞の『鵲の巢』
157599	朝鮮朝日	西北版	1928-09-06	1	07단	生徒文庫/沙里院高女の試み
157600	朝鮮朝日	西北版	1928-09-06	1	09단	平壤賑町の朝鮮人遊廓移轉の計劃

일련번호	판명		간행일	면	단수	기사명
157601	朝鮮朝日	西北版	1928-09-06	1	09단	漂流機船を警備船が救ふ
157602	朝鮮朝日	西北版	1928-09-06	1	10단	平鐵三菱に勝つ
157603	朝鮮朝日	西北版	1928-09-06	1	10단	酒の賣行き三割を減ず南浦禁酒デー
157604	朝鮮朝日	西北版	1928-09-06	1	10단	新義州の馬券の賣上/二萬圓を減ず
157605	朝鮮朝日	西北版	1928-09-06	1	10단	少年强盜團六人を逮捕
157606	朝鮮朝日	西北版	1928-09-06	1	10단	蓄音機に妓生の歌を吹込ませる
157607	朝鮮朝日	西北版	1928-09-06	1	10단	會(柴舟魚袋兩演氏講會)
157608	朝鮮朝日	西北版	1928-09-06	1	10단	半島茶話
157609	朝鮮朝日	南鮮版	1928-09-06	1	01단	今度は長雨で今年の米は品質が惡からうと/加藤水原模範場長は語る
157610	朝鮮朝日	南鮮版	1928-09-06	1	01단	朝鮮と長崎間の米運賃の値下を長崎縣側が希望す/阪神同樣は無理と朝郵の肚
157611	朝鮮朝日	南鮮版	1928-09-06	1	01단	御大典に來朝する觀光團を招き秋の金剛山を紹介したい/困るのはホテルが少ない
157612	朝鮮朝日	南鮮版	1928-09-06	1	01단	鼻持ならぬ警察の手柄爭ひ/平壤署が捕へた犯人を本町署が我物顏に發表/その日の筆ごゝろ平壤一記者
157613	朝鮮朝日	南鮮版	1928-09-06	1	03단	內鮮滿連絡飛行發着時決定
157614	朝鮮朝日	南鮮版	1928-09-06	1	03단	釜山府廳舍新築/明年に着工か
157615	朝鮮朝日	南鮮版	1928-09-06	1	03단	京南線廣川、大川間本年中に着工/京城から日歸り出來る/溫陽溫泉の新施設
157616	朝鮮朝日	南鮮版	1928-09-06	1	03단	旱害民救濟/土木工事の申込が多い
157617	朝鮮朝日	南鮮版	1928-09-06	1	04단	勝手が判らず面喰ってる矢野新警察部長
157618	朝鮮朝日	南鮮版	1928-09-06	1	04단	旱害學童の退學が多い/副業を奬勵
157619	朝鮮朝日	南鮮版	1928-09-06	1	05단	京城二高女音樂演奏會/一高女も應援
157620	朝鮮朝日	南鮮版	1928-09-06	1	05단	短歌/橋田東聲選
157621	朝鮮朝日	南鮮版	1928-09-06	1	05단	八日より本紙上に連載/落穗集/下村海南
157622	朝鮮朝日	南鮮版	1928-09-06	1	06단	五人の畵家たちが柱を建て釘を打ち作りあげたアトリヱ/京城通義洞の『鵲の巢』
157623	朝鮮朝日	南鮮版	1928-09-06	1	06단	百二十七歲が全鮮一の高齡者/八十歲以上が全鮮で五萬一千人に達す
157624	朝鮮朝日	南鮮版	1928-09-06	1	06단	釜山府の體育デー/各種の催し
157625	朝鮮朝日	南鮮版	1928-09-06	1	07단	釜山の豪雨被害はない
157626	朝鮮朝日	南鮮版	1928-09-06	1	07단	文官高等筆記試驗に城大生の合格者五名におよぶ好成績
157627	朝鮮朝日	南鮮版	1928-09-06	1	07단	水害を免れてゐた咸鏡中部線も三日夜來の豪雨で數ケ所不通となる/新興洪原の被害が激甚
157628	朝鮮朝日	南鮮版	1928-09-06	1	08단	旱害が生む二つの悲劇

일련번호	판명		간행일	면	단수	기사명
157629	朝鮮朝日	南鮮版	1928-09-06	1	08단	お茶のあと
157630	朝鮮朝日	南鮮版	1928-09-06	1	09단	糧食が缺乏し物價が昂騰/成鏡北部線の復舊は現在では見込たゝぬ
157631	朝鮮朝日	南鮮版	1928-09-06	1	09단	土沙が崩壞二名が負傷
157632	朝鮮朝日	南鮮版	1928-09-06	1	09단	大邱野球團蘇生の企て
157633	朝鮮朝日	南鮮版	1928-09-06	1	10단	ボタン工場職工の盟休無事に解決
157634	朝鮮朝日	南鮮版	1928-09-06	1	10단	大邱土木事件廣汎に互り豫審永びく
157635	朝鮮朝日	南鮮版	1928-09-06	1	10단	おめでた佐藤氏の婚約
157636	朝鮮朝日	南鮮版	1928-09-06	1	10단	馬山射擊會
157637	朝鮮朝日	南鮮版	1928-09-06	1	10단	會(柴舟魚袋兩氏講演會)
157638	朝鮮朝日	南鮮版	1928-09-06	1	10단	人(入江法制局參事官)
157639	朝鮮朝日	南鮮版	1928-09-06	1	10단	半島茶話
157640	朝鮮朝日	西北・南鮮版	1928-09-06	2	01단	秋は訪れて(一)/すべてが眼かな朝の情景である鮮銀大邱支店長の坂井さんの樂しい團欒
157641	朝鮮朝日	西北・南鮮版	1928-09-06	2	01단	机代物に獻上の梨果見事に實る
157642	朝鮮朝日	西北・南鮮版	1928-09-06	2	01단	鴨江の流筏順調に着材/被害は僅少
157643	朝鮮朝日	西北・南鮮版	1928-09-06	2	02단	旱害による慶北の免稅/減收百萬圓
157644	朝鮮朝日	西北・南鮮版	1928-09-06	2	02단	慈雨に喜ぶ慶南山間部
157645	朝鮮朝日	西北・南鮮版	1928-09-06	2	02단	釜山畜犬稅一千三百圓
157646	朝鮮朝日	西北・南鮮版	1928-09-06	2	02단	京城府內の倉庫寄託高/織物が最大
157647	朝鮮朝日	西北・南鮮版	1928-09-06	2	03단	慶北の秋繭共販が始まる
157648	朝鮮朝日	西北・南鮮版	1928-09-06	2	03단	元山穀物檢查高
157649	朝鮮朝日	西北・南鮮版	1928-09-06	2	03단	浮世草
157650	朝鮮朝日	西北版	1928-09-07	1	01단	取引所の設置場所本年內に決定せん/永びけば問題が起る/兒島商工課長も市場を視察
157651	朝鮮朝日	西北版	1928-09-07	1	01단	二十四時間制度は滿鐵の成績を見た上で採否を決す/內鮮滿台連絡會議
157652	朝鮮朝日	西北版	1928-09-07	1	01단	賜饌に用ひる土器は朝鮮產品を使用/旣に數千個を注文
157653	朝鮮朝日	西北版	1928-09-07	1	01단	平南の電化計劃/送電會社設立
157654	朝鮮朝日	西北版	1928-09-07	1	02단	舍人場順川十月に開通
157655	朝鮮朝日	西北版	1928-09-07	1	02단	女子高等教育機關の設置校長會で附議
157656	朝鮮朝日	西北版	1928-09-07	1	02단	朝鮮の女教員二十名を選拔/御大典の跡を視察/李王家御慶事記念會の試み
157657	朝鮮朝日	西北版	1928-09-07	1	03단	新義州驛前府有地拂下十日に行ふ
157658	朝鮮朝日	西北版	1928-09-07	1	03단	辭令(東京電話)
157659	朝鮮朝日	西北版	1928-09-07	1	03단	六萬人迄は給水できる/新義州水道
157660	朝鮮朝日	西北版	1928-09-07	1	03단	沙里院の道立醫院は設置に決定

일련번호	판명		간행일	면	단수	기사명
157661	朝鮮朝日	西北版	1928-09-07	1	03단	安州電氣が料金を値下
157662	朝鮮朝日	西北版	1928-09-07	1	04단	安東夏季大學
157663	朝鮮朝日	西北版	1928-09-07	1	04단	詩/北原白秋選
157664	朝鮮朝日	西北版	1928-09-07	1	04단	筏の流失高/五萬四千尺締
157665	朝鮮朝日	西北版	1928-09-07	1	04단	古新聞を利用し立派な盆景を巧みに作りあげた李王家植物園の池田さん
157666	朝鮮朝日	西北版	1928-09-07	1	04단	發見された死體五百名以上に達し田畑の流失は豫想がつかぬ 而も雨はなほ歇まず/元山局から咸興へ應援
157667	朝鮮朝日	西北版	1928-09-07	1	05단	各地だより(安東縣/平壤/沙里院)
157668	朝鮮朝日	西北版	1928-09-07	1	05단	瑞西機の朝鮮飛來は本月下旬頃
157669	朝鮮朝日	西北版	1928-09-07	1	06단	お茶のあと
157670	朝鮮朝日	西北版	1928-09-07	1	06단	平壤內地視察團
157671	朝鮮朝日	西北版	1928-09-07	1	07단	牡丹台野話
157672	朝鮮朝日	西北版	1928-09-07	1	07단	咸鏡北部線淸津まで完全に開通/新幹會が北鮮水害の救濟金募集/咸北の被害も僅かながらも判明
157673	朝鮮朝日	西北版	1928-09-07	1	07단	滿洲への派遣部隊目出度く歸還す 京城驛頭一千名が出迎へ 將卒の勞を犒ふ/平壤步兵聯隊も威風堂々と歸還 心盡しの勝栗で乾盃/日支間も融和した 仙波旅團長語る/龍山部隊中下痢患者發生
157674	朝鮮朝日	西北版	1928-09-07	1	08단	睡眠不足から墜落したか/機體は翼を燒失大破/木部孃の負傷は輕い
157675	朝鮮朝日	西北版	1928-09-07	1	09단	奉天駐在米領事夫妻金剛山探勝
157676	朝鮮朝日	西北版	1928-09-07	1	09단	刑務所內で如何にして連絡したか
157677	朝鮮朝日	西北版	1928-09-07	1	10단	練習艦木曾南浦に入港
157678	朝鮮朝日	西北版	1928-09-07	1	10단	忘れ物/平壤驛の
157679	朝鮮朝日	西北版	1928-09-07	1	10단	百名の馬賊/安奉線に出沒
157680	朝鮮朝日	西北版	1928-09-07	1	10단	乞食が預金/貸家も持つ
157681	朝鮮朝日	西北版	1928-09-07	1	10단	保安課長の官舍に泥棒
157682	朝鮮朝日	西北版	1928-09-07	1	10단	人(金谷朝鮮軍司令官)
157683	朝鮮朝日	西北版	1928-09-07	1	10단	半島茶話
157684	朝鮮朝日	南鮮版	1928-09-07	1	01단	取引所の設置場所本年內に決定せん/永びけば問題が起る/兒島商工課長も市場を視察
157685	朝鮮朝日	南鮮版	1928-09-07	1	01단	二十四時間制度は滿鐵の成績を見た上で採否を決す/內鮮滿台連絡會議
157686	朝鮮朝日	南鮮版	1928-09-07	1	01단	賜饌に用ひる土器は朝鮮産品を使用/旣に數千個を注文

일련번호	판명		간행일	면	단수	기사명
157687	朝鮮朝日	南鮮版	1928-09-07	1	01단	女子高等教育機關の設置/校長會で附議
157688	朝鮮朝日	南鮮版	1928-09-07	1	01단	大邱府バス運轉は十二月一日
157689	朝鮮朝日	南鮮版	1928-09-07	1	02단	京城府營バス運轉區擴張/龍山漢江まで
157690	朝鮮朝日	南鮮版	1928-09-07	1	02단	漁船が難破/仁川沖合で
157691	朝鮮朝日	南鮮版	1928-09-07	1	02단	朝鮮の女教員二十名を選拔/御大典の跡を視察/李王家御慶事記念會の試み
157692	朝鮮朝日	南鮮版	1928-09-07	1	03단	移動的の交通巡査を主要道路に配置
157693	朝鮮朝日	南鮮版	1928-09-07	1	03단	辭令(東京電話)
157694	朝鮮朝日	南鮮版	1928-09-07	1	03단	不正漁業の初捕物/十名を檢擧
157695	朝鮮朝日	南鮮版	1928-09-07	1	03단	釜山屠獸場移轉の協議
157696	朝鮮朝日	南鮮版	1928-09-07	1	03단	加德島砲台實彈射擊
157697	朝鮮朝日	南鮮版	1928-09-07	1	04단	奉天駐在米領事夫妻金剛山探勝
157698	朝鮮朝日	南鮮版	1928-09-07	1	04단	詩/北原白秋選
157699	朝鮮朝日	南鮮版	1928-09-07	1	05단	古新聞を利用し立派な盆景を巧みに作りあげた李王家植物園の池田さん
157700	朝鮮朝日	南鮮版	1928-09-07	1	04단	發見された死體五百名以上に達し田畑の流失は豫想がつかぬ 而も雨はなほ歇まず/洛東江上流黃屯江增水 交通が杜絶
157701	朝鮮朝日	南鮮版	1928-09-07	1	05단	竣工した裡里座
157702	朝鮮朝日	南鮮版	1928-09-07	1	07단	咸鏡北部線淸津まで完全に開通/咸北の被害も僅かながらも判明/新幹會が北鮮水害の救濟金募集
157703	朝鮮朝日	南鮮版	1928-09-07	1	07단	赤ん坊會大邱で開催
157704	朝鮮朝日	南鮮版	1928-09-07	1	07단	民籍謄本を僞造し賣る密航周旋者
157705	朝鮮朝日	南鮮版	1928-09-07	1	07단	滿洲への派遣部隊目出度く歸還す 京城驛頭一千名が出迎へ 將卒の勞を犒ふ/日支間も融和した 仙波旅團長語る
157706	朝鮮朝日	南鮮版	1928-09-07	1	07단	睡眠不足から墜落したか/機體は翼を燒失大破/木部孃の負傷は輕い
157707	朝鮮朝日	南鮮版	1928-09-07	1	08단	釜山沿岸貿易埋立工事を開始/竣工せば二千トン級の汽船三隻の横付ができる
157708	朝鮮朝日	南鮮版	1928-09-07	1	08단	特務艦大和木浦に入港
157709	朝鮮朝日	南鮮版	1928-09-07	1	09단	キネマ界(中央館(京城))
157710	朝鮮朝日	南鮮版	1928-09-07	1	09단	お茶のあと
157711	朝鮮朝日	南鮮版	1928-09-07	1	10단	瑞西機の朝鮮飛來は本月下旬頃
157712	朝鮮朝日	南鮮版	1928-09-07	1	10단	殺人鬼が死刑を求刑さる
157713	朝鮮朝日	南鮮版	1928-09-07	1	10단	半島茶話
157714	朝鮮朝日	西北・南鮮版	1928-09-07	2	01단	秋は訪れて(二)/朝鮮内の山々を悉く突破した上村大邱道立醫院長日本趣味の鈴以夫人

일련번호	판명		간행일	면	단수	기사명
157715	朝鮮朝日	西北・南鮮版	1928-09-07	2	01단	煙草會社社長の更迭 早くも噂さる 後任は井上氏か/朝鮮煙草會社配當は一割 來期は減收か
157716	朝鮮朝日	西北・南鮮版	1928-09-07	2	01단	雫の聲
157717	朝鮮朝日	西北・南鮮版	1928-09-07	2	02단	京畿金組聯合會への預金貸出高
157718	朝鮮朝日	西北・南鮮版	1928-09-07	2	02단	八月下旬局線の荷動十萬三千噸
157719	朝鮮朝日	西北・南鮮版	1928-09-07	2	02단	仁川の漁業八月水揚高
157720	朝鮮朝日	西北・南鮮版	1928-09-07	2	03단	滿洲粟輸入昨年より減少
157721	朝鮮朝日	西北・南鮮版	1928-09-07	2	03단	木浦驛裏埋立
157722	朝鮮朝日	西北・南鮮版	1928-09-07	2	03단	鳥致院より
157723	朝鮮朝日	西北・南鮮版	1928-09-07	2	04단	浮世草
157724	朝鮮朝日	西北版	1928-09-08	1	01단	落穗集(一)/下村海南
157725	朝鮮朝日	西北版	1928-09-08	1	01단	教育擴張案に崇られ産米計劃繰延とは皆新聞が勝手に憶測した宜い加減の與太だ/國有財産の移管は結局實現しやう 旱水害の救濟には豫備金支出より途がない
157726	朝鮮朝日	西北版	1928-09-08	1	01단	六日滿洲から歸還した平壤聯隊の驛前の集合と軍旗
157727	朝鮮朝日	西北版	1928-09-08	1	02단	朝鮮水電行貨物が停滞/元山驛に
157728	朝鮮朝日	西北版	1928-09-08	1	03단	御大典の觀兵式に平壤機も參加
157729	朝鮮朝日	西北版	1928-09-08	1	03단	全朝鮮の酒類品評會平壤で開催
157730	朝鮮朝日	西北版	1928-09-08	1	03단	齒科醫學校新校舍落成
157731	朝鮮朝日	西北版	1928-09-08	1	04단	六萬圓を投じて一千隻の漁船と附帶の漁具を作り下層漁民を救濟す
157732	朝鮮朝日	西北版	1928-09-08	1	04단	歸還部隊の歡迎會を開く
157733	朝鮮朝日	西北版	1928-09-08	1	04단	鳳山西鐘面の防水工事は三萬圓で着工
157734	朝鮮朝日	西北版	1928-09-08	1	05단	三木氏が二科に入選/朝鮮では最初
157735	朝鮮朝日	西北版	1928-09-08	1	05단	女子庭球期日は迫る
157736	朝鮮朝日	西北版	1928-09-08	1	05단	鐵道工事の謬りが遺憾なく暴露さる 堤防の傾斜が少く鐵橋の暗渠も狹きに過ぐ/酸鼻を極むる間島各地の大水害 局子街では食糧品が暴騰/旱水害の罹災民が慘害に茫然 故鄕を棄て滿洲へ移住を企つる傾向がある/食糧を輸送すべく假工事を施す 兩道に廿萬圓を交付/圖們の復舊半ヶ月を要す/京城が率先義捐金募集
157737	朝鮮朝日	西北版	1928-09-08	1	06단	土曜漫筆/佛國パリのラテン區の事/三木弘
157738	朝鮮朝日	西北版	1928-09-08	1	06단	狩獵の解禁いよいよ近づいた/湖南線方面は偵察に忙しい
157739	朝鮮朝日	西北版	1928-09-08	1	10단	牡丹台野話

일련번호	판명		간행일	면	단수	기사명
157740	朝鮮朝日	西北版	1928-09-08	1	10단	不幸續きで涙も出ぬ木部孃の實母
157741	朝鮮朝日	西北版	1928-09-08	1	10단	俳句/鈴木花蓑選
157742	朝鮮朝日	西北版	1928-09-08	1	10단	會(山本遞信局長歡迎會)
157743	朝鮮朝日	西北版	1928-09-08	1	10단	半島茶話
157744	朝鮮朝日	南鮮版	1928-09-08	1	01단	落穗集(一)/下村海南
157745	朝鮮朝日	南鮮版	1928-09-08	1	01단	教育擴張案に祟られ産米計劃緩延とは皆新聞が勝手に憶測した宜い加減の與太だ/國有財産の移管は結局實現しやう 旱水害の救濟には豫備金支出より途がない
157746	朝鮮朝日	南鮮版	1928-09-08	1	01단	設備さへ施せば釜山は立派な漁港/鮮魚の保存ができれば漁民の利益は多い
157747	朝鮮朝日	南鮮版	1928-09-08	1	01단	土曜漫筆/佛國パリのラテン區の事/三木弘
157748	朝鮮朝日	南鮮版	1928-09-08	1	03단	俳句/鈴木花蓑選
157749	朝鮮朝日	南鮮版	1928-09-08	1	03단	全朝鮮の酒類品評會平壤で開催
157750	朝鮮朝日	南鮮版	1928-09-08	1	04단	大邱府の道路と水道/第三期計劃
157751	朝鮮朝日	南鮮版	1928-09-08	1	04단	齒科醫學校新校舍落成
157752	朝鮮朝日	南鮮版	1928-09-08	1	04단	鐵道工事の謬りが遺憾なく暴露さる 堤防の傾斜が少く鐵橋の暗渠も狹きに過ぐ/旱水害の罹災民が慘害に茫然 故鄕を棄て滿洲へ移住を企つる傾向がある/旱害救濟で郡守が打合
157753	朝鮮朝日	南鮮版	1928-09-08	1	05단	狩獵の解禁いよいよ近づいた/湖南線方面は偵察に忙しい
157754	朝鮮朝日	南鮮版	1928-09-08	1	07단	京城が率先義捐金募集
157755	朝鮮朝日	南鮮版	1928-09-08	1	07단	全北の旱害救濟策打合/食糧を輸送すべく假工事を施す 兩道に廿萬圓を交付
157756	朝鮮朝日	南鮮版	1928-09-08	1	07단	高松宮さま御坐遊さる/練習艦隊が仁川に寄港
157757	朝鮮朝日	南鮮版	1928-09-08	1	07단	陳列館跡に道衛生課を移轉の噂さ
157758	朝鮮朝日	南鮮版	1928-09-08	1	07단	三木氏が二科に入選/朝鮮では最初
157759	朝鮮朝日	南鮮版	1928-09-08	1	08단	青い鳥は歌ふ/釜山あをやま生
157760	朝鮮朝日	南鮮版	1928-09-08	1	08단	春川公會堂建設に決定
157761	朝鮮朝日	南鮮版	1928-09-08	1	08단	五十萬圓で月尾島公園設置の計劃
157762	朝鮮朝日	南鮮版	1928-09-08	1	08단	六萬圓を投じて一千隻の漁船と附帶の漁具を作り下層漁民を救濟す
157763	朝鮮朝日	南鮮版	1928-09-08	1	08단	鮎釣に行き溫泉を發見/全北扶安で
157764	朝鮮朝日	南鮮版	1928-09-08	1	09단	不幸續きで涙も出ぬ木部孃の實母
157765	朝鮮朝日	南鮮版	1928-09-08	1	09단	法院の廳舍殆んど竣成
157766	朝鮮朝日	南鮮版	1928-09-08	1	09단	橋梁の流失損害三萬餘圓
157767	朝鮮朝日	南鮮版	1928-09-08	1	10단	栗大の降雹/慶北青松に

일련번호	판명		간행일	면	단수	기사명
157768	朝鮮朝日	南鮮版	1928-09-08	1	10단	劔銃を紛失/慶南の警官が
157769	朝鮮朝日	南鮮版	1928-09-08	1	10단	神宮蹴球豫選
157770	朝鮮朝日	南鮮版	1928-09-08	1	10단	神宮野球豫選
157771	朝鮮朝日	南鮮版	1928-09-08	1	10단	人(藤田四郎氏(貴族院議員)/安江好治氏(大藏省國有財産課長)/河野秀雄氏(會計檢査員)/村上恥己氏(新任釜山府理事官)/草間財務局長/橘英三郎氏(農林省技師)/三輪經治氏(佐世保鎭守府建築部長)/陣內利八氏(忠北道新任地方課道理事官)/佐藤憲三郎氏(專賣局技師)/渡邊彌幸氏(殖銀東京出張所主任)/神谷小一氏(新任全北財務部長))
157772	朝鮮朝日	南鮮版	1928-09-08	1	10단	半島茶話
157773	朝鮮朝日	西北・南鮮版	1928-09-08	2	01단	漁業の根據地に無線を設置し魚群の去來その他を通報/統營沖の欲知島に
157774	朝鮮朝日	西北・南鮮版	1928-09-08	2	01단	全州煙草工場大擴張/能力が三倍
157775	朝鮮朝日	西北・南鮮版	1928-09-08	2	01단	雫の聲
157776	朝鮮朝日	西北・南鮮版	1928-09-08	2	02단	大邱安東間貨物自動車運轉の計劃
157777	朝鮮朝日	西北・南鮮版	1928-09-08	2	02단	京、仁實業家京城で懇談/提携を策す
157778	朝鮮朝日	西北・南鮮版	1928-09-08	2	02단	低資を借受府營住宅を大邱が設置
157779	朝鮮朝日	西北・南鮮版	1928-09-08	2	02단	土地改良の基本調査を慶北で行ふ
157780	朝鮮朝日	西北・南鮮版	1928-09-08	2	02단	海苔業者救濟資金の起債は認可
157781	朝鮮朝日	西北・南鮮版	1928-09-08	2	03단	殖銀支店長三日間會議
157782	朝鮮朝日	西北・南鮮版	1928-09-08	2	03단	果樹園業者組合設立の認可を申請
157783	朝鮮朝日	西北・南鮮版	1928-09-08	2	03단	殖銀貸付高/一億七千萬圓
157784	朝鮮朝日	西北・南鮮版	1928-09-08	2	03단	慶北の秋鬻素晴しい成績
157785	朝鮮朝日	西北・南鮮版	1928-09-08	2	04단	全鮮郵貯高
157786	朝鮮朝日	西北・南鮮版	1928-09-08	2	04단	元山水産品八月檢査高
157787	朝鮮朝日	西北・南鮮版	1928-09-08	2	04단	南浦倉庫在穀表
157788	朝鮮朝日	西北・南鮮版	1928-09-08	2	04단	浮世草
157789	朝鮮朝日	西北版	1928-09-09	1	01단	落穗集(二)/下村海南
157790	朝鮮朝日	西北版	1928-09-09	1	01단	最も憂慮されるは金組貸付の回收/旱水害による免稅額は四十萬圓に達する見込/或は豫算の編成にも影響するか
157791	朝鮮朝日	西北版	1928-09-09	1	02단	米亞會議に朝鮮も出席
157792	朝鮮朝日	西北版	1928-09-09	1	02단	國有財産調査班/九日元山へ
157793	朝鮮朝日	西北版	1928-09-09	1	02단	馬賊討伐殘留部隊愈よ引揚げ
157794	朝鮮朝日	西北版	1928-09-09	1	03단	村山衛生課長十月中旬渡歐
157795	朝鮮朝日	西北版	1928-09-09	1	03단	內人物語(1)/在りし榮華は泡沫の夢と消え面影は次第にうつらふ昌德宮の內人たち

일련번호	판명		간행일	면	단수	기사명
157796	朝鮮朝日	西北版	1928-09-09	1	04단	郡技術員と林業奬勵の打合せ
157797	朝鮮朝日	西北版	1928-09-09	1	04단	水入らずの會合で三日を終った女子中等學校長會議/女子中等校長建議案滿場一致可決
157798	朝鮮朝日	西北版	1928-09-09	1	04단	全部の復舊は相當の時間を要する見込である/大村局長の視察談
157799	朝鮮朝日	西北版	1928-09-09	1	05단	各地だより(新義州/海州/鎭南浦)
157800	朝鮮朝日	西北版	1928-09-09	1	06단	北鮮水害圖說明 七日午後三時調査/城津まで復舊す/愛婦支部が水害罹災の義捐金募集
157801	朝鮮朝日	西北版	1928-09-09	1	06단	俳句/鈴木花蓑選
157802	朝鮮朝日	西北版	1928-09-09	1	07단	渡邊東拓總裁辭任說傳はる/池邊氏を除く三理事も一蓮托生で辭任か
157803	朝鮮朝日	西北版	1928-09-09	1	07단	不良客をお互に知らせ合はうと旅館業者が研究/釜山で開かれた聯合會
157804	朝鮮朝日	西北版	1928-09-09	1	07단	富永氏の遺骨下關を通過大村に向ふ
157805	朝鮮朝日	西北版	1928-09-09	1	08단	咸鏡南北道水害義金取扱(取扱規定/水害義金)
157806	朝鮮朝日	西北版	1928-09-09	1	09단	十六間以內を橫切る場合は急停車せんでもよい/轢殺事件の新判例
157807	朝鮮朝日	西北版	1928-09-09	1	09단	貧民救助の警官を表彰
157808	朝鮮朝日	西北版	1928-09-09	1	09단	水組工事の手を拔く/代行の東拓が
157809	朝鮮朝日	西北版	1928-09-09	1	10단	粟の走り/品質も良い
157810	朝鮮朝日	南鮮版	1928-09-09	1	10단	人(佐藤虎次郎氏(同民會副會長)/鹿野新任平北警察部長/小笠平北學務課長)
157811	朝鮮朝日	南鮮版	1928-09-09	1	10단	半島茶話
157812	朝鮮朝日	南鮮版	1928-09-09	1	01단	落穗集(二)/下村海南
157813	朝鮮朝日	南鮮版	1928-09-09	1	01단	最も憂慮されるは金組貸付の回收/旱水害による免稅額は四十萬圓に達する見込/或は豫算の編成にも影響するか
157814	朝鮮朝日	南鮮版	1928-09-09	1	02단	米亞會議に朝鮮も出席
157815	朝鮮朝日	南鮮版	1928-09-09	1	02단	釜山商議所新館に移轉
157816	朝鮮朝日	南鮮版	1928-09-09	1	02단	府營バスの起債本府に申請
157817	朝鮮朝日	南鮮版	1928-09-09	1	03단	村山衛生課長十月中旬渡歐
157818	朝鮮朝日	南鮮版	1928-09-09	1	03단	內人物語(1)/在りし榮華は泡沫の夢と消え面影は次第にうつらふ昌德宮の內人たち
157819	朝鮮朝日	南鮮版	1928-09-09	1	04단	女子中等校長建議案滿場一致可決
157820	朝鮮朝日	南鮮版	1928-09-09	1	04단	府と警察が戶口調査を共同で行ふ
157821	朝鮮朝日	南鮮版	1928-09-09	1	04단	俳句/鈴木花蓑選
157822	朝鮮朝日	南鮮版	1928-09-09	1	04단	京城府內の傳染病患者昨年より增加
157823	朝鮮朝日	南鮮版	1928-09-09	1	05단	北鮮水害圖說明/七日午後三時調査

일련번호	판명		간행일	면	단수	기사명
157824	朝鮮朝日	南鮮版	1928-09-09	1	05단	城津まで復舊す/愛婦支部が水害罹災の義捐金募集
157825	朝鮮朝日	南鮮版	1928-09-09	1	06단	渡邊東拓總裁辭任說傳はる/池邊氏を除く三理事も一蓮托生で辭任か
157826	朝鮮朝日	南鮮版	1928-09-09	1	06단	不良客をお互に知らせ合はうと旅館業者が研究/釜山で開かれた聯合會
157827	朝鮮朝日	南鮮版	1928-09-09	1	07단	教員試驗合格者
157828	朝鮮朝日	南鮮版	1928-09-09	1	07단	御大典記念競馬
157829	朝鮮朝日	南鮮版	1928-09-09	1	08단	富永氏の遺骨下關を通過大村に向ふ
157830	朝鮮朝日	南鮮版	1928-09-09	1	08단	十六間以內を橫切る場合は急停車せんでもよい/轢殺事件の新判例
157831	朝鮮朝日	南鮮版	1928-09-09	1	08단	遭難漁船の二隻が漂着/引續き捜査中
157832	朝鮮朝日	南鮮版	1928-09-09	1	08단	賭博上手の少年殺さる
157833	朝鮮朝日	南鮮版	1928-09-09	1	08단	咸鏡南北道水害義金取扱(取扱所/水害義金)
157834	朝鮮朝日	南鮮版	1928-09-09	1	09단	生活難から寡婦の自殺
157835	朝鮮朝日	南鮮版	1928-09-09	1	09단	密陽署に保管の拳銃盜みとらる
157836	朝鮮朝日	南鮮版	1928-09-09	1	10단	運動界(全龍中決勝/クラブ野球戰)
157837	朝鮮朝日	南鮮版	1928-09-09	1	10단	人(佐藤虎次郎氏(同民會副會長)/松浦鎭次郎氏(城大總長)/志賀潔博士/笠井眞三博士/蓑田長平氏(釜山刑務所長)/陣內利夫氏(新忠北地方課長))
157838	朝鮮朝日	南鮮版	1928-09-09	1	10단	半島茶話
157839	朝鮮朝日	西北・南鮮版	1928-09-09	2	01단	道廳所在地に短波無線局を設備すべく研究中
157840	朝鮮朝日	西北・南鮮版	1928-09-09	2	01단	商圈擴張の自動車會社調査會を開く
157841	朝鮮朝日	西北・南鮮版	1928-09-09	2	01단	鮮魚氷藏の運搬船整理/弊害が多い
157842	朝鮮朝日	西北・南鮮版	1928-09-09	2	01단	雫の聲
157843	朝鮮朝日	西北・南鮮版	1928-09-09	2	02단	瓦電々燈料値下の要望/商議が協議
157844	朝鮮朝日	西北・南鮮版	1928-09-09	2	02단	二百町以下の土地改良は地方廳で認可
157845	朝鮮朝日	西北・南鮮版	1928-09-09	2	02단	蘆田の福音/人蔘栽培の簾の原料に
157846	朝鮮朝日	西北・南鮮版	1928-09-09	2	02단	京城百貨旅商隊
157847	朝鮮朝日	西北・南鮮版	1928-09-09	2	02단	春川の納稅成績が良い
157848	朝鮮朝日	西北・南鮮版	1928-09-09	2	03단	自動車唧筒南浦が購入
157849	朝鮮朝日	西北・南鮮版	1928-09-09	2	03단	山林經營者懇談
157850	朝鮮朝日	西北・南鮮版	1928-09-09	2	03단	全鮮手形交換高
157851	朝鮮朝日	西北・南鮮版	1928-09-09	2	03단	元山手形交換高
157852	朝鮮朝日	西北・南鮮版	1928-09-09	2	03단	新刊紹介(『朝鮮公論九月號』/『朝鮮及滿洲九月號』)
157853	朝鮮朝日	西北・南鮮版	1928-09-09	2	04단	浮世草

일련번호	판명		간행일	면	단수	기사명
157854	朝鮮朝日	西北版	1928-09-11	1	01단	時事鳥瞰/一遍の視察位で堂々と可否を言ふべきでは無い國有財産法の施行
157855	朝鮮朝日	西北版	1928-09-11	1	01단	落穗集(三)/下村海南
157856	朝鮮朝日	西北版	1928-09-11	1	01단	今さら取引所の利權漁りでも有るまい/然し朝鮮だけで出來るかと怪氣焰の島德藏氏
157857	朝鮮朝日	西北版	1928-09-11	1	01단	飛行郵便の受付始まる
157858	朝鮮朝日	西北版	1928-09-11	1	02단	朝鮮藥學會十六回總會
157859	朝鮮朝日	西北版	1928-09-11	1	03단	記念の木盃/御大典に分つ
157860	朝鮮朝日	西北版	1928-09-11	1	03단	內鮮滿連絡飛機太刀洗に引返
157861	朝鮮朝日	西北版	1928-09-11	1	04단	教員試驗新義州で擧行
157862	朝鮮朝日	西北版	1928-09-11	1	04단	ちりめん山の公園計劃は不可能と決定
157863	朝鮮朝日	西北版	1928-09-11	1	04단	咸興靑訓所十五日開所
157864	朝鮮朝日	西北版	1928-09-11	1	04단	內人物語(２)/浮世に遠き內人にも稀に戀の炎が燃え不義は御殿の法度と死刑流刑を受けたのもある
157865	朝鮮朝日	西北版	1928-09-11	1	05단	不自由勝ちの警官の生活/來年度に增俸の計劃/賞與は別途の豫算に計上
157866	朝鮮朝日	西北版	1928-09-11	1	06단	輪城川の氾濫
157867	朝鮮朝日	西北版	1928-09-11	1	06단	堆肥增産共進會
157868	朝鮮朝日	西北版	1928-09-11	1	06단	戶山學校の軍樂隊來鮮/各地で演奏
157869	朝鮮朝日	西北版	1928-09-11	1	07단	平北獸醫打合會
157870	朝鮮朝日	西北版	1928-09-11	1	07단	行政講習會期間八十餘日
157871	朝鮮朝日	西北版	1928-09-11	1	07단	またしても城津の豪雨 浸水倒壞家屋多く鐵道例により不通/圖們天圖の復舊は見込がたゝぬ/水難救濟會百圓を贈る/朝鮮軍から見舞金を贈る/義捐金募集打合/平南奧地の出水 八十戶浸水
157872	朝鮮朝日	西北版	1928-09-11	1	08단	咸鏡南北道水害義金取扱(取扱規定/水害義金)
157873	朝鮮朝日	西北版	1928-09-11	1	08단	內鮮融和の七生義團が朝鮮に支部
157874	朝鮮朝日	西北版	1928-09-11	1	08단	朝鮮人教師敍勳さる
157875	朝鮮朝日	西北版	1928-09-11	1	08단	水原高農生秘密結社を組織し檢擧
157876	朝鮮朝日	西北版	1928-09-11	1	09단	自殺靑年は神經衰弱
157877	朝鮮朝日	西北版	1928-09-11	1	10단	鷄林山嶽會京城で組織
157878	朝鮮朝日	西北版	1928-09-11	1	10단	硬式庭球大會
157879	朝鮮朝日	西北版	1928-09-11	1	10단	朝鮮神宮豫選
157880	朝鮮朝日	西北版	1928-09-11	1	10단	半島茶話
157881	朝鮮朝日	南鮮版	1928-09-11	1	01단	時事鳥瞰/一遍の視察位で堂々と可否を言ふべきでは無い國有財産法の施行
157882	朝鮮朝日	南鮮版	1928-09-11	1	01단	落穗集(三)/下村海南

일련번호	판명		간행일	면	단수	기사명
157883	朝鮮朝日	南鮮版	1928-09-11	1	01단	今さら取引所の利權漁りでも有るまい/然し朝鮮だけで出來るかと怪氣焰の島德藏氏
157884	朝鮮朝日	南鮮版	1928-09-11	1	01단	飛行郵便の受付始まる
157885	朝鮮朝日	南鮮版	1928-09-11	1	02단	朝鮮藥學會十六回總會
157886	朝鮮朝日	南鮮版	1928-09-11	1	03단	朝鮮藥友會佛國寺で開催
157887	朝鮮朝日	南鮮版	1928-09-11	1	03단	內鮮滿連絡飛機太刀洗に引返
157888	朝鮮朝日	南鮮版	1928-09-11	1	04단	全鮮一を誇る大邱醫院竣工
157889	朝鮮朝日	南鮮版	1928-09-11	1	04단	內人物語(２)/浮世に遠き內人にも稀に戀の炎が燃え不義は御殿の法度と死刑流刑を受けたのもある
157890	朝鮮朝日	南鮮版	1928-09-11	1	05단	不自由勝ちの警官の生活/來年度に增俸の計劃/賞與は別途の豫算に計上
157891	朝鮮朝日	南鮮版	1928-09-11	1	06단	青い鳥は歌ふ/釜山あをやま生
157892	朝鮮朝日	南鮮版	1928-09-11	1	06단	淸州記者團組織
157893	朝鮮朝日	南鮮版	1928-09-11	1	06단	炭酸水浴場浴客で大賑ひ
157894	朝鮮朝日	南鮮版	1928-09-11	1	06단	大邱聯隊の除隊兵退營/見送が盛ん
157895	朝鮮朝日	南鮮版	1928-09-11	1	07단	戶山學校の軍樂隊來鮮/各地で演奏
157896	朝鮮朝日	南鮮版	1928-09-11	1	07단	行政講習會期間八十餘日
157897	朝鮮朝日	南鮮版	1928-09-11	1	07단	またしても城津の豪雨　浸水倒壞家屋多く鐵道例により不通/朝鮮軍から見舞金を贈る/圖們天圖の復舊は見込がたゝぬ
157898	朝鮮朝日	南鮮版	1928-09-11	1	08단	內鮮融和の七生義團が朝鮮に支部
157899	朝鮮朝日	南鮮版	1928-09-11	1	08단	朝鮮人教師敍勳さる
157900	朝鮮朝日	南鮮版	1928-09-11	1	08단	水原高農生秘密結社を組織し檢擧
157901	朝鮮朝日	南鮮版	1928-09-11	1	08단	咸鏡南北道水害義金取扱(取扱規定/水害義金)
157902	朝鮮朝日	南鮮版	1928-09-11	1	09단	兇賊二名が發砲して抵抗/やむなく警官も應戰/遂にこれを射殺す
157903	朝鮮朝日	南鮮版	1928-09-11	1	09단	謎の爆藥女を傷つく
157904	朝鮮朝日	南鮮版	1928-09-11	1	10단	硬式庭球大會
157905	朝鮮朝日	南鮮版	1928-09-11	1	10단	疑問の死體身許が判らぬ
157906	朝鮮朝日	南鮮版	1928-09-11	1	10단	半島茶話
157907	朝鮮朝日	西北・南鮮版	1928-09-11	2	01단	日曜のペーヂ/院展二科鳥瞰/めづらしい力作ぞろひ/川路柳虹
157908	朝鮮朝日	西北・南鮮版	1928-09-11	2	04단	朝鮮米の貯藏に改良を齎すべき/米穀貯藏の共進會穀物大會を機に開催
157909	朝鮮朝日	西北・南鮮版	1928-09-11	2	04단	漁業組合の各道聯合會設立の計劃
157910	朝鮮朝日	西北・南鮮版	1928-09-11	2	05단	片倉製絲の生絲の輸送/群山から積出
157911	朝鮮朝日	西北・南鮮版	1928-09-11	2	05단	兒島課長が釜山を視察
157912	朝鮮朝日	西北・南鮮版	1928-09-11	2	06단	林兼商店が製氷所計劃/仁川府が斡旋

일련번호	판명		간행일	면	단수	기사명
157913	朝鮮朝日	西北・南鮮版	1928-09-11	2	06단	雫の聲
157914	朝鮮朝日	西北・南鮮版	1928-09-11	2	06단	朝鮮水力電氣四萬キロの發電をなす
157915	朝鮮朝日	西北・南鮮版	1928-09-11	2	06단	統營の煎子近來は不況
157916	朝鮮朝日	西北・南鮮版	1928-09-11	2	07단	漁業組合の官選理事制明年から實施
157917	朝鮮朝日	西北・南鮮版	1928-09-11	2	07단	鑵詰が拂底/平壤地方に
157918	朝鮮朝日	西北・南鮮版	1928-09-11	2	07단	湖南銀行業績
157919	朝鮮朝日	西北・南鮮版	1928-09-11	2	07단	浮世草
157920	朝鮮朝日	西北版	1928-09-12	1	01단	落穗集(四)/下村海南
157921	朝鮮朝日	西北版	1928-09-12	1	01단	水原高農學生の秘密結社に狼狼し德風振興の訓旨を山梨總督が各道に通牒/學生以外にも連累者ある見込で引續き嚴重取調中
157922	朝鮮朝日	西北版	1928-09-12	1	01단	池上總監が海州を視察
157923	朝鮮朝日	西北版	1928-09-12	1	02단	新義州の府廳舍改築明後年度か
157924	朝鮮朝日	西北版	1928-09-12	1	03단	崇實專門が畜産科新設に決定
157925	朝鮮朝日	西北版	1928-09-12	1	03단	女子中等校校長會議は明年は京城
157926	朝鮮朝日	西北版	1928-09-12	1	03단	沙里院下水溝行き惱む/無償提供を地主が拒絶
157927	朝鮮朝日	西北版	1928-09-12	1	04단	郵便物の區分を列車内で行ふ/大きな局に集める要なく到達時日が早くなる
157928	朝鮮朝日	西北版	1928-09-12	1	04단	朝鮮蠶絲會から獻上の羽二重/織初式嚴かに執行/實況を活寫に撮影
157929	朝鮮朝日	西北版	1928-09-12	1	04단	俳句/鈴木花蓑選
157930	朝鮮朝日	西北版	1928-09-12	1	04단	咸南文川郡無煙炭採掘漸次增加す
157931	朝鮮朝日	西北版	1928-09-12	1	04단	新義州驛擴張に決定
157932	朝鮮朝日	西北版	1928-09-12	1	05단	新義州の公設運動場いよいよ着工
157933	朝鮮朝日	西北版	1928-09-12	1	05단	平壤聯隊除隊式
157934	朝鮮朝日	西北版	1928-09-12	1	05단	豚毛手工講習會
157935	朝鮮朝日	西北版	1928-09-12	1	05단	植林保護の標語を募集
157936	朝鮮朝日	西北版	1928-09-12	1	05단	最も憂へられるは被害地の糧食缺乏 鐵道の復舊は當分望みなく北鮮再度の大水害/平壤朝鮮人團體慰問金の計劃/電信電話や無線も不通/條件つきで義金募集許可/米麥の代りに麥粉を食用に 僻地の損害なほ不明
157937	朝鮮朝日	西北版	1928-09-12	1	06단	北鮮秋季大學羅南で開催
157938	朝鮮朝日	西北版	1928-09-12	1	06단	舞鶴北鮮視察團
157939	朝鮮朝日	西北版	1928-09-12	1	06단	新義州商業マーケット三日間開催
157940	朝鮮朝日	西北版	1928-09-12	1	06단	牡丹台野話
157941	朝鮮朝日	西北版	1928-09-12	1	06단	滯納の多い安東の公費
157942	朝鮮朝日	西北版	1928-09-12	1	07단	病人までも起あがって病氣を隱蔽

일련번호	판명		간행일	면	단수	기사명
157943	朝鮮朝日	西北版	1928-09-12	1	07단	朝鮮展其他を協議/關門聯合婦人會
157944	朝鮮朝日	西北版	1928-09-12	1	07단	佐藤氏の葬儀
157945	朝鮮朝日	西北版	1928-09-12	1	07단	後難を恐れ慘殺し山中に遺棄
157946	朝鮮朝日	西北版	1928-09-12	1	08단	干拓の補助が增加の曉は利權屋が狂奔せん/今後は斷然不許可
157947	朝鮮朝日	西北版	1928-09-12	1	08단	拳銃の密輸安東で發見
157948	朝鮮朝日	西北版	1928-09-12	1	09단	咸鏡南北道水害義金取扱(取扱規定/水害義金)
157949	朝鮮朝日	西北版	1928-09-12	1	09단	釣に行って遭難したか
157950	朝鮮朝日	西北版	1928-09-12	1	09단	聯合艦隊の幹部を招待歡迎會を開く
157951	朝鮮朝日	西北版	1928-09-12	1	10단	注意人物の怪しい靑年列車內で檢擧
157952	朝鮮朝日	西北版	1928-09-12	1	10단	平壤靑訓所四日入所式
157953	朝鮮朝日	西北版	1928-09-12	1	10단	會(初等教員講習會)
157954	朝鮮朝日	西北版	1928-09-12	1	10단	人(金谷軍司令官)
157955	朝鮮朝日	西北版	1928-09-12	1	10단	半島茶話
157956	朝鮮朝日	南鮮版	1928-09-12	1	01단	落穗集(四)/下村海南
157957	朝鮮朝日	南鮮版	1928-09-12	1	01단	水原高農學生の秘密結社に狼狽し德風振興の訓旨を山
157958	朝鮮朝日	南鮮版	1928-09-12	1	01단	梨總督が各道に通牒/學生以外にも連累者ある見込で引續き嚴重取調中
157958	朝鮮朝日	南鮮版	1928-09-12	1	01단	浦項の築港工事が進捗
157959	朝鮮朝日	南鮮版	1928-09-12	1	02단	中鮮新報發刊
157960	朝鮮朝日	南鮮版	1928-09-12	1	03단	女子中等校校長會議は明年は京城
157961	朝鮮朝日	南鮮版	1928-09-12	1	03단	醫專開設も明年度には望みが薄い/慶北の豫算難
157962	朝鮮朝日	南鮮版	1928-09-12	1	03단	朝鮮蠶絲會から獻上の羽二重/織初式嚴かに執行/實況を活寫に撮影
157963	朝鮮朝日	南鮮版	1928-09-12	1	04단	蔚山郵便局新築落成す
157964	朝鮮朝日	南鮮版	1928-09-12	1	04단	小作料を地主が全免/旱害を見て
157965	朝鮮朝日	南鮮版	1928-09-12	1	04단	八月までの渡航朝鮮人十三萬九千人
157966	朝鮮朝日	南鮮版	1928-09-12	1	04단	大邱日報社役員が決定
157967	朝鮮朝日	南鮮版	1928-09-12	1	05단	朝鮮展其他を協議/關門聯合婦人會
157968	朝鮮朝日	南鮮版	1928-09-12	1	05단	聯合艦隊の幹部を招待歡迎會を開く
157969	朝鮮朝日	南鮮版	1928-09-12	1	05단	郵便物の區分を列車內で行ふ/大きな局に集める要なく到達時日が早くなる
157970	朝鮮朝日	南鮮版	1928-09-12	1	05단	京電が最新式のボギー車を運轉/ハイカラな少年車掌がお客に好感を與へる
157971	朝鮮朝日	南鮮版	1928-09-12	1	05단	俳句/鈴木花蓑選
157972	朝鮮朝日	南鮮版	1928-09-12	1	06단	靑い鳥は歌ふ/釜山あをやま生
157973	朝鮮朝日	南鮮版	1928-09-12	1	06단	佐藤氏の葬儀

일련번호	판명		간행일	면	단수	기사명
157974	朝鮮朝日	南鮮版	1928-09-12	1	06단	後難を恐れ慘殺し山中に遺棄
157975	朝鮮朝日	南鮮版	1928-09-12	1	06단	最も憂へられるは被害地の糧食缺乏 鐵道の復舊は當分望みなく北鮮再度の大水害/米麥の代りに麥粉を食用に 僻地の損害なほ不明/條件つきで義金募集許可
157976	朝鮮朝日	南鮮版	1928-09-12	1	07단	無盡に絡み吏員の不正
157977	朝鮮朝日	南鮮版	1928-09-12	1	07단	干拓の補助が增加の曉は利權屋が狂奔せん/今後は斷然不許可
157978	朝鮮朝日	南鮮版	1928-09-12	1	07단	道立醫院出張所を各郡に設けて醫員二名と女醫を駐在せしむる慶南の計劃
157979	朝鮮朝日	南鮮版	1928-09-12	1	08단	出刃で斬る飮酒の揚句
157980	朝鮮朝日	南鮮版	1928-09-12	1	09단	咸鏡南北道水害義金取扱(取扱規定/水害義金)
157981	朝鮮朝日	南鮮版	1928-09-12	1	09단	大規模のモヒ密輸/本町署の活動
157982	朝鮮朝日	南鮮版	1928-09-12	1	09단	會(初等敎員講習會)
157983	朝鮮朝日	南鮮版	1928-09-12	1	10단	半島茶話
157984	朝鮮朝日	西北・南鮮版	1928-09-12	2	01단	旱害による京畿道の減收/昨年より八十萬石減
157985	朝鮮朝日	西北・南鮮版	1928-09-12	2	01단	小作法の改善打合/慶南の調査
157986	朝鮮朝日	西北・南鮮版	1928-09-12	2	01단	零の聲
157987	朝鮮朝日	西北・南鮮版	1928-09-12	2	01단	長生浦の三角巡航船認可さる
157988	朝鮮朝日	西北・南鮮版	1928-09-12	2	01단	南鮮東海岸作柄も良く漁業も豊況
157989	朝鮮朝日	西北・南鮮版	1928-09-12	2	02단	四頭の鯨を長生浦沖で捕獲
157990	朝鮮朝日	西北・南鮮版	1928-09-12	2	02단	江原道の新延江鐵橋いよいよ着工
157991	朝鮮朝日	西北・南鮮版	1928-09-12	2	02단	南から北へ鯖の回游が大體判明す
157992	朝鮮朝日	西北・南鮮版	1928-09-12	2	02단	全北の棉作作柄が良好
157993	朝鮮朝日	西北・南鮮版	1928-09-12	2	02단	主要七港の米の廻着高/前月より增加
157994	朝鮮朝日	西北・南鮮版	1928-09-12	2	03단	米豆と生牛/元山の移出量
157995	朝鮮朝日	西北・南鮮版	1928-09-12	2	03단	平北「龜の尾」値頃が高い
157996	朝鮮朝日	西北・南鮮版	1928-09-12	2	03단	專賣局辭令
157997	朝鮮朝日	西北・南鮮版	1928-09-12	2	03단	卷煙草は增刻みは減少/煙草製造高
157998	朝鮮朝日	西北・南鮮版	1928-09-12	2	03단	大豆廻着高
157999	朝鮮朝日	西北・南鮮版	1928-09-12	2	04단	大田店員表彰式
158000	朝鮮朝日	西北・南鮮版	1928-09-12	2	04단	浮世草
158001	朝鮮朝日	西北版	1928-09-13	1	01단	落穗集(五)/下村海南
158002	朝鮮朝日	西北版	1928-09-13	1	01단	旱害の救濟者は總督府では無い/地主それ自身である/あまりに人に賴り過ぎる
158003	朝鮮朝日	西北版	1928-09-13	1	01단	今後參與官を重く用ひて統治上の意見をば每年二回提出さす
158004	朝鮮朝日	西北版	1928-09-13	1	01단	移住民組合が東拓を非難/大會を開いて攻擊

일련번호	판명		간행일	면	단수	기사명
158005	朝鮮朝日	西北版	1928-09-13	1	01단	沙里院面電身賣値段六萬五千圓
158006	朝鮮朝日	西北版	1928-09-13	1	02단	平南警官招魂祭
158007	朝鮮朝日	西北版	1928-09-13	1	02단	各地だより(新義州/沙里院/鎭南浦/安東縣)
158008	朝鮮朝日	西北版	1928-09-13	1	03단	酒造業者の脱稅事件/蒸し返さる
158009	朝鮮朝日	西北版	1928-09-13	1	03단	北鮮だより(１)/京城一記者
158010	朝鮮朝日	西北版	1928-09-13	1	04단	朝鮮最古の字引黃海道で發見/掛けがへの無い珍本で城大で大切に保存
158011	朝鮮朝日	西北版	1928-09-13	1	04단	豫定通り全通式は十月一日に擧行/京城から臨時列車を出し間島視察にも便宜を圖る
158012	朝鮮朝日	西北版	1928-09-13	1	04단	後備將卒を平壤聯隊召集
158013	朝鮮朝日	西北版	1928-09-13	1	05단	社會事業打合會
158014	朝鮮朝日	西北版	1928-09-13	1	05단	平北の秋蠶發育は良好
158015	朝鮮朝日	西北版	1928-09-13	1	05단	咸鏡線は全通/たゞ徐行があるので遲延/避難民も續々歸還
158016	朝鮮朝日	西北版	1928-09-13	1	06단	平壤署竣工す/全鮮に類の無い新式
158017	朝鮮朝日	西北版	1928-09-13	1	06단	貧者のため稅金を代納/表彰さる
158018	朝鮮朝日	西北版	1928-09-13	1	07단	短歌/橋田東聲選
158019	朝鮮朝日	西北版	1928-09-13	1	08단	巡査殺し犯人又も巡査を射殺/更に一名を殺し逃走/遂に不忍池で捕はる
158020	朝鮮朝日	西北版	1928-09-13	1	08단	制服制帽もまゝ遊廓に練込み質屋通ひに忙しい不良學生が平壤に多い
158021	朝鮮朝日	西北版	1928-09-13	1	08단	月尾島の水泳入場者一日千七百人
158022	朝鮮朝日	西北版	1928-09-13	1	08단	牡丹台野話
158023	朝鮮朝日	西北版	1928-09-13	1	08단	下痢兵士の一名は赤痢
158024	朝鮮朝日	西北版	1928-09-13	1	09단	結氷後の馬賊の來襲/江岸民が憂慮
158025	朝鮮朝日	西北版	1928-09-13	1	09단	炭坑が崩壞し坑夫十名が生埋/一名だけ漸く堀出す
158026	朝鮮朝日	西北版	1928-09-13	1	09단	咸鏡南北道水害義金取扱(取扱規定/水害義金)
158027	朝鮮朝日	西北版	1928-09-13	1	10단	運動界(平鐵三菱に勝つ/平壤老童庭球會)
158028	朝鮮朝日	西北版	1928-09-13	1	10단	人(金谷大將(軍司令官)/篠田李王職次官/小笠淺次氏(新任平北學務課長)/松本誠氏(專賣局長)/武井秀吉氏(平壤專賣支局長)/吉川保夫君)
158029	朝鮮朝日	西北版	1928-09-13	1	10단	半島茶話
158030	朝鮮朝日	南鮮版	1928-09-13	1	01단	落穗集(五)/下村海南
158031	朝鮮朝日	南鮮版	1928-09-13	1	01단	旱害の救濟者は總督府では無い/地主それ自身である/あまりに人に賴り過ぎる
158032	朝鮮朝日	南鮮版	1928-09-13	1	01단	今後參與官を重く用ひて統治上の意見をば毎年二回提出さす

일련번호	판명		간행일	면	단수	기사명
158033	朝鮮朝日	南鮮版	1928-09-13	1	01단	朝鮮最古の字引黃海道で發見/掛けがへの無い珍本で城大で大切に保存
158034	朝鮮朝日	南鮮版	1928-09-13	1	02단	交通量の調査を行ふ/大邱府の試み
158035	朝鮮朝日	南鮮版	1928-09-13	1	03단	短歌/橋田東聲選
158036	朝鮮朝日	南鮮版	1928-09-13	1	03단	北鮮だより(1)/京城一記者
158037	朝鮮朝日	南鮮版	1928-09-13	1	04단	群山運動場を公園に化し運動場は移轉
158038	朝鮮朝日	南鮮版	1928-09-13	1	04단	豫定通り全通式は十月一日に擧行/京城から臨時列車を出し間島視察にも便宜を圖る
158039	朝鮮朝日	南鮮版	1928-09-13	1	04단	役人の勤勞デー
158040	朝鮮朝日	南鮮版	1928-09-13	1	04단	共生園バザー
158041	朝鮮朝日	南鮮版	1928-09-13	1	04단	貧者のため税金を代納/表彰さる
158042	朝鮮朝日	南鮮版	1928-09-13	1	05단	永同稽山組合旱害農民に低資を融通
158043	朝鮮朝日	南鮮版	1928-09-13	1	05단	南鮮實業家釜山で懇談
158044	朝鮮朝日	南鮮版	1928-09-13	1	05단	御眞影奉安殿/御大典記念に
158045	朝鮮朝日	南鮮版	1928-09-13	1	05단	京城靑訓所十七日開所
158046	朝鮮朝日	南鮮版	1928-09-13	1	06단	靑い鳥は歌ふ/釜山あをやま生
158047	朝鮮朝日	南鮮版	1928-09-13	1	06단	社會事業打合會
158048	朝鮮朝日	南鮮版	1928-09-13	1	06단	月尾島の水泳入場者一日千七百人
158049	朝鮮朝日	南鮮版	1928-09-13	1	06단	咸鏡線は全通/たゞ徐行があるので遲延/避難民も續々歸還
158050	朝鮮朝日	南鮮版	1928-09-13	1	07단	大邱府の體育デー/催のかずかず
158051	朝鮮朝日	南鮮版	1928-09-13	1	07단	海運業者に特別警戒の援助を希望
158052	朝鮮朝日	南鮮版	1928-09-13	1	08단	三萬圓の社金を橫領
158053	朝鮮朝日	南鮮版	1928-09-13	1	08단	巡査殺し犯人又も巡査を射殺/更に一名を殺し逃走/遂に不忍池で捕はる
158054	朝鮮朝日	南鮮版	1928-09-13	1	08단	人夫壓死す
158055	朝鮮朝日	南鮮版	1928-09-13	1	08단	七名を乘せた二隻の漁船が暴風雨で行方不明
158056	朝鮮朝日	南鮮版	1928-09-13	1	08단	夫練な男の放火騒ぎ
158057	朝鮮朝日	南鮮版	1928-09-13	1	08단	運動界(野球リーグ日割が決定)
158058	朝鮮朝日	南鮮版	1928-09-13	1	09단	チヌ釣競技會
158059	朝鮮朝日	南鮮版	1928-09-13	1	09단	謎の爆藥は狐獲りと判明
158060	朝鮮朝日	南鮮版	1928-09-13	1	09단	炭坑が崩壞し坑夫十名が生埋/一名だけ漸く堀出す
158061	朝鮮朝日	南鮮版	1928-09-13	1	09단	咸鏡南北道水害義金取扱(取扱規定/水害義金)
158062	朝鮮朝日	南鮮版	1928-09-13	1	10단	人見孃講演
158063	朝鮮朝日	南鮮版	1928-09-13	1	10단	會(加藤總裁歡迎宴)
158064	朝鮮朝日	南鮮版	1928-09-13	1	10단	人(篠田李王職次官/島德藏氏(大阪實業家)/今井健彥氏(代議士)/中御門經民氏(衆議院書記

일련번호	판명		간행일	면	단수	기사명
158064	朝鮮朝日	南鮮版	1928-09-13	1	10단	官)/新田次郎氏(朝鐵專務)/賀田直治氏/石原峰槌氏(東亞煙草會社專務))
158065	朝鮮朝日	南鮮版	1928-09-13	1	10단	半島茶話
158066	朝鮮朝日	西北・南鮮版	1928-09-13	2	01단	新に製作された五輛の冷藏車/成績は至極良いが利用者があるか否か
158067	朝鮮朝日	西北・南鮮版	1928-09-13	2	01단	粟と大豆收穫豫想/殖産局調査
158068	朝鮮朝日	西北・南鮮版	1928-09-13	2	01단	雫の聲
158069	朝鮮朝日	西北・南鮮版	1928-09-13	2	01단	京城の金融やゝ繁忙
158070	朝鮮朝日	西北・南鮮版	1928-09-13	2	02단	釜山木浦間自動車計劃/具體案を決定
158071	朝鮮朝日	西北・南鮮版	1928-09-13	2	02단	穀物大會に釜山の提案
158072	朝鮮朝日	西北・南鮮版	1928-09-13	2	02단	稚貝の濫獲で蛤の將來が案ぜられる
158073	朝鮮朝日	西北・南鮮版	1928-09-13	2	02단	海苔漁業者に筬建込みを慶南が指導
158074	朝鮮朝日	西北・南鮮版	1928-09-13	2	03단	增收見込の慶北の秋蠶
158075	朝鮮朝日	西北・南鮮版	1928-09-13	2	03단	永同秋繭共販
158076	朝鮮朝日	西北・南鮮版	1928-09-13	2	03단	江原夏秋蠶增收
158077	朝鮮朝日	西北・南鮮版	1928-09-13	2	03단	八月南浦貿易額
158078	朝鮮朝日	西北・南鮮版	1928-09-13	2	03단	統營發達史
158079	朝鮮朝日	西北・南鮮版	1928-09-13	2	03단	南北兩沿岸から鬱陵島に集り更に日本海を橫斷北上/朝鮮沿海潮流の移動
158080	朝鮮朝日	西北・南鮮版	1928-09-13	2	04단	浮世草
158081	朝鮮朝日	西北版	1928-09-14	1	01단	落穗集(六)/下村海南
158082	朝鮮朝日	西北版	1928-09-14	1	01단	移動警察に早も批難の聲/鐵道側が乘込警官の監視をする奇現象
158083	朝鮮朝日	西北版	1928-09-14	1	01단	警察署長の檢事々務取扱はいよいよ廢止に決定/經費五萬圓を計上
158084	朝鮮朝日	西北版	1928-09-14	1	01단	平北道の御大典賜饌/七百餘名參列
158085	朝鮮朝日	西北版	1928-09-14	1	01단	肥料購入の低資回收/平北が打合
158086	朝鮮朝日	西北版	1928-09-14	1	02단	北鮮だより(２)/京城一記者
158087	朝鮮朝日	西北版	1928-09-14	1	03단	平壤府が補助を與へ副業を獎勵
158088	朝鮮朝日	西北版	1928-09-14	1	03단	雨を衝き泥に塗れ軍事に御精勵/御新邸の竣工は遲る/李王殿下の御近情
158089	朝鮮朝日	西北版	1928-09-14	1	04단	山梨總督德風振興の訓示に贊成
158090	朝鮮朝日	西北版	1928-09-14	1	04단	大型機關車黃海線に運轉
158091	朝鮮朝日	西北版	1928-09-14	1	04단	國境道路着々と進捗
158092	朝鮮朝日	西北版	1928-09-14	1	05단	買手が無く府有地賣却/埒が明かぬ
158093	朝鮮朝日	西北版	1928-09-14	1	05단	鮮航會脫退を朝郵が打消/寧ろ妥協が望ま
158093	朝鮮朝日	西北版	1928-09-14	1	05단	しいとは遞信局方面の意見
158094	朝鮮朝日	西北版	1928-09-14	1	05단	俳句/鈴木花蓑選
158095	朝鮮朝日	西北版	1928-09-14	1	05단	內鮮滿連絡郵便機京城に到着

일련번호	판명		간행일	면	단수	기사명
158096	朝鮮朝日	西北版	1928-09-14	1	06단	汝矣島飛行場設備の充實/近く着工
158097	朝鮮朝日	西北版	1928-09-14	1	06단	城津附近被害判明/四百萬圓を超ゆる損害/慶南農作物/平北道の道路の損害百十萬圓
158098	朝鮮朝日	西北版	1928-09-14	1	06단	關門婦人會が朝鮮史料展を本社門司支局で開催/內鮮融和の一助に資す
158099	朝鮮朝日	西北版	1928-09-14	1	07단	京城公會堂において金剛流演能大會
158100	朝鮮朝日	西北版	1928-09-14	1	07단	戰歿將卒招魂祭
158101	朝鮮朝日	西北版	1928-09-14	1	07단	三百五十萬圓の巨費を投じて平壤驛舍を新築/明後年に起工か
158102	朝鮮朝日	西北版	1928-09-14	1	08단	ダイナマイトを密藏の嫌疑で有力者十數名が拘引/載寧、沙里院兩署が活動
158103	朝鮮朝日	西北版	1928-09-14	1	08단	牡丹台野話
158104	朝鮮朝日	西北版	1928-09-14	1	09단	雨に洗はれ松茸が無い
158105	朝鮮朝日	西北版	1928-09-14	1	09단	未曾有の水害に同情が集って涙と共に義金を託する人が多い
158106	朝鮮朝日	西北版	1928-09-14	1	09단	北鮮風水害義金/十三日門司支局扱
158107	朝鮮朝日	西北版	1928-09-14	1	10단	世界最高の香料の原料ヤマハマナス咸南に野生す
158108	朝鮮朝日	西北版	1928-09-14	1	10단	お茶のあと
158109	朝鮮朝日	西北版	1928-09-14	1	10단	元山野球聯盟
158110	朝鮮朝日	西北版	1928-09-14	1	10단	ゴルフリンク計劃が漏れ地價が暴騰
158111	朝鮮朝日	西北版	1928-09-14	1	10단	暴行生徒の罪が確定
158112	朝鮮朝日	西北版	1928-09-14	1	10단	人(高野貞二氏(平壤憲兵隊長)/松村土地改良部長)
158113	朝鮮朝日	南鮮版	1928-09-14	1	01단	落穗集(六)/下村海南
158114	朝鮮朝日	南鮮版	1928-09-14	1	01단	移動警察に早も批難の聲/鐵道側が乘込警官の監視をする奇現象
158115	朝鮮朝日	南鮮版	1928-09-14	1	01단	警察署長の檢事々務取扱はいよいよ廢止に決定/經費五萬圓を計上
158116	朝鮮朝日	南鮮版	1928-09-14	1	01단	北鮮だより(２)/京城一記者
158117	朝鮮朝日	南鮮版	1928-09-14	1	02단	地方賜饌の光榮者千三百餘名
158118	朝鮮朝日	南鮮版	1928-09-14	1	03단	聯合艦隊の鎮海入港は十六日午後/歡迎方法を要港部が決定
158119	朝鮮朝日	南鮮版	1928-09-14	1	03단	鮮航會脱退を朝郵が打消/寧ろ妥協が望ましいとは遞信局方面の意見
158120	朝鮮朝日	南鮮版	1928-09-14	1	03단	お茶のあと
158121	朝鮮朝日	南鮮版	1928-09-14	1	04단	山梨總督德風振興の訓示に賛成
158122	朝鮮朝日	南鮮版	1928-09-14	1	05단	御大典記念公會堂建設/寄附が纏る
158123	朝鮮朝日	南鮮版	1928-09-14	1	05단	雨を衝き泥に塗れ軍事に御精勵/御新邸の

일련번호	판명		간행일	면	단수	기사명
158123	朝鮮朝日	南鮮版	1928-09-14	1	05단	竣工は遅る/李王殿下の御近情
158124	朝鮮朝日	南鮮版	1928-09-14	1	05단	俳句/鈴木花蓑選
158125	朝鮮朝日	南鮮版	1928-09-14	1	06단	鷄林山嶽會京城で組織
158126	朝鮮朝日	南鮮版	1928-09-14	1	06단	汝矣島飛行場設備の充實/近く着工
158127	朝鮮朝日	南鮮版	1928-09-14	1	06단	地方改良講習會
158128	朝鮮朝日	南鮮版	1928-09-14	1	06단	内鮮滿連絡郵便機京城に到着/大邱を通過
158129	朝鮮朝日	南鮮版	1928-09-14	1	06단	關門婦人會が朝鮮史料展を本社門司支局で開催/内鮮融和の一助に資す
158130	朝鮮朝日	南鮮版	1928-09-14	1	06단	三百五十萬圓の巨費を投じて平壤驛舍を新築/明後年に起工か
158131	朝鮮朝日	南鮮版	1928-09-14	1	07단	青い鳥は歌ふ/釜山あをやま生
158132	朝鮮朝日	南鮮版	1928-09-14	1	07단	可愛らしいカンガール動物園に來る
158133	朝鮮朝日	南鮮版	1928-09-14	1	07단	大邱府が温突の改良/十年がゝりで
158134	朝鮮朝日	南鮮版	1928-09-14	1	07단	安氏セロ獨奏會
158135	朝鮮朝日	南鮮版	1928-09-14	1	08단	神宮競技豫選
158136	朝鮮朝日	南鮮版	1928-09-14	1	08단	種痘
158137	朝鮮朝日	南鮮版	1928-09-14	1	08단	刑事の喉を絞め氣絶せしむ
158138	朝鮮朝日	南鮮版	1928-09-14	1	08단	無理心中男は卽死女は無傷
158139	朝鮮朝日	南鮮版	1928-09-14	1	08단	京城公會堂において金剛流演能大會
158140	朝鮮朝日	南鮮版	1928-09-14	1	09단	二百餘圓を巡査が騙取/渡航者を欺き
158141	朝鮮朝日	南鮮版	1928-09-14	1	09단	未曾有の水害に同情が集って涙と共に義金を託する人が多い
158142	朝鮮朝日	南鮮版	1928-09-14	1	10단	釜山差立の赤行囊船中で紛失
158143	朝鮮朝日	南鮮版	1928-09-14	1	10단	渡航朝鮮人を巧みに欺き金員を騙る
158144	朝鮮朝日	南鮮版	1928-09-14	1	10단	人(高野貞二氏(平壤憲兵隊長)/松村土地改良部長/名倉勝氏(本府技師)/大川周明博士/大國次郎博士(釜山鐵道病院小兒科長)/鹿野新平北警察部長/吉澤作造少長(海軍平壤鑛業部長)/久能常吉氏)
158145	朝鮮朝日	南鮮版	1928-09-14	1	10단	北鮮風水害義金/十三日門司支局扱
158146	朝鮮朝日	西北・南鮮版	1928-09-14	2	01단	例外的な場合は緻方がない/要は工費の問題/鐵道工事は杜撰でない
158147	朝鮮朝日	西北・南鮮版	1928-09-14	2	01단	雫の聲
158148	朝鮮朝日	西北・南鮮版	1928-09-14	2	01단	仁川沖德積の大不漁/倒産者を出す
158149	朝鮮朝日	西北・南鮮版	1928-09-14	2	02단	府工事請負は在住納稅を資格にせよ
158150	朝鮮朝日	西北・南鮮版	1928-09-14	2	02단	三千浦棧橋完成開放す
158151	朝鮮朝日	西北・南鮮版	1928-09-14	2	02단	棉作獎勵を主任官が打合
158152	朝鮮朝日	西北・南鮮版	1928-09-14	2	02단	金剛山電鐵豫算の内容/認可申請中
158153	朝鮮朝日	西北・南鮮版	1928-09-14	2	02단	忠南熊川郵便所電信電話取扱

일련번호	판명		간행일	면	단수	기사명
158154	朝鮮朝日	西北・南鮮版	1928-09-14	2	03단	蝦の不漁で南浦水産減少
158155	朝鮮朝日	西北・南鮮版	1928-09-14	2	03단	九月上旬局線の貨物/米と靑果增加
158156	朝鮮朝日	西北・南鮮版	1928-09-14	2	03단	大豆と粟の慶南の作柄
158157	朝鮮朝日	西北・南鮮版	1928-09-14	2	03단	京南鐵業績
158158	朝鮮朝日	西北・南鮮版	1928-09-14	2	03단	安東商議理事會
158159	朝鮮朝日	西北・南鮮版	1928-09-14	2	04단	平南穀物檢查高
158160	朝鮮朝日	西北・南鮮版	1928-09-14	2	04단	新刊紹介(『さすかた』)
158161	朝鮮朝日	西北・南鮮版	1928-09-14	2	04단	浮世草
158162	朝鮮朝日	西北版	1928-09-15	1	01단	落穗集(七)/下村海南
158163	朝鮮朝日	西北版	1928-09-15	1	01단	地主と郡守が小作制度の改善案を協議して道から實施方を通牒
158164	朝鮮朝日	西北版	1928-09-15	1	01단	乳兒の死亡は親の不注意/統計が明かに之を示す/死亡率は內地より低い
158165	朝鮮朝日	西北版	1928-09-15	1	01단	北鮮だより(3)/京城一記者
158166	朝鮮朝日	西北版	1928-09-15	1	03단	特赦減刑の調査/愼重に取扱ふやう全鮮刑務所へ通牒
158167	朝鮮朝日	西北版	1928-09-15	1	03단	旱水害も見事免れた獻上の米と粟
158168	朝鮮朝日	西北版	1928-09-15	1	04단	天盃を賜ふ高齡者/安東は十二名
158169	朝鮮朝日	西北版	1928-09-15	1	04단	女も交る醫師試驗/十月八日から
158170	朝鮮朝日	西北版	1928-09-15	1	04단	安東縣の稅關の檢査/改善法を研究
158171	朝鮮朝日	西北版	1928-09-15	1	04단	十萬圓を醵出し殖産助成の財團 殖銀十周年の自祝/殖産銀行十周年記念事業の種々
158172	朝鮮朝日	西北版	1928-09-15	1	05단	土曜漫筆/花嫁をきめる道/西村眞太郎
158173	朝鮮朝日	西北版	1928-09-15	1	05단	短歌/橋田東聲選
158174	朝鮮朝日	西北版	1928-09-15	1	05단	南浦靑訓所十一日入所式
158175	朝鮮朝日	西北版	1928-09-15	1	06단	沙里院面電身賣に決定/十一萬八千圓
158176	朝鮮朝日	西北版	1928-09-15	1	06단	目下一尺に餘る黑鯛を釣あげ童顔をニコつかせた老總監海州での淸遊/沙里院を視察 兼二浦に向ふ
158177	朝鮮朝日	西北版	1928-09-15	1	07단	牡丹台野話
158178	朝鮮朝日	西北版	1928-09-15	1	07단	平南地方課異動
158179	朝鮮朝日	西北版	1928-09-15	1	07단	釋尊祭
158180	朝鮮朝日	西北版	1928-09-15	1	07단	石油タンク落成
158181	朝鮮朝日	西北版	1928-09-15	1	07단	刑務所の大警戒/警察と共同
158182	朝鮮朝日	西北版	1928-09-15	1	07단	東拓に對する批難の原因/苛酷すぎると
158183	朝鮮朝日	西北版	1928-09-15	1	08단	淸津水道の應急修理工を急ぐ
158184	朝鮮朝日	西北版	1928-09-15	1	08단	罹災地へ送る復舊の材料や救恤品の運賃は不要
158185	朝鮮朝日	西北版	1928-09-15	1	08단	京城公會堂において金剛流演能大會

일련번호	판명		간행일	면	단수	기사명
158186	朝鮮朝日	西北版	1928-09-15	1	09단	國境牛疫免疫地帯の構成を打合
158187	朝鮮朝日	西北版	1928-09-15	1	09단	安東署射擊會
158188	朝鮮朝日	西北版	1928-09-15	1	10단	强盜米人の逮捕を手配
158189	朝鮮朝日	西北版	1928-09-15	1	10단	署長さんのメンタルテスト
158190	朝鮮朝日	西北版	1928-09-15	1	10단	渡航料を捲上げた巡査の犯行
158191	朝鮮朝日	西北版	1928-09-15	1	10단	會(淸津三氏送迎宴)
158192	朝鮮朝日	西北版	1928-09-15	1	10단	北鮮風水害義金/十四日京城支局扱
158193	朝鮮朝日	南鮮版	1928-09-15	1	01단	落穗集(七)/下村海南
158194	朝鮮朝日	南鮮版	1928-09-15	1	01단	地主と郡守が小作制度の改善案を協議して道から實施方を通牒
158195	朝鮮朝日	南鮮版	1928-09-15	1	01단	乳兒の死亡は親の不注意/統計が明かに之を示す/死亡率は內地より低い
158196	朝鮮朝日	南鮮版	1928-09-15	1	01단	北鮮だより(３)/京城一記者
158197	朝鮮朝日	南鮮版	1928-09-15	1	03단	特赦減刑の調査/愼重に取扱ふやう全鮮刑務所へ通牒
158198	朝鮮朝日	南鮮版	1928-09-15	1	03단	旱水害も見事免れた獻上の米と粟
158199	朝鮮朝日	南鮮版	1928-09-15	1	04단	裡里署新築/近く着工
158200	朝鮮朝日	南鮮版	1928-09-15	1	04단	女も交る醫師試驗/十月八日から
158201	朝鮮朝日	南鮮版	1928-09-15	1	04단	麗水港の用地買收圓滿に解決
158202	朝鮮朝日	南鮮版	1928-09-15	1	04단	十萬圓を醵出し殖産助成の財團 殖銀十周年の自祝/殖産銀行十周年記念事業の種々
158203	朝鮮朝日	南鮮版	1928-09-15	1	05단	瓦電買收の起債瀨踏？/桑原府尹歸る
158204	朝鮮朝日	南鮮版	1928-09-15	1	05단	短歌/橋田東聲選
158205	朝鮮朝日	南鮮版	1928-09-15	1	05단	京城靑訓所敎程時間割
158206	朝鮮朝日	南鮮版	1928-09-15	1	06단	土曜漫筆/花嫁をきめる道/西村眞太郎
158207	朝鮮朝日	南鮮版	1928-09-15	1	06단	靑い鳥は歌ふ/釜山あをやま生
158208	朝鮮朝日	南鮮版	1928-09-15	1	06단	競馬場への電車の複線許可される
158209	朝鮮朝日	南鮮版	1928-09-15	1	06단	仁川汽船が沿岸航路の寄港地增加
158210	朝鮮朝日	南鮮版	1928-09-15	1	07단	京城龍山間五哩を僅か七錢で走る日本で一番安い京城の府營バス
158211	朝鮮朝日	南鮮版	1928-09-15	1	07단	罹災地へ送る復舊の材料や救恤品の運賃は不要
158212	朝鮮朝日	南鮮版	1928-09-15	1	07단	刑務所の大警戒/警察と共同
158213	朝鮮朝日	南鮮版	1928-09-15	1	08단	釋尊祭
158214	朝鮮朝日	南鮮版	1928-09-15	1	08단	京城公會堂において金剛流演能大會
158215	朝鮮朝日	南鮮版	1928-09-15	1	09단	仁川で演習/七十九聯隊が
158216	朝鮮朝日	南鮮版	1928-09-15	1	09단	松茸の飢饉/旱害の結果
158217	朝鮮朝日	南鮮版	1928-09-15	1	09단	渡航料を捲上げた巡査の犯行
158218	朝鮮朝日	南鮮版	1928-09-15	1	10단	署長さんのメンタルテスト

일련번호	판명		간행일	면	단수	기사명
158219	朝鮮朝日	南鮮版	1928-09-15	1	10단	強盜米人の逮捕を手配
158220	朝鮮朝日	南鮮版	1928-09-15	1	10단	釜山メートル展
158221	朝鮮朝日	南鮮版	1928-09-15	1	10단	會(統營懇話會/御大典講演會)
158222	朝鮮朝日	南鮮版	1928-09-15	1	10단	人(矢野桃郎氏(忠南警察部長)/桑原釜山府尹/志岐信太郎氏/權藤朝新副社長)
158223	朝鮮朝日	南鮮版	1928-09-15	1	10단	北鮮風水害義金/十四日京城支局扱
158224	朝鮮朝日	西北・南鮮版	1928-09-15	2	01단	朝鮮の縮圖を一目に見せる/明秋の朝鮮大博覽會/統治以來の大規模なもの
158225	朝鮮朝日	西北・南鮮版	1928-09-15	2	01단	傳へられる程に大裝裟でない/慶南の稻作の旱害/それでも平年作より減收
158226	朝鮮朝日	西北・南鮮版	1928-09-15	2	01단	零の聲
158227	朝鮮朝日	西北・南鮮版	1928-09-15	2	01단	慶全を結ぶ自動車計劃/困難な事情
158228	朝鮮朝日	西北・南鮮版	1928-09-15	2	02단	長崎行き米穀運賃値下/朝郵と商船
158229	朝鮮朝日	西北・南鮮版	1928-09-15	2	02단	三面に一つの金組の設置/慶南の計劃
158230	朝鮮朝日	西北・南鮮版	1928-09-15	2	02단	南朝鮮電氣江景電と合同
158231	朝鮮朝日	西北・南鮮版	1928-09-15	2	02단	麻、絹布と製紙共同作業所/場所が決定
158232	朝鮮朝日	西北・南鮮版	1928-09-15	2	03단	水源地で淡水魚飼養
158233	朝鮮朝日	西北・南鮮版	1928-09-15	2	03단	安東在住の支那人漸增/內地人は減少
158234	朝鮮朝日	西北・南鮮版	1928-09-15	2	03단	私鐵下半期豫算/建設費は三百六十萬圓
158235	朝鮮朝日	西北・南鮮版	1928-09-15	2	04단	綿絲布移入高
158236	朝鮮朝日	西北・南鮮版	1928-09-15	2	04단	浮世草
158237	朝鮮朝日	西北版	1928-09-16	1	01단	落穗集(八)/下村海南
158238	朝鮮朝日	西北版	1928-09-16	1	01단	日韓併合の所以と愛國の精神を高調/新教科書編纂の骨子材料の蒐集に手間取る
158239	朝鮮朝日	西北版	1928-09-16	1	01단	朝鮮博覽會略圖
158240	朝鮮朝日	西北版	1928-09-16	1	02단	金融組合協會設立を認可/近く評議員會を開き役員を選み規定を制定
158241	朝鮮朝日	西北版	1928-09-16	1	04단	國境出動隊新義州に到着
158242	朝鮮朝日	西北版	1928-09-16	1	04단	俳句/鈴木花蓑選
158243	朝鮮朝日	西北版	1928-09-16	1	04단	金谷司令官に國境警備の充實を陳情
158244	朝鮮朝日	西北版	1928-09-16	1	04단	全鮮の大地主が集り小作制度の改善を懇談的に打ち合せ/旱水害の救濟策も協議
158245	朝鮮朝日	西北版	1928-09-16	1	04단	筆ごころ/平壤一記者/首都京城驛を凌ぐ平壤驛の新築/鐵道生字引の荒北驛長さんやがて奏任に昇進
158246	朝鮮朝日	西北版	1928-09-16	1	05단	牡丹台野話
158247	朝鮮朝日	西北版	1928-09-16	1	05단	平間氏を招き音樂の夕べD局の試み
158248	朝鮮朝日	西北版	1928-09-16	1	05단	沙里院小學校二十周年記念
158249	朝鮮朝日	西北版	1928-09-16	1	06단	實際にあった話/モダン花嫁氣質その一/京

일련번호	판명		간행일	면	단수	기사명
158249	朝鮮朝日	西北版	1928-09-16	1	06단	城A記者
158250	朝鮮朝日	西北版	1928-09-16	1	06단	咸北間島視察團淸津を見物
158251	朝鮮朝日	西北版	1928-09-16	1	06단	私鐵長豊線十二日開通
158252	朝鮮朝日	西北版	1928-09-16	1	07단	釋尊祭/十四日京城經學院にて
158253	朝鮮朝日	西北版	1928-09-16	1	07단	京城に防空隊平壤に爆擊隊/設置の必要はあるが結局は經費の問題
158254	朝鮮朝日	西北版	1928-09-16	1	08단	獲物が多い/移動警察班
158255	朝鮮朝日	西北版	1928-09-16	1	08단	回收の見込のない固定貸は切捨て生き得る者は援助する/鮮銀の貸付金整理
158256	朝鮮朝日	西北版	1928-09-16	1	09단	無斷で中繼放送をやって貰っては著作權の侵害だとA局からD局が叱られる
158257	朝鮮朝日	西北版	1928-09-16	1	10단	北鮮風水害義金/十五日/門司支局扱
158258	朝鮮朝日	西北版	1928-09-16	1	10단	お米が安い/圍米の殺到で
158259	朝鮮朝日	西北版	1928-09-16	1	10단	水害義金の募集に制限/弊害が多い
158260	朝鮮朝日	西北版	1928-09-16	1	10단	半島茶話
158261	朝鮮朝日	南鮮版	1928-09-16	1	01단	落穂集(八)/下村海南
158262	朝鮮朝日	南鮮版	1928-09-16	1	01단	日韓倂合の所以と愛國の精神を高調/新敎科書編纂の骨子材料の蒐集に手間取る
158263	朝鮮朝日	南鮮版	1928-09-16	1	01단	朝鮮博覽會略圖
158264	朝鮮朝日	南鮮版	1928-09-16	1	02단	金融組合協會設立を認可/近く評議員會を開き役員を選み規定を制定
158265	朝鮮朝日	南鮮版	1928-09-16	1	04단	久邇宮殿下東萊に御一泊
158266	朝鮮朝日	南鮮版	1928-09-16	1	04단	馬山港修築/明年から着手
158267	朝鮮朝日	南鮮版	1928-09-16	1	04단	釜山運動場行電車の開通/工事を急ぐ
158268	朝鮮朝日	南鮮版	1928-09-16	1	04단	國境出動の部隊が歸還
158269	朝鮮朝日	南鮮版	1928-09-16	1	04단	全鮮の大地主が集り小作制度の改善を懇談的に打ち合せ/旱水害の救濟策も協議
158270	朝鮮朝日	南鮮版	1928-09-16	1	04단	もし一面一校が實現した曉には旱害で就學者は少く授業料未納で道は苦しまん
158271	朝鮮朝日	南鮮版	1928-09-16	1	05단	實際にあった話/モダン花嫁氣質その一/京城A記者
158272	朝鮮朝日	南鮮版	1928-09-16	1	05단	晉州の公園計劃
158273	朝鮮朝日	南鮮版	1928-09-16	1	05단	平間氏を招き音樂の夕べD局の試み
158274	朝鮮朝日	南鮮版	1928-09-16	1	06단	釋尊祭/十四日京城經學院にて
158275	朝鮮朝日	南鮮版	1928-09-16	1	06단	舊府廳舍あとに三越が進出し堂々たる店
158275	朝鮮朝日	南鮮版	1928-09-16	1	06단	鋪を新築/來秋博覽會までに竣工
158276	朝鮮朝日	南鮮版	1928-09-16	1	07단	咸北間島視察團淸津を見物
158277	朝鮮朝日	南鮮版	1928-09-16	1	08단	回收の見込のない固定貸は切捨て生き得る者は援助する/鮮銀の貸付金整理

일련번호	판명		간행일	면	단수	기사명
158278	朝鮮朝日	南鮮版	1928-09-16	1	08단	る/鮮銀の貸付金整理
158278	朝鮮朝日	南鮮版	1928-09-16	1	08단	俳句/鈴木花蓑選
158279	朝鮮朝日	南鮮版	1928-09-16	1	08단	小作爭議暴行事件の公判が開廷
158280	朝鮮朝日	南鮮版	1928-09-16	1	08단	青い鳥は歌ふ/釜山あをやま生
158281	朝鮮朝日	南鮮版	1928-09-16	1	09단	無斷で中繼放送をやって貰っては著作權の侵害だとA局からD局が叱られる
158282	朝鮮朝日	南鮮版	1928-09-16	1	10단	釜山の野球大會
158283	朝鮮朝日	南鮮版	1928-09-16	1	10단	お米が安い/圍米の殺到で
158284	朝鮮朝日	南鮮版	1928-09-16	1	10단	半島茶話
158285	朝鮮朝日	西北・南鮮版	1928-09-16	1	10단	北鮮風水害義金/十五日/門司支局扱
158286	朝鮮朝日	西北・南鮮版	1928-09-16	2	01단	台北で開かれる漁業集談會に各種の商品を携行/見本市を開き宣傳
158287	朝鮮朝日	西北・南鮮版	1928-09-16	2	01단	海底魚族の密度調査/興味ある試み
158288	朝鮮朝日	西北・南鮮版	1928-09-16	2	01단	朝鮮商銀が馬山に進出？
158289	朝鮮朝日	西北・南鮮版	1928-09-16	2	01단	豆粕の輸入昨年より減少
158290	朝鮮朝日	西北・南鮮版	1928-09-16	2	01단	叺の製産を平北が奬勵
158291	朝鮮朝日	西北・南鮮版	1928-09-16	2	02단	平北産米檢査の成績/三等品が多い
158292	朝鮮朝日	西北・南鮮版	1928-09-16	2	02단	雫の聲
158293	朝鮮朝日	西北・南鮮版	1928-09-16	2	03단	平北の粟と大豆は良好
158294	朝鮮朝日	西北・南鮮版	1928-09-16	2	03단	南浦の蘋果滿洲へ輸出
158295	朝鮮朝日	西北・南鮮版	1928-09-16	2	03단	水害地の郵便物遞送漸く復舊す
158296	朝鮮朝日	西北・南鮮版	1928-09-16	2	03단	京城組銀擔保貸
158297	朝鮮朝日	西北・南鮮版	1928-09-16	2	04단	清津府の特産品紹介/開通式參列者に
158298	朝鮮朝日	西北・南鮮版	1928-09-16	2	04단	郵貯の總額二千七百萬圓
158299	朝鮮朝日	西北・南鮮版	1928-09-16	2	04단	清津水産品水揚
158300	朝鮮朝日	西北・南鮮版	1928-09-16	2	04단	京城酒類釀造高
158301	朝鮮朝日	西北・南鮮版	1928-09-16	2	04단	巡査部長試驗
158302	朝鮮朝日	西北・南鮮版	1928-09-16	2	04단	雄基學組會議
158303	朝鮮朝日	西北版	1928-09-16	2	04단	産婆看護婦試驗
158304	朝鮮朝日	西北版	1928-09-18	1	01단	時事鳥瞰/旱水害の對策は禍を福となせ勤勞主義を鼓吹し諸種の事業を起せ
158305	朝鮮朝日	西北版	1928-09-18	1	01단	落穗集(九)/下村海南
158306	朝鮮朝日	西北版	1928-09-18	1	01단	地方賜饌の有資格者全鮮に一萬三千人/參列者に木杯を御下賜大嘗祭當日の儀式決定
158307	朝鮮朝日	西北版	1928-09-18	1	01단	直接貸となる地方低資の融通實現せば非常の便利/林理財課長語る
158308	朝鮮朝日	西北版	1928-09-18	1	01단	多獅島滿浦鎭間國境橫斷線促進/猛烈なる運動を起す
158309	朝鮮朝日	西北版	1928-09-18	1	03단	獻穀田修祓式

일련번호	판명		간행일	면	단수	기사명
158310	朝鮮朝日	西北版	1928-09-18	1	03단	御大典奉祝
158311	朝鮮朝日	西北版	1928-09-18	1	03단	平北道內單級/小學校長會
158312	朝鮮朝日	西北版	1928-09-18	1	03단	引火質物を嚴重に取締る
158313	朝鮮朝日	西北版	1928-09-18	1	04단	國財調査に委員來雄す
158314	朝鮮朝日	西北版	1928-09-18	1	04단	救世軍朝鮮司令官ジョセフ夫妻十七日橫濱着
158315	朝鮮朝日	西北版	1928-09-18	1	04단	京城の體育デー
158316	朝鮮朝日	西北版	1928-09-18	1	04단	「朝鮮及滿洲」の一記者に答ふ/楚人冠
158317	朝鮮朝日	西北版	1928-09-18	1	05단	練習艦「木曾」各地を視察
158318	朝鮮朝日	西北版	1928-09-18	1	05단	實業野球秋季リーグ戰 京電7府廳2/神宮競技豫選大會一等の記錄/北鮮女子庭球雨の爲延期/射擊大會/豫選延期
158319	朝鮮朝日	西北版	1928-09-18	1	07단	時は秋なり地方からの人出多からうと豫想される/優良品展と酒類品評會
158320	朝鮮朝日	西北版	1928-09-18	1	07단	平北龜城郡南平野水利事業を計劃/五峰方峴を中心に二千五百町步籾五萬石增收のため
158321	朝鮮朝日	西北版	1928-09-18	1	07단	美術展覽會馬山高女が開く
158322	朝鮮朝日	西北版	1928-09-18	1	07단	辭令(東京電話)
158323	朝鮮朝日	西北版	1928-09-18	1	07단	安東神社大祭
158324	朝鮮朝日	西北版	1928-09-18	1	07단	藥劑師總會
158325	朝鮮朝日	西北版	1928-09-18	1	08단	兵營生活
158326	朝鮮朝日	西北版	1928-09-18	1	08단	合格者
158327	朝鮮朝日	西北版	1928-09-18	1	08단	御用心用心チブスが大流行/豫防注射を忘れるな
158328	朝鮮朝日	西北版	1928-09-18	1	08단	飛行船大競爭
158329	朝鮮朝日	西北版	1928-09-18	1	08단	交通事故防止標識板を揭示
158330	朝鮮朝日	西北版	1928-09-18	1	09단	實業視察
158331	朝鮮朝日	西北版	1928-09-18	1	09단	奇特な警官
158332	朝鮮朝日	西北版	1928-09-18	1	09단	氣候の加減で雉子が多い/天狗連が活躍
158333	朝鮮朝日	西北版	1928-09-18	1	09단	鯖が捕れぬ漁業者大困り
158334	朝鮮朝日	西北版	1928-09-18	1	09단	牡丹台野話
158335	朝鮮朝日	西北版	1928-09-18	1	10단	大馬賊團遂に逃走/討伐隊の爲に
158336	朝鮮朝日	西北版	1928-09-18	1	10단	馬賊の頭目阿片を强要す
158337	朝鮮朝日	西北版	1928-09-18	1	10단	執行猶豫
158338	朝鮮朝日	西北版	1928-09-18	1	10단	强竊盜團に懲役
158339	朝鮮朝日	西北版	1928-09-18	1	10단	金を盜まる
158340	朝鮮朝日	西北版	1928-09-18	1	10단	飛降轢死
158341	朝鮮朝日	西北版	1928-09-18	1	10단	二名遭難

일련번호	판명		간행일	면	단수	기사명
158342	朝鮮朝日	西北版	1928-09-18	1	10단	人(池園哲太郎氏(東京市社會教育課長)/後藤隆之助氏(對支文化會理事)/搏井蔚山驛長)
158343	朝鮮朝日	南鮮版	1928-09-18	1	01단	時事鳥瞰/旱水害の對策は禍を福となせ勤勞主義を鼓吹し諸種の事業を起せ
158344	朝鮮朝日	南鮮版	1928-09-18	1	01단	落穗集(九)/下村海南
158345	朝鮮朝日	南鮮版	1928-09-18	1	01단	地方賜饌の有資格者全鮮に一萬三千人/參列者に木杯を御下賜大嘗祭當日の儀式決定
158346	朝鮮朝日	南鮮版	1928-09-18	1	01단	直接貸となる地方低資の融通實現せば非常の便利/林理財課長語る
158347	朝鮮朝日	南鮮版	1928-09-18	1	02단	救世軍朝鮮司令官ジョセフ夫妻十七日橫濱着
158348	朝鮮朝日	南鮮版	1928-09-18	1	02단	滿鐵の政策變更から意見を交換/吉會線その他につき大村局長上京す
158349	朝鮮朝日	南鮮版	1928-09-18	1	03단	引火質物を嚴重に取締る
158350	朝鮮朝日	南鮮版	1928-09-18	1	04단	京城の體育デー
158351	朝鮮朝日	南鮮版	1928-09-18	1	04단	「朝鮮及滿洲」の一記者に答ふ/楚人冠
158352	朝鮮朝日	南鮮版	1928-09-18	1	05단	理想的な公設グラウンド經費十數萬圓を計上 大邱府の懸案實現/實業野球秋季リーグ戰 京電7A府廳2/神宮競技豫選大會一等の記錄/中等學校野球大會優勝旗寄贈/馬山の體育デー/各種競技日程 光川體育協會/卓球大會
158353	朝鮮朝日	南鮮版	1928-09-18	1	06단	青い鳥は歌ふ/釜山あをやま生
158354	朝鮮朝日	南鮮版	1928-09-18	1	06단	仁川靑訓所開所式擧行
158355	朝鮮朝日	南鮮版	1928-09-18	1	07단	朝鮮で初めての燈火管制を來る二十四日の夜/鎭海要港で實施
158356	朝鮮朝日	南鮮版	1928-09-18	1	07단	金澤春川署長警視に昇進/警視に榮轉沖德五郎氏
158357	朝鮮朝日	南鮮版	1928-09-18	1	08단	取引所問題大邱の講演會
158358	朝鮮朝日	南鮮版	1928-09-18	1	08단	御大典記念に府營圖書館十月から開館
158359	朝鮮朝日	南鮮版	1928-09-18	1	09단	署長會議二十一日から
158360	朝鮮朝日	南鮮版	1928-09-18	1	09단	御用心用心チブスが大流行/豫防注射を忘れるな
158361	朝鮮朝日	南鮮版	1928-09-18	1	09단	藥劑師總會
158362	朝鮮朝日	南鮮版	1928-09-18	1	09단	稻熱病蔓延/慶北地方に
158363	朝鮮朝日	南鮮版	1928-09-18	1	09단	聯合艦隊鎭海入港/廿日まで碇泊
158364	朝鮮朝日	南鮮版	1928-09-18	1	10단	辭令(東京電話)
158365	朝鮮朝日	南鮮版	1928-09-18	1	10단	南鮮土木協會の紛擾會長問題で
158366	朝鮮朝日	南鮮版	1928-09-18	1	10단	旱害の慘狀に對策を講ず 忠北道各郡/旱害

일련번호	판명		간행일	면	단수	기사명
158366	朝鮮朝日	南鮮版	1928-09-18	1	10단	救濟の義捐金募集
158367	朝鮮朝日	南鮮版	1928-09-18	1	10단	釜山地方大時化氣溫も降る
158368	朝鮮朝日	南鮮版	1928-09-18	1	10단	電車脱線し四名重輕傷
158369	朝鮮朝日	西北・南鮮版	1928-09-18	2	01단	今年の冬はたんまり暖まるか/未曾有の石炭合戰から總督府も煉炭の大値下を計劃
158370	朝鮮朝日	西北・南鮮版	1928-09-18	2	01단	雅びやかな色彩が褪せ殘る水原/遊覽の都としてだけでは立ち行かぬ痲しさ
158371	朝鮮朝日	西北・南鮮版	1928-09-18	2	01단	何がさうさせたか/ドン底にあへぐ倫落の女全鮮に一萬一千五百七十九人
158372	朝鮮朝日	西北・南鮮版	1928-09-18	2	02단	一まづ急場を凌ぐ間島の罹災者
158373	朝鮮朝日	西北・南鮮版	1928-09-18	2	03단	凄い水勢で全くの悲惨/咸南道の被害
158374	朝鮮朝日	西北・南鮮版	1928-09-18	2	03단	生業に復する途なく今や飢餓に瀕す被害もっとも甚しい咸南道元川面の奧地
158375	朝鮮朝日	西北・南鮮版	1928-09-18	2	03단	雫の聲
158376	朝鮮朝日	西北・南鮮版	1928-09-18	2	03단	鐵道の損害は百萬圓を下るまい/豫算は僅に二十五萬圓
158377	朝鮮朝日	西北・南鮮版	1928-09-18	2	03단	洪水の農作物被害三百十二萬餘圓/咸南道農務課調査
158378	朝鮮朝日	西北・南鮮版	1928-09-18	2	04단	慶北道の産紙全鮮一を占む
158379	朝鮮朝日	西北・南鮮版	1928-09-18	2	04단	狩獵免狀の下附が減る不景氣からか
158380	朝鮮朝日	西北・南鮮版	1928-09-18	2	05단	王者たる道を李成桂に授けた無學禪師の事ども波邊氏が金剛山で研究
158381	朝鮮朝日	西北・南鮮版	1928-09-18	2	05단	行方不明六百死傷者四百餘名家屋流失二千八百戶/被害の跡漸次判明
158382	朝鮮朝日	西北・南鮮版	1928-09-18	2	05단	水害慰問品
158383	朝鮮朝日	西北・南鮮版	1928-09-18	2	05단	平北の秋蠶繭値
158384	朝鮮朝日	西北・南鮮版	1928-09-18	2	05단	小作慣行改善黃海道出席者
158385	朝鮮朝日	西北・南鮮版	1928-09-18	2	06단	地主懇談會延期
158386	朝鮮朝日	西北・南鮮版	1928-09-18	2	07단	三百袋水害
158387	朝鮮朝日	西北・南鮮版	1928-09-18	2	07단	浮世草
158388	朝鮮朝日	西北版	1928-09-19	1	01단	落穗集(十)/下村海南
158389	朝鮮朝日	西北版	1928-09-19	1	01단	旱水害救濟復舊費總額四百萬圓位か 政府借入金で支出 罹災民には籾と粟を貸與する/惠山鎭地方の復舊工事に全力をそゝぐ/天圖
158389	朝鮮朝日	西北版	1928-09-19	1	01단	鐵道開通一部は廿一日頃損害十八萬圓
158390	朝鮮朝日	西北版	1928-09-19	1	01단	御大禮の休日は三日
158391	朝鮮朝日	西北版	1928-09-19	1	01단	水に襲はれた局子街入口
158392	朝鮮朝日	西北版	1928-09-19	1	03단	北鮮だより(4)/京城一記者
158393	朝鮮朝日	西北版	1928-09-19	1	04단	短歌/橋田東聲選

일련번호	판명		간행일	면	단수	기사명
158394	朝鮮朝日	西北版	1928-09-19	1	04단	國境守備隊の衛生狀態視察/石川軍醫部長
158395	朝鮮朝日	西北版	1928-09-19	1	05단	實際にあった話/モダン花嫁氣質その二/京城A記者
158396	朝鮮朝日	西北版	1928-09-19	1	05단	淸津水道の本年度擴張ちかく着工
158397	朝鮮朝日	西北版	1928-09-19	1	05단	昔の部下たちが遙る遙る贈った銘酒をなんだで飮む金谷司令官の感激
158398	朝鮮朝日	西北版	1928-09-19	1	06단	舍人場順川間驛名決定す
158399	朝鮮朝日	西北版	1928-09-19	1	07단	牡丹台野話
158400	朝鮮朝日	西北版	1928-09-19	1	07단	京城靑訓開所式
158401	朝鮮朝日	西北版	1928-09-19	1	07단	武道大會
158402	朝鮮朝日	西北版	1928-09-19	1	07단	自動車が橋から落ち三名重輕傷
158403	朝鮮朝日	西北版	1928-09-19	1	08단	沙里院金組の事件擴大す
158404	朝鮮朝日	西北版	1928-09-19	1	08단	魚の腹に詰めて七、八萬圓も密輸/モヒ密輸團送局さる
158405	朝鮮朝日	西北版	1928-09-19	1	09단	船夫盟休事件解決
158406	朝鮮朝日	西北版	1928-09-19	1	09단	僞造した紙幣や銅貨非常に多い
158407	朝鮮朝日	西北版	1928-09-19	1	09단	朝鮮人參密輸罰金十四萬圓
158408	朝鮮朝日	西北版	1928-09-19	1	10단	京城府內に傳染病猖獗
158409	朝鮮朝日	西北版	1928-09-19	1	10단	納稅成績優良
158410	朝鮮朝日	西北版	1928-09-19	1	10단	池上總監東上
158411	朝鮮朝日	西北版	1928-09-19	1	10단	初霜
158412	朝鮮朝日	西北版	1928-09-19	1	10단	會(鐵道醫會議/全南方面敎育研究會)
158413	朝鮮朝日	西北版	1928-09-19	1	10단	人(杉浦武雄氏/齋藤工務課長/鈴木勅任技師)
158414	朝鮮朝日	西北版	1928-09-19	1	10단	北鮮風水害義金/十八日/門司支局扱/一金九十圓五拾錢
158415	朝鮮朝日	南鮮版	1928-09-19	1	01단	落穗集(十)/下村海南
158416	朝鮮朝日	南鮮版	1928-09-19	1	01단	旱水害救濟復舊費總額四百萬圓位か 政府借入金で支出 罹災民には籾と粟を貸與する/旱害による窮狀を訴へ同情を喚起/旱害のため退學者續出 大邱農林學校/水害義金の募集に制限弊害が多い
158417	朝鮮朝日	南鮮版	1928-09-19	1	01단	御大禮の休日は三日
158418	朝鮮朝日	南鮮版	1928-09-19	1	02단	北鮮だより(4)/京城一記者
158419	朝鮮朝日	南鮮版	1928-09-19	1	03단	朝鮮山林會總會を開く/十一月大邱で
158420	朝鮮朝日	南鮮版	1928-09-19	1	04단	蔚山飛行場十月に着工
158421	朝鮮朝日	南鮮版	1928-09-19	1	04단	短歌/橋田東聲選
158422	朝鮮朝日	南鮮版	1928-09-19	1	04단	京畿金組の預金利下げ認可さる
158423	朝鮮朝日	南鮮版	1928-09-19	1	04단	釜山に漁港具體案作成/農林省技師が實地に調査/各方面で準備を進む

일련번호	판명		간행일	면	단수	기사명
158424	朝鮮朝日	南鮮版	1928-09-19	1	05단	池上總監東上
158425	朝鮮朝日	南鮮版	1928-09-19	1	05단	體育デーと馬山體育協會
158426	朝鮮朝日	南鮮版	1928-09-19	1	05단	自動車改善に徹底を期す
158427	朝鮮朝日	南鮮版	1928-09-19	1	05단	大邱府人口昨年より激增
158428	朝鮮朝日	南鮮版	1928-09-19	1	05단	實業大會出席者
158429	朝鮮朝日	南鮮版	1928-09-19	1	05단	京城靑訓開所式
158430	朝鮮朝日	南鮮版	1928-09-19	1	06단	實際にあった話/モダン花嫁氣質その二/京城A記者
158431	朝鮮朝日	南鮮版	1928-09-19	1	06단	昔の部下たちが遙る遙る贈った銘酒をなんだで飲む金谷司令官の感激
158432	朝鮮朝日	南鮮版	1928-09-19	1	07단	農大劍道部一行
158433	朝鮮朝日	南鮮版	1928-09-19	1	07단	會館敷地を許可
158434	朝鮮朝日	南鮮版	1928-09-19	1	08단	青い鳥は歌ふ/釜山あをやま生
158435	朝鮮朝日	南鮮版	1928-09-19	1	08단	値上げから濁酒非賣同盟營業者三百軒
158436	朝鮮朝日	南鮮版	1928-09-19	1	08단	橫領犯人局送り
158437	朝鮮朝日	南鮮版	1928-09-19	1	08단	僞造貨發見
158438	朝鮮朝日	南鮮版	1928-09-19	1	08단	放火生徒懲役三年
158439	朝鮮朝日	南鮮版	1928-09-19	1	08단	魚の腹に詰めて七、八萬圓も密輸/モヒ密輸團送局さる
158440	朝鮮朝日	南鮮版	1928-09-19	1	09단	自動車が橋から落ち三名重輕傷
158441	朝鮮朝日	南鮮版	1928-09-19	1	09단	初霜
158442	朝鮮朝日	南鮮版	1928-09-19	1	10단	京城府內に傳染病猖獗
158443	朝鮮朝日	南鮮版	1928-09-19	1	10단	北鮮風水害義金/十八日/門司支局扱/一金九十圓五拾錢
158444	朝鮮朝日	西北・南鮮版	1928-09-19	2	01단	殖銀利下げ二十日から實施する/東拓でも同一利率で(斷行のわけ有賀頭取談)
158445	朝鮮朝日	西北・南鮮版	1928-09-19	2	01단	全國を統一する漁業者救濟機關/政府に設置を要望す/西部日本水産大會で協議
158446	朝鮮朝日	西北・南鮮版	1928-09-19	2	01단	鱈の漁獲は豊漁を豫想さる/漁期は十一月から
158447	朝鮮朝日	西北・南鮮版	1928-09-19	2	01단	清津京城間に冷藏車配給方鐵道局へ請願
158448	朝鮮朝日	西北・南鮮版	1928-09-19	2	02단	お茶のあと
158449	朝鮮朝日	西北・南鮮版	1928-09-19	2	02단	度量衡取締
158450	朝鮮朝日	西北・南鮮版	1928-09-19	2	03단	慶南たこの漁獲爭奪戰/一千名が出漁
158451	朝鮮朝日	西北・南鮮版	1928-09-19	2	03단	大邱日報社總會
158452	朝鮮朝日	西北・南鮮版	1928-09-19	2	03단	煙草會社異動
158453	朝鮮朝日	西北・南鮮版	1928-09-19	2	03단	めっきり增えて來た此頃の忘れ物恥かしくはないか！とんだ品物もある
158454	朝鮮朝日	西北・南鮮版	1928-09-19	2	04단	旱魃のため造林活着不良

일련번호	판명		간행일	면	단수	기사명
158455	朝鮮朝日	西北・南鮮版	1928-09-19	2	04단	清州高女校記念の催し
158456	朝鮮朝日	西北・南鮮版	1928-09-19	2	04단	雫の聲
158457	朝鮮朝日	西北版	1928-09-20	1	01단	落穗集(十一)/下村海南
158458	朝鮮朝日	西北版	1928-09-20	1	01단	畏き邊りから慰問使を御差遣 北鮮水害地の各方面へ甘露寺侍從渡鮮/農作物の被害甚大 間島地方水害の跡まったく悲惨を極む/水防功勞者表彰/洪水被害鐵道全部復舊す/八十萬圓を要求 平南道の水害復舊費
158459	朝鮮朝日	西北版	1928-09-20	1	04단	俳句/鈴木花蓑選
158460	朝鮮朝日	西北版	1928-09-20	1	05단	木材關稅特例は既にその必要なし/總督府の財政計劃から來議會に更に提案
158461	朝鮮朝日	西北版	1928-09-20	1	06단	鐵道延長や警備充實を總督府へ陳情
158462	朝鮮朝日	西北版	1928-09-20	1	07단	教育會から獻上の奉頌乾坤二卷を
158463	朝鮮朝日	西北版	1928-09-20	1	07단	郵便局長級に近く大異動/海事出張所長も更迭/目下遞信局で協議中
158464	朝鮮朝日	西北版	1928-09-20	1	07단	朝鮮教育會館は是非共設立施設二十周年を機會に大體の事業内容
158465	朝鮮朝日	西北版	1928-09-20	1	08단	國境守備兵の配置に異動/增員を行ふ
158466	朝鮮朝日	西北版	1928-09-20	1	08단	記念館建設/平壤女高普校
158467	朝鮮朝日	西北版	1928-09-20	1	08단	全鮮司法官會議
158468	朝鮮朝日	西北版	1928-09-20	1	08단	辰馬汽船は飽まで入會をこばみ結局鮮米自由積取か(鮮航會は有名無實とならん)
158469	朝鮮朝日	西北版	1928-09-20	1	09단	飛行中の飛行機と無電で連絡する航空無電局を設置/朝鮮にも實現せん
158470	朝鮮朝日	西北版	1928-09-20	1	09단	朝鮮博評議員會
158471	朝鮮朝日	西北版	1928-09-20	1	09단	フィルム檢閲料金を改正
158472	朝鮮朝日	西北版	1928-09-20	1	09단	海軍六機が釜山を訪問
158473	朝鮮朝日	西北版	1928-09-20	1	09단	豫選大會
158474	朝鮮朝日	西北版	1928-09-20	1	10단	局子街公會堂ちかく竣工
158475	朝鮮朝日	西北版	1928-09-20	1	10단	密行渡鮮者が增加して來た
158476	朝鮮朝日	西北版	1928-09-20	1	10단	わが兒を投げ殺す
158477	朝鮮朝日	西北版	1928-09-20	1	10단	一棟四戶を全燒す
158478	朝鮮朝日	西北版	1928-09-20	1	10단	菰に包んだ女兒の死體
158479	朝鮮朝日	西北版	1928-09-20	1	10단	人(マ駐支米公使歸任)
158480	朝鮮朝日	南鮮版	1928-09-20	1	01단	落穗集(十一)/下村海南
158481	朝鮮朝日	南鮮版	1928-09-20	1	01단	畏き邊りから慰問使を御差遣/北鮮水害地の各方面へ甘露寺侍從渡鮮
158482	朝鮮朝日	南鮮版	1928-09-20	1	01단	土地に卽した教育を施す/實業補習學校を增設慶南當局の計劃

일련번호	판명		간행일	면	단수	기사명
158483	朝鮮朝日	南鮮版	1928-09-20	1	01단	朝鮮教育會館は是非共設立施設二十周年を機會に大體の事業內容
158484	朝鮮朝日	南鮮版	1928-09-20	1	04단	釜山府に三課制實施
158485	朝鮮朝日	南鮮版	1928-09-20	1	04단	勤儉週間
158486	朝鮮朝日	南鮮版	1928-09-20	1	04단	俳句/鈴木花蓑選
158487	朝鮮朝日	南鮮版	1928-09-20	1	04단	釜山地方豪雨つゞく
158488	朝鮮朝日	南鮮版	1928-09-20	1	05단	青い鳥は歌ふ/釜山あをやま生
158489	朝鮮朝日	南鮮版	1928-09-20	1	05단	木材關稅特例は既にその必要なし/總督府の財政計劃から來議會に更に提案
158490	朝鮮朝日	南鮮版	1928-09-20	1	07단	小作慣行改善地主懇談會/相當注目さる
158491	朝鮮朝日	南鮮版	1928-09-20	1	07단	郵便局長級に近く大異動/海事出張所長も更迭/目下遞信局で協議中
158492	朝鮮朝日	南鮮版	1928-09-20	1	07단	自發的行爲の外は寄附を認めない/總督府の方針により學校新設は一頓挫か
158493	朝鮮朝日	南鮮版	1928-09-20	1	08단	仁川各學校御眞影奉還
158494	朝鮮朝日	南鮮版	1928-09-20	1	08단	教育會から獻上の奉頌乾坤二卷を
158495	朝鮮朝日	南鮮版	1928-09-20	1	08단	辰馬汽船は飽まで入會をこばみ結局鮮米自由積取か(鮮航會は有名無實とならん)
158496	朝鮮朝日	南鮮版	1928-09-20	1	09단	飛行中の飛行機と無電で連絡する航空無電局を設置/朝鮮にも實現せん
158497	朝鮮朝日	南鮮版	1928-09-20	1	09단	浦項の記念事業
158498	朝鮮朝日	南鮮版	1928-09-20	1	09단	煙草賣上增加
158499	朝鮮朝日	南鮮版	1928-09-20	1	09단	全鮮司法官會議
158500	朝鮮朝日	南鮮版	1928-09-20	1	09단	大邱水質好成績
158501	朝鮮朝日	南鮮版	1928-09-20	1	10단	朝鮮博評議員會
158502	朝鮮朝日	南鮮版	1928-09-20	1	10단	海軍六機が釜山を訪問
158503	朝鮮朝日	南鮮版	1928-09-20	1	10단	兩電合併成立す
158504	朝鮮朝日	南鮮版	1928-09-20	1	10단	仁川學組會議
158505	朝鮮朝日	南鮮版	1928-09-20	1	10단	運動界(群山中優勝)
158506	朝鮮朝日	南鮮版	1928-09-20	1	10단	會(專賣局打合會)
158507	朝鮮朝日	南鮮版	1928-09-20	1	10단	人(牟田悟氏(新任大邱日報社理事)/小山介藏少將(關東憲兵隊長)/大村鐵道局長/中村寅之助氏(總督府總務課長))
158508	朝鮮朝日	西北・南鮮版	1928-09-20	2	01단	鮮農の根本的救濟は水の經濟化が第一/今次の旱害を動機とし各地に貯水池を築設
158509	朝鮮朝日	西北・南鮮版	1928-09-20	2	01단	雫の聲
158510	朝鮮朝日	西北・南鮮版	1928-09-20	2	01단	穀商聯合大會日程決定す
158511	朝鮮朝日	西北・南鮮版	1928-09-20	2	01단	來月から工業品展各地から出品
158512	朝鮮朝日	西北・南鮮版	1928-09-20	2	02단	農事改良區ちかく設定

일련번호	판명		간행일	면	단수	기사명
158513	朝鮮朝日	西北・南鮮版	1928-09-20	2	02단	預金と貸出非常に增加/京城組合銀行
158514	朝鮮朝日	西北・南鮮版	1928-09-20	2	02단	手形交換高
158515	朝鮮朝日	西北・南鮮版	1928-09-20	2	02단	京城物價騰落
158516	朝鮮朝日	西北・南鮮版	1928-09-20	2	02단	鹽田を整理
158517	朝鮮朝日	西北・南鮮版	1928-09-20	2	03단	解散が多い會社異動調査
158518	朝鮮朝日	西北・南鮮版	1928-09-20	2	03단	三年生産の人蔘收穫高
158519	朝鮮朝日	西北・南鮮版	1928-09-20	2	04단	煙草耕作者定租金納の制度を改善
158520	朝鮮朝日	西北・南鮮版	1928-09-20	2	04단	夏秋蠶收繭豫想一萬餘石增加
158521	朝鮮朝日	西北・南鮮版	1928-09-20	2	04단	移出牛增加
158522	朝鮮朝日	西北・南鮮版	1928-09-20	2	04단	斃牛が逐年增加/對策を考究
158523	朝鮮朝日	西北・南鮮版	1928-09-20	2	04단	基金を投じ村の危急を救ふ
158524	朝鮮朝日	西北版	1928-09-21	1	01단	落穗集(十二)/下村海南
158525	朝鮮朝日	西北版	1928-09-21	1	01단	土木事業の復舊費五百卅萬圓に達す/要求の金額支出は困難/總督府なほ詳細に調査
158526	朝鮮朝日	西北版	1928-09-21	1	01단	旱魃と稻熱病のため百萬石の減收豫想/慶北道内の稻作大被害
158527	朝鮮朝日	西北版	1928-09-21	1	01단	慘害の跡を具に視察し聖旨をお傳へする御差遣の甘露寺侍從語る/甘露寺侍從廿日夜京城着
158528	朝鮮朝日	西北版	1928-09-21	1	02단	獻穀田拔穗式十九日行はる
158529	朝鮮朝日	西北版	1928-09-21	1	03단	墜死兩將校の記念碑建設
158530	朝鮮朝日	西北版	1928-09-21	1	03단	北鮮だより(5)/京城一記者
158531	朝鮮朝日	西北版	1928-09-21	1	04단	全鮮辯護士大會
158532	朝鮮朝日	西北版	1928-09-21	1	04단	作品展覽會
158533	朝鮮朝日	西北版	1928-09-21	1	04단	運動界(野球リーグ戰日割を變更/野球大會/三菱軍勝つ/陸上競技/リーグ戰)
158534	朝鮮朝日	西北版	1928-09-21	1	04단	短歌/橋田東聲選
158535	朝鮮朝日	西北版	1928-09-21	1	05단	白米値下げ/京城組合で
158536	朝鮮朝日	西北版	1928-09-21	1	05단	同情金を送る在阪の朝鮮人
158537	朝鮮朝日	西北版	1928-09-21	1	05단	牡丹台野話
158538	朝鮮朝日	西北版	1928-09-21	1	05단	産業開發と警備充實上國境地帶の鐵道速成/實行委員を擧げて直ちに運動開始新義州府民大會で決議/委員東上す豫算を決議
158539	朝鮮朝日	西北版	1928-09-21	1	06단	流行性腦炎發生
158540	朝鮮朝日	西北版	1928-09-21	1	06단	赤痢發生
158541	朝鮮朝日	西北版	1928-09-21	1	06단	女が盛んに煙草を密輸/取締に大困り
158542	朝鮮朝日	西北版	1928-09-21	1	06단	天日鹽のニガリから副産物を製出す/ゴム靴用の炭マなど專賣局で目下研究中
158543	朝鮮朝日	西北版	1928-09-21	1	07단	筆ごころ/平壤一記者/酒も相當嗜めば氣焰

일련번호	판명		간행일	면	단수	기사명
158543	朝鮮朝日	西北版	1928-09-21	1	07단	もあげるなかなか味のある男/果報者の沖南浦署長
158544	朝鮮朝日	西北版	1928-09-21	1	08단	金剛流演能大會
158545	朝鮮朝日	西北版	1928-09-21	1	09단	十數名の馬賊碇泊船へ發砲
158546	朝鮮朝日	西北版	1928-09-21	1	09단	棄兒が殖える乳兒は女子が多い/濟生院にもう四十七人
158547	朝鮮朝日	西北版	1928-09-21	1	10단	半島茶話
158548	朝鮮朝日	西北版	1928-09-21	1	10단	馬券偽造團
158549	朝鮮朝日	南鮮版	1928-09-21	1	01단	落穂集(十二)/下村海南
158550	朝鮮朝日	南鮮版	1928-09-21	1	01단	土木事業の復舊費五百卅萬圓に達す/要求の金額支出は困難/總督府なほ詳細に調査
158551	朝鮮朝日	南鮮版	1928-09-21	1	01단	旱魃と稻熱病のため百萬石の減收豫想/慶北道內の稻作大被害
158552	朝鮮朝日	南鮮版	1928-09-21	1	01단	*慘害の跡を具に視察し聖旨をお傳へする御差遣の甘露寺侍從語る/甘露寺侍從廿日夜京城着*
158553	朝鮮朝日	南鮮版	1928-09-21	1	02단	獻穀田拔穗式十九日行はる
158554	朝鮮朝日	南鮮版	1928-09-21	1	03단	墜死兩將校の記念碑建設
158555	朝鮮朝日	南鮮版	1928-09-21	1	03단	北鮮だより(5)/京城一記者
158556	朝鮮朝日	南鮮版	1928-09-21	1	04단	全鮮辯護士大會
158557	朝鮮朝日	南鮮版	1928-09-21	1	04단	作品展覽會
158558	朝鮮朝日	南鮮版	1928-09-21	1	04단	運動界(野球リーグ戰日割を變更)
158559	朝鮮朝日	南鮮版	1928-09-21	1	04단	短歌/橋田東聲選
158560	朝鮮朝日	南鮮版	1928-09-21	1	05단	南鮮五道の實業懇話會
158561	朝鮮朝日	南鮮版	1928-09-21	1	05단	高松宮殿下東英溫泉へ成らせられん
158562	朝鮮朝日	南鮮版	1928-09-21	1	05단	白米値下げ/京城組合で
158563	朝鮮朝日	南鮮版	1928-09-21	1	05단	同情金を送る在阪の朝鮮人
158564	朝鮮朝日	南鮮版	1928-09-21	1	05단	天日鹽のニガリから副産物を製出す/ゴム靴用の炭マなど專賣局で目下研究中
158565	朝鮮朝日	南鮮版	1928-09-21	1	06단	イモチ病で水稻全滅か/忠南舒川地方
158566	朝鮮朝日	南鮮版	1928-09-21	1	06단	青い鳥は歌ふ/釜山あをやま生
158567	朝鮮朝日	南鮮版	1928-09-21	1	06단	流行性腦炎發生
158568	朝鮮朝日	南鮮版	1928-09-21	1	07단	退學生復校運動
158569	朝鮮朝日	南鮮版	1928-09-21	1	07단	金剛流演能大會
158570	朝鮮朝日	南鮮版	1928-09-21	1	07단	銀行方面から資金を融通/漁業者が自覺
158571	朝鮮朝日	南鮮版	1928-09-21	1	07단	瓦電買收は相當の値開きか/交涉を前に意見交換
158572	朝鮮朝日	南鮮版	1928-09-21	1	08단	角力大會
158573	朝鮮朝日	南鮮版	1928-09-21	1	09단	草の葉が煙草代用

일련번호	판명		간행일	면	단수	기사명
158574	朝鮮朝日	南鮮版	1928-09-21	1	09단	大連にも眞正コレラ西海岸警戒
158575	朝鮮朝日	南鮮版	1928-09-21	1	09단	棄兒が殖える乳兒は女子が多い/濟生院にもう四十七人
158576	朝鮮朝日	南鮮版	1928-09-21	1	10단	仁川招魂祭
158577	朝鮮朝日	南鮮版	1928-09-21	1	10단	會(釜山商業會議所評議員懇談會/女子商業創立祝賀式/慰安運動會)
158578	朝鮮朝日	南鮮版	1928-09-21	1	10단	人(恩田銅吉氏(朝郵社長)/遊佐中佐/城戶少佐/平尾壬午郎氏(遞信局監理課長)/鹿野平北警察部長/齋藤巖藏氏(平南學務課長))
158579	朝鮮朝日	南鮮版	1928-09-21	1	10단	半島茶話
158580	朝鮮朝日	西北・南鮮版	1928-09-21	2	01단	鮮米減收の爲五等米の輸移出穀物大會で一問題か
158581	朝鮮朝日	西北・南鮮版	1928-09-21	2	01단	價格の調節と大量輸送の處分/冷藏車と二つの缺點當業者でなほ研究
158582	朝鮮朝日	西北・南鮮版	1928-09-21	2	01단	雫の聲
158583	朝鮮朝日	西北・南鮮版	1928-09-21	2	01단	地主懇談會/救濟策纏らず
158584	朝鮮朝日	西北・南鮮版	1928-09-21	2	02단	名産の蘋果落果が多い
158585	朝鮮朝日	西北・南鮮版	1928-09-21	2	02단	臺灣方面へ販路を開始/朝鮮の生産品
158586	朝鮮朝日	西北・南鮮版	1928-09-21	2	02단	內地から朝鮮への出漁者年々增加/水揚高年に三百萬圓/不正漁業者を一掃
158587	朝鮮朝日	西北・南鮮版	1928-09-21	2	03단	秋繭出廻り
158588	朝鮮朝日	西北・南鮮版	1928-09-21	2	03단	棉花は增收百斤十八圓位
158589	朝鮮朝日	西北・南鮮版	1928-09-21	2	03단	旱害と免稅申請
158590	朝鮮朝日	西北・南鮮版	1928-09-21	2	03단	吉長鐵旅客教育附捐金徵收
158591	朝鮮朝日	西北・南鮮版	1928-09-21	2	04단	貨物の動き
158592	朝鮮朝日	西北・南鮮版	1928-09-21	2	04단	大豆粟收穫豫想
158593	朝鮮朝日	西北・南鮮版	1928-09-21	2	04단	仁川の艀荷役賃値下/京城側再交涉
158594	朝鮮朝日	西北・南鮮版	1928-09-21	2	04단	郵貯收扱高
158595	朝鮮朝日	西北・南鮮版	1928-09-21	2	04단	狩獵免狀がずっと減った
158596	朝鮮朝日	西北・南鮮版	1928-09-21	2	04단	祭禮賑ふ
158597	朝鮮朝日	西北版	1928-09-22	1	01단	落穗集(十三)/下村海南
158598	朝鮮朝日	西北版	1928-09-22	1	01단	甘露寺侍從より優渥なる聖旨傳達/救恤全一萬圓を御下賜山梨總督から御禮申し上ぐ(天恩の廣大に感激にたへない池上政務總監謹話)
158599	朝鮮朝日	西北版	1928-09-22	1	01단	悠紀主基兩地方の風俗歌詠進/稻春歌、舞歌も共に
158600	朝鮮朝日	西北版	1928-09-22	1	03단	國境重要線滿浦鎭鐵道明年より起工
158601	朝鮮朝日	西北版	1928-09-22	1	04단	童謠/北原白秋選

일련번호	판명		간행일	면	단수	기사명
158602	朝鮮朝日	西北版	1928-09-22	1	04단	事務分擔を改正
158603	朝鮮朝日	西北版	1928-09-22	1	04단	清津の築港工事はかどる
158604	朝鮮朝日	西北版	1928-09-22	1	04단	愈々斷行された遞信部內の大異動 沈滯した空氣を一掃/一線に立つものから陣容の立て直し 第二次異動を豫想さる
158605	朝鮮朝日	西北版	1928-09-22	1	05단	土曜漫筆/油斷のならぬ松毛蟲と習性/林學博士後藤收藏
158606	朝鮮朝日	西北版	1928-09-22	1	05단	咸鏡線開通功勞者に記念品
158607	朝鮮朝日	西北版	1928-09-22	1	06단	朝鮮統治の治績宣傳に活寫に撮影
158608	朝鮮朝日	西北版	1928-09-22	1	07단	御大典記念に優良朝鮮人表彰 健氣な模範女工も 大阪府下で續々內申/大阪鶴橋管內優良者四名
158609	朝鮮朝日	西北版	1928-09-22	1	07단	鐵道局の來年度建設費豫算總計二千萬圓に上る
158610	朝鮮朝日	西北版	1928-09-22	1	07단	檢定試驗受驗者
158611	朝鮮朝日	西北版	1928-09-22	1	07단	運動界(體育デー/女子庭球/リーグ戰)
158612	朝鮮朝日	西北版	1928-09-22	1	08단	吹き始めた冷たい北風/國境にははやくも霜や初氷の便り
158613	朝鮮朝日	西北版	1928-09-22	1	09단	三木氏の個人展
158614	朝鮮朝日	西北版	1928-09-22	1	09단	元朝鮮人刑事部長が頻に恐喝を働く大仕掛の掏模團も同時に大阪で捕はる
158615	朝鮮朝日	西北版	1928-09-22	1	10단	眞正コレラ豫防警戒せよ
158616	朝鮮朝日	西北版	1928-09-22	1	10단	人(土居寬申氏(法務局行刑課長))
158617	朝鮮朝日	西北版	1928-09-22	1	10단	半島茶話
158618	朝鮮朝日	西北版	1928-09-22	1	10단	北鮮風水吉義金/廿一日門司支局扱
158619	朝鮮朝日	南鮮版	1928-09-22	1	01단	落穗集(十三)/下村海南
158620	朝鮮朝日	南鮮版	1928-09-22	1	01단	甘露寺侍從より優渥なる聖旨傳達/救恤全一萬圓を御下賜山梨總督から御禮申し上ぐ(天恩の廣大に感激にたへない池上政務總監謹話)
158621	朝鮮朝日	南鮮版	1928-09-22	1	01단	悠紀主基兩地方の風俗歌詠進/稻春歌、舞歌も共に
158622	朝鮮朝日	南鮮版	1928-09-22	1	03단	國境重要線滿浦鎭鐵道明年より起工
158623	朝鮮朝日	南鮮版	1928-09-22	1	04단	童謠/北原白秋選
158624	朝鮮朝日	南鮮版	1928-09-22	1	04단	事務分擔を改正
158625	朝鮮朝日	南鮮版	1928-09-22	1	04단	清津の築港工事はかどる
158626	朝鮮朝日	南鮮版	1928-09-22	1	04단	愈々斷行された遞信部內の大異動 沈滯した空氣を一掃/一線に立つものから陣容の立て直し 第二次異動を豫想さる

일련번호	판명		간행일	면	단수	기사명
158627	朝鮮朝日	南鮮版	1928-09-22	1	05단	土曜漫筆/油斷のならぬ松毛蟲と習性/林學博士後藤收藏
158628	朝鮮朝日	南鮮版	1928-09-22	1	05단	咸鏡線開通功勞者に記念品
158629	朝鮮朝日	南鮮版	1928-09-22	1	06단	朝鮮統治の治績宣傳に活寫に撮影
158630	朝鮮朝日	南鮮版	1928-09-22	1	07단	仁川招魂祭
158631	朝鮮朝日	南鮮版	1928-09-22	1	07단	御大典記念教育審勢展/準備着々進む
158632	朝鮮朝日	南鮮版	1928-09-22	1	07단	模範兒童から書畵帳獻上
158633	朝鮮朝日	南鮮版	1928-09-22	1	07단	吹き始めた冷たい北風/國境にははやくも霜や初氷の便り
158634	朝鮮朝日	南鮮版	1928-09-22	1	08단	新泰仁奉祝方法
158635	朝鮮朝日	南鮮版	1928-09-22	1	09단	中等校長會
158636	朝鮮朝日	南鮮版	1928-09-22	1	09단	三木氏の個人展
158637	朝鮮朝日	南鮮版	1928-09-22	1	09단	鐵道局の來年度建設費豫算總計二千萬圓に上る
158638	朝鮮朝日	南鮮版	1928-09-22	1	09단	釜山理髮校
158639	朝鮮朝日	南鮮版	1928-09-22	1	09단	教授法研究
158640	朝鮮朝日	南鮮版	1928-09-22	1	09단	眞正コレラ/豫防警戒せよ
158641	朝鮮朝日	南鮮版	1928-09-22	1	10단	修學旅行
158642	朝鮮朝日	南鮮版	1928-09-22	1	10단	大邱に强盜
158643	朝鮮朝日	南鮮版	1928-09-22	1	10단	人(土居寬申氏(法務局行刑課長)/申忠南知事/吉村秀藏氏(新任慶北警務課長)/李學務局長/加納治五郎氏(貴族院議員)/本多靜六博士/古川國治氏(釜山運事所長)/藤原喜藏氏(平南內務部長))
158644	朝鮮朝日	南鮮版	1928-09-22	1	10단	半島茶話
158645	朝鮮朝日	南鮮版	1928-09-22	1	10단	北鮮風水吉義金/廿一日門司支局扱
158646	朝鮮朝日	西北・南鮮版	1928-09-22	2	01단	朝鮮にも米穀法適用/その他の重要議案を全鮮穀商聯合會が當局へ要望
158647	朝鮮朝日	西北・南鮮版	1928-09-22	2	01단	旱害の救濟に約五十萬圓/被害を詳細に調査し全北の地主と協調
158648	朝鮮朝日	西北・南鮮版	1928-09-22	2	01단	多數の農家は早くも生活難に/三期に分けて救濟す/京畿道當局の對策
158649	朝鮮朝日	西北・南鮮版	1928-09-22	2	01단	雫の聲
158650	朝鮮朝日	西北・南鮮版	1928-09-22	2	02단	先進地視察
158651	朝鮮朝日	西北・南鮮版	1928-09-22	2	03단	農村は不景氣/何れも大困り
158652	朝鮮朝日	西北・南鮮版	1928-09-22	2	03단	畜産講習會二十五日から
158653	朝鮮朝日	西北・南鮮版	1928-09-22	2	03단	南漕鴨島と漁業者の取締
158654	朝鮮朝日	西北・南鮮版	1928-09-22	2	03단	釀造用米に朝鮮米が內地へ/府當局が販路を擴張/早くも取引開始さる

일련번호	판명		간행일	면	단수	기사명
158655	朝鮮朝日	西北・南鮮版	1928-09-22	2	04단	桑田の擴張好成績を收む
158656	朝鮮朝日	西北・南鮮版	1928-09-22	2	04단	評判のよい慶南の牡蠣內地へ移出
158657	朝鮮朝日	西北・南鮮版	1928-09-22	2	04단	新米出來值石卅圓五十錢
158658	朝鮮朝日	西北・南鮮版	1928-09-22	2	04단	慶北の種牛/聲價を擧ぐ
158659	朝鮮朝日	西北版	1928-09-23	1	01단	落穗集(十四)/下村海南
158660	朝鮮朝日	西北版	1928-09-23	1	01단	甘露寺侍從に池上摠監より水害狀況を說明(昨紙參照)
158661	朝鮮朝日	西北版	1928-09-23	1	01단	一年間身血を注いだ硏究の結果を發表/武藤博士へ奬學資金を贈呈/朝鮮醫學會總會開かる
158662	朝鮮朝日	西北版	1928-09-23	1	03단	敎育品展とメートル展
158663	朝鮮朝日	西北版	1928-09-23	1	04단	近藤面長退職か
158664	朝鮮朝日	西北版	1928-09-23	1	04단	明年度から簡易保險實施か/保險金の運用につき總督府側は讓步せん
158665	朝鮮朝日	西北版	1928-09-23	1	04단	慘澹たる水害の跡/咸南道地方課の調査
158666	朝鮮朝日	西北版	1928-09-23	1	04단	甘露寺侍從咸興へ向ふ
158667	朝鮮朝日	西北版	1928-09-23	1	04단	北鮮だより(6)/京城一記者
158668	朝鮮朝日	西北版	1928-09-23	1	05단	騎馬巡査が交通整理に
158669	朝鮮朝日	西北版	1928-09-23	1	06단	實際にあった話/モダン花嫁氣質その三/哀れな一女性からこれは意外な手紙/醫師試驗係の胸は?/はたして問題は事實かどうか
158670	朝鮮朝日	西北版	1928-09-23	1	06단	俳句/鈴木花蓑選
158671	朝鮮朝日	西北版	1928-09-23	1	06단	水害美談二つ/他人の救助を續けて一家族九人は濁流へ/危險警官八名を救助
158672	朝鮮朝日	西北版	1928-09-23	1	07단	金剛流演能大會
158673	朝鮮朝日	西北版	1928-09-23	1	08단	飛行演習
158674	朝鮮朝日	西北版	1928-09-23	1	09단	辭令(東京電話)
158675	朝鮮朝日	西北版	1928-09-23	1	09단	平壤ゴルフ場來月中旬竣工
158676	朝鮮朝日	西北版	1928-09-23	1	10단	牡丹台野話
158677	朝鮮朝日	西北版	1928-09-23	1	10단	野球リーグ戰をDKで中繼放送
158678	朝鮮朝日	西北版	1928-09-23	1	10단	警察官が猛獸狩/谷山郡地方へ
158679	朝鮮朝日	西北版	1928-09-23	1	10단	チブス蔓延
158680	朝鮮朝日	西北版	1928-09-23	1	10단	全燒二戶/娘は燒死
158681	朝鮮朝日	西北版	1928-09-23	1	10단	會(經濟講演會/西鮮弓道秋季大會)
158682	朝鮮朝日	西北版	1928-09-23	1	10단	人(山本犀藏氏(遞信局長)/澤田豊丈氏(東拓理事)/池上政務總監/河谷靜夫氏(南鮮日報社長)/賀來佐賀太郎氏(元台灣總務長官)/望月瀧三氏(總督府血精製造所長))
158683	朝鮮朝日	西北版	1928-09-23	1	10단	北鮮風水害義金/廿一日/京城支局扱/金三

일련번호	판명		간행일	면	단수	기사명
158683	朝鮮朝日	西北版	1928-09-23	1	10단	百一圓五十錢
158684	朝鮮朝日	南鮮版	1928-09-23	1	01단	落穗集(十四)/下村海南
158685	朝鮮朝日	南鮮版	1928-09-23	1	01단	甘露寺侍從に池上摠監より水害狀況を說明(昨紙參照)
158686	朝鮮朝日	南鮮版	1928-09-23	1	01단	一年間身血を注いだ研究の結果を發表/武藤博士へ獎學資金を贈呈/朝鮮醫學會總會開かる
158687	朝鮮朝日	南鮮版	1928-09-23	1	03단	瓦電府營問題秘密に協議
158688	朝鮮朝日	南鮮版	1928-09-23	1	04단	警察署長會
158689	朝鮮朝日	南鮮版	1928-09-23	1	04단	御大典記念に優良朝鮮人表彰 健氣な模範女工も 大阪府下で續々內申/大阪鶴橋管內優良者四名
158690	朝鮮朝日	南鮮版	1928-09-23	1	04단	明年度から簡易保險實施か/保險金の運用につき總督府側は讓步せん
158691	朝鮮朝日	南鮮版	1928-09-23	1	04단	北鮮だより(6)/京城一記者
158692	朝鮮朝日	南鮮版	1928-09-23	1	05단	官房主事異動
158693	朝鮮朝日	南鮮版	1928-09-23	1	05단	近藤面長退職か
158694	朝鮮朝日	南鮮版	1928-09-23	1	06단	甘露寺侍從咸興へ向ふ
158695	朝鮮朝日	南鮮版	1928-09-23	1	06단	運動界(野球大會/リーグ戰/女子庭球/體育デー)
158696	朝鮮朝日	南鮮版	1928-09-23	1	06단	俳句/鈴木花蓑選
158697	朝鮮朝日	南鮮版	1928-09-23	1	06단	救世軍士官學校
158698	朝鮮朝日	南鮮版	1928-09-23	1	07단	實際にあった話/モダン花嫁氣質その三/哀れな一女性からこれは意外な手紙/醫師試驗係の胸は?/はたして問題は事實かどうか
158699	朝鮮朝日	南鮮版	1928-09-23	1	07단	辭令(東京電話)
158700	朝鮮朝日	南鮮版	1928-09-23	1	07단	檢定試驗受驗者
158701	朝鮮朝日	南鮮版	1928-09-23	1	08단	慶南線自動車營業區間追加
158702	朝鮮朝日	南鮮版	1928-09-23	1	08단	野球リーグ戰をDKで中繼放送
158703	朝鮮朝日	南鮮版	1928-09-23	1	09단	水害美談二つ/他人の救助を續けて一家族九人は濁流へ/危險警官八名を救助
158704	朝鮮朝日	南鮮版	1928-09-23	1	09단	哀れな棄兒
158705	朝鮮朝日	南鮮版	1928-09-23	1	09단	湖南中等學校野球大會
158706	朝鮮朝日	南鮮版	1928-09-23	1	10단	傳染病取締/衛生課長會議
158707	朝鮮朝日	南鮮版	1928-09-23	1	10단	會(經濟講演會/西鮮弓道秋季大會)
158708	朝鮮朝日	南鮮版	1928-09-23	1	10단	人(山本犀藏氏(遞信局長)/澤田豐丈氏(東拓理事)/池上政務總監/河谷靜夫氏(南鮮日報社長)/賀來佐賀太郎氏(元台灣總務長官)/望月瀧三氏(總督府血精製造所長))

일련번호	판명		간행일	면	단수	기사명
158709	朝鮮朝日	南鮮版	1928-09-23	1	10단	北鮮風水害義金/廿一日/京城支局扱/金三百一圓五十錢
158710	朝鮮朝日	西北・南鮮版	1928-09-23	2	01단	咸南の沿岸一帶に明太魚が大回游/漁業法を改善したら漁獲高は倍加せん
158711	朝鮮朝日	西北・南鮮版	1928-09-23	2	01단	東海岸に捕鯨船活動
158712	朝鮮朝日	西北・南鮮版	1928-09-23	2	01단	雫の聲
158713	朝鮮朝日	西北・南鮮版	1928-09-23	2	02단	畜産品評會
158714	朝鮮朝日	西北・南鮮版	1928-09-23	2	02단	鮮牛の移出既に三千餘頭
158715	朝鮮朝日	西北・南鮮版	1928-09-23	2	02단	屠獸場移轉
158716	朝鮮朝日	西北・南鮮版	1928-09-23	2	02단	畜牛へ注射
158717	朝鮮朝日	西北・南鮮版	1928-09-23	2	02단	谷城面水利着工
158718	朝鮮朝日	西北・南鮮版	1928-09-23	2	02단	沙金用地買收/不調で行惱む
158719	朝鮮朝日	西北・南鮮版	1928-09-23	2	03단	共濟組合
158720	朝鮮朝日	西北・南鮮版	1928-09-23	2	03단	犬皮移輸出ますます有望
158721	朝鮮朝日	西北・南鮮版	1928-09-23	2	03단	朝鮮漫畵展二十九日から
158722	朝鮮朝日	西北・南鮮版	1928-09-23	2	04단	不良飲料水
158723	朝鮮朝日	西北・南鮮版	1928-09-23	2	04단	新刊紹介(『開墾時代』/『朝鮮基督敎及外交史』)
158724	朝鮮朝日	西北版	1928-09-25	1	01단	落穗集(十五)/下村海南
158725	朝鮮朝日	西北版	1928-09-25	1	01단	人が多くなればボーナスが少なく缺員が補充さるれば仕事は樂だが收入が減る/朝鮮警察官の大增員計劃
158726	朝鮮朝日	西北版	1928-09-25	1	01단	北鮮だより(7)/京城一記者
158727	朝鮮朝日	西北版	1928-09-25	1	04단	甘露寺侍從咸南を視察
158728	朝鮮朝日	西北版	1928-09-25	1	04단	土地改良の代行費引上/現在では會社が損/不正工事の端となる
158729	朝鮮朝日	西北版	1928-09-25	1	04단	御眞影奉安所完全に整備す
158730	朝鮮朝日	西北版	1928-09-25	1	05단	時事鳥瞰/運動家に必要な尊むべき信念/スポーツマンシップの保持を忘れては不可
158731	朝鮮朝日	西北版	1928-09-25	1	05단	島谷汽船が鮮航會に加入/鮮米運賃の調節に如何なる影響あるか
158732	朝鮮朝日	西北版	1928-09-25	1	06단	茂山邑民が國境鐵道の運動に應援
158733	朝鮮朝日	西北版	1928-09-25	1	06단	平南教育總會
158734	朝鮮朝日	西北版	1928-09-25	1	06단	單級小學校長會
158735	朝鮮朝日	西北版	1928-09-25	1	07단	牡丹台野話
158736	朝鮮朝日	西北版	1928-09-25	1	07단	平壤女高普寄宿舍改築
158737	朝鮮朝日	西北版	1928-09-25	1	07단	清津無線局着工が遲延/解氷後に着工
158738	朝鮮朝日	西北版	1928-09-25	1	07단	平壤署竣工/一日落成式
158739	朝鮮朝日	西北版	1928-09-25	1	07단	今にも躍りさうな潑溂たる鮮魚が冷藏車から現れる/成功した鮮漁の冷藏輸送

일련번호	판명		간행일	면	단수	기사명
158740	朝鮮朝日	西北版	1928-09-25	1	08단	平壤驛前の大照明裝置いよいよ竣成
158741	朝鮮朝日	西北版	1928-09-25	1	08단	中野警視着任
158742	朝鮮朝日	西北版	1928-09-25	1	08단	咸鏡線全通記念スタンプ
158743	朝鮮朝日	西北版	1928-09-25	1	08단	戶山軍樂隊來月に來安
158744	朝鮮朝日	西北版	1928-09-25	1	09단	鳴を靜めてゐた天道敎の活躍/復興を目ざして人心收纜に努める
158745	朝鮮朝日	西北版	1928-09-25	1	09단	新義州水道制限を撤廢
158746	朝鮮朝日	西北版	1928-09-25	1	09단	花火工場が爆發/二名が重傷
158747	朝鮮朝日	西北版	1928-09-25	1	09단	馬賊を射殺人質を奪還
158748	朝鮮朝日	西北版	1928-09-25	1	10단	平壤中學に疫病が發生/赤痢が一名
158749	朝鮮朝日	西北版	1928-09-25	1	10단	人を殺して金品を奪ふ
158750	朝鮮朝日	西北版	1928-09-25	1	10단	運動界(ア式蹴球豫選)
158751	朝鮮朝日	西北版	1928-09-25	1	10단	人(山本遞信局長/村山沼一郎氏(總督府衛生課長))
158752	朝鮮朝日	西北版	1928-09-25	1	10단	半島茶話
158753	朝鮮朝日	南鮮版	1928-09-25	1	01단	落穗集(十五)/下村海南
158754	朝鮮朝日	南鮮版	1928-09-25	1	01단	人が多くなればボーナスが少なく缺員が補充さるれば仕事は樂だが收入が減る/朝鮮警察官の大增員計劃
158755	朝鮮朝日	南鮮版	1928-09-25	1	01단	北鮮だより(7)/京城一記者
158756	朝鮮朝日	南鮮版	1928-09-25	1	04단	大田面の商議所認可は有望
158757	朝鮮朝日	南鮮版	1928-09-25	1	04단	土地改良の代行費引上/現在では會社が損/不正工事の端となる
158758	朝鮮朝日	南鮮版	1928-09-25	1	04단	我が社寄贈の優勝旗を目ざし群り集る女流選手/湖南の秋を飾る大庭球戰
158759	朝鮮朝日	南鮮版	1928-09-25	1	05단	時事鳥瞰/運動家に必要な尊むべき信念/スポーツマンシップの保持を忘れては不可
158760	朝鮮朝日	南鮮版	1928-09-25	1	05단	釜山商業落成祝
158761	朝鮮朝日	南鮮版	1928-09-25	1	06단	今にも躍りさうな潑溂たる鮮魚が冷藏車から現れる/成功した鮮漁の冷藏輸送
158762	朝鮮朝日	南鮮版	1928-09-25	1	07단	飲食店と濁酒業者の料金問題解決
158763	朝鮮朝日	南鮮版	1928-09-25	1	07단	弟を毆り殺す不倫な兄の兇行
158764	朝鮮朝日	南鮮版	1928-09-25	1	08단	島谷汽船が鮮航會に加入/鮮米運賃の調節に如何なる影響あるか
158765	朝鮮朝日	南鮮版	1928-09-25	1	08단	咸鏡線全通記念スタンプ
158766	朝鮮朝日	南鮮版	1928-09-25	1	08단	「歐洲文化の跡を訪ねて」全鮮で上映
158767	朝鮮朝日	南鮮版	1928-09-25	1	08단	運動界(硬式庭球大會/殖銀鐵道に勝つ/ア式蹴球豫選)
158768	朝鮮朝日	南鮮版	1928-09-25	1	09단	本社優勝旗爭奪第一回湖南女子庭球大會

일련번호	판명		간행일	면	단수	기사명
158769	朝鮮朝日	南鮮版	1928-09-25	1	10단	法院新廳舍七日落成式
158770	朝鮮朝日	南鮮版	1928-09-25	1	10단	會(光州郡敎育總會/光州普通校運動會/光州高女校運動會)
158771	朝鮮朝日	南鮮版	1928-09-25	1	10단	人(福原俊丸男外十名の貴族院議員(公正會男爵議員)/諸富光州法院長/石鎭衡氏(全南道知事)/藤田四郎氏(貴族院議員)/森悟一氏(殖銀理事)/木下彌輔氏(遞信省電氣局技師)/土肥原賢二大佐(奉天軍々事顧問)/村山沼一郎氏(總督府事務官)/林三郎氏(福岡目日新聞釜山特派員))
158772	朝鮮朝日	南鮮版	1928-09-25	1	10단	半島茶話
158773	朝鮮朝日	西北・南鮮版	1928-09-25	2	01단	內地の御晶屓に意外の成果を得た喜びを披露/ベルリンにて市川左團次手記
158774	朝鮮朝日	西北・南鮮版	1928-09-25	2	02단	秋の野の一異彩/曼珠沙華の花/異名效用種類(異彩/有毒/異名/西洋/效用/種類)
158775	朝鮮朝日	西北・南鮮版	1928-09-25	2	02단	初めは嫌がられ今は種痘の恩人/池錫永先生の功勞と種痘輸入五十年記念會
158776	朝鮮朝日	西北・南鮮版	1928-09-25	2	02단	秋は漸く酣に！/朝鮮を訪れる旅行者が滅切多い
158777	朝鮮朝日	西北・南鮮版	1928-09-25	2	04단	南鮮五道實業懇話會/釜山の提案
158778	朝鮮朝日	西北・南鮮版	1928-09-25	2	04단	雫の聲
158779	朝鮮朝日	西北・南鮮版	1928-09-25	2	04단	金剛山電鐵社債が滿了
158780	朝鮮朝日	西北・南鮮版	1928-09-25	2	04단	實際にあった話/モダン花嫁氣質その四/弄んだとの手紙は去られた恨みを報いるための中傷か/彼は一生懸命に勉强中である
158781	朝鮮朝日	西北・南鮮版	1928-09-25	2	05단	京城で食べる成歡の眞瓜/一人で一個半
158782	朝鮮朝日	西北・南鮮版	1928-09-25	2	05단	産繭五萬石突破の記念講演會を開催
158783	朝鮮朝日	西北・南鮮版	1928-09-25	2	05단	耐火力の强い高嶺土發見/慶北浦項で
158784	朝鮮朝日	西北・南鮮版	1928-09-25	2	06단	稅關打合會
158785	朝鮮朝日	西北・南鮮版	1928-09-25	2	07단	御大典記念貯金の奬勵/成績は良好
158786	朝鮮朝日	西北・南鮮版	1928-09-25	2	07단	穀物大會に平北の提案
158787	朝鮮朝日	西北・南鮮版	1928-09-25	2	07단	平壤商議評議會
158788	朝鮮朝日	西北・南鮮版	1928-09-25	2	07단	堆肥增産授賞
158789	朝鮮朝日	西北・南鮮版	1928-09-25	2	07단	九月中旬局線の荷動昨年より激增
158790	朝鮮朝日	西北版	1928-09-26	1	01단	落穗集(十六)/下村海南
158791	朝鮮朝日	西北版	1928-09-26	1	01단	金輸解禁が朝鮮に齎す利益は莫大なもの/鑛務課が秘かに待焦る
158792	朝鮮朝日	西北版	1928-09-26	1	01단	旱害地の學童退學者相つぐ/授業料の滯納は三萬八千圓に達す

일련번호	판명		간행일	면	단수	기사명
158793	朝鮮朝日	西北版	1928-09-26	1	01단	御眞影傳達官署學校に
158794	朝鮮朝日	西北版	1928-09-26	1	01단	御慰問使甘露寺侍從視察の日程
158795	朝鮮朝日	西北版	1928-09-26	1	02단	平壤醫學校工事が進捗
158796	朝鮮朝日	西北版	1928-09-26	1	02단	北鮮だより(8)/京城一記者
158797	朝鮮朝日	西北版	1928-09-26	1	03단	羅南行臨時列車に義捐金箱を設け水害の實況を見せて大に義金を募る計劃
158798	朝鮮朝日	西北版	1928-09-26	1	03단	短歌/橋田東聲選
158799	朝鮮朝日	西北版	1928-09-26	1	04단	水害による電信電話の被害十萬圓
158800	朝鮮朝日	西北版	1928-09-26	1	04단	滯留中の乾機大邱を出發
158801	朝鮮朝日	西北版	1928-09-26	1	04단	機動演習十月下旬擧行
158802	朝鮮朝日	西北版	1928-09-26	1	04단	運動界(全鮮女子競技大會十月二日擧行/硬式庭球戰終る/南浦高女優勝す/全鮮學生卓球大會城大で擧行/平壤野球大會)
158803	朝鮮朝日	西北版	1928-09-26	1	06단	「江畔何の時か始めて月を見し」畫舫に座して盃を汲む/鮮內の月の名どころ
158804	朝鮮朝日	西北版	1928-09-26	1	06단	味噌や豆腐には大粒の豆が良く豆粕には小粒が適當/面白い朝鮮大豆の研究
158805	朝鮮朝日	西北版	1928-09-26	1	06단	朝鮮博の構內に可愛い汽車を運轉させて度膽をぬく鐵道局の面白い趣向
158806	朝鮮朝日	西北版	1928-09-26	1	07단	舞金剛と謳はるゝ金剛流の演能會いよいよ來月七日に開催/演者は關西の雄豊島一家
158807	朝鮮朝日	西北版	1928-09-26	1	08단	朝鮮軍管下新兵さんの入營の期日
158808	朝鮮朝日	西北版	1928-09-26	1	08단	中華總商會北鮮水害に義金を贈る
158809	朝鮮朝日	西北版	1928-09-26	1	08단	牡丹台野話
158810	朝鮮朝日	西北版	1928-09-26	1	09단	全鮮を襲ふ冷氣 北鮮に雪降り水凍る/初雪間島に降る 例年より一月早い/四十年來の俄の冷氣 十一月の時候/薄氷り平北にはる/一日に十度溫度が降る
158811	朝鮮朝日	西北版	1928-09-26	1	10단	半島茶話
158812	朝鮮朝日	西北版	1928-09-26	1	10단	英國軍艦が仁川に滯泊
158813	朝鮮朝日	西北版	1928-09-26	1	10단	北鮮風水害義金/廿五日/門司支局扱/京城支局扱
158814	朝鮮朝日	南鮮版	1928-09-26	1	01단	落穗集(十六)/下村海南
158815	朝鮮朝日	南鮮版	1928-09-26	1	01단	金輸解禁が朝鮮に齎す利益は莫大なもの/鑛務課が秘かに待焦る
158816	朝鮮朝日	南鮮版	1928-09-26	1	01단	旱害地の學童退學者相つぐ/授業料の滯納は三萬八千圓に達す
158817	朝鮮朝日	南鮮版	1928-09-26	1	01단	御眞影傳達官署學校に
158818	朝鮮朝日	南鮮版	1928-09-26	1	01단	釜山府廳舍新築明年度に起工

일련번호	판명		간행일	면	단수	기사명
158819	朝鮮朝日	南鮮版	1928-09-26	1	02단	下水道と道路の改修/補助額も決定
158820	朝鮮朝日	南鮮版	1928-09-26	1	02단	北鮮だより(8)/京城一記者
158821	朝鮮朝日	南鮮版	1928-09-26	1	03단	短歌/橋田東聲選
158822	朝鮮朝日	南鮮版	1928-09-26	1	03단	統營水産校盟休 職員を排斥/登校せねば斷然處分す 加藤校長語る
158823	朝鮮朝日	南鮮版	1928-09-26	1	04단	水害による電信電話の被害十萬圓
158824	朝鮮朝日	南鮮版	1928-09-26	1	04단	佐世保の飛機鎭海に來襲/全市街は燈を消し燈火管制の演習
158825	朝鮮朝日	南鮮版	1928-09-26	1	04단	朝鮮博の構內に可愛い汽車を運轉させて度膽をぬく鐵道局の面白い趣向
158826	朝鮮朝日	南鮮版	1928-09-26	1	05단	滯留中の乾機大邱を出發
158827	朝鮮朝日	南鮮版	1928-09-26	1	05단	朝鮮軍管下新兵さんの入營の期日
158828	朝鮮朝日	南鮮版	1928-09-26	1	06단	「江畔何の時か始めて月を見し」畫舫に座して盃を汲む鮮內の月の名どころ
158829	朝鮮朝日	南鮮版	1928-09-26	1	06단	運動界(全鮮女子競技大會十月二日擧行/硬式庭球戰終る/全鮮學生卓球大會城大で擧行/大邱商業チーム神宮野球に出場/慶北弓道豫選會)
158830	朝鮮朝日	南鮮版	1928-09-26	1	07단	中華總商會北鮮水害に義金を贈る
158831	朝鮮朝日	南鮮版	1928-09-26	1	07단	十一名の强盜團檢事の求刑
158832	朝鮮朝日	南鮮版	1928-09-26	1	08단	舊盆歸りを覘ふ惡漢が釜山に多い
158833	朝鮮朝日	南鮮版	1928-09-26	1	08단	舞金剛と謳はるゝ金剛流の演能會いよいよ來月七日に開催/演者は關西の雄豊島一家
158834	朝鮮朝日	南鮮版	1928-09-26	1	08단	全鮮を襲ふ冷氣 北鮮に雪降り水凍る/初雪間島に降る 例年より一月早い/四十年來の俄の冷氣 十一月の時候/薄氷り平北にはる/一日に十度溫度が降る/風吹き荒み釜山の寒さ
158835	朝鮮朝日	南鮮版	1928-09-26	1	09단	友人殺しの面書記は懲役
158836	朝鮮朝日	南鮮版	1928-09-26	1	10단	人(金谷軍司令官/弘茂一二氏(新任大田法院支廳判事)/橘英三郎氏(農林省技師)/牧山耕藏氏(代議士)/水野激氏(釜山會議所評議員))
158837	朝鮮朝日	南鮮版	1928-09-26	1	10단	半島茶話
158838	朝鮮朝日	南鮮版	1928-09-26	1	10단	北鮮風水害義金/廿五日/門司支局扱/京城支局扱
158839	朝鮮朝日	西北・南鮮版	1928-09-26	2	01단	降りつゞく霖雨に慶北の農作物全滅を氣遣はれる/海岸の埋立慶南に激增 總工費百萬圓/鎭東面の埋立工事は近く着工
158840	朝鮮朝日	西北・南鮮版	1928-09-26	2	01단	雫の聲
158841	朝鮮朝日	西北・南鮮版	1928-09-26	2	01단	國有林野八千餘町步立木とも公賣
158842	朝鮮朝日	西北・南鮮版	1928-09-26	2	02단	紅蔘の生産四萬斤の見込

일련번호	판명		간행일	면	단수	기사명
158843	朝鮮朝日	西北・南鮮版	1928-09-26	2	02단	府營洗濯場增置の計劃
158844	朝鮮朝日	西北・南鮮版	1928-09-26	2	02단	御大典奉祝休業
158845	朝鮮朝日	西北・南鮮版	1928-09-26	2	02단	水産展覽會江景で開催
158846	朝鮮朝日	西北・南鮮版	1928-09-26	2	02단	里洞を廢し町名に改む
158847	朝鮮朝日	西北・南鮮版	1928-09-26	2	02단	朝鮮日報再發刊
158848	朝鮮朝日	西北・南鮮版	1928-09-26	2	03단	平壤の秋を賑はす催し物のかずかず
158849	朝鮮朝日	西北・南鮮版	1928-09-26	2	03단	運賃を無視しその地の相場で官鹽拂の價格を決定
158850	朝鮮朝日	西北・南鮮版	1928-09-26	2	03단	本社優勝旗爭奪第一回朝鮮女子庭球大會
158851	朝鮮朝日	西北・南鮮版	1928-09-26	2	04단	新刊紹介(『ゴルファー』)
158852	朝鮮朝日	西北版	1928-09-27	1	01단	落穗集(十七)/下村海南
158853	朝鮮朝日	西北版	1928-09-27	1	01단	旱水害と耕地減で鮮米の收穫が激減 豫想千三百五十萬石 昨年より三百七十萬石を減ず/弱り目に祟り目 今度は冷氣の打擊 南鮮方面は殊に影響が酷い/慶北の豫想
158854	朝鮮朝日	西北版	1928-09-27	1	01단	滿洲內鮮人が融和して來た/今後ともこれを維持したい/林奉天總領事語る
158855	朝鮮朝日	西北版	1928-09-27	1	03단	甘露寺侍從水害救濟の實情を聽取
158856	朝鮮朝日	西北版	1928-09-27	1	03단	北鮮だより(9)/京城一記者
158857	朝鮮朝日	西北版	1928-09-27	1	04단	國境は平穩が油斷は禁物/我兵の勇敢に恐れ朝鮮人壓迫は鳴りを靜む
158858	朝鮮朝日	西北版	1928-09-27	1	04단	俳句/鈴木花蓑選
158859	朝鮮朝日	西北版	1928-09-27	1	05단	長白山丸が北鮮東京間航路に就航
158860	朝鮮朝日	西北版	1928-09-27	1	05단	國境鐵道促進運動/江界が蹶起
158861	朝鮮朝日	西北版	1928-09-27	1	05단	小作權の確立には反對もなかったが滯納による契約解除には種々異論が持上る
158862	朝鮮朝日	西北版	1928-09-27	1	06단	今年は五人位の入選は確實と帝展出品に忙しき朝鮮畫壇の特選組
158863	朝鮮朝日	西北版	1928-09-27	1	06단	二千の小作人家族づれで大賑ひを呈す/不二農場の慰安會
158864	朝鮮朝日	西北版	1928-09-27	1	07단	平壤郵便局扱年金恩給は九萬六千圓
158865	朝鮮朝日	西北版	1928-09-27	1	07단	昨年に比し二百も多い新義州の囚人
158866	朝鮮朝日	西北版	1928-09-27	1	08단	煤煙と動搖を避け觀光客を目當に短區間に軌道自動車を運轉 先づ慶州大邱間に/試運轉の成績は良好
158867	朝鮮朝日	西北版	1928-09-27	1	09단	代議士一行渡鮮
158868	朝鮮朝日	西北版	1928-09-27	1	10단	大刀會員八百餘名が官兵と交戰
158869	朝鮮朝日	西北版	1928-09-27	1	10단	公民講座咸興で開催
158870	朝鮮朝日	西北版	1928-09-27	1	10단	妻を毆殺す

일련번호	판명		간행일	면	단수	기사명
158871	朝鮮朝日	西北版	1928-09-27	1	10단	安東の小火
158872	朝鮮朝日	西北版	1928-09-27	1	10단	平北庭球豫選
158873	朝鮮朝日	西北版	1928-09-27	1	10단	學生聯合運動會
158874	朝鮮朝日	西北版	1928-09-27	1	10단	半島茶話
158875	朝鮮朝日	西北版	1928-09-27	1	10단	北鮮風水害義金/廿六日/門司支局扱
158876	朝鮮朝日	南鮮版	1928-09-27	1	01단	落穗集(十七)/下村海南
158877	朝鮮朝日	南鮮版	1928-09-27	1	01단	旱水害と耕地減で鮮米の收穫が激減 豫想千三百五十萬石 昨年より三百七十萬石を減ず/弱り目に崇り目 今度は冷氣の打擊 南鮮方面は殊に影響が酷い/慶北の豫想
158878	朝鮮朝日	南鮮版	1928-09-27	1	01단	滿洲內鮮人が融和して來た/今後ともこれを維持したい/林奉天總領事語る
158879	朝鮮朝日	南鮮版	1928-09-27	1	03단	英國軍艦が仁川に滯泊
158880	朝鮮朝日	南鮮版	1928-09-27	1	03단	機動演習十月下旬擧行
158881	朝鮮朝日	南鮮版	1928-09-27	1	03단	北鮮だより(9)/京城一記者
158882	朝鮮朝日	南鮮版	1928-09-27	1	04단	釜山教育理事會
158883	朝鮮朝日	南鮮版	1928-09-27	1	04단	高普生百名が家計困難で退學/授業料を免じ復校
158884	朝鮮朝日	南鮮版	1928-09-27	1	04단	今年は五人位の入選は確實と帝展出品に忙しき朝鮮畫壇の特選組
158885	朝鮮朝日	南鮮版	1928-09-27	1	04단	鬱陵島の沖合で漁船六隻が遭難 行方不明が十九名/漁夫八名不明/甘浦沖でも七隻が不明
158886	朝鮮朝日	南鮮版	1928-09-27	1	05단	初等教員合格者
158887	朝鮮朝日	南鮮版	1928-09-27	1	06단	馬山の初霜/稻にも被害
158888	朝鮮朝日	南鮮版	1928-09-27	1	06단	慶北にも降霜
158889	朝鮮朝日	南鮮版	1928-09-27	1	06단	小作權の確立には反對もなかったが滯納による契約解除には種々異論が持上る
158890	朝鮮朝日	南鮮版	1928-09-27	1	07단	大邱高普生二百名が盟休
158891	朝鮮朝日	南鮮版	1928-09-27	1	07단	代議士一行渡鮮
158892	朝鮮朝日	南鮮版	1928-09-27	1	07단	全日本庭球戰に野副金組參加
158893	朝鮮朝日	南鮮版	1928-09-27	1	07단	學童野球大會
158894	朝鮮朝日	南鮮版	1928-09-27	1	07단	仁川射擊大會
158895	朝鮮朝日	南鮮版	1928-09-27	1	08단	俳句/鈴木花蓑選
158896	朝鮮朝日	南鮮版	1928-09-27	1	08단	會(文判事送別會)
158897	朝鮮朝日	南鮮版	1928-09-27	1	09단	煤煙と動搖を避け觀光客を目當に短區間に軌道自動車を運轉 先づ慶州大邱間に/試運轉の成績は良好
158898	朝鮮朝日	南鮮版	1928-09-27	1	09단	人(村山沼一郎氏(總督府事務官)/林奉天總領事/河野久太郎氏(大倉組重役)/吉岡重實

일련번호	판명		간행일	면	단수	기사명
158898	朝鮮朝日	南鮮版	1928-09-27	1	09단	氏(釜山實業家)/晉田直治氏(東畜重役)/堀北京公使館參事官)
158899	朝鮮朝日	南鮮版	1928-09-27	1	09단	全鮮軟式庭球大會(大邱府に於て)
158900	朝鮮朝日	南鮮版	1928-09-27	1	10단	半島茶話
158901	朝鮮朝日	南鮮版	1928-09-27	1	10단	北鮮風水害義金/廿六日/門司支局扱
158902	朝鮮朝日	西北・南鮮版	1928-09-27	2	01단	小作爭議の札付をコキ下しながら舍音の事は口を拭ってだんまりの地主さん/地主懇談會のぞき
158903	朝鮮朝日	西北・南鮮版	1928-09-27	2	01단	釜山漁港の實地調査/橘技師が設計
158904	朝鮮朝日	西北・南鮮版	1928-09-27	2	01단	米穀大會へ大阪の提案
158905	朝鮮朝日	西北・南鮮版	1928-09-27	2	01단	發動機共進會準備が進捗/來月會場設置
158906	朝鮮朝日	西北・南鮮版	1928-09-27	2	02단	大邱學組十年計劃の校舍增築案
158907	朝鮮朝日	西北・南鮮版	1928-09-27	2	02단	朝鮮博に全南の出品/府郡に通牒
158908	朝鮮朝日	西北・南鮮版	1928-09-27	2	03단	平南釀造者販路擴張を具體的に協議
158909	朝鮮朝日	西北・南鮮版	1928-09-27	2	03단	大邱府が府營バスの豫算を附議
158910	朝鮮朝日	西北・南鮮版	1928-09-27	2	03단	農會議員任命
158911	朝鮮朝日	西北・南鮮版	1928-09-27	2	04단	平南順出の慈山水組は設立に決定
158912	朝鮮朝日	西北・南鮮版	1928-09-27	2	04단	不正漁業の取締に努力/慶南當局が
158913	朝鮮朝日	西北・南鮮版	1928-09-27	2	04단	列車不通で元山荷扱所貨物が閑散
158914	朝鮮朝日	西北版	1928-09-28	1	01단	落穗集(十八)/下村海南
158915	朝鮮朝日	西北版	1928-09-28	1	01단	鮮米輸送の小量扱にも特定運賃制の採用を要望/當局は拒絶する方針
158916	朝鮮朝日	西北版	1928-09-28	1	01단	李太妃殿下の新御殿の改築/質素ながら手廣く本年中に竣工する
158917	朝鮮朝日	西北版	1928-09-28	1	01단	北鮮だより(１０)/京城一記者
158918	朝鮮朝日	西北版	1928-09-28	1	02단	朝鮮神宮に奉獻の光榮者
158919	朝鮮朝日	西北版	1928-09-28	1	03단	甘露寺侍從淸津に到着
158920	朝鮮朝日	西北版	1928-09-28	1	04단	淸津羅南間道路が復舊
158921	朝鮮朝日	西北版	1928-09-28	1	04단	實收は僕の投票通りさ/豫想より四十萬石少く見積った三井技師
158922	朝鮮朝日	西北版	1928-09-28	1	05단	京城の奉祝塔と花電車
158923	朝鮮朝日	西北版	1928-09-28	1	05단	間島北鮮の實情を視察/福原男をはじめ內地の有力者たち
158924	朝鮮朝日	西北版	1928-09-28	1	05단	朝鮮郵船の博多港寄港はいよいよ來月から就航する事に決定
158925	朝鮮朝日	西北版	1928-09-28	1	06단	書畵と詩文御大典に獻上
158926	朝鮮朝日	西北版	1928-09-28	1	07단	民謠/北原白秋選
158927	朝鮮朝日	西北版	1928-09-28	1	07단	多獅島築港二十六日起工
158928	朝鮮朝日	西北版	1928-09-28	1	07단	優良品展に列車の割引/十人以上に

일련번호	판명		간행일	면	단수	기사명
158929	朝鮮朝日	西北版	1928-09-28	1	07단	社會教育の幹部を集め京城で講習
158930	朝鮮朝日	西北版	1928-09-28	1	07단	牡丹台野話
158931	朝鮮朝日	西北版	1928-09-28	1	08단	舊裕陵の跡にゴルフ場の計劃/面積も百餘町步で內地にも恥ぢぬのを造る
158932	朝鮮朝日	西北版	1928-09-28	1	08단	地方饗饌の光榮に浴しやうとて千圓を赤十字へ寄附する有志家が續々現る
158933	朝鮮朝日	西北版	1928-09-28	1	09단	初等學校長會議
158934	朝鮮朝日	西北版	1928-09-28	1	09단	新義州の年金受給者百五十二名
158935	朝鮮朝日	西北版	1928-09-28	1	09단	チブス蔓延/平壤府內に
158936	朝鮮朝日	西北版	1928-09-28	1	10단	英國軍艦が南浦に入港
158937	朝鮮朝日	西北版	1928-09-28	1	10단	奧地の警官を呼び戻して警戒に努む
158938	朝鮮朝日	西北版	1928-09-28	1	10단	親子三人覺悟の自殺
158939	朝鮮朝日	西北版	1928-09-28	1	10단	國境だけに密輸が最多/移動警察成績
158940	朝鮮朝日	西北版	1928-09-28	1	10단	人見孃講演
158941	朝鮮朝日	西北版	1928-09-28	1	10단	會(口腔衛生講演會)
158942	朝鮮朝日	西北版	1928-09-28	1	10단	半島茶話
158943	朝鮮朝日	南鮮版	1928-09-28	1	01단	落穗集(十八)/下村海南
158944	朝鮮朝日	南鮮版	1928-09-28	1	01단	鮮米輸送の少量扱にも特定運賃制の採用を要望/當局は拒絶する方針
158945	朝鮮朝日	南鮮版	1928-09-28	1	01단	李太妃殿下の新御殿の改築/質素ながら手廣く本年中に竣工する
158946	朝鮮朝日	南鮮版	1928-09-28	1	01단	北鮮だより(10)/京城一記者
158947	朝鮮朝日	南鮮版	1928-09-28	1	02단	小鹿島慈惠院病室を擴張/癩患者を增收
158948	朝鮮朝日	南鮮版	1928-09-28	1	03단	社會教育の幹部を集め京城で講習
158949	朝鮮朝日	南鮮版	1928-09-28	1	03단	實收は僕の投票通りさ/豫想より四十萬石少く見積った三井技師
158950	朝鮮朝日	南鮮版	1928-09-28	1	04단	仁川圖書館八月閱覽者
158951	朝鮮朝日	南鮮版	1928-09-28	1	04단	鐵道局弔魂祭
158952	朝鮮朝日	南鮮版	1928-09-28	1	04단	民謠/北原白秋選
158953	朝鮮朝日	南鮮版	1928-09-28	1	05단	京城の奉祝塔と花電車
158954	朝鮮朝日	南鮮版	1928-09-28	1	05단	間道北鮮の實情を視察/福原男をはじめ內地の有力者たち
158955	朝鮮朝日	南鮮版	1928-09-28	1	05단	朝鮮郵船の博多港寄港はいよいよ來月から就航する事に決定
158956	朝鮮朝日	南鮮版	1928-09-28	1	05단	京城府が大掛な交通量の調査/都計や道路網計劃に非常な關係がある
158957	朝鮮朝日	南鮮版	1928-09-28	1	07단	首謀者は極く少數/大邱高普の盟休
158958	朝鮮朝日	南鮮版	1928-09-28	1	07단	神宮競技を前に前哨戰の觀ある/全鮮軟式庭球大會七日大邱で開かる

일련번호	판명		간행일	면	단수	기사명
158959	朝鮮朝日	南鮮版	1928-09-28	1	07단	舊裕陵の跡にゴルフ場の計劃/面積も百餘町步で內地にも恥ぢぬのを造る
158960	朝鮮朝日	南鮮版	1928-09-28	1	07단	地方饗饌の光榮に浴しやうとて千圓を赤十字へ寄附する有志家が續々現る
158961	朝鮮朝日	南鮮版	1928-09-28	1	08단	大典奉祝運動會
158962	朝鮮朝日	南鮮版	1928-09-28	1	09단	渡航料詐取四名を逮捕
158963	朝鮮朝日	南鮮版	1928-09-28	1	09단	女の枕探し
158964	朝鮮朝日	南鮮版	1928-09-28	1	09단	金融組合に忍入九千九百圓を盜む/理事宅から巧に鍵を奪ふ
158965	朝鮮朝日	南鮮版	1928-09-28	1	09단	會(松浦完山氏請談會/運輸事務打合會)
158966	朝鮮朝日	南鮮版	1928-09-28	1	10단	浮浪者狩り八名を檢擧
158967	朝鮮朝日	南鮮版	1928-09-28	1	10단	學校側の强硬に生徒が軟化
158968	朝鮮朝日	南鮮版	1928-09-28	1	10단	國境だけに密輸が最多/移動警察成績
158969	朝鮮朝日	南鮮版	1928-09-28	1	10단	城大端艇競漕
158970	朝鮮朝日	南鮮版	1928-09-28	1	10단	半島茶話
158971	朝鮮朝日	南鮮版	1928-09-28	1	10단	人(橘英三郎氏(農林技師)/東條正平氏(朝鐵重役)/立川公州地方法院長/津久井同檢事正)
158972	朝鮮朝日	西北·南鮮版	1928-09-28	2	01단	地主と協力して旱害救濟に努力京畿道の調査終了
158973	朝鮮朝日	西北·南鮮版	1928-09-28	2	01단	忠南の試み牛籍成績が良好
158974	朝鮮朝日	西北·南鮮版	1928-09-28	2	01단	雫の聲
158975	朝鮮朝日	西北·南鮮版	1928-09-28	2	01단	大邱慶州間軌道自動車一日から運轉
158976	朝鮮朝日	西北·南鮮版	1928-09-28	2	01단	新米出廻る
158977	朝鮮朝日	西北·南鮮版	1928-09-28	2	02단	沙上驛新設
158978	朝鮮朝日	西北·南鮮版	1928-09-28	2	02단	水原電氣が京電と合併
158979	朝鮮朝日	西北·南鮮版	1928-09-28	2	02단	平南特産が京城で陳列
158980	朝鮮朝日	西北·南鮮版	1928-09-28	2	02단	蕎麥が半作/降霜の被害
158981	朝鮮朝日	西北·南鮮版	1928-09-28	2	02단	製炭講習會忠北が開催
158982	朝鮮朝日	西北·南鮮版	1928-09-28	2	02단	慶南教育會/總會の事業
158983	朝鮮朝日	西北·南鮮版	1928-09-28	2	02단	俵米品評會/慶南各地で
158984	朝鮮朝日	西北·南鮮版	1928-09-28	2	03단	機關車に無煙炭使用成績は良好
158985	朝鮮朝日	西北·南鮮版	1928-09-28	2	03단	白頭山麓調査隊一行茂山へ歸着
158986	朝鮮朝日	西北·南鮮版	1928-09-28	2	03단	家も無い勞働者に一夜の宿を貸す/京城府の勞働宿泊所料金は夏は五錢、冬は十錢
158987	朝鮮朝日	西北·南鮮版	1928-09-28	2	03단	全鮮軟式庭球大會(大邱府に於て)
158988	朝鮮朝日	西北·南鮮版	1928-09-28	2	04단	朝鮮殖産助成財團の役員が決定
158989	朝鮮朝日	西北·南鮮版	1928-09-28	2	04단	畜産講習會京城で開催
158990	朝鮮朝日	西北·南鮮版	1928-09-28	2	04단	安東商總會流會
158991	朝鮮朝日	西北·南鮮版	1928-09-28	2	04단	京城の物價/鮮銀の調査

일련번호	판명		간행일	면	단수	기사명
158992	朝鮮朝日	西北・南鮮版	1928-09-28	2	04단	全南道遊興費
158993	朝鮮朝日	西北版	1928-09-29	1	01단	落穗集(十九)/下村海南
158994	朝鮮朝日	西北版	1928-09-29	1	01단	朝鮮豫算に對し政府の形勢が惡化/池上總監が憂慮す問題は普通學校の增設
158995	朝鮮朝日	西北版	1928-09-29	1	01단	法院廳舍竣工す
158996	朝鮮朝日	西北版	1928-09-29	1	03단	閑院宮殿下の台臨を仰ぐ赤十字總會
158997	朝鮮朝日	西北版	1928-09-29	1	03단	全鮮女生徒の苦心の刺繡高工が裝幀御大典の獻上品
158998	朝鮮朝日	西北版	1928-09-29	1	03단	實際にあった話/彼女が放火するまで(上)/カフェーライオンの怪しい火事騷ぎ召喚された女給たちで色めいた本町署
158999	朝鮮朝日	西北版	1928-09-29	1	04단	國境鐵道促進運動/義州も參加
159000	朝鮮朝日	西北版	1928-09-29	1	04단	全鮮中等校校長會開催
159001	朝鮮朝日	西北版	1928-09-29	1	04단	秩父宮さま御成婚と各地の奉祝/朝鮮人靑年團が歡喜の聲を擧げ秩父宮殿下の御成婚を壽ぐ權計龍君の美擧のかずかず
159002	朝鮮朝日	西北版	1928-09-29	1	05단	土曜漫筆/最後の慾望/判事加藤昇夫
159003	朝鮮朝日	西北版	1928-09-29	1	05단	咸鏡線復舊す
159004	朝鮮朝日	西北版	1928-09-29	1	05단	造林事業の進捗打合せ
159005	朝鮮朝日	西北版	1928-09-29	1	06단	審査を終へた新銀行令は愈よ法制局に回付/實施は明春一月から
159006	朝鮮朝日	西北版	1928-09-29	1	06단	民謠/北原白秋選
159007	朝鮮朝日	西北版	1928-09-29	1	06단	御大典に朝鮮婦人を大阪府が表彰
159008	朝鮮朝日	西北版	1928-09-29	1	07단	朝鮮博の協贊會役員漸く決定す
159009	朝鮮朝日	西北版	1928-09-29	1	07단	總督府立案の小作契約の解除不合理な點が多いと地主が反對を叫ぶ
159010	朝鮮朝日	西北版	1928-09-29	1	08단	無線の呼出遞信局で決定
159011	朝鮮朝日	西北版	1928-09-29	1	08단	佛國艦隊が朝鮮に寄港
159012	朝鮮朝日	西北版	1928-09-29	1	08단	平壤の飛機演習に參加
159013	朝鮮朝日	西北版	1928-09-29	1	08단	女子中等校音樂會奉祝の意味で二日間に互る
159014	朝鮮朝日	西北版	1928-09-29	1	08단	牡丹台野話
159015	朝鮮朝日	西北版	1928-09-29	1	09단	戶山軍樂隊平壤で演奏
159016	朝鮮朝日	西北版	1928-09-29	1	09단	元山中學生兵營生活
159017	朝鮮朝日	西北版	1928-09-29	1	09단	咸興の松茸思ひの外豐作
159018	朝鮮朝日	西北版	1928-09-29	1	09단	鰯網を荒す蟻の害が多い
159019	朝鮮朝日	西北版	1928-09-29	1	10단	お茶のあと
159020	朝鮮朝日	西北版	1928-09-29	1	10단	二名が負傷二名が卽死/無煙炭抗珍事
159021	朝鮮朝日	西北版	1928-09-29	1	10단	慶南奧地に變型チブス蔓延の兆あり

일련번호	판명		간행일	면	단수	기사명
159022	朝鮮朝日	西北版	1928-09-29	1	10단	金栗氏講演
159023	朝鮮朝日	西北版	1928-09-29	1	10단	平壤在軍射擊會
159024	朝鮮朝日	西北版	1928-09-29	1	10단	人(加藤敬三郎(鮮銀總裁))
159025	朝鮮朝日	西北版	1928-09-29	1	10단	半島茶話
159026	朝鮮朝日	南鮮版	1928-09-29	1	01단	落穗集(十九)/下村海南
159027	朝鮮朝日	南鮮版	1928-09-29	1	01단	朝鮮豫算に對し政府の形勢が惡化/池上總監が憂慮す問題は普通學校の增設
159028	朝鮮朝日	南鮮版	1928-09-29	1	01단	法院廳舍竣工す
159029	朝鮮朝日	南鮮版	1928-09-29	1	03단	閑院宮殿下の台臨を仰ぐ赤十字總會
159030	朝鮮朝日	南鮮版	1928-09-29	1	03단	全鮮女生徒の苦心の刺繡京城高工が裝幀御大典の獻上品
159031	朝鮮朝日	南鮮版	1928-09-29	1	03단	秩父宮さま御成婚と各地の奉祝/朝鮮人靑年團が歡喜の聲を擧げ秩父宮殿下の御成婚を壽ぐ權計龍君の美擧のかずかず
159032	朝鮮朝日	南鮮版	1928-09-29	1	04단	國境鐵道促進運動/義州も參加
159033	朝鮮朝日	南鮮版	1928-09-29	1	04단	全鮮中等校校長會開催
159034	朝鮮朝日	南鮮版	1928-09-29	1	04단	咸鏡線復舊す
159035	朝鮮朝日	南鮮版	1928-09-29	1	04단	道路は後廻し先づ下水溝改修に着手
159036	朝鮮朝日	南鮮版	1928-09-29	1	05단	土曜漫筆/最後の慾望/判事加藤昇夫
159037	朝鮮朝日	南鮮版	1928-09-29	1	05단	民謠/北原白秋選
159038	朝鮮朝日	南鮮版	1928-09-29	1	05단	審査を終へた新銀行令は愈よ法制局に回付/實施は明春一月から
159039	朝鮮朝日	南鮮版	1928-09-29	1	05단	江原賜饌光榮者
159040	朝鮮朝日	南鮮版	1928-09-29	1	05단	御大典に朝鮮婦人を大阪府が表彰
159041	朝鮮朝日	南鮮版	1928-09-29	1	06단	警官のラインひき/三線道路の實施
159042	朝鮮朝日	南鮮版	1928-09-29	1	06단	旱害救濟の地主懇談會知事以下總出
159043	朝鮮朝日	南鮮版	1928-09-29	1	06단	滿洲支那視察代議士連渡鮮
159044	朝鮮朝日	南鮮版	1928-09-29	1	07단	慶南山淸に百間の長橋近く架設
159045	朝鮮朝日	南鮮版	1928-09-29	1	07단	千代田艦の前檣を拂下/月尾島に建設
159046	朝鮮朝日	南鮮版	1928-09-29	1	08단	馬山の獵界案外に麻しい
159047	朝鮮朝日	南鮮版	1928-09-29	1	08단	馬山府廳員禁煙を申合/勤儉週間に
159048	朝鮮朝日	南鮮版	1928-09-29	1	08단	赤ン坊會表彰者決定
159049	朝鮮朝日	南鮮版	1928-09-29	1	08단	佛國艦隊が朝鮮に寄港
159050	朝鮮朝日	南鮮版	1928-09-29	1	08단	朝鮮博の協贊會役員漸く決定す
159051	朝鮮朝日	南鮮版	1928-09-29	1	08단	總督府立案の小作契約の解除不合理な點が多いと地主が反對を叫ぶ
159052	朝鮮朝日	南鮮版	1928-09-29	1	09단	無線の呼出遞信局で決定
159053	朝鮮朝日	南鮮版	1928-09-29	1	09단	京城體育デー運動競技日程
159054	朝鮮朝日	南鮮版	1928-09-29	1	09단	馬山在軍射擊會

일련번호	판명		간행일	면	단수	기사명
159055	朝鮮朝日	南鮮版	1928-09-29	1	10단	女子中等校音樂會奉祝の意味で二日間に亙る
159056	朝鮮朝日	南鮮版	1928-09-29	1	10단	大邱高普の盟休首謀者行方を晦す
159057	朝鮮朝日	南鮮版	1928-09-29	1	10단	慶南奧地に變型チブス蔓延の兆あり
159058	朝鮮朝日	南鮮版	1928-09-29	1	10단	人(黑田海事出張所長/多田榮吉氏(新義州實業家)/菊池太惣治氏(新義州地方法院長)/西龜三圭氏(警務局技師)/圓中友太郎氏(前釜山海事出張所長)/五島誠助氏/平野宗三郎氏(釜山實業家)/河野竹之助氏(仁川實業家))
159059	朝鮮朝日	南鮮版	1928-09-29	1	10단	半島茶話
159060	朝鮮朝日	西北・南鮮版	1928-09-29	2	01단	小作料を免ずれば自分達が食へぬ/京畿の中小地主に窮民と同じく副業を獎勵
159061	朝鮮朝日	西北・南鮮版	1928-09-29	2	01단	京畿旱害地に復興氣分横溢す
159062	朝鮮朝日	西北・南鮮版	1928-09-29	2	01단	雫の聲
159063	朝鮮朝日	西北・南鮮版	1928-09-29	2	02단	京南鐵道の群山進出は明年三月頃
159064	朝鮮朝日	西北・南鮮版	1928-09-29	2	02단	鮮米移出の檢査料値下/南浦が要望
159065	朝鮮朝日	西北・南鮮版	1928-09-29	2	02단	成績の良い萩の栽培を平南が獎勵
159066	朝鮮朝日	西北・南鮮版	1928-09-29	2	02단	卽位禮紫宸殿御儀の圖/御大禮記念本紙繪附錄十月一日發行(本紙一頁大)
159067	朝鮮朝日	西北・南鮮版	1928-09-29	2	03단	滿洲粟輸入前年より増加
159068	朝鮮朝日	西北・南鮮版	1928-09-29	2	03단	稻首イモチ病發生の原因は何か/神力系統が一番多い
159069	朝鮮朝日	西北・南鮮版	1928-09-29	2	04단	全北の植林御大典記念に
159070	朝鮮朝日	西北・南鮮版	1928-09-29	2	04단	高松博覽會京城の受賞者
159071	朝鮮朝日	西北・南鮮版	1928-09-29	2	04단	酒類品評會平壤で開催
159072	朝鮮朝日	西北・南鮮版	1928-09-29	2	04단	全鮮郵貯高/二千七百萬圓
159073	朝鮮朝日	西北・南鮮版	1928-09-29	2	04단	採木公司祝賀會
159074	朝鮮朝日	西北版	1928-09-30	1	01단	落穗集(二十)/下村海南
159075	朝鮮朝日	西北版	1928-09-30	1	01단	京都御大禮博覽會の朝鮮館
159076	朝鮮朝日	西北版	1928-09-30	1	01단	咸鏡線の復舊三年を要し工費は約百五十萬圓/廿四萬圓は支出濟
159077	朝鮮朝日	西北版	1928-09-30	1	03단	メートル展開會式擧行
159078	朝鮮朝日	西北版	1928-09-30	1	04단	元山港の礦油の輸入頓に増加す
159079	朝鮮朝日	西北版	1928-09-30	1	04단	沙里院の道立病院は敷地が決定
159080	朝鮮朝日	西北版	1928-09-30	1	04단	御下賜の御眞影釜山に御着
159081	朝鮮朝日	西北版	1928-09-30	1	04단	實際にあった話/彼女が放火するまで(下)/あのおとなしい女房が放火した?/義雄はハラハラと涙を流した女囚の身を唧つかほる
159082	朝鮮朝日	西北版	1928-09-30	1	05단	大浦、麗水間は明春から着工/南朝鮮鐵道

일련번호	판명		간행일	면	단수	기사명
159082	朝鮮朝日	西北版	1928-09-30	1	05단	の計劃/麗水築港の土地買收も終る
159083	朝鮮朝日	西北版	1928-09-30	1	05단	下級船員の組合を海事會に統一し保護の施設を設け思想の善導を企劃
159084	朝鮮朝日	西北版	1928-09-30	1	05단	短歌/橋田東聲選
159085	朝鮮朝日	西北版	1928-09-30	1	05단	自動車運轉手二名の女性試驗に合格
159086	朝鮮朝日	西北版	1928-09-30	1	06단	御大典に奉獻の草々順調に成育
159087	朝鮮朝日	西北版	1928-09-30	1	06단	牡丹台野話
159088	朝鮮朝日	西北版	1928-09-30	1	07단	京都博で朝鮮紹介の活寫を撮影
159089	朝鮮朝日	西北版	1928-09-30	1	07단	求職者の三割二分が就職できた
159090	朝鮮朝日	西北版	1928-09-30	1	07단	意匠の妙を競ふ平壤のメートル展/美しい教育品の陳列
159091	朝鮮朝日	西北版	1928-09-30	1	08단	平南の初氷/陽德の寒さ
159092	朝鮮朝日	西北版	1928-09-30	1	08단	マラリヤの全滅を圖る結氷中に
159093	朝鮮朝日	西北版	1928-09-30	1	09단	郵便遞送夫七名が盟休
159094	朝鮮朝日	西北版	1928-09-30	1	09단	逆上して一名を殺す舊盆の暗嘩騷
159095	朝鮮朝日	西北版	1928-09-30	1	09단	三名の朝鮮人が危險を冒し防火/村會の名で慰問金を贈り知事は表彰方を申請
159096	朝鮮朝日	西北版	1928-09-30	1	10단	解雇の恨みて學校の先生雇主を毆る
159097	朝鮮朝日	西北版	1928-09-30	1	10단	沙里院金組の費消金額は四萬圓以上
159098	朝鮮朝日	西北版	1928-09-30	1	10단	平南警察射擊會
159099	朝鮮朝日	西北版	1928-09-30	1	10단	人(森英太郎氏(遞信技師)/植村秘孝氏(平壤西本願寺住職))
159100	朝鮮朝日	西北版	1928-09-30	1	10단	半島茶話
159101	朝鮮朝日	南鮮版	1928-09-30	1	01단	落穗集(二十)/下村海南
159102	朝鮮朝日	南鮮版	1928-09-30	1	01단	京都御大禮博覽會の朝鮮館
159103	朝鮮朝日	南鮮版	1928-09-30	1	01단	咸鏡線の復舊三年を要し工費は約百五十萬圓/廿四萬圓は支出濟
159104	朝鮮朝日	南鮮版	1928-09-30	1	03단	メートル展開會式擧行
159105	朝鮮朝日	南鮮版	1928-09-30	1	04단	元山港の礦油の輸入頓に增加す
159106	朝鮮朝日	南鮮版	1928-09-30	1	04단	沙里院の道立病院は敷地が決定
159107	朝鮮朝日	南鮮版	1928-09-30	1	04단	御下賜の御眞影釜山に御着
159108	朝鮮朝日	南鮮版	1928-09-30	1	04단	實際にあった話/彼女が放火するまで(上)/カフェーライオンの怪しい火事騷ぎ召喚された女給たちで色めいた本町署
159109	朝鮮朝日	南鮮版	1928-09-30	1	05단	木浦、麗水間は明春から着工/南朝鮮鐵道の計劃/麗水築港の土地買收も終る
159110	朝鮮朝日	南鮮版	1928-09-30	1	05단	下級船員の組合を海事會に統一し保護の施設を設け思想の善導を企劃
159111	朝鮮朝日	南鮮版	1928-09-30	1	05단	短歌/橋田東聲選

일련번호	판명		간행일	면	단수	기사명
159112	朝鮮朝日	南鮮版	1928-09-30	1	05단	自動車運轉手二名の女性試驗に合格
159113	朝鮮朝日	南鮮版	1928-09-30	1	06단	御大典に奉獻の草々順調に成育
159114	朝鮮朝日	南鮮版	1928-09-30	1	06단	京都博で朝鮮紹介の活寫を撮影
159115	朝鮮朝日	南鮮版	1928-09-30	1	07단	求職者の三割二分が就職できた
159116	朝鮮朝日	南鮮版	1928-09-30	1	07단	平南の初氷/陽德の寒さ
159117	朝鮮朝日	南鮮版	1928-09-30	1	07단	御大典參拜靑年の代表釜山の田中氏
159118	朝鮮朝日	南鮮版	1928-09-30	1	07단	高射砲實彈射擊
159119	朝鮮朝日	南鮮版	1928-09-30	1	07단	三名の朝鮮人が危險を冒し防火/村會の名で慰問金を贈り知事は表彰方を申請
159120	朝鮮朝日	南鮮版	1928-09-30	1	08단	靑い鳥は歌ふ/釜山あをやま生
159121	朝鮮朝日	南鮮版	1928-09-30	1	08단	仁川局野遊會
159122	朝鮮朝日	南鮮版	1928-09-30	1	08단	マラリヤの全滅を圖る結氷中に
159123	朝鮮朝日	南鮮版	1928-09-30	1	08단	郵便遞送夫七名が盟休
159124	朝鮮朝日	南鮮版	1928-09-30	1	08단	一千餘枚の切手を賣る怪しい朝鮮人
159125	朝鮮朝日	南鮮版	1928-09-30	1	09단	解雇の恨みて學校の先生雇主を毆る
159126	朝鮮朝日	南鮮版	1928-09-30	1	09단	逆上して一名を殺す舊盆の喧嘩騷
159127	朝鮮朝日	南鮮版	1928-09-30	1	09단	爆藥所持の怪朝鮮人を浦項で檢擧
159128	朝鮮朝日	南鮮版	1928-09-30	1	09단	十餘軒の洗濯職工が盟休を企つ
159129	朝鮮朝日	南鮮版	1928-09-30	1	10단	沙里院金組の費消金額は四萬圓以上
159130	朝鮮朝日	南鮮版	1928-09-30	1	10단	平南警察射擊會
159131	朝鮮朝日	南鮮版	1928-09-30	1	10단	會(浦項靑團總會)
159132	朝鮮朝日	南鮮版	1928-09-30	1	10단	人(李軫鎬氏(學務局長)/小松謙治郎氏(貴族院議員)/別府丑太郎氏(南朝鐵專務)/谷口守雄氏(鐵道協會理事)/森英太郎氏(遞信技師)/植村秘孝氏(平壤西本願寺住職))
159133	朝鮮朝日	南鮮版	1928-09-30	1	10단	半島茶話
159134	朝鮮朝日	西北・南鮮版	1928-09-30	2	01단	百萬圓に達する旱水害の免稅 三分作以下に實施 ほゞ大正十四年と同程度/京畿の免稅二千餘萬圓
159135	朝鮮朝日	西北・南鮮版	1928-09-30	2	01단	木材の特定運賃十月一日から改正/釜山が陳情發驛の希望
159136	朝鮮朝日	西北・南鮮版	1928-09-30	2	01단	雫の聲
159137	朝鮮朝日	西北・南鮮版	1928-09-30	2	02단	釜山に果して漁港設置の價値があるか
159138	朝鮮朝日	西北・南鮮版	1928-09-30	2	03단	平北の水稻稀な豊作/收穫九十萬石
159139	朝鮮朝日	西北・南鮮版	1928-09-30	2	03단	馬山のバス計劃の內容
159140	朝鮮朝日	西北・南鮮版	1928-09-30	2	04단	平南も豊作/一割五分增收
159141	朝鮮朝日	西北・南鮮版	1928-09-30	2	04단	米穀大會に京城の提案
159142	朝鮮朝日	西北・南鮮版	1928-09-30	2	04단	新義州の木材出荷量五千三百噸
159143	朝鮮朝日	西北・南鮮版	1928-09-30	2	04단	釜山學組會議

1928년 10월 (조선아사히)

일련번호	판명		간행일	면	단수	기사명
159144	朝鮮朝日	西北版	1928-10-02	1	01단	落穗集(二十一)/下村海南
159145	朝鮮朝日	西北版	1928-10-02	1	01단	極東の交通史上新紀元を劃する咸鏡鐵道の開通式－日羅南で盛大に擧行さる/城津の賑ひ參列客を歡迎
159146	朝鮮朝日	西北版	1928-10-02	1	01단	御眞影到着す
159147	朝鮮朝日	西北版	1928-10-02	1	03단	時事鳥瞰/土地改良の賠償を小作人に與へる規定を缺いた千慮の一失/小作制度の改善案もあれこれが實施は最大の急務
159148	朝鮮朝日	西北版	1928-10-02	1	04단	普通手段では成功困難 國境鐵道敷設/安東商議も要路大官に懇請の打電
159149	朝鮮朝日	西北版	1928-10-02	1	04단	朝郵配當六朱据置/前年より減收
159150	朝鮮朝日	西北版	1928-10-02	1	04단	醫師試驗
159151	朝鮮朝日	西北版	1928-10-02	1	05단	汝矣島飛行場着工/十一月末竣工
159152	朝鮮朝日	西北版	1928-10-02	1	05단	平南郡守會議
159153	朝鮮朝日	西北版	1928-10-02	1	05단	御眞影を護る姜普校々長總監が表彰
159154	朝鮮朝日	西北版	1928-10-02	1	05단	明年鮮米の移出五百萬石程度か/米行脚で來鮮した加賀宇之吉氏語る
159155	朝鮮朝日	西北版	1928-10-02	1	05단	近づいて來た平壤の二大催し酒類品評會と優良品展/會期中の催のかずかず
159156	朝鮮朝日	西北版	1928-10-02	1	06단	金剛山の模型京都大禮博に出品
159157	朝鮮朝日	西北版	1928-10-02	1	07단	金組協會常任理事の候補者決定
159158	朝鮮朝日	西北版	1928-10-02	1	07단	牡丹台野話
159159	朝鮮朝日	西北版	1928-10-02	1	08단	十萬人分の注射液を準備/眞性コレラ發生せば直ちに豫注を勵行
159160	朝鮮朝日	西北版	1928-10-02	1	08단	平北厚昌視察團
159161	朝鮮朝日	西北版	1928-10-02	1	08단	朝鮮博協贊會理事を決定 囑託も置く/朝鮮博の協贊會設置 平安北道が
159162	朝鮮朝日	西北版	1928-10-02	1	09단	亡き友の御靈を祭る可愛い法要
159163	朝鮮朝日	西北版	1928-10-02	1	09단	平壤肉の向上を圖る肥育の試驗
159164	朝鮮朝日	西北版	1928-10-02	1	09단	大阪の朝鮮人淨財を蒐め水害義金に寄贈
159165	朝鮮朝日	西北版	1928-10-02	1	10단	新義州府の電響機設置
159166	朝鮮朝日	西北版	1928-10-02	1	10단	平北道がチブス保菌檢査を勵行
159167	朝鮮朝日	西北版	1928-10-02	1	10단	野菜耕作者の洗滌用水を嚴重に取締る
159168	朝鮮朝日	西北版	1928-10-02	1	10단	大刀會員また擡頭/國境を警戒
159169	朝鮮朝日	西北版	1928-10-02	1	10단	嫉妬の人妻妾宅に放火
159170	朝鮮朝日	西北版	1928-10-02	1	10단	運動界(神宮競技野球戰)
159171	朝鮮朝日	西北版	1928-10-02	1	10단	半島茶話
159172	朝鮮朝日	南鮮版	1928-10-02	1	01단	落穗集(二十一)/下村海南
159173	朝鮮朝日	南鮮版	1928-10-02	1	01단	極東の交通史上新紀元を劃する咸鏡鐵道の

일련번호	판명		간행일	면	단수	기사명
159173	朝鮮朝日	南鮮版	1928-10-02	1	01단	開通式/一日羅南で盛大に擧行さる(總督告辭)
159174	朝鮮朝日	南鮮版	1928-10-02	1	01단	御眞影到着す
159175	朝鮮朝日	南鮮版	1928-10-02	1	03단	青い鳥は歌ふ/釜山あをやま生
159176	朝鮮朝日	南鮮版	1928-10-02	1	04단	朝郵配當六朱据置/前年より減收
159177	朝鮮朝日	南鮮版	1928-10-02	1	04단	醫師試驗
159178	朝鮮朝日	南鮮版	1928-10-02	1	04단	小學教員試驗
159179	朝鮮朝日	南鮮版	1928-10-02	1	04단	金剛山の模型京都大禮博に出品
159180	朝鮮朝日	南鮮版	1928-10-02	1	05단	時事鳥瞰/土地改良の賠償を小作人に與へる規定を缺いた千慮の一失/小作制度の改善案もあれこれが實施は最大の急務
159181	朝鮮朝日	南鮮版	1928-10-02	1	05단	汝矣島飛行場着工/十一月末竣工
159182	朝鮮朝日	南鮮版	1928-10-02	1	06단	龍山靑訓所設置に決定
159183	朝鮮朝日	南鮮版	1928-10-02	1	06단	御大典拜觀青年團代表慶南は決定
159184	朝鮮朝日	南鮮版	1928-10-02	1	06단	戶山軍樂隊大邱で演奏
159185	朝鮮朝日	南鮮版	1928-10-02	1	06단	地主たちの旱害義捐金三千圓に達す
159186	朝鮮朝日	南鮮版	1928-10-02	1	06단	釜山體育デー
159187	朝鮮朝日	南鮮版	1928-10-02	1	06단	光州高女組優勝す/湖南庭球大會
159188	朝鮮朝日	南鮮版	1928-10-02	1	07단	鐵道遞信に勝つ/殖銀京電に慘敗
159189	朝鮮朝日	南鮮版	1928-10-02	1	07단	本町小學校優勝
159190	朝鮮朝日	南鮮版	1928-10-02	1	07단	神宮競技野球戰
159191	朝鮮朝日	南鮮版	1928-10-02	1	07단	書畫展覽會/馬山高女で
159192	朝鮮朝日	南鮮版	1928-10-02	1	07단	金組協會常任理事の候補者決定
159193	朝鮮朝日	南鮮版	1928-10-02	1	08단	水組設立當時反對したと加入を許さぬ
159194	朝鮮朝日	南鮮版	1928-10-02	1	08단	朝鮮博協贊會理事を決定/囑託も置く
159195	朝鮮朝日	南鮮版	1928-10-02	1	08단	十萬人分の注射液を準備/眞性コレラ發生せば直ちに豫注を勵行
159196	朝鮮朝日	南鮮版	1928-10-02	1	09단	汽車の煤煙で火災が頻發/鐵道に請願
159197	朝鮮朝日	南鮮版	1928-10-02	1	09단	釜山三小學に何者か放火/鮮童の惡戲か
159198	朝鮮朝日	南鮮版	1928-10-02	1	10단	釜山の頭痛癩患の放置/對案を考究中
159199	朝鮮朝日	南鮮版	1928-10-02	1	10단	大阪の朝鮮人淨財を蒐め水害義金に寄贈
159200	朝鮮朝日	南鮮版	1928-10-02	1	10단	會(江陵農校開校式)
159201	朝鮮朝日	南鮮版	1928-10-02	1	10단	人(甘露寺侍從/小倉竹之助氏(大興電氣會社長)/莊晉太郎代議士/仙波旅團長/松岡俊三代議士/林駒生氏(東洋水産新聞社長)/長友寬氏(本府水産試驗場技師)/淸水槌太郎氏(釜山鎭埋築會社副社長)/恩田銅吉氏(朝郵社長)/廣島實業補習生/東口眞平氏(大阪朝日運動部長))
159202	朝鮮朝日	南鮮版	1928-10-02	1	10단	半島茶話

일련번호	판명		간행일	면	단수	기사명
159203	朝鮮朝日	西北・南鮮版	1928-10-02	2	01단	探偵漫談/『瓜二つ』の珍事件/大阪府警部清水歡平
159204	朝鮮朝日	西北・南鮮版	1928-10-02	2	01단	能を見ねば本當の謠曲は容易に諒解できぬ/中途でやめるのは何故か
159205	朝鮮朝日	西北・南鮮版	1928-10-02	2	04단	鐵道局が乘氣の鮮魚の冷藏輸送纏った出荷がなく或は寶の持腐れか
159206	朝鮮朝日	西北・南鮮版	1928-10-02	2	04단	秋鯖の漁獲さへ順調に進めば本年の漁獲水揚高は一億三千萬圓に達せん
159207	朝鮮朝日	西北・南鮮版	1928-10-02	2	06단	二派に分れた取引所運動/提携を策す
159208	朝鮮朝日	西北・南鮮版	1928-10-02	2	06단	全南實業家聯合會議
159209	朝鮮朝日	西北・南鮮版	1928-10-02	2	06단	內鮮滿各地の水産會の有力者今秋釜山で會合す
159210	朝鮮朝日	西北・南鮮版	1928-10-02	2	07단	開城電氣の擴張が竣工
159211	朝鮮朝日	西北・南鮮版	1928-10-02	2	07단	雫の聲
159212	朝鮮朝日	西北・南鮮版	1928-10-02	2	07단	鴨江の鰕漁十萬圓の見込
159213	朝鮮朝日	西北・南鮮版	1928-10-02	2	07단	安東商議總會
159214	朝鮮朝日	西北版	1928-10-03	1	01단	落穗集(二十二)/下村海南
159215	朝鮮朝日	西北版	1928-10-03	1	01단	知事と局部長に勇退者が五名ある朝鮮官界の大搖れ後釜は内地から輸入/御大典終了後發表を見ん
159216	朝鮮朝日	西北版	1928-10-03	1	02단	重ねて水害の救恤金を御追賜/甘露寺持從から生田內務局長へ通牒
159217	朝鮮朝日	西北版	1928-10-03	1	02단	金融組合協會役員の決定/關聯して理事長が異動/發表は御大典後か
159218	朝鮮朝日	西北版	1928-10-03	1	03단	舍人場順川間十五日開通/官民が試乘
159219	朝鮮朝日	西北版	1928-10-03	1	04단	山梨總督の容態は良好
159220	朝鮮朝日	西北版	1928-10-03	1	04단	國境鐵道の敷設を總監が政府と折衝/狹軌で工費は四千五百萬圓/大藏省の承認が疑問
159221	朝鮮朝日	西北版	1928-10-03	1	04단	俳句/鈴木花蓑選
159222	朝鮮朝日	西北版	1928-10-03	1	04단	英國軍艦仁川に入港/南浦に向ふ
159223	朝鮮朝日	西北版	1928-10-03	1	05단	早くも始まった冬物の大賣出し/値は昨年より廉いが賣行は安物が多い
159224	朝鮮朝日	西北版	1928-10-03	1	05단	高齡者を招待し慰問/平壤佛教團が
159225	朝鮮朝日	西北版	1928-10-03	1	05단	朝鮮神宮に奉獻農産品十一種に上る
159226	朝鮮朝日	西北版	1928-10-03	1	05단	長蛇の列を作り訓練院へ練込みスポーツ王國を出現す　京城府の體育デー/須々木石塚組優勝す 庭球爭霸戰/咸南豫選競技會
159227	朝鮮朝日	西北版	1928-10-03	1	06단	水産學校製品の販賣/新義州に向け

일련번호	판명		간행일	면	단수	기사명
159228	朝鮮朝日	西北版	1928-10-03	1	08단	吉會線の終端は殆ど清津に決定/雄基を補助港とす二千萬圓で港灣の大修築
159229	朝鮮朝日	西北版	1928-10-03	1	08단	藝娼妓達の年齡調査
159230	朝鮮朝日	西北版	1928-10-03	1	08단	腸チブス咸南に流行/咸興が警戒
159231	朝鮮朝日	西北版	1928-10-03	1	08단	內鮮を結ぶ海底電話線對馬呼子間は明年七月には開通する
159232	朝鮮朝日	西北版	1928-10-03	1	08단	聽取者の募集に大童の放送局御大典に際しては大々的に奉祝放送を行ふ
159233	朝鮮朝日	西北版	1928-10-03	1	09단	チブス豫注/平壤の諸學校
159234	朝鮮朝日	西北版	1928-10-03	1	10단	死刑囚十名を超ゆ
159235	朝鮮朝日	西北版	1928-10-03	1	10단	駐在所襲擊の强盜殺人團判決言渡し
159236	朝鮮朝日	西北版	1928-10-03	1	10단	追剝ぎ現る/平壤驛近くに
159237	朝鮮朝日	西北版	1928-10-03	1	10단	半島茶話
159238	朝鮮朝日	南鮮版	1928-10-03	1	01단	落穗集(二十二)/下村海南
159239	朝鮮朝日	南鮮版	1928-10-03	1	01단	知事と局部長に勇退者が五名ある朝鮮官界の大搖れ後釜は内地から輸入/御大典終了後發表を見ん
159240	朝鮮朝日	南鮮版	1928-10-03	1	02단	重ねて水害の救恤金を御追賜/甘露寺侍從から生田內務局長へ通牒
159241	朝鮮朝日	南鮮版	1928-10-03	1	02단	金融組合協會役員の決定/關聯して理社長が異動/發表は御大典後か
159242	朝鮮朝日	南鮮版	1928-10-03	1	03단	山梨總督の容態は良好
159243	朝鮮朝日	南鮮版	1928-10-03	1	04단	英國軍艦仁川に入港/南浦に向ふ
159244	朝鮮朝日	南鮮版	1928-10-03	1	04단	國境鐵道の敷設を總監が政府と折衝/狹軌で工費は四千五百萬圓/大藏省の承認が疑問
159245	朝鮮朝日	南鮮版	1928-10-03	1	04단	俳句/鈴木花蓑選
159246	朝鮮朝日	南鮮版	1928-10-03	1	04단	文祿の役の勇士を弔ふ招魂碑計劃
159247	朝鮮朝日	南鮮版	1928-10-03	1	05단	早くも始まった冬物の大賣出し/値は昨年より廉いが賣行は安物が多い
159248	朝鮮朝日	南鮮版	1928-10-03	1	05단	內鮮を結ぶ海底電話線對馬呼子間は明年七月には開通する
159249	朝鮮朝日	南鮮版	1928-10-03	1	05단	長蛇の列を作り訓練院へ練込みスポーツ王國を出現す　京城府の體育デー/須々木石塚組優勝す庭球爭覇戰/好晴に惠まれ盛況を呈す大邱體育デー/神宮競技豫選/仁川府民競技會
159250	朝鮮朝日	南鮮版	1928-10-03	1	08단	吉會線の終端は殆ど清津に決定/雄基を補助港とす二千萬圓で清津の大修築
159251	朝鮮朝日	南鮮版	1928-10-03	1	08단	東京の總會で買收の價額は自分に一任さ

일련번호	판명		간행일	면	단수	기사명
159251	朝鮮朝日	南鮮版	1928-10-03	1	08단	れた　談笑の裡に話を進めたい/雙方の値開きは少くも二百萬圓か　交渉は案外早くも片づかう
159252	朝鮮朝日	南鮮版	1928-10-03	1	09단	大邱の秋季競馬
159253	朝鮮朝日	南鮮版	1928-10-03	1	10단	コ疫近づき釜山の大警戒
159254	朝鮮朝日	南鮮版	1928-10-03	1	10단	駐在所襲撃の強盗殺人團判決言渡し
159255	朝鮮朝日	南鮮版	1928-10-03	1	10단	追剥ぎ現る/平壤驛近くに
159256	朝鮮朝日	南鮮版	1928-10-03	1	10단	人(杉山米堂氏(米タイムス社長)/緒方敕肅氏(ノブオスビルスク駐在領事))
159257	朝鮮朝日	南鮮版	1928-10-03	1	10단	半島茶話
159258	朝鮮朝日	西北・南鮮版	1928-10-03	2	01단	朝鮮の簡保實施に横はる困難な何か/集め得た保險金を總督府の權限に委すか否か
159259	朝鮮朝日	西北・南鮮版	1928-10-03	2	01단	統營埋築社創立が決定
159260	朝鮮朝日	西北・南鮮版	1928-10-03	2	01단	朝鮮企業社の釜山鎭埋立認可を取消
159261	朝鮮朝日	西北・南鮮版	1928-10-03	2	01단	雫の聲
159262	朝鮮朝日	西北・南鮮版	1928-10-03	2	01단	煙草配給の系統を變更
159263	朝鮮朝日	西北・南鮮版	1928-10-03	2	02단	冷氣と霖雨で京畿の稻作更に減收か
159264	朝鮮朝日	西北・南鮮版	1928-10-03	2	02단	御大典記念に植林事業を統營が計劃
159265	朝鮮朝日	西北・南鮮版	1928-10-03	2	02단	統營の煎子連日の豊漁
159266	朝鮮朝日	西北・南鮮版	1928-10-03	2	03단	晉州種苗場開放デー
159267	朝鮮朝日	西北・南鮮版	1928-10-03	2	03단	貸出よりも預金が激增/春川の金融
159268	朝鮮朝日	西北・南鮮版	1928-10-03	2	04단	新義州府協議會
159269	朝鮮朝日	西北・南鮮版	1928-10-03	2	04단	上院議員一行仁川を視察
159270	朝鮮朝日	西北・南鮮版	1928-10-03	2	04단	內鮮海苔業者釜山で總會
159271	朝鮮朝日	西北・南鮮版	1928-10-03	2	04단	面聯合生產品展
159272	朝鮮朝日	西北版	1928-10-04	1	01단	落穗集(二十三)/下村海南
159273	朝鮮朝日	西北版	1928-10-04	1	01단	旱水害の救濟土木費千六百萬圓を超ゆ/公債や借入ができず結局は豫算を一部變更か
159274	朝鮮朝日	西北版	1928-10-04	1	01단	モヒ治療所を四道に增設し五千名の重患を收容/徹底的に療養さす
159275	朝鮮朝日	西北版	1928-10-04	1	01단	罹災民救護の善行や美談を具さに陛下に奏上/異常な水害に驚く甘露寺侍從
159276	朝鮮朝日	西北版	1928-10-04	1	03단	新義州電氣增資と決定
159277	朝鮮朝日	西北版	1928-10-04	1	03단	朝鮮人辯護士新聞紙法の改正を提案
159278	朝鮮朝日	西北版	1928-10-04	1	03단	民謠/北原白秋選
159279	朝鮮朝日	西北版	1928-10-04	1	03단	平壤警察署新築落成式
159280	朝鮮朝日	西北版	1928-10-04	1	04단	慶北救濟會が水害の孤兒二十名を引取
159281	朝鮮朝日	西北版	1928-10-04	1	04단	洗濯職工の盟休は解決/職工が敗北

일련번호	판명		간행일	면	단수	기사명
159282	朝鮮朝日	西北版	1928-10-04	1	04단	御大典參列者の專用急行列車十一月八日下關發京都へ/豫約券を發賣する
159283	朝鮮朝日	西北版	1928-10-04	1	05단	金剛流演能大會いよいよ迫る/七日京城公會堂で關西の雄豊島一家の出演
159284	朝鮮朝日	西北版	1928-10-04	1	06단	五彩の花のやう運動場を飾る全鮮女子競技大會二日京城で擧行さる/平壤の豫選大會/平北陸競豫選/元中元俱に大勝/安義對抗庭球戰/新義州實業再勝
159285	朝鮮朝日	西北版	1928-10-04	1	07단	金剛流演能大會
159286	朝鮮朝日	西北版	1928-10-04	1	07단	親子心中の死體を發見
159287	朝鮮朝日	西北版	1928-10-04	1	08단	牡丹台野話
159288	朝鮮朝日	西北版	1928-10-04	1	09단	永岡元判事遂に起訴され刑務所に收容さる
159289	朝鮮朝日	西北版	1928-10-04	1	10단	生徒側の態度が恐慌/統營校の盟休
159290	朝鮮朝日	西北版	1928-10-04	1	10단	古墳盜掘中土沙が崩れ生埋となる
159291	朝鮮朝日	西北版	1928-10-04	1	10단	會(沙里院在軍總會/平北郵便所長會)
159292	朝鮮朝日	西北版	1928-10-04	1	10단	人(靑木戒三氏(平南知事)/佐伯多助氏(京畿道高等課長))
159293	朝鮮朝日	西北版	1928-10-04	1	10단	半島茶話
159294	朝鮮朝日	西北版	1928-10-04	1	10단	富豪を脅迫/難なく逮捕
159295	朝鮮朝日	南鮮版	1928-10-04	1	01단	落穗集(二十三)/下村海南
159296	朝鮮朝日	南鮮版	1928-10-04	1	01단	旱水害の救濟土木費千六百萬圓を超ゆ/公債や借入ができず結局は豫算を一部變更か
159297	朝鮮朝日	南鮮版	1928-10-04	1	01단	モヒ治療所を四道に增設し五千名の重患を收容/徹底的に療養さす
159298	朝鮮朝日	南鮮版	1928-10-04	1	01단	實際にあった話/彼女が放火するまで(下)/あのおとなしい女房が放火した？義雄はハラハラと涙を流した女囚の身を唧つかほる
159299	朝鮮朝日	南鮮版	1928-10-04	1	03단	鍛へた體に明るい心/當選體育標語
159300	朝鮮朝日	南鮮版	1928-10-04	1	03단	貧しき人へ國旗を贈る/朝鮮人側の御大典記念
159301	朝鮮朝日	南鮮版	1928-10-04	1	04단	慶北道議員補缺選擧
159302	朝鮮朝日	南鮮版	1928-10-04	1	04단	御大典參列者の專用急行列車十一月八日下關發京都へ/豫約券を發賣する
159303	朝鮮朝日	南鮮版	1928-10-04	1	04단	五彩の花のやう運動場を飾る全鮮女子競技大會二日京城で擧行さる(トラック/フ井ルド)
159304	朝鮮朝日	南鮮版	1928-10-04	1	05단	慶北の高齡者五千百七十名
159305	朝鮮朝日	南鮮版	1928-10-04	1	06단	民謠/北原白秋選
159306	朝鮮朝日	南鮮版	1928-10-04	1	06단	警察官表彰さる

일련번호	판명		간행일	면	단수	기사명
159307	朝鮮朝日	南鮮版	1928-10-04	1	06단	大邱穀市場補償金を追徵
159308	朝鮮朝日	南鮮版	1928-10-04	1	07단	八雲出雲が鎭海灣外で實彈射擊實施
159309	朝鮮朝日	南鮮版	1928-10-04	1	07단	洗濯職工の盟休は解決/職工が敗北
159310	朝鮮朝日	南鮮版	1928-10-04	1	07단	金剛流演能大會いよいよ迫る/七日京城公會堂で關西の雄豊島一家の出演
159311	朝鮮朝日	南鮮版	1928-10-04	1	08단	金剛流演能大會
159312	朝鮮朝日	南鮮版	1928-10-04	1	08단	大邱高普の生徒が謝罪/盟休は解決
159313	朝鮮朝日	南鮮版	1928-10-04	1	08단	生徒側の態度が强硬/統營校の盟休
159314	朝鮮朝日	南鮮版	1928-10-04	1	09단	長岡元判事遂に起訴され刑務所に收容さる
159315	朝鮮朝日	南鮮版	1928-10-04	1	10단	慶北救濟會が水害の孤兒二十名を引取
159316	朝鮮朝日	南鮮版	1928-10-04	1	10단	富豪を脅迫/難なく逮捕
159317	朝鮮朝日	南鮮版	1928-10-04	1	10단	馬山の小火
159318	朝鮮朝日	南鮮版	1928-10-04	1	10단	人(加藤常美氏(三越京城支店支配人)/淺利警務局長夫人/新井堯爾氏(鐵道省國際課長)/樋口虎三氏(南朝鮮電氣社長)/深澤松藏氏(平壤兵器製造所長))
159319	朝鮮朝日	南鮮版	1928-10-04	1	10단	半島茶話
159320	朝鮮朝日	西北・南鮮版	1928-10-04	2	01단	青い鳥は歌ふ/釜山あをやま生
159321	朝鮮朝日	西北・南鮮版	1928-10-04	2	01단	朝郵の航路補助近く改訂されん/釜山商議が意見を付し當局に請願をする
159322	朝鮮朝日	西北・南鮮版	1928-10-04	2	01단	大興電氣が拂込を行ふ
159323	朝鮮朝日	西北・南鮮版	1928-10-04	2	01단	雫の聲
159324	朝鮮朝日	西北・南鮮版	1928-10-04	2	01단	京畿金組貸付利子一日に遡り引下
159325	朝鮮朝日	西北・南鮮版	1928-10-04	2	01단	釜山沿岸貿易棧橋の築造近日中認可
159326	朝鮮朝日	西北・南鮮版	1928-10-04	2	02단	大邱府內の淸酒の値上/品薄と米高で
159327	朝鮮朝日	西北・南鮮版	1928-10-04	2	02단	京畿金浦に水組を設置/漢江の水を揚る
159328	朝鮮朝日	西北・南鮮版	1928-10-04	2	02단	預金が增し貸出が減少/京畿金組帳尻
159329	朝鮮朝日	西北・南鮮版	1928-10-04	2	03단	酒類品評會に慶南の出品二十點に上る
159330	朝鮮朝日	西北・南鮮版	1928-10-04	2	03단	米豆移出入/仁川九月下旬
159331	朝鮮朝日	西北・南鮮版	1928-10-04	2	03단	三分作の土地は小作料を全免/全北道の旱害對策/地主懇談會で決定
159332	朝鮮朝日	西北・南鮮版	1928-10-04	2	04단	京城手形交換高
159333	朝鮮朝日	西北・南鮮版	1928-10-04	2	04단	浮世草
159334	朝鮮朝日	西北版	1928-10-05	1	01단	落穗集(二十四)/下村海南
159335	朝鮮朝日	西北版	1928-10-05	1	01단	思想犯取締の打合もあり劈頭から緊張し
159335	朝鮮朝日	西北版	1928-10-05	1	01단	た全鮮司法官會議
159336	朝鮮朝日	西北版	1928-10-05	1	01단	七百萬石を突破/鮮米輸移出の新記錄
159337	朝鮮朝日	西北版	1928-10-05	1	01단	朝鮮神宮例祭

일련번호	판명		간행일	면	단수	기사명
159338	朝鮮朝日	西北版	1928-10-05	1	01단	獻上果見事に賣る
159339	朝鮮朝日	西北版	1928-10-05	1	01단	朝鮮博に力を入れる平北の計劃
159340	朝鮮朝日	西北版	1928-10-05	1	02단	普校の必要は二校に過ぎぬ/無理に押付けれれば授業料は取れない
159341	朝鮮朝日	西北版	1928-10-05	1	02단	旱害地の學童退校の噂は話ほど大袈裟でない/盟休騒ぎはやゝ下火
159342	朝鮮朝日	西北版	1928-10-05	1	03단	全南多島海に燈台を設置/光達二十五哩
159343	朝鮮朝日	西北版	1928-10-05	1	03단	俳句/鈴木花蓑選
159344	朝鮮朝日	西北版	1928-10-05	1	04단	應募が多く粒の揃ふ/平北の警官
159345	朝鮮朝日	西北版	1928-10-05	1	04단	米の江景で愈よ米穀大會　出席者四百名に達し江景邑內沸きかへる/貯藏米の成績も非常に良好で鮮米の眞價を知らすに十分
159346	朝鮮朝日	西北版	1928-10-05	1	04단	牡丹台野話
159347	朝鮮朝日	西北版	1928-10-05	1	05단	御大典の記念館設立/平壤女高普
159348	朝鮮朝日	西北版	1928-10-05	1	05단	南鮮の古蹟を周遊する軌道車/鐵道局の新しい試み/乘車賃金は往復六圓十錢
159349	朝鮮朝日	西北版	1928-10-05	1	06단	淸川江口に燈台と標識水産會が設置
159350	朝鮮朝日	西北版	1928-10-05	1	06단	濟南派遣の平壤飛行隊航空展を開く
159351	朝鮮朝日	西北版	1928-10-05	1	06단	十年計劃でモヒ治療所平北が設置
159352	朝鮮朝日	西北版	1928-10-05	1	06단	佛國軍艦が元山に入港
159353	朝鮮朝日	西北版	1928-10-05	1	07단	金剛流演能大會
159354	朝鮮朝日	西北版	1928-10-05	1	07단	五十萬圓を投じ府廳舍を新築/御大典記念事業に平壤府の大計劃
159355	朝鮮朝日	西北版	1928-10-05	1	07단	十周年を迎へて龍中のお祝ひ/三日間喜びに浸る福島校長に記念品を贈る
159356	朝鮮朝日	西北版	1928-10-05	1	09단	間島視察の貴族院議員
159357	朝鮮朝日	西北版	1928-10-05	1	09단	神宮競技出場平南代表決定/咸南代表も決定
159358	朝鮮朝日	西北版	1928-10-05	1	09단	秩父宮殿下御結婚/奉祝映畵公開
159359	朝鮮朝日	西北版	1928-10-05	1	10단	弟と繼母を草刈鎌で殺す
159360	朝鮮朝日	西北版	1928-10-05	1	10단	難破船から籾を强盜/仁川細於島民が
159361	朝鮮朝日	西北版	1928-10-05	1	10단	水害義捐金京城府が發送
159362	朝鮮朝日	西北版	1928-10-05	1	10단	會(新義州基督講演會)
159363	朝鮮朝日	西北版	1928-10-05	1	10단	人(領木融氏(新任平壤局監督課長)/眞崎祐一氏(新任平壤局在勤遞信技師))
159364	朝鮮朝日	西北版	1928-10-05	1	10단	半島茶話
159365	朝鮮朝日	西北版	1928-10-05	1	10단	北鮮風水害義金/四日/門司支局扱
159366	朝鮮朝日	南鮮版	1928-10-05	1	01단	落穗集(二十四)/下村海南

일련번호	판명		간행일	면	단수	기사명
159367	朝鮮朝日	南鮮版	1928-10-05	1	01단	思想犯取締の打合もあり劈頭から緊張した全鮮司法官會議
159368	朝鮮朝日	南鮮版	1928-10-05	1	01단	七百萬石を突破/鮮米輸移出の新記錄
159369	朝鮮朝日	南鮮版	1928-10-05	1	01단	朝鮮神宮例祭
159370	朝鮮朝日	南鮮版	1928-10-05	1	01단	獻上果見事に實る
159371	朝鮮朝日	南鮮版	1928-10-05	1	01단	朝鮮博に力を入れる平北の計劃
159372	朝鮮朝日	南鮮版	1928-10-05	1	02단	普校の必要は二校に過ぎぬ/無理に押付ければ授業料は取れない
159373	朝鮮朝日	南鮮版	1928-10-05	1	02단	早害地の學童退校の噂は話ほど大袈裟でない/盟休騷ぎはやゝ下火
159374	朝鮮朝日	南鮮版	1928-10-05	1	03단	全南多島海に燈台を設置/光達二十五哩
159375	朝鮮朝日	南鮮版	1928-10-05	1	03단	俳句/鈴木花蓑選
159376	朝鮮朝日	南鮮版	1928-10-05	1	04단	京城府のお祭り氣分/賑々しくやる
159377	朝鮮朝日	南鮮版	1928-10-05	1	04단	米の江景で愈よ米穀大會 出席者四百名に達し江景邑內沸きかへる/貯藏米の成績も非常に良好で鮮米の眞價を知らすに十分/當業者に親しく會ひ意見を交換/內地出席者各地を視察
159378	朝鮮朝日	南鮮版	1928-10-05	1	04단	青い鳥は歌ふ/釜山あをやま生
159379	朝鮮朝日	南鮮版	1928-10-05	1	05단	天神御所柿獻上を申出
159380	朝鮮朝日	南鮮版	1928-10-05	1	05단	瓦電買收の交涉早くも悲觀さる/賣買價格の相違で成立は覺束なしと觀らる
159381	朝鮮朝日	南鮮版	1928-10-05	1	06단	水害義捐金京城府が發送
159382	朝鮮朝日	南鮮版	1928-10-05	1	06단	佛國軍艦が元山に入港
159383	朝鮮朝日	南鮮版	1928-10-05	1	07단	金剛流演能大會
159384	朝鮮朝日	南鮮版	1928-10-05	1	07단	五十萬圓を投じ府廳舍を新築/御大典記念事業に平壤府の大計劃
159385	朝鮮朝日	南鮮版	1928-10-05	1	07단	十周年を迎へて龍中のお祝ひ/三日間喜びに浸る福島校長に記念品を贈る
159386	朝鮮朝日	南鮮版	1928-10-05	1	09단	神宮競技出場平南代表決定/咸南代表も決定/東西京驛傳競走朝鮮の豫選/平昌署武道大會
159387	朝鮮朝日	南鮮版	1928-10-05	1	09단	南鮮の古蹟を周遊する軌道車/鐵道局の新しい試み/乘車賃金は往復六圓十錢
159388	朝鮮朝日	南鮮版	1928-10-05	1	10단	仁川の火事
159389	朝鮮朝日	南鮮版	1928-10-05	1	10단	難破船から籾を強盜/仁川細於島民が
159390	朝鮮朝日	南鮮版	1928-10-05	1	10단	會(新義州基督講演會)
159391	朝鮮朝日	南鮮版	1928-10-05	1	10단	人(有賀光豊氏(殖銀頭取)/鈴木融氏(新任平壤局監督課長)/眞崎祐一氏(新任平壤局在勤遞信技師))

일련번호	판명		간행일	면	단수	기사명
159392	朝鮮朝日	南鮮版	1928-10-05	1	10단	半島茶話
159393	朝鮮朝日	南鮮版	1928-10-05	1	10단	北鮮風水害義金/四日/門司支局扱
159394	朝鮮朝日	西北・南鮮版	1928-10-05	2	01단	釜山南港埋立の防波堤の築造に本府の補助を申請
159395	朝鮮朝日	西北・南鮮版	1928-10-05	2	01단	棉作豫想一億七千萬斤
159396	朝鮮朝日	西北・南鮮版	1928-10-05	2	01단	釜山第二校近く請負入札
159397	朝鮮朝日	西北・南鮮版	1928-10-05	2	01단	雫の聲
159398	朝鮮朝日	西北・南鮮版	1928-10-05	2	01단	鴨江の流筏豫定數を突破
159399	朝鮮朝日	西北・南鮮版	1928-10-05	2	01단	平壤の燃料本年は安いか
159400	朝鮮朝日	西北・南鮮版	1928-10-05	2	02단	品評會を開き全鮮刑務所製品を宣傳
159401	朝鮮朝日	西北・南鮮版	1928-10-05	2	02단	種牡牛の展覽會開催/希望者に賣却
159402	朝鮮朝日	西北・南鮮版	1928-10-05	2	02단	九月中の會社の移動/新設二十五
159403	朝鮮朝日	西北・南鮮版	1928-10-05	2	02단	晉州德川江に鮎の名所を創むる計劃
159404	朝鮮朝日	西北・南鮮版	1928-10-05	2	03단	京城組銀帳尻
159405	朝鮮朝日	西北・南鮮版	1928-10-05	2	03단	全鮮電話通話數
159406	朝鮮朝日	西北・南鮮版	1928-10-05	2	03단	愛知蠶業視察團
159407	朝鮮朝日	西北・南鮮版	1928-10-05	2	03단	凶作とて落膽すな災を福に轉ぜよ/京畿道の農會が印刷物十萬枚を配布
159408	朝鮮朝日	西北・南鮮版	1928-10-05	2	04단	浮世草
159409	朝鮮朝日	西北版	1928-10-06	1	01단	落穗集(二十五)/下村海南
159410	朝鮮朝日	西北版	1928-10-06	1	01단	國境鐵道の敷設藏相に難色あり豫算案から削除か 公債增發は事情が許さぬ/國境鐵道を支那も計劃 一日早ければそれだけ有利 鐵道局速設を希望
159411	朝鮮朝日	西北版	1928-10-06	1	01단	土曜漫筆/黑衣のジュリエット/川上喜久子
159412	朝鮮朝日	西北版	1928-10-06	1	02단	小作慣行改善方針/平南が決定
159413	朝鮮朝日	西北版	1928-10-06	1	02단	城大の學位論文審査の制度は豫定よりも遲れる/內地の問題紛糾に祟らる
159414	朝鮮朝日	西北版	1928-10-06	1	03단	西部線と勝湖里行の列車時刻變更
159415	朝鮮朝日	西北版	1928-10-06	1	04단	天日鹽を精製/朝鮮神宮に奉獻
159416	朝鮮朝日	西北版	1928-10-06	1	04단	地方饗饌有資格者の屈出が少い
159417	朝鮮朝日	西北版	1928-10-06	1	04단	新裝の京城三法院
159418	朝鮮朝日	西北版	1928-10-06	1	05단	米穀法適用や國倉と農倉設置問題等を協議/江景の米穀大會
159419	朝鮮朝日	西北版	1928-10-06	1	05단	二百萬キロワットの電力を得べき全鮮河川の水力/遞信局の調査終る
159420	朝鮮朝日	西北版	1928-10-06	1	06단	明年十二月限り耕作を禁止する/朝鮮人の自家用煙草/專賣局が對策を考究

일련번호	판명		간행일	면	단수	기사명
159421	朝鮮朝日	西北版	1928-10-06	1	06단	天道教主の長男朴來弘を刺し殺す/家産を傾け布教に努めたのに表彰されぬを憤り
159422	朝鮮朝日	西北版	1928-10-06	1	07단	羅南での咸鏡線開通祝賀の宴會場
159423	朝鮮朝日	西北版	1928-10-06	1	07단	纖維工業展入場者殺到/協贊の意味で生徒の運動會
159424	朝鮮朝日	西北版	1928-10-06	1	08단	短歌/橋田東聲選
159425	朝鮮朝日	西北版	1928-10-06	1	08단	朝鮮學生卓球大會
159426	朝鮮朝日	西北版	1928-10-06	1	09단	米資融通警戒/殖銀が協議
159427	朝鮮朝日	西北版	1928-10-06	1	09단	女性も數名混る氣の毒な吃音者/教育會の矯正講習非常な好結果を收む
159428	朝鮮朝日	西北版	1928-10-06	1	09단	戸山軍樂隊新義州で演奏/戸山軍樂隊演奏の夕べD局の試み
159429	朝鮮朝日	西北版	1928-10-06	1	10단	沙里院驛で小荷物爆發/死傷は無い
159430	朝鮮朝日	西北版	1928-10-06	1	10단	人(谷多喜磨氏(平安北道知事)/鹿野宏氏(平北警察部長)/武藤守一氏(安東挽材專務)/佐伯多助氏(京畿高等課長)/萩原八十盛氏(平南高等課長))
159431	朝鮮朝日	西北版	1928-10-06	1	10단	牡丹台野話
159432	朝鮮朝日	西北版	1928-10-06	1	10단	半島茶話
159433	朝鮮朝日	南鮮版	1928-10-06	1	01단	落穗集(二十五)/下村海南
159434	朝鮮朝日	南鮮版	1928-10-06	1	01단	國境鐵道の敷設藏相に難色あり豫算案から削除か　公債增發は事情が許さぬ/國境鐵道を支那も計劃　一日早ければそれだけ有利　鐵道局速設を希望
159435	朝鮮朝日	南鮮版	1928-10-06	1	01단	土曜漫筆/黑衣のジュリエット/川上喜久子
159436	朝鮮朝日	南鮮版	1928-10-06	1	02단	御大典に獻上の書畫大邱府が發送
159437	朝鮮朝日	南鮮版	1928-10-06	1	02단	城大の學位論文審査の制度は豫定よりも遅れる/內地の問題紛糾に祟らる
159438	朝鮮朝日	南鮮版	1928-10-06	1	03단	盟休のお蔭で大邱高普の擴張はお流れ
159439	朝鮮朝日	南鮮版	1928-10-06	1	04단	天日鹽を精製/朝鮮神宮に奉獻
159440	朝鮮朝日	南鮮版	1928-10-06	1	04단	地方饗饌有資格者の屈出が少い
159441	朝鮮朝日	南鮮版	1928-10-06	1	04단	新裝の京城三法院
159442	朝鮮朝日	南鮮版	1928-10-06	1	05단	韓國時代の忠臣李舜臣を祀る忠烈祠保存會に阪谷男が金品を贈る
159443	朝鮮朝日	南鮮版	1928-10-06	1	05단	二百萬キロワットの電力を得べき全鮮河川の水力/遞信局の調査終る
159444	朝鮮朝日	南鮮版	1928-10-06	1	06단	天道教主の長男朴來弘を刺し殺す/家産を傾け布教に努めたのに表彰されぬを憤り

일련번호	판명		간행일	면	단수	기사명
159445	朝鮮朝日	南鮮版	1928-10-06	1	06단	米穀法適用や國倉と農倉設置問題等を協議/江景の米穀大會
159446	朝鮮朝日	南鮮版	1928-10-06	1	07단	氣の乘らぬ大田學議補選
159447	朝鮮朝日	南鮮版	1928-10-06	1	07단	短歌/橋田東聲選
159448	朝鮮朝日	南鮮版	1928-10-06	1	07단	生徒の作品を卽賣/京城の二工校
159449	朝鮮朝日	南鮮版	1928-10-06	1	08단	朝鮮學生卓球大會
159450	朝鮮朝日	南鮮版	1928-10-06	1	08단	自動車學校大邱に設立
159451	朝鮮朝日	南鮮版	1928-10-06	1	08단	水害義捐金統營愛婦が發送
159452	朝鮮朝日	南鮮版	1928-10-06	1	08단	交通量調査/大邱が行ふ
159453	朝鮮朝日	南鮮版	1928-10-06	1	08단	支那人の學校教科書取調べらる
159454	朝鮮朝日	南鮮版	1928-10-06	1	08단	米資融通警戒/殖銀が協議
159455	朝鮮朝日	南鮮版	1928-10-06	1	09단	僅か十噸の機船に乘じ日本海から黃海を橫斷
159456	朝鮮朝日	南鮮版	1928-10-06	1	09단	女性も數名混る氣の毒な吃音者/教育會の矯正講習非常な好結果を收む
159457	朝鮮朝日	南鮮版	1928-10-06	1	10단	運動界(湖南中等校野球大會擧行/忠南代表決定)
159458	朝鮮朝日	南鮮版	1928-10-06	1	10단	戶山軍樂隊演奏の夕べD局の試み
159459	朝鮮朝日	南鮮版	1928-10-06	1	10단	會(圖書館建設音樂會)
159460	朝鮮朝日	南鮮版	1928-10-06	1	10단	人(谷多喜磨氏(平安北道知事)/鹿野宏氏(平北警察部長)/武藤守一氏(安東挽材專務)/佐伯多助氏(京畿高等課長)/萩原八十盛氏(平南高等課長)/國友尙謙氏(前總督府警務課長)/淸水勝美氏(元山海事出張所長)/多木粂次郎氏(實業家)/石本芳文氏)
159461	朝鮮朝日	南鮮版	1928-10-06	1	10단	半島茶話
159462	朝鮮朝日	西北・南鮮版	1928-10-06	2	01단	品質も良好で稀有の豊作 値段も割高を呈し本年の棉作は上吉/慶南の棉作昨年より一割增
159463	朝鮮朝日	西北・南鮮版	1928-10-06	2	01단	雫の聲
159464	朝鮮朝日	西北・南鮮版	1928-10-06	2	01단	昨年度中の植桑一萬二千町步
159465	朝鮮朝日	西北・南鮮版	1928-10-06	2	01단	開城電氣が事業を擴張
159466	朝鮮朝日	西北・南鮮版	1928-10-06	2	02단	海州電氣が供給區域を延安に擴張
159467	朝鮮朝日	西北・南鮮版	1928-10-06	2	02단	大邱で開く物産振興展協贊會組織
159468	朝鮮朝日	西北・南鮮版	1928-10-06	2	02단	秋漁期で活況を呈す慶北東海岸
159469	朝鮮朝日	西北・南鮮版	1928-10-06	2	02단	統營地主會
159470	朝鮮朝日	西北・南鮮版	1928-10-06	2	02단	大邱府內の印紙稅反則頗る多い
159471	朝鮮朝日	西北・南鮮版	1928-10-06	2	03단	黃海で金組增設
159472	朝鮮朝日	西北・南鮮版	1928-10-06	2	03단	病名不明の稻の傳染病/辨慶種に發生
159473	朝鮮朝日	西北・南鮮版	1928-10-06	2	03단	慶北學童貯金

일련번호	판명		간행일	면	단수	기사명
159474	朝鮮朝日	西北・南鮮版	1928-10-06	2	03단	元山魚市場水揚
159475	朝鮮朝日	西北・南鮮版	1928-10-06	2	03단	近く十萬石を突破する勢ひ/全南米の北海道移出ますます有望となる
159476	朝鮮朝日	西北・南鮮版	1928-10-06	2	04단	浮世草
159477	朝鮮朝日	西北版	1928-10-07	1	01단	落穗集(二十六)/下村海南
159478	朝鮮朝日	西北版	1928-10-07	1	01단	北鮮の褐炭液化は有望/工業として採算がたつ/池田軍需局長語る
159479	朝鮮朝日	西北版	1928-10-07	1	01단	咸南署長會議
159480	朝鮮朝日	西北版	1928-10-07	1	01단	朝鮮展覽會愈よけふ蓋明け居ながら朝鮮氣分を味はせる/本社門司支局樓上で
159481	朝鮮朝日	西北版	1928-10-07	1	02단	改良爨口の溫突を奬勵/燃料が經濟
159482	朝鮮朝日	西北版	1928-10-07	1	03단	公債募集を支那が中止/市民安堵す
159483	朝鮮朝日	西北版	1928-10-07	1	03단	米穀運賃の割引や船舶問題を協議/米穀大會第二日目
159484	朝鮮朝日	西北版	1928-10-07	1	04단	平壤神社增築の計劃/工費七萬圓
159485	朝鮮朝日	西北版	1928-10-07	1	04단	馬賊討伐で殉職將校の忠魂碑建設
159486	朝鮮朝日	西北版	1928-10-07	1	04단	鳳凰山行き觀楓列車を安東から運轉
159487	朝鮮朝日	西北版	1928-10-07	1	05단	あんまり暗い京城の本町/電燈を增設
159488	朝鮮朝日	西北版	1928-10-07	1	05단	每朝一回づゝ電話を試驗/故障を防ぐ
159489	朝鮮朝日	西北版	1928-10-07	1	05단	東拓と殖銀の水組への貸出近く金利を引下ぐ/反當り六十錢を輕減さる
159490	朝鮮朝日	西北版	1928-10-07	1	05단	對馬釜山間の海底電話線遞信省と遞信局がなすり合って一頓挫
159491	朝鮮朝日	西北版	1928-10-07	1	05단	平壤署が全鮮に誇る消防所建設
159492	朝鮮朝日	西北版	1928-10-07	1	06단	內鮮融和の恩人/罵倒を浴びつゝ淚ぐましい苦鬪/八幡丸山學院の創立者幸田たまさん
159493	朝鮮朝日	西北版	1928-10-07	1	06단	餘りにも虐げられた朝鮮の婦人を救ふ/新判決が下された蓄妾を否認し正妻との同棲を命ず
159494	朝鮮朝日	西北版	1928-10-07	1	07단	趣向を凝らして人を呼ぶべく/船舶發動機共進會催しのかずかず
159495	朝鮮朝日	西北版	1928-10-07	1	07단	文麗州郡守奉天領事館副領事榮轉
159496	朝鮮朝日	西北版	1928-10-07	1	08단	長屋などより遙かに良い新法院留置場
159497	朝鮮朝日	西北版	1928-10-07	1	08단	水害罹災民約一千戶に國有林を解放
159498	朝鮮朝日	西北版	1928-10-07	1	09단	英國軍艦が南浦に入港
159499	朝鮮朝日	西北版	1928-10-07	1	09단	三越の竣工は昭和五年の五月/復興式の四階建て
159500	朝鮮朝日	西北版	1928-10-07	1	09단	北鮮秋季大學

일련번호	판명		간행일	면	단수	기사명
159501	朝鮮朝日	西北版	1928-10-07	1	10단	南浦築港に警察官出張所
159502	朝鮮朝日	西北版	1928-10-07	1	10단	マラリヤ病保菌の檢査/平北が勵行
159503	朝鮮朝日	西北版	1928-10-07	1	10단	咸南新興の腸チブスが猖獗を極む
159504	朝鮮朝日	西北版	1928-10-07	1	10단	人見孃から見出された天才的女流選手
159505	朝鮮朝日	西北版	1928-10-07	1	10단	運動界(新義州野球敗る)
159506	朝鮮朝日	西北版	1928-10-07	1	10단	人(文昇謨氏(新義州地方法院判事))
159507	朝鮮朝日	西北版	1928-10-07	1	10단	半島茶話
159508	朝鮮朝日	南鮮版	1928-10-07	1	01단	落穗集(二十六)/下村海南
159509	朝鮮朝日	南鮮版	1928-10-07	1	01단	北鮮の褐炭液化は有望/工業として採算がたつ/池田軍需局長語る
159510	朝鮮朝日	南鮮版	1928-10-07	1	01단	米穀運賃の割引や船舶問題を協議/米穀大會第二日目
159511	朝鮮朝日	南鮮版	1928-10-07	1	01단	朝鮮展覽會愈よけふ蓋明け居ながら朝鮮
159511	朝鮮朝日	南鮮版	1928-10-07	1	01단	氣分を味はせる/本社門司支局樓上で
159512	朝鮮朝日	南鮮版	1928-10-07	1	03단	あんまり暗い京城の本町/電燈を增設
159513	朝鮮朝日	南鮮版	1928-10-07	1	03단	金剛流演能釜山で開催
159514	朝鮮朝日	南鮮版	1928-10-07	1	04단	東拓と殖銀の水組への貸近く金利を引下ぐ/反當り六十錢を輕減さる
159515	朝鮮朝日	南鮮版	1928-10-07	1	04단	對馬釜山間の海底電話線遞信省と遞信局がなすり合って一頓挫
159516	朝鮮朝日	南鮮版	1928-10-07	1	05단	釜山有志が電力値下を市民に訴ふ
159517	朝鮮朝日	南鮮版	1928-10-07	1	05단	保健協會大邱が設置
159518	朝鮮朝日	南鮮版	1928-10-07	1	05단	餘りにも虐げられた朝鮮の婦人を救ふ/新判決が下された蓄妾を否認し正妻との同棲を命ず
159519	朝鮮朝日	南鮮版	1928-10-07	1	06단	內鮮融和の恩人/罵倒を浴びつゝ涙ぐましい苦鬪/八幡丸山學院の創立者幸田たまさん
159520	朝鮮朝日	南鮮版	1928-10-07	1	06단	青い鳥は歌ふ/釜山あをやま生
159521	朝鮮朝日	南鮮版	1928-10-07	1	06단	趣向を凝らして人を呼ぶべく/船舶發動機共進會催しのかずかず
159522	朝鮮朝日	南鮮版	1928-10-07	1	07단	三越の竣工は昭和五年の五月/復興式の四階建て
159523	朝鮮朝日	南鮮版	1928-10-07	1	08단	忠南道議員補缺選擧執行
159524	朝鮮朝日	南鮮版	1928-10-07	1	08단	忠南道の地方饗饌者七百五十名
159525	朝鮮朝日	南鮮版	1928-10-07	1	08단	講金橫領事件擴大し有力店主拘引/橫領店員が釜山で御用
159526	朝鮮朝日	南鮮版	1928-10-07	1	09단	人見孃から見出された天才的女流選手
159527	朝鮮朝日	南鮮版	1928-10-07	1	10단	運動界(裡里農林一勝す光州中敗る/神

일련번호	판명		간행일	면	단수	기사명
159527	朝鮮朝日	南鮮版	1928-10-07	1	10단	宮競技代表十一日大邱發/大邱體協野球部長)
159528	朝鮮朝日	南鮮版	1928-10-07	1	10단	人(村越才次郎氏(新任釜山局監督課長)/森英太郎氏(同上工事課長)/河合朝雄氏(朝鮮民報社長)/池田嚴三郎中將(海軍省軍需局長)/長谷部豊三氏(釜山貯金管理所長)/文昇謨氏(新義州地方法院判事))
159529	朝鮮朝日	南鮮版	1928-10-07	1	10단	半島茶話
159530	朝鮮朝日	西北・南鮮版	1928-10-07	2	01단	第一回豫想ほど悲觀を要せぬ鮮米の收穫豫想
159531	朝鮮朝日	西北・南鮮版	1928-10-07	2	01단	釜山南港の埋立工事目鼻がつく
159532	朝鮮朝日	西北・南鮮版	1928-10-07	2	01단	富平水組が區域を擴張/工費十二萬圓
159533	朝鮮朝日	西北・南鮮版	1928-10-07	2	02단	元山の新豆品質が落ちる
159534	朝鮮朝日	西北・南鮮版	1928-10-07	2	02단	大邱刑務所製品の販賣/廿一、二の兩日
159535	朝鮮朝日	西北・南鮮版	1928-10-07	2	02단	釀造品評會褒賞受領者
159536	朝鮮朝日	西北・南鮮版	1928-10-07	2	03단	新義州の木材が活況/發送が多い
159537	朝鮮朝日	西北・南鮮版	1928-10-07	2	03단	鐵山の製叺改良叺を奬勵
159538	朝鮮朝日	西北・南鮮版	1928-10-07	2	03단	全南南原局新築
159539	朝鮮朝日	西北・南鮮版	1928-10-07	2	04단	旅客は增し貨物は減少/局線の成績
159540	朝鮮朝日	西北・南鮮版	1928-10-07	2	04단	浮世草
159541	朝鮮朝日	西北版	1928-10-09	1	01단	落穗集(二十七)/下村海南
159542	朝鮮朝日	西北版	1928-10-09	1	01단	朝鮮人の內地移住は逐年增加をしめしその緩和に頭を惱ます/目下頻りに善後策をめぐらす
159543	朝鮮朝日	西北版	1928-10-09	1	01단	拓殖鐵道の實現猛運動/茂山では期成會を組織し關係地と提携する
159544	朝鮮朝日	西北版	1928-10-09	1	01단	中央部貫通鐵道猛運動
159545	朝鮮朝日	西北版	1928-10-09	1	01단	基教婦人バザー
159546	朝鮮朝日	西北版	1928-10-09	1	02단	新義州府に職紹所新設
159547	朝鮮朝日	西北版	1928-10-09	1	02단	航行船へ注意
159548	朝鮮朝日	西北版	1928-10-09	1	02단	陪審法實施はまだはやい/朝鮮辯護士大會にて審議の結果保留となる
159549	朝鮮朝日	西北版	1928-10-09	1	03단	圖們鐵道一部八日より開通
159550	朝鮮朝日	西北版	1928-10-09	1	03단	平南産米出廻る/作柄概してよい
159551	朝鮮朝日	西北版	1928-10-09	1	04단	平南漢川に築港を計劃
159552	朝鮮朝日	西北版	1928-10-09	1	04단	重要なる決議案/朝鮮辯護士大會
159553	朝鮮朝日	西北版	1928-10-09	1	04단	概して成績は良好の方だ/移動警察を視察した平南高等課長は語る
159554	朝鮮朝日	西北版	1928-10-09	1	04단	朝鮮氣分の溢れた賑ひお國の人の參觀も

일련번호	판명		간행일	면	단수	기사명
159554	朝鮮朝日	西北版	1928-10-09	1	04단	多い/門司の朝鮮展覽會
159555	朝鮮朝日	西北版	1928-10-09	1	05단	成績のよい平南道の漁業
159556	朝鮮朝日	西北版	1928-10-09	1	05단	平壤郊外にゴルフリンク
159557	朝鮮朝日	西北版	1928-10-09	1	06단	京城平壤仁川が海州に躍進計劃/海州線の開通を機に
159558	朝鮮朝日	西北版	1928-10-09	1	06단	マラリヤ病の撲滅を期す
159559	朝鮮朝日	西北版	1928-10-09	1	07단	一割の増加/沙糖支那輸出
159560	朝鮮朝日	西北版	1928-10-09	1	07단	朝鮮建築會の慶州佛國寺視察
159561	朝鮮朝日	西北版	1928-10-09	1	07단	平壤側の對策が注目を惹く/陸揚賃値下
159562	朝鮮朝日	西北版	1928-10-09	1	07단	鴨綠江堤防工事順調に進む
159563	朝鮮朝日	西北版	1928-10-09	1	07단	神宮競技の順序決定/總務委員會で
159564	朝鮮朝日	西北版	1928-10-09	1	08단	原昌分駐所分遣所に昇格
159565	朝鮮朝日	西北版	1928-10-09	1	08단	漁業權を抵當に借金が出來る/組合令改正で
159566	朝鮮朝日	西北版	1928-10-09	1	08단	間島の共産黨員を百十二名逮捕し卅一名を京城に護送/近く豫審に廻される
159567	朝鮮朝日	西北版	1928-10-09	1	09단	秋季演習に平壤飛機活躍
159568	朝鮮朝日	西北版	1928-10-09	1	09단	貸金利引下十一月から實施
159569	朝鮮朝日	西北版	1928-10-09	1	09단	鐵橋通行中の鮮女轢死し一名は負傷
159570	朝鮮朝日	西北版	1928-10-09	1	10단	モヒ患者療養所平壤に新設
159571	朝鮮朝日	西北版	1928-10-09	1	10단	猩紅熱豫防注射
159572	朝鮮朝日	西北版	1928-10-09	1	10단	會(仁川の講談の夕/社會事業講話會/忠魂碑招魂祭)
159573	朝鮮朝日	西北版	1928-10-09	1	10단	人(柴山昇氏(京城高等商業學校教授)/原田淸一少佐(鎭海要港部副官兼參謀)/船田享二氏(城大教授)/中村寅之助氏(總督府總務課長)/野口文一氏(仁川實業家)/横山桐郎氏(理學博士)/倉知鐵吉氏(貴族院議員)/桂采三氏(東大教授)/小松謙次郎氏/淺田醇二氏(新義州郵便局長)/龍岡署長更迭)
159574	朝鮮朝日	西北版	1928-10-09	1	10단	北鮮風水害義金/京城支局扱
159575	朝鮮朝日	南鮮版	1928-10-09	1	01단	落穗集(二十七)/下村海南
159576	朝鮮朝日	南鮮版	1928-10-09	1	01단	朝鮮人の內地移住は逐年増加をしめしその緩和に頭を惱ます/目下頻りに善後策をめぐらす
159577	朝鮮朝日	南鮮版	1928-10-09	1	01단	合資組織にて會社を起す/釜山築港問題につき立役者池田氏は語る
159578	朝鮮朝日	南鮮版	1928-10-09	1	01단	表彰に就ては愼重に打合せた參列は八十名の豫定/中村總務課長歸來談
159579	朝鮮朝日	南鮮版	1928-10-09	1	02단	マラリヤ病の撲滅を期す

일련번호	판명		간행일	면	단수	기사명
159580	朝鮮朝日	南鮮版	1928-10-09	1	03단	各官公衙に御眞影傳達式
159581	朝鮮朝日	南鮮版	1928-10-09	1	03단	鎭海要港部御眞影奉戴式
159582	朝鮮朝日	南鮮版	1928-10-09	1	03단	朝鮮建築會の慶州佛國寺視察
159583	朝鮮朝日	南鮮版	1928-10-09	1	03단	鴨綠江堤防工事順調に進む
159584	朝鮮朝日	南鮮版	1928-10-09	1	04단	京城三法院落成式を擧ぐ
159585	朝鮮朝日	南鮮版	1928-10-09	1	04단	陪審法實施はまだはやい 朝鮮辯護士大會にて審議の結果保留となる/重要なる決議案 朝鮮辯護士大會
159586	朝鮮朝日	南鮮版	1928-10-09	1	04단	朝鮮氣分の溢れた賑ひお國の人の參觀も多い/門司の朝鮮展覽會
159587	朝鮮朝日	南鮮版	1928-10-09	1	06단	漁業權を抵當に借金が出來る/組合令改正で
159588	朝鮮朝日	南鮮版	1928-10-09	1	07단	間島の共産黨員を百十二名逮捕し卅一名を京城に護送/近く豫審に廻される
159589	朝鮮朝日	南鮮版	1928-10-09	1	07단	李王家御陵の甍を盜む/賊三名捕はる
159590	朝鮮朝日	南鮮版	1928-10-09	1	08단	佛國極東艦隊釜山に入港
159591	朝鮮朝日	南鮮版	1928-10-09	1	08단	曉星優勝す すばらしく賑はった全鮮軟式庭球大會/神宮競技の順序決定 總務委員會で/京電優勝す 野球リーグ戰/神宮競技會野球の日程/ラ式蹴球戰無勝負に終る/驛傳競走の朝鮮豫選會
159592	朝鮮朝日	南鮮版	1928-10-09	1	10단	會(靑年辯論會/京城醫專音樂會)
159593	朝鮮朝日	南鮮版	1928-10-09	1	10단	人(柴山昇氏(京城高等商業學校敎授)/原田淸一少佐(鎭海要港部副官兼參謀)/船田享二氏(城大敎授)/中村寅之助氏(總督府總務課長)/橫山桐郎氏(理學博士)/倉知鐵吉氏(貴族院議員)/桂采三氏(東大敎授))
159594	朝鮮朝日	南鮮版	1928-10-09	1	10단	北鮮風水害義金/京城支局扱
159595	朝鮮朝日	西北・南鮮版	1928-10-09	2	01단	火曜のページ/「吉原」は國辱か/國際聯盟調査委員の參觀に就て/醫學博士高田義一郎
159596	朝鮮朝日	西北・南鮮版	1928-10-09	2	02단	家庭のしをり
159597	朝鮮朝日	西北・南鮮版	1928-10-09	2	02단	着々準備進む慶北物産振興展/出品七千點に上らん
159598	朝鮮朝日	西北・南鮮版	1928-10-09	2	02단	低資まで融通する鮮米取引の斡旋/慶南
159598	朝鮮朝日	西北・南鮮版	1928-10-09	2	02단	當局の試み成績は頗る良好
159599	朝鮮朝日	西北・南鮮版	1928-10-09	2	04단	商店街の外觀を整ふ/黃金町通り
159600	朝鮮朝日	西北・南鮮版	1928-10-09	2	04단	明年十二月限り耕作を禁止する/朝鮮人の自家用煙草專賣局が對策を考究
159601	朝鮮朝日	西北・南鮮版	1928-10-09	2	04단	零の聲

일련번호	판명		간행일	면	단수	기사명
159602	朝鮮朝日	西北・南鮮版	1928-10-09	2	05단	新規貯金帳に記念マーク/各局が勸誘
159603	朝鮮朝日	西北・南鮮版	1928-10-09	2	05단	職業人事紹介西部聯合會京城で開く
159604	朝鮮朝日	西北・南鮮版	1928-10-09	2	05단	急轉直下に合同實現か/運送合同問題
159605	朝鮮朝日	西北・南鮮版	1928-10-09	2	05단	九月各港到着/鮮內米總量
159606	朝鮮朝日	西北・南鮮版	1928-10-09	2	06단	快鷹丸を繞る戀の悲喜劇/淺岡信夫出演/キネマランド
159607	朝鮮朝日	西北・南鮮版	1928-10-09	2	06단	釜山府が單科小學校設置の計劃
159608	朝鮮朝日	西北・南鮮版	1928-10-09	2	07단	展覽會期中電力の値下/平壤府が斷行
159609	朝鮮朝日	西北・南鮮版	1928-10-09	2	07단	元山手形交換高
159610	朝鮮朝日	西北版	1928-10-10	1	01단	落穗集(二十八)/下村海南
159611	朝鮮朝日	西北版	1928-10-10	1	01단	拓殖局が內諾した明年度豫算の內容/總額は二億四千萬圓/約二百萬圓を削減さる
159612	朝鮮朝日	西北版	1928-10-10	1	01단	愈よ明年度簡保を實施か/政府も贊成であり議會を通過せば直ちに實現
159613	朝鮮朝日	西北版	1928-10-10	1	01단	國境拓殖鐵道の經緯(一)/蜿蜒二百の鴨江に一路貫く大鐵道は産業や警備に緊急を要する/國境住民の燃ゆる希望
159614	朝鮮朝日	西北版	1928-10-10	1	03단	舍人場順川列車試運轉
159615	朝鮮朝日	西北版	1928-10-10	1	03단	南浦港陸揚運賃引下は當業者不承知
159616	朝鮮朝日	西北版	1928-10-10	1	04단	經營が困難な干拓に對し補助を增して吳れ當業者が陳情す
159617	朝鮮朝日	西北版	1928-10-10	1	04단	牡丹台野話
159618	朝鮮朝日	西北版	1928-10-10	1	05단	面を廢合し普通學校の增設を緩和
159619	朝鮮朝日	西北版	1928-10-10	1	05단	奧樣風な女性の科學書を繙く面白い傾向がある/燈火親しむ圖書館の大賑ひ
159620	朝鮮朝日	西北版	1928-10-10	1	05단	朝鐵黃海線に大型機關車五台を使用
159621	朝鮮朝日	西北版	1928-10-10	1	06단	短歌/橋田東聲選
159622	朝鮮朝日	西北版	1928-10-10	1	06단	社會事業擔當者打合本府で開催
159623	朝鮮朝日	西北版	1928-10-10	1	07단	國境無盡の沃野それは噂に過ぎぬ/殊に交通は不便で寶庫扱にするは大きな誤り
159624	朝鮮朝日	西北版	1928-10-10	1	07단	大成功を收めて/朝鮮展覽會
159625	朝鮮朝日	西北版	1928-10-10	1	07단	慶尙南道の「奉頌」揮毫者
159626	朝鮮朝日	西北版	1928-10-10	1	08단	御饗宴用に鎭南浦林檎七百個を下命
159627	朝鮮朝日	西北版	1928-10-10	1	08단	稻本博士の助手が替玉を使って醫師試驗
159627	朝鮮朝日	西北版	1928-10-10	1	08단	を受く
159628	朝鮮朝日	西北版	1928-10-10	1	08단	間島視察の有志が殺到/大混雜を呈す
159629	朝鮮朝日	西北版	1928-10-10	1	08단	女子美術展覽會
159630	朝鮮朝日	西北版	1928-10-10	1	08단	社會事業巡回講演會/活寫も公開
159631	朝鮮朝日	西北版	1928-10-10	1	09단	義州農學校豊年祭/趣向を凝らす

일련번호	판명		간행일	면	단수	기사명
159632	朝鮮朝日	西北版	1928-10-10	1	09단	運動界(神宮競技マラソンコース/神宮競技の選手たちに鐵道を割引/新義州大運動場近く竣工の豫定/野球審判協會)
159633	朝鮮朝日	西北版	1928-10-10	1	09단	秩父宮殿下御婚儀/奉祝映畫公開
159634	朝鮮朝日	西北版	1928-10-10	1	10단	會(東本願寺追悼會/田中博士講演會/初等學校研究會)
159635	朝鮮朝日	西北版	1928-10-10	1	10단	半島茶話
159636	朝鮮朝日	南鮮版	1928-10-10	1	01단	落穗集(二十八)/下村海南
159637	朝鮮朝日	南鮮版	1928-10-10	1	01단	拓殖局が內諾した明年度豫算の內容/總額は二億四千萬圓/約二百萬圓を削減さる
159638	朝鮮朝日	南鮮版	1928-10-10	1	01단	愈よ明年度簡保を實施か/政府も贊成であり議會を通過せば直ちに實現
159639	朝鮮朝日	南鮮版	1928-10-10	1	01단	經營が困難な干拓に對し補助を增して吳れ當業者が陳情す
159640	朝鮮朝日	南鮮版	1928-10-10	1	03단	短歌/橋田東聲選
159641	朝鮮朝日	南鮮版	1928-10-10	1	04단	南浦港陸揚運賃引下は當業者不承知
159642	朝鮮朝日	南鮮版	1928-10-10	1	04단	一、二回の會見で交涉の成行は何とか判然しやう/釜山瓦電買收の經緯
159643	朝鮮朝日	南鮮版	1928-10-10	1	04단	奧樣風な女性が科學書を繙く面白い傾向がある/燈火親しむ圖書館の大賑ひ
159644	朝鮮朝日	南鮮版	1928-10-10	1	04단	釜山南港埋築工事/曲りなり進捗
159645	朝鮮朝日	南鮮版	1928-10-10	1	05단	面を廢合し普通學校の增設を緩和
159646	朝鮮朝日	南鮮版	1928-10-10	1	05단	國境無盡の沃野それは噂に過ぎぬ/殊に交通は不便で寶庫扱にするは大きな誤り
159647	朝鮮朝日	南鮮版	1928-10-10	1	06단	青い鳥は歌ふ/釜山あをやま生
159648	朝鮮朝日	南鮮版	1928-10-10	1	06단	優勝旗を獲て
159649	朝鮮朝日	南鮮版	1928-10-10	1	06단	朝鐵黃海線に大型機關車五台を使用
159650	朝鮮朝日	南鮮版	1928-10-10	1	06단	社會事業擔當者打合本府で開催
159651	朝鮮朝日	南鮮版	1928-10-10	1	07단	大成功を收めて/朝鮮展覽會
159652	朝鮮朝日	南鮮版	1928-10-10	1	07단	御机代物の慶北の林檎收納を終る
159653	朝鮮朝日	南鮮版	1928-10-10	1	07단	慶尙南道の「奉頌」揮毫者
159654	朝鮮朝日	南鮮版	1928-10-10	1	08단	稻本博士の助手が替玉を使って醫師試驗を受く
159655	朝鮮朝日	南鮮版	1928-10-10	1	08단	御饗宴用に鎭南浦林檎七百個を下命
159656	朝鮮朝日	南鮮版	1928-10-10	1	08단	義州農學校豊年祭/趣向を凝らす
159657	朝鮮朝日	南鮮版	1928-10-10	1	08단	統營水産校生徒が折れ盟休は解決
159658	朝鮮朝日	南鮮版	1928-10-10	1	08단	女子美術展覽會
159659	朝鮮朝日	南鮮版	1928-10-10	1	08단	間島視察の有志が殺到/大混雜を呈す
159660	朝鮮朝日	南鮮版	1928-10-10	1	09단	靑年會が夜警を奉仕/御大典夜に

일련번호	판명		간행일	면	단수	기사명
159661	朝鮮朝日	南鮮版	1928-10-10	1	09단	前密陽郡守有罪と決定
159662	朝鮮朝日	南鮮版	1928-10-10	1	09단	社會事業巡回講演會/活寫も公開
159663	朝鮮朝日	南鮮版	1928-10-10	1	09단	運動界(神宮競技マラソンコース/神宮競技の選手たちに鐵道が割引/野球審判協會/釜山柔劍道大會/八校聯合運動會)
159664	朝鮮朝日	南鮮版	1928-10-10	1	10단	會(戶山軍樂隊演奏會/京城教育映畵會)
159665	朝鮮朝日	南鮮版	1928-10-10	1	10단	人(池田本府水利課長/小島源藏氏(遞信局副事務官)/加藤木保次氏(慶南農務課長)/國司道太郎氏/服部榮次郎氏)
159666	朝鮮朝日	南鮮版	1928-10-10	1	10단	半島茶話
159667	朝鮮朝日	西北・南鮮版	1928-10-10	2	01단	間島住民の副業は機業が僅に有望/咸北の陶器業は開拓の餘地がある
159668	朝鮮朝日	西北・南鮮版	1928-10-10	2	01단	京畿道の豫算編成難/極度の緊縮か
159669	朝鮮朝日	西北・南鮮版	1928-10-10	2	01단	旱害災民を勞役に使用/窮狀を救濟
159670	朝鮮朝日	西北・南鮮版	1928-10-10	2	01단	龍塘浦築港起工式廿八日に擧行
159671	朝鮮朝日	西北・南鮮版	1928-10-10	2	02단	統營鰯煎子組合懇談會/視察談で賑ふ
159672	朝鮮朝日	西北・南鮮版	1928-10-10	2	02단	平南寧遠の山林の伐材當業者が注目
159673	朝鮮朝日	西北・南鮮版	1928-10-10	2	02단	公營市場が共同廉賣所設置に反對
159674	朝鮮朝日	西北・南鮮版	1928-10-10	2	02단	朝鮮煙草會社販賣區域改正
159675	朝鮮朝日	西北・南鮮版	1928-10-10	2	02단	大豆の出廻非常に少い
159676	朝鮮朝日	西北・南鮮版	1928-10-10	2	03단	スター揃ひの維新の京洛/二十卷の長尺物
159677	朝鮮朝日	西北・南鮮版	1928-10-10	2	03단	平原産業展
159678	朝鮮朝日	西北・南鮮版	1928-10-10	2	03단	全南靈巖に都浦水組設置
159679	朝鮮朝日	西北・南鮮版	1928-10-10	2	04단	鴨江の流筏未曾有の好況
159680	朝鮮朝日	西北・南鮮版	1928-10-10	2	04단	十月中の煙草製造高
159681	朝鮮朝日	西北・南鮮版	1928-10-10	2	04단	京城手形交換高
159682	朝鮮朝日	西北・南鮮版	1928-10-10	2	04단	新刊紹介(『朝鮮公論』/『朝鮮』/『極東時報』)
159683	朝鮮朝日	西北版	1928-10-11	1	01단	落穗集(二十九)/下村海南
159684	朝鮮朝日	西北版	1928-10-11	1	01단	製作に苦心する獻上の高麗燒/一對を同一の色調には容易にできかねる
159685	朝鮮朝日	西北版	1928-10-11	1	01단	在滿朝鮮人へ壓迫の魔の手/收納期に入り動く支那官憲が密令を發す
159686	朝鮮朝日	西北版	1928-10-11	1	03단	大嘗祭への獻穀田の籾總督府に納入
159687	朝鮮朝日	西北版	1928-10-11	1	03단	國境鐵支線定朔線/定州が運動
159688	朝鮮朝日	西北版	1928-10-11	1	03단	朝郵の配當六分据置/重役會で內定
159689	朝鮮朝日	西北版	1928-10-11	1	03단	國境拓殖鐵道の經緯(二)/千古の寶庫を開き對岸の物資を吸收/沿岸住民ははじめて一齊に文明の惠澤に浴す
159690	朝鮮朝日	西北版	1928-10-11	1	04단	總督府への電車の開通豫定より延期

일련번호	판명		간행일	면	단수	기사명
159691	朝鮮朝日	西北版	1928-10-11	1	04단	朝鮮人側の發明を唆る特許館の設置を請願
159692	朝鮮朝日	西北版	1928-10-11	1	04단	山と築いた奉祝の提燈/お祭り氣分
159693	朝鮮朝日	西北版	1928-10-11	1	05단	平南德川地方氣溫が急下/農作に打擊
159694	朝鮮朝日	西北版	1928-10-11	1	05단	遊園地を設け朱乙溫泉がお客を呼ぶ
159695	朝鮮朝日	西北版	1928-10-11	1	06단	浮世風呂(一)/總務課長中村寅之助さん
159696	朝鮮朝日	西北版	1928-10-11	1	06단	大異動を前にし判任官の高級者榮進の途を講ずる/平南道が本府に內申
159697	朝鮮朝日	西北版	1928-10-11	1	07단	驅逐艦山風元山を警備
159698	朝鮮朝日	西北版	1928-10-11	1	07단	平壤北金組の理事長排斥/兎も角も解決
159699	朝鮮朝日	西北版	1928-10-11	1	07단	昌慶苑の菊花綻びそめる
159700	朝鮮朝日	西北版	1928-10-11	1	08단	牡丹台野話
159701	朝鮮朝日	西北版	1928-10-11	1	08단	湖南線で列車顚覆/死傷は無い
159702	朝鮮朝日	西北版	1928-10-11	1	08단	秩父宮殿下御婚儀/奉祝映畫公開
159703	朝鮮朝日	西北版	1928-10-11	1	09단	妙齡花も羞らふ美人も交る高麗共産黨
159704	朝鮮朝日	西北版	1928-10-11	1	09단	內鮮海底電話は經費が尨大で明年度直ちには困難/蔚山飛行場は着々と進捗
159705	朝鮮朝日	西北版	1928-10-11	1	10단	スポーツ俱樂部
159706	朝鮮朝日	西北版	1928-10-11	1	10단	救世軍展覽會
159707	朝鮮朝日	西北版	1928-10-11	1	10단	民謠/北原白秋選
159708	朝鮮朝日	西北版	1928-10-11	1	10단	人(多田榮吉氏(平北米穀組合長)/牟田吉之助氏(王子製紙工場長)/菊池長五郎氏(鎭南浦署警務主任)/池田肇中佐(朝鮮軍司令部副官))
159709	朝鮮朝日	西北版	1928-10-11	1	10단	半島茶話
159710	朝鮮朝日	南鮮版	1928-10-11	1	01단	落穗集(二十九)/下村海南
159711	朝鮮朝日	南鮮版	1928-10-11	1	01단	製作に苦心する獻上の高麗燒/一對を同一の色調には容易にできかねる
159712	朝鮮朝日	南鮮版	1928-10-11	1	01단	在滿朝鮮人へ壓迫の魔の手/收納期に入り動く支那官憲が密令を發す
159713	朝鮮朝日	南鮮版	1928-10-11	1	03단	大嘗祭への獻穀田の籾總督府に納入
159714	朝鮮朝日	南鮮版	1928-10-11	1	03단	朝郵の配當六分据置/重役會で內定
159715	朝鮮朝日	南鮮版	1928-10-11	1	03단	民謠/北原白秋選
159716	朝鮮朝日	南鮮版	1928-10-11	1	03단	總督府への電車の開通/豫定より延期
159717	朝鮮朝日	南鮮版	1928-10-11	1	03단	朝鮮人側の發明を唆る特許館の設置を請願
159718	朝鮮朝日	南鮮版	1928-10-11	1	04단	地方饗饌は小學校講堂/更に道府の祝宴
159719	朝鮮朝日	南鮮版	1928-10-11	1	04단	內鮮海底電話は經費が尨大で明年度直ちには困難/蔚山飛行場は着々と進捗
159720	朝鮮朝日	南鮮版	1928-10-11	1	04단	山と築いた奉祝の提燈/お祭り氣分

일련번호	판명		간행일	면	단수	기사명
159721	朝鮮朝日	南鮮版	1928-10-11	1	04단	青い鳥は歌ふ/大邱あをやま生
159722	朝鮮朝日	南鮮版	1928-10-11	1	05단	浮世風呂(一)/總務課長中村寅之助さん
159723	朝鮮朝日	南鮮版	1928-10-11	1	05단	全州專賣支局工場を擴張/操業は明春
159724	朝鮮朝日	南鮮版	1928-10-11	1	06단	遊園地を設け朱乙溫泉がお客を呼ぶ
159725	朝鮮朝日	南鮮版	1928-10-11	1	07단	猩紅熱の豫防注射を學童に行ふ
159726	朝鮮朝日	南鮮版	1928-10-11	1	07단	黃海水組が創立の準備
159727	朝鮮朝日	南鮮版	1928-10-11	1	07단	貸家一覽表を印刷して賣る珍らしい新商賣/寒さを控へて賣行がよい
159728	朝鮮朝日	南鮮版	1928-10-11	1	07단	洛東江の改修で土地の買收が五、六百萬圓に上る
159729	朝鮮朝日	南鮮版	1928-10-11	1	08단	密陽の鮎漁稀有の不況
159730	朝鮮朝日	南鮮版	1928-10-11	1	08단	青訓所員が兵營を見學
159731	朝鮮朝日	南鮮版	1928-10-11	1	08단	菊花大會前人氣盛ん
159732	朝鮮朝日	南鮮版	1928-10-11	1	08단	昌慶苑の菊花綻びそめる
159733	朝鮮朝日	南鮮版	1928-10-11	1	09단	釜山理髮師試驗
159734	朝鮮朝日	南鮮版	1928-10-11	1	09단	例年よりも雉が多い全州の附近
159735	朝鮮朝日	南鮮版	1928-10-11	1	09단	湖南線で列車顚覆/死傷は無い
159736	朝鮮朝日	南鮮版	1928-10-11	1	09단	妙齡花も羞らふ美人も交る高麗共産黨
159737	朝鮮朝日	南鮮版	1928-10-11	1	09단	山東生れの學校の先生/モヒを密輸
159738	朝鮮朝日	南鮮版	1928-10-11	1	10단	お酒が一樽海中に漂流
159739	朝鮮朝日	南鮮版	1928-10-11	1	10단	仁川庭球大會
159740	朝鮮朝日	南鮮版	1928-10-11	1	10단	局友會端艇競漕
159741	朝鮮朝日	南鮮版	1928-10-11	1	10단	山田氏祝賀弓術
159742	朝鮮朝日	南鮮版	1928-10-11	1	10단	スポーツ倶樂部
159743	朝鮮朝日	南鮮版	1928-10-11	1	10단	救世軍展覽會
159744	朝鮮朝日	南鮮版	1928-10-11	1	10단	人(多田榮吉氏(平北米穀組合長)/牟田吉之助氏(王子製紙工場長)/菊池長五郎氏(鎮南浦署警務主任)/池田肇中佐(朝鮮軍司令部副官)/柴田美夫氏(仁川公立普通學校長)/大橋悌氏(釜山第一銀行支店長)/吉岡重實氏(釜山府協議員)/平尾壬午郎氏(遞信局監理課長)/小松謙次郎氏(貴族院議員))
159745	朝鮮朝日	南鮮版	1928-10-11	1	10단	半島茶話
159746	朝鮮朝日	西北・南鮮版	1928-10-11	2	01단	木を混凝土に枕木の改造を鐵道局が試に使用
159747	朝鮮朝日	西北・南鮮版	1928-10-11	2	01단	殖銀の社債高利を切替
159748	朝鮮朝日	西北・南鮮版	1928-10-11	2	01단	釜山商議が航路の延長/その他を陳情
159749	朝鮮朝日	西北・南鮮版	1928-10-11	2	01단	零の聲

일련번호	판명		간행일	면	단수	기사명
159750	朝鮮朝日	西北・南鮮版	1928-10-11	2	01단	南鮮五道の實業懇話會/釜山の提案
159751	朝鮮朝日	西北・南鮮版	1928-10-11	2	02단	米穀法適用と國倉設置を群山が要望
159752	朝鮮朝日	西北・南鮮版	1928-10-11	2	02단	小作人救助の對策を練る地主懇談會
159753	朝鮮朝日	西北・南鮮版	1928-10-11	2	02단	東海岸の捕鯨天候不良に惱む/東洋捕鯨が濟州島に進出
159754	朝鮮朝日	西北・南鮮版	1928-10-11	2	02단	代理店會議朝郵が開催
159755	朝鮮朝日	西北・南鮮版	1928-10-11	2	03단	慶北東海岸稻作の不況/冷込と霜害で
159756	朝鮮朝日	西北・南鮮版	1928-10-11	2	03단	仁川移出牛九月中取扱高
159757	朝鮮朝日	西北・南鮮版	1928-10-11	2	03단	教員住宅地鎭祭
159758	朝鮮朝日	西北・南鮮版	1928-10-11	2	03단	生牛の輸送前年より減少
159759	朝鮮朝日	西北・南鮮版	1928-10-11	2	03단	南浦倉庫在穀高
159760	朝鮮朝日	西北・南鮮版	1928-10-11	2	04단	忠流水組認可
159761	朝鮮朝日	西北・南鮮版	1928-10-11	2	04단	浮世草
159762	朝鮮朝日	西北版	1928-10-12	1	01단	落穗集(三十)/下村海南
159763	朝鮮朝日	西北版	1928-10-12	1	01단	今春來立消えの運送店の合同問題/最近俄かに再燃す/中野、平田兩氏が戶田理事訪問
159764	朝鮮朝日	西北版	1928-10-12	1	01단	獻上穀の納受式
159765	朝鮮朝日	西北版	1928-10-12	1	03단	御眞影奉還式
159766	朝鮮朝日	西北版	1928-10-12	1	03단	御大典奉祝の書畫と詩歌平北が發送
159767	朝鮮朝日	西北版	1928-10-12	1	03단	鮮米輸送運賃現行の儘か/鮮航會が近く幹事會/辰馬汽船も協定に參加す
159768	朝鮮朝日	西北版	1928-10-12	1	03단	國民政府最初の雙十節の祝賀 靑天白日旗を揭げ在住支那人の喜び/非常な賑ひ龍井の雙十節
159769	朝鮮朝日	西北版	1928-10-12	1	04단	水利組合の電化/揚水動力に
159770	朝鮮朝日	西北版	1928-10-12	1	04단	御眞影傳達式
159771	朝鮮朝日	西北版	1928-10-12	1	04단	江界住民が國境鐵道の促進に運動/國境鐵道促進運動費三千圓の調達
159772	朝鮮朝日	西北版	1928-10-12	1	05단	浮世風呂(二)/漫畫を見て笑はぬ社會課長神尾一春さん
159773	朝鮮朝日	西北版	1928-10-12	1	05단	平元線の着工が怪し高原が運動
159774	朝鮮朝日	西北版	1928-10-12	1	05단	國境漫語
159775	朝鮮朝日	西北版	1928-10-12	1	06단	舍人場順川列車時間決定
159776	朝鮮朝日	西北版	1928-10-12	1	06단	朝鮮商銀の羅南支店は來春に開設
159777	朝鮮朝日	西北版	1928-10-12	1	07단	滿鐵の異動/安東驛關係
159778	朝鮮朝日	西北版	1928-10-12	1	07단	最初から花々しく活動を開始する朝鮮の簡易保險/課長その他を人選中
159779	朝鮮朝日	西北版	1928-10-12	1	07단	モヒの注射を誤って殺し死體を各所に遺

일련번호	판명		간행일	면	단수	기사명
159779	朝鮮朝日	西北版	1928-10-12	1	07단	棄/今日まで十人に及ぶ
159780	朝鮮朝日	西北版	1928-10-12	1	07단	俳句/鈴木花蓑選
159781	朝鮮朝日	西北版	1928-10-12	1	08단	商工會議所安東商議改名
159782	朝鮮朝日	西北版	1928-10-12	1	08단	京城浦鹽間電信線開通
159783	朝鮮朝日	西北版	1928-10-12	1	08단	勅語奉護の姜普通校長表彰さる
159784	朝鮮朝日	西北版	1928-10-12	1	09단	驛屯土の税金を免除/二千九百圓
159785	朝鮮朝日	西北版	1928-10-12	1	09단	朝日活寫會/羅南の盛況
159786	朝鮮朝日	西北版	1928-10-12	1	09단	楚山守備隊にチブス發生/二名が死亡
159787	朝鮮朝日	西北版	1928-10-12	1	09단	豫防注射を勵行
159788	朝鮮朝日	西北版	1928-10-12	1	09단	沙里院の小火
159789	朝鮮朝日	西北版	1928-10-12	1	09단	女子庭球愈よ二十一日
159790	朝鮮朝日	西北版	1928-10-12	1	09단	秩父宮殿下御婚儀/奉祝映畫公開
159791	朝鮮朝日	西北版	1928-10-12	1	10단	牡丹台野話
159792	朝鮮朝日	西北版	1928-10-12	1	10단	會(社會事業講習會/遞信工事課長打合會)
159793	朝鮮朝日	西北版	1928-10-12	1	10단	人(池上政務總監/松井信助氏(平壤府尹))
159794	朝鮮朝日	西北版	1928-10-12	1	10단	半島茶話
159795	朝鮮朝日	南鮮版	1928-10-12	1	01단	落穗集(三十)/下村海南
159796	朝鮮朝日	南鮮版	1928-10-12	1	01단	今春來立消えの運送店の合同問題/最近俄かに再燃す/中野、平田兩氏が戸田理事訪問
159797	朝鮮朝日	南鮮版	1928-10-12	1	01단	獻上穀の納受式
159798	朝鮮朝日	南鮮版	1928-10-12	1	03단	御眞影御下賜の學校
159799	朝鮮朝日	南鮮版	1928-10-12	1	03단	御眞影傳達式
159800	朝鮮朝日	南鮮版	1928-10-12	1	03단	高松宮殿下に林檎を獻上　練習艦隊が鎭海に入港/仁川の歡迎方法
159801	朝鮮朝日	南鮮版	1928-10-12	1	03단	浮世風呂(二)/漫畫を見て笑はぬ社會課長神尾一春さん
159802	朝鮮朝日	南鮮版	1928-10-12	1	04단	大邱上水道計量器設備資金を借入
159803	朝鮮朝日	南鮮版	1928-10-12	1	04단	大邱醫院の醫學講習所/醫專昇格は沙汰やみか
159804	朝鮮朝日	南鮮版	1928-10-12	1	04단	鮮米輸送運賃現行の儘か/鮮航會が近く幹事會/辰馬汽船も協定に參加す
159805	朝鮮朝日	南鮮版	1928-10-12	1	05단	鮮酒の材料麴會社設立
159806	朝鮮朝日	南鮮版	1928-10-12	1	05단	俳句/鈴木花蓑選
159807	朝鮮朝日	南鮮版	1928-10-12	1	05단	釜山二小校工事の入札
159808	朝鮮朝日	南鮮版	1928-10-12	1	06단	國民政府最初の雙十節の祝賀/青天白日旗を掲げ在住支那人の喜び
159809	朝鮮朝日	南鮮版	1928-10-12	1	06단	競爭の激甚から不正な煉炭を誤魔化して賣捌く惡辣な商人が弗々ある
159810	朝鮮朝日	南鮮版	1928-10-12	1	07단	鯖節製造を慶南が獎勵

일련번호	판명		간행일	면	단수	기사명
159811	朝鮮朝日	南鮮版	1928-10-12	1	07단	モヒの注射を誤って殺し死體を各所に遺棄/今日まで十人に及ぶ
159812	朝鮮朝日	南鮮版	1928-10-12	1	08단	青い鳥は歌ふ/大邱あをやま生
159813	朝鮮朝日	南鮮版	1928-10-12	1	08단	第五回內鮮女子中等學校音樂大會
159814	朝鮮朝日	南鮮版	1928-10-12	1	08단	慶南警察部特別取締に全力を擧ぐ
159815	朝鮮朝日	南鮮版	1928-10-12	1	08단	二百餘名の旱害面民が救濟を陳情
159816	朝鮮朝日	南鮮版	1928-10-12	1	08단	十數日間も行方が不明/釜山の帆船
159817	朝鮮朝日	南鮮版	1928-10-12	1	09단	最初から花々しく活動を開始する朝鮮の簡易保險/課長その他を人選中
159818	朝鮮朝日	南鮮版	1928-10-12	1	09단	大邱の紅玉出廻が旺盛/一萬箱突破か
159819	朝鮮朝日	南鮮版	1928-10-12	1	10단	龍山靑訓所十日開所式
159820	朝鮮朝日	南鮮版	1928-10-12	1	10단	京城浦潮間電信線開通
159821	朝鮮朝日	南鮮版	1928-10-12	1	10단	人(池上政務總監/小畑大太郎男(貴族院議員)/鈴木鈴馬氏(帝國製麻常務)/横山俊久氏(警務局衛生技師))
159822	朝鮮朝日	南鮮版	1928-10-12	1	10단	半島茶話
159823	朝鮮朝日	西北・南鮮版	1928-10-12	2	01단	一時に多數の鮮米の移送はどうしても價格を落す/白髯堂取調査課長談
159824	朝鮮朝日	西北・南鮮版	1928-10-12	2	01단	全鮮各銀行實勢/合同を要するは四銀行
159825	朝鮮朝日	西北・南鮮版	1928-10-12	2	01단	雫の聲
159826	朝鮮朝日	西北・南鮮版	1928-10-12	2	01단	南浦貯炭場鐵道引込線工事が紛糾
159827	朝鮮朝日	西北・南鮮版	1928-10-12	2	02단	大羽鹽鰯の北支輸出は極めて有望
159828	朝鮮朝日	西北・南鮮版	1928-10-12	2	02단	旱害地の免稅を調査/慶南當局が
159829	朝鮮朝日	西北・南鮮版	1928-10-12	2	02단	慶州郵便局新築落成す
159830	朝鮮朝日	西北・南鮮版	1928-10-12	2	02단	慶北二郡の代用作狀況/蕎麥粟は相當
159831	朝鮮朝日	西北・南鮮版	1928-10-12	2	03단	仁川物産展開催に決定
159832	朝鮮朝日	西北・南鮮版	1928-10-12	2	03단	旱害を緩和す全北の薑は非常な豊作
159833	朝鮮朝日	西北・南鮮版	1928-10-12	2	03단	朝鮮私鐵九月の成績/總收入四十九萬圓
159834	朝鮮朝日	西北・南鮮版	1928-10-12	2	03단	咸南奧地の住民が交通機關を一社に獨占させるは不都合と一千餘名が陳情す
159835	朝鮮朝日	西北・南鮮版	1928-10-12	2	04단	郵貯が減少/九月仁川局
159836	朝鮮朝日	西北・南鮮版	1928-10-12	2	04단	浮世草
159837	朝鮮朝日	西北版	1928-10-13	1	01단	落穗集(三十一)/下村海南
159838	朝鮮朝日	西北版	1928-10-13	1	01단	運送店合同行き悩みか/兩運送會社の意
159838	朝鮮朝日	西北版	1928-10-13	1	01단	見が相違し鐵道局は傍觀の形
159839	朝鮮朝日	西北版	1928-10-13	1	01단	在阪朝鮮人の老人や子供を池上總監親しく慰問/子供達の頭をなで〻愛撫
159840	朝鮮朝日	西北版	1928-10-13	1	01단	片跛に終る水力の調査/流量調査と不可分の地形調査が廢止される

일련번호	판명		간행일	면	단수	기사명
159841	朝鮮朝日	西北版	1928-10-13	1	03단	御眞影沙里院に到着/平南へ御下賜の御眞影が到着
159842	朝鮮朝日	西北版	1928-10-13	1	03단	國境拓殖鐵道の經緯(三)/人口の稀薄なだけ開拓の餘地が多い雜穀は全鮮の八割を占む交通不便にしてこの盛況
159843	朝鮮朝日	西北版	1928-10-13	1	04단	高松宮殿下京城を御視察
159844	朝鮮朝日	西北版	1928-10-13	1	04단	御眞影傳達式
159845	朝鮮朝日	西北版	1928-10-13	1	04단	土曜漫筆/黑貓/西岡照繪
159846	朝鮮朝日	西北版	1928-10-13	1	06단	歷史の古い鐵道局洋畫展
159847	朝鮮朝日	西北版	1928-10-13	1	07단	浮世風呂(三)/功を急ぎ過ぎる學務課長福士末之助さん
159848	朝鮮朝日	西北版	1928-10-13	1	07단	總督獻上の米と紬平北に指定
159849	朝鮮朝日	西北版	1928-10-13	1	07단	雄基港が猛運動/吉會線終端で
159850	朝鮮朝日	西北版	1928-10-13	1	08단	府の起債を道が握り潰す/女子實業の新築が時おくれ不可能となる
159851	朝鮮朝日	西北版	1928-10-13	1	08단	間島の朝鮮人に金融上の便宜を與へることは必要/今後は鮮銀が努力
159852	朝鮮朝日	西北版	1928-10-13	1	08단	短歌/橋田東聲選
159853	朝鮮朝日	西北版	1928-10-13	1	09단	奥地の降雪これで三回目/平南の降雹農作に被害/今年は早い平北の降雪
159854	朝鮮朝日	西北版	1928-10-13	1	09단	秩父宮殿下御婚儀/奉祝映畫公開
159855	朝鮮朝日	西北版	1928-10-13	1	10단	帝展入選者
159856	朝鮮朝日	西北版	1928-10-13	1	10단	神宮競技を中繼放送
159857	朝鮮朝日	西北版	1928-10-13	1	10단	渡船が顚覆/郵便行囊が水中に沈む
159858	朝鮮朝日	西北版	1928-10-13	1	10단	全北師範生過って轢死/修學旅行の途
159859	朝鮮朝日	南鮮版	1928-10-13	1	01단	落穗集(三十一)/下村海南
159860	朝鮮朝日	南鮮版	1928-10-13	1	01단	運送店合同行き惱みか/兩運送會社の意見が相違し鐵道局は傍觀の形
159861	朝鮮朝日	南鮮版	1928-10-13	1	01단	在阪朝鮮人の老人や子供を池上總監親しく慰問/子供達の頭をなでゝ愛撫
159862	朝鮮朝日	南鮮版	1928-10-13	1	01단	片跛に終る水力の調査/流量調査と不可分の地形調査が廢止される
159863	朝鮮朝日	南鮮版	1928-10-13	1	03단	高松宮殿下京城を御視察
159864	朝鮮朝日	南鮮版	1928-10-13	1	03단	御眞影傳達(公州/釜山/淸州/仁川/裡里)
159865	朝鮮朝日	南鮮版	1928-10-13	1	04단	御大典記念大邱公會堂建設に決定
159866	朝鮮朝日	南鮮版	1928-10-13	1	04단	御眞影傳達式
159867	朝鮮朝日	南鮮版	1928-10-13	1	04단	土曜漫筆/黑貓/西岡照繪
159868	朝鮮朝日	南鮮版	1928-10-13	1	04단	青い鳥は歌ふ/大邱あをやま生
159869	朝鮮朝日	南鮮版	1928-10-13	1	05단	春川公會堂建設寄附金/申出が多い

일련번호	판명		간행일	면	단수	기사명
159870	朝鮮朝日	南鮮版	1928-10-13	1	05단	半島樂壇の名手を招き御眞影奉安庫の落成を祝す
159871	朝鮮朝日	南鮮版	1928-10-13	1	06단	浮世風呂(三)/功を急ぎ過ぎる學務課長福士末之助さん
159872	朝鮮朝日	南鮮版	1928-10-13	1	06단	歷史の古い鐵道局洋畫展
159873	朝鮮朝日	南鮮版	1928-10-13	1	07단	府の起債を道が握り潰す/女子實業の新築が時おくれ不可能となる
159874	朝鮮朝日	南鮮版	1928-10-13	1	07단	間島の朝鮮人に金融上の便宜を與へることは必要/今後は鮮銀が努力
159875	朝鮮朝日	南鮮版	1928-10-13	1	08단	短歌/橋田東聲選
159876	朝鮮朝日	南鮮版	1928-10-13	1	08단	鶴橋靈光間鐵道の敷設/十氏が出願
159877	朝鮮朝日	南鮮版	1928-10-13	1	09단	忠南洪城の道議補缺戰漸く色めく
159878	朝鮮朝日	南鮮版	1928-10-13	1	09단	生活に卽したメートル展釜山で開催
159879	朝鮮朝日	南鮮版	1928-10-13	1	09단	帝展入選者
159880	朝鮮朝日	南鮮版	1928-10-13	1	09단	神宮競技を中繼放送
159881	朝鮮朝日	南鮮版	1928-10-13	1	10단	慶南代表出發
159882	朝鮮朝日	南鮮版	1928-10-13	1	10단	大邱の秋季競馬
159883	朝鮮朝日	南鮮版	1928-10-13	1	10단	昌原鑛山の鑛毒事件圓滿に解決
159884	朝鮮朝日	南鮮版	1928-10-13	1	10단	踏切番の殉職/少女を救はんとし轢死
159885	朝鮮朝日	南鮮版	1928-10-13	1	10단	裡里講金問題無事に解決/當事者が改正
159886	朝鮮朝日	南鮮版	1928-10-13	1	10단	機船が衝突/損害五千圓
159887	朝鮮朝日	南鮮版	1928-10-13	1	10단	阪本元巡査判決言渡し
159888	朝鮮朝日	西北・南鮮版	1928-10-13	2	01단	釀造用としての慶南の穀良都需要が逐年增加す/本年の作柄も良好
159889	朝鮮朝日	西北・南鮮版	1928-10-13	2	01단	米穀大會出品貯藏米米信會が引受
159890	朝鮮朝日	西北・南鮮版	1928-10-13	2	01단	雫の聲
159891	朝鮮朝日	西北・南鮮版	1928-10-13	2	01단	林業協會を咸南に設立
159892	朝鮮朝日	西北・南鮮版	1928-10-13	2	02단	咸興製絲場八日から操業
159893	朝鮮朝日	西北・南鮮版	1928-10-13	2	02단	雲巖貯水池に鮎を放流す/好成績を期待
159894	朝鮮朝日	西北・南鮮版	1928-10-13	2	02단	驛長の異動
159895	朝鮮朝日	西北・南鮮版	1928-10-13	2	02단	延海水組竣工
159896	朝鮮朝日	西北・南鮮版	1928-10-13	2	02단	西大門金組理事後藤氏に內定
159897	朝鮮朝日	西北・南鮮版	1928-10-13	2	02단	堆肥增産の共進會受賞者
159898	朝鮮朝日	西北・南鮮版	1928-10-13	2	02단	酒類品評會審査を開始
159899	朝鮮朝日	西北・南鮮版	1928-10-13	2	03단	釀造品評會大邱で開催
159900	朝鮮朝日	西北・南鮮版	1928-10-13	2	03단	沙里院燒酎組合
159901	朝鮮朝日	西北・南鮮版	1928-10-13	2	03단	火藥業組合組織
159902	朝鮮朝日	西北・南鮮版	1928-10-13	2	03단	局線の貨物十一萬三千噸
159903	朝鮮朝日	西北・南鮮版	1928-10-13	2	03단	御大典を控へて山高帽の洗濯が昨今非常

일련번호	판명		간행일	면	단수	기사명
159903	朝鮮朝日	西北・南鮮版	1928-10-13	2	03단	に多い/冬帽の賣行は惡い
159904	朝鮮朝日	西北・南鮮版	1928-10-13	2	04단	浮世草
159905	朝鮮朝日	西北版	1928-10-14	1	01단	落穗集(三十二)/下村海南
159906	朝鮮朝日	西北版	1928-10-14	1	01단	利益皆無の朝郵が六分の配當を策す/商船系が愛想をつかし恩田社長は結局辭任か
159907	朝鮮朝日	西北版	1928-10-14	1	01단	船舶の無線は標識の少い朝鮮では是非必要/實施期について考慮中
159908	朝鮮朝日	西北版	1928-10-14	1	01단	御眞影海州に到着
159909	朝鮮朝日	西北版	1928-10-14	1	02단	病癒えて總督の東上月末ごろか
159910	朝鮮朝日	西北版	1928-10-14	1	02단	濟南出動の平壤飛行隊十一月歸還
159911	朝鮮朝日	西北版	1928-10-14	1	03단	南浦棧橋の引込線役所の喧嘩で民間側が敷設
159912	朝鮮朝日	西北版	1928-10-14	1	03단	咸北道議員淸津の補選
159913	朝鮮朝日	西北版	1928-10-14	1	03단	國境拓殖鐵道の經緯(四)/危險で費用も嵩む鴨綠江現在の流筏/國境鐵道貫通せば森林利用の面目一新せん
159914	朝鮮朝日	西北版	1928-10-14	1	04단	童謠/北原白秋選
159915	朝鮮朝日	西北版	1928-10-14	1	04단	京城平壤間搬送式電話機械を注文
159916	朝鮮朝日	西北版	1928-10-14	1	04단	我が國民精神の根幹を築いた朱子學を我が國に傳ふ李退溪先生の理想
159917	朝鮮朝日	西北版	1928-10-14	1	05단	浮世風呂(四)/京中出身の秀才商工課長兒島高信さん
159918	朝鮮朝日	西北版	1928-10-14	1	05단	牡丹台野話
159919	朝鮮朝日	西北版	1928-10-14	1	05단	宣川信聖校落成
159920	朝鮮朝日	西北版	1928-10-14	1	06단	半島の畫壇に氣を吐く三氏見事に帝展に入選/二十歳の若い女學生の身で初入選の榮を獲た京一女出身の松崎さん/今後も畫道に精進　孫一峰氏語る
159921	朝鮮朝日	西北版	1928-10-14	1	08단	辭令
159922	朝鮮朝日	西北版	1928-10-14	1	09단	御大典拜觀の靑年團代表十二日決定
159923	朝鮮朝日	西北版	1928-10-14	1	09단	珠算競技會選手六百名
159924	朝鮮朝日	西北版	1928-10-14	1	09단	入場者にお酒を振舞/酒類品評會
159925	朝鮮朝日	西北版	1928-10-14	1	10단	線路上に爆藥/列車は無事
159926	朝鮮朝日	西北版	1928-10-14	1	10단	王子製紙の工場燒く/些細で濟む
159927	朝鮮朝日	西北版	1928-10-14	1	10단	爲替變造犯京城で逮捕
159928	朝鮮朝日	西北版	1928-10-14	1	10단	五名の馬賊民家を襲ひ却て殺さる
159929	朝鮮朝日	西北版	1928-10-14	1	10단	間島共産黨續々と護送
159930	朝鮮朝日	西北版	1928-10-14	1	10단	運動界(平南道廳野球戰)

일련번호	판명		간행일	면	단수	기사명
159931	朝鮮朝日	西北版	1928-10-14	1	10단	人(サットン氏夫妻(ロータリークラブ會長))
159932	朝鮮朝日	西北版	1928-10-14	1	10단	半島茶話
159933	朝鮮朝日	南鮮版	1928-10-14	1	01단	落穗集(三十二)/下村海南
159934	朝鮮朝日	南鮮版	1928-10-14	1	01단	利益皆無の朝郵が六分の配當を策す/商船系が愛想をつかし恩田社長は結局辭任か
159935	朝鮮朝日	南鮮版	1928-10-14	1	01단	船舶の無線は標識の少い朝鮮では是非必要/實施期について考慮中
159936	朝鮮朝日	南鮮版	1928-10-14	1	01단	御眞影大邱に到着
159937	朝鮮朝日	南鮮版	1928-10-14	1	02단	病癒えて總督の東上月末ごろか
159938	朝鮮朝日	南鮮版	1928-10-14	1	02단	濟南出動の平壤飛行隊十一月歸還
159939	朝鮮朝日	南鮮版	1928-10-14	1	03단	郵便所長會議
159940	朝鮮朝日	南鮮版	1928-10-14	1	03단	辭令
159941	朝鮮朝日	南鮮版	1928-10-14	1	03단	浮世風呂(四)/京中出身の秀才商工課長兒島高信さん
159942	朝鮮朝日	南鮮版	1928-10-14	1	04단	我が國民精神の根幹を築いた朱子學を我が國に傳ふ李退溪先生の理想
159943	朝鮮朝日	南鮮版	1928-10-14	1	04단	半島の畫壇に氣を吐く三氏見事に帝展に入選/二十歳の若い女學生の身で初入選の榮を獲た京一女出身の松崎さん/今後も畫道に精進 孫一峰氏語る
159944	朝鮮朝日	南鮮版	1928-10-14	1	05단	定置漁業の合理的經營/慶南が研究
159945	朝鮮朝日	南鮮版	1928-10-14	1	06단	勞銀が安い上に體力が優秀で内地で歡迎される朝鮮の勞働者たち
159946	朝鮮朝日	南鮮版	1928-10-14	1	06단	童謠/北原白秋選
159947	朝鮮朝日	南鮮版	1928-10-14	1	07단	馬山諸學校/御大典記念
159948	朝鮮朝日	南鮮版	1928-10-14	1	07단	畜産共進會催のかずかず
159949	朝鮮朝日	南鮮版	1928-10-14	1	08단	御大典拜觀の靑年團代表十二日決定
159950	朝鮮朝日	南鮮版	1928-10-14	1	08단	珠算競技會選手六百名
159951	朝鮮朝日	南鮮版	1928-10-14	1	08단	發動機展の審査公平を期す/朝鮮水産の珍味を備へ食堂を開設 水産品展に際し
159952	朝鮮朝日	南鮮版	1928-10-14	1	08단	全島民を悉く赤化した陰謀/實行に入る一刹那發覺した全南所安島事件
159953	朝鮮朝日	南鮮版	1928-10-14	1	08단	更に遺棄死體十數個を發見/腸チブスの死亡者を遺棄したと申立つ
159954	朝鮮朝日	南鮮版	1928-10-14	1	09단	由緒の深い釜山幼稚園/廢止は惜しい
159955	朝鮮朝日	南鮮版	1928-10-14	1	09단	運動界(仁川の野球大會)
159956	朝鮮朝日	南鮮版	1928-10-14	1	10단	稻田の刈取/慶北道廳員
159957	朝鮮朝日	南鮮版	1928-10-14	1	10단	地籍測量科大邱農林新設

일련번호	판명		간행일	면	단수	기사명
159958	朝鮮朝日	南鮮版	1928-10-14	1	10단	御大典を前に精神病者を慶南が警戒
159959	朝鮮朝日	南鮮版	1928-10-14	1	10단	妓生の怠業線香代の滯り
159960	朝鮮朝日	南鮮版	1928-10-14	1	10단	間島共産黨續々と護送
159961	朝鮮朝日	南鮮版	1928-10-14	1	10단	人(サットン氏夫妻(ロータリークラブ會長)/有賀殖産銀行頭取)
159962	朝鮮朝日	南鮮版	1928-10-14	1	10단	半島茶話
159963	朝鮮朝日	西北・南鮮版	1928-10-14	2	01단	新義州電氣增資と新役員/新資本七十萬圓/殖電も臨時總會
159964	朝鮮朝日	西北・南鮮版	1928-10-14	2	01단	迎日灣の鰊漁場入札/最高三千餘圓
159965	朝鮮朝日	西北・南鮮版	1928-10-14	2	01단	零の聲
159966	朝鮮朝日	西北・南鮮版	1928-10-14	2	02단	釜南、釜木自動車會社書類を提出
159967	朝鮮朝日	西北・南鮮版	1928-10-14	2	02단	漁業組合への資金の貸出成績は良好
159968	朝鮮朝日	西北・南鮮版	1928-10-14	2	02단	松葉や薪炭俄に暴騰す
159969	朝鮮朝日	西北・南鮮版	1928-10-14	2	02단	優良な生牛平北が出品
159970	朝鮮朝日	西北・南鮮版	1928-10-14	2	02단	在住商人を輕視すなと商議所に要請
159971	朝鮮朝日	西北・南鮮版	1928-10-14	2	03단	北鮮旅商は延期
159972	朝鮮朝日	西北・南鮮版	1928-10-14	2	03단	南浦貿易高/九月中の成績
159973	朝鮮朝日	西北・南鮮版	1928-10-14	2	03단	京城の物價
159974	朝鮮朝日	西北・南鮮版	1928-10-14	2	03단	於之屯伏水組
159975	朝鮮朝日	西北・南鮮版	1928-10-14	2	03단	出品中の二割は內地へ出しても決してヒケは取らぬ/遺憾なるは品質の不統一
159976	朝鮮朝日	西北・南鮮版	1928-10-14	2	04단	元山商議副會頭
159977	朝鮮朝日	西北・南鮮版	1928-10-14	2	04단	浮世草
159978	朝鮮朝日	西北版	1928-10-16	1	01단	落穗集(三十三)/下村海南
159979	朝鮮朝日	西北版	1928-10-16	1	01단	國境の拓殖鐵道は落膽の必要はない　豫算は削除されず大體承認される見込がついた/釜山の細民區は衛生と體裁の兩面から見て不適當　吉會線終端は結局清津か/池上總監歸城す
159980	朝鮮朝日	西北版	1928-10-16	1	01단	辰馬と鮮航會運賃の協定/兩者代表が手打/荷主の不安な一掃
159981	朝鮮朝日	西北版	1928-10-16	1	02단	咸南署長會議
159982	朝鮮朝日	西北版	1928-10-16	1	03단	博物學例會橫山博士講演
159983	朝鮮朝日	西北版	1928-10-16	1	03단	上流代表と提携し陳情/國境鐵道促進
159984	朝鮮朝日	西北版	1928-10-16	1	03단	秋陽を浴び若人の活躍 スポーツの殿堂　朝鮮神宮競技開始/新義州運動場開/滿鮮弓道大會
159985	朝鮮朝日	西北版	1928-10-16	1	04단	御大典奉祝歌ラヂオ講座/D局の試み
159986	朝鮮朝日	西北版	1928-10-16	1	04단	小作人たちの投賣を防ぐ東拓の農倉は好

일련번호	판명		간행일	면	단수	기사명
159986	朝鮮朝日	西北版	1928-10-16	1	04단	成績/今後も漸次擴張す
159987	朝鮮朝日	西北版	1928-10-16	1	04단	吉會線終端は總督府の權限/たゝ滿鐵は國策上鐵道の速成に努める
159988	朝鮮朝日	西北版	1928-10-16	1	05단	朝鐵慶北線醴泉に延長/來月一日開通
159989	朝鮮朝日	西北版	1928-10-16	1	05단	龍塘浦築港二十八日起工
159990	朝鮮朝日	西北版	1928-10-16	1	05단	海州停車場位置を發表
159991	朝鮮朝日	西北版	1928-10-16	1	06단	英國將校が戰跡を視察
159992	朝鮮朝日	西北版	1928-10-16	1	06단	金剛山探勝連絡切符の期間延長請願
159993	朝鮮朝日	西北版	1928-10-16	1	06단	眞實の朝鮮の姿を描きたい念願/入選したのは全く僥倖ですと遠田氏謙遜す
159994	朝鮮朝日	西北版	1928-10-16	1	07단	第一回全鮮馬術大會
159995	朝鮮朝日	西北版	1928-10-16	1	07단	衛生展覽會/平北各地で
159996	朝鮮朝日	西北版	1928-10-16	1	08단	天高く馬肥ゆる日全鮮馬術大會/朝鮮學生聯盟と本社京城支局の催し
159997	朝鮮朝日	西北版	1928-10-16	1	08단	運送店合同再び暗礁に/國際運輸と通運が互ひに肚の探合ひ
159998	朝鮮朝日	西北版	1928-10-16	1	09단	圖書週間/圖書館の催し
159999	朝鮮朝日	西北版	1928-10-16	1	10단	伊藤公の銅像建設の計劃
160000	朝鮮朝日	西北版	1928-10-16	1	10단	間島で開いた漁者慰安の本社活寫會
160001	朝鮮朝日	西北版	1928-10-16	1	10단	持兇器强盜二名を逮捕
160002	朝鮮朝日	西北版	1928-10-16	1	10단	人(金谷司令官/園田寬氏(朝鮮總督府山林部長))
160003	朝鮮朝日	西北版	1928-10-16	1	10단	半島茶話
160004	朝鮮朝日	西北版	1928-10-16	1	10단	北鮮風水害義金/十四日/門司支局扱
160005	朝鮮朝日	南鮮版	1928-10-16	1	01단	落穗集(三十三)/下村海南
160006	朝鮮朝日	南鮮版	1928-10-16	1	01단	國境の拓殖鐵道は落膽の必要はない 豫算は削除されず大體承認される見込がついた/釜山の細民區は衛生と體裁の兩面から見て不適當 吉會線終端は結局清津か/池上總監歸城す
160007	朝鮮朝日	南鮮版	1928-10-16	1	01단	果して値開か 二百餘萬圓 釜山瓦電の買收は前途いよいよ悲觀/交涉經過を公開せよ
160008	朝鮮朝日	南鮮版	1928-10-16	1	03단	御大禮饗宴に大邱の林檎御下命の豫定
160009	朝鮮朝日	南鮮版	1928-10-16	1	03단	秋陽を浴び若人の活躍 スポーツの殿堂 朝鮮神宮競技開始/新義州運動場開/滿鮮弓道大會
160010	朝鮮朝日	南鮮版	1928-10-16	1	04단	御大典奉祝歌ラヂオ講座/D局の試み
160011	朝鮮朝日	南鮮版	1928-10-16	1	04단	小作人たちの投賣を防ぐ東拓の農倉は好成績/今後も漸次擴張す

일련번호	판명		간행일	면	단수	기사명
160012	朝鮮朝日	南鮮版	1928-10-16	1	04단	辰馬と鮮航會運賃の協定/兩者代表が手打/荷主の不安な一掃
160013	朝鮮朝日	南鮮版	1928-10-16	1	05단	朝鐵慶北線醴泉に延長/來月一日開通
160014	朝鮮朝日	南鮮版	1928-10-16	1	05단	金剛山探勝連絡切符の期間延長請願
160015	朝鮮朝日	南鮮版	1928-10-16	1	06단	鶴橋靈光間輕便鐵道を敷設の計劃
160016	朝鮮朝日	南鮮版	1928-10-16	1	06단	大邱高普またも盟休/不良の煽動か
160017	朝鮮朝日	南鮮版	1928-10-16	1	06단	眞實の朝鮮の姿を描きたい念願/入選したのは全く僥倖ですと遠田氏謙遜す
160018	朝鮮朝日	南鮮版	1928-10-16	1	07단	博物學例會横山博士講演
160019	朝鮮朝日	南鮮版	1928-10-16	1	07단	江原に降雪/昨年より早い
160020	朝鮮朝日	南鮮版	1928-10-16	1	07단	十八娘入水の自殺
160021	朝鮮朝日	南鮮版	1928-10-16	1	08단	第一回全鮮馬術大會
160022	朝鮮朝日	南鮮版	1928-10-16	1	08단	天高く馬肥ゆる日全鮮馬術大會/朝鮮學生聯盟と本社京城支局の催し
160023	朝鮮朝日	南鮮版	1928-10-16	1	08단	運送店合同再び暗礁に/國際運輸と通運が互ひに肚の探合ひ
160024	朝鮮朝日	南鮮版	1928-10-16	1	09단	圖書週間/圖書館の催し
160025	朝鮮朝日	南鮮版	1928-10-16	1	10단	伊藤公の銅像建設の計劃
160026	朝鮮朝日	南鮮版	1928-10-16	1	10단	運動界(慶南野球大會)
160027	朝鮮朝日	南鮮版	1928-10-16	1	10단	人(金谷司令官/園田寬氏(朝鮮總督府山林部長)/大村鐵道局長/ンマクスイッゲン氏およびその一行)
160028	朝鮮朝日	南鮮版	1928-10-16	1	10단	半島茶話
160029	朝鮮朝日	南鮮版	1928-10-16	1	10단	北鮮風水害義金/十四日/門司支局扱
160030	朝鮮朝日	西北・南鮮版	1928-10-16	2	01단	優しい美しいコスモスの花
160031	朝鮮朝日	西北・南鮮版	1928-10-16	2	01단	騷音を防止せよ「お寺の鐘も禁止せよ」とロンドンに起り出した運動
160032	朝鮮朝日	西北・南鮮版	1928-10-16	2	01단	本當の新劇を望むは無理か/兎も角も熱演を希望す岡田嘉子一行の來鮮
160033	朝鮮朝日	西北・南鮮版	1928-10-16	2	02단	松茸料理/大阪割烹學校考案(燒松茸/湯松茸)
160034	朝鮮朝日	西北・南鮮版	1928-10-16	2	03단	慶北の漁獲年々に減少/對策を考究
160035	朝鮮朝日	西北・南鮮版	1928-10-16	2	04단	*慶北の棉作增收の見込/全南棉花の共販*
160035	朝鮮朝日	西北・南鮮版	1928-10-16	2	04단	*方法に改革を行ふ*
160036	朝鮮朝日	西北・南鮮版	1928-10-16	2	04단	雫の聲
160037	朝鮮朝日	西北・南鮮版	1928-10-16	2	04단	昭和水利の工費が加重/變更を要請
160038	朝鮮朝日	西北・南鮮版	1928-10-16	2	05단	荷札の檢査/半分は不良
160039	朝鮮朝日	西北・南鮮版	1928-10-16	2	05단	優良品展と酒類品評會花々しく開催
160040	朝鮮朝日	西北・南鮮版	1928-10-16	2	05단	雷響機設置/群山が注文

일련번호	판명		간행일	면	단수	기사명
160041	朝鮮朝日	西北・南鮮版	1928-10-16	2	06단	愛の町/喜樂館上映
160042	朝鮮朝日	西北・南鮮版	1928-10-16	2	06단	平壤栗を米國が注文/目下選定中
160043	朝鮮朝日	西北・南鮮版	1928-10-16	2	06단	浮世草
160044	朝鮮朝日	西北版	1928-10-17	1	01단	落穗集(三十四)/下村海南
160045	朝鮮朝日	西北版	1928-10-17	1	01단	運送店合同解決の曙光/通運の態度が緩和/京城卸商聯盟は大反對
160046	朝鮮朝日	西北版	1928-10-17	1	01단	六十二圓位に雙方歩み寄り鮮米輸送運賃決定か/鮮航會辰馬の正式調印
160047	朝鮮朝日	西北版	1928-10-17	1	01단	國境拓殖鐵道の經緯(五)/妻も銃とり應戰する不逞の來襲兇行も結局は交通の不便/常住匪賊に戰く國境の住民
160048	朝鮮朝日	西北版	1928-10-17	1	03단	山梨總督離床
160049	朝鮮朝日	西北版	1928-10-17	1	03단	補助の增額で私鐵の工事は遲速が分れて來る
160050	朝鮮朝日	西北版	1928-10-17	1	03단	海州停車場敷地の買收容易に片付か
160051	朝鮮朝日	西北版	1928-10-17	1	04단	御眞影奉戴式
160052	朝鮮朝日	西北版	1928-10-17	1	04단	京城醫專の附屬病院月末に竣工
160053	朝鮮朝日	西北版	1928-10-17	1	04단	重視を要する間島の教育/先頃の共産黨事件に學生の加入者が多い
160054	朝鮮朝日	西北版	1928-10-17	1	05단	浮世風呂(五)/新知識を盛った警務局圖書課長近藤常尚氏
160055	朝鮮朝日	西北版	1928-10-17	1	05단	牡丹台野話
160056	朝鮮朝日	西北版	1928-10-17	1	06단	俳句/鈴木花蓑選
160057	朝鮮朝日	西北版	1928-10-17	1	06단	平壤署前の三角地公園設計に着手
160058	朝鮮朝日	西北版	1928-10-17	1	06단	殆ど獨擧で帝展入選 朝鮮の生んだ隱れた畫才/安中の佐藤氏帝展に入選 快心の作品
160059	朝鮮朝日	西北版	1928-10-17	1	07단	北鮮の水害を親しく御下問金谷軍司令官恐懼す/國境警備充實は豫算に計上か
160060	朝鮮朝日	西北版	1928-10-17	1	07단	お茶のあと
160061	朝鮮朝日	西北版	1928-10-17	1	08단	軍部關係の御眞影/池田副官捧持
160062	朝鮮朝日	西北版	1928-10-17	1	08단	經費不足で癩療養所が患者を放還
160063	朝鮮朝日	西北版	1928-10-17	1	08단	第一回全鮮馬術大會
160064	朝鮮朝日	西北版	1928-10-17	1	09단	雄辯大會をD局が放送
160065	朝鮮朝日	西北版	1928-10-17	1	09단	人妻の自殺/悲觀の末に
160066	朝鮮朝日	西北版	1928-10-17	1	09단	百歲以上は一人も無い/平壤の高齡者
160067	朝鮮朝日	西北版	1928-10-17	1	09단	平南道內過燐酸肥料不正品が多い
160068	朝鮮朝日	西北版	1928-10-17	1	10단	神宮競技雨に崇らる/三道在軍射擊會
160069	朝鮮朝日	西北版	1928-10-17	1	10단	半島茶話

일련번호	판명		간행일	면	단수	기사명
160070	朝鮮朝日	西北版	1928-10-17	1	10단	北鮮風水害義金/十六日/門司支局扱
160071	朝鮮朝日	南鮮版	1928-10-17	1	01단	落穗集(三十四)/下村海南
160072	朝鮮朝日	南鮮版	1928-10-17	1	01단	運送店合同解決の曙光/通運の態度が緩和/京城卸商聯盟は大反對
160073	朝鮮朝日	南鮮版	1928-10-17	1	01단	六十二圓位に雙方歩み寄り鮮米輸送運賃決定か/鮮航會辰馬の正式調印
160074	朝鮮朝日	南鮮版	1928-10-17	1	01단	浮世風呂(五)/新知識を盛った警務局圖書課長近藤常尚氏
160075	朝鮮朝日	南鮮版	1928-10-17	1	02단	御眞影傳達式
160076	朝鮮朝日	南鮮版	1928-10-17	1	02단	軍部關係の御眞影/池田副官捧持
160077	朝鮮朝日	南鮮版	1928-10-17	1	03단	忠南道議員補員選終了
160078	朝鮮朝日	南鮮版	1928-10-17	1	03단	忠南地方饗饌者
160079	朝鮮朝日	南鮮版	1928-10-17	1	03단	山梨總督離床
160080	朝鮮朝日	南鮮版	1928-10-17	1	03단	重視を要する間島の教育/先頃の共産黨事件に學生の加入者が多い
160081	朝鮮朝日	南鮮版	1928-10-17	1	04단	南港埋立の土沙賣込盛に行はる
160082	朝鮮朝日	南鮮版	1928-10-17	1	04단	俳句/鈴木花蓑選
160083	朝鮮朝日	南鮮版	1928-10-17	1	05단	京城醫專の附屬病院月末に竣工
160084	朝鮮朝日	南鮮版	1928-10-17	1	05단	補助の增額で私鐵の工事は遲速が分れて來る
160085	朝鮮朝日	南鮮版	1928-10-17	1	05단	京城交通の中心は南大門に移る/京城商業の生徒諸君が街頭に立って調査
160086	朝鮮朝日	南鮮版	1928-10-17	1	05단	五社會記者團
160087	朝鮮朝日	南鮮版	1928-10-17	1	06단	竹風會書道展
160088	朝鮮朝日	南鮮版	1928-10-17	1	06단	專賣局所要原料葉煙草三百五十萬斤
160089	朝鮮朝日	南鮮版	1928-10-17	1	06단	北鮮の水害を親しく御下問金谷軍司令官恐懼す/國境警備充實は豫算に計上か
160090	朝鮮朝日	南鮮版	1928-10-17	1	07단	青い鳥は歌ふ/大邱あをやま生
160091	朝鮮朝日	南鮮版	1928-10-17	1	07단	殆ど獨學で帝展入選/朝鮮の生んだ隱れた畫才
160092	朝鮮朝日	南鮮版	1928-10-17	1	07단	お茶のあと
160093	朝鮮朝日	南鮮版	1928-10-17	1	07단	雄辯大會をD局が放送
160094	朝鮮朝日	南鮮版	1928-10-17	1	08단	秋もはや半ば神前結婚非常に多い
160095	朝鮮朝日	南鮮版	1928-10-17	1	08단	自動車業者たちに道路修繕費の一部を負擔させる/慶南道が研究調査
160096	朝鮮朝日	南鮮版	1928-10-17	1	08단	拍手を打朝鮮の人がだんだん增加
160097	朝鮮朝日	南鮮版	1928-10-17	1	08단	第一回全鮮馬術大會
160098	朝鮮朝日	南鮮版	1928-10-17	1	09단	神宮競技雨に祟らる/馬山野球大會/仁川野球聯盟戰

일련번호	판명		간행일	면	단수	기사명
160099	朝鮮朝日	南鮮版	1928-10-17	1	10단	經費不足で癩療養所が患者を放還
160100	朝鮮朝日	南鮮版	1928-10-17	1	10단	人妻の自殺/悲觀の末に
160101	朝鮮朝日	南鮮版	1928-10-17	1	10단	人(富田儀作氏(鎭南浦實業家)/萩原彦三氏(土地改良部事務官)/占城龜之助氏(京城實業家)/福原俊丸男)
160102	朝鮮朝日	南鮮版	1928-10-17	1	10단	半島茶話
160103	朝鮮朝日	南鮮版	1928-10-17	1	10단	北鮮風水害義金/十六日/門司支局扱
160104	朝鮮朝日	西北・南鮮版	1928-10-17	2	01단	南鮮七道實業懇話會釜山で開催
160105	朝鮮朝日	西北・南鮮版	1928-10-17	2	01단	禁酒法案對策の件を酒類業者協議
160106	朝鮮朝日	西北・南鮮版	1928-10-17	2	01단	國際見本市に江華花莚を仁川が出品
160107	朝鮮朝日	西北・南鮮版	1928-10-17	2	01단	雫の聲
160108	朝鮮朝日	西北・南鮮版	1928-10-17	2	01단	牡蠣養殖場採取期に入る
160109	朝鮮朝日	西北・南鮮版	1928-10-17	2	01단	米と大豆が弗々出廻る
160110	朝鮮朝日	西北・南鮮版	1928-10-17	2	02단	米豆粟など何れも豊作/平北の豫想
160111	朝鮮朝日	西北・南鮮版	1928-10-17	2	02단	酒類品評會慶南の受賞者/忠北道でも酒類品評會
160112	朝鮮朝日	西北・南鮮版	1928-10-17	2	02단	京城手形交換高
160113	朝鮮朝日	西北・南鮮版	1928-10-17	2	02단	京城の金融閑散を續く
160114	朝鮮朝日	西北・南鮮版	1928-10-17	2	03단	シネマランド/週刊朝日誌上喝采を博した『マルセーユ出帆』が十六日から京城で封切
160115	朝鮮朝日	西北・南鮮版	1928-10-17	2	03단	浮世草
160116	朝鮮朝日	西北版	1928-10-18	1	01단	落穂集(三十五)/下村海南
160117	朝鮮朝日	西北版	1928-10-18	1	01단	燃料問題の解決に重大な鍵を與へる/咸北褐炭の液化は三者の研究が揃って有望
160118	朝鮮朝日	西北版	1928-10-18	1	01단	國境拓殖鐵道の經緯(完)/大旱の慈雨の如く實現を待ち佗びる國境住民たちの熱望/天與の寶庫は廣袤一萬方里
160119	朝鮮朝日	西北版	1928-10-18	1	02단	吉會線の終端は決定ではない/東海岸線の釜山起工は遺憾ながらできぬ
160120	朝鮮朝日	西北版	1928-10-18	1	04단	軍部關係の御眞影司令部で傳達
160121	朝鮮朝日	西北版	1928-10-18	1	04단	高松の宮さまお懐しの朝鮮に二度目の足跡を印し給ふ 仁川を仔細に御視察/高松
160121	朝鮮朝日	西北版	1928-10-18	1	04단	宮さまに平壤栗獻上 山梨總督が
160122	朝鮮朝日	西北版	1928-10-18	1	05단	浮世風呂(六)/鬼總裁の綽名ある鮮銀總裁加藤敬三郎氏
160123	朝鮮朝日	西北版	1928-10-18	1	05단	童謠/北原白秋選
160124	朝鮮朝日	西北版	1928-10-18	1	06단	大嘗祭供物續々と到着/近く京城へ發送

일련번호	판명		간행일	면	단수	기사명
160125	朝鮮朝日	西北版	1928-10-18	1	06단	秋寒の風を衝き白熱の戰を續く朝鮮神宮競技の成績/法曹庭球大會/警察署對抗武道
160126	朝鮮朝日	西北版	1928-10-18	1	07단	內鮮連絡電信の故障
160127	朝鮮朝日	西北版	1928-10-18	1	08단	大禮觀兵式に朝鮮部隊も代表が參加
160128	朝鮮朝日	西北版	1928-10-18	1	08단	平壤府の區域擴張近く認可か
160129	朝鮮朝日	西北版	1928-10-18	1	08단	朝鮮の婦人たち一千名を招いて內地の婦人が歡談/なほ一層仲よくしやうと
160130	朝鮮朝日	西北版	1928-10-18	1	08단	警官二百名を短期に養成/近く訓練を終って國境始め各道へ配置
160131	朝鮮朝日	西北版	1928-10-18	1	09단	同民副會長就任
160132	朝鮮朝日	西北版	1928-10-18	1	09단	防水堤新築竣工式二十五日擧行
160133	朝鮮朝日	西北版	1928-10-18	1	09단	海難救助の功勞者表彰
160134	朝鮮朝日	西北版	1928-10-18	1	10단	由緒の深い本社優勝旗フラグ展出品
160135	朝鮮朝日	西北版	1928-10-18	1	10단	性病豫防法實施の計劃/平南が調査
160136	朝鮮朝日	西北版	1928-10-18	1	10단	平壤の初氷
160137	朝鮮朝日	西北版	1928-10-18	1	10단	沙里院を中心に演習/二十師團が
160138	朝鮮朝日	西北版	1928-10-18	1	10단	會(齋藤酒造十周年記念)
160139	朝鮮朝日	西北版	1928-10-18	1	10단	半島茶話
160140	朝鮮朝日	南鮮版	1928-10-18	1	01단	落穗集(三十五)/下村海南
160141	朝鮮朝日	南鮮版	1928-10-18	1	01단	燃料問題の解決に重大な鍵を與へる咸北褐炭の液化は三者の研究が揃って有望
160142	朝鮮朝日	南鮮版	1928-10-18	1	01단	吉會線の終端は決定ではない/東海岸線の釜山起工は遺憾ながらできぬ
160143	朝鮮朝日	南鮮版	1928-10-18	1	01단	高松の宮さまお懐しの朝鮮に二度目の足跡を印し給ふ　仁川を仔細に御視察/高松宮さまに平壤栗獻上　山梨總督が
160144	朝鮮朝日	南鮮版	1928-10-18	1	03단	童謠/北原白秋選
160145	朝鮮朝日	南鮮版	1928-10-18	1	04단	軍部關係の御眞影司令部で傳達
160146	朝鮮朝日	南鮮版	1928-10-18	1	04단	大嘗祭供物續々と到着/近く京都へ發送
160147	朝鮮朝日	南鮮版	1928-10-18	1	04단	會社の算定は基礎が薄弱眞劍味がないと見らる　瓦電買收早くも悲觀/瓦電株低落
160148	朝鮮朝日	南鮮版	1928-10-18	1	04단	二十數萬圓減收の見込/慶北の豫算
160149	朝鮮朝日	南鮮版	1928-10-18	1	05단	浮世風呂(六)/鬼總裁の綽名ある鮮銀總裁
160149	朝鮮朝日	南鮮版	1928-10-18	1	05단	加藤敬三郎氏
160150	朝鮮朝日	南鮮版	1928-10-18	1	05단	御机代物全南の明鮑獻上の手續
160151	朝鮮朝日	南鮮版	1928-10-18	1	05단	金泉學組當選者
160152	朝鮮朝日	南鮮版	1928-10-18	1	05단	南鮮六道聯合畜産共進會十七日開會
160153	朝鮮朝日	南鮮版	1928-10-18	1	05단	山ノ內氏慰勞金

일련번호	판명		간행일	면	단수	기사명
160154	朝鮮朝日	南鮮版	1928-10-18	1	06단	釜山幼稚園廢地に反對
160155	朝鮮朝日	南鮮版	1928-10-18	1	06단	*秋寒の風を衝き白熱の戰を續く朝鮮神宮競技の成績/法曹庭球大會*
160156	朝鮮朝日	南鮮版	1928-10-18	1	07단	內鮮連絡電信の故障
160157	朝鮮朝日	南鮮版	1928-10-18	1	07단	大禮觀兵式に朝鮮部隊も代表が參加
160158	朝鮮朝日	南鮮版	1928-10-18	1	07단	朝鮮の婦人たち一千名を招いて內地の婦人が歡談/なほ一層仲よくしやうと
160159	朝鮮朝日	南鮮版	1928-10-18	1	08단	表彰された赤ン坊三君に決定
160160	朝鮮朝日	南鮮版	1928-10-18	1	08단	依然と多い京城の傳染病
160161	朝鮮朝日	南鮮版	1928-10-18	1	08단	海難救助の功勞者表彰
160162	朝鮮朝日	南鮮版	1928-10-18	1	08단	警官二百名を短期に養成/近く訓練を終って國境始め各道へ配置
160163	朝鮮朝日	南鮮版	1928-10-18	1	09단	同民副會長就任
160164	朝鮮朝日	南鮮版	1928-10-18	1	09단	嘉子と良一花々しい乘込
160165	朝鮮朝日	南鮮版	1928-10-18	1	10단	盟休中の大邱高普は開校覺束ない
160166	朝鮮朝日	南鮮版	1928-10-18	1	10단	放置される癩患者達が不穩の形勢
160167	朝鮮朝日	南鮮版	1928-10-18	1	10단	暴行面民の十八名が有罪
160168	朝鮮朝日	南鮮版	1928-10-18	1	10단	會(齋藤酒造十周年記念)
160169	朝鮮朝日	南鮮版	1928-10-18	1	10단	人(石鎭衛氏(全南道知事)/諸留光州法院長)
160170	朝鮮朝日	南鮮版	1928-10-18	1	10단	半島茶話
160171	朝鮮朝日	西北・南鮮版	1928-10-18	2	01단	二十萬圓の資金も無事に集まって十二月には發會式/朝鮮消防協會遂に成立
160172	朝鮮朝日	西北・南鮮版	1928-10-18	2	01단	燒酎業者全鮮聯合會平壤で開催
160173	朝鮮朝日	西北・南鮮版	1928-10-18	2	01단	雫の聲
160174	朝鮮朝日	西北・南鮮版	1928-10-18	2	01단	米價が安く農家が困窮
160175	朝鮮朝日	西北・南鮮版	1928-10-18	2	01단	鱈漁業者が共倒れ狀態/近く整理か
160176	朝鮮朝日	西北・南鮮版	1928-10-18	2	02단	火田民が孰田を耕作/成績は良好
160177	朝鮮朝日	西北・南鮮版	1928-10-18	2	02단	*酒類品評會褒賞授與式/仁川の入賞者*
160178	朝鮮朝日	西北・南鮮版	1928-10-18	2	02단	『週刊朝日』の懸賞文藝大募集
160179	朝鮮朝日	西北・南鮮版	1928-10-18	2	03단	全鮮の郵貯昨年より增加
160180	朝鮮朝日	西北・南鮮版	1928-10-18	2	04단	京城組銀貸付高
160181	朝鮮朝日	西北・南鮮版	1928-10-18	2	04단	光城水利の起工
160182	朝鮮朝日	西北・南鮮版	1928-10-18	2	04단	局線の業績收入百萬圓
160183	朝鮮朝日	西北・南鮮版	1928-10-18	2	04단	朝鮮私鐵業績
160184	朝鮮朝日	西北・南鮮版	1928-10-18	2	04단	浮世草
160185	朝鮮朝日	西北版	1928-10-19	1	01단	落穗集(三十六)/下村海南
160186	朝鮮朝日	西北版	1928-10-19	1	01단	*朝鮮神宮境內より大京城を御俯瞰更に景福宮を御見擧　高松宮殿下京城を御視察/*

일련번호	판명		간행일	면	단수	기사명
160186	朝鮮朝日	西北版	1928-10-19	1	01단	*御警衛のサイドカー群衆と衝突*
160187	朝鮮朝日	西北版	1928-10-19	1	03단	御眞影奉戴式
160188	朝鮮朝日	西北版	1928-10-19	1	04단	短歌/橋田東聲選
160189	朝鮮朝日	西北版	1928-10-19	1	04단	浮世風呂(七)/恐ろしいをぢさん警務局保安課長富永文一さん
160190	朝鮮朝日	西北版	1928-10-19	1	05단	蔚山の飛行場十一月の上旬には地均し工事を終る
160191	朝鮮朝日	西北版	1928-10-19	1	05단	快晴に惠まれ若人の血は燃ゆ朝鮮神宮競技終る/陸上競技は平北軍優勝す
160192	朝鮮朝日	西北版	1928-10-19	1	06단	御大典の盛儀と朝鮮神宮手塚禰宜謹話
160193	朝鮮朝日	西北版	1928-10-19	1	06단	野菜洗滌を平壤署が勵行
160194	朝鮮朝日	西北版	1928-10-19	1	08단	憧れの歐洲へ藤間さんの旅立/支那人そっくりの着こなしで朝鮮を通過
160195	朝鮮朝日	西北版	1928-10-19	1	08단	威力のある空氣銃嚴重に取締る/三角の彈を使用し危險なものが多い
160196	朝鮮朝日	西北版	1928-10-19	1	09단	京城東京の電信線打切/京都に専用
160197	朝鮮朝日	西北版	1928-10-19	1	10단	平南道內銃砲所持者三千百餘挺
160198	朝鮮朝日	西北版	1928-10-19	1	10단	智能犯の逮捕に便ず/鑑識課設置
160199	朝鮮朝日	西北版	1928-10-19	1	10단	窮民を救ふ奇特な人
160200	朝鮮朝日	西北版	1928-10-19	1	10단	平壤府のチブス患者二十一名發生
160201	朝鮮朝日	西北版	1928-10-19	1	10단	生牛を盗み牛肉で賣る
160202	朝鮮朝日	西北版	1928-10-19	1	10단	運動界(優勝鄕軍の歸浦)
160203	朝鮮朝日	南鮮版	1928-10-19	1	01단	落穗集(三十六)/下村海南
160204	朝鮮朝日	南鮮版	1928-10-19	1	01단	*朝鮮神宮境內より大京城を御俯瞰更に景福宮を御見學　高松宮殿下京城を御視察/御警衛のサイドカー群衆と衝突*
160205	朝鮮朝日	南鮮版	1928-10-19	1	03단	御眞影奉戴式
160206	朝鮮朝日	南鮮版	1928-10-19	1	04단	浮世風呂(七)/恐ろしいをぢさん警務局保
160206	朝鮮朝日	南鮮版	1928-10-19	1	04단	安課長富永文一さん
160207	朝鮮朝日	南鮮版	1928-10-19	1	06단	短歌/橋田東聲選
160208	朝鮮朝日	南鮮版	1928-10-19	1	06단	十萬の觀客が押寄せる盛況/大田の畜産共進會十七日から開かる
160209	朝鮮朝日	南鮮版	1928-10-19	1	07단	快晴に惠まれ若人の血は燃ゆ朝鮮神宮競技終る/陸上競技は平北軍優勝す
160210	朝鮮朝日	南鮮版	1928-10-19	1	08단	蔚山の飛行場十一月の上旬には地均し工事を終る
160211	朝鮮朝日	南鮮版	1928-10-19	1	08단	憧れの歐洲へ藤間さんの旅立/支那人そっくりの着こなしで朝鮮を通過
160212	朝鮮朝日	南鮮版	1928-10-19	1	09단	山車や假装行列が威勢よく繰出し歡樂の

일련번호	판명		간행일	면	단수	기사명
160212	朝鮮朝日	南鮮版	1928-10-19	1	09단	渦卷に包まれた京城神社の秋祭り
160213	朝鮮朝日	南鮮版	1928-10-19	1	10단	全南水産會漁業指導船二十日頃進水
160214	朝鮮朝日	南鮮版	1928-10-19	1	10단	首謀者達を退學や停學/大邱高普の盟休惡化す
160215	朝鮮朝日	南鮮版	1928-10-19	1	10단	運動界(南鮮六道武道會)
160216	朝鮮朝日	西北・南鮮版	1928-10-19	2	01단	鮮米積取運賃の協定(上)/辰馬の勢ひに敵すべからずと寄合世帯の鮮航會が遂に妥協を申出づ
160217	朝鮮朝日	西北・南鮮版	1928-10-19	2	01단	煙草配合の整理專賣局が斷行/廢業するものもある
160218	朝鮮朝日	西北・南鮮版	1928-10-19	2	01단	延海水利竣工/朝鮮で三位
160219	朝鮮朝日	西北・南鮮版	1928-10-19	2	02단	忠南電氣が營業を開始
160220	朝鮮朝日	西北・南鮮版	1928-10-19	2	02단	內鮮人別の課稅負擔額/釜山府の調査
160221	朝鮮朝日	西北・南鮮版	1928-10-19	2	03단	浮世草
160222	朝鮮朝日	西北・南鮮版	1928-10-19	2	03단	『週刊朝日』の懸賞文藝大募集
160223	朝鮮朝日	西北版	1928-10-20	1	01단	落穗集(三十七)/下村海南
160224	朝鮮朝日	西北版	1928-10-20	1	01단	*先帝陛下がかつてお足を運ばれた科學館にお臨みあり高松宮殿下の御感慨/特に思想問題を詳しく御下問遊ばされ御煙草も特にカイダを御所望*
160225	朝鮮朝日	西北版	1928-10-20	1	03단	御歸艦十九日午後
160226	朝鮮朝日	西北版	1928-10-20	1	03단	八雲で御晩餐會
160227	朝鮮朝日	西北版	1928-10-20	1	03단	淸津の築港函塊の製造故障で遲延
160228	朝鮮朝日	西北版	1928-10-20	1	04단	舍人場順川開通祝賀會盛大に擧行
160229	朝鮮朝日	西北版	1928-10-20	1	04단	御眞影奉戴式
160230	朝鮮朝日	西北版	1928-10-20	1	04단	平壤の蘆草今年は失敗
160231	朝鮮朝日	西北版	1928-10-20	1	04단	盟休の多きと思想の惡化は智能教育にのみ走るから池上總監が訓示
160232	朝鮮朝日	西北版	1928-10-20	1	04단	運送店の合同實行に入る/從來の行掛りを一掃し鐵道局に一任する
160233	朝鮮朝日	西北版	1928-10-20	1	04단	俳句/鈴木花蓑選
160234	朝鮮朝日	西北版	1928-10-20	1	05단	浮世風呂(八)/居て邪魔にならぬ理財課長林繁藏さん
160235	朝鮮朝日	西北版	1928-10-20	1	05단	北鮮阪神航路運賃の引下十五日實施
160236	朝鮮朝日	西北版	1928-10-20	1	06단	私の入選は總花のお蔭/佐藤氏謙遜す
160237	朝鮮朝日	西北版	1928-10-20	1	06단	八幡製鐵所を民間に拂下の方針/將來適當の時機を選び中橋商相の意向決る
160238	朝鮮朝日	西北版	1928-10-20	1	06단	土曜漫筆/朝鮮の川魚中何が最も美味か/京城大學教授森爲三

일련번호	판명		간행일	면	단수	기사명
160239	朝鮮朝日	西北版	1928-10-20	1	07단	辭令(東京電話)
160240	朝鮮朝日	西北版	1928-10-20	1	08단	東拓の爆彈犯公判が延期
160241	朝鮮朝日	西北版	1928-10-20	1	09단	百餘名の學童がお話や音樂をラヂオファンに聞かせる/京城放送局の試み
160242	朝鮮朝日	西北版	1928-10-20	1	09단	大阪で客死した朝鮮人の靈を弔ふ無縁墓塔を大阪の西武三氏が建設
160243	朝鮮朝日	西北版	1928-10-20	1	10단	運動界(京電優勝す神宮野球戰/朝日優勝旗爭奪元山の野球戰/平壤實業の遠征)
160244	朝鮮朝日	西北版	1928-10-20	1	10단	半島茶話
160245	朝鮮朝日	南鮮版	1928-10-20	1	01단	落穗集(三十七)/下村海南
160246	朝鮮朝日	南鮮版	1928-10-20	1	01단	先帝陛下がかつてお足を運ばれた科學館にお臨みあり高松宮殿下の御感慨/特に思想問題を詳しく御下問遊ばされ御煙草も特にカイダを御所望
160247	朝鮮朝日	南鮮版	1928-10-20	1	03단	御歸艦十九日午後
160248	朝鮮朝日	南鮮版	1928-10-20	1	03단	八雲で御晩餐會
160249	朝鮮朝日	南鮮版	1928-10-20	1	03단	御机代物獻上の梨果近く採收
160250	朝鮮朝日	南鮮版	1928-10-20	1	03단	發動機共進會準備進む/接待委員設置
160251	朝鮮朝日	西北版	1928-10-20	1	04단	辭令(東京電話)
160252	朝鮮朝日	南鮮版	1928-10-20	1	04단	釜山幼稚園廢止反對を有志が陳情
160253	朝鮮朝日	南鮮版	1928-10-20	1	04단	御眞影奉戴式
160254	朝鮮朝日	南鮮版	1928-10-20	1	04단	盟休の多きと思想の惡化は智能教育にのみ走るから池上總監が訓示
160255	朝鮮朝日	南鮮版	1928-10-20	1	04단	運送店の合同實行に入る/從來の行掛りを一掃し鐵道局に一任する
160256	朝鮮朝日	南鮮版	1928-10-20	1	04단	俳句/鈴木花蓑選
160257	朝鮮朝日	南鮮版	1928-10-20	1	05단	浮世風呂(八)/居て邪魔にならぬ理財課長林繁藏さん
160258	朝鮮朝日	南鮮版	1928-10-20	1	05단	大邱の初氷
160259	朝鮮朝日	南鮮版	1928-10-20	1	05단	老婆が燒死/馬山の火事
160260	朝鮮朝日	南鮮版	1928-10-20	1	05단	大邱の秋季競馬
160261	朝鮮朝日	南鮮版	1928-10-20	1	06단	郵便所の公金を奪ひ行方を晦ます
160262	朝鮮朝日	南鮮版	1928-10-20	1	06단	八幡製鐵所を民間に拂下の方針/將來適當の時機を選び中橋商相の意向決る
160263	朝鮮朝日	南鮮版	1928-10-20	1	06단	土曜漫筆/朝鮮の川魚中何が最も美味か/京城大學教授森爲三
160264	朝鮮朝日	南鮮版	1928-10-20	1	07단	運動界(京電優勝す神宮野球戰/朝日優勝旗爭奪元山の野球戰)
160265	朝鮮朝日	南鮮版	1928-10-20	1	08단	東拓の爆彈犯公判が延期

일련번호	판명		간행일	면	단수	기사명
160266	朝鮮朝日	南鮮版	1928-10-20	1	09단	百餘名の學童がお話や音樂をラヂオファンに聞かせる/京城放送局の試み
160267	朝鮮朝日	南鮮版	1928-10-20	1	09단	大阪で客死した朝鮮人の靈を弔ふ無緣基塔を大阪の西武三氏が建設
160268	朝鮮朝日	南鮮版	1928-10-20	1	10단	會(釜山府協議會/釜山學校組合)
160269	朝鮮朝日	南鮮版	1928-10-20	1	10단	人(李堝公殿下/尾間立顯氏(總督府秘書)/德江治之助氏(名古屋控訴院檢事)/關實氏(札幌控訴院檢事)/永田善次郎氏(代議士)/久米民之助氏(金剛山電鐵社長)/倉知鐵吉氏(貴族院議員))
160270	朝鮮朝日	南鮮版	1928-10-20	1	10단	半島茶話
160271	朝鮮朝日	西北・南鮮版	1928-10-20	2	01단	鮮米積取運賃の協定(下)/米運賃の紳士協約何時まで續くか/運賃協定が不法なら第二、第三の辰馬が現れん
160272	朝鮮朝日	西北・南鮮版	1928-10-20	2	01단	鐵道消費組合の撤廢を要望す/釜山の魚仲買人が
160273	朝鮮朝日	西北・南鮮版	1928-10-20	2	01단	雫の聲
160274	朝鮮朝日	西北・南鮮版	1928-10-20	2	01단	大興電氣が晝間電力を統營に送電
160275	朝鮮朝日	西北・南鮮版	1928-10-20	2	01단	御饗宴用の鮮鯛の注文釜山に殺到
160276	朝鮮朝日	西北・南鮮版	1928-10-20	2	02단	統營鰯煎子稀有の豊漁/二百萬圓突破か
160277	朝鮮朝日	西北・南鮮版	1928-10-20	2	02단	全南棉花共同販賣の第一回入札
160278	朝鮮朝日	西北・南鮮版	1928-10-20	2	02단	專賣局職工表彰
160279	朝鮮朝日	西北・南鮮版	1928-10-20	2	03단	新義州貿易/九月中の
160280	朝鮮朝日	西北・南鮮版	1928-10-20	2	03단	京城組銀帳尻
160281	朝鮮朝日	西北・南鮮版	1928-10-20	2	04단	浮世草
160282	朝鮮朝日	西北版	1928-10-21	1	01단	落穗集(三十八)/下村海南
160283	朝鮮朝日	西北版	1928-10-21	1	01단	仁取の期間延長を如何に處置するか/取引所政策の一端を覗ひ知る興味ある申請
160284	朝鮮朝日	西北版	1928-10-21	1	01단	高松宮殿下壽松普通學校兒童の授業を御覽遊ばさる
160285	朝鮮朝日	西北版	1928-10-21	1	01단	鐵道に關する記述が少い/普通學校の教科書鐵道協會が材料を蒐集
160286	朝鮮朝日	西北版	1928-10-21	1	03단	金融組合利下一日から實施
160287	朝鮮朝日	西北版	1928-10-21	1	03단	御眞影奉戴式
160288	朝鮮朝日	西北版	1928-10-21	1	03단	浮世風呂(九)/まるで盲腸のやうな水産課長松本伊織さん
160289	朝鮮朝日	西北版	1928-10-21	1	04단	村落金組新設のケ所認可される
160290	朝鮮朝日	西北版	1928-10-21	1	04단	沙里院面電身代金十一萬圓
160291	朝鮮朝日	西北版	1928-10-21	1	04단	妻子を呼寄せ半永住を志す內地渡航者が

일련번호	판명		간행일	면	단수	기사명
160291	朝鮮朝日	西北版	1928-10-21	1	04단	多い/歸鮮するのは二割に過ぎぬ
160292	朝鮮朝日	西北版	1928-10-21	1	04단	南鮮山林の荒廢は病末期に入る/現在の治山費の三四倍を奮發せねば治し難い
160293	朝鮮朝日	西北版	1928-10-21	1	05단	安東縣の經濟座談會領事館で開催
160294	朝鮮朝日	西北版	1928-10-21	1	05단	短歌/橋田東聲選
160295	朝鮮朝日	西北版	1928-10-21	1	06단	四ヶ村の朝鮮人達が辻本氏を頌德
160296	朝鮮朝日	西北版	1928-10-21	1	06단	靑松葉のちらしに松の實をあしらひ奧床しい趣向の地方饗饌の獻立が決定す
160297	朝鮮朝日	西北版	1928-10-21	1	08단	總督の摺餌/病後の療養
160298	朝鮮朝日	西北版	1928-10-21	1	08단	運動界(平壤中學の凱旋/平壤の端艇競漕/平北靑年團選手十八日凱旋す)
160299	朝鮮朝日	西北版	1928-10-21	1	08단	三千の閱覽者が押し寄せる盛況/圖書館週間の成績/相變らず婦人が少い
160300	朝鮮朝日	西北版	1928-10-21	1	09단	平北中部の道路の品評近く審査開始
160301	朝鮮朝日	西北版	1928-10-21	1	09단	寧邊農業學校學年の延長明年は實現か
160302	朝鮮朝日	西北版	1928-10-21	1	09단	平壤寫眞展覽會
160303	朝鮮朝日	西北版	1928-10-21	1	10단	燒酎蒸溜用銅器の綠靑防ぐ事に成功
160304	朝鮮朝日	西北版	1928-10-21	1	10단	支那人燒死/他殺の疑ひ
160305	朝鮮朝日	西北版	1928-10-21	1	10단	新義州運動場竣工落成式盛大に擧行
160306	朝鮮朝日	西北版	1928-10-21	1	10단	山崎春日孃チブスに僕る
160307	朝鮮朝日	西北版	1928-10-21	1	10단	會(木村府尹追悼會)
160308	朝鮮朝日	西北版	1928-10-21	1	10단	人(高志遠氏(龍井商埠局長)/藤子慶氏(大圖文書課長)/矢鍋永三郎氏(殖銀理事)/關野貞博士(東大教授))
160309	朝鮮朝日	西北版	1928-10-21	1	10단	半島茶話
160310	朝鮮朝日	南鮮版	1928-10-21	1	01단	落穗集(三十八)/下村海南
160311	朝鮮朝日	南鮮版	1928-10-21	1	01단	仁取の期間延長を如何に處置するか/取引所政策の一端を覗ひ知る興味ある申請
160312	朝鮮朝日	南鮮版	1928-10-21	1	01단	高松宮殿下壽松普通學校兒童の授業を御覽遊ばさる
160313	朝鮮朝日	南鮮版	1928-10-21	1	01단	鐵道に關する記述が少い/普通學校の教科書鐵道協會が材料を蒐集
160314	朝鮮朝日	南鮮版	1928-10-21	1	03단	金融組合利下一日から實施
160315	朝鮮朝日	南鮮版	1928-10-21	1	03단	村落金組新設のケ所認可される
160316	朝鮮朝日	南鮮版	1928-10-21	1	03단	浮世風呂(九)/まるで盲腸のやうな水産課長松本伊織さん
160317	朝鮮朝日	南鮮版	1928-10-21	1	04단	協調なって取引所設置/群山が運動
160318	朝鮮朝日	南鮮版	1928-10-21	1	04단	新入營の幹部候補生日割が決定
160319	朝鮮朝日	南鮮版	1928-10-21	1	04단	釜山瓦電の料金値下ができたら十五萬圓

일련번호	판명		간행일	면	단수	기사명
160319	朝鮮朝日	南鮮版	1928-10-21	1	04단	のお金を府民が儲かる勘定
160320	朝鮮朝日	南鮮版	1928-10-21	1	04단	南鮮山林の荒廢は病末期に入る/現在の治山費の三四倍を奮發せねば治し難い
160321	朝鮮朝日	南鮮版	1928-10-21	1	05단	京城府バス區間を延長
160322	朝鮮朝日	南鮮版	1928-10-21	1	05단	短歌/橋田東聲選
160323	朝鮮朝日	南鮮版	1928-10-21	1	06단	御大典の盛儀と朝鮮神宮/手塚襧宜謹話
160324	朝鮮朝日	南鮮版	1928-10-21	1	06단	靑松葉のちらしに松の實をあしらひ奧床しい趣向の地方饗饌の獻立が決定す
160325	朝鮮朝日	南鮮版	1928-10-21	1	08단	慶北道の旱害救濟費七十四萬圓
160326	朝鮮朝日	南鮮版	1928-10-21	1	08단	總督の摺餌/病後の療養
160327	朝鮮朝日	南鮮版	1928-10-21	1	08단	三千の閱覽者が押し寄せる盛況/圖書館週間の成績/相變らず婦人が少い
160328	朝鮮朝日	南鮮版	1928-10-21	1	08단	起訴後一年半なほ結審を見ぬ/法治國に似合はぬ澁滯/鮮內法官の大不足
160329	朝鮮朝日	南鮮版	1928-10-21	1	09단	釜山聯合音樂會
160330	朝鮮朝日	南鮮版	1928-10-21	1	09단	恨みの放火/三浪津の一流旅館焼く
160331	朝鮮朝日	南鮮版	1928-10-21	1	10단	平川船長表彰
160332	朝鮮朝日	南鮮版	1928-10-21	1	10단	總督府運動會
160333	朝鮮朝日	南鮮版	1928-10-21	1	10단	大邱競馬變更
160334	朝鮮朝日	南鮮版	1928-10-21	1	10단	山崎春日孃チブスに僕る/朝鮮を代表する女流アスリート
160335	朝鮮朝日	南鮮版	1928-10-21	1	10단	人(恩田銅吉氏(朝郵社長)/高橋琢也氏(貴族院議員))
160336	朝鮮朝日	南鮮版	1928-10-21	1	10단	半島茶話
160337	朝鮮朝日	西北・南鮮版	1928-10-21	2	01단	醸造用の鮮米注文が著しく鮮米協會が活躍す/九州中國に新販路を開拓
160338	朝鮮朝日	西北・南鮮版	1928-10-21	2	01단	慶州への軌道車評判が良いので更に浦項へ延長しやがて釜山へも開通か
160339	朝鮮朝日	西北・南鮮版	1928-10-21	2	01단	雫の聲
160340	朝鮮朝日	西北・南鮮版	1928-10-21	2	02단	鼈種冷藏庫平北が設置
160341	朝鮮朝日	西北・南鮮版	1928-10-21	2	02단	産米改良の指導員配置
160342	朝鮮朝日	西北・南鮮版	1928-10-21	2	02단	釜山上水道擴張の敷地收用法適用
160343	朝鮮朝日	西北・南鮮版	1928-10-21	2	03단	實業補習校學校長會議
160344	朝鮮朝日	西北・南鮮版	1928-10-21	2	03단	殖銀支店上棟式
160345	朝鮮朝日	西北・南鮮版	1928-10-21	2	03단	一番多いのは石炭の搬出/平壌の管內
160346	朝鮮朝日	西北・南鮮版	1928-10-21	2	03단	朝鮮栗の見本展覽會改善を協議
160347	朝鮮朝日	西北・南鮮版	1928-10-21	2	04단	森林手入品評會
160348	朝鮮朝日	西北・南鮮版	1928-10-21	2	04단	京城諸銀行帳尻
160349	朝鮮朝日	西北・南鮮版	1928-10-21	2	04단	浮世草

일련번호	판명		간행일	면	단수	기사명
160350	朝鮮朝日	西北版	1928-10-23	1	01단	落穗集(三十九)/下村海南
160351	朝鮮朝日	西北版	1928-10-23	1	01단	六ケ年の歳月と百二十萬圓を投じ新義州の大堤防竣工　市街整理と水道貯水池も完成/新義州の面積現在の二倍　堤防の延長は四千間/排水溝の改修　全部鐵筋混凝土を使用/集水面積百二十萬坪
160352	朝鮮朝日	西北版	1928-10-23	1	05단	若くして逝いた山崎春日孃
160353	朝鮮朝日	西北版	1928-10-23	1	05단	獻上の紬を道廳に納入
160354	朝鮮朝日	西北版	1928-10-23	1	05단	口錢が少いので不正米を賣る公設市場の小賣商/値段の引揚を要望
160355	朝鮮朝日	西北版	1928-10-23	1	06단	時事鳥瞰/獨占的な專橫を監視する必要/國民生活を左右する運送店合同に對する希望
160356	朝鮮朝日	西北版	1928-10-23	1	06단	慈城花田に水組の設置/上流に珍しい
160357	朝鮮朝日	西北版	1928-10-23	1	06단	咸興下水潢大改修/明年春に起工
160358	朝鮮朝日	西北版	1928-10-23	1	06단	好晴に惠まれ人と馬の勇躍/名士の出場もあり盛況を極めた馬術大會
160359	朝鮮朝日	西北版	1928-10-23	1	07단	不斷の運動を續ける覺悟/國境鐵道促進
160360	朝鮮朝日	西北版	1928-10-23	1	07단	演習參加の平壤の飛機/空中輸送
160361	朝鮮朝日	西北版	1928-10-23	1	07단	上需普校落成す
160362	朝鮮朝日	西北版	1928-10-23	1	07단	平南特産品試食晚餐會京城で開く
160363	朝鮮朝日	西北版	1928-10-23	1	07단	學藝品展
160364	朝鮮朝日	西北版	1928-10-23	1	08단	讀者慰安の朝日活寫會
160365	朝鮮朝日	西北版	1928-10-23	1	08단	メートル展黃海で開催
160366	朝鮮朝日	西北版	1928-10-23	1	08단	猛烈なロングで夏々よく戰った/全鮮學生卓球大會大邱商業の許君優勝す
160367	朝鮮朝日	西北版	1928-10-23	1	09단	機關車脫線/黃州驛內で
160368	朝鮮朝日	西北版	1928-10-23	1	09단	氷滑リンク安東が設置
160369	朝鮮朝日	西北版	1928-10-23	1	09단	龍巖浦測候所新義州移轉考慮される
160370	朝鮮朝日	西北版	1928-10-23	1	10단	武德會本部京城に設立
160371	朝鮮朝日	西北版	1928-10-23	1	10단	古代壁畵の土を碎いて服用する迷信
160372	朝鮮朝日	西北版	1928-10-23	1	10단	一千名の騎兵が出動/馬賊を掃蕩
160373	朝鮮朝日	西北版	1928-10-23	1	10단	支那飛行船火災を起す
160374	朝鮮朝日	西北版	1928-10-23	1	10단	禮が少いと拾った金を容易に返さぬ
160375	朝鮮朝日	西北版	1928-10-23	1	10단	運動界(平壤ゴルフ場/間島の野球大會)
160376	朝鮮朝日	西北版	1928-10-23	1	10단	人(林太郎氏(元慶興郡守))
160377	朝鮮朝日	南鮮版	1928-10-23	1	01단	落穗集(三十九)/下村海南
160378	朝鮮朝日	南鮮版	1928-10-23	1	01단	六ケ年の歳月と百二十萬圓を投じ新義州の大堤防竣工　市街整理と水道貯水池も

일련번호	판명		간행일	면	단수	기사명
160378	朝鮮朝日	南鮮版	1928-10-23	1	01단	完成/新義州の面積現在の二倍　堤防の延長は四千間/集水面積百二十萬坪/排水溝の改修全部鐵筋混凝土を使用
160379	朝鮮朝日	南鮮版	1928-10-23	1	04단	獻上の紬を道廳に納入
160380	朝鮮朝日	南鮮版	1928-10-23	1	04단	大嘗祭に獻上の農産二十五日輸送
160381	朝鮮朝日	南鮮版	1928-10-23	1	04단	慶北の獻上品
160382	朝鮮朝日	南鮮版	1928-10-23	1	05단	慶南道の特別警戒　嚴重を極む/內地渡航者急に減退す
160383	朝鮮朝日	南鮮版	1928-10-23	1	05단	慶南教育會
160384	朝鮮朝日	南鮮版	1928-10-23	1	05단	慶南道農會の鮮米の共同販賣各地の申込が多く五、六萬石に達する見込
160385	朝鮮朝日	南鮮版	1928-10-23	1	05단	口錢が少いので不正米を賣る公設市場の小賣商/値段の引揚を要望
160386	朝鮮朝日	南鮮版	1928-10-23	1	06단	時事鳥瞰/獨占的な專橫を監視する必要/國民生活を左右する運送店合同に對する希望
160387	朝鮮朝日	南鮮版	1928-10-23	1	06단	若くして逝いた山崎春日孃
160388	朝鮮朝日	南鮮版	1928-10-23	1	06단	大邱測候所地震計設置/無線も据付
160389	朝鮮朝日	南鮮版	1928-10-23	1	07단	猛烈なロングで夏々よく戰った/全鮮學生卓球大會大邱商業の許君優勝す
160390	朝鮮朝日	南鮮版	1928-10-23	1	07단	演習參加の平壤の飛機/空中輸送
160391	朝鮮朝日	南鮮版	1928-10-23	1	07단	武德會本部京城に設立
160392	朝鮮朝日	南鮮版	1928-10-23	1	08단	釜山學童の聯合音樂會
160393	朝鮮朝日	南鮮版	1928-10-23	1	08단	平南特産品試食晚餐會京城で開く
160394	朝鮮朝日	南鮮版	1928-10-23	1	08단	好晴に惠まれ人と馬の勇躍/名士の出場もあり盛況を極めた馬術大會
160395	朝鮮朝日	南鮮版	1928-10-23	1	09단	不斷の運動を續ける覺悟/國境鐵道促進
160396	朝鮮朝日	南鮮版	1928-10-23	1	09단	馬山刑務所製品の卽賣免囚保護事業
160397	朝鮮朝日	南鮮版	1928-10-23	1	10단	萬病水無許可で販賣
160398	朝鮮朝日	南鮮版	1928-10-23	1	10단	釜山の癩患療養所に送る
160399	朝鮮朝日	南鮮版	1928-10-23	1	10단	要塞地帶を畫家が模寫
160400	朝鮮朝日	南鮮版	1928-10-23	1	10단	大邱醫院の入院料改正
160401	朝鮮朝日	南鮮版	1928-10-23	1	10단	運動界(全馬山軍優勝/馬山庭球大會/日大劍道部來鮮)
160402	朝鮮朝日	南鮮版	1928-10-23	1	10단	人(林太郎氏(元慶興郡守)/鍋島直明男/岸田代議士/山本犀藏氏(遞信局長))
160403	朝鮮朝日	西北・南鮮版	1928-10-23	2	01단	火曜のペーヂ/圓本洪水の清算/出版資本主義に射すくめられた文壇人島中雄作
160404	朝鮮朝日	西北・南鮮版	1928-10-23	2	02단	流行ショールの魅惑/放膽なものが喜ばれる

일련번호	판명		간행일	면	단수	기사명
160405	朝鮮朝日	西北·南鮮版	1928-10-23	2	02단	浮世風呂(十)/几帳面に過ぎる京畿道金融組合聯合會理事長山根譓さん
160406	朝鮮朝日	西北·南鮮版	1928-10-23	2	04단	舊裁判所廳舍を鍾路署に利用/京畿道が內務局に躍起となって交渉
160407	朝鮮朝日	西北·南鮮版	1928-10-23	2	04단	雫の聲
160408	朝鮮朝日	西北·南鮮版	1928-10-23	2	05단	元山電氣が料金を値下
160409	朝鮮朝日	西北·南鮮版	1928-10-23	2	05단	記錄を破る淸津の鰡漁
160410	朝鮮朝日	西北·南鮮版	1928-10-23	2	06단	御大典用お祝ひ品の店頭陳列會
160411	朝鮮朝日	西北·南鮮版	1928-10-23	2	06단	國境獸疫の豫防注射を平北が勵行
160412	朝鮮朝日	西北·南鮮版	1928-10-23	2	07단	釀造品評會大邱で開催
160413	朝鮮朝日	西北·南鮮版	1928-10-23	2	07단	米豆移出入/十月の仁川
160414	朝鮮朝日	西北·南鮮版	1928-10-23	2	07단	京城商議評議會
160415	朝鮮朝日	西北·南鮮版	1928-10-23	2	07단	南浦水産品檢查
160416	朝鮮朝日	西北·南鮮版	1928-10-23	2	07단	浮世草
160417	朝鮮朝日	西北版	1928-10-24	1	01단	落穗集(四十)/下村海南
160418	朝鮮朝日	西北版	1928-10-24	1	01단	政黨を賴って恩田氏の追ひ出し果して成功するか/總督府の意向が疑問
160419	朝鮮朝日	西北版	1928-10-24	1	01단	全線の鐵路の震動を試驗/その結果を見た上で一部線路を改造か
160420	朝鮮朝日	西北版	1928-10-24	1	01단	朝郵配當年六朱に決定
160421	朝鮮朝日	西北版	1928-10-24	1	02단	平壤の煉炭値下の計劃/意見が一致
160422	朝鮮朝日	西北版	1928-10-24	1	02단	實際にあった話/桃の花咲く夕べ美女の亡き骸は無慙や菰に包まれ鷺梁津の林の中に棄てられた
160423	朝鮮朝日	西北版	1928-10-24	1	03단	朝鮮神宮の奉納農産物審查が終る
160424	朝鮮朝日	西北版	1928-10-24	1	04단	內鮮滿連絡の乾機鴨綠江岸に不時着陸す
160425	朝鮮朝日	西北版	1928-10-24	1	04단	新興藝術の粹を蒐める朝鮮博覽會の建築/巖井技師が內地で調查中
160426	朝鮮朝日	西北版	1928-10-24	1	04단	全鮮の列車時間恒例的に變更する
160427	朝鮮朝日	西北版	1928-10-24	1	04단	池上老總監金剛山探勝
160428	朝鮮朝日	西北版	1928-10-24	1	05단	浮世風呂(十一)/凄い腕をあらはさぬ農務課長渡邊豊日子さん
160429	朝鮮朝日	西北版	1928-10-24	1	05단	朝鮮博の協贊會委員事務を擔當
160430	朝鮮朝日	西北版	1928-10-24	1	05단	巡查部長試驗
160431	朝鮮朝日	西北版	1928-10-24	1	06단	濟南派遣の平壤飛機隊歸還が近い
160432	朝鮮朝日	西北版	1928-10-24	1	06단	機船で渡航を企てる人が多くなって來た/警官の取締が及ばぬ
160433	朝鮮朝日	西北版	1928-10-24	1	06단	京城女高普生二十二日本社を見學
160434	朝鮮朝日	西北版	1928-10-24	1	08단	産馬の本場雄基で競馬大々的に擧行

일련번호	판명		간행일	면	단수	기사명
160435	朝鮮朝日	西北版	1928-10-24	1	08단	徽文の盟休生亂暴を働く/警察側が出動して八十餘名を檢擧す
160436	朝鮮朝日	西北版	1928-10-24	1	08단	短歌/橋田東聲選
160437	朝鮮朝日	西北版	1928-10-24	1	09단	運動界(元山遂に優勝す/元山高女優勝す)
160438	朝鮮朝日	西北版	1928-10-24	1	10단	大邱女高普盟休の恐れ當局が慰撫
160439	朝鮮朝日	西北版	1928-10-24	1	10단	金組理事が公金を橫領/檢事局送り
160440	朝鮮朝日	西北版	1928-10-24	1	10단	岡田嘉子一行平壤で開演
160441	朝鮮朝日	西北版	1928-10-24	1	10단	會(社會教育講習會/京城醫專音樂部演奏會/沙防講習會)
160442	朝鮮朝日	西北版	1928-10-24	1	10단	人(田所哲太郎博士(北海道帝大教授)/本田義成氏(前代議士)/岡田東拓理事/石垣孝治氏(朝郵專務))
160443	朝鮮朝日	西北版	1928-10-24	1	10단	北鮮風水害義金/廿三日/門司支局扱
160444	朝鮮朝日	南鮮版	1928-10-24	1	01단	落穗集(四十)/下村海南
160445	朝鮮朝日	南鮮版	1928-10-24	1	01단	政黨を賴って恩田氏の追ひ出し果して成功するか/總督府の意向が疑問
160446	朝鮮朝日	南鮮版	1928-10-24	1	01단	全線の鐵路の震動を試驗/その結果を見た上で一部線路を改造か
160447	朝鮮朝日	南鮮版	1928-10-24	1	01단	朝郵配當年六朱に決定
160448	朝鮮朝日	南鮮版	1928-10-24	1	02단	病癒えた山梨總督がいよいよ東上
160449	朝鮮朝日	南鮮版	1928-10-24	1	02단	實際にあった話/桃の花咲く夕べ美女の亡き骸は無慙や菰に包まれ鷺梁津の林の中に棄てられた
160450	朝鮮朝日	南鮮版	1928-10-24	1	03단	朝鮮神宮の奉納農産物審査が終る
160451	朝鮮朝日	南鮮版	1928-10-24	1	04단	內鮮滿連絡の乾機鴨綠江岸に不時着陸す
160452	朝鮮朝日	南鮮版	1928-10-24	1	04단	新興藝術の粹を蒐める朝鮮博覽會の建築/巖井技師が內地で調査中
160453	朝鮮朝日	南鮮版	1928-10-24	1	04단	全鮮の列車時間恒例的に變更する
160454	朝鮮朝日	南鮮版	1928-10-24	1	04단	大邱公會堂敷地の問題/鐵道側快諾か
160455	朝鮮朝日	南鮮版	1928-10-24	1	05단	浮世風呂(十一)/凄い腕をあらはさぬ農務課長渡邊豐日子さん
160456	朝鮮朝日	南鮮版	1928-10-24	1	05단	朝鮮博の協贊會委員事務を擔當
160457	朝鮮朝日	南鮮版	1928-10-24	1	06단	池上老總監金剛山探勝
160458	朝鮮朝日	南鮮版	1928-10-24	1	06단	機船で渡航を企てる人が多くなって來た/警官の取締が及ばぬ
160459	朝鮮朝日	南鮮版	1928-10-24	1	06단	京城女高普生二十二日本社を見學
160460	朝鮮朝日	南鮮版	1928-10-24	1	08단	御大典記念慶南の植林
160461	朝鮮朝日	南鮮版	1928-10-24	1	08단	朝鮮の靑年も靑訓に入所/東萊で開始
160462	朝鮮朝日	南鮮版	1928-10-24	1	08단	徽文の盟休生亂暴を働く/警察側が出動

일련번호	판명		간행일	면	단수	기사명
160462	朝鮮朝日	南鮮版	1928-10-24	1	08단	して八十餘名を檢擧す
160463	朝鮮朝日	南鮮版	1928-10-24	1	08단	短歌/橋田東聲選
160464	朝鮮朝日	南鮮版	1928-10-24	1	09단	實彈射擊を市街に近き海面で實施
160465	朝鮮朝日	南鮮版	1928-10-24	1	09단	御大典で落ちる金が十萬圓の見込
160466	朝鮮朝日	南鮮版	1928-10-24	1	10단	運動界(馬山野球大會/大邱小學快勝す)
160467	朝鮮朝日	南鮮版	1928-10-24	1	10단	大邱女高普盟休の恐れ當局が慰撫
160468	朝鮮朝日	南鮮版	1928-10-24	1	10단	金組理事が公金を橫領/檢事局送り
160469	朝鮮朝日	南鮮版	1928-10-24	1	10단	會(社會教育講習會/京城醫專音樂部演奏會/沙防講習會)
160470	朝鮮朝日	南鮮版	1928-10-24	1	10단	人(田所哲太郎博士(北海道帝大教授)/本田義成氏(前代議士)/岡田東拓理事/石垣孝治氏(朝郵專務)/市川信也氏(間島領事)/北九州南鮮視察團/澤山寅彥氏(釜山實業家)/淺利警務局長)
160471	朝鮮朝日	南鮮版	1928-10-24	1	10단	北鮮風水害義金/廿三日/門司支局扱
160472	朝鮮朝日	西北・南鮮版	1928-10-24	2	01단	國境拓殖鐵道の達成を期し飽まで運動を續ける/平北期成會の有志
160473	朝鮮朝日	西北・南鮮版	1928-10-24	2	01단	咸鏡線の全通で間島の視察者が最近俄に激增して昨年の三倍に達す
160474	朝鮮朝日	西北・南鮮版	1928-10-24	2	01단	雫の聲
160475	朝鮮朝日	西北・南鮮版	1928-10-24	2	01단	平南産繭增收計劃着々と進捗
160476	朝鮮朝日	西北・南鮮版	1928-10-24	2	02단	釜山起點の乘合自動車認可の申請
160477	朝鮮朝日	西北・南鮮版	1928-10-24	2	02단	穀物運賃特定の請願/釜山商議協議
160478	朝鮮朝日	西北・南鮮版	1928-10-24	2	02단	産米增殖の東拓の貸出利子を引下げ
160479	朝鮮朝日	西北・南鮮版	1928-10-24	2	03단	朝鮮博覽會産業課長會議
160480	朝鮮朝日	西北・南鮮版	1928-10-24	2	03단	大邱府バス年內に開業はできぬ
160481	朝鮮朝日	西北・南鮮版	1928-10-24	2	03단	方魚津港內埋立を請願
160482	朝鮮朝日	西北・南鮮版	1928-10-24	2	03단	黃色葉煙草收納を開始
160483	朝鮮朝日	西北・南鮮版	1928-10-24	2	04단	團體貯金を平壤局が勸誘
160484	朝鮮朝日	西北・南鮮版	1928-10-24	2	04단	商品陳列館寄附が集まる
160485	朝鮮朝日	西北・南鮮版	1928-10-24	2	04단	御大典記念煙草の賣出/六日から
160486	朝鮮朝日	西北・南鮮版	1928-10-24	2	04단	天日鹽採收二億五千萬斤
160487	朝鮮朝日	西北・南鮮版	1928-10-24	2	04단	局線の貨物十月中旬成績
160488	朝鮮朝日	西北版	1928-10-25	1	01단	落穗集(四十一)/下村海南
160489	朝鮮朝日	西北版	1928-10-25	1	01단	歷史の教科書を朝鮮本位に改めて口語體を採用する/朝鮮征伐その他の字句を削除
160490	朝鮮朝日	西北版	1928-10-25	1	02단	關釜連絡船との陸上無線通話/朝鮮側でも實施の叫びが高くなって來た

일련번호	판명		간행일	면	단수	기사명
160491	朝鮮朝日	西北版	1928-10-25	1	04단	天盃を戴く平北の高齢者
160492	朝鮮朝日	西北版	1928-10-25	1	04단	俳句/鈴木花蓑選
160493	朝鮮朝日	西北版	1928-10-25	1	04단	大村海軍機朝鮮を通過大連に向ふ
160494	朝鮮朝日	西北版	1928-10-25	1	04단	雄基學組補缺選
160495	朝鮮朝日	西北版	1928-10-25	1	04단	醫師試驗二部合格者
160496	朝鮮朝日	西北版	1928-10-25	1	04단	實際にあった話/王子の愛をさへ彼の女は拒んだ/大臣家の名花彩姫は果して何の男をか想へる
160497	朝鮮朝日	西北版	1928-10-25	1	05단	平南米格上夾雜物が減少
160498	朝鮮朝日	西北版	1928-10-25	1	05단	桐樹の栽培平南で有望
160499	朝鮮朝日	西北版	1928-10-25	1	05단	早くも釜山瓦電高等政策を廻す/事態容易ならずとて二十二日重役會を開く
160500	朝鮮朝日	西北版	1928-10-25	1	05단	普通學校の先生を招き御大典の御模樣を見せる/榊原氏の計劃
160501	朝鮮朝日	西北版	1928-10-25	1	06단	浮世風呂(十一)/完城されたお役人土地改良課長萩原彦三さん
160502	朝鮮朝日	西北版	1928-10-25	1	07단	元山府債借替總額四十萬圓
160503	朝鮮朝日	西北版	1928-10-25	1	07단	お茶のあと
160504	朝鮮朝日	西北版	1928-10-25	1	07단	ラヂオ妨害電波の除去特許を認可
160505	朝鮮朝日	西北版	1928-10-25	1	08단	可愛い學童たちが交通整理に當る/嚴めしい警官より却って效果が多からうと
160506	朝鮮朝日	西北版	1928-10-25	1	08단	伊藤公追悼會
160507	朝鮮朝日	西北版	1928-10-25	1	08단	運動界(元中對咸興高普對抗陸上競技/全鮮ゴルフ大會)
160508	朝鮮朝日	西北版	1928-10-25	1	09단	梨花女專音樂會
160509	朝鮮朝日	西北版	1928-10-25	1	09단	平壤署の浮浪者狩り不斷に行ふ
160510	朝鮮朝日	西北版	1928-10-25	1	09단	黑幕が潛む徽文の盟休/要求のすべてが社會主義的色彩を帶ぶ
160511	朝鮮朝日	西北版	1928-10-25	1	10단	學生姿の漂着の死體/手蔓がつく
160512	朝鮮朝日	西北版	1928-10-25	1	10단	戶稅を代納/面民を救ふ
160513	朝鮮朝日	西北版	1928-10-25	1	10단	全鮮川柳大會
160514	朝鮮朝日	西北版	1928-10-25	1	10단	會(森林手入品評會)
160515	朝鮮朝日	西北版	1928-10-25	1	10단	人(今村力三郎氏(辯護士)/サットン氏夫
160515	朝鮮朝日	西北版	1928-10-25	1	10단	妻(ロータリー會長)/澤田豊丈氏(東拓理事)/生田內務局長/工藤十三雄代議士/宇野木忠氏(東京朝日經濟部次長)/倉橋義雄氏(本社新義州通信部主任)/松本誠氏(專賣局長))
160516	朝鮮朝日	南鮮版	1928-10-25	1	01단	落穗集(四十一)/下村海南

일련번호	판명		간행일	면	단수	기사명
160517	朝鮮朝日	南鮮版	1928-10-25	1	01단	歷史の教科書を朝鮮本位に改めて口語體を採用する/朝鮮征伐その他の字句を削除
160518	朝鮮朝日	南鮮版	1928-10-25	1	02단	關釜連絡船との陸上無線通話/朝鮮側でも實施の叫びが高くなって來た
160519	朝鮮朝日	南鮮版	1928-10-25	1	04단	庭積机代物奉納の林檎京都に送付
160520	朝鮮朝日	南鮮版	1928-10-25	1	04단	俳句/鈴木花蓑選
160521	朝鮮朝日	南鮮版	1928-10-25	1	04단	獻上の梨果收納を終る
160522	朝鮮朝日	南鮮版	1928-10-25	1	04단	名案がない/御大典記念/釜山の惱み
160523	朝鮮朝日	南鮮版	1928-10-25	1	04단	實際にあった話/王子の愛をさへ彼の女は拒んだ/大臣家の名花彩姬は果して何の男をか想へる
160524	朝鮮朝日	南鮮版	1928-10-25	1	05단	御大典配備の常磐艦仁川に回航
160525	朝鮮朝日	南鮮版	1928-10-25	1	05단	ラヂオ妨害電波の除去特許を認可
160526	朝鮮朝日	南鮮版	1928-10-25	1	05단	早くも釜山瓦電高等政策を廻す/事態容易ならずとて二十二日重役會を開く
160527	朝鮮朝日	南鮮版	1928-10-25	1	05단	普通學校の先生を招き御大典の御模樣を見せる/榊原氏の計劃
160528	朝鮮朝日	南鮮版	1928-10-25	1	06단	浮世風呂(十一)/完城されたお役人土地改良課長萩原彦三さん
160529	朝鮮朝日	南鮮版	1928-10-25	1	06단	醫師試驗二部合格者
160530	朝鮮朝日	南鮮版	1928-10-25	1	07단	元山府債借替總額四十萬圓
160531	朝鮮朝日	南鮮版	1928-10-25	1	07단	お茶のあと
160532	朝鮮朝日	南鮮版	1928-10-25	1	07단	戶稅を代納/面民を救ふ
160533	朝鮮朝日	南鮮版	1928-10-25	1	08단	可愛い學童たちが交通整理に當る/嚴めしい警官より却って效果が多からうと
160534	朝鮮朝日	南鮮版	1928-10-25	1	08단	大村海軍機朝鮮を通過大連に向ふ
160535	朝鮮朝日	南鮮版	1928-10-25	1	08단	伊藤公追悼會
160536	朝鮮朝日	南鮮版	1928-10-25	1	09단	運動界(全鮮ゴルフ大會)
160537	朝鮮朝日	南鮮版	1928-10-25	1	09단	梨花女專音樂會
160538	朝鮮朝日	南鮮版	1928-10-25	1	09단	黑幕が潜む徽文の盟休/要求のすべてが社會主義的色彩を帶ぶ
160539	朝鮮朝日	南鮮版	1928-10-25	1	10단	學生姿の死體が漂着/手蔓がつく
160540	朝鮮朝日	南鮮版	1928-10-25	1	10단	大正製藥のモヒ密賣は三月を求刑
160541	朝鮮朝日	南鮮版	1928-10-25	1	10단	會(森林手入品評會)
160542	朝鮮朝日	南鮮版	1928-10-25	1	10단	人(エープイルロフ氏(駐日瑞典公使)/李夏榮子(中樞院顧問)/若尾鴻太郎氏(實業家)/今村力三郎氏(辯護士)/サットン氏夫妻(ロータリー會長)/澤田豊丈氏(東拓理事)/生田內務局長/工藤十三雄代議士/宇

일련번호	판명		간행일	면	단수	기사명
160542	朝鮮朝日	南鮮版	1928-10-25	1	10단	野木忠氏(東京朝日經濟部次長)/倉橋義雄氏(本社新義州通信部主任)/松本誠氏(專賣局長))
160543	朝鮮朝日	西北・南鮮版	1928-10-25	2	01단	朝郵の決算三十一萬圓の大減收/利益金は五萬二千圓
160544	朝鮮朝日	西北・南鮮版	1928-10-25	2	01단	鹽漬鰯を冷凍し明太魚の餌料七割の漁獲を增す
160545	朝鮮朝日	西北・南鮮版	1928-10-25	2	01단	釜山南港埋立工事十一月に着工
160546	朝鮮朝日	西北・南鮮版	1928-10-25	2	01단	雫の聲
160547	朝鮮朝日	西北・南鮮版	1928-10-25	2	01단	商議總會に京城も出席
160548	朝鮮朝日	西北・南鮮版	1928-10-25	2	01단	配電區域の擴張は許可
160549	朝鮮朝日	西北・南鮮版	1928-10-25	2	02단	釜山商議の交通部會
160550	朝鮮朝日	西北・南鮮版	1928-10-25	2	02단	內地渡航者民籍謄本の提出は有效
160551	朝鮮朝日	西北・南鮮版	1928-10-25	2	02단	大邱公會堂明年に繰延
160552	朝鮮朝日	西北・南鮮版	1928-10-25	2	02단	沙上驛一日から開始
160553	朝鮮朝日	西北・南鮮版	1928-10-25	2	03단	平壤郵便局九月の成績
160554	朝鮮朝日	西北・南鮮版	1928-10-25	2	03단	京城の物價
160555	朝鮮朝日	西北・南鮮版	1928-10-25	2	03단	綠肥原料の新種を植栽/發芽が良好
160556	朝鮮朝日	西北・南鮮版	1928-10-25	2	03단	面目を一新する仁川の月尾島/鹿を放養しプールを設備/更に高級ホテルを建設
160557	朝鮮朝日	西北・南鮮版	1928-10-25	2	04단	浮世草
160558	朝鮮朝日	西北版	1928-10-26	1	01단	落穗集(四十二)/下村海南
160559	朝鮮朝日	西北版	1928-10-26	1	01단	*御慶事目睫に迫り佳き日を壽ぐべく官民總べてを擧げ奉祝準備や記念事業の計劃/奉祝に名をかり不穩な事なきやう各道廳に通牒を發す*
160560	朝鮮朝日	西北版	1928-10-26	1	03단	*實際にあった話/天使とも女神とも見まがふ彩姫が身も心も許したのは彼女を救うた賤い若者だった*
160561	朝鮮朝日	西北版	1928-10-26	1	03단	*高齡者に賜ふ天杯京畿道に到着/大嘗祭の庭積机代物釜山を通過*
160562	朝鮮朝日	西北版	1928-10-26	1	04단	昌慶苑の菊七八分咲きそむ
160563	朝鮮朝日	西北版	1928-10-26	1	05단	官製煉炭値下/全鮮で最低
160564	朝鮮朝日	西北版	1928-10-26	1	06단	浮世風呂(十三)/腹藝の恐しく上手な地方
160564	朝鮮朝日	西北版	1928-10-26	1	06단	課長矢島杉造さん
160565	朝鮮朝日	西北版	1928-10-26	1	06단	債券の發行に餘裕の少ない殖銀が佛込を徵收/時機は今が一當よい
160566	朝鮮朝日	西北版	1928-10-26	1	06단	大新義州建設の基礎を形造る/大堤防竣工の祝賀二十五日盛大に擧行

일련번호	판명		간행일	면	단수	기사명
160567	朝鮮朝日	西北版	1928-10-26	1	08단	滿浦鎭鐵道順天內南間用地の買收
160568	朝鮮朝日	西北版	1928-10-26	1	08단	童謠/北原白秋選
160569	朝鮮朝日	西北版	1928-10-26	1	08단	チブス豫防に井水の檢査/平壤署が勵行
160570	朝鮮朝日	西北版	1928-10-26	1	08단	船橋里民が堤防修築を生田氏に陳情
160571	朝鮮朝日	西北版	1928-10-26	1	08단	御大禮記念煙草は十日間に賣揚ぐ/期間が過ぎれば賣殘りは全部引揚げる
160572	朝鮮朝日	西北版	1928-10-26	1	09단	安東秋季招魂祭
160573	朝鮮朝日	西北版	1928-10-26	1	09단	平壤の偵察機畑中に不時着/車軸の足を破壞す/搭乘者は幸に無事
160574	朝鮮朝日	西北版	1928-10-26	1	10단	沙里院面電賣却問題遂に決裂す
160575	朝鮮朝日	西北版	1928-10-26	1	10단	愛國貯金一日に一錢六年間据置
160576	朝鮮朝日	西北版	1928-10-26	1	10단	夫を嫌うて人妻が自殺
160577	朝鮮朝日	西北版	1928-10-26	1	10단	不時着の郵便飛行機解體し輸送
160578	朝鮮朝日	西北版	1928-10-26	1	10단	女訓導が生徒を毆り父兄が憤慨
160579	朝鮮朝日	西北版	1928-10-26	1	10단	人(吉澤平壤鑛業所長)
160580	朝鮮朝日	西北版	1928-10-26	1	10단	半島茶話
160581	朝鮮朝日	南鮮版	1928-10-26	1	01단	落穗集(四十二)/下村海南
160582	朝鮮朝日	南鮮版	1928-10-26	1	01단	*御慶事目睫に迫り佳き日を壽ぐべく 官民總べてを擧げ奉祝準備や記念事業の計劃/奉祝に名をかり不穩な事なきやう各道廳に通牒を發す*
160583	朝鮮朝日	南鮮版	1928-10-26	1	03단	*實際にあった話/天使とも女神とも見まがふ彩姫が身も心も許したのは彼女を救うた賤い若者だった*
160584	朝鮮朝日	南鮮版	1928-10-26	1	03단	*高齡者に賜ふ天杯京畿道に到着/大嘗祭の庭積机代物釜山を通過*
160585	朝鮮朝日	南鮮版	1928-10-26	1	04단	昌慶苑の菊七八分咲きそむ
160586	朝鮮朝日	南鮮版	1928-10-26	1	05단	感慨無量/御大禮參列の韓昌洙男語る
160587	朝鮮朝日	南鮮版	1928-10-26	1	05단	洪城道議員補選
160588	朝鮮朝日	南鮮版	1928-10-26	1	06단	浮世風呂(十三)/腹藝の恐しく上手な地方課長矢島杉造さん
160589	朝鮮朝日	南鮮版	1928-10-26	1	06단	債券の發行に餘裕の少ない殖銀が佛込を徵收/時機は今が一番よい
160590	朝鮮朝日	南鮮版	1928-10-26	1	06단	童謠/北原白秋選
160591	朝鮮朝日	南鮮版	1928-10-26	1	07단	一竿を友に總督の淸遊
160592	朝鮮朝日	南鮮版	1928-10-26	1	07단	五人以上の兵士を出し賜饌の光榮者
160593	朝鮮朝日	南鮮版	1928-10-26	1	08단	軍事功勞者表彰傳達式/釜山府廳で
160594	朝鮮朝日	南鮮版	1928-10-26	1	08단	自動車檢査
160595	朝鮮朝日	南鮮版	1928-10-26	1	08단	愛國貯金一日に一錢六年間据置

일련번호	판명		간행일	면	단수	기사명
160596	朝鮮朝日	南鮮版	1928-10-26	1	08단	朝日カップ爭奪ゴルフ
160597	朝鮮朝日	南鮮版	1928-10-26	1	09단	徽文高普の盟休ますます惡化
160598	朝鮮朝日	南鮮版	1928-10-26	1	09단	御大禮記念煙草は十日間に賣揚ぐ/期間が過ぎれば賣殘りは全部引揚げる
160599	朝鮮朝日	南鮮版	1928-10-26	1	10단	傳染病の絶間がない公州の昨今
160600	朝鮮朝日	南鮮版	1928-10-26	1	10단	娘十三名を娼婦に賣る/大誘拐團送局
160601	朝鮮朝日	南鮮版	1928-10-26	1	10단	盟休生の父兄たちが學校に謝罪
160602	朝鮮朝日	南鮮版	1928-10-26	1	10단	人(迫間房太郎氏(釜山實業家)/韓昌洙男(李王職長官)/杉本誠氏(專賣局長)/澤田東拓理事/野村治一郎氏(朝郵取締役))
160603	朝鮮朝日	南鮮版	1928-10-26	1	10단	半島茶話
160604	朝鮮朝日	西北・南鮮版	1928-10-26	2	01단	道路と下水溝の改修と鋪装工事/補助の見込もつき明年度から實施す
160605	朝鮮朝日	西北・南鮮版	1928-10-26	2	01단	雫の聲
160606	朝鮮朝日	西北・南鮮版	1928-10-26	2	01단	平南金組値下十一月實施
160607	朝鮮朝日	西北・南鮮版	1928-10-26	2	02단	復興債券を金組が賣出
160608	朝鮮朝日	西北・南鮮版	1928-10-26	2	02단	鴨江飛航船航行を休止
160609	朝鮮朝日	西北・南鮮版	1928-10-26	2	02단	慶南の麥作百五十萬石
160610	朝鮮朝日	西北・南鮮版	1928-10-26	2	02단	平南特產展に南浦も出品/米や林檎を
160611	朝鮮朝日	西北・南鮮版	1928-10-26	2	03단	鐵道局で運輸事務の打合せ開催
160612	朝鮮朝日	西北・南鮮版	1928-10-26	2	03단	工務傳習生遞信局が募集
160613	朝鮮朝日	西北・南鮮版	1928-10-26	2	03단	工事課長會議
160614	朝鮮朝日	西北・南鮮版	1928-10-26	2	03단	慶北主催の釀造品評會出品百九十點
160615	朝鮮朝日	西北・南鮮版	1928-10-26	2	03단	新義州木材中旬出貨成績
160616	朝鮮朝日	西北・南鮮版	1928-10-26	2	03단	產米改良活寫會
160617	朝鮮朝日	西北・南鮮版	1928-10-26	2	04단	淸州に新築の蠶種冷藏庫竣工祝賀式
160618	朝鮮朝日	西北・南鮮版	1928-10-26	2	04단	十月中旬局線の成績收入百七十萬圓
160619	朝鮮朝日	西北・南鮮版	1928-10-26	2	04단	浮世草
160620	朝鮮朝日	西北版	1928-10-27	1	01단	落穗集(四十三)/下村海南
160621	朝鮮朝日	西北版	1928-10-27	1	01단	京城驛と淸凉里間の地下を貫ぬく鐵道/朝鮮私鐵の新計劃/更に京城鐵道會社も出願
160622	朝鮮朝日	西北版	1928-10-27	1	01단	愈內定した海軍に進級/近く定期異動と共に發表する事にきまる
160623	朝鮮朝日	西北版	1928-10-27	1	01단	土曜漫筆/神社參拜と作法/朝鮮神宮禰宜手塚道男
160624	朝鮮朝日	西北版	1928-10-27	1	03단	水利組合の有力代表者賜饌に參列
160625	朝鮮朝日	西北版	1928-10-27	1	04단	俳句/鈴木花蓑選
160626	朝鮮朝日	西北版	1928-10-27	1	04단	山梨總督は獻上の米と紬の調製終る
160627	朝鮮朝日	西北版	1928-10-27	1	04단	新義州法院新築は明年/工費十八萬圓

일련번호	판명		간행일	면	단수	기사명
160628	朝鮮朝日	西北版	1928-10-27	1	04단	思想團體の笛吹くに連れ彼等は踊る學校盟休 警察が頻りに目を光らす/學校側は高壓的 生徒も強硬 徽文盟休の惡化
160629	朝鮮朝日	西北版	1928-10-27	1	05단	浮世風呂(十四)/奧樣萬歲の噂が高い警務課長石川盛登さん
160630	朝鮮朝日	西北版	1928-10-27	1	05단	朝鮮人側に洋館建築が漸次增加す
160631	朝鮮朝日	西北版	1928-10-27	1	05단	御大典に記念の文鎭學童に贈る
160632	朝鮮朝日	西北版	1928-10-27	1	06단	免囚保護會が內地と連絡/輔成會に加入す資金難も幾分緩和されん
160633	朝鮮朝日	西北版	1928-10-27	1	06단	補助を與へ溫突の改良/平南が獎勵
160634	朝鮮朝日	西北版	1928-10-27	1	06단	各地だより(平壤/鎭南浦/安東縣/新義州)
160635	朝鮮朝日	西北版	1928-10-27	1	06단	チブス菌で野鼠を退治/朝鮮で初めて
160636	朝鮮朝日	西北版	1928-10-27	1	07단	雜穀の輸出支那が禁止
160637	朝鮮朝日	西北版	1928-10-27	1	07단	結婚なんて私のやうなお轉婆は先樣が御迷惑/美しい顔に愛嬌を湛へ女流鳥人朴敬元孃歸鮮す
160638	朝鮮朝日	西北版	1928-10-27	1	07단	日本的な情緒が快く滲み出る/藤田繁と堺千代子の花形が舞踊と音樂の夕に出演
160639	朝鮮朝日	西北版	1928-10-27	1	08단	水害義金を大邱が送付
160640	朝鮮朝日	西北版	1928-10-27	1	08단	安東玩具陳列會
160641	朝鮮朝日	西北版	1928-10-27	1	08단	肺牛疫發生/平北昌城に
160642	朝鮮朝日	西北版	1928-10-27	1	09단	大村の海軍機三機は京城に/更に三機が大連へ
160643	朝鮮朝日	西北版	1928-10-27	1	09단	知名の士を招き音樂に講演に御大典に關する特別放送を行ふ
160644	朝鮮朝日	西北版	1928-10-27	1	09단	水の公園新義州に設置
160645	朝鮮朝日	西北版	1928-10-27	1	09단	列車から突き落され學童が轢死
160646	朝鮮朝日	西北版	1928-10-27	1	10단	大同江に海賊が頻々怪船を發見
160647	朝鮮朝日	西北版	1928-10-27	1	10단	人(廣瀨新任慶興郡守/多田淸津地方法院長/靑木平南知事/鮮干■氏(中樞院參議))
160648	朝鮮朝日	西北版	1928-10-27	1	10단	半島茶話
160649	朝鮮朝日	南鮮版	1928-10-27	1		發行不明
160650	朝鮮朝日	西北・南鮮版	1928-10-27	2	01단	どん底の生活にあへぐ穴居の民疲れた農
160650	朝鮮朝日	西北・南鮮版	1928-10-27	2	01단	村から遁れて相率ゐて京城に集まる
160651	朝鮮朝日	西北・南鮮版	1928-10-27	2	01단	仁川の艀賃問題京城對仁川の爭ひと化せん
160652	朝鮮朝日	西北・南鮮版	1928-10-27	2	01단	雫の聲
160653	朝鮮朝日	西北・南鮮版	1928-10-27	2	01단	貝ボタンの輸出は有望/仁川で製造
160654	朝鮮朝日	西北・南鮮版	1928-10-27	2	02단	裡里が望む水稻試驗場設置の調査

일련번호	판명		간행일	면	단수	기사명
160655	朝鮮朝日	西北・南鮮版	1928-10-27	2	02단	煎子紙袋朝鮮で自給/釜山で製造
160656	朝鮮朝日	西北・南鮮版	1928-10-27	2	02단	私財を投じ窮民を救ふ奇特な大地主
160657	朝鮮朝日	西北・南鮮版	1928-10-27	2	03단	昭和水利の干潟地利用/本府が視察
160658	朝鮮朝日	西北・南鮮版	1928-10-27	2	03단	刑務所の廉賣會
160659	朝鮮朝日	西北・南鮮版	1928-10-27	2	03단	店頭裝飾競技會
160660	朝鮮朝日	西北・南鮮版	1928-10-27	2	03단	浮世草
160661	朝鮮朝日	西北版	1928-10-28	1	01단	落穗集(四十四)/下村海南
160662	朝鮮朝日	西北版	1928-10-28	1	01단	半ば安心半ば不審/旱水害にも拘らず小作爭議が少ない/でも來年春まで安心できぬ
160663	朝鮮朝日	西北版	1928-10-28	1	01단	御大典杯傳達式
160664	朝鮮朝日	西北版	1928-10-28	1	02단	會社の態度は誠意が無いと釜山府民が憤慨し瓦電問題で府民大會を開く
160665	朝鮮朝日	西北版	1928-10-28	1	03단	平北江界小學校/御眞影傳達式
160666	朝鮮朝日	西北版	1928-10-28	1	04단	醫師試驗合格者發表
160667	朝鮮朝日	西北版	1928-10-28	1	04단	讓渡見合の噂に西鮮電氣が慌て急ぎ重役會を開き買收條件を練りなほす
160668	朝鮮朝日	西北版	1928-10-28	1	04단	水害が産みだす新しい村の建設/指導さへよければ模範村ができやう
160669	朝鮮朝日	西北版	1928-10-28	1	04단	俳句/鈴木花蓑選
160670	朝鮮朝日	西北版	1928-10-28	1	04단	浮世風呂(十五)/秘書官が大光榮な總督秘書官依光好秋さん
160671	朝鮮朝日	西北版	1928-10-28	1	05단	穀物檢査場へ引込線敷設沙里院が要望
160672	朝鮮朝日	西北版	1928-10-28	1	05단	堆肥の增産/平南の力瘤
160673	朝鮮朝日	西北版	1928-10-28	1	05단	朝鮮の産馬を軍馬に採用/內地産馬に比して性能は決して劣らぬ
160674	朝鮮朝日	西北版	1928-10-28	1	06단	四年前に比べ五割の激增/京城府の自動車量/人通の多いのは南大門通
160675	朝鮮朝日	西北版	1928-10-28	1	06단	鎭南浦港の陸揚運賃圓滿に解決
160676	朝鮮朝日	西北版	1928-10-28	1	07단	滅法に豊作/平南の甜菜
160677	朝鮮朝日	西北版	1928-10-28	1	07단	新義州朝鮮人國旗所持者一割に過ぎぬ
160678	朝鮮朝日	西北版	1928-10-28	1	07단	御大典奉祝の氣分漸次に高まる/京城各町の粧ほひ提燈や飾物さては電飾など
160679	朝鮮朝日	西北版	1928-10-28	1	07단	朝鮮神宮で神前式射嚴かに執行
160680	朝鮮朝日	西北版	1928-10-28	1	08단	寫眞(茂山鄕軍射擊大會の優勝者左より二等於保部長中一等渡邊大尉右三等竹屋部長)
160681	朝鮮朝日	西北版	1928-10-28	1	08단	御大禮警衛憲兵が出發
160682	朝鮮朝日	西北版	1928-10-28	1	08단	視學官の權限が擴張規程を公布
160683	朝鮮朝日	西北版	1928-10-28	1	08단	雅樂の夕べD局の試み

일련번호	판명		간행일	면	단수	기사명
160684	朝鮮朝日	西北版	1928-10-28	1	09단	御下賜金傳達式
160685	朝鮮朝日	西北版	1928-10-28	1	09단	土地會社の地料の値上借地人が回避
160686	朝鮮朝日	西北版	1928-10-28	1	09단	生徒の要求は斷じて容れぬ學校側が聲明す/生徒の態度も依然強硬
160687	朝鮮朝日	西北版	1928-10-28	1	09단	チブス續發/淸津の狼狽
160688	朝鮮朝日	西北版	1928-10-28	1	09단	密漁取締船大同丸竣工
160689	朝鮮朝日	西北版	1928-10-28	1	09단	酒飲まぬ男毆り殺さる
160690	朝鮮朝日	西北版	1928-10-28	1	09단	讀者慰安朝日活寫會
160691	朝鮮朝日	西北版	1928-10-28	1	10단	追へど盡きぬ路上の賭博/安東署が惱む
160692	朝鮮朝日	西北版	1928-10-28	1	10단	純朝鮮式のお菓子を作りバザーで賣る
160693	朝鮮朝日	西北版	1928-10-28	1	10단	猩紅熱注射/學童一萬人に
160694	朝鮮朝日	西北版	1928-10-28	1	10단	半島茶話
160695	朝鮮朝日	南鮮版	1928-10-28	1	01단	落穗集(四十四)/下村海南
160696	朝鮮朝日	南鮮版	1928-10-28	1	01단	半ば安心半ば不審/旱水害にも拘らず小作爭議が少ない/でも來年春まで安心できぬ
160697	朝鮮朝日	南鮮版	1928-10-28	1	01단	御大典杯傳達式
160698	朝鮮朝日	南鮮版	1928-10-28	1	02단	會社の態度は誠意が無いと釜山府民が憤慨し瓦電問題で府民大會を開く
160699	朝鮮朝日	南鮮版	1928-10-28	1	03단	天杯拜受者慶南の調査
160700	朝鮮朝日	南鮮版	1928-10-28	1	04단	山梨總督元氣で東上
160701	朝鮮朝日	南鮮版	1928-10-28	1	04단	水害が産みだす新しい村の建設/指導さへよければ模範村ができやう
160702	朝鮮朝日	南鮮版	1928-10-28	1	04단	四年前に比べ五割の激增/京城府の自動車量/人通の多いのは南大門通
160703	朝鮮朝日	南鮮版	1928-10-28	1	04단	浮世風呂(十五)/秘書官が大光榮な總督秘書官依光好秋さん
160704	朝鮮朝日	南鮮版	1928-10-28	1	05단	醫師試驗合格者發表
160705	朝鮮朝日	南鮮版	1928-10-28	1	05단	俳句/鈴木花蓑選
160706	朝鮮朝日	南鮮版	1928-10-28	1	06단	朝鮮神宮で神前式射嚴かに執行
160707	朝鮮朝日	南鮮版	1928-10-28	1	06단	御大禮警衛憲兵が出發
160708	朝鮮朝日	南鮮版	1928-10-28	1	06단	視學官の權限が擴張規程を公布
160709	朝鮮朝日	南鮮版	1928-10-28	1	06단	伊藤公追悼式
160710	朝鮮朝日	南鮮版	1928-10-28	1	07단	御大典奉祝の氣分漸次に高まる/京城各町の粧ほひ提燈や飾物さては電飾など
160711	朝鮮朝日	南鮮版	1928-10-28	1	07단	聞くも語るも涙の種ばかり/父を壽ねて遙々と啞の少年が朝鮮を逍遙ふ
160712	朝鮮朝日	南鮮版	1928-10-28	1	08단	雅樂の夕べD局の試み
160713	朝鮮朝日	南鮮版	1928-10-28	1	08단	朝鮮の産馬を軍馬に採用/內地産馬に比し

일련번호	판명		간행일	면	단수	기사명
160713	朝鮮朝日	南鮮版	1928-10-28	1	08단	て性能は決して劣らぬ
160714	朝鮮朝日	南鮮版	1928-10-28	1	08단	生徒の要求は斷じて容れぬ/學校側が聲明す/生徒の態度も依然强硬
160715	朝鮮朝日	南鮮版	1928-10-28	1	08단	當分增築の望が薄い/京城の諸學校
160716	朝鮮朝日	南鮮版	1928-10-28	1	09단	讀者慰安朝日活寫會
160717	朝鮮朝日	南鮮版	1928-10-28	1	09단	出品物が續々到着/舶用發動機と水産品共進會
160718	朝鮮朝日	南鮮版	1928-10-28	1	09단	朝鮮人側の入場が漸增/仁川圖書館
160719	朝鮮朝日	南鮮版	1928-10-28	1	10단	浦項繁榮會總會
160720	朝鮮朝日	南鮮版	1928-10-28	1	10단	猩紅熱注射/學童一萬人に
160721	朝鮮朝日	南鮮版	1928-10-28	1	10단	二人の娘が誘拐の心配
160722	朝鮮朝日	南鮮版	1928-10-28	1	10단	運動界(仁川庭球大會)
160723	朝鮮朝日	南鮮版	1928-10-28	1	10단	會(京城靑年團講演會)
160724	朝鮮朝日	南鮮版	1928-10-28	1	10단	人(福田光義氏(下關運輸事務所長)/中村宙之助氏(總督府總務課長)/大村鐵道局長/金谷司令官すみ子夫人)
160725	朝鮮朝日	南鮮版	1928-10-28	1	10단	半島茶話
160726	朝鮮朝日	西北・南鮮版	1928-10-28	2	01단	釜山南港埋立の土沙何處に求める
160727	朝鮮朝日	西北・南鮮版	1928-10-28	2	01단	店村醴泉間一日から開通
160728	朝鮮朝日	西北・南鮮版	1928-10-28	2	01단	洋灰の輸送旺勢を極む
160729	朝鮮朝日	西北・南鮮版	1928-10-28	2	01단	雫の聲
160730	朝鮮朝日	西北・南鮮版	1928-10-28	2	02단	長壽山丸が來月末に進水
160731	朝鮮朝日	西北・南鮮版	1928-10-28	2	02단	旱害に懲り開城に水組/工費百二十萬圓
160732	朝鮮朝日	西北・南鮮版	1928-10-28	2	02단	水道課分室入札に附す
160733	朝鮮朝日	西北・南鮮版	1928-10-28	2	02단	橫城の市內電話
160734	朝鮮朝日	西北・南鮮版	1928-10-28	2	03단	緋鹿子草紙/キネマランド
160735	朝鮮朝日	西北・南鮮版	1928-10-28	2	03단	全鮮郵貯高/八百萬圓突破
160736	朝鮮朝日	西北・南鮮版	1928-10-28	2	03단	浮世草
160737	朝鮮朝日	西北版	1928-10-30	1	01단	落穗集(四十五)/下村海南
160738	朝鮮朝日	西北版	1928-10-30	1	01단	落ち葉の雨に秋は闌け行く十一月の行事/十日は目出度い御卽位式
160739	朝鮮朝日	西北版	1928-10-30	1	01단	初等學校の先生も高等官になれる/學務局が立案し目下拓殖局で研究中
160740	朝鮮朝日	西北版	1928-10-30	1	01단	御眞影奉安式
160741	朝鮮朝日	西北版	1928-10-30	1	02단	高齡者への御下賜物傳達
160742	朝鮮朝日	西北版	1928-10-30	1	02단	浮世風呂(十六)/罪亡ぼしの總決算
160743	朝鮮朝日	西北版	1928-10-30	1	03단	小學校自動車と手廻しの早い除隊兵の土着計劃/先づ四百家族を收容
160744	朝鮮朝日	西北版	1928-10-30	1	03단	降しく雨中を跳躍に投擲に火花を散らす

일련번호	판명		간행일	면	단수	기사명
160744	朝鮮朝日	西北版	1928-10-30	1	03단	戰ひ/專門學校聯盟陸上競技會
160745	朝鮮朝日	西北版	1928-10-30	1	04단	大饗宴に使用の林檎産地で嚴選中
160746	朝鮮朝日	西北版	1928-10-30	1	04단	辭令(東京電話)
160747	朝鮮朝日	西北版	1928-10-30	1	05단	實際にあった話/檢事の隙を見て逃げ出した男はモヒ密輸の常習犯/然し五町と行かず捕はる
160748	朝鮮朝日	西北版	1928-10-30	1	05단	八幡製鐵所が茂山鐵鑛を掘鑿の計劃
160749	朝鮮朝日	西北版	1928-10-30	1	05단	加入者が殖えて死線を越えた京城放送局の現在/近く八千名を突破せん
160750	朝鮮朝日	西北版	1928-10-30	1	06단	モダンあづまや
160751	朝鮮朝日	西北版	1928-10-30	1	06단	度々値上をされぬやう言質を得たい
160752	朝鮮朝日	西北版	1928-10-30	1	07단	醫專附屬病院長成田教授を任命
160753	朝鮮朝日	西北版	1928-10-30	1	07단	船舶試驗合格者發表
160754	朝鮮朝日	西北版	1928-10-30	1	07단	各地だより(咸興/雄基/平壤)
160755	朝鮮朝日	西北版	1928-10-30	1	08단	石井漠一行京城で開演
160756	朝鮮朝日	西北版	1928-10-30	1	08단	舞踊と音樂の會
160757	朝鮮朝日	西北版	1928-10-30	1	08단	平壤の流行病殆ど終熄す/新患が無い
160758	朝鮮朝日	西北版	1928-10-30	1	08단	結婚披露のお客が中毒/三名死亡す
160759	朝鮮朝日	西北版	1928-10-30	1	08단	雄基の沖合で八十隻の漁船强風で行方不明
160760	朝鮮朝日	西北版	1928-10-30	1	08단	盟休の背後で絲ひく輩を京畿道警察部が檢擧/社會運動化せんず企み
160761	朝鮮朝日	西北版	1928-10-30	1	09단	列車顚覆の犯人が不明
160762	朝鮮朝日	西北版	1928-10-30	1	09단	平壤鑛業部の橫領書記は三年の懲役
160763	朝鮮朝日	西北版	1928-10-30	1	09단	熊本の蜜柑を鮮滿地方へ今年から移出
160764	朝鮮朝日	西北版	1928-10-30	1	10단	安東縣の美術展
160765	朝鮮朝日	西北版	1928-10-30	1	10단	得信校改築竣工
160766	朝鮮朝日	西北版	1928-10-30	1	10단	國境道路義惠の一部開通の祝賀
160767	朝鮮朝日	西北版	1928-10-30	1	10단	京城女高普記念祭
160768	朝鮮朝日	西北版	1928-10-30	1	10단	運動界(奉祝驛傳競走郭選手擔當區/沙里院競獵大會/雄基競馬會/西鮮卓球大會)
160769	朝鮮朝日	西北版	1928-10-30	1	10단	輪轉機增設
160770	朝鮮朝日	西北版	1928-10-30	1	10단	半島茶話
160771	朝鮮朝日	南鮮版	1928-10-30	1	01단	落穗集(四十五)/下村海南
160772	朝鮮朝日	南鮮版	1928-10-30	1	01단	落ち葉の雨に秋は闌け行く十一月の行事/十日は目出度い御卽位式
160773	朝鮮朝日	南鮮版	1928-10-30	1	01단	初等學校の先生も高等官になれる/學務局が立案し目下拓殖局で研究中
160774	朝鮮朝日	南鮮版	1928-10-30	1	01단	浮世風呂(十六)/罪亡ぼしの總決算

일련번호	판명		간행일	면	단수	기사명
160775	朝鮮朝日	南鮮版	1928-10-30	1	03단	小學校自動車と手廻しの早い除隊兵の土着計劃/先づ四百家族を收容
160776	朝鮮朝日	南鮮版	1928-10-30	1	03단	降しく雨中を跳躍に投擲に火花を散らす戰ひ/專門學校聯盟陸上競技會
160777	朝鮮朝日	南鮮版	1928-10-30	1	04단	辭令(東京電話)
160778	朝鮮朝日	南鮮版	1928-10-30	1	04단	高齡者への御下賜物傳達
160779	朝鮮朝日	南鮮版	1928-10-30	1	05단	實際にあった話/檢事の隙を見て逃げ出した男はモヒ密輸の常習犯/然し五町と行かず捕はる
160780	朝鮮朝日	南鮮版	1928-10-30	1	05단	府の算定基礎が餘りに薄弱だと讓步の色を見せず 釜山瓦電の買收遂に停頓/大きく出て引っ込みがつかない形
160781	朝鮮朝日	南鮮版	1928-10-30	1	06단	高松宮殿下仁川御巡覽/酒肴料を賜ふ
160782	朝鮮朝日	南鮮版	1928-10-30	1	06단	大饗宴に使用の林檎産地で嚴選中
160783	朝鮮朝日	南鮮版	1928-10-30	1	06단	加入者が殖えて死線を越えた京城放送局の現在/近く八千名を突破せん
160784	朝鮮朝日	南鮮版	1928-10-30	1	06단	血で血を洗ふ富豪の遺産爭ひ/遺子辰男氏は俺の子だと飛び出した男がある
160785	朝鮮朝日	南鮮版	1928-10-30	1	07단	池上總監春川を視察
160786	朝鮮朝日	南鮮版	1928-10-30	1	07단	御大典事業/仁川靑年團
160787	朝鮮朝日	南鮮版	1928-10-30	1	07단	工業校製作品展
160788	朝鮮朝日	南鮮版	1928-10-30	1	08단	雄基の沖合で八十隻の漁船强風で行方不明
160789	朝鮮朝日	南鮮版	1928-10-30	1	08단	盟休の背後で絲ひく輩を京畿道警察部が檢擧/社會運動化せんず企み
160790	朝鮮朝日	南鮮版	1928-10-30	1	08단	醫專附屬病院長成田教授を任命
160791	朝鮮朝日	南鮮版	1928-10-30	1	08단	船舶試驗合格者發表
160792	朝鮮朝日	南鮮版	1928-10-30	1	09단	朝日活寫會木浦で大盛況
160793	朝鮮朝日	南鮮版	1928-10-30	1	09단	京城女高普記念祭
160794	朝鮮朝日	南鮮版	1928-10-30	1	09단	熊本の蜜柑を鮮滿地方へ今年から移出
160795	朝鮮朝日	南鮮版	1928-10-30	1	10단	石井漠一行京城で開演
160796	朝鮮朝日	南鮮版	1928-10-30	1	10단	盟休退學生の復校は困難/惡例を胎す
160797	朝鮮朝日	南鮮版	1928-10-30	1	10단	釜山附近に警報を發す
160798	朝鮮朝日	南鮮版	1928-10-30	1	10단	運動界(奉祝驛傳競走郭選手擔當區/全北少年野球)
160799	朝鮮朝日	南鮮版	1928-10-30	1	10단	輪轉機增設
160800	朝鮮朝日	南鮮版	1928-10-30	1	10단	半島茶話
160801	朝鮮朝日	西北・南鮮版	1928-10-30	2	01단	火曜日のペーヂ/豐榮のぼる朝日を象徵するわが國旗/建國の理想と國威發揚を

일련번호	판명		간행일	면	단수	기사명
160801	朝鮮朝日	西北・南鮮版	1928-10-30	2	01단	現はす「日の丸」が國旗となるまで(朝儀に用ひられた日像月像の旛/豊臣時代から船印となる/幕府の「御國の總印」/太政官布告で國旗制式を條定/初めて各戸に掲揚/國旗の揚げ方/外國旗との併揚)
160802	朝鮮朝日	西北・南鮮版	1928-10-30	2	04단	世界的の珍魚ヨルメギの研究/脇谷博士が着手す/鴨緑江の上流に棲息
160803	朝鮮朝日	西北・南鮮版	1928-10-30	2	05단	雫の聲
160804	朝鮮朝日	西北・南鮮版	1928-10-30	2	06단	鮮銀券膨脹一億圓突破か
160805	朝鮮朝日	西北・南鮮版	1928-10-30	2	06단	清津商議評議員改選十一月三十日
160806	朝鮮朝日	西北・南鮮版	1928-10-30	2	06단	天安電燈が増電の設備許可される
160807	朝鮮朝日	西北・南鮮版	1928-10-30	2	06단	大興電氣が統營で値下/軒燈と街燈
160808	朝鮮朝日	西北・南鮮版	1928-10-30	2	06단	巨濟島の鯖鰺の漁獲非常な豊況
160809	朝鮮朝日	西北・南鮮版	1928-10-30	2	07단	色めき立つ雄基の鰯漁
160810	朝鮮朝日	西北・南鮮版	1928-10-30	2	07단	浦項沖合の鯖の水揚が百萬尾に達す
160811	朝鮮朝日	西北・南鮮版	1928-10-30	2	07단	京城藥業組合會
160812	朝鮮朝日	西北・南鮮版	1928-10-30	2	07단	種牡牛品評會
160813	朝鮮朝日	西北・南鮮版	1928-10-30	2	07단	新刊紹介(『子だから誠』/『國際的に見たる我國の滿蒙における特殊地位』)
160814	朝鮮朝日	西北・南鮮版	1928-10-30	2	07단	浮世草
160815	朝鮮朝日	西北版	1928-10-31	1	01단	落穗集(四十六)/下村海南
160816	朝鮮朝日	西北版	1928-10-31	1	01단	全鮮商業會議所の意向を質した上で內地法に準據するやうな商議所法を立案
160817	朝鮮朝日	西北版	1928-10-31	1	01단	シネマランド/スクリーンの上で人類の歩みを暗示/細心の注意を拂はれた心憎きまで巧みな技巧(チャング)
160818	朝鮮朝日	西北版	1928-10-31	1	03단	白酒黑酒を神社に獻納/廿七日造初式
160819	朝鮮朝日	西北版	1928-10-31	1	03단	平壤府の市區改正弗々と着手
160820	朝鮮朝日	西北版	1928-10-31	1	04단	朝鮮の氣分が泌でる様な建物が是非とも必要/朝鮮博の建築の研究
160821	朝鮮朝日	西北版	1928-10-31	1	04단	瓦電の買收に市民が起つ　御大典終了をまち期成促進の運動を起す/人氣取の政策が必要となった瓦電値下の程度が注目さる
160822	朝鮮朝日	西北版	1928-10-31	1	05단	御大典文庫大同署が設置
160823	朝鮮朝日	西北版	1928-10-31	1	06단	短歌/橋田東聲選
160824	朝鮮朝日	西北版	1928-10-31	1	06단	御大典奉祝電燈の申込五千を超ゆ
160825	朝鮮朝日	西北版	1928-10-31	1	06단	火田民の被害地を飛行機で調査す殖産局が乘氣になる/他の方面にも利用があらう
160826	朝鮮朝日	西北版	1928-10-31	1	06단	鮮米の京濱移入百萬石を突破す/二百餘のお得意を招き鮮米協會が祝ひの宴

일련번호	판명		간행일	면	단수	기사명
160827	朝鮮朝日	西北版	1928-10-31	1	06단	馬韓の舊都と覺ぼしき古器を全北益山郡で發見/歷史的考證の貴重な材料
160828	朝鮮朝日	西北版	1928-10-31	1	07단	牡丹台と竝んで名物が殖えた平壤のゴルフリンク/家族連れの淸遊にも適す
160829	朝鮮朝日	西北版	1928-10-31	1	08단	大村の三機京城に到着/大邱を通過京城へ向ふ
160830	朝鮮朝日	西北版	1928-10-31	1	08단	西鮮日報社社屋を新築
160831	朝鮮朝日	西北版	1928-10-31	1	09단	各地だより(平壤/鎭南浦)
160832	朝鮮朝日	西北版	1928-10-31	1	09단	南浦陸揚賃圓滿に解決/兩商議が協調
160833	朝鮮朝日	西北版	1928-10-31	1	09단	民族運動者の侵入を慮って移動警察班の活動/十一月には更に增員す
160834	朝鮮朝日	西北版	1928-10-31	1	09단	讀者慰安朝日活寫會
160835	朝鮮朝日	西北版	1928-10-31	1	10단	姸を競ふ昌慶苑の菊
160836	朝鮮朝日	西北版	1928-10-31	1	10단	運動界(大橋氏優勝す/全鮮蹴球大會)
160837	朝鮮朝日	西北版	1928-10-31	1	10단	報德會發會式
160838	朝鮮朝日	西北版	1928-10-31	1	10단	航空路標識近く入札/大田郵便局で
160839	朝鮮朝日	西北版	1928-10-31	1	10단	娼妓を身受所在を晦ます
160840	朝鮮朝日	西北版	1928-10-31	1	10단	人(上瀧基氏(專賣局事業課長)/孫中樞院書記官/是立丈次郎氏(京城實業家))
160841	朝鮮朝日	西北版	1928-10-31	1	10단	半島茶話
160842	朝鮮朝日	南鮮版	1928-10-31	1	01단	落穗集(四十六)/下村海南
160843	朝鮮朝日	南鮮版	1928-10-31	1	01단	全鮮商業會議所の意向を質した上で內地法に準據するやうな商議所法を立案
160844	朝鮮朝日	南鮮版	1928-10-31	1	01단	シネマランド/スクリーンの上で人類の步みを暗示/細心の注意を拂はれた心憎きまで巧みな技巧(チャング)
160845	朝鮮朝日	南鮮版	1928-10-31	1	03단	白酒黑酒を神社に獻納/廿七日造初式
160846	朝鮮朝日	南鮮版	1928-10-31	1	03단	平壤府の市區改正弗々と着手
160847	朝鮮朝日	南鮮版	1928-10-31	1	04단	朝鮮の氣分が泌でる樣な建物が是非とも必要/朝鮮博の建築の硏究
160848	朝鮮朝日	南鮮版	1928-10-31	1	04단	瓦電の買收に市民が起つ　御大典終了をまち期成促進の運動を起す/人氣取の政策が必要となった瓦電値下の程度が注目さる
160849	朝鮮朝日	南鮮版	1928-10-31	1	05단	御大典文庫大同署が設置
160850	朝鮮朝日	南鮮版	1928-10-31	1	06단	短歌/橋田東聲選
160851	朝鮮朝日	南鮮版	1928-10-31	1	06단	値下問題で知事を訪問/意見を交換す
160852	朝鮮朝日	南鮮版	1928-10-31	1	06단	火田民の被害地を飛行機で調査す殖産局が乘氣になる他の方面にも利用があらう
160853	朝鮮朝日	南鮮版	1928-10-31	1	06단	鮮米の京濱移入百萬石を突破す/二百餘の

일련번호	판명		간행일	면	단수	기사명
160853	朝鮮朝日	南鮮版	1928-10-31	1	06단	お得意を招き鮮米協會が祝ひの宴
160854	朝鮮朝日	南鮮版	1928-10-31	1	06단	馬韓の舊都と覺ぼしき古器を全北益山郡で發見/歷史的考證の貴重な材料
160855	朝鮮朝日	南鮮版	1928-10-31	1	07단	天盃を戴く忠北の高齡者
160856	朝鮮朝日	南鮮版	1928-10-31	1	07단	御眞影奉戴式
160857	朝鮮朝日	南鮮版	1928-10-31	1	07단	御庭代物に獻上農産品京城に送る/大嘗祭奉納 忠南の農産
160858	朝鮮朝日	南鮮版	1928-10-31	1	08단	御眞影奉安所
160859	朝鮮朝日	南鮮版	1928-10-31	1	08단	御大典記念馬山公會堂建設の協議
160860	朝鮮朝日	南鮮版	1928-10-31	1	08단	姸を競ふ昌慶苑の菊
160861	朝鮮朝日	南鮮版	1928-10-31	1	08단	大村の三機京城に到着/大邱を通過京城へ向ふ
160862	朝鮮朝日	南鮮版	1928-10-31	1	08단	釜山府廳舍新築設計の內容
160863	朝鮮朝日	南鮮版	1928-10-31	1	09단	勤農記念沓刈入を行ふ
160864	朝鮮朝日	南鮮版	1928-10-31	1	09단	運動界(大橋氏優勝す/全鮮蹴球大會/裡里小學優勝す)
160865	朝鮮朝日	南鮮版	1928-10-31	1	09단	民族運動者の侵入を慮って移動警察班の活動/十一月には更に增員す
160866	朝鮮朝日	南鮮版	1928-10-31	1	10단	大邱の競馬盛況
160867	朝鮮朝日	南鮮版	1928-10-31	1	10단	不逞輩の陰謀か/大邱署が活動
160868	朝鮮朝日	南鮮版	1928-10-31	1	10단	報德會發會式
160869	朝鮮朝日	南鮮版	1928-10-31	1	10단	航空路標識近く入札/大田郵便局で
160870	朝鮮朝日	南鮮版	1928-10-31	1	10단	娼妓を身受所在を晦ます
160871	朝鮮朝日	南鮮版	1928-10-31	1	10단	人(上瀧基氏(專賣局事業課長)/孫中樞院書記官/是立丈次郎氏(京城實業家))
160872	朝鮮朝日	南鮮版	1928-10-31	1	10단	半島茶話
160873	朝鮮朝日	西北・南鮮版	1928-10-31	2	01단	無線まで備へて漁場と市場の相場の連絡
160873	朝鮮朝日	西北・南鮮版	1928-10-31	2	01단	も取る/漁業指導船南鵬丸進水
160874	朝鮮朝日	西北・南鮮版	1928-10-31	2	01단	五百萬圓を投じ道路の架け替へ慶南が計劃を進む/十二年の繼續事業の豫定
160875	朝鮮朝日	西北・南鮮版	1928-10-31	2	01단	雫の聲
160876	朝鮮朝日	西北・南鮮版	1928-10-31	2	01단	職を求めて仁川に入込朝鮮人が多い
160877	朝鮮朝日	西北・南鮮版	1928-10-31	2	01단	仁川の豆麵絲錦が受賞
160878	朝鮮朝日	西北・南鮮版	1928-10-31	2	02단	追放されては甚だ困ると癩患收容所に釜山府が寄附
160879	朝鮮朝日	西北・南鮮版	1928-10-31	2	02단	平南平原の産業品評會/出品約五千
160880	朝鮮朝日	西北・南鮮版	1928-10-31	2	02단	黑山列島に鯖群が來襲/漁獲者を物色
160881	朝鮮朝日	西北・南鮮版	1928-10-31	2	03단	釜山幼稚園遂に存置か
160882	朝鮮朝日	西北・南鮮版	1928-10-31	2	03단	人蔘の收納非常な豐作

일련번호	판명		간행일	면	단수	기사명
160883	朝鮮朝日	西北・南鮮版	1928-10-31	2	03단	一本釣り餌料は解決/たこといむし
160884	朝鮮朝日	西北・南鮮版	1928-10-31	2	04단	咸興の金融閑散を極む
160885	朝鮮朝日	西北・南鮮版	1928-10-31	2	04단	芙蓉金組創立
160886	朝鮮朝日	西北・南鮮版	1928-10-31	2	04단	振替貯金受拂高
160887	朝鮮朝日	西北・南鮮版	1928-10-31	2	04단	浮世草

1928년 11월 (조선아사히)

일련번호	판명		간행일	면	단수	기사명
160888	朝鮮朝日	西北版	1928-11-01	1	01단	落穗集(四十七)/下村海南
160889	朝鮮朝日	西北版	1928-11-01	1	01단	不愉快で堪らぬと乘客たちが大不平/移動警察に批難の聲が起る 常軌を逸する取締(お客を侮辱する誠に迷惑千萬だとやめて欲しい鐵道局/大必要保安課長語る)
160890	朝鮮朝日	西北版	1928-11-01	1	01단	老齡身に餘る/光榮を辭して朝鮮を空にしてはすまぬと總監御大典參列を拜辭す
160891	朝鮮朝日	西北版	1928-11-01	1	03단	平南の豫算査定が遲る
160892	朝鮮朝日	西北版	1928-11-01	1	03단	朝鮮神宮へ奉納の農産平北が發送
160893	朝鮮朝日	西北版	1928-11-01	1	03단	白堊の殿堂を繞る人びと(1)/潔癖で硬骨な往年の四天王/內務局長生田淸三郞氏
160894	朝鮮朝日	西北版	1928-11-01	1	04단	俳句/鈴木花蓑選
160895	朝鮮朝日	西北版	1928-11-01	1	04단	驛屯土貸付穀價の決定/籾は十圓平均
160896	朝鮮朝日	西北版	1928-11-01	1	04단	平南特産品販賣非常な好評
160897	朝鮮朝日	西北版	1928-11-01	1	05단	八咫の鏡を模した美しい時計を篤行の朝鮮人に贈る/大阪內鮮協和會の表彰
160898	朝鮮朝日	西北版	1928-11-01	1	05단	農事を改良し爭議を防ぐ/平南で創立する地主會/全道を統一した機關
160899	朝鮮朝日	西北版	1928-11-01	1	06단	待合室の增築は取止/步廊を擴張
160900	朝鮮朝日	西北版	1928-11-01	1	07단	南浦土地會社地料の値上/圓滿に解決
160901	朝鮮朝日	西北版	1928-11-01	1	07단	二十五周年崇義女校賑ふ
160902	朝鮮朝日	西北版	1928-11-01	1	07단	お茶のあと
160903	朝鮮朝日	西北版	1928-11-01	1	07단	池上總監へ春川が陳情
160904	朝鮮朝日	西北版	1928-11-01	1	07단	威張屋の多い中に是はまた感心な優しく親切な交通巡査/警察部長が感激し表彰
160905	朝鮮朝日	西北版	1928-11-01	1	08단	舞踊と音樂の夕べいよいよ迫る
160906	朝鮮朝日	西北版	1928-11-01	1	08단	雄基の寒さ/零下二度八分
160907	朝鮮朝日	西北版	1928-11-01	1	08단	江界守備隊除隊兵出發/咸興除隊兵三百名が退鮮
160908	朝鮮朝日	西北版	1928-11-01	1	08단	十萬の農民が路頭に迷ふ悲慘/全北の旱害意外に激しい/沙防工事を繰上げて行ふ
160909	朝鮮朝日	西北版	1928-11-01	1	09단	釜山の時化冬仕度始まる
160910	朝鮮朝日	西北版	1928-11-01	1	10단	進行中の貨車が燒く
160911	朝鮮朝日	西北版	1928-11-01	1	10단	女の細腕で營業自動車運轉手受驗
160912	朝鮮朝日	西北版	1928-11-01	1	10단	運動界(城大劍道部遠征)
160913	朝鮮朝日	西北版	1928-11-01	1	10단	人(金彌禮女史(全南光州須波安女學校教諭)/秋葉隆氏(京城大學教授)/矢鍋殖産銀行理事/章延吉道尹)
160914	朝鮮朝日	西北版	1928-11-01	1	10단	半島茶話

일련번호	판명		간행일	면	단수	기사명
160915	朝鮮朝日	南鮮版	1928-11-01	1	01단	落穗集(四十七)/下村海南
160916	朝鮮朝日	南鮮版	1928-11-01	1	01단	不愉快で堪らぬと乘客たちが大不平/移動警察に批難の聲が起る 常軌を逸する取締(お客を侮辱する誠に迷惑千萬だとやめて欲しい鐵道局/大必要保安課長語る)
160917	朝鮮朝日	南鮮版	1928-11-01	1	01단	老齡身に餘る/光榮を辭して朝鮮を空にしてはすまぬと總監御大典參列を拜辭す
160918	朝鮮朝日	南鮮版	1928-11-01	1	03단	新聞關係の敍勳者內定/御大典に際し
160919	朝鮮朝日	南鮮版	1928-11-01	1	03단	白堊の殿堂を繞る人びと(1)/潔癖で硬骨な往年の四天王/內務局長生田淸三郎氏
160920	朝鮮朝日	南鮮版	1928-11-01	1	04단	俳句/鈴木花蓑選
160921	朝鮮朝日	南鮮版	1928-11-01	1	04단	大田道醫院近日中に着工
160922	朝鮮朝日	南鮮版	1928-11-01	1	04단	平南特産品販賣非常な好評
160923	朝鮮朝日	南鮮版	1928-11-01	1	05단	中學生たちが兵士と交って演習
160924	朝鮮朝日	南鮮版	1928-11-01	1	05단	八咫の鏡を模した美しい時計を篤行の朝鮮人に贈る/大阪內鮮協和會の表彰
160925	朝鮮朝日	南鮮版	1928-11-01	1	07단	お茶のあと
160926	朝鮮朝日	南鮮版	1928-11-01	1	07단	一郡一ヶ所補習校設置四年後に完成
160927	朝鮮朝日	南鮮版	1928-11-01	1	07단	威張屋の多い中に是はまた感心な優しく親切な交通巡査/警察部長が感激し表彰
160928	朝鮮朝日	南鮮版	1928-11-01	1	08단	舞踊と音樂の夕べいよいよ迫る
160929	朝鮮朝日	南鮮版	1928-11-01	1	08단	池上總監へ春川が陳情
160930	朝鮮朝日	南鮮版	1928-11-01	1	08단	大邱の菊花展
160931	朝鮮朝日	南鮮版	1928-11-01	1	08단	咸興除隊兵三百名が退鮮
160932	朝鮮朝日	南鮮版	1928-11-01	1	08단	十萬の農民が路頭に迷ふ悲慘/全北の旱害意外に激しい/沙防工事を繰上げて行ふ
160933	朝鮮朝日	南鮮版	1928-11-01	1	09단	釜山の時化冬仕度始まる
160934	朝鮮朝日	南鮮版	1928-11-01	1	10단	紳士賭博の控訴の判決
160935	朝鮮朝日	南鮮版	1928-11-01	1	10단	女の細腕で營業自動車運轉手受驗
160936	朝鮮朝日	南鮮版	1928-11-01	1	10단	會(鼈業講演會)
160937	朝鮮朝日	南鮮版	1928-11-01	1	10단	人(金弼禮女史(全南光州須波安女學校敎諭)/秋葉隆氏(京城大學敎授)/章延吉道尹)
160938	朝鮮朝日	南鮮版	1928-11-01	1	10단	半島茶話
160939	朝鮮朝日	西北・南鮮版	1928-11-01	2	01단	學童の養蠶/非常な興味で飼育に精だし汗で得た金は貯金や運動會費などにあてる
160940	朝鮮朝日	西北・南鮮版	1928-11-01	2	01단	殖産局の諮問を京城商議協議/釜商も附議
160941	朝鮮朝日	西北・南鮮版	1928-11-01	2	01단	雫の聲
160942	朝鮮朝日	西北・南鮮版	1928-11-01	2	01단	安成道路は年內に竣工
160943	朝鮮朝日	西北・南鮮版	1928-11-01	2	02단	慶尚銀行へ鮮銀の融資/制限を解く

일련번호	판명		간행일	면	단수	기사명
160944	朝鮮朝日	西北・南鮮版	1928-11-01	2	02단	酒造原料に鮮米の需要/注文殺到す
160945	朝鮮朝日	西北・南鮮版	1928-11-01	2	02단	麥の實收高/八百七十萬石
160946	朝鮮朝日	西北・南鮮版	1928-11-01	2	03단	成績が良く黃海自動車線路を延長
160947	朝鮮朝日	西北・南鮮版	1928-11-01	2	03단	列車內のストーブに煉炭を使用
160948	朝鮮朝日	西北・南鮮版	1928-11-01	2	03단	京畿の大豆今年は豊作
160949	朝鮮朝日	西北・南鮮版	1928-11-01	2	04단	鎭海の鱈漁不況の原因/慶南が調査
160950	朝鮮朝日	西北・南鮮版	1928-11-01	2	04단	九月京城の物價
160951	朝鮮朝日	西北・南鮮版	1928-11-01	2	04단	浮世草
160952	朝鮮朝日	西北版	1928-11-02	1	01단	落穗集(四十八)/下村海南
160953	朝鮮朝日	西北版	1928-11-02	1	01단	佳き日は迫る!歡喜に浸らんず奉祝の準備は進む
160954	朝鮮朝日	西北版	1928-11-02	1	03단	白堊の殿堂を繞る人びと(2)/見たまゝがあなたの全部/土地改良部長松村松盛氏
160955	朝鮮朝日	西北版	1928-11-02	1	04단	饗饌資格者一萬二千人/功勞者を詮衡
160956	朝鮮朝日	西北版	1928-11-02	1	04단	委員の顏觸でまたも停頓/運送店の合同問題/鐵道局も大事をとる
160957	朝鮮朝日	西北版	1928-11-02	1	04단	朝鮮出身者に御大典講話二名を表彰
160958	朝鮮朝日	西北版	1928-11-02	1	05단	紺綬褒章鮮內拜受者
160959	朝鮮朝日	西北版	1928-11-02	1	05단	童謠/北原白秋選
160960	朝鮮朝日	西北版	1928-11-02	1	06단	沙里院面電の要求全部を西鮮電氣承認
160961	朝鮮朝日	西北版	1928-11-02	1	06단	御大禮記念講話
160962	朝鮮朝日	西北版	1928-11-02	1	06단	不平をいふは特殊なお客だ/移動警察の批難に對し警務局は輕く一蹴
160963	朝鮮朝日	西北版	1928-11-02	1	06단	それぞれの特色を出さうと苦心/十一小學校生が集まるD局の放送學藝會
160964	朝鮮朝日	西北版	1928-11-02	1	07단	中等學校入試撤廢/滿洲側で決議
160965	朝鮮朝日	西北版	1928-11-02	1	07단	心から打とけた內鮮婦人の會
160966	朝鮮朝日	西北版	1928-11-02	1	08단	鳴りやまぬ弓はずの震ふが如き感激/內鮮のあどけなき乙女が歌ひ揃へる調のかずかず
160967	朝鮮朝日	西北版	1928-11-02	1	08단	內鮮齒科醫合同會組織
160968	朝鮮朝日	西北版	1928-11-02	1	08단	官製煉炭を電車で運ぶ/四萬トン內外
160969	朝鮮朝日	西北版	1928-11-02	1	08단	御大禮記念の繪はがきと切手十日から賣出す
160970	朝鮮朝日	西北版	1928-11-02	1	08단	平壤府のバス計劃/時機は不明
160971	朝鮮朝日	西北版	1928-11-02	1	09단	平壤府博物館/古代の石器三百を陳列
160972	朝鮮朝日	西北版	1928-11-02	1	09단	夫人や令孃多數が出演/奉祝演藝會
160973	朝鮮朝日	西北版	1928-11-02	1	09단	各地だより(安東縣/平壤/新義州)
160974	朝鮮朝日	西北版	1928-11-02	1	09단	如何はしき假裝行列は嚴重に取締

일련번호	판명		간행일	면	단수	기사명
160975	朝鮮朝日	西北版	1928-11-02	1	09단	平南の沖合で漁船が顚覆し二十三名が溺死す
160976	朝鮮朝日	西北版	1928-11-02	1	10단	牛疫發生の一圓に互り移出を嚴禁
160977	朝鮮朝日	西北版	1928-11-02	1	10단	鳥獸模樣の樂浪古鏡大同郡で發掘
160978	朝鮮朝日	西北版	1928-11-02	1	10단	卷脚絆姿で平壤の警官府內を取締
160979	朝鮮朝日	西北版	1928-11-02	1	10단	愛機を飛行協會にフ男が寄贈
160980	朝鮮朝日	西北版	1928-11-02	1	10단	人(矢橋良胤氏(大邱日報社副社長)/韓相龍氏(漢城銀行頭取))
160981	朝鮮朝日	西北版	1928-11-02	1	10단	半島茶話
160982	朝鮮朝日	南鮮版	1928-11-02	1	01단	落穗集(四十八)/下村海南
160983	朝鮮朝日	南鮮版	1928-11-02	1	01단	佳き日は迫る！歡喜に浸らんず奉祝の準備は進む
160984	朝鮮朝日	南鮮版	1928-11-02	1	03단	白堊の殿堂を繞る人びと(２)/見たま〉があなたの全部/土地改良部長松村松盛氏
160985	朝鮮朝日	南鮮版	1928-11-02	1	04단	饗饌資格者一萬二千人/功勞者を詮衡
160986	朝鮮朝日	南鮮版	1928-11-02	1	04단	委員の顔觸でまたも停頓/運送店の合同問題/鐵道局も大事をとる
160987	朝鮮朝日	南鮮版	1928-11-02	1	04단	朝鮮出身者に御大典講話/二名を表彰
160988	朝鮮朝日	南鮮版	1928-11-02	1	05단	紺綬褒章鮮內拜受者
160989	朝鮮朝日	南鮮版	1928-11-02	1	05단	童謠/北原白秋選
160990	朝鮮朝日	南鮮版	1928-11-02	1	06단	心から打とけた內鮮婦人の會
160991	朝鮮朝日	南鮮版	1928-11-02	1	06단	不平をいふは特殊なお客だ/移動警察の批難に對し警務局は輕く一蹴
160992	朝鮮朝日	南鮮版	1928-11-02	1	06단	それぞれの特色を出さうと苦心/十一小學校生が集まるD局の放送學藝會
160993	朝鮮朝日	南鮮版	1928-11-02	1	07단	群山の誇り全鮮一の小學校
160994	朝鮮朝日	南鮮版	1928-11-02	1	08단	御大禮記念講話
160995	朝鮮朝日	南鮮版	1928-11-02	1	08단	大邱公會堂急轉直下圓滿に解決
160996	朝鮮朝日	南鮮版	1928-11-02	1	08단	警官の卒業二十六名
160997	朝鮮朝日	南鮮版	1928-11-02	1	08단	大邱瓦斯準備整ひ許可を申請
160998	朝鮮朝日	南鮮版	1928-11-02	1	09단	裡里高女バザー
160999	朝鮮朝日	南鮮版	1928-11-02	1	09단	朝日活寫會/裡里の盛況
161000	朝鮮朝日	南鮮版	1928-11-02	1	09단	御大禮記念の繪はがきと切手十日から賣出す
161001	朝鮮朝日	南鮮版	1928-11-02	1	09단	瀆職郡守に十月の求刑
161002	朝鮮朝日	南鮮版	1928-11-02	1	09단	鳴りやまぬ弓はずの震ふが如き感激/內鮮のあどけなき乙女が歌ひ揃へる調のかずかず
161003	朝鮮朝日	南鮮版	1928-11-02	1	10단	死體遺棄犯懲役の言渡

일련번호	판명		간행일	면	단수	기사명
161004	朝鮮朝日	南鮮版	1928-11-02	1	10단	少年を射つ/雉と見誤って
161005	朝鮮朝日	南鮮版	1928-11-02	1	10단	愛機を飛行協會にフ男が寄贈
161006	朝鮮朝日	南鮮版	1928-11-02	1	10단	會(釜山在鄕軍人會諸式/釜山敬老會)
161007	朝鮮朝日	南鮮版	1928-11-02	1	10단	人(淺利警務局長)
161008	朝鮮朝日	南鮮版	1928-11-02	1	10단	半島茶話
161009	朝鮮朝日	西北・南鮮版	1928-11-02	2	01단	雲巖貯水池を利用する水電/今度は目鼻がつきさう/關係者の意見が一致
161010	朝鮮朝日	西北・南鮮版	1928-11-02	2	01단	三十萬石の減收/全鮮の麥實收高/原因は旱魃と氣溫の激變
161011	朝鮮朝日	西北・南鮮版	1928-11-02	2	01단	商工會議所改正案/釜商が答申
161012	朝鮮朝日	西北・南鮮版	1928-11-02	2	03단	北鮮商銀の合併は認可
161013	朝鮮朝日	西北・南鮮版	1928-11-02	2	03단	釀造用鮮米金澤で好評
161014	朝鮮朝日	西北・南鮮版	1928-11-02	2	03단	文山炭鑛の動力と燈用電興が送電
161015	朝鮮朝日	西北・南鮮版	1928-11-02	2	03단	叺增産を咸南が奬勵/低資も融通
161016	朝鮮朝日	西北・南鮮版	1928-11-02	2	04단	洛東江海苔漁場を擴張
161017	朝鮮朝日	西北・南鮮版	1928-11-02	2	04단	全北の棉作意外の豊況
161018	朝鮮朝日	西北・南鮮版	1928-11-02	2	04단	浮世草
161019	朝鮮朝日	西北版	1928-11-03	1	01단	落穗集(四十九)/下村海南
161020	朝鮮朝日	西北版	1928-11-03	1	01단	二億圓の石炭を空しく海に棄てる/二百八十萬馬力の水力が電化されずにある
161021	朝鮮朝日	西北版	1928-11-03	1	01단	昨年の實收に比し三百萬石の減收/鮮米第二回の豫想
161022	朝鮮朝日	西北版	1928-11-03	1	01단	視學官會議一日に開催
161023	朝鮮朝日	西北版	1928-11-03	1	02단	奉祝の次第平壤が決定
161024	朝鮮朝日	西北版	1928-11-03	1	03단	警備艦常磐八日仁川入港
161025	朝鮮朝日	西北版	1928-11-03	1	03단	平壤府行政區域の擴張
161026	朝鮮朝日	西北版	1928-11-03	1	03단	五、五、六運合委員割當が決定
161027	朝鮮朝日	西北版	1928-11-03	1	04단	楚山慈城間自作嶺改修この程竣工
161028	朝鮮朝日	西北版	1928-11-03	1	04단	四百の人を增し國勢調査の準備/實施期は昭和五年
161029	朝鮮朝日	西北版	1928-11-03	1	04단	早くも始まった冬籠りのお支度/障子張屋さんが引張凧シヤツ類が弗々賣れる
161030	朝鮮朝日	西北版	1928-11-03	1	04단	朝鮮窒素が食言したと總督に陳情
161031	朝鮮朝日	西北版	1928-11-03	1	04단	牛車を見て珍しがる/國境楚山に新道路/大嶺炭嶺の險を見事に突破し蜿々三萬一千メートルが竣工
161032	朝鮮朝日	西北版	1928-11-03	1	05단	御大禮貯金安東局が勸誘
161033	朝鮮朝日	西北版	1928-11-03	1	05단	兒童劇に見入る朝鮮の婦人たち(昨紙參照)
161034	朝鮮朝日	西北版	1928-11-03	1	06단	土曜漫筆/科學者に不似合な實驗なしの結

일련번호	판명		간행일	면	단수	기사명
161034	朝鮮朝日	西北版	1928-11-03	1	06단	論/見合を拒んだ長瀬助教授/大阪朝日京城支局井塚政義
161035	朝鮮朝日	西北版	1928-11-03	1	06단	歸還飛機隊歡迎の準備/各方面が計劃
161036	朝鮮朝日	西北版	1928-11-03	1	06단	佛教聖典教育會に寄贈
161037	朝鮮朝日	西北版	1928-11-03	1	06단	屋外は結氷/淸津の寒さ
161038	朝鮮朝日	西北版	1928-11-03	1	07단	黃海道物産陳列館
161039	朝鮮朝日	西北版	1928-11-03	1	07단	建築物法が無いと折角の都計も机上の空論に終る/內地大連を參酌して制定か
161040	朝鮮朝日	西北版	1928-11-03	1	09단	美形揃ひで踊り拔く/D局實演の夕
161041	朝鮮朝日	西北版	1928-11-03	1	09단	平南の大暴風五十人の漁夫が行方不明/電信電話線が切斷
161042	朝鮮朝日	西北版	1928-11-03	1	09단	雜誌類似で廣告を强要/嚴重に取締
161043	朝鮮朝日	西北版	1928-11-03	1	10단	安東縣の美術展
161044	朝鮮朝日	西北版	1928-11-03	1	10단	噫「若林大尉」平壤で映寫
161045	朝鮮朝日	西北版	1928-11-03	1	10단	短歌/橋田東聲選
161046	朝鮮朝日	西北版	1928-11-03	1	10단	僞造銀貨を大同局で發見
161047	朝鮮朝日	西北版	1928-11-03	1	10단	人(高野平壤憲兵隊長)
161048	朝鮮朝日	西北版	1928-11-03	1	10단	半島茶話
161049	朝鮮朝日	南鮮版	1928-11-03	1	01단	落穗集(四十九)/下村海南
161050	朝鮮朝日	南鮮版	1928-11-03	1	01단	二億圓の石炭を空しく海に棄てる/二百八十萬馬力の水力が電化されずにある
161051	朝鮮朝日	南鮮版	1928-11-03	1	01단	昨年の實收に比し三百萬石の減收/鮮米第二回の豫想
161052	朝鮮朝日	南鮮版	1928-11-03	1	01단	視學官會議一日に開催
161053	朝鮮朝日	南鮮版	1928-11-03	1	02단	五、五、六運合委員割當が決定
161054	朝鮮朝日	南鮮版	1928-11-03	1	03단	忠南道議員二名が任命
161055	朝鮮朝日	南鮮版	1928-11-03	1	03단	群山對岸へ京南鐵進出/明春に起工
161056	朝鮮朝日	南鮮版	1928-11-03	1	03단	土曜漫筆/科學者に不似合な實驗なしの結論/見合を拒んだ長瀬助教授/大阪朝日京城支局井塚政義
161057	朝鮮朝日	南鮮版	1928-11-03	1	04단	新築中の公州郡廳舍十日に竣工
161058	朝鮮朝日	南鮮版	1928-11-03	1	04단	雲巖水電は大體に承認/使用料を徵收
161059	朝鮮朝日	南鮮版	1928-11-03	1	04단	四百の人を增し國勢調査の準備/實施期は昭和五年
161060	朝鮮朝日	南鮮版	1928-11-03	1	04단	早くも始まった冬籠りのお支度/障子張屋さんが引張凧シヤツ類が弗々賣れる
161061	朝鮮朝日	南鮮版	1928-11-03	1	05단	警備艦常磐八日仁川入港
161062	朝鮮朝日	南鮮版	1928-11-03	1	05단	大閤堀の開鑿意外に進捗
161063	朝鮮朝日	南鮮版	1928-11-03	1	05단	府民も馴れた交通整理線成績が良好

일련번호	판명		긴행일	면	단수	기사명
161064	朝鮮朝日	南鮮版	1928-11-03	1	06단	短歌/橋田東聲選
161065	朝鮮朝日	南鮮版	1928-11-03	1	06단	佛教聖典教育會に寄贈
161066	朝鮮朝日	南鮮版	1928-11-03	1	06단	各地だより(公州/統營)
161067	朝鮮朝日	南鮮版	1928-11-03	1	06단	神宮廣場に集り京都の空へ向ひ一同が萬歲を三唱/十七日は盛大な奉祝宴
161068	朝鮮朝日	南鮮版	1928-11-03	1	06단	群山の奉祝催物に補助
161069	朝鮮朝日	南鮮版	1928-11-03	1	07단	靑い鳥は歌ふ/釜山あをやま生
161070	朝鮮朝日	南鮮版	1928-11-03	1	07단	兒童劇に見入る朝鮮の婦人たち(昨紙參照)
161071	朝鮮朝日	南鮮版	1928-11-03	1	07단	晉州農校の改築を陳情
161072	朝鮮朝日	南鮮版	1928-11-03	1	07단	五社會發會式
161073	朝鮮朝日	南鮮版	1928-11-03	1	08단	美形揃ひで踊り拔く/D局實演の夕
161074	朝鮮朝日	南鮮版	1928-11-03	1	08단	十年がゝりで哀れなモヒ患を全癒させ度い願ひ
161075	朝鮮朝日	南鮮版	1928-11-03	1	08단	建築物法が無いと折角の都計も机上の空論に終る/內地大連を參酌して制定か
161076	朝鮮朝日	南鮮版	1928-11-03	1	09단	京城の疫病昨年の二倍
161077	朝鮮朝日	南鮮版	1928-11-03	1	10단	不逞團の巨魁慶北に潛入か
161078	朝鮮朝日	南鮮版	1928-11-03	1	10단	コカイン密輸系統が判明/仁川で發覺
161079	朝鮮朝日	南鮮版	1928-11-03	1	10단	雹まじりの暴風雨/京城の大時化
161080	朝鮮朝日	南鮮版	1928-11-03	1	10단	雜誌類似で廣告を强要/嚴重に取締
161081	朝鮮朝日	南鮮版	1928-11-03	1	10단	會(マンドリン演奏會)
161082	朝鮮朝日	南鮮版	1928-11-03	1	10단	人(淺利警務局長/吉澤作造少將/牧山耕藏氏(朝鮮新聞社長)/井上收氏(極東時報主幹)/高野平壤憲兵隊長)
161083	朝鮮朝日	南鮮版	1928-11-03	1	10단	半島茶話
161084	朝鮮朝日	西北・南鮮版	1928-11-03	2	01단	原田さんの硬球こそ本當の五十の手習ひ/デビースカップの雄者武一選手のおしこみで
161085	朝鮮朝日	西北・南鮮版	1928-11-03	2	01단	鎭南浦の陸揚運賃値下の內容
161086	朝鮮朝日	西北・南鮮版	1928-11-03	2	01단	朝鮮商議改正の協議/新義州商議が
161087	朝鮮朝日	西北・南鮮版	1928-11-03	2	01단	捨賣せねば處置に困る/鰺鯖の豊漁
161088	朝鮮朝日	西北・南鮮版	1928-11-03	2	01단	五ヶ年計劃で麥作の增收/東萊が計劃
161089	朝鮮朝日	西北・南鮮版	1928-11-03	2	02단	鹽漬太刀魚台灣や間島へ
161090	朝鮮朝日	西北・南鮮版	1928-11-03	2	02단	植桑の獎勵/慶南の計劃
161091	朝鮮朝日	西北・南鮮版	1928-11-03	2	03단	群山府の東海岸埋立來春まで中止
161092	朝鮮朝日	西北・南鮮版	1928-11-03	2	03단	京城手形交換高
161093	朝鮮朝日	西北・南鮮版	1928-11-03	2	04단	浮世草
161094	朝鮮朝日	西北版	1928-11-04	1	01단	落穗集(五十)/下村海南
161095	朝鮮朝日	西北版	1928-11-04	1	01단	朝鮮米に移入稅を課してはどうかと食糧

일련번호	판명		간행일	면	단수	기사명
161095	朝鮮朝日	西北版	1928-11-04	1	01단	問題調査會に提案さる/原因は安すぎると
161096	朝鮮朝日	西北版	1928-11-04	1	01단	各國の領事も加はり祝杯を擧げて奉祝の意を表しまつる/明治節の京城府
161097	朝鮮朝日	西北版	1928-11-04	1	01단	白堊の殿堂を繞る人びと(3)/あなたの性格はまづブルドック/殖産局長今村武志さん
161098	朝鮮朝日	西北版	1928-11-04	1	03단	御大禮賜宴使用の林檎またも御下命
161099	朝鮮朝日	西北版	1928-11-04	1	04단	*地方饗饌者一千十六名　會場は公會堂/地方饗饌光榮者*
161100	朝鮮朝日	西北版	1928-11-04	1	04단	御大典の御注意/遙拜は十日
161101	朝鮮朝日	西北版	1928-11-04	1	04단	明治節/各地の奉祝(釜山/新義州)
161102	朝鮮朝日	西北版	1928-11-04	1	05단	父を看護し弟を愛し十三の身そらで一家を支へる少女/教科書編纂員が貰ひ泣き
161103	朝鮮朝日	西北版	1928-11-04	1	05단	水組に對する金利引下/東拓殖銀が
161104	朝鮮朝日	西北版	1928-11-04	1	05단	運合の委員兎も角も決定/人選を一任されて戶田理事が愼重に詮衡
161105	朝鮮朝日	西北版	1928-11-04	1	05단	中等學校の教授を專門家が視察し先生にもメンタルテスト/緊張した視學委員の視察
161106	朝鮮朝日	西北版	1928-11-04	1	07단	營業所を置き切符も發賣する大阪大連間の定期航空/汝矣島に停留所設置
161107	朝鮮朝日	西北版	1928-11-04	1	07단	一億圓突破/鮮銀券の膨脹
161108	朝鮮朝日	西北版	1928-11-04	1	07단	各地だより(平壤/新義州/鎭南浦)
161109	朝鮮朝日	西北版	1928-11-04	1	07단	南浦沖で三百名の生死が不明
161110	朝鮮朝日	西北版	1928-11-04	1	08단	四百に餘る菊花の陳列
161111	朝鮮朝日	西北版	1928-11-04	1	08단	零下十五度/茂山の寒さ
161112	朝鮮朝日	西北版	1928-11-04	1	08단	無鐵砲な安値は我等の口を干す/精米業者の安賣りに賣業者が憤慨
161113	朝鮮朝日	西北版	1928-11-04	1	08단	お米の豫想投票/榮冠は高橋技手/前回の殿りをつとめた三井技師が五席に昇格
161114	朝鮮朝日	西北版	1928-11-04	1	08단	第五回內鮮女子中等學校大音樂會
161115	朝鮮朝日	西北版	1928-11-04	1	09단	十二月の末には一椀のお飯も持たなくなる窮民が京畿道だけで三十五萬人/他鄕に放浪するのが心配
161116	朝鮮朝日	西北版	1928-11-04	1	09단	また牛肺疫昌城に發生
161117	朝鮮朝日	西北版	1928-11-04	1	10단	男子の女裝女子の男裝一切ご法度
161118	朝鮮朝日	西北版	1928-11-04	1	10단	浮浪者狩り/不良を掃蕩
161119	朝鮮朝日	西北版	1928-11-04	1	10단	半島茶話
161120	朝鮮朝日	南鮮版	1928-11-04	1	01단	落穗集(五十)/下村海南
161121	朝鮮朝日	南鮮版	1928-11-04	1	01단	朝鮮米に移入稅を課してはどうかと食糧問題調査會に提案さる/原因は安すぎると

일련번호	판명		간행일	면	단수	기사명
161122	朝鮮朝日	南鮮版	1928-11-04	1	01단	各國の領事も加はり祝杯を擧げて奉祝の意を表しまつる/明治節の京城府
161123	朝鮮朝日	南鮮版	1928-11-04	1	01단	白堊の殿堂を繞る人びと(3)/あなたの性格はまづブルドック/殖産局長今村武志さん
161124	朝鮮朝日	南鮮版	1928-11-04	1	03단	御大禮賜宴使用の林檎またも御下命
161125	朝鮮朝日	南鮮版	1928-11-04	1	04단	明治節/各地の奉祝(釜山/新義州)
161126	朝鮮朝日	南鮮版	1928-11-04	1	04단	御大典の御注意/遙拜は十日
161127	朝鮮朝日	南鮮版	1928-11-04	1	04단	水組に對する金利引下/東拓殖銀が
161128	朝鮮朝日	南鮮版	1928-11-04	1	05단	月尾島を刻む銀製の花瓶/仁川が獻上
161129	朝鮮朝日	南鮮版	1928-11-04	1	05단	朝鮮博覽會/慶南の割當
161130	朝鮮朝日	南鮮版	1928-11-04	1	05단	運合の委員兎も角も決定/人選を一任されて戶田理事が愼重に詮衡
161131	朝鮮朝日	南鮮版	1928-11-04	1	05단	中等學校の教授を專門家が視察し先生にもメンタルテスト/緊張した視學委員の視察
161132	朝鮮朝日	南鮮版	1928-11-04	1	06단	群山新府廳舍三日移轉を了す
161133	朝鮮朝日	南鮮版	1928-11-04	1	07단	一億圓突破/鮮銀券の膨脹
161134	朝鮮朝日	南鮮版	1928-11-04	1	07단	全北旱害地免稅額十九萬餘圓
161135	朝鮮朝日	南鮮版	1928-11-04	1	07단	お米の豫想投票/榮冠は高橋技手/前回の殿りをつとめた三井技師が五席に昇格
161136	朝鮮朝日	南鮮版	1928-11-04	1	08단	十二月の末には一椀のお飯も持たなくなる窮民が京畿道だけで三十五萬人/他鄉に放浪するのが心配
161137	朝鮮朝日	南鮮版	1928-11-04	1	08단	營業所を置き切符も發賣する大阪大連間の定期航空/汝矣島に停留所設置
161138	朝鮮朝日	南鮮版	1928-11-04	1	08단	鎖された扉古代窯元近く開かる
161139	朝鮮朝日	南鮮版	1928-11-04	1	08단	第五回內鮮女子中等學校大音樂會
161140	朝鮮朝日	南鮮版	1928-11-04	1	09단	製藥支店長のモヒ密賣は原審通り判決
161141	朝鮮朝日	南鮮版	1928-11-04	1	09단	會計の惡心/お金を橫領
161142	朝鮮朝日	南鮮版	1928-11-04	1	10단	裏面が怪しい/女子夜學校設立を許さぬ
161143	朝鮮朝日	南鮮版	1928-11-04	1	10단	岡田海相夫人きのふ逝去
161144	朝鮮朝日	南鮮版	1928-11-04	1	10단	會(鎭海高女記念式/エスペラント講習會)
161145	朝鮮朝日	南鮮版	1928-11-04	1	10단	人(兒島商工課長/金谷朝鮮軍司令官/朴泳孝候/松島京畿道警視/生田內務局長)
161146	朝鮮朝日	南鮮版	1928-11-04	1	10단	半島茶話
161147	朝鮮朝日	西北・南鮮版	1928-11-04	2	01단	大して儲らぬ北鮮沿岸の航路/咸鏡線の全通で旅客減少
161148	朝鮮朝日	西北・南鮮版	1928-11-04	2	01단	貸付の利下/平北金組が
161149	朝鮮朝日	西北・南鮮版	1928-11-04	2	01단	平北の麥作昨年より增收
161150	朝鮮朝日	西北・南鮮版	1928-11-04	2	01단	甜菜の豐作で來年の耕地增加を見ん

일련번호	판명		간행일	면	단수	기사명
161151	朝鮮朝日	西北・南鮮版	1928-11-04	2	02단	京城組銀の十月末帳尻
161152	朝鮮朝日	西北・南鮮版	1928-11-04	2	02단	京畿金組帳尻
161153	朝鮮朝日	西北・南鮮版	1928-11-04	2	02단	米豆移出入/仁川十月下旬
161154	朝鮮朝日	西北・南鮮版	1928-11-04	2	02단	百七十萬石/群山移出米
161155	朝鮮朝日	西北・南鮮版	1928-11-04	2	03단	湖南線の出穀遲延で局線貨物減退
161156	朝鮮朝日	西北・南鮮版	1928-11-04	2	03단	南浦商議評議會
161157	朝鮮朝日	西北・南鮮版	1928-11-04	2	03단	平壤專賣局煙草の收納品質は良好
161158	朝鮮朝日	西北・南鮮版	1928-11-04	2	04단	朝鮮煙草重役會
161159	朝鮮朝日	西北・南鮮版	1928-11-04	2	04단	京城仲買人總會
161160	朝鮮朝日	西北・南鮮版	1928-11-04	2	04단	浮世草
161161	朝鮮朝日	西北版	1928-11-06	1	01단	明治節/朝鮮神宮における祝賀式
161162	朝鮮朝日	西北版	1928-11-06	1	01단	落穗集(五十一)/下村海南
161163	朝鮮朝日	西北版	1928-11-06	1	01단	官民よく審議案を練るは非常に必要なこと/電氣事業令の制定
161164	朝鮮朝日	西北版	1928-11-06	1	02단	御買上げの南浦蘋果送付
161165	朝鮮朝日	西北版	1928-11-06	1	03단	進行中の列車も停車/萬歲を祝ふ
161166	朝鮮朝日	西北版	1928-11-06	1	03단	御大禮の根本義/高松宮司放送
161167	朝鮮朝日	西北版	1928-11-06	1	04단	地方饗饌用鯛の注文が各地から殺到
161168	朝鮮朝日	西北版	1928-11-06	1	04단	疲弊した農民がお金に詰って土地を賣り拂ふ/地價が昨年の半額
161169	朝鮮朝日	西北版	1928-11-06	1	04단	人は殖えず仕事は三倍/過勞に悩む郵便現業員/近く增員を計劃
161170	朝鮮朝日	西北版	1928-11-06	1	04단	學童貯金の記念スタンプ/局員から募集
161171	朝鮮朝日	西北版	1928-11-06	1	04단	農改低資肥料代だけ無擔保貸付
161172	朝鮮朝日	西北版	1928-11-06	1	05단	他に有力な買收交涉/沙里院面電買收が停頓
161173	朝鮮朝日	西北版	1928-11-06	1	05단	國境鐵道實現に努力/新義州期成會
161174	朝鮮朝日	西北版	1928-11-06	1	05단	白堊の殿堂を繞る人びと(4)/奧樣に孝行なそれはそれは睦じい/財務局長草間秀雄
161175	朝鮮朝日	西北版	1928-11-06	1	06단	安義の菊花展
161176	朝鮮朝日	西北版	1928-11-06	1	06단	國旗デー/愛婦其他の
161177	朝鮮朝日	西北版	1928-11-06	1	06단	牡丹台野話
161178	朝鮮朝日	西北版	1928-11-06	1	06단	御大典拜觀者で列車はすし詰/三等特急は增結し關釜連絡船は臨時增發
161179	朝鮮朝日	西北版	1928-11-06	1	07단	時事鳥瞰/ほってはおけぬ北鮮資源の開發/民間の接觸を嫌ひがちな當局も考へて欲しい
161180	朝鮮朝日	西北版	1928-11-06	1	07단	各地だより(平壤/安東縣/咸興)
161181	朝鮮朝日	西北版	1928-11-06	1	07단	洪水のための孤子十二名京城に赴く
161182	朝鮮朝日	西北版	1928-11-06	1	08단	第五回內鮮女子中等學校大音樂會
161183	朝鮮朝日	西北版	1928-11-06	1	08단	秋の夕べを飾る乙女たちの奏で內鮮女子

일련번호	판명		간행일	면	단수	기사명
161183	朝鮮朝日	西北版	1928-11-06	1	08단	中等學校音樂大會いよいよ旬日に迫る
161184	朝鮮朝日	西北版	1928-11-06	1	10단	重大事件で雄基署活動
161185	朝鮮朝日	西北版	1928-11-06	1	10단	運動界(山崎孃追悼競技/平南庭球納會)
161186	朝鮮朝日	西北版	1928-11-06	1	10단	半島茶話
161187	朝鮮朝日	南鮮版	1928-11-06	1	01단	明治節/朝鮮神宮における祝賀式
161188	朝鮮朝日	南鮮版	1928-11-06	1	01단	落穗集(五十一)/下村海南
161189	朝鮮朝日	南鮮版	1928-11-06	1	01단	官民よく審議案を練るは非常に必要なこと/電氣事業令の制定
161190	朝鮮朝日	南鮮版	1928-11-06	1	02단	進行中の列車も停車/萬歲を祝ふ
161191	朝鮮朝日	南鮮版	1928-11-06	1	03단	御大禮の根本義/高松宮司放送
161192	朝鮮朝日	南鮮版	1928-11-06	1	04단	地方饗饌用鯛の注文が各地から殺到
161193	朝鮮朝日	南鮮版	1928-11-06	1	04단	退學生の復校前例がない/李學務局長談
161194	朝鮮朝日	南鮮版	1928-11-06	1	04단	人は殖えず仕事は三倍/過勞に惱む郵便現業員/近く增員を計劃
161195	朝鮮朝日	南鮮版	1928-11-06	1	04단	配備驅逐艦釜山に入港
161196	朝鮮朝日	南鮮版	1928-11-06	1	04단	時事鳥瞰/ほってはおけぬ北鮮資源の開發/民間の接觸を嫌ひがちな當局も考へて欲しい
161197	朝鮮朝日	南鮮版	1928-11-06	1	05단	白堊の殿堂を繞る人びと(4)/奧樣に孝行なそれはそれは睦じい/財務局長草間秀雄
161198	朝鮮朝日	南鮮版	1928-11-06	1	05단	輕い貨物の列車輸送がだんだん增加
161199	朝鮮朝日	南鮮版	1928-11-06	1	05단	大邱藥令市場移轉の噂/反對の火の手
161200	朝鮮朝日	南鮮版	1928-11-06	1	06단	春川自動車競走
161201	朝鮮朝日	南鮮版	1928-11-06	1	06단	雉追ふ人で大賑ひ/全北の本場
161202	朝鮮朝日	南鮮版	1928-11-06	1	06단	御大典拜觀者で列車はすし詰/三等特急は增結し關釜連絡船は臨時增發
161203	朝鮮朝日	南鮮版	1928-11-06	1	07단	第五回內鮮女子中等學校大音樂會
161204	朝鮮朝日	南鮮版	1928-11-06	1	07단	如何はしい學術教習所解散を命ず
161205	朝鮮朝日	南鮮版	1928-11-06	1	08단	秋の夕べを飾る乙女たちの奏で內鮮女子中等學校音樂大會いよいよ旬日に迫る
161206	朝鮮朝日	南鮮版	1928-11-06	1	09단	不穩分子檢束/御大典も迫り
161207	朝鮮朝日	南鮮版	1928-11-06	1	10단	二隻の機船漂流中を救助
161208	朝鮮朝日	南鮮版	1928-11-06	1	10단	洪水のための孤兒十二名京城に赴く
161209	朝鮮朝日	南鮮版	1928-11-06	1	10단	運動界(山崎孃追悼競技/南鮮庭球大會/城大劍道部遠征)
161210	朝鮮朝日	南鮮版	1928-11-06	1	10단	人(李趁鎬氏(朝鮮學務局長)/岡本平壤覆審法院長/町野武馬氏(故張霖氏軍事顧問)/五島順吉氏(釜山實業家)/賀田直治氏(東京實業家)/佐藤安之助少將/品川基幸氏(大邱日

일련번호	판명		간행일	면	단수	기사명
161210	朝鮮朝日	南鮮版	1928-11-06	1	10단	報營業局長)/松浦城大總長/石鎭衡氏(全南知事)/富田儀作氏(鎭南浦實業家)/谷多喜曆氏(平安北道知事))
161211	朝鮮朝日	南鮮版	1928-11-06	1	10단	半島茶話
161212	朝鮮朝日	西北・南鮮版	1928-11-06	2	01단	御大典にちなむおもちゃの數々/乘物、人形、畵帖、羽子板等
161213	朝鮮朝日	西北・南鮮版	1928-11-06	2	01단	雲助異考/朝鮮風土記の著者へ/鈴鹿茂樹
161214	朝鮮朝日	西北・南鮮版	1928-11-06	2	02단	アービン藤井氏の飜譯
161215	朝鮮朝日	西北・南鮮版	1928-11-06	2	03단	海苔販賣の差別改善/當業者が協議
161216	朝鮮朝日	西北・南鮮版	1928-11-06	2	03단	山林總會大邱で開催
161217	朝鮮朝日	西北・南鮮版	1928-11-06	2	03단	价川江界間貨物自動車十日から開通
161218	朝鮮朝日	西北・南鮮版	1928-11-06	2	03단	農産品評會/義州農校の催
161219	朝鮮朝日	西北・南鮮版	1928-11-06	2	04단	全滿商議に安東が提出
161220	朝鮮朝日	西北・南鮮版	1928-11-06	2	04단	大連汽船終航
161221	朝鮮朝日	西北・南鮮版	1928-11-06	2	04단	慶南の米作豫想より減收
161222	朝鮮朝日	西北・南鮮版	1928-11-06	2	04단	慶北物産展/協贊會活躍/歡樂場を現出
161223	朝鮮朝日	西北・南鮮版	1928-11-06	2	05단	京城女高普のバザー
161224	朝鮮朝日	西北・南鮮版	1928-11-06	2	05단	軟調ながら石炭の荷動相當に多い
161225	朝鮮朝日	西北・南鮮版	1928-11-06	2	06단	春蠶共販高/六十一萬圓
161226	朝鮮朝日	西北・南鮮版	1928-11-06	2	07단	御大禮記念漁村の設置/慶南の計劃
161227	朝鮮朝日	西北・南鮮版	1928-11-06	2	07단	裡里商銀の新築
161228	朝鮮朝日	西北・南鮮版	1928-11-06	2	07단	平壤商議評議會
161229	朝鮮朝日	西北・南鮮版	1928-11-06	2	07단	浮世草
161230	朝鮮朝日	西北版	1928-11-07	1	01단	肅々と練り進む 鳳輦の轍の音まで目のあたり拜するやう京城放送局の中繼は成功/菊花を翳してみやびやかに舞ふ平壤妓生の御大典記念舞/奉祝氣分橫溢す/御大典參列高官の群れ 連絡船大賑/記念木杯を配布/奉祝音樂會
161231	朝鮮朝日	西北版	1928-11-07	1	01단	落穗集(五十二)/下村海南
161232	朝鮮朝日	西北版	1928-11-07	1	05단	俳句/鈴木花蓑選
161233	朝鮮朝日	西北版	1928-11-07	1	05단	東京御發輦の電送寫眞/飛行機で大阪より發送/門司支局で號外として發行す
161234	朝鮮朝日	西北版	1928-11-07	1	06단	大雨もなんのそのお道筋で夜明し鹵簿を拜觀せんとして京都はたゞもう人の波/空中輸送で御大典映畫を七日から各地で公開
161235	朝鮮朝日	西北版	1928-11-07	1	07단	勞農露國革命記念日/領事館の祝賀
161236	朝鮮朝日	西北版	1928-11-07	1	07단	御大典映畫公開/聖上、皇后兩陛下東京御發輦の御模樣/竝に御大典ニュース

일련번호	판명		간행일	면	단수	기사명
161237	朝鮮朝日	西北版	1928-11-07	1	08단	刑務所の製作品が安いと知れたら我々商人が困ると商業會議所が抗議を提出
161238	朝鮮朝日	西北版	1928-11-07	1	09단	蔚山飛行場開場式來月に擧行
161239	朝鮮朝日	西北版	1928-11-07	1	09단	またも列車妨害/安奉線で發見
161240	朝鮮朝日	西北版	1928-11-07	1	09단	十六名が行方不明/漁船の遭難
161241	朝鮮朝日	西北版	1928-11-07	1	10단	新義州刑務所看守が自殺/人世を悲觀し
161242	朝鮮朝日	西北版	1928-11-07	1	10단	道立咸興病院病棟を燒く/患者は無事
161243	朝鮮朝日	西北版	1928-11-07	1	10단	濟南派遣の平壤飛機隊四日に歸還
161244	朝鮮朝日	西北版	1928-11-07	1	10단	平壤蔚山間飛行演習擧行
161245	朝鮮朝日	西北版	1928-11-07	1	10단	半島茶話
161246	朝鮮朝日	南鮮版	1928-11-07	1	01단	*肅々と練り進む 鳳輦の轍の音まで目のあたり拜するやう 京城放送局の中繼は成功/菊花を翳してみやびかに舞ふ平壤妓生の御大典記念舞/御大典參列高官の群れ 連絡船大賑/奉祝音樂會*
161247	朝鮮朝日特別號外	南鮮版	1928-11-07	1	01단	落穗集(五十二)/下村海南
161248	朝鮮朝日特別號外	南鮮版	1928-11-07	1	05단	*大雨もなんのそのお道筋で夜明し鹵簿を拜觀せんとして京都はたゞもう人の波/空中輸送で御大典映畫を七日から各地で公開*
161249	朝鮮朝日	南鮮版	1928-11-07	1	05단	東京御發輦の電送寫眞/飛行機で大阪より發送/門司支局で號外として發行す
161250	朝鮮朝日	南鮮版	1928-11-07	1	07단	釜山南港埋立起工二十日擧行
161251	朝鮮朝日	南鮮版	1928-11-07	1	07단	御大典映畫公開/聖上、皇后兩陛下東京御發輦の御模樣/竝に御大典ニュース
161252	朝鮮朝日	南鮮版	1928-11-07	1	08단	京城書畫展覽會
161253	朝鮮朝日	南鮮版	1928-11-07	1	08단	釜山、大邱の兩中學對抗演習を擧行
161254	朝鮮朝日	南鮮版	1928-11-07	1	08단	俳句/鈴木花蓑選
161255	朝鮮朝日	南鮮版	1928-11-07	1	08단	仁川商營內生活
161256	朝鮮朝日	南鮮版	1928-11-07	1	09단	刑務所の製作品が安いと知れたら我々商人が困ると商業會議所が抗議を提出
161257	朝鮮朝日	南鮮版	1928-11-07	1	09단	勞農露國革命期念日/領事館の祝賀
161258	朝鮮朝日	南鮮版	1928-11-07	1	09단	蔚山飛行場開場式來月に擧行
161259	朝鮮朝日	南鮮版	1928-11-07	1	09단	平壤蔚山間飛行演習擧行
161260	朝鮮朝日	南鮮版	1928-11-07	1	10단	佛教團路傍傳道
161261	朝鮮朝日	南鮮版	1928-11-07	1	10단	徽文高普の盟休解決か/生徒も折れる
161262	朝鮮朝日	南鮮版	1928-11-07	1	10단	覆面の强盜妻女を斬り夫に捕はる
161263	朝鮮朝日	南鮮版	1928-11-07	1	10단	人(精神修養講話會)
161264	朝鮮朝日	南鮮版	1928-11-07	1	10단	半島茶話

일련번호	판명		간행일	면	단수	기사명
161265	朝鮮朝日	西北・南鮮版	1928-11-07	2	01단	雲助異考/朝鮮風土記の著者へ/鈴鹿茂樹
161266	朝鮮朝日	西北・南鮮版	1928-11-07	2	02단	あんまり獲れて魚價の暴落が氣遣はれる鯖漁業/朝鮮沿海の大活況
161267	朝鮮朝日	西北・南鮮版	1928-11-07	2	03단	ぶりの大漁一萬尾に達す
161268	朝鮮朝日	西北・南鮮版	1928-11-07	2	03단	東津水利水稅の割當/出し頭は東拓
161269	朝鮮朝日	西北・南鮮版	1928-11-07	2	04단	手形交換高
161270	朝鮮朝日	西北・南鮮版	1928-11-07	2	04단	十一月煙草製造
161271	朝鮮朝日	西北・南鮮版	1928-11-07	2	04단	浮世草
161272	朝鮮朝日	西北版	1928-11-08	1	01단	奉祝 御發輦と奉祝の新聞と活動寫眞を飛行機二台を飛ばし滿鮮の主要都市へ配布 我が社の空中新聞輸送成功す/御大禮の活寫全鮮に魁けて七日晝釜山で公開 同夜更に京城大邱で/更に平壤に飛來寫眞號外を速達/脫帽して映畵を拜觀/御大典活寫 平壤と南浦で/菊花て裝ふ花電車五台を運轉/記念の繪はがき十日から賣出/御大典奉祝生花會
161273	朝鮮朝日	西北版	1928-11-08	1	01단	落穗集(五十三)/下村海南
161274	朝鮮朝日	西北版	1928-11-08	1	05단	奉祝氣分が溢れる憂身を窶す假裝行列
161275	朝鮮朝日	西北版	1928-11-08	1	05단	行政區域の擴張を調査/本府から出張
161276	朝鮮朝日	西北版	1928-11-08	1	05단	喜びの歌に交って逝く秋を偲び乙女の感傷を歌ふ/女子中等校音樂大會は迫る
161277	朝鮮朝日	西北版	1928-11-08	1	06단	除隊兵の土着希望者警官を志願
161278	朝鮮朝日	西北版	1928-11-08	1	07단	濟南から歸った(平壤飛行隊)
161279	朝鮮朝日	西北版	1928-11-08	1	08단	御大典映畵公開/兩陛下行幸啓の御模樣/ならびに御大典ニュース
161280	朝鮮朝日	西北版	1928-11-08	1	08단	米大統領選擧フーバー氏當選/民主黨スミス氏大敗
161281	朝鮮朝日	西北版	1928-11-08	1	08단	民謠/北原白秋選
161282	朝鮮朝日	西北版	1928-11-08	1	09단	運動界(麻雀の競技/西鮮卓球會)
161283	朝鮮朝日	西北版	1928-11-08	1	09단	法制局の審議を無事に通った朝鮮の新銀行令/月末までに勅令で公布か
161284	朝鮮朝日	西北版	1928-11-08	1	09단	京取株の北濱上場/仲買人が希望
161285	朝鮮朝日	西北版	1928-11-08	1	10단	牡丹台野話
161286	朝鮮朝日	西北版	1928-11-08	1	10단	故延吉道尹陶氏の葬儀
161287	朝鮮朝日	西北版	1928-11-08	1	10단	南大門校記念祭
161288	朝鮮朝日	西北版	1928-11-08	1	10단	飛び降りて普校生が轢死
161289	朝鮮朝日	西北版	1928-11-08	1	10단	人(関健植男(中樞院參議)/今村武志氏(殖産局長)/水口隆三氏(慶尙南道知事)/內村安太郎氏(平壤慈惠醫院長))
161290	朝鮮朝日	南鮮版	1928-11-08	1	01단	奉祝 御發輦と奉祝の新聞と活動寫眞を飛

일련번호	판명		간행일	면	단수	기사명
161290	朝鮮朝日	南鮮版	1928-11-08	1	01단	行機二台を飛ばし滿鮮の主要都市へ配布/我が社の空中新聞輸送成功す/御大禮の活寫全鮮に魁けて七日晝釜山で公開 同夜更に京城大邱で/更に平壤に飛來寫眞號外を速達/脫帽して映畫を拜觀/御大典活寫 平壤と南浦で/菊花て裝ふ花電車五台を運轉/記念の繪はがき十日から賣出/火の海旗の波 京城の大行列/儀禮艦常磐仁川に入港
161291	朝鮮朝日	南鮮版	1928-11-08	1	01단	落穗集(五十三)/下村海南
161292	朝鮮朝日	南鮮版	1928-11-08	1	05단	奉祝氣分が溢れる憂身を窶す假裝行列
161293	朝鮮朝日	南鮮版	1928-11-08	1	06단	養老院に惠恤金送付/慶福會から
161294	朝鮮朝日	南鮮版	1928-11-08	1	06단	米大統領選擧フーバー氏當選/民主黨スミス氏大敗
161295	朝鮮朝日	南鮮版	1928-11-08	1	07단	秋晴の十月朝鮮神宮の參拜者增加
161296	朝鮮朝日	南鮮版	1928-11-08	1	08단	御大典映畫公開/兩陛下行幸啓の御模樣/ならびに御大典ニュース
161297	朝鮮朝日	南鮮版	1928-11-08	1	08단	喜びの歌に交って逝く秋を偲び乙女の感傷を歌ふ/女子中等校音樂大會は迫る
161298	朝鮮朝日	南鮮版	1928-11-08	1	08단	法制局の審議を無事に通った朝鮮の新銀行令/月末までに勅令で公布か
161299	朝鮮朝日	南鮮版	1928-11-08	1	08단	民謠/北原白秋選
161300	朝鮮朝日	南鮮版	1928-11-08	1	08단	京取株の北濱上場/仲買人が希望
161301	朝鮮朝日	南鮮版	1928-11-08	1	09단	南大門校記念祭
161302	朝鮮朝日	南鮮版	1928-11-08	1	09단	運動界(全鮮ゴルフ競技)
161303	朝鮮朝日	南鮮版	1928-11-08	1	10단	金訓導が選に當って御大典拜觀
161304	朝鮮朝日	南鮮版	1928-11-08	1	10단	既得權から水爭ひ一紛糾せん
161305	朝鮮朝日	南鮮版	1928-11-08	1	10단	老婆の怪死
161306	朝鮮朝日	南鮮版	1928-11-08	1	10단	飛び降りて普校生が轢死
161307	朝鮮朝日	南鮮版	1928-11-08	1	10단	乞食狩り
161308	朝鮮朝日	南鮮版	1928-11-08	1	10단	人(閔健植男(中樞院參議)/今村武志氏(殖産局長)/水口隆三氏(慶尙南道知事)/須藤慶北知事/谷平北知事)
161309	朝鮮朝日	西北・南鮮版	1928-11-08	2	01단	こゝ當分はお許が出ぬ/仁川米豆の期間延長/一般方針の確定をまつ
161310	朝鮮朝日	西北・南鮮版	1928-11-08	2	01단	低資を融通して不良水組を救濟 資金を預金部に仰ぐ
161311	朝鮮朝日	西北・南鮮版	1928-11-08	2	01단	鎭南浦の寄附金問題/教育費に繰入
161312	朝鮮朝日	西北・南鮮版	1928-11-08	2	01단	全鮮水産會總會釜山で開催/運搬船取締 總督に建議/水産會館は京城に設置
161313	朝鮮朝日	西北・南鮮版	1928-11-08	2	02단	鮮産木材の使用を要望/新義州營業者

일련번호	판명		간행일	면	단수	기사명
161314	朝鮮朝日	西北・南鮮版	1928-11-08	2	03단	慶南咸安の電氣事業は近く着工か
161315	朝鮮朝日	西北・南鮮版	1928-11-08	2	03단	甜菜の採取/平鐵の活躍
161316	朝鮮朝日	西北・南鮮版	1928-11-08	2	03단	低資による肥料の購入/二割を增す
161317	朝鮮朝日	西北・南鮮版	1928-11-08	2	04단	十月中の局線の收入三百二十萬圓
161318	朝鮮朝日	西北・南鮮版	1928-11-08	2	04단	金剛山電鐵決算
161319	朝鮮朝日	西北・南鮮版	1928-11-08	2	04단	畜牛肥育試驗
161320	朝鮮朝日	西北・南鮮版	1928-11-08	2	04단	浮世草
161321	朝鮮朝日	西北版	1928-11-09	1	01단	*奉祝 千載一遇の昌期に際して池上政務總監謹話/感慨も深げに盛儀を待つ朝鮮の高官たち　朴泳孝候喜びに浸る/天盃の傳達十日に行ふ/銀行もお休み/朝鮮神宮で御卽位式の時を待つ京城の官民/國際的な東洋劇行列 奉祝中の異彩/刑務所からも一齊に萬歲の聲 赤餠を配って奉祝/奉祝ポスター展*
161322	朝鮮朝日	西北版	1928-11-09	1	01단	卽位大禮に際して山梨總督謹話
161323	朝鮮朝日	西北版	1928-11-09	1	04단	短歌/橋田東聲選
161324	朝鮮朝日	西北版	1928-11-09	1	06단	落穗集(五十四)/下村海南
161325	朝鮮朝日	西北版	1928-11-09	1	07단	朝鮮が生んだ舞踊の二孃漠一行と公演
161326	朝鮮朝日	西北版	1928-11-09	1	07단	舍人場順川開通の結果鑛山が復活
161327	朝鮮朝日	西北版	1928-11-09	1	07단	濟南出動隊凱旋祝賀會
161328	朝鮮朝日	西北版	1928-11-09	1	07단	局員總出で貯金の勸誘/平壤郵便局
161329	朝鮮朝日	西北版	1928-11-09	1	07단	二頁の號外發行/鹵簿御着の寫眞號外
161330	朝鮮朝日	西北版	1928-11-09	1	08단	御大典の模樣を目に見るやう聞き得るとあってラヂオの申込が一時に殺到
161331	朝鮮朝日	西北版	1928-11-09	1	08단	荷主たちから裏切られた商議/運合を時機尚早と今度も固く執って動かぬ
161332	朝鮮朝日	西北版	1928-11-09	1	09단	好奇心も手傳ひ相當に賣れる「菊花」と「コロネーション」/奉祝氣分に連れ增加せん
161333	朝鮮朝日	西北版	1928-11-09	1	09단	白善行記念館
161334	朝鮮朝日	西北版	1928-11-09	1	09단	大雪/間島に降る
161335	朝鮮朝日	西北版	1928-11-09	1	09단	新聞電報の至急報取扱七日から開始
161336	朝鮮朝日	西北版	1928-11-09	1	10단	濟南出動隊の支那語研究/歸營後も繼續
161337	朝鮮朝日	西北版	1928-11-09	1	10단	卷脚絆で萬一を警む平壤警察署
161338	朝鮮朝日	西北版	1928-11-09	1	10단	撫順の牛疫平北が警戒
161339	朝鮮朝日	西北版	1928-11-09	1	10단	國境道路の自動車運轉渭原に延長
161340	朝鮮朝日	西北版	1928-11-09	1	10단	同仁水組の防潮堤破損
161341	朝鮮朝日	西北版	1928-11-09	1	10단	坑夫の卽死/索條が切斷し
161342	朝鮮朝日	南鮮版	1928-11-09	1	01단	*奉祝 千載一遇の昌期に際して池上政務總監謹話/感慨も深げに盛儀を待つ朝鮮の高*

일련번호	판명		간행일	면	단수	기사명
161342	朝鮮朝日	南鮮版	1928-11-09	1	01단	官たち 朴泳孝候喜びに浸る/儀禮驅逐艦釜山に入港/佳き日をまつ釜山の奉祝 用意が整ふ/奉祝催物の準備が整ふ仁川の各町/奉祝の爭曲會/銀行もお休み/朝鮮神宮で御卽位式の時を待つ京城の官民/國際的な東洋劇行列 奉祝中の異彩/大邱奉祝音樂會/刑務所からも一齊萬歲の聲 赤餅を配って奉祝/御大典活寫 大邱の盛況
161343	朝鮮朝日	南鮮版	1928-11-09	1	01단	卽位大禮に際して山梨總督謹話
161344	朝鮮朝日	南鮮版	1928-11-09	1	06단	落穗集(五十四)/下村海南
161345	朝鮮朝日	南鮮版	1928-11-09	1	07단	短歌/橋田東聲選
161346	朝鮮朝日	南鮮版	1928-11-09	1	07단	御大禮中は本町通りの交通を制限
161347	朝鮮朝日	南鮮版	1928-11-09	1	07단	二頁の號外發行/鹵簿御着の寫眞號外
161348	朝鮮朝日	南鮮版	1928-11-09	1	08단	迫間氏一人が土地買收の交渉に應ぜぬ
161349	朝鮮朝日	南鮮版	1928-11-09	1	08단	御大典の模樣を目に見るやう聞き得るとあってラヂオの申込が一時に殺到
161350	朝鮮朝日	南鮮版	1928-11-09	1	08단	荷主たちから裏切られた商議/運合を時機尚早と今度も固く執って動かぬ
161351	朝鮮朝日	南鮮版	1928-11-09	1	09단	好奇心も手傳ひ相當に賣れる「菊花」と「コロネーション」/奉祝氣分に連れ增加せん
161352	朝鮮朝日	南鮮版	1928-11-09	1	09단	朝鮮が生んだ舞踊の二孃漢一行と公演
161353	朝鮮朝日	南鮮版	1928-11-09	1	09단	新聞電報の至急報取扱七日から開始
161354	朝鮮朝日	南鮮版	1928-11-09	1	10단	朝鮮人たちの入所も許す/大邱靑訓所
161355	朝鮮朝日	南鮮版	1928-11-09	1	10단	英國軍艦が釜山に入港
161356	朝鮮朝日	南鮮版	1928-11-09	1	10단	運動界(大邱商業優勝す)
161357	朝鮮朝日	南鮮版	1928-11-09	1	10단	人(孫蔭蘭氏(中華民國領事)/青木戒三氏(平南知事)/櫻井源之助少將(鎭海要塞司令官)/山本條太郎氏(滿鐵社長)/杉村逸樓氏(釜山地方法院檢事正)/兒玉右二代議士/甘蔗總督秘書官)
161358	朝鮮朝日	西北・南鮮版	1928-11-09	2	01단	退職金の基金を協會に集め有無相通ぜしむる金組協會の初事業
161359	朝鮮朝日	西北・南鮮版	1928-11-09	2	01단	モヒを專賣にし治療費も增し十ヶ年に五千人の中毒患者を全滅さす計劃
161360	朝鮮朝日	西北・南鮮版	1928-11-09	2	01단	煙草耕作者に交付の補助二十七萬圓
161361	朝鮮朝日	西北・南鮮版	1928-11-09	2	01단	十三萬圓を五十七面の小農に貸付
161362	朝鮮朝日	西北・南鮮版	1928-11-09	2	01단	勤めの人も利用できる京城バスが時間を變更
161363	朝鮮朝日	西北・南鮮版	1928-11-09	2	02단	咸興驛に上屋を建築/十日に落成

일련번호	판명		간행일	면	단수	기사명
161364	朝鮮朝日	西北・南鮮版	1928-11-09	2	02단	銀行集會所理事が決定
161365	朝鮮朝日	西北・南鮮版	1928-11-09	2	02단	朝鮮博への平北の出品ほゞ決定す
161366	朝鮮朝日	西北・南鮮版	1928-11-09	2	03단	商議聯合會に鮮産品充當/新義州が提議
161367	朝鮮朝日	西北・南鮮版	1928-11-09	2	03단	前月よりも檢擧率增加/平壤署の成績
161368	朝鮮朝日	西北・南鮮版	1928-11-09	2	03단	平壤郵便局爲替と貯金/十月中成績
161369	朝鮮朝日	西北・南鮮版	1928-11-09	2	04단	畜牛の預託十郡に實施
161370	朝鮮朝日	西北・南鮮版	1928-11-09	2	04단	鳳山種牛品評會
161371	朝鮮朝日	西北・南鮮版	1928-11-09	2	04단	元山手形交換高
161372	朝鮮朝日	西北・南鮮版	1928-11-09	2	04단	新刊紹介(『同民』/『極東時報』)
161373	朝鮮朝日	西北・南鮮版	1928-11-09	2	04단	浮世草
161374	朝鮮朝日	西北版	1928-11-10	1	02단	菊花薫る佳き日 君萬歳の聲高く半島の山河歡喜に搖ぐ 今日し目出度き御卽位式/總監の發聲で遙に東を拜し天にも響けと萬歳を三唱す 地方饗饌の式次が決定/天盃の傳達 十日安東で/福溪の奉祝氣分/昔ゆかしき官妓の禮装客席に侍る/一萬餘人が踊り拔く京城の大賑ひ/色とりどりの催しで湧き返る平壤/趣向を凝す海州の奉祝/支那人側が大龍を造り平壤を練廻る/御大典映畫七回の公開 平壤の大成功
161375	朝鮮朝日	西北版	1928-11-10	1	06단	落穗集(五十五)/下村海南
161376	朝鮮朝日	西北版	1928-11-10	1	09단	沙里院面電の讓渡打切/西鮮電に通牒
161377	朝鮮朝日	西北版	1928-11-10	1	09단	飛機とは思へぬ淸楚な客室と設備の完全に驚く/コメットの見學で賑ふ
161378	朝鮮朝日	西北版	1928-11-10	1	10단	私財を投じ普校を設置/紺綬褒章拜受
161379	朝鮮朝日	西北版	1928-11-10	1	10단	船舶試驗木浦で施行
161380	朝鮮朝日	西北版	1928-11-10	1	10단	雪で淸めた沙里院の町
161381	朝鮮朝日	西北版	1928-11-10	1	10단	不穩學生大檢擧/高普が大部分
161382	朝鮮朝日	西北版	1928-11-10	1	10단	俳句/鈴木花蓑選
161383	朝鮮朝日	南鮮版	1928-11-10	1	02단	菊花薫る佳き日 君萬歳の聲高く半島の山河歡喜に搖ぐ 今日し目出度き御卽位式/總監の發聲で遙に東を拜し天にも響けと萬歳を三唱す 地方饗饌の式次が決定/一萬餘人が踊り拔く京城の大賑ひ/福溪の奉祝氣分/昔ゆかしき官妓の禮装客席に侍る/巡査部長が地方饗饌の光榮に浴す/心の底から溢出る喜び 淸州の奉祝/馬山の奉祝/高官連の上洛も終り釜山は閑散/御大典映畫大田の盛況/仁川も盛況 二回繰返す
161384	朝鮮朝日	南鮮版	1928-11-10	1	06단	落穗集(五十五)/下村海南

일련번호	판명		간행일	면	단수	기사명
161385	朝鮮朝日	南鮮版	1928-11-10	1	08단	三木氏個人展
161386	朝鮮朝日	南鮮版	1928-11-10	1	09단	鐵道局友洋畫展
161387	朝鮮朝日	南鮮版	1928-11-10	1	09단	船舶試驗木浦で施行
161388	朝鮮朝日	南鮮版	1928-11-10	1	09단	雪で清めた沙里院の町
161389	朝鮮朝日	南鮮版	1928-11-10	1	09단	群山二普校明年に分離
161390	朝鮮朝日	南鮮版	1928-11-10	1	10단	高氏夫妻の舞踊と音樂京城で上演
161391	朝鮮朝日	南鮮版	1928-11-10	1	10단	俳句/鈴木花蓑選
161392	朝鮮朝日	南鮮版	1928-11-10	1	10단	陸軍大臣から表彰された古谷松次郎氏
161393	朝鮮朝日	南鮮版	1928-11-10	1	10단	收賄郡守に懲役の判決
161394	朝鮮朝日	南鮮版	1928-11-10	1	10단	不穩學生大檢擧/高普が大部分
161395	朝鮮朝日	南鮮版	1928-11-10	1	10단	馬山の小火
161396	朝鮮朝日	西北・南鮮版	1928-11-10	2	01단	組合員外の預金は取扱ができぬ/金融組合令の改正/金融調査會の審議終る
161397	朝鮮朝日	西北・南鮮版	1928-11-10	2	01단	面白くて爲になるメートル展
161398	朝鮮朝日	西北・南鮮版	1928-11-10	2	01단	水産貿易一億圓突破/全鮮で祝賀
161399	朝鮮朝日	西北・南鮮版	1928-11-10	2	01단	群山府が二面の併合意向を質す
161400	朝鮮朝日	西北・南鮮版	1928-11-10	2	02단	肥料低資貸出高/六百三十萬圓
161401	朝鮮朝日	西北・南鮮版	1928-11-10	2	02단	慶北物産展觀衆が殺到
161402	朝鮮朝日	西北・南鮮版	1928-11-10	2	02단	北靑忠州兩電料金の値下許可される
161403	朝鮮朝日	西北・南鮮版	1928-11-10	2	02단	朝鮮電興が平北へ送電許可される
161404	朝鮮朝日	西北・南鮮版	1928-11-10	2	02단	煙草會社社長の後任井上氏を推擧
161405	朝鮮朝日	西北・南鮮版	1928-11-10	2	03단	南浦京城間二重通信法/本月中に竣工
161406	朝鮮朝日	西北・南鮮版	1928-11-10	2	03단	朝鮮冷藏庫株式で復活
161407	朝鮮朝日	西北・南鮮版	1928-11-10	2	03단	大邱公會堂敷地が決定
161408	朝鮮朝日	西北・南鮮版	1928-11-10	2	03단	全北春鼈種四萬六千校
161409	朝鮮朝日	西北・南鮮版	1928-11-10	2	03단	お米が一等/京都大禮博出品の投票
161410	朝鮮朝日	西北・南鮮版	1928-11-10	2	04단	慶北の計劃/鼈繭五萬石突破の喜び
161411	朝鮮朝日	西北・南鮮版	1928-11-10	2	04단	種籾の心配/京畿道が用意
161412	朝鮮朝日	西北・南鮮版	1928-11-10	2	04단	滿洲炭入荷高
161413	朝鮮朝日	西北・南鮮版	1928-11-10	2	04단	浮世草
161414	朝鮮朝日	西北版	1928-11-11	1	01단	*萬歳の聲は高く遠く都大路に響き渡り歡喜巷に滿ちみつ不夜城と化した大京城/動くもの皆留まり人々は東を望み神秘な靜寂に包まれ萬歳奉唱の時をまった/高齢者天盃傳達/聖恩に感激 八百の高齢者/文廟先哲に祭粢御下賜*
161415	朝鮮朝日	西北版	1928-11-11	1	05단	*神代ながらの微かな鈴の音 私は感激に震ひました 申忠北知事謹み語る/貴紙を通じて道民の總べてへ我等の感激を傳へて欲しい 靑木平*

일련번호	판명		간행일	면	단수	기사명
161415	朝鮮朝日	西北版	1928-11-11	1	05단	南知事謹話/御下賜金の使途は愼重に考慮し聖旨に副ひ奉りたい 山梨總督謹話
161416	朝鮮朝日	西北版	1928-11-11	1	06단	各地の奉祝/恩赦 減刑さるゝ一萬六百人
161417	朝鮮朝日	西北版	1928-11-11	1	06단	落穗集(五十六)/下村海南
161418	朝鮮朝日	西北版	1928-11-11	1	08단	半山總督素懷を述ぶ
161419	朝鮮朝日	西北版	1928-11-11	1	09단	コメット機また活動/新聞を空輸
161420	朝鮮朝日	西北版	1928-11-11	1	10단	銀行が奉祝休業
161421	朝鮮朝日	西北版	1928-11-11	1	10단	空中輸送の寫眞號外/門司支局で發行
161422	朝鮮朝日	南鮮版	1928-11-11	1	01단	萬歲の聲は高く遠く都大路に響き渡り歡喜巷に滿ちみつ不夜城と化した大京城/動くもの皆止まり人々は東を望み神秘な靜寂に包まれ萬歲奉唱の時をまった/文廟先哲に祭粢御下賜/聖恩に感激 八百の高齢者
161423	朝鮮朝日	南鮮版	1928-11-11	1	05단	神代ながらの微かな鈴の音 私は感激に震ひました 申忠北知事謹み語る/貴紙を通じて道民の總べてへ我等の感激を傳へて欲しい 靑木平南知事謹話/御下賜金の使途は愼重に考慮し聖旨に副ひ奉りたい 山梨總督謹話
161424	朝鮮朝日	南鮮版	1928-11-11	1	06단	各地の奉祝/恩赦 減刑さるゝ一萬六百人/御大典映畵 光州の盛況/平穩ながら湧き返る平壤の賑ひ
161425	朝鮮朝日	南鮮版	1928-11-11	1	06단	半山總督素懷を述ぶ
161426	朝鮮朝日	南鮮版	1928-11-11	1	06단	落穗集(五十六)/下村海南
161427	朝鮮朝日	南鮮版	1928-11-11	1	09단	コメット機また活動/新聞を空輸
161428	朝鮮朝日	南鮮版	1928-11-11	1	10단	初氷がはる/釜山の寒さ
161429	朝鮮朝日	南鮮版	1928-11-11	1	10단	空中輸送の寫眞號外/門司支局で發行
161430	朝鮮朝日	西北・南鮮版	1928-11-11	2	01단	漁業界に革命を齎す燦然たる燈明台 船舶用の發動機を一堂に集めた大共進會/水産關係の各種の會合出席者一千名
161431	朝鮮朝日	西北・南鮮版	1928-11-11	2	01단	東拓の三理事辭任の噂/池邊氏は留る
161432	朝鮮朝日	西北・南鮮版	1928-11-11	2	02단	社債千萬圓/殖銀が發行
161433	朝鮮朝日	西北・南鮮版	1928-11-11	2	02단	工費十萬圓の立派な學校新義州が建設
161434	朝鮮朝日	西北・南鮮版	1928-11-11	2	02단	寄附が纏らぬ水稻試驗場/全北益山の豫定
161435	朝鮮朝日	西北・南鮮版	1928-11-11	2	03단	手押式の循環自動車濟州島に設立
161436	朝鮮朝日	西北・南鮮版	1928-11-11	2	03단	盟休で處分された生徒たちに恩典/各學校長に訓令
161437	朝鮮朝日	西北・南鮮版	1928-11-11	2	04단	殖産會社と繩叺組合の合同が成立
161438	朝鮮朝日	西北・南鮮版	1928-11-11	2	04단	新義州木材出荷が減る/一段落を告げ
161439	朝鮮朝日	西北・南鮮版	1928-11-11	2	04단	郵便所設置當局に嘆願

일련번호	판명		간행일	면	단수	기사명
161440	朝鮮朝日	西北・南鮮版	1928-11-11	2	04단	農業技術員講習
161441	朝鮮朝日	西北版	1928-11-12	1	01단	六十のお婆さんも萬歳と染めぬいた赤の前垂れで大浮かれ十一日も喜び狂ふ京城府民/狂へる夫に仕へ貞節實に三十年か弱い女の手一つで一家四人の糊口を支へた御大典に表彰された節婦/雪晴の空に國旗が飜る間島の奉祝/釜山の町を旗で埋む賑ひの二日目/風寒けれど天よく晴れ江界の大賑/御儀式以外には政客との往來で席溫まらぬ山梨總督朝鮮の貴族は流石に鷹揚
161442	朝鮮朝日	西北版	1928-11-12	1	01단	狂へる夫に仕へ貞節實に三十年か弱い女の手一つで一家四人の糊口を支へた/御大典に表彰された節婦
161443	朝鮮朝日	西北版	1928-11-12	1	05단	御大典映畫公開
161444	朝鮮朝日	西北版	1928-11-12	1	06단	御大典映畫/元山の盛況
161445	朝鮮朝日	西北版	1928-11-12	1	06단	若林大尉の映畫
161446	朝鮮朝日	西北版	1928-11-12	1	06단	新義州高女いよいよ開設
161447	朝鮮朝日	西北版	1928-11-12	1	07단	猩紅熱豫注/京城の學校
161448	朝鮮朝日	西北版	1928-11-12	1	07단	社會事業の政策に新時代を劃さん池上總監の新抱負/各團體の統一を圖る
161449	朝鮮朝日	西北版	1928-11-12	1	08단	撫順の牛疫またまた發生
161450	朝鮮朝日	西北版	1928-11-12	1	09단	御眞影奉戴式
161451	朝鮮朝日	西北版	1928-11-12	1	10단	城津稅關が全燒/重要書類燒失
161452	朝鮮朝日	南鮮版	1928-11-12	1	01단	六十のお婆さんも萬歳と染めぬいた 赤の前垂れで大浮かれ十一日も喜び狂ふ京城府民/狂へる夫に仕へ貞節實に三十年か弱い女の手一つで一家四人の糊口を支へた御大典に表彰された節婦國旗を翳す妓生の一隊仁川の奉祝/釜山の町を旗で埋む 賑ひの二日目/御儀式以外には政客との往來で席溫まらぬ山梨總督 朝鮮の貴族は流石に鷹揚
161453	朝鮮朝日	南鮮版	1928-11-12	1	01단	狂へる夫に仕へ貞節實に三十年か弱い女の手一つで一家四人の糊口を支へた/御大典に表彰された節婦
161454	朝鮮朝日	南鮮版	1928-11-12	1	04단	浦項天杯傳達式/高齢者四百名
161455	朝鮮朝日	南鮮版	1928-11-12	1	04단	大邱公會堂佳辰を卜し標本を建つ
161456	朝鮮朝日	南鮮版	1928-11-12	1	05단	御大典映畫公開
161457	朝鮮朝日	南鮮版	1928-11-12	1	06단	揃ひも揃って優秀品/發動機の出品
161458	朝鮮朝日	南鮮版	1928-11-12	1	07단	興を添へる菊花の薫り

일련번호	판명		간행일	면	단수	기사명
161459	朝鮮朝日	南鮮版	1928-11-12	1	07단	消防手表彰/勤續十五年
161460	朝鮮朝日	南鮮版	1928-11-12	1	07단	社會事業の政策に新時代を劃さん池上總監の新抱負/各團體の統一を圖る
161461	朝鮮朝日	南鮮版	1928-11-12	1	08단	滿洲粟の外交員採用實は大詐欺
161462	朝鮮朝日	南鮮版	1928-11-12	1	10단	猩紅熱豫注/京城の學校
161463	朝鮮朝日	西北・南鮮版	1928-11-12	2	01단	御大典を祝し奉りて(高御座たかく嚴しきみ光は大き御空に天足らしたり　佐佐木信網/安見しゝわが大君の高御座いよゝ高しもひむがしの海に　川田順)
161464	朝鮮朝日	西北・南鮮版	1928-11-12	2	01단	鹵簿を拜觀して/世界で最も美はしい日本國民性　外人が表現できない尊嚴さ/デーリー・メール、クリスチャン・サイエンス・モニター兩紙/特派員フランク・エッチ・ヘッヂス
161465	朝鮮朝日	西北・南鮮版	1928-11-12	2	01단	シネマランド/魅惑的な力で戰爭の慘害を雄辯に物語る映畫/却て平和の愛好を思はす/つばさ(パラマウント映畫)
161466	朝鮮朝日	西北・南鮮版	1928-11-12	2	03단	舞踊と音樂の夕/おなじみの高勇吉さんへティー夫人と共演
161467	朝鮮朝日	西北・南鮮版	1928-11-12	2	03단	僅か三十錢のお晝食で二時間三時間の長談議/おまけに食ひ逃げが多いだらしの無い高等官たち
161468	朝鮮朝日	西北・南鮮版	1928-11-12	2	05단	數字の上では無い筈だがさてあると言はれる朝鮮內の殘存米
161469	朝鮮朝日	西北・南鮮版	1928-11-12	2	05단	優良な小賣人には資金も融通し相互救濟機關も設置
161470	朝鮮朝日	西北・南鮮版	1928-11-12	2	06단	東拓の異動
161471	朝鮮朝日	西北・南鮮版	1928-11-12	2	06단	*御大典記念 平北の造林二百三十町步/道民一般も記念の植樹*
161472	朝鮮朝日	西北・南鮮版	1928-11-12	2	07단	店頭の裝飾/競技の成績
161473	朝鮮朝日	西北・南鮮版	1928-11-12	2	07단	鴨江の流筏二十日に終る
161474	朝鮮朝日	西北・南鮮版	1928-11-12	2	07단	會社の異動
161475	朝鮮朝日	西北・南鮮版	1928-11-12	2	07단	京城商議役員會
161476	朝鮮朝日	西北・南鮮版	1928-11-12	2	07단	群山水産の新築
161477	朝鮮朝日	西北・南鮮版	1928-11-12	2	07단	新刊紹介(『極東時報』『朝鮮及滿洲』『朝鮮公論』)
161478	朝鮮朝日	西北版	1928-11-13	1	01단	御入洛以來お健かにお儀式の進行をお喜びになる李王、妃兩殿下/御歸東は十八日ごろ
161479	朝鮮朝日	西北版	1928-11-13	1	01단	*總べては人の子！恩赦のお沙汰に獄舍內に嗚咽の盛滿つ　看守までも嬉し泣き/聖*

일련번호	판명		간행일	면	단수	기사명
161479	朝鮮朝日	西北版	1928-11-13	1	01단	*恩の賜物 全鮮に事なし/御嘉納の童謡 安東柴山孃/佛教會の敬老會/瑞兆 萬歲の刹那大鷹舞下る/御大典映畫安東で公開/是といふ功勞もない私への聖恩有難さに言葉もありません 藤井氏面を映えて感激す*
161480	朝鮮朝日	西北版	1928-11-13	1	03단	朝鮮神宮奉幣祭
161481	朝鮮朝日	西北版	1928-11-13	1	05단	短歌/橋田東聲選
161482	朝鮮朝日	西北版	1928-11-13	1	06단	落穗集(五十七)/下村海南
161483	朝鮮朝日	西北版	1928-11-13	1	09단	武德會朝鮮本部十二日に誕生/久邇總裁宮殿下御台臨燦たる本部旗を賜ふ(武道の發達に努めん李局長謹話)
161484	朝鮮朝日	西北版	1928-11-13	1	10단	第一夕刊をまた空輸/コメット活躍
161485	朝鮮朝日	西北版	1928-11-13	1	10단	小作納入に現金が多い/地主は弱る
161486	朝鮮朝日	西北版	1928-11-13	1	10단	平南石巖驛へ道路の改修月末に起工
161487	朝鮮朝日	西北版	1928-11-13	1	10단	半島茶話
161488	朝鮮朝日	南鮮版	1928-11-13	1	01단	御入洛以來お健かにお儀式の進行をお喜びになる李王、妃兩殿下御歸東は十八日ごろ
161489	朝鮮朝日	南鮮版	1928-11-13	1	01단	*總べては人の子！恩赦のお沙汰に獄舍內に嗚咽の聲滿つ 看守までも嬉し泣き/感極まって泣き崩れる恩赦の囚人/聖恩の賜物 全鮮に事なし/是といふ功勞もない私への聖恩有難さに言葉もありません 藤井氏面を映えて感激す*
161490	朝鮮朝日	南鮮版	1928-11-13	1	03단	朝鮮神宮奉幣祭
161491	朝鮮朝日	南鮮版	1928-11-13	1	05단	地方饗饌參列のため臨時列車運轉
161492	朝鮮朝日	南鮮版	1928-11-13	1	05단	短歌/橋田東聲選
161493	朝鮮朝日	南鮮版	1928-11-13	1	05단	仁川公會堂に緞帳を寄贈/本町靑年團
161494	朝鮮朝日	南鮮版	1928-11-13	1	06단	落穗集(五十七)/下村海南
161495	朝鮮朝日	南鮮版	1928-11-13	1	09단	武德會朝鮮本部十二日に誕生/久邇總裁宮殿下御台臨燦たる本部旗を賜ふ(武道の發達に努めん李局長謹話)
161496	朝鮮朝日	南鮮版	1928-11-13	1	10단	第一夕刊をまた空輸/コメット活躍
161497	朝鮮朝日	南鮮版	1928-11-13	1	10단	慶南蔚山の國際飛行場月末に完成
161498	朝鮮朝日	南鮮版	1928-11-13	1	10단	米國學生が要塞法違反
161499	朝鮮朝日	南鮮版	1928-11-13	1	10단	半島茶話
161500	朝鮮朝日	西北・南鮮版	1928-11-13	2	01단	電燈會社の買收と公共團體の經營/條文の
161500	朝鮮朝日	西北・南鮮版	1928-11-13	2	01단	解釋に相違あり利益か不利益かも判らぬ
161501	朝鮮朝日	西北・南鮮版	1928-11-13	2	01단	水産額一億圓突破の祝賀釜山で擧行

일련번호	판명		간행일	면	단수	기사명
161502	朝鮮朝日	西北・南鮮版	1928-11-13	2	01단	商議員選擧階級制度の撤廢を要望
161503	朝鮮朝日	西北・南鮮版	1928-11-13	2	01단	免稅地方の農會費は免除に決定
161504	朝鮮朝日	西北・南鮮版	1928-11-13	2	01단	小學校教員試驗合格者
161505	朝鮮朝日	西北・南鮮版	1928-11-13	2	01단	平壤郵便局市外通話數/料金四千圓
161506	朝鮮朝日	西北・南鮮版	1928-11-13	2	02단	鄕土の色がよく現れた慶北教育展
161507	朝鮮朝日	西北・南鮮版	1928-11-13	2	02단	新義州楚山間郵便の遞送/自動車が全通
161508	朝鮮朝日	西北・南鮮版	1928-11-13	2	02단	新義州局の御大典貯金/成績が良好
161509	朝鮮朝日	西北・南鮮版	1928-11-13	2	03단	石井漠と小浪/十四、十五兩日京城公會堂で上演する「時の亂舞」
161510	朝鮮朝日	西北・南鮮版	1928-11-13	2	03단	平壤府外の軍用地整理/不潔家屋移轉
161511	朝鮮朝日	西北・南鮮版	1928-11-13	2	03단	財産を繞ってお寺の喧嘩/調停も駄目
161512	朝鮮朝日	西北・南鮮版	1928-11-13	2	04단	美しい女心義金五百圓を火災民に贈る
161513	朝鮮朝日	西北・南鮮版	1928-11-13	2	04단	藥業組合表彰式
161514	朝鮮朝日	西北・南鮮版	1928-11-13	2	04단	南浦の初雪十日遅れた
161515	朝鮮朝日	西北版	1928-11-14	1	02단	落穗集(五十八)/下村海南
161516	朝鮮朝日	西北版	1928-11-14	1	02단	霜凍る大嘗宮の御儀に參列の老臣/旣に拜辭した人もある/東鄕元師は井上元師から羨まる
161517	朝鮮朝日	西北版	1928-11-14	1	05단	多感な乙女の歌ふ哀愁と歡樂の微妙/池上老總監も感激し石井漠氏人ごみに混り聞き入る/我社の內鮮女子中等學校の大音樂會
161518	朝鮮朝日	西北版	1928-11-14	1	06단	御大典奉祝菊花展
161519	朝鮮朝日	西北版	1928-11-14	1	06단	窮民賑恤に遺憾なきを期せよと通達
161520	朝鮮朝日	西北版	1928-11-14	1	06단	御大典映畫公開
161521	朝鮮朝日	西北版	1928-11-14	1	07단	御大典煙草賣切
161522	朝鮮朝日	西北版	1928-11-14	1	07단	俳句/鈴木花蓑選
161523	朝鮮朝日	西北版	1928-11-14	1	07단	御大典活寫盛況
161524	朝鮮朝日	西北版	1928-11-14	1	08단	悩める人たちに生命を打込んで癩患の治療に日も足らぬ 異邦の四氏表彰さる/女の手一つで女子の教育に日も足らぬ金貞蕙女史 勳六等に敍せらる
161525	朝鮮朝日	西北版	1928-11-14	1	08단	朝鮮と內地を繫ぐ海底電話の竣工は明後
161525	朝鮮朝日	西北版	1928-11-14	1	08단	年の三月ごろ/全工費は遞信省が支辨
161526	朝鮮朝日	西北版	1928-11-14	1	09단	恩赦の人によく訓せと總督府が訓令
161527	朝鮮朝日	西北版	1928-11-14	1	09단	新義州愛婦活躍
161528	朝鮮朝日	西北版	1928-11-14	1	10단	行幸啓のため列車客注意/十八日と廿五日
161529	朝鮮朝日	西北版	1928-11-14	1	10단	人(今井賴次郎氏(遞信技師)/吉村第二十師
161529	朝鮮朝日	西北版	1928-11-14	1	10단	團高級副官)
161530	朝鮮朝日	西北版	1928-11-14	1	10단	半島茶話

일련번호	판명		간행일	면	단수	기사명
161531	朝鮮朝日	南鮮版	1928-11-14	1	02단	落穗集(五十八)/下村海南
161532	朝鮮朝日	南鮮版	1928-11-14	1	02단	霜凍る大嘗宮の御儀に參列の老臣/既に拜辭した人もある/東鄕元師は井上元師から羨まる
161533	朝鮮朝日	南鮮版	1928-11-14	1	05단	多感な乙女の歌ふ哀愁と歡樂の微妙/池上老總監も感激し石井漠氏人ごみに混り聞き入る/我社の內鮮女子中等學校の大音樂會
161534	朝鮮朝日	南鮮版	1928-11-14	1	06단	御大典奉祝菊花展/英國軍艦と山風の將卒釜山が稿ふ
161535	朝鮮朝日	南鮮版	1928-11-14	1	06단	窮民賑恤に遺憾なきを期せよと通達
161536	朝鮮朝日	南鮮版	1928-11-14	1	06단	御大典映畵公開
161537	朝鮮朝日	南鮮版	1928-11-14	1	07단	俳句/鈴木花蓑選
161538	朝鮮朝日	南鮮版	1928-11-14	1	07단	釜山の初霜
161539	朝鮮朝日	南鮮版	1928-11-14	1	08단	悩める人たちに生命を打込んで癩患の治療に日も足らぬ 異邦の四氏表彰さる/女の手一つで女子の教育に日も足らぬ 金貞蕙女史勳六等に敍せらる
161540	朝鮮朝日	南鮮版	1928-11-14	1	08단	朝鮮と內地を繫ぐ海底電話の竣工は明後年の三月ごろ/全工費は遞信省が支辨
161541	朝鮮朝日	南鮮版	1928-11-14	1	09단	恩赦の人によく訓せと總督府が訓令
161542	朝鮮朝日	南鮮版	1928-11-14	1	09단	行幸福啓のため列車客注意/十八日と廿五日
161543	朝鮮朝日	南鮮版	1928-11-14	1	10단	貧に悩んで我子を殺す
161544	朝鮮朝日	南鮮版	1928-11-14	1	10단	人(今井賴次郎氏(遞信技師)/吉村第二十師團高級副官)
161545	朝鮮朝日	南鮮版	1928-11-14	1	10단	半島茶話
161546	朝鮮朝日	西北・南鮮版	1928-11-14	2	01단	女子會員の投票も認めるべく決定/商議所令改正の諮問を聯合會が審議す
161547	朝鮮朝日	西北・南鮮版	1928-11-14	2	01단	當局が頭痛の種小作爭議の漸增/內地の小作料と違って小作權の移動が原因
161548	朝鮮朝日	西北・南鮮版	1928-11-14	2	01단	鮮銀券また膨脹
161549	朝鮮朝日	西北・南鮮版	1928-11-14	2	01단	全鮮商議の力を藉り國境鐵道促進
161550	朝鮮朝日	西北・南鮮版	1928-11-14	2	02단	朝鮮同胞の奉祝
161551	朝鮮朝日	西北・南鮮版	1928-11-14	2	02단	煙草會社の支店營業所
161552	朝鮮朝日	西北・南鮮版	1928-11-14	2	02단	本社速報板平壤に增設
161553	朝鮮朝日	西北・南鮮版	1928-11-14	2	03단	東拓の異動
161554	朝鮮朝日	西北・南鮮版	1928-11-14	2	03단	仁川の都計/道路の調査
161555	朝鮮朝日	西北・南鮮版	1928-11-14	2	03단	釜山の棧橋近く着工

일련번호	판명		간행일	면	단수	기사명
161556	朝鮮朝日	西北・南鮮版	1928-11-14	2	03단	鳥人は巢立たん飛行學校の設立/愼飛行士が苦心の計劃
161557	朝鮮朝日	西北・南鮮版	1928-11-14	2	04단	金融組合の新設を許可/計劃は終了
161558	朝鮮朝日	西北・南鮮版	1928-11-14	2	04단	滿洲粟の移入が減少/米の豊作で
161559	朝鮮朝日	西北・南鮮版	1928-11-14	2	04단	煙草賣上高/二百四十萬圓
161560	朝鮮朝日	西北・南鮮版	1928-11-14	2	04단	煙草工用圖書館
161561	朝鮮朝日	西北版	1928-11-15	1	01단	宮居のかなたから樂の音と歌の聲　庭燎あかあかと燃える神代そのまゝの大嘗宮/篝火はあかあかと南山の綠に映えて神秘と莊嚴を加へた朝鮮神宮奉幣の祭典 市中は例によって熱狂した奉祝氣分/奉祝氣分全市に漲る 新義州の賑ひ
161562	朝鮮朝日	西北版	1928-11-15	1	01단	落穗集(五十九)/下村海南
161563	朝鮮朝日	西北版	1928-11-15	1	05단	友愛のさゝやき！しっかりねえと友を勵ます乙女たちすべてが愛！すべてが純/內鮮中等學校女學生音樂大會盲評
161564	朝鮮朝日	西北版	1928-11-15	1	05단	俳句/鈴木花蓑選
161565	朝鮮朝日	西北版	1928-11-15	1	06단	一家一門の光榮と感泣/多田氏の敍位
161566	朝鮮朝日	西北版	1928-11-15	1	06단	畏き邊りへ獻上の活寫平壤で撮影
161567	朝鮮朝日	西北版	1928-11-15	1	07단	催物澤山で淸州は大賑ひ/旗の海と化す安東縣の奉祝
161568	朝鮮朝日	西北版	1928-11-15	1	08단	載寧神社の社殿が竣工
161569	朝鮮朝日	西北版	1928-11-15	1	08단	蔚山飛行場無線設備豫算に計上
161570	朝鮮朝日	西北版	1928-11-15	1	08단	ナウエンの無電平壤で感受
161571	朝鮮朝日	西北版	1928-11-15	1	08단	記念繪葉書や切手の賣行/素晴しく良好
161572	朝鮮朝日	西北版	1928-11-15	1	08단	御大典映畫公開
161573	朝鮮朝日	西北版	1928-11-15	1	09단	看手の朝鮮娘に帽子を取り會釋/山梨總督大ニコニコで大禮博を視察す
161574	朝鮮朝日	西北版	1928-11-15	1	09단	そぼ降る雨に感激の胸をソッと抱きしめる心地の內鮮女學生の音樂會
161575	朝鮮朝日	西北版	1928-11-15	1	09단	公州刑務所恩赦の囚人二百五十名
161576	朝鮮朝日	西北版	1928-11-15	1	09단	海員懲罰免除の人達遞信局が調査
161577	朝鮮朝日	西北版	1928-11-15	1	10단	平北署長會議
161578	朝鮮朝日	西北版	1928-11-15	1	10단	知事盃ゴルフ
161579	朝鮮朝日	西北版	1928-11-15	1	10단	不穩文書を電柱に貼付
161580	朝鮮朝日	西北版	1928-11-15	1	10단	主義宣傳の派遣員逮捕
161581	朝鮮朝日	西北版	1928-11-15	1	10단	子供の無い母親の縊死
161582	朝鮮朝日	西北版	1928-11-15	1	10단	會(御大禮記念繪畫展/海南歸還隊歡迎會)
161583	朝鮮朝日	西北版	1928-11-15	1	10단	人(山梨總督)

일련번호	판명		간행일	면	단수	기사명
161584	朝鮮朝日	南鮮版	1928-11-15	1	01단	宮居のかなたから樂の音と歌の聲 庭燎あかあかと燃える神代そのまゝの大嘗宮/篝火はあかあかと南山の綠に映えて神秘と莊嚴を加へた朝鮮神宮奉幣の祭典 市中は例によって熱狂した奉祝氣分/地方賜饌 釜山の式次
161585	朝鮮朝日	南鮮版	1928-11-15	1	01단	落穗集(五十九)/下村海南
161586	朝鮮朝日	南鮮版	1928-11-15	1	05단	友愛のさゝやき！しっかりねえと友を勵ます乙女たちすべてが愛！すべてが純/內鮮中等學校女學生音樂大會盲評
161587	朝鮮朝日	南鮮版	1928-11-15	1	05단	俳句/鈴木花蓑選
161588	朝鮮朝日	南鮮版	1928-11-15	1	06단	一家一門の光榮と感泣/多田氏の敍位
161589	朝鮮朝日	南鮮版	1928-11-15	1	06단	畏き邊りへ獻上の活寫平壤で撮影
161590	朝鮮朝日	南鮮版	1928-11-15	1	07단	內務警察の幹部が總出/神輿を擔いでワッショワッショ
161591	朝鮮朝日	南鮮版	1928-11-15	1	08단	催物澤山で淸州は大賑ひ
161592	朝鮮朝日	南鮮版	1928-11-15	1	08단	蔚山飛行場無線設備豫算に計上
161593	朝鮮朝日	南鮮版	1928-11-15	1	08단	ナウエンの無電平壤で感受
161594	朝鮮朝日	南鮮版	1928-11-15	1	08단	御大典映畵公開
161595	朝鮮朝日	南鮮版	1928-11-15	1	09단	記念繪葉書や切手の賣行/素晴しく良好
161596	朝鮮朝日	南鮮版	1928-11-15	1	09단	看手の朝鮮娘に帽子を取り會釋/山梨總督大ニコニコで大禮博を視察す
161597	朝鮮朝日	南鮮版	1928-11-15	1	09단	そぼ降る雨に感激の胸をソッと抱きしめる心地の內鮮女學生の音樂會
161598	朝鮮朝日	南鮮版	1928-11-15	1	09단	公州刑務所恩赦の囚人二百五十名
161599	朝鮮朝日	南鮮版	1928-11-15	1	09단	海員懲罰免除の人達遞信局が調査
161600	朝鮮朝日	南鮮版	1928-11-15	1	10단	全州刑務所恩赦の施行三百三十名
161601	朝鮮朝日	南鮮版	1928-11-15	1	10단	城大奉祝音樂會
161602	朝鮮朝日	南鮮版	1928-11-15	1	10단	人(山梨總督/山田一隆氏(警察官講習所長)/水野巖氏(釜山商議副會頭)/花輪熊次郎氏(同上書記長)/中野咸南知事/安達咸北知事)
161603	朝鮮朝日	西北・南鮮版	1928-11-15	2	01단	肥料資金の回收に手心を加へて延滯利子も附せぬ
161604	朝鮮朝日	西北・南鮮版	1928-11-15	2	01단	城大教授連六名が洋行/十三日發表
161605	朝鮮朝日	西北・南鮮版	1928-11-15	2	01단	慶北物産展日延/十八日まで
161606	朝鮮朝日	西北・南鮮版	1928-11-15	2	01단	懷德に新驛
161607	朝鮮朝日	西北・南鮮版	1928-11-15	2	01단	三萬圓で公園の計劃/昭和と命名
161608	朝鮮朝日	西北・南鮮版	1928-11-15	2	02단	改良溫突の使用法指導
161609	朝鮮朝日	西北・南鮮版	1928-11-15	2	02단	精米業者と小賣業者の協調は成立

일련번호	판명		간행일	면	단수	기사명
161610	朝鮮朝日	西北・南鮮版	1928-11-15	2	02단	地方金組の分離と獨立/慶南の計劃
161611	朝鮮朝日	西北・南鮮版	1928-11-15	2	02단	公設市場が聯合販賣店閉店を要望/前途は紛糾せん
161612	朝鮮朝日	西北・南鮮版	1928-11-15	2	03단	財務功勞者協會が表彰
161613	朝鮮朝日	西北・南鮮版	1928-11-15	2	03단	新入の兵士三十日來鮮
161614	朝鮮朝日	西北・南鮮版	1928-11-15	2	03단	年賀郵便範圍を縮小
161615	朝鮮朝日	西北・南鮮版	1928-11-15	2	03단	成川鑛山の撰鑛の輸送汽車を利用
161616	朝鮮朝日	西北・南鮮版	1928-11-15	2	04단	豚の出廻り/慶南が旺勢
161617	朝鮮朝日	西北・南鮮版	1928-11-15	2	04단	恩典を蒙る盟休退學生/慶南は二百名
161618	朝鮮朝日	西北・南鮮版	1928-11-15	2	04단	第四報の御大典活寫/大邱の大盛況
161619	朝鮮朝日	西北・南鮮版	1928-11-15	2	04단	感嘆と滿足/御大典映畵
161620	朝鮮朝日	西北・南鮮版	1928-11-15	2	04단	大邱自動車學校
161621	朝鮮朝日	西北版	1928-11-16	1	02단	落穗集(六十)/下村海南
161622	朝鮮朝日	西北版	1928-11-16	1	02단	産業振興の大精神が神人一致の境地裡に含れてゐるは有難き極み 大嘗祭奉仕の草間事務官謹話/一しほ國體の精華を感得 慶南へ入電/些か國事に盡した私は既往を思ひ特に感慨が深い 大嘗祭參列の朴泳孝侯謹話/庭燎僅に闇を破り森嚴さ彌や增す 松浦城大總長謹話/神のお加護をと霜を踏でお參り 鮮內に事なけれと不眠不休の警察官の奮鬪/雨に祟られ劇場で踊る咸興の市民/吹雪も物かは繰出す行列 新義州の奉祝/官廳員の大假裝行列千餘名が繰出/提燈や國旗頻々と盜まる
161623	朝鮮朝日	西北版	1928-11-16	1	07단	童謠/北原白秋選
161624	朝鮮朝日	西北版	1928-11-16	1	08단	姸を競ふ懸崖菊昌慶苑の盛り
161625	朝鮮朝日	西北版	1928-11-16	1	08단	可愛い！可愛い！少年車掌
161626	朝鮮朝日	西北版	1928-11-16	1	09단	憲政一新會が政府を援助/十五日夜提携す
161627	朝鮮朝日	西北版	1928-11-16	1	09단	補助憲兵教育
161628	朝鮮朝日	西北版	1928-11-16	1	09단	漂流の破船危く救はる
161629	朝鮮朝日	西北版	1928-11-16	1	10단	間島の火事製綿工場燒く
161630	朝鮮朝日	西北版	1928-11-16	1	10단	沙里院面事務所十五日竣工式
161631	朝鮮朝日	西北版	1928-11-16	1	10단	零下二十度/國境の寒さ
161632	朝鮮朝日	西北版	1928-11-16	1	10단	半島茶話
161633	朝鮮朝日	南鮮版	1928-11-16	1	02단	落穗集(六十)/下村海南
161634	朝鮮朝日	南鮮版	1928-11-16	1	02단	産業振興の大精神が神人一致の境地裡に含れてゐるは有難き極み 大嘗祭奉仕の草間事務官謹話/一しほ國體の精華を感得 慶南へ入電/些か國事に盡した私は既往を

일련번호	판명		간행일	면	단수	기사명
161634	朝鮮朝日	南鮮版	1928-11-16	1	02단	思ひ特に感慨が深い 大嘗祭參列の朴泳孝侯謹話/庭燎僅に闇を破り森嚴さ彌や增す松浦城大總長謹話/神のお加護をと霜を踏でお參り 鮮內に事なけれと不眠不休の警察官の奮鬪/吹雪も物かは繰出す行列 新義州の奉祝/官廳員の大假裝行列千餘名が繰出/三千餘名が國旗を翳し奉祝の體操/燈の公州を現出する騷ぎ
161635	朝鮮朝日	南鮮版	1928-11-16	1	07단	童謠/北原白秋選
161636	朝鮮朝日	南鮮版	1928-11-16	1	08단	姸を競ふ懸崖菊昌慶苑の盛り
161637	朝鮮朝日	南鮮版	1928-11-16	1	08단	可愛い！可愛い！少年車掌
161638	朝鮮朝日	南鮮版	1928-11-16	1	09단	憲政一新會が政府を援助/十五日夜提携す
161639	朝鮮朝日	南鮮版	1928-11-16	1	09단	日本海々戰戰捷記念塔地均し終る
161640	朝鮮朝日	南鮮版	1928-11-16	1	10단	零下二十度/國境の寒さ
161641	朝鮮朝日	南鮮版	1928-11-16	1	10단	連絡船へ損害賠償の訴へを提出
161642	朝鮮朝日	南鮮版	1928-11-16	1	10단	人(田中三雄氏(總督府鑛務課長)/澤田豊丈氏(東拓理事)/丸山良策氏(東京辯護士)/松岡京日社長/成毛敬三氏(遞信局海事課技師))
161643	朝鮮朝日	南鮮版	1928-11-16	1	10단	半島茶話
161644	朝鮮朝日	西北・南鮮版	1928-11-16	2	01단	少年の暖い友愛/哀れな盲ひ鳥！/旅費まで與へまめまめと朝鮮の少年を救った美談
161645	朝鮮朝日	西北・南鮮版	1928-11-16	2	01단	會社の現狀では出來ない相談/南大門通りの電車/中央に敷替問題は困難
161646	朝鮮朝日	西北・南鮮版	1928-11-16	2	01단	五百の有志が調印に應じた釜山瓦電買收に關する期成同盟會の發起人
161647	朝鮮朝日	西北・南鮮版	1928-11-16	2	01단	水産功勞者七氏を表彰
161648	朝鮮朝日	西北・南鮮版	1928-11-16	2	01단	御大禮記念郵貯の成績總額二萬圓/新義州局も活動
161649	朝鮮朝日	西北・南鮮版	1928-11-16	2	02단	農業技術員會議
161650	朝鮮朝日	西北・南鮮版	1928-11-16	2	02단	襟を正す御大典映畵(光州/鳥致院)
161651	朝鮮朝日	西北・南鮮版	1928-11-16	2	02단	平壤府廳舍新築を諮問
161652	朝鮮朝日	西北・南鮮版	1928-11-16	2	03단	網が破れるほどの大漁/浦項沖の鯖漁
161653	朝鮮朝日	西北・南鮮版	1928-11-16	2	03단	滿洲粟の輸入明年度の豫想三百萬石程度か
161654	朝鮮朝日	西北・南鮮版	1928-11-16	2	04단	石炭業者がメートル制採用に決定
161655	朝鮮朝日	西北・南鮮版	1928-11-16	2	04단	公司の着筏昨年より減少
161656	朝鮮朝日	西北・南鮮版	1928-11-16	2	04단	賣藥業者試驗
161657	朝鮮朝日	西北版	1928-11-17	1	01단	どこからとなく靜な君が代の奏樂が靜寂な式場に流れる/京城での地方賜饌
161658	朝鮮朝日	西北版	1928-11-17	1	02단	地方賜饌(新義州/咸興/釜山/安東縣/大邱)

일련번호	판명		간행일	면	단수	기사명
161659	朝鮮朝日	西北版	1928-11-17	1	05단	落穂集(六十一)/下村海南
161660	朝鮮朝日	西北版	1928-11-17	1	06단	伶人の樂に立ち舞ふ驕れる孔雀の雅びさ/華やかな大饗宴の五節の舞/再度參列した横田高等法院長謹話
161661	朝鮮朝日	西北版	1928-11-17	1	07단	家庭から街頭へ職を求める女性/わざわざ會社に出かけて直き談判の姫君もある
161662	朝鮮朝日	西北版	1928-11-17	1	08단	京城奉賀署名者
161663	朝鮮朝日	西北版	1928-11-17	1	08단	昭和公園の鍬入式擧行
161664	朝鮮朝日	西北版	1928-11-17	1	08단	各郡ごとに地主が懇談/小作制度改善
161665	朝鮮朝日	西北版	1928-11-17	1	08단	本紙夕刊空輸/新野氏操縱メルクール機
161666	朝鮮朝日	西北版	1928-11-17	1	09단	三萬圓で航空研究所設立の計劃
161667	朝鮮朝日	西北版	1928-11-17	1	09단	どの驛が一番にお客が多いか/百二十萬人の平壤が二番/釜山は十位で五十五萬人
161668	朝鮮朝日	西北版	1928-11-17	1	09단	檻の中で熊の大喧嘩一匹咬殺さる
161669	朝鮮朝日	西北版	1928-11-17	1	10단	石井漠の來壤
161670	朝鮮朝日	西北版	1928-11-17	1	10단	ラヂオと實演の夕べ/D局の試み
161671	朝鮮朝日	西北版	1928-11-17	1	10단	平壤のチブス殆ど終熄す/冷氣が加はり
161672	朝鮮朝日	西北版	1928-11-17	1	10단	短歌/橋田東聲選
161673	朝鮮朝日	西北版	1928-11-17	1	10단	順川新倉間工事が進捗來年秋開通
161674	朝鮮朝日	西北版	1928-11-17	1	10단	列車に投石少年の惡戲
161675	朝鮮朝日	南鮮版	1928-11-17	1	01단	どこからとなく靜な君が代の奏樂が靜寂な式場に流れる/京城での地方賜饌
161676	朝鮮朝日	南鮮版	1928-11-17	1	02단	地方賜饌(新義州/咸興/釜山/大邱)
161677	朝鮮朝日	南鮮版	1928-11-17	1	05단	落穂集(六十一)/下村海南
161678	朝鮮朝日	南鮮版	1928-11-17	1	06단	七分の値下では府民は忍從せぬ/釜山電氣府營期成會が遞信局に陳情書提出
161679	朝鮮朝日	南鮮版	1928-11-17	1	06단	伶人の樂に立ち舞ふ驕れる孔雀の雅びさ/華やかな大饗宴の五節の舞/再度參列した横田高等法院長謹話
161680	朝鮮朝日	南鮮版	1928-11-17	1	07단	京城奉賀署名者
161681	朝鮮朝日	南鮮版	1928-11-17	1	07단	家庭から街頭へ職を求める女性/わざわざ會社に出かけて直き談判の姫君もある
161682	朝鮮朝日	南鮮版	1928-11-17	1	08단	どの驛が一番にお客が多いか/百二十萬人の平壤が二番/釜山は十位で五十五萬人
161683	朝鮮朝日	南鮮版	1928-11-17	1	08단	記念文庫全州高女が設置
161684	朝鮮朝日	南鮮版	1928-11-17	1	08단	正教員試驗合格者發表
161685	朝鮮朝日	南鮮版	1928-11-17	1	09단	檻の中で熊の大喧嘩一匹咬殺さる
161686	朝鮮朝日	南鮮版	1928-11-17	1	09단	三萬圓で航空研究所設立の計劃

일련번호	판명		간행일	면	단수	기사명
161687	朝鮮朝日	南鮮版	1928-11-17	1	09단	本紙夕刊空輸/新野氏操縱メルクール機
161688	朝鮮朝日	南鮮版	1928-11-17	1	10단	短歌/橋田東聲選
161689	朝鮮朝日	南鮮版	1928-11-17	1	10단	ラヂオと實演の夕べ/D局の試み
161690	朝鮮朝日	南鮮版	1928-11-17	1	10단	三木氏の個人展/滯歐中の作品配布
161691	朝鮮朝日	南鮮版	1928-11-17	1	10단	帆船の遭難乗員は助かる
161692	朝鮮朝日	南鮮版	1928-11-17	1	10단	京城の活寫滿員の盛況
161693	朝鮮朝日	西北・南鮮版	1928-11-17	2	01단	簡易保險の實施可なりに有望/初年度の補助費二十萬圓は容認されん
161694	朝鮮朝日	西北・南鮮版	1928-11-17	2	01단	全滿商議が呼應し木關問題の運動/議會が迫り活氣づく
161695	朝鮮朝日	西北・南鮮版	1928-11-17	2	01단	佛國商議の代表者任命/今回が初めて
161696	朝鮮朝日	西北・南鮮版	1928-11-17	2	01단	財務功勞者表彰の諸氏
161697	朝鮮朝日	西北・南鮮版	1928-11-17	2	01단	懸賞のお景物で賣り出す積りか/早も店頭に日記の山
161698	朝鮮朝日	西北・南鮮版	1928-11-17	2	01단	朝鮮の軍馬漸次よくなる
161699	朝鮮朝日	西北・南鮮版	1928-11-17	2	02단	萬頃江改修旱害救濟で工事を繰上げ
161700	朝鮮朝日	西北・南鮮版	1928-11-17	2	02단	緣故林拂下全北は十萬町
161701	朝鮮朝日	西北・南鮮版	1928-11-17	2	03단	藥令市/今年は藥草の出廻りが少い
161702	朝鮮朝日	西北・南鮮版	1928-11-17	2	03단	群山御大典貯金
161703	朝鮮朝日	西北・南鮮版	1928-11-17	2	03단	溫泉協議設立
161704	朝鮮朝日	西北・南鮮版	1928-11-17	2	03단	平壤の米商組合を組織
161705	朝鮮朝日	西北・南鮮版	1928-11-17	2	03단	向ふ寒さの今日に百名の癩患が全癒もまたて退院する/麗水療養所長の悲痛な述懷
161706	朝鮮朝日	西北・南鮮版	1928-11-17	2	04단	叺籾品評會
161707	朝鮮朝日	西北・南鮮版	1928-11-17	2	04단	平北の米豆十月檢査高
161708	朝鮮朝日	西北・南鮮版	1928-11-17	2	04단	平壤管內の大豆の出廻非常に少い
161709	朝鮮朝日	西北・南鮮版	1928-11-17	2	04단	優良小作人表彰
161710	朝鮮朝日	西北版	1928-11-18	1	01단	女生徒たちが總監に萬歳をあびせ掛け旗行列の過ぎるところ溢れる見物人で大賑ひ/本當の童顔で老總監の喜び 可愛いの可愛いのと自分も小旗を振り廻す/夜を惜んで喜び狂ふ京城の府民
161711	朝鮮朝日	西北版	1928-11-18	1	05단	落穗集(六十二)/下村海南
161712	朝鮮朝日	西北版	1928-11-18	1	08단	歡喜の客地(新義州/海州/沙里院)
161713	朝鮮朝日	西北版	1928-11-18	1	08단	表彰された實業功勞者朝鮮關係分/今樣尊
161713	朝鮮朝日	西北版	1928-11-18	1	08단	德翁 山口縣の出身
161714	朝鮮朝日	西北版	1928-11-18	1	08단	皇國のため老骨を捧げん/在住者の總代として大饗宴に列した富田儀作氏(夢に夢を見る心地金炳鵡氏謹話)

일련번호	판명		간행일	면	단수	기사명
161715	朝鮮朝日	西北版	1928-11-18	1	09단	御大典映畵公開
161716	朝鮮朝日	西北版	1928-11-18	1	10단	司法官異動/十七日づけ
161717	朝鮮朝日	西北版	1928-11-18	1	10단	女高普生徒が御馳走を拵へて奧樣方を招待
161718	朝鮮朝日	南鮮版	1928-11-18	1	01단	女生徒たちが總監に萬歲をあびせ掛け旗行列の過ぎるところ溢れる見物人で大賑ひ/本當の童顔で老總監の喜び 可愛いの可愛いのと自分も小旗を振り廻す/夜を惜んで喜び狂ふ京城の府民
161719	朝鮮朝日	南鮮版	1928-11-18	1	05단	落穗集(六十二)/下村海南
161720	朝鮮朝日	南鮮版	1928-11-18	1	08단	歡喜の客地(釜山/春川)
161721	朝鮮朝日	南鮮版	1928-11-18	1	08단	奉祝宴/京城府民の
161722	朝鮮朝日	南鮮版	1928-11-18	1	08단	表彰された實業功勞者朝鮮關係分/今樣尊德翁 山口縣の出身
161723	朝鮮朝日	南鮮版	1928-11-18	1	08단	皇國のため老骨を捧げん/在住者の總代として大饗宴に列した富田儀作氏(夢に夢を見る心地金炳鷁氏謹話)
161724	朝鮮朝日	南鮮版	1928-11-18	1	09단	御大典映畵公開
161725	朝鮮朝日	南鮮版	1928-11-18	1	10단	司法官異動/十七日づけ
161726	朝鮮朝日	南鮮版	1928-11-18	1	10단	釜山の寒さ
161727	朝鮮朝日	西北・南鮮版	1928-11-18	2	01단	更生の途を講ずべく南洋に力を注ぐ/東拓が調査を行ふ
161728	朝鮮朝日	西北・南鮮版	1928-11-18	2	01단	金組理事大異動/大正十一年來の動き(老功が順に當然の動き)
161729	朝鮮朝日	西北・南鮮版	1928-11-18	2	01단	濟南派遣隊歡迎祝賀/平壤飛行隊
161730	朝鮮朝日	西北・南鮮版	1928-11-18	2	02단	十分の調査は到底望めぬ/電氣事業令
161731	朝鮮朝日	西北・南鮮版	1928-11-18	2	02단	御大典映畵/各地の盛況(春川/松汀里)
161732	朝鮮朝日	西北・南鮮版	1928-11-18	2	03단	平壤京城間搬送式電話近く實施さる
161733	朝鮮朝日	西北・南鮮版	1928-11-18	2	03단	平壤府が箕林里驛の設置を計劃
161734	朝鮮朝日	西北・南鮮版	1928-11-18	2	03단	來る電車も電車も悉くの鈴なり/車輛の少
161734	朝鮮朝日	西北・南鮮版	1928-11-18	2	03단	い京城の電車乘客たちは大不便
161735	朝鮮朝日	西北・南鮮版	1928-11-18	2	04단	豫定額を遙かに突破/御大典貯金
161736	朝鮮朝日	西北・南鮮版	1928-11-18	2	04단	朝鮮輔成會統一の準備
161737	朝鮮朝日	西北・南鮮版	1928-11-18	2	04단	裡里を去った佐々木久松氏
161738	朝鮮朝日	西北版	1928-11-20	1	01단	落穗集(六十三)/下村海南
161739	朝鮮朝日	西北版	1928-11-20	1	01단	神威そのまゝの御尊容を拜して有難淚を禁
161739	朝鮮朝日	西北版	1928-11-20	1	01단	じ得なかった金谷司令官謹話/夜も眠られぬ感激に浸り崇嚴の一語に盡きると李夏榮子喜び語る/團隊長を集め御大禮の模樣を詳しく謹話するつもり 上原師團長の感激

일련번호	판명		간행일	면	단수	기사명
161740	朝鮮朝日	西北版	1928-11-20	1	04단	丹青美しき牡丹台驛を設ける計劃
161741	朝鮮朝日	西北版	1928-11-20	1	05단	二十三度の寒に怯まず江界の奉祝
161742	朝鮮朝日	西北版	1928-11-20	1	05단	異動の首實驗との噂が頻に高い/久しぶりの内務部長會議
161743	朝鮮朝日	西北版	1928-11-20	1	06단	白堊の殿堂を繞る人びと(5)/始終受太刀の學者がお似合の山林部長園田寬さん
161744	朝鮮朝日	西北版	1928-11-20	1	06단	地價が暴騰/十倍以上に
161745	朝鮮朝日	西北版	1928-11-20	1	06단	平南儒林會總會
161746	朝鮮朝日	西北版	1928-11-20	1	06단	朝鮮博のポスター應募が多い
161747	朝鮮朝日	西北版	1928-11-20	1	06단	懲戒よりも豫防海事審判の制度/二審制度を前に懲罰令を改正する
161748	朝鮮朝日	西北版	1928-11-20	1	06단	經費の點などで飛ばずに歸る女流飛行家の惱み/朴敬元孃再び立川へ
161749	朝鮮朝日	西北版	1928-11-20	1	07단	俳句/鈴木花蓑選
161750	朝鮮朝日	西北版	1928-11-20	1	07단	江界除隊兵十九日出發/平壤に向ふ
161751	朝鮮朝日	西北版	1928-11-20	1	08단	空の征服者こそ朝鮮青年の憧れ/飛行學校へ手續問合の申込みが殺到する
161752	朝鮮朝日	西北版	1928-11-20	1	08단	サア今一息だと放送局が大童/加入者が七千を超ゆ/萬になれば補助はいらぬ
161753	朝鮮朝日	西北版	1928-11-20	1	08단	鮮銀の再割利下一、二厘かた
161754	朝鮮朝日	西北版	1928-11-20	1	08단	大同江改修/實地の踏査
161755	朝鮮朝日	西北版	1928-11-20	1	09단	敬老會/御大典記念
161756	朝鮮朝日	西北版	1928-11-20	1	09단	安東美展の入選
161757	朝鮮朝日	西北版	1928-11-20	1	10단	小波氏俳畵展
161758	朝鮮朝日	西北版	1928-11-20	1	10단	狩獵出願者非常に少い
161759	朝鮮朝日	西北版	1928-11-20	1	10단	凍りはじめた鴨江の上流/昨年より早い
161760	朝鮮朝日	西北版	1928-11-20	1	10단	家出息子や意氣な驅落/網にかゝる
161761	朝鮮朝日	西北版	1928-11-20	1	10단	平壤高女の專攻科設置明年に實施か
161762	朝鮮朝日	南鮮版	1928-11-20	1	01단	落穗集(六十三)/下村海南
161763	朝鮮朝日	南鮮版	1928-11-20	1	01단	神威そのまゝの御尊容を拜して有難涙を禁じ得なかった金谷司令官謹話/夜も眠られぬ感激に浸り崇嚴の一語に盡きると李夏榮子喜び語る/團隊長を集め御大禮の模樣を詳しく謹話するつもり 上原師團長の感激/電車も留まる釜山の賑ひ夜を徹して/奉祝振りを活寫に撮影 獻上の計劃/奉祝期間中一の事故もなかった京城
161764	朝鮮朝日	南鮮版	1928-11-20	1	04단	
161765	朝鮮朝日	南鮮版	1928-11-20	1	06단	白堊の殿堂を繞る人びと(5)/始終受太刀

일련번호	판명		간행일	면	단수	기사명
161765	朝鮮朝日	南鮮版	1928-11-20	1	06단	の學者がお似合の山林部長園田寛さん
161766	朝鮮朝日	南鮮版	1928-11-20	1	06단	異動の首實驗との噂が頻に高い/久しぶりの内務部長會議
161767	朝鮮朝日	南鮮版	1928-11-20	1	06단	朝鮮博のポスター應募が多い
161768	朝鮮朝日	南鮮版	1928-11-20	1	07단	お茶のあと
161769	朝鮮朝日	南鮮版	1928-11-20	1	07단	俳句/鈴木花蓑選
161770	朝鮮朝日	南鮮版	1928-11-20	1	07단	釜山瓦電へ非難の聲/囂々と高まる
161771	朝鮮朝日	南鮮版	1928-11-20	1	08단	懲戒よりも豫防海事審判の制度/二審制度を前に懲罰令を改正する
161772	朝鮮朝日	南鮮版	1928-11-20	1	08단	經費の點などで飛ばずに歸る女流飛行家の悩み/朴敬元孃再び立川へ
161773	朝鮮朝日	南鮮版	1928-11-20	1	08단	京城の武德祭
161774	朝鮮朝日	南鮮版	1928-11-20	1	09단	小波氏俳畫展
161775	朝鮮朝日	南鮮版	1928-11-20	1	09단	空の征服者こそ朝鮮青年の憧れ/飛行學校へ手續問合の申込みが殺到する
161776	朝鮮朝日	南鮮版	1928-11-20	1	09단	サア今一息だと放送局が大童/加入者が七千を超ゆ/萬になれば補助はいらぬ
161777	朝鮮朝日	南鮮版	1928-11-20	1	10단	鮮銀の再割利下一、二厘かた
161778	朝鮮朝日	南鮮版	1928-11-20	1	10단	凍りはじめた鴨江の上流/昨年より早い
161779	朝鮮朝日	南鮮版	1928-11-20	1	10단	運動界(鐵道と倭城が京中京師を破る)
161780	朝鮮朝日	西北・南鮮版	1928-11-20	2	01단	氣候の不順からすでに風邪が流行/流行唄と關係のある風邪史
161781	朝鮮朝日	西北・南鮮版	1928-11-20	2	04단	今までにない立派な成績　御大典貯金/御大典貯金平南の好況
161782	朝鮮朝日	西北・南鮮版	1928-11-20	2	04단	手際も立派な音樂と料理/平壤女高普
161783	朝鮮朝日	西北・南鮮版	1928-11-20	2	05단	特急列車に郵便物搭載
161784	朝鮮朝日	西北・南鮮版	1928-11-20	2	05단	御大禮映畫安義で謹寫
161785	朝鮮朝日	西北・南鮮版	1928-11-20	2	05단	洛東江改修敷地の買收價格決定法
161786	朝鮮朝日	西北・南鮮版	1928-11-20	2	06단	人氣を得たメートル展
161787	朝鮮朝日	西北・南鮮版	1928-11-20	2	06단	一萬圓の寄附を得て叺增産の計劃
161788	朝鮮朝日	西北・南鮮版	1928-11-20	2	07단	筏橋電信變更
161789	朝鮮朝日	西北・南鮮版	1928-11-20	2	07단	南浦十月貿易高
161790	朝鮮朝日	西北・南鮮版	1928-11-20	2	07단	京城擔保貸出高
161791	朝鮮朝日	西北・南鮮版	1928-11-20	2	07단	京城組銀帳尻
161792	朝鮮朝日	西北・南鮮版	1928-11-20	2	07단	釜山理髮業表彰
161793	朝鮮朝日	西北・南鮮版	1928-11-20	2	07단	新刊紹介(『眞人』/『さすかた』/『朝鮮』)
161794	朝鮮朝日	西北版	1928-11-21	1	01단	落穗集(六十四)/下村海南
161795	朝鮮朝日	西北版	1928-11-21	1	01단	今年や先生の當り年/例の學校の增設で師範校の卒業生は引っ張り凧/演習科を近く設置か

일련번호	판명		간행일	면	단수	기사명
161796	朝鮮朝日	西北版	1928-11-21	1	01단	學校長を妄りに內地から招かぬ/從って大した異動もない學務當局の異動話
161797	朝鮮朝日	西北版	1928-11-21	1	01단	あんまり知られず値段も高いと誤解してるせいか利用者の少い無線電話
161798	朝鮮朝日	西北版	1928-11-21	1	02단	發動機共進會/褒賞授與十九日擧行
161799	朝鮮朝日	西北版	1928-11-21	1	03단	昔鳴らした男(1)/そのかみ明大の堅壘を築いて六大學リーグ戰に優勝した京電の熊谷玄選手
161800	朝鮮朝日	西北版	1928-11-21	1	04단	朝鮮から教員大會に七十名出席
161801	朝鮮朝日	西北版	1928-11-21	1	04단	支那側の防穀令/影響は少い
161802	朝鮮朝日	西北版	1928-11-21	1	04단	濟世と教育に萬金を投じて後援をつゞけ來た丁字屋の小林氏表彰さる
161803	朝鮮朝日	西北版	1928-11-21	1	05단	江界高山鎭間道路の改修/猛烈に運動
161804	朝鮮朝日	西北版	1928-11-21	1	05단	短歌/橋田東聲選
161805	朝鮮朝日	西北版	1928-11-21	1	06단	齋藤前總督病も癒えて來鮮の希望
161806	朝鮮朝日	西北版	1928-11-21	1	06단	教育功勞者に藍綬褒章光榮の兩氏
161807	朝鮮朝日	西北版	1928-11-21	1	06단	ガミガミ叱られ辛棒が出來ぬ大學出の巡査たち/矢っぱり中學出位が最良
161808	朝鮮朝日	西北版	1928-11-21	1	07단	虎や熊と戰ふ危險な河川調査
161809	朝鮮朝日	西北版	1928-11-21	1	07단	憧れの內地へと女先生の旅立ち/御大禮奉拜視察團二十日朝釜山を出發
161810	朝鮮朝日	西北版	1928-11-21	1	08단	平壤圖書館日は淺いが入場者が多い
161811	朝鮮朝日	西北版	1928-11-21	1	08단	お茶のあと
161812	朝鮮朝日	西北版	1928-11-21	1	09단	學校の職員室へは滅多に顔を見せぬ目新らしい新刊書/新聞も一種類といふ貧弱さ
161813	朝鮮朝日	西北版	1928-11-21	1	09단	支那の官兵が高瀨舟に發砲/空砲で停船させたのみと支那側一流の詭辯
161814	朝鮮朝日	西北版	1928-11-21	1	09단	自動車ポンプ新義州が設置
161815	朝鮮朝日	西北版	1928-11-21	1	10단	濟南派遺隊の歡迎で賑ふ平壤飛行隊
161816	朝鮮朝日	西北版	1928-11-21	1	10단	無慙の燒死/間島の火事
161817	朝鮮朝日	西北版	1928-11-21	1	10단	人(深澤大邱覆審法院長/境同法院檢事長/中野咸鏡南道知事/赤木京城師範學校長/末松李王職事務官)
161818	朝鮮朝日	西北版	1928-11-21	1	10단	半島茶話
161819	朝鮮朝日	南鮮版	1928-11-21	1	01단	落穗集(六十四)/下村海南
161820	朝鮮朝日	南鮮版	1928-11-21	1	01단	今年や先生の當り年/例の學校の增設で師範校の卒業生は引っ張り凧/演習科を近く設置か
161821	朝鮮朝日	南鮮版	1928-11-21	1	01단	學校長を妄りに內地から招かぬ/從って大した異動もない學務當局の異動話

일련번호	판명		간행일	면	단수	기사명
161822	朝鮮朝日	南鮮版	1928-11-21	1	01단	あんまり知られず値段も高いと誤解してるせいか利用者の少い無線電話
161823	朝鮮朝日	南鮮版	1928-11-21	1	02단	發動機共進會/褒賞授與十九日擧行
161824	朝鮮朝日	南鮮版	1928-11-21	1	03단	昔鳴らした男(1)/そのかみ明大の堅壘を築いて六大學リーグ戰に優勝した京電の熊谷玄選手
161825	朝鮮朝日	南鮮版	1928-11-21	1	04단	大邱の公會堂問題またも行き惱む 財源問題に脅かさる或は府議の總辭職を見ん/廢道拂下金の流用は不可 道が許さぬ
161826	朝鮮朝日	南鮮版	1928-11-21	1	04단	濟世と教育に萬金を投じて後援をつゞけ來た丁字屋の小林氏表彰さる
161827	朝鮮朝日	南鮮版	1928-11-21	1	05단	朝鮮から教員大會に七十名出席
161828	朝鮮朝日	南鮮版	1928-11-21	1	05단	短歌/橋田東聲選
161829	朝鮮朝日	南鮮版	1928-11-21	1	06단	齋藤前總督病も癒えて來鮮の希望
161830	朝鮮朝日	南鮮版	1928-11-21	1	06단	教育功勞者に藍綬褒章光榮の兩氏
161831	朝鮮朝日	南鮮版	1928-11-21	1	06단	ガミガミ叱られ辛棒が出來ぬ大學出の巡査たち/矢っぱり中學出位が最良
161832	朝鮮朝日	南鮮版	1928-11-21	1	07단	虎や熊と戰ふ危險な河川調査
161833	朝鮮朝日	南鮮版	1928-11-21	1	07단	憧れの內地へと女先生の旅立ち/御大禮奉拜視察團二十日朝釜山を出發
161834	朝鮮朝日	南鮮版	1928-11-21	1	08단	仁川高女の奉祝音樂會/よき樂の夕べ
161835	朝鮮朝日	南鮮版	1928-11-21	1	08단	お茶のあと
161836	朝鮮朝日	南鮮版	1928-11-21	1	09단	學校の職員室へは滅多に顔を見せぬ目新らしい新刊書/新聞も一種類といふ貧弱さ
161837	朝鮮朝日	南鮮版	1928-11-21	1	09단	支那の官兵が高瀬舟に發砲/空砲で停船させたのみと支那側一流の詭辯
161838	朝鮮朝日	南鮮版	1928-11-21	1	09단	徽文高普の盟休生復校/目出度く解決
161839	朝鮮朝日	南鮮版	1928-11-21	1	10단	空巢覘ひが巧みに逃走
161840	朝鮮朝日	南鮮版	1928-11-21	1	10단	運動界(京城ラ式蹴球戰)
161841	朝鮮朝日	南鮮版	1928-11-21	1	10단	人(深澤大邱覆審法院長/境同法院檢事長/中野咸鏡南道知事/赤木京城師範學校長/末松李王職事務官/松本誠氏(專賣局長)/藤瀨與吉氏(釜山藤瀨回生院長))
161842	朝鮮朝日	南鮮版	1928-11-21	1	10단	半島茶話
161843	朝鮮朝日	西北・南鮮版	1928-11-21	2	01단	來らん春を待つ若き學生の惱み/早くも就職受難の一卷/教授たちまで狂奔(城大だけは是非に就職させ度いもの本府學務當局談/樂觀できぬ城大西澤事務官談/城大の卒業は大なる脅威嚴佐高商校長談/私の學校が一番の打擊五十部法專教授談)

일련번호	판명		간행일	면	단수	기사명
161844	朝鮮朝日	西北・南鮮版	1928-11-21	2	02단	先づ値下を懇談/それから買收交渉の對策を講ずる期成會
161845	朝鮮朝日	西北・南鮮版	1928-11-21	2	02단	仁川土産品品評會開催
161846	朝鮮朝日	西北・南鮮版	1928-11-21	2	03단	蔚山飛行場祝賀の飛行/平壤三機と民間西尾機
161847	朝鮮朝日	西北・南鮮版	1928-11-21	2	04단	ゴム靴修理の三成密著劑大工場計劃
161848	朝鮮朝日	西北・南鮮版	1928-11-21	2	04단	*煙草會社が支店を廢合/朝鮮煙草總會*
161849	朝鮮朝日	西北・南鮮版	1928-11-21	2	04단	鐵工業者が組合を作り發展を策す
161850	朝鮮朝日	西北・南鮮版	1928-11-21	2	04단	平南に二つ金組の增設許可される
161851	朝鮮朝日	西北・南鮮版	1928-11-21	2	04단	光州御大典貯金
161852	朝鮮朝日	西北・南鮮版	1928-11-21	2	04단	外鹽の輸入二億三千萬斤
161853	朝鮮朝日	西北・南鮮版	1928-11-21	2	04단	南浦水産檢査高
161854	朝鮮朝日	西北・南鮮版	1928-11-21	2	04단	京城組銀帳尻
161855	朝鮮朝日	西北版	1928-11-22	1	01단	落穗集(六十五)/下村海南
161856	朝鮮朝日	西北版	1928-11-22	1	01단	純な朝鮮の人の心はかくの如くに流る/內地人の考ふべきこと/民情視察の李範昇氏の歸來談
161857	朝鮮朝日	西北版	1928-11-22	1	01단	煙草密耕者檢擧の苦心(1)/金を貸した代償に密耕煙草を買ふ不埒な富豪もある
161858	朝鮮朝日	西北版	1928-11-22	1	04단	土木協會總會京城で開催
161859	朝鮮朝日	西北版	1928-11-22	1	04단	涉里院面電五十の增燈
161860	朝鮮朝日	西北版	1928-11-22	1	04단	平南模範林輪伐に伴ふ道路の新設
161861	朝鮮朝日	西北版	1928-11-22	1	04단	不良な本年米を種籾にせぬやう總督府が心配して各道に通牒を發す
161862	朝鮮朝日	西北版	1928-11-22	1	04단	赤自轉車の活躍/全鮮の電報配達用に毎年二百台の新品が入用
161863	朝鮮朝日	西北版	1928-11-22	1	04단	沿線記者團發會
161864	朝鮮朝日	西北版	1928-11-22	1	05단	昔鳴らした男(2)/鬼をも組まんず猛者の三味の音/美しい奧さんと樂しい團欒/遞信局の平瀨四郎君
161865	朝鮮朝日	西北版	1928-11-22	1	05단	平南學事視察團
161866	朝鮮朝日	西北版	1928-11-22	1	05단	女ばかりの學事視察團宮島に向ふ
161867	朝鮮朝日	西北版	1928-11-22	1	06단	御大禮活寫盛況
161868	朝鮮朝日	西北版	1928-11-22	1	06단	平南牛の名に隱れて平北優牛の名が知れぬ
161869	朝鮮朝日	西北版	1928-11-22	1	06단	溫突の無い家は借り手がない/設備の惡い家主たちは店子の尻が輕いと愚痴
161870	朝鮮朝日	西北版	1928-11-22	1	06단	お承知ですか京城は日本一/たゞし自慢にはならぬ/傳染病の罹病率
161871	朝鮮朝日	西北版	1928-11-22	1	07단	朝鮮の除隊兵二千五百名近く退鮮す

일련번호	판명		간행일	면	단수	기사명
161872	朝鮮朝日	西北版	1928-11-22	1	07단	俳句/鈴木花蓑選
161873	朝鮮朝日	西北版	1928-11-22	1	08단	平壤の碧空を十五機が亂舞/濟南派遣隊を歡迎
161874	朝鮮朝日	西北版	1928-11-22	1	08단	運轉手試驗
161875	朝鮮朝日	西北版	1928-11-22	1	08단	地方饗饌の材料で饅頭/部下に分つ
161876	朝鮮朝日	西北版	1928-11-22	1	09단	咸南共進會沙汰やみか
161877	朝鮮朝日	西北版	1928-11-22	1	09단	口數で平壤金額で大邱/御大典貯金全鮮の成績
161878	朝鮮朝日	西北版	1928-11-22	1	09단	朔州下流にも免疫地帶を設置する
161879	朝鮮朝日	西北版	1928-11-22	1	09단	消防用の水管自動車平壤が設置
161880	朝鮮朝日	西北版	1928-11-22	1	10단	肺ヂストマの保菌者を調査
161881	朝鮮朝日	西北版	1928-11-22	1	10단	全日本氷上選手權大會安東で開催か
161882	朝鮮朝日	西北版	1928-11-22	1	10단	警官を斬り犯人が自殺
161883	朝鮮朝日	西北版	1928-11-22	1	10단	列車で頓死/心臟麻痺で
161884	朝鮮朝日	西北版	1928-11-22	1	10단	會(安倍教授講演會)
161885	朝鮮朝日	西北版	1928-11-22	1	10단	人(重村總督府化學館長/坂田朝鮮軍參謀/內村平壤慈惠醫院長)
161886	朝鮮朝日	西北版	1928-11-22	1	10단	半島茶話
161887	朝鮮朝日	南鮮版	1928-11-22	1	01단	落穗集(六十五)/下村海南
161888	朝鮮朝日	南鮮版	1928-11-22	1	01단	純な朝鮮の人の心はかくの如くに流る/內地人の考ふべきこと/民情視察の李範昇氏の歸來談
161889	朝鮮朝日	南鮮版	1928-11-22	1	01단	煙草密耕者檢擧の苦心(１)/金を貸した代償に密耕煙草を買ふ不埒な富豪もある
161890	朝鮮朝日	南鮮版	1928-11-22	1	04단	土木協會總會京城で開催
161891	朝鮮朝日	南鮮版	1928-11-22	1	04단	滿期兵慰勞休暇
161892	朝鮮朝日	南鮮版	1928-11-22	1	04단	保健衛生の標語を募集
161893	朝鮮朝日	南鮮版	1928-11-22	1	04단	不良な本年米を種籾にせぬやう/總督府が心配して各道に通牒を發す
161894	朝鮮朝日	南鮮版	1928-11-22	1	04단	赤自轉車の活躍/全鮮の電報配達用に毎年二百台の新品が入用
161895	朝鮮朝日	南鮮版	1928-11-22	1	04단	沿線記者團發會
161896	朝鮮朝日	南鮮版	1928-11-22	1	05단	昔鳴らした男(２)/鬼をも組まんず猛者の三味の音/美しい奧さんと樂しい團欒/遞
161896	朝鮮朝日	南鮮版	1928-11-22	1	05단	信局の平瀬四郎君
161897	朝鮮朝日	南鮮版	1928-11-22	1	05단	二十師團が地方馬調査/京城府內で
161898	朝鮮朝日	南鮮版	1928-11-22	1	06단	女ばかりの學事視察團宮島に向ふ
161899	朝鮮朝日	南鮮版	1928-11-22	1	06단	拂へど盡きぬ浮浪の乞食大京城が弱る
161900	朝鮮朝日	南鮮版	1928-11-22	1	06단	溫突の無い家は借り手がない/設備の惡い

일련번호	판명		간행일	면	단수	기사명
161900	朝鮮朝日	南鮮版	1928-11-22	1	06단	家主たちは店子の尻が輕いと愚痴
161901	朝鮮朝日	南鮮版	1928-11-22	1	06단	お承知ですか京城は日本一/たゞし自慢にはならぬ/傳染病の罹病率
161902	朝鮮朝日	南鮮版	1928-11-22	1	07단	朝鮮の除隊兵二千五百名近く退鮮す
161903	朝鮮朝日	南鮮版	1928-11-22	1	07단	俳句/鈴木花蓑選
161904	朝鮮朝日	南鮮版	1928-11-22	1	08단	平壤の碧空を十五機が亂舞/濟南派遣隊を歡迎
161905	朝鮮朝日	南鮮版	1928-11-22	1	08단	夢かと驚く千八十餘圓/七年ごしの扶助料交付
161906	朝鮮朝日	南鮮版	1928-11-22	1	09단	警官を斬り犯人が自殺
161907	朝鮮朝日	南鮮版	1928-11-22	1	09단	列車で頓死/心臟麻痺で
161908	朝鮮朝日	南鮮版	1928-11-22	1	09단	口數で平壤金額で大邱/御大典貯金全鮮の成績
161909	朝鮮朝日	南鮮版	1928-11-22	1	09단	京城府豫算大緊縮/四百萬圓程度
161910	朝鮮朝日	南鮮版	1928-11-22	1	10단	地方饗饌の材料で饅頭/部下に分つ
161911	朝鮮朝日	南鮮版	1928-11-22	1	10단	肺ヂストマの保菌者を調査
161912	朝鮮朝日	南鮮版	1928-11-22	1	10단	連子殺しに七年の判決
161913	朝鮮朝日	南鮮版	1928-11-22	1	10단	全日本氷上選手權大會安東で開催か
161914	朝鮮朝日	南鮮版	1928-11-22	1	10단	會(釜山築港披露宴)
161915	朝鮮朝日	南鮮版	1928-11-22	1	10단	人(松浦鎭次郎氏(城大總長)/朴泳孝侯)
161916	朝鮮朝日	南鮮版	1928-11-22	1	10단	半島茶話
161917	朝鮮朝日	西北・南鮮版	1928-11-22	2	01단	奥さま、お正月の晴れのお衣裳は今年はとても駄目/ボーナスが昨年より少い
161918	朝鮮朝日	西北・南鮮版	1928-11-22	2	01단	朝鮮で一番適した貯水池式の發電/遞信局が地形を調査
161919	朝鮮朝日	西北・南鮮版	1928-11-22	2	01단	鮮銀券膨脹原因は米資
161920	朝鮮朝日	西北・南鮮版	1928-11-22	2	01단	六十萬圓の慶南肥料低資
161921	朝鮮朝日	西北・南鮮版	1928-11-22	2	01단	新義州に荷主協會を設置する計劃
161922	朝鮮朝日	西北・南鮮版	1928-11-22	2	01단	慶南の免税/兩地で七千圓
161923	朝鮮朝日	西北・南鮮版	1928-11-22	2	02단	『山なし總督山を造る』と植林の標語
161924	朝鮮朝日	西北・南鮮版	1928-11-22	2	02단	慶南に榮轉の崎山金組理事
161925	朝鮮朝日	西北・南鮮版	1928-11-22	2	03단	新舊馬山の中央に市街造成の計劃
161926	朝鮮朝日	西北・南鮮版	1928-11-22	2	03단	朝鮮送電の設立は認可
161927	朝鮮朝日	西北・南鮮版	1928-11-22	2	04단	明太の群咸南に近づく
161928	朝鮮朝日	西北・南鮮版	1928-11-22	2	04단	北鮮炭の入荷は少い手持が多く
161929	朝鮮朝日	西北・南鮮版	1928-11-22	2	04단	三金組廳舍竣工
161930	朝鮮朝日	西北・南鮮版	1928-11-22	2	04단	京城郵便物受配
161931	朝鮮朝日	西北版	1928-11-23	1	01단	落穗集(六十六)/下村海南
161932	朝鮮朝日	西北版	1928-11-23	1	01단	特殊な財産に限り總督の權限に委ね國有財産法を施行か/でなければ收入減で豫算

일련번호	판명		간행일	면	단수	기사명
161932	朝鮮朝日	西北版	1928-11-23	1	01단	に困る
161933	朝鮮朝日	西北版	1928-11-23	1	01단	煙草密耕者檢擧の苦心(２)/信じられぬ程の大袈裟な密耕/甚しいのは一箇所で二萬餘坪を越える有樣
161934	朝鮮朝日	西北版	1928-11-23	1	03단	御大典記念の安東圖書室
161935	朝鮮朝日	西北版	1928-11-23	1	03단	御眞影奉安庫淸津學組設置
161936	朝鮮朝日	西北版	1928-11-23	1	03단	全國教育會平北も參加
161937	朝鮮朝日	西北版	1928-11-23	1	04단	祭粢料御下賜遺族の喜び/祭典を執行
161938	朝鮮朝日	西北版	1928-11-23	1	04단	表彰された淸津刑務所員
161939	朝鮮朝日	西北版	1928-11-23	1	04단	非難はあっても漸く馴れて來た移動警察をこのまゝ廢止するのは惜しい
161940	朝鮮朝日	西北版	1928-11-23	1	04단	台灣にも劣る朝鮮の鐵道網/百平方里に僅か十三哩/十萬人に十哩二分
161941	朝鮮朝日	西北版	1928-11-23	1	05단	昔鳴らした男(３)/今は一生懸命で机上の圖面ひき/蹴球と短距離で名を馳せた總督府の內藤資忠君
161942	朝鮮朝日	西北版	1928-11-23	1	05단	安東鄕軍が奉祝會に參列
161943	朝鮮朝日	西北版	1928-11-23	1	06단	聯隊旗を捧持し上京/平壤聯隊が
161944	朝鮮朝日	西北版	1928-11-23	1	06단	民謠/北原白秋選
161945	朝鮮朝日	西北版	1928-11-23	1	06단	牡丹台驛箕林里に新設
161946	朝鮮朝日	西北版	1928-11-23	1	07단	奉祝其間中靜穩だった平壤の一週間
161947	朝鮮朝日	西北版	1928-11-23	1	07단	旅館の覺醒/料金をホテル制度今から注目されるその成績
161948	朝鮮朝日	西北版	1928-11-23	1	07단	朝鮮の靑訓出も在營年限を短縮/內地官報で公示さる
161949	朝鮮朝日	西北版	1928-11-23	1	07단	苦心して獎勵した甜菜の栽培が漸く有利と判って今年はレコードを破る
161950	朝鮮朝日	西北版	1928-11-23	1	08단	禁煙會を組織
161951	朝鮮朝日	西北版	1928-11-23	1	08단	安東の靑訓成績が良い
161952	朝鮮朝日	西北版	1928-11-23	1	08단	新義州に猩紅熱發生學校が休む
161953	朝鮮朝日	西北版	1928-11-23	1	09단	知られぬお寶/少額低資が徹底せぬ/二十圓でも可なりに有意義
161954	朝鮮朝日	西北版	1928-11-23	1	09단	困った專賣局が反間苦肉の策/御大典煙草が賣れぬので敷島などの卸を中止
161955	朝鮮朝日	西北版	1928-11-23	1	09단	ゴルフ競技納め
161956	朝鮮朝日	西北版	1928-11-23	1	09단	僞造の銀貨安東で發見
161957	朝鮮朝日	西北版	1928-11-23	1	10단	金を提供し拉致された人質が歸鮮
161958	朝鮮朝日	西北版	1928-11-23	1	10단	一萬餘圓の寶石の密輸新義州で發見
161959	朝鮮朝日	西北版	1928-11-23	1	10단	驛手の壓死貨車に挾まれ

일련번호	판명		간행일	면	단수	기사명
161960	朝鮮朝日	西北版	1928-11-23	1	10단	人(吉澤寺洞海軍鑛業部長/松井平壤府尹/高橋本府視學委員)
161961	朝鮮朝日	西北版	1928-11-23	1	10단	半島茶話
161962	朝鮮朝日	南鮮版	1928-11-23	1	01단	落穗集(六十六)/下村海南
161963	朝鮮朝日	南鮮版	1928-11-23	1	01단	特殊な財産に限り總督の權限に委ね國有財産法を施行か/でなければ收入減で豫算に困る
161964	朝鮮朝日	南鮮版	1928-11-23	1	01단	煙草密耕者檢擧の苦心(2)/信じられぬ程の大袈裟な密耕/甚しいのは一ケ所で二萬餘坪を越える有樣
161965	朝鮮朝日	南鮮版	1928-11-23	1	03단	初等學校長會議
161966	朝鮮朝日	南鮮版	1928-11-23	1	03단	水原學組選擧
161967	朝鮮朝日	南鮮版	1928-11-23	1	03단	祭粢料御下賜遺族の喜び/祭典を執行
161968	朝鮮朝日	南鮮版	1928-11-23	1	04단	旅館の覺醒/料金をホテル制度今から注目されるその成績
161969	朝鮮朝日	南鮮版	1928-11-23	1	04단	非難はあっても漸く馴れて來た移動警察をこのまゝ廢止するのは惜しい
161970	朝鮮朝日	南鮮版	1928-11-23	1	04단	台灣にも劣る朝鮮の鐵道網/百平方里に僅か十三哩/十萬人に十哩二分
161971	朝鮮朝日	南鮮版	1928-11-23	1	05단	昔鳴らした男(3)/今は一生懸命で机上の圖面ひき/蹴球と短距離で名を馳せた總督府の內藤資忠君
161972	朝鮮朝日	南鮮版	1928-11-23	1	05단	在鄕軍人も參列
161973	朝鮮朝日	南鮮版	1928-11-23	1	06단	馬山御大典映畵
161974	朝鮮朝日	南鮮版	1928-11-23	1	06단	三百餘の仁川の井水嚴重に檢査
161975	朝鮮朝日	南鮮版	1928-11-23	1	06단	稅金が嫌ひで缺損だと裝ふ慶南の自動車營業者/道路修繕費の受益者負擔
161976	朝鮮朝日	南鮮版	1928-11-23	1	06단	朝鮮の靑訓出も在營年限を短縮/內地官報で公示さる
161977	朝鮮朝日	南鮮版	1928-11-23	1	07단	牡丹台驛箕林里に新設
161978	朝鮮朝日	南鮮版	1928-11-23	1	07단	知られぬお寶/少額低資が徹底せぬ/二十圓でも可なりに有意義
161979	朝鮮朝日	南鮮版	1928-11-23	1	08단	民謠/北原白秋選
161980	朝鮮朝日	南鮮版	1928-11-23	1	08단	釜山一商が大邱聯隊で營內の生活
161981	朝鮮朝日	南鮮版	1928-11-23	1	08단	聯隊旗を捧げて東上/大觀兵式參列
161982	朝鮮朝日	南鮮版	1928-11-23	1	09단	困った專賣局が反間苦肉の策/御大典煙草が賣れぬので敷島などの卸を中止
161983	朝鮮朝日	南鮮版	1928-11-23	1	09단	第一高女音樂會
161984	朝鮮朝日	南鮮版	1928-11-23	1	09단	會(御大典奉祝學藝會/南畵院展覽會)

일련번호	판명		간행일	면	단수	기사명
161985	朝鮮朝日	南鮮版	1928-11-23	1	09단	人(石鎭衡氏(全南知事)/赤木萬次郎氏(京城師範校長)/長崎實業家一行/横田五郎氏(高等法院長)/石鎭衡氏(全南道知事)/岡崎哲郎氏(全南內務部長)/米田京畿道知事/永島雄藏氏(平壤覆審法院長)/荒井初太郎氏(仁取社長)/谷多喜磨氏(平北知事)/高勇吉氏(音樂家)/申忠南道知事/吉澤寺洞海軍鑛業部長/松井平壤府尹/高橋本府視學委員)
161986	朝鮮朝日	南鮮版	1928-11-23	1	10단	一萬餘圓の寶石の密輸新義州で發見
161987	朝鮮朝日	南鮮版	1928-11-23	1	10단	放火で騷せお金を盜む
161988	朝鮮朝日	南鮮版	1928-11-23	1	10단	驛手の壓死貨車に挾まれ
161989	朝鮮朝日	南鮮版	1928-11-23	1	10단	半島茶話
161990	朝鮮朝日	西北・南鮮版	1928-11-23	2	01단	禍を福に轉ずる吥の製造を獎勵/旱害地の學童や農民が出す高は六百萬枚
161991	朝鮮朝日	西北・南鮮版	1928-11-23	2	01단	滿鐵の檢查品以外豆粕の輸入を禁止/打擊を蒙る安東の當業者對策を協議し回答
161992	朝鮮朝日	西北・南鮮版	1928-11-23	2	01단	*民間業者への壓迫と木材業者憤慨/會議所も起つ*
161993	朝鮮朝日	西北・南鮮版	1928-11-23	2	01단	仁川が斡旋し製氷所設置計劃が熟す
161994	朝鮮朝日	西北・南鮮版	1928-11-23	2	02단	溫泉客の運賃を割引/冬近づいて
161995	朝鮮朝日	西北・南鮮版	1928-11-23	2	02단	東支鐵道の運賃問題は漸く解決す
161996	朝鮮朝日	西北・南鮮版	1928-11-23	2	02단	水もしたゝる熱帶の果物仁川に入荷
161997	朝鮮朝日	西北・南鮮版	1928-11-23	2	02단	朝鮮博への忠南の出品
161998	朝鮮朝日	西北・南鮮版	1928-11-23	2	02단	農工生徒の製作品評會その他の催し
161999	朝鮮朝日	西北・南鮮版	1928-11-23	2	03단	懷德驛新設
162000	朝鮮朝日	西北・南鮮版	1928-11-23	2	03단	その後三年學童貯金の成績が良好
162001	朝鮮朝日	西北・南鮮版	1928-11-23	2	03단	黃海水組の代工を協議
162002	朝鮮朝日	西北・南鮮版	1928-11-23	2	03단	火田民取締咸南が通牒
162003	朝鮮朝日	西北・南鮮版	1928-11-23	2	04단	公州郡廳舍竣工
162004	朝鮮朝日	西北・南鮮版	1928-11-23	2	04단	珠算競技會
162005	朝鮮朝日	西北・南鮮版	1928-11-23	2	04단	自動車檢查
162006	朝鮮朝日	西北・南鮮版	1928-11-23	2	04단	私鐵の業績收入十九萬圓
162007	朝鮮朝日	西北・南鮮版	1928-11-23	2	04단	全鮮の郵貯一割七分增
162008	朝鮮朝日	西北・南鮮版	1928-11-23	2	04단	咸興電氣の進展
162009	朝鮮朝日	西北・南鮮版	1928-11-23	2	04단	京城穀信無配當
162010	朝鮮朝日	西北・南鮮版	1928-11-23	2	04단	十一月鐵道業債
162011	朝鮮朝日	西北版	1928-11-24	1	01단	落穗集(六十七)/下村海南
162012	朝鮮朝日	西北版	1928-11-24	1	01단	警察官の勞苦を見るに忍びず/御大典警衛

일련번호	판명		간행일	면	단수	기사명
162012	朝鮮朝日	西北版	1928-11-24	1	01단	の特別賞與を些少ながらも支給
162013	朝鮮朝日	西北版	1928-11-24	1	01단	*將來は水上機の着水場も設け格納庫その他も設ける 蔚山飛行場の開場/記念會葉書まだ賣捌く*
162014	朝鮮朝日	西北版	1928-11-24	1	02단	支那官兵の發砲事件は領事に依頼
162015	朝鮮朝日	西北版	1928-11-24	1	02단	專門學校入學試驗期日其他決定
162016	朝鮮朝日	西北版	1928-11-24	1	03단	御大禮の詳細を京城で讀者に謹映
162017	朝鮮朝日	西北版	1928-11-24	1	03단	土曜漫筆/吃音矯正所/S・T生
162018	朝鮮朝日	西北版	1928-11-24	1	04단	くさぐさの贈物を嬉しく受けて內地視察の女の先生たち本社內を詳細に見學
162019	朝鮮朝日	西北版	1928-11-24	1	05단	支那視察團新義州を訪問
162020	朝鮮朝日	西北版	1928-11-24	1	05단	新義州電氣增資を決定
162021	朝鮮朝日	西北版	1928-11-24	1	05단	農民相互の金融を圖る組合を組織
162022	朝鮮朝日	西北版	1928-11-24	1	06단	徒らに往時の榮えを物語る/東拓の二十年祝賀/優良小作人その他を表彰
162023	朝鮮朝日	西北版	1928-11-24	1	06단	炬燵の代りに暖かさを求めて圖書館で本を讀む學生たちが多くなって來る
162024	朝鮮朝日	西北版	1928-11-24	1	06단	婦人も野に出よ勞働の能率を增すべく/朝鮮尊德翁が鼓吹
162025	朝鮮朝日	西北版	1928-11-24	1	07단	最初に帽子/自動車運轉手服裝の統一法
162026	朝鮮朝日	西北版	1928-11-24	1	08단	平北署長會議
162027	朝鮮朝日	西北版	1928-11-24	1	08단	宗教による民族の融和/靑年聯盟總會
162028	朝鮮朝日	西北版	1928-11-24	1	08단	*盟休の生徒たちが結社を作り策動 中に妙齡の美人も交る 目下道で取調べ中/絲を操るは內地人主義者*
162029	朝鮮朝日	西北版	1928-11-24	1	08단	警察官が總出で傍聽者を整理/滿洲の赤化を企て教師も交る共産黨の公判
162030	朝鮮朝日	西北版	1928-11-24	1	08단	氣味の惡い買物牝蛙二萬五千匹を買ひ集めて上海へ送る
162031	朝鮮朝日	西北版	1928-11-24	1	09단	面吏員指導會
162032	朝鮮朝日	西北版	1928-11-24	1	09단	氷上渡江が始まる豆滿江
162033	朝鮮朝日	西北版	1928-11-24	1	09단	支那動亂の風說に驚き安東に避難
162034	朝鮮朝日	西北版	1928-11-24	1	09단	牛皮牛骨の輸入も禁止/牛疫を恐れ
162035	朝鮮朝日	西北版	1928-11-24	1	10단	俳句/鈴木花蓑選
162036	朝鮮朝日	西北版	1928-11-24	1	10단	春川師範校舍新築の記念音樂會
162037	朝鮮朝日	西北版	1928-11-24	1	10단	スケート豫選安東で擧行
162038	朝鮮朝日	西北版	1928-11-24	1	10단	人(多田榮吉氏(平安北道評議員)/谷多喜磨氏(平安北道知事)/加藤一二氏(平北衛生課長)/伊藤善吉氏(安東中學校長)/戶塚魏氏

일련번호	판명		간행일	면	단수	기사명
162038	朝鮮朝日	西北版	1928-11-24	1	10단	(安東高等女學校長)/中野太三郎氏(咸南知事)/渡邊全北知事/兒玉右二代議士/末松熊彦氏(李王職事務官)/近藤一郎氏(小野田セメント技師)/李起東氏(東京相愛會本部總務)/矢橋良胤氏(大邱日報副社長)/品川基幸氏(大邱日報營業局長)/河內山樂三氏(朝鮮火災海上保險社長)/杢茂一郎氏夫人)
162039	朝鮮朝日	西北版	1928-11-24	1	10단	半島茶話
162040	朝鮮朝日	南鮮版	1928-11-24	1	01단	落穗集(六十七)/下村海南
162041	朝鮮朝日	南鮮版	1928-11-24	1	01단	警察官の勞苦を見るに忍びず/御大典警衛の特別賞與を些少ながらも支給
162042	朝鮮朝日	南鮮版	1928-11-24	1	01단	*將來は水上機の着水場も設け格納庫その他も設ける 蔚山飛行場の開場/記念會葉書まだ賣捌く*
162043	朝鮮朝日	南鮮版	1928-11-24	1	02단	專門學校入學試驗期日其他決定
162044	朝鮮朝日	南鮮版	1928-11-24	1	03단	俳句/鈴木花蓑選
162045	朝鮮朝日	南鮮版	1928-11-24	1	03단	土曜漫筆/吃音矯正所/S・T生
162046	朝鮮朝日	南鮮版	1928-11-24	1	04단	恩典の意義を諒解せしめ復校を許す盟休退學生
162047	朝鮮朝日	南鮮版	1928-11-24	1	04단	徒らに往時の榮えを物語る/東拓の二十周年祝賀/優良小作人その他を表彰
162048	朝鮮朝日	南鮮版	1928-11-24	1	04단	くさぐさの贈物を嬉しく受けて內地視察の女の先生たち本社內を詳細に見學
162049	朝鮮朝日	南鮮版	1928-11-24	1	06단	驅逐艦四隻橫濱に向ふ
162050	朝鮮朝日	南鮮版	1928-11-24	1	06단	炬燵の代りに暖かさを求めて圖書館で本を讀む學生たちが多くなって來る
162051	朝鮮朝日	南鮮版	1928-11-24	1	06단	婦人も野に出よ勞働の能率を增すべく/朝鮮尊德翁が鼓吹
162052	朝鮮朝日	南鮮版	1928-11-24	1	06단	春川師範校舍新築の記念音樂會
162053	朝鮮朝日	南鮮版	1928-11-24	1	06단	書道研究會中西氏が指導
162054	朝鮮朝日	南鮮版	1928-11-24	1	07단	京師兒童學藝會
162055	朝鮮朝日	南鮮版	1928-11-24	1	07단	南大門校の二十周年祝賀
162056	朝鮮朝日	南鮮版	1928-11-24	1	07단	仁川慈善會國旗容器を適當に頒布
162057	朝鮮朝日	南鮮版	1928-11-24	1	07단	御大禮の詳細を京城で讀者に謹映
162058	朝鮮朝日	南鮮版	1928-11-24	1	08단	氣味の惡い買物牝蛙二萬五千匹を買ひ集めて上海へ送る
162059	朝鮮朝日	南鮮版	1928-11-24	1	08단	警察官が總出で傍聽者を整理/滿洲の赤化を企て教師も交る共産黨の公判
162060	朝鮮朝日	南鮮版	1928-11-24	1	08단	支那動亂の風說に驚き安東に避難
162061	朝鮮朝日	南鮮版	1928-11-24	1	09단	四名が不明/機船の遭難

일련번호	판명		간행일	면	단수	기사명
162062	朝鮮朝日	南鮮版	1928-11-24	1	09단	*盟休の生徒たちが結社を作り策動 中に妙齢の美人も交る 目下道で取調べ中/絲を操るは内地人主義者*
162063	朝鮮朝日	南鮮版	1928-11-24	1	09단	無風流な貼紙を一切禁じられ新聞の折込廣告がだんだんと殖えてくる
162064	朝鮮朝日	南鮮版	1928-11-24	1	09단	スケート豫選安東で擧行
162065	朝鮮朝日	南鮮版	1928-11-24	1	10단	鹽田工場が火を發す
162066	朝鮮朝日	南鮮版	1928-11-24	1	10단	釜山の競馬大會
162067	朝鮮朝日	南鮮版	1928-11-24	1	10단	人(渡邊全北知事/兒玉右二代議士/末松熊彦氏(李王職事務官)/近藤一郎氏(小野田セメント技師)/李起東氏(東京相愛會本部總務)/矢橋良胤氏(大邱日報副社長)/品川基幸氏(大邱日報營業局長)/河內山樂三氏(朝鮮火災海上保險社長))
162068	朝鮮朝日	南鮮版	1928-11-24	1	10단	半島茶話
162069	朝鮮朝日	西北・南鮮版	1928-11-24	2	01단	煙草密耕者檢擧の苦心(３)/煙草の畑だけは猪も荒らさぬと密耕者たちが嘯く
162070	朝鮮朝日	西北・南鮮版	1928-11-24	2	01단	三者が鼎坐し密かに議を練る/釜山瓦電の買收問題
162071	朝鮮朝日	西北・南鮮版	1928-11-24	2	01단	仁川の艀賃問題解決長引くか
162072	朝鮮朝日	西北・南鮮版	1928-11-24	2	01단	大田商議所認可近からん
162073	朝鮮朝日	西北・南鮮版	1928-11-24	2	01단	卸商其他が運合問題で協議をなす
162074	朝鮮朝日	西北・南鮮版	1928-11-24	2	01단	漢城銀行の日銀低資は利子全免か
162075	朝鮮朝日	西北・南鮮版	1928-11-24	2	02단	ポスター展仁川で開催
162076	朝鮮朝日	西北・南鮮版	1928-11-24	2	02단	預金者の金組加入を積極的に勸誘
162077	朝鮮朝日	西北・南鮮版	1928-11-24	2	02단	京電の注文百人乘りのボギー電車
162078	朝鮮朝日	西北・南鮮版	1928-11-24	2	02단	御大典貯金春川の成績
162079	朝鮮朝日	西北・南鮮版	1928-11-24	2	03단	東拓小作米三十餘萬石
162080	朝鮮朝日	西北・南鮮版	1928-11-24	2	03단	陶窯趾/濫掘を恐れ嚴重に取調
162081	朝鮮朝日	西北・南鮮版	1928-11-24	2	03단	波の音/釜山青い鳥
162082	朝鮮朝日	西北・南鮮版	1928-11-24	2	04단	南朝鮮鐵道の支配人が決定
162083	朝鮮朝日	西北・南鮮版	1928-11-24	2	04단	御大禮活寫/各地の盛況(平壤/釜山)
162084	朝鮮朝日	西北版	1928-11-25	1	01단	落穗集(六十八)/下村海南
162085	朝鮮朝日	西北版	1928-11-25	1	01단	運合を議する荷主の委員容易には捗らぬ/全鮮聯合會を組織し詮衡
162086	朝鮮朝日	西北版	1928-11-25	1	01단	銀盃御下賜光榮の十九氏(山口太兵衛氏)
162087	朝鮮朝日	西北版	1928-11-25	1	02단	白堊の殿堂を繞る人びと(完)/上べはヌーボー/腹の極った殘る當年の志士/學務局長李軫鎬氏

일련번호	판명		간행일	면	단수	기사명
162088	朝鮮朝日	西北版	1928-11-25	1	03단	豆滿江運河細密な調査
162089	朝鮮朝日	西北版	1928-11-25	1	03단	大同江改修具體案調査員が協議
162090	朝鮮朝日	西北版	1928-11-25	1	04단	清津商議戰漸く色めく
162091	朝鮮朝日	西北版	1928-11-25	1	04단	雪で故障の郵便自動車二十四日開通
162092	朝鮮朝日	西北版	1928-11-25	1	04단	御大典が濟んで警戒の氣が緩み漫然渡航者また增加/なるべく阻止するやう通牒
162093	朝鮮朝日	西北版	1928-11-25	1	05단	朝鮮消防協會京城で發會平北も參加
162094	朝鮮朝日	西北版	1928-11-25	1	05단	短歌/橋田東聲選
162095	朝鮮朝日	西北版	1928-11-25	1	05단	平壤靑訓所修了式擧行
162096	朝鮮朝日	西北版	1928-11-25	1	05단	清津上水道擴張起工式
162097	朝鮮朝日	西北版	1928-11-25	1	06단	昔鳴らした男(４)/泣くにも泣けぬ弓矢取る身の主將時代を不運で送った京畿道の三上嘉一君
162098	朝鮮朝日	西北版	1928-11-25	1	06단	大觀兵式に參列の部隊下關に上陸
162099	朝鮮朝日	西北版	1928-11-25	1	06단	安い上にまた値下/新義州電氣
162100	朝鮮朝日	西北版	1928-11-25	1	06단	眞那鶴/獵期を縮め保護を講ず
162101	朝鮮朝日	西北版	1928-11-25	1	07단	高商生が平壤聯隊で訓練を行ふ
162102	朝鮮朝日	西北版	1928-11-25	1	07단	お茶のあと
162103	朝鮮朝日	西北版	1928-11-25	1	07단	平壤飛機が實彈投下の偉力を試驗
162104	朝鮮朝日	西北版	1928-11-25	1	08단	平壤兩聯隊除隊式擧行
162105	朝鮮朝日	西北版	1928-11-25	1	08단	*御大禮活寫 平壤の盛況/五節舞を映寫*
162106	朝鮮朝日	西北版	1928-11-25	1	08단	武德館を廣く公開す/亂れぬ程度で
162107	朝鮮朝日	西北版	1928-11-25	1	08단	當も無く彷ふ露人の群れ入境が多い
162108	朝鮮朝日	西北版	1928-11-25	1	09단	年賀郵便二十日から
162109	朝鮮朝日	西北版	1928-11-25	1	09단	將校婦人會總會
162110	朝鮮朝日	西北版	1928-11-25	1	09단	輸出が增し輸入が減る新義州貿易
162111	朝鮮朝日	西北版	1928-11-25	1	09단	籠の鳥の嘆げきこの寒さに煎餅蒲團一枚/本町署員ホロリとなる
162112	朝鮮朝日	西北版	1928-11-25	1	10단	一月からの平壤傳染病百五十三名
162113	朝鮮朝日	西北版	1928-11-25	1	10단	マイト爆發三名が重傷
162114	朝鮮朝日	西北版	1928-11-25	1	10단	運動界(中等學校ア式蹴球戰全國大會豫選)
162115	朝鮮朝日	西北版	1928-11-25	1	10단	スケート早くも始まる
162116	朝鮮朝日	西北版	1928-11-25	1	10단	會(山手小學唱歌會)
162117	朝鮮朝日	西北版	1928-11-25	1	10단	人(中村第三十九旅團長)
162118	朝鮮朝日	南鮮版	1928-11-25	1	01단	落穗集(六十八)/下村海南
162119	朝鮮朝日	南鮮版	1928-11-25	1	01단	民政黨との協調を希望民政黨の石塚氏から/床次氏と會見して
162120	朝鮮朝日	南鮮版	1928-11-25	1	01단	銀盃御下賜光榮の十九氏(山口太兵衛氏/中谷竹三郎氏)

일련번호	판명		간행일	면	단수	기사명
162121	朝鮮朝日	南鮮版	1928-11-25	1	02단	白堊の殿堂を繞る人びと(完)/上べはヌーボー/腹の極った殘る當年の志士/學務局長李軫鎬氏
162122	朝鮮朝日	南鮮版	1928-11-25	1	03단	眞那鶴/獵期を縮め保護を講ず
162123	朝鮮朝日	南鮮版	1928-11-25	1	04단	發動機共進會大成功裡に二十四日終了
162124	朝鮮朝日	南鮮版	1928-11-25	1	04단	馬山公會堂寄附金多し
162125	朝鮮朝日	南鮮版	1928-11-25	1	04단	御大典が濟んで警戒の氣が緩み漫然渡航者また增加/なるべく阻止するやう通牒
162126	朝鮮朝日	南鮮版	1928-11-25	1	04단	釜山府三百餘名の有志が團結し瓦電買收に一氣に進軍　期成會發起人會
162127	朝鮮朝日	南鮮版	1928-11-25	1	05단	昔鳴らした男(4)/泣くにも泣けぬ弓矢取る身の主將時代を不運で送った京畿道の三上嘉一君
162128	朝鮮朝日	南鮮版	1928-11-25	1	05단	內地視察團本社を見學
162129	朝鮮朝日	南鮮版	1928-11-25	1	07단	安い上にまた値下/新義州電氣
162130	朝鮮朝日	南鮮版	1928-11-25	1	08단	籠の鳥の嘆げきこの寒さに煎餅蒲團一枚/本町署員ホロリとする
162131	朝鮮朝日	南鮮版	1928-11-25	1	08단	旱害のため退學の生徒千名を超ゆ
162132	朝鮮朝日	南鮮版	1928-11-25	1	08단	短歌/橋田東聲選
162133	朝鮮朝日	南鮮版	1928-11-25	1	08단	開城聯合記者團
162134	朝鮮朝日	南鮮版	1928-11-25	1	09단	大觀兵式に參列の部隊下關に上陸
162135	朝鮮朝日	南鮮版	1928-11-25	1	09단	思想の浮動安じて可也韓知事の談
162136	朝鮮朝日	南鮮版	1928-11-25	1	09단	近年寂れた大邱藥令市振興策を圖る
162137	朝鮮朝日	南鮮版	1928-11-25	1	09단	京城が獨逸に似て懷しい/ヘッティ夫人お世辭が良い
162138	朝鮮朝日	南鮮版	1928-11-25	1	10단	當も無く彷ふ露人の群れ入境が多い
162139	朝鮮朝日	南鮮版	1928-11-25	1	10단	お茶のあと
162140	朝鮮朝日	南鮮版	1928-11-25	1	10단	年賀郵便二十日から
162141	朝鮮朝日	南鮮版	1928-11-25	1	10단	運動界(中等學校ア式蹴球戰全國大會豫選/京電京師を破る)
162142	朝鮮朝日	南鮮版	1928-11-25	1	10단	會(山手小學唱歌會)
162143	朝鮮朝日	南鮮版	1928-11-25	1	10단	人(中村第三十九旅團長/小島源藏氏(遞信局事務官)/境長三郎氏(大邱覆審法院檢事長)/深澤新一郎氏(同上院長)/大池忠助氏(釜山實業家)/久我步兵七十五聯隊長)
162144	朝鮮朝日	西北・南鮮版	1928-11-25	2	01단	煙草密耕者檢擧の苦心(完)/さめざめと泣いて罪を詫びる女/一掬の淚なき能はず同情あるやり方が必要
162145	朝鮮朝日	西北・南鮮版	1928-11-25	2	01단	內地の資本家が魚油事業に着目/三井物産系が進出/朝鮮製油會社設立の噂さ

일련번호	판명		간행일	면	단수	기사명
162146	朝鮮朝日	西北・南鮮版	1928-11-25	2	01단	五十萬圓の銀行を起し/東萊銀行合併
162147	朝鮮朝日	西北・南鮮版	1928-11-25	2	01단	東拓の異動
162148	朝鮮朝日	西北・南鮮版	1928-11-25	2	02단	朝鮮博への平南の出品
162149	朝鮮朝日	西北・南鮮版	1928-11-25	2	02단	林野保護の優良者表彰
162150	朝鮮朝日	西北・南鮮版	1928-11-25	2	02단	全鮮の桑田六萬七千町
162151	朝鮮朝日	西北・南鮮版	1928-11-25	2	02단	鯖の豊漁で値段が暴落
162152	朝鮮朝日	西北・南鮮版	1928-11-25	2	02단	甜菜の出廻殆ど終る
162153	朝鮮朝日	西北・南鮮版	1928-11-25	2	03단	店飾競技成績
162154	朝鮮朝日	西北版	1928-11-27	1	01단	落穗集(六十九)/下村海南
162155	朝鮮朝日	西北版	1928-11-27	1	01단	酒造用として鮮米に內地からの注文と意見/赤米の混入が跡をたゝぬ然し播州、備前米に劣らぬ
162156	朝鮮朝日	西北版	1928-11-27	1	01단	氣の毒な程に少い警察官の賞與/最高は平北の十五割/ない袖は振れぬ警務局
162157	朝鮮朝日	西北版	1928-11-27	1	02단	金鑛を發見/平南成川で
162158	朝鮮朝日	西北版	1928-11-27	1	02단	獻上品御嘉納光榮に感泣
162159	朝鮮朝日	西北版	1928-11-27	1	03단	昔鳴らした男(5)/見よ見よ熱球は唸りをたてゝ安打、絶好の二越安打だ/當時法政のピカ一殖銀の坂井森之助君
162160	朝鮮朝日	西北版	1928-11-27	1	04단	新義州の荷主協會は役員も未決定
162161	朝鮮朝日	西北版	1928-11-27	1	04단	咸興郡廳落成式
162162	朝鮮朝日	西北版	1928-11-27	1	04단	各地だより(新義州/安東縣)
162163	朝鮮朝日	西北版	1928-11-27	1	04단	平壤栗を三越が買入/京阪で賣捌く
162164	朝鮮朝日	西北版	1928-11-27	1	04단	尊德翁の『報德記』を諺文に飜譯し廣く一般に配布す/東拓二十周年の內祝に
162165	朝鮮朝日	西北版	1928-11-27	1	05단	時事鳥瞰/濱口氏に産米の後事を賴んで永眠した故下岡氏/逝いて三年、世は餘りに薄情
162166	朝鮮朝日	西北版	1928-11-27	1	05단	平壤靑訓生の査閱
162167	朝鮮朝日	西北版	1928-11-27	1	07단	京城を窺ふ怪飛行機突如爆彈を投下/炎々燃えさかる火中を勇敢な消防隊の活躍
162168	朝鮮朝日	西北版	1928-11-27	1	07단	制服制帽で飲酒放歌して橫行/京城內の學生の風紀が最近頻りに紊れる
162169	朝鮮朝日	西北版	1928-11-27	1	07단	咸南水害の窮民の免稅/正確に調査
162170	朝鮮朝日	西北版	1928-11-27	1	07단	咸南三菱の水電事業土地買收が行惱む/思想團體の煽動もあり地主側の反對が強硬
162171	朝鮮朝日	西北版	1928-11-27	1	08단	日本基督敎徒脚で傳道/全鮮に互って
162172	朝鮮朝日	西北版	1928-11-27	1	08단	滯納の多い安東水道料三倍を增徵
162173	朝鮮朝日	西北版	1928-11-27	1	09단	素直に豫審の陳述を認む/滿洲移住朝鮮人

일련번호	판명		간행일	면	단수	기사명
162173	朝鮮朝日	西北版	1928-11-27	1	09단	の赤化を圖った共産黨公判
162174	朝鮮朝日	西北版	1928-11-27	1	09단	大孤山附近土地の思惑/地價が暴騰
162175	朝鮮朝日	西北版	1928-11-27	1	09단	牛の氣腫疽平南に蔓延
162176	朝鮮朝日	西北版	1928-11-27	1	10단	動物の愛護副業の獎勵/明倫女校の試み
162177	朝鮮朝日	西北版	1928-11-27	1	10단	御土産買に滅法忙しい除隊の兵士
162178	朝鮮朝日	西北版	1928-11-27	1	10단	佐藤氏の洋畫展
162179	朝鮮朝日	西北版	1928-11-27	1	10단	人(朴相駿氏(黃海道知事)/渡邊東拓總裁/園田本府山林部長/深澤松藏氏(平壤兵器製造所長)/國分重慶氏(平北地方課長))
162180	朝鮮朝日	南鮮版	1928-11-27	1	01단	落穗集(六十九)/下村海南
162181	朝鮮朝日	南鮮版	1928-11-27	1	01단	酒造用として鮮米に內地からの注文と意見/赤米の混入が跡をたゝぬ然し播州、備前米に劣らぬ
162182	朝鮮朝日	南鮮版	1928-11-27	1	01단	氣の毒な程に少い警察官の賞與 最高は平北の十五割 ない袖は振れぬ警務局/大田大隊除隊式
162183	朝鮮朝日	南鮮版	1928-11-27	1	02단	瓦電買收の府尹を應援/期成會の活動
162184	朝鮮朝日	南鮮版	1928-11-27	1	03단	獻上品御嘉納光榮に感泣
162185	朝鮮朝日	南鮮版	1928-11-27	1	03단	昔鳴らした男(5)/見よ見よ熱球は唸りをたてゝ安打、絶好の二越安打だ/當時法政のピカー殖銀の坂井森之助君
162186	朝鮮朝日	南鮮版	1928-11-27	1	04단	春川農校が道の幹部を招いて試食會
162187	朝鮮朝日	南鮮版	1928-11-27	1	04단	南大門校二十年祝賀/勤續者を表彰
162188	朝鮮朝日	南鮮版	1928-11-27	1	04단	尊德翁の『報德記』を諺文に飜譯し廣く一般に配布す/東拓二十周年の內祝に
162189	朝鮮朝日	南鮮版	1928-11-27	1	05단	時事鳥瞰/濱口氏に産米の後事を賴んで永眠した故下岡氏/逝いて三年、世は餘りに薄情
162190	朝鮮朝日	南鮮版	1928-11-27	1	05단	仁川土産品々評會(二十五日から開催)
162191	朝鮮朝日	南鮮版	1928-11-27	1	07단	京城を窺ふ怪飛行機突如爆彈を投下/炎々燃えさかる火中を勇敢な消防隊の活躍
162192	朝鮮朝日	南鮮版	1928-11-27	1	07단	制服制帽で飮酒放歌して橫行/京城內の學生の風紀が最近頻りに紊れる
162193	朝鮮朝日	南鮮版	1928-11-27	1	07단	日本基督教行脚で傳道/全鮮に互って
162194	朝鮮朝日	南鮮版	1928-11-27	1	07단	咸南三菱の水電事業土地買收が行惱む/思想團體の煽動もあり地主側の反對が强硬
162195	朝鮮朝日	南鮮版	1928-11-27	1	08단	忠南の勤農組合百四十五組
162196	朝鮮朝日	南鮮版	1928-11-27	1	08단	『朝鮮風土記』出版記念會
162197	朝鮮朝日	南鮮版	1928-11-27	1	09단	素直に豫審の陳述を認む/滿洲移住朝鮮人の赤化を圖った共産黨公判
162198	朝鮮朝日	南鮮版	1928-11-27	1	09단	諺文の講習忠南が開催

일련번호	판명		간행일	면	단수	기사명
162199	朝鮮朝日	南鮮版	1928-11-27	1	09단	慶熙軍敗る對鐵道柔道戰
162200	朝鮮朝日	南鮮版	1928-11-27	1	09단	鐵道倭城を降す
162201	朝鮮朝日	南鮮版	1928-11-27	1	10단	御土産買に滅法忙しい除隊の兵士
162202	朝鮮朝日	南鮮版	1928-11-27	1	10단	十八の若嫁弟嫁を殺す/癲癇まぎれに
162203	朝鮮朝日	南鮮版	1928-11-27	1	10단	人(朴相駿氏(黃海道知事)/渡邊東拓總裁/園田本府山林部長/草場林五郎氏(京城覆審法院檢事長)/青木戒三氏(平南知事)/天日常次郎氏(京城實業家)/崎山建次氏(新任慶南全組聯合會理事)/岸本末二氏(新任全南全組聯合會理係))
162204	朝鮮朝日	西北・南鮮版	1928-11-27	2	01단	少年少女雜誌の墮落は母親と教師の罪/その改良のために奮起を望む/蘆谷蘆村
162205	朝鮮朝日	西北・南鮮版	1928-11-27	2	02단	小鳥熱がさめ今度は犬の流行/來月は多數輸入される/稅關でも犬の研究
162206	朝鮮朝日	西北・南鮮版	1928-11-27	2	02단	面積では全鮮一昭和水組近く創立/總工費二千萬圓の豫定
162207	朝鮮朝日	西北・南鮮版	1928-11-27	2	02단	煙草會社一割配當/二十九日總會
162208	朝鮮朝日	西北・南鮮版	1928-11-27	2	03단	仁川の艀賃値下の紛糾/新會社設立か
162209	朝鮮朝日	西北・南鮮版	1928-11-27	2	03단	穀物檢査の標準査定會
162210	朝鮮朝日	西北・南鮮版	1928-11-27	2	03단	鮮魚運搬船取締の規則明年度實行か
162211	朝鮮朝日	西北・南鮮版	1928-11-27	2	04단	廣州水組工事に着手/旱害民が就役
162212	朝鮮朝日	西北・南鮮版	1928-11-27	2	04단	なほ數個の金組の設置/平北が調査
162213	朝鮮朝日	西北・南鮮版	1928-11-27	2	04단	平北の蝦漁稀有の不況
162214	朝鮮朝日	西北・南鮮版	1928-11-27	2	04단	留守を覘ひ大鯖の群が巨濟島に來遊
162215	朝鮮朝日	西北・南鮮版	1928-11-27	2	04단	統營の鰯煎子非常な豊漁/二百萬圓突破
162216	朝鮮朝日	西北・南鮮版	1928-11-27	2	05단	波の音/釜山青い鳥
162217	朝鮮朝日	西北・南鮮版	1928-11-27	2	05단	京城都計研究會
162218	朝鮮朝日	西北・南鮮版	1928-11-27	2	05단	代用食に馬鈴薯利用/種薯を注文
162219	朝鮮朝日	西北・南鮮版	1928-11-27	2	05단	營林署流筏異數の好成績
162220	朝鮮朝日	西北・南鮮版	1928-11-27	2	05단	米穀類低落京城の物價
162221	朝鮮朝日	西北・南鮮版	1928-11-27	2	05단	淸津タクシー組織を變更/株式となす
162222	朝鮮朝日	西北・南鮮版	1928-11-27	2	06단	黃海道路品評會
162223	朝鮮朝日	西北・南鮮版	1928-11-27	2	06단	全南信託が創立
162224	朝鮮朝日	西北・南鮮版	1928-11-27	2	06단	朝鮮送電の創立
162225	朝鮮朝日	西北・南鮮版	1928-11-27	2	06단	棉花の木浦出廻
162226	朝鮮朝日	西北・南鮮版	1928-11-27	2	07단	御大典期中鐵道の收入却って減じた
162227	朝鮮朝日	西北・南鮮版	1928-11-27	2	07단	御大典貯金北鮮の好成績
162228	朝鮮朝日	西北・南鮮版	1928-11-27	2	07단	新刊紹介(『殖銀十年志』/『ゲラ』)
162229	朝鮮朝日	西北・南鮮版	1928-11-27	2	07단	浮世草

일련번호	판명		간행일	면	단수	기사명
162230	朝鮮朝日	西北版	1928-11-28	1	01단	落穗集(七十)/下村海南
162231	朝鮮朝日	西北版	1928-11-28	1	01단	內地の勞働者を脅かす憂ありとて望月內相から總督あてに漫然渡航阻止を懇談
162232	朝鮮朝日	西北版	1928-11-28	1	01단	昔鳴らした男(6)/早大の沖田君と追ひつ追はれつ圓盤に白熱戰を演じた/龍鐵の藤田康行君
162233	朝鮮朝日	西北版	1928-11-28	1	02단	浮世を外の牢獄に車輪や調帯の律動/朝鮮工業界一方の旗頭/全鮮刑務所の活動
162234	朝鮮朝日	西北版	1928-11-28	1	04단	朝鮮博に築かれる子供のお國に可愛らしい汽車を運轉/坊ちゃん孃ちゃんのお樂み
162235	朝鮮朝日	西北版	1928-11-28	1	06단	民謠/北原白秋選
162236	朝鮮朝日	西北版	1928-11-28	1	06단	十字に開かぬ鴨江の大鐵橋
162237	朝鮮朝日	西北版	1928-11-28	1	06단	城津、清津間電話增設/工事が進捗
162238	朝鮮朝日	西北版	1928-11-28	1	06단	お客に化け居直る質屋の宵强盜/師走が近づき危險だとて營業時間を繰上る
162239	朝鮮朝日	西北版	1928-11-28	1	07단	强者どもの夢の跡/秋草咲き亂れる/伊達政宗の舊城趾を古蹟保存のため拂下を受く
162240	朝鮮朝日	西北版	1928-11-28	1	07단	間島共産黨の公判
162241	朝鮮朝日	西北版	1928-11-28	1	07단	候補者の顔觸が揃ふ/清津商議戰
162242	朝鮮朝日	西北版	1928-11-28	1	07단	嗜好の問題で仕方がない/御大典煙草賣行が惡い
162243	朝鮮朝日	西北版	1928-11-28	1	08단	御大典式場跡拜觀教師團二十五日出發
162244	朝鮮朝日	西北版	1928-11-28	1	08단	二十師團の除隊歸還兵退鮮の日割
162245	朝鮮朝日	西北版	1928-11-28	1	08단	溫陽溫泉に新泉が湧出/遊園地を設置
162246	朝鮮朝日	西北版	1928-11-28	1	09단	無料診療所赤十字が經營
162247	朝鮮朝日	西北版	1928-11-28	1	09단	自給を圖る粟の模範田/平南の好成績
162248	朝鮮朝日	西北版	1928-11-28	1	09단	普通學堂長一行平壤府を視察
162249	朝鮮朝日	西北版	1928-11-28	1	09단	モヒ治療所大繁昌/全快者が多い
162250	朝鮮朝日	西北版	1928-11-28	1	10단	瞬く間に賣切の盛況/平壤女高普バザー成績
162251	朝鮮朝日	西北版	1928-11-28	1	10단	安東高女校卒業生徒の上級校志望
162252	朝鮮朝日	西北版	1928-11-28	1	10단	職工の慰勞/平壤兵器製造所
162253	朝鮮朝日	西北版	1928-11-28	1	10단	平南警察乘馬會
162254	朝鮮朝日	西北版	1928-11-28	1	10단	西鄕菊次郎氏
162255	朝鮮朝日	西北版	1928-11-28	1	10단	會(龍山鐵道音樂會)
162256	朝鮮朝日	西北版	1928-11-28	1	10단	人(大村鐵道局長/松本專賣局長/兪江原道知事/山崎眞雄氏(大邱府尹)/小山正生氏(新任大邱地方法院判事)/中村第三十九旅團長、野田步兵七十七聯隊長/鳥飼平壤中學校長/中村寅之助氏母堂)

일련번호	판명		간행일	면	단수	기사명
162257	朝鮮朝日	西北版	1928-11-28	1	10단	半島茶話
162258	朝鮮朝日	南鮮版	1928-11-28	1	01단	落穗集(七十)/下村海南
162259	朝鮮朝日	南鮮版	1928-11-28	1	01단	內地の勞働者を脅かす憂ありとて望月內相から總督あてに漫然渡航阻止を懇談
162260	朝鮮朝日	南鮮版	1928-11-28	1	01단	昔鳴らした男(６)/早大の沖田君と追ひつ追はれつ圓盤に白熱戰を演じた/龍鐵の藤田康行君
162261	朝鮮朝日	南鮮版	1928-11-28	1	02단	浮世を外の牢獄に車輪や調帶の律動/朝鮮工業界一方の旗頭/全鮮刑務所の活動
162262	朝鮮朝日	南鮮版	1928-11-28	1	04단	朝鮮博に築かれる子供のお國に可愛らしい汽車を運轉/坊ちゃん嬢ちゃんのお樂み
162263	朝鮮朝日	南鮮版	1928-11-28	1	06단	民謠/北原白秋選
162264	朝鮮朝日	南鮮版	1928-11-28	1	06단	十字に開かぬ鴨江の大鐵橋
162265	朝鮮朝日	南鮮版	1928-11-28	1	06단	理髮學校紛糾も解け來春に開校か
162266	朝鮮朝日	南鮮版	1928-11-28	1	06단	お客に化け居直る質屋の宵强盗/師走が近づき危險だとて營業時間を繰上る
162267	朝鮮朝日	南鮮版	1928-11-28	1	07단	强者どもの夢の跡/秋草咲き亂れる/伊達政宗の舊城趾を古蹟保存のため拂下を受く
162268	朝鮮朝日	南鮮版	1928-11-28	1	07단	間島共産黨の公判
162269	朝鮮朝日	南鮮版	1928-11-28	1	07단	敍位敍勳の三氏祝賀會
162270	朝鮮朝日	南鮮版	1928-11-28	1	07단	嗜好の問題で仕方がない/御大典煙草賣行が惡い
162271	朝鮮朝日	南鮮版	1928-11-28	1	08단	御大典式場跡拜觀敎師團二十五日出發
162272	朝鮮朝日	南鮮版	1928-11-28	1	08단	二十師團の除隊歸還兵退鮮の日割
162273	朝鮮朝日	南鮮版	1928-11-28	1	08단	溫陽溫泉に新泉が湧出/遊園地を設置
162274	朝鮮朝日	南鮮版	1928-11-28	1	09단	木材に縋り五日を漂流/遭難の漁夫三名救はる
162275	朝鮮朝日	南鮮版	1928-11-28	1	09단	密航を種に詐僞を働く
162276	朝鮮朝日	南鮮版	1928-11-28	1	09단	モヒ治療所大繁昌/全快者が多い
162277	朝鮮朝日	南鮮版	1928-11-28	1	10단	店員と娼妓心中を企つ
162278	朝鮮朝日	南鮮版	1928-11-28	1	10단	運動界(大邱中優勝南鮮野球大會/專門蹴球聯盟戰)
162279	朝鮮朝日	南鮮版	1928-11-28	1	10단	西鄕菊次郎氏
162280	朝鮮朝日	南鮮版	1928-11-28	1	10단	會(龍山鐵道音樂會)
162281	朝鮮朝日	南鮮版	1928-11-28	1	10단	人(大村鐵道局長/松本專賣局長/兪江原道知事/山崎眞雄氏(大邱府尹)/小山正生氏(新任大邱地方法院判事)/中村第三十九旅團長、野田步兵七十七聯隊長/中村寅之助氏母堂)
162282	朝鮮朝日	南鮮版	1928-11-28	1	10단	半島茶話

일련번호	판명		간행일	면	단수	기사명
162283	朝鮮朝日	南鮮版	1928-11-28	2	01단	夏枯が過ぎて海運界が活躍/入港汽船が三百餘隻帆船が四百隻も增加
162284	朝鮮朝日	西北・南鮮版	1928-11-28	2	01단	三十萬圓の收入減/慶北の豫算
162285	朝鮮朝日	西北・南鮮版	1928-11-28	2	01단	釜山初等校二十七日會議
162286	朝鮮朝日	西北・南鮮版	1928-11-28	2	01단	朝鮮博への平南の出品千五百七十點
162287	朝鮮朝日	西北・南鮮版	1928-11-28	2	01단	淸津の鰊漁好調を續く
162288	朝鮮朝日	西北・南鮮版	1928-11-28	2	01단	波の音/釜山靑い鳥
162289	朝鮮朝日	西北・南鮮版	1928-11-28	2	02단	慶南の海苔今年は好調/手具脛ひく
162290	朝鮮朝日	西北・南鮮版	1928-11-28	2	02단	窮農を救ふ地主の情け小作人が感泣
162291	朝鮮朝日	西北・南鮮版	1928-11-28	2	02단	煙草の收納約五百萬貫七百四十萬圓
162292	朝鮮朝日	西北・南鮮版	1928-11-28	2	02단	採木公司の明年度着筏四十萬尺締か
162293	朝鮮朝日	西北・南鮮版	1928-11-28	2	03단	百五十圓の箪笥がたゞで貰へる/もし景品に當ったら京城府內の年末大賣出し
162294	朝鮮朝日	西北・南鮮版	1928-11-28	2	04단	高等農業講習會
162295	朝鮮朝日	西北・南鮮版	1928-11-28	2	04단	大邱煙草工場來月中に落成
162296	朝鮮朝日	西北・南鮮版	1928-11-28	2	04단	浮世草
162297	朝鮮朝日	西北版	1928-11-29	1	01단	落穗集(七十一)/下村海南
162298	朝鮮朝日	西北版	1928-11-29	1	01단	靑年訓練が普及し朝鮮靑年の學識が向上して來た曉は徵兵令も選擧權も與られやう
162299	朝鮮朝日	西北版	1928-11-29	1	01단	鮮血南大門を彩り橘氏逝いてはや十年/朝鮮統治の尊き犧牲者/二日護國寺で十周年法要(死せる橘君!生ける馬を走らす豪氣な裏に菊作りの名人瀨戶潔氏談/今の未亡人を娶って僅に二月あの悲しい災厄に遭遇した大垣丈夫氏談/朝日新聞擴張の功績藤村忠助氏談/直情徑行橘君の全部有馬純吉氏談)
162300	朝鮮朝日	西北版	1928-11-29	1	02단	不逞の跋扈に困り在滿の朝鮮人が自衛團を組織する
162301	朝鮮朝日	西北版	1928-11-29	1	04단	銀杯御下賜安東の三氏
162302	朝鮮朝日	西北版	1928-11-29	1	04단	千人に三十五人も一年に死亡する/國境山地帶の衛生狀態/池上總監が大心配
162303	朝鮮朝日	西北版	1928-11-29	1	04단	短歌/橋田東聲選
162304	朝鮮朝日	西北版	1928-11-29	1	05단	牡丹台驛解氷を待ち工事に着手
162305	朝鮮朝日	西北版	1928-11-29	1	05단	新義州に物産陳列館道當局に要望
162306	朝鮮朝日	西北版	1928-11-29	1	05단	景氣の立直しで今年は多からう/年賀郵便に備へて延人員五千の臨時お備ひ
162307	朝鮮朝日	西北版	1928-11-29	1	06단	平壤南浦が大同江改修/聯合で協議
162308	朝鮮朝日	西北版	1928-11-29	1	06단	軍事教練を一月に査閲

일련번호	판명		간행일	면	단수	기사명
162309	朝鮮朝日	西北版	1928-11-29	1	06단	地方だより(安東縣/平壤)
162310	朝鮮朝日	西北版	1928-11-29	1	06단	平壤高女補習科設置/府尹の意向
162311	朝鮮朝日	西北版	1928-11-29	1	07단	昭和雀のお宿主人に馴れた忠坊孝坊二羽の雀/名前を呼べば返事する
162312	朝鮮朝日	西北版	1928-11-29	1	07단	お茶のあと
162313	朝鮮朝日	西北版	1928-11-29	1	07단	穀物檢査の打合せ/提案の數々
162314	朝鮮朝日	西北版	1928-11-29	1	08단	溫順で無口で女のやうな性質/たゞ仕事が無く困ってゐた直訴犯人の身許
162315	朝鮮朝日	西北版	1928-11-29	1	08단	國粹會支部平壤に設置
162316	朝鮮朝日	西北版	1928-11-29	1	09단	大楡金鑛へ送電を急ぐ/朝鮮送電會社
162317	朝鮮朝日	西北版	1928-11-29	1	09단	荷主協會の役員が決定/運合を協議
162318	朝鮮朝日	西北版	1928-11-29	1	09단	朝鮮消防協會平北支部の役員が決定
162319	朝鮮朝日	西北版	1928-11-29	1	09단	新舊兵士の交代で賑ふ/釜山の棧橋
162320	朝鮮朝日	西北版	1928-11-29	1	10단	趣向を凝す歳末の賣出/新義州繁榮會
162321	朝鮮朝日	西北版	1928-11-29	1	10단	全鮮專門校聯合音樂會/三十日開催
162322	朝鮮朝日	西北版	1928-11-29	1	10단	清津の火事料亭を半燒
162323	朝鮮朝日	西北版	1928-11-29	1	10단	人(澤田豊丈氏(東拓理事)/高木市之助氏(城大敎授)/佐藤淸氏(城大敎授)/橫田五郎氏(高等法院長)/金谷朝鮮軍司令官)
162324	朝鮮朝日	西北版	1928-11-29	1	10단	半島茶話
162325	朝鮮朝日	南鮮版	1928-11-29	1	01단	落穗集(七十一)/下村海南
162326	朝鮮朝日	南鮮版	1928-11-29	1	01단	靑年訓練が普及し朝鮮靑年の學識が向上して來た曉は徵兵令も選擧權も與られやう
162327	朝鮮朝日	南鮮版	1928-11-29	1	01단	鮮血南大門を彩り橘氏逝いてはや十年/朝鮮統治の尊き犧牲者/二日護國寺で十周年法要(死せる橘君！生ける馬を走らす豪氣な裏に菊作りの名人瀨戶潔氏談/今の未亡人を娶って僅に二月あの悲しい災厄に遭遇した大垣丈夫氏談/朝日新聞擴張の功績藤村忠助氏談/直情徑行橘君の全部有馬純吉氏談)
162328	朝鮮朝日	南鮮版	1928-11-29	1	02단	不逞の跋扈に困り在滿の朝鮮人が自衛團を組織する
162329	朝鮮朝日	南鮮版	1928-11-29	1	04단	工事は進むが金が無い/大閤堀工事
162330	朝鮮朝日	南鮮版	1928-11-29	1	04단	千人に三十五人も一年に死亡する/國境山地帶の衛生狀態/池上總監が大心配
162331	朝鮮朝日	南鮮版	1928-11-29	1	04단	短歌/橋田東聲選
162332	朝鮮朝日	南鮮版	1928-11-29	1	05단	面長講習會忠北が開催
162333	朝鮮朝日	南鮮版	1928-11-29	1	05단	靑年訓練所入所期日を四月に變更か

일련번호	판명		간행일	면	단수	기사명
162334	朝鮮朝日	南鮮版	1928-11-29	1	05단	景氣の立直しで今年は多からう/年賀郵便に備へて延人員五千の臨時お備ひ
162335	朝鮮朝日	南鮮版	1928-11-29	1	06단	軍事敎練を一月に査閲
162336	朝鮮朝日	南鮮版	1928-11-29	1	06단	一泊が五錢/溫い寢床勞働者宿泊所
162337	朝鮮朝日	南鮮版	1928-11-29	1	06단	地方だより(公州/京城/木浦)
162338	朝鮮朝日	南鮮版	1928-11-29	1	07단	昭和雀のお宿主人に馴れた忠坊孝坊二羽の雀/名前を呼べば返事する
162339	朝鮮朝日	南鮮版	1928-11-29	1	07단	淸州農校の農産品評會/學藝品も展覽
162340	朝鮮朝日	南鮮版	1928-11-29	1	07단	穀物檢査の打合せ/提案の數々
162341	朝鮮朝日	南鮮版	1928-11-29	1	08단	溫順で無口で女のやうな性質/たゞ仕事が無く困つてゐた直訴犯人の身許
162342	朝鮮朝日	南鮮版	1928-11-29	1	08단	釜山工業補習校校長が內定す
162343	朝鮮朝日	南鮮版	1928-11-29	1	09단	豫審調書が一萬枚以上/大邱土木事件
162344	朝鮮朝日	南鮮版	1928-11-29	1	09단	新舊兵士の交代で賑ふ/釜山の棧橋
162345	朝鮮朝日	南鮮版	1928-11-29	1	09단	消防協會の忠南支部の役員が決定
162346	朝鮮朝日	南鮮版	1928-11-29	1	09단	試みに作る新式鋼鐵車/安全率が多い
162347	朝鮮朝日	南鮮版	1928-11-29	1	10단	全鮮專門校聯合音樂會三十日開催
162348	朝鮮朝日	南鮮版	1928-11-29	1	10단	猩江熱の新患者發生/公州の防疫
162349	朝鮮朝日	南鮮版	1928-11-29	1	10단	李堈公殿下
162350	朝鮮朝日	南鮮版	1928-11-29	1	10단	人(澤田豊丈氏(東拓理事)/高木市之助氏(城大敎授)/佐藤淸氏(城大敎授)/橫田五郎氏(高等法院長)/金谷朝鮮軍司令官/川島桂氏(宮崎工業敎諭)/吉澤作造少將(平壤海軍燃料廠長))
162351	朝鮮朝日	南鮮版	1928-11-29	1	10단	半島茶話
162352	朝鮮朝日	西北・南鮮版	1928-11-29	2	01단	波の音/釜山靑い鳥
162353	朝鮮朝日	西北・南鮮版	1928-11-29	2	01단	日本のやうな高い金利は駄目/事業方面に主力を注ぐ東拓の南洋調査
162354	朝鮮朝日	西北・南鮮版	1928-11-29	2	01단	鮮銀の再割一齊に値下
162355	朝鮮朝日	西北・南鮮版	1928-11-29	2	01단	一驛二三店夫なら贊成/釜山商議の運合の方針
162356	朝鮮朝日	西北・南鮮版	1928-11-29	2	01단	長連航路運賃の引下/朝郵に要望
162357	朝鮮朝日	西北・南鮮版	1928-11-29	2	01단	仁川土産品展受賞者決定/總計三十二名
162358	朝鮮朝日	西北・南鮮版	1928-11-29	2	02단	小型機船の建造に補助/沖合漁業獎勵
162359	朝鮮朝日	西北・南鮮版	1928-11-29	2	02단	籾の初賣行/東拓收納の
162360	朝鮮朝日	西北・南鮮版	1928-11-29	2	02단	一億一千萬圓突破の勢ひ本年の豐漁
162361	朝鮮朝日	西北・南鮮版	1928-11-29	2	02단	前年に比し一割の增加/京城の電報數
162362	朝鮮朝日	西北・南鮮版	1928-11-29	2	03단	住の江牡蠣養殖は成功
162363	朝鮮朝日	西北・南鮮版	1928-11-29	2	03단	朝鮮無煙炭業務を縮小

일련번호	판명		간행일	면	단수	기사명
162364	朝鮮朝日	西北・南鮮版	1928-11-29	2	03단	十月中の移輸出小包價格五十萬圓
162365	朝鮮朝日	西北・南鮮版	1928-11-29	2	04단	興海の送電工事年末から點火
162366	朝鮮朝日	西北・南鮮版	1928-11-29	2	04단	穀物檢査の實習
162367	朝鮮朝日	西北・南鮮版	1928-11-29	2	04단	東拓の大豆收納
162368	朝鮮朝日	西北・南鮮版	1928-11-29	2	04단	浮世草
162369	朝鮮朝日	西北版	1928-11-30	1	01단	落穂集(七十二)/下村海南
162370	朝鮮朝日	西北版	1928-11-30	1	01단	五千萬圓を割いて鮮米買上の資金に國立倉庫も設けて欲しい 米穀法實施の條件/同じ意見の米穀大會の決議を齎して有賀會長が陳情
162371	朝鮮朝日	西北版	1928-11-30	1	01단	私の慰めの言葉に靜かに頭を振って死を覺悟した氏は靜かに私の手を握りました/本社の二氏法要に參列
162372	朝鮮朝日	西北版	1928-11-30	1	04단	議會が迫り木關反對の運動が猛烈
162373	朝鮮朝日	西北版	1928-11-30	1	04단	平元鐵道の敷地買收すねる地主に收用令を適用
162374	朝鮮朝日	西北版	1928-11-30	1	04단	三百名に餘る鐵道局の異動/大村局長が歸城しいよいよ斷行に決定す
162375	朝鮮朝日	西北版	1928-11-30	1	05단	昔鳴らした男(7)/今後も鳴らさうと精進を續けるトラックと水泳の霸者/龍鐵の深津健一君
162376	朝鮮朝日	西北版	1928-11-30	1	05단	國民政府の御用は眞平/東邊道尹謝絶
162377	朝鮮朝日	西北版	1928-11-30	1	05단	東京で評判の龜の尾/平南が獎勵
162378	朝鮮朝日	西北版	1928-11-30	1	06단	內兜を見すかしまたも鮮航會に刃向ふ社外船があり鮮航會が抱込みに狂奔
162379	朝鮮朝日	西北版	1928-11-30	1	06단	清津上水道工事の入札
162380	朝鮮朝日	西北版	1928-11-30	1	06단	清津商議最後の評議懇親會を開く
162381	朝鮮朝日	西北版	1928-11-30	1	07단	免囚保護會財團法人に組織を變更
162382	朝鮮朝日	西北版	1928-11-30	1	07단	配當を減ぜよ然らば容易なり/京電の軌道敷替問題/京城商議が調査
162383	朝鮮朝日	西北版	1928-11-30	1	07단	全鮮の消防關係者千餘名が集合/いよいよ發會式を擧げる/消防協會遂に實現
162384	朝鮮朝日	西北版	1928-11-30	1	08단	三等寢台車兩列車に連結
162385	朝鮮朝日	西北版	1928-11-30	1	08단	競獵大會虎や熊は百點
162386	朝鮮朝日	西北版	1928-11-30	1	08단	運動界(延禧專門蹴球部上海へ遠征)
162387	朝鮮朝日	西北版	1928-11-30	1	09단	平壤府吏員家族の慰安/お客が千名
162388	朝鮮朝日	西北版	1928-11-30	1	09단	猛火を潜り三名を救ふ/警官の美談
162389	朝鮮朝日	西北版	1928-11-30	1	09단	困った姫君たち授業料の滯納は平壤では高女が旗頭/三百名中二百名が滯る

일련번호	판명		간행일	면	단수	기사명
162390	朝鮮朝日	西北版	1928-11-30	1	09단	俳句/鈴木花蓑選
162391	朝鮮朝日	西北版	1928-11-30	1	10단	疑似肺疫が昌城に發生
162392	朝鮮朝日	西北版	1928-11-30	1	10단	「日支親善愛の道行」列車內で御用
162393	朝鮮朝日	西北版	1928-11-30	1	10단	列車妨害をまたも發見/安奉線で
162394	朝鮮朝日	西北版	1928-11-30	1	10단	除隊兵から現業員採用/鐵道局の試み
162395	朝鮮朝日	西北版	1928-11-30	1	10단	人(柿原琢郎氏(平壤覆審法院檢事長)/平井熊三郎氏(京城實業家)/岡本主德氏(平壤覆審法院長)/下村檢事(平壤地方法院))
162396	朝鮮朝日	西北版	1928-11-30	1	10단	半島茶話
162397	朝鮮朝日	南鮮版	1928-11-30	1	01단	落穗集(七十二)/下村海南
162398	朝鮮朝日	南鮮版	1928-11-30	1	01단	五千萬圓を割いて鮮米買上の資金に國立倉庫も設けて欲しい 米穀法實施の條件/同じ意見の米穀大會の決議を齎して有賀會長が陳情
162399	朝鮮朝日	南鮮版	1928-11-30	1	01단	私の慰めの言葉に靜かに頭を振って死を覺悟した氏は靜かに私の手を握りました/本社の二氏法要に參列
162400	朝鮮朝日	南鮮版	1928-11-30	1	04단	大邱府バス來年に繰越
162401	朝鮮朝日	南鮮版	1928-11-30	1	04단	慶北儒林團刑期が決定
162402	朝鮮朝日	南鮮版	1928-11-30	1	04단	全南五郡の眞那鶴解禁/來月十日より
162403	朝鮮朝日	南鮮版	1928-11-30	1	04단	三百名に餘る鐵道局の異動/大村局長が歸城しいよいよ斷行に決定す
162404	朝鮮朝日	南鮮版	1928-11-30	1	05단	昔鳴らした男(7)/今後も鳴らさうと精進を續けるトラックと水泳の霸者/龍鐵の深津健一君
162405	朝鮮朝日	南鮮版	1928-11-30	1	05단	觀兵式まで釜山の警戒/現狀維持
162406	朝鮮朝日	南鮮版	1928-11-30	1	05단	三等寢台車兩列車に連結
162407	朝鮮朝日	南鮮版	1928-11-30	1	06단	內兜を見すかしまたも鮮航會に刃向ふ社外船があり鮮航會が抱込みに狂奔
162408	朝鮮朝日	南鮮版	1928-11-30	1	06단	俳句/鈴木花蓑選
162409	朝鮮朝日	南鮮版	1928-11-30	1	07단	除隊兵から現業員採用/鐵道局の試み
162410	朝鮮朝日	南鮮版	1928-11-30	1	07단	配當を減ぜよ然らば容易なり/京電の軌道敷替問題/京城商議が調査
162411	朝鮮朝日	南鮮版	1928-11-30	1	07단	全鮮の消防關係者千餘名が集合/いよいよ
162411	朝鮮朝日	南鮮版	1928-11-30	1	07단	發會式を擧げる/消防協會遂に實現
162412	朝鮮朝日	南鮮版	1928-11-30	1	08단	運動界(延禧專門蹴球部上海へ遠征/京中京師を破る/木浦の競獵會)
162413	朝鮮朝日	南鮮版	1928-11-30	1	08단	おめでた
162414	朝鮮朝日	南鮮版	1928-11-30	1	09단	競獵大會虎や熊は百點

일련번호	판명		간행일	면	단수	기사명
162415	朝鮮朝日	南鮮版	1928-11-30	1	09단	復校の恩典に浴した學生は慶南で二百四十名
162416	朝鮮朝日	南鮮版	1928-11-30	1	09단	困った姫君たち授業料の滯納は平壤では高女が旗頭/三百名中二百名が滯る
162417	朝鮮朝日	南鮮版	1928-11-30	1	09단	猛火を潛り三名を救ふ/警官の美談
162418	朝鮮朝日	南鮮版	1928-11-30	1	10단	漁夫八名を乘せた機船行方が不明
162419	朝鮮朝日	南鮮版	1928-11-30	1	10단	人(柿原琢郎氏(平壤覆審法院檢事長)/平井熊三郎氏(京城實業家)/岡本主德氏(平壤覆審法院長)/下村檢事(平壤地方法院)/吉成蘭之助氏(釜山土城町陸軍豫備步兵少佐))
162420	朝鮮朝日	南鮮版	1928-11-30	1	10단	半島茶話
162421	朝鮮朝日	西北・南鮮版	1928-11-30	2	01단	波の音/釜山靑い鳥
162422	朝鮮朝日	西北・南鮮版	1928-11-30	2	01단	山と積まれた統營煎子
162423	朝鮮朝日	西北・南鮮版	1928-11-30	2	01단	來春は預金の利子も引下か/貸付の利下に伴ひ
162424	朝鮮朝日	西北・南鮮版	1928-11-30	2	01단	全北道內の小作料徵收無事に終る
162425	朝鮮朝日	西北・南鮮版	1928-11-30	2	01단	益沃水利が內地低資と借替の計劃
162426	朝鮮朝日	西北・南鮮版	1928-11-30	2	02단	京城全州間電話が直通
162427	朝鮮朝日	西北・南鮮版	1928-11-30	2	02단	從來に倍加/新義州の着筏
162428	朝鮮朝日	西北・南鮮版	1928-11-30	2	03단	眞鍮の食匙三千を醸出/銅像を建設
162429	朝鮮朝日	西北・南鮮版	1928-11-30	2	03단	電信電話所楡津に設置
162430	朝鮮朝日	西北・南鮮版	1928-11-30	2	03단	不完全なのが多い慶南の定置漁業/技術員が實地に調查/これが改良を圖る
162431	朝鮮朝日	西北・南鮮版	1928-11-30	2	04단	浮世草

1928년 12월 (조선아사히)

일련번호	판명		간행일	면	단수	기사명
162432	朝鮮朝日	西北版	1928-12-01	1	01단	落穗集(七十三)/下村海南
162433	朝鮮朝日	西北版	1928-12-01	1	01단	高給者や老年を鐵道局が整理/退職者は三百餘名
162434	朝鮮朝日	西北版	1928-12-01	1	01단	少年少女の發育は內地人が良い/然し二十歳後は殆ど平均近視と蟲齒は反對
162435	朝鮮朝日	西北版	1928-12-01	1	01단	涙ぐんで私の手を握ったそれが永い永い別れだった 議論家の半面にこの涙の持主松本武正氏談/血汐に仰天した一副官がやられたと叫んで到れた然しその人は全くの無傷だ 回想談に好個のエピソード 某呢懇者談/純情の持主角田廣司氏談/本社から參列の二氏京城に到着
162436	朝鮮朝日	西北版	1928-12-01	1	03단	水災民への救恤御下賜三面の傳達式
162437	朝鮮朝日	西北版	1928-12-01	1	03단	漁業組合の低資融通平北の計劃
162438	朝鮮朝日	西北版	1928-12-01	1	04단	敷地を提供物産陳列所設置を要望
162439	朝鮮朝日	西北版	1928-12-01	1	04단	米材の輸入と同視するは不可/木關問題を重視する安東當業者が懇談
162440	朝鮮朝日	西北版	1928-12-01	1	05단	土曜漫筆/京城支局一記者/宇宙に何ものか人の力の及ばぬ偉大なるものありと思った人を殺した男の悶へ
162441	朝鮮朝日	西北版	1928-12-01	1	05단	三年の後には沙糖の自足自給/甜菜糖の栽培が盛んで輸出も相當にある
162442	朝鮮朝日	西北版	1928-12-01	1	06단	栗の收穫が一萬石/結實が良い
162443	朝鮮朝日	西北版	1928-12-01	1	06단	八幡製鐵所石灰巖層を咸南で發見
162444	朝鮮朝日	西北版	1928-12-01	1	06단	童謠/北原白秋選
162445	朝鮮朝日	西北版	1928-12-01	1	06단	消防協會平壤支部の役員が決定
162446	朝鮮朝日	西北版	1928-12-01	1	07단	各地だより(新義州/淸津)
162447	朝鮮朝日	西北版	1928-12-01	1	07단	漁業取締船大同丸竣工
162448	朝鮮朝日	西北版	1928-12-01	1	07단	二十師團の新兵さん達釜山に上陸
162449	朝鮮朝日	西北版	1928-12-01	1	07단	新しい理想村住民は陶器會社の職工普選で村長を選擧
162450	朝鮮朝日	西北版	1928-12-01	1	07단	不老長壽の妙藥だんだん少くなる/濫採せぬやう保護を講ずる
162451	朝鮮朝日	西北版	1928-12-01	1	08단	安東高女の朴淑欽さん教師を囑託
162452	朝鮮朝日	西北版	1928-12-01	1	08단	窮民を救ふ奇特な李氏
162453	朝鮮朝日	西北版	1928-12-01	1	09단	道路泥濘で間島の雜穀出廻が遲れる
162454	朝鮮朝日	西北版	1928-12-01	1	09단	漁業監視船元山に入港
162455	朝鮮朝日	西北版	1928-12-01	1	10단	結氷期に入り馬賊が蠢動平北が警戒
162456	朝鮮朝日	西北版	1928-12-01	1	10단	今度で六頭/昌城の牛疫
162457	朝鮮朝日	西北版	1928-12-01	1	10단	全鮮的に脈絡のある大邱中等校生の秘密

일련번호	판명		간행일	면	단수	기사명
162457	朝鮮朝日	西北版	1928-12-01	1	10단	結社團
162458	朝鮮朝日	西北版	1928-12-01	1	10단	郵便局員が爲替の詐欺
162459	朝鮮朝日	西北版	1928-12-01	1	10단	牛挽男を山中で慘殺/强盜の所爲か
162460	朝鮮朝日	西北版	1928-12-01	1	10단	人(守屋德天氏(殖銀調査課長)/松井七夫氏(元張作霖顧問))
162461	朝鮮朝日	南鮮版	1928-12-01	1	01단	落穗集(七十三)/下村海南
162462	朝鮮朝日	南鮮版	1928-12-01	1	01단	高給者や老年を鐵道局が整理/退職者は三百餘名
162463	朝鮮朝日	南鮮版	1928-12-01	1	01단	少年少女の發育は內地人が良い/然しに二十歳後は殆ど平均近視と蟲齒は反對
162464	朝鮮朝日	南鮮版	1928-12-01	1	01단	涙ぐんで私の手を握ったそれが永い永い別れだった 議論家の半面にこの涙の持主松本武正氏談/血汐に仰天した一副官がやられたと叫んで到れた然しその人は全くの無傷だ 回想談に好個のエピソード某呢懇者談/純情の持主角田廣司氏談/本社から參列の二氏京城に到着
162465	朝鮮朝日	南鮮版	1928-12-01	1	03단	水災民への救恤御下賜三面の傳達式
162466	朝鮮朝日	南鮮版	1928-12-01	1	03단	漁業組合の低資融通/平北の計劃
162467	朝鮮朝日	南鮮版	1928-12-01	1	04단	敷地を提供物産陳列所設置を要望
162468	朝鮮朝日	南鮮版	1928-12-01	1	04단	米材の輸入と同視するは不可/木關問題を重視する安東當業者が懇談
162469	朝鮮朝日	南鮮版	1928-12-01	1	05단	土曜漫筆/京城支局一記者/宇宙に何ものか人の力の及ばぬ偉大なるものありと思った人を殺した男の悶へ
162470	朝鮮朝日	南鮮版	1928-12-01	1	05단	三年の後には沙糖の自足自給/甜菜糖の栽培が盛んで輸出も相當にある
162471	朝鮮朝日	南鮮版	1928-12-01	1	06단	栗の收穫が一萬石/結實が良い
162472	朝鮮朝日	南鮮版	1928-12-01	1	06단	淸州中學校設立の協議
162473	朝鮮朝日	南鮮版	1928-12-01	1	06단	安藤氏個人展
162474	朝鮮朝日	南鮮版	1928-12-01	1	06단	童謠/北原白秋選
162475	朝鮮朝日	南鮮版	1928-12-01	1	06단	消防協會平壤支部の役員が決定
162476	朝鮮朝日	南鮮版	1928-12-01	1	07단	太閤堀開鑿浚渫にかゝる
162477	朝鮮朝日	南鮮版	1928-12-01	1	07단	窮民を救ふ奇特な李氏
162478	朝鮮朝日	南鮮版	1928-12-01	1	07단	安東高女の朴淑欽さん敎師を囑託
162479	朝鮮朝日	南鮮版	1928-12-01	1	07단	新しい理想村住民は陶器會社の職工/普選で村長を選擧
162480	朝鮮朝日	南鮮版	1928-12-01	1	07단	不老長壽の妙藥だんだん少くなる/濫採せぬやう保護を講ずる

일련번호	판명		간행일	면	단수	기사명
162481	朝鮮朝日	南鮮版	1928-12-01	1	08단	早脈か切れたか釜山瓦電の買收年內に成否何れかに決定
162482	朝鮮朝日	南鮮版	1928-12-01	1	08단	今度で六頭/昌城の牛疫
162483	朝鮮朝日	南鮮版	1928-12-01	1	09단	二十師團の新兵さん達釜山に上陸
162484	朝鮮朝日	南鮮版	1928-12-01	1	10단	全鮮的に脈絡のある大邱中等校生の秘密結社團
162485	朝鮮朝日	南鮮版	1928-12-01	1	10단	大邱土木事件近く結審か/一名責付出所
162486	朝鮮朝日	南鮮版	1928-12-01	1	10단	不義の子を殺して檢擧
162487	朝鮮朝日	南鮮版	1928-12-01	1	10단	望月旅館の主人を訴ふ濱口熊嶽が
162488	朝鮮朝日	南鮮版	1928-12-01	1	10단	人(守屋德天氏(殖銀調査課長)/松井七夫氏(元張作霖顧問)/佐々木久松氏(東拓ハルピン支店長))
162489	朝鮮朝日	西北・南鮮版	1928-12-01	2	01단	旱害に拘らず金組の回收は昨年よりも良好で預金貸付も共に增加す
162490	朝鮮朝日	西北・南鮮版	1928-12-01	2	01단	旱水害を救ふ副業は良いが叺の賣行に困って內地、滿洲に販路を目論む
162491	朝鮮朝日	西北・南鮮版	1928-12-01	2	01단	鼈業補助額三十八萬圓
162492	朝鮮朝日	西北・南鮮版	1928-12-01	2	01단	運合問題の推移を見る新義州の荷主
162493	朝鮮朝日	西北・南鮮版	1928-12-01	2	01단	朝鮮煙草の社長が更迭高木氏辭任
162494	朝鮮朝日	西北・南鮮版	1928-12-01	2	02단	木炭出荷の改善を協議/淸津當業者が
162495	朝鮮朝日	西北・南鮮版	1928-12-01	2	02단	元山の明太最近は活況
162496	朝鮮朝日	西北・南鮮版	1928-12-01	2	02단	優良店員表彰淸津商議が
162497	朝鮮朝日	西北・南鮮版	1928-12-01	2	02단	全北南原學組員
162498	朝鮮朝日	西北・南鮮版	1928-12-01	2	02단	淸州郡廳舍竣工
162499	朝鮮朝日	西北・南鮮版	1928-12-01	2	03단	沙里院實業協會
162500	朝鮮朝日	西北・南鮮版	1928-12-01	2	03단	浮世草
162501	朝鮮朝日	西北・南鮮版	1928-12-01	2	03단	質屋通ひの人は貧乏人に少い/大方は遊興資金の捻出不景氣で質草も落ちる
162502	朝鮮朝日	西北・南鮮版	1928-12-01	2	03단	お化粧も結構ですが煉炭の數位覺え奸商に誤魔化されぬやう奧さま方御注意致しませう
162503	朝鮮朝日	西北版	1928-12-02	1	01단	獻上の刺繡地圖
162504	朝鮮朝日	西北版	1928-12-02	1	01단	落穗集(七十四)/下村海南
162505	朝鮮朝日	西北版	1928-12-02	1	01단	一千萬圓を要する大京城の道路網/馬野府尹が計劃を發表/工費の一部を受益者に負擔
162506	朝鮮朝日	西北版	1928-12-02	1	01단	眞っ黑な石炭が火のやうな競爭/內地や滿洲からも移入され値段が大分安くなる
162507	朝鮮朝日	西北版	1928-12-02	1	03단	凶作でも矢張り外米の輸入は一年間制限

일련번호	판명		간행일	면	단수	기사명
162507	朝鮮朝日	西北版	1928-12-02	1	03단	を延長
162508	朝鮮朝日	西北版	1928-12-02	1	03단	着のみ着のまゝ戸籍の一通を携へたのみの家族たちが續々と滿洲へ移住
162509	朝鮮朝日	西北版	1928-12-02	1	04단	荷主協會を平壤が設置
162510	朝鮮朝日	西北版	1928-12-02	1	04단	滿浦鎭郵局電話の交換十六日開始
162511	朝鮮朝日	西北版	1928-12-02	1	04단	基督申報が平壤に支所
162512	朝鮮朝日	西北版	1928-12-02	1	05단	安東の堤防工事が進捗
162513	朝鮮朝日	西北版	1928-12-02	1	05단	平南驛屯土調定額減免割合が決定
162514	朝鮮朝日	西北版	1928-12-02	1	05단	至れり盡せりの立派な病室で醫員も悉く親切な醫專の附屬病院が開院
162515	朝鮮朝日	西北版	1928-12-02	1	06단	不平や不滿がない定石通りの整理　風雲一過の鐵道局　早くもボーナスの胸算用/皆樣のお蔭淸津に轉任する高木氏語る
162516	朝鮮朝日	西北版	1928-12-02	1	06단	昭和水組愈よ創立六日に總會
162517	朝鮮朝日	西北版	1928-12-02	1	07단	見るも凜々しい靑訓のユニホーム
162518	朝鮮朝日	西北版	1928-12-02	1	07단	靑年聯盟の發會
162519	朝鮮朝日	西北版	1928-12-02	1	07단	御大禮跡の拜觀の便宜回游切符發賣
162520	朝鮮朝日	西北版	1928-12-02	1	08단	赤十字のモダン病院増築が竣工
162521	朝鮮朝日	西北版	1928-12-02	1	08단	米を常食しても脚氣に罹らぬ胚芽米を佐藤博士が發見/患者に用ひ成績が良い
162522	朝鮮朝日	西北版	1928-12-02	1	09단	蔚山飛行場開場に臨む飛機の不時着
162523	朝鮮朝日	西北版	1928-12-02	1	09단	水電艇沈沒す横濱港內にて/乘組員は無事
162524	朝鮮朝日	西北版	1928-12-02	1	10단	機關誌『警鐘』平北警察部が發行
162525	朝鮮朝日	西北版	1928-12-02	1	10단	短歌/橋田東聲選
162526	朝鮮朝日	西北版	1928-12-02	1	10단	死刑の宣告で法廷で萬歲兇暴な不逞
162527	朝鮮朝日	西北版	1928-12-02	1	10단	綱にかゝった黃金と銃器密輸の犯數
162528	朝鮮朝日	西北版	1928-12-02	1	10단	高等農事講習會
162529	朝鮮朝日	西北版	1928-12-02	1	10단	人(高橋卓二氏(安東商工會講所會頭)/大津駿氏(採木公司參事)/荒川六平氏(安東木材商組合長))
162530	朝鮮朝日	南鮮版	1928-12-02	1	01단	獻上の刺繡地圖
162531	朝鮮朝日	南鮮版	1928-12-02	1	01단	落穗集(七十四)/下村海南
162532	朝鮮朝日	南鮮版	1928-12-02	1	01단	一千萬圓を要する大京城の道路網/馬野府尹が計劃を發表/工費の一部を受益者に負擔
162533	朝鮮朝日	南鮮版	1928-12-02	1	01단	眞っ黑な石炭が火のやうな競爭/內地や滿洲からも移入され値段が大分安くなる

일련번호	판명		간행일	면	단수	기사명
162534	朝鮮朝日	南鮮版	1928-12-02	1	03단	凶作でも矢張る外米の輸入は一年間制限を延長
162535	朝鮮朝日	南鮮版	1928-12-02	1	03단	着のみ着のまゝ戸籍の一通を携へたのみの家族たちが續々と滿洲へ移住
162536	朝鮮朝日	南鮮版	1928-12-02	1	04단	旱害救濟の土木事業は十二と決定
162537	朝鮮朝日	南鮮版	1928-12-02	1	04단	名古屋博仁川受賞者
162538	朝鮮朝日	南鮮版	1928-12-02	1	04단	釜山工業補習校校長が決定す
162539	朝鮮朝日	南鮮版	1928-12-02	1	05단	大觀兵式に參列の鄕軍
162540	朝鮮朝日	南鮮版	1928-12-02	1	05단	瓦電の料金値下發表を中止す/京城なみを要求する府民の勢を見てとったか
162541	朝鮮朝日	南鮮版	1928-12-02	1	05단	至れり盡せりの立派な病室で醫員も悉く親切な醫專の附屬病院が開院
162542	朝鮮朝日	南鮮版	1928-12-02	1	06단	不平や不滿がない定石通りの整理 風雲一過の鐵道局 早くもボーナスの胸算用/皆樣のお蔭淸津に轉任する高木氏語る
162543	朝鮮朝日	南鮮版	1928-12-02	1	07단	見るも凜々しい靑訓のユニホーム
162544	朝鮮朝日	南鮮版	1928-12-02	1	07단	大野史郎氏が西氷庫普校名譽校長就任
162545	朝鮮朝日	南鮮版	1928-12-02	1	07단	除隊と入營/大邱聯隊の
162546	朝鮮朝日	南鮮版	1928-12-02	1	08단	赤十字のモダン病院增築が竣工
162547	朝鮮朝日	南鮮版	1928-12-02	1	08단	米を常食しても脚氣に罹らぬ胚芽米を佐藤博士が發見/患者に用ひ成績が良い
162548	朝鮮朝日	南鮮版	1928-12-02	1	09단	御大禮跡の拜觀の便宜回游切符發賣
162549	朝鮮朝日	南鮮版	1928-12-02	1	09단	蔚山飛行場開場に臨む飛機の不時着
162550	朝鮮朝日	南鮮版	1928-12-02	1	10단	俳句/鈴木花蓑選
162551	朝鮮朝日	南鮮版	1928-12-02	1	10단	大邱が一齊に歲末賣出し今年は安い
162552	朝鮮朝日	南鮮版	1928-12-02	1	10단	京南鐵道の忠南線工事來月に入札
162553	朝鮮朝日	南鮮版	1928-12-02	1	10단	例年より早い初氷と初雪/本浦の冬時候
162554	朝鮮朝日	南鮮版	1928-12-02	1	10단	水電艇沈沒す橫濱港內にて/乘組員は無事
162555	朝鮮朝日	南鮮版	1928-12-02	1	10단	短刀で突殺す酒の揚句に
162556	朝鮮朝日	南鮮版	1928-12-02	1	10단	人(小椋長吾氏(東拓平壤支店長))
162557	朝鮮朝日	西北・南鮮版	1928-12-02	2	01단	波の音/釜山靑い鳥
162558	朝鮮朝日	西北・南鮮版	1928-12-02	2	01단	朝鮮産の淸酒が始て優等に入賞/大藏省で行はれた全日本の釀造品評會で
162559	朝鮮朝日	西北・南鮮版	1928-12-02	2	01단	支店長異動煙草會社の
162560	朝鮮朝日	西北・南鮮版	1928-12-02	2	02단	朝鮮信託の專務商銀の池邊氏か
162561	朝鮮朝日	西北・南鮮版	1928-12-02	2	02단	如何に不況を打開するか/京城商議協議
162562	朝鮮朝日	西北・南鮮版	1928-12-02	2	02단	釜山商議懇談會
162563	朝鮮朝日	西北・南鮮版	1928-12-02	2	02단	時期は遲いが數量は增加/鐵道の荷動き

일련번호	판명		간행일	면	단수	기사명
162564	朝鮮朝日	西北・南鮮版	1928-12-02	2	03단	東拓の林務會議
162565	朝鮮朝日	西北・南鮮版	1928-12-02	2	03단	振替貯金の利用が增加
162566	朝鮮朝日	西北・南鮮版	1928-12-02	2	03단	注文津金組落成
162567	朝鮮朝日	西北・南鮮版	1928-12-02	2	04단	『朝鮮害蟲編』
162568	朝鮮朝日	西北・南鮮版	1928-12-02	2	04단	浮世草
162569	朝鮮朝日	西北版	1928-12-04	1	01단	落穗集(七十五)/下村海南
162570	朝鮮朝日	西北版	1928-12-04	1	01단	本年産鮮米の輸移出六百萬石の程度か/凶作の影響はあんまりない/殖産局方面の觀測
162571	朝鮮朝日	西北版	1928-12-04	1	01단	國際航空路の一驛蔚山飛行場落成/二日盛大な開場式
162572	朝鮮朝日	西北版	1928-12-04	1	02단	聖恩に感泣咸南罹災民
162573	朝鮮朝日	西北版	1928-12-04	1	03단	司法領事が上海で會議
162574	朝鮮朝日	西北版	1928-12-04	1	03단	支那人野菜耕作者組合平壤署が勸誘
162575	朝鮮朝日	西北版	1928-12-04	1	03단	明年度の鐵道開通線八十七哩二分
162576	朝鮮朝日	西北版	1928-12-04	1	03단	悲しみ大なれども君の功績は輝かん/蕭々たる悲風凄々たる慘雨傷心極まりなし！
162577	朝鮮朝日	西北版	1928-12-04	1	04단	參列者が一千名/盛況を極めた消防協會の發會式
162578	朝鮮朝日	西北版	1928-12-04	1	04단	道路の審査延長廿八萬間
162579	朝鮮朝日	西北版	1928-12-04	1	05단	富士紡績注文が殺到/活氣を呈す
162580	朝鮮朝日	西北版	1928-12-04	1	06단	大同江流筏平壤に到着
162581	朝鮮朝日	西北版	1928-12-04	1	06단	景氣立直し電信に現る今年が激增
162582	朝鮮朝日	西北版	1928-12-04	1	06단	お茶のあと
162583	朝鮮朝日	西北版	1928-12-04	1	06단	海州龍塘浦間道路の擴張/測量を開始
162584	朝鮮朝日	西北版	1928-12-04	1	06단	面吏員指導會
162585	朝鮮朝日	西北版	1928-12-04	1	06단	賀川豊彦氏安東で講演
162586	朝鮮朝日	西北版	1928-12-04	1	07단	故人を悼むが如き雨催ひの空曇る/橘氏の十周年法要二日京城護國寺で執行
162587	朝鮮朝日	西北版	1928-12-04	1	07단	牡丹台野話
162588	朝鮮朝日	西北版	1928-12-04	1	08단	海州停車場土地の買收圓滿に解決
162589	朝鮮朝日	西北版	1928-12-04	1	08단	年始休みに九州巡りを鐵道局が計劃
162590	朝鮮朝日	西北版	1928-12-04	1	08단	御大典に贈位された長曾我部家の子孫/春川の久武氏と判明/千七百年前の珍品がある
162591	朝鮮朝日	西北版	1928-12-04	1	09단	不二農場の小作爭議/小作料不納の同盟を組織か
162592	朝鮮朝日	西北版	1928-12-04	1	09단	猩紅熱が海州に流行/死亡率が高い

일련번호	판명		간행일	면	단수	기사명
162593	朝鮮朝日	西北版	1928-12-04	1	09단	新義州驛長吉永氏榮轉
162594	朝鮮朝日	西北版	1928-12-04	1	10단	モヒ患者專門の警官海州の取締
162595	朝鮮朝日	西北版	1928-12-04	1	10단	平壤の新兵一日に入營
162596	朝鮮朝日	西北版	1928-12-04	1	10단	兎狩り平壤農校の
162597	朝鮮朝日	西北版	1928-12-04	1	10단	借金を催促その腹癒に阿片で殺す
162598	朝鮮朝日	西北版	1928-12-04	1	10단	李恒九男を對手どって損害賠償の訴
162599	朝鮮朝日	西北版	1928-12-04	1	10단	運動界(全國ア式蹴球戰平壤高普出場)
162600	朝鮮朝日	西北版	1928-12-04	1	10단	會(レコードコンサート)
162601	朝鮮朝日	西北版	1928-12-04	1	10단	人(戒能義重氏(本府視學委員)/楠喜一氏(新京城驛長))
162602	朝鮮朝日	南鮮版	1928-12-04	1	01단	落穗集(七十五)/下村海南
162603	朝鮮朝日	南鮮版	1928-12-04	1	01단	本年産鮮米の輸移出六百萬石の程度か/凶作の影響はあんまりない/殖産局方面の觀測
162604	朝鮮朝日	南鮮版	1928-12-04	1	01단	國際航空路の一驛蔚山飛行場落成/二日盛大な開場式
162605	朝鮮朝日	南鮮版	1928-12-04	1	02단	聖恩に感泣咸南罹災民
162606	朝鮮朝日	南鮮版	1928-12-04	1	03단	新規事業は極めて困難/釜山府豫算
162607	朝鮮朝日	南鮮版	1928-12-04	1	03단	明年度の鐵道開通線八十七哩二分
162608	朝鮮朝日	南鮮版	1928-12-04	1	03단	悲しみ大なれども君の功績は輝かん/蕭々たる悲風凄々たる惨雨傷心極まりなし！
162609	朝鮮朝日	南鮮版	1928-12-04	1	04단	參列者が一千名/盛況を極めた消防協會の發會式
162610	朝鮮朝日	南鮮版	1928-12-04	1	04단	肥料用の叺の需要が殖えて旱水害救濟の叺織の販路難が救はれる
162611	朝鮮朝日	南鮮版	1928-12-04	1	05단	景氣立直し電信に現る/今年が激増
162612	朝鮮朝日	南鮮版	1928-12-04	1	06단	浦項大邱間汽動車開通十日から
162613	朝鮮朝日	南鮮版	1928-12-04	1	06단	お茶のあと
162614	朝鮮朝日	南鮮版	1928-12-04	1	06단	京城府教育會教育功勞者十氏を表彰(普成高等普通學校教員小松崎金次郎氏/京城三興普通學校長白完栽氏/龍山小學校長中原倉造氏/淸雲公立普通學校長河野樹八郎氏/中東學校教員尹泰憲氏/中東學校教員安一英氏/貞洞公立普通學校訓導金圭東氏/濟生院訓導朴計星氏/京城第一高等女學校教諭矢吹はる氏/朝鮮總督府學務局囑託信原嚴虎氏)
162615	朝鮮朝日	南鮮版	1928-12-04	1	07단	故人を悼むが如き雨催ひの空曇る/橘氏の十周年法要二日京城護國寺で執行
162616	朝鮮朝日	南鮮版	1928-12-04	1	08단	年始休みに九州巡りを鐵道局が計劃

일련번호	판명		간행일	면	단수	기사명
162617	朝鮮朝日	南鮮版	1928-12-04	1	08단	師走は迫ったが資金の需要がサッパリ起らず/銀行の成績も面白くない
162618	朝鮮朝日	南鮮版	1928-12-04	1	08단	御大典に贈位された長曾我部家の子孫/春川の久武氏と判明/千七百年前の珍品がある
162619	朝鮮朝日	南鮮版	1928-12-04	1	09단	不二農場の小作爭議/小作料不納の同盟を組織か
162620	朝鮮朝日	南鮮版	1928-12-04	1	09단	全北武德殿竣工
162621	朝鮮朝日	南鮮版	1928-12-04	1	10단	二十五驛逐隊鎭海に轉籍十二月から
162622	朝鮮朝日	南鮮版	1928-12-04	1	10단	他殺の死體山中で發見
162623	朝鮮朝日	南鮮版	1928-12-04	1	10단	李恒九男を相手どって損害賠償の訴
162624	朝鮮朝日	南鮮版	1928-12-04	1	10단	運動界(全國ア式蹴球戰平壤高普出場)
162625	朝鮮朝日	南鮮版	1928-12-04	1	10단	會(レコードコンサート)
162626	朝鮮朝日	南鮮版	1928-12-04	1	10단	人(戒能義重氏(本府視學委員)/楠喜一氏(新京城驛長)/三山京城高工校長/上田文三郎氏(東拓京城支店事業課長)/布施信良博士(大阪醫大教授)/齋藤朝紡當務/李恒九男)
162627	朝鮮朝日	西北・南鮮版	1928-12-04	2	01단	火曜のページ/師走の街も賑やかに一齊に蓋をあけた歲暮の大賣り出し(吳服もの新春を目ざして縞お召の人氣景氣のい〻銘仙と今が買ひ時のモス/羽子板第一の呼びものは御大典羽子板今年は出來榮えもよく値段も去年と大差ない/クリスマスプレゼントとても面白い首ふり人形西洋の子どもとの贈答品に一番い〻浮世繪カード/婦人防寒具年と共に加はる毛皮の勢力大威張りの化け狐禁獵でいたちの値が高い)
162628	朝鮮朝日	西北・南鮮版	1928-12-04	2	06단	先高見込で全北の棉花出廻が遅れる
162629	朝鮮朝日	西北・南鮮版	1928-12-04	2	07단	仁川の出品朝鮮博への
162630	朝鮮朝日	西北・南鮮版	1928-12-04	2	07단	原料大豆の出廻が少く油房が困る
162631	朝鮮朝日	西北・南鮮版	1928-12-04	2	07단	京城手形交換高
162632	朝鮮朝日	西北版	1928-12-05	1	01단	落穗集(七十六)/下村海南
162633	朝鮮朝日	西北版	1928-12-05	1	01단	刺戟がなくなって地方の人心が弛む それはいひ得るよと東上に際して池上總監語る/國境鐵道の豫算大藏省に難色　池上總監東上の理由
162634	朝鮮朝日	西北版	1928-12-05	1	01단	各道內務部長會議は十八日に延期
162635	朝鮮朝日	西北版	1928-12-05	1	01단	平南の豫算二百九十萬圓

일련번호	판명		간행일	면	단수	기사명
162636	朝鮮朝日	西北版	1928-12-05	1	02단	箕林里の都市計劃を實地に調査
162637	朝鮮朝日	西北版	1928-12-05	1	02단	昔鳴らした男(8)/死んでも負けぬ猛烈な練習で六高柔道部の名を揚げた城大の一宮勝三郎君
162638	朝鮮朝日	西北版	1928-12-05	1	03단	水組が聯合電力を購入
162639	朝鮮朝日	西北版	1928-12-05	1	03단	植民地稼ぎの氣質が消えて永住の氣持が生じた/鐵道局退職者が殆ど土着
162640	朝鮮朝日	西北版	1928-12-05	1	03단	森林鐵道の一部明年度に着工先づ手初に二十哩
162641	朝鮮朝日	西北版	1928-12-05	1	04단	大同江改修の猛運動開始/平壤と南浦が
162642	朝鮮朝日	西北版	1928-12-05	1	04단	社宅會社を滿鐵が新設
162643	朝鮮朝日	西北版	1928-12-05	1	04단	平壤齒醫會發會
162644	朝鮮朝日	西北版	1928-12-05	1	05단	兵役短縮の靑年訓練所/五ヶ所が認定
162645	朝鮮朝日	西北版	1928-12-05	1	05단	肥料用の叺の需要が殖えて旱水害救濟の叺織の販路難が救はれる
162646	朝鮮朝日	西北版	1928-12-05	1	05단	俳句/鈴木花蓑選
162647	朝鮮朝日	西北版	1928-12-05	1	06단	記錄破りの寒さに怯げず消防隊の活躍
162648	朝鮮朝日	西北版	1928-12-05	1	06단	*御眞影を燒失す淸津府廳舍の火事　重要書類も搬出できず/關係者一同が進退伺を提出　朝鮮では是で二度目/恐懼の至り馬場府尹恐縮*
162649	朝鮮朝日	西北版	1928-12-05	1	07단	平南成用郡面の廢合に里民が反對
162650	朝鮮朝日	西北版	1928-12-05	1	07단	國境だより(新義州/安東縣)
162651	朝鮮朝日	西北版	1928-12-05	1	08단	淺薄な迷信女官の放火/迷信打破の李王家が惡魔拂ひをせぬとて
162652	朝鮮朝日	西北版	1928-12-05	1	08단	金剛山探勝のお客
162653	朝鮮朝日	西北版	1928-12-05	1	08단	お茶のあと
162654	朝鮮朝日	西北版	1928-12-05	1	08단	平壤府外の山十製絲所釜數の增加
162655	朝鮮朝日	西北版	1928-12-05	1	09단	密輸者を押へ品物を押收偽の稅關吏
162656	朝鮮朝日	西北版	1928-12-05	1	09단	師走は迫ったが資金の需要がサッパリ起らず銀行の成績も面白くない
162657	朝鮮朝日	西北版	1928-12-05	1	10단	小康を保つ平北の猩紅熱
162658	朝鮮朝日	西北版	1928-12-05	1	10단	牡丹台野話
162659	朝鮮朝日	西北版	1928-12-05	1	10단	大石を置き列車を妨害/京義線で發見
162660	朝鮮朝日	西北版	1928-12-05	1	10단	スケート活氣を呈す
162661	朝鮮朝日	南鮮版	1928-12-05	1	10단	人(池上總監/高木善次郎氏(淸津鐵道局出張所營業主任)/古仁所豊氏(前滿鐵北京公所長)/吉原重成氏(總督府囑託))
162662	朝鮮朝日	南鮮版	1928-12-05	1	01단	落穗集(七十六)/下村海南

일련번호	판명		간행일	면	단수	기사명
162663	朝鮮朝日	南鮮版	1928-12-05	1	01단	刺戟がなくなって地方の人心が弛む それはいひ得るよと東上に際して池上總監語る/國境鐵道の豫算大藏省に難色 池上總監東上の理由
162664	朝鮮朝日	南鮮版	1928-12-05	1	01단	大邱府の電氣調査經過を報告
162665	朝鮮朝日	南鮮版	1928-12-05	1	02단	大邱府の道立醫院跡民間に拂下
162665	朝鮮朝日	南鮮版	1928-12-05	1	02단	昔鳴らした男(8)/死んでも負けぬ猛烈な練習で六高柔
162666	朝鮮朝日	南鮮版	1928-12-05	1	02단	道部の名を揚げた城大の一宮勝三郎君
162667	朝鮮朝日	南鮮版	1928-12-05	1	03단	郡守の椅子五つが空く
162668	朝鮮朝日	南鮮版	1928-12-05	1	03단	植民地稼ぎの氣質が消えて永住の氣持が生じた鐵道局退職者が殆ど土着
162669	朝鮮朝日	南鮮版	1928-12-05	1	03단	森林鐵道の一部明年度に着工/先づ手初に二十哩
162670	朝鮮朝日	南鮮版	1928-12-05	1	04단	俳句/鈴木花蓑選
162671	朝鮮朝日	南鮮版	1928-12-05	1	04단	各道內務部長會議は十八日に延期
162672	朝鮮朝日	南鮮版	1928-12-05	1	05단	兵役短縮の青年訓練所五ケ所が認定
162673	朝鮮朝日	南鮮版	1928-12-05	1	05단	縮小はしても依然と續ける全鮮の移動警察班不快を與へぬやう注意する
162674	朝鮮朝日	南鮮版	1928-12-05	1	05단	滯歐記念洋畫展
162675	朝鮮朝日	南鮮版	1928-12-05	1	06단	記録破りの寒さに怯げず消防隊の活躍
162676	朝鮮朝日	南鮮版	1928-12-05	1	06단	御眞影を燒失す清津府廳舍の火事 重要書類も搬出できず/關係者一同が進退伺を提出 朝鮮では是で二度目/恐懼の至り馬場府尹恐懼
162677	朝鮮朝日	南鮮版	1928-12-05	1	07단	御大禮映畫盛況
162678	朝鮮朝日	南鮮版	1928-12-05	1	07단	東萊面議員總辭職道路の紛糾で
162679	朝鮮朝日	南鮮版	1928-12-05	1	08단	淺薄な迷信女官の放火/迷信打破の李王家が惡魔拂ひをせぬとて
162680	朝鮮朝日	南鮮版	1928-12-05	1	08단	京畿道內旱害の減税十萬圓に達す
162681	朝鮮朝日	南鮮版	1928-12-05	1	08단	慶南道の旱害救濟費七十餘萬圓
162682	朝鮮朝日	南鮮版	1928-12-05	1	09단	金剛山探勝のお客
162683	朝鮮朝日	南鮮版	1928-12-05	1	09단	密輸者を押へ品物を押收偽の税關吏
162684	朝鮮朝日	南鮮版	1928-12-05	1	09단	政治的な色彩を帶ぶ中等學生の秘密結社團
162685	朝鮮朝日	南鮮版	1928-12-05	1	09단	詐欺など迷惑の至り望月主人語る
162686	朝鮮朝日	南鮮版	1928-12-05	1	10단	お茶のあと
162687	朝鮮朝日	南鮮版	1928-12-05	1	10단	妙齢の少女井戸で自殺
162688	朝鮮朝日	南鮮版	1928-12-05	1	10단	破船に殘る船長の行方遂に不明
162689	朝鮮朝日	南鮮版	1928-12-05	1	10단	大石を置き列車を妨害/京義線で發見

일련번호	판명		간행일	면	단수	기사명
162690	朝鮮朝日	南鮮版	1928-12-05	1	10단	スケート活氣を呈す
162691	朝鮮朝日	南鮮版	1928-12-05	1	10단	人(池上總監/高木善次郎氏(淸津鐵道局出張所營業主任)/古仁所豊氏(前滿鐵北京公所長))
162692	朝鮮朝日	南鮮版	1928-12-05	2	01단	波の音/釜山靑い鳥
162693	朝鮮朝日	西北・南鮮版	1928-12-05	2	01단	仁川の孵賃値下品種により底下を異にす/協定案を作成實行か
162694	朝鮮朝日	西北・南鮮版	1928-12-05	2	01단	釜山金融界大繁忙/資金需要旺盛
162695	朝鮮朝日	西北・南鮮版	1928-12-05	2	01단	潮夕表の狂ひを正し定置漁業の行詰を打開
162696	朝鮮朝日	西北・南鮮版	1928-12-05	2	01단	御自慢の荒刻み工場漸く竣工す
162697	朝鮮朝日	西北・南鮮版	1928-12-05	2	02단	白蔘の製造昨年より增加
162698	朝鮮朝日	西北・南鮮版	1928-12-05	2	02단	十一月下旬局線の動き十七萬九千屯
162699	朝鮮朝日	西北・南鮮版	1928-12-05	2	03단	天日鹽賣上高
162700	朝鮮朝日	西北・南鮮版	1928-12-05	2	03단	とても賣れぬと見切をつけてとうとう引き揚げた賣行の惡い御大典煙草
162701	朝鮮朝日	西北・南鮮版	1928-12-05	2	04단	浮世草
162702	朝鮮朝日	西北・南鮮版	1928-12-05	2	04단	楚山木綿消費高
162703	朝鮮朝日	西北・南鮮版	1928-12-05	2	04단	京城組銀帳尻
162704	朝鮮朝日	西北・南鮮版	1928-12-06	1	01단	落穗集(七十七)/下村海南
162705	朝鮮朝日	西北版	1928-12-06	1	01단	朝鮮の新銀行令遲くも中旬ごろ制令として公布の見込/實施期は明年一月
162706	朝鮮朝日	西北版	1928-12-06	1	01단	方針を變更し積極的に進む沙防工事の大計劃/工費二百五十萬圓を計上
162707	朝鮮朝日	西北版	1928-12-06	1	01단	朝鮮神宮參拜者
162708	朝鮮朝日	西北版	1928-12-06	1	01단	安東北平間電話が復舊
162709	朝鮮朝日	西北版	1928-12-06	1	01단	普成專門に高等試驗令豫備を免除
162710	朝鮮朝日	西北版	1928-12-06	1	02단	平北各郡に普校の新設要望が多い
162711	朝鮮朝日	西北版	1928-12-06	1	02단	必要をやめて敎育の振興を圖りはしないよ/總監と本社記者との問答
162712	朝鮮朝日	西北版	1928-12-06	1	03단	滿浦鎭普校校舍を新築解氷後着工
162713	朝鮮朝日	西北版	1928-12-06	1	03단	旱害が頑迷な地主を驅って水利工事を計劃さす/窮民救濟にも非常に便利
162714	朝鮮朝日	西北版	1928-12-06	1	03단	木炭に代用に無煙炭が大流行/神戸のガス會社などは本業そちのけで大販賣
162715	朝鮮朝日	西北版	1928-12-06	1	04단	支那勞働者移動が盛ん平北地方の
162716	朝鮮朝日	西北版	1928-12-06	1	05단	昔鳴らした男(9)/三田のツラックで中距離を走り早慶戰に奮鬪した城大醫院の飯尾登次男君
162717	朝鮮朝日	西北版	1928-12-06	1	05단	國境情報委員會

일련번호	판명		간행일	면	단수	기사명
162718	朝鮮朝日	西北版	1928-12-06	1	05단	行政講習會四日終了す
162719	朝鮮朝日	西北版	1928-12-06	1	05단	短歌/橋田東聲選
162720	朝鮮朝日	西北版	1928-12-06	1	05단	粟の自給を平南が獎勵/模範田を設置
162721	朝鮮朝日	西北版	1928-12-06	1	06단	喜ぶべき現象は痘瘡患者の減少/憂ふべき現象は普通の傳染病患者が增加
162722	朝鮮朝日	西北版	1928-12-06	1	06단	汽車と競爭平壤自動車賃銀を値下
162723	朝鮮朝日	西北版	1928-12-06	1	06단	牡丹台野話
162724	朝鮮朝日	西北版	1928-12-06	1	07단	靑訓出身者成績が良好
162725	朝鮮朝日	西北版	1928-12-06	1	07단	一切の面會を避け馬場府尹は謹愼/復舊費の要求は相當額に上る見込
162726	朝鮮朝日	西北版	1928-12-06	1	07단	行方不明の平壤機淸州に不時着/機體搭乘者とも無事/他の二機は京城に到着
162727	朝鮮朝日	西北版	1928-12-06	1	07단	移住朝鮮人の赤化を圖った間島の共産黨員それぞれ求刑さる
162728	朝鮮朝日	西北版	1928-12-06	1	08단	滿洲靑年聯盟支部を安東に設置
162729	朝鮮朝日	西北版	1928-12-06	1	08단	紅ゐが二點自動車運轉手
162730	朝鮮朝日	西北版	1928-12-06	1	09단	新義州の歲暮大賣出景品が多い
162731	朝鮮朝日	西北版	1928-12-06	1	09단	鐵道妨害の犯人我が守備隊が射殺/安奉線のできごと
162732	朝鮮朝日	西北版	1928-12-06	1	09단	日支親善戀の道行は目出度し度し
162733	朝鮮朝日	西北版	1928-12-06	1	10단	新年名刺交換會
162734	朝鮮朝日	西北版	1928-12-06	1	10단	小作が地主の永恩碑建設篤行の名高し
162735	朝鮮朝日	西北版	1928-12-06	1	10단	鴨緑江上流森林地帶の地方病硏究
162736	朝鮮朝日	西北版	1928-12-06	1	10단	咸南傳染病二十六名
162737	朝鮮朝日	西北版	1928-12-06	1	10단	平壤送別ゴルフ
162738	朝鮮朝日	西北版	1928-12-06	1	10단	人(岡野養之助氏(大阪朝日主幹)/山田大介氏(同通信部長)/大村百藏氏(京城實業家)/辻謹之助氏(大田實業家)/河合朝雄氏(朝鮮民報社長)/高橋濱吉氏(本府視學官)/山根貞一氏(釜山郵便局長))
162739	朝鮮朝日	南鮮版	1928-12-06	1	01단	落穗集(七十七)/下村海南
162740	朝鮮朝日	南鮮版	1928-12-06	1	01단	朝鮮の新銀行令遲くも中旬ごろ制令として公布の見込/實施期は明年一月
162741	朝鮮朝日	南鮮版	1928-12-06	1	01단	方針を變更し積極的に進む沙防工事の大計劃/工費二百五十萬圓を計上
162742	朝鮮朝日	南鮮版	1928-12-06	1	01단	朝鮮神宮參拜者
162743	朝鮮朝日	南鮮版	1928-12-06	1	01단	御嘉納の獻上品調製を終る
162744	朝鮮朝日	南鮮版	1928-12-06	1	02단	安東北平間電話が復舊
162745	朝鮮朝日	南鮮版	1928-12-06	1	02단	釜山女高普新築寄附金募集に大童

일련번호	판명		간행일	면	단수	기사명
162746	朝鮮朝日	南鮮版	1928-12-06	1	02단	必要をやめて教育の振興を圖りはしないよ/總監と本社記者との問答
162747	朝鮮朝日	南鮮版	1928-12-06	1	03단	文教功勞者祭粢料傳達
162748	朝鮮朝日	南鮮版	1928-12-06	1	03단	旱害が頑迷な地主を驅って水利工事を計劃さす/窮民救濟にも非常に便利
162749	朝鮮朝日	南鮮版	1928-12-06	1	03단	木炭に代用に無煙炭が大流行/神戸のガス會社などは本業そちのけで大販賣
162750	朝鮮朝日	南鮮版	1928-12-06	1	04단	普成專門に高等試驗令豫備を免除
162751	朝鮮朝日	南鮮版	1928-12-06	1	04단	行政講習會四日終了す
162752	朝鮮朝日	南鮮版	1928-12-06	1	05단	昔鳴らした男(９)/三田のツラックで中距離を走り早慶戰に奮鬪した城大醫院の飯尾登次男君
162753	朝鮮朝日	南鮮版	1928-12-06	1	05단	滿洲靑年聯盟支部を安東に設置
162754	朝鮮朝日	南鮮版	1928-12-06	1	05단	短歌/橋田東聲選
162755	朝鮮朝日	南鮮版	1928-12-06	1	05단	粟の自給を平南が獎勵/模範田を設置
162756	朝鮮朝日	南鮮版	1928-12-06	1	06단	釜山の上水道氣の長い節水/明春の四月頃まで晝間八時間の制限給水
162757	朝鮮朝日	南鮮版	1928-12-06	1	06단	喜ぶべき現象は痘瘡患者の減少/憂ふべき現象は普通の傳染病患者が增加
162758	朝鮮朝日	南鮮版	1928-12-06	1	06단	無定見な內地渡航は漸次減少か
162759	朝鮮朝日	南鮮版	1928-12-06	1	06단	面民が二派に分れて紛糾面長問題で
162760	朝鮮朝日	南鮮版	1928-12-06	1	07단	一切の面會を避け馬場府尹は謹愼/復舊費の要求は相當額に上る見込
162761	朝鮮朝日	南鮮版	1928-12-06	1	07단	行方不明の平壤機淸州に不時着/機體搭乘者とも無事/他の二機は京城に到着
162762	朝鮮朝日	南鮮版	1928-12-06	1	07단	移住朝鮮人の赤化を圖った間島の共産黨員それぞれ求刑さる
162763	朝鮮朝日	南鮮版	1928-12-06	1	08단	朝鮮海峽の大荒れ連絡船延着
162764	朝鮮朝日	南鮮版	1928-12-06	1	08단	支那勞働者移動が盛ん平北地方の
162765	朝鮮朝日	南鮮版	1928-12-06	1	09단	靑訓出身者成績が良好
162766	朝鮮朝日	南鮮版	1928-12-06	1	09단	鐵道妨害の犯人我が守備隊が射殺/安奉線のできごと
162767	朝鮮朝日	南鮮版	1928-12-06	1	09단	日支親善戀の道行は目出度し度し
162768	朝鮮朝日	南鮮版	1928-12-06	1	10단	東萊高普の秘密結社團有罪と決定
162769	朝鮮朝日	南鮮版	1928-12-06	1	10단	コソ泥橫行大邱府內に
162770	朝鮮朝日	南鮮版	1928-12-06	1	10단	紅ゐが二點自動車運轉手
162771	朝鮮朝日	南鮮版	1928-12-06	1	10단	平壤送別ゴルフ
162772	朝鮮朝日	南鮮版	1928-12-06	1	10단	人(岡野養之助氏(大阪朝日主幹)/山田大介氏(同通信部長)/大村百藏氏(京城實業家)/辻

일련번호	판명		간행일	면	단수	기사명
162772	朝鮮朝日	南鮮版	1928-12-06	1	10단	謹之助氏(大田實業家)/河合朝雄氏(朝鮮民報社長)/高橋濱吉氏(本府視學官)/山根貞一氏(釜山郵便局長))
162773	朝鮮朝日	西北・南鮮版	1928-12-06	2	01단	波の音/釜山靑い鳥
162774	朝鮮朝日	西北・南鮮版	1928-12-06	2	01단	國境資源の開發先づ試驗場を白頭山麓に設けて徐ろに具體的方策を樹立
162775	朝鮮朝日	西北・南鮮版	1928-12-06	2	01단	歳末大賣出しの景品が惜しくて店員に籤をひかせ一、二等を取る不定の商人
162776	朝鮮朝日	西北・南鮮版	1928-12-06	2	01단	肥料資金明年の貸付高
162777	朝鮮朝日	西北・南鮮版	1928-12-06	2	01단	釜山の着米頓に増加す
162778	朝鮮朝日	西北・南鮮版	1928-12-06	2	02단	東拓倉庫を農民が利用/成績が良い
162779	朝鮮朝日	西北・南鮮版	1928-12-06	2	02단	黃海道の特産陳列館出品物が到着
162780	朝鮮朝日	西北・南鮮版	1928-12-06	2	03단	朝鮮博へ黃海の宣傳/民間に叫ばる
162781	朝鮮朝日	西北・南鮮版	1928-12-06	2	03단	一千圓を窮民救濟に投出す奇特家
162782	朝鮮朝日	西北・南鮮版	1928-12-06	2	03단	喰へぬものども狸と狐の化合ひ東拓理事を中心に微高笑洩らす噂の噂さ
162783	朝鮮朝日	西北・南鮮版	1928-12-06	2	04단	木浦の白米神戸で歡迎/前途は有望
162784	朝鮮朝日	西北・南鮮版	1928-12-06	2	04단	木浦大賣出顧客が殺到
162785	朝鮮朝日	西北・南鮮版	1928-12-06	2	04단	浮世草
162786	朝鮮朝日	西北版	1928-12-07	1	01단	落穗集(七十八)/下村海南
162787	朝鮮朝日	西北版	1928-12-07	1	01단	外國材の壓迫から遁出る唯一の方策/國境森林鐵道の開通/總督府が決心の臍を固む
162788	朝鮮朝日	西北版	1928-12-07	1	02단	教育の振興案批難に鑑み三分の一に縮小す/經費も二、三十萬圓程度
162789	朝鮮朝日	西北版	1928-12-07	1	04단	宮中御饗宴に民間功勞者二氏を御召
162790	朝鮮朝日	西北版	1928-12-07	1	04단	理論は兎も角も實際上の知識が不足勝な實業學校の先生校長の意見が一致
162791	朝鮮朝日	西北版	1928-12-07	1	04단	貯蓄銀行令の實施は猶豫して吳れ金融調査會が申請/その間に貯蓄銀行を設立
162792	朝鮮朝日	西北版	1928-12-07	1	04단	民謠/北原白秋選
162793	朝鮮朝日	西北版	1928-12-07	1	05단	大觀兵式參列光榮の部隊將卒が歸鮮
162794	朝鮮朝日	西北版	1928-12-07	1	05단	新規事業は到底望めぬ平南の豫算
162795	朝鮮朝日	西北版	1928-12-07	1	05단	慶北の物資浦項に集る/內鮮航路の汽船が寄港
162796	朝鮮朝日	西北版	1928-12-07	1	06단	日支柞蠶商口錢の問題/遂に決裂か
162797	朝鮮朝日	西北版	1928-12-07	1	06단	採木公司に増伐の要求/木材商連が
162798	朝鮮朝日	西北版	1928-12-07	1	06단	元山淸津間電話の開通/更に京城延長
162799	朝鮮朝日	西北版	1928-12-07	1	06단	排日の影響で鮮支航路が不振/空船のまゝ歸る有樣

일련번호	판명		간행일	면	단수	기사명
162800	朝鮮朝日	西北版	1928-12-07	1	06단	正月のお餅を買ふ時の御注意/商工課で重さを試驗し奸商を嚴重取締る
162801	朝鮮朝日	西北版	1928-12-07	1	07단	牡丹台野話
162802	朝鮮朝日	西北版	1928-12-07	1	07단	靑訓設置を平北が通牒
162803	朝鮮朝日	西北版	1928-12-07	1	07단	滿洲輸入組合東京大阪に派遣員設置
162804	朝鮮朝日	西北版	1928-12-07	1	08단	支那語檢定試驗小學生が合格
162805	朝鮮朝日	西北版	1928-12-07	1	08단	貧しきが故に既製服が賣れぬ一時拂ひの金が無い船內サラリーマンの悲哀
162806	朝鮮朝日	西北版	1928-12-07	1	08단	安東中學の寄宿舍新設解氷後起工
162807	朝鮮朝日	西北版	1928-12-07	1	08단	不時着陸機平壤に歸還
162808	朝鮮朝日	西北版	1928-12-07	1	08단	平壤郵便局年賀郵便の宣傳文を配布
162809	朝鮮朝日	西北版	1928-12-07	1	08단	守備隊編入の新兵さん達それぞれ出發
162810	朝鮮朝日	西北版	1928-12-07	1	09단	延吉道では移住鮮農に靑田賣を禁止
162811	朝鮮朝日	西北版	1928-12-07	1	09단	大同江の鵜飼ひ漁民が困る
162812	朝鮮朝日	西北版	1928-12-07	1	09단	各學校に細胞を設け秘密結社を組織/學生の赤化を圖るCS黨の一味檢擧さる
162813	朝鮮朝日	西北版	1928-12-07	1	09단	アイスホッケー早大が來安
162814	朝鮮朝日	西北版	1928-12-07	1	10단	松樹の盜伐犯人を捕ふ
162815	朝鮮朝日	西北版	1928-12-07	1	10단	中外日報社發行停止/排日的記事を揭げた
162816	朝鮮朝日	西北版	1928-12-07	1	10단	生徒實習の漁獲代金を書記が橫領
162817	朝鮮朝日	西北版	1928-12-07	1	10단	會(鐵道土曜會送別會)
162818	朝鮮朝日	西北版	1928-12-07	1	10단	人(山梨總督/淸水槌太郎氏(釜山鐵埋築副社長)/岸田菊郎氏(大阪商船釜山支店長)/萩原三郎氏(新釜山運輸事務所長)/廣田隆治氏(新釜山驛長)/福岡縣實業視察團/森久彌一郎博士(新任馬山醫院長)/桑原釜山府尹/小椋長吾氏(新東拓平壤支店長)/群馬縣渡滿軍慰問團/松村土地改良部長/山崎大邱府尹/尾間總督府囑託/江口平壤飛行第六聯隊長/吉田秀次郎氏(仁川會議所會頭))
162819	朝鮮朝日	南鮮版	1928-12-07	1	01단	落穗集(七十八)/下村海南
162820	朝鮮朝日	南鮮版	1928-12-07	1	01단	外國材の壓迫から遁出る唯一の方策/國境森林鐵道の開通/總督府が決心の臍を固む
162821	朝鮮朝日	南鮮版	1928-12-07	1	02단	教育の振興案批難に鑑み三分の一に縮小す/經費も二、三十萬圓程度
162822	朝鮮朝日	南鮮版	1928-12-07	1	04단	宮中御饗宴に民間功勞者二氏を御召
162823	朝鮮朝日	南鮮版	1928-12-07	1	04단	理論は兎も角も實際上に知識が不足勝な實業學校の先生校長の意見が一致
162824	朝鮮朝日	南鮮版	1928-12-07	1	04단	貯蓄銀行令の實施は猶豫して吳れ金融調査會が申請/その間に貯蓄銀行を設立

일련번호	판명		간행일	면	단수	기사명
162825	朝鮮朝日	南鮮版	1928-12-07	1	04단	民謠/北原白秋選
162826	朝鮮朝日	南鮮版	1928-12-07	1	05단	大觀兵式參列光榮の部隊將卒が歸鮮
162827	朝鮮朝日	南鮮版	1928-12-07	1	05단	新規事業は到底望めぬ平南の豫算
162828	朝鮮朝日	南鮮版	1928-12-07	1	05단	慶北の物資浦項に集る/內鮮航路の汽船が寄港
162829	朝鮮朝日	南鮮版	1928-12-07	1	06단	元山淸津間電話の開通/更に京城延長
162830	朝鮮朝日	南鮮版	1928-12-07	1	06단	江原から放流の鰤巨濟島で捕獲
162831	朝鮮朝日	南鮮版	1928-12-07	1	06단	不調の場合は交涉の內容を公開して府民に訴ふ/桑原府尹が聲明す
162832	朝鮮朝日	南鮮版	1928-12-07	1	06단	排日の影響で鮮支航路が不振/空船のまゝ歸る有樣
162833	朝鮮朝日	南鮮版	1928-12-07	1	06단	正月のお餅を買ふ時の御注意/商工課で重さを試驗し奸商を嚴重取締る
162834	朝鮮朝日	南鮮版	1928-12-07	1	07단	文教貢獻者祭粢料傳達
162835	朝鮮朝日	南鮮版	1928-12-07	1	07단	仁川上水道第二沈澱池完成
162836	朝鮮朝日	南鮮版	1928-12-07	1	07단	延吉道では移住鮮農に靑田賣を禁止
162837	朝鮮朝日	南鮮版	1928-12-07	1	08단	貧しきが故に旣製服が賣れぬ一時拂ひの金が無い船內サラリーマンの悲哀
162838	朝鮮朝日	南鮮版	1928-12-07	1	08단	火事の季に入り溫突の設備を警察が嚴重に調査
162839	朝鮮朝日	南鮮版	1928-12-07	1	08단	安東中學の寄宿舍新設解氷後起工
162840	朝鮮朝日	南鮮版	1928-12-07	1	08단	不時着陸機平壤に歸還
162841	朝鮮朝日	南鮮版	1928-12-07	1	08단	中外日報社發行停止/排日的記事を揭げた
162842	朝鮮朝日	南鮮版	1928-12-07	1	08단	大同江の鵜飼ひ漁民が困る
162843	朝鮮朝日	南鮮版	1928-12-07	1	09단	木浦無線局十一月取扱高
162844	朝鮮朝日	南鮮版	1928-12-07	1	09단	求職と就職/仁川職業紹介所の成績
162845	朝鮮朝日	南鮮版	1928-12-07	1	09단	各學校に細胞を設け秘密結社を組織/學生の赤化を圖るCS黨の一味檢擧さる
162846	朝鮮朝日	南鮮版	1928-12-07	1	10단	忠南傳染病
162847	朝鮮朝日	南鮮版	1928-12-07	1	10단	太刀魚釣に出かけて溺死
162848	朝鮮朝日	南鮮版	1928-12-07	1	10단	守備隊編入の新兵さん達それぞれ出發
162849	朝鮮朝日	南鮮版	1928-12-07	1	10단	松樹の盜伐犯人を捕ふ
162850	朝鮮朝日	南鮮版	1928-12-07	1	10단	會(黃金町靑年團發會)
162851	朝鮮朝日	南鮮版	1928-12-07	1	10단	人(山梨總督/淸水槌太郞氏(釜山鐵埋築副社長)/岸田菊郞氏(大阪商船釜山支店長)/萩原三郞氏(新釜山運輸事務所長)/廣田隆治氏(新釜山驛長)/福岡縣實業視察團/森久彌一郞博士(新任馬山醫院長)/桑原釜山府尹/松村土地改良部長/山崎大邱府尹/尾間總

일련번호	판명		간행일	면	단수	기사명
162851	朝鮮朝日	南鮮版	1928-12-07	1	10단	督府囑託/江口平壤飛行第六聯隊長/吉田秀次郎氏(仁川會議所會頭))
162852	朝鮮朝日	西北・南鮮版	1928-12-07	2	01단	波の音/釜山靑い鳥
162853	朝鮮朝日	西北・南鮮版	1928-12-07	2	01단	趣味と實益の普校生の養鷄
162854	朝鮮朝日	西北・南鮮版	1928-12-07	2	01단	農作物の旱害で養蠶が增加し夏秋蠶ともに增收
162855	朝鮮朝日	西北・南鮮版	1928-12-07	2	01단	種子籾に困り馬齡薯栽培全北が獎勵
162856	朝鮮朝日	西北・南鮮版	1928-12-07	2	02단	朝鮮博協贊會咸南も設置
162857	朝鮮朝日	西北・南鮮版	1928-12-07	2	03단	仁川唎酒會
162858	朝鮮朝日	西北・南鮮版	1928-12-07	2	03단	松嶽金組設立
162859	朝鮮朝日	西北・南鮮版	1928-12-07	2	03단	故巖本氏の一周年祭に學校へ寄附
162860	朝鮮朝日	西北・南鮮版	1928-12-07	2	03단	京畿道金組聯合會帳尻十一月末現在
162861	朝鮮朝日	西北・南鮮版	1928-12-07	2	04단	局線の收入三百十三萬圓
162862	朝鮮朝日	西北・南鮮版	1928-12-07	2	04단	優良店員表彰式
162863	朝鮮朝日	西北・南鮮版	1928-12-07	2	04단	浮世草
162864	朝鮮朝日	西北版	1928-12-08	1	01단	落穗集(七十九)/下村海南
162865	朝鮮朝日	西北版	1928-12-08	1	01단	旱水害の免稅で地方廳が大困憊/さなきだに財政難の折とて新規事業は一切法度
162866	朝鮮朝日	西北版	1928-12-08	1	01단	淸津府廳の火事(四日午前二時撮影)
162867	朝鮮朝日	西北版	1928-12-08	1	01단	憂色に閉された貞洞の外人街/英國皇帝陛下の御不例でクリスマスを前の痲しさ
162868	朝鮮朝日	西北版	1928-12-08	1	03단	粟の模範田が六割の大增收/今後は粟を中心に田作物の增收を圖る
162869	朝鮮朝日	西北版	1928-12-08	1	03단	年に三百萬圓の增收が出來る昭和水利の創立總會/蒙利面積は二萬五千町步
162870	朝鮮朝日	西北版	1928-12-08	1	04단	宮中御饗宴に有賀氏參列
162871	朝鮮朝日	西北版	1928-12-08	1	04단	黃海の豫算前年と同額
162872	朝鮮朝日	西北版	1928-12-08	1	04단	汝矣島飛行場總ての設備三月に竣工か
162873	朝鮮朝日	西北版	1928-12-08	1	04단	漢銀の整理順調に進む
162874	朝鮮朝日	西北版	1928-12-08	1	04단	定州永昌校維持財團認可
162875	朝鮮朝日	西北版	1928-12-08	1	05단	地方馬調查平壤で擧行
162876	朝鮮朝日	西北版	1928-12-08	1	05단	陣容を固めたがさっぱり閑散で手持無沙汰の鮮航會/裏面での競爭激甚か
162877	朝鮮朝日	西北版	1928-12-08	1	05단	線路の震動試驗三線に互り調查す/列車運轉上重要な資料
162878	朝鮮朝日	西北版	1928-12-08	1	05단	大觀兵式に參列の部隊それぞれ歸還/二十師團の部隊も歸る
162879	朝鮮朝日	西北版	1928-12-08	1	05단	俳句/鈴木花蓑選
162880	朝鮮朝日	西北版	1928-12-08	1	05단	新義州府稅徵收が好成績

일련번호	판명		간행일	면	단수	기사명
162881	朝鮮朝日	西北版	1928-12-08	1	06단	航空輸送會社營業許可の指令を發す
162882	朝鮮朝日	西北版	1928-12-08	1	06단	御大禮跡拜觀女教員一行釜山で解散
162883	朝鮮朝日	西北版	1928-12-08	1	06단	いたいけな手を合せ霜の朝に祈る師の病癒えかしと可憐な兒童たちの眞心
162884	朝鮮朝日	西北版	1928-12-08	1	06단	熊谷巡査部長殉職碑移建追悼會を開く
162885	朝鮮朝日	西北版	1928-12-08	1	07단	長崎朝鮮間運賃の引下他日を期す
162886	朝鮮朝日	西北版	1928-12-08	1	07단	子供の國京城に設置
162887	朝鮮朝日	西北版	1928-12-08	1	07단	李成桂の師父無畫禪師の墓趾を發見
162888	朝鮮朝日	西北版	1928-12-08	1	07단	種痘五十年記念會擧行
162889	朝鮮朝日	西北版	1928-12-08	1	07단	日本海の海戰を永久に偲ぶべき鎭海の大記念塔建立十日起工式を擧ぐ
162890	朝鮮朝日	西北版	1928-12-08	1	08단	年末贈答の小包が增加/郵便車增結
162891	朝鮮朝日	西北版	1928-12-08	1	08단	上は大學から下は小學校まで卒業生の賣込が殺到/鐵道局の就職者採用
162892	朝鮮朝日	西北版	1928-12-08	1	08단	支那の日貨排斥松の實に影響/南支からの注文がなく價額が昨年よりド力落
162893	朝鮮朝日	西北版	1928-12-08	1	08단	內鮮滿連路貸切貨車を近く實施
162894	朝鮮朝日	西北版	1928-12-08	1	09단	牡丹台野話
162895	朝鮮朝日	西北版	1928-12-08	1	09단	渡船交通を鴨江が禁止
162896	朝鮮朝日	西北版	1928-12-08	1	09단	歲末同情品募集の計劃
162897	朝鮮朝日	西北版	1928-12-08	1	10단	平北の「龜の尾」出廻が旺勢/內地で大持て
162898	朝鮮朝日	西北版	1928-12-08	1	10단	火藥銃器を嚴重に取締/狩獵期間中
162899	朝鮮朝日	西北版	1928-12-08	1	10단	歲末大賣出安東の景氣
162900	朝鮮朝日	西北版	1928-12-08	1	10단	金銀細工職工が罷業/賃銀値上で
162901	朝鮮朝日	西北版	1928-12-08	1	10단	蜂の巢のやう小刀で傷く居直り強盜
162902	朝鮮朝日	南鮮版	1928-12-08	1	10단	人(櫻井源之助少將(鎭海要塞司令官)/恩田銅吉氏(朝郵社長)/吉田仁川商議會頭/關水慶南內務部長/東仁松氏(間島領事))
162903	朝鮮朝日	南鮮版	1928-12-08	1	01단	落穗集(七十九)/下村海南
162904	朝鮮朝日	南鮮版	1928-12-08	1	01단	旱水害の免稅で地方廳が大困憊/さなきだに財政難の折とて新規事業は一切法度
162905	朝鮮朝日	南鮮版	1928-12-08	1	01단	淸津府廳の火事(四日午前二時撮影)
162906	朝鮮朝日	南鮮版	1928-12-08	1	01단	憂色に閉された貞洞の外人街/英國皇帝陛下の御不例でクリスマスを前の痲しさ
162907	朝鮮朝日	南鮮版	1928-12-08	1	03단	粟の模範田が六割の大增收/今後は粟を中心に田作物の增收を圖る
162908	朝鮮朝日	南鮮版	1928-12-08	1	03단	年に三百萬圓の增收が出來る昭和水利の創立總會/蒙利面積は二萬五千町步
162909	朝鮮朝日	南鮮版	1928-12-08	1	04단	宮中御饗宴に有賀氏參列

일련번호	판명		간행일	면	단수	기사명
162910	朝鮮朝日	南鮮版	1928-12-08	1	04단	汝矣島飛行場總ての設備三月に竣工か
162911	朝鮮朝日	南鮮版	1928-12-08	1	04단	漢銀の整理順調に進む
162912	朝鮮朝日	南鮮版	1928-12-08	1	04단	飛行大會咸陽で擧行
162913	朝鮮朝日	南鮮版	1928-12-08	1	04단	陳列館地鎮祭
162914	朝鮮朝日	南鮮版	1928-12-08	1	05단	丹陽盈德間道路の改修入札が終る
162915	朝鮮朝日	南鮮版	1928-12-08	1	05단	全北出浦の干瀉地開拓近く實現か
162916	朝鮮朝日	南鮮版	1928-12-08	1	05단	陣容を固めたがさっぱり閑散で手持無沙汰の鮮航會/裏面での競爭激甚か
162917	朝鮮朝日	南鮮版	1928-12-08	1	05단	線路の震動試驗三線に亘り調査す/列車運轉上重要な資料
162918	朝鮮朝日	南鮮版	1928-12-08	1	05단	大觀兵式に參列の部隊それぞれ歸還/二十師團の部隊も歸る
162919	朝鮮朝日	南鮮版	1928-12-08	1	05단	俳句/鈴木花蓑選
162920	朝鮮朝日	南鮮版	1928-12-08	1	06단	旱害の餘波が漸く深刻となり雪崩をうって窮民が農村を離れ大邱へ集まる
162921	朝鮮朝日	南鮮版	1928-12-08	1	06단	航空輸送會社營業許可の指令を發す
162922	朝鮮朝日	南鮮版	1928-12-08	1	06단	いたいけな手を合せ霜の朝に祈る師の病癒えかしと可憐な兒童たちの眞心
162923	朝鮮朝日	南鮮版	1928-12-08	1	06단	子供の國京城に設置
162924	朝鮮朝日	南鮮版	1928-12-08	1	07단	御大禮跡拜觀女教員一行釜山で解散
162925	朝鮮朝日	南鮮版	1928-12-08	1	07단	李成桂の師父無畫禪師の基趾を發見
162926	朝鮮朝日	南鮮版	1928-12-08	1	07단	日本海の海戰を永久に偲ぶべき鎭海の大記念塔建立十日起工式を擧ぐ
162927	朝鮮朝日	南鮮版	1928-12-08	1	08단	長崎朝鮮間運賃の引下他日を期す
162928	朝鮮朝日	南鮮版	1928-12-08	1	08단	種痘五十年記念會擧行
162929	朝鮮朝日	南鮮版	1928-12-08	1	08단	上は大學から下は小學校まで卒業生の賣込が殺到/鐵道局の就職者採用
162930	朝鮮朝日	南鮮版	1928-12-08	1	08단	支那の日貨排斥松の實に影響/南支からの注文がなく價額が昨年よりド力落
162931	朝鮮朝日	南鮮版	1928-12-08	1	08단	內鮮滿連路貸切貨車を近く實施
162932	朝鮮朝日	南鮮版	1928-12-08	1	09단	旱害退學生の續出を憂ひ夜學校開設
162933	朝鮮朝日	南鮮版	1928-12-08	1	09단	二十四萬圓の歲入が減少/慶北の豫算
162934	朝鮮朝日	南鮮版	1928-12-08	1	09단	雲巖水電の計劃が進捗/明春に認可か
162935	朝鮮朝日	南鮮版	1928-12-08	1	10단	歲末同情品募集の計劃
162936	朝鮮朝日	南鮮版	1928-12-08	1	10단	年末贈答の小包が增加/郵便車增結
162937	朝鮮朝日	南鮮版	1928-12-08	1	10단	商工課分室が警察と協力不正商を取締
162938	朝鮮朝日	南鮮版	1928-12-08	1	10단	家禽コレラ東萊に流行
162939	朝鮮朝日	南鮮版	1928-12-08	1	10단	火藥銃器を嚴重に取締/狩獵期間中
162940	朝鮮朝日	南鮮版	1928-12-08	1	10단	人(櫻井源之助少將(鎭海要塞司令官)/恩

일련번호	판명		간행일	면	단수	기사명
162940	朝鮮朝日	南鮮版	1928-12-08	1	10단	田銅吉氏(朝郵社長)/吉田仁川商議會頭/關水慶南內務部長/東仁松氏(間島領事))
162941	朝鮮朝日	西北・南鮮版	1928-12-08	2	01단	波の音/釜山靑い鳥
162942	朝鮮朝日	西北・南鮮版	1928-12-08	2	01단	百萬圓を突破/莞島の海苔養殖
162943	朝鮮朝日	西北・南鮮版	1928-12-08	2	01단	三等寢台車利用のお客相當にある
162944	朝鮮朝日	西北・南鮮版	1928-12-08	2	01단	京城學組費本年より縮小
162945	朝鮮朝日	西北・南鮮版	1928-12-08	2	02단	全北新泰仁に殖銀支店の設置を要望
162946	朝鮮朝日	西北・南鮮版	1928-12-08	2	03단	寒氣が增し間島の雜穀近く出廻るか
162947	朝鮮朝日	西北・南鮮版	1928-12-08	2	03단	紬や亢羅の業務を扱ふ順川の産組
162948	朝鮮朝日	西北・南鮮版	1928-12-08	2	03단	濡れが多い滿洲の大豆
162949	朝鮮朝日	西北・南鮮版	1928-12-08	2	04단	全鮮會社數京城商議調査
162950	朝鮮朝日	西北・南鮮版	1928-12-08	2	04단	浮世草
162951	朝鮮朝日	西北版	1928-12-09	1	01단	落穗集(八十)/下村海南
162952	朝鮮朝日	西北版	1928-12-09	1	01단	小作爭議に懲りた內地の地主たちが朝鮮の土地改良に着目し經營を目論む者がある
162953	朝鮮朝日	西北版	1928-12-09	1	01단	國民生活の實際に適應せる教育は總督府の諮問に對し實業學校長會から答申
162954	朝鮮朝日	西北版	1928-12-09	1	02단	清津商議員當選者決定
162955	朝鮮朝日	西北版	1928-12-09	1	02단	アンテナ塔物語(上)/誕生日を迎へて獨りであんよもまだ出來かねる京城放送局の嘆き
162956	朝鮮朝日	西北版	1928-12-09	1	03단	紺綬褒章傳達式
162957	朝鮮朝日	西北版	1928-12-09	1	03단	安東圖書館圖書費を增加
162958	朝鮮朝日	西北版	1928-12-09	1	03단	寧邊農校校舍の新築地方民が陳情
162959	朝鮮朝日	西北版	1928-12-09	1	04단	この不景氣の救濟は如何京城商議協議
162960	朝鮮朝日	西北版	1928-12-09	1	04단	短歌/橋田東聲選
162961	朝鮮朝日	西北版	1928-12-09	1	04단	昭和水利の最初の資金東拓から借入
162962	朝鮮朝日	西北版	1928-12-09	1	04단	箆棒に氣位が高く總督府も手こずる/城大新卒業生の賣込一番景氣のよいのは醫專出身
162963	朝鮮朝日	西北版	1928-12-09	1	05단	辭令(六日付)
162964	朝鮮朝日	西北版	1928-12-09	1	05단	勞銀の高下で容易に動かぬ支那勞働者の激增/仁川朝鮮人勞働者の大脅威
162965	朝鮮朝日	西北版	1928-12-09	1	06단	牡丹台野話
162966	朝鮮朝日	西北版	1928-12-09	1	06단	火事の卵は矢っぱり溫突/京城內の火災
162966	朝鮮朝日	西北版	1928-12-09	1	06단	數は年內に三百件を突破か
162967	朝鮮朝日	西北版	1928-12-09	1	07단	箕林里驛敷地の埋立工費四十萬圓
162968	朝鮮朝日	西北版	1928-12-09	1	07단	新義州の年賀郵便は二十三萬餘通
162969	朝鮮朝日	西北版	1928-12-09	1	07단	パルプ原料の副産物から木精を製造

일련번호	판명		간행일	면	단수	기사명
162970	朝鮮朝日	西北版	1928-12-09	1	08단	行政官廳の非違は訴へるに途なし內鮮辯護士が連署し行政訴願法その他を請願
162971	朝鮮朝日	西北版	1928-12-09	1	08단	健康者の三割五分は恐るべき保菌者/鮮內の傳染病はこれ等の跳梁に任せた
162972	朝鮮朝日	西北版	1928-12-09	1	09단	當時の赤ちゃんが今では立派な旦那さまや奧さま/四千人を取上げた澤入さん
162973	朝鮮朝日	西北版	1928-12-09	1	09단	安東商事總會
162974	朝鮮朝日	西北版	1928-12-09	1	09단	平壤公設市場二十日に開業
162975	朝鮮朝日	西北版	1928-12-09	1	09단	狐獲りの爆藥製造中に爆發/一名刎ね飛ばされ死亡/一名は血を流して逃走
162976	朝鮮朝日	西北版	1928-12-09	1	10단	消防副組頭表彰
162977	朝鮮朝日	西北版	1928-12-09	1	10단	運轉手試驗成績
162978	朝鮮朝日	西北版	1928-12-09	1	10단	七十歲の老軀を提げ平壤で講演
162979	朝鮮朝日	西北版	1928-12-09	1	10단	スキーの實用化/元山郵便局が電信線の復舊に利用
162980	朝鮮朝日	西北版	1928-12-09	1	10단	昌城の肺疫またも發生
162981	朝鮮朝日	西北版	1928-12-09	1	10단	人(山浦公人氏(平壤憲兵分隊長)/楠僖一氏(新任京城驛長)/吉永武揚氏(鐵道局營業課庶務主任))
162982	朝鮮朝日	南鮮版	1928-12-09	1	01단	落穗集(八十)/下村海南
162983	朝鮮朝日	南鮮版	1928-12-09	1	01단	小作爭議に懲りた內地の地主たちが朝鮮の土地改良に着目し經營を目論む者がある
162984	朝鮮朝日	南鮮版	1928-12-09	1	01단	國民生活の實際に適應せる教育は總督府の諮問に對し實業學校長會から答申
162985	朝鮮朝日	南鮮版	1928-12-09	1	02단	慶南道の公醫衛生係主任の會議
162986	朝鮮朝日	南鮮版	1928-12-09	1	02단	アンテナ塔物語(上)/誕生日を迎へて獨りであんよもまだ出來かねる京城放送局の嘆き
162987	朝鮮朝日	南鮮版	1928-12-09	1	03단	清道楡川の電氣事業は大興に認可
162988	朝鮮朝日	南鮮版	1928-12-09	1	03단	大觀兵式參列の部隊大邱に歸着
162989	朝鮮朝日	南鮮版	1928-12-09	1	04단	慶南道農會玄米の斡旋/高値に賣れる
162990	朝鮮朝日	南鮮版	1928-12-09	1	04단	海苔の走り一圓七十錢
162991	朝鮮朝日	南鮮版	1928-12-09	1	04단	短歌/橋田東聲選
162992	朝鮮朝日	南鮮版	1928-12-09	1	04단	籾摺業者の不正を取締
162993	朝鮮朝日	南鮮版	1928-12-09	1	04단	箟棒に氣位が高く總督府も手こずる/城大新卒業生の賣込一番景氣のよいは醫專出身
162994	朝鮮朝日	南鮮版	1928-12-09	1	05단	辭令(六日付)
162995	朝鮮朝日	南鮮版	1928-12-09	1	05단	勞銀の高下で容易に動かぬ支那勞働者の激增/仁川朝鮮人勞働者の大脅威
162996	朝鮮朝日	南鮮版	1928-12-09	1	06단	灌漑不能の面民三百名大擧して陳情

일련번호	판명		간행일	면	단수	기사명
162997	朝鮮朝日	南鮮版	1928-12-09	1	06단	敍位敍勳祝賀會
162998	朝鮮朝日	南鮮版	1928-12-09	1	07단	行政官廳の非違は訴へるに途なし內鮮辯護士が連署し行政訴願法その他を請願
162999	朝鮮朝日	南鮮版	1928-12-09	1	07단	健康者の三割五分は恐るべき保菌者/鮮內の傳染病はこれ等の跳梁に任せた
163000	朝鮮朝日	南鮮版	1928-12-09	1	07단	火事の卵は矢っぱり溫突/京城內の火災數は年內に三百件を突破か
163001	朝鮮朝日	南鮮版	1928-12-09	1	08단	當時の赤ちゃんが今では立派な旦那さまや奧さま/四千人を取上げた澤入さん
163002	朝鮮朝日	南鮮版	1928-12-09	1	08단	狐獲りの爆藥製造中に爆發/一名刎ね飛ばされ死亡/一名は血を流して逃走
163003	朝鮮朝日	南鮮版	1928-12-09	1	09단	この不景氣の救濟は如何京城商議協議
163004	朝鮮朝日	南鮮版	1928-12-09	1	09단	法專學生が軍隊生活を實地に見學
163005	朝鮮朝日	南鮮版	1928-12-09	1	09단	花代の値上馬山の花柳界
163006	朝鮮朝日	南鮮版	1928-12-09	1	10단	スキーの實用化/元山郵便局が電信線の復舊に利用
163007	朝鮮朝日	南鮮版	1928-12-09	1	10단	日本の人口と匹敵する蠅仁川で捕ふ
163008	朝鮮朝日	南鮮版	1928-12-09	1	10단	釜山での特別警戒はいよいよ終る
163009	朝鮮朝日	南鮮版	1928-12-09	1	10단	中等學生の秘密結社團身柄を送局
163010	朝鮮朝日	南鮮版	1928-12-09	1	10단	人(山浦公人氏(平壤憲兵分隊長)/楠僖一氏(新任京城驛長)/吉永武揚氏(鐵道局營業課庶務主任)/今村殖産局長/安達咸北知事/中村竹藏氏(高等法院檢事長)/兒島高信氏(本府商工課長)/小口肇氏(大邱實業家)/土師盛貞氏(遞信局海事課長)/小野拓氏(專賣局春川出張所長))
163011	朝鮮朝日	西北・南鮮版	1928-12-09	2	01단	樂浪封泥に話(1)/交學博士關野貞
163012	朝鮮朝日	西北・南鮮版	1928-12-09	2	01단	波の音/釜山青い鳥
163013	朝鮮朝日	西北・南鮮版	1928-12-09	2	03단	浮世草
163014	朝鮮朝日	西北・南鮮版	1928-12-09	2	04단	加德島の牡蠣の養殖成育が良好
163015	朝鮮朝日	西北版	1928-12-11	1	01단	李王殿下の御新邸上棟式
163016	朝鮮朝日	西北版	1928-12-11	1	01단	落穗集(八十一)/下村海南
163017	朝鮮朝日	西北版	1928-12-11	1	01단	虐待から救はれた朝鮮米の格付け五十錢がたの引上げ
163018	朝鮮朝日	西北版	1928-12-11	1	04단	平南道の奉祝獻上品謹製を終る
163019	朝鮮朝日	西北版	1928-12-11	1	04단	清津府廳舍に露國領事館買收の噂さ/矢島課長が燒跡を視察
163020	朝鮮朝日	西北版	1928-12-11	1	04단	この私の喜びをお察し願ひます/宮中御饗宴に召された藤井寬太郎氏の感激

일련번호	판명		간행일	면	단수	기사명
163021	朝鮮朝日	西北版	1928-12-11	1	04단	在鮮支那人への暴行の被害二萬五千圓に達す/支那側が賠償を請求
163022	朝鮮朝日	西北版	1928-12-11	1	05단	時事鳥瞰/二ヶ年に一回は必ず傷を蒙る鮮內勞働者の危險/當局に何の施設あるか
163023	朝鮮朝日	西北版	1928-12-11	1	05단	十三萬圓のモヒを一度も發見されず密輸を續けた巧みさ/內地へ引揚げの刹那捕はる
163024	朝鮮朝日	西北版	1928-12-11	1	05단	沙里院法院出張所廳舍が竣工
163025	朝鮮朝日	西北版	1928-12-11	1	06단	大同江改修期成會生る/八日發會式
163026	朝鮮朝日	西北版	1928-12-11	1	06단	淸津羅南間乘合自動車またも競爭
163027	朝鮮朝日	西北版	1928-12-11	1	06단	平壤無煙炭重役の淘汰總督府も肝煎
163028	朝鮮朝日	西北版	1928-12-11	1	07단	滿鮮戰跡視察團
163029	朝鮮朝日	西北版	1928-12-11	1	07단	平北殉職警察官招魂祭
163030	朝鮮朝日	西北版	1928-12-11	1	08단	牡丹台野話
163031	朝鮮朝日	西北版	1928-12-11	1	08단	新義州演武大會
163032	朝鮮朝日	西北版	1928-12-11	1	08단	咸興小學記念式
163033	朝鮮朝日	西北版	1928-12-11	1	09단	鐵道を脅やかす自動車の勃興之が監督權は道廳に屬し鐵道局の手に合はぬ
163034	朝鮮朝日	西北版	1928-12-11	1	09단	制度の上に眠る參與官を甦らす池上總監の新試み/統治改善の意見を聽く
163035	朝鮮朝日	西北版	1928-12-11	1	10단	咸興聯隊の新兵さんが八日に到着
163036	朝鮮朝日	西北版	1928-12-11	1	10단	釜山大阪間電線の故障
163037	朝鮮朝日	西北版	1928-12-11	1	10단	沙里院聯合賣出
163038	朝鮮朝日	西北版	1928-12-11	1	10단	二戶が全燒/西陽の火事
163039	朝鮮朝日	西北版	1928-12-11	1	10단	轢き倒して逃げ出す
163040	朝鮮朝日	南鮮版	1928-12-11	1	10단	人(萩原三郎氏(新任釜山運輸事務所長)/市岡猛氏(新任木浦東拓支店長)/眞鍋十藏男(京城覆審法院長)/水口慶南知事))
163041	朝鮮朝日	南鮮版	1928-12-11	1	01단	李王殿下の御新邸上棟式
163042	朝鮮朝日	南鮮版	1928-12-11	1	01단	落穗集(八十一)/下村海南
163043	朝鮮朝日	南鮮版	1928-12-11	1	01단	虐待から救はれた朝鮮米の格付け五十錢がたの引上げ
163044	朝鮮朝日	南鮮版	1928-12-11	1	04단	平南道の奉祝獻上品謹製を終る
163045	朝鮮朝日	南鮮版	1928-12-11	1	04단	淸津府廳舍に露國領事館買收の噂さ/矢島課長が燒跡を視察
163046	朝鮮朝日	南鮮版	1928-12-11	1	04단	この私の喜びをお察し願ひます/宮中御饗宴に召された藤井寬太郎氏の感激
163047	朝鮮朝日	南鮮版	1928-12-11	1	04단	在鮮支那人への暴行の被害二萬五千圓に達す/支那側が賠償を請求

일련번호	판명		간행일	면	단수	기사명
163048	朝鮮朝日	南鮮版	1928-12-11	1	05단	時事鳥瞰/二ケ年に一回は必ず傷を蒙る鮮內勞働者の危險/當局に何の施設あるか
163049	朝鮮朝日	南鮮版	1928-12-11	1	05단	十三萬圓のモヒを一度も發見されず密輸を續けた巧みさ/內地へ引揚げの刹那捕はる
163050	朝鮮朝日	南鮮版	1928-12-11	1	05단	木浦小學校講堂の新築工事が進捗
163051	朝鮮朝日	南鮮版	1928-12-11	1	06단	大同江改修期成會生る/八日發會式
163052	朝鮮朝日	南鮮版	1928-12-11	1	06단	淸津羅南間乘合自動車またも競爭
163053	朝鮮朝日	南鮮版	1928-12-11	1	06단	平壤無煙炭重役の淘汰總督府も肝煎
163054	朝鮮朝日	南鮮版	1928-12-11	1	07단	祭祀料傳達式
163055	朝鮮朝日	南鮮版	1928-12-11	1	07단	洛東江に琵琶湖の鯉試みに放養
163056	朝鮮朝日	南鮮版	1928-12-11	1	07단	大池、狹間の兩氏が株の低落を恐れ緩和手段を講じ自然交涉が長びく
163057	朝鮮朝日	南鮮版	1928-12-11	1	08단	面行政に功績大なる兩氏の表彰碑
163058	朝鮮朝日	南鮮版	1928-12-11	1	08단	全北武德館落成式擧行
163059	朝鮮朝日	南鮮版	1928-12-11	1	08단	淸道楡川へ送電の工事點燈は明年
163060	朝鮮朝日	南鮮版	1928-12-11	1	09단	バーの取締/女給の數を仁川署が制限
163061	朝鮮朝日	南鮮版	1928-12-11	1	09단	鐵道を脅やかす自動車の勃興/之が監督權は道廳に蜀し鐵道局の手に合はぬ
163062	朝鮮朝日	南鮮版	1928-12-11	1	09단	制度の上に眠る參與官を甦らす池上總監の新試み/統治改善の意見を聽く
163063	朝鮮朝日	南鮮版	1928-12-11	1	10단	特列警戒の慰勞宴を開く
163064	朝鮮朝日	南鮮版	1928-12-11	1	10단	釜山大阪間電線の故障
163065	朝鮮朝日	南鮮版	1928-12-11	1	10단	咸興聯隊の新兵さんが八日に到着
163066	朝鮮朝日	南鮮版	1928-12-11	1	10단	轢き倒して逃げ出す
163067	朝鮮朝日	南鮮版	1928-12-11	1	10단	人(萩原三郎氏(新任釜山運輸事務所長)/市岡猛氏(新任木浦東拓支店長)/水口慶南知事)
163068	朝鮮朝日	西北・南鮮版	1928-12-11	2	01단	樂浪封泥に話(2)/文學博士關野貞
163069	朝鮮朝日	西北・南鮮版	1928-12-11	2	01단	朝日歌壇/齋藤茂吉選
163070	朝鮮朝日	西北・南鮮版	1928-12-11	2	02단	全ドイツで大持ての柔術滯歐八年の行脚を終って近く歸朝する會田五段
163071	朝鮮朝日	西北・南鮮版	1928-12-11	2	03단	朝鮮博の宣傳繪葉書年賀に利里
163072	朝鮮朝日	西北・南鮮版	1928-12-11	2	04단	釜山南港埋立の土沙ほゞ解決す
163073	朝鮮朝日	西北・南鮮版	1928-12-11	2	04단	仁川花町の埋立工事は設計を縮小
163074	朝鮮朝日	西北・南鮮版	1928-12-11	2	05단	波の音/釜山靑い鳥
163075	朝鮮朝日	西北・南鮮版	1928-12-11	2	05단	南漢江の上流を利用した水電發電所設立
163075	朝鮮朝日	西北・南鮮版	1928-12-11	2	05단	の競願/金剛山電氣と福澤氏一派
163076	朝鮮朝日	西北・南鮮版	1928-12-11	2	05단	自動車協會八日に總會
163077	朝鮮朝日	西北・南鮮版	1928-12-11	2	05단	安東豆粕の斤量を統一/輸出に便利

일련번호	판명		간행일	면	단수	기사명
163078	朝鮮朝日	西北・南鮮版	1928-12-11	2	05단	籾の販賣を道農會が斡旋
163079	朝鮮朝日	西北・南鮮版	1928-12-11	2	05단	移出米檢査釜山の成績
163080	朝鮮朝日	西北・南鮮版	1928-12-11	2	06단	京畿新米標準査定會仁川で開催
163081	朝鮮朝日	西北・南鮮版	1928-12-11	2	06단	鐵道輸送の米の廻送高八萬五千噸
163082	朝鮮朝日	西北・南鮮版	1928-12-11	2	06단	自動消印機清州局が設備
163083	朝鮮朝日	西北・南鮮版	1928-12-11	2	06단	種牡牛檢査
163084	朝鮮朝日	西北・南鮮版	1928-12-11	2	06단	中部翁功績碑盛大な除幕式
163085	朝鮮朝日	西北・南鮮版	1928-12-11	2	07단	洒間の下物このわた咸南で良成績
163086	朝鮮朝日	西北・南鮮版	1928-12-11	2	07단	平安水利の水路工事入札
163087	朝鮮朝日	西北・南鮮版	1928-12-11	2	07단	豆粕の輸出著しく增加
163088	朝鮮朝日	西北・南鮮版	1928-12-11	2	07단	盈德郡廳落成式
163089	朝鮮朝日	西北・南鮮版	1928-12-11	2	07단	新義州驛發送の木材昨年より增加
163090	朝鮮朝日	西北・南鮮版	1928-12-11	2	07단	醸造組合試驗場
163091	朝鮮朝日	西北・南鮮版	1928-12-11	2	07단	新義州電氣總會
163092	朝鮮朝日	西北版	1928-12-12	1	01단	落穗集(八十二)/下村海南
163093	朝鮮朝日	西北版	1928-12-12	1	01단	取引所令を公布する必要はあるまい/打って變った冷淡な總督府の取引所問題の意向
163094	朝鮮朝日	西北版	1928-12-12	1	01단	いたいけな子供を密賣に使用し美人のあらゆる嬌態で警官の心を惑はさんとすモヒ密輸團の魔手
163095	朝鮮朝日	西北版	1928-12-12	1	02단	安取の豆粕上場話が進捗す
163096	朝鮮朝日	西北版	1928-12-12	1	03단	清津商議の役員が決定/會頭は四元氏
163097	朝鮮朝日	西北版	1928-12-12	1	03단	平壤府が燃料の調査/價格低減計劃
163098	朝鮮朝日	西北版	1928-12-12	1	04단	清津府廳舎新築に決定　工費五萬圓/不可抗力だ　矢島課長語る
163099	朝鮮朝日	西北版	1928-12-12	1	04단	來年一ぱいで行詰まる京電が更に發電所を計劃/麻浦の下流に敷地を物色
163100	朝鮮朝日	西北版	1928-12-12	1	04단	朝鮮の恩給はそちらで支拂へ/たゞさへ財源難の朝鮮ではちと難かしい相談
163101	朝鮮朝日	西北版	1928-12-12	1	05단	お正月に喜ばれる海の幸の謂れ朝鮮にはどれだけ獲れるであらうか
163102	朝鮮朝日	西北版	1928-12-12	1	05단	內地飛行隊が耐寒飛行を國境で擧行
163103	朝鮮朝日	西北版	1928-12-12	1	06단	短歌/橋田東聲選
163104	朝鮮朝日	西北版	1928-12-12	1	06단	朝鮮博のポスター圖案入選決定
163105	朝鮮朝日	西北版	1928-12-12	1	07단	牡丹台野話
163106	朝鮮朝日	西北版	1928-12-12	1	07단	元山清酒の造石手控へ南鮮品が侵入
163107	朝鮮朝日	西北版	1928-12-12	1	08단	朝窒の敷地買收紛擾が惡化す/面民の集會を禁じ當局が妥協調停に奔走す

일련번호	판명		간행일	면	단수	기사명
163108	朝鮮朝日	西北版	1928-12-12	1	08단	お茶のあと
163109	朝鮮朝日	西北版	1928-12-12	1	09단	新年の廻禮陸軍側が廢止
163110	朝鮮朝日	西北版	1928-12-12	1	09단	猩紅熱蔓延全鮮に亙る
163111	朝鮮朝日	西北版	1928-12-12	1	09단	羅南師團に風紀を紊す寫眞を賣込む
163112	朝鮮朝日	西北版	1928-12-12	1	09단	朝鮮人勞働者渡航が激增/警戒が解かれ
163113	朝鮮朝日	西北版	1928-12-12	1	10단	運搬用には立派な軍馬朝鮮の産馬
163114	朝鮮朝日	西北版	1928-12-12	1	10단	平南道のモヒ治療所病院内に併設
163115	朝鮮朝日	西北版	1928-12-12	1	10단	馬賊の頭目安東を逃出す
163116	朝鮮朝日	西北版	1928-12-12	1	10단	檢事長官舍に鼠賊が侵入衣類を盜む
163117	朝鮮朝日	西北版	1928-12-12	1	10단	安東氷滑の行事
163118	朝鮮朝日	西北版	1928-12-12	1	10단	人(山梨總監/池上總監/金谷軍司令官/渡邊第十九師團長/中村孝太郎少將(平壤步兵三十九旅團長)/新見肇氏(遞信事務官))
163119	朝鮮朝日	南鮮版	1928-12-12	1	01단	落穗集(八十二)/下村海南
163120	朝鮮朝日	南鮮版	1928-12-12	1	01단	取引所令を公布する必要はあるまい/打って變った冷淡な總督府の取引所問題の意向
163121	朝鮮朝日	南鮮版	1928-12-12	1	01단	いたいけな子供を密賣に使用し美人のあらゆる嬌態で警官の心を惑はさんとすモヒ密輸團の魔手
163122	朝鮮朝日	南鮮版	1928-12-12	1	02단	安取の豆粕上場話が進捗す
163123	朝鮮朝日	南鮮版	1928-12-12	1	03단	釜山の起債額二百餘萬圓/一人當りが十二三圓餘
163124	朝鮮朝日	南鮮版	1928-12-12	1	03단	幹線道路の橋梁の架替明年から着手
163125	朝鮮朝日	南鮮版	1928-12-12	1	04단	二萬人に醫者が一人/慶北の割合
163126	朝鮮朝日	南鮮版	1928-12-12	1	04단	新年の廻禮陸軍側が廢止
163127	朝鮮朝日	南鮮版	1928-12-12	1	04단	來年一ぱいで行詰まる京電が更に發電所を計劃麻浦の下流に敷地を物色
163128	朝鮮朝日	南鮮版	1928-12-12	1	04단	朝鮮の恩給はそちらで支拂へ/たゞさへ財源難の朝鮮ではちと難かしい相談
163129	朝鮮朝日	南鮮版	1928-12-12	1	05단	お正月に喜ばれる海の幸の謂れ朝鮮にはどれだけ獲れるであらうか
163130	朝鮮朝日	南鮮版	1928-12-12	1	05단	內地飛行隊が耐寒飛行を國境で擧行
163131	朝鮮朝日	南鮮版	1928-12-12	1	06단	短歌/橋田東聲選
163132	朝鮮朝日	南鮮版	1928-12-12	1	06단	朝鮮博のポスター圖案入選決定
163133	朝鮮朝日	南鮮版	1928-12-12	1	07단	會社側が軟化し三百萬圓の値下/それでも値開きがなほ百五十萬圓程度
163134	朝鮮朝日	南鮮版	1928-12-12	1	07단	旱害民救濟募集義捐金一萬圓に達す
163135	朝鮮朝日	南鮮版	1928-12-12	1	08단	朝室の敷地買收紛擾が惡化す/面民の集

일련번호	판명		간행일	면	단수	기사명
163135	朝鮮朝日	南鮮版	1928-12-12	1	08단	會を禁じ當局が妥協調停に奔走す
163136	朝鮮朝日	南鮮版	1928-12-12	1	08단	お茶のあと
163137	朝鮮朝日	南鮮版	1928-12-12	1	09단	大邱土木事件保釋を嘆願/妻や知己が
163138	朝鮮朝日	南鮮版	1928-12-12	1	09단	爆藥が紛失犯人は不明
163139	朝鮮朝日	南鮮版	1928-12-12	1	09단	二十六名の生徒を收容/秘密結社事件
163140	朝鮮朝日	南鮮版	1928-12-12	1	09단	御尊影を景品に贈る賣藥者捕はる
163141	朝鮮朝日	南鮮版	1928-12-12	1	10단	棟木が落ち人夫が慘死
163142	朝鮮朝日	南鮮版	1928-12-12	1	10단	アイスホッケー城大が新設
163143	朝鮮朝日	南鮮版	1928-12-12	1	10단	朝鮮人勞働者渡航が激增/警戒が解かれ
163144	朝鮮朝日	南鮮版	1928-12-12	1	10단	猩紅熱蔓延全鮮に互る
163145	朝鮮朝日	南鮮版	1928-12-12	1	10단	印刷業組合の秘密結社が遂に暴露す
163146	朝鮮朝日	南鮮版	1928-12-12	1	10단	人(山梨總監/池上總監/金谷軍司令官/渡邊第十九師團長/中村孝太郎少將(平壤步兵三十九旅團長)/新見肇氏(遞信事務官)/河野竹之助氏(仁川實業家)/岡本保誠氏(仁川商議書記長))
163147	朝鮮朝日	西北・南鮮版	1928-12-12	2	01단	樂浪封泥に話(３)/工學博士關野貞
163148	朝鮮朝日	西北・南鮮版	1928-12-12	2	02단	波の音/釜山靑い鳥
163149	朝鮮朝日	西北・南鮮版	1928-12-12	2	03단	浮世草
163150	朝鮮朝日	西北・南鮮版	1928-12-12	2	04단	朝鮮大豆の內地移出高
163151	朝鮮朝日	西北・南鮮版	1928-12-12	2	04단	全鮮手形交換高
163152	朝鮮朝日	西北版	1928-12-13	1	01단	落穗集(八十三)/下村海南
163153	朝鮮朝日	西北版	1928-12-13	1	01단	國境守備隊のため明年に軍醫を增員/大觀兵式に感激し金谷司令官感想を述ぶ
163154	朝鮮朝日	西北版	1928-12-13	1	04단	平南道の面の廢合調査を終る
163155	朝鮮朝日	西北版	1928-12-13	1	04단	木關稅免除運動高潮議會切迫で
163156	朝鮮朝日	西北版	1928-12-13	1	04단	動作の訓練は未敎育者が良い靑訓出は却って迷惑/精神訓練が何より必要
163157	朝鮮朝日	西北版	1928-12-13	1	04단	內鮮の定期飛行十日附で許可さる 機體は獨逸の最新式/鮮內經過地五ヶ所に決定
163158	朝鮮朝日	西北版	1928-12-13	1	05단	滿洲靑年聯盟安東の發會式
163159	朝鮮朝日	西北版	1928-12-13	1	05단	滿鐵沿線に短波無線所四ヶ所に設置
163160	朝鮮朝日	西北版	1928-12-13	1	06단	職工側が工場を新設/雇主と對抗
163161	朝鮮朝日	西北版	1928-12-13	1	06단	沙里院の實業協會が活躍を期す
163162	朝鮮朝日	西北版	1928-12-13	1	06단	どんな悲しみ苦しみにも耐へ忍んで行くべき者/それは果して誰でせうか歎異鈔を鮮譯し囚人に分つ
163163	朝鮮朝日	西北版	1928-12-13	1	07단	鐵道の枕木新義州が完納
163164	朝鮮朝日	西北版	1928-12-13	1	07단	民謠/北原白秋選

일련번호	판명		간행일	면	단수	기사명
163165	朝鮮朝日	西北版	1928-12-13	1	07단	體育の聖りヤーン氏の百五十年京城で運動會
163166	朝鮮朝日	西北版	1928-12-13	1	07단	チャップリン京城を見物但し明年の春
163167	朝鮮朝日	西北版	1928-12-13	1	07단	野菜耕作者組合
163168	朝鮮朝日	西北版	1928-12-13	1	07단	『猛火と戰ふ』防火宣傳の映畫を公開
163169	朝鮮朝日	西北版	1928-12-13	1	08단	新義州靑訓所僅に生徒が三名に過ぎぬ
163170	朝鮮朝日	西北版	1928-12-13	1	08단	鮮銀支店長を恐喝した二朝鮮人護送
163171	朝鮮朝日	西北版	1928-12-13	1	08단	鴨綠江の上流で氷上飛行も決行/各務ヶ原機の耐寒飛行/兩大尉が地理を踏査
163172	朝鮮朝日	西北版	1928-12-13	1	08단	列車が正面衝突/機關手一名が重傷/原因はブレーキの故障
163173	朝鮮朝日	西北版	1928-12-13	1	08단	お茶のあと
163174	朝鮮朝日	西北版	1928-12-13	1	08단	遊廓の火事損害五千圓
163175	朝鮮朝日	西北版	1928-12-13	1	08단	凍り豆腐の工場が火事
163176	朝鮮朝日	西北版	1928-12-13	1	09단	牡丹台野話
163177	朝鮮朝日	西北版	1928-12-13	1	09단	運動界(全日本氷上朝鮮豫選大會/江界署快勝す/新義州武道大會)
163178	朝鮮朝日	西北版	1928-12-13	1	10단	人(谷多喜磨氏(平安北道知事)/吉川藤平氏(新義州驛長)/渡邊壽中將(第十九師團長)/阿部千一氏(咸北警察部長)/深澤平壤兵器製造所長/吉田電興新專務)
163179	朝鮮朝日	西北版	1928-12-13	1	10단	半島茶話
163180	朝鮮朝日	南鮮版	1928-12-13	1	01단	落穗集(八十三)/下村海南
163181	朝鮮朝日	南鮮版	1928-12-13	1	01단	國境守備隊のため明年に軍醫を増員/大觀兵式に感激し金谷司令官感想を述ぶ
163182	朝鮮朝日	南鮮版	1928-12-13	1	04단	チャップリン京城を見物但し明年の春
163183	朝鮮朝日	南鮮版	1928-12-13	1	04단	京電並みの値下は或は困難だらう 一割二三分の程度引下か新貝事務官は語る/瓦電株のガタ落七十圓台を割るか
163184	朝鮮朝日	南鮮版	1928-12-13	1	04단	內鮮の定期飛行十日附で許可さる 機體は獨逸の最新式/鮮內經過地五ヶ所に決定
163185	朝鮮朝日	南鮮版	1928-12-13	1	05단	お茶のあと
163186	朝鮮朝日	南鮮版	1928-12-13	1	05단	體育の聖りヤーン氏の百五十年京城で運動會
163187	朝鮮朝日	南鮮版	1928-12-13	1	05단	どんな悲しみ苦しみにも耐へ忍んで行くべき者/それは果して誰でせうか歎異鈔を鮮譯し囚人に分つ
163188	朝鮮朝日	南鮮版	1928-12-13	1	06단	寫眞(大邱朝鮮人中等學生の秘密結社赤誠團の一味二十六名が頼慶館より大邱刑務所に護送されるところ)

일련번호	판명		간행일	면	단수	기사명
163189	朝鮮朝日	南鮮版	1928-12-13	1	06단	裡里小學校講堂建築費殖銀から借入
163190	朝鮮朝日	南鮮版	1928-12-13	1	06단	大邱醫院の跡地を公賣安くは放さぬ
163191	朝鮮朝日	南鮮版	1928-12-13	1	06단	慶南の海苔大阪に移出
163192	朝鮮朝日	南鮮版	1928-12-13	1	06단	錨に切られ釜山牧島間海底線不通
163193	朝鮮朝日	南鮮版	1928-12-13	1	06단	特別警戒慰勞金
163194	朝鮮朝日	南鮮版	1928-12-13	1	07단	馬山靑訓査閲式
163195	朝鮮朝日	南鮮版	1928-12-13	1	07단	鴨綠江の上流で氷上飛行も決行/各務ヶ原機の耐寒飛行/兩大尉が地理を踏査
163196	朝鮮朝日	南鮮版	1928-12-13	1	07단	動作の訓練は未敎育者が良い靑訓出は却って迷惑/精神訓練が何より必要
163197	朝鮮朝日	南鮮版	1928-12-13	1	07단	鮮銀支店長を恐喝した二朝鮮人護送
163198	朝鮮朝日	南鮮版	1928-12-13	1	08단	朝鮮酒の集約釀造を慶北が奬勵
163199	朝鮮朝日	南鮮版	1928-12-13	1	08단	民謠/北原白秋選
163200	朝鮮朝日	南鮮版	1928-12-13	1	08단	群山商議評議員
163201	朝鮮朝日	南鮮版	1928-12-13	1	08단	新義州靑訓所僅に生徒が三名に過ぎぬ
163202	朝鮮朝日	南鮮版	1928-12-13	1	08단	猩紅熱猖獗京城の豫防
163203	朝鮮朝日	南鮮版	1928-12-13	1	09단	郡守の息子强盜を働く
163204	朝鮮朝日	南鮮版	1928-12-13	1	09단	列車が正面衝突/機關手一名が重傷/原因はブレーキの故障
163205	朝鮮朝日	南鮮版	1928-12-13	1	09단	患者を殺す無免許醫者
163206	朝鮮朝日	南鮮版	1928-12-13	1	09단	運動界(全日本氷上朝鮮豫選大會/全北武道大會/全福岡劍道團京城に來襲す)
163207	朝鮮朝日	南鮮版	1928-12-13	1	10단	刑事を錐で無茶に刺す
163208	朝鮮朝日	南鮮版	1928-12-13	1	10단	大田市內の井戸が惡い水道が必要
163209	朝鮮朝日	南鮮版	1928-12-13	1	10단	人(渡邊壽中將(第十九師團長)/阿部千一氏(咸北警察部長)/吉田電興新專務/上原平太郎中將(第二十師團長)/西川虎吉氏(九大敎授))
163210	朝鮮朝日	南鮮版	1928-12-13	1	10단	半島茶話
163211	朝鮮朝日	西北・南鮮版	1928-12-13	2	01단	樂浪封泥に話(4)/工學博士關野貞
163212	朝鮮朝日	西北・南鮮版	1928-12-13	2	01단	波の音/釜山靑い鳥
163213	朝鮮朝日	西北・南鮮版	1928-12-13	2	02단	餘興費だけでも六萬圓を投出す豪勢な朝鮮博の協贊會/總豫算が七十萬圓
163214	朝鮮朝日	西北・南鮮版	1928-12-13	2	04단	不景氣の反映不渡が增加/昨年の三倍
163215	朝鮮朝日	西北・南鮮版	1928-12-13	2	04단	驛長の異動
163216	朝鮮朝日	西北・南鮮版	1928-12-13	2	04단	論山の銘酒朝の花入選
163217	朝鮮朝日	西北・南鮮版	1928-12-13	2	04단	おめでた
163218	朝鮮朝日	西北・南鮮版	1928-12-13	2	04단	新刊紹介(『朝鮮■滿洲』/『東亞法政新聞』/『朝鮮の畜産』/『朝鮮公論』)

일련번호	판명		간행일	면	단수	기사명
163219	朝鮮朝日	西北版	1928-12-14	1	01단	落穗集(八十四)/下村海南
163220	朝鮮朝日	西北版	1928-12-14	1	01단	瓦電買收隊に決裂 今後は市民運動で目的の達成に邁進 桑原府尹交渉顚末を發表/府の算定價額は全く合理的だ 然し會社との値開きは値引きの末が二百萬圓
163221	朝鮮朝日	西北版	1928-12-14	1	01단	京城醫專の新病院(上)/たゞで自動車にも乘せて吳れる新しい設備と綺麗な病室おまけに藥價は一番安い
163222	朝鮮朝日	西北版	1928-12-14	1	03단	平壤醫學校本館建築の工事が進捗
163223	朝鮮朝日	西北版	1928-12-14	1	04단	平壤府內軍用地實測區劃を整理
163224	朝鮮朝日	西北版	1928-12-14	1	04단	吉澤鑛業部長軍令部に榮轉
163225	朝鮮朝日	西北版	1928-12-14	1	04단	勅任級の異動は簡單に行くまい/鍵を握る中村氏が十八日歸城の途で語る
163226	朝鮮朝日	西北版	1928-12-14	1	04단	辭令(東京電話)
163227	朝鮮朝日	西北版	1928-12-14	1	04단	穀物檢査官打合せ事項
163228	朝鮮朝日	西北版	1928-12-14	1	05단	爾等のうち罪なき人は打て(上)/妾の唇に悔と愛との唇づけをして下さるかそれとも遺書を殘す若妻の戀
163229	朝鮮朝日	西北版	1928-12-14	1	05단	文廟の維持費に費す五十五萬圓を普通學校費に充當の計劃/鄕校財産收入に着目
163230	朝鮮朝日	西北版	1928-12-14	1	05단	俳句/鈴木花蓑選
163231	朝鮮朝日	西北版	1928-12-14	1	06단	十九師團に入營の壯丁淸津を通過
163232	朝鮮朝日	西北版	1928-12-14	1	06단	藥劑師ならでは開業が出來ぬ/今後の賣藥營業旣得權だけは尊重する
163233	朝鮮朝日	西北版	1928-12-14	1	07단	王正廷氏の官舍に亂入し南京反日會員暴行す/床次氏危難を免かる
163234	朝鮮朝日	西北版	1928-12-14	1	07단	安取の配當三分と決定
163235	朝鮮朝日	西北版	1928-12-14	1	07단	幹部演習を沙里院で擧行
163236	朝鮮朝日	西北版	1928-12-14	1	07단	この上嚴重な取締も出來ず朝鮮勞働者の內地移住に當局ほとほと困惑
163237	朝鮮朝日	西北版	1928-12-14	1	08단	釜山紡績平壤工場設置に決定/所要女工が四百人
163238	朝鮮朝日	西北版	1928-12-14	1	08단	四十錢以下の安いお餅は今年は喰へぬ
163239	朝鮮朝日	西北版	1928-12-14	1	09단	牡丹台野話
163240	朝鮮朝日	西北版	1928-12-14	1	09단	特別警戒手當二萬五千圓平南が配分
163241	朝鮮朝日	西北版	1928-12-14	1	09단	武德會本部設立を機に大武道大會
163242	朝鮮朝日	西北版	1928-12-14	1	09단	新幹會大會禁止される
163243	朝鮮朝日	西北版	1928-12-14	1	09단	他人の籾を羨んで放火
163244	朝鮮朝日	西北版	1928-12-14	1	10단	結氷に入り特別に警戒

일련번호	판명		간행일	면	단수	기사명
163245	朝鮮朝日	西北版	1928-12-14	1	10단	藝者と仲居ストライキ
163246	朝鮮朝日	西北版	1928-12-14	1	10단	馬賊拉去の人質が歸る/現金を提供し
163247	朝鮮朝日	西北版	1928-12-14	1	10단	人(中村寅之助氏(總督府總務課長)/渡邊本府農務課長/眞藤眞太郎氏(目魯漁業權代表)/井尾格氏(平壤憲兵隊副官))
163248	朝鮮朝日	西北版	1928-12-14	1	10단	半島茶話
163249	朝鮮朝日	南鮮版	1928-12-14	1	01단	落穗集(八十四)/下村海南
163250	朝鮮朝日	南鮮版	1928-12-14	1	01단	瓦電買收隊に決裂 今後は市民運動で目的の達成に邁進 桑原府尹交渉顚末を發表/府の算定價額は全く合理的だ 然し會社との値開きは値引きの末が二百萬圓
163251	朝鮮朝日	南鮮版	1928-12-14	1	01단	京城醫專の新病院(上)/たゞで自動車にも乘せて吳れる新しい設備と綺麗な病室おまけに藥價は一番安い
163252	朝鮮朝日	南鮮版	1928-12-14	1	03단	慶北中央線豫定地調査何れに決定か
163253	朝鮮朝日	南鮮版	1928-12-14	1	04단	ボーナスの交付をまつ大邱の商人
163254	朝鮮朝日	南鮮版	1928-12-14	1	04단	勅任級の異動は簡單に行くまい/鍵を握る中村氏が十八日歸城の途で語る
163255	朝鮮朝日	南鮮版	1928-12-14	1	04단	辭令(東京電話)
163256	朝鮮朝日	南鮮版	1928-12-14	1	04단	穀物檢查官打合せ事項
163257	朝鮮朝日	南鮮版	1928-12-14	1	05단	爾等のうち罪なき人は打て(上)/妾の唇に悔と愛との唇づけをして下さるかそれとも遺書を殘す若妻の戀
163258	朝鮮朝日	南鮮版	1928-12-14	1	05단	文廟の維持費に費す五十五萬圓を普通學校費に充當の計劃/鄕校財産收入に着目
163259	朝鮮朝日	南鮮版	1928-12-14	1	05단	俳句/鈴木花蓑選
163260	朝鮮朝日	南鮮版	1928-12-14	1	06단	男を揚げた全南米阪神で好況
163261	朝鮮朝日	南鮮版	1928-12-14	1	06단	藥劑師ならでは開業が出來ぬ/今後の賣藥營業既得權だけな尊重する
163262	朝鮮朝日	南鮮版	1928-12-14	1	07단	王正廷氏の官舍に亂入し南京反日會員暴行す/床次氏危難を免かる
163263	朝鮮朝日	南鮮版	1928-12-14	1	07단	安取の配當三分と決定
163264	朝鮮朝日	南鮮版	1928-12-14	1	07단	河豚の中毒一家が全滅
163265	朝鮮朝日	南鮮版	1928-12-14	1	07단	この上嚴重な取締も出來ず朝鮮勞働者の內地移住に當局ほとほと困惑
163266	朝鮮朝日	南鮮版	1928-12-14	1	08단	四十錢以下の安いお餅は今年は食へぬ
163267	朝鮮朝日	南鮮版	1928-12-14	1	08단	釜山紡績平壤工場設置に決定/所要女工が四百人

일련번호	판명		간행일	면	단수	기사명
163268	朝鮮朝日	南鮮版	1928-12-14	1	09단	泥を飛ばすことまさに十有七尺/釜山自動車の荒れかた/官廳用が特に橫暴
163269	朝鮮朝日	南鮮版	1928-12-14	1	09단	生埋めの嬰兒二十六時間の後に掘出されて不思議に蘇る
163270	朝鮮朝日	南鮮版	1928-12-14	1	09단	東萊面議員連袂辭職す撤回で解決
163271	朝鮮朝日	南鮮版	1928-12-14	1	09단	家禽コレラ流行は訛傳
163272	朝鮮朝日	南鮮版	1928-12-14	1	10단	武德會本部設立を機に大武道大會
163273	朝鮮朝日	南鮮版	1928-12-14	1	10단	新幹會大會禁止される
163274	朝鮮朝日	南鮮版	1928-12-14	1	10단	强盜團二名死刑を宣告
163275	朝鮮朝日	南鮮版	1928-12-14	1	10단	人(中村寅之助氏(總督府總務課長)/渡邊本府農務課長/眞藤眞太郎氏(目魯漁業權代表)/井尾格氏(平壤憲兵隊副官))
163276	朝鮮朝日	南鮮版	1928-12-14	1	10단	半島茶話
163277	朝鮮朝日	西北・南鮮版	1928-12-14	2	01단	波の音/釜山靑い鳥
163278	朝鮮朝日	西北・南鮮版	1928-12-14	2	01단	弗々ながらも優良種が殖える大小麥の作付と收穫
163279	朝鮮朝日	西北・南鮮版	1928-12-14	2	01단	雫の聲
163280	朝鮮朝日	西北・南鮮版	1928-12-14	2	01단	穀物檢査の指定地を陳情
163281	朝鮮朝日	西北・南鮮版	1928-12-14	2	01단	生牛の移出五萬一千頭
163282	朝鮮朝日	西北・南鮮版	1928-12-14	2	02단	全南の棉作六萬斤は確實
163283	朝鮮朝日	西北・南鮮版	1928-12-14	2	02단	養豚を獎勵組合を設け
163284	朝鮮朝日	西北・南鮮版	1928-12-14	2	02단	米資の需要新義州で旺勢
163285	朝鮮朝日	西北・南鮮版	1928-12-14	2	02단	慶南が筆頭全鮮の漁獲高
163286	朝鮮朝日	西北・南鮮版	1928-12-14	2	03단	記錄破りの元山貿易額
163287	朝鮮朝日	西北・南鮮版	1928-12-14	2	03단	天圖鐵道新穀の滯貨一萬八百袋
163288	朝鮮朝日	西北・南鮮版	1928-12-14	2	04단	靑刈大豆の慶南の植付
163289	朝鮮朝日	西北・南鮮版	1928-12-14	2	04단	平北道內獸肉消費量二萬五千頭
163290	朝鮮朝日	西北・南鮮版	1928-12-14	2	04단	全鮮郵貯高
163291	朝鮮朝日	西北・南鮮版	1928-12-14	2	04단	南浦の漁夫寒さを前に靑息吐息
163292	朝鮮朝日	西北・南鮮版	1928-12-14	2	04단	浮世草
163293	朝鮮朝日	西北版	1928-12-15	1	01단	朝鮮博ポスター(一等當選の分)
163294	朝鮮朝日	西北版	1928-12-15	1	01단	落穗集(八十五)/下村海南
163295	朝鮮朝日	西北版	1928-12-15	1	01단	木關問題の交涉順調に進捗か/稅率も或は引上げ
163296	朝鮮朝日	西北版	1928-12-15	1	01단	電氣買收の智惠を貸して吳れと釜山からの密使が松井平壤府尹の意見を聞く
163297	朝鮮朝日	西北版	1928-12-15	1	03단	箕林里驛市街の計劃年內に設計
163298	朝鮮朝日	西北版	1928-12-15	1	03단	土曜漫筆/萬葉集植物考/石本淸四郎
163299	朝鮮朝日	西北版	1928-12-15	1	04단	城津普通校校舍が竣成

일련번호	판명		간행일	면	단수	기사명
163300	朝鮮朝日	西北版	1928-12-15	1	04단	海軍の人(伊知地四郎大佐/吉澤作造少將/久保忠道大佐)
163301	朝鮮朝日	西北版	1928-12-15	1	04단	鐵道警備懇談會
163302	朝鮮朝日	西北版	1928-12-15	1	05단	不二農場の小作爭議は不良の策動
163303	朝鮮朝日	西北版	1928-12-15	1	05단	國境守備隊新兵さん到着
163304	朝鮮朝日	西北版	1928-12-15	1	05단	國粹會本部新義州發會式
163305	朝鮮朝日	西北版	1928-12-15	1	06단	爾等のうち罪なき人は打て(下)/默々と流れる文化の潮流は時に小さな泡を立てゝ去る黎明期に立つ朝鮮婦人の悶え
163306	朝鮮朝日	西北版	1928-12-15	1	06단	外觀は丹塗靑塗內部は文化的の施設を整へられた太妃殿下新御殿
163307	朝鮮朝日	西北版	1928-12-15	1	08단	牡丹台野話
163308	朝鮮朝日	西北版	1928-12-15	1	08단	勅題に因んで東天紅を聞かせ更に鶯の初音を聞かせる京城D局のお正月
163309	朝鮮朝日	西北版	1928-12-15	1	09단	面民六十餘名が面長を袋叩き人事不省に陷らしむ原因は緣故林の縺れ
163310	朝鮮朝日	西北版	1928-12-15	1	10단	兼二浦からの通學列車が時間を變更
163311	朝鮮朝日	西北版	1928-12-15	1	10단	江界選手の歡迎
163312	朝鮮朝日	西北版	1928-12-15	1	10단	短歌/橋田東聲選
163313	朝鮮朝日	西北版	1928-12-15	1	10단	大理石公司安東に設立
163314	朝鮮朝日	西北版	1928-12-15	1	10단	會(恩賞拜受感謝宴)
163315	朝鮮朝日	西北版	1928-12-15	1	10단	人(田邊多聞氏(平鐵營業主任)/靑木戒三氏(平南知事)/金谷司令官/石川淸人軍醫監(朝鮮軍々醫部長)/吉澤作造少將(前平壤海軍鑛業部長))
163316	朝鮮朝日	西北版	1928-12-15	1	10단	半島茶話
163317	朝鮮朝日	南鮮版	1928-12-15	1	01단	朝鮮博ポスター(一等當選の分)
163318	朝鮮朝日	南鮮版	1928-12-15	1	01단	落穗集(八十五)/下村海南
163319	朝鮮朝日	南鮮版	1928-12-15	1	01단	木關問題の交涉順調に進捗か/稅率も或は引上げ
163320	朝鮮朝日	南鮮版	1928-12-15	1	01단	電氣買收の智惠を貸して吳れと釜山からの密使が松井平壤府尹の意見を聞く
163321	朝鮮朝日	南鮮版	1928-12-15	1	03단	肥料低資の融通希望額八十餘萬圓
163322	朝鮮朝日	南鮮版	1928-12-15	1	03단	土曜漫筆/萬葉集植物考/石本淸四郎
163323	朝鮮朝日	南鮮版	1928-12-15	1	04단	馬山の模範茶園
163324	朝鮮朝日	南鮮版	1928-12-15	1	04단	十七驅逐隊吳に引揚げ
163325	朝鮮朝日	南鮮版	1928-12-15	1	04단	仁川靑訓所査閱
163326	朝鮮朝日	南鮮版	1928-12-15	1	04단	海軍の人(伊知地四郎大佐/吉澤作造少將/久保忠道大佐)

일련번호	판명		간행일	면	단수	기사명
163327	朝鮮朝日	南鮮版	1928-12-15	1	05단	不二農場の小作爭議は不良の策動
163328	朝鮮朝日	南鮮版	1928-12-15	1	05단	國境守備隊新兵さん到着
163329	朝鮮朝日	南鮮版	1928-12-15	1	05단	水に關する迷信の調査/綿引教授が
163330	朝鮮朝日	南鮮版	1928-12-15	1	05단	悠紀丸坐礁群山港外で
163331	朝鮮朝日	南鮮版	1928-12-15	1	06단	爾等のうち罪なき人は打て(下)/默々と流れる文化の潮流は時に小さな泡を立てゝ去る黎明期に立つ朝鮮婦人の悶え
163332	朝鮮朝日	南鮮版	1928-12-15	1	06단	外觀は丹塗靑塗內部は文化的の施設を整へられた太妃殿下新御殿
163333	朝鮮朝日	南鮮版	1928-12-15	1	08단	勅題に因んで東天紅を聞かせ更に鶯の初音を聞かせる京城D局のお正月
163334	朝鮮朝日	南鮮版	1928-12-15	1	08단	短歌/橋田東聲選
163335	朝鮮朝日	南鮮版	1928-12-15	1	09단	老船の末路うたゝ哀れ
163336	朝鮮朝日	南鮮版	1928-12-15	1	09단	馬車に轢れ老婆が慘死
163337	朝鮮朝日	南鮮版	1928-12-15	1	09단	面民六十餘名が面長を袋叩き人事不省に陷らしむ/原因は緣故林の縺れ
163338	朝鮮朝日	南鮮版	1928-12-15	1	10단	三百八十萬の年賀郵便を千二百名で整理をなす
163339	朝鮮朝日	南鮮版	1928-12-15	1	10단	山火事で消防自動車正面衝突す
163340	朝鮮朝日	南鮮版	1928-12-15	1	10단	人(田邊多聞氏(平鐵營業主任)/靑木戒三氏(平南知事)/金谷司令官/石川清人軍醫監(朝鮮軍々醫部長)/吉澤作造少將(前平壤海軍鑛業部長)/石全南知事/松卜芳三郎氏(全南警察部長))
163341	朝鮮朝日	南鮮版	1928-12-15	1	10단	半島茶話
163342	朝鮮朝日	西北・南鮮版	1928-12-15	2	01단	波の音/釜山靑い鳥
163343	朝鮮朝日	西北・南鮮版	1928-12-15	2	01단	旱水害だとて米豆の檢查に手心してはならぬ/赤米混入は一層取締れ
163344	朝鮮朝日	西北・南鮮版	1928-12-15	2	01단	西鮮の薪材を一手で供給する黃海長淵の國有林/いよいよ拂下げに決定
163345	朝鮮朝日	西北・南鮮版	1928-12-15	2	01단	雫の聲
163346	朝鮮朝日	西北・南鮮版	1928-12-15	2	02단	明太魚の禁漁區域を侵す不正漁者
163347	朝鮮朝日	西北・南鮮版	1928-12-15	2	02단	鎭海養魚池琵琶湖の鯉移殖は成功
163348	朝鮮朝日	西北・南鮮版	1928-12-15	2	02단	馬山の鱈漁季節に入る
163349	朝鮮朝日	西北・南鮮版	1928-12-15	2	03단	順川産組創立
163350	朝鮮朝日	西北・南鮮版	1928-12-15	2	03단	慶北の棉花弗々出廻る
163351	朝鮮朝日	西北・南鮮版	1928-12-15	2	03단	棉の豐況で忠北が蘇る
163352	朝鮮朝日	西北・南鮮版	1928-12-15	2	04단	十一月木浦貿易
163353	朝鮮朝日	西北・南鮮版	1928-12-15	2	04단	全南工業鑛産額

일련번호	판명		간행일	면	단수	기사명
163354	朝鮮朝日	西北・南鮮版	1928-12-15	2	04단	黃海穀物檢查高
163355	朝鮮朝日	西北・南鮮版	1928-12-15	2	04단	浮世草
163356	朝鮮朝日	西北版	1928-12-16	1	01단	落穗集(八十六)/下村海南
163357	朝鮮朝日	西北版	1928-12-16	1	01단	國境鐵道が削除され頭さへ出せぬは殘念/歸鮮したら異動があるなど私の平常を知らぬ人の言だ/歸鮮の山梨總督語る
163358	朝鮮朝日	西北版	1928-12-16	1	03단	お痛はしいほど軍務に御精勵/妃殿下と御仲睦じき德惠姬さまは明けて御十八
163359	朝鮮朝日	西北版	1928-12-16	1	04단	精米業者が籾買入れの値段を協定/委託人が狼狽す
163360	朝鮮朝日	西北版	1928-12-16	1	04단	俳句/鈴木花蓑選
163361	朝鮮朝日	西北版	1928-12-16	1	04단	肥料低資金組の融通九萬圓の豫定
163362	朝鮮朝日	西北版	1928-12-16	1	04단	奉祝の映畫畏き邊りへ獻上の計劃
163363	朝鮮朝日	西北版	1928-12-16	1	05단	金融組合が模範部落を隨所に設置
163364	朝鮮朝日	西北版	1928-12-16	1	05단	平安水利の水路工事は工費七十萬圓
163365	朝鮮朝日	西北版	1928-12-16	1	05단	總督府が計劃した社會事業協會いよいよ設立さる
163366	朝鮮朝日	西北版	1928-12-16	1	05단	府內の實業家が智囊を絞った不景氣挽回の方策盛り澤山の意見を答申
163367	朝鮮朝日	西北版	1928-12-16	1	06단	縣會議事堂を荒し知事官舍を襲擊す/女師校移轉を憤って宮崎市民の運動暴動化す
163368	朝鮮朝日	西北版	1928-12-16	1	06단	漁業組合の金組加入は漸次增加せん
163369	朝鮮朝日	西北版	1928-12-16	1	07단	年末贈答の小包郵便が新義州局に殺到/平壤も多い贈物の小包
163370	朝鮮朝日	西北版	1928-12-16	1	07단	獎學資金の應募者多し安東は少い
163371	朝鮮朝日	西北版	1928-12-16	1	07단	三田兄弟のプロダクション/空から見た大京城其他を南山小學校で第一回の公開/實は素人の正一英三兩君の作品
163372	朝鮮朝日	西北版	1928-12-16	1	08단	入學難の緩和を圖る平南師範校
163373	朝鮮朝日	西北版	1928-12-16	1	08단	上に薄くて下には厚い平南警官賞與
163374	朝鮮朝日	西北版	1928-12-16	1	09단	定紋入りの指環を贈り藝娼妓表彰
163375	朝鮮朝日	西北版	1928-12-16	1	09단	御大典繪葉書賣行が惡い年賀用に勸誘
163376	朝鮮朝日	西北版	1928-12-16	1	09단	十三名のモヒ密輸團平壤署が檢擧
163377	朝鮮朝日	西北版	1928-12-16	1	09단	警官がお客に化け商店から買物が殆ど量目が不足す不良商人の氏名を發表
163378	朝鮮朝日	西北版	1928-12-16	1	10단	人(山梨總督/池上總監/松崎直少將(軍令部出仕)/韓李王職長官/篠田同次官/飯塚軍司令部付少將/山本遞信局長/杉村釜山檢事正/關水慶南內務部長/綿引朝光博士(城

일련번호	판명		간행일	면	단수	기사명
163378	朝鮮朝日	西北版	1928-12-16	1	10단	大醫學部教授)/中村第三十九旅團長/竹尾平壤地方法院長/張孤氏(支那前財制總長))
163379	朝鮮朝日	西北版	1928-12-16	1	10단	半島茶話
163380	朝鮮朝日	南鮮版	1928-12-16	1	01단	落穂集(八十六)/下村海南
163381	朝鮮朝日	南鮮版	1928-12-16	1	01단	國境鐵道が削除され頭さへ出せぬは殘念/歸鮮したら異動があるなど私の平常を知らぬ人の言だ/歸鮮の山梨總督語る
163382	朝鮮朝日	南鮮版	1928-12-16	1	03단	お痛はしいほど軍務に御精勵/妃殿下と御仲睦じき德惠姫さまは明けて御十八
163383	朝鮮朝日	南鮮版	1928-12-16	1	04단	盟休學生は三學期初に入學を許すか
163384	朝鮮朝日	南鮮版	1928-12-16	1	04단	俳句/鈴木花蓑選
163385	朝鮮朝日	南鮮版	1928-12-16	1	04단	京春街道新延江架橋いよいよ着工
163386	朝鮮朝日	南鮮版	1928-12-16	1	04단	奉祝の映畫畏き邊りへ獻上の計劃
163387	朝鮮朝日	南鮮版	1928-12-16	1	04단	氣溫が下降/南鮮の大荒れ
163388	朝鮮朝日	南鮮版	1928-12-16	1	05단	總督府が計劃した社會事業協會いよいよ設立さる
163389	朝鮮朝日	南鮮版	1928-12-16	1	05단	數字は判らぬが考慮の餘地なし 府議員の訪問に對し香椎社長は回答/算定額の批評は困る 水口知事默す
163390	朝鮮朝日	南鮮版	1928-12-16	1	05단	縣會議事堂を荒し知事官舍を襲擊す/女師校移轉を憤って宮崎市民の運動暴動化す
163391	朝鮮朝日	南鮮版	1928-12-16	1	07단	三田兄弟のブロダクション/空から見た大京城其他を南山小學校で第一回の公開/實は素人の正一英三兩君の作品
163392	朝鮮朝日	南鮮版	1928-12-16	1	08단	府內の實業家が智囊を絞った不景氣挽回の方策盛り澤山の意見を答申
163393	朝鮮朝日	南鮮版	1928-12-16	1	09단	東海中部線列車顚覆の損害は三萬圓
163394	朝鮮朝日	南鮮版	1928-12-16	1	09단	列車の中で朝鮮婦人お産
163395	朝鮮朝日	南鮮版	1928-12-16	1	09단	防火の宣傳
163396	朝鮮朝日	南鮮版	1928-12-16	1	09단	警官がお客に化け商店から買物/殆ど量目が不足す不良商人の氏名を發表
163397	朝鮮朝日	南鮮版	1928-12-16	1	10단	濟州島內の倉庫の火事損害一萬圓
163398	朝鮮朝日	南鮮版	1928-12-16	1	10단	虛禮廢止を郡守に通牒
163399	朝鮮朝日	南鮮版	1928-12-16	1	10단	悠紀丸離礁十四日夜に
163400	朝鮮朝日	南鮮版	1928-12-16	1	10단	松汀里競馬會
163401	朝鮮朝日	南鮮版	1928-12-16	1	10단	人(山梨總督/池上總監/松崎直少將(軍令部出仕)/韓李王職長官/篠田同次官/飯塚軍司令部付少將/山本遞信局長/杉村釜山檢事正/關水慶南內務部長/綿引朝光博士(城大醫學部教授)/中村第三十九旅團長/張孤氏

일련번호	판명		간행일	면	단수	기사명
163401	朝鮮朝日	南鮮版	1928-12-16	1	10단	(支那前財政總長))
163402	朝鮮朝日	南鮮版	1928-12-16	1	10단	半島茶話
163403	朝鮮朝日	西北・南鮮版	1928-12-16	2	01단	旱害を自ら救ふ農民の叺製造は成績が意外に良好/契を設け販賣や原料の仕入
163404	朝鮮朝日	西北・南鮮版	1928-12-16	2	01단	雫の聲
163405	朝鮮朝日	西北・南鮮版	1928-12-16	2	01단	二十周年東拓記念式總裁が訓旨
163406	朝鮮朝日	西北・南鮮版	1928-12-16	2	02단	朝鮮商銀の課長を異動
163407	朝鮮朝日	西北・南鮮版	1928-12-16	2	02단	全南麗水の白也島燈台二十一日點火
163408	朝鮮朝日	西北・南鮮版	1928-12-16	2	02단	年末が迫り大邱驛頭は貨物の山
163409	朝鮮朝日	西北・南鮮版	1928-12-16	2	02단	朝郵増資の悩み(上)/ボロ船の偸安を許さぬ海運界さりとて金はなし如何なる策が演ぜられるか
163410	朝鮮朝日	西北・南鮮版	1928-12-16	2	03단	自動車檢査
163411	朝鮮朝日	西北・南鮮版	1928-12-16	2	03단	全南の畜牛三萬二千頭
163412	朝鮮朝日	西北・南鮮版	1928-12-16	2	03단	湖南銀行業績
163413	朝鮮朝日	西北・南鮮版	1928-12-16	2	04단	浮世草
163414	朝鮮朝日	西北版	1928-12-18	1	01단	落穗集(八十七)/下村海南
163415	朝鮮朝日	西北版	1928-12-18	1	01단	觸らぬ神に祟なし疑惑の目で見られる取引所問題を總督府が放棄
163416	朝鮮朝日	西北版	1928-12-18	1	01단	京城醫專の新醫院(下)/日本に三つしか無い無影の照明燈/設備の新は更なり腕揃ひのお醫者を竝べた
163417	朝鮮朝日	西北版	1928-12-18	1	02단	人事の異動など諸君が勝手に拵へた話で俺は知らん/池上總監釜山で語る
163418	朝鮮朝日	西北版	1928-12-18	1	03단	寺洞行電車二區に變更/成績が良い
163419	朝鮮朝日	西北版	1928-12-18	1	04단	平壤醫學研究會
163420	朝鮮朝日	西北版	1928-12-18	1	04단	城津郡面長會議
163421	朝鮮朝日	西北版	1928-12-18	1	04단	平安水利が櫻や紅葉を貯水場に植付
163422	朝鮮朝日	西北版	1928-12-18	1	04단	鴨緑江氷り始む
163423	朝鮮朝日	西北版	1928-12-18	1	05단	時事鳥瞰/ツルマキを着て草鞋を履く覺悟と決心が必要/空位を擁する現在の參與官
163424	朝鮮朝日	西北版	1928-12-18	1	05단	新義州税關密輸取締に力瘤を入る
163425	朝鮮朝日	西北版	1928-12-18	1	06단	贈答品など遠慮しませう平南道の申合
163426	朝鮮朝日	西北版	1928-12-18	1	06단	民業の壓迫などと片腹痛い御言葉/寧ろ民間業者こそ心せよ/皮肉に喜ばれる刑務所作品
163427	朝鮮朝日	西北版	1928-12-18	1	06단	お茶のあと

일련번호	판명		간행일	면	단수	기사명
163428	朝鮮朝日	西北版	1928-12-18	1	07단	爆藥紛失目星がつく
163429	朝鮮朝日	西北版	1928-12-18	1	07단	勿論俺は辭める/綺麗さっぱりと濟ました渡邊東拓總裁
163430	朝鮮朝日	西北版	1928-12-18	1	07단	牡丹台野話
163431	朝鮮朝日	西北版	1928-12-18	1	08단	新義州國粹會會員を募集
163432	朝鮮朝日	西北版	1928-12-18	1	08단	積雪解けぬ戶外の步哨/新義州靑訓
163433	朝鮮朝日	西北版	1928-12-18	1	09단	『義士の討入』若松校の催し
163434	朝鮮朝日	西北版	1928-12-18	1	09단	諸君の期待通り出せぬのは殘念などの訓示?があってボーナスは渡される
163435	朝鮮朝日	西北版	1928-12-18	1	10단	徵稅官を部下が殺し金を奪ふ
163436	朝鮮朝日	西北版	1928-12-18	1	10단	運動界(鐵道三京電三/福岡劍道團成績/平壤署武道納會)
163437	朝鮮朝日	西北版	1928-12-18	1	10단	支那領事館危ふく火事
163438	朝鮮朝日	西北版	1928-12-18	1	10단	人(池上總監/加藤敬三郎氏(朝銀總裁))
163439	朝鮮朝日	西北版	1928-12-18	1	10단	半島茶話
163440	朝鮮朝日	南鮮版	1928-12-18	1	01단	落穗集(八十七)/下村海南
163441	朝鮮朝日	南鮮版	1928-12-18	1	01단	觸らぬ神に祟なし疑惑の目で見られる取引所問題を總督府が放棄
163442	朝鮮朝日	南鮮版	1928-12-18	1	01단	京城醫專の新醫院(下)/日本に三つしか無い無影の照明燈/設備の新は更なり腕揃ひのお醫者を竝べた
163443	朝鮮朝日	南鮮版	1928-12-18	1	02단	人事の異動など諸君が勝手に拵へた話で俺は知らん/池上總監釜山で語る
163444	朝鮮朝日	南鮮版	1928-12-18	1	03단	大邱府が行政區劃擴張を計劃
163445	朝鮮朝日	南鮮版	1928-12-18	1	04단	大邱練兵場飛機格納庫/其他を設備
163446	朝鮮朝日	南鮮版	1928-12-18	1	04단	鴨綠江氷り始む
163447	朝鮮朝日	南鮮版	1928-12-18	1	05단	時事鳥瞰/ツルマキを着て草鞋を履く覺悟と決心が必要/空位を擁する現在の參與官
163448	朝鮮朝日	南鮮版	1928-12-18	1	05단	木浦府の公設市場は年度內に開設
163449	朝鮮朝日	南鮮版	1928-12-18	1	06단	台所から呪ひの聲/釜山水道の停水に困る
163450	朝鮮朝日	南鮮版	1928-12-18	1	06단	民業の壓迫などと片腹痛い御言葉/寧ろ民間業者こそ心せよ/皮肉に喜ばれる刑務所作品
163451	朝鮮朝日	南鮮版	1928-12-18	1	06단	お茶のあと
163452	朝鮮朝日	南鮮版	1928-12-18	1	07단	爆藥紛失目星がつく
163453	朝鮮朝日	南鮮版	1928-12-18	1	07단	勿論俺は辭める/綺麗さっぱりと濟ました渡邊東拓總裁
163454	朝鮮朝日	南鮮版	1928-12-18	1	07단	京電よりも更に二三割引下げろ/買收交涉の破裂で府議の態度が猛烈となる

일련번호	판명		간행일	면	단수	기사명
163455	朝鮮朝日	南鮮版	1928-12-18	1	08단	大晦日から元旦にかけ京電終夜運轉
163456	朝鮮朝日	南鮮版	1928-12-18	1	08단	ボーナス多く歳末警戒に警官大元氣
163457	朝鮮朝日	南鮮版	1928-12-18	1	08단	土木業者の保釋と面會絶對に許さぬ
163458	朝鮮朝日	南鮮版	1928-12-18	1	09단	商人たちのこぼすこと清州の諸官廳賞與が少ない
163459	朝鮮朝日	南鮮版	1928-12-18	1	09단	諸君の期待通り出せぬのは殘念などの訓示？があってボーナスは渡される
163460	朝鮮朝日	南鮮版	1928-12-18	1	10단	學生秘密結社第二の檢擧/行はれる噂
163461	朝鮮朝日	南鮮版	1928-12-18	1	10단	支那領事館危ふく火事
163462	朝鮮朝日	南鮮版	1928-12-18	1	10단	運動界(鐵道三京電三/福岡劍道團成績)
163463	朝鮮朝日	南鮮版	1928-12-18	1	10단	會(警察部長忘年會)
163464	朝鮮朝日	南鮮版	1928-12-18	1	10단	人(池上總監/加藤敬三郎氏(朝銀總裁)/長尾戒三氏(京城地方法院檢事正))
163465	朝鮮朝日	南鮮版	1928-12-18	1	10단	半島茶話
163466	朝鮮朝日	西北・南鮮版	1928-12-18	2	01단	火曜のペーヂ/今年をかへりみて昭和三年の文藝界/大宅壯一
163467	朝鮮朝日	西北・南鮮版	1928-12-18	2	02단	釆天島小唄/大分靑山京吉
163468	朝鮮朝日	西北・南鮮版	1928-12-18	2	03단	朝郵增資の悩み(下)/郵船や商船へは頼む義理が無い/さりとて公募は尙できず島谷汽船との合併も考慮
163469	朝鮮朝日	西北・南鮮版	1928-12-18	2	04단	運賃の協定も何だか破れ氣味/鮮米の移出が少く汽船の積取競爭が猛烈
163470	朝鮮朝日	西北・南鮮版	1928-12-18	2	04단	鎭南浦から移出の生牛內地で大歡迎
163471	朝鮮朝日	西北・南鮮版	1928-12-18	2	05단	安東輸入組合缺員一名を二十三日選擧
163472	朝鮮朝日	西北・南鮮版	1928-12-18	2	05단	仁川港の米穀の荷動矢張り不況
163473	朝鮮朝日	西北・南鮮版	1928-12-18	2	06단	平南の小豆不作で高値
163474	朝鮮朝日	西北・南鮮版	1928-12-18	2	06단	滿洲粟の輸入が減退/新義州貿易
163475	朝鮮朝日	西北・南鮮版	1928-12-18	2	07단	仁川府の埋立と道路いよいよ着手
163476	朝鮮朝日	西北版	1928-12-18	2	07단	浮世草
163477	朝鮮朝日	西北版	1928-12-19	1	01단	落穗集(八十八)/下村海南
163478	朝鮮朝日	西北版	1928-12-19	1	01단	人は變ったけれど變り榮えのせぬ總督府明年度豫算/既定計劃の復活が精々
163479	朝鮮朝日	西北版	1928-12-19	1	02단	一夕の映畫よく內地の資本家が朝鮮の事業に着目/今後は專門的なのが必要
163480	朝鮮朝日	西北版	1928-12-19	1	02단	會社側の計算は諒解に苦しむ/二百萬圓の突飛な値下を生田內務不審がる
163481	朝鮮朝日	西北版	1928-12-19	1	04단	せっかくの名山を放っとくは惜い/さりとて設備の金は無い/東洋の名山金剛山の悩み

일련번호	판명		간행일	면	단수	기사명
163482	朝鮮朝日	西北版	1928-12-19	1	04단	短歌/橋田東聲選
163483	朝鮮朝日	西北版	1928-12-19	1	04단	どの道が惰けてるか俺はちゃんと知ってるよ/知事連が聞いたなら震ひ上りさうな總督の權幕
163484	朝鮮朝日	西北版	1928-12-19	1	05단	平壤府廳舍新築設計漸く作成さる
163485	朝鮮朝日	西北版	1928-12-19	1	05단	モヒの密輸賣に思ひ切った嚴罰/目下成案作成中で近く制令を公布
163486	朝鮮朝日	西北版	1928-12-19	1	06단	鮮銀券膨脹年末が迫り
163487	朝鮮朝日	西北版	1928-12-19	1	06단	警部補資格考試の成績
163488	朝鮮朝日	西北版	1928-12-19	1	07단	日ごろ氣難しいお巡さんの顔も蠟燭のやうに溶けたボーナスの御手當で
163489	朝鮮朝日	西北版	1928-12-19	1	07단	牡丹台下が住宅地にと注目される
163490	朝鮮朝日	西北版	1928-12-19	1	07단	お茶のあと
163491	朝鮮朝日	西北版	1928-12-19	1	07단	朝鮮人では最初の任命/保線區長の楊戴瑞氏
163492	朝鮮朝日	西北版	1928-12-19	1	08단	床次氏來鮮二十三日朝
163493	朝鮮朝日	西北版	1928-12-19	1	08단	歐亞連絡の鐵道寢台券滿鮮で發賣
163494	朝鮮朝日	西北版	1928-12-19	1	08단	滿浦鎭局電話が開通/廳舍も落成
163495	朝鮮朝日	西北版	1928-12-19	1	08단	朝鮮步兵隊隊員を募集
163496	朝鮮朝日	西北版	1928-12-19	1	08단	氷滑の調査齋藤氏に依賴
163497	朝鮮朝日	西北版	1928-12-19	1	08단	火藥の盜難が多く神經を尖らせ嚴重に取締るやう/各道警察部長に通牒
163498	朝鮮朝日	西北版	1928-12-19	1	09단	街路上での氷滑を禁止/平壤署が注意
163499	朝鮮朝日	西北版	1928-12-19	1	09단	長春市民が平壤聯隊にメダルを贈る
163500	朝鮮朝日	西北版	1928-12-19	1	09단	歲末大賣出平北江界の
163501	朝鮮朝日	西北版	1928-12-19	1	09단	不景氣挽回平壤でも協議
163502	朝鮮朝日	西北版	1928-12-19	1	10단	安東稅關の吏員を增し檢査時間短縮
163503	朝鮮朝日	西北版	1928-12-19	1	10단	中國々民黨夜學校開設/擴張を圖る
163504	朝鮮朝日	西北版	1928-12-19	1	10단	賞與を手に奧さん達の買物で大賑
163505	朝鮮朝日	西北版	1928-12-19	1	10단	豚のコレラ間島に流行
163506	朝鮮朝日	西北版	1928-12-19	1	10단	會(兒童巡回映寫會)
163507	朝鮮朝日	西北版	1928-12-19	1	10단	人(荒川六平氏(安東木材商組合長)/大津駿氏(採木公司參事)/菊山嘉男氏(平北內務部長))
163508	朝鮮朝日	西北版	1928-12-19	1	10단	半島茶話
163509	朝鮮朝日	南鮮版	1928-12-19	1	01단	落穗集(八十八)/下村海南
163510	朝鮮朝日	南鮮版	1928-12-19	1	01단	人は變ったけれど變り榮えのせぬ總督府明年度豫算/旣定計劃の復活が精々
163511	朝鮮朝日	南鮮版	1928-12-19	1	02단	一夕の映畫よく内地の資本家が朝鮮の事

일련번호	판명		간행일	면	단수	기사명
163511	朝鮮朝日	南鮮版	1928-12-19	1	02단	業に着目/今後は專門的なのが必要
163512	朝鮮朝日	南鮮版	1928-12-19	1	02단	會社側の計算は諒解に苦しむ/二百萬圓の突飛な値下を生田內務不審がる/矢は弦を放る！ 瓦電へ對する挑戰 期成會最初の役員會/一燈當りに十錢を醵出 運動費に充つ/三割値下を本府に陳情
163513	朝鮮朝日	南鮮版	1928-12-19	1	04단	短歌/橋田東聲選
163514	朝鮮朝日	南鮮版	1928-12-19	1	04단	どの道が惰けてるか俺はちゃんと知ってるよ/知事連が聞いたなら震ひ上りさうな總督の權幕
163515	朝鮮朝日	南鮮版	1928-12-19	1	05단	モヒの密輸賣に思ひ切った嚴罰/目下成案作成中で近く制令を公布
163516	朝鮮朝日	南鮮版	1928-12-19	1	06단	細農低資の貸付が決定/一般が大歡迎
163517	朝鮮朝日	南鮮版	1928-12-19	1	06단	「金肥施用法」農家に配布
163518	朝鮮朝日	南鮮版	1928-12-19	1	07단	せっかくの名山を放っとくは惜い/さりとて設備の金は無い/東洋の名山金剛山の惱み
163519	朝鮮朝日	南鮮版	1928-12-19	1	07단	お茶のあと
163520	朝鮮朝日	南鮮版	1928-12-19	1	07단	日ごろ氣難しいお巡さんの顏も蠟燭のやうに溶けたボーナスの御手當で
163521	朝鮮朝日	南鮮版	1928-12-19	1	07단	朝鮮人では最初の任命/保線區長の楊戴瑞氏
163522	朝鮮朝日	南鮮版	1928-12-19	1	08단	床次氏來鮮二十三日朝
163523	朝鮮朝日	南鮮版	1928-12-19	1	08단	歐亞連絡の鐵道寢台券滿鮮で發賣
163524	朝鮮朝日	南鮮版	1928-12-19	1	08단	朝鮮步兵隊隊員を募集
163525	朝鮮朝日	南鮮版	1928-12-19	1	08단	鮮銀券膨脹年末が迫り
163526	朝鮮朝日	南鮮版	1928-12-19	1	09단	中國々民黨夜學校開設/擴張を圖る
163527	朝鮮朝日	南鮮版	1928-12-19	1	09단	春川公會堂/寄附金好成績
163528	朝鮮朝日	南鮮版	1928-12-19	1	09단	新延江鐵橋起工
163529	朝鮮朝日	南鮮版	1928-12-19	1	09단	慶南物産館年末年始用物品の卽賣
163530	朝鮮朝日	南鮮版	1928-12-19	1	09단	火藥の盜難が多く神經を尖らせ嚴重に取締るやう各道警察部長に通牒
163531	朝鮮朝日	南鮮版	1928-12-19	1	10단	京城の寒さ零下十一度
163532	朝鮮朝日	南鮮版	1928-12-19	1	10단	子を睰かし籾を盜ます
163533	朝鮮朝日	南鮮版	1928-12-19	1	10단	浦項靑年團夜警
163534	朝鮮朝日	南鮮版	1928-12-19	1	10단	會(兒童巡回映寫會/光州基督敎音樂會)
163535	朝鮮朝日	南鮮版	1928-12-19	1	10단	人(朴全南參與官/細井全南財務部長/李全南産業課長/伊藤文吉氏(貴族院議員)/松尾喜一氏(下關運事船舶係主任)/小山關東憲兵隊長)

일련번호	판명		간행일	면	단수	기사명
163536	朝鮮朝日	南鮮版	1928-12-19	1	10단	半島茶話
163537	朝鮮朝日	西北・南鮮版	1928-12-19	2	01단	波の音/釜山靑い鳥
163538	朝鮮朝日	西北・南鮮版	1928-12-19	2	01단	滿洲特産物の短期金融は東拓が繼續
163539	朝鮮朝日	西北・南鮮版	1928-12-19	2	01단	京城學校費豫算の審議/總額五十七萬圓
163540	朝鮮朝日	西北・南鮮版	1928-12-19	2	01단	零の聲
163541	朝鮮朝日	西北・南鮮版	1928-12-19	2	01단	手形の支拂銀行に一定
163542	朝鮮朝日	西北・南鮮版	1928-12-19	2	02단	不渡手形がだんだん增加
163543	朝鮮朝日	西北・南鮮版	1928-12-19	2	02단	全南の海苔京都博で金牌
163544	朝鮮朝日	西北・南鮮版	1928-12-19	2	02단	新義州一帶穀類の出廻旺勢となる
163545	朝鮮朝日	西北・南鮮版	1928-12-19	2	02단	新卒業生の就職の相談/平北道に到着
163546	朝鮮朝日	西北・南鮮版	1928-12-19	2	03단	自動押捺器新義州局使用
163547	朝鮮朝日	西北・南鮮版	1928-12-19	2	03단	三十萬圓を突破す勢で金組記念貯金
163548	朝鮮朝日	西北・南鮮版	1928-12-19	2	03단	東拓廿周年記念
163549	朝鮮朝日	西北・南鮮版	1928-12-19	2	03단	平壤貿易高
163550	朝鮮朝日	西北・南鮮版	1928-12-19	2	04단	京城手形交換高
163551	朝鮮朝日	西北・南鮮版	1928-12-19	2	04단	一月煙草製造高
163552	朝鮮朝日	西北・南鮮版	1928-12-19	2	04단	振替貯金受拂高
163553	朝鮮朝日	西北・南鮮版	1928-12-19	2	04단	高山金組創立
163554	朝鮮朝日	西北・南鮮版	1928-12-19	2	04단	浮世草
163555	朝鮮朝日	西北版	1928-12-20	1	01단	落穗集(八十九)/下村海南
163556	朝鮮朝日	西北版	1928-12-20	1	01단	朝鮮最初の國調を實施/昭和五年の十二月/經費二十九萬圓を計上
163557	朝鮮朝日	西北版	1928-12-20	1	01단	平元鐵道の完成まで自動車を運轉/經濟交通に資したい/除雪の作業が必要
163558	朝鮮朝日	西北版	1928-12-20	1	01단	御大典記念獻上の硯見事に竣成
163559	朝鮮朝日	西北版	1928-12-20	1	01단	警部補考試平北の合格者
163560	朝鮮朝日	西北版	1928-12-20	1	02단	全鮮內務部長會議
163561	朝鮮朝日	西北版	1928-12-20	1	02단	あまりに朝鮮の苦痛に冷淡だ/北鮮の水害に同情切なる關西大學生の美はしき義金
163562	朝鮮朝日	西北版	1928-12-20	1	03단	斧鉞を入れぬ森林飛行機で視察/林相や石數を調査/産業上に始めての飛機利用
163563	朝鮮朝日	西北版	1928-12-20	1	03단	改築される平北の警察署
163564	朝鮮朝日	西北版	1928-12-20	1	04단	混亂を見た平壤學組會
163565	朝鮮朝日	西北版	1928-12-20	1	04단	船橋里民が施設に關し府議と懇談
163566	朝鮮朝日	西北版	1928-12-20	1	04단	碧潼警察署新築
163567	朝鮮朝日	西北版	1928-12-20	1	04단	儲けたけれども增配は出來ぬ/鮮銀今期の業績
163568	朝鮮朝日	西北版	1928-12-20	1	05단	ふっくらと京城を包んだ十八日の雪
163569	朝鮮朝日	西北版	1928-12-20	1	05단	醬油用に平北の大豆/內地に移出

일련번호	판명		간행일	면	단수	기사명
163570	朝鮮朝日	西北版	1928-12-20	1	06단	京都大禮博平北の受賞者
163571	朝鮮朝日	西北版	1928-12-20	1	06단	世の親たちやよき子供たちの見逃してはならぬ映畵/家族忘年活寫會で上映
163572	朝鮮朝日	西北版	1928-12-20	1	07단	北鮮の石炭運賃引下で出廻が旺勢
163573	朝鮮朝日	西北版	1928-12-20	1	07단	俳句/鈴木花蓑選
163574	朝鮮朝日	西北版	1928-12-20	1	07단	天安溫陽間乘合自動車近く運轉
163575	朝鮮朝日	西北版	1928-12-20	1	08단	大同江結氷スケート始る
163576	朝鮮朝日	西北版	1928-12-20	1	08단	警察に泣付/貧民が多い
163577	朝鮮朝日	西北版	1928-12-20	1	08단	百五十名の馬賊團十三道溝を襲擊/新加坡鎭署は署員を召集/軍部と連絡し警戒
163578	朝鮮朝日	西北版	1928-12-20	1	08단	平北犯罪數發生三千八件
163579	朝鮮朝日	西北版	1928-12-20	1	09단	消防手收容の宮崎市に火事/市外の消防が馳付/十戸を燒いて漸く鎭火
163580	朝鮮朝日	西北版	1928-12-20	1	09단	泥濘の日は速度を制限/釜山の自動車
163581	朝鮮朝日	西北版	1928-12-20	1	09단	上水道へ地下水侵入/注意が必要
163582	朝鮮朝日	西北版	1928-12-20	1	10단	貧の盜みや新手の詐欺/年の瀬は迫る
163583	朝鮮朝日	西北版	1928-12-20	1	10단	宙に迷へる割增金二千圓
163584	朝鮮朝日	西北版	1928-12-20	1	10단	會(派遣飛行隊歡迎會/吉澤小將の別宴)
163585	朝鮮朝日	西北版	1928-12-20	1	10단	人(荒井初太郎氏(仁取社長)/小島遞信吏員養成所長/原京城地方法院長/山本遞信局長)
163586	朝鮮朝日	南鮮版	1928-12-20	1	01단	落穗集(八十九)/下村海南
163587	朝鮮朝日	南鮮版	1928-12-20	1	01단	朝鮮最初の國調を實施/昭和五年の十二月/經費二十九萬圓を計上
163588	朝鮮朝日	南鮮版	1928-12-20	1	01단	平元鐵道の完成まで自動車を運轉/經濟交通に資したい/除雪の作業が必要
163589	朝鮮朝日	南鮮版	1928-12-20	1	01단	御大典記念獻上の硯/見事に竣成
163590	朝鮮朝日	南鮮版	1928-12-20	1	01단	御眞影奉安庫山本氏寄贈
163591	朝鮮朝日	南鮮版	1928-12-20	1	02단	全鮮內務部長會議
163592	朝鮮朝日	南鮮版	1928-12-20	1	02단	あまりに朝鮮の苦痛に冷淡だ/北鮮の水害に同情切なる關西大學生の美はしき義金
163593	朝鮮朝日	南鮮版	1928-12-20	1	03단	瓦電を向に廻し自動車の府營 先づ二、三十人乘の大型を試みに運轉/御期待に副ひ難いと香椎社長拒絶/府民大會を年內に開く
163594	朝鮮朝日	南鮮版	1928-12-20	1	04단	全鮮一の東津水利工事を竣工
163595	朝鮮朝日	南鮮版	1928-12-20	1	04단	全北壯子島防波堤工事/補助を申請
163596	朝鮮朝日	南鮮版	1928-12-20	1	04단	警備驅逐艦鎭海に入港
163597	朝鮮朝日	南鮮版	1928-12-20	1	04단	斧鉞を入れぬ森林飛行機で視察/林相や石數を調查/産業上に始めての飛機利用

일련번호	판명		간행일	면	단수	기사명
163598	朝鮮朝日	南鮮版	1928-12-20	1	05단	ふっくらと京城を包んだ十八日の雪
163599	朝鮮朝日	南鮮版	1928-12-20	1	05단	大邱商議員缺員が多い/來春に補選か
163600	朝鮮朝日	南鮮版	1928-12-20	1	06단	北鮮の石炭運賃引下で出廻が旺勢
163601	朝鮮朝日	南鮮版	1928-12-20	1	06단	世の親たちやよき子供たちの見逃してはならぬ映畫/家族忘年活寫會で上映
163602	朝鮮朝日	南鮮版	1928-12-20	1	07단	消防手收容の宮崎市に火事/市外の消防が馳付け十戸を燒いて漸く鎭火す
163603	朝鮮朝日	南鮮版	1928-12-20	1	07단	天安溫陽間乘合自動車近く運轉
163604	朝鮮朝日	南鮮版	1928-12-20	1	08단	儲けたけれども增配は出來ぬ/鮮銀今期の業績
163605	朝鮮朝日	南鮮版	1928-12-20	1	08단	泥濘の日は速度を制限/釜山の自動車
163606	朝鮮朝日	南鮮版	1928-12-20	1	09단	留置場入を喜ぶ浮浪者/警官呆れる
163607	朝鮮朝日	南鮮版	1928-12-20	1	09단	貧の盗みや新手の詐欺/年の瀬は迫る
163608	朝鮮朝日	南鮮版	1928-12-20	1	09단	百五十名の馬賊團十三道溝を襲擊/新加坡鎭署は署員を召集/軍部と連絡し警戒
163609	朝鮮朝日	南鮮版	1928-12-20	1	10단	俳句/鈴木花蓑選
163610	朝鮮朝日	南鮮版	1928-12-20	1	10단	窮民五百名が漸く職に/窮民救護工事
163611	朝鮮朝日	南鮮版	1928-12-20	1	10단	民族運動秘密結社團十九日公判
163612	朝鮮朝日	南鮮版	1928-12-20	1	10단	會(仁川俱樂部納會)
163613	朝鮮朝日	南鮮版	1928-12-20	1	10단	人(荒井初太郎氏(仁取社長)/小島遞信吏員養成所長/原京城地方法院長/山本遞信局長/池田全南農務課長)
163614	朝鮮朝日	西北・南鮮版	1928-12-20	2	01단	波の音/釜山青い鳥
163615	朝鮮朝日	西北・南鮮版	1928-12-20	2	01단	專賣局異動
163616	朝鮮朝日	西北・南鮮版	1928-12-20	2	01단	*全南の海苔非常な豊作/移殖にも成功*
163617	朝鮮朝日	西北・南鮮版	1928-12-20	2	01단	全南棉花の出廻
163618	朝鮮朝日	西北・南鮮版	1928-12-20	2	01단	一躍五十錢の高値を示す/平北の龜の尾
163619	朝鮮朝日	西北・南鮮版	1928-12-20	2	01단	瓦電事業買收交渉の經過(一)
163620	朝鮮朝日	西北・南鮮版	1928-12-20	2	02단	南鮮の漁界活氣づく
163621	朝鮮朝日	西北・南鮮版	1928-12-20	2	03단	迎日漁組落成式
163622	朝鮮朝日	西北・南鮮版	1928-12-20	2	04단	御大體記念貯金
163623	朝鮮朝日	西北・南鮮版	1928-12-20	2	04단	平壤驛の成績
163624	朝鮮朝日	西北・南鮮版	1928-12-20	2	04단	京城組銀帳尻
163625	朝鮮朝日	西北版	1928-12-21	1	01단	落穗集(九十)/下村海南
163626	朝鮮朝日	西北版	1928-12-21	1	01단	無氣味な眼で睨まれ御無理御尤と贊成/腹では地方財政の危機といふ學校增設案の意見/緊張を見せた內務部長會議
163627	朝鮮朝日	西北版	1928-12-21	1	02단	大漢江早くも凍る(十九日朝所見)
163628	朝鮮朝日	西北版	1928-12-21	1	03단	不況對策案總監に答申

일련번호	판명		간행일	면	단수	기사명
163629	朝鮮朝日	西北版	1928-12-21	1	04단	一年間に萬戶を增す/電燈の需要
163630	朝鮮朝日	西北版	1928-12-21	1	04단	同じ責任を負ひ俸給は非常に少い/朝鮮人巡査の優遇/二圓乃至三圓づゝの一齊增俸
163631	朝鮮朝日	西北版	1928-12-21	1	04단	廣告に目ざめた京城の商人たち見違へるやうに變った/電車內の美しい廣告
163632	朝鮮朝日	西北版	1928-12-21	1	05단	白井經理部長近衛に榮轉
163633	朝鮮朝日	西北版	1928-12-21	1	05단	設備を強要される船舶は案外少い/船舶無線法の實施適用を受けるは三十隻
163634	朝鮮朝日	西北版	1928-12-21	1	05단	京城釜山間回線の增加/豫算が通過
163635	朝鮮朝日	西北版	1928-12-21	1	06단	歲の瀨は迫る(上)/困ったものと言ふうち大晦日/迎春のお支度に忙しい乾物屋での買物ぶり
163636	朝鮮朝日	西北版	1928-12-21	1	06단	豆粕生産營業稅率の引下を請願
163637	朝鮮朝日	西北版	1928-12-21	1	06단	平壤の電車逐年好成績
163638	朝鮮朝日	西北版	1928-12-21	1	06단	定款を附議/平壤商工繁榮會
163639	朝鮮朝日	西北版	1928-12-21	1	06단	私財十萬圓を投じ惠まれぬ子弟に學資を給する育英會 京城府淺野氏の美擧/僅なお金で人樣を助ける事ができれば幸ひ
163640	朝鮮朝日	西北版	1928-12-21	1	07단	寄附金の常習者とは怪しからん/平壤商議の大揉
163641	朝鮮朝日	西北版	1928-12-21	1	07단	俳句/鈴木花蓑選
163642	朝鮮朝日	西北版	1928-12-21	1	07단	鐵道主要驛に郵便取扱所數ケ所を設置
163643	朝鮮朝日	西北版	1928-12-21	1	08단	醫生試驗受驗者十六名
163644	朝鮮朝日	西北版	1928-12-21	1	08단	間島の寒さ俄に加はる
163645	朝鮮朝日	西北版	1928-12-21	1	08단	滿洲靑年聯盟安東支部の役員が決定
163646	朝鮮朝日	西北版	1928-12-21	1	09단	國境部隊の犧牲を祀る護境神社
163647	朝鮮朝日	西北版	1928-12-21	1	09단	クリスマス大提燈行列
163648	朝鮮朝日	西北版	1928-12-21	1	09단	歌姬たちよつけ屆けはおやめなさい
163649	朝鮮朝日	西北版	1928-12-21	1	09단	列車ボーイを買收してモヒを密輸
163650	朝鮮朝日	西北版	1928-12-21	1	10단	台秤を改造籾の量目を誤魔化す
163651	朝鮮朝日	西北版	1928-12-21	1	10단	運動界(大同署武道納會)
163652	朝鮮朝日	西北版	1928-12-21	1	10단	會(松井府尹晩餐會)
163653	朝鮮朝日	西北版	1928-12-21	1	10단	人(谷多喜磨氏(平安北道知事)/小島源藏氏(遞信局副事務官)/高橋敏氏(專賣局庶務課長)/富田儀作氏(鎭南浦實業家)/大村百藏氏(京城實業家))
163654	朝鮮朝日	西北版	1928-12-21	1	10단	半島茶話
163655	朝鮮朝日	南鮮版	1928-12-21	1	01단	落穗集(九十)/下村海南

일련번호	판명		간행일	면	단수	기사명
163656	朝鮮朝日	南鮮版	1928-12-21	1	01단	無氣味な眼で睨まれ御無理御尤と賛成/腹では地方財政の危機といふ學校増設案の意見/緊張を見せた内務部長會議
163657	朝鮮朝日	南鮮版	1928-12-21	1	02단	大漢江早くも凍る(十九日朝所見)
163658	朝鮮朝日	南鮮版	1928-12-21	1	03단	不況對策案總監に答申
163659	朝鮮朝日	南鮮版	1928-12-21	1	04단	白井經理部長近衛に榮轉
163660	朝鮮朝日	南鮮版	1928-12-21	1	04단	俳句/鈴木花蓑選
163661	朝鮮朝日	南鮮版	1928-12-21	1	04단	財務主任異動
163662	朝鮮朝日	南鮮版	1928-12-21	1	04단	廣告に目ざめた京城の商人たち/見違へるやうに變った/電車内の美しい廣告
163663	朝鮮朝日	南鮮版	1928-12-21	1	05단	民族主義運動者の公判(大邱地方法院で)
163664	朝鮮朝日	南鮮版	1928-12-21	1	05단	いよいよ四ケ所で市民大會を開き瓦電の是非曲折を廣く市民に訴ふ/牧島自治團期成會と提携
163665	朝鮮朝日	南鮮版	1928-12-21	1	05단	冬季間の兒童の衛生校長會で附議
163666	朝鮮朝日	南鮮版	1928-12-21	1	06단	歳の瀬は迫る(上)/困ったものと言ふうち大晦日/迎春のお支度に忙しい乾物屋での買物ぶり
163667	朝鮮朝日	南鮮版	1928-12-21	1	07단	同じ責任を負ひ俸給は非常に少い/朝鮮人巡査の優遇/二圓乃至三圓づゝの一齊增俸
163668	朝鮮朝日	南鮮版	1928-12-21	1	07단	私財十萬圓を投じ惠まれぬ子弟に學資を給する育英會 京城府淺野氏の美擧/僅なお金で人樣を助ける事ができれば幸ひ
163669	朝鮮朝日	南鮮版	1928-12-21	1	08단	鐵道問題で光州の有志大會を開く
163670	朝鮮朝日	南鮮版	1928-12-21	1	09단	列車ボーイを買收してモヒを密輸
163671	朝鮮朝日	南鮮版	1928-12-21	1	09단	設備を強要される船舶は案外少い/船舶無線法の實施適用を受けるは三十隻
163672	朝鮮朝日	南鮮版	1928-12-21	1	09단	釜山地方零下を降る六度の寒さ
163673	朝鮮朝日	南鮮版	1928-12-21	1	10단	京城釜山間回線の增加/豫算が通過
163674	朝鮮朝日	南鮮版	1928-12-21	1	10단	會(香椎釜山商議會頭忘年宴/野村治一郎氏(大阪商船重役)/釜山煙草披露宴)
163675	朝鮮朝日	南鮮版	1928-12-21	1	10단	人(谷多喜磨氏(平安北道知事)/小島源藏氏(遞信局副事務官)/高橋敏氏(專賣局庶務課長)/富田儀作氏(鎭南浦實業家)/大村百藏氏(京城實業家))
163676	朝鮮朝日	南鮮版	1928-12-21	1	10단	半島茶話
163677	朝鮮朝日	西北・南鮮版	1928-12-21	2	01단	瓦電事業買收交涉の經過(二)
163678	朝鮮朝日	西北・南鮮版	1928-12-21	2	01단	波の音/釜山青い鳥
163679	朝鮮朝日	西北・南鮮版	1928-12-21	2	02단	人道橋の橋桁架設

일련번호	판명		간행일	면	단수	기사명
163680	朝鮮朝日	西北・南鮮版	1928-12-21	2	04단	御大體記念昭和貯蓄會役員が決定
163681	朝鮮朝日	西北・南鮮版	1928-12-21	2	04단	公州電氣總會
163682	朝鮮朝日	西北・南鮮版	1928-12-21	2	04단	流筏組合總會
163683	朝鮮朝日	西北・南鮮版	1928-12-21	2	04단	浮世草
163684	朝鮮朝日	西北版	1928-12-22	1	01단	落穗集(九十一)/下村海南
163685	朝鮮朝日	西北版	1928-12-22	1	01단	一年前の今月は大變な不評判で朝鮮でも反對を叫ばれた總督現在の感懷如何
163686	朝鮮朝日	西北版	1928-12-22	1	02단	歲の瀨は迫る(二)/人は皆文化的のデパートに集り薩ぱりなのは中小商店賣行は矢張り安物のみ
163687	朝鮮朝日	西北版	1928-12-22	1	04단	着任當時の總督
163688	朝鮮朝日	西北版	1928-12-22	1	04단	內地に行くより進んで大陸に/永住の地を求めよ/村岡司令官朝鮮勞働者を論ず
163689	朝鮮朝日	西北版	1928-12-22	1	05단	御用納め二十八日擧行
163690	朝鮮朝日	西北版	1928-12-22	1	06단	土曜漫筆/船に關する各稱呼の語源/遞信局管理所長松島惇
163691	朝鮮朝日	西北版	1928-12-22	1	06단	民謠/北原白秋選
163692	朝鮮朝日	西北版	1928-12-22	1	07단	箕林里の市街地計劃工費三十萬圓
163693	朝鮮朝日	西北版	1928-12-22	1	07단	三道立醫院新築が決定/閣議を通過
163694	朝鮮朝日	西北版	1928-12-22	1	07단	地元の工事は地元の人に/土木協會が要望を強調
163695	朝鮮朝日	西北版	1928-12-22	1	07단	都市金組安東に設置/關東廳が計劃
163696	朝鮮朝日	西北版	1928-12-22	1	08단	お百姓知事の熱誠な講話/農事改良の地主懇談會
163697	朝鮮朝日	西北版	1928-12-22	1	08단	四間四方の大文字/平壤航空標識
163698	朝鮮朝日	西北版	1928-12-22	1	08단	私達が無事に働けるのは內地同胞のお蔭ですと大成普通夜學院の生徒達が汗で得たお金を貧民に贈る
163699	朝鮮朝日	西北版	1928-12-22	1	08단	賣上が四百萬圓/購買組合の續出で小賣商人たちが大打擊
163700	朝鮮朝日	西北版	1928-12-22	1	09단	平壤消防隊勤續者表彰
163701	朝鮮朝日	西北版	1928-12-22	1	09단	歸還飛機隊歡迎
163702	朝鮮朝日	西北版	1928-12-22	1	10단	東北大學の籃蹴球選手內鮮で戰ふ
163703	朝鮮朝日	西北版	1928-12-22	1	10단	名刺交換會申込
163704	朝鮮朝日	西北版	1928-12-22	1	10단	僞電を發した爲替詐欺犯新義州に護送
163705	朝鮮朝日	西北版	1928-12-22	1	10단	人(池上總監夫人/野村治一良氏(朝鮮郵船取締役)/村岡關東軍司令官/伊地知四郎大佐(新平壤燃料支廠長))
163706	朝鮮朝日	西北版	1928-12-22	1	10단	半島茶話

일련번호	판명		간행일	면	단수	기사명
163707	朝鮮朝日	南鮮版	1928-12-22	1	01단	落穂集(九十一)/下村海南
163708	朝鮮朝日	南鮮版	1928-12-22	1	01단	一年前の今月は大變な不評判で朝鮮でも反對を叫ばれた總督現在の感懷如何
163709	朝鮮朝日	南鮮版	1928-12-22	1	02단	歳の瀬は迫る(二)/人は皆文化的のデパートに集り薩ぱ
163709	朝鮮朝日	南鮮版	1928-12-22	1	02단	りなのは中小商店賣行は矢張り安物のみ
163710	朝鮮朝日	南鮮版	1928-12-22	1	04단	着任當時の總督
163711	朝鮮朝日	南鮮版	1928-12-22	1	04단	內地に行くより進んで大陸に/氷住の地を求めよ/村岡司令官朝鮮勞働者を論ず
163712	朝鮮朝日	南鮮版	1928-12-22	1	05단	御用納め二十八日擧行
163713	朝鮮朝日	南鮮版	1928-12-22	1	06단	土曜漫筆/船に關する各稱呼の語源/遞信局管理所長松島惇
163714	朝鮮朝日	南鮮版	1928-12-22	1	06단	民謠/北原白秋選
163715	朝鮮朝日	南鮮版	1928-12-22	1	07단	瓦電の値下げ一ケ月間を延期す/料金不拂の提議も出た期成會理事會/府民に迷惑は絶對かけぬ　山本遞信局長談
163716	朝鮮朝日	南鮮版	1928-12-22	1	07단	釜山商業の盟休生復校百六十四名
163717	朝鮮朝日	南鮮版	1928-12-22	1	08단	寫眞(春川新延江鐵橋起工式を祝福するアーチ)
163718	朝鮮朝日	南鮮版	1928-12-22	1	08단	酷寒のため列車が延着
163719	朝鮮朝日	南鮮版	1928-12-22	1	08단	木浦の寒さ零下六度
163720	朝鮮朝日	南鮮版	1928-12-22	1	08단	釜山の地震/震幅は五ミリ
163721	朝鮮朝日	南鮮版	1928-12-22	1	08단	賣上が四百萬圓/購買組合の續出で小賣商人たちが大打擊
163722	朝鮮朝日	南鮮版	1928-12-22	1	09단	重大事件で大邱署が緊張
163723	朝鮮朝日	南鮮版	1928-12-22	1	09단	巡査狙擊の共犯に死刑
163724	朝鮮朝日	南鮮版	1928-12-22	1	10단	八戶を全燒/九龍浦の火事
163725	朝鮮朝日	南鮮版	1928-12-22	1	10단	警官寄宿舍燒失す
163726	朝鮮朝日	南鮮版	1928-12-22	1	10단	東北大學の籃蹴球選手內鮮で戰ふ
163727	朝鮮朝日	南鮮版	1928-12-22	1	10단	人(池上總監夫人/野村治一良氏(朝鮮郵船取締役)/村岡關東軍司令官/伊地知四郎大佐(新平壤然料支廠長))
163728	朝鮮朝日	西北・南鮮版	1928-12-22	1	10단	半島茶話
163729	朝鮮朝日	西北・南鮮版	1928-12-22	2	01단	波の音/釜山靑い鳥
163730	朝鮮朝日	西北・南鮮版	1928-12-22	2	01단	瓦電事業買收交涉の經過(三)
163731	朝鮮朝日	西北・南鮮版	1928-12-22	2	02단	金組貸出農改低資の利子を引下
163732	朝鮮朝日	西北・南鮮版	1928-12-22	2	03단	昨年に反し河東の海苔稀に見る豊漁
163733	朝鮮朝日	西北・南鮮版	1928-12-22	2	03단	東津水利堰堤渡初式
163734	朝鮮朝日	西北・南鮮版	1928-12-22	2	04단	酒造米に木浦の『雄町』山梨で好評

일련번호	판명		간행일	면	단수	기사명
163735	朝鮮朝日	西北・南鮮版	1928-12-22	2	04단	釜山漁組總代會
163736	朝鮮朝日	西北・南鮮版	1928-12-22	2	04단	鷄卵販賣會畜産會斡旋
163737	朝鮮朝日	西北版	1928-12-23	1	01단	落穗集(九十二)/下村海南
163738	朝鮮朝日	西北版	1928-12-23	1	01단	朝鮮の金融界に一新機軸を劃する新銀行令は一月より實施/貯蓄銀行令は未定
163739	朝鮮朝日	西北版	1928-12-23	1	01단	山梨總督の警官講習所卒業式視察
163740	朝鮮朝日	西北版	1928-12-23	1	01단	內鮮間の肉聲が五年には聞ける海底電話線の竣功/簡易保險は十月から實施
163741	朝鮮朝日	西北版	1928-12-23	1	03단	支那側が領事分館を淸津に設置
163742	朝鮮朝日	西北版	1928-12-23	1	03단	永住したいと思った朝鮮/近衛に榮轉の白井氏は語る
163743	朝鮮朝日	西北版	1928-12-23	1	04단	辭令(二十日附)
163744	朝鮮朝日	西北版	1928-12-23	1	04단	昭和二年中の農産品の生産一步の減收を示す
163745	朝鮮朝日	西北版	1928-12-23	1	04단	自家用の廢止で浮み出るお金がザッと五、六十萬圓/平壤管內自家用煙草禁止
163746	朝鮮朝日	西北版	1928-12-23	1	05단	牡丹台野話
163747	朝鮮朝日	西北版	1928-12-23	1	05단	高師選拔試驗
163748	朝鮮朝日	西北版	1928-12-23	1	05단	新義州電氣値下を申請
163749	朝鮮朝日	西北版	1928-12-23	1	05단	江界漁雷が普校設置を當局に要望
163750	朝鮮朝日	西北版	1928-12-23	1	05단	安東兩小學校名を改稱
163751	朝鮮朝日	西北版	1928-12-23	1	06단	彰德家庭學校校舍新築を急ぐ
163752	朝鮮朝日	西北版	1928-12-23	1	06단	輸出に困る安東の緬羊肉
163753	朝鮮朝日	西北版	1928-12-23	1	06단	總べての人は平等の知識と教養を要求/女なるが故に區別すなと女子大學の設立計劃
163754	朝鮮朝日	西北版	1928-12-23	1	06단	短歌/橋田東聲選
163755	朝鮮朝日	西北版	1928-12-23	1	07단	大豆が不作の上に詐欺まで絡まり泣面に蜂の痛事を負うた間島師走の金融界
163756	朝鮮朝日	西北版	1928-12-23	1	07단	可憐な日支親善/日本側は支那語で支那の兒童は日本語で童話劇の巧みさを見す
163757	朝鮮朝日	西北版	1928-12-23	1	07단	城津機關庫增築に着工
163758	朝鮮朝日	西北版	1928-12-23	1	08단	凍死を防ぐ牛舍の施設/平南が獎勵
163759	朝鮮朝日	西北版	1928-12-23	1	08단	平壤牛の試食
163760	朝鮮朝日	西北版	1928-12-23	1	08단	公金を費消し發覺を恐れ郡廳舍に放火した平北龜城郡廳雇員の惡事
163761	朝鮮朝日	西北版	1928-12-23	1	09단	平壤憲兵隊スケート練習
163762	朝鮮朝日	西北版	1928-12-23	1	09단	四尺に餘る煙管を忘る呑氣な讀書子
163763	朝鮮朝日	西北版	1928-12-23	1	09단	不景氣のため慈善鍋お金が集らぬ

일련번호	판명		간행일	면	단수	기사명
163764	朝鮮朝日	西北版	1928-12-23	1	09단	城津消防の夜警
163765	朝鮮朝日	西北版	1928-12-23	1	10단	密輸入が滅切り增加/國境列車內の
163766	朝鮮朝日	西北版	1928-12-23	1	10단	平南の犯罪多いのは竊盜
163767	朝鮮朝日	西北版	1928-12-23	1	10단	お妾の放火/旦那を嫌うて
163768	朝鮮朝日	西北版	1928-12-23	1	10단	雄基の三人强盜
163769	朝鮮朝日	西北版	1928-12-23	1	10단	感冒が流行/大邱地方に
163770	朝鮮朝日	西北版	1928-12-23	1	10단	平南道廳道友會
163771	朝鮮朝日	西北版	1928-12-23	1	10단	人(李鍝公殿下/吉澤平壤鑛業部長/山本犀藏氏(遞信局長)/山縣悌三郎氏(京城大學教授))
163772	朝鮮朝日	西北版	1928-12-23	1	10단	半島茶話
163773	朝鮮朝日	南鮮版	1928-12-23	1	01단	落穗集(九十二)/下村海南
163774	朝鮮朝日	南鮮版	1928-12-23	1	01단	朝鮮の金融界に一新機軸を劃する新銀行令は一月より
163774	朝鮮朝日	南鮮版	1928-12-23	1	01단	實施/貯蓄銀行令は未定
163775	朝鮮朝日	南鮮版	1928-12-23	1	01단	山梨總督の警官講習所卒業式視察
163776	朝鮮朝日	南鮮版	1928-12-23	1	01단	內鮮間の肉聲が五年には聞ける海底電話線の竣功/簡易保險は十月から實施
163777	朝鮮朝日	南鮮版	1928-12-23	1	03단	旱害による貧窮兒童を益山郡が調査
163778	朝鮮朝日	南鮮版	1928-12-23	1	03단	永住したいと思った朝鮮/近衛に榮轉の白井氏は語る
163779	朝鮮朝日	南鮮版	1928-12-23	1	04단	辭令(二十日附)
163780	朝鮮朝日	南鮮版	1928-12-23	1	04단	昭和二年中の農産品の生産一步の減收を示す
163781	朝鮮朝日	南鮮版	1928-12-23	1	04단	自家用の廢止で浮み出るお金がザッと五、六十萬圓/平壤管內自家用煙草禁止
163782	朝鮮朝日	南鮮版	1928-12-23	1	05단	私達が無事に働けるのは內地同胞のお蔭ですと大成普通夜學院の生徒達が汗で得たお金を貧民に贈る
163783	朝鮮朝日	南鮮版	1928-12-23	1	05단	市民大會が終り熱の冷めたころ價格算定の基礎を發表せんとする瓦電會社
163784	朝鮮朝日	南鮮版	1928-12-23	1	05단	彰德家庭學校校舍新築を急ぐ
163785	朝鮮朝日	南鮮版	1928-12-23	1	05단	クリスマス京城の催し
163786	朝鮮朝日	南鮮版	1928-12-23	1	05단	釜山火葬場二十四日火入
163787	朝鮮朝日	南鮮版	1928-12-23	1	06단	三道立醫院新築が決定/閣議を通過
163788	朝鮮朝日	南鮮版	1928-12-23	1	06단	總べての人は平等の知識と敎養を要求/女なるが故に區別すなと女子大學の設立計劃
163789	朝鮮朝日	南鮮版	1928-12-23	1	06단	短歌/橋田東聲選
163790	朝鮮朝日	南鮮版	1928-12-23	1	07단	可憐な日支親善/日本側は支那語で支那

일련번호	판명		간행일	면	단수	기사명
163790	朝鮮朝日	南鮮版	1928-12-23	1	07단	の兒童は日本語で童話劇の巧みさを見す
163791	朝鮮朝日	南鮮版	1928-12-23	1	07단	お茶のあと
163792	朝鮮朝日	南鮮版	1928-12-23	1	08단	浦項靑訓開所式
163793	朝鮮朝日	南鮮版	1928-12-23	1	08단	高師選拔試驗
163794	朝鮮朝日	南鮮版	1928-12-23	1	08단	猩紅熱が京城に蔓延/七名が發生
163795	朝鮮朝日	南鮮版	1928-12-23	1	08단	土木事件は年內に結審か
163796	朝鮮朝日	南鮮版	1928-12-23	1	08단	公金を費消し發覺を恐れ郡廳舍に放火した平北龜城郡廳雇員の惡事
163797	朝鮮朝日	南鮮版	1928-12-23	1	09단	自動車衝突藝者が重傷
163798	朝鮮朝日	南鮮版	1928-12-23	1	09단	馬山小學生三分の二が咽喉を冒さる
163799	朝鮮朝日	南鮮版	1928-12-23	1	09단	不景氣のため慈善鍋お金が集らぬ
163800	朝鮮朝日	南鮮版	1928-12-23	1	09단	年末年始の贈答を廢し旱害民を救濟
163801	朝鮮朝日	南鮮版	1928-12-23	1	10단	感冒が流行/大邱地方に
163802	朝鮮朝日	南鮮版	1928-12-23	1	10단	加害者は夫/山中の他殺女
163803	朝鮮朝日	南鮮版	1928-12-23	1	10단	中等學校生の秘密結社團第二次檢擧か
163804	朝鮮朝日	南鮮版	1928-12-23	1	10단	モヒの密賣またも檢擧
163805	朝鮮朝日	南鮮版	1928-12-23	1	10단	會(京城都市研究會幹事會)
163806	朝鮮朝日	南鮮版	1928-12-23	1	10단	人(李鍝公殿下/吉澤平壤鑛業部長/山縣悌三郎氏(京城大學教授)/山梨呂久子夫人(山梨總督夫人)/山本遞信局長/東條朝鐵重役/吉田初三郎氏(畫家))
163807	朝鮮朝日	南鮮版	1928-12-23	1	10단	半島茶話
163808	朝鮮朝日	西北・南鮮版	1928-12-23	2	01단	波の音/釜山靑い鳥
163809	朝鮮朝日	西北・南鮮版	1928-12-23	2	01단	仁取の受渡米格上が認可さる
163810	朝鮮朝日	西北・南鮮版	1928-12-23	2	01단	注目すべきは滿洲粟の不作/昨年より六千石減收
163811	朝鮮朝日	西北・南鮮版	1928-12-23	2	01단	雫の聲
163812	朝鮮朝日	西北・南鮮版	1928-12-23	2	02단	年賀郵便京城內の引受
163813	朝鮮朝日	西北・南鮮版	1928-12-23	2	02단	旱害の地稅慶南が免除
163814	朝鮮朝日	西北・南鮮版	1928-12-23	2	03단	柞蠶會社が安東に工場を
163815	朝鮮朝日	西北・南鮮版	1928-12-23	2	03단	專賣局が倉庫の自營三ヶ年繼續で
163816	朝鮮朝日	西北・南鮮版	1928-12-23	2	04단	工業研究會釜山に設置
163817	朝鮮朝日	西北・南鮮版	1928-12-23	2	04단	煙草專賣違反取締數四百一件
163818	朝鮮朝日	西北・南鮮版	1928-12-23	2	04단	浮世草
163819	朝鮮朝日	西北版	1928-12-25	1	01단	落穗集(九十三)/下村海南
163820	朝鮮朝日	西北版	1928-12-25	1	01단	宗徒の輩を從へ謎の土産を秘めて床次さんが京城を通過/流石に政界の一頭領
163821	朝鮮朝日	西北版	1928-12-25	1	02단	李王殿下からカップを御下賜/大阪相愛會の主催で內鮮學生の競技會

일련번호	판명		간행일	면	단수	기사명
163822	朝鮮朝日	西北版	1928-12-25	1	04단	京城齒科醫專內容が充實/有資格に昇格
163823	朝鮮朝日	西北版	1928-12-25	1	04단	平元線に乘合自動車許可される
163824	朝鮮朝日	西北版	1928-12-25	1	04단	行詰まった沙里院面電打開を協議
163825	朝鮮朝日	西北版	1928-12-25	1	04단	安東區豫算三十二萬圓
163826	朝鮮朝日	西北版	1928-12-25	1	04단	歲の瀨は迫る(三)/有卦に入るのは小さい印刷屋/平常の十倍位儲けやうと殆ど徹夜の大車輪
163827	朝鮮朝日	西北版	1928-12-25	1	05단	黃海免稅額十五萬八千圓
163828	朝鮮朝日	西北版	1928-12-25	1	05단	小規模の水利事業が平北に增加
163829	朝鮮朝日	西北版	1928-12-25	1	05단	大臣が伴食では却って統治を誤る/拓殖省新設に關する可否論/總督の權限は下る
163830	朝鮮朝日	西北版	1928-12-25	1	06단	牡丹台野話
163831	朝鮮朝日	西北版	1928-12-25	1	06단	黃海種苗場移轉と決定
163832	朝鮮朝日	西北版	1928-12-25	1	06단	朝鮮博の協贊會豫算異議なく可決
163833	朝鮮朝日	西北版	1928-12-25	1	07단	賀川氏講演會
163834	朝鮮朝日	西北版	1928-12-25	1	07단	安東靑訓入所式
163835	朝鮮朝日	西北版	1928-12-25	1	07단	勞働者の尊い汗で生れた遮湖の勞働會館
163836	朝鮮朝日	西北版	1928-12-25	1	08단	遊戲の研究雜誌を發刊
163837	朝鮮朝日	西北版	1928-12-25	1	08단	近衛師團經理部長に榮轉の白井二十師團經理部長/新二十師團經理部長橫田一等主計正
163838	朝鮮朝日	西北版	1928-12-25	1	09단	金剛山の名刹長安寺の坊さん/寺有財産を橫領す
163839	朝鮮朝日	西北版	1928-12-25	1	09단	樂しいクリスマス
163840	朝鮮朝日	西北版	1928-12-25	1	09단	貯水池の設置に反對/附近地主が
163841	朝鮮朝日	西北版	1928-12-25	1	09단	高等農事講習會
163842	朝鮮朝日	西北版	1928-12-25	1	10단	新粟標準品安取が決定
163843	朝鮮朝日	西北版	1928-12-25	1	10단	全滿氷上競技奉天で開催
163844	朝鮮朝日	西北版	1928-12-25	1	10단	小作爭議の背後に潛む不逞を檢束
163845	朝鮮朝日	西北版	1928-12-25	1	10단	人(床次竹二郎氏一行八名/賀川豐彥氏/柳兼子氏(宗悅氏夫人)/森ハルピン陳列館長/伊知地新平壤鑛業部長/吉植庄三氏(東亞勸業專務理事)/芳野正大少佐(新滿洲憲兵分隊長)/多田榮吉氏(平安北道評議員))
163846	朝鮮朝日	南鮮版	1928-12-25	1	01단	落穗集(九十三)/下村海南
163847	朝鮮朝日	南鮮版	1928-12-25	1	01단	宗徒の輩を從へ謎の土産を秘めて床次さんが京城を通過/流石に政界の一頭領
163848	朝鮮朝日	南鮮版	1928-12-25	1	02단	李王殿下からカップを御下賜/大阪相愛會の主催で內鮮學生の競技會

일련번호	판명		간행일	면	단수	기사명
163849	朝鮮朝日	南鮮版	1928-12-25	1	04단	近衛師團經理部長に榮轉の白井二十師團經理部長/新二十師團經理部長横田一等主計正
163850	朝鮮朝日	南鮮版	1928-12-25	1	04단	大臣が伴食では却って統治を誤る拓殖省新設に關する可否論/總督の權限は下る
163851	朝鮮朝日	南鮮版	1928-12-25	1	04단	歳の瀬は迫る(三)/有卦に入るのは小さい印刷屋/平常の十倍位儲けやうと殆ど徹夜の大車輪
163852	朝鮮朝日	南鮮版	1928-12-25	1	05단	群山靑訓修了式
163853	朝鮮朝日	南鮮版	1928-12-25	1	05단	京城齒科醫專内容が充實/有資格に昇格
163854	朝鮮朝日	南鮮版	1928-12-25	1	05단	南朝鮮鐵道麗水光州間五年に開通か
163855	朝鮮朝日	南鮮版	1928-12-25	1	05단	席旗を押し立て瓦電の應懲を絶叫した府民大會 宣言書その他を可決す/更に各所で引續き開催/不拂同盟を企てる氣配
163856	朝鮮朝日	南鮮版	1928-12-25	1	06단	勞働者の尊い汗で生れた遮湖の勞働會館
163857	朝鮮朝日	南鮮版	1928-12-25	1	07단	樂しいクリスマス
163858	朝鮮朝日	南鮮版	1928-12-25	1	08단	朝鮮博の協贊會豫算異議なく可決
163859	朝鮮朝日	南鮮版	1928-12-25	1	09단	貧しき人に贈り度いと感心な朝鮮人
163860	朝鮮朝日	南鮮版	1928-12-25	1	09단	金剛山の名刹長安寺の坊さん寺有財産を横領す
163861	朝鮮朝日	南鮮版	1928-12-25	1	10단	高等農事講習會
163862	朝鮮朝日	南鮮版	1928-12-25	1	10단	若い婦人が投身を企つ
163863	朝鮮朝日	南鮮版	1928-12-25	1	10단	投げ飛ばし金を強奪す
163864	朝鮮朝日	南鮮版	1928-12-25	1	10단	井戸に投身/人妻の自殺
163865	朝鮮朝日	南鮮版	1928-12-25	1	10단	勞働宿泊所仁川に設置
163866	朝鮮朝日	南鮮版	1928-12-25	1	10단	人(床次竹二郎氏一行八名/賀川豊彦氏/柳兼子氏(宗悅氏夫人)/森ハルピン陳列館長/伊知地新平壤鑛業部長/吉植庄三氏(東亞勸業專務理事)/芳野正大少佐(新滿洲憲兵分隊長)/多田榮吉氏(平安北道評議員))
163867	朝鮮朝日	西北・南鮮版	1928-12-25	2	01단	昭和三年を顧みて/華々しく對外的に活躍して世界のスポーツ國へわが運動史上記念すべき大偉業/渡邊文吉
163868	朝鮮朝日	西北・南鮮版	1928-12-25	2	02단	仁川の命令航路新線の開設を商議が遞信局に回答
163869	朝鮮朝日	西北・南鮮版	1928-12-25	2	02단	忠北二期線二十五日開通
163870	朝鮮朝日	西北・南鮮版	1928-12-25	2	03단	釜山港の下水溝道路大改修の計劃
163871	朝鮮朝日	西北・南鮮版	1928-12-25	2	04단	平壤歳晩變相圖(一)/平壤一記者
163872	朝鮮朝日	西北・南鮮版	1928-12-25	2	04단	年賀郵便平壤局の成績/二十萬通を豫想
163873	朝鮮朝日	西北・南鮮版	1928-12-25	2	04단	雫の聲

일련번호	판명		간행일	면	단수	기사명
163874	朝鮮朝日	西北・南鮮版	1928-12-25	2	04단	波の音/釜山青い鳥
163875	朝鮮朝日	西北・南鮮版	1928-12-25	2	05단	城津の大豆出廻が遲る
163876	朝鮮朝日	西北・南鮮版	1928-12-25	2	05단	間島の大豆出荷薄の原因
163877	朝鮮朝日	西北・南鮮版	1928-12-25	2	06단	朝鮮酒の品評會開催/優勝旗授與
163878	朝鮮朝日	西北・南鮮版	1928-12-25	2	07단	過剰に苦しむ葉煙草栽培/來年は制限
163879	朝鮮朝日	西北・南鮮版	1928-12-25	2	07단	洪城郵便局落成
163880	朝鮮朝日	西北・南鮮版	1928-12-25	2	07단	朝民平壤支局
163881	朝鮮朝日	西北・南鮮版	1928-12-25	2	07단	新刊紹介(『ゲラ十二月號』)
163882	朝鮮朝日	西北版	1928-12-26	1	01단	落穂集(九十四)/下村海南
163883	朝鮮朝日	西北版	1928-12-26	1	01단	朝鮮の金融界に新時代を劃する新銀行令 愈よ公布 明年の一月一日より實施 舊令との重要な相違點は？/普通銀行の貯金を貯蓄銀行に振替 七月の實施は困難か 貯蓄銀行令遂に公布さる
163884	朝鮮朝日	西北版	1928-12-26	1	01단	大正天皇遙拜式
163885	朝鮮朝日	西北版	1928-12-26	1	01단	歳の瀬は迫る(四)/正月興行を前に優秀な映畫の配給に轉手古舞の京城のフヰルム配給所
163886	朝鮮朝日	西北版	1928-12-26	1	04단	俳句/鈴木花蓑選
163887	朝鮮朝日	西北版	1928-12-26	1	05단	朝鮮無煙炭本社移轉を平壤が勸告
163888	朝鮮朝日	西北版	1928-12-26	1	05단	普通學校の教科書に鐵道の記事が少いのは遺憾であると鐵道協會が建議
163889	朝鮮朝日	西北版	1928-12-26	1	05단	京城靑訓修了式(二十四日擧行)
163890	朝鮮朝日	西北版	1928-12-26	1	06단	牡丹台野話
163891	朝鮮朝日	西北版	1928-12-26	1	07단	暖いねぐら勞働者の福音
163892	朝鮮朝日	西北版	1928-12-26	1	07단	國境の森林地帶に蟠る奇妙な病/四肢の關節を冒され病源が今なほ不明
163893	朝鮮朝日	西北版	1928-12-26	1	07단	世界的に銘うたれた優美な朝鮮の服も内鮮融和には代へられぬと五百の朝鮮家族が和服着用
163894	朝鮮朝日	西北版	1928-12-26	1	09단	國境鐵道の案は瀬踏の積りで出したに過ぎない/削除さ
163894	朝鮮朝日	西北版	1928-12-26	1	09단	れても悲觀せぬ
163895	朝鮮朝日	西北版	1928-12-26	1	09단	務川氏の博士論文が九大を通過
163896	朝鮮朝日	西北版	1928-12-26	1	09단	平壤飛機の濟南派遣隊/府民の歡迎
163897	朝鮮朝日	西北版	1928-12-26	1	10단	安東滿鐵醫院擴張を要望/地方委員が
163898	朝鮮朝日	西北版	1928-12-26	1	10단	書き初め展覽會を開く
163899	朝鮮朝日	西北版	1928-12-26	1	10단	虚禮を廢し慈善團に寄贈
163900	朝鮮朝日	西北版	1928-12-26	1	10단	人(李鍝公殿下/草間財務局長/關水慶南内

일련번호	판명		간행일	면	단수	기사명
163900	朝鮮朝日	西北版	1928-12-26	1	10단	務部長/韓錫命氏(新酒川郡守)/寺內朝鮮軍參謀長/布施信良博士(大阪醫大教授)/志賀潔博士(城大醫學部長))
163901	朝鮮朝日	西北版	1928-12-26	1	10단	半島茶話
163902	朝鮮朝日	南鮮版	1928-12-26	1	01단	落穗集(九十四)/下村海南
163903	朝鮮朝日	南鮮版	1928-12-26	1	01단	朝鮮の金融界に新時代を劃する新銀行令愈よ公布 明年の一月一日より實施 舊令との重要な相違點は？/普通銀行の貯金を貯蓄銀行に振替 七月の實施は困難か 貯蓄銀行令遂に公布さる
163904	朝鮮朝日	南鮮版	1928-12-26	1	01단	大正天皇遙拜式
163905	朝鮮朝日	南鮮版	1928-12-26	1	01단	歲の瀨は迫る(四)/正月興行を前に優秀な映畫の配給に轉手古舞の京城のフキルム配給所
163906	朝鮮朝日	南鮮版	1928-12-26	1	04단	俳句/鈴木花蓑選
163907	朝鮮朝日	南鮮版	1928-12-26	1	05단	普通學校の教科書に鐵道の記事が少いのは遺憾であると鐵道協會が建議
163908	朝鮮朝日	南鮮版	1928-12-26	1	05단	社會事業に補助を交付
163909	朝鮮朝日	南鮮版	1928-12-26	1	05단	暖いねぐら勞働者の福音
163910	朝鮮朝日	南鮮版	1928-12-26	1	06단	寒さ烈しく列車が遲延
163911	朝鮮朝日	南鮮版	1928-12-26	1	06단	釜山の府營バス實現できねば府議員は總辭職か/事態漸やく險惡となる
163912	朝鮮朝日	南鮮版	1928-12-26	1	07단	京城靑訓修了式(二十四日擧行)
163913	朝鮮朝日	南鮮版	1928-12-26	1	07단	忠南熊川所電信電話開始
163914	朝鮮朝日	南鮮版	1928-12-26	1	07단	國境鐵道の案は瀨踏の積りで出したに過ぎない/削除されても悲觀せぬ
163915	朝鮮朝日	南鮮版	1928-12-26	1	07단	世界的に銘うたれた優美な朝鮮の服も內鮮融和には代へられぬと五百の朝鮮家族が和服着用
163916	朝鮮朝日	南鮮版	1928-12-26	1	08단	土木調査慶南が實施
163917	朝鮮朝日	南鮮版	1928-12-26	1	09단	木の實を採って辛くも命を繫ぎはては食を求め他に放浪/全北の旱害は深刻
163918	朝鮮朝日	南鮮版	1928-12-26	1	09단	移出米叺二等品使用全北が許可
163919	朝鮮朝日	南鮮版	1928-12-26	1	09단	釜山二商百四十名の盟休生復校
163920	朝鮮朝日	南鮮版	1928-12-26	1	09단	全州威鳳寺住職爭ひは選擧で解決
163921	朝鮮朝日	南鮮版	1928-12-26	1	10단	昨年の二倍/京城の火事
163922	朝鮮朝日	南鮮版	1928-12-26	1	10단	人攫ひ釜山に出沒
163923	朝鮮朝日	南鮮版	1928-12-26	1	10단	人(李鍝公殿下/草間財務局長/寺內朝鮮軍參謀長/布施信良博士(大阪醫大教授)/志賀潔博士(城大醫學部長))

일련번호	판명		간행일	면	단수	기사명
163924	朝鮮朝日	南鮮版	1928-12-26	1	10단	半島茶話
163925	朝鮮朝日	西北・南鮮版	1928-12-26	2	01단	平壤歲晚變相圖（２）/平壤一記者
163926	朝鮮朝日	西北・南鮮版	1928-12-26	2	01단	波の音/釜山靑い鳥
163927	朝鮮朝日	西北・南鮮版	1928-12-26	2	01단	夾雜物のため不合格となる産米の多いのは遺憾
163928	朝鮮朝日	西北・南鮮版	1928-12-26	2	01단	雫の聲
163929	朝鮮朝日	西北・南鮮版	1928-12-26	2	02단	鐵道局辭令
163930	朝鮮朝日	西北・南鮮版	1928-12-26	2	02단	平南の堆肥二億餘萬貫
163931	朝鮮朝日	西北・南鮮版	1928-12-26	2	03단	*慶南の棉作二百十萬斤/全北棉花共販高*
163932	朝鮮朝日	西北・南鮮版	1928-12-26	2	04단	慶南の鷄卵滅法賣れる
163933	朝鮮朝日	西北・南鮮版	1928-12-26	2	04단	鴨江木材總會
163934	朝鮮朝日	西北・南鮮版	1928-12-26	2	04단	浮世草
163935	朝鮮朝日	西北版	1928-12-27	1	01단	落穗集（九十五）/下村海南
163936	朝鮮朝日	西北版	1928-12-27	1	01단	大正天皇祭遙拜式（二十五日朝鮮神宮で）
163937	朝鮮朝日	西北版	1928-12-27	1	01단	聖上陛下親しく朝鮮の現狀を御下問御引見の光榮に感激し草間局長襟を正す
163938	朝鮮朝日	西北版	1928-12-27	1	04단	實施期までに準備が整ふ新銀行令の適用/大した影響もあるまい
163939	朝鮮朝日	西北版	1928-12-27	1	04단	民謠/北原白秋選
163940	朝鮮朝日	西北版	1928-12-27	1	04단	一隻づゝで沿岸を巡航/鎭海の驅逐艦
163941	朝鮮朝日	西北版	1928-12-27	1	04단	安東驛の改築費明後年に計上
163942	朝鮮朝日	西北版	1928-12-27	1	04단	歲の瀨は迫る（五）/禿山の朝鮮では門松は切らせぬ/大部分は內地から移入/姬小松だけで千五百把
163943	朝鮮朝日	西北版	1928-12-27	1	05단	勅語と令旨安東の捧讀式
163944	朝鮮朝日	西北版	1928-12-27	1	05단	鎭南浦の徵稅成績/全鮮に冠たり
163945	朝鮮朝日	西北版	1928-12-27	1	05단	受驗地獄！入學難/子供達の慘めな勉强/可哀さうだが仕方がない/子を持つ親の惱み
163946	朝鮮朝日	西北版	1928-12-27	1	06단	稅關の休み
163947	朝鮮朝日	西北版	1928-12-27	1	06단	朝鮮代表平壤高普の蹴球選手出發
163948	朝鮮朝日	西北版	1928-12-27	1	06단	傳染病の傳播を防ぐ支那人の申合
163949	朝鮮朝日	西北版	1928-12-27	1	06단	*醫專に準據する平壤の醫學校第一回の生徒募集　校舍も六月には竣工する/廢校となる醫學講習所　連絡を希望*
163950	朝鮮朝日	西北版	1928-12-27	1	07단	陸軍被服本廠長から朝鮮軍經理部長に榮轉した遠山道主計監
163951	朝鮮朝日	西北版	1928-12-27	1	07단	射擊賞狀授與式
163952	朝鮮朝日	西北版	1928-12-27	1	07단	愛婦新年互禮會
163953	朝鮮朝日	西北版	1928-12-27	1	08단	東拓總裁の更迭で遲延/昭和水利工事

일련번호	판명		간행일	면	단수	기사명
163954	朝鮮朝日	西北版	1928-12-27	1	08단	火事が二件/一人が燒死
163955	朝鮮朝日	西北版	1928-12-27	1	08단	藥たとて毒煙を嗅せ人妻を殺す
163956	朝鮮朝日	西北版	1928-12-27	1	08단	娼妓に惚け公金を橫領
163957	朝鮮朝日	西北版	1928-12-27	1	09단	ほんの出來ごころ警官も憐れむ年末大賣出の萬引/大仕掛なのは殆ど無い
163958	朝鮮朝日	西北版	1928-12-27	1	09단	龍龕手鑑の版木を發見/黃海瑞興歸眞寺で三百數十年のものか
163959	朝鮮朝日	西北版	1928-12-27	1	09단	安東縣のスケート界活氣を呈す
163960	朝鮮朝日	西北版	1928-12-27	1	10단	特別警戒の效目が多い平南犯罪數
163961	朝鮮朝日	西北版	1928-12-27	1	10단	人(李鍵公殿下/李鎬公殿下/藤井十四三氏(滿鐵社長秘書役)/セミヨノフ將軍一行/草間財務局長/渡邊純氏(判事)/大井利明氏(新義州中學校長)/名倉勝氏(總督府技師))
163962	朝鮮朝日	西北版	1928-12-27	1	10단	半島茶話
163963	朝鮮朝日	南鮮版	1928-12-27	1	01단	落穗集(九十五)/下村海南
163964	朝鮮朝日	南鮮版	1928-12-27	1	01단	大正天皇祭遙拜式(二十五日朝鮮神宮で)
163965	朝鮮朝日	南鮮版	1928-12-27	1	01단	聖上陛下親しく朝鮮の現狀を御下問御引見の光榮に感激し草間局長襟を正す
163966	朝鮮朝日	南鮮版	1928-12-27	1	04단	實施期までに準備が整ふ新銀行令の適用/大した影響もあるまい
163967	朝鮮朝日	南鮮版	1928-12-27	1	04단	小競合まで演じた牧島の府民大會/交々瓦電の不誠意を難じ警官の注意を受く
163968	朝鮮朝日	南鮮版	1928-12-27	1	04단	民謠/北原白秋選
163969	朝鮮朝日	南鮮版	1928-12-27	1	04단	歲の瀨は迫る(五)/禿山の朝鮮では門松は切らせぬ/大部分は內地から移入/姬小松だけで千五百把
163970	朝鮮朝日	南鮮版	1928-12-27	1	05단	一隻づゝで沿岸を巡航/鎭海の驅逐艦
163971	朝鮮朝日	南鮮版	1928-12-27	1	05단	受驗地獄！入學難/子供達の慘めな勉强/可哀さうだが仕方がない/子を持つ親の惱み
163972	朝鮮朝日	南鮮版	1928-12-27	1	06단	陸軍被服本廠長から朝鮮軍經理部長に榮轉した遠山道主計監
163973	朝鮮朝日	南鮮版	1928-12-27	1	06단	朝鮮代表平壤高普の蹴球選手出發
163974	朝鮮朝日	南鮮版	1928-12-27	1	06단	馬山協議會混亂/府尹を批難
163975	朝鮮朝日	南鮮版	1928-12-27	1	06단	醫專に準據する平壤の醫學校第一回の生徒募集/校舍も六月には竣工する
163976	朝鮮朝日	南鮮版	1928-12-27	1	07단	解氷をまち着工/旱害救濟の土木の事業
163977	朝鮮朝日	南鮮版	1928-12-27	1	08단	ほんの出來ごころ警官も憐れむ年末大賣出の萬引/大仕掛なのは殆ど無い
163978	朝鮮朝日	南鮮版	1928-12-27	1	08단	龍龕手鑑の版木を發見/黃海瑞興歸眞寺

일련번호	판명		간행일	면	단수	기사명
163978	朝鮮朝日	南鮮版	1928-12-27	1	08단	で三百數十年のものか
163979	朝鮮朝日	南鮮版	1928-12-27	1	08단	景品券での買物を嫌ふ釜山の商人
163980	朝鮮朝日	南鮮版	1928-12-27	1	08단	旅客の往來で慌しい釜山の埠頭
163981	朝鮮朝日	南鮮版	1928-12-27	1	09단	南鮮に頻發した小作爭議の魔手/高麗革命黨の派遣員/連累者とも送局さる
163982	朝鮮朝日	南鮮版	1928-12-27	1	10단	兵事々務處理の將校警務局が招聘
163983	朝鮮朝日	南鮮版	1928-12-27	1	10단	鱈漁反則者處分法を考究
163984	朝鮮朝日	南鮮版	1928-12-27	1	10단	人(李鍵公殿下/李鍝公殿下/セミヨノフ將軍一行/玄俊鎬氏(湖南銀行專務取締役))
163985	朝鮮朝日	南鮮版	1928-12-27	1	10단	半島茶話
163986	朝鮮朝日	西北・南鮮版	1928-12-27	2	01단	平壤歲晚變相圖(完)/平壤一記者
163987	朝鮮朝日	西北・南鮮版	1928-12-27	2	01단	影を絶った漫然渡航者特別警戒の解除で渡來朝鮮人は激增したが
163988	朝鮮朝日	西北・南鮮版	1928-12-27	2	01단	雫の聲
163989	朝鮮朝日	西北・南鮮版	1928-12-27	2	02단	箕林里の市街計劃は三ヶ年計劃
163990	朝鮮朝日	西北・南鮮版	1928-12-27	2	02단	平壤府內の新築家屋五百二十餘戶
163991	朝鮮朝日	西北・南鮮版	1928-12-27	2	03단	生牛の肥育試驗/非常な好成績
163992	朝鮮朝日	西北・南鮮版	1928-12-27	2	04단	浮世草
163993	朝鮮朝日	西北版	1928-12-28	1	01단	落穗集(九十六)/下村海南
163994	朝鮮朝日	西北版	1928-12-28	1	01단	三年道豫算に比し千九百萬圓の增加/總額は二億四千二百萬圓/新規事業の內容
163995	朝鮮朝日	西北版	1928-12-28	1	01단	歲の瀬は迫る(完)/まだまだ正月は內地酒が威張る歲末に移入される/菰かぶりが凡そ一萬樽
163996	朝鮮朝日	西北版	1928-12-28	1	04단	俳句/鈴木花蓑選
163997	朝鮮朝日	西北版	1928-12-28	1	04단	平元鐵道西部線工事明春に着工
163998	朝鮮朝日	西北版	1928-12-28	1	04단	昭和水利は順調に進捗
163999	朝鮮朝日	西北版	1928-12-28	1	04단	忙しくなった銀行の窓口
164000	朝鮮朝日	西北版	1928-12-28	1	05단	公職者大會實行委員が總督府に陳情
164001	朝鮮朝日	西北版	1928-12-28	1	05단	干拓事業の補助增額に決定/但し四年度以降のもので旣設分には遡及せず
164002	朝鮮朝日	西北版	1928-12-28	1	06단	辭令(廿四日付)
164003	朝鮮朝日	西北版	1928-12-28	1	06단	軍敎を希望する學校が多い/軍務當局と交涉しなるべく希望を谷れる
164004	朝鮮朝日	西北版	1928-12-28	1	06단	『浮世を暫し忘し笑って居りたい』喜劇が一番喜ばれる/次に多いのは勞資對抗劇
164005	朝鮮朝日	西北版	1928-12-28	1	07단	橇/鴨綠江の氷上に活躍
164006	朝鮮朝日	西北版	1928-12-28	1	07단	安取の配當三分と決定
164007	朝鮮朝日	西北版	1928-12-28	1	08단	年賀郵便意外に激增

일련번호	판명		간행일	면	단수	기사명
164008	朝鮮朝日	西北版	1928-12-28	1	08단	新義州工業生徒製作品賣行が良い
164009	朝鮮朝日	西北版	1928-12-28	1	08단	豫約して入院を待つ京城醫專の病院が繁昌
164010	朝鮮朝日	西北版	1928-12-28	1	08단	目覺しく殖える基督教の信者/佛教の大部分は內地人/類
164010	朝鮮朝日	西北版	1928-12-28	1	08단	似團體が簇出す
164011	朝鮮朝日	西北版	1928-12-28	1	09단	得意先へ配達の途中斤量の檢査
164012	朝鮮朝日	西北版	1928-12-28	1	09단	お茶のあと
164013	朝鮮朝日	西北版	1928-12-28	1	09단	箕城券番また紛糾/評議員選擧で妓生達の憤慨
164014	朝鮮朝日	西北版	1928-12-28	1	10단	高女出身の闇に咲く花/平壤に多い
164015	朝鮮朝日	西北版	1928-12-28	1	10단	死亡者は滅多に無い/本年の猩紅熱
164016	朝鮮朝日	西北版	1928-12-28	1	10단	間島共産黨員判決/京城法院で
164017	朝鮮朝日	西北版	1928-12-28	1	10단	人(李鍵公殿下/德惠姬/澤山實彦氏(釜山實業家)/飯塚唯助氏(前朝鮮軍經理部長))
164018	朝鮮朝日	南鮮版	1928-12-28	1	10단	半島茶話
164019	朝鮮朝日	南鮮版	1928-12-28	1	01단	落穗集(九十六)/下村海南
164020	朝鮮朝日	南鮮版	1928-12-28	1	01단	三年道豫算に比し千九百萬圓の增加/總額は二億四千二百萬圓/新規事業の內容
164021	朝鮮朝日	南鮮版	1928-12-28	1	01단	歲の瀨は迫る(完)/まだまだ正月は內地酒が威張る/歲末に移入される菰かぶりが凡そ一萬樽
164022	朝鮮朝日	南鮮版	1928-12-28	1	04단	俳句/鈴木花蓑選
164023	朝鮮朝日	南鮮版	1928-12-28	1	04단	全北益山の旱害民救濟工事を起す
164024	朝鮮朝日	南鮮版	1928-12-28	1	04단	安取の配當三分と決定
164025	朝鮮朝日	南鮮版	1928-12-28	1	04단	忙しくなった銀行の窓口
164026	朝鮮朝日	南鮮版	1928-12-28	1	05단	公職者大會實行委員が總督府に陳情
164027	朝鮮朝日	南鮮版	1928-12-28	1	05단	干拓事業の補助增額に決定/但し四年度以降のもので旣設分には遡及せず
164028	朝鮮朝日	南鮮版	1928-12-28	1	06단	辭令(廿四日付)
164029	朝鮮朝日	南鮮版	1928-12-28	1	06단	軍教を希望する學校が多い/軍務當局と交涉しなるべく希望を谷れる
164030	朝鮮朝日	南鮮版	1928-12-28	1	06단	『浮世を暫し忘し笑って居りたい』喜劇が一番喜ばれる/次に多いのは勞資對抗劇
164031	朝鮮朝日	南鮮版	1928-12-28	1	07단	橇/鴨綠江の氷上に活躍
164032	朝鮮朝日	南鮮版	1928-12-28	1	07단	年賀郵便意外に激增
164033	朝鮮朝日	南鮮版	1928-12-28	1	08단	京城郵便局執務時間延長
164034	朝鮮朝日	南鮮版	1928-12-28	1	08단	半年ぶりで盟休生徒復校
164035	朝鮮朝日	南鮮版	1928-12-28	1	08단	死亡者は滅多に無い/本年の猩紅熱
164036	朝鮮朝日	南鮮版	1928-12-28	1	08단	電氣取締規則の改正を請願し徐ろに態度

일련번호	판명		간행일	면	단수	기사명
164036	朝鮮朝日	南鮮版	1928-12-28	1	08단	を決す釜山府議員暫し自重す/府營バス年内に成案
164037	朝鮮朝日	南鮮版	1928-12-28	1	09단	お茶のあと
164038	朝鮮朝日	南鮮版	1928-12-28	1	09단	間島共産黨員判決/京城法院で
164039	朝鮮朝日	南鮮版	1928-12-28	1	10단	暮の街頭に眼を光らす計量の取締
164040	朝鮮朝日	南鮮版	1928-12-28	1	10단	豫約して入院を待つ京城醫專の病院が繁昌
164041	朝鮮朝日	南鮮版	1928-12-28	1	10단	高女出身の闇に咲く花/平壤に多い
164042	朝鮮朝日	南鮮版	1928-12-28	1	10단	人(李鍵公殿下/德惠姫/澤山實彦氏(釜山實業家))
164043	朝鮮朝日	南鮮版	1928-12-28	1	10단	半島茶話
164044	朝鮮朝日	西北・南鮮版	1928-12-28	2	01단	内地とは獨立する簡保の實施は重保険の幣を伴ふ然し取締は容易でない
164045	朝鮮朝日	西北・南鮮版	1928-12-28	2	01단	取沙汰される恩田氏辭任の噂/到底實現は見まい商船系のイヤがらせか
164046	朝鮮朝日	西北・南鮮版	1928-12-28	2	01단	雫の聲
164047	朝鮮朝日	西北・南鮮版	1928-12-28	2	01단	勤勞精神の指導學校は成績が良好
164048	朝鮮朝日	西北・南鮮版	1928-12-28	2	01단	滿洲粟の品質檢査三ヶ所で行ふ
164049	朝鮮朝日	西北・南鮮版	1928-12-28	2	02단	農工業の機關を組織/朝鮮人を開發
164050	朝鮮朝日	西北・南鮮版	1928-12-28	2	02단	稀有の豊作/落東江の海苔
164051	朝鮮朝日	西北・南鮮版	1928-12-28	2	02단	特許と新案/全鮮の數
164052	朝鮮朝日	西北・南鮮版	1928-12-28	2	03단	安東生産の豆粕の減斤/實現は困難か
164053	朝鮮朝日	西北・南鮮版	1928-12-28	2	03단	住居に迷ふ仁川の支那人
164054	朝鮮朝日	西北・南鮮版	1928-12-28	2	03단	夜逃げの店が弗々出て來る/師走の不景氣は深刻/忙しいためか家出は少い
164055	朝鮮朝日	西北・南鮮版	1928-12-28	2	04단	京都大體博平南の受賞者
164056	朝鮮朝日	西北・南鮮版	1928-12-28	2	04단	旱害免税で沃溝郡弱る
164057	朝鮮朝日	西北・南鮮版	1928-12-28	2	04단	紅蔘の製造未曾有の豊作
164058	朝鮮朝日	西北版	1928-12-29	1	01단	落穂集(九十七)/下村海南
164059	朝鮮朝日	西北版	1928-12-29	1	01단	市街地税令を地税令に統一/地價算定の煩瑣を避け負擔の公平を期す
164060	朝鮮朝日	西北版	1928-12-29	1	01단	スポーツと音樂に御趣味の深いお麗はしい德惠姫さま/冬の休みで御歸鮮
164061	朝鮮朝日	西北版	1928-12-29	1	01단	箕林里都計の起債を可決/平壤府協議會
164062	朝鮮朝日	西北版	1928-12-29	1	02단	平壤法專設立の計劃
164063	朝鮮朝日	西北版	1928-12-29	1	02단	警部補考試口述試驗
164064	朝鮮朝日	西北版	1928-12-29	1	02단	警官の試驗平北が募集
164065	朝鮮朝日	西北版	1928-12-29	1	03단	前年に比べ二割を増す/新義州年賀郵便
164066	朝鮮朝日	西北版	1928-12-29	1	03단	閣下になるとは書ける餅サ/馬野府尹勅任を風馬牛/三年越の懸案解決か

일련번호	판명		간행일	면	단수	기사명
164067	朝鮮朝日	西北版	1928-12-29	1	03단	慌しい大晦日の唯一つの床しさ運そばと福うどん/然しカケやモリが多い
164068	朝鮮朝日	西北版	1928-12-29	1	04단	短歌/橋田東聲選
164069	朝鮮朝日	西北版	1928-12-29	1	04단	各地に遊說基金を集めた朴鐘沅氏を表彰
164070	朝鮮朝日	西北版	1928-12-29	1	05단	黑テンの襟卷で貴婦人の御散策/本町の人混を縫うて實は總督夫人のお買物
164071	朝鮮朝日	西北版	1928-12-29	1	05단	アイス・ホッケー
164072	朝鮮朝日	西北版	1928-12-29	1	05단	平壤慈惠院休みを短縮
164073	朝鮮朝日	西北版	1928-12-29	1	06단	滿洲靑年聯盟鷄冠山支部開設に決定
164074	朝鮮朝日	西北版	1928-12-29	1	07단	冬のお休み平北が變更
164075	朝鮮朝日	西北版	1928-12-29	1	07단	辭任の噂なんか本人の私は一向に知らぬのに/恩田朝郵社長辭任を否認
164076	朝鮮朝日	西北版	1928-12-29	1	07단	多年の望が叶ひ咸興と開城がいよいよ府に昇格/實現するのは明年の六月
164077	朝鮮朝日	西北版	1928-12-29	1	07단	女子の希望者はどう取扱ふか/平壤醫學校の開設で講習所女生徒の處置が問題
164078	朝鮮朝日	西北版	1928-12-29	1	08단	原因は矢張溫突の焚過/平壤の火事
164079	朝鮮朝日	西北版	1928-12-29	1	09단	モヒ關係の犯罪が增加
164080	朝鮮朝日	西北版	1928-12-29	1	09단	飛行機と別れる惱みと口惜しさ/でももう全快したので明年は記錄を作ります
164081	朝鮮朝日	西北版	1928-12-29	1	09단	手の切れさうなお札で五百圓/年の瀬の街頭に轉がる/落主の屆出が無い
164082	朝鮮朝日	西北版	1928-12-29	1	09단	救濟を必要とする朝鮮人の數が大阪東成で百八十餘名/相愛會の人達が奔走
164083	朝鮮朝日	西北版	1928-12-29	1	09단	會(平壤署新年宴會)
164084	朝鮮朝日	西北版	1928-12-29	1	09단	人(德惠姬さま/李埼鎔子/寺內壽一少將(朝鮮軍參謀長)/木部繁乃孃(女流飛行家)/篠田治策氏(李王職次官))
164085	朝鮮朝日	西北版	1928-12-29	1	10단	新義州武道納會
164086	朝鮮朝日	西北版	1928-12-29	1	10단	ダイナマイト十三本紛失
164087	朝鮮朝日	西北版	1928-12-29	1	10단	半島茶話
164088	朝鮮朝日	南鮮版	1928-12-29	1	01단	落穗集(九十七)/下村海南
164089	朝鮮朝日	南鮮版	1928-12-29	1	01단	市街地稅令を地稅令に統一/地價算定の煩瑣を避け負擔の公平を期す
164090	朝鮮朝日	南鮮版	1928-12-29	1	01단	スポーツと音樂に御趣味の深いお麗はしい德惠姬さま/冬の休みで御歸鮮
164091	朝鮮朝日	南鮮版	1928-12-29	1	01단	閣下になるとは書ける餅サ/馬野府尹勅任を風馬牛/三年越の懸案解決か
164092	朝鮮朝日	南鮮版	1928-12-29	1	03단	アイス・ホッケー

일련번호	판명		간행일	면	단수	기사명
164093	朝鮮朝日	南鮮版	1928-12-29	1	03단	慌しい大晦日の唯一つの床しさ運そばと福うどん/然しカケやモリが多い
164094	朝鮮朝日	南鮮版	1928-12-29	1	04단	黑テンの襟卷で貴婦人の御散策/本町の人混を縫うて實は總督夫人のお買物
164095	朝鮮朝日	南鮮版	1928-12-29	1	04단	騷がれた釜山火葬場立派に竣工
164096	朝鮮朝日	南鮮版	1928-12-29	1	05단	釜山府が奮發 バスを經營 府協議會で滿場一致可決 近く認可を申請す/五十萬圓位なら讓ってもよい 在釜瓦電重役の氣配 府側の態度は絶對强硬/瓦電側の算定基礎案 書面で發表/府民の覺悟を高唱 府民大會盛況
164097	朝鮮朝日	南鮮版	1928-12-29	1	07단	辭任の噂なんか本人の私は一向に知らぬのに/恩田朝郵社長辭任を否認
164098	朝鮮朝日	南鮮版	1928-12-29	1	07단	多年の望が叶ひ咸興と開城がいよいよ府に昇格/實現するのは明年の六月
164099	朝鮮朝日	南鮮版	1928-12-29	1	07단	女子の希望者はどう取扱ふか/平壤醫學校の開設で講習所女生徒の處置が問題
164100	朝鮮朝日	南鮮版	1928-12-29	1	08단	短歌/橋田東聲選
164101	朝鮮朝日	南鮮版	1928-12-29	1	09단	飛行機と別れる惱みと口惜しさ/でももう全快したので明年は記録を作ります
164102	朝鮮朝日	南鮮版	1928-12-29	1	09단	手の切れさうなお札で五百圓/年の瀬の街頭に轉がる/落主の届出が無い
164103	朝鮮朝日	南鮮版	1928-12-29	1	09단	救濟を必要とする朝鮮人の數が大阪東成で百八十餘名/相愛會の人達が奔走
164104	朝鮮朝日	南鮮版	1928-12-29	1	09단	財布を奪ふ金組窓口で
164105	朝鮮朝日	南鮮版	1928-12-29	1	09단	商銀行員の行金費消酒色に耽たって
164106	朝鮮朝日	南鮮版	1928-12-29	1	10단	救護事業に補助金を交付
164107	朝鮮朝日	南鮮版	1928-12-29	1	10단	人(德惠姬さま/李埼鎔子/寺內壽一少將(朝鮮軍參謀長))
164108	朝鮮朝日	南鮮版	1928-12-29	1	10단	半島茶話
164109	朝鮮朝日	西北・南鮮版	1928-12-29	2	01단	波の音/釜山靑い鳥
164110	朝鮮朝日	西北・南鮮版	1928-12-29	2	01단	面債を起して沙防工事を行ひ叺製造の副業に力を注ぐ/京畿全北の旱害救濟
164111	朝鮮朝日	西北・南鮮版	1928-12-29	2	01단	金融は依然緩漫/平穩裡に越年か金利低落の氣配見ゆ
164112	朝鮮朝日	西北・南鮮版	1928-12-29	2	01단	委員を選んで會社の內容を調査/中央物産總會の紛糾/所謂革新派が幹部を排斥
164113	朝鮮朝日	西北・南鮮版	1928-12-29	2	02단	鈴木亞鉛鑛採鑛を中止/財界不況で
164114	朝鮮朝日	西北・南鮮版	1928-12-29	2	03단	江陵玉溪郵便所電信電話開始
164115	朝鮮朝日	西北・南鮮版	1928-12-29	2	03단	毛絲の手編みが家庭で大流行/毛絲の輸移入が激增

일련번호	판명		간행일	면	단수	기사명
164116	朝鮮朝日	西北·南鮮版	1928-12-29	2	04단	優良納稅者表彰
164117	朝鮮朝日	西北·南鮮版	1928-12-29	2	04단	浮世草

색인

색인

	ㄱ							
ガス	162714	162749						
ガソリン	150449							
グチ グチ漁業	153145	154910	157034					
グラウンド	158352							
ゴム	149374	153501	158542	158564	161847			
ゴム靴	153501	158542	158564	161847				
ゴルフ	149765	153072	153618	155780	156921	157114	158110	158675	158851
	158931	158959	159556	160375	160507	160536	160596	160828	161302
	161578	161955	162737	162771				
歌	147531	147624	147710	147784	147911	147998	148089	148094	148164
	148241	148376	148453	148526	148596	148627	148668	148754	148826
	148842	148898	148980	149064	149142	149227	149348	149436	149573
	149669	149737	149738	149887	149986	149999	150106	150198	150320
	150391	150482	150563	150620	150622	150698	150777	150867	150956
	151044	151210	151302	151411	151528	151641	151757	151850	151921
	152033	152151	152283	152363	152444	152518	152566	152663	152784
	152881	152948	153114	153206	153264	153347	153432	153433	153556
	153644	153718	153763	153787	153836	153868	153883	153925	153944
	153959	153982	153991	154057	154143	154236	154267	154276	154297
	154307	154481	154516	154519	154590	154623	154654	154670	154766
	154798	154808	154885	154956	155001	155031	155032	155105	155143
	155169	155296	155321	155400	155439	155474	155478	155555	155589
	155612	155654	155709	155710	155735	155801	155827	155835	155868
	155874	155922	155950	155952	155960	156053	156085	156087	156161
	156197	156219	156230	156294	156324	156360	156463	156516	156526
	156533	156599	156635	156660	156805	156839	156867	156868	156976
	157002	157113	157143	157236	157258	157419	157498	157587	157606
	157620	157759	157891	157972	158018	158035	158046	158131	158173
	158204	158207	158280	158353	158393	158421	158434	158488	158534
	158559	158566	158599	158621	158798	158821	159084	159111	159120
	159175	159320	159378	159424	159447	159520	159621	159640	159647
	159721	159766	159812	159852	159868	159875	159985	160010	160090
	160188	160207	160294	160322	160436	160463	160823	160850	160966
	161002	161045	161064	161069	161276	161297	161323	161345	161481
	161492	161517	161533	161561	161584	161672	161688	161804	161828
	162094	162116	162132	162142	162168	162192	162303	162331	162525
	162719	162754	162960	162991	163069	163103	163131	163312	163334
	163482	163513	163648	163754	163789	164068	164100		

家禽コレラ	162938	163271						
歌壇	148842	163069						
加德島	157696	163014						
加藤松林	152515	152705	152770	152788	152830			
加盟	149676	149902	150674					
歌舞	149737							
袈裟	150433	152256	152299	159341	159373	161933	161964	
家屋	153038	155528	155647	157240	157269	157309	157366	157422	157455
	157484	157871	157897	158381	161510	163990		
家賃	151272							
佳節	148600	148715	148788	148827	148858	151719		
家庭	147674	149029	151952	153906	155649	155850	155878	156912	159596
	161661	161681	163751	163784	164115			
家庭工業	151952	156912						
假政府	153481							
家庭園藝	155649							
家出	148538	155442	155464	155530	155546	155579	155599	155767	155797
	161760	164054						
各道	149739	150012	150782	150866	151028	151198	152249	152263	152681
	152809	153831	154345	154632	154657	154930	154959	155445	155488
	155584	155605	155679	157909	157921	157957	160130	160162	160559
	160582	161861	161893	162634	162671	163497	163530		
各地	147675	148095	148320	148614	148661	148698	148803	148892	149066
	149106	149401	149518	149526	149630	149737	149935	150233	150277
	151181	151700	151772	152084	152341	152395	152873	153813	153989
	154374	154414	154415	154439	154446	154497	154517	154562	154589
	154611	154631	154709	154726	154778	154809	154849	154880	155008
	155073	155102	155140	155171	155207	155235	155266	155314	155326
	155366	155369	155458	155482	155520	155547	155588	155609	155736
	155769	155900	155927	155963	155991	156052	156128	156159	156198
	156224	156273	156286	156290	156337	156388	156434	156510	156557
	156567	156584	156637	156703	156705	156739	156789	156909	156915
	156922	156953	157009	157075	157102	157152	157568	157593	157667
	157736	157799	157868	157895	158007	158317	158508	158511	158983
	159001	159031	159209	159377	159995	160384	160634	160754	160831
	160973	161066	161101	161108	161125	161167	161180	161192	161234
	161248	161416	161424	161731	161764	162083	162162	162446	164069
懇談會	148661	149919	150690	151051	152495	152984	154676	154967	155033
	155056	155473	155986	156389	157287	158385	158490	158577	158583
	158902	159042	159331	159671	159752	162562	163301	163696	
間島	147537	147703	147894	147937	147939	148103	148118	148265	148667
	149036	149309	149583	149677	149693	149930	150090	150922	151146

	151253	151269	151499	151724	151856	152209	152277	152280	152359
	152488	152783	152797	152859	153074	153352	153605	153607	153650
	153762	153964	154147	154173	154407	154422	155140	155201	155229
	155305	155314	155383	155387	155415	155453	155458	155529	155900
	156059	156255	156289	156505	156616	156617	156702	157289	157507
	157528	157736	158011	158038	158250	158276	158372	158458	158810
	158834	158923	159356	159566	159588	159628	159659	159667	159851
	159874	159929	159960	160000	160053	160080	160375	160470	160473
	161089	161334	161441	161629	161816	162240	162268	162453	162727
	162762	162902	162940	162946	163505	163644	163755	163876	164016
	164038								
干魃 旱魃	151866	152263	152388	152489	152550	152603	152940	152942	153003
	153141	153226	153271	153326	153393	153523	153659	153755	153976
	154032	154392	154768	154812	154930	154959	156182	156213	156438
	156467	156500	156534	156568	156593	156673	156907	156940	157046
	157072	157088	158454	158526	158551	161010			
簡保 簡易保險 簡易保險法	147660	148578	150396	154601	155185	155832	155871	158664	158690
	159258	159612	159638	159778	159817	161693	163740	163776	164044
奸商	162502	162800	162833						
看守	151056	154496	154527	161241	161479	161489			
簡閱	153170	155894	155975						
簡易驛	156919								
肝臟ヂストマ	155492								
干拓事業	157219	157251	164001	164027					
懇親會	162380								
看板	152950	153541	155375						
看護婦	148060	148337	148763	148836	149310	150863	151409	152361	157013
	158303								
渴水	151909	153523							
褐炭	148024	156777	156799	159478	159509	160117	160141		
甘露寺	158458	158481	158527	158552	158598	158620	158660	158666	158685
	158694	158727	158794	158855	158919	159201	159216	159240	159275
減免	157308	162513							
感冒	148302	163769	163801						
監視 監視所	147556	147895	152276	153035	157234	157268	158082	158114	160355
	160386	162454							
甘浦	148406	153566	154086	155680	158885				
甲山	152676	157510							
甲子俱樂部	148410								
甲子園	154019	154056	155061	155091	155448	155479	156260	156295	156322
	156348	156735							
江景	149163	150859	150937	158230	158845	159345	159377	159418	159445

江界 江界面	147919	148294	148456	149380	149725	150643	151385	152455	152586
	154403	155194	155244	155458	155847	155997	156413	156787	156992
	157592	158860	159771	160665	160907	161217	161441	161741	161750
	161803	163177	163311	163500	163749				
江橋	154587	157089							
姜達永 (社會主義運動家)	148819								
強盜	147619	147928	147970	148497	148539	148605	149536	150498	151017
	151646	151964	152101	152158	152202	153360	153490	155378	155405
	155535	156163	156164	156397	156445	156478	156529	157311	157437
	157504	157605	158188	158219	158642	158831	159235	159254	159360
	159389	160001	161262	162238	162266	162459	162901	163203	163274
	163768								
講道館	152410	152732	152764						
強盜團	157605	158831	163274						
江東	148553	149463							
綱領	148637	150413							
降雹	153092	154640	157767	159853					
講習	147652	147663	147836	147947	147964	148001	148102	148216	148264
	148357	148359	148386	148412	148413	148504	148609	148716	148875
	148937	148938	149034	149041	149070	149080	149084	149452	149467
	149542	149616	149665	149910	149998	150017	150041	150402	150457
	150574	151159	151194	151230	151292	151323	151351	151369	151684
	151731	151968	152401	152403	152573	152606	152628	152643	152711
	152765	153077	153180	153532	153631	153655	153786	153813	153834
	153874	154244	154321	154425	154589	154646	154714	155045	155088
	155137	155151	155163	155241	155301	155386	155483	155538	155679
	155695	155758	155883	155892	155915	155956	156067	156069	156096
	156165	156210	156234	156278	156356	156367	156452	156547	156587
	156624	156752	156783	157103	157279	157870	157896	157934	157953
	157982	158127	158652	158929	158948	158981	158989	159427	159456
	159792	159803	160441	160469	161144	161440	161602	162198	162294
	162332	162528	162718	162751	163739	163775	163841	163861	163949
	164077	164099							
講習所	147663	148001	148413	148937	148938	149070	149616	150041	152401
	152403	152606	152643	155137	155163	155241	155301	155758	157103
	159803	161602	163739	163775	163949	164077	164099		
講習會	147652	147836	148102	148216	148264	148359	148386	148504	148609
	148716	148875	149041	149084	149452	149542	149910	150017	150457
	151159	151194	151230	151323	151369	151731	151968	152573	152628
	152711	152765	153077	153180	153532	153631	153655	153786	153813
	153834	153874	154244	154321	154425	154589	154646	154714	155045
	155088	155151	155386	155483	155538	155679	155883	155892	155956
	156069	156096	156165	156210	156234	156278	156356	156367	156452
	156587	156752	157279	157870	157896	157934	157953	157982	158127

	158269	158384	158426	158490	158519	158710	159147	159180	159412
	160346	161215	161664	162494	163034	163062			
改選	151870	160805							
開城	148343	148605	149984	150104	150439	150483	153210	153314	156693
	156892	157314	157346	159210	159465	160731	162133	164076	164098
開所式	150570	158354	158400	158429	159819	163792			
改修	148168	148415	149223	149562	150466	150857	151265	151350	151525
	151610	151636	152142	152167	154045	154656	155233	155776	156707
	156811	158819	159035	159728	160351	160357	160378	160604	161027
	161486	161699	161754	161785	161803	162089	162307	162641	162914
	163025	163051	163870						
改正	147625	148860	149063	149101	149264	149835	149842	150026	150064
	150299	150605	150818	150897	151280	151410	151555	151784	151885
	151928	152130	152149	152351	152423	153025	153638	153672	153677
	153716	154995	155023	155708	155768	155769	155794	155932	155957
	156119	156144	156710	156738	156773	156803	156895	156927	158471
	158602	158624	159135	159277	159565	159587	159674	159885	160400
	160819	160846	161011	161086	161396	161546	161747	161771	164036
改訂	149015	149062	149234	149429	151638	155096	159321		
開鑿	148906	149634	161062	162476					
開拓	147741	147904	151607	151901	152272	159667	159842	160337	162915
价川	149069	153024	161217						
開廳式	148873								
改築	148255	148904	149431	149506	150960	151403	153038	153295	153590
	153605	154277	154299	154587	156152	156186	157421	157923	158736
	158916	158945	160765	161071	163563	163941			
改稱	149276	151111	163750						
開通	147602	147859	148600	148618	148825	148930	148982	149389	150154
	150347	150732	150802	151042	151208	151637	152123	152516	152819
	153192	153207	153211	153244	153333	153515	153593	153674	154145
	154150	154187	154220	154486	155846	155919	155943	155989	156270
	156303	156590	156610	156773	156803	157036	157366	157386	157528
	157654	157672	157702	158251	158267	158297	158389	158606	158628
	159145	159173	159218	159231	159248	159422	159549	159557	159690
	159716	159782	159820	159988	160013	160228	160338	160727	160766
	161217	161326	161673	162091	162575	162607	162612	162787	162798
	162820	162829	163494	163854	163869				
開通式	154150	158297	159145	159173					
改廢	151301	152397							
改革	148566	148674	148703	148756	148796	148828	148910	155715	155734
	155807	155865	160035						
坑夫	158025	158060	161341						
更迭	148079	148189	149433	149511	151715	154087	157715	158463	158491
	159573	162493	163953						

巨魁	152493	155535	156604	161077				
炬燵	162023	162050						
居留民	150607	151834	152082	153117				
巨濟島	152541	153190	157287	160808	162214	162830		
健康	148902	162971	162999					
建設	147548	147834	148462	148463	148560	148800	149014	149262	149643
	150040	150259	150290	150360	150509	150523	150958	151395	152320
	152475	152932	153042	153128	153215	153323	153525	153766	154630
	154758	154792	155192	155307	155381	155408	155744	156373	156472
	156845	156866	157140	157426	157470	157760	158122	158234	158466
	158529	158554	158609	158637	159045	159459	159485	159491	159865
	159869	159999	160025	160242	160267	160556	160566	160668	160701
	160859	161433	162428	162734					
健兒	147700							
巾着網	149000	150806						
檢事	147686	147725	147746	147766	148683	148768	149241	150174	150706
	151170	151774	152104	152456	152723	153492	153806	154423	154448
	154899	155036	155247	155491	156132	156151	156166	156671	157089
	158083	158115	158831	158971	160269	160439	160468	160747	160779
	161357	161817	161841	162143	162203	162395	162419	163010	163116
	163378	163401	163464						
檢疫	147839	148239	148498	149488	149836	150224	151204	151650	152116
	153455								
檢閱	147881	150703	154484	154511	155202	156977	157001	157191	157232
	158471								
檢閱使	150703							
格納庫	150290	150780	152323	156267	156302	162013	162042	163445	
格鬪 搯鬪	150498	151221	153988	155457					
繭	148353	148619	148737	148779	149743	150274	151353	151700	151839
	152010	152504	152685	152893	153188	153239	153281	153327	153499
	153503	153504	153629	153801	153967	154249	154349	155057	155162
	155210	155220	155568	155713	155731	155748	155825	156558	156585
	156938	157449	157647	158075	158383	158520	158587	158782	160475
	161410								
見舞	149609	150683	153993	157871	157897				
見物	150192	150483	151310	152724	153166	153645	154520	156986	158250
	158276	161710	161718	163166	163182				
見學	148336	148465	148490	149274	149311	151175	151849	152034	152291
	152713	152716	154111	154119	154340	156017	159730	160186	160204
	160433	160459	161377	162018	162048	162128	163004		
結氷	147760	147839	149836	158024	159092	159122	161037	162455	163244
	163575								
決戰	151628							

結核	148216	148383	149557	154438				
結婚	147533	147583	148098	148535	152405	152871	154377	156899	156931
	159358	160094	160637	160758					
兼二浦	149117	149371	149376	149668	150795	152939	153616	153741	154754
	154899	155385	155819	157201	158176	163310			
鯨	148812	149768	153566	157989	158711	159753			
警戒	147709	147762	148011	148239	148606	148908	148992	149949	150370
	152047	152050	152055	152098	152453	152701	152729	153282	153810
	153987	154269	154308	155857	155884	156114	156142	156263	156383
	156457	157163	157407	157507	157509	158051	158181	158212	158574
	158615	158640	158937	159168	159230	159253	159426	159454	159958
	160382	161338	162092	162125	162405	162455	163008	163063	163112
	163143	163193	163240	163244	163456	163577	163608	163960	163987
警官	147762	147802	148458	148504	148709	149236	149269	149398	149618
	149636	149665	149755	149761	149958	150048	150145	150457	150538
	150627	151153	151814	151924	151983	152198	152280	152414	152611
	152620	152651	152674	152701	152718	152722	152749	152829	152904
	152911	152924	152970	153035	153592	153637	153777	153864	153901
	154148	154210	154360	154475	154485	154514	154870	154957	155145
	155242	155256	155284	155356	155708	155912	155942	155980	156008
	156060	156091	156145	156202	156228	156248	156364	156431	156624
	156718	157051	157082	157118	157261	157531	157768	157807	157865
	157890	157902	158006	158082	158114	158331	158671	158703	158937
	159041	159344	160130	160162	160432	160458	160505	160533	160978
	160996	161277	161882	161906	162388	162417	162594	163094	163121
	163373	163377	163396	163456	163606	163725	163739	163775	163957
	163967	163977	164064						
警官隊	152620	152651	152701	153637	153901				
硬球	152678	161084							
京劇	150045	154338							
京畿	147777	147840	147905	148103	148220	148262	148324	148369	148424
	148532	148973	149501	149751	149949	149981	150114	150188	150359
	150462	150538	150548	150848	150863	151031	151033	151189	151241
	151247	151299	151320	151416	151427	151649	151815	151901	151914
	152026	152110	152263	152571	152622	152720	152911	153250	153281
	153322	153442	153463	153771	153806	153903	154123	154328	154681
	155186	155329	155421	155637	155753	156057	156079	156083	156673
	156818	156823	157015	157308	157407	157717	157984	158422	158648
	158972	159060	159061	159134	159263	159292	159324	159327	159328
	159407	159430	159460	159668	160405	160406	160561	160584	160760
	160789	160948	161115	161136	161145	161152	161411	161985	162097
	162127	162680	162860	163080	164110				
競技	147913	148194	148430	149082	149145	149243	149280	149575	149644
	149645	149754	150125	150211	150217	150264	150365	150418	150463
	150680	151273	151440	151551	152080	152193	152445	152447	152822

警務部	154866							
輕便鐵道	160015							
警報	160797							
景福宮	152773	154929	154960	160186	160204			
警部	147976	151640	154406	154435	155785	155799	155816	159203	163487
	163559	164063							
京釜線	148834							
慶北線	151665	159988	160013					
警備	147977	148124	148141	148417	149309	150233	151023	151137	151834
	152819	153325	153684	153859	154484	154511	154544	154545	154574
	154713	154730	155284	155366	155646	155994	156254	156288	156437
	156464	156783	157118	157120	157127	157150	157601	158243	158461
	158538	159613	159697	160059	160089	161024	161061	163301	163596
警備艦	161024	161061							
慶尙南道 慶南	147572	147643	147731	147766	147807	147824	147825	147844	147855
	147987	148039	148050	148061	148066	148228	148229	148236	148244
	148309	148316	148394	148408	148412	148437	148442	148452	148470
	148478	148533	148543	148546	148571	148583	148590	148610	148650
	148682	148690	148692	148693	148729	148768	148806	148888	148929
	148935	148962	148989	149000	149042	149067	149105	149112	149121
	149130	149246	149289	149431	149437	149498	149499	149509	149635
	149685	149695	149749	149760	149862	149924	149963	150109	150119
	150287	150289	150349	150350	150374	150426	150458	150481	150521
	150548	150587	150651	150654	150678	150716	150757	150795	150849
	150886	150983	151051	151095	151116	151119	151230	151234	151263
	151282	151314	151353	151382	151499	151502	151525	151532	151577
	151621	151703	151741	151861	151869	151900	152006	152074	152088
	152179	152219	152263	152344	152348	152419	152461	152505	152546
	152659	152661	152674	152682	152703	152802	152824	152875	152942
	152957	153143	153155	153214	153226	153281	153284	153375	153407
	153435	153461	153484	153495	153575	153603	153627	153701	153702
	153736	153881	153977	154005	154065	154105	154225	154323	154326
	154373	154544	154574	154589	154870	154949	154967	155177	155182
	155184	155422	155423	155476	155495	155500	155548	155566	155630
	155678	155722	155751	155825	155895	156149	156172	156221	156240
	156277	156298	156305	156383	156400	156409	156472	156528	156531
	156554	156612	156678	156679	156681	156808	156948	156965	156967
	157017	157067	157084	157138	157152	157162	157261	157283	157291
	157308	157331	157345	157357	157535	157556	157570	157644	157768
	157978	157985	158073	158097	158156	158225	158229	158450	158482
	158656	158701	158839	158912	158982	158983	159021	159044	159057
	159183	159329	159462	159598	159625	159653	159665	159810	159814
	159828	159881	159888	159944	159958	160026	160095	160111	160382
	160383	160384	160460	160609	160699	160874	160949	161090	161129
	161221	161226	161289	161308	161314	161497	161610	161616	161617

161622	161634	161920	161922	161924	161975	162203	162289	162415
162430	162681	162902	162940	162985	162989	163040	163067	163191
163285	163288	163378	163401	163529	163813	163900	163916	163931
163932								

慶尚北道 慶北

147663	147766	147811	148033	148091	148309	148311	148317	148322
148352	148353	148473	148602	148626	148654	148657	149045	149070
149102	149221	149222	149352	149575	149581	149590	149659	150095
150103	150223	150368	150402	150470	150640	150795	150804	150980
151076	151109	151204	151296	151435	151665	151694	151700	151771
151818	151999	152035	152044	152066	152070	152071	152220	152223
152256	152263	152433	152440	152504	152522	152523	152738	152893
152917	152920	152934	152940	153003	153045	153059	153153	153170
153188	153189	153237	153239	153320	153327	153357	153377	153492
153625	153744	153813	153814	153857	153869	153890	153891	153897
153926	154063	154250	154251	154598	154802	155162	155221	155344
155615	155685	155688	155691	155887	156038	156171	156304	156307
156382	156490	156665	156671	156677	156760	156802	156827	156876
156877	156961	156964	157006	157072	157089	157172	157189	157283
157643	157647	157767	157779	157784	157961	158074	158362	158378
158526	158551	158643	158658	158783	158829	158839	158853	158877
158888	159280	159301	159304	159315	159468	159473	159597	159652
159755	159830	159956	159988	160013	160034	160035	160148	160325
160381	160614	161077	161222	161308	161401	161410	161506	161605
162284	162401	162795	162828	162933	163125	163198	163252	163350

京城

147530	147552	147554	147565	147574	147589	147592	147598	147626
147647	147669	147725	147735	147737	147746	147753	147764	147766
147768	147809	147843	147859	147884	147930	147970	147978	147990
148002	148011	148031	148034	148035	148041	148050	148084	148122
148138	148175	148181	148195	148211	148222	148252	148277	148324
148338	148355	148356	148386	148443	148445	148493	148511	148516
148552	148558	148568	148576	148613	148646	148650	148655	148671
148684	148686	148689	148695	148701	148728	148753	148760	148763
148767	148800	148808	148836	148840	148856	148872	148875	148883
148901	148908	148963	148966	148971	148988	148992	149007	149035
149051	149063	149075	149096	149097	149099	149114	149121	149152
149162	149212	149258	149298	149302	149305	149318	149323	149327
149341	149360	149383	149404	149427	149453	149481	149514	149526
149534	149553	149571	149578	149581	149585	149612	149619	149629
149646	149649	149657	149700	149706	149713	149718	149742	149746
149785	149816	149850	149855	149889	149896	149906	149907	149923
149977	149979	149983	149989	149994	149999	150009	150022	150079
150085	150117	150128	150130	150137	150139	150172	150184	150221
150229	150263	150291	150297	150300	150302	150310	150335	150408
150432	150436	150455	150488	150492	150494	150559	150571	150584
150615	150628	150659	150665	150670	150675	150678	150681	150713
150728	150732	150734	150742	150844	150879	150913	150931	150943
150949	150958	150963	150971	150983	150990	150996	150998	151013

151030	151037	151046	151061	151080	151126	151130	151160	151163
151178	151201	151215	151220	151228	151231	151235	151237	151279
151287	151288	151289	151290	151310	151328	151338	151342	151347
151370	151416	151441	151443	151512	151523	151553	151607	151627
151629	151637	151653	151685	151691	151748	151760	151774	151832
151845	151846	151857	151871	151872	151875	151889	151890	151901
151922	151929	151940	151944	151949	151958	151962	151984	152022
152048	152058	152093	152120	152145	152147	152160	152168	152174
152185	152187	152193	152200	152207	152222	152235	152256	152272
152279	152312	152316	152323	152331	152413	152417	152434	152447
152491	152538	152558	152560	152562	152568	152597	152614	152625
152640	152666	152678	152714	152729	152750	152753	152764	152766
152814	152818	152822	152837	152847	152860	152874	152880	152935
152958	152986	152999	153069	153084	153099	153115	153121	153156
153158	153173	153179	153181	153208	153222	153245	153247	153265
153267	153268	153269	153281	153296	153300	153329	153331	153345
153348	153367	153379	153392	153439	153475	153481	153496	153519
153529	153583	153584	153586	153590	153593	153609	153612	153624
153709	153735	153753	153758	153814	153849	153850	153852	153853
153860	153866	153892	153936	153957	153994	153999	154025	154050
154075	154102	154121	154128	154129	154130	154136	154141	154181
154187	154191	154219	154220	154265	154365	154377	154401	154429
154439	154482	154492	154497	154512	154517	154522	154523	154531
154539	154586	154598	154626	154636	154725	154757	154791	154809
154815	154816	154823	154825	154841	154874	154899	154931	154961
154984	154997	155018	155027	155038	155046	155053	155075	155099
155102	155122	155126	155153	155179	155190	155226	155236	155240
155251	155263	155313	155336	155348	155394	155442	155464	155482
155530	155545	155546	155579	155599	155639	155702	155705	155715
155722	155723	155726	155734	155749	155767	155797	155833	155834
155865	155867	155893	155918	155936	155947	155983	156009	156027
156093	156107	156166	156224	156297	156315	156339	156433	156462
156550	156577	156602	156627	156653	156654	156662	156719	156743
156753	156763	156764	156810	156873	156891	157011	157027	157066
157108	157110	157137	157139	157187	157192	157216	157223	157230
157256	157263	157316	157339	157344	157366	157386	157414	157448
157504	157519	157520	157555	157570	157577	157598	157615	157619
157622	157646	157673	157689	157705	157709	157736	157754	157777
157822	157846	157877	157925	157960	158009	158011	158036	158038
158045	158069	158086	158095	158099	158116	158125	158128	158139
158165	158185	158192	158196	158205	158210	158214	158223	158245
158249	158252	158253	158271	158274	158296	158300	158315	158350
158392	158395	158400	158408	158418	158429	158430	158442	158447
158513	158515	158527	158530	158535	158552	158555	158562	158593
158667	158683	158691	158709	158726	158755	158781	158796	158813
158820	158838	158856	158881	158917	158922	158929	158946	158948
158953	158956	158979	158986	158989	158991	159030	159053	159070

	159141	159226	159249	159283	159284	159303	159310	159318	159332
	159361	159376	159381	159404	159417	159441	159448	159487	159512
	159557	159566	159573	159574	159584	159588	159592	159593	159594
	159603	159664	159681	159782	159820	159843	159863	159915	159927
	159973	159996	160022	160045	160052	160072	160083	160085	160101
	160112	160113	160114	160124	160160	160180	160186	160196	160204
	160212	160238	160241	160263	160266	160280	160321	160348	160362
	160370	160391	160393	160414	160433	160441	160459	160469	160547
	160554	160621	160642	160650	160651	160674	160678	160702	160710
	160715	160723	160749	160755	160767	160783	160793	160795	160811
	160829	160840	160857	160861	160871	160913	160937	160940	160950
	161034	161056	161076	161079	161092	161096	161122	161151	161159
	161181	161208	161223	161230	161246	161252	161272	161290	161312
	161321	161342	161362	161374	161383	161390	161405	161414	161422
	161441	161447	161452	161462	161475	161509	161657	161662	161675
	161680	161692	161710	161718	161721	161732	161734	161763	161773
	161790	161791	161817	161840	161841	161854	161858	161870	161890
	161897	161899	161901	161909	161930	161985	162009	162016	162057
	162093	162137	162167	162168	162191	162192	162203	162217	162220
	162293	162337	162361	162382	162395	162410	162419	162426	162435
	162440	162464	162469	162505	162532	162540	162561	162586	162601
	162614	162615	162626	162631	162703	162726	162738	162761	162772
	162798	162829	162886	162923	162944	162949	162955	162959	162966
	162981	162986	163000	163003	163010	163040	163165	163166	163182
	163186	163202	163206	163221	163251	163308	163333	163371	163391
	163416	163442	163464	163531	163539	163550	163568	163585	163598
	163613	163624	163631	163634	163639	163653	163662	163668	163673
	163675	163771	163785	163794	163805	163806	163812	163820	163822
	163847	163853	163885	163889	163905	163912	163921	164009	164016
	164033	164038	164040						
鏡城	151526	154291							
京城局	154823								
京城覆審法院	156166	162203	163040						
京城師範	148324	151901	161817	161841	161985				
京城商議	148222	148355	148511	149097	149099	149162	149258	150009	151046
	151201	151231	151338	151629	151845	152538	152597	152766	152847
	153245	153392	153850	154130	155018	155046	156764	157519	160414
	160940	161475	162382	162410	162561	162949	162959	163003	
京城神社	151347	160212							
京城驛	150958	150998	152235	157673	157705	158245	160621	162601	162626
	162981	163010							
京城銀行	148552	150139	153367	155053					
京城醫專	150913	152491	154816	155236	155263	155313	155336	159592	160052
	160083	160441	160469	163221	163251	163416	163442	164009	164040
京城日報	150628								

147526	147527	147528	147529	147530	147531	147532	147533	147534
147535	147536	147537	147538	147539	147540	147541	147542	147543
147544	147545	147546	147547	147548	147549	147550	147551	147552
147553	147554	147555	147556	147557	147558	147559	147560	147561
147562	147563	147564	147565	147566	147567	147568	147569	147570
147571	147572	147573	147574	147575	147576	147577	147578	147579
147580	147581	147582	147583	147584	147585	147586	147587	147588
147589	147590	147591	147592	147593	147594	147595	147596	147597
147598	147599	147600	147601	147602	147603	147604	147605	147606
147607	147608	147609	147610	147611	147612	147613	147614	147615
147616	147617	147618	147619	147620	147621	147622	147623	147624
147625	147626	147627	147628	147629	147630	147631	147632	147633
147634	147635	147636	147637	147638	147639	147640	147641	147642
147643	147644	147645	147646	147647	147648	147649	147650	147651
147652	147653	147654	147655	147656	147657	147658	147659	147660
147661	147662	147663	147664	147665	147666	147667	147668	147669
147670	147671	147672	147673	147674	147675	147676	147677	147678
147679	147680	147681	147682	147683	147684	147685	147686	147687
147688	147689	147690	147691	147692	147693	147694	147695	147696
147697	147698	147699	147700	147701	147702	147703	147704	147705
147706	147707	147708	147709	147710	147711	147712	147713	147714
147715	147716	147717	147718	147719	147720	147721	147722	147723
147724	147725	147726	147727	147728	147729	147730	147731	147732
147733	147734	147735	147736	147737	147738	147739	147740	147741
147742	147743	147744	147745	147746	147747	147748	147749	147750
147751	147752	147753	147754	147755	147756	147757	147758	147759
147760	147761	147762	147763	147764	147765	147766	147767	147768
147769	147770	147771	147772	147773	147774	147775	147776	147777
147778	147779	147780	147781	147782	147783	147784	147785	147786
147787	147788	147789	147790	147791	147792	147793	147794	147795
147796	147797	147798	147799	147800	147801	147802	147803	147804
147805	147806	147807	147808	147809	147810	147811	147812	147813
147814	147815	147816	147817	147818	147819	147820	147821	147822
147823	147824	147825	147826	147827	147828	147829	147830	147831
147832	147833	147834	147835	147836	147837	147838	147839	147840
147841	147842	147843	147844	147845	147846	147847	147848	147849
147850	147851	147852	147853	147854	147855	147856	147857	147858
147859	147860	147861	147862	147863	147864	147865	147866	147867
147868	147869	147870	147871	147872	147873	147874	147875	147876
147877	147878	147879	147880	147881	147882	147883	147884	147885
147886	147887	147888	147889	147890	147891	147892	147893	147894
147895	147896	147897	147898	147899	147900	147901	147902	147903
147904	147905	147906	147907	147908	147909	147910	147911	147912
147913	147914	147915	147916	147917	147918	147919	147920	147921
147922	147923	147924	147925	147926	147927	147928	147929	147930
147931	147932	147933	147934	147935	147936	147937	147938	147939
147940	147941	147942	147943	147944	147945	147946	147947	147948

京城帝國大學
京城帝大
(京城)帝大

147949	147950	147951	147952	147953	147954	147955	147956	147957
147958	147959	147960	147961	147962	147963	147964	147965	147966
147967	147968	147969	147970	147971	147972	147973	147974	147975
147976	147977	147978	147979	147980	147981	147982	147983	147984
147985	147986	147987	147988	147989	147990	147991	147992	147993
147994	147995	147996	147997	147998	147999	148000	148001	148002
148003	148004	148005	148006	148007	148008	148009	148010	148011
148012	148013	148014	148015	148016	148017	148018	148019	148020
148021	148022	148023	148024	148025	148026	148027	148028	148029
148030	148031	148032	148033	148034	148035	148036	148037	148038
148039	148040	148041	148042	148043	148044	148045	148046	148047
148048	148049	148050	148051	148052	148053	148054	148055	148056
148057	148058	148059	148060	148061	148062	148063	148064	148065
148066	148067	148068	148069	148070	148071	148072	148073	148074
148075	148076	148077	148078	148079	148080	148081	148082	148083
148084	148085	148086	148087	148088	148089	148090	148091	148092
148093	148094	148095	148096	148097	148098	148099	148100	148101
148102	148103	148104	148105	148106	148107	148108	148109	148110
148111	148112	148113	148114	148115	148116	148117	148118	148119
148120	148121	148122	148123	148124	148125	148126	148127	148128
148129	148130	148131	148132	148133	148134	148135	148136	148137
148138	148139	148140	148141	148142	148143	148144	148145	148146
148147	148148	148149	148150	148151	148152	148153	148154	148155
148156	148157	148158	148159	148160	148161	148162	148163	148164
148165	148166	148167	148168	148169	148170	148171	148172	148173
148174	148175	148176	148177	148178	148179	148180	148181	148182
148183	148184	148185	148186	148187	148188	148189	148190	148191
148192	148193	148194	148195	148196	148197	148198	148199	148200
148201	148202	148203	148204	148205	148206	148207	148208	148209
148210	148211	148212	148213	148214	148215	148216	148217	148218
148219	148220	148221	148222	148223	148224	148225	148226	148227
148228	148229	148230	148231	148232	148233	148234	148235	148236
148237	148238	148239	148240	148241	148242	148243	148244	148245
148246	148247	148248	148249	148250	148251	148252	148253	148254
148255	148256	148257	148258	148259	148260	148261	148262	148263
148264	148265	148266	148267	148268	148269	148270	148271	148272
148273	148274	148275	148276	148277	148278	148279	148280	148281
148282	148283	148284	148285	148286	148287	148288	148289	148290
148291	148292	148293	148294	148295	148296	148297	148298	148299
148300	148301	148302	148303	148304	148305	148306	148307	148308
148309	148310	148311	148312	148313	148314	148315	148316	148317
148318	148319	148320	148321	148322	148323	148324	148325	148326
148327	148328	148329	148330	148331	148332	148333	148334	148335
148336	148337	148338	148339	148340	148341	148342	148343	148344
148345	148346	148347	148348	148349	148350	148351	148352	148353
148354	148355	148356	148357	148358	148359	148360	148361	148362
148363	148364	148365	148366	148367	148368	148369	148370	148371

	148372	148373	148374	148375	148376	148377	148378	148379	148380
	148381	148382	148383	148384	148385	148386	148387	148388	148389
	148390	148391	148392	148393	148394	148395	148396	148397	148398
	148399	148400	148401	148402	148403	148404	148405	148406	148407
	148408	148409	148410	148411	148412	148413	148414	148415	148416
	148417	148418	148419	148420	148421	148422	148423	148424	148425
	148426	148427	148428	148429	148430	148431	148432	148433	148434
	148435	148436	148437	148438	148439	148440	148441	148442	148443
	148444	148445							
京城第二高女	152256								
京城取引所	151929								
耕牛	148884	152686	153919						
京元鐵道 京元線	157032								
京義鐵道 京義線	162659	162689							
京仁	153660	153677	154655						
京仁線	153677								
耕作	149818	149981	150115	150239	150807	151473	151488	152013	152394
	152552	152783	153140	153851	154749	155049	158519	159167	159420
	159600	160176	161360	162574	163167				
耕作地	150115	151473	152783	153140					
京電	148044	148610	149232	149576	150110	151693	152027	152105	152255
	152371	152458	152534	152537	152764	153012	153825	154232	154342
	154372	154483	154513	155176	156044	156073	156301	156581	156606
	157392	157481	157508	157658	157693	157970	158318	158322	158352
	158364	158674	158699	158978	159188	159591	160239	160243	160251
	160264	160746	160777	161799	161824	162077	162141	162382	162410
	163099	163127	163183	163226	163255	163436	163454	163455	163462
經濟協會	153797								
經濟會	148363								
經濟 経済	148024	148158	148349	148363	148512	149123	149390	150831	150989
	151537	151607	151920	152514	153194	153797	154471	155686	156120
	156155	157361	157381	158508	158681	158707	159481	160293	160515
	160542	163557	163588						
慶州	148005	148466	150452	152054	152531	152832	152955	152999	153127
	153427	153645	155220	156285	156813	158866	158897	158975	159560
	159582	159829	160338						
慶州博物館	148005	148466	150452	152054	152531	153127			
耕地	148667	149389	149401	150814	150889	151213	151534	154752	157210
	158853	158877	161150						
更迭 更迭	148079	148189	149433	149511	151715	154087	157715	158463	158491
	159573	162493	163953						

警察	147535	147571	147706	147878	147883	148016	148141	148209	148468
	148505	148626	148874	148904	148950	148964	149451	149895	149902
	149949	149963	149998	150009	150054	150085	150146	150452	150503
	150522	150651	150678	150744	150795	150824	150873	150960	150983
	151066	151116	151449	151553	151594	151724	151732	151765	151778
	152050	152105	152110	152334	152372	152419	152439	152456	152458
	152528	152659	152701	152748	152766	152782	152827	152945	153014
	153260	153273	153492	153526	153555	153570	153619	153725	153729
	153788	153806	153832	153915	153977	154031	154090	154096	154197
	154283	154312	154317	154385	154546	154576	154598	154628	154635
	154636	154663	154713	154730	154837	154925	154991	155022	155086
	155104	155113	155247	155355	155432	155495	155708	155841	155879
	155980	156008	156079	156168	156187	156189	156263	156383	156671
	156873	157062	157089	157120	157138	157150	157158	157253	157301
	157407	157418	157535	157556	157585	157612	157617	157810	157820
	158082	158083	158114	158115	158144	158181	158212	158222	158254
	158578	158678	158688	158725	158754	158939	158968	159098	159130
	159279	159306	159430	159460	159501	159553	159814	160125	160435
	160462	160628	160760	160789	160833	160865	160889	160904	160916
	160927	160962	160991	161337	161590	161602	161622	161634	161939
	161969	162012	162029	162041	162059	162156	162182	162253	162524
	162673	162838	162937	163029	163178	163209	163340	163463	163497
	163530	163563	163566	163576					
警察署	147878	148209	148904	148950	148964	150960	151765	152372	153260
	153555	154197	154283	154312	154925	155247	155355	156187	157253
	158083	158115	158688	159279	160125	161337	163563	163566	
輕鐵	148618								
輕便鐵道	160015								
經學院	158252								
	158274								
京漢 京漢線	152863								
慶興	160376	160402	160647						
鷄卵	148692	153579	155423	163736	163932				
繋留	149795								
鷄林	157877	158125							
稽山	158042								
啓星女學院	149073								
届出	150544	164081	164102						
古谷松次郎	161392								
高女	148050	148091	148211	148251	148324	148910	148947	149311	149517
	149529	149543	149627	149628	153679	153690	153696	153760	155760
	155810	156137	156911	156939	157599	157619	159187	159191	161683
	161761	161834	161983	162310	162389	162416	162451	162478	164014

	164041							
高農	154321	157875	157900	157921	157957			
高等警察	152456	153806	153977	154837	155113	155495	155708	
高等官	160739	160773	161467					
高等教育	148662	157655	157687					
高等法院	148493	151079	153181	154899	161660	161679	161985	162323	162350
	163010							
高等商業學校 高商	153012	153179	153615	154597	155893	159573	159593	161843	162101
高麗	149856	149984	150029	150104	150174	150261	150318	150439	150769
	151413	152920	154664	155743	159684	159703	159711	159736	163981
高麗共産黨	149856	159703	159736					
高麗蔘 高麗人蔘	150104							
高麗燒	150318	159684	159711					
高麗時代	152920							
高瀬船 高瀬舟	151506	152701	157476	161813	161837			
顧問	148686	149327	150130	151370	151458	151499	152885	154317	154945
	154969	155563	155714	155737	158771	160542	161210	162460	162488
古物商	150213							
高普 高等普通學校 高普學校	147652	147667	147717	147874	148091	148206	148211	148455	148794
	148807	149072	149120	149274	149457	149566	149662	149759	150053
	150359	150403	150499	150525	150873	151020	151219	151412	151458
	151497	151553	151729	151896	152050	152156	152334	152965	152966
	153301	153603	153647	153817	153864	153906	153983	154059	154114
	154208	154300	154442	154784	155061	155091	155189	155292	155317
	155523	155578	155598	157125	157196	158466	158736	158883	158890
	158957	159056	159312	159347	159438	160016	160165	160214	160433
	160438	160459	160467	160507	160597	160767	160793	161223	161261
	161381	161394	161717	161782	161838	162250	162599	162614	162624
	162745	162768	163947	163973				
古墳	155004	159290						
枯死	151451	151823	152838	152940	153377			
高砂	149084							
高商	153012	153179	153615	154597	155893	161843	162101	
高松宮 高松の宮 (第三皇子)	157756	158561	159800	159843	159863	160121	160143	160186	160204
	160224	160246	160284	160312	160781	161166	161191		
孤兒	149356	159280	159315	161208				
古屋	150177	151975	153404	160269	162537			
雇傭	149996							

高勇吉	161466	161985						
雇員	149450	152122	156924	156952	163760	163796		
故原首相	148798							
古蹟 古跡	149390	159348	159387	162239	162267			
高專	154787	154813						
雇主	159096	159125	163160					
古壺	148797							
穀類	147937 162220	148070 163544	148631	148695	150427	151544	151705	151871	154865
穀物	147727 149877 154470 158071 162366	147892 150006 154501 158159 163227	148362 150809 154612 158580 163256	148432 151052 156557 158786 163280	148852 151100 156584 160477 163354	148919 151253 156702 160671	148941 153414 156703 162209	149130 154121 157648 162313	149782 154321 157908 162340
穀物聯合會	147727	148432	156702					
穀物市場	156557	156584						
穀物信託	148919	154121						
困憊	149640	149683	152523	157191	162865	162904		
空家	148013							
公金	149367 160261	151994 160439	152102 160468	152252 163760	152365 163796	153736 163956	153914	154288	156535
公金橫領	153914							
共同墓地	157188							
共同販賣	151957	152985	153578	160277	160384			
空路	151673	152272	152323	152476	155730	160838	160869	162571	162604
工務課	149911	158413						
公民	158869							
工兵隊	151265							
共產黨	147603 151768 160080 164016	148496 152359 162029 164038	148608 159566 162059	148648 159588 162173	148819 159703 162197	148868 159736 162240	149856 159929 162268	151724 159960 162727	151729 160053 162762
共產主義	149208							
公設	148620 156631 163448	148635 156657	150225 157068	151114 157932	151130 158352	152538 160354	153952 160385	154331 161611	154358 162974
公設市場 公說市場	148620 163448	150225	151114	151130	152538	160354	160385	161611	162974
公設質屋	148635	154331	154358	156631	156657	157068		
公訴 控訴	148961	153737	153956	155491	157128	160269	160934	

工業	147754	148936	149559	150296	150689	151416	151738	151872	151908
	151952	152462	152935	153219	153501	153624	153860	153937	153999
	154203	154532	154824	155068	155722	155824	156196	156231	156912
	156967	158511	159423	159478	159509	160787	161849	162233	162261
	162342	162350	162538	163353	163816	164008	164049		
工業協會	153219								
工業化	150296								
工業會社	154532								
公演	161325	161352							
工藝	151734	153277							
空屋	155622								
公園	148847	151395	151643	152778	154641	154926	154929	154960	157131
	157761	157862	158037	158272	160057	160644	161607	161663	
公醫	148458	151159	152573	162985					
工匠	150329								
工場	147626	147785	147995	148358	148909	149042	149374	149915	149939
	150136	150335	150648	150754	150926	151615	152508	152635	152932
	153332	153429	153860	154771	155076	155218	155624	156498	156523
	156572	156596	156777	156799	156829	157210	157572	157633	157774
	158746	159708	159723	159744	159926	161629	161847	162065	162295
	162696	163160	163175	163237	163267	163814			
共濟	147697	147706	148276	149501	152386	155818	156168	157292	158719
共濟組合	147697	147706	152386	155818	156168	157292	158719		
公州	148248	148630	149627	150526	150930	151267	151769	152167	153569
	154367	154793	154809	155403	155416	155547	155601	155609	155624
	156286	157075	158971	159864	160599	161057	161066	161575	161598
	161634	162003	162337	162348	163681				
公職者	147547	148082	150244	150361	151139	151297	152441	153254	153296
	153676	153715	164000	164026					
共進會	149107	149287	151077	151471	152175	152381	153969	154150	154580
	154658	155608	155827	156822	156826	157445	157867	157908	158905
	159494	159521	159897	159948	160152	160208	160250	160717	161430
	161798	161823	161876	162123					
公債	149985	152078	153481	156422	156455	156543	156689	156721	157106
	157135	159273	159296	159410	159434	159482			
公判	147799	148575	149274	149856	151640	152359	153737	153821	153910
	153949	154735	154889	155111	155270	155332	155741	158279	160240
	160265	162029	162059	162173	162197	162240	162268	163611	163663
共學	150343	151345	153209						
公會堂	147553	147608	149262	149489	149527	149623	149664	150040	150259
	150360	150500	150677	150823	150829	150865	151962	152712	152878
	152956	152991	153042	153266	153708	154099	154194	154224	155307
	155718	157760	158099	158122	158139	158185	158214	158474	159283
	159310	159865	159869	160454	160551	160859	160995	161099	161407

	161455	161493	161509	161825	162124	163527		
果物	148226	148317	152647	152861	155124	156242	161996	
瓜生	148595							
課稅	151844	152163	160220					
菓子	160692							
科學	147964	148061	148254	148948	150458	152147	153598	154636	154677
	159619	159643	160224	160246	161034	161056			
科學者	161034	161056						
廓淸	148719	157084						
灌漑	150889	151762	152600	153377	153870	154431	157411	162996
觀光	147768	149089	150998	151060	157584	157611	158866	158897
觀光客	158866	158897						
觀光團	147768	149089	150998	151060	157584	157611		
管區	153031							
關東	148181	148240	148306	150754	150795	151726	152378	153506	157089
	157165	157303	157458	157488	158507	163535	163695	163705	163727
關東軍	157089	163705	163727					
關東州	157165							
關東廳	148181	148306	150754	150795	152378	153506	163695	
官僚	156177							
官吏	147706	148721	151352	154797	154919	154947	156978	
官民	147527	147762	151392	153345	157337	159218	160559	160582	161163
	161189	161321	161342						
官兵	149202	149541	153652	155455	157424	158868	161813	161837	162014
觀兵式	147596	151574	157728	160127	160157	161981	162098	162134	162405
	162539	162793	162826	162878	162918	162988	163153	163181	
官報	161948	161976						
關釜連絡船	150312	151629	151650	152527	155199	155743	157051	157082	157241
	157277	157494	160490	160518	161178	161202			
官舍	153605	157681	163116	163233	163262	163367	163390	
關西	148679	151273	152447	155340	158806	158833	159283	159310	163561
	163592								
關稅	148586	148784	148837	148855	148927	149224	149473	149559	149689
	150645	151381	155966	158460	158489	163155			
關水	149647	150433	150716	150781	151099	151116	153376	153435	156400
	162902	162940	163378	163401	163900				
官鹽	148735	150387	150430	151716	152005	153848	155426	158849
官營製材所	151743							
官廳	148828	149361	161622	161634	162970	162998	163268	163458
官憲	147606	148141	148338	148404	148454	148777	149309	149636	151772
	152760	152831	153441	153637	155856	156699	156979	157005	159685

	159712							
罐詰	152932	157917						
狂犬病	156922	156953						
鑛區	149728	150037	157031	157065				
廣軌	154495	156860						
廣島	150722	152210	159201					
廣梁灣	149413							
光麗線	153053							
鑛務	149719	158791	158815	161642				
鑛物	155444							
光山	151457							
鑛山	149042	152838	156961	159883	161326	161615		
鑛産	155279	163353						
光成	150005	150050	150293	150327	150499	150544	150735	150792	150873
	151113	151274	151412	152537				
光成高普	150499	150873	151412					
廣梁灣	149413							
鑛業	148311	150833	152520	152687	153533	154602	156109	158144	160579
	160762	161960	161985	163224	163315	163340	163771	163806	163845
	163866							
廣義	150118							
光州	147686	147941	147977	148206	148209	148211	148243	148261	148467
	148468	148635	148649	148724	148807	148904	148959	148964	149072
	149175	149402	149457	149543	149795	149805	150051	150053	150202
	150378	150419	150962	151009	151020	151114	151219	151458	151497
	151729	151732	151961	152334	152841	153049	153105	153532	153559
	153748	153828	153906	153983	154114	154214	154243	154300	154583
	154872	155264	155542	156956	157007	157089	158770	158771	159187
	159527	160169	160913	160937	161424	161650	161851	163534	163669
	163854							
光州地方法院	147686							
拐帶	152365	154963						
怪火	156275							
馘首	150193	155833	155865					
教科書	147738	151141	153162	153253	153434	153672	153715	155908	155938
	158238	158262	159453	160285	160313	160489	160517	161102	163888
	163907							
橋梁	151265	154587	157455	157596	157766	163124		
教練	149525	150995	151794	152315	155002	155028	155431	155462	157173
	162308	162335						
蕎麥	155637	157282	158980	159830				
教師	148264	149357	149537	150293	150791	151220	151275	151538	152682

	153940	154201	154492	154522	154841	154874	154931	154961	154997
	155027	155075	155099	155179	156149	156356	157414	157874	157899
	162029	162059	162204	162243	162271	162451	162478		
絞殺	154172								
交涉	147591	148309	148404	148759	149129	149224	149391	149541	150087
	150109	150307	150937	151394	151399	151594	151781	151834	152150
	152749	153425	153511	153552	154098	154221	154845	154873	155096
	155498	156487	157388	157548	157575	158571	158593	159251	159380
	159642	160007	160406	161172	161348	161844	162831	163056	163220
	163250	163295	163319	163454	163619	163677	163730	164003	164029
教授	147725	147837	147858	147930	147996	148003	148024	148103	148133
	148180	148249	148347	148429	148808	148866	148896	149186	150247
	150334	150374	150399	150678	150795	150913	151416	151458	151809
	152210	152369	152732	152971	153017	153277	153404	153533	153835
	153916	154243	154244	154291	154819	154899	155079	155106	155538
	155624	155669	156137	156400	156480	156627	156654	156880	157404
	157510	158639	159573	159593	160238	160263	160308	160442	160470
	160752	160790	160913	160937	161034	161056	161105	161131	161604
	161843	161884	162323	162350	162626	163209	163329	163378	163401
	163771	163806	163900	163923					
教室	149759								
郊外	147969	153277	154365	155999	159556				
教員	147828	148379	148386	149011	149025	149749	150251	150443	150481
	151532	152018	153516	153874	154266	154296	155807	156165	156569
	157341	157656	157691	157827	157861	157953	157982	158886	159178
	159757	161504	161684	161800	161827	162614	162882	162924	
教員講習會	153874	156165	157953	157982					
教諭	149543	150410	151553	152924	155649	156475	156642	156669	160913
	160937	162350	162614						
教育	147530	147748	147757	148249	148335	148342	148464	148484	148500
	148562	148662	148674	148715	148807	149011	149174	149178	149179
	149239	149386	149457	149515	149569	149670	149672	149883	150070
	150072	150112	150343	150722	150734	150818	150854	150906	150989
	151040	151096	151141	151254	151277	151346	151391	151680	151987
	152026	152032	152227	152228	152260	152350	152402	152437	152514
	152519	152538	152565	152574	152864	152946	153126	153344	153352
	153387	153468	153469	153520	153532	153569	153679	153813	153900
	153933	153934	153935	154016	154051	154095	154184	154194	154216
	154224	154266	154268	154296	154340	154345	154375	154400	154428
	154488	154504	154543	154555	154573	154589	154618	154649	154992
	155133	155137	155151	155158	155163	155239	155267	155431	155438
	155462	155470	155756	155788	155807	155985	156017	156025	156203
	156225	156246	156281	156380	156587	157084	157351	157655	157687
	157725	157745	158342	158412	158462	158464	158482	158483	158494
	158590	158631	158662	158733	158770	158882	158929	158948	158982

	159090	159427	159456	159664	160053	160080	160231	160254	160383
	160441	160469	161036	161065	161311	161506	161524	161539	161627
	161802	161806	161826	161830	161936	162614	162711	162746	162788
	162821	162953	162984	163156	163196				
教育研究會	148464	153569	158412						
教育振興	150906	151096	151391	152026	152227	152228	152260	152350	153468
	154340	154375	156380						
教育振興案	150906	151096	151391	152227	152228	153468			
教育會	147748	148807	149174	149457	149569	151254	152402	152519	152538
	152946	154016	154051	154194	154224	154266	154296	154340	154345
	154375	155133	155158	156017	156025	158462	158464	158483	158494
	158982	159427	159456	160383	161036	161065	161936	162614	
教材	153715								
橋田東声 (歌人)	151641								
教主	159421	159444							
交通	147677	147978	148151	148339	149164	149193	149305	149895	149991
	150701	150934	151158	151377	152110	152409	153560	153765	154848
	154945	154969	156223	156677	157240	157256	157692	157700	158034
	158329	158668	158956	159145	159173	159452	159623	159646	159834
	159842	160047	160085	160505	160533	160549	160904	160927	161063
	161346	162895	163557	163588					
交通機關	149164	159834							
交換手	155034	156911	156939						
教會	148347	148463	149038	149641	161479				
救急箱	155812								
救急藥	150048								
九大	148783	149596	154291	154315	163209	163895			
俱樂部	148410	148607	149545	150928	152058	153133	154407	159705	159742
	163612								
九龍浦	152892	153625	154086	154235	155615	163724			
舊馬山	149419	153970	161925						
歐米	147780	152259							
毆殺	158870								
救世軍	153480	154588	158314	158347	158697	159706	159743		
歐亞	149304	163493	163523						
久邇宮	158265								
久邇總裁	161483	161495							
拘引	157087	158102	159525						
救濟	147791	148198	148285	148370	148573	148810	148984	148989	149069
	149209	149448	149494	149680	150123	150206	150241	150874	151340
	151419	151462	151563	151639	151657	151682	151808	151837	151885

	152065	152577	152584	152815	152875	152876	153025	153102	153155
	153870	153968	154159	154169	154400	154428	154932	155006	155367
	155453	155566	155576	155787	155896	155975	156182	156213	156239
	156297	156382	156500	156534	156576	156597	156623	156650	156818
	156877	156989	157006	157072	157115	157141	157172	157233	157271
	157283	157333	157493	157540	157563	157616	157672	157702	157725
	157731	157745	157752	157755	157762	157780	157871	158002	158031
	158244	158269	158366	158389	158416	158445	158508	158583	158647
	158648	158855	158972	159042	159273	159280	159296	159315	159669
	159815	160325	161310	161469	161699	162536	162610	162645	162681
	162713	162748	162781	162959	163003	163134	163800	163976	164023
	164082	164103	164110						
驅除	148537	149671	152219	152254	152289	152720	155376	156362	156392
救濟資金	149448	151340	155896	157780					
救濟會	157871	159280	159315						
救助	147601	148257	148550	149638	155285	157058	157807	158671	158703
	159752	160133	160161	161207					
九條武子	148423	148639							
九州	148457	149385	153855	154743	160337	160470	162589	162616	
歐洲	147630	153079	153492	157183	157429	158766	160194	160211	
求職	159089	159115	162844						
驅逐	148418	148595	150484	150870	150975	151547	152282	152752	152994
	153200	153431	155379	155406	155504	156160	156691	156723	159697
	161195	162049	163324	163596	163940	163970			
驅逐隊	151547	152994	163324						
驅逐艦	148418	148595	150870	152282	152752	153200	155379	155406	156691
	156723	159697	161195	162049	163596	163940	163970		
龜浦	152219								
救護	147861	148337	149640	149734	152154	159275	163610	164106	
救護看護婦	148337								
救恤金	159216	159240							
國境	147551	147584	147602	147630	147658	147741	147762	147798	147943
	148124	148131	148141	148142	148235	148239	148290	148314	148329
	148417	148456	148528	148607	148632	148822	148914	148987	149103
	149391	149488	149497	149571	149634	149897	150205	150233	150234
	150332	150342	150393	150756	150908	151023	151137	151556	151796
	152058	152142	152182	152482	152701	152787	152819	152990	153015
	153039	153064	153110	153165	153251	153303	153355	153381	153510
	153511	153558	153569	153592	153597	153684	153768	153776	153859
	154152	154162	154165	154193	154204	154230	154279	154404	154413
	154475	154476	154484	154511	154545	154553	154627	154692	154865
	154935	155015	155072	155436	155646	156114	156142	156254	156270
	156288	156303	156622	156649	156699	156783	156915	156986	157120
	157150	158091	158186	158241	158243	158268	158308	158394	158465

	158538	158600	158612	158622	158633	158732	158857	158860	158939
	158968	158999	159032	159148	159168	159220	159244	159410	159434
	159613	159623	159646	159687	159689	159771	159774	159842	159913
	159979	159983	160006	160047	160059	160089	160118	160130	160162
	160359	160395	160411	160472	160766	161031	161173	161339	161549
	161631	161640	162302	162330	162633	162650	162663	162717	162774
	162787	162820	163102	163130	163153	163181	163303	163328	163357
	163381	163646	163765	163892	163894	163914			
國境寶庫	152182								
國境守備隊	147602	148290	158394	163153	163181	163303	163328		
國民	148719	149138	149470	150854	151109	151248	152539	152754	154543
	154573	154733	154916	156915	159768	159808	159916	159942	160355
	160386	161464	162376	162953	162984				
國民體操	154733								
國民學校 國民校	150854	151109	154543	154573	154916				
國民協會	149138	151248							
國史	148727								
國勢	161028	161059							
國勢調査	161028	161059							
國粹	151155	162315	163304	163431					
國粹會	151155	162315	163304	163431					
國語	148040	150072	150484	150604					
國友	148998	159460							
局友會	159740								
國有林	149127	149727	153094	154335	154362	155840	156103	156416	158841
	159497	163344							
國有財産	155706	155727	156190	156214	156326	156352	156504	156525	156852
	156874	157304	157334	157536	157558	157725	157745	157771	157792
	157854	157881	161932	161963					
國有財産法	155706	155727	156326	156352	157854	157881	161932	161963	
國有財産調査	157536	157558	157792						
局子街	148103	150445	157736	158391	158474				
國際聯盟 國際連盟	156025	159595							
國際航空路	152476	155730	162571	162604					
國調	163556	163587							
國策	159987								
國鉄 國鐵	153886								
國會	154771								
君が代	161657	161675							

軍警	147636							
軍隊	149608	152701	152749	153379	153592	154840	154919	154947	163004
軍樂隊	151359	157868	157895	158743	159015	159184	159428	159458	159664
群馬	156177	162818							
軍馬	151402	151433	160673	160713	161698	163113			
郡民	149069	154023	154403						
軍司令官	149543	150234	150265	150754	150995	151021	153068	153451	154588
	154698	157682	157954	158028	158836	160059	160089	161145	162323
	162350	163118	163146	163705	163727				
群山	147534	147558	147649	147912	147963	148136	148666	148793	148814
	148820	148846	148936	149140	149257	149258	149286	149335	149513
	149885	149886	149910	149918	150518	150793	150911	150987	151348
	151669	151704	151755	151756	151842	151870	152478	152569	152593
	152602	152631	152642	152695	153041	153121	153139	153202	153264
	153288	153304	153369	153428	153459	153521	153559	153602	153708
	153720	153796	153809	153837	153939	154002	154295	154368	154439
	154459	154469	154726	154830	154951	154990	155020	155029	155119
	155171	155175	155382	155414	155485	155509	155547	155575	155578
	155598	155925	155967	156388	156458	156466	156600	156708	156741
	156753	156757	156825	157910	158037	158505	159063	159751	160040
	160317	160993	161055	161068	161091	161132	161154	161389	161399
	161476	161702	163200	163330	163852				
軍需	159478	159509	159528						
郡守	147580	148343	149069	149458	150103	151140	151212	151499	151732
	152953	152954	153257	153461	153553	153600	153858	153903	154046
	154105	154291	154433	154694	154797	155036	155063	155093	155108
	155215	155255	155617	155736	157510	157752	158163	158194	159152
	159495	159661	160376	160402	160647	161001	161393	162667	163203
	163398	163900							
軍醫	153181	156812	156815	158394	163153	163181	163315	163340	
軍人	149903	150474	151917	152904	152945	153249	161006	161972	
軍人會	149903	161006							
郡廳	148459	149992	151154	151311	151580	151612	153606	154793	155443
	155471	155990	156431	161057	162003	162161	162498	163088	163760
	163796								
軍艦	152046	154066	154729	156845	156866	158812	158879	158936	159222
	159243	159352	159382	159498	161355	161534			
窮民	149638	149750	150123	152875	154159	156576	156597	156877	156898
	156930	159060	160199	160656	161115	161136	161519	161535	162169
	162452	162477	162713	162748	162781	162920	163610		
窮民救濟	152875	156597	162713	162748	162781				
券番	147814	150003	150710	153358	164013				
卷煙草	150656	157997							
拳銃	151017	151272	151479	152945	153216	153424	154289	155378	155405

	155535	155594	155619	156267	156302	157130	157835	157947
蕨	151687	156258						
蹶起	149734 158860	157548						
歸國	148019	151986						
歸鮮	148155 151881 162793	150342 152820 162826	150434 153589 163357	150819 154728 163381	150830 156506 164060	151133 156530 164090	151392 160291	151523 160637	151718 161957
歸省	154114	155262						
歸順	147684	148182	149077	149079	150298			
歸任	148447	148451	148705	151391	158479			
歸朝	147591	148118	149430	150343	150601	150819	151392	151718	163070
貴族院	147766 152732 159573	148964 153316 159593	149816 153404 159744	150678 156607 159821	150778 157771 160269	151499 158643 160335	152210 158771 163535	152419 159132	152662 159356
歸還	148498 154430 157732 161582	148530 155854 158015 162244	148630 157184 158049 162272	148675 157364 158268 162807	151003 157384 159910 162840	152279 157595 159938 162878	153637 157673 160431 162918	153865 157705 161035 163701	154402 157726 161243
規約	149237							
規制	157163							
規則	147668 155497	149711 155768	150026 155794	151280 155932	151885 155957	152080 156223	152149 162210	153025 164036	153716
劇	147627 154276 157305 161622	147917 154307 157338 163756	148649 154338 157628 163790	148828 155276 159606 164004	149682 155277 160032 164030	150045 156511 161033	152294 157100 161070	154198 157106 161321	154227 157135 161342
極東	150934 157453	151089 159145	152180 159173	154091 159590	154917 159682	155672 161082	155893 161372	156040 161477	156833
極東艦隊	159590							
劇場	157100	161622						
根據地	148592	151946	152085	152086	157773			
勤續	149222	149672	149878	152739	153343	154915	161459	162187	163700
槿友會	148540 154783	148643 154805	148911 154853	149316 154888	150330	150580	151313	152244	153485
近海	148704	152376	152517	152541	156886	157012		
錦江	152139	155602						
金剛山	148645 152197 154325 156538 159156 162682	148943 152411 154770 157055 159179 163075	150254 152529 154799 157584 159992 163481	150738 152630 154909 157611 160014 163518	150845 152826 156088 157675 160269 163838	150864 153220 156122 157697 160427 163860	151683 153517 156148 158152 160457	151912 153834 156512 158380 161318	151992 154154 156536 158779 162652

金庫	149081								
金谷司令官	147532	149804	150912	151878	152186	152681	152829	152945	153875
	158243	158397	158431	160002	160027	160724	161739	161763	163153
	163181	163315	163340						
金鑛	150341	152824	153576	154958	155231	155258	156068	156094	157209
金礦	162157	162316							
金塊	152054	155244							
金陵學院	149070								
金利	147840	147934	150057	151226	151420	154567	158422	159489	159514
	159568	161103	161127	162353	164111				
金炳鵄	161714	161723							
金肥	150938	152004	163517						
今井邦子	157512								
禁酒	152794	157473	157603	160105					
金泉	151322	153210	155472	160151					
今村	148543	148919	149816	150390	150433	150503	150536	150608	150677
	151301	151458	152971	152997	153014	153030	160515	160542	161097
	161123	161289	161308	163010					
今村武志	153014	161097	161123	161289	161308				
給仕	150890								
給水	147760	149570	149805	152914	155172	156456	156574	157596	157659
	162756								
急行列車	159282	159302							
起工式	152610	159670	162096	162889	162926	163717			
機關車	148281	156002	158090	158984	159620	159649	160367		
機關銃	148417	151960	152829	157127					
飢饉	147916	158216							
祈年祭	150071								
記念	148128	148169	148253	148328	148375	148377	148394	148462	148559
	148617	148714	148793	148847	148869	148895	148897	148955	149106
	149262	149299	149349	149400	149446	149466	149480	149507	149526
	149563	149622	149641	150040	150081	150112	150155	150236	150241
	150259	150322	150360	150487	150543	150660	150662	150694	150697
	150709	150733	150787	150836	150862	151048	151145	151203	151445
	151482	151552	151680	151807	151854	151937	151951	151981	151987
	152030	152031	152042	152046	152130	152144	152277	152356	152362
	152392	152442	152666	152669	152755	152773	152917	152946	153073
	153089	153097	153126	153137	153221	153268	153343	153474	153486
	153525	153700	153727	153857	153973	154024	154027	154053	154176
	154201	154271	154350	154415	154446	154620	154633	154651	154661
	154758	154792	154844	154909	155133	155158	155519	155582	155604
	155812	155817	156417	156625	156652	156845	156849	156866	157037
	157070	157131	157140	157320	157343	157377	157401	157656	157691

	157828	157859	158044	158122	158171	158202	158248	158358	158455
	158466	158497	158529	158554	158606	158608	158628	158631	158689
	158742	158765	158775	158782	158785	159066	159069	159264	159300
	159347	159354	159355	159384	159385	159602	159865	159947	160138
	160168	160460	160485	160522	160559	160571	160582	160598	160631
	160767	160793	160859	160863	160961	160969	160994	161000	161144
	161170	161226	161230	161235	161246	161272	161287	161290	161301
	161333	161471	161571	161582	161595	161639	161648	161683	161755
	161934	162013	162036	162042	162052	162196	162674	162888	162889
	162926	162928	163032	163405	163547	163548	163558	163589	163622
	163680	163867							
記念スタンプ	158742	158765	161170						
記念博	150709	152773	153089	153474	154909	155582	155604		
記念事業	148394	148847	148869	150259	152392	152946	153137	153700	153857
	153973	154415	154446	155812	158171	158202	158497	159354	159384
	160559	160582							
記念植樹	150662	150694	150733	152042					
記念日 紀念日	148714	149106	149400	149526	150836	151854	152046	152362	152442
	152755	152917	153097	153221	153268	157377	157401	161235	
基督教	148463	148719	156847	157401	158723	162171	162193	163534	164010
汽動車	162612								
箕林里	148750	155308	161733	161945	161977	162636	162967	163297	163692
	163989	164061							
奇病	147641	154313							
騎兵	150831	150908	151433	151458	154923	160372			
寄附	147663	147752	147872	147875	148297	148495	148572	148951	148991
	149664	150027	150040	150118	150314	150487	150525	150696	150977
	151198	153764	153950	154228	154415	154440	154446	156049	156076
	157067	157519	158122	158492	158932	158960	159869	160484	160878
	161311	161434	161787	162124	162745	162859	163527	163640	
寄附金	147875	148297	148495	149664	150027	151198	154228	156049	156076
	159869	161311	162124	162745	163527	163640			
技師	148289	148306	148768	148789	149042	149591	149816	150222	150820
	151114	151458	151857	152459	152732	152842	153570	153656	153790
	153957	154101	155046	155312	155335	155387	155416	155624	155682
	155925	156235	156753	157438	157771	158144	158413	158423	158771
	158836	158903	158921	158949	158971	159058	159099	159132	159201
	159363	159391	159821	160425	160452	161113	161135	161529	161544
	161642	162038	162067	163961					
氣象	148049	148490	149630	156188	156561				
妓生	147718	148864	149317	154207	154343	155591	156139	157606	159959
	161230	161246	161452	164013					
寄生蟲	148537	149364							
汽船	147781	148117	148439	149237	149278	149711	150026	150339	150340

	150503	150550	150683	151418	151776	152411	152610	153146	153191
	153318	154094	155116	155269	156238	156486	157707	158209	158468
	158495	158731	158764	159767	159804	161220	162283	162795	162828
	163468	163469							
箕城	147814	164013							
期成會	148981	150074	151129	153681	155374	159543	160472	161173	161678
	161844	162126	162183	163025	163051	163512	163664	163715	
起訴	150175	151056	152536	153445	154596	159288	159314	160328	
寄宿舍	152239	158736	162806	162839	163725				
技術	148021	148839	148938	149646	150419	151327	151606	151766	152622
	153133	155155	155273	155495	156194	156229	156399	156752	157796
	161440	161649	162430						
技術員	148021	148839	148938	149646	150419	151606	152622	153133	156399
	156752	157796	161440	161649	162430				
企業	156099	159260							
紀元節	147880	148017	148046	148250	148288	148523	148609	148677	148713
	148717	148787	148829						
箕林里驛	161733	162967	163297						
記者	147977	148674	148703	148756	148796	148828	148876	148910	149593
	150009	150321	150781	150824	150858	150928	150929	151170	152608
	152669	153039	153064	153110	153165	153251	153303	153355	153381
	153558	153569	153597	153768	154025	154050	154102	154141	154152
	154191	154204	154219	154291	154317	154413	154553	154637	154731
	154777	154834	154841	154847	154865	154868	154874	154931	154961
	154997	155027	155075	155099	155179	155442	155464	155530	155546
	155579	155599	155767	155770	155797	155834	155867	155918	155947
	155983	156009	156387	156570	156904	157232	157585	157612	157892
	158009	158036	158086	158116	158165	158196	158245	158249	158271
	158316	158351	158392	158395	158418	158430	158530	158543	158555
	158667	158691	158726	158755	158796	158820	158856	158881	158917
	158946	160086	161863	161895	162133	162440	162469	162711	162746
	163871	163925	163986						
氣腫疽	148384	155692	162175						
起重機	151236	156426							
寄贈	147877	148864	149082	150542	151395	151839	151947	151966	152141
	152581	152991	154036	155176	158352	158758	159164	159199	160979
	161005	161036	161065	161493	163590	163899			
汽車	150026	150840	151233	151441	151603	152598	153612	153811	155843
	155872	157052	158805	158825	159196	161615	162234	162262	162722
起債	148921	148966	149298	149692	149702	150398	151572	152316	156028
	156819	157033	157780	157816	158203	159850	159873	163123	164061
寄託	151627	157646							
寄港	150339	152517	152629	157224	157255	157756	158209	158924	158955
	159011	159049	162795	162828					

寄港地	157224	157255	158209					
吉林 吉林省	150162	150975	151711					
吉田秀次郎	149327	150054	153364	156671	162818	162851		
吉州	154416							
吉會線	153761	154185	154217	154409	154920	155229	156255	156289	156610
	156838	157528	158348	159228	159250	159849	159979	159987	160006
	160119	160142							
金剛	148153	148645	148943	150254	150738	150845	150864	151268	151683
	151912	151992	152197	152411	152529	152630	152826	153220	153297
	153517	153834	154154	154325	154417	154770	154799	154909	156088
	156122	156148	156512	156536	156538	157055	157584	157611	157675
	157697	158099	158139	158152	158185	158214	158380	158544	158569
	158672	158779	158806	158833	159156	159179	159283	159285	159310
	159311	159353	159383	159513	159992	160014	160269	160427	160457
	161318	162652	162682	163075	163481	163518	163838	163860	
金在鳳	148819								
金堤	152687								
金浦	159327								
金海	148050	150637							

ㄴ								
ヌクテ	148054	152057	155621	155886	156751			
のり 海苔	148230	148440	148442	148460	148487	148810	148844	148967	148989
	149090	149209	149680	149750	149796	149922	150267	150505	150765
	150874	152065	152577	152849	152985	153155	153286	154285	154310
	155340	157285	157442	157575	157780	158073	159270	161016	161215
	162289	162942	162990	163191	163543	163616	163732	164050	
羅南	149617	149670	149686	149837	152701	152851	153645	153685	154150
	154187	154220	154291	154762	155247	155989	157937	158797	158920
	159145	159173	159422	159776	159785	163026	163052	163111	
癩病	148635	150489	153272	155037	155559	157430			
羅錫疇	151479	156092							
癩療養所	160062	160099							
羅州	149457	151175							
癩患	150126	151221	151315	152290	152333	152964	153528	154751	156160
	156603	158947	159198	160166	160398	160878	161524	161539	161705
癩患者	151221	152290	152333	152964	153528	154751	156160	156603	158947
	160166								
洛東江	148160	148736	153298	154822	155492	157700	159728	161016	161785
	163055								
樂浪	151593	154630	155004	160977	163011	163068	163147	163211	
落成式	148102	148959	149542	150129	150829	150865	151020	151457	152410
	153049	153266	156956	158738	158769	159279	159584	160305	162161
	163058	163088	163621						
落穗集	157372	157389	157423	157457	157489	157532	157552	157597	157621
	157724	157744	157789	157812	157855	157882	157920	157956	158001
	158030	158081	158113	158162	158193	158237	158261	158305	158344
	158388	158415	158457	158480	158524	158549	158597	158619	158659
	158684	158724	158753	158790	158814	158852	158876	158914	158943
	158993	159026	159074	159101	159144	159172	159214	159238	159272
	159295	159334	159366	159409	159433	159477	159508	159541	159575
	159610	159636	159683	159710	159762	159795	159837	159859	159905
	159933	159978	160005	160044	160071	160116	160140	160185	160203
	160223	160245	160282	160310	160350	160377	160417	160444	160488
	160516	160558	160581	160620	160661	160695	160737	160771	160815
	160842	160888	160915	160952	160982	161019	161049	161094	161120
	161162	161188	161231	161247	161273	161291	161324	161344	161375
	161384	161417	161426	161482	161494	161515	161531	161562	161585
	161621	161633	161659	161677	161711	161719	161738	161762	161794
	161819	161855	161887	161931	161962	162011	162040	162084	162118
	162154	162180	162230	162258	162297	162325	162369	162397	162432
	162461	162504	162531	162569	162602	162632	162662	162704	162739
	162786	162819	162864	162903	162951	162982	163016	163042	163092
	163119	163152	163180	163219	163249	163294	163318	163356	163380
	163414	163440	163477	163509	163555	163586	163625	163655	163684

	163707	163737	163773	163819	163846	163882	163902	163935	163963
	163993	164019	164058	164088					
難波	149718	149736							
難破	157690	159360	159389						
難航	148456	150363							
南軍	148712	151834	151880	152082	152084	152863			
南大門	151228	154106	154509	160085	160674	160702	161287	161301	161645
	162055	162187	162299	162327					
南山	151354	152614	153609	153706	156442	156774	156804	157032	157644
	159044	161561	161584	163371	163391				
南鮮	147797	148147	148336	148588	148971	149645	150154	150217	150242
	150394	150511	150540	151099	151232	151456	151672	151822	152105
	152111	152175	152381	152657	152732	153279	153311	153500	153551
	153656	153788	154352	154376	155543	155932	155957	155993	156018
	156021	156708	156741	157282	157333	157445	157988	158043	158365
	158560	158682	158708	158777	158853	158877	159348	159387	159750
	160104	160152	160215	160292	160320	160470	161209	162278	163106
	163387	163620	163981						
南鮮六道	148588	152381	157445	160152	160215				
南洋	147786	161727	162353						
南原	150997	159538	162497						
男爵	153404	158771							
南浦	147686	147695	147722	147815	147839	147850	147932	147991	147997
	148072	148077	148102	148188	148226	148274	148560	148563	148600
	148658	148729	148747	148849	148873	148986	149006	149042	149201
	149228	149257	149296	149338	149344	149527	149589	149782	149784
	149811	149836	149877	149917	150211	150270	150454	150595	150655
	150678	150692	150726	150784	150907	151041	151086	151087	151129
	151214	151252	151404	151520	151527	151567	151630	151707	151828
	151998	152060	152138	152199	152270	152301	152338	152352	152382
	152396	152459	152468	152568	152638	152698	152777	152807	152841
	152861	152871	152991	153128	153157	153187	153203	153246	153266
	153289	153337	153356	153411	153415	153531	153665	153669	153873
	153880	154112	154502	154529	154562	154570	154612	154687	154750
	154765	154978	154982	155073	155140	155207	155211	155212	155247
	155280	155292	155314	155317	155347	155360	155397	155517	155520
	155642	156052	156262	156273	156318	156415	156422	156426	156434
	156455	156611	156637	156685	156686	156705	156739	156779	156844
	156991	157165	157201	157302	157530	157593	157603	157677	157787
	157799	157848	158007	158077	158154	158174	158294	158543	158802
	158936	159064	159222	159243	159498	159501	159615	159626	159641
	159655	159708	159744	159759	159826	159911	159972	160101	160415
	160610	160634	160675	160831	160832	160900	161085	161108	161109
	161156	161164	161210	161272	161290	161311	161405	161514	161789
	161853	162307	162641	163291	163470	163653	163675	163944	

南浦築港	150454	150595	150655	150726	151041	151129	151214	151252	151404
	151527	151630	152138	152199	152338	152396	152568	152777	153157
	159501								
納凉	154033	154421	155481	155927	155963	155975	156093	156391	
納稅	149551	151805	152543	152626	155897	156786	157847	158149	158409
	164116								
內閣	151786	151792	152404	152608					
內務	147766	147905	148103	148520	148876	149371	149647	149785	149816
	149819	149905	150085	150147	150177	150599	150678	150716	150754
	150781	150834	150931	150983	151099	151116	151652	151697	151815
	151901	152242	152256	152299	152336	152727	152732	152885	153108
	153404	153435	153656	153829	154385	154598	155089	155595	155623
	156246	156281	156400	156689	156721	156989	157006	157066	157089
	157126	157146	157298	157323	157349	157404	157510	158643	159216
	159240	160406	160515	160542	160893	160919	161145	161590	161742
	161766	161985	162634	162671	162902	162940	163378	163401	163480
	163507	163512	163560	163591	163626	163656	163900		
內務局	149371	149905	150085	150177	151697	152732	153108	154385	156246
	156281	156689	156721	156989	157006	157066	159216	159240	160406
	160515	160542	160893	160919	161145				
內務部	147766	148103	148876	149647	150678	150716	150754	150834	150931
	150983	151116	151815	151901	152256	152299	152336	152885	153404
	153435	153656	153829	154598	155089	155595	155623	156400	157089
	157323	157349	157404	157510	158643	161742	161766	161985	162634
	162671	162902	162940	163378	163401	163507	163560	163591	163626
	163656	163900							
內務部長	147766	148103	148876	149647	150678	150716	150754	150834	150931
	150983	151116	151815	151901	152256	152299	152336	152885	153404
	153435	153656	153829	154598	155089	155595	155623	156400	157089
	157323	157349	157404	157510	158643	161742	161766	161985	162634
	162671	162902	162940	163378	163401	163507	163560	163591	163626
	163656	163900							
內務省	148520	149816	149819	152727					
內鮮婦人	151206	153077	160965	160990					
內鮮融和	149899	150668	151736	154077	154493	154515	155908	155938	157873
	157898	158098	158129	159492	159519	163893	163915		
內鮮人	148051	149156	150152	156263	156899	156931	158854	158878	160220
內鮮協和會	160897	160924							
內田康哉	156368								
內定	147905	148081	149653	156137	159688	159714	159896	160622	160918
	162342								
內地	147564	147565	147625	147702	147713	147797	147906	147928	147935
	147950	148158	148201	148304	148365	148377	148380	148434	148492
	148527	148561	148586	148623	148634	148642	148644	148673	148688

	148710	148725	148732	148771	148799	148810	148902	148938	148979
	149032	149100	149209	149224	149236	149247	149297	149308	149331
	149356	149481	149518	149552	149559	149566	149572	149626	149689
	149702	149713	149819	149853	149855	149947	150013	150075	150150
	150202	150213	150237	150247	150338	150359	150383	150410	150450
	150630	150738	150759	150778	150782	150811	150855	150986	151182
	151253	151269	151360	151370	151410	151590	151673	151732	151738
	151741	151777	151817	151847	151917	152232	152314	152369	152395
	152449	152522	152541	152672	152844	153150	153391	153706	153835
	154007	154111	154247	154400	154410	154428	154929	154960	155192
	155401	155441	155565	155669	155682	155716	155733	155832	155871
	155901	156000	156043	156072	156099	156127	156154	156177	156237
	156334	156361	156375	156404	156405	156641	156668	156836	156857
	156978	157031	157065	157160	157229	157670	158164	158195	158233
	158586	158654	158656	158773	158923	158931	158954	158959	159377
	159413	159437	159542	159576	159945	159975	160129	160158	160291
	160382	160425	160452	160550	160632	160673	160713	160816	160843
	161039	161075	161525	161540	161547	161796	161809	161821	161833
	161856	161888	161948	161976	162018	162028	162048	162062	162128
	162145	162155	162181	162231	162259	162425	162434	162463	162490
	162506	162533	162758	162897	162952	162983	163023	163049	163102
	163130	163150	163236	163265	163470	163479	163511	163569	163688
	163698	163711	163782	163942	163969	163995	164010	164021	164044
內地視察	147702	149626	151269	151370	151732	152522	153150	155441	157670
	162018	162048	162128						
內地視察團	151269	151370	151732	152522	153150	155441	157670	162128	
內地語	148644	152369	153835						
內地人	147906	147928	148201	148492	148527	149100	149356	149566	149947
	150338	150359	150811	154400	154428	155669	156177	156641	156668
	158233	161856	161888	162028	162062	162434	162463	164010	
露國	147597	147725	148022	149208	149245	151012	151021	151151	153441
	154082	157209	161235	161257	163019	163045			
勞農	147978	150393	151402	161235	161257				
勞働團體	147804								
勞働者	148573	149192	149441	149678	150278	150566	151362	151493	151542
	151639	152202	152314	153310	154405	154434	154493	154515	154608
	155367	155504	156110	156127	156154	156237	156865	156980	157376
	157400	158986	159945	162231	162259	162336	162715	162764	162964
	162995	163022	163048	163112	163143	163236	163265	163688	163711
	163835	163856	163891	163909					
勞働 勞働	147804	147987	148573	148725	149192	149441	149544	149678	150278
	150566	150925	151362	151493	151542	151639	151733	152202	152314
	153310	154405	154434	154493	154515	154608	155265	155367	155504
	155671	156110	156127	156154	156237	156865	156980	157376	157400
	158986	159945	162024	162051	162231	162259	162336	162715	162764

	162964	162995	163022	163048	163112	163143	163236	163265	163688
	163711	163835	163856	163865	163891	163909			
鷺梁津	160422	160449							
露領	151653	152012							
勞務	147942	151863							
勞銀	149007	150432	151126	151287	152174	153709	159945	162964	162995
勞組 勞働組合 勞動組合	149544								
綠肥	151031	152074	152546	155569	160555				
鹿兒島	149605	150032							
農家	148349	148533	149379	150342	152163	152223	152388	152488	153168
	153799	154142	155818	156554	158648	160174	163517		
農耕	150342								
農具	155033								
農林省	148789	149327	151857	152234	152842	157771	158423	158836	
濃霧	155331								
農務課	147766	147805	153656	154768	154812	158377	159665	160428	160455
	163247	163275	163613						
農民	147730	148256	148471	149439	149571	149624	149640	149810	150975
	151043	151544	152010	152053	152486	152523	152717	153222	153271
	153292	153357	153870	153953	153998	154781	154848	154884	157193
	158042	160908	160932	161168	161990	162021	162778	163403	
農繁	152314	153544							
農繁期	152314	153544							
農事	147652	149315	149607	152418	154184	154216	154390	154501	155751
	156165	156628	156675	158512	160898	162528	163696	163841	163861
農産物	155424	160423	160450						
農業	147564	148050	148091	148130	148211	148312	149594	149980	150795
	151537	152086	152979	153610	154687	155141	155167	155578	155598
	155766	155796	156752	156905	160301	161440	161649	162294	
農業技術員	156752	161440	161649						
農業技術員講習	156752	161440							
農業學校	160301								
農作	148390	149329	152263	152774	153375	153377	153964	154855	155055
	155305	155781	155808	155930	156438	156467	156942	158097	158377
	158458	158839	159693	159853	162854				
農場	150807	152017	154683	158863	162591	162619	163302	163327	
農村	148088	148527	148813	149201	150268	150914	151820	152976	155716
	155733	158651	160650	162920					
農學校	147822	148050	148398	150639	150822	156475	159631	159656	
農閑期	149919								

農會	148312	148349	148353	148532	148923	148934	148962	149112	149165
	149339	149513	149547	149594	149731	150558	150938	151026	152430
	153361	158910	159407	160384	161503	162989	163078		
腦溢血	148299								
泥棒	147618	149539	152159	152416	155197	155370	155395	157681	
癩療養所	160062	160099							
論文	148133	149186	152402	152672	159413	159437	163895		

ㄷ								
ダイナマイト	158102	164086						
ヂストマ	155492	157450	161880	161911				
ドイツ 獨逸 獨	148286	148373	148758	148831	149030	149126	149164	149343	149708
	149913	150264	150318	150585	150837	150908	151061	151405	151526
	151589	151728	151799	151929	152237	152319	152754	153063	153067
	153275	153350	153404	154012	154027	154043	154053	154082	154332
	154359	154624	154634	154662	155710	156317	156506	156530	157429
	158134	159834	160058	160091	160355	160386	161610	162137	162955
	162986	163070	163157	163184	164044				
ドルメン	148136	155719	155740					
多島海	153430	156708	156741	159342	159374			
多獅島	151483	151862	155775	155804	158308	158927		
短歌	147531	147624	147710	147784	147911	147998	148089	148164	148241
	148376	148453	148526	148596	148668	148754	148826	148898	148980
	149064	149142	149227	149348	149436	149573	149669	149738	149887
	149986	149999	150106	150198	150320	150391	150482	150563	150620
	150698	150777	150867	150956	151044	151210	151302	151411	151528
	151641	151757	151850	151921	152033	152151	152283	152363	152444
	152518	152566	152663	152784	152881	152948	153114	153206	153347
	153433	153556	153644	153718	153868	153944	153982	154143	154267
	154297	154481	154519	154623	154654	154766	154798	155001	155031
	155143	155169	155296	155321	155439	155474	155589	155612	155709
	155710	155735	155835	155868	155952	156053	156087	156197	156219
	156324	156360	156516	156533	156635	156660	156839	156867	156976
	157002	157113	157143	157236	157258	157419	157587	157620	158018
	158035	158173	158204	158393	158421	158534	158559	158798	158821
	159084	159111	159424	159447	159621	159640	159852	159875	160188
	160207	160294	160322	160436	160463	160823	160850	161045	161064
	161323	161345	161481	161492	161672	161688	161804	161828	162094
	162132	162303	162331	162525	162719	162754	162960	162991	163103
	163131	163312	163334	163482	163513	163754	163789	164068	164100
壇君	150032							
斷髮	153947							
端艇	153273	158969	159740	160298				
團體	147636	147804	147835	147975	148056	148096	148599	148744	149273
	149293	149530	149943	150046	150241	150268	150350	150401	150728
	150959	151161	151270	151768	152695	153460	154346	154958	155240
	155765	155793	157936	160483	160628	161448	161460	161500	162170
	162194	164010						
達城郡	150558							
擔保	149379	149930	150137	151290	152558	153998	158296	161171	161790
潭陽	148807	149910						
踏切番	159884							

當局	147565	147626	148130	148133	148208	148445	148472	148519	148557
	148566	148586	148656	148673	148684	148703	148723	148908	148951
	148957	149029	149044	149133	149149	149224	149251	149267	149332
	149544	149741	149785	150011	150033	150240	150275	150307	150476
	150854	150874	150908	151258	151399	151418	151580	151636	151985
	152078	152260	152289	152351	152397	152461	152670	152741	152818
	152866	152990	153120	153253	153280	153361	153399	153537	153676
	153770	154005	154068	154101	154333	154370	154848	154884	155036
	155192	155354	155390	155497	155691	155807	155895	155949	156378
	156380	156472	156678	156706	156734	157119	157147	157149	157211
	157285	157422	157459	157540	157542	157563	158482	158646	158648
	158654	158912	158915	158944	159321	159598	159828	160438	160467
	161179	161196	161439	161547	161796	161821	161843	162305	163022
	163048	163107	163135	163236	163265	163749	164003	164029	
唐黍	156914	156954							
當選	149890	150464	151008	154856	159299	160151	161280	161294	162954
	163293	163317							
大邱	147529	147595	147619	147699	147724	147725	147774	147776	147787
	147808	147855	147856	147899	147918	148003	148066	148091	148095
	148135	148192	148251	148464	148505	148601	148661	148727	148867
	148911	148992	149047	149124	149149	149180	149207	149262	149318
	149345	149531	149532	149537	149611	149675	149744	149757	149759
	149794	149809	149812	149854	149858	149952	150069	150148	150200
	150259	150363	150403	150449	150558	150694	150710	150719	150820
	150822	150823	150834	150886	150964	151002	151021	151054	151332
	151336	151485	151502	151577	151584	151585	151589	151642	151703
	151752	151758	151783	151786	151910	151987	152113	152189	152205
	152238	152296	152323	152431	152484	152532	152550	152570	152583
	152616	152661	152703	152712	152730	152745	152829	152832	152836
	152840	152914	152967	152969	152978	152982	152999	153007	153037
	153072	153075	153191	153279	153335	153336	153351	153358	153393
	153434	153437	153445	153524	153528	153530	153533	153554	153557
	153564	153614	153690	153723	153739	153788	153872	153921	153942
	153990	154085	154099	154229	154320	154466	154526	154535	154544
	154574	154598	154652	154660	154734	154751	154788	154811	154863
	154883	155137	155163	155171	155172	155182	155257	155260	155292
	155317	155481	155482	155494	155501	155578	155598	155611	155613
	155627	155642	155668	155717	155860	155882	155945	155954	156146
	156157	156159	156166	156179	156222	156279	156307	156352	156390
	156398	156438	156439	156467	156470	156538	156601	156603	156671
	156758	156785	156806	156815	156819	157023	157087	157142	157147
	157151	157160	157178	157203	157212	157275	157332	157340	157351
	157416	157425	157427	157499	157502	157513	157514	157560	157572
	157632	157634	157640	157688	157703	157714	157750	157776	157778
	157888	157894	157966	158034	158050	158128	158133	158352	158357
	158416	158419	158427	158451	158500	158507	158642	158800	158826

	158829	158866	158890	158897	158899	158906	158909	158957	158958
	158975	158987	159056	159184	159249	159252	159307	159312	159326
	159436	159438	159450	159452	159467	159470	159517	159527	159534
	159721	159802	159803	159812	159818	159865	159868	159882	159899
	159936	159957	160008	160016	160090	160165	160214	160258	160260
	160333	160366	160388	160389	160400	160412	160438	160454	160466
	160467	160480	160551	160639	160829	160861	160866	160867	160930
	160980	160995	160997	161199	161210	161216	161253	161272	161290
	161342	161354	161356	161407	161455	161618	161620	161658	161676
	161817	161825	161841	161877	161908	161980	162038	162067	162136
	162143	162256	162278	162281	162295	162343	162400	162457	162484
	162485	162545	162551	162612	162664	162665	162769	162818	162851
	162920	162988	163010	163137	163188	163190	163253	163408	163444
	163445	163599	163663	163722	163769	163801			
大邱高女	148091	148251	153690						
大邱日報	156390	157966	158451	158507	160980	161210	162038	162067	
大邱刑務所	159534	163188							
大內(京官局庶務課長談)	151458								
對內貿易	149966								
大寧江	156250								
大刀會	147709	147762	147835	147909	147975	148141	148606	148759	148905
	149036	149077	149113	149202	149272	149347	149541	150298	150370
	151453	158868	159168						
大同江	148029	148168	148554	149110	149407	149544	149562	149805	149881
	150189	151049	151726	151926	152520	154936	155078	155233	156427
	156460	156609	156918	160646	161754	162089	162307	162580	162641
	162811	162842	163025	163051	163575				
大同橋	147604								
大同郡	148391	148459	148641	160977					
大豆	147894	148151	148696	149130	149970	150340	150383	150810	151183
	151333	151381	151508	151616	151617	152171	152343	152637	153543
	153704	154537	155900	156317	156616	157998	158067	158156	158293
	158592	158804	159675	160109	160948	161708	162367	162630	162948
	163150	163288	163569	163755	163875	163876			
大連	147662	147859	149263	149933	150031	150339	150485	150550	150579
	150588	150683	150732	151418	151486	151499	151637	151646	152272
	152457	153187	153593	154265	155116	155229	155672	157313	157481
	157508	158574	160493	160534	160642	161039	161075	161106	161137
	161220								
大陸	147671	151559	152330	163688	163711				
大麻	155194	155779	155806						
對馬	159231	159248	159490	159515					
臺灣	148795	149733	149862	150009	150054	150587	150628	151051	153194

台灣	153342	153916	156951	156977	157001	158585	158682	158708	161089
	161940	161970							
貸付	147887	148071	148318	149094	149260	150221	150962	151028	151120
	151193	151244	151280	151749	152805	153750	153919	153998	154123
	154373	154825	154993	155365	156675	157783	157790	157813	158255
	158277	159324	160180	160895	161148	161171	161361	162423	162489
	162776	163516							
大商	149832	150883							
大相撲	152588	152840	156875						
大嘗祭	149430	149981	150950	155398	158306	158345	159686	159713	160124
	160146	160380	160561	160584	160857	161622	161634		
大西(技手)	149061	153741	154121	155312	155335	161843			
大雪	147677	147798	148294	148601	148867	161334			
大野緑一郎 大野(總監)	154945	154969	156545	156671	162544				
大連	147662	147859	149263	149933	150031	150339	150485	150550	150579
	150588	150683	150732	151418	151486	151499	151637	151646	152272
	152457	153187	153593	154265	155116	155229	155672	157313	157481
	157508	158574	160493	160534	160642	161039	161075	161106	161137
	161220								
大英斷	154739								
代用食	162218								
代用品	148380								
大垣丈夫	162299	162327							
代議士	147686	147725	147766	147930	148320	148729	148768	149647	149862
	149889	149911	150130	150374	150420	150458	150834	150931	151066
	151223	151815	151857	151901	152161	152842	153014	153181	153364
	153451	153533	153619	153656	153697	153741	153916	153957	154075
	154243	154291	154317	154677	154945	154969	155714	155737	155779
	155806	156480	156671	157349	158064	158836	158867	158891	159043
	159201	160269	160402	160442	160470	160515	160542	161357	162038
	162067								
大日本	149201								
大將	148729	150278	153480	154571	158028				
大藏	148280	149133	149224	149560	150087	150423	150529	150969	151779
	152342	152842	152845	153364	154332	154359	156027	156368	156432
	156645	156852	156874	156896	156928	157015	157106	157135	157201
	157771	159220	159244	162558	162633	162663			
大藏省	148280	149224	149560	150087	150423	150529	150969	151779	152342
	152842	152845	153364	154332	154359	156027	157106	157135	157771
	159220	159244	162558	162633	162663				
大邱	152279								
大田	148748	151416	153521	153559	154055	154394	154671	155025	155407
	155594	155609	155619	155631	155747	155827	156224	156733	156742

	156761	156807	157014	157259	157999	158756	158836	159446	160208
	160838	160869	160921	161383	162072	162182	162738	162772	163208
大田商議所	162072								
大正天皇	163884	163904	163936	163964					
對策	147659	147769	148043	148432	150275	150359	151004	151446	151453
	152801	154431	154442	154768	154812	156370	157271	158304	158343
	158366	158522	158648	159331	159420	159561	159600	159752	160034
	160105	161844	161991	163628	163658				
大川	153418	155402	157615	158144					
大川周明	158144								
大村海軍機	149630	149806	151685	152323	160493	160534			
貸出	147934	148031	148035	148552	150763	151288	151914	152507	152509
	153282	153537	153620	153889	154824	155074	155837	155896	156830
	157717	158513	159267	159328	159489	159514	159967	160478	161400
	161790	163731							
大阪	147622	147727	147888	148038	148184	148482	148518	148967	149084
	149764	149796	150382	150786	151328	151720	151865	151961	151984
	152273	152308	152405	152628	152753	152833	152877	152885	152922
	152963	153000	153046	153081	153124	153172	153224	153790	153794
	153908	153955	154821	154901	155177	155293	155318	155367	155649
	155705	155726	156017	156025	156055	156639	156664	156815	157228
	157257	157313	157376	157400	158064	158608	158614	158689	158904
	159007	159040	159164	159199	159201	159203	160033	160242	160267
	160897	160924	161034	161056	161106	161137	161233	161249	162626
	162738	162772	162803	162818	162851	163036	163064	163191	163674
	163821	163848	163900	163923	164082	164103			
大學	147530	147857	148347	148429	149208	149910	150713	150795	151066
	151768	152157	152619	152625	152971	153404	154119	154243	154244
	154492	154520	154522	154642	154665	154701	154722	154817	154819
	155379	155406	156506	156530	156627	156654	157662	157937	159500
	160238	160263	160913	160937	161799	161807	161824	161831	162891
	162929	163561	163592	163702	163726	163753	163771	163788	163806
對抗	149324	150340	151259	152334	152822	152874	153005	154409	156980
	157337	159284	160125	160507	161253	163160	164004	164030	
大會	147579	147632	147681	147719	147742	147756	147790	147836	147849
	147913	147954	147999	148125	148137	148165	148173	148177	148338
	148344	148428	148607	148637	148661	148767	148831	148874	148917
	148991	149024	149031	149082	149107	149139	149146	149148	149155
	149369	149497	149593	149704	150046	150076	150244	150264	150285
	150289	150494	150502	150704	150713	150749	150782	150789	150797
	150859	150979	151041	151050	151065	151180	151214	151259	151277
	151379	151409	151456	151471	151480	151549	151551	151594	151609
	151644	151651	151693	151723	151802	151966	151998	152058	152105
	152193	152244	152334	152371	152417	152441	152494	152588	152591
	152656	152678	152745	152808	152874	152935	152941	152970	153118

	153227	153273	153296	153304	153521	153559	153569	153624	153676
	153715	153869	153937	153999	154019	154056	154074	154166	154170
	154306	154347	154380	154382	154449	154521	154560	154593	154712
	154737	154740	154824	154853	154888	154894	154966	154990	155012
	155013	155020	155043	155061	155080	155086	155087	155091	155097
	155104	155126	155147	155153	155189	155206	155212	155226	155246
	155251	155271	155273	155292	155295	155311	155317	155320	155358
	155361	155392	155396	155613	155664	155678	155698	155699	155702
	155723	155780	155842	155855	156047	156049	156065	156076	156078
	156089	156101	156129	156207	156268	156296	156344	156366	156385
	156496	156514	156521	156636	157085	157132	157155	157156	157247
	157301	157319	157414	157418	157481	157878	157904	157908	158004
	158071	158099	158139	158185	158214	158282	158318	158352	158401
	158428	158445	158473	158510	158531	158533	158538	158544	158556
	158569	158572	158580	158672	158681	158695	158705	158707	158767
	158768	158786	158802	158829	158850	158893	158894	158899	158904
	158958	158987	159141	159187	159283	159284	159285	159303	159310
	159311	159345	159353	159377	159383	159386	159418	159425	159445
	159449	159457	159483	159510	159548	159552	159585	159591	159663
	159731	159739	159813	159889	159955	159984	159994	159996	160009
	160021	160022	160026	160063	160064	160093	160097	160098	160125
	160155	160358	160366	160375	160389	160394	160401	160466	160507
	160513	160536	160664	160680	160698	160722	160768	160836	160864
	161183	161205	161209	161276	161297	161563	161586	161800	161827
	161881	161913	162066	162114	162141	162278	162370	162385	162398
	162414	162912	163031	163177	163206	163241	163242	163272	163273
	163593	163664	163669	163783	163855	163967	164000	164026	164096
大興電氣	148932	150931	153492	155052	155407	155891	157201	159201	159322
	160274	160807							
德津	154154								
德惠	148488	150773	151523	151718	151881	163358	163382	164017	164042
	164060	164084	164090	164107					
德惠姫	148488								
德惠姫	150773	151523	151718	151881	163358	163382	164017	164042	164060
	164084	164090	164107						
稻	148158	148181	150470	151119	152838	152885	153050	153377	153463
	153755	153771	153891	154248	154753	154819	155285	155339	155421
	155422	155746	155778	155811	156108	156382	156499	156524	156554
	156981	157026	157288	157356	157357	158225	158362	158526	158551
	158565	158599	158621	158887	159068	159138	159263	159472	159627
	159654	159755	159956	160654	161434				
陶器	151335	152920	154411	154903	156195	159667	162449	162479	
度量衡	152912	153686	154700	157472	158449				
跳梁 跳梁	162971	162999							

道立醫院	148951	150577	151656	152119	152781	153512	153554	156063	157592
	157660	157714	157978	162665	163693	163787			
稻苗	152838	153891							
圖們	148281	149001	150895	151617	152556	153026	154486	156059	156270
	156303	156335	156559	156586	157736	157871	157897	159549	
圖們線	156335								
圖們鐵	148281	151617	152556	154486	159549				
賭博	151014	152296	152532	152587	152723	153010	153445	154448	154735
	154889	155111	155491	157832	160691	160934			
賭博團	152587								
盜伐	162814	162849							
渡邊定一郎	148222	152766	154075	155018	155046				
圖書	147875	147876	147877	148577	148671	148793	149233	149446	149901
	149931	150246	150708	150921	153385	153598	154586	155521	155545
	156056	156732	156903	157192	158358	158950	159459	159619	159643
	159998	160024	160054	160074	160299	160327	160718	161560	161810
	161934	162023	162050	162957					
圖書館	147875	147876	147877	148577	148671	148793	149233	149446	149901
	149931	150246	150708	150921	153385	153598	154586	155521	155545
	156056	156732	156903	157192	158358	158950	159459	159619	159643
	159998	160024	160299	160327	160718	161560	161810	162023	162050
	162957								
渡船	147912	147967	148258	149242	150440	153009	153765	154281	159857
	162895								
渡鮮	148235	150113	150192	152618	153171	153229	154996	155024	156190
	156214	158458	158475	158481	158867	158891	159043		
屠獸	147896	148150	149979	157695	158715				
屠獸場	147896	149979	157695	158715					
都市計劃	150477	150742	162636						
稻熱病	158362	158526	158551						
道議 道議會	147567	147633	147867	148088	148159	148236	148238	148449	148522
	148602	148664	148823	148939	148951	149059	149102	149105	149140
	149222	149257	149352	149376	149431	149471	149791	149883	149898
	150070	150206	157260	159301	159523	159877	159912	160077	160587
	161054								
稻作	153377	153755	153771	154753	155285	155421	155422	155746	156382
	156499	156524	156554	157026	157288	157356	157357	158225	158526
	158551	159263	159755						
稻田	154819	159956							
道知事	148022	148181	148543	148583	148610	148729	148768	149201	149862
	150218	150262	150374	150458	150587	150931	151391	152336	152539
	152565	152681	153316	153829	155445	155488	158771	159430	159460
	160169	161210	161289	161308	161817	161841	161985	162038	162179
	162203	162256	162281	163178	163653	163675			

盜聽	150417								
道廳	147799	148465	148708	149361	150599	151033	151591	152087	152407
	153432	155757	155789	155818	155877	156560	156581	156842	156863
	157060	157335	157839	159930	159956	160353	160379	160559	160582
	163033	163061	163770						
道廳舍	148708	155877	157060						
淘汰	152357	155807	163027	163053					
陶土	157095								
道評議會	148748	149429							
渡航鮮人	149314	150209							
渡航者	149441	149494	149587	151000	152527	152673	153078	153108	155504
	156204	156218	158140	160291	160382	160550	162092	162125	163987
圖畵	152358								
獨立	148286	149913	150908	151589	154012				
	154027	154043	154053	154332	154359	154624	155710	161610	164044
獨立守備隊	154012	154043	154332	154359	154624				
獨逸	149126	151728	152319	153067	153350	156506	156530	162137	163157
	163184								
讀者	148017	148046	148250	148288	148677	148717	150714	152675	152915
	157056	157129	157435	157478	160364	160690	160716	160834	162016
	162057								
瀆職	148493	150332	161001						
篤行者表彰	147562								
豚コレラ	147793	149290	155857	155884					
東京	148044	148181	148222	148265	148840	148919	149087	149201	149251
	149371	149493	149576	149585	149729	149733	150110	150480	150795
	151216	151407	151416	151653	151724	151865	151936	152178	152272
	152330	152534	152588	152660	152797	152840	152883	152885	153017
	153179	153364	153489	153753	153827	153873	153957	153996	154121
	154342	154372	154483	154513	154783	154805	154999	155018	155230
	157022	157224	157228	157255	157257	157658	157693	157771	158322
	158342	158364	158674	158699	158859	159251	160196	160239	160251
	160515	160542	160746	160777	161210	161233	161236	161249	161251
	161642	162038	162067	162377	162803	163226	163255		
東宮	150081								
東大	147725	148024	153404	154365	154819	155624	156385	156606	156671
	156792	156987	157014	157303	159573	159593	160308		
動亂	150313	152506	162033	162060					
東萊	149301	151047	151525	152824	152916	152955	153360	153603	153864
	154438	156012	156445	156478	158265	160461	161088	162146	162678
	162768	162938	163270						
東萊溫泉	149301	151525							
同盟	147861	147924	148791	150293	150411	150413	150451	150768	154845

	154873	158435	161646	162591	162619	163855		
同盟會	161646							
同盟休校 盟休	147717	147874	149114	149532	149533	149959	150005	150050	150327
	150499	150544	150674	150788	150792	150873	151108	151113	151161
	151166	151220	151274	151275	151367	151412	151414	151495	151550
	151896	151963	151997	152050	152156	152677	152958	152965	152966
	153173	153175	153270	153397	153520	153527	153564	153567	153603
	153614	153647	153653	153694	153734	153775	153780	153822	153856
	153864	153906	153983	154068	154095	154114	154206	154208	154234
	154286	154300	154370	154381	154442	154450	154488	154499	154504
	154525	154544	154574	154618	154644	154645	154649	154673	154739
	154784	154857	154858	154891	155127	155154	155310	155333	155523
	155593	155618	155817	156062	156086	156287	156715	156748	157633
	158405	158822	158890	158957	159056	159093	159123	159128	159281
	159289	159309	159312	159313	159341	159373	159438	159657	160016
	160165	160214	160231	160254	160435	160438	160462	160467	160510
	160538	160597	160601	160628	160760	160789	160796	161261	161436
	161617	161838	162028	162046	162062	163383	163716	163919	164034
動物園	148804	149989	151989	158132					
同民會	153723	154701	154722	157810	157837				
東邊道	149058	151844	151882	152451	155434	155465	162376		
凍死	149583	163758							
銅山	153965								
東三省	149327	154346	154855	155563	156097				
東洋	148686	151971	151973	152079	152515	152705	152770	152788	152830
	153164	154121	154836	155515	155550	159201	159753	161321	161342
	163481	163518							
童謠	149950	155704	155725	155772	155805	156032	156178	157305	157338
	158601	158623	159914	159946	160123	160144	160568	160590	160959
	160989	161479	161623	161635	162444	162474			
動員	148496	151634	151975						
同情金	148056	158536	158563						
東條	149371	157570	158971	163806					
東拓 東洋拓殖	147637	147895	148071	148998	149094	149260	149297	149327	149439
	149458	149764	149911	149930	150085	150469	150552	150562	150636
	151028	151066	151069	151070	151120	151193	151244	151370	151416
	151479	151651	151978	152000	152007	152304	152732	152800	152926
	153125	153364	153377	153533	153700	153791	153818	153879	153964
	153985	153996	153998	154009	154064	154126	154176	154746	154749
	154836	155120	155339	155631	156092	157102	157802	157808	157825
	158004	158182	158444	158682	158708	159489	159514	159986	160011
	160240	160265	160442	160470	160478	160515	160542	160602	161103
	161127	161268	161431	161470	161553	161642	161727	162022	162047
	162079	162147	162164	162179	162188	162203	162323	162350	162353

	162359	162367	162488	162556	162564	162626	162778	162782	162818
	162961	163040	163067	163405	163429	163453	163538	163548	163953
東鉄 東鐵	151416	152143	157021						
同胞	147861	154276	154307	161550	163698	163782			
東海岸	147932	150347	150999	151039	151759	156442	156677	157503	157988
	158711	159468	159753	159755	160119	160142	161091		
東郷	152667	153325	156845	156866	161516	161532	161942		
銅貨	158406								
兜	152920	162378	162407						
頭道溝	154271								
豆満江 豆滿江	148448	149508	150641	154281	154688	156915	162032	162088	
豆粕	147810	149505	149653	149825	149972	150015	150141	150309	150425
	150472	150553	150554	150594	150808	151075	151619	152163	152423
	152804	153373	154693	154928	155288	156033	156174	156313	158289
	158804	161991	163077	163087	163095	163122	163636	164052	
豆腐	153774	155340	156418	158804	163175				
痘瘡	151271	151461	151856	152250	152331	152446	152793	152927	153396
	153778	162721	162757						
頭取	147638	148919	149458	150548	150587	150730	151607	151968	151969
	152372	152625	153451	153619	156538	156755	158444	159391	159961
	160980								
頭痛	159198	161547							
騰貴	148356	149007							
燈臺	148016	155380	155409	155518	155834	155867	155918	155947	155983
	155993	156009	156021						
登録税	154995	155023	155217						
燈籠	156737								
藤原喜藏	149686	150054	150433	150983	155089	158643			
藤村忠助	162299	162327							
燈台	150999	151011	156194	156229	156247	156282	156328	156354	156427
	156460	156497	156522	156609	156632	156658	156708	156741	156769
	156798	156882	156959	156973	156998	157107	157136	157175	157220
	157234	157252	157268	157296	157327	159342	159349	159374	163407
燈火管制	158355	158824							

ㄹ									
ラジオ ラヂオ	148626	149270	149855	150076	150417	155688	157107	157136	157237
	159985	160010	160241	160266	160504	160525	161330	161349	161670
	161689								
リーグ戰	158318	158352	158533	158558	158611	158677	158695	158702	159591
	161799	161824							
リレー	150713								
レコード	147913	151222	151481	153164	154763	154801	156191	156217	157481
	157508	161949	162600	162625					
ロータリー	159931	159961	160515	160542					
ロシヤ	147930	147978	150631						
ロンドン	160031								
拉去	151894	152651	163246						
鈴木花蓑 (俳人)	147569	147864	147958	148123	148202	148326	148411	148491	148567
	148633	148707	148790	148863	148942	149026	149104	149190	149259
	149395	149477	149615	149705	149851	149938	150038	150149	150238
	150352	150442	150531	150620	150657	150731	150825	150910	151005
	151102	151261	151357	151475	151582	151671	151797	151887	151982
	152089	152190	152324	152400	152609	152715	152825	152905	153034
	153071	153160	153309	153384	153471	153595	153683	153819	153899
	154104	154196	154226	154334	154361	154549	154578	154696	154724
	154922	154953	155069	155100	155196	155368	155404	155522	155551
	155666	155761	155802	155929	156130	156147	156264	156293	156430
	156461	156573	156591	156701	156736	156908	156941	157042	157078
	157186	157367	157387	157529	157550	157741	157748	157801	157821
	157929	157971	158094	158124	158242	158278	158459	158486	158670
	158696	158858	158895	159221	159245	159343	159375	159780	159806
	160056	160082	160233	160256	160492	160520	160625	160669	160705
	160894	160920	161232	161254	161382	161391	161522	161537	161564
	161587	161749	161769	161872	161903	162035	162044	162390	162408
	162550	162646	162670	162879	162919	163230	163259	163360	163384
	163573	163609	163641	163660	163886	163906	163996	164022	
露(西亜) ロシヤ 露西亜 露國	147533	147597	147672	147725	147801	147802	147930	147978	148022
	148056	148098	148334	148595	148685	148714	148962	149157	149208
	149245	149646	149804	149860	150373	150393	150628	150631	150677
	150713	151012	151021	151151	151392	151552	151653	151835	151886
	151892	152012	152553	153441	153488	153818	154082	154416	154998
	155026	156109	156256	156291	157209	157736	157752	158458	158481
	158527	158552	158598	158620	158660	158666	158685	158694	158727
	158773	158794	158855	158919	159201	159216	159240	159275	160758
	161235	161257	161914	162107	162138	163019	163045	163145	163674
露國領事館	151151	163019	163045						
露領	151653	152012							
鹵簿	161234	161248	161329	161347	161464				

露人	149860	162107	162138						
綠肥	151031	152074	152546	155569	160555				
流筏	147694	148314	148945	149392	149508	149921	151121	151909	152426
	152706	152898	154272	154468	155447	155486	157642	159398	159679
	159913	161473	162219	162580	163682				
柳宗悅	154899	154903							
鯉	147544	150045	150083	150212	152838	163055	163347		
李塏公	148143	151278	151815	155863	155893	160269	162349		
罹病	149907	149953	153314	154803	161870	161901			
理研	155624	156982	157010						
痢患者	153398	154883	157673						

ロ								
マッチ	148086							
マラソン	151321	159632	159663					
マラリア マラリヤ	149189	149409	154038	154556	154595	155680	156277	156298	156923
	159092	159122	159502	159558	159579	165734	166164	166195	166871
	167067	171007	172338	173446	173688	173955	175172	177137	179853
	180475	181171							
ミシン	148357	149034	149955					
メーデー	151493	151662	151813					
メートル法	150543	150691	152144	154268				
メンタルテスト	158189	158218	161105	161131				
モガ モダンガール	149033	150564	155010					
モスクワ	149208							
モルヒネ モヒ	147873	148097	149078	149761	149902	150175	151383	151640	151924
	152153	152947	153737	154419	154547	154575	154622	154653	154703
	155357	155391	156022	156529	156572	156596	157079	157427	157981
	158404	158439	159274	159297	159351	159570	159737	159779	159811
	160540	160747	160779	161074	161140	161359	162249	162276	162594
	163023	163049	163094	163114	163121	163376	163485	163515	163649
	163670	163804	164079						
モヒ患者	147873	148097	151383	152947	155357	155391	157079	159570	162594
馬	147606	147636	147669	147724	147796	147835	147836	147908	147926
	147937	148004	148061	148141	148180	148181	148247	148290	148419
	148479	148570	148607	148686	148799	148945	148998	149036	149079
	149144	149419	149686	149737	149812	150062	150124	150130	150195
	150245	150372	150410	150496	150512	150703	150745	150793	150819
	150850	150931	150957	150983	151167	151207	151218	151402	151433
	151534	151544	151607	151894	151899	152058	152106	152318	152455
	152470	152475	152482	152494	152535	152586	152620	152651	152678
	152749	152787	152829	152870	152904	152945	152990	153068	153069
	153115	153130	153158	153179	153201	153208	153223	153249	153273
	153300	153336	153425	153473	153511	153531	153640	153643	153651
	153652	153728	153862	153867	153960	153970	154094	154198	154210
	154227	154317	154365	154368	154384	154406	154435	154439	154445
	154477	154507	154580	154774	154807	154821	154827	154840	154940
	154947	154957	155072	155194	155340	155455	155498	155676	155855
	155856	155969	156003	156060	156091	156177	156238	156269	156286
	156314	156443	156636	156661	156725	156753	156793	156936	156970
	156979	156995	157003	157005	157147	157211	157265	157322	157426
	157475	157507	157561	157604	157636	157679	157793	157828	158024
	158208	158266	158288	158321	158335	158336	158352	158425	158468
	158495	158545	158548	158668	158747	158887	159046	159047	159054
	159139	159191	159231	159248	159252	159317	159485	159490	159515
	159767	159804	159821	159882	159928	159947	159980	159994	159996

	160012	160021	160022	160046	160063	160073	160097	160098	160216
	160259	160260	160271	160333	160358	160372	160394	160396	160401
	160434	160466	160673	160713	160768	160827	160854	160859	160866
	161020	161050	161210	161383	161395	161698	161897	161925	161973
	162066	162124	162218	162253	162299	162327	162455	162505	162532
	162648	162676	162725	162760	162818	162851	162855	162875	163005
	163113	163115	163194	163246	163323	163336	163348	163400	163577
	163608	163798	163974	164066	164091				
麻	147836	149256	153032	154865	155194	155779	155806	156413	158231
	159821	161282	161883	161907	163099	163127			
馬鈴薯 馬齡薯	154827	155194	155340	162218	162855				
馬山	147836	147908	148180	148181	148247	148419	148479	149144	149419
	150062	150195	150410	150496	150512	150957	151534	152106	152470
	152475	153179	153728	153970	154384	154439	154445	154774	154807
	155676	155969	156060	156091	156286	156314	156661	156725	156936
	157003	157147	157211	157561	157636	158266	158288	158321	158352
	158425	158887	159046	159047	159054	159139	159191	159317	159947
	160098	160259	160396	160401	160466	160859	161383	161395	161925
	161973	162124	162818	162851	163005	163194	163323	163348	163798
	163974								
麻雀	147836	149256	161282						
馬場	149686	154365	156753	156793	158208	162648	162676	162725	162760
馬賊	147606	147636	147796	147835	147926	148141	148945	149036	149079
	150245	151218	151544	151894	152455	152482	152586	152620	152651
	152749	152787	152829	152870	152904	152945	152990	153068	153069
	153115	153130	153158	153201	153208	153223	153249	153300	153425
	153473	153511	153640	153651	153652	153862	153867	154198	154210
	154227	154406	154435	154477	154507	154840	154940	154947	155072
	155455	155856	156003	156269	156443	157475	157507	157679	157793
	158024	158335	158336	158545	158747	159485	159928	160372	162455
	163115	163246	163577	163608					
馬賊團	152482	152620	152749	152829	152904	153130	153651	154406	154435
	155856	157507	158335	163577	163608				
馬車	147937	148290	150850	153336	163336				
麻布	153032	154865							
馬韓	160827	160854							
滿	147568	147580	147621	147707	147708	147861	147880	147916	147930
	147954	147983	148014	148017	148043	148046	148055	148061	148093
	148149	148152	148198	148227	148238	148240	148247	148250	148288
	148344	148347	148370	148389	148404	148448	148482	148540	148547
	148558	148586	148599	148604	148647	148677	148702	148717	148748
	148774	148823	148917	148984	149018	149062	149084	149087	149115
	149141	149263	149374	149445	149448	149508	149530	149655	149684
	149689	149706	149826	149855	149880	149889	149904	149963	149969

150031	150039	150049	150058	150169	150179	150257	150275	150313
150395	150401	150415	150497	150521	150589	150641	150669	150712
150741	150808	150841	150934	150976	151009	151034	151035	151094
151106	151116	151129	151305	151327	151437	151441	151478	151524
151558	151609	151713	151772	151837	151878	151916	151917	151979
152058	152308	152317	152387	152390	152417	152523	152537	152539
152547	152548	152589	152618	152693	152766	152779	152829	152835
152883	152910	152971	153033	153061	153112	153117	153173	153192
153207	153218	153345	153348	153389	153408	153622	153674	153716
153725	153880	153913	153928	154020	154062	154111	154125	154131
154156	154257	154264	154281	154409	154471	154478	154548	154686
154688	154781	154920	154943	155130	155157	155198	155260	155427
155513	155540	155632	155732	155865	156046	156060	156080	156091
156114	156142	156227	156376	156412	156428	156480	156514	156566
156610	156710	156738	156809	156848	156869	156902	156906	156915
156934	156955	156979	156987	157005	157184	157229	157241	157242
157277	157361	157364	157381	157384	157501	157537	157559	157586
157589	157613	157651	157659	157673	157685	157705	157720	157726
157736	157752	157797	157819	157852	157860	157887	158095	158128
158201	158294	158308	158316	158348	158351	158600	158622	158779
158854	158878	159043	159067	159209	159685	159712	159777	159883
159984	159987	160009	160424	160451	160567	160675	160763	160794
160813	160832	160900	160964	160995	161219	161272	161290	161357
161412	161414	161422	161461	161477	161479	161489	161558	161619
161653	161692	161694	161891	161991	162029	162032	162059	162088
162173	162197	162300	162328	162490	162506	162508	162510	162515
162533	162535	162542	162588	162642	162661	162691	162712	162728
162753	162803	162818	162893	162931	162948	163028	163158	163159
163218	163474	163493	163494	163523	163538	163645	163810	163843
163845	163866	163897	163961	164048	164073	164096		

萬國博覽會 萬博	152797								
滿蒙	147568	147621	151524	155732	160813				
萬病水	160397								
滿鮮	147707	148043	148055	148344	148404	148540	148599	148917	149018
	149141	149445	149448	149880	150031	150039	152308	152390	152417
	152971	153192	153674	153880	154257	156046	156080	156987	159984
	160009	161272	161290	163028	163493	163523			
滿鮮視察	149445	150039							
滿銀	149963								
滿洲	147916	147930	147954	147983	148017	148046	148149	148240	148250
	148288	148389	148547	148586	148647	148702	149374	149826	149855
	149889	149904	149969	150049	150058	150275	150313	150497	150589
	150808	150841	151034	151478	151558	151878	151916	151979	152387
	152523	153112	153117	153928	154471	154478	154686	155427	155513
	155540	156114	156142	156376	156412	156906	157184	157229	157364

	157384	157673	157705	157720	157726	157736	157752	157852	158294
	158316	158351	158854	158878	159043	159067	160964	161412	161461
	161477	161558	161653	162029	162059	162173	162197	162490	162506
	162508	162533	162535	162728	162753	162803	162948	163158	163218
	163474	163538	163645	163810	163845	163866	164048	164073	
滿洲事態	153117								
滿洲粟	147983	148149	149826	149969	150058	150275	150589	150808	150841
	153928	154686	155427	156412	156906	157720	159067	161461	161558
	161653	163474	163810	164048					
滿洲靑年聯盟	162728	162753	163158	163645	164073				
滿鐵	147580	147708	148240	148370	148389	148774	148984	149062	149655
	149684	149689	149880	150179	151437	152317	152537	152539	152548
	152589	152766	153033	153218	154409	154920	155130	155157	155632
	156428	157651	157685	158348	159777	159987	161357	161991	162642
	162661	162691	163159	163897	163961				
滿鐵道	152317	155130	155157	156428					
望哭	151840								
望月瀧三 (農學博士)	148429	152256	152766	153451	158682	158708			
賣却	151949	152127	153094	156435	158092	159401	160574		
埋立地	149173	149419	151196						
梅雨	154079								
埋藏	148310	155444	156195						
埋築	148234	148636	149327	150801	152191	154243	154371	159201	159259
	159644	162818	162851						
埋築社	150801	159259							
麥	147641	150839	151801	152048	152171	152223	152717	152774	152940
	152978	153054	153143	153242	154906	155629	155637	156408	157208
	157282	157936	157975	158980	159830	160609	160945	161010	161088
	161149	163278							
麥藁帽	151801	152048							
麥粉	157936	157975							
麥作	152774	152940	153054	153143	153242	160609	161088	161149	
麥酒	150839	152978							
猛獸	158678								
盲人	148100								
猛虎	156992								
盟休	147717	147874	149114	149532	149533	149959	150005	150050	150327
	150499	150544	150674	150788	150792	150873	151108	151113	151161
	151166	151220	151274	151275	151367	151412	151414	151495	151550
	151896	151963	151997	152050	152156	152677	152958	152965	152966
	153173	153175	153270	153397	153520	153527	153564	153567	153603
	153614	153647	153653	153694	153734	153775	153780	153822	153856

	153864	153906	153983	154068	154095	154114	154206	154208	154234
	154286	154300	154370	154381	154442	154450	154488	154499	154504
	154525	154544	154574	154618	154644	154645	154649	154673	154739
	154784	154857	154858	154891	155127	155154	155310	155333	155523
	155593	155618	155817	156062	156086	156287	156715	156748	157633
	158405	158822	158890	158957	159056	159093	159123	159128	159281
	159289	159309	159312	159313	159341	159373	159438	159657	160016
	160165	160214	160231	160254	160435	160438	160462	160467	160510
	160538	160597	160601	160628	160760	160789	160796	161261	161436
	161617	161838	162028	162046	162062	163383	163716	163919	164034
盟休生	147717	150873	151412	151495	151550	153175	153527	154644	154784
	155333	156715	156748	160435	160462	160601	161838	163716	163919
	164034								
棉	147730	147944	148199	148460	148487	148649	148740	149779	149818
	149844	149872	152495	153226	153252	153280	153627	153668	153749
	153842	154008	154676	155056	155283	155473	156240	156761	156963
	157283	157992	158151	158588	159395	159462	160035	160277	161017
	162225	162628	163282	163350	163351	163617	163931		
綿	147547	147771	148615	148941	150100	151370	151373	152636	156518
	158235	161629	162702	163329	163378	163401			
免官	148338	148493	153637	155799					
綿絲布	148615	150100	158235						
免稅	153811	156898	156930	157006	157643	157790	157813	158589	159134
	159828	161134	161503	161922	162169	162865	162904	163827	164056
免囚	149582	160396	160632	162381					
緬羊	148113	163752							
棉業	155056	155473							
面議	162678	163270							
棉作	148649	149818	149872	153627	153668	153842	155283	157283	157992
	158151	159395	159462	160035	161017	163282	163931		
面長	148336	148786	149617	150420	150962	151156	151212	153828	154674
	155168	155617	155838	155858	155870	158663	158693	162332	162759
	163309	163337	163420						
免職	149347	153399	153736						
免許	148001	148501	149306	149503	153457	157038	157071	163205	
棉花	147730	147944	148740	152495	154676	156240	156761	158588	160035
	160277	162225	162628	163350	163617	163931			
名古屋	150177	151975	153404	160269	162537				
名古屋師團	151975								
名物	147544	148663	149103	150082	150687	153293	160828		
明治神宮	151091								
明治節	161096	161101	161122	161125	161161	161187			
明太	150843	150991	156375	158710	160544	161927	162495	163346	

明太魚	156375	158710	160544	163346				
牡丹臺	148996	149900	149944	149990	151763	153119	153315	153400	153689
	153823	153876	153911					
牡丹台	154697	154846	155007	155081	155209	155232	155309	155373	155446
	155527	155585	156275	156776	156846	157249	157315	158246	158334
	158399	158537	158676	158735	158809	158930	159014	159087	160055
牡蠣	148438	149509	149865	151292	152846	153407	154767	156681	158656
	160108	162362	163014					
模範	147692	147766	148531	148876	149315	149346	149377	149988	151170
	151173	151590	151820	151951	152287	154243	155274	155850	155878
	156146	157582	157609	158608	158632	158689	160668	160701	161860
	162247	162720	162755	162868	162907	163323	163363		
摸範林 模範林	151951	161860						
侮辱	149496	150832	153862	160889	160916			
牧ノ島	147549	150440	152580	156749				
木部	148179	149188	149231	149413	149905	150780	154412	154426	157185
	157674	157706	157740	157764	164084			
牧師	155245							
牧野內大臣	150743	152867						
牧場 牧場	147641	149824	151402					
木材	147898	148389	148549	149689	149726	150467	151124	152126	153751
	154478	154538	155513	155540	155966	156312	156372	156544	158460
	158489	159135	159142	159536	160615	161313	161438	161992	162274
	162529	162797	163089	163507	163933			
木炭	149331	154080	156822	162494	162714	162749		
木浦	147886	147945	147959	148030	148128	148255	148327	148363	148378
	148395	148460	148487	148581	148704	148729	148768	148851	148982
	149014	149792	149802	149803	149813	149828	149867	149872	150023
	150267	150404	151208	151695	152214	152551	152588	152684	152756
	152765	153058	153121	153132	153163	153166	153196	153545	153596
	153748	154073	154074	154087	154285	154310	154398	154437	154439
	154451	154467	154510	154517	154592	154872	154876	154880	154897
	154898	154907	154954	155041	155054	155056	155061	155091	155102
	155176	155266	155282	155313	155326	155336	155482	155586	155607
	155642	156497	156522	156742	157007	157154	157708	157721	158070
	159109	160792	161379	161387	162225	162337	162412	162783	162784
	162843	163040	163050	163067	163352	163448	163719	163734	
蒙疆 蒙古	149178	149481	154695	154720				
蒙利	162869	162908						
苗木	149330	149873	150092	151937	152042			

基地	157188								
武官	148543	148822	149282	149571	149963	150233	150265	151774	152732
武德會	160370	160391	161483	161495	163241	163272			
武道	148016	148385	148430	149117	149589	150289	150713	151065	151323
	152105	152255	152334	153227	153826	153869	157085	157481	158401
	159386	160125	160215	161483	161495	163177	163206	163241	163272
	163436	163651	164085						
武道大會	150289	150713	151065	152334	153227	153869	157085	158401	159386
	163177	163206	163241	163272					
武力	147551	148759							
無産黨	148758	151447	151497						
無線	147602	147932	147997	148102	148600	148729	148747	148875	149058
	150479	150610	150999	151759	151980	152028	152998	153070	153113
	153430	153478	153552	153726	153758	153809	154026	154852	154878
	154934	154964	155586	155607	155650	156561	157773	157839	157936
	158737	159010	159052	159907	159935	160388	160490	160518	160873
	161569	161592	161797	161822	162843	163159	163633	163671	
無線局	148600	148747	151759	152998	153113	153430	153552	153758	153809
	154852	154878	155586	155607	157839	158737	162843		
無線電信	147932	148729	148875	149058	155650				
無線電話	150610	151980	153478	161797	161822				
撫順	148024	155532	161338	161449					
撫順炭	148024								
貿易	147644	147690	147847	147980	148030	148072	148621	148848	149006
	149435	149656	149693	149827	149966	149975	150023	150102	150185
	150270	150841	151083	151084	151182	151291	151331	151520	152176
	152306	152308	152338	152382	152548	152639	153411	153632	153759
	154177	154613	154614	154832	154908	154911	154982	155505	156100
	156415	156548	156831	157028	157586	157707	158077	159325	159972
	160279	161398	161789	162110	163286	163352	163474	163549	
無煙炭	149423	151865	156309	156487	156884	156966	157930	158984	159020
	162363	162714	162749	163027	163053	163887			
武一選手	161084								
武裝	152084	152611	152863	156254	156288				
武裝解除	152084								
無茶	153078	163207							
舞鶴	157938								
文科	149220	151262							
文官	157591	157626							
文盲	150484								
文明	159689								
文廟	149083	161414	161422	163229	163258				

文部省	148181	148768	151962						
門司	149843	152673	158098	158106	158129	158145	158257	158285	158414
	158443	158618	158645	158813	158838	158875	158901	159365	159393
	159480	159511	159554	159586	160004	160029	160070	160103	160443
	160471	161233	161249	161421	161429				
文相	152513	152564	152608	152653					
文藝	147545	147700	148842	148993	151995	160178	160222	163466	
蚊帳	153278								
文學	150667	163068							
門戸	150226								
文化	150638	152514	157426	158342	158766	163305	163306	163331	163332
	163686	163709							
物價	148356	149096	149212	150225	150310	151080	151748	152222	152640
	152860	153849	154422	155122	155592	155639	157596	157630	158515
	158991	159973	160554	160950	162220				
物産	147635	147889	147930	147961	149816	149864	150132	150596	150606
	150646	152744	153727	155340	157404	159467	159597	159831	161038
	161222	161401	161605	162145	162305	162438	162467	163529	164112
米價	148149	148519	150386	151331	152388	154252	157352	160174	
美擧	159001	159031	163639	163668					
米檢 米穀檢査	149004	154912	155679	155915	156316	158291	163079		
米穀	147788	147853	147903	148038	148048	148197	148325	148365	148743
	148837	149004	149604	149775	149844	150395	150782	151024	151609
	153889	155679	155925	155969	156043	156316	156970	156995	157908
	158228	158646	158904	159141	159345	159377	159418	159445	159483
	159510	159708	159744	159751	159889	162220	162370	162398	163472
米穀法	147853	147903	148048	148197	148325	148743	148837	158646	159418
	159445	159751	162370	162398					
米國	148045	148063	148397	148429	149089	149408	149495	150998	151006
	152253	152713	152899	153164	154027	154053	154426	154492	154520
	154522	154771	155205	156371	156753	156957	160042	161498	
美談	148342	155006	158671	158703	159275	161644	162388	162417	
米大統領選擧	161280	161294							
米突法	152628								
米豆	147648	148621	148663	149774	150090	151555	152019	152563	152636
	153060	154397	155349	155817	155899	155970	157994	159330	160110
	160413	161153	161309	161707	163343				
未亡人	152253	152623	152945	152990	153123	153609	162299	162327	
米商	147727	153279	161704						
美術	148017	148046	148250	148288	148907	149787	150284	150739	151734
	151934	152391	153017	154899	154903	158321	159629	159658	160764
	161043								

美術展	150739	151934	158321	159629	159658	160764	161043	
美術展覽會	151934	158321	159629	159658				
迷信	147917	150489	152571	155493	157088	157474	157562	160371	162651
	162679	163329							
美展	161756							
民謠	148995	150583	155704	155725	155772	155805	156032	156178	158926
	158952	159006	159037	159278	159305	159707	159715	161281	161299
	161944	161979	162235	162263	162792	162825	163164	163199	163691
	163714	163939	163968						
民籍	157704	160550						
民政黨	151405	151628	152564	152608	152754	153014	162119	
民族	154077	155127	155154	155300	155324	157459	160833	160865	162027
	163611	163663							
民族運動	160833	160865	163611					
民族主義	163663							
民衆	147593	147620	148425	148579	148831	150958	152110	152277	152748
	152778	153449	153981	154919	154947	155841	155879		
密耕	161857	161889	161933	161964	162069	162144		
蜜蠟	150556							
密賣	151640	153737	154547	154575	154622	154653	156022	160540	161140
	163094	163121	163804						
密輸	147551	149761	149902	150175	150561	150645	150901	151118	151895
	151924	152690	152839	153011	153125	154289	155452	155484	156274
	157314	157346	157427	157431	157947	157981	158404	158407	158439
	158541	158939	158968	159737	160747	160779	161078	161958	161986
	162527	162655	162683	163023	163049	163094	163121	163376	163424
	163485	163515	163649	163670	163765				
密輸團	149902	157427	158404	158439	163094	163121	163376	
密輸入	150645	150901	151118	152690	163765			
密陽	149250	149891	150250	155036	156619	157835	159661	159729	
密陽郡	155036	159661						
密造	153802							
密航	148019	155560	157704	162275				

	ㅂ							
バケツ	155515	155550						
バス	147698	148568	149298	149341	149469	149785	149896	149983	150068
	150408	150512	150615	150670	150868	150949	150968	150996	151007
	151202	151300	151344	151443	151470	151596	151846	152316	152995
	153090	153594	153599	154232	154298	156819	157147	157211	157212
	157332	157468	157688	157689	157816	158210	158909	159139	160321
	160480	160970	161362	162400	163911	164036	164096		
ビール	150799	155592	157514						
ビラ	150484	150786	151739	151821	154725				
ボーナス	148534								
ボヤ	163649	163670							
雹	158725	158754	161917	162515	162542	163253	163434	163456	163459
	163488	163520							
朴經錫	157970								
博覽會	153045	153092	153226	153357	154640	155781	155808	157767	159853
	161079								
博物館	160637	161748	161772						
博士	150340	158924	158955						
撲殺	150709	152031	152135	152395	154337	154364	154633	154661	154690
	154717	155841	155879	158224	158239	158263	158275	159070	159075
	159102	160425	160452	160479	161129				
朴春琴	149189	149409	155680	159558	159579				
雹害	148005	148466	150292	150452	152054	152531	152585	153126	153127
	153820	154630	155004	155521	157426	160971			
反對派	151276								
半島	150778	151223	154011	154042	161145	161321	161342	161622	161634
	161915								
發掘	148583	149911							
發動機船	149660	150774							
發明	149048	151275							
發電	152996	161418	161425						
發電所	147704								
發地檢疫制	163233	163262							
發疹	148005	149850	150637	151769	152038	152243	152415	152918	153068
	154458	160977							
發疹チフス 發疹チブス	148635	148705	149164	149751	149894	149984	151738	153539	155344
	157335	158078	161483	161495					
防空	148220	148992	149404	154379					
放送局	152378								
方魚津	147809	151200	153431	153498	154232	162300	162328		
防疫	148685	150413	150741	156661	160171	160837	160868	161072	162383

	157801	157821	157929	157971	158094	158124	158242	158278	158459
	158486	158670	158696	158858	158895	159221	159245	159343	159375
	159780	159806	160056	160082	160233	160256	160492	160520	160625
	160669	160705	160894	160920	161232	161254	161382	161391	161522
	161537	161564	161587	161749	161769	161872	161903	162035	162044
	162390	162408	162550	162646	162670	162879	162919	163230	163259
	163360	163384	163573	163609	163641	163660	163886	163906	163996
	164022								
白頭山 長白山	147626	157173	158447	159262	163885	163905			
白米	163885	163905							
白兵	150515	159147	159180	161641	162598	162623	163021	163047	
百姓	150515								
伯爵	155268								
百濟	150619	160351	160378						
伯仲	159548	159585							
百貨店	150333	151101	152152	152277	152451	162799	162815	162832	162841
繁榮會	147537								
氾濫	152108	152664	154198	154227	154338	154942	156443	156853	158859
	158985	162774							
帆船	153721								
梵魚寺	148303	149548	151296	158535	158562	162783			
法官	163696								
法令	150054	150628							
法務局	156970	156995	162232	162260					
法院	150628								
法人	157426								
辯士	157429	161214	162164	162188					
辯護士	148466	150647	151188	156039	160719	162320	163638		
辯護士大會	150246	151443	151656	152395	152995	162249	162276	164009	164040
辯護士會	161788								
別府	152224	157431	158407						
兵器	150718	154936							
兵隊	157436	157866							
兵士	147572	150380	151221	151604	159816	161691	162283		
病床	149040	149150	149411	149588	150452	151589	151814	151892	152054
	152056	152531	153125	153127	153394	153526	154288	154568	156267
	156302	156397	156477	156517	157466	157497	157585	157612	158019
	158053	158436	160761	161882	161906	162314	162341	162731	162766
	162814	162849	163138						
病院	147686	147746	147766	147853	147903	147927	147932	147964	148048
	148080	148094	148119	148162	148181	148197	148200	148233	148252

148325	148409	148493	148505	148673	148692	148716	148743	148771
148837	148860	149255	149274	149303	149327	149357	149379	149701
149716	149737	149870	149885	149957	150199	150299	150479	150543
150664	150691	151079	151113	151170	151215	151280	151301	151413
151462	151572	151611	151655	151711	151733	151774	151928	152028
152065	152144	152461	152499	152628	152769	152893	153181	153341
153467	153509	153542	153549	153588	153609	153636	153671	153714
153757	153805	153854	153894	153932	153974	154077	154081	154090
154268	154313	154323	154456	154485	154514	154550	154551	154552
154577	154585	154749	154835	154869	154899	154924	154950	155000
155030	155034	155204	155228	155247	155274	155416	155428	155565
155571	155706	155727	155832	155871	155949	155975	156119	156132
156144	156151	156166	156169	156259	156297	156326	156352	156400
156404	156417	156480	156501	156504	156525	156538	156542	156594
156671	156678	156818	157089	157158	157201	157570	157638	157765
157854	157864	157881	157889	157985	158118	158170	158467	158499
158616	158634	158639	158643	158646	158710	158769	158771	158836
158971	158995	159005	159028	159038	159058	159162	159277	159335
159367	159417	159418	159441	159445	159496	159506	159528	159548
159584	159585	159751	159800	160035	160105	160125	160135	160155
160169	160271	160328	160342	160623	160627	160647	160676	160816
160843	161039	161075	161117	161210	161283	161298	161357	161405
161498	161608	161660	161679	161716	161725	161785	161817	161841
161843	161932	161963	161985	162025	162143	162159	162177	162185
162201	162203	162256	162281	162299	162323	162327	162350	162370
162371	162381	162395	162398	162399	162419	162526	162573	162586
162615	162865	162904	162970	162998	163004	163010	163024	163040
163218	163378	163464	163517	163585	163613	163633	163663	163671
163932	163983	164016	164038	164062				
併合	154551	154577	158467	158499	159335	159367	160328	161716	161725
保健	148409	150299	150664	152028	152628	155228	155565		
補缺	151301	151928	154924	154950					
保菌者	147686	147746	147766	148181	148493	148505	149274	149357	151079
	151170	151413	151774	153181	153609	154550	154899	155247	155416
	156132	156151	156166	156671	157089	157158	157570	157765	158769
	158771	158836	158971	158995	159028	159058	159417	159441	159496
	159506	159528	159584	160169	160627	160647	161210	161357	161660
	161679	161817	161841	161985	162143	162203	162256	162281	162323
	162350	162395	162419	163010	163024	163040	163378	163464	163585
	163613	163663	164016	164038					
步兵隊	155204	162381							
補選	148094								
補習教育	161873	161904							
補助	147527	147740	148595	159335	159367				
補助金	150635								

報知機	149276	149707	149713	149982	150242	150675	150693	150803	151055
	151319	151720	152275	152334	153761	153797	153962	154185	154217
	154351	154409	154916	156255	156289	156532	156859	157223	157446
	158348	158533	158558	159262	159273	159296	159414	160037	160333
	160426	160453	161362	161788	162221	162333	162381	162706	162741
	163310	163418	164074						
普天教	153274								
普通學校	159927								
保險	159021	159057							
保險契約	147976	148015	148080	148095	148119	148175	148181	148252	148265
	148338	148493	148650	148840	148919	150335	150969	152106	153364
	155450	155475	155936	158531	158556	159277	159548	159552	159585
	160515	160542	161642	162970	162998				
福岡	148338	158531	158556	159548	159552	159585			
復舊費	150265	152278	152326	152625	159132				
覆審	147836	149478	149736	151265	151879	152241	158112	158144	158507
	161047	161082	163247	163275	163495	163524	163535	163761	
覆審法院	147761	147832	151390	151834	152670	152762	153773	154803	158023
	160592	160923	161613	162177	162201	162319	162344		
福音	153637								
復興	147530	147857	148635	148963	149371	149404	150127	150144	150282
	150576	150913	150931	151016	151458	152993	153382	153398	154557
	154901	155192	155260	155682	155684	156325	157430	158144	159079
	159106	160052	160083	160752	160790	161242	162514	162520	162541
	162546	163114	163221	163251	164009	164040			
本願寺	148913	154565							
本町	153590	159517	161892						
本町署	152613	156807	156985	159301	159523	159877	160494		
奉告祭	147701	152568	152777	153964	155164	156656	157540	157563	162664
俸給	148460	149745	152182	157362	157382	159623	159646	159689	160118
奉納/捧納	149453	149846	161880	161911	162971	162999			
鳳山	148532	150449							
奉迎	152241	163495	163524						
奉天	148320	149840	151248	162449	162479				
鳳凰	156787	159446	159912	160587	163599				
鳳凰山	149386								
鳳凰城	147708	148124	148234	148471	148531	148571	148753	148886	148929
	149011	149235	149409	149416	149431	149482	149503	149515	149517
	149733	149832	149988	150305	150465	150592	150903	151339	151563
	151820	152026	152142	152227	152610	152735	153193	153352	153938
	154045	154047	154190	154250	154508	154601	154656	154691	154718
	154772	155195	156321	156347	156563	156653	156681	156725	156810
	156905	157003	157031	157066	157180	157219	157251	157493	157946

	157977	158087	158819	159228	159250	159321	159394	159616	159639
	160049	160084	160604	160633	161068	161360	161627	161693	161752
	161776	162358	162491	163595	163908	164001	164027	164106	
部隊	148478	150538	151402	155063	155093	155758	156424	157535	157556
	158725	158754							
埠頭	152842	153573	156895	156927	163883	163903			
部落	147668	147686	147759	148039	148670	149888	151553	153162	153205
	153434	153672	153833	153919	154081	154543	154573	155756	155788
	156057	156083	158994	159027	159618	159645	159744	160284	160285
	160312	160313	160500	160527	162614	163229	163258	163888	163907
部落民	147660	148610	149651	149908	149963	150396	154616	155185	155832
	155871	158664	158690	159258	159778	159817	161693	162038	162067
	163740	163776	164044						
浮浪者	147747	148181	149385	151573	153855	154412	157329	158771	162818
	162851	163206	163436	163462					
不逞	147626	147910	147995	151213	154367	156270	156559	156586	157366
	157386	157455	157484	157487	157540	157567	157596	157630	157736
	157798	157800	157824	157871	157897	157936	157975	158184	158211
	158295	158389	158416	158458	158525	158550	158920	159003	159034
	159076	159103	162708	162725	162744	162760	162979	163006	
府令	147686	157570							
不逞團	161262								
釜山	156132	156151	156166	161210	161817	161841	161985	162143	162203
	162395	162419	163040						
釜山高女	156132	156151	156166	161210	161817	161841	161985	162143	162203
	162395	162419	163040						
釜山商議	157234	157268	157845	163891	163909				
釜山驛	151153	156509	162025						
釜山運動場	158020	162168	162192						
釜山中	149126	159061	160607						
釜山地方法院	154484	154511	154571	154866					
釜山鎭	156889								
釜山港	150872	159099	159132	159634					
釜山會議所	147686	147930	151815	160442	160470				
艀船	147686	147930	151815	160442	160470				
府稅	150674	151328	151967	152544	153424	153481	154547	154575	156750
	157585	157612	157981	158998	159108	162111	162130		
賦役	148572	150188	151538	154773	154810	163630	163667		
府營	151551	155763	155792	155894	157378	157398	160423	160450	160519
	160857	160892							
府營バス	152489	153690	153710	154518	156707	157018	157026	157124	157733
	161370								
府尹	147662	147835	147930	148043	148101	148416	148557	148729	148956

	149141	149333	149660	150058	151019	151061	151416	151499	151524
	151634	151936	151946	152078	152106	152457	152482	152823	153120
	153438	154020	154062	155387	155416	157404	157570	157675	157697
	158771	158854	158878	158898	159495	163843			
附議	156386								
婦人	150903	151148	151340	154923	155059	159486			
婦人會	159486								
不作	149062	149234	151184	152003					
府政	147761	150325	151295	151794	151916	151947	151979	152085	152141
	152143	152457	152483	152487	152945	153291	153389	153408	153476
	153637	154149	154402	154430	157184	157364	157384	157595	157673
	157705	157732	157793	158268	160127	160157	162098	162134	162793
	162826	162878	162918	162988	163646				
不正行爲	163542								
扶助料	150018	150057	150094	150562	151226				
浮塵子	156784								
富平水組	158966	160509	161118	163606					
富豪	152679	152748	153424	153821	153910	154415	154446	160047	160867
	162300	162328	162526	163844					
府會	149591	153875	153957	159495					
北陸線	153424								
北滿	150853	157514	162579						
北鮮	147549	147553	147570	147577	147579	147594	147608	147623	147715
	147745	147747	147754	147821	147837	147839	147842	147866	147868
	147875	147893	147910	147916	147930	147956	147967	147968	147969
	147978	148002	148013	148018	148019	148020	148042	148061	148067
	148083	148092	148129	148156	148174	148215	148231	148234	148294
	148350	148414	148416	148420	148447	148455	148484	148494	148501
	148502	148505	148541	148558	148570	148583	148593	148601	148610
	148612	148636	148642	148650	148685	148686	148768	148775	148781
	148830	148831	148834	148848	148919	148949	148957	148962	148964
	148982	148998	149000	149019	149027	149029	149039	149084	149107
	149137	149140	149157	149173	149187	149201	149231	149239	149240
	149291	149297	149314	149327	149370	149371	149385	149400	149413
	149435	149454	149458	149473	149499	149504	149514	149522	149570
	149639	149685	149692	149707	149723	149741	149764	149832	149859
	149868	149873	149937	149939	149982	150009	150067	150096	150102
	150111	150126	150130	150147	150167	150171	150195	150204	150249
	150264	150301	150307	150365	150371	150416	150420	150438	150440
	150447	150461	150500	150503	150505	150509	150525	150576	150579
	150586	150599	150600	150618	150628	150652	150653	150677	150693
	150712	150715	150716	150723	150727	150730	150754	150778	150794
	150795	150815	150829	150856	150865	150894	150909	150931	150935
	150966	150972	150983	150985	151001	151016	151061	151098	151112

151162	151164	151205	151208	151232	151271	151317	151350	151386
151387	151395	151439	151448	151455	151458	151472	151507	151557
151573	151581	151610	151631	151645	151655	151666	151710	151715
151728	151732	151739	151752	151806	151813	151848	151851	151857
151899	151901	151953	151955	151980	151981	151985	151991	152028
152032	152043	152060	152091	152106	152111	152127	152146	152150
152173	152212	152216	152224	152247	152258	152282	152290	152306
152354	152358	152397	152402	152421	152481	152483	152517	152524
152601	152623	152649	152680	152693	152707	152734	152755	152778
152799	152842	152883	152887	152913	152926	152929	152946	152956
152973	152997	153030	153031	153052	153087	153107	153131	153136
153149	153181	153183	153211	153225	153233	153256	153267	153285
153301	153353	153366	153382	153390	153404	153406	153416	153444
153453	153488	153492	153494	153514	153520	153533	153540	153572
153577	153594	153603	153607	153630	153656	153658	153694	153695
153699	153743	153759	153795	153808	153822	153864	153878	153907
153916	153938	153957	153987	154045	154064	154071	154101	154107
154238	154243	154275	154298	154300	154302	154311	154317	154371
154385	154439	154443	154452	154464	154516	154517	154520	154544
154574	154584	154590	154598	154615	154666	154669	154670	154728
154738	154739	154796	154808	154809	154811	154880	154885	154956
155032	155033	155036	155096	155105	155118	155155	155159	155171
155183	155189	155262	155266	155326	155360	155387	155397	155400
155411	155416	155477	155478	155487	155495	155505	155547	155549
155555	155560	155642	155654	155655	155658	155679	155687	155732
155749	155787	155795	155801	155807	155822	155863	155874	155877
155880	155888	155893	155920	155933	155948	155958	155960	156014
156015	156024	156072	156085	156110	156159	156160	156161	156162
156166	156205	156218	156226	156230	156294	156301	156357	156363
156374	156387	156388	156393	156457	156463	156472	156526	156532
156548	156592	156598	156599	156606	156671	156735	156746	156771
156801	156805	156860	156861	156868	156943	156945	156946	156957
157009	157012	157017	157085	157089	157180	157194	157196	157205
157254	157282	157318	157333	157337	157342	157401	157402	157404
157407	157410	157421	157428	157440	157441	157452	157498	157509
157548	157555	157570	157573	157614	157624	157625	157645	157695
157707	157746	157759	157771	157803	157815	157826	157837	157891
157911	157972	158043	158046	158070	158071	158131	158142	158144
158207	158220	158222	158267	158280	158282	158353	158367	158423
158434	158472	158484	158487	158488	158502	158566	158577	158638
158643	158760	158771	158777	158818	158832	158834	158836	158882
158898	158903	159058	159080	159107	159117	159120	159135	159137
159143	159175	159186	159197	159198	159201	159209	159253	159260
159270	159320	159321	159325	159378	159394	159396	159490	159513
159515	159516	159520	159525	159528	159531	159577	159590	159607
159642	159644	159647	159663	159733	159744	159748	159750	159807
159816	159864	159878	159954	159979	160006	160007	160104	160119

	160142	160154	160220	160252	160268	160272	160275	160319	160329
	160338	160342	160392	160398	160470	160476	160477	160499	160522
	160526	160545	160549	160561	160584	160593	160602	160655	160664
	160698	160726	160780	160797	160862	160878	160881	160909	160933
	161006	161069	161101	161125	161195	161210	161250	161253	161272
	161290	161312	161342	161355	161357	161383	161428	161441	161452
	161501	161534	161538	161555	161584	161602	161646	161658	161667
	161676	161678	161682	161720	161726	161763	161764	161770	161792
	161809	161833	161841	161914	161980	162066	162070	162081	162083
	162126	162143	162216	162285	162288	162319	162342	162344	162352
	162355	162405	162419	162421	162448	162481	162483	162538	162557
	162562	162606	162692	162694	162738	162745	162756	162772	162773
	162777	162818	162851	162852	162882	162924	162941	163008	163012
	163036	163040	163064	163067	163072	163074	163079	163123	163148
	163192	163212	163237	163267	163268	163277	163296	163320	163342
	163378	163401	163417	163443	163449	163537	163580	163605	163614
	163634	163672	163673	163674	163678	163716	163720	163729	163735
	163786	163808	163816	163870	163874	163911	163919	163922	163926
	163979	163980	164017	164036	164042	164095	164096	164109	
北支	148020	150111	151164	151439	154738				
北靑	152402	152946							
北海道	147893	148593	148998	149173	149187	149522	150204	150600	150653
	150730	152111	152127	153416	153607	157440	157815	159321	159748
	160477	160549	161602	162355	162562	163674			
糞尿	155189								
紛擾	147745	147967	148636	149084	149231	149291	149435	150102	153131
	154385	155183	163870						
紛紜	147837	149499	150009	158836					
紛爭 紛争	147741	150242	153053	156622	156649	159148	159220	159244	159410
	159434	159876	159911	160015	160671				
奮鬪	147978	162880							
不景氣	148370	153810	160052	160083	160752	160790	162514	162541	
佛敎	157763								
佛國	151860	151867	151952	152220	153963	153968	154851	154993	155821
	156631	156657	157233	157618	158087	159060	159667	162176	162490
	164110								
佛國寺	157426								
拂戾金	153083								
不逞	147698	147989	148381	148445	148568	148678	149298	149341	149469
	149709	149884	149896	150147	150249	150615	150670	150949	150996
	151007	151036	151202	151205	151235	151344	151443	151470	151596
	151783	151846	153009	153090	153599	154221	154232	155160	155257
	155820	155877	156123	156592	156601	156819	156944	157117	157121
	157147	157332	157468	157485	157689	157778	157816	158210	158358

	158687	158843	158909	161678	163593	163911	164036	
不逞團	148568	149298	149341	149469	149896	150615	150670	150949	150996
	151007	151202	151344	151443	151470	151596	151846	153090	153599
	154232	156819	157147	157332	157468	157689	157816	158210	158909
	163911	164036							
不逞學生	154502	154529	157062	157089	157122	157150	157368		
不逞漢	155160	155257	157117	157778					
佛像	160885								
不穩	147548	147686	147978	148084	148429	148840	149737	150288	150335
	150618	150719	150720	150723	150754	150819	150860	150931	150983
	151021	151036	151205	151452	151635	152106	152150	152299	152625
	152954	153050	153257	153461	153565	153646	153788	154045	154317
	154368	154440	155063	155093	155215	155255	155459	155485	155597
	155624	156014	156279	156285	156368	156458	156592	156753	156793
	156861	156870	157570	158203	158222	159793	160307	161960	161985
	162183	162256	162281	162310	162505	162532	162648	162676	162725
	162760	162818	162831	162851	163220	163250	163296	163320	163652
	163974	164066	164091						
不穩文書	148733	148800	149063	149257	150344	150444	151071	151420	151845
	152736	153063	153102	153469	154269	154308	157655	157687	158909
	160940	163638	163665						
不況	147766	147883	148103	148347	148468	148505	148650	148729	148840
	148876	149084	149543	149647	149862	149963	150009	150054	150085
	150146	150244	150285	150428	150503	150522	150561	150587	150628
	150651	150678	150716	150744	150754	150795	150834	150931	150983
	151016	151021	151066	151116	151458	151553	151696	151815	151857
	151901	152106	152210	152256	152299	152336	152372	152419	152439
	152652	152748	152766	152885	153014	153065	153085	153404	153435
	153492	153533	153570	153619	153656	153725	153788	153829	153915
	153996	154317	154385	154484	154511	154571	154598	154866	155089
	155355	155595	155623	155966	156257	156400	156671	156812	156815
	156861	157015	157062	157089	157120	157150	157158	157310	157323
	157349	157404	157412	157467	157510	157535	157556	157570	157617
	157771	157810	158112	158144	158222	158301	158394	158578	158614
	158643	159201	159215	159239	159430	159460	159527	160002	160027
	160430	160680	160904	160927	160954	160984	161383	161742	161743
	161765	161766	161960	161985	162179	162203	162634	162671	162738
	162772	162818	162851	162884	162902	162940	163178	163209	163224
	163315	163340	163378	163401	163463	163497	163507	163530	163535
	163560	163591	163626	163632	163656	163659	163771	163806	163837
	163845	163849	163866	163900	163923	163950	163972	164017	
飛機	148140	148806	148810	149578	149650	149724	149961	150332	150368
	150456	150627	150898	151548	151705	151931	152235	152547	152809
	153498	153664	153818	154643	154955	155645	155696	155894	156342
	157694	157976	158586	158728	158757	158912	159809	160067	160354

	160385	162937	162992	163346				
肥料	161905							
秘密結社 祕密結社	148082	148455	148941	149844	150823	151655	152325	152642	152712
	152773	152998	153053	154099	155297	156259	156809	158433	159079
	159106	160050	160342	160454	161407	161785	162373	162438	162467
	162967	163099	163107	163127	163135				
非常報知機	148030	149767	149776	150386	162799	162832			
飛行機	154671								
飛行隊	151213	159532							
飛行場	151316	153177	156949	159294	159316	160784	161857	161889	
飛行學校	150754								
貧民救濟	151231	155247	156618	159976	161602				
濱田	151946	153033	153259	158898	162661	162691			

人								
サイレン	138189	143005						
サーベル	148080							
サラリーマン	162805	162837						
シベリヤ鐵道	157183							
スキー	147686	147930	148022	148607	149146	151021	151697	153535	162979
	163006							
スケート	147742	148329	148344	148367	148503	148647	148804	149372	162037
	162064	162115	162660	162690	163575	163761	163959		
スケート大會	147742							
ストライキ	163245							
スポーツ	154365	157203	158730	158759	159226	159249	159705	159742	159984
	160009	163867	164060	164090				
セメント	148380	153871	156984	162038	162067			
セロ	150264	150532	150585	158134				
セロリスト	150532							
鰤	147643	152740	156821	157025	162830			
士官	157182	157424	158697					
砂金	150037	150341						
砂金鑛	150341							
詐欺	148762	149537	151320	151811	151892	151897	152493	153526	161461
	162458	162685	163582	163607	163704	163755		
寺內正毅 寺內(總督)	147638	147725	149327	150301	150754	151653	151697	152459	154598
	154741	163900	163923	164084	164107			
師團	148103	148429	148468	148565	148824	149518	149608	149786	149882
	149963	150074	150130	150153	150237	150325	150355	150775	150795
	150931	151134	151295	151390	151834	151901	151975	152106	152287
	152943	153637	153639	153697	153788	154598	154789	155298	155323
	155645	156279	160137	161529	161544	161739	161763	161897	162243
	162244	162271	162272	162448	162483	162878	162918	163111	163118
	163146	163178	163209	163231	163837	163849		
師團長	148103	148429	148468	149963	150130	150775	150795	151295	151390
	151901	153697	153788	156279	161739	161763	163118	163146	163178
	163209							
寺洞	148270	152469	161960	161985	163418			
辭令	148044	148524	149181	149576	150110	150437	150528	150568	150613
	151355	151888	152534	152668	152789	153151	154342	154372	154483
	154513	155667	157658	157693	157996	158322	158364	158674	158699
	159921	159940	160239	160251	160746	160777	162963	162994	163226
	163255	163743	163779	163929	164002	164028		
司令官	147532	147638	147744	147884	149543	149764	149804	150234	150265
	150474	150548	150716	150754	150912	150995	151021	151878	152186
	152256	152681	152829	152945	153068	153451	153591	153875	154588

	154698	155002	155018	155028	155046	156394	156518	156655	156671
	156753	157458	157682	157954	158028	158243	158314	158347	158397
	158431	158836	160002	160027	160724	161145	161357	161739	161763
	162323	162350	162902	162940	163118	163146	163153	163181	163315
	163340	163688	163705	163711	163727				
飼料	147641	148289	148817	149125					
沙里院小學校	158248								
沙里院 沙里院	147529	147537	148869	149024	149155	149264	149410	149715	150108
	150180	150190	150400	151750	151863	151950	152264	152398	152853
	153141	153255	153705	153887	154135	154153	154254	154354	154557
	154631	154709	154831	154906	155008	155055	155207	155235	155991
	156001	156063	156325	156444	156705	156739	156789	156909	156962
	157470	157481	157599	157660	157667	157926	158005	158007	158102
	158175	158176	158248	158403	159079	159097	159106	159129	159429
	159788	159841	159900	160137	160290	160574	160671	160768	160960
	161172	161376	161380	161388	161630	162499	163024	163037	163161
	163235	163824							
私立	149028	149482	149798	156165					
私立學校	149482								
死亡	147533	147572	149267	149318	149360	149635	151163	151415	151461
	151738	152070	152992	153340	154313	155890	155933	155958	157562
	158164	158195	159786	159953	160758	162302	162330	162592	162975
	163002	164015	164035						
事務官	147978	148505	148840	149201	149327	149413	149686	149816	150054
	150265	150335	150433	150503	150795	152658	154899	155785	156235
	156518	156957	157015	158771	158898	159665	160101	161622	161634
	161817	161841	161843	162038	162067	162143	163118	163146	163183
	163653	163675							
事務所	149445	150834	153594	153870	155003	157404	160724	161630	162818
	162851	163040	163067						
砂防	148578	149401	151150	151247					
砂防工事	148578	149401	151247						
師範	148050	148091	148211	148324	148412	149431	150402	151901	152732
	152764	154543	154573	159858	161795	161817	161820	161841	161985
	162036	162052	163372						
師範校	148091	148211	148324	161795	161820	161985	162036	162052	163372
師範學校	151901	154543	154573	161817	161841				
司法	151113	154090	154551	154577	158467	158499	159335	159367	161716
	161725	162573							
司法官	154551	154577	158467	158499	159335	159367	161716	161725	
射殺	152455	157902	158019	158053	158747	162731	162766		
思想	147716	148599	148758	149241	149273	150577	150651	150662	151161
	151270	151589	152456	152565	152722	152911	153063	153078	153601
	153806	154148	154269	154308	154360	154485	154514	154546	154576

社會課長	148583	148667	150503	150628	159772	159801			
社會事業	147745	148744	149326	150241	151369	157108	157137	158013	158047
	159572	159622	159630	159650	159662	159792	161448	161460	163365
	163388	163908							
社會施設	151189	155319	156631	156657					
社會主義	160510	160538							
山口太兵衛	147884	151607	162086	162120					
山崎大邱府尹	150719	153788	162818	162851					
山崎喜一	151279								
山東	150448	151524	151834	152143	152277	152361	152938	157361	157381
	159737								
山東省	150448								
山梨半造 山梨(總督)	147527	147528	147580	147610	147740	147766	147779	147817	148103
	148155	148181	148197	148404	148414	149056	150153	150754	150771
	150818	150931	151066	151298	151672	151841	152183	152780	152797
	152906	152926	152971	153085	153203	153293	153379	153404	153451
	153468	153510	153637	153672	154291	154317	154834	154868	155306
	155330	155372	155399	156012	157280	157349	158089	158121	159219
	159242	160048	160079	160121	160143	160448	160626	160700	161322
	161343	161415	161423	161441	161452	161573	161583	161596	161602
	162818	162851	163118	163146	163378	163401	163734	163739	163775
	163806								
山梨總督	147528	147580	147610	147779	147817	148103	148155	148197	148404
	148414	149056	150153	150754	150771	150818	151066	151298	151672
	151841	152183	152780	152797	152906	152926	152971	153085	153203
	153293	153379	153404	153451	153468	153510	153637	153672	154291
	154317	154834	154868	155306	155330	155372	155399	156012	157280
	157349	158089	158121	159219	159242	160048	160079	160121	160143
	160448	160626	160700	161322	161343	161415	161423	161441	161452
	161573	161583	161596	161602	162818	162851	163378	163401	163739
	163775	163806							
山林局	152842								
山林會	151821	152037	158419						
産物	147949	149568	151279	152506	155424	155628	158542	158564	160423
	160450	162969	163538						
産米	147564	149346	149724	150133	150782	151419	153662	153700	153879
	154176	154902	155420	156405	157219	157251	157725	157745	158291
	159550	160341	160478	160616	162165	162189	163927		
産米改良	160341	160616							
産米計劃	157725	157745							
産米增殖	147564	151419	153700	154176	157219	157251	160478		
産米增殖計劃	157219	157251							
山本犀藏	148468	148544	149911	150983	152060	158682	158708	160402	163771

	163545							
相談役	148170	153014						
上棟式	151114	152036	153554	156876	160344	163015	163041	
桑苗	148619	149695	150063	150848	154755			
相撲	149369	151168	152417	152588	152840	152883	153179	153273	153489
	153827	153873	154166	154213	154500	156875			
商船	148475	149764	150934	151720	155401	158228	159906	159934	162818
	162851	163468	163674	164045					
商船校	155401								
上水	149185	149318	149490	149570	150537	151303	151655	151754	152470
	152818	152914	153159	153602	153724	154189	154367	154557	155172
	155549	155601	155774	155813	156015	156532	156653	156780	157151
	157178	157416	159802	160342	162096	162379	162756	162835	163581
桑樹	153968	154250							
上水道	149185	149318	149490	149570	150537	151303	151655	151754	152470
	152818	152914	153159	153602	153724	154189	154367	154557	155172
	155549	155601	155774	155813	156015	156532	156653	156780	157151
	157178	157416	159802	160342	162096	162379	162756	162835	163581
相愛會	148557	148583	149911	150142	154276	154307	154493	154515	154608
	154758	154792	162038	162067	163821	163848	164082	164103	
商業	147616	147653	147956	148091	148255	148324	148419	149144	149479
	149533	149614	149616	149744	149984	150373	150727	151108	151275
	151565	151857	151963	152032	152164	152247	152463	152677	152693
	152962	153388	153520	153596	154165	155061	155091	155126	155153
	155226	155247	155251	155337	155642	155769	155828	156957	157939
	158577	158760	158829	159573	159593	160085	160366	160389	160816
	160843	161237	161256	161356	163716				
商業校	148091	148324	149144	149744					
商業學校	152693	153596	159573	159593					
賞與	149487	150231	150538	153985	156253	157865	157890	162012	162041
	162156	162182	163373	163458	163504				
桑原	150321	150723	150754	150835	150983	152150	153646	154317	156592
	157570	158203	158222	162818	162831	162851	163220	163250	
桑原府尹	153646	156592	158203	162831	163220	163250			
商銀 商業銀行	147653	147764	148074	148109	148189	148887	148919	149719	150354
	150510	150632	150716	152214	152255	152371	152494	152625	153497
	153619	154129	155351	156308	157517	158288	159776	161012	161227
	162560	163406	164105						
商議	147557	147699	147848	147856	147893	147901	148021	148106	148192
	148222	148274	148275	148355	148402	148410	148511	148560	148586
	148593	148656	148659	148661	148831	148862	148892	148936	148998
	149002	149044	149048	149086	149097	149099	149162	149173	149187
	149258	149296	149468	149502	149522	149895	149910	149947	150009
	150204	150377	150425	150518	150600	150603	150653	150730	150953

	151027	151046	151071	151134	151201	151227	151231	151338	151420
	151553	151629	151642	151706	151828	151845	151870	151905	152069
	152111	152113	152127	152214	152341	152466	152538	152593	152597
	152631	152698	152766	152847	152866	152885	152930	152975	153139
	153245	153246	153345	153369	153392	153415	153416	153581	153607
	153622	153720	153796	153829	153850	154084	154130	154203	154256
	154264	154597	155018	155046	155118	155175	155343	155375	155509
	155517	155575	155626	155627	156313	156618	156764	157358	157440
	157519	157548	157586	157815	157843	158158	158756	158787	159148
	159213	159321	159748	159781	159970	159976	160414	160477	160547
	160549	160805	160816	160832	160843	160940	161086	161156	161219
	161228	161331	161350	161366	161475	161502	161546	161549	161602
	161694	161695	162072	162090	162241	162355	162380	162382	162410
	162496	162561	162562	162902	162940	162949	162954	162959	163003
	163096	163146	163200	163599	163640	163674	163868		
商議所	148192	148593	148892	150377	150518	150603	150653	150730	151338
	152631	153345	153392	153622	154264	155517	157815	158756	159970
	160816	160843	161546	162072					
商議所法	160816	160843							
商議員	151642	161502	162954	163599					
商租權	147769								
尙州	147811	148091	150248	150368	154447	156760	157142		
上海	151724	152829	153481	162030	162058	162386	162412	162573	
傷害	155817								
上海假政府	153481								
商況	149604	149649	151128	152171	156317				
商會	150035	151218	152143	157554	158808	158830			
生徒	147717	148413	149070	149114	149496	149533	149959	150155	150251
	150293	150626	150639	150665	150735	150792	152156	152615	153175
	153734	153822	153943	154857	154891	155270	156715	156748	157599
	158111	158438	158967	158997	159030	159289	159312	159313	159423
	159448	159657	160085	160578	160628	160686	160714	161261	161436
	161710	161717	161718	161998	162028	162062	162131	162251	162816
	163139	163169	163201	163698	163782	163949	163975	164008	164034
	164077	164099							
生徒募集	148413	150735	163949	163975					
生命保險	148610								
生絲	157578	157910							
生産高	148032	148317	149008	153374	157578				
生牛	147839	148350	148817	149917	150766	151428	151558	151567	152302
	157474	157994	159758	159969	160201	163281	163470	163991	
生田淸三郞	150085	150177	160893	160919					
生血	150489								
生活難	150260	157273	157834	158648					

西瓜	155557							
書堂	148264	150572	150623	150903	153352	153716	156356	156563
庶務	147930	148468	148579	148729	149498	149499	149685	149816	152106
	153085	154597	155785	155816	156279	156368	162981	163010	163653
	163675								
庶務課長	147930	148468	148729	149816	153085	155785	155816	156279	163653
	163675								
西鮮	148095	149280	149421	149715	150180	151551	151866	151950	152588
	152853	153048	153568	154417	156207	158681	158707	160667	160768
	160830	160960	161282	161376	163344				
署長	148015	148080	148095	148162	148200	148338	148493	148962	148964
	149067	149392	149667	151140	151328	151363	151370	152372	152532
	152539	152758	153260	153555	153601	153637	154847	154866	155191
	155237	155247	155315	155337	155416	155466	156121	156730	157226
	157253	158083	158115	158189	158218	158356	158359	158543	158688
	159479	159573	159981	161577	162026				
鼠賊	163116								
西田(參謀長)	148879	148964	149042	149591	153017				
西村(殖産局長)	158172	158206							
西海岸	150550	150588	153551	158574					
石首魚	151478	152379							
石油	148397	151416	152182	155269	156957	158180			
石炭	148267	148657	150189	152520	155203	156513	156539	156611	158369
	160345	161020	161050	161224	161654	162506	162533	163572	163600
船渠	148765								
選擧	147906	148079	148408	148561	148985	149056	149175	149200	150204
	150338	150600	150653	151405	151540	152593	153139	153863	155995
	156019	159301	159523	161280	161294	161502	161966	162298	162326
	162449	162479	163471	163920	164013				
選擧權	162298	162326							
宣教	149357	153940	154201	154492	154522	157414			
船橋	149480	152549	155078	160570	163565				
船橋里	149480	152549	155078	160570	163565				
宣教師 宣教師	149357	153940	154201	154492	154522	157414			
鮮軍	147638	147725	149543	150301	150716	150834	150908	151021	151697
	151878	152459	154598	154741	155646	156265	156299	156815	157682
	157871	157897	158807	158827	159708	159744	161145	161885	162323
	162350	163315	163340	163900	163923	163950	163972	164017	164084
	164107								
鮮女	151998	153048	154151	156249	156283	157116	157144	158318	158802
	158829	158850	158997	159030	159284	159303	159569	159813	161114
	161139	161182	161183	161203	161205	161517	161533	161574	161597

鮮農	148239	148527	148934	149547	150150	150342	150387	150975	151026
	151632	152053	158508	162810	162836				
鮮都	153573	153620							
煽動	151414	152277	160016	162170	162194				
鮮童	150751	159197							
線路	149275	150242	152346	155110	155297	155853	155919	155943	157058
	157455	159925	160419	160446	160946	162877	162917		
船路	150550								
善隣商業	152962								
鮮滿鐵道	155130	155157							
鮮米	147555	147819	147853	147886	147903	147960	148048	148197	148365
	148403	148405	148482	148509	148518	148652	148699	148743	148881
	149237	149610	149732	151021	151068	151185	151331	151471	151607
	151609	151669	151903	151927	152213	152395	152930	152974	153027
	153338	153545	153664	154247	155430	155461	156172	156238	157908
	158468	158495	158580	158654	158731	158764	158853	158877	158915
	158944	159064	159154	159336	159345	159368	159377	159530	159598
	159767	159804	159823	160046	160073	160216	160271	160337	160384
	160826	160853	160944	161013	161021	161051	161095	161121	162155
	162181	162370	162398	162570	162603	163017	163043	163469	
鮮米協會	151021	151607	153027	153338	160337	160826	160853		
鮮民	150054	159528	162738	162772					
船舶	147932	148722	149927	151416	151501	151506	151759	152173	153972
	154317	155228	155518	155743	156370	156497	156522	157158	157438
	159483	159494	159510	159521	159907	159935	160753	160791	161379
	161387	161430	163535	163633	163671				
鮮婦人	148010	148357	149034	149080	149955	151143	151206	152208	153077
	154492	154522	156788	159007	159040	160965	160990	163305	163331
	163394								
先生	147631	148478	148902	150036	150155	152357	158775	159096	159125
	159737	159916	159942	160500	160527	160739	160773	161105	161131
	161795	161809	161820	161833	162018	162048	162790	162823	
鮮語	147947	150484	152217	153655	154161	156124	156251	156284	
鮮魚	148055	148908	157746	157841	158739	158761	159205	162210	
鮮語講習會	153655								
鮮語試驗	152217	156124							
鮮銀	148065	148103	148203	148237	148265	148295	148689	149336	149686
	149929	150315	150795	151181	151464	151476	152106	152334	152371
	152390	152419	152458	152542	152591	152653	152797	152808	152860
	153181	153235	153282	153481	153499	153581	153709	153791	154899
	155639	155715	155734	155833	155863	155865	155893	155914	155944
	156027	156317	156499	156524	157022	157043	157076	157106	157135
	157177	157404	157438	157460	157482	157492	157510	157516	157526
	157547	157570	157640	158255	158277	158991	159024	159851	159874

	160122	160149	160804	160943	161107	161133	161548	161753	161777
	161919	162354	163170	163197	163486	163525	163567	163604	
鮮銀券	152542	153235	153499	160804	161107	161133	161548	161919	163486
	163525								
鮮銀總裁	152106	152390	152419	152797	157043	157076	157106	157135	157404
	157460	157482	157492	157510	157526	157547	159024	160122	160149
鮮人部落	151772								
宣傳	147555	147961	148172	148534	148634	149066	149420	149447	149579
	149801	150049	150263	150426	150450	150622	150691	150738	150799
	150839	151051	151133	151185	151611	151821	151992	152418	152422
	152451	152634	152671	152719	152904	153068	153356	153496	153807
	154139	154283	154312	154580	155010	155901	156172	156550	156726
	157473	158286	158607	158629	159400	161580	162780	162808	163071
	163168	163395							
鮮展	148883	149787	149931	150533	150885	150918	151352	151410	151535
	151676	151681	151766	151922	151971	151976	151977	152137	152161
	152188	152284	152321	152360	152393	152399	152448	152479	152498
	152515	152567	152705	152770	152788	152830	152868	157943	157967
	159480	159511	159554	159586	159624	159651			
宣傳隊	151992								
選定	148253	150239	151435	154951	154985	155850	155878	160042	
宣川	149355	152218	152927	153603	153811	159919			
鮮鐵	147650	147773	148075	148161	148629	148974	149032	149371	149745
	149764	149816	150154	150242	150265	150271	150376	150760	151458
	151516	153746	153841	154917	155212	155286	155773	155798	156050
	156081	156252	156376	159082	159109	162082	163854		
扇風機	153750	153790							
鮮航會	148038	148184	148279	148432	149160	149237	149831	151024	152374
	153202	153643	153960	154094	154821	155498	156970	156995	157374
	157393	158093	158119	158468	158495	158731	158764	159767	159804
	159980	160012	160046	160073	160216	162378	162407	162876	162916
鱈	147605	147643	147807	148437	148479	150991	155428	158446	160175
	160949	163348	163983						
鱈漁	147605	148437	160175	160949	163348	163983			
纖維	155068	155824	156196	156231	159423				
城	147530	147538	147547	147549	147552	147554	147565	147574	147589
	147592	147598	147626	147647	147653	147669	147725	147735	147737
	147744	147746	147753	147764	147766	147768	147798	147809	147814
	147837	147843	147858	147859	147884	147930	147953	147970	147978
	147990	147996	148002	148011	148031	148033	148034	148035	148041
	148050	148084	148122	148133	148138	148175	148181	148195	148211
	148222	148252	148277	148324	148338	148343	148355	148356	148386
	148443	148445	148493	148511	148516	148548	148552	148558	148568
	148576	148605	148613	148646	148650	148655	148671	148684	148686

148689	148695	148701	148728	148729	148753	148760	148763	148767
148800	148808	148836	148840	148856	148872	148875	148883	148896
148901	148908	148963	148966	148971	148988	148992	149007	149035
149051	149063	149075	149096	149097	149099	149114	149121	149152
149162	149186	149212	149220	149258	149298	149302	149305	149318
149323	149327	149341	149360	149383	149404	149427	149438	149453
149458	149481	149514	149526	149530	149534	149553	149555	149571
149578	149581	149585	149612	149619	149629	149640	149646	149649
149657	149700	149706	149713	149718	149742	149746	149785	149816
149827	149850	149855	149889	149896	149906	149907	149923	149929
149977	149979	149983	149984	149989	149994	149999	150009	150020
150022	150079	150085	150104	150117	150128	150130	150137	150139
150172	150184	150221	150229	150263	150291	150297	150300	150302
150310	150335	150392	150399	150408	150432	150436	150439	150455
150466	150483	150488	150492	150494	150558	150559	150571	150584
150590	150615	150628	150659	150663	150665	150670	150675	150678
150681	150701	150713	150719	150728	150730	150732	150733	150734
150736	150742	150844	150857	150858	150879	150903	150913	150924
150930	150931	150943	150949	150958	150963	150971	150983	150990
150996	150998	151006	151013	151030	151037	151046	151061	151080
151123	151126	151130	151148	151160	151163	151178	151201	151215
151220	151228	151231	151235	151237	151267	151278	151279	151285
151287	151288	151289	151290	151310	151326	151328	151338	151340
151342	151347	151370	151395	151416	151441	151443	151458	151499
151512	151523	151526	151553	151607	151627	151629	151635	151637
151653	151672	151685	151691	151748	151752	151760	151774	151800
151807	151819	151832	151845	151846	151857	151871	151872	151875
151881	151889	151890	151901	151922	151929	151940	151944	151949
151958	151962	151984	152022	152048	152058	152082	152084	152093
152120	152123	152130	152143	152145	152147	152160	152168	152174
152185	152187	152193	152194	152200	152207	152222	152235	152256
152272	152279	152312	152316	152323	152331	152334	152353	152390
152413	152417	152434	152443	152447	152491	152538	152558	152560
152562	152568	152597	152614	152625	152640	152654	152666	152672
152678	152708	152714	152729	152732	152750	152753	152764	152766
152814	152818	152822	152837	152847	152860	152874	152880	152901
152906	152935	152950	152958	152986	152993	152999	153069	153084
153099	153115	153121	153156	153158	153173	153179	153181	153208
153210	153222	153245	153247	153256	153259	153265	153267	153268
153269	153281	153296	153300	153314	153329	153331	153345	153348
153367	153379	153392	153420	153439	153475	153481	153496	153518
153519	153529	153583	153584	153586	153590	153593	153609	153612
153624	153709	153735	153753	153758	153765	153814	153834	153846
153849	153850	153852	153853	153860	153866	153892	153924	153936
153957	153994	153999	154025	154050	154075	154102	154121	154128
154129	154130	154136	154141	154181	154187	154191	154219	154220
154265	154291	154315	154326	154365	154377	154401	154429	154439

154453	154482	154492	154497	154512	154517	154522	154523	154531
154539	154552	154562	154585	154586	154598	154613	154626	154636
154647	154656	154704	154719	154725	154757	154791	154809	154815
154816	154823	154825	154841	154860	154874	154877	154899	154923
154931	154961	154984	154997	155018	155027	155038	155046	155053
155059	155075	155099	155102	155122	155126	155153	155179	155190
155226	155235	155236	155240	155247	155251	155263	155313	155336
155348	155378	155394	155405	155436	155442	155448	155464	155479
155482	155495	155530	155545	155546	155579	155599	155639	155694
155702	155705	155715	155722	155723	155726	155728	155734	155749
155767	155797	155833	155834	155865	155867	155893	155905	155918
155936	155947	155983	155989	155991	156009	156027	156093	156107
156166	156200	156224	156239	156250	156271	156292	156297	156304
156315	156339	156340	156400	156433	156462	156480	156550	156557
156562	156577	156584	156589	156592	156602	156627	156653	156654
156662	156693	156719	156735	156743	156753	156763	156764	156789
156810	156821	156861	156873	156880	156891	156892	157011	157025
157027	157066	157108	157110	157137	157139	157187	157192	157204
157206	157216	157223	157230	157254	157256	157263	157314	157316
157339	157344	157346	157366	157386	157404	157414	157436	157448
157504	157519	157520	157536	157555	157558	157570	157577	157591
157598	157615	157619	157622	157626	157646	157673	157689	157705
157709	157736	157754	157777	157800	157822	157824	157837	157846
157866	157871	157877	157897	157925	157960	158009	158010	158011
158033	158036	158038	158045	158069	158086	158095	158097	158099
158116	158125	158128	158139	158165	158185	158192	158196	158205
158210	158214	158223	158245	158249	158252	158253	158271	158274
158296	158300	158315	158320	158350	158392	158395	158400	158408
158418	158429	158430	158442	158447	158513	158515	158527	158530
158535	158552	158555	158562	158578	158593	158667	158683	158691
158709	158717	158726	158755	158781	158796	158802	158813	158820
158829	158838	158856	158881	158917	158922	158929	158946	158948
158953	158956	158969	158979	158986	158989	158991	159030	159053
159070	159141	159145	159210	159226	159249	159283	159284	159303
159310	159318	159332	159361	159376	159381	159404	159413	159417
159437	159441	159448	159465	159487	159512	159557	159566	159573
159574	159584	159588	159592	159593	159594	159603	159664	159681
159782	159820	159843	159863	159877	159915	159927	159973	159979
159996	160006	160022	160045	160052	160072	160083	160085	160101
160112	160113	160114	160124	160160	160180	160181	160186	160196
160204	160212	160238	160241	160263	160266	160280	160321	160348
160356	160362	160370	160391	160393	160414	160433	160441	160459
160469	160501	160528	160547	160554	160587	160621	160641	160642
160650	160651	160674	160678	160702	160710	160715	160723	160731
160733	160749	160755	160767	160783	160793	160795	160811	160829
160840	160857	160861	160871	160912	160913	160937	160940	160950
160980	161027	161034	161056	161076	161079	161092	161096	161116

	161423								
城津	147798	148548	149827	152901	154326	154562	154613	154626	154860
	155235	155247	155991	156789	156821	157025	157800	157824	157871
	157897	158097	159145	161451	162237	163299	163420	163757	163764
	163875								
成川	156916	156937	161615	162157					
城川江	150466								
成婚	148169	150081	159001	159031					
猩紅熱	148020	148301	148960	149119	149449	151164	152205	155537	157148
	159571	159725	160693	160720	161447	161462	161952	162592	162657
	163110	163144	163202	163794	164015	164035			
世界	148053	148367	148896	148943	150318	150441	150585	150924	150974
	151057	151733	151991	152301	153036	153480	153706	153769	153907
	154162	154313	154695	154720	154909	155916	158107	160802	161464
	163867	163893	163915						
稅關	147556	148610	148894	150716	150983	151118	152276	152926	153364
	153404	153409	153515	153916	154146	154291	154333	156710	156738
	158170	158784	161451	162205	162655	162683	163424	163502	163946
稅關吏	147556	151118	162655	162683					
稅關長	148610	150716	150983	152926	153364	153404	153916	154291	
細菌學	149452								
稅金	151539	157235	158017	158041	159784	161975			
稅令	154995	155023	157524	157545	164059	164089			
稅務	147978	148061	150009	153364	154865				
細民	151189	151666	155006	156203	156225	159979	160006		
蛸	150536								
少女	148502	148538	151040	153447	155493	155886	159884	161102	162204
	162434	162463	162687						
少年	149641	150413	150451	150585	150925	151040	151112	151304	151686
	151794	151812	152095	152745	152923	153210	153721	153770	153948
	157605	157832	157970	160711	160798	161004	161625	161637	161644
	161674	162204	162434	162463					
小鹿島	152290	152964	156603	158947					
掃立(春蠶掃立)	151382	151861	151913	152006	152011	152305	152505	152888	152931
	155221	155500	155887	156035	157267				
小麥	154906	155629	156408	157208	163278				
消防	147529	147570	147574	147685	148649	149684	151444	152364	155587
	155610	155783	155803	156341	156343	156365	156431	156579	159491
	160171	161459	161879	162093	162167	162191	162318	162345	162383
	162411	162445	162475	162577	162609	162647	162675	162976	163339
	163579	163602	163700	163764					
消費組合	160272								
小使	147720	153914							

小學校	147631	148039	148128	148755	148946	149158	149229	149465	149617
	150008	150419	150575	150673	152112	152614	153072	153690	153915
	154447	154509	155139	155165	155387	156471	156911	156939	158248
	158311	158734	159189	159607	159718	160665	160743	160775	160963
	160992	160993	161504	162614	162891	162929	163050	163189	163371
	163391	163750							
昭和	147527	147530	147573	147586	147629	147648	147655	147697	147745
	147960	147980	148032	148551	148848	149385	149708	150222	150305
	150964	151042	151509	151664	151788	151907	152162	152469	152876
	152896	152960	153154	153346	153386	153431	153816	154836	156082
	156125	159499	159522	160037	160657	161028	161059	161607	161663
	162206	162311	162338	162516	162869	162908	162961	163466	163556
	163587	163680	163744	163780	163867	163953	163998		
召喚	149578	158998	159108						
速成運動	151527								
孫基禎 孫(基禎) 孫君	154864	154893	156815	159920	159943	160840	160871	161357	162590
	162618								
松岡	147766	149963	150628	151922	152539	152589	152842	153364	153656
	153697	154243	159201	161642					
松崎(朝郵專務)	147686	149816	159920	159943	162614	163378	163401		
松島	151172	153169	153984	154518	154738	155955	161145	163690	163713
松毛蟲	149671	151353	152289	152292	152720	152959	153971	154641	155935
	155965	156362	156392	158605	158627				
松本誠	148387	148585	151223	153085	157201	158028	160515	160542	161841
松山	148521	148574	151977	152161	153179	153491	153615	155079	155106
松山致芳	148521	151977							
松山畫伯	148574								
松茸	156712	156740	157086	158104	158216	159017	160033		
送電	148580	148850	149129	150689	153261	156333	156693	157653	160274
	161014	161403	161926	162224	162316	162365	163059		
松汀	148327	148587	148792	149455	150290	151729	155542	156737	161731
	163400								
松井(平壤府尹)	147686	150288	151553	151635	151696	151815	151901	152625	153050
	153829	154677	155063	155093	155459	155563	155597	155624	156753
	159793	161960	161985	162460	162488	163296	163320	163652	
松汀里	148327	148587	148792	149455	150290	151729	155542	156737	161731
	163400								
松村松盛	150678	160954	160984						
松浦	147538	147953	147978	151278	154453	157837	158965	161210	161622
	161634	161915							
送還	150333	151770	152040	153528					
收繭	148619	152504	153503	153629	155220	158520			

首魁	150174	150751						
水口隆三	148470	148543	161289	161308				
水口(稅務課長)	148408	148451	148470	148541	148543	148583	148650	148729	148745
	148767	149042	149157	149862	149963	150374	150458	150587	152496
	152797	153465	161289	161308	163040	163067	163389		
水口(專賣局長)	148408	148451	148470	148541	148543	148583	148650	148729	148745
	148767	149042	149157	149862	149963	150374	150458	150587	152496
	152797	153465	161289	161308	163040	163067	163389		
收納	149169	152813	159652	159685	159712	160482	160521	160882	161157
	162291	162359	162367						
手內(聯隊長)	163702	163726						
水稻	153463	154248	156108	156981	157026	158565	159138	160654	161434
水道	147760	147918	147963	148247	148908	148931	149140	149185	149318
	149490	149570	149675	149706	149739	149802	149805	149993	150256
	150537	151303	151610	151655	151754	152470	152642	152818	152914
	153159	153393	153523	153602	153724	154189	154367	154557	155172
	155411	155549	155601	155774	155813	156015	156025	156456	156532
	156574	156653	156780	156861	157033	157151	157178	157180	157416
	157425	157596	157659	157750	158183	158396	158745	158819	159802
	160342	160351	160378	160732	162096	162172	162379	162756	162835
	163208	163449	163581						
隊道	152103	156512	156536						
水道料金	150256								
水力發電 水電	147682	147950	148147	148160	148322	149206	149660	150394	151762
	152467	153189	153240	154282	154351	154775	155052	156307	156333
	156502	156614	156698	157416	157727	161009	161058	162170	162194
	162523	162554	162934	163075					
狩獵	150029	151256	157738	157753	158379	158595	161758	162898	162939
首領	149347	150706	152714						
水利事業	158320	163828							
水利組合	148219	148861	150306	150308	153317	153574	154037	154862	155536
	156028	156549	156568	156593	159769	160624			
水不足	153771								
守備隊	147602	148290	148454	150233	150908	152651	153249	153380	154012
	154043	154332	154359	154624	154692	156443	156518	156853	157225
	158394	159786	160907	162731	162766	162809	162848	163153	163181
	163303	163328							
搜査	147964	148086	149368	151640	152096	156023	157831		
水産業 水産業	147842	149107	149383	149916					
水産學校	150803	159227							
水産 水産	147842	147850	147930	147935	147949	147978	148050	148102	148105
	148188	148257	148273	148315	148316	148375	148397	148480	148654

	148686	148720	148808	148935	149054	149107	149383	149542	149568
	149590	149719	149773	149916	149923	150095	150134	150503	150506
	150692	150803	150816	150935	151051	151179	151278	151279	151452
	151697	151957	152024	152216	152419	152506	152595	152815	152852
	153368	153391	153464	153669	153918	154121	154123	154132	154615
	154744	154934	154964	154978	155089	155688	155722	155822	156374
	156452	156685	157287	157786	158154	158299	158445	158822	158845
	159201	159209	159227	159349	159657	159951	160213	160288	160316
	160415	160717	161312	161398	161430	161476	161501	161647	161853
首相	148798	151753	151792	152513	152564	152655	152662	153510	
水上署	151363	153376	156218						
輸城川	156340	157866							
輸送	147575	147734	147761	147823	147846	148055	149302	149697	149874
	150463	150935	151283	151450	151722	151788	151826	151878	152375
	152598	152638	152804	152896	152938	153544	153582	153621	153751
	154538	155971	156999	157736	157755	157910	158581	158739	158761
	158915	158944	159205	159758	159767	159804	160046	160073	160360
	160380	160390	160577	160728	161198	161234	161248	161272	161290
	161421	161429	161615	162881	162921	163081			
水野錬太郎 水野 (總督/總監)	147837	152564	155274	158836	161602				
水揚	148479	148778	149828	151874	152024	153023	154437	154456	157719
	158299	158586	159206	159474	160810				
修養團	151499	153990							
修業	150623	153446							
授業	148206	149015	149572	149842	150288	150317	150665	150951	151219
	151262	151545	152312	152694	153002	153205	153263	154796	155949
	158270	158792	158816	158883	159340	159372	160284	160312	162389
	162416								
獸疫	148429	149049	152256	152766	153451	156823	160411		
獸疫血淸	152256	152766	153451						
水泳	153539	153617	153786	153872	154231	154384	155542	155699	155956
	156004	156067	158021	158048	162375	162404			
守屋榮夫	153364	153451	153533	153619	153915				
收用令	157417	162373							
收容所	152114	152290	153948	160878					
水原	149095	149179	149315	149318	149339	149346	149377	149390	149651
	153706	155274	155634	156146	156553	157582	157609	157875	157900
	157921	157957	158370	158978	161966				
獸肉	150224	163289							
獸醫	147849	157869							
水利組合	148219	148861	150306	150308	153317	153574	154037	154862	155536

	156028	156549	156568	156593	159769	160624		
囚人	148758	151255	152369	154039	157377	158865	161489	161575	161598
	163162	163187							
輸入	147690	147788	147890	147980	147983	148112	148149	148152	148185
	148586	148702	148968	149559	149689	149732	149772	149826	149969
	150058	150093	150228	150273	150275	150309	150645	150808	150841
	150901	151029	151075	151118	151192	151284	151505	151619	151927
	151935	152554	152690	153373	153506	153747	153928	154693	154971
	155341	155427	155571	156412	156759	157214	157720	158289	158775
	159067	159078	159105	159215	159239	161653	161852	161991	162034
	162110	162205	162439	162468	162507	162534	162803	163471	163474
	163765								
水田	152013	153003	155928						
水電	147682	147950	148147	148160	148322	149206	149660	150394	151762
	152467	153189	153240	154282	154351	154775	156307	156333	156502
	156614	156698	157416	157727	161009	161058	162170	162194	162523
	162554	162934	163075						
手紙	148131	156386	158669	158698	158780				
修築	149291	151039	154029	155903	156117	158266	159228	159250	160570
輸出	147690	147819	147949	147980	148436	149892	149997	150589	152012
	152253	152506	152890	153495	154028	154324	156033	158294	158720
	159559	159827	160636	160653	162110	162364	162441	162470	163077
	163087	163752							
水平社	151549	151644							
隨筆	147546	147578	156817						
修學旅行	149853	158641	159858						
水害	150347	151213	154422	155083	155305	155453	155529	155534	156989
	157006	157240	157269	157366	157386	157540	157563	157596	157627
	157672	157702	157725	157736	157745	157752	157790	157800	157805
	157813	157823	157824	157833	157872	157901	157936	157948	157975
	157980	158026	158061	158105	158106	158141	158145	158167	158192
	158198	158223	158244	158257	158259	158269	158285	158295	158304
	158343	158382	158386	158389	158414	158416	158443	158458	158481
	158660	158665	158671	158683	158685	158703	158709	158797	158799
	158808	158813	158823	158830	158838	158853	158855	158875	158877
	158901	159134	159164	159199	159216	159240	159273	159275	159280
	159296	159315	159361	159365	159381	159393	159451	159497	159574
	159594	160004	160029	160059	160070	160089	160103	160443	160471
	160639	160662	160668	160696	160701	162169	162490	162610	162645
	162865	162904	163343	163561	163592				
水害救濟	156989	157006	158389	158416	158855	162610	162645		
受驗	147825	148335	149566	149619	149682	150036	150735	151206	151436
	152232	153075	158610	158700	160911	160935	163643	163945	163971
手形	147554	147589	147737	147851	147990	148195	148443	148516	148660
	149427	149553	149699	149700	149780	149977	150140	150229	150681

	150943	151085	151237	151512	151825	151832	152021	152022	152562
	152808	152814	152986	152987	153088	153099	153148	153331	153584
	153763	153852	154136	154396	154611	154984	155348	156036	156107
	156315	156485	156891	157216	157446	157520	157850	157851	158514
	159332	159609	159681	160112	161092	161269	161371	162631	163151
	163541	163542	163550						
手形交換	147554	147589	147737	147851	147990	148195	148443	148516	148660
	149427	149553	149699	149700	149780	149977	150229	150681	150943
	151085	151237	151512	151832	152021	152022	152562	152814	152986
	153088	153099	153148	153331	153584	153852	154136	154396	154984
	155348	156036	156107	156315	156891	157216	157520	157850	157851
	158514	159332	159609	159681	160112	161092	161269	161371	162631
	163151	163550							
收穫	150810	151676	152223	152800	153153	153848	155455	156108	157115
	157141	157308	157345	158067	158518	158592	158853	158877	159138
	159530	162442	162471	163278					
收賄	153818	153871	154526	155036	155108	155617	155736	156808	161393
純金	150452								
殉難	153640	154271							
巡査	147619	148298	148688	148953	149524	150121	150369	151146	151415
	152251	152455	153910	154240	154243	154699	155077	155132	155355
	155563	155600	156202	156228	156629	156901	156933	157692	158019
	158053	158140	158190	158217	158301	158668	159887	160430	160904
	160927	161383	161807	161831	162884	163630	163667	163723	
巡視	147743	148561	149342	151401	154225	154475	155372	155399	
殉職	148458	149109	149269	150671	152528	153777	153898	154201	154957
	155834	155867	155918	155947	155983	156009	156201	159485	159884
	162884	163029							
殉職者	148458	149109	150671						
順天	155682	160567							
順川	148825	154100	157654	158398	159218	159614	159775	160228	161326
	161673	162947	163349						
巡回診療	153989	154164							
蠅	147675	150172	150263	151890	152254	152671	152899	153020	153307
	154284	163007							
乘組員	147601	147763	151221	151310	156744	162523	162554		
乘車	147843	149032	149304	150996	152235	156338	159348	159387	
乘車券	149304								
繩叭	149166	151388	152226	153288	153881	154005	156683	161437	
乘合自動車	147915	149444	151423	160476	163026	163052	163574	163603	163823
勝湖里	159414								
詩	150622	151354	157312	157330	157663	157698	158925	159766	
豺	156304	156396							

市街	148445	149014	149794	150407	150619	151985	152398	152483	152755
	155467	155693	156059	156588	157524	157545	158824	160351	160378
	160464	161925	163297	163692	163989	164059	164089		
詩歌	150622	159766							
市區改正	149264	160819	160846						
時機尚早	161331	161350							
矢島(內務部長)	160564	160588	163019	163045	163098				
市民	148661	148832	149645	151401	152194	154055	156735	157309	159482
	159516	160821	160848	161622	163220	163250	163367	163390	163499
	163664	163783							
市民大會	148661	163664	163783						
施設	147593	147620	148216	148349	148636	148902	149173	149231	149350
	149435	150112	150350	150662	150742	151189	151663	151673	153204
	154158	154340	154345	154375	155180	155319	155590	155616	155839
	156631	156657	157615	158464	158483	159083	159110	163022	163048
	163306	163332	163565	163758					
矢野桃郎	150983	157535	157556	158222					
示威	147835	151493	151662	151686	156443				
市場	147989	148145	148381	148620	148655	149567	149828	149923	150022
	150225	150593	150816	150962	150987	151030	151040	151114	151130
	151156	151235	151397	151714	151786	152222	152431	152538	152724
	152900	153371	154600	155583	155606	155611	155925	156043	156200
	156557	156584	156617	157321	157340	157650	157684	159307	159474
	159673	160354	160385	160873	161199	161611	162974	163448	
市長	149493								
柴田(學務局長)	150678	150854	151971	153492	159744				
施政	152031	152514	152773	153089	153474				
侍從	148543	148822	149282	149963	150233	150265	152885	153389	153533
	158458	158481	158527	158552	158598	158620	158660	158666	158685
	158694	158727	158794	158855	158919	159201	159275		
侍從武官	148543	148822	149282	149963	150233	150265			
視察	147702	147949	148006	148095	148434	148492	148573	148710	148755
	149147	149236	149445	149457	149513	149530	149571	149581	149626
	149646	149703	149889	149910	149930	150039	150049	150075	150154
	150169	150233	150428	150634	150952	150965	150988	151060	151114
	151175	151269	151327	151348	151370	151581	151590	151647	151672
	151732	151847	151919	152075	152111	152273	152339	152390	152522
	152605	152618	152752	152832	152962	152999	153074	153150	153157
	153203	153220	153416	153435	153465	153492	153607	153711	153762
	153800	153829	153860	154014	154111	154130	154165	154188	154193
	154230	154410	154544	154554	154574	154579	154744	155183	155367
	155441	155543	155583	155606	155669	155716	155733	155743	155925
	155968	156177	156179	156505	156557	156584	156665	156691	156723
	156768	156797	156896	156928	157024	157027	157142	157172	157290

	157295	157313	157326	157333	157650	157656	157670	157684	157691
	157798	157854	157881	157911	157922	157938	158011	158038	158176
	158250	158276	158317	158330	158394	158527	158552	158650	158727
	158794	158923	158954	159043	159160	159269	159356	159377	159406
	159553	159560	159582	159628	159659	159671	159843	159863	159991
	160121	160143	160186	160204	160470	160473	160657	160785	161105
	161131	161573	161596	161809	161833	161856	161865	161866	161888
	161898	162018	162019	162048	162128	162248	162818	162851	163019
	163028	163045	163562	163597	163739	163775			
視察團	148573	149445	149530	149646	149910	150039	150049	150075	150169
	151175	151269	151327	151370	151647	151732	152522	152618	153150
	153416	153492	153607	153711	153800	153829	154014	154130	154165
	155441	155716	155733	156177	156505	157290	157670	157938	158250
	158276	159160	159406	160470	161809	161833	161865	161866	161898
	162019	162128	162818	162851	163028				
侍天教	150836	152656							
視學官	148998	149686	150343	152971	153477	153856	160682	160708	161022
	161052	162738	162772						
試驗	147753	147825	147828	147923	147955	147966	148007	148050	148091
	148122	148211	148244	148251	148298	148315	148324	148335	148419
	148438	148569	148752	148774	148954	149021	149306	149402	149520
	149712	149927	150122	150179	150246	150267	150324	150368	150670
	150757	150759	150803	150804	150863	150935	150949	151125	151206
	151406	151471	151596	151793	151857	152018	152092	152122	152217
	152232	152403	152419	152471	152659	152740	152849	152949	152974
	153075	153186	153516	153712	153888	153936	153945	154203	154552
	154585	155003	155089	155428	155450	155475	155516	155552	155777
	155809	156124	156149	156569	156629	157018	157227	157262	157341
	157591	157626	157827	157861	158169	158200	158301	158303	158610
	158669	158698	158700	159085	159112	159150	159163	159177	159178
	159201	159488	159627	159654	159733	160419	160430	160446	160495
	160529	160654	160666	160704	160753	160791	161319	161379	161387
	161434	161504	161656	161684	161874	162015	162043	162103	162709
	162750	162774	162800	162804	162833	162877	162917	162977	163090
	163643	163747	163793	163991	164063	164064			
食糧	151917	155476	156183	156617	157540	157563	157736	157755	161095
	161121								
植林	148394	148508	149299	150946	152015	152800	157935	159069	159264
	160460	161923							
植民	147545	147700	148842	150598	152390	153520	162639	162668	
植民地	147545	147700	148842	150598	152390	162639	162668		
殖民 植民	147545	147700	148842	150598	152390	153520	162639	162668	
植府	150133								
殖産	147986	148197	148306	148855	148876	149980	150374	150390	150480

新刊紹介	156040	156376	156833	157453	157521	157852	158160	158723	158851
	159682	160813	161372	161477	161793	161812	161836	162228	163218
	163881								
新幹會	147719	147790	147961	148137	148340	148637	148679	148757	148955
	153486	155995	156019	157672	157702	163242	163273		
新京	151370	162601	162626						
神宮	147620	147657	148787	148829	150071	150998	151091	151393	153111
	153250	154222	155763	155792	156332	156359	156932	156942	157339
	157378	157398	157769	157770	157879	158135	158318	158352	158829
	158918	158958	159170	159190	159225	159249	159337	159357	159369
	159386	159415	159439	159527	159563	159591	159632	159663	159856
	159880	159984	160009	160068	160098	160125	160155	160186	160191
	160192	160204	160209	160243	160264	160323	160423	160450	160623
	160679	160706	160892	161067	161161	161187	161295	161321	161342
	161480	161490	161561	161584	162707	162742	163936	163964	
神宮參拜	147657	150998	154222	162707	162742				
新記錄	149146	151958	159336	159368					
新羅	150250	154664	155743						
神理教	152161								
新聞	147678	148022	148686	148896	149593	150458	151035	151607	151971
	152351	152675	152833	152877	152885	152922	152941	152956	152963
	153000	153046	153081	153124	153163	153172	153224	153354	153726
	153908	153955	154121	154764	154794	155177	155274	155705	155726
	156119	156144	157665	157699	157725	157745	158771	159201	159277
	160918	161082	161272	161290	161335	161353	161419	161427	161812
	161836	162063	162299	162327	163218				
新聞記者大會	149593								
新聞紙法	156119	156144	159277						
神社	147712	148330	148949	149276	149661	150208	150541	150621	151347
	154192	155747	156733	158323	159484	160212	160623	160818	160845
	161568	163646							
新山(司法主任)	157089								
神仙爐	147865	147922	147965	148008	148052	148090	148126	148176	148212
	148246	148291	148341	148616	148651	148691	148731	148770	148818
	148841	148878	148976	149010	149055	149098	149132	149171	149253
	149284	149340	149384	149415	149462	149512	149556	149648	149688
	149721	149830	149879	149928	149965	150024	150066	150135	150191
	150220	150266	150304	150337	150389	150422	150460	150519	150560
	150597	150649	150685	150721	150770	150817	150852	150904	150947
	150993	151032	151090	151132	151197	151245	151294	151343	151431
	151468	151521	151571	151668	151717	151740	151791	151833	151876
	151915	151943	152025	152081	152129	152181	152225	152271	152313
	152349	152389	152435	152472	152512	152557	152607	152650	152700
	152747	152772	152817	152862	152903	152944	152989	153028	153106
	153152	153199	153248	153290	153339	153378	153423	153466	153508

	153548	153587	153635	153670	153713	153756	153804	153893	153931
	155234	155261	155303	155327	155524	155554	155665	155703	155724
	155755	155786	155831	155864	155907	155937	155979	156007	156042
	156071	156113	156141	156181	156212	156245	156280	156320	156346
	156379	156421	156454	156495	156520	156556	156583	156621	156648
	156692	156724	156767	156796	156835	156856	156894	156926	156969
	156994	157030	157064	157105	157134	157171	157218	157250	157294
	157325	157360	157380	157406	157456	157486	157523	157544	
新設	147530	147613	147671	147706	147752	147822	147824	147957	148486
	148672	148897	149017	149108	150014	150148	150403	150780	150903
	151437	151557	151589	151817	151954	151988	152035	152068	152323
	152889	153318	153806	153939	154023	154144	154175	154543	154573
	155380	155409	155841	155879	156057	156083	157461	157924	158492
	158977	159402	159546	159570	159957	160289	160315	161557	161860
	161945	161977	161999	162642	162710	162806	162839	163142	163160
	163829	163850							
新安州	148933								
信仰	153446								
新銀行令	151464	157295	157326	159005	159038	161283	161298	162705	162740
	163738	163774	163883	163903	163938	163966			
新義州	147529	147536	147548	147557	147561	147563	147599	147616	147724
	147742	147848	147891	147923	148004	148021	148049	148054	148106
	148134	148171	148214	148275	148283	148367	148372	148392	148425
	148624	148656	148659	148675	148862	148930	148940	148958	149002
	149004	149068	149103	149120	149233	149249	149256	149313	149353
	149363	149405	149465	149468	149502	149644	149656	149777	149778
	149806	149823	149858	149903	149911	149921	149948	150101	150144
	150355	150379	150414	150444	150495	150537	150569	150609	150612
	150645	150673	150677	150776	150862	150916	150974	150983	151083
	151124	151167	151170	151177	151293	151334	151413	151420	151447
	151565	151566	151601	151605	151639	151706	151708	151709	151918
	151948	151959	152047	152214	152276	152466	152539	152543	152570
	152582	152678	152710	152752	152796	152870	152971	152994	153123
	153195	153209	153225	153409	153410	153485	153505	153581	153634
	153758	153760	153772	154084	154160	154203	154211	154212	154258
	154289	154291	154324	154333	154414	154420	154476	154537	154550
	154627	154709	154748	154789	154847	154866	155073	155138	155193
	155213	155235	155247	155299	155314	155315	155337	155369	155375
	155520	155624	155626	155690	155760	155810	155991	156039	156048
	156128	156175	156198	156243	156273	156279	156312	156313	156337
	156514	156574	156636	156637	156781	156793	156815	156831	157047
	157080	157098	157131	157307	157377	157593	157604	157657	157659
	157799	157861	157923	157931	157932	157939	158007	158241	158538
	158745	158865	158934	159058	159142	159165	159227	159268	159276
	159284	159362	159390	159428	159505	159506	159528	159536	159546
	159573	159632	159963	159984	160009	160279	160305	160351	160369

	160378	160515	160542	160566	160615	160627	160634	160644	160677
	160973	161086	161101	161108	161125	161173	161241	161313	161366
	161433	161438	161446	161507	161508	161527	161561	161622	161634
	161648	161658	161676	161712	161814	161921	161952	161958	161986
	162019	162020	162099	162110	162129	162160	162162	162305	162320
	162427	162446	162492	162593	162650	162730	162880	162968	163031
	163089	163091	163163	163169	163177	163178	163201	163284	163304
	163369	163424	163431	163432	163474	163544	163546	163704	163748
	163961	164008	164065	164085					
神饌	153250								
信川	155297								
身體檢查	148335								
新遞信局長	148374	148408	148544						
新築	147663	147956	148128	148163	148708	148805	148836	148938	148940
	148950	148992	149336	149483	149903	149992	150516	150525	150730
	150805	151299	151591	151612	151765	153252	153301	153554	153606
	153637	153708	153727	153832	153977	154009	154101	154197	154793
	154925	155443	155471	155694	155877	155990	156633	156725	156842
	156849	156863	156943	157060	157196	157221	157242	157321	157614
	157963	158101	158130	158199	158245	158275	158818	159279	159354
	159384	159538	159829	159850	159873	160132	160617	160627	160830
	160862	161057	161227	161476	161651	162036	162052	162712	162745
	162958	163050	163098	163484	163566	163693	163751	163784	163787
	163990								
信託	148919	150221	151751	154121	162223	162560			
薪炭	150406	150866	152431	159968					
薪炭市場	152431								
新學期	149847	150192	155758	157173					
神戶	147656	150773	150905	153364	154597	156880	162714	162749	162783
失業 失業者	147673	153310	153376	155367					
實業	147686	147766	147884	147930	148140	148181	148211	148265	148269
	148399	148543	148555	148587	148610	148650	148680	148686	148768
	148808	148840	148964	148998	149011	149042	149121	149201	149371
	149458	149515	149764	149911	150052	150287	150290	150420	150628
	150678	150716	150728	151013	151040	151133	151553	151732	152058
	152060	152255	152273	152334	152339	152371	152417	152458	152459
	152514	152589	152624	152625	152745	152842	152971	153227	153404
	153916	153957	154385	154471	154502	154529	154598	155340	155495
	155567	155863	155893	155936	156400	156581	156815	157089	157158
	157201	157453	157570	157777	158043	158064	158318	158330	158352
	158428	158482	158560	158777	158898	159058	159201	159208	159284
	159460	159573	159750	159850	159873	160101	160104	160243	160343
	160470	160542	160602	160840	160871	161210	161713	161722	161985
	162143	162203	162395	162419	162499	162738	162772	162790	162818

	162823	162851	162953	162984	163010	163146	163161	163366	163392
	163653	163675	164017	164042					
實業家	147686	147766	147884	147930	148140	148181	148265	148543	148610
	148650	148686	148768	148808	148840	148964	148998	149042	149121
	149201	149371	149458	149764	149911	150290	150420	150628	150678
	150716	151133	151553	151732	152060	152273	152339	152459	152589
	152625	152842	152971	153404	153916	153957	154385	154502	154529
	154598	155340	155495	155567	155863	155893	155936	156400	156815
	157089	157158	157201	157570	157777	158043	158064	158898	159058
	159208	159460	159573	160101	160470	160542	160602	160840	160871
	161210	161985	162143	162203	162395	162419	162738	162772	163010
	163146	163366	163392	163653	163675	164017	164042		
實業團體	150728								
實業學校	162790	162823	162953	162984					
實業協會	162499	163161							
失職	150990								
審査員	149787	150533	150739	151676	151922	151977	152161	152480	
雙十節	159768	159808							

アイスホッケー	162813	163142							
あかつき	153015								
アメリカ 米 米國	148045	148063	148397	148429	149089	149408	149495	150795	150998
	151006	152253	152713	152899	153164	154027	154053	154426	154492
	154520	154522	154771	155205	156371	156753	156957	160042	161498
アラブ	148799								
イモチ病	158565	159068							
インド 印度	148323	148705							
うどん	164067	164093							
エスペラント	161144								
エス語	148102	150920							
オートバイ	153781	154228	155304						
オットセイ	148789								
オリニデー	151812								
オリンピック	151958	152962							
ワクチン	154782								
鍊	149565	150160	150380	151253	155572				
聯合大會	150782	156101	158510						
列車	147863	148294	148327	148956	149263	149320	149539	150578	151010
	151878	151916	151917	152084	152533	152921	153044	153340	153638
	153660	153677	153748	154336	154363	154872	155526	155765	155793
	156045	156074	156595	156710	156738	156742	156773	156803	156900
	157007	157337	157366	157369	157386	157390	157455	157484	157553
	157927	157951	157969	158011	158038	158797	158913	158928	159282
	159302	159414	159486	159614	159701	159735	159775	159925	160426
	160453	160645	160761	160947	161165	161178	161190	161198	161202
	161239	161491	161528	161542	161674	161783	161883	161907	162384
	162392	162393	162406	162659	162689	162877	162917	163172	163204
	163310	163393	163394	163649	163670	163718	163765	163910	
鈴木 (東拓支店長)	147569	147765	147864	147958	148118	148123	148202	148265	148326
	148411	148491	148567	148592	148633	148707	148729	148790	148863
	148942	149026	149104	149190	149259	149395	149477	149615	149705
	149728	149851	149938	150038	150149	150238	150350	150352	150442
	150531	150620	150657	150731	150825	150910	151005	151102	151261
	151357	151475	151582	151671	151732	151797	151887	151982	152089
	152190	152324	152400	152609	152715	152797	152825	152905	153014
	153034	153071	153160	153309	153384	153471	153595	153683	153819
	153899	154104	154196	154226	154334	154361	154549	154578	154695
	154696	154720	154724	154922	154953	155069	155100	155196	155368
	155404	155522	155551	155666	155761	155802	155929	156130	156147

	156264	156293	156400	156430	156461	156573	156591	156701	156736
	156908	156941	157042	157078	157186	157367	157387	157529	157550
	157741	157748	157801	157821	157929	157971	158094	158124	158242
	158278	158413	158459	158486	158670	158696	158858	158895	159221
	159245	159343	159375	159391	159780	159806	159821	160056	160082
	160233	160256	160492	160520	160625	160669	160705	160894	160920
	161232	161254	161382	161391	161522	161537	161564	161587	161749
	161769	161872	161903	162035	162044	162390	162408	162550	162646
	162670	162879	162919	163230	163259	163360	163384	163573	163609
	163641	163660	163886	163906	163996	164022	164113		
領事會議	156848	156869							
醴泉	151665	156590	159988	160013	160727				
療養所	154438	154703	159570	160062	160099	160398	161705		
兒島	149605	150032	151553	152419	157650	157684	157911	159917	159941
	161145	163010							
兒童	147875	148016	148254	148346	148670	149549	149940	149950	150195
	150287	150575	150818	151408	151764	151803	151944	151953	151956
	152336	155139	155165	156815	158632	160284	160312	161033	161070
	162054	162883	162922	163506	163534	163665	163756	163777	163790
兒童愛護	151408	151764	151944	151953	156815				
阿部新總督 阿部總督 阿部	148610	151066	152372	163178	163209				
阿部充家	148610								
雅樂	150286	150441	153164	153348	154140	154261	154293	156191	156217
	160683	160712							
亞鉛鑛	164113								
阿吾地	149474								
兒玉	161357	162038	162067						
阿片	151058	151078	154144	155135	155854	158336	162597		
握飯	157473								
安南	155647								
安東	147587	147607	147632	147645	147659	147660	147667	147709	147813
	147896	147898	147901	147928	148043	148139	148198	148211	148285
	148370	148392	148399	148503	148586	148606	148702	148784	148805
	148865	148905	148916	148964	148983	149009	149018	149022	149062
	149082	149203	149234	149281	149332	149359	149369	149378	149475
	149483	149506	149526	149545	149645	149653	149689	149726	149762
	149772	149777	150093	150170	150224	150367	150373	150382	150425
	150553	150554	150619	150850	150888	150896	150926	151019	151029
	151058	151071	151168	151184	151192	151218	151250	151341	151381
	151437	151450	151513	151551	151570	151598	151647	151701	151790
	151798	151857	151900	151930	151936	151939	151965	152049	152058
	152078	152126	152134	152152	152239	152245	152308	152310	152495

152537	152547	152548	152629	152721	152792	152839	152883	153048
153218	153241	153273	153325	153522	153562	153675	153867	153890
153913	153951	154008	154013	154028	154044	154144	154166	154213
154284	154489	154497	154500	154540	154562	154569	154702	154705
154709	154721	154943	155003	155008	155010	155066	155140	155200
155207	155235	155289	155440	155469	155520	155571	155632	155636
155913	155930	155991	156000	156033	156052	156067	156131	156174
156185	156188	156273	156344	156366	156434	156488	156509	156514
156575	156581	156710	156738	156759	157098	157100	157233	157238
157243	157245	157283	157303	157321	157358	157586	157662	157667
157776	157941	157947	158007	158158	158168	158170	158187	158233
158323	158871	158990	159148	159213	159430	159460	159486	159777
159781	160293	160368	160572	160634	160640	160691	160764	160973
161032	161043	161180	161219	161374	161479	161567	161658	161756
161881	161913	161934	161942	161951	161956	161991	162033	162037
162038	162060	162064	162162	162172	162251	162301	162309	162439
162451	162468	162478	162512	162529	162585	162650	162708	162728
162744	162753	162806	162839	162899	162957	162973	163077	163115
163117	163158	163313	163370	163471	163502	163507	163645	163695
163750	163752	163814	163825	163834	163897	163941	163943	163959
164052								

安東縣	147587	147607	148964	148983	150619	151184	151798	151939	152548
	154008	154497	154562	154709	155008	155140	155207	155235	155520
	155636	155991	156052	156273	156434	156514	157321	157667	158007
	158170	160293	160634	160764	160973	161043	161180	161567	161658
	162162	162309	162650	163959					

岸壁	153924
鞍山	156368
安成	160942

安州	147664	148933	149613	149847	150314	150369	153228	154643	157661

鴨綠江 鴨江	147606	147721	147762	147913	148111	148628	148647	148712	148952
	148983	149092	149290	149425	149660	149703	149726	149803	150082
	150181	150323	150508	150545	150718	150756	151118	151121	151186
	151209	151266	151333	151506	151508	151562	151616	151780	151844
	151909	152343	152426	152651	152709	152904	153505	154272	154843
	155311	155447	155486	155851	155857	155884	155889	156004	156266
	156410	156578	157127	157309	157366	157642	159212	159398	159562
	159583	159613	159679	159913	160424	160451	160608	160802	161473
	161759	161778	162236	162264	162735	162895	163171	163195	163422
	163446	163933	164005	164031					

押收	148608	150484	156917	162655	162683			
昂騰	148509	151246	152169	154252	154422	157352	157596	157630
愛國	153349	158238	158262	160575	160595			
愛國婦人	153349							
愛國婦人會	153349							

愛婦	147541	147579	150316	150634	152762	152765	153989	154668	157800
	157824	159451	161176	161527	163952				
縊死	154116	157273	161581						
櫻	149809	150496	150539	150712	150733	150977	151009	151010	151059
	151103	151160	151169	151199	151304	151310	151354	151368	151434
	151441	151481	152237	152468	152624	156394	156655	156671	161357
	162902	162940	163421						
櫻花	150496	150712	151009	151199	151434	151481			
夜警	159660	163533	163764						
野球	147833	149857	150258	150364	150927	151013	151112	151324	151551
	151773	152058	152255	152371	152372	152417	152458	152494	152588
	152624	152796	152941	152970	153132	153227	153304	153362	153521
	153559	154019	154056	154347	154380	154560	154593	154712	154737
	154787	154813	154990	155011	155014	155020	155061	155080	155087
	155091	155097	155126	155153	155189	155226	155251	155292	155317
	155361	155396	155508	155525	155553	155642	155664	155678	155702
	155723	155893	155923	155959	155961	155988	156013	156047	156078
	156089	156126	156153	156268	156272	156296	156305	156385	156448
	156496	156521	156581	156671	156785	156806	157057	157085	157199
	157203	157481	157632	157770	157836	158057	158109	158282	158318
	158352	158533	158558	158677	158695	158702	158705	158802	158829
	158893	159170	159190	159457	159505	159527	159591	159632	159663
	159930	159955	160026	160098	160243	160264	160375	160466	160798
	162278								
野球大會	152494	152588	152941	153304	153521	153559	154019	154056	154347
	154380	154560	154593	154712	154737	154990	155020	155061	155080
	155087	155091	155097	155126	155153	155189	155226	155251	155292
	155317	155361	155396	155678	155702	155723	156268	156296	156385
	156521	157481	158282	158352	158533	158695	158705	158802	158893
	159457	159955	160026	160098	160375	160466	162278		
野球試合	155961								
野口遵	149543	152419	152842	153996					
野砲隊	152701								
夜學 夜學會	149396	149479	149616	152401	152463	153388	161142	162932	163503
	163526	163698	163782						
藥令市	161199	161701	162136						
若林 若林中尉	152651	152787	152829	152904	152945	152990	153068	153123	153225
	153267	153294	153436	153637	153793	154940	154947	155519	161044
	161445								
藥水	151687	155999							
藥劑師	149447	150283	150753	155684	155890	156697	156729	158324	158361
	163232	163261							
藥草	161701								
掠奪	149541	151772	151834	152053					

養鶏	150020	152916	162853						
洋琴	152878								
陽德	159091	159116							
懷德	161606								
養豚	149974	163283							
良民	153424								
養蜂	153579								
養成	147955	148060	148286	148293	148840	149011	149310	152192	152615
	155048	155401	155784	155815	156058	160130	160162	163585	163613
養成所	147955	148060	148286	148293	148840	152615	155048	155401	155784
	155815	163585	163613						
養殖	148438	149503	149865	150267	151292	153286	153407	153482	153971
	154767	155750	155921	155953	156681	160108	162362	162942	163014
養蠶	147890	150933	151504	151682	151684	151700	152006	152010	152011
	152356	152422	152572	153137	154491	155220	157267	157353	160939
	162854								
養蠶組合	151682	154491	155220						
釀造	148853	149218	149542	149837	154393	154827	155847	156965	158300
	158654	158908	159535	159888	159899	160337	160412	160614	161013
	162558	163090	163198						
釀造品	148853	156965	159535	159899	160412	160614	162558		
洋灰	147966	151400	152896	153621	153884	154604	154975	156311	156414
	160728								
洋灰輸送	152896								
御大典	148128	148328	148394	148462	148617	148631	148793	148847	148897
	149262	149299	149349	149393	149446	149466	149507	149563	149672
	150040	150079	150155	150241	150259	150322	150360	150441	150490
	150697	151018	151048	151145	151680	151937	151951	151981	151987
	152042	152219	152356	152392	152545	152946	153126	153137	153204
	153472	153857	153973	154147	154269	154308	154350	154415	154446
	154620	154651	154844	154909	154992	155064	155133	155158	155643
	156102	156185	156383	156417	156457	156501	156542	156625	156652
	156849	156865	157051	157082	157110	157122	157131	157139	157145
	157222	157284	157407	157464	157491	157494	157527	157584	157588
	157611	157656	157691	157728	157828	157859	158044	158084	158122
	158221	158310	158358	158608	158631	158689	158785	158844	158925
	158997	159007	159030	159040	159069	159086	159113	159117	159183
	159215	159217	159232	159239	159241	159264	159282	159300	159302
	159347	159354	159384	159436	159660	159766	159865	159903	159922
	159947	159949	159958	159985	160010	160192	160323	160410	160460
	160465	160485	160500	160522	160524	160527	160631	160643	160663
	160678	160697	160710	160786	160821	160822	160824	160848	160849
	160859	160890	160917	160918	160957	160987	161100	161126	161178
	161202	161206	161212	161230	161234	161236	161246	161248	161251

彦島	150668							
言論	151405	152769						
言論壓迫	151405							
諺文	151127	153334	154865	155511	162164	162188	162198	
旅客	149302	150811	154199	158590	159539	161147	163980	
旅館	153950	156771	156801	157318	157342	157803	157826	160330	161947
	161968	162487						
旅券	151583	153961						
女給	151645	156138	156158	156509	158998	159108	163060	
輿論	149258							
女流	152679	158758	159504	159526	160334	160637	161748	161772	164084
女房	159081	159298						
女性	147924	148683	148794	149191	150158	151734	152771	154853	154888
	156717	158669	158698	159085	159112	159427	159456	159619	159643
	161661	161681						
麗水	148629	149542	149773	149795	150242	150503	151060	151501	152657
	153724	154285	154310	155282	155920	155948	158201	159082	159109
	161705	163407	163854					
旅順	156845	156866						
女醫	157978							
汝矣島	148903	154875	156902	156934	158096	158126	159151	159181	161106
	161137	162872	162910					
汝矣島飛行場	156902	156934	158096	158126	159151	159181	162872	162910	
女子高普	149566	151458						
女子大學	154492	154522	163753	163788				
麗州	159495							
女學校	148218	148959	149230	150265	151499	152239	153209	154151	156048
	156058	156249	156283	157174	157299	160913	160937	162038	162614
女學生	147748	149670	150173	152104	152235	152536	156386	156747	159920
	159943	161563	161574	161586	161597			
旅行	147969	149853	150026	150974	151066	151592	151728	152210	152578
	153769	153811	153907	154111	155205	155293	155318	155916	158641
	158776	159858						
驛	148215	148831	149017	149044	149506	149792	149867	150547	150661
	150671	150958	150961	150963	150998	151403	151422	151725	151994
	152056	152102	152235	152245	152252	152443	152469	152533	152594
	152778	153101	153198	153255	153295	153507	153524	153557	154067
	154273	154277	154299	154489	154510	154748	154913	154926	155193
	155289	155299	155302	155860	155882	155972	156222	156242	156409
	156762	156919	157112	157164	157369	157390	157495	157657	157673
	157678	157705	157721	157726	157727	157931	158101	158130	158245
	158342	158398	158740	158977	159135	159236	159255	159386	159429
	159591	159777	159784	159894	160367	160552	160621	160768	160798

	163097							
聯盟	148705	149857	150925	151013	151123	151273	151599	151773	152153
	152840	153012	153227	153362	153402	153569	154865	155009	155039
	156025	156095	156815	158109	159595	159996	160022	160045	160072
	160098	160744	160776	162027	162278	162518	162728	162753	163158
	163645	164073							
聯盟大會	153569								
練兵	150780	152323	163445						
沿線	148070	149001	149382	150154	151894	152143	153413	156703	157024
	161863	161895	163159						
演說會	150129								
延安	159466								
沿岸	147643	148969	149435	149703	150339	150412	152344	152904	155650
	155750	155888	157707	158079	158209	158710	159325	159689	161147
	163940	163970							
演藝	148377	148864	149582	149603	153105	155975	160972		
演藝會	148864	149582	153105	160972					
演奏會	150171	150736	152878	153840	156165	157619	159664	160441	160469
	161081								
煙草	147626	147733	147802	147905	147971	147988	147995	148170	148624
	148658	148697	148721	148809	148879	148889	148971	149003	149169
	149214	149368	149690	149698	149835	149845	149976	150143	150656
	150842	150942	151239	151473	151487	151511	151566	151830	151859
	151910	151949	152002	152117	152303	152307	152552	152555	152736
	152806	152813	153098	153140	153330	153429	153811	153851	154054
	154083	154118	154229	154603	154974	154988	155049	155059	155136
	155161	155501	155753	155817	156051	156075	156106	156243	156266
	156373	156493	156888	157210	157213	157464	157491	157715	157774
	157997	158064	158452	158498	158519	158541	158573	159262	159420
	159600	159674	159680	160088	160217	160224	160246	160482	160485
	160571	160598	161157	161158	161270	161360	161404	161521	161551
	161559	161560	161848	161857	161889	161933	161954	161964	161982
	162069	162144	162207	162242	162270	162291	162295	162493	162559
	162700	163551	163674	163745	163781	163817	163878		
煙草耕作	151473	152552	153140	153851	158519	161360			
煙炭	149423	151857	151865	156309	156487	156884	156966	157930	158984
	159020	162363	162714	162749	163027	163053	163887		
煉炭	151399	152469	158369	159809	160421	160563	160947	160968	162502
延平島	157034								
年賀	147561	147565	161614	162108	162140	162306	162334	162808	162968
	163071	163338	163375	163812	163872	164007	164032	164065	
聯合	147571	147716	147727	147795	148432	148760	148892	148970	149044
	149048	149086	149123	149163	149359	149641	149831	149899	150640
	150690	150782	150844	150953	151141	151227	151241	151405	151416

獵官	150029	151256						
葉書	152904 163375	156625	156652	156726	161571	161595	162013	162042	163071
葉煙草	149169	155059	160088	160482	163878			
英	147705	147930	148165	148358	149235	149388	149442	149816	149860
	149904	149933	149963	150156	150410	150465	151407	152075	152204
	152442	152617	153514	154007	154462	154729	154739	155630	155675
	156301	156518	157089	157429	157771	158812	158836	158879	158936
	158971	159099	159132	159222	159243	159498	159528	159991	161355
	161534	162614	162867	162906	163371	163391	163639	163668	
營口	151882							
英國	149388	149816	149860	149933	149963	154729	155675	158812	158879
	158936	159222	159243	159498	159991	161355	161534	162867	162906
盈德	148706	157008	162914	163088				
永同	147580	147590	151242	152329	157072	157075	157093	157568	157580
	158042	158075						
英靈	149904							
寧邊	147615	148362	148930	150933	151499	153754	154921	155990	156368
	160301	162958						
領事	147597	147725	147765	147930	148118	148222	148265	148485	148563
	149388	149591	149933	150458	150567	150832	150882	151012	151101
	151137	151146	151151	151394	151416	151499	151524	151653	152319
	152442	152797	152900	153067	153350	153519	153605	153675	153875
	153957	154013	154027	154044	154053	154426	155387	155416	156848
	156869	157404	157459	157570	157675	157697	158854	158878	158898
	159256	159495	159525	160293	160470	161096	161122	161235	161257
	161357	162014	162573	162902	162940	163019	163045	163437	163461
	163741							
領事館	148563	150832	151146	151151	151394	152319	152900	153067	153350
	153519	153605	153675	153875	154027	154053	159495	160293	161235
	161257	163019	163045	163437	163461			
嬰兒	154594	155558	155817	155934	155964	156157	157058	163269	
榮養	152259							
營業	149468	149469	149519	150615	151784	152027	152113	152303	152980
	153541	153580	154078	154598	154839	155769	156313	157068	157340
	157354	158435	158701	160219	160911	160935	161106	161137	161210
	161551	161975	162038	162067	162238	162266	162661	162691	162881
	162921	162981	163010	163232	163261	163315	163340	163636	
營業稅	152113	152980	153580	154839	156313	163636			
迎日灣	147973	148477	148510	148778	159964			
令旨	148891	150144	150474	163943				
映畵 映畫 映画	147552	147678	148342	149239	149603	150734	151962	152147	152330
	152574	153793	154306	154473	156977	157001	159358	159633	159664
	159702	159790	159854	161234	161236	161248	161251	161272	161279

吳俊陞	152992								
吳鎭	149042	149084	149371						
沃溝	164056								
屋根	149478	157366							
溫突	148216	154242	158133	159481	160633	161608	161869	161900	162838
	162966	163000	164078						
溫陽	153626	157615	162245	162273	163574	163603			
溫泉	149301	151525	152123	156916	156937	157615	157763	158561	159694
	159724	161703	161994	162245	162273				
膃肭臍	148284								
瓦	147623	148392	149741	150249	150618	150652	150723	151078	151710
	151792	152150	152474	152918	153560	153594	153688	153725	154221
	154581	154800	155096	155214	155437	155468	156014	156285	156301
	156387	156592	156746	156860	157388	157485	157548	157843	158203
	158571	158687	159380	159642	160007	160147	160319	160499	160526
	160664	160698	160780	160821	160848	160997	161646	161770	162070
	162126	162183	162481	162540	163183	163220	163250	163512	163593
	163619	163664	163677	163715	163730	163783	163855	163967	164096
瓦斯	148392	160997							
瓦電	147623	149741	150249	150618	150652	150723	152150	152474	153560
	153594	153688	153725	154221	154581	154800	155096	155214	156014
	156301	156387	156592	156746	156860	157388	157485	157548	157843
	158203	158571	158687	159380	159642	160007	160147	160319	160499
	160526	160664	160698	160780	160821	160848	161646	161770	162070
	162126	162183	162481	162540	163183	163220	163250	163512	163593
	163619	163664	163677	163715	163730	163783	163855	163967	164096
瓦電會社	150618	163783							
玩具	153481	155238	155850	155878	157130	160640			
莞島	148931	162942							
王子製紙	149764	155138	159708	159744	159926				
倭城	150701	150719	161779	162200					
倭城台 倭城臺	150701	150719							
外交	149186	152766	158723	161461					
外國	148755	149789	149897	150343	150604	150683	151519	151892	152699
	157471	160801	162787	162820					
外國語	150604								
外務省	148404	149541	149684	150265	155495	157015			
外米	148586	148855	148927	149224	149473	149559	149732	150841	151927
	153747	154971	162507	162534					
外博	149593	152278	152326						
外債	151978								
料理	150003	150748	151731	153019	153167	155935	155965	156511	160033

	161782							
遙拜	147537	149935	161100	161126	163884	163904	163936	163964
遙拜式	147537	149935	163884	163904	163936	163964		
要塞	150716	155018	155046	156671	160399	161357	161498	162902	162940
要塞法	161498							
療養所	154438	154703	159570	160062	160099	160398	161705	
料亭	149852	162322						
要旨	154095	155431	155462					
要港部	147638	147686	147884	150607	152575	153181	156518	156671	156753
	158118	159573	159581	159593				
龍龕手鑑	163958	163978						
龍塘浦	147745	148776	148843	149561	152996	155984	157109	159670	159989
	162583							
龍頭山	147712	148949	149276	150541	150621			
龍頭山神社	147712	148949	149276	150541	150621			
勇士	152623	154879	159246					
龍山	147596	147977	148324	148505	148876	149902	150436	150725	151265
	151878	151916	152106	152751	153737	153824	154052	154154	154365
	154733	154806	155642	155840	156115	156143	156498	156523	156815
	157595	157673	157689	158210	159182	159819	162255	162280	162614
龍岩浦	148050							
龍井村	148051	155387	156059					
牛檢疫	151204	153455						
郵局	152049	157242	162510					
宇都宮	150931	151834						
優良	147914	148710	148799	149167	149467	149658	150133	150511	150642
	150654	150869	151488	151620	152412	152605	156202	156228	156371
	156558	156585	158319	158409	158608	158689	158928	159155	159969
	160039	161469	161709	162022	162047	162149	162496	162862	163278
	164116							
優良兒	152412							
優良種	150133	163278						
郵便局長	150716	150881	152187	152855	154327	158463	158491	159573	162738
	162772							
宇部	154493	154515	154608					
牛疫	149292	151380	151710	152453	153006	153666	154782	158186	160641
	160976	161338	161449	162034	162456	162482		
宇垣一成 宇垣(總督)	149217							
牛乳	149906	149978						
宇留島	148500							
牛肉	160201							

郵貯	147735	148622	149211	149694	150186	150346	151098	151232	151342
	151744	152172	153417	153930	156417	156615	157785	158298	158594
	159072	159835	160179	160735	161648	162007	163290		
郵便	147561	147565	147674	147812	148068	148638	148764	148795	149081
	149109	149145	149367	149962	150138	150409	150516	150716	150813
	150881	151211	151518	151519	151543	151560	151860	152039	152049
	152187	152285	152379	152521	152641	152704	152757	152855	152872
	152895	152990	153013	153079	153506	153763	154018	154049	154108
	154279	154327	154410	154769	154804	154914	155128	155156	155201
	156270	156303	156571	156775	156841	156862	156890	156902	156934
	156955	156956	157036	157099	157183	157237	157300	157447	157579
	157857	157884	157927	157963	157969	158095	158128	158153	158295
	158463	158491	158864	159093	159123	159291	159573	159829	159857
	159939	160261	160553	160577	160838	160869	161169	161194	161328
	161368	161439	161505	161507	161614	161783	161930	162091	162108
	162140	162306	162334	162458	162738	162772	162808	162890	162936
	162968	162979	163006	163338	163369	163642	163812	163872	163879
	164007	164032	164033	164065	164114				
郵便局	147674	148068	148764	149109	149145	149962	150516	150716	150881
	151860	152039	152187	152285	152379	152704	152855	152872	152990
	154108	154279	154327	154769	154804	156956	157099	157447	157963
	158463	158491	158864	159573	159829	160553	160838	160869	161328
	161368	161505	162458	162738	162772	162808	162979	163006	163879
	164033								
郵便所	147812	148638	149081	149367	150409	152757	152895	156775	157237
	158153	159291	159939	160261	161439	164114			
郵便貯金	150813								
牛肺疫	161116								
牛皮	153197	162034							
運動	147627	147645	147724	147752	147822	147835	147870	147908	147968
	148014	148398	148414	148420	148462	148503	148525	148607	148669
	148719	148721	148742	148824	148874	148897	148907	148944	149082
	149140	149226	149281	149300	149323	149518	149608	149645	149660
	149734	149882	150021	150128	150153	150217	150333	150355	150454
	150713	150726	150728	150744	150774	150879	150928	151018	151134
	151147	151176	151177	151186	151201	151322	151496	151527	151551
	151552	151605	151651	151662	151686	151693	151736	151773	151777
	151817	151958	151967	151998	152058	152105	152255	152334	152338
	152371	152417	152458	152494	152537	152568	152588	152624	152641
	152678	152745	152754	152764	152777	152796	152822	152840	152874
	152883	152925	152970	152997	153012	153048	153162	153179	153211
	153213	153273	153362	153402	153434	153455	153764	153770	153952
	154295	154365	154409	154476	154535	154550	154600	154679	154951
	155029	155119	155139	155165	155176	155212	155300	155306	155313
	155322	155324	155330	155336	155494	155678	155780	155844	155858
	155967	156005	156024	156065	156072	156089	156207	156233	156272

	149341	149469	149649	149983	150297	150408	150512	150571	150635
	150949	150996	151443	151586	151596	151602	152851	155286	155894
	156029	156173	156439	156470	156595	156742	157007	157008	157147
	157212	157337	157553	157688	157689	157776	157970	158090	158805
	158825	158866	158897	158975	159085	159112	159486	159614	160911
	160935	161272	161290	161339	161491	161874	162025	162234	162262
	162729	162770	162877	162917	162977	163455	163557	163574	163588
	163593	163603							
運航	149832	157494							
鬱陵島	148334	148380	152553	153752	156691	156723	157181	158079	158885
蔚山	148087	149031	150516	152476	152933	153758	153918	155730	156809
	156956	157963	158342	158420	159704	159719	160190	160210	161238
	161244	161258	161259	161497	161569	161592	161846	162013	162042
	162522	162549	162571	162604					
熊谷	154901	161799	161824	162884					
熊谷玄	161799	161824							
雄辯	148165	149139	149358	149902	150971	152913	160064	160093	161465
雄辯大會	148165	149139	160064	160093					
熊本	148650	151390	152979	153040	153168	153364	153855	160763	160794
原料	149559	149652	150179	150896	153706	154411	155162	155634	156172
	156195	156310	156412	156553	156683	156914	156954	157096	157845
	158107	160088	160555	160944	162630	162969	163403		
元山	147644	147648	148614	148621	148752	148768	148874	149016	149042
	149109	149119	149146	149413	149699	149714	149774	149892	149997
	150243	150244	150285	150356	150361	150418	150476	150511	150593
	150843	150915	151084	151085	151110	151155	151236	151553	151932
	151988	152019	152021	152069	152118	152463	152563	153003	153048
	153060	153094	153104	153148	153198	153220	153323	153402	153507
	153517	153523	153612	153618	153654	153687	153922	153924	153986
	154030	154058	154093	154133	154138	154168	154178	154199	154256
	154338	154397	154414	154424	154614	154686	154759	154849	154908
	154913	155189	155212	155240	155307	155349	155384	155427	155510
	155570	155592	155642	155686	155849	155970	155972	156036	156123
	156128	156435	156505	156564	156618	156704	156706	156734	156786
	157121	157164	157227	157262	157290	157300	157518	157553	157593
	157648	157666	157727	157786	157792	157851	157994	158109	158913
	159016	159078	159105	159352	159382	159460	159474	159533	159609
	159697	159976	160243	160264	160408	160437	160502	160530	161371
	161444	162454	162495	162798	162829	162979	163006	163106	163286
遠洋漁業	150462								
原籍地	153528								
園田	152210	160002	160027	161743	161765	162179	162203		
遠征	157481	157508	160243	160912	161209	162386	162412		
援助	149247	150241	151148	151265	158051	158255	158277	161626	161638

月尾島	150624	156133	156156	157761	158021	158048	159045	160556	161128
蝟島	151122	152757							
慰問	148131	148235	148450	148528	148822	148856	148891	148987	149016
	149571	149703	150101	150144	150194	150205	150233	150871	151595
	151947	152141	152287	152487	152581	152762	152938	153223	153349
	153389	153438	153732	154279	157936	158382	158458	158481	158794
	159095	159119	159224	159839	159861	162818			
慰問金	152762	157936	159095	159119					
慰問團	162818								
慰問袋	148131	152141	152487	152581	153349	153438	153732		
衛生	147573	147792	147917	148060	148452	148499	148686	148705	149185
	149194	149579	149686	149739	149952	150331	150362	150577	150804
	151463	151809	152622	152982	153450	153564	153614	153656	154079
	154598	154702	155357	155391	155682	155692	155841	155850	155878
	155879	156850	156871	157370	157397	157757	157794	157817	158394
	158706	158751	158941	159821	159979	159995	160006	161892	162038
	162302	162330	162985	163665					
衛生課長	148686	153656	154598	155682	155692	156850	156871	157370	157397
	157794	157817	158706	158751	162038				
衛生試驗所	150804								
衛生展覽會	159995								
衛生 衛生	147573	147792	147917	148060	148452	148499	148686	148705	149185
	149194	149579	149686	149739	149952	150331	150362	150577	150804
	151463	151809	152622	152982	153450	153564	153614	153656	154079
	154598	154702	155357	155391	155682	155692	155841	155850	155878
	155879	156850	156871	157370	157397	157757	157794	157817	158394
	158706	158751	158941	159821	159979	159995	160006	161892	162038
	162302	162330	162985	163665					
慰安	148346	150714	151368	152241	152675	155034	157056	157129	157435
	157452	157478	158577	158863	160000	160364	160690	160716	160834
	162387								
慰安會	157452	158863							
渭原	161339								
委員會	147802	147820	147823	147861	148365	148545	148599	149157	149327
	149334	149484	149834	150580	150742	151356	151404	151638	151900
	152003	152199	152773	153328	153341	153474	154340	154375	155514
	155541	155908	155910	155938	155940	155981	156011	156387	156695
	156727	156895	156927	159563	159591	162717			
慰藉	149493	150216	153291						
慰藉料	149493	150216	153291						
威張屋	160904	160927							
偽造	148101	148262	152367	152490	152492	153481	155168	155596	155720
	157565	157704	158406	158437	158548	161046	161956		
偽造紙幣	155720								

僞造貨	155720	158437						
爲替	148034	148138	148782	150056	150138	151892	152311	152493	152560
	152699	153145	153367	154914	156890	156955	159927	161368	162458
	163704								
爲替取扱	156890								
流感	149362	149811	149859	149957	152044				
遊客	152197								
柔劍道	148874	149909	159663						
遺骨	153123	153225	153294	153772	154275	154302	157804	157829	
遊廓	147831	148830	157600	158020	163174				
誘拐	148502	151810	156398	156477	160600	160721			
有權者	147622	148520	149138	149947					
柔道	150217	150713	151551	152725	162199	162637	162666		
儒林	150497	152879	154171	161745	162401				
儒林團	150497	162401							
儒林團事件	150497								
儒林會	161745								
流筏	147694	148314	148945	149392	149508	149921	151121	151909	152426
	152706	152898	154272	154468	155447	155486	157642	159398	159679
	159913	161473	162219	162580	163682				
遊園地	151981	157534	159694	159724	162245	162273			
遺族	153898	156343	156365	161937	161967				
有志	147811	148773	149614	150290	150606	150668	151176	151399	151636
	151796	151948	152487	152695	153128	153924	154185	154217	154221
	154655	154920	155078	156809	157282	157392	158932	158960	159516
	159628	159659	160252	160472	161646	162126	163669		
溜池	149792	156123							
誘致	149608	149882	150355	151134					
幼稚園 幼稚院	149491	159954	160154	160252	160881				
留置 留置人 留置場	148261	148997	152763	156397	159496	163606			
流通	148262								
有賀	147638	150548	150587	151607	151968	151969	152372	152625	153451
	155498	156538	156755	158444	159391	159961	162370	162398	162870
	162909								
留學	148158								
遺骸	155674								
流行	148220	149196	150564	151600	151856	152296	152844	153439	153633
	154531	154763	154801	154861	155680	156386	157119	157122	157145
	157149	157166	158327	158360	158539	158567	159230	160404	160757

	150487	150590	150716	150730	151046	151131	151308	151464	151476
	151577	151732	152020	152164	152252	152390	152436	152560	152591
	152661	152732	152808	152828	152842	153088	153100	153283	153367
	153451	153541	153573	154129	154253	154255	154464	154532	154567
	154774	154807	154825	154945	154969	155053	155182	155337	155360
	155397	155625	155626	155627	155700	155715	155734	155749	155769
	155865	155910	155940	156317	156482	156485	156690	156722	156895
	156927	157038	157071	157089	157295	157323	157326	157349	157408
	157460	157492	157918	158171	158202	158513	158570	159005	159038
	159744	159824	159961	160348	160913	160943	160980	161283	161298
	161321	161342	161364	161420	162074	162146	162617	162656	162705
	162740	162791	162824	163412	163541	163738	163774	163883	163903
	163938	163966	163984	163999	164025	164105			
銀行法	148771								
飮料水	150080	151494	153391	157266	158722				
陰謀	151447	159952	160867						
飮食店	152578	152622	153112	158762					
音樂	147748	147977	148865	149271	149317	149489	150446	150539	151368
	153164	153696	155098	156093	156506	156530	157619	158247	158273
	159013	159055	159459	159592	159813	160241	160266	160329	160392
	160441	160469	160508	160537	160638	160643	160756	160905	160928
	161114	161139	161182	161183	161203	161205	161230	161246	161276
	161297	161342	161390	161466	161517	161533	161563	161574	161586
	161597	161601	161782	161834	161983	161985	162036	162052	162255
	162280	162321	162347	163534	164060	164090			
音樂會	147748	147977	148865	149271	149489	151368	153696	156093	159013
	159055	159459	159592	160329	160392	160508	160537	161114	161139
	161182	161203	161230	161246	161342	161517	161533	161574	161597
	161601	161834	161983	162036	162052	162255	162280	162321	162347
	163534								
應急修理	158183								
應戰	151023	153200	157902	160047					
醫	147530	147663	147713	147826	147849	147857	147907	147996	148001
	148010	148121	148132	148163	148171	148216	148264	148286	148413
	148429	148458	148501	148576	148729	148748	148836	148870	148872
	148908	148937	148938	148951	148998	149084	149249	149310	149452
	149520	149578	149624	149625	149635	149666	149682	149706	149712
	149816	149862	149894	149993	150041	150152	150215	150291	150301
	150319	150475	150574	150577	150616	150716	150735	150858	150913
	151105	151159	151206	151264	151437	151485	151584	151585	151656
	151793	151809	151977	152092	152119	152130	152232	152259	152370
	152403	152471	152491	152573	152606	152643	152781	152842	152949
	152950	152952	153020	153181	153218	153273	153386	153512	153518
	153554	153945	154079	154385	154425	154789	154816	155137	155163
	155236	155241	155263	155313	155336	155516	155552	155632	155685

	155758	155759	155762	155777	155785	155790	155809	155812	156063
	156137	156480	156812	156815	157542	157592	157660	157714	157730
	157751	157869	157888	157961	157978	158169	158200	158394	158412
	158661	158669	158686	158698	158795	159150	159177	159592	159595
	159627	159654	159803	160052	160083	160400	160441	160469	160495
	160529	160666	160704	160752	160790	160921	160967	161289	161885
	162514	162541	162626	162643	162665	162716	162752	162818	162851
	162962	162985	162993	163125	163153	163181	163190	163205	163221
	163222	163251	163315	163340	163378	163401	163416	163419	163442
	163643	163693	163787	163822	163853	163897	163900	163923	163949
	163975	164009	164040	164077	164099				
醫官	148132	148908	149084	149862	153512	154385	157592		
義金	148056	150542	152287	153773	157805	157833	157872	157901	157936
	157948	157975	157980	158026	158061	158105	158106	158141	158145
	158192	158223	158257	158259	158285	158414	158416	158443	158618
	158645	158683	158709	158797	158808	158813	158830	158838	158875
	158901	159164	159199	159365	159393	159574	159594	160004	160029
	160070	160103	160443	160471	160639	161512	163561	163592	
醫療	150152	155685	155812						
醫療機關	150152	155685							
醫師	147713	148836	149520	149578	149635	149712	150215	150735	151105
	151206	151793	151977	152092	152403	152471	155516	155552	155758
	158169	158200	158669	158698	159150	159177	159627	159654	160495
	160529	160666	160704						
醫師試驗	149520	149712	151206	151793	152092	152403	152471	155516	155552
	158169	158200	158669	158698	159150	159177	159627	159654	160495
	160529	160666	160704						
醫師會	149578								
醫生	148937	154425	163643						
義捐 義捐金	157736	157754	157800	157824	157871	158366	158797	159185	159361
	159381	159451	163134						
義烈團	151892								
疑獄	149531								
議員	147557	147766	147867	147906	148006	148088	148173	148192	148685
	148686	148756	148820	148951	148964	148985	148998	149121	149175
	149222	149327	149352	149413	149735	149816	149890	149898	149937
	150077	150130	150244	150301	150311	150338	150358	150445	150503
	150600	150678	150723	150753	150778	150957	151205	151499	151642
	151870	151883	152060	152210	152281	152419	152538	152631	152732
	152841	153134	153181	153316	153404	153796	154194	154224	154598
	154748	155387	155416	155863	155893	156014	156592	156607	156957
	157087	157260	157771	158240	158264	158470	158501	158577	158643
	158771	158836	158910	159132	159269	159301	159356	159523	159573
	159593	159744	159821	159912	160077	160269	160335	160587	160805
	161054	161502	162038	162678	162954	163200	163270	163389	163535

	163599	163845	163866	163911	164013	164036		
醫院	147713	148121	148171	148216	148286	148748	148870	148937	148951
	149249	149310	149452	149625	149706	150301	150577	151437	151485
	151584	151585	151656	151809	152119	152130	152370	152781	152842
	152950	153218	153512	153554	154789	155632	155762	155785	155790
	156063	157592	157660	157714	157888	157978	159803	160400	160921
	161289	161885	162665	162716	162752	162818	162851	163190	163416
	163442	163693	163787	163897					
議員選擧	148985	149175	150338	150600	161502	164013			
醫者	148001	148010	148501	148576	148870	149452	149578	150858	151264
	163125	163205	163416	163442					
醫專	147530	147663	147857	147907	147996	148163	148413	149682	150319
	150475	150616	150913	151793	152491	152606	152952	153273	154816
	155137	155163	155236	155263	155313	155336	157542	157961	159592
	159803	160052	160083	160441	160469	160752	160790	162514	162541
	162962	162993	163221	163251	163416	163442	163822	163853	163949
	163975	164009	164040						
義州	147529	147536	147548	147557	147561	147563	147599	147616	147724
	147742	147848	147891	147923	148004	148021	148049	148050	148054
	148106	148134	148171	148214	148275	148283	148367	148372	148392
	148425	148490	148624	148656	148659	148675	148862	148930	148940
	148958	149002	149004	149068	149103	149120	149233	149249	149256
	149313	149353	149363	149405	149458	149465	149468	149502	149614
	149644	149656	149777	149778	149806	149823	149858	149903	149911
	149921	149948	150101	150136	150144	150355	150379	150414	150444
	150495	150537	150569	150609	150612	150645	150673	150677	150776
	150862	150916	150974	150983	151059	151083	151124	151167	151170
	151177	151270	151293	151334	151413	151420	151447	151537	151565
	151566	151601	151605	151639	151706	151708	151709	151918	151948
	151959	152047	152214	152276	152466	152539	152543	152570	152582
	152678	152710	152752	152796	152870	152971	152994	153123	153195
	153209	153225	153409	153410	153485	153505	153581	153634	153758
	153760	153772	154084	154160	154203	154211	154212	154258	154286
	154289	154291	154324	154333	154414	154420	154476	154537	154550
	154627	154709	154748	154772	154789	154847	154858	154866	155073
	155138	155193	155213	155235	155247	155299	155314	155315	155337
	155369	155375	155520	155624	155626	155690	155760	155810	155991
	156039	156048	156068	156094	156128	156175	156198	156243	156273
	156279	156312	156313	156337	156514	156574	156636	156637	156781
	156793	156815	156831	157047	157080	157098	157131	157307	157377
	157593	157604	157657	157659	157799	157861	157923	157931	157932
	157939	158007	158241	158538	158745	158865	158934	158999	159032
	159058	159142	159165	159227	159268	159276	159284	159362	159390
	159428	159505	159506	159528	159536	159546	159573	159631	159632
	159656	159963	159984	160009	160279	160305	160351	160369	160378
	160515	160542	160566	160615	160627	160634	160644	160677	160973

	161086	161101	161108	161125	161173	161218	161241	161313	161366
	161433	161438	161446	161507	161508	161527	161561	161622	161634
	161648	161658	161676	161712	161814	161921	161952	161958	161986
	162019	162020	162099	162110	162129	162160	162162	162305	162320
	162427	162446	162492	162593	162650	162730	162880	162968	163031
	163089	163091	163163	163169	163177	163178	163201	163284	163304
	163369	163424	163431	163432	163474	163544	163546	163704	163748
	163961	164008	164065	164085					
醫學	147826	148001	148413	148729	148938	149452	149666	149706	149993
	150041	150291	150574	152259	152643	153020	153518	154079	155241
	155758	155759	155785	156137	157730	157751	158661	158686	158795
	159595	159803	163222	163378	163401	163419	163900	163923	163949
	163975	164077	164099						
醫學校	150291	155758	155759	156137	157730	157751	158795	163222	163949
	163975	164077	164099						
議會	147567	147633	148000	148021	148077	148088	148116	148155	148159
	148188	148222	148236	148238	148274	148402	148409	148449	148522
	148583	148602	148614	148664	148701	148748	148760	148836	148921
	148939	149059	149083	149102	149105	149140	149219	149257	149258
	149344	149399	149429	149431	149469	149471	149490	149593	149646
	149660	149685	149709	149735	149746	149791	149883	149910	149936
	150009	150054	150200	150206	150373	150486	150586	150595	150725
	150794	151071	151096	151114	151248	151346	151405	151553	151572
	151706	151753	151905	151945	152028	152031	152192	152338	152698
	152766	152821	152841	152848	152864	152885	152910	153415	153459
	153469	153681	153829	153850	153896	153933	153934	154158	154256
	155018	155046	155175	155509	155513	155540	155575	155679	155832
	155871	156543	156557	156584	156686	158460	158489	158787	159268
	159612	159638	160268	160414	161156	161228	161694	162372	162902
	162940	163155	163674	163974	164061	164096			
李堈 李堈公 李堈公殿下	148143	151278	151815	155863	155893	160269	162349		
李鍵 李鍵公	163961	163984	164017	164042					
理工	158183								
移管	149140	149257	149517	150111	151439	157725	157745		
李局長	161483	161495							
伊達政宗	154877	162239	162267						
異動	147736	148203	148486	148518	148816	149067	149667	149679	149710
	149740	150014	150060	150073	150103	150193	150210	150240	150315
	150325	150351	150357	150390	150433	150481	150561	150722	150771
	150794	151140	151314	151430	151532	151778	152597	152704	152708
	152754	152806	152827	152855	153101	153245	153342	153589	154327
	154499	154551	154577	154635	154663	154870	155063	155093	155208

	155215	155237	155256	155355	155356	155432	155708	155833	155865
	155875	155946	155987	156020	156030	156079	156106	156115	156143
	156145	156189	156248	156265	156299	156330	156358	156380	156384
	156429	156459	156778	157138	157261	157363	157383	157409	157517
	157535	157556	158178	158452	158463	158465	158491	158517	158604
	158626	158692	159217	159241	159696	159777	159894	160622	161470
	161474	161553	161716	161725	161728	161742	161766	161796	161821
	162147	162374	162403	162559	163215	163225	163254	163357	163381
	163406	163417	163443	163615	163661				
移動警察	154096	155980	156008	157407	158082	158114	158254	158939	158968
	159553	160833	160865	160889	160916	160962	160991	161939	161969
	162673								
伊藤大佐	148675								
伊藤博文 伊藤(統監)	147548	148675	149911	151116	152539	153916	155337	155785	155816
	155843	155872	156279	156815	159999	160025	160506	160535	160709
	162038	163535							
裡里	149300	149890	150636	150695	150814	150965	151176	151303	152058
	152716	153125	153559	157701	158199	159527	159864	159885	160654
	160864	160998	160999	161227	161737				
移民	147564	148813	149297	150294	150855	152170	152196		
理髮	149027	157501	158638	159733	161792	162265			
二百十日	157441	157503							
罹病	149907	149953	153314	154803	161870	161901			
伊勢	152526	156932							
移送	159823								
李舜臣	152261	159442							
二審制	149523	161747	161771						
二十師團	148468	149963	150325	150775	150795	152943	155298	155323	155645
	156279	160137	161529	161544	161897	162244	162272	162448	162483
	162878	162918	163209	163837	163849				
李王家	147641	149432	150441	152567	153164	157533	157549	157656	157665
	157691	157699	159589	162651	162679				
李王職	147656	151458	151752	152732	152971	155018	155021	155046	156235
	158028	158064	160602	161817	161841	162038	162067	163378	163401
	164084								
李王職(長官)	147656	151458	151752	152732	152971	155018	155021	155046	156235
	158028	158064	160602	161817	161841	162038	162067	163378	163401
	164084								
李鍝	156025	157280	163771	163806	163900	163923	163961	163984	
李鍝公	156025	157280	163771	163806	163900	163923	163961	163984	
移入稅	150100	161095	161121						
罹災	152584	155453	156500	156534	156623	156650	157736	157752	157800

	150335	150458	150624	150747	150970			
仁川港	151781	163472						
仁取	151777	160283	160311	161985	163585	163613	163809	
引下	147646	147934	148689	150057	150221	150256	150280	150554	151151
	151226	151381	151420	151570	151781	152355	152432	152478	152779
	153138	153236	154567	154839	155049				
一顧	150405							
一頓挫	158492	159490	159515					
日露	148022	148595	148714	149804	151021	156256	156291	
日露戰	148595	148714						
日露戰爭	148595	148714						
日本	147705	147781	148117	149178	149201	149317	149543	149686	150162
	150214	150343	150374	150686	150795	151064	151175	151430	151768
	151834	151886	152106	152143	152194				
日本國民	152539	161464						
日本海	147781	151886	152755	156845	156866	158079	159455	161639	162889
	162926								
日章旗 日の丸	150718	160801						
日支	147863	149309	149359	149391	149967	150129	151834	153068	154465
	156699	157673	157705	162392	162732	162767	162796	163756	163790
日出	150579	151269	161750	162243	162271			
日韓併合	155908	155938	157320	157343	158238	158262		
臨江縣	147835	149225	150527	152904				
賃金	149532	150635	150750	150768	152761	152850	153564	155371	159348
	159387								
任那	150637							
任命	148295	149600	152821	152993	153089	153672	153796	155450	155475
	156106	157410	158910	160752	160790	161054	161695	163491	163521
林茂樹	152106	153916						
林產 林産	150059	155018	155046					
臨時	148116	148159	148238	148409	148498	148703	148721	148748	148892
	149219	149316	149488	149706	149781	151006	151405	151885	151916
	152084	152379	152631	153364	153594				
臨時議會	148116	148409	149219					
林業	147629	150822	151351	155483	157796	159891		
賃銀	147583	147673	147809	148568	154241	154608	156338	156651	157555
	162722	162900							
臨海	155240							
入選	151410	151922	151971	151973	151977	152052	152094	152447	153307
	155148	157734	157758	158862	158884	159855	159879	159920	159943

	159993	160017	160058	160091	160236			
入選者	151410	151973	155148	159855	159879			
入試	149529	149628	160964					
入營	147600	147761	151360	151689	152943	153171	153265	158807	158827
	160318	162545	162595	163231				
入札	147782	148448	149474	149727	149922	151048	151721	152569	152893
	153026	153332	153921	159396	159807	159964	160277	160732	160838
	160869	162379	162552	162914	163086			
入學	147753	147825	147923	147955	148007	148050	148091	148210	148211
	148324	148369	148419	148670	148752	148901	149022	149114	149144
	149351	149353	149717	149748	149807			
入學難	148210	163372	163945	163971				
入學試驗	147825	147923	147955	148007	148050	148091	148211	148324	148419
	148752	150368	162015	162043				
立候補	147747	148157						
剩餘	150358	150405						
剩餘金	150358	150405						

ㅈ								
鮮滿鐵道	140926							
ザリガニ	153008							
ザリ蟹	157450							
自家用	159420	159600	163745	163781				
資金	147552	147775	147891	148068	148225	148549	148788	148888	149329
	149379	149448	149460	149649	149702	149751	149913	150099	150497
	150765	151028	151340	151462	151504	151860	151885	152330	152502
	152875	152988	153298	153481	153499	153889	153919	153963	153998
	154123	154390	154914	155180	155751	155818	155896	157352	157496
	157528	157780	158570	158661	158686	159802	159967	160171	160632
	161310	161469	161603	162370	162398	162501	162617	162656	162694
	162776	162961	163361	163370					
自給	149330	149751	150092	155996	160655	162247	162441	162470	162720
	162755								
自給自足	149330	149751							
自動車	147704	147768	147804	147879	147915	147962	148099	148179	148217
	148445	148726	148966	149151	149180	149188	149221	149343	149363
	149444	149519	149521	149659	149709	149949	150000	150115	150297
	150478	150488	150615	150635	150704	150729	150785	150893	151073
	151211	151396	151423	151441	151586	151602	151643	151785	152123
	152177	152248	152249	152346	152432	152559	152641	152782	152787
	152870	153320	153383	153744	153886	153897	153920	154036	154078
	154164	154762	154826	155146	155254	155286	155954	156077	156136
	156221	156439	156449	156470	156476	156528	156545	156651	156883
	157008	157017	157092	157126	157146	157282	157354	157555	157776
	157840	157848	158070	158227	158402	158426	158440	158701	158866
	158897	158975	159085	159112	159450	159966	160095	160476	160594
	160674	160702	160743	160775	160911	160935	160946	161200	161217
	161339	161435	161507	161620	161814	161879	161975	162005	162025
	162091	162722	162729	162770	163026	163033	163052	163061	163076
	163221	163251	163268	163339	163410	163557	163574	163580	163588
	163593	163603	163605	163797	163823				
諮問	148285	149062	149429	149709	149895	150027	150112	152565	153461
	154340	154375	156372	156690	156722	160940	161546	161651	162953
	162984								
資本	147552	147854	147950	148625	148673	148775	148979	149205	149984
	150227	151499	151572	151835	155231	155258	155671	156099	157295
	157326	159963	160403	162145	163479	163511			
資本金	147854	148625	148673	148775	151572	157295	157326		
自殺	147800	148373	148996	149366	150207	150769	151364	151851	152206
	152208	154117	154528	154675	155245	155412	155533	156397	156529
	156791	156878	157834	157876	158938	160020	160065	160100	160576
	161241	161882	161906	162687	163864				
慈善	150241	153105	162056	163763	163799	163899			

慈善團	150241	163899						
慈善團體	150241							
慈城	149640	150857	156239	160356	161027			
慈雨	152488	152583	152717	153377	153604	153978	157272	157644	160118
紫雲英	150465	152075	152204	154007	154462	155630		
資源	151040	161179	161196	162774				
自衛團	162300	162328						
子爵	152885							
慈濟院	152154							
自治	148701	151037	163664					
自治團	163664							
自治制	148701							
慈惠	155762	155785	155790	156186	158947	161289	161885	164072
慈惠院	156186	158947	164072					
慈惠醫院	155762	155785	155790	161289	161885			
慈惠醫院 慈惠院 慈惠病院	155762	155785	155790	156186	158947	161289	161885	164072
雀	147836 162338	148553	149256	156708	156741	161282	161660	161679	162311
作家	150885	150918						
酌婦	150207							
柞蠶	148358 162796	148774 163814	149375	149967	150269	151341	151931	152547	154465
柞蠶絲	148774	152547						
作品展	148574	154059	158532	158557	160787			
棧橋	147594 155253 162319	148642 156077 162344	150509 156880	151557 157331	152140 157421	152301 158150	152466 159325	152520 159911	153759 161555
蠶	147615 149375 151341 151931 152505 153137 153754 155500 157928 160617 163814	147811 149967 151382 152006 152538 153188 154460 155887 157962 160936	147890 150017 151504 152010 153237 154465 156035 158014 160939	148091 150248 151682 152011 152572 153462 154491 156399 158074 161225	148352 150269 151684 152305 152596 153502 154842 156547 158076 161408	148358 150274 151700 152356 152888 153546 155003 156594 158383 161410	148774 150682 151857 152422 152893 153578 155162 157267 158520 162491	148839 150933 151861 152502 152931 153702 155220 157353 159406 162796	149183 151194 151913 152504 152934 153710 155221 157784 160340 162854
蠶繭	150274	151700	152893	153188	155162	158383	161410	
蠶繭販賣法	152893							

蠶絲	148774	152538	152547	157928	157962			
蠶絲會	157928	157962						
潛水艦	156393							
蠶兒	152888	156594						
蠶業	147615	148839	150017	151194	151857	156399	159406	160936	162491
蠶業技術	148839	156399						
雜穀	149604	159842	160636	162453	162946			
雜誌	150009	150622	155202	157317	161042	161080	162204	163836
腸チブス 腸チフス チフス チフテリア	148424 150876	148458 152109	148576 154436	148646 156276	148684 156300	148728 159230	149453 159503	149578 159953	150300
帳尻	147647 151289 156763 161791	147774 151875 156830 161854	148031 152434 157577 162703	148552 152558 159328 162860	148973 153196 159404 163624	149051 153583 160280	150184 154181 160348	151193 154328 161151	151241 154467 161152
長谷川(總督)	155785	156026	157438					
長官	147656 151198	148181 151458	148240 152971	148306 158682	149084 158708	149371 160602	149387 163116	150754 163378	150795 163401
將校	150931 159485	153640 159991	153898 162109	155268 163982	155306	155330	157232	158529	158554
將軍	155239	155267	163961	163984				
長崎	147889 162927	153364	155785	155816	157583	157610	158228	161985	162885
將來	147779 153184 158072	148635 153234 160237	148785 153317 160262	149179 153861 162013	149387 155342 162042	149568 156177	149865 156413	149982 156610	152871 156680
獎勵	147692 149467 150462 151805 153845 155778 156903 158151 161015 162855	148113 149503 150465 151860 153968 155811 156905 158290 161090 163198	148471 149652 150470 151869 154142 155821 156914 158785 161949 163283	148525 149865 150514 151952 154462 156258 156954 159060 161990 163758	148553 149916 150646 152087 154851 156417 156999 159065 162176	148654 149972 151092 152546 154993 156631 157538 159481 162358	148744 149973 151373 152786 155058 156657 157618 159537 162377	148929 149974 151504 153137 155364 156681 157796 159810 162720	149011 150063 151564 153407 155628 156822 158087 160633 162755
長白山	152664	154942	158859					
藏相	150969	159410	159434					
長壽	154417	160730	162450	162480				
長安	152285	156837	156858	163838	163860			
長安寺	152285	156837	156858	163838	163860			
長淵	155297	163344						

醬油	157518	163569							
葬儀	147711	148426	149354	149412	149588	153123	153436	153721	154109
	154378	155016	155044	155581	155603	155976	157244	157278	157368
	157944	157973	161286						
張作霖	147916	148061	148686	150130	152163	152457	152485	152863	152909
	152992	153033	153080	153340	155337	162460	162488		
葬場	148018	148083	148129	148242	148414	149019	149404	149707	149937
	149982	150077	155655	157194	163786	164095			
長箭	155620								
壯丁	152041	163231							
長津江	156698								
長春	163499								
獎忠壇	151149	154668							
長唄	149855								
贓品	152531	156023							
獎學資金	158661	158686	163370						
長興	155644								
財界	148079	149329	149379	151432	155689	156175	156499	156524	164113
財團	158171	158202	158988	162381	162874				
齋藤	148686	148895	149911	151295	151458	153364	154502	154529	154945
	154969	155177	155982	156010	158413	158578	160138	160168	161805
	161829	162626	163069	163496					
齋藤茂吉	163069								
齋藤實 齋藤(總督)	148686	148895	149911	151295	151458	153364	154502	154529	154945
	154969	155177	155982	156010	158413	158578	160138	160168	161805
	161829	162626	163069	163496					
載寧江	156707								
在滿鮮人	147707	148043	148404	148540	148599	149018	149141	149448	149880
在米	150894	152372	155687	157675	157697				
栽培	148471	151031	151053	151474	151544	152075	153968	154462	155398
	155854	157527	157542	157845	159065	160498	161949	162441	162470
	162855								
裁縫	149080	155679							
財政	149786	152078	152437	152473	152694	153468	155646	158460	158489
	162865	162904	163401	163626	163656				
財政難	152078	152694	162865	162904					
裁判	149038	149241	152797	154915	156772	156800	160406		
裁判所	154915	156772	156800	160406					
災害	156623	156650							
在鄕軍人	149903	150474	153249	161006	161972				
爭議	147583	148233	149250	151613	151853	152055	153131	153319	153594
	153688	153725	154581	154749	155082	155109	158279	158902	160662

	160696	160898	161547	162591	162619	162952	162983	163302	163327
	163844	163981							
爭奪	149038	151580	151860	152130	154285	154310	155455	158450	158768
	158850	160243	160264	160596					
爭奪戰	151860	158450							
楮	148803	153968							
狙擊	153910	163723							
貯金	148375	148685	149307	149420	149801	150409	150813	151425	151824
	152125	152311	153061	153145	154939	154986	155836	155876	156972
	156997	158785	159473	159528	159602	160483	160575	160595	160886
	160939	161032	161170	161328	161368	161508	161702	161735	161781
	161851	161877	161908	162000	162078	162227	162565	163547	163552
	163622	163883	163903						
貯水池	150984	155083	155697	156565	158508	159893	160351	160378	161009
	161918	163840							
貯蓄	152013	155514	155541	155625	157038	157071	157408	162791	162824
	163680	163738	163774	163883	163903				
貯炭場	159826								
敵	148595	150683	151353	152084	152194	152899	153971	156700	160216
	163007								
赤ちゃん	162972	163001							
敵機	156700								
赤崎半島	147549								
赤痢	152969	153314	153398	153866	154211	154861	154863	154883	156061
	156084	158023	158540	158748					
赤米	162155	162181	163343						
赤色	149086								
赤誠	163188								
赤十字	148805	153324	153989	158932	158960	158996	159029	162246	162520
	162546								
赤痢	152969	153314	153398	153866	154211	154861	154863	154883	156061
	156084	158023	158540	158748					
積出	150299	152469	152549	157910					
赤行囊	152416	154288	158142						
赤化	157072	159952	162029	162059	162173	162197	162727	162762	162812
	162845								
電氣	147653	147908	147986	148087	148147	148153	148283	148604	148706
	148736	148850	148859	148932	149031	149101	149715	149884	150107
	150147	150180	150254	150307	150356	150394	150450	150571	150602
	150862	150916	150931	150937	150944	151036	151205	151950	151959
	152063	152329	152646	152853	153116	153261	153298	153492	153500
	153634	153665	153750	153790	153902	153922	153937	153999	154125
	154394	154532	155052	155095	155138	155213	155325	155407	155877

	155891	155904	155917	155962	156029	156521	156693	156779	156785
	156806	157047	157080	157093	157110	157139	157201	157417	157661
	157914	158230	158771	158978	159201	159210	159276	159318	159322
	159465	159466	159963	160219	160274	160408	160667	160807	160960
	161163	161189	161314	161678	161730	162008	162020	162099	162129
	162664	162987	163075	163091	163296	163320	163681	163748	164036
電氣事業令	149101	157417	161163	161189	161730				
全南	147588	147633	147635	147646	147679	147892	147897	147944	147977
	148006	148009	148021	148022	148088	148102	148181	148199	148230
	148264	148318	148396	148433	148434	148460	148468	148487	148512
	148527	148579	148649	148700	148708	148716	148720	148727	148737
	148779	148807	148808	148812	148844	148850	148852	148876	148962
	148967	149000	149041	149082	149083	149084	149088	149093	149201
	149325	149426	149446	149457	149554	149719	149743	149745	149764
	149767	149779	149796	149865	149898	150006	150009	150109	150218
	150301	150384	150443	150503	150505	150514	150515	150599	150678
	150720	150733	150753	150754	150951	151066	151074	151114	151145
	151175	151277	151315	151351	151369	151370	151384	151389	151458
	151697	151732	152073	152263	152335	152336	152339	152347	152356
	152495	152538	152619	152626	152634	152801	152844	152846	152953
	152985	153014	153133	153137	153280	153492	153496	153532	153619
	153656	153788	153829	153845	153904	153916	153996	154007	154061
	154075	154132	154244	154317	154462	154582	154597	154598	154676
	154871	154912	154934	154964	155046	155259	155283	155290	155497
	156389	156472	156726	156730	156815	156820	156938	157085	157089
	157274	157510	158412	158771	158907	158992	159208	159342	159374
	159475	159538	159678	159952	160035	160150	160169	160213	160277
	160913	160937	161210	161985	162203	162223	162402	163260	163282
	163340	163353	163407	163411	163535	163543	163613	163616	163617
全南實業家聯合	159208								
傳達式	159580	159770	159799	159844	159866	160075	160593	160663	160665
	160684	160697	161454	162436	162465	162956	163054		
全道	160898								
電燈	147957	148441	148750	151328	153790	156336	159487	159512	160806
	160824	161500	163629						
全羅南道 全南	147588	147633	147635	147646	147679	147892	147897	147944	147977
	148006	148009	148021	148022	148088	148102	148181	148199	148230
	148264	148318	148396	148433	148434	148460	148468	148487	148512
	148527	148579	148649	148700	148708	148716	148720	148727	148737
	148779	148807	148808	148812	148844	148850	148852	148876	148962
	148967	149000	149041	149082	149083	149084	149088	149093	149201
	149325	149426	149446	149457	149554	149719	149743	149745	149764
	149767	149779	149796	149865	149898	150006	150009	150109	150218
	150301	150384	150443	150503	150505	150514	150515	150599	150678
	150720	150733	150753	150754	150951	151066	151074	151114	151145
	151175	151277	151315	151351	151369	151370	151384	151389	151458

	151697	151732	152073	152263	152335	152336	152339	152347	152356
	152495	152538	152619	152626	152634	152801	152844	152846	152953
	152985	153014	153133	153137	153280	153492	153496	153532	153619
	153656	153788	153829	153845	153904	153916	153996	154007	154061
	154075	154132	154244	154317	154462	154582	154597	154598	154676
	154871	154912	154934	154964	155046	155259	155283	155290	155497
	156389	156472	156726	156730	156815	156820	156938	157085	157089
	157274	157510	158412	158771	158907	158992	159208	159342	159374
	159475	159538	159678	159952	160035	160150	160169	160213	160277
	160913	160937	161210	161985	162203	162223	162402	163260	163282
	163340	163353	163407	163411	163535	163543	163613	163616	163617
全羅北道 全北	147810	147987	148061	148664	149154	149558	149646	150682	150851
	150931	151316	151669	152263	152320	152381	152581	152687	153032
	153273	153316	153627	153766	153801	153916	153995	154074	154103
	154317	154392	154432	154587	154681	155466	156945	157017	157267
	157395	157493	157755	157763	157771	157992	158647	159069	159331
	159832	159858	160798	160827	160854	160908	160932	161017	161134
	161201	161408	161434	161700	162038	162067	162424	162497	162620
	162628	162855	162915	162945	163058	163206	163595	163917	163918
	163931	164023	164110						
展覽會	148207	148609	149277	149899	150638	151386	151934	152495	153013
	153149	153727	154933	155068	155652	156644	157469	158321	158532
	158557	158845	159191	159401	159480	159511	159554	159586	159608
	159624	159629	159651	159658	159706	159743	159995	160302	160346
	161252	161984	163898						
電力	148283	149484	152600	153240	154351	159419	159443	159516	159608
	160274	162638							
專賣	147673	148408	148585	148624	148658	149181	149360	149368	149413
	149845	149925	149942	150009	150085	150136	150834	150930	150941
	151223	151487	151767	151910	152178	153085	154229	154259	155049
	155501	155785	155816	156030	156279	156518	156538	156719	156753
	157201	157349	157771	157996	158028	158506	158542	158564	159420
	159600	159723	160088	160217	160278	160515	160542	160602	160840
	160871	161157	161359	161841	161954	161982	162256	162281	163010
	163615	163653	163675	163815	163817				
專賣局	147673	148408	148585	148624	148658	149181	149360	149368	149413
	149845	150009	150136	150930	150941	151223	151487	151767	151910
	152178	153085	154229	154259	155049	155501	155785	155816	156030
	156518	156538	157201	157349	157771	157996	158028	158506	158542
	158564	159420	159600	160088	160217	160278	160515	160542	160602
	160840	160871	161157	161841	161954	161982	162256	162281	163010
	163615	163653	163675	163815					
專賣支局	149925	149942	150085	156279	156719	156753	158028	159723	
全滅	148989	151771	151808	152904	153755	155305	157455	158565	158839
	159092	159122	161359	163264					
專務	147905	147971	148109	148143	148181	148189	148306	148610	148686

全燒	148139	149154	149365	149758	151725	151730	151852	155684	157194
	158477	158680	161451	163038	163724				
戰時	151975								
田植	152407	153250	153305	153372	153432	153604	153978	156827	
電信電話	150661	151530	154097	157936	158153	158799	158823	161041	162429
	163913	164114							
田淵 (東拓支配人)	148729	151066							
傳染	147792	147920	148301	148801	149119	149267	149937	150002	150127
	151940	152149	152236	152729	153269	153419	153633	153774	153994
	155632	155817	157344	157448	157822	158408	158442	158706	159472
	160599	161870	161901	162112	162721	162736	162757	162846	162971
	162999	163948							
傳染病	147792	147920	148301	148801	149119	149267	150002	150127	151940
	152149	152236	152729	153269	153419	153633	153774	153994	155632
	155817	157344	157448	157822	158408	158442	158706	159472	160599
	161870	161901	162112	162721	162736	162757	162846	162971	162999
	163948								
傳染病豫防	152149								
電料	153705	153887	154254	161402					
轉任	147996	148118	150651	151882	156257	162515	162542		
畑作	152223	153551	157499	157500					
戰爭	148595	148714	151878	152978	161465				
戰跡	148490	151647	152210	152752	156256	156291	159991	163028	
前田 (憲兵司令官)	147526	150130	150239	151977	152256	153364	155485	156458	156588
	156753	157201							
全州	150634	150648	150694	150702	150828	150887	150946	151060	151088
	151401	151626	152090	152305	152325	152970	153004	153133	153254
	153787	154059	154068	154300	154374	154383	154592	155264	155266
	155482	156373	156388	156456	156471	156474	157075	157774	159723
	159734	161600	161683	162426	163920				
電柱	161579								
田中武雄	148840								
電車	147968	148270	149177	149180	149469	150447	150492	150669	151147
	151233	151423	151441	151470	151602	151643	151785	152063	153211
	153586	153688	154232	154311	154660	158208	158267	158368	158922
	158953	159690	159716	160968	161272	161290	161645	161734	161763
	162077	163418	163631	163637	163662				
電車事件	150492								
電鐵	148943	150845	151912	152105	152630	152826	154325	156512	156536
	156538	158152	158779	160269	161318				
戰鬪機	155707								
殿下	147656	148143	149135	149430	149620	149701	150081	150278	150434

	158872	158892	158899	158958	158987	159187	159226	159249	159284
	159591	159739	159789	160125	160155	160401	160722	161185	161209
政局	150193	151837	155714	155737					
定期船	152275								
貞洞	147652	162614	162867	162906					
整理	147674	147972	148039	148900	149090	149327	149394	149655	149776
	149794	149929	150064	150087	150288	150524	150546	150590	150806
	150814	151069	151232	151234	151939	152143	152592	152682	153468
	153625	154393	154691	154718	155195	155693	156308	157256	157524
	157545	157841	158255	158277	158516	158668	160175	160217	160351
	160378	160505	160533	161063	161510	162029	162059	162433	162462
	162515	162542	162873	162911	163223	163338			
政務 政務總監	147593	147620	147978	148387	150587	151170	152608	152754	154502
	154529	155587	155610	155644	155728	155787	155909	155939	156368
	156645	156665	156859	157015	157158	158598	158620	158682	158708
	159793	159821	161321	161342					
精米	147585	148224	148663	148698	150473	155310	161112	161609	163359
精米所	148663	155310							
碇泊船	158545								
町步	150281	150889	151213	151473	152424	153094	153140	153831	153976
	155328	155430	155461	155840	157039	157115	157124	157141	158320
	158841	158931	158959	159464	161471	162869	162908		
征服	161751	161775							
整備	154097	154601	158729						
情死	154339	154366							
精神病	151151	159958							
政友會	149056	152655	153014						
井邑	152581								
正義府	148182	152295							
定州	147822	147927	148015	148080	148119	148162	148200	148252	148272
	148398	150513	151062	152297	152594	154781	155528	155673	155718
	159687	162874							
停車場	151687	159990	160050	162588					
町總代	152160								
井塚政義	161034	161056							
帝國	156440	156468	159821						
提琴	152878	156506	156530						
濟南	151834	151917	152082	152083	152084	152085	152086	152143	152173
	152194	152230	152353	152762	159350	159910	159938	160431	161243
	161278	161327	161336	161729	161815	161873	161904	163896	
製糖	151430	151552							
制令	162705	162740	163485	163515					

祭禮 祭礼	158596							
除幕式	151395	153306	153563	156845	156866	163084		
堤防	148234	149948	153271	154498	154806	155690	155903	156565	156782
	157736	157752	159562	159583	160351	160378	160566	160570	162512
堤防工事	155690	159562	159583	162512					
諸法令	151928								
製絲	148006	149821	150285	150565	150648	151615	152508	152689	154383
	155425	155624	155880	155974	157572	157910	159892	162654	
鵜飼	162811	162842							
製絲場	148006	154383	155425	155880	159892				
濟生院	158546	158575	162614						
製鹽	149557	149657	157161	157576					
第二艦隊	149631	150970	151215	151268	151310				
第一艦隊	150747								
祭粢料	154157	161937	161967	162747	162834				
帝展	151977	158862	158884	159855	159879	159920	159943	160058	160091
制定	148233	152672	154018	154049	154263	154295	154924	154950	156223
	157417	158240	158264	161039	161075	161163	161189		
濟州	147972	148732	149182	151933	152376	153472	154580	154665	155079
	155106	155379	155406	157020	159753	161435	163397		
濟州島	147972	148732	149182	151933	152376	153472	154580	154665	155079
	155106	155379	155406	157020	159753	161435	163397		
製紙	148693	149764	150181	151621	151780	155138	155344	155917	155962
	158231	159708	159744	159926					
製紙工場	159708	159744							
製鐵所	149371	149862	150795	151849	153741	154899	155495	155819	156050
	156081	156169	156368	157201	160237	160262	160748	162443	
製鐵 製鉄	149371	149862	150795	151849	153741	154754	154899	155495	155819
	156050	156081	156169	156368	157201	160237	160262	160748	162443
製出	151658	156061	156084	158542	158564				
製炭	158981								
製糖	151430	151552							
制限	147788	147819	147994	149570	149732	149805	149895	150109	150488
	150772	151500	151506	152914	153078	153422	154971	155172	155549
	156015	156456	156486	156574	158259	158416	158745	160943	161346
	162507	162534	162756	163060	163580	163605	163878		
提携	149036	149746	151644	151777	152273	152945	155322	157777	159207
	159543	159983	161626	161638	163664				
彫刻	150638	151973							
祖國	153016								
遭難	147605	147763	148257	148722	152787	153080	153898	154113	155620

	157831	157949	158341	158885	161240	161691	162061	162274
粗漏	151052							
造林	148328	148886	150279	150281	150428	151048	156673	157291	158454
	159004	161471						
造林事業	150281	159004						
繰綿	148941	152636						
調査	147547	147568	147764	147942	147976	148095	148175	148233	148284
	148322	148349	148392	148520	148535	148646	148665	148704	148789
	148806	148816	148963	148983	149001	149049	149116	149123	149192
	149193	149194	149209	149219	149267	149361	149383	149468	149484
	149502	149607	149630	149677	150079	150134	150310	150327	150331
	150461	150477	150576	150617	150866	151109	151189	151246	151287
	151301	151307	151338	151351	151356	151415	151627	151699	151755
	151822	151871	151872	151928	151940	152026	152027	152070	152108
	152133	152145	152182	152198	152218	152220	152274	152304	152357
	152378	152461	152464	152597	152611	152860	152866	152937	153021
	153091	153245	153253	153364	153399	153456	153484	153611	153709
	153746	153814	153938	153965	154055	154174	154198	154227	154246
	154263	154295	154319	154387	154388	154455	154556	154584	154595
	154620	154651	154743	154854	154876	154921	154928	155062	155079
	155092	155106	155131	155342	155345	155354	155390	155514	155541
	155602	155639	155680	155685	155757	155789	155908	155910	155938
	155940	155981	155999	156011	156018	156072	156099	156120	156155
	156179	156190	156195	156214	156235	156250	156277	156298	156306
	156317	156326	156352	156378	156423	156443	156626	156690	156722
	156820	156895	156927	156966	156967	156971	156989	156996	157006
	157012	157178	157225	157295	157310	157326	157536	157558	157779
	157792	157800	157820	157823	157840	157985	158034	158067	158166
	158197	158287	158313	158377	158423	158517	158525	158550	158647
	158665	158903	158956	158972	158985	158991	159229	159419	159443
	159452	159595	159823	159828	159840	159862	160085	160095	160135
	160220	160425	160452	160654	160699	160825	160852	160949	161028
	161059	161095	161121	161275	161396	161554	161576	161599	161727
	161730	161808	161832	161880	161897	161911	161918	162088	162089
	162169	162212	162353	162382	162410	162430	162460	162488	162636
	162664	162791	162824	162838	162875	162877	162917	162949	163097
	163154	163252	163329	163496	163562	163597	163777	163916	164112
朝鮮	147527	147564	147583	147586	147594	147597	147600	147612	147620
	147638	147650	147653	147657	147682	147714	147725	147761	147766
	147771	147773	147779	147788	147817	147888	147904	147919	147930
	147932	147947	147949	147954	147961	147992	148010	148017	148038
	148046	148063	148079	148151	148155	148157	148161	148172	148181
	148201	148215	148250	148282	148288	148296	148306	148320	148361
	148365	148367	148387	148397	148403	148408	148418	148439	148518
	148520	148581	148583	148610	148629	148634	148686	148709	148725
	148729	148733	148734	148743	148744	148787	148789	148795	148810

148829	148896	148903	148919	148934	148977	148978	148995	149030
149066	149100	149174	149218	149230	149265	149272	149297	149308
149327	149356	149371	149423	149463	149492	149494	149510	149514
149516	149518	149543	149547	149566	149568	149569	149572	149607
149630	149646	149671	149719	149740	149742	149745	149764	149815
149816	149880	149920	149926	149945	149955	149980	149984	149996
150009	150032	150049	150054	150071	150072	150098	150114	150121
150132	150153	150159	150173	150177	150213	150221	150226	150240
150265	150271	150278	150296	150301	150305	150313	150315	150325
150339	150351	150357	150376	150390	150401	150412	150428	150445
150448	150458	150484	150493	150503	150520	150521	150527	150546
150548	150550	150566	150583	150585	150630	150635	150646	150663
150683	150709	150716	150739	150741	150767	150772	150775	150778
150800	150818	150834	150837	150875	150908	150912	150931	150937
150944	150957	150965	150973	150975	150986	150994	150995	150998
151004	151014	151021	151026	151034	151073	151092	151094	151104
151133	151143	151248	151253	151254	151257	151305	151328	151330
151360	151362	151393	151396	151416	151418	151433	151438	151458
151471	151477	151484	151489	151493	151500	151516	151542	151560
151607	151609	151632	151639	151643	151658	151667	151676	151678
151697	151711	151744	151746	151766	151770	151772	151776	151794
151819	151837	151849	151878	151886	151903	151938	151972	151977
152040	152053	152054	152063	152086	152087	152099	152106	152162
152184	152208	152210	152217	152253	152256	152260	152268	152273
152278	152287	152299	152326	152330	152336	152387	152391	152395
152457	152459	152467	152498	152503	152519	152538	152559	152572
152604	152628	152639	152653	152713	152728	152769	152783	152786
152829	152876	152899	152904	152907	152910	152915	152924	152930
152979	152999	153036	153040	153050	153062	153070	153073	153079
153111	153116	153164	153167	153168	153184	153194	153216	153234
153240	153250	153261	153302	153316	153317	153334	153345	153346
153348	153350	153352	153361	153364	153368	153376	153379	153392
153393	153413	153451	153468	153526	153551	153561	153655	153693
153715	153741	153746	153770	153835	153841	153844	153875	153918
153970	153975	153992	154019	154020	154056	154062	154075	154098
154121	154154	154161	154194	154222	154224	154269	154274	154282
154303	154308	154337	154340	154345	154346	154347	154351	154364
154380	154388	154442	154457	154471	154492	154493	154515	154522
154541	154560	154593	154598	154608	154616	154712	154737	154741
154758	154775	154792	154835	154845	154861	154869	154873	154915
154917	154929	154934	154945	154960	154964	154969	154981	155018
155079	155080	155097	155098	155106	155132	155133	155136	155139
155158	155161	155165	155177	155204	155205	155239	155243	155267
155331	155340	155353	155367	155376	155389	155483	155499	155565
155590	155600	155616	155638	155642	155646	155650	155664	155669
155672	155679	155685	155702	155706	155711	155715	155723	155727
155729	155734	155763	155773	155783	155792	155798	155803	155832

155841	155865	155871	155879	155922	155923	155928	155936	155950
155959	155988	156013	156047	156060	156062	156078	156082	156086
156091	156110	156115	156124	156125	156126	156127	156143	156153
156154	156173	156237	156252	156265	156299	156317	156330	156332
156333	156334	156358	156359	156361	156370	156371	156375	156376
156384	156404	156412	156429	156459	156499	156502	156503	156504
156506	156513	156524	156525	156530	156539	156615	156632	156634
156658	156659	156694	156695	156697	156727	156729	156731	156735
156769	156774	156788	156798	156804	156812	156815	156848	156865
156869	156887	156896	156912	156928	156942	156974	156975	156978
156979	156982	157000	157005	157010	157055	157059	157116	157119
157144	157149	157158	157175	157179	157183	157184	157229	157233
157295	157304	157314	157318	157326	157334	157339	157342	157346
157361	157376	157378	157381	157398	157400	157458	157460	157465
157481	157488	157490	157492	157501	157503	157508	157528	157583
157600	157610	157652	157656	157668	157682	157686	157691	157711
157714	157715	157727	157729	157734	157749	157758	157791	157814
157852	157856	157858	157871	157873	157874	157879	157883	157885
157886	157897	157898	157899	157908	157914	157928	157936	157943
157962	157965	157967	158010	158033	158079	158098	158129	158143
158224	158230	158239	158263	158288	158314	158316	158347	158351
158355	158407	158419	158464	158469	158470	158483	158496	158501
158536	158563	158585	158586	158607	158608	158614	158629	158646
158654	158661	158686	158689	158721	158723	158725	158754	158776
158791	158804	158805	158807	158815	158825	158827	158847	158850
158857	158862	158884	158907	158918	158924	158955	158988	158994
159001	159007	159008	159011	159027	159031	159040	159049	159050
159075	159082	159088	159095	159102	159109	159114	159119	159124
159127	159161	159164	159194	159199	159215	159225	159239	159258
159260	159277	159300	159318	159337	159339	159369	159371	159386
159415	159420	159425	159439	159449	159480	159493	159511	159518
159528	159542	159548	159552	159554	159560	159576	159582	159585
159586	159591	159600	159624	159651	159674	159682	159685	159691
159708	159712	159717	159744	159776	159778	159817	159833	159839
159851	159861	159874	159907	159935	159945	159951	159984	159993
159996	160002	160009	160017	160022	160027	160058	160091	160096
160121	160125	160127	160129	160143	160155	160157	160158	160171
160183	160186	160191	160192	160194	160204	160209	160211	160218
160238	160242	160263	160267	160295	160323	160334	160346	160423
160425	160429	160450	160452	160456	160461	160479	160489	160490
160493	160517	160518	160534	160621	160623	160630	160635	160655
160673	160677	160679	160692	160706	160711	160713	160718	160820
160847	160876	160890	160892	160897	160917	160924	160957	160987
161030	161033	161070	161082	161086	161095	161121	161129	161145
161158	161161	161187	161210	161213	161265	161266	161283	161295
161298	161321	161325	161342	161352	161354	161365	161403	161406
161441	161452	161468	161477	161480	161483	161490	161495	161525

	161540	161550	161561	161573	161584	161596	161644	161698	161713
	161722	161736	161746	161751	161767	161775	161793	161800	161827
	161848	161856	161871	161885	161888	161902	161918	161926	161940
	161948	161970	161976	161997	162024	162038	162051	162067	162082
	162093	162145	162148	162173	162196	162197	162224	162233	162234
	162261	162262	162286	162298	162299	162300	162316	162318	162323
	162326	162327	162328	162350	162363	162493	162558	162560	162567
	162614	162629	162648	162676	162705	162707	162727	162738	162740
造船	149050	149397							
朝鮮館	148634	149996	150663	150709	150994	152278	152326	155711	155729
	159075	159102							
朝鮮軍司令官	149543	151021	157682	161145	162323	162350			
朝鮮農會	148934	149547	151026						
朝鮮米	148365	148403	148518	151471	151609	151903	152395	152930	157908
	158654	161095	161121	163017	163043				
朝鮮博	154337	154364	154929	154960	155841	155879	156634	156659	156695
	156727	156731	156774	156804	156975	157000	157179	158239	158263
	158470	158501	158805	158825	158907	159008	159050	159161	159194
	159339	159371	160425	160429	160452	160456	160479	160820	160847
	161129	161365	161746	161767	161997	162148	162234	162262	162286
	162629	162780	162856	163071	163104	163132	163213	163293	163317
	163832	163858							
朝鮮博覽會	154337	154364	155841	155879	158239	158263	160425	160452	160479
	161129								
朝鮮婦人	149955	151143	152208	154492	154522	156788	159007	159040	163305
	163331	163394							
朝鮮史	158098	158129							
朝鮮事情	150313	151133	151438	157465	157490				
朝鮮私鐵	148733	149920	151073	151257	151396	153413	159833	160183	160621
朝鮮商銀	148919	149719	158288	159776	163406				
朝鮮神宮	147620	147657	148787	148829	150071	150998	151393	153111	153250
	154222	155763	155792	156332	156359	156942	157339	157378	157398
	157879	158918	159225	159337	159369	159415	159439	159984	160009
	160125	160155	160186	160191	160192	160204	160209	160323	160423
	160450	160623	160679	160706	160892	161161	161187	161295	161321
	161342	161480	161490	161561	161584	162707	162742	163936	163964
朝鮮語	147947	150484	152217	153655	154161	156124			
朝鮮語試驗	152217	156124							
朝鮮銀行	150315	155715	155734	155865	156317				
朝鮮音樂	155098								
朝鮮人	147954	148320	148520	149356	149494	149566	149815	149880	150032
	150114	150121	150173	150226	150278	150401	150445	150448	150493
	150527	150546	150741	150767	150775	150965	150998	151004	151034
	151094	151104	151305	151477	151489	151542	151632	151639	151678

	151711	151772	151819	151837	151938	152040	152054	152086	152087
	152099	152162	152287	152783	152786	152829	152876	152904	153111
	153194	153216	153334	153346	153352	153361	153376	153835	154020
	154062	154098	154282	154346	154493	154515	155132	155139	155165
	155367	155600	155685	156062	156082	156086	156125	156127	156154
	156237	156615	156848	156869	156979	157005	157229	157233	157314
	157346	157361	157376	157381	157400	157501	157528	157600	157874
	157899	157936	157965	158143	158407	158536	158563	158608	158614
	158689	158857	159001	159031	159095	159119	159124	159127	159164
	159199	159277	159300	159420	159542	159576	159600	159685	159691
	159712	159717	159839	159851	159861	159874	160242	160267	160295
	160630	160677	160718	160876	160897	160924	161354	162173	162197
	162300	162328	162727	162762	162964	162995	163112	163143	163170
	163188	163197	163491	163521	163630	163667	163859	163987	164049
	164082	164103							
朝鮮人壓迫	151305	151819	151837	158857					
朝鮮日報	152728	158847							
朝鮮征伐	160489	160517							
朝鮮製油	162145								
朝鮮鐵道 鮮鐵	147650	147773	148075	148161	148629	148974	149032	149371	149745
	149764	149816	150154	150242	150265	150271	150376	150760	151458
	151516	153746	153841	154917	155212	155286	155773	155798	156050
	156081	156252	156376	159082	159109	162082	163854		
朝鮮總督	147766	148181	150305	150834	150931	152256	152459	153741	155936
	160002	160027	162614						
朝鮮總督府	147766	150305	150834	152256	152459	153741	155936	160002	160027
	162614								
朝鮮統治	147527	149607	153975	154442	155669	158607	158629	162299	162327
租稅	152649	153062	155131						
朝郵	147686	147930	148840	149161	149781	149832	150301	150339	151138
	151375	151653	151835	152374	152592	153275	153957	154942	154999
	156815	157201	157374	157393	157415	157583	157610	158093	158119
	158228	158578	159149	159176	159201	159321	159688	159714	159754
	159906	159934	160335	160420	160442	160447	160470	160543	160602
	162356	162902	162940	163409	163468	164075	164097		
朝郵配當	159149	159176	160420	160447					
繰越	162400								
朝日	147678	149082	149492	149742	150159	150638	150786	150875	151643
	151695	151961	151966	152675	152833	152877	152885	152913	152915
	152922	152941	152955	152956	152963	152999	153000	153046	153081
	153124	153172	153224	153229	153302	153908	153955	153975	154306
	154382	154449	154509	154521	154583	154669	154740	154788	154811
	154894	154954	154966	154985	155013	155040	155043	155147	155176
	155206	155264	155274	155384	155454	155490	155657	155705	155726
	156055	156785	156806	157307	159201	159785	160114	160178	160222

	160243	160264	160364	160515	160542	160596	160690	160716	160792
	160801	160834	160999	161034	161056	162299	162327	162738	162772
	163069								
朝日歌壇	163069								
朝日活寫會	151695	154509	154583	154669	154788	154811	154954	155040	155384
	155454	155490	155657	156055	157307	159785	160364	160690	160716
	160792	160834	160999						
弔電	152945								
調節	149192	151708	158581	158731	158764				
操縦者	150534	151260							
阻止	150693	153108	153822	153864	155265	162092	162125	162231	162259
組織	147716	147791	147804	147842	147969	148076	148272	148643	148702
	148724	148791	148832	148970	149018	149219	149252	149335	149445
	149447	149484	149548	149820	149913	150035	150074	150241	150283
	150401	150413	150631	150738	150809	150925	151013	151051	151346
	151356	151388	151565	151733	152170	152196	152684	152773	153138
	153279	153579	153667	153797	154304	154493	154515	154632	154657
	154658	154854	154883	154958	155124	155660	155714	155737	156082
	156125	156980	157875	157877	157892	157900	158125	159467	159543
	159577	159901	160967	161704	161950	162021	162085	162221	162300
	162328	162381	162591	162619	162812	162845	164049		
朝窒	156259	156614	156777	156784	156799	156920	163107	163135	
朝鐵	148181	148564	148610	149371	149799	150374	152496	152589	152885
	153014	153533	155563	156221	156411	156449	156476	156480	156545
	156883	157089	157111	157187	157570	158064	158971	159132	159620
	159649	159988	160013	163806					
鳥致院	149519	150420	154491	154948	157568	157722	161650		
朝風丸	148676	150223	151960	152293					
組合	147647	147697	147706	147791	147840	147842	147866	147929	147946
	148076	148185	148219	148375	148579	148702	148738	148861	148890
	148962	148989	149000	149051	149247	149250	149288	149361	149370
	149473	149511	149531	149540	149544	149612	149714	149723	149772
	149775	149776	149876	149913	149961	149978	150065	150093	150132
	150184	150187	150221	150273	150306	150308	150546	150631	150764
	150765	150809	150815	150891	151024	151029	151079	151082	151192
	151213	151281	151284	151308	151337	151388	151416	151504	151515
	151565	151682	151761	151805	152170	152196	152310	152342	152386
	152543	152545	152560	152647	152735	152856	152861	152875	152976
	153088	153138	153279	153283	153317	153537	153550	153574	153579
	153667	154037	154123	154175	154241	154253	154491	154567	154755
	154862	155049	155071	155083	155124	155220	155346	155361	155396
	155419	155511	155514	155536	155541	155625	155679	155738	155749
	155768	155794	155818	155838	155870	155969	156028	156049	156076
	156099	156102	156168	156549	156568	156576	156593	156759	156763
	156782	156980	157176	157292	157565	157577	157580	157782	157909

	157916	158004	158042	158240	158264	158513	158535	158562	158719
	158964	159083	159110	159217	159241	159565	159587	159671	159708
	159744	159769	159900	159901	159967	160268	160272	160286	160314
	160405	160624	160811	161396	161437	161513	161557	161704	161849
	162021	162195	162437	162466	162529	162574	162803	163090	163145
	163167	163283	163363	163368	163471	163507	163682	163699	163721
助興稅	150530								
簇出	164010								
卒業	147616	147759	148001	148085	148205	149120	149191	149266	149300
	149528	149574	149632	149717	149748	149807	149849	149858	149893
	149946	149995	150042	150078	150165	150188	150201	150253	150291
	150326	150366	150807	151800	152643	154290	154795	155401	155784
	155815	156137	156506	156530	156629	156911	156915	156939	160996
	161795	161820	161843	162251	162891	162929	162962	162993	163545
	163739	163775							
卒業生	147616	147759	148001	148205	149191	149266	149300	149858	150188
	150291	150807	151800	152643	154795	155401	156629	156911	156915
	156939	161795	161820	162251	162891	162929	162962	162993	163545
卒業式	148085	149120	149528	149574	149632	149849	149893	149946	149995
	150042	150078	150165	150201	150253	150326	150366	154290	155784
	155815	163739	163775						
宗教	147636	147835	147975	149245	150617	151737	162027		
種痘	152331	152614	154523	158136	158775	162888	162928		
鍾路	151107	153313	160406						
鐘路	148496	148608	151550						
種牡牛	160812	163083							
宗廟	154140	154261	154293	154330	154357				
種苗	150851	151119	152066	152809	159266	163831			
終熄	149290	149318	149404	151163	160757	161671			
種子	149330	156981	157282	157314	157346				
	157431	162855							
左傾	155268	156475							
座談會	150083	150212	155923	155959	155988	156013	156047	156078	156126
	156153	160293							
佐藤九二男	151971	151974	152137	152188	152360	152393	152448	152479	
佐伯忠	157158								
佐世保	148505	157077	157771	158824					
佐世保航空隊	157077								
佐々木久松	150636	161737	162488						
坐礁	147601	163330							
佐賀郡	149595								
酒	147590	147614	147757	147909	147994	148460	148663	148868	148923
	149218	149295	149558	149581	150062	150227	150230	150255	150296

	150511	150536	150644	150839	151337	151507	151834	151881	151977
	152095	152510	152794	152978	153802	153954	154228	154393	154444
	154582	154683	154977	155000	155030	155054	155186	155346	155679
	155897	156172	156381	157274	157401	157473	157514	157580	157603
	157729	157749	157979	158008	158300	158319	158397	158431	158435
	158543	158762	159071	159155	159326	159329	159738	159805	159898
	159924	160039	160105	160111	160138	160168	160177	160689	160781
	160818	160845	160944	162155	162168	162181	162192	162555	162558
	162857	163106	163198	163216	163734	163877	163900	163995	164021
	164105								
住宅地	159757	163489							
駐屯	151794	152945	153592	154548	154919	154947	155359	155366	
酒類	147757	150644	152510	154977	157729	157749	158300	158319	159071
	159155	159329	159898	159924	160039	160105	160111	160177	
珠算競技	148194	159923	159950	162004					
株式會社	150130								
朱乙	159694	159724							
朱乙溫泉	159694	159724							
奏任	158245								
駐在所	149411	150048	152758	153035	159235	159254			
酒造	147614	148460	148923	149295	149581	154228	155000	155030	155346
	155679	155897	156172	158008	160138	160168	160944	162155	162181
	163734								
酒造會社	149295								
株主總會	155817								
住職	154856	155174	159099	159132	163920				
住宅	151666	155160	155257	156631	156657	156944	157117	157778	159757
	163489								
竹內	150433	151306							
噂	147709	147762	147769	148065	148252	148408	148749	148830	148894
	149013	149217	149255	149484	149707	150193	150237	150395	150599
	150853	150909	150962	151345	151453	151470	151591	151819	151834
	152330	152485	152863	152871	154014	154637	154731	155021	155254
	155434	155465	156115	156143	156325	156449	156476	156809	156879
	156947	157031	157065	157715	157757	159341	159373	159623	159646
	160629	160667	161199	161431	161742	161766	162145	162782	163019
	163045	163460	164045	164075	164097				
竣工	147575	147635	147777	148354	148476	148577	148640	148899	148906
	148910	149231	149555	149795	149886	149932	149948	150067	150347
	150348	150453	150475	150913	150997	151042	151154	151219	151285
	151299	151400	151533	152071	152119	152136	152398	152664	152765
	152991	153048	153255	153596	154100	154106	154305	154371	154587
	154625	154934	154964	155076	155193	155382	155414	155436	156187
	156194	156229	156442	156502	156537	156772	156800	156932	157032

	157701	157707	157888	158016	158088	158123	158275	158474	158675
	158738	158916	158945	158995	159028	159151	159181	159210	159499
	159522	159632	159895	160052	160083	160132	160218	160305	160351
	160378	160566	160617	160688	160765	160942	161027	161031	161057
	161405	161525	161540	161568	161630	161929	162003	162447	162498
	162520	162546	162620	162696	162872	162910	163024	163594	163949
	163975	164095							
蠢動	152749	162455							
浚渫	148407	150398	162476						
竣成	147956	148734	157765	158740	163299	163558	163589		
仲居	163245								
重慶	149674	162179							
中繼放送	149629	150324	153156	153946	157257	158256	158281	158677	158702
	159856	159880							
中國	147978	148463	151203	153519	160337	163503	163526		
中毒	147533	147617	147801	148098	151454	153274	155933	155958	160758
	161359	163264							
中等教員	149025								
中等校 中學校 中學	147753	147830	147869	147923	148085	148091	148210	148211	148244
	148324	148503	149065	149068	149084	149140	149257	149517	149537
	150124	150410	151345	151653	152970	153075	153521	153735	154990
	155020	155126	155153	155189	155226	155251	155292	155317	155578
	155598	155702	155723	155988	156013	156065	156089	157502	157514
	157797	157819	157925	157960	158635	158748	159000	159013	159016
	159033	159055	159457	160298	160923	161253	161276	161297	161807
	161831	162038	162256	162457	162472	162484	162806	162839	163961
中等學校	147825	148003	148120	148369	148464	148901	150722	152315	152578
	152822	154019	154056	154347	154380	154560	154593	154712	154737
	157797	158352	158705	159813	160964	161105	161114	161131	161139
	161182	161183	161203	161205	161517	161533	161563	161586	162114
	162141	163803							
仲買人	151657	151777	151929	153102	160272	161159	161284	161300	
中本春子	148761								
中西	149789	150918	155452	155484	162053				
中鮮	149206	149864	153393	153895	157959				
中央朝鮮協會	152210								
重役	147837	148161	148170	148610	148809	148879	149371	149764	149929
	149963	150088	150143	150374	150447	150842	152828	153102	153791
	155387	155416	155817	157158	157201	158898	158971	159688	159714
	160499	160526	160667	161158	163027	163053	163674	163806	164096
重油	148612	152707	152779	153138	156310				
衆議院	151877	151920	153014	158064					
仲裁	149099	149172	156134	156508					

中津	148538								
中村	149371	151023	151901	152261	152749	152787	154899	154940	154947
	155072	155785	155816	157323	157349	158507	159573	159578	159593
	159695	159722	160724	162117	162143	162256	162281	163010	163118
	163146	163225	163247	163254	163275	163378	163401		
中村總務課長	159578								
中樞院	147566	147701	147740	147779	150795	151170	155682	156424	156985
	160542	160647	160840	160871	161289	161308			
重砲	156060	156091							
卽賣	152634	154580	159448	160396	163529				
卽賣會	152634								
卽死	147974	149151	150923	154736	157053	158138	159020	161341	
增加	147642	147644	147655	147662	147670	147703	147713	147980	147983
	148002	148065	148216	148350	148405	148475	148513	148673	148689
	148806	148968	148979	149130	149140	149165	149266	149308	149331
	149341	149441	149550	149693	149694	149825	149939	149947	149969
	150015	150133	150160	150185	150209	150353	150467	150645	150779
	150799	150841	150850	150861	150869	151004	151068	151178	151185
	151477	151558	151619	151706	151709	151744	151788	151834	151907
	152004	152006	152112	152172	152213	152269	152316	152332	152422
	152456	152505	152600	152888	152898	153111	153210	153380	153391
	153505	153513	153599	153621	153837	153843	153848	153928	154110
	154537	154605	154823	154972	155051	155186	155203	155220	155279
	155427	155449	155467	155489	155500	155836	155837	155876	155887
	155913	156046	156080	156138	156158	156254	156288	156810	156831
	157091	157118	157219	157234	157251	157268	157822	157930	157946
	157977	157993	158155	158209	158475	158498	158513	158520	158521
	158522	158586	159067	159078	159105	159542	159559	159576	159888
	160096	160179	160630	161150	161198	161295	161332	161351	161367
	162092	162125	162283	162361	162489	162563	162565	162654	162697
	162721	162757	162777	162854	162890	162936	162957	163087	163089
	163214	163368	163542	163634	163673	163765	163828	163994	164020
	164079								
增減	147728								
增結	161178	161202	162890	162936					
證券	149428	151627							
增大	149920								
增兵	153510	155590	155616						
增俸	152674	154432	157865	157890	163630	163667			
增産 增産	148929	149972	150275	151564	151621	152546	152846	153197	153969
	154683	155901	156311	156766	156795	156914	156954	156988	157867
	158788	159897	160672	161015	161787				
增設	147534	147824	148205	150399	150822	151301	151530	151679	152576
	153035	153430	153637	153639	154442	154543	154573	154626	154948

	155289	155756	155788	155914	155944	156146	156498	156523	156689
	156721	157176	158482	158994	159027	159274	159297	159471	159487
	159512	159618	159645	160769	160799	161552	161795	161820	161850
	162237	163626	163656						
増税	157003								
増収	148699	148845	149337	149346	149690	149818	149884	150025	151373
	151656	151664	153242	153377	154142	155748	155825	155930	156756
	156813	157288	158074	158076	158320	158588	158947	159140	160035
	160475	161088	161149	162854	162868	162869	162907	162908	
増殖	147564	148442	149090	149973	150465	151419	153700	154006	154176
	154902	157219	157251	160478					
増資	156414	159276	159963	162020	163409	163468			
増徴	148586	153120	154194	154224	162172				
増築	149706	149773	154200	155472	156638	156663	157210	158906	159484
	160715	160899	162520	162546	163757				
増派	154404	154565							
地價	151246	153323	158110	161168	161744	162174	164059	164089	
芝居	157119	157149							
地久節	149663								
支那	147662	147741	147793	147860	147863	147949	148019	148404	148454
	148475	148563	148606	148766	148784	148894	148968	149225	149333
	149441	149541	149568	149596	149636	149660	149678	149684	149837
	150214	150333	150370	150407	150458	150672	150772	150832	150901
	151035	151038	151058	151101	151218	151333	151361	151381	151484
	151506	151513	151559	151599	151632	151639	151731	151733	151772
	151834	151878	151901	151931	151938	151957	151986	152029	152040
	152078	152082	152237	152243	152277	152298	152302	152477	152482
	152506	152670	152694	152701	152706	152829	152831	152898	152904
	152945	152990	152992	153044	153177	153291	153310	153368	153379
	153425	153495	153551	153637	153765	153807	153862	153957	154013
	154044	154139	154405	154434	154563	154566	154919	154923	154945
	154947	154963	154969	155135	155200	155359	155366	155386	155504
	155856	156134	156579	156605	156622	156649	156769	156798	156979
	156980	157005	157225	157475	157542	158233	159043	159410	159434
	159453	159482	159559	159685	159712	159768	159808	160194	160211
	160304	160373	160636	161336	161374	161801	161813	161837	162014
	162019	162033	162060	162574	162715	162764	162804	162892	162930
	162964	162995	163021	163047	163378	163401	163437	163461	163741
	163756	163790	163948	164053					
支那苦力	151938								
支那勞働者	149441	149678	151639	153310	154405	154434	162715	162764	162964
	162995								
支那人	147662	148019	148766	149596	149684	149837	151361	151733	151772
	151986	152029	152082	152237	153044	153177	154963	155200	155504
	156134	156579	156605	156979	156980	157005	157542	158233	159453

	163840							
地震	148718	155173	160388	163720				
地鎮祭	151097	151249	151670	151906	159757	162913		
紙幣	148262	153481	155596	155720	158406			
志賀潔	148705	148729	152842	157837	163900	163923		
地下水	163581							
職工	147673	149532	149600	150067	150674	153312	153779	155310	157633
	159128	159281	159309	160278	162252	162449	162479	162900	163160
織物	148631	151386	153149	154845	154873	156912	157646		
職業紹介所	148760	149192	149848	151336	151542	151783	154047	156162	156425
	156631	156657	162844						
眞瓜	156329	156351	157375	157394	158781			
鎭南浦	147686	147695	147722	147839	147932	147997	148072	148729	149042
	149201	149527	149836	149877	149917	150270	150454	150595	150655
	150678	150692	150726	151041	151129	151252	151404	151630	151707
	152060	152301	152459	152568	152777	152807	152841	152861	152871
	152991	153187	153203	153337	153356	153880	154112	154502	154529
	154562	155073	155140	155207	155211	155247	155292	155314	155317
	155520	155642	156052	156273	156422	156434	156455	156611	156637
	156705	156739	156779	157201	157593	157799	158007	159626	159655
	159708	159744	160101	160634	160675	160831	161085	161108	161210
	161311	163470	163653	163675	163944				
陳列館	147635	149623	150805	152124	153316	153351	153727	154106	154421
	156964	157519	157757	160484	161038	162305	162779	162913	163845
	163866								
診療	153989	154164	162246					
診療所	162246							
震災	157303	157401	157473					
陳情	147751	147811	148043	148308	148370	148414	148415	148515	148636
	148815	148941	149173	149210	149350	149659	149994	150147	150152
	150271	150652	150857	150915	150952	151381	151401	151631	151636
	151672	151682	151782	151963	152939	152951	152975	152977	153318
	153409	153455	153574	153623	153859	153943	153987	154123	154185
	154217	154545	154550	154839	154843	155078	155229	155288	155306
	155330	155504	155776	155877	156255	156289	156472	156486	156564
	156811	156838	156977	157001	157023	157142	157191	158243	158461
	159135	159616	159639	159748	159815	159834	159983	160252	160570
	160903	160929	161030	161071	161678	162370	162398	162958	162996
	163280	163512	164000	164026					
晋州 晉州	148050	148937	149431	151499	152966	154108	154300	154442	155325
	155333	156948	157335	158272	159266	159403	161071		
振替	151824	154086	154986	156972	156997	160886	162565	163552	163883
	163903								
鎭浦	148536							

鎭海	147638	147686	147693	147884	147908	148042	148260	148324	148439
	148739	148985	149046	149747	150168	150607	150716	152186	152362
	152575	152755	153181	154371	155018	155046	155048	156394	156518
	156595	156643	156670	156671	156753	156845	156866	157073	157077
	157265	157337	157413	158118	158355	158363	158824	159308	159573
	159581	159593	159800	160949	161144	161357	162621	162889	162902
	162926	162940	163347	163596	163940	163970			
鎭海灣	149046	152362	152755	159308					
鎭海飛行場	147693								
鎭海中	148739								
秩父宮	147591	159001	159031	159358	159633	159702	159790	159854	
質屋	148318	148635	153236	154331	154358	155820	156601	156631	156657
	157068	157117	157316	158020	162238	162266	162501		
集會	149336	161364	163107	163135					
懲戒	161747	161771							
徵兵	149595	150367	152206	162298	162326				
徵兵檢查	149595	150367							
徵兵令	162298	162326							
徵稅	163435	163944							
徵收	149934	152350	152694	152738	153580	155544	155949	156786	158590
	160565	160589	161058	162424	162880				
懲役	154859	155413	158338	158438	158835	160762	161003	161393	
懲役	154859	155413	158338	158438	158835	160762	161003	161393	

ㅊ									
チブス	148220	148763	148800	148836	148872	148908	148963	148992	149075
	149115	149152	149196	149238	149318	149360	149404	149453	149578
	149706	149756	149907	149951	149953	149957	149993	150080	150300
	150331	150501	150876	151062	151163	151446	151990	152098	152109
	153439	153443	154379	154436	154897	154901	156276	156300	158327
	158360	158679	158935	159021	159057	159166	159230	159233	159503
	159786	159953	160200	160306	160334	160569	160635	160687	161671
借家	154055	155160							
車輛	148055	150091	153599	154325	154682	156498	156523	161734	
車鞏館	149411								
差押	148133	150317							
借入	147768	149431	154015	154086	156689	156721	157068	158389	158416
	159273	159296	159802	162961	163189				
車掌	147723	150068	150571	150670	151443	157970	161625	161637	
借地 借地人 借地人組合	149419	150187	150495	151761	152240	153351	156844	160685	
茶話會	147672								
着筏	150847	152128	153505	154688	156488	161655	162292	162427	
札幌	152971	160269							
參拜	147620	147657	150998	151091	151919	151944	153111	154222	159117
	160623	161295	162707	162742					
參拜者	147657	153111	154222	161295	162707	162742			
慘死	147609	147785	148099	149275	151260	151603	153721	155707	163141
	163336								
慘殺	149150	150489	151834	152246	152904	153308	153649	155561	155814
	156641	156668	156950	157200	157505	157945	157974	162459	
參議	147779	148833	151170	156424	156985	160647	161289	161308	
參政權	149100								
廠	148650	149042	153533	154317	162350	163705	163727	163950	163972
唱歌	153787	162116	162142						
昌慶園	150700								
昌慶苑	148804	150539	151103	151481	151491	159699	159732	160562	160585
	160835	160860	161624	161636					
昌慶苑動物園	148804								
昌慶丸	154060								
倉庫	147558	147805	147815	148055	148312	148560	148652	148849	149513
	149594	149784	150782	151086	152120	152214	152270	152299	152974
	153289	155289	156318	156373	157038	157071	157161	157646	157787
	159759	162370	162398	162778	163397	163815			
倉庫業	157038	157071							

猖獗	148763	148800	148908	149635	149706	149859	150501	151990	152047
	153082	155857	155884	156823	158408	158442	159503	163202	
娼妓	154270	154301	159229	160839	160870	162277	163374	163956	
昌德宮	147620	151732	157795	157818					
娼婦	160600								
昌城	160641	161116	162391	162456	162482	162980			
昌原	149635	153965	159883						
倉知鐵吉	147766	147769	159573	159593	160269				
債券	160565	160589	160607						
採用	147870	149387	150068	150122	150670	150767	151263	151485	152406
	153602	155128	155156	156349	156903	157471	157531	158915	158944
	160489	160517	160673	160713	161461	161654	162394	162409	162891
	162929								
處罰	150417	153527	154095	155145					
叺	149112	149166	150894	151052	151388	152226	152429	152636	153288
	153881	154005	154606	155687	156683	158290	159537	161015	161437
	161706	161787	161990	162490	162610	162645	163403	163918	164110
拓殖省	163829	163850							
拓植 拓殖	151651	151857	153879	159543	159611	159613	159637	159689	159842
	159913	159979	160006	160047	160118	160472	160739	160773	161103
	161127	163829	163850						
叺增產 叺增産	161015	161787							
泉崎三郎	147978	150618	150678	150983					
天圖	147559	148012	149001	150795	150877	150931	151283	151722	152269
	152857	153650	155529	156059	156270	156303	156559	156586	157871
	157897	158389	163287						
天道教	149641	150787	158744	159421	159444				
天圖鐵道	147559	148012	150795	150877	151722	152269	153650	158389	163287
天覽	150441								
淺利	151034	151094	159318	160470	161007	161082			
天理教	151649								
川上 (東拓理事)	147581	154405	154434	159411	159435	162835			
天安	160806	163574	163603						
天然痘	151165	151461	151601	151650	151692	151891	152047	152100	152116
	152368	152582	153082						
天然氷	149951								
天日鹽	149418	150431	152014	156491	158542	158564	159415	159439	160486
	162699								
天長節	150819	150964	151093	151251	151349	151472	151529	151574	151575
天才	150446	151304	156506	156530	159504	159526			

天津	151946	152233	152280	152352	152485	153187	155066	156487	156884
淺川伯教	154706	154727							
天皇	163884	163904	163936	163964					
鐵鑛	153056	157097	160748						
鐵橋	148712	150545	155658	156266	157736	157752	157990	159569	162236
	162264	163528	163717						
鐵道	147559	147560	147573	147610	147629	147638	147650	147686	147725
	147741	147772	147773	147846	147930	147977	147978	148012	148161
	148276	148281	148293	148551	148629	148635	148765	148785	148831
	148832	148936	148962	148975	148981	149033	149134	149310	149337
	149371	149406	149484	149591	149696	149745	149763	149764	149795
	149816	149826	149862	149871	149911	149939	149962	149991	150009
	150025	150054	150097	150169	150176	150242	150265	150271	150335
	150374	150385	150393	150521	150548	150587	150613	150628	150699
	150735	150754	150795	150808	150840	150871	150877	150902	150931
	150934	150992	151004	151114	151191	151250	151367	151458	151516
	151556	151595	151623	151651	151664	151697	151722	151723	151773
	151788	151838	151888	151942	152058	152105	152106	152143	152255
	152269	152309	152317	152325	152334	152372	152386	152417	152458
	152459	152537	152602	152625	152638	152691	152764	152874	152883
	153005	153012	153024	153151	153180	153227	153230	153412	153448
	153559	153650	153656	153681	153803	153841	153916	153950	153957
	154145	154168	154280	154291	154309	154391	154395	154409	154476
	154559	154682	154770	154799	154828	154917	155042	155130	155157
	155212	155506	155682	155773	155798	155846	156024	156034	156077
	156169	156252	156376	156428	156442	156449	156476	156483	156513
	156514	156527	156539	156543	156590	156622	156634	156649	156659
	156960	157021	157024	157049	157083	157091	157126	157146	157183
	157201	157204	157241	157277	157399	157438	157455	157540	157567
	157736	157752	157871	157897	157936	157975	158082	158114	158144
	158146	158245	158376	158389	158412	158447	158458	158461	158507
	158538	158600	158609	158622	158637	158732	158767	158805	158825
	158860	158951	158999	159032	159063	159082	159109	159132	159145
	159148	159173	159188	159196	159205	159220	159244	159318	159348
	159387	159410	159434	159543	159544	159549	159613	159632	159663
	159689	159746	159771	159826	159838	159842	159846	159860	159872
	159876	159913	159979	159983	159987	160006	160015	160027	160047
	160118	160232	160255	160272	160285	160313	160359	160395	160454
	160472	160567	160611	160621	160724	160889	160916	160956	160986
	161173	161386	161549	161779	161940	161970	161995	162010	162082
	162199	162200	162226	162255	162256	162280	162281	162373	162374
	162394	162403	162409	162433	162462	162515	162542	162552	162563
	162575	162589	162607	162616	162633	162639	162640	162661	162663
	162668	162669	162691	162731	162766	162787	162817	162820	162891
	162929	162981	163010	163033	163061	163081	163163	163287	163301
	163357	163381	163436	163462	163493	163523	163557	163588	163642

	163669	163854	163888	163894	163907	163914	163929	163997
鐵道局 鉄道局	147686	147725	147846	147930	147978	148551	148831	148936	148975
	149337	149406	149696	149763	149911	150025	150097	150176	150385
	150613	150628	150871	150902	150992	151191	151623	151651	151664
	151788	151888	151942	152058	152106	152309	152386	152459	152625
	152691	152874	153151	153412	153656	153803	153916	153950	154145
	154291	154395	154409	154559	154682	155042	155506	155682	156543
	156960	157091	157241	157277	158447	158507	158609	158637	158805
	158825	158951	159205	159348	159387	159410	159434	159746	159838
	159846	159860	159872	160027	160232	160255	160611	160724	160889
	160916	160956	160986	161386	162256	162281	162374	162394	162403
	162409	162433	162462	162515	162542	162589	162616	162639	162661
	162668	162691	162891	162929	162981	163010	163033	163061	
	163929								
鐵道網	150521	161940	161970						
鐵道省	149591	150169	151004	151458	151838	157399	157438	159318	
撤兵	153473								
鐵原	148785	148861	152781	154277	154299	156063			
鐵砲	154675	161112							
鉄 鐵	147543	147559	147560	147573	147580	147588	147610	147629	147638
	147650	147686	147708	147725	147741	147766	147769	147772	147773
	147791	147846	147856	147929	147930	147977	147978	148012	148075
	148125	148161	148181	148191	148240	148276	148281	148293	148370
	148389	148551	148564	148578	148610	148618	148629	148635	148712
	148733	148741	148765	148774	148785	148831	148832	148861	148918
	148936	148943	148962	148974	148975	148981	148984	149005	149032
	149033	149062	149134	149226	149310	149337	149371	149382	149406
	149416	149484	149591	149655	149684	149689	149696	149722	149745
	149763	149764	149795	149799	149816	149826	149862	149871	149874
	149880	149911	149920	149939	149962	149991	150001	150009	150015
	150025	150054	150097	150154	150169	150176	150179	150242	150265
	150271	150335	150374	150376	150385	150386	150393	150396	150521
	150545	150548	150587	150613	150628	150699	150735	150754	150760
	150795	150808	150840	150845	150871	150877	150902	150931	150934
	150986	150992	151004	151042	151066	151073	151081	151114	151187
	151191	151250	151257	151312	151367	151396	151416	151437	151458
	151516	151556	151572	151595	151607	151617	151623	151651	151658
	151664	151697	151712	151722	151723	151773	151788	151838	151849
	151873	151888	151901	151912	151941	151942	152058	152105	152106
	152143	152255	152267	152269	152309	152317	152318	152325	152334
	152372	152383	152386	152417	152437	152458	152459	152496	152537
	152539	152548	152556	152589	152602	152625	152630	152638	152691
	152756	152764	152766	152781	152826	152857	152874	152883	152885
	152889	153005	153012	153014	153024	153033	153056	153144	153151
	153180	153218	153227	153230	153412	153413	153448	153491	153533
	153547	153559	153650	153656	153681	153741	153746	153788	153803

153810	153824	153825	153841	153886	153916	153950	153957	154145
154168	154206	154234	154277	154280	154291	154299	154309	154325
154391	154395	154409	154476	154486	154559	154598	154671	154675
154682	154754	154770	154799	154828	154899	154917	154920	155042
155130	155157	155212	155218	155286	155495	155506	155529	155563
155632	155658	155682	155773	155798	155819	155846	156024	156034
156050	156059	156063	156077	156081	156169	156221	156252	156266
156368	156376	156411	156428	156442	156446	156449	156476	156480
156483	156512	156513	156514	156527	156536	156538	156539	156543
156545	156590	156622	156634	156649	156659	156756	156883	156960
156966	157021	157024	157049	157083	157089	157091	157097	157111
157126	157146	157183	157187	157201	157204	157208	157241	157277
157349	157399	157438	157455	157481	157508	157540	157567	157570
157602	157651	157685	157736	157752	157871	157897	157936	157975
157990	158027	158064	158082	158114	158144	158146	158152	158157
158234	158245	158251	158348	158376	158389	158412	158447	158458
158461	158507	158538	158590	158600	158609	158622	158637	158732
158767	158779	158805	158825	158860	158951	158971	158999	159032
159063	159082	159109	159132	159145	159148	159173	159188	159196
159205	159220	159244	159318	159348	159387	159410	159434	159537
159543	159544	159549	159569	159573	159593	159613	159620	159632
159649	159663	159687	159689	159746	159771	159777	159826	159833
159838	159842	159846	159860	159872	159876	159913	159979	159983
159987	159988	160006	160013	160015	160027	160047	160049	160084
160118	160183	160232	160237	160255	160262	160269	160272	160285
160313	160351	160359	160378	160395	160419	160446	160454	160472
160567	160611	160621	160724	160748	160889	160916	160956	160986
161055	161112	161173	161315	161318	161357	161386	161549	161779
161849	161940	161970	161991	161995	162006	162010	162082	162199
162200	162226	162232	162236	162255	162256	162260	162264	162280
162281	162346	162373	162374	162375	162394	162403	162404	162409
162433	162443	162462	162515	162542	162552	162563	162575	162589
162607	162616	162633	162639	162640	162642	162661	162663	162668
162669	162691	162731	162766	162787	162817	162818	162820	162851
162891	162929	162981	163010	163033	163061	163081	163159	163163
163287	163301	163315	163340	163357	163381	163436	163462	163493
163523	163528	163557	163588	163642	163669	163717	163806	163854
163888	163894	163897	163907	163914	163929	163961	163997	
甜菜	148471	152427	157018	160676	161150	161315	161949	162152	162441
	162470								
疊屋	152278								
鯖	148228	148229	149000	149723	149915	150806	151282	152266	152376
	152892	152932	152937	153176	153752	153847	154089	154979	155123
	155572	156612	156680	156820	157991	158333	159206	159810	160808
	160810	160880	161087	161266	161652	162151	162214		
清潔法	149957								

淸溪川	147913								
靑年	147702	148201	148496	148680	148685	148710	148914	149407	149525
	149640	149999	150235	150411	150734	150775	150795	150971	151590
	151599	151728	151847	152581	152604	152924	152979	153040	153168
	153640	153905	153990	154214	154243	154304	154452	154733	156205
	156226	156466	156694	156872	157044	157119	157123	157149	157302
	157876	157951	159001	159031	159117	159183	159592	159660	159922
	159949	160298	160461	160723	160786	161493	161751	161775	162027
	162298	162326	162333	162518	162644	162672	162728	162753	162850
	163158	163533	163645	164073					
靑年團	147702	148685	148710	149525	149999	150971	151847	154214	154243
	154304	154452	159001	159031	159183	159922	159949	160298	160723
	160786	161493	162850	163533					
靑年會	148496	150734	150795	154733	157123	159660			
靑年訓練	148201	150235	150775	152604	153905	156205	156226	156466	156694
	157044	157302	162298	162326	162333	162644	162672		
靑島	147916	151878	151917	151979	152084	152086			
淸凉飮料	150080	153391							
淸流亭	150116								
靑木戒三	160647	161415	161423						
靑木平南知事	160647	161415	161423						
請負	149465	149939	153002	153818	158149	159396			
請負業	149465								
廳舍	148708	148800	149992	151154	151311	151612	151756	152569	153708
	154101	155382	155414	155443	155471	155515	155550	155694	155877
	155990	156772	156800	156849	156943	157060	157221	157614	157765
	157923	158275	158769	158818	158995	159028	159354	159384	160406
	160862	161057	161132	161651	161929	162003	162498	162648	162676
	163019	163024	163045	163098	163484	163494	163760	163796	
靑山島	154582								
淸水寺	153741								
請願	148389	149819	149821	150069	150425	150530	150569	151098	151148
	151204	151506	151612	152126	152328	152338	152594	152781	152895
	153501	154824	155902	156043	156072	156313	156810	157098	158447
	159196	159321	159691	159717	159992	160014	160477	160481	162970
	162998	163636	164036						
請願書	156043	156072							
淸酒	150511	151507	151881	156381	159326	162558	163106		
淸州 淸州	149065	149529	150647	151551	151615	151625	152392	152796	153042
	154120	154517	154726	154880	155061	155091	155266	155326	155346
	155574	155578	155598	156388	156391	157009	157272	157892	158455
	159864	160617	161383	161567	161591	161764	162339	162472	162498
	162726	162761	163082	163458					
淸津	147847	147935	148117	148143	148173	148429	148592	148768	148832

	149013	149015	149476	149623	149628	149664	149686	149735	149892
	149915	149936	149997	150035	150570	150573	150870	150899	150900
	150948	151039	151082	151179	151188	151196	151253	151330	151337
	151517	151547	151586	151624	151714	151721	151742	151759	151785
	151874	152016	152136	152176	152299	152613	152812	152851	152891
	152998	153023	153113	153176	153265	153273	153332	153515	153552
	153711	153761	154039	154185	154217	154291	154625	154626	154629
	154631	154647	154759	154780	154832	154880	155065	155428	155547
	155853	155861	155924	155951	156368	156567	156613	156702	156753
	156793	157033	157158	157366	157455	157487	157596	157672	157702
	158183	158191	158250	158276	158297	158299	158396	158447	158603
	158625	158737	158919	158920	159228	159250	159912	159979	160006
	160227	160409	160647	160687	160805	161037	161935	161938	162090
	162096	162221	162237	162241	162287	162322	162379	162380	162446
	162494	162496	162515	162542	162648	162661	162676	162691	162798
	162829	162866	162905	162954	163019	163026	163045	163052	163096
	163098	163231	163741						
清津貿易	147847	154832							
清津府	148143	148173	148429	149013	149476	149735	149936	151721	151874
	152299	152812	153552	156368	156753	156793	158297	162648	162676
	162866	162905	163019	163045	163098				
清津靑訓所	151742								
聽取者	153348	154401	154429	159232					
靑訓 靑訓所	151360	151742	152118	155668	155676	155717	155782	157011	157245
	157863	157952	158045	158174	158205	158354	158400	158429	159182
	159730	159819	160461	161354	161948	161951	161976	162095	162166
	162517	162543	162724	162765	162802	163156	163169	163194	163196
	163201	163325	163432	163792	163834	163852	163889	163912	
清 清國	151901								
滯納	149410	149439	149475	150164	150288	150317	150407	155949	157235
	157941	158792	158816	158861	158889	162172	162389	162416	
遞送	152416	155201	158295	159093	159123	161507			
遞送 遞傳	152416	155201	158295	159093	159123	161507			
遞信	147655	147697	148322	148374	148408	148468	148505	148507	148544
	148768	148840	149484	149486	149514	149789	149862	149911	150147
	150177	150335	150356	150371	150420	150503	150983	151021	151500
	151509	151573	151673	152000	152027	152060	152105	152187	152371
	152537	152624	152764	152883	152961	153012	153116	153227	153570
	153719	153918	154018	154049	154351	154601	154899	154915	154972
	155185	155192	155312	155335	155673	155815	155911	155941	156166
	156370	156385	156436	156517	156625	156652	157313	157742	158093
	158119	158463	158491	158578	158604	158626	158682	158708	158751
	158771	159010	159052	159099	159132	159363	159391	159419	159443

總監	147564	147592	147593	147594	147620	147661	147672	147743	147755
	147978	148000	148079	148387	148408	148447	148505	148518	148558
	148636	148837	149099	149231	149386	149994	150113	150192	150483
	150587	150754	150821	150907	150915	150952	150963	150994	151045
	151095	151133	151170	151391	151432	152183	152227	152228	152445
	152565	152864	152971	153014	153074	153216	153275	153469	153623
	153656	153676	153680	153788	153895	153934	153975	154185	154188
	154217	154266	154475	154502	154529	154550	155431	155462	155543
	155587	155610	155644	155728	155877	155909	155939	156246	156281
	156422	156455	156665	156690	156691	156722	156723	156859	157023
	157172	157181	157254	157333	157922	158176	158410	158424	158598
	158620	158682	158708	158994	159027	159153	159220	159244	159793
	159821	159839	159861	159979	160006	160231	160254	160427	160457
	160785	160890	160903	160917	160929	161321	161342	161374	161383
	161448	161460	161517	161533	161710	161718	162302	162330	162633
	162661	162663	162691	162711	162746	163034	163062	163118	163146
	163378	163401	163417	163438	163443	163464	163628	163658	163705
	163727								
銃器	151878	153068	162527	162898	162939				
總督	147527	147528	147580	147610	147740	147766	147779	147782	147787
	147817	147819	147853	147870	147903	147978	148061	148079	148103
	148121	148155	148181	148197	148216	148265	148404	148414	148429
	148468	148489	148493	148561	148686	148743	148768	148840	148870
	148876	148895	148902	148927	148994	148998	149056	149123	149201
	149217	149297	149342	149392	149452	149525	149560	149686	149706
	149881	149931	149949	149981	150054	150057	150113	150153	150193
	150246	150275	150276	150279	150301	150305	150311	150405	150424
	150458	150551	150628	150678	150724	150754	150771	150818	150834
	150840	150931	151066	151094	151170	151199	151246	151298	151348
	151354	151370	151401	151416	151551	151581	151631	151653	151672
	151841	152059	152122	152130	152153	152159	152183	152198	152228
	152256	152351	152367	152370	152396	152419	152445	152459	152514
	152673	152683	152766	152780	152797	152842	152874	152906	152926
	152971	152996	153005	153014	153029	153050	153085	153157	153203
	153293	153342	153379	153404	153451	153455	153468	153470	153510
	153637	153672	153673	153741	153933	153981	154012	154043	154121
	154128	154225	154243	154263	154291	154295	154317	154340	154375
	154426	154482	154512	154526	154544	154574	154652	154675	154677
	154721	154773	154810	154819	154834	154868	155089	155141	155167
	155224	155249	155274	155288	155306	155330	155342	155372	155399
	155515	155550	155563	155581	155603	155696	155711	155729	155756
	155788	155841	155879	155921	155936	155953	155982	156010	156012
	156120	156155	156306	156381	156515	156540	156572	156596	156690
	156722	156732	156810	156822	156852	156874	157031	157158	157280
	157349	157921	157957	158002	158031	158089	158121	158369	158460
	158461	158489	158492	158507	158525	158550	158598	158620	158664
	158682	158690	158708	158751	158771	158898	159009	159051	159173

	159219	159242	159258	159460	159573	159593	159686	159690	159713
	159716	159848	159909	159937	159987	160002	160027	160048	160079
	160121	160143	160269	160297	160326	160332	160418	160445	160448
	160591	160626	160670	160700	160703	160724	161030	161312	161322
	161343	161357	161415	161418	161423	161425	161441	161452	161526
	161541	161573	161583	161596	161602	161642	161805	161829	161861
	161885	161893	161923	161932	161941	161963	161971	162231	162259
	162614	162661	162787	162818	162820	162851	162953	162962	162984
	162993	163027	163053	163093	163120	163247	163275	163357	163365
	163378	163381	163388	163401	163415	163441	163478	163483	163510
	163514	163685	163687	163708	163710	163739	163775	163806	163829
	163850	163961	164000	164026	164070	164094			
總督府殖産局	150834	153014							
總督府醫院	148121	148216	149452	149706	150301	152130	152370	152842	
總督府學務局 総督府學務局	148686	162614							
總督府 総督府	147766	147782	147819	147853	147870	147903	147978	148061	148121
	148216	148429	148468	148686	148743	148768	148840	148870	148876
	148902	148927	148994	148998	149123	149201	149297	149392	149452
	149525	149560	149686	149706	149881	149931	149981	150054	150057
	150246	150275	150276	150279	150301	150305	150311	150405	150424
	150458	150551	150628	150678	150834	150840	151094	151199	151246
	151370	151551	151653	152122	152130	152153	152198	152256	152351
	152370	152419	152459	152673	152683	152766	152842	152874	152971
	153005	153014	153050	153085	153342	153673	153741	153933	154121
	154128	154243	154263	154295	154340	154375	154426	154526	154675
	154677	155089	155141	155167	155274	155288	155342	155515	155550
	155563	155696	155711	155729	155756	155788	155841	155879	155921
	155936	155953	156120	156155	156306	156381	156572	156596	156732
	156810	156822	157031	158002	158031	158369	158460	158461	158489
	158492	158507	158525	158550	158664	158682	158690	158708	158751
	158771	158898	159009	159051	159258	159460	159573	159593	159686
	159690	159713	159716	159987	160002	160027	160269	160332	160418
	160445	160724	161526	161541	161642	161861	161885	161893	161941
	161971	162614	162661	162787	162818	162820	162851	162953	162962
	162984	162993	163027	163053	163093	163120	163247	163275	163365
	163388	163415	163441	163478	163510	163961	164000	164026	
總督 総督	147527	147528	147580	147610	147740	147766	147779	147782	147787
	147817	147819	147853	147870	147903	147978	148061	148079	148103
	148121	148155	148181	148197	148216	148265	148404	148414	148429
	148468	148489	148493	148561	148686	148743	148768	148840	148870
	148876	148895	148902	148927	148994	148998	149056	149123	149201
	149217	149297	149342	149392	149452	149525	149560	149686	149706
	149881	149931	149949	149981	150054	150057	150113	150153	150193
	150246	150275	150276	150279	150301	150305	150311	150405	150424
	150458	150551	150628	150678	150724	150754	150771	150818	150834

	150840	150931	151066	151094	151170	151199	151246	151298	151348
	151354	151370	151401	151416	151551	151581	151631	151653	151672
	151841	152059	152122	152130	152153	152159	152183	152198	152228
	152256	152351	152367	152370	152396	152419	152445	152459	152514
	152673	152683	152766	152780	152797	152842	152874	152906	152926
	152971	152996	153005	153014	153029	153050	153085	153157	153203
	153293	153342	153379	153404	153451	153455	153468	153470	153510
	153637	153672	153673	153741	153933	153981	154012	154043	154121
	154128	154225	154243	154263	154291	154295	154317	154340	154375
	154426	154482	154512	154526	154544	154574	154652	154675	154677
	154721	154773	154810	154819	154834	154868	155089	155141	155167
	155224	155249	155274	155288	155306	155330	155342	155372	155399
	155515	155550	155563	155581	155603	155696	155711	155729	155756
	155788	155841	155879	155921	155936	155953	155982	156010	156012
	156120	156155	156306	156381	156515	156540	156572	156596	156690
	156722	156732	156810	156822	156852	156874	157031	157158	157280
	157349	157921	157957	158002	158031	158089	158121	158369	158460
	158461	158489	158492	158507	158525	158550	158598	158620	158664
	158682	158690	158708	158751	158771	158898	159009	159051	159173
	159219	159242	159258	159460	159573	159593	159686	159690	159713
	159716	159848	159909	159937	159987	160002	160027	160048	160079
	160121	160143	160269	160297	160326	160332	160418	160445	160448
	160591	160626	160670	160700	160703	160724	161030	161312	161322
	161343	161357	161415	161418	161423	161425	161441	161452	161526
	161541	161573	161583	161596	161602	161642	161805	161829	161861
	161885	161893	161923	161932	161941	161963	161971	162231	162259
	162614	162661	162787	162818	162820	162851	162953	162962	162984
	162993	163027	163053	163093	163120	163247	163275	163357	163365
	163378	163381	163388	163401	163415	163441	163478	163483	163510
	163514	163685	163687	163708	163710	163739	163775	163806	163829
	163850	163961	164000	164026	164070	164094			
總辭職	150361	151628	151786	161825	162678	163911			
銃殺	147909	155594	155619						
總選擧	148079	148408	148561	149056	149200				
總領事	149933	150882	151499	153875	157570	158854	158878	158898	
秋季競馬	159252	159882	160260						
追悼	149109	149269	149326	150671	153518	157303	157557	159634	160307
	160506	160535	160709	161185	161209	162884			
追悼會	149269	149326	157303	157557	159634	160307	160506	160535	162884
秋蠶	155221	155500	155887	156035	157784	158014	158074	158076	158383
	158520	162854							
雛祭	149681								
蹴球	150789	150797	151050	151180	151319	151379	151480	151587	151693
	151723	151802	151998	152105	152745	152764	153228	157538	157769
	158750	158767	159591	160836	160864	161840	161941	161971	162114

162141	162278	162386	162412	162599	162624	163702	163726	163947
163973								
逐鹿	148320							
畜産 畜產	147849	147939	148021	148588	149083	149165	149646	149783	150065
	150419	150891	151074	151076	151606	152073	152079	152175	152381
	152901	154580	156492	156760	156825	156826	157445	157924	158652
	158713	158989	159948	160152	160208	163218	163736		
祝宴	153634	159718	161067	161721					
畜牛	148239	149125	149501	149651	153544	153845	155502	158716	161319
	161369	163411							
蓄音機	154419	154763	154801	157606					
築造	157034	157331	159325	159394					
祝賀會	148862	148955	149138	149231	150490	153333	153519	159073	160228
	161327	162269	162997						
築港	147745	148406	148776	148843	149561	149886	149932	150067	150242
	150347	150453	150454	150595	150655	150726	151041	151047	151129
	151214	151252	151404	151483	151501	151527	151630	152136	152138
	152199	152338	152396	152568	152777	153157	154086	155065	155342
	155374	155984	156077	157109	157958	158603	158625	158927	159082
	159109	159501	159551	159577	159670	159989	160227	161914	
築港問題	159577								
築港運動	152338	152777							
春蠶	151382	151861	151913	152305	152502	152504	152505	152596	152931
	152934	153237	153462	153502	153546	153578	153702	153710	154460
	154842	161225	161408						
春川	150297	152015	152117	152195	152717	153091	153227	153482	153576
	155482	156666	157075	157193	157341	157347	157760	157847	158356
	159267	159869	160785	160903	160929	161200	161720	161731	162036
	162052	162078	162186	162590	162618	163010	163527	163717	
出穀	151705	151864	155116	158580	161155				
出動隊	158241	161327	161336						
出米	154178	156314	161154	163079	163918				
出兵	151295	151390	151524	152277	152302	153112	156114	156142	
出額	153391	155510							
出願	147862	148067	149060	149565	150019	150339	150523	152361	152665
	152685	152824	154602	155467	156698	159876	160621	161758	
出初式	147529	147570	147574						
出版	151995	160403	162196						
出品	147679	148896	149729	149991	150692	150918	151352	151410	151766
	151971	152395	154337	154364	154909	155205	156196	156231	156695
	156727	156822	156826	157284	158511	158862	158884	158907	159156
	159179	159329	159597	159889	159969	159975	160106	160134	160610
	160614	160717	160879	161365	161409	161457	161997	162148	162286

	162629	162779							
出荷	150132	150554	151124	151183	159142	159205	161438	162494	163876
忠州	148951	157008	157075	161402					
忠清南道 忠南	148159	148238	148748	149579	149647	150085	150524	151021	151211
	151569	151618	151682	152037	152076	152133	152242	152256	152263
	152299	152429	152430	153418	153626	153668	153798	153799	153996
	154433	155095	155256	155402	155403	155569	155573	155600	155812
	156206	156232	156362	156368	156639	156664	157079	157152	157158
	157189	157493	157535	157556	158153	158222	158565	158643	158973
	159457	159523	159524	159877	160077	160078	160219	160857	161054
	161985	161997	162195	162198	162345	162552	162846	163913	
忠清北道 忠北	147580	148840	148858	148939	149551	150503	150795	151323	151499
	151615	152039	152263	152440	152827	152980	153600	153629	154046
	154385	154723	154945	154969	155046	155113	155682	156753	157006
	157260	157404	157771	157837	158366	158981	160111	160855	161415
	161423	162332	163351	163869					
沖合	152580	153566	153847	154089	154235	157690	158885	160759	160788
	160810	160975	162358						
蟲害	155376								
忠魂碑	156845	156866	159485	159572					
取引	148663	149338	149796	149956	149967	150065	150395	150631	150883
	151301	151429	151657	151704	151777	151817	151904	151929	151972
	152153	152238	152328	152484	152506	152532	152547	152847	152866
	152880	152930	153010	153030	153058	153280	153281	153327	153368
	153468	153641	154002	154459	154535	154600	154679	154834	154842
	154868	154924	154950	154951	154972	154996	155024	155029	155119
	155224	155249	155322	155340	155354	155387	155390	155416	155583
	155606	155909	155967	156043	156072	156179	156306	156487	156557
	156584	156757	156768	156797	156971	156996	157059	157496	157650
	157684	157856	157883	158357	158654	159207	159598	160283	160311
	160317	163093	163120	163415	163441				
取引所	148663	150395	150883	151301	151657	151704	151777	151817	151904
	151929	151972	152238	152328	152484	152847	152866	153010	153468
	153641	154002	154459	154535	154600	154679	154834	154868	154924
	154950	154951	154996	155024	155029	155119	155224	155249	155322
	155354	155390	155909	155967	156043	156072	156179	156306	156557
	156584	156757	156768	156797	156971	156996	157496	157650	157684
	157856	157883	158357	159207	160283	160311	160317	163093	163120
	163415	163441							
取調	147617	147894	148501	149761	149958	150674	151415	151810	154314
	155617	156475	156642	156669	157087	157921	157957	159453	159823
	162028	162062	162080						
就職	147870	149450	149940	153487	159089	159115	161843	162844	162891
	162929	163545							
取締	147636	147715	147797	147829	147895	148140	148304	148308	148354

ㅋ									
カフェ カフヱー	157238	158998	159108						
カメラ	152447								
カルタ大會	148917	149497							
キニーネ	156277	156298							
キネマ	147552 160734	147627	147671	147714	147749	151559	152330	157709	159606
クラブ	150371	151773	153041	155204	157836	159931	159961		
ケーブルカー	156774	156804							
ケシ	151053	151544	155455						
コカイン	161078								
コソ泥	147618	156873	162769						
コレラ 虎疫	147793 159195	149290 162938	155857 163271	155884 163505	156946	158574	158615	158640	159159
コンサート	162600	162625							
コンスターチ	156118	156914	156954						
コ疫	159253								

E								
タクシー	147809	147843	156338	162221				
たばこ 煙草 葉煙草	147626	147733	147802	147905	147971	147988	147995	148170	148624
	148658	148697	148721	148809	148879	148889	148971	149003	149169
	149214	149368	149690	149698	149835	149845	149976	150143	150656
	150842	150942	151239	151473	151487	151511	151566	151830	151859
	151910	151949	152002	152117	152303	152307	152552	152555	152736
	152806	152813	153098	153140	153330	153429	153811	153851	154054
	154083	154118	154229	154603	154974	154988	155049	155059	155136
	155161	155501	155753	155817	156051	156075	156106	156243	156266
	156373	156493	156843	156864	156888	157210	157213	157464	157491
	157715	157774	157997	158064	158452	158498	158519	158541	158573
	159262	159420	159600	159674	159680	160088	160217	160224	160246
	160482	160485	160571	160598	161157	161158	161270	161360	161404
	161521	161551	161559	161560	161848	161857	161889	161933	161954
	161964	161982	162069	162144	162207	162242	162270	162291	162295
	162493	162559	162700	163551	163674	163745	163781	163817	163878
トラック	151958	159303	162375	162404				
打瀬網	148309							
打合會	147637	148346	148918	149962	152039	152160	153180	153230	153450
	153577	155118	155129	155431	155462	155544	155668	155765	155793
	155926	156399	157108	157137	157869	158013	158047	158506	158784
	158965	159792							
卓球	148177	149082	149249	149281	149324	149762	149813	150584	150749
	151551	156344	156366	156920	158352	158802	158829	159425	159449
	160366	160389	160768	161282					
濁酒	157274	158435	158762						
炭坑	149463	158025	158060						
炭鑛	149602	161014							
彈藥	151917	152721							
嘆願	149896	151762	156853	161439	163137				
炭田	152182								
脱線	149320	154035	157455	158368	160367				
脱税	151829	151965	158008						
奪還	152829	158747							
探偵	159203								
太刀	147636	148711	150449	150966	150986	151003	152477	152570	152616
	152710	153190	157860	157887	161089	161743	161765	162847	
太刀洗	148711	150449	150966	151003	152477	152570	152616	152710	157860
	157887								
太妃殿下	158916	158945	163306	163332					
怠業	153191	159959							
澤田豊丈	149084	149458	151416	152000	152926	153985	153996	155276	158682

(東拓理事)	158708	160515	160542	160602	161642	162323	162350	
土幕民	156297							
土木	147745	148022	148079	149009	149185	149210	149231	149252	149361
	149531	149905	149961	150177	150218	150332	150349	150350	150456
	150548	150627	150849	150927	150982	152077	152387	152732	152756
	152967	153031	154448	156623	156650	156753	156815	156898	156930
	156984	157570	157616	157634	158365	158525	158550	159273	159296
	161858	161890	162343	162485	162536	163137	163457	163694	163795
	163916	163976							
土木部	149231	149905							
土木事業	148079	149009	156623	156650	156898	156930	158525	158550	162536
討伐	149541	150245	152701	152749	152829	152870	152904	152945	152990
	153069	153115	153158	153201	153208	153223	153249	153291	153300
	153473	153640	153862	154627	154940	154947	155072	155851	155889
	157793	158335	159485						
討伐軍	152701								
土産	148155	148295	148667	150282	154045	161845	162177	162190	162201
	162357	163820	163847						
土地	147564	147689	147891	147925	148193	148361	148387	149225	150381
	150650	150678	150975	151568	151678	152240	153364	153513	154921
	154981	155018	155638	155730	155894	156250	156321	156347	156825
	156844	157220	157252	157361	157381	157417	157779	157844	158112
	158144	158482	158728	158757	159082	159109	159147	159180	159331
	159728	160101	160501	160528	160685	160900	160954	160984	161168
	161348	162170	162174	162194	162588	162818	162851	162952	162983
土地改良	148193	148387	150381	150650	150678	153513	154921	155018	156250
	156321	156347	157779	157844	158112	158144	158728	158757	159147
	159180	160501	160528	160954	160984	162818	162851	162952	162983
土地改良部	150678	153513	156321	156347	158112	158144	160954	160984	162818
	162851								
土地收用令	157417								
土地會社	156844	160685	160900						
通關	147625	154410	154843						
統軍亭	151059								
通商	147930								
通信	147602	148124	148457	149280	149575	149644	149754	149962	150211
	150264	150365	152193	152406	152445	153345	153392	153717	153916
	153936	154214	155661	155828	157366	157386	157455	157484	160515
	160542	161405	162738	162772					
通信傳習生	152406								
通譯	148298	148998	149352	154998	155026				
統營	148764	151923	152610	153847	156104	156479	156588	156656	156824
	157329	157773	157915	158078	158221	158822	159259	159264	159265
	159289	159313	159451	159469	159657	159671	160274	160276	160807

	161066	162215	162422					
統一	147825	148409	148782	150742	150778	151957	152028	152608	152628
	152957	153184	153234	153519	154393	155228	155565	156169	156504
	156525	157126	157146	157274	157524	157545	157555	158445	159083
	159110	159975	160898	161448	161460	161736	162025	163077	164059
	164089								

ㅍ								
パリ	157737	157747	162617	162656				
パン	151255	151438	153912					
ピストル	153481							
プール	152730	153448	153530	153739	156837	156858	157203	160556
ポスター	149840	152719	154337	154364	156441	156465	156983	157004	161321
	161746	161767	162075	163104	163132	163293	163317		
ポンプ	157206	161814						
派遣	148422	148872	148938	151878	151917	152141	152829	152938	152945
	153349	153807	153989	156000	157364	157384	157673	157705	159350
	161243	161580	161729	161873	161904	162803	163584	163896	163981
罷工	150768							
波瀾	149399	149431	150550	150588	155847			
破産	149333	149584	150785	151965				
罷業	150674	150752	153084	153646	153779	154241	155859	162900
破獄	151056	152051	152366					
破獄囚	152051	152366						
派遣隊	161815							
播種	154536							
派出所	148894	149123	150145					
判檢事	149241							
販賣店	148612	156785	156806	161611				
坂本署長	148095	148338	148493					
判事	147686	148181	153014	156368	158836	158896	159002	159036	159288
	159314	159506	159528	162256	162281	163961			
阪神	150935	151133	156758	157583	157610	160235	163260		
判任官	159696							
佩劍	154240							
膨脹	148002	149476	153550	157003	160804	161107	161133	161548	161919
	163486	163525						
便衣隊	153044							
編纂	148725	155908	155938	157230	157263	158238	158262	161102
片倉製絲	150565	150648	152508	155425				
平康	150294							
苹果	150907	150986	151332	151435	151474	151633	152638	155340	155898
平每	151552	153840						
平安南道 平南	147567	147642	147677	147692	147728	147839	147841	147845	147890
	147929	147964	147984	148110	148187	148267	148297	148302	148535
	148553	148696	148827	148836	148839	148845	148938	148964	148972
	149008	149084	149111	149115	149189	149193	149194	149196	149243
	149294	149466	149479	149543	149591	149647	149658	149729	149731

149836	149877	149998	150009	150054	150059	150556	150572	150599
150781	150950	150982	150983	151278	151426	151553	151564	151823
151855	151983	152086	152105	152210	152236	152243	152250	152263
152428	152452	152473	152493	152561	152811	152918	152970	153293
153387	153414	153426	153504	153633	153806	153829	153874	153900
153963	153971	154163	154249	154640	154641	154646	154700	154767
154837	154842	154851	155057	155058	155064	155074	155089	155187
155242	155294	155355	155444	155634	155637	155643	155647	155708
155746	155757	155785	155789	155816	155850	155878	155896	155985
155994	155996	156109	156209	156252	156258	156316	156341	156342
156563	156626	156628	156630	156694	156712	156714	156740	156753
156778	156830	156916	156923	156937	156984	157039	157046	157060
157072	157118	157130	157226	157310	157356	157432	157461	157472
157480	157531	157542	157653	157871	158006	158159	158178	158458
158578	158643	158733	158908	158911	158979	159065	159091	159098
159116	159130	159140	159152	159292	159357	159386	159412	159430
159460	159550	159551	159553	159555	159672	159693	159696	159841
159853	159930	160067	160135	160197	160362	160393	160475	160497
160498	160606	160610	160633	160647	160672	160676	160879	160891
160896	160898	160922	160975	161041	161185	161357	161415	161423
161486	161745	161781	161850	161860	161865	161868	162148	162157
162175	162203	162247	162253	162286	162377	162513	162635	162649
162720	162755	162794	162827	163018	163044	163114	163154	163240
163315	163340	163372	163373	163425	163473	163758	163766	163770
163930	163960	164055						

	147613	147615	147681	147755	147799	147862	147917	147920	147927
	147934	148016	148028	148113	148150	148180	148211	148257	148273
	148287	148315	148329	148339	148340	148367	148393	148438	148475
	148480	148680	148694	148718	148821	148845	148897	148953	149011
	149060	149108	149183	149236	149251	149266	149268	149358	149364
	149417	149458	149460	149650	149674	149724	149791	149825	149829
	149842	149875	149883	149919	149972	150004	150013	150063	150065
	150070	150092	150121	150123	150133	150134	150206	150342	150561
	150567	150754	150810	150869	150891	150898	150903	150933	150940
	150955	151021	151040	151059	151062	151105	151244	151366	151406
	151499	151692	151705	151745	151826	151862	151951	151954	151990
平安北道	152004	152010	152011	152098	152254	152263	152274	152322	152331
平北	152334	152368	152458	152464	152539	152600	152605	152633	152637
	152722	152741	152766	152794	152815	152885	152931	153082	153134
	153197	153213	153242	153310	153396	153425	153438	153498	153502
	153578	153603	153778	153826	153829	153935	153967	153968	154001
	154088	154134	154195	154252	154349	154605	154694	154782	154848
	154910	154921	154958	155071	155115	155129	155131	155132	155244
	155420	155528	155534	155568	155576	155713	155731	155818	155986
	156035	156108	156189	156278	156405	156406	156489	156560	156576
	156687	156703	156716	156826	156922	156953	156981	157062	157089
	157120	157150	157240	157288	157449	157810	157869	157995	158014
	158028	158084	158085	158097	158144	158290	158291	158293	158311

158320	158383	158578	158786	158810	158834	158872	159138	159160
159161	159166	159284	159291	159339	159344	159351	159371	159430
159460	159502	159708	159744	159766	159848	159853	159969	159995
160110	160191	160209	160298	160300	160340	160411	160472	160491
160641	160665	160892	161148	161149	161210	161308	161338	161365
161403	161471	161577	161707	161868	161936	161985	162026	162038
162093	162156	162179	162182	162212	162213	162318	162437	162455
162466	162524	162657	162710	162715	162764	162802	162897	163029
163178	163289	163500	163507	163545	163559	163563	163569	163570
163578	163618	163653	163675	163760	163796	163828	163845	163866
164064	164074							

平壤

147544	147576	147664	147674	147686	147719	147748	147756	147757
147760	147766	147792	147806	147831	147833	147876	147878	147915
147921	147924	147946	147961	147999	148047	148163	148172	148192
148204	148207	148213	148252	148265	148296	148301	148391	148400
148402	148413	148418	148428	148456	148463	148474	148490	148505
148514	148530	148539	148566	148569	148577	148591	148630	148641
148643	148661	148672	148674	148703	148756	148794	148796	148824
148828	148831	148853	148897	148908	148910	148947	148950	148964
148970	149084	149131	149148	149152	149158	149170	149174	149210
149217	149238	149261	149277	149288	149311	149351	149362	149374
149396	149472	149480	149526	149536	149608	149613	149637	149647
149752	149765	149775	149805	149841	149847	149876	149881	149882
149884	149901	149906	149954	150002	150039	150043	150052	150074
150124	150144	150164	150185	150208	150236	150252	150256	150258
150265	150292	150311	150314	150317	150344	150358	150364	150374
150454	150475	150485	150534	150544	150575	150602	150616	150617
150639	150655	150658	150660	150708	150719	150735	150768	150780
150781	150790	150824	150834	150858	150929	150966	151011	151160
151174	151262	151291	151399	151403	151442	151486	151540	151551
151553	151569	151630	151651	151653	151660	151690	151737	151765
151815	151889	151916	151917	152067	152086	152105	152112	152114
152132	152141	152230	152231	152286	152369	152391	152401	152446
152449	152477	152487	152494	152510	152520	152537	152539	152555
152598	152643	152742	152775	152787	152904	152945	152952	153039
153050	153064	153068	153110	153165	153221	153230	153251	153267
153294	153295	153303	153344	153355	153381	153385	153408	153533
153558	153597	153679	153692	153768	153817	153820	153827	153936
154026	154034	154152	154158	154170	154177	154188	154193	154194
154197	154204	154224	154268	154317	154355	154404	154413	154414
154484	154490	154497	154511	154553	154562	154566	154621	154631
154637	154642	154709	154731	154771	154777	154844	154847	154849
154861	154905	154911	154926	154933	154975	154977	155004	155008
155073	155088	155126	155137	155149	155153	155163	155235	155238
155302	155340	155369	155435	155459	155463	155520	155588	155595
155597	155623	155624	155642	155664	155673	155682	155689	155702
155707	155720	155723	155745	155758	155759	155762	155770	155785
155790	155820	155901	155988	155991	155999	156013	156043	156052

	156056	156069	156129	156137	156186	156187	156198	156201	156207
	156242	156273	156311	156337	156338	156423	156447	156485	156487
	156501	156510	156542	156552	156561	156566	156567	156570	156633
	156637	156700	156705	156711	156713	156739	156753	156762	156770
	156781	156789	156851	156854	156884	156896	156903	156904	156909
	156921	156928	157028	157044	157045	157089	157097	157099	157114
	157117	157174	157221	157222	157223	157232	157239	157322	157447
	157468	157481	157538	157570	157585	157588	157593	157595	157600
	157612	157667	157670	157673	157678	157726	157728	157729	157749
	157917	157933	157936	157952	158012	158016	158020	158027	158028
	158087	158101	158112	158130	158144	158245	158253	158466	158543
	158675	158736	158738	158740	158748	158787	158795	158802	158848
	158864	158935	159012	159015	159023	159071	159090	159099	159132
	159155	159163	159224	159233	159236	159255	159279	159284	159318
	159347	159350	159354	159363	159384	159391	159399	159484	159491
	159556	159557	159561	159567	159570	159608	159698	159793	159910
	159915	159938	160042	160057	160066	160121	160128	160136	160143
	160172	160193	160200	160230	160243	160298	160302	160345	160360
	160375	160390	160421	160431	160440	160483	160509	160553	160569
	160573	160579	160634	160754	160757	160762	160819	160828	160831
	160846	160970	160971	160973	160978	161023	161025	161044	161047
	161082	161108	161157	161180	161210	161228	161230	161243	161244
	161246	161259	161272	161278	161289	161290	161328	161337	161367
	161368	161374	161424	161505	161510	161552	161566	161570	161589
	161593	161651	161667	161671	161682	161704	161708	161729	161732
	161733	161750	161761	161782	161810	161815	161846	161873	161877
	161879	161885	161904	161908	161943	161946	161960	161985	162083
	162095	162101	162103	162104	162105	162112	162163	162166	162179
	162248	162250	162252	162256	162307	162309	162310	162315	162350
	162387	162389	162395	162416	162419	162445	162475	162509	162511
	162556	162574	162580	162595	162596	162599	162624	162641	162643
	162654	162722	162726	162737	162761	162771	162807	162808	162818
	162840	162851	162875	162974	162978	162981	163010	163027	163053
	163097	163118	163146	163178	163222	163223	163237	163247	163267
	163275	163296	163315	163320	163340	163369	163376	163378	163419
	163436	163484	163498	163499	163501	163549	163564	163623	163637
	163638	163640	163697	163700	163705	163727	163745	163759	163761
	163771	163781	163806	163845	163866	163871	163872	163880	163887
	163896	163925	163947	163949	163973	163975	163986	163990	164014
	164041	164061	164062	164072	164077	164078	164083	164099	
平壤高女	148566	148674	148703	148756	148796	148828	150317	155238	
平壤公會堂	154194	154224							
平壤兵器	156753	159318	162179	162252	163178				
平元鐵道	151367	162373	163557	163588	163997				
評議	147557	148006	148021	148077	148188	148274	148402	148614	148685
	148748	148998	149083	149121	149258	149399	149429	149910	150338
	150600	150753	151205	151870	151905	152538	152631	152698	152841

	153134	153415	153681	153796	153820	153850	154256	155175	155509
	155575	156686	156957	158240	158264	158470	158501	158577	158787
	158836	160414	160805	161156	161228	162038	162380	163200	163845
	163866	164013							
評議員	147557	148006	148685	148998	149121	150338	150600	150753	151205
	151870	152538	152631	152841	153134	153796	156957	158240	158264
	158470	158501	158577	158836	160805	162038	163200	163845	163866
	164013								
評議會	148021	148077	148188	148274	148402	148614	148748	149083	149258
	149399	149429	149910	151905	152698	153415	153681	153850	154256
	155175	155509	155575	156686	158787	160414	161156	161228	
平井三男	149719	151482							
肺ヂストマ	157450	161880	161911						
肺結核	148216	148383	149557						
肺疫	161116	162391	162980						
肺炎	149957								
斃牛	158522								
捕鯨	148812	158711	159753						
布教	153940	159421	159444						
葡萄	154683	156817							
砲兵	152282								
褒賞	150230	159535	160177	161798	161823				
蒲原(遞信局長)	148374	148408	148468	148507	148507	148544	149911	150147	150177
	150420	150983	151021	152000	152060	156517	157742	158682	158708
	158751	160402	163378	163401	163585	163613	163715	163771	163806
浦潮	147881	148485	152390	153711	154014	159820			
浦項	148407	148960	150398	151204	155660	155954	156439	156470	157958
	158497	158783	159127	159131	160338	160719	160810	161454	161652
	162612	162795	162828	163533	163792				
暴擧	147636								
爆撃	157223	157461	158253						
暴動	154423	163367	163390						
暴落	148777	161266	162151						
爆發	147682	147785	148127	150468	152533	155150	158746	159429	162113
	162975	163002							
爆藥	157903	158059	159127	159925	162975	163002	163138	163428	163452
爆彈	149588	153125	153258	153424	153481	153993	155372	155399	155452
	155484	156092	156700	160240	160265	162167	162191		
暴行	147723	149147	149368	149540	149815	150251	151318	151632	152082
	152104	152536	152701	153603	153870	153954	154208	154596	154859
	155270	155310	157125	158111	158279	160167	163021	163047	163233
	163262								
漂流	149814	157601	159738	161207	161628	162274			

標語	149999	150362	150451	151890	151953	153307	157935	159299	161892
	161923								
漂着	156641	156668	156749	157831	160511	160539			
表彰	147562	147834	147914	148169	148550	148715	148786	148827	148858
	148871	149356	149672	149684	149878	150978	151114	151488	151642
	151996	152287	152412	152545	152579	152626	152739	153729	153851
	157311	157807	157999	158017	158041	158458	158608	158689	159007
	159040	159048	159095	159119	159153	159306	159421	159444	159578
	159783	160133	160159	160161	160278	160331	160593	160897	160904
	160924	160927	160957	160987	161392	161441	161442	161452	161453
	161459	161513	161524	161539	161612	161647	161696	161709	161713
	161722	161792	161802	161826	161938	162022	162047	162149	162187
	162496	162614	162862	162976	163057	163374	163700	164069	164116
品評會	147590	147757	148033	148353	148588	148853	149466	150020	150062
	150596	150644	150697	151074	151190	152073	152380	152510	154977
	155826	155829	156760	156761	156832	156965	156988	157729	157749
	158319	158713	158983	159071	159155	159329	159400	159535	159898
	159899	159924	160039	160111	160177	160347	160412	160514	160541
	160614	160812	160879	161218	161370	161706	161845	161998	162222
	162339	162558	163877						
風紀	147831	152235	152532	153815	156509	162168	162192	163111	
豊富	157165								
豊漁	147643	147807	148592	148778	150160	153190	154089	154235	156104
	157025	158446	159265	160276	161087	162151	162215	162360	163732
豊作	147732	154855	155341	155630	155898	156240	156813	156906	157161
	159017	159138	159140	159462	159832	160110	160676	160882	160948
	161150	161558	163616	164050	164057				
被告	148094	155372	155399						
避難	147606	149272	150448	151047	151772	152709	152749	154020	154052
	154062	155200	158015	158049	162033	162060			
避難民	150448	158015	158049						
披露	147533	147672	147801	147802	148098	148962	149157	149646	150373
	150628	150677	150713	151392	151552	158773	160758	161914	163674
披露宴	147533	147801	147802	148098	149157	149646	150373	150628	150677
	161914	163674							
避暑客	155656								
被害	147909	151320	152332	152409	152596	152774	153092	153141	154640
	155781	155808	155852	155861	156270	156303	156707	157283	157366
	157455	157596	157625	157627	157642	157672	157702	157936	157975
	158097	158373	158374	158377	158381	158458	158526	158551	158647
	158799	158823	158887	158980	159853	160825	160852	163021	163047

ㅎ								
ハルビン ハルピン	149263	149816	150335	150934	153316	162488	163845	163866
ヒステリー	157479	157506						
フーバー	161280	161294						
フランス	150282	150284						
ホール夫人	150319							
ホテル	148425	148672	149256	150958	150973	153181	153343	153350	155080
	155097	157049	157083	157584	157611	160556	161947	161968	
下岡 下岡忠治	162165	162189						
下關	147564	147910	148181	148240	148306	150305	150493	150754	151106
	151362	151637	151944	152162	152227	152876	153294	153346	153376
	153386	153431	153468	153770	154317	155743	156082	156125	157158
	157804	157829	159282	159302	160724	162098	162134	163535	
荷扱	158913							
河内山樂三 (朝鮮火災海上 社長)	148729	149327	152106	153050	162038	162067		
河東	148989	150874	153155	163732				
下痢	154883							
荷馬車	150850							
下水	151350	151610	152142	153390	153590	154045	154508	154656	154980
	156001	157180	157926	158819	159035	160357	160604	163581	163870
下村海南	152885	153072	153427	157372	157389	157423	157457	157489	157532
	157552	157597	157621	157724	157744	157789	157812	157855	157882
	157920	157956	158001	158030	158081	158113	158162	158193	158237
	158261	158305	158344	158388	158415	158457	158480	158524	158549
	158597	158619	158659	158684	158724	158753	158790	158814	158852
	158876	158914	158943	158993	159026	159074	159101	159144	159172
	159214	159238	159272	159295	159334	159366	159409	159433	159477
	159508	159541	159575	159610	159636	159683	159710	159762	159795
	159837	159859	159905	159933	159978	160005	160044	160071	160116
	160140	160185	160203	160223	160245	160282	160310	160350	160377
	160417	160444	160488	160516	160558	160581	160620	160661	160695
	160737	160771	160815	160842	160888	160915	160952	160982	161019
	161049	161094	161120	161162	161188	161231	161247	161273	161291
	161324	161344	161375	161384	161417	161426	161482	161494	161515
	161531	161562	161585	161621	161633	161659	161677	161711	161719
	161738	161762	161794	161819	161855	161887	161931	161962	162011
	162040	162084	162118	162154	162180	162230	162258	162297	162325
	162369	162397	162432	162461	162504	162531	162569	162602	162632
	162662	162704	162739	162786	162819	162864	162903	162951	162982
	163016	163042	163092	163119	163152	163180	163219	163249	163294

	163318	163356	163380	163414	163440	163477	163509	163555	163586
	163625	163655	163684	163707	163737	163773	163819	163846	163882
	163902	163935	163963	163993	164019	164058	164088		
河合丈	150083	150084							
河合朝雄	150054	159528	162738	162772					
學校	147537	147631	147668	147686	147759	147822	147824	147825	147830
	148003	148039	148040	148047	148050	148091	148120	148128	148211
	148218	148222	148324	148369	148398	148464	148478	148670	148686
	148755	148796	148828	148901	148907	148946	148959	149011	149027
	149084	149108	149114	149116	149158	149191	149229	149230	149266
	149303	149351	149355	149370	149386	149465	149479	149482	149572
	149617	149798	149853	149888	149943	150008	150036	150248	150265
	150291	150322	150419	150575	150578	150611	150612	150639	150673
	150695	150705	150722	150728	150735	150803	150822	150854	151082
	151109	151166	151275	151330	151499	151526	151553	151653	151663
	151690	151734	151804	151901	151937	152112	152156	152239	152315
	152350	152356	152391	152463	152539	152578	152614	152693	152708
	152822	153017	153072	153073	153075	153137	153162	153205	153209
	153215	153277	153324	153388	153434	153437	153520	153596	153603
	153672	153690	153785	153833	153896	153915	153919	153942	153943
	154019	154056	154081	154147	154151	154173	154233	154343	154347
	154350	154380	154442	154447	154490	154499	154509	154543	154560
	154563	154573	154593	154712	154737	154797	154915	154916	155127
	155129	155139	155154	155164	155165	155240	155308	155379	155387
	155406	155431	155462	155472	155548	155618	155649	155756	155758
	155759	155766	155788	155796	156048	156057	156058	156083	156137
	156249	156283	156471	156475	156629	156842	156847	156863	156897
	156911	156915	156929	156939	157003	157174	157297	157299	157305
	157328	157338	157351	157463	157730	157751	157797	157868	157895
	158248	158311	158352	158416	158482	158492	158493	158697	158705
	158734	158793	158795	158817	158933	158967	158994	159027	159096
	159125	159189	159227	159233	159450	159453	159573	159593	159607
	159618	159631	159634	159645	159656	159718	159737	159744	159798
	159813	159947	160033	160268	160284	160285	160301	160312	160313
	160343	160500	160527	160601	160628	160665	160686	160714	160715
	160739	160743	160744	160773	160775	160776	160913	160937	160963
	160964	160992	160993	161105	161114	161131	161139	161142	161182
	161183	161203	161205	161433	161436	161447	161462	161504	161517
	161533	161556	161563	161586	161620	161751	161775	161795	161796
	161812	161817	161820	161821	161836	161841	161843	161952	161965
	162015	162038	162043	162114	162141	162256	162265	162472	162614
	162790	162812	162823	162845	162859	162891	162929	162932	162953
	162984	163050	163189	163222	163229	163258	163371	163391	163503
	163526	163539	163626	163656	163750	163751	163784	163803	163888
	163907	163949	163961	163975	164003	164029	164047	164077	164099
學校組合	149370	151082	160268						

鶴崎	152288								
學童	148169	148537	149082	149359	149364	149907	150951	152013	152172
	152358	152916	152957	153002	153083	154059	154190	155005	155035
	157618	158792	158816	158893	159341	159373	159473	159725	160241
	160266	160392	160505	160533	160631	160645	160693	160720	160939
	161170	161990	162000						
學務	148571	148662	148686	148964	149674	149719	149941	150854	150929
	150983	151345	151408	152256	152652	152682	153527	154075	154426
	154945	154969	156246	156281	157280	157409	157510	157810	158028
	158578	158643	159132	159847	159871	160739	160773	161193	161210
	161796	161821	161843	162087	162121	162614			
學務局	148662	148686	150854	151345	151408	153527	156246	156281	158643
	159132	160739	160773	161193	161210	162087	162121	162614	
學務局長	148662	148686	150854	151345	158643	159132	161193	161210	162087
	162121								
學問	148662								
學閥	150399								
學事	161865	161866	161898						
虐殺	151834	152945							
學術	148323	161204							
學藝會	148467	148807	149359	150419	160963	160992	161984	162054	
學位授與	149596								
學資	150156	151863	154704	154719	158661	158686	163370	163639	163668
學組議員	149327								
學組 學生組合	148002	148084	148591	148846	148986	149015	149047	149124	149137
	149157	149207	149228	149327	149410	149504	149580	149621	149692
	149854	150108	150444	150665	150887	151178	152613	154153	155595
	155623	156802	156840	158302	158504	158906	159143	160151	160494
	161935	161966	162497	162944	163564				
學會	148705	148988	149396	149666	149790	150247	157858	157885	158661
	158686								
漢江	148382	149167	149381	149951	150372	150889	151055	151735	153678
	154231	154316	154806	154886	157689	159327	163075	163627	163657
韓國	155306	155330	156632	156658	159442				
韓國時代	159442								
旱魃	151866	152263	152388	152489	152550	152603	152940	152942	153003
	153141	153226	153271	153326	153393	153523	153659	153755	153976
	154032	154392	154768	154812	154930	154959	156182	156213	156438
	156467	156500	156534	156568	156593	156673	156907	156940	157046
	157072	157088	158454	158526	158551	161010			
漢城	147653	149458	149929	150392	150590	150730	160980	162074	
漢城銀行	147653	149458	149929	150392	150590	160980	162074		
漢藥	155685								

閑院宮	158996	159029							
漢銀	148114	150088	150939	152334	155121	155712	156755	162873	162911
韓昌洙	151458	160586	160602						
旱天	151823	152774							
旱害	152523	154163	154768	154812	155430	155461	156171	156182	156213
	156623	156650	156707	156818	156827	156877	156898	156930	156989
	157006	157072	157094	157101	157115	157141	157152	157172	157189
	157270	157271	157283	157308	157353	157395	157444	157493	157616
	157618	157628	157643	157752	157755	157964	157984	158002	158031
	158042	158216	158225	158270	158366	158416	158508	158589	158647
	158792	158816	158972	159042	159061	159185	159331	159341	159373
	159669	159815	159828	159832	160325	160731	160908	160932	161134
	161699	161990	162131	162211	162489	162536	162680	162681	162713
	162748	162854	162920	162932	163134	163403	163777	163800	163813
	163917	163976	164023	164056	164110				
割戻制	152423								
割增金	163583								
咸鏡	149127	149474	150948	152265	152516	153333	153515	153570	154150
	154187	154220	154273	154336	154363	155662	155919	155943	156045
	156074	156610	156773	156803	156919	157362	157369	157382	157390
	157596	157627	157672	157702	157805	157833	157872	157901	157948
	157980	158015	158026	158049	158061	158606	158628	158742	158765
	159003	159034	159076	159103	159145	159173	159422	160473	161147
	161817	161841							
咸鏡南道 咸南	147691	147828	148436	148505	148522	148857	148874	148885	149166
	149223	149287	149399	149451	149974	150599	150678	150687	150983
	151043	151052	151100	151173	151335	151380	151591	151725	152263
	152266	152322	152346	152496	152603	152676	152717	152739	152810
	152895	153008	153150	153275	153292	153374	153462	153503	153570
	153613	153706	153858	153888	153973	154015	154180	154248	154335
	154362	154606	154752	155046	155089	155237	155284	155356	155424
	155449	155489	155852	156103	156121	156145	156183	156195	156248
	156416	156503	156553	156820	156842	156863	157039	157095	157510
	157535	157556	157930	158107	158373	158374	158377	158665	158710
	158727	159226	159230	159357	159386	159479	159503	159834	159891
	159981	161015	161602	161817	161841	161876	161927	162002	162038
	162169	162170	162194	162443	162572	162605	162736	162856	163085
咸鏡北道 咸北	147782	147827	147938	147950	148024	148449	148565	149331	149564
	149647	149686	150381	150383	150390	150429	150517	150561	150587
	150604	150834	151066	151150	151170	151699	151743	151782	152166
	152263	152372	152453	152926	152971	153181	154089	154416	154501
	154854	154865	155203	155247	155287	155378	155405	156310	157031
	157065	157323	157349	157436	157672	157702	158250	158276	159667
	159912	160117	160141	161602	163010	163178	163209		
咸鏡線	149474	150948	152516	153333	153515	154150	154187	154220	154273

	154336	154363	155919	155943	156045	156074	156610	156773	156803
	156919	157362	157369	157382	157390	158015	158049	158606	158628
	158742	158765	159003	159034	159076	159103	159422	160473	161147
艦隊	148595	149631	150747	150970	151114	151215	151268	151310	156595
	156643	156670	157756	157950	157968	158118	158363	159011	159049
	159590	159800							
涵養	153934								
咸川	152758								
咸平	149457	151145							
咸興	147529	147541	148194	148505	148579	148609	148746	148751	148798
	149444	149550	149567	149580	149625	149681	149764	150464	150857
	150952	151170	151300	151423	151600	151612	151688	151852	151896
	151963	152041	152050	152156	152508	152584	152751	152925	152965
	152970	153066	153159	153371	153489	153606	153645	153952	154208
	154214	154414	154562	154631	154644	154708	154709	154778	154785
	154789	154849	155008	155073	155369	155443	155454	155458	155471
	155490	155537	155774	155782	155813	155824	155894	156029	156193
	156196	156231	156337	156510	156565	156567	156581	156775	156780
	156783	156789	157125	157240	157269	157309	157366	157386	157666
	157863	158666	158694	158869	159017	159230	159892	160357	160507
	160754	160884	160907	160931	161180	161242	161363	161622	161658
	161676	162008	162161	163032	163035	163065	164076	164098	
合格	147585	148379	149402	151100	152092	152251	152403	152471	157591
	157626	157827	158326	158886	159085	159112	160495	160529	160666
	160704	160753	160791	161504	161684	162804	163559	163927	
合格者	148379	152092	152471	157591	157626	157827	158326	158886	160495
	160529	160666	160704	160753	160791	161504	161684	163559	
合併	147855	148066	148439	150354	150510	150632	150886	151212	151502
	151577	151703	152661	152703	152828	153497	153579	153744	155182
	155407	158503	158978	161012	162146	163468			
航空	148610	149021	149302	149789	149945	151135	151260	151278	151673
	151815	152323	152476	152835	152865	154355	154484	154511	154571
	154866	155025	155673	155730	156436	157077	157313	158469	158496
	159350	160838	160869	161106	161137	161666	161686	162571	162604
	162881	162921	163697						
航空機	149021	149945							
航空隊	151260	157077							
航路	147781	148117	149486	149733	149832	149885	150339	150588	151720
	152272	152275	152352	152517	152610	152807	153187	154554	154579
	154691	154718	154759	154908	154999	155066	155230	157224	157255
	157329	158209	158859	159321	159748	160235	161147	162356	162795
	162799	162828	162832	163868					
海關	149332								
海軍	147638	148583	148610	148650	148704	148838	148876	149042	149084
	149327	149387	149413	149591	149630	149806	149816	150278	150556

	158885	161041	161240	162726	162761			
幸田たま	159492	159519						
行政	147593	148786	148875	150461	150856	152242	153184	153234	156210
	156234	156436	157870	157896	161025	161275	162718	162751	162970
	162998	163057	163444						
鄉軍	149903	150474	150680	153249	153325	160202	160680	161006	161942
	161972	162539							
香椎	147837	149350	149499	150815	157485	163389	163593	163674	
鄉土	149440	150535	154412	157185	161506				
獻穀田	151249	151670	151906	158309	158528	158553	159686	159713	
獻納 献納	149432	151296	151393	155398	156942	160818	160845		
軒燈	160807								
憲兵	147836	149718	149736	149764	149911	150474	150548	150678	151170
	152256	152576	158112	158144	158507	160681	160707	161047	161082
	161627	162981	163010	163247	163275	163535	163761	163845	163866
憲兵隊	147836	149736	158112	158144	158507	161047	161082	163247	163275
	163535	163761							
獻上	147787	148631	149662	150196	150397	150907	150950	151095	151296
	151680	151839	151881	152318	152907	153032	153066	153293	153470
	153472	153722	154992	155064	155133	155158	155194	155643	155713
	155731	156329	156351	156381	156558	156585	156770	157375	157394
	157641	157928	157962	158167	158198	158462	158494	158632	158925
	158997	159030	159338	159370	159379	159436	159684	159711	159764
	159797	159800	159848	160121	160143	160150	160249	160353	160379
	160380	160381	160521	160626	160857	161128	161566	161589	161763
	162158	162184	162503	162530	162743	163018	163044	163362	163386
	163558	163589							
獻上品	148631	150196	150950	153032	155064	155133	155158	158997	159030
	160381	162158	162184	162743	163018	163044			
憲政	161626	161638							
革命	148094	150174	150261	151172	151413	153475	155010	156777	156799
	161235	161257	161430	163981					
現物	153280	154600							
現物市場	154600								
玄米	149548	153279	154912	162989					
懸賞	148466	148553	151008	156951	160178	160222	161697		
縣知事	149225	149347	150210	150678	153807	155785	155816	156671	
玄海	150667	151592	152157						
穴居	160650								
狹軌	159220	159244							
脅迫	147796	148766	151316	159294	159316				
協議	147707	147727	148027	148043	148252	148410	148583	148686	148701

戸別割	151082							
戸山	157868	157895	158743	159015	159184	159428	159458	159664
虎狩	147634							
豪雨	148174	153855	154848	154941	154962	155536	155861	156059	156431
	157240	157308	157309	157345	157347	157366	157386	157436	157596
	157625	157627	157871	157897	158487			
戸籍	150767	162508	162535					
呼吸器病	149957							
琿春	149677	151678	153762	154406	154435	155659		
紅蔘	158842	164057						
洪城	155694	159877	160587	163879				
洪水	153650	153855	155690	156500	156534	158377	158458	160403	161181
	161208							
洪原	154023	155171	156195	157095	157422	157596	157627	
和歌	153763							
花嫁	158172	158206	158249	158271	158395	158430	158669	158698	158780
花代	149149	149319	150003	150710	151993	153007	153358	163005
花柳界	163005							
貨物	147734	148190	149302	150067	150183	150463	150812	151238	151941
	152120	152221	152248	152383	152385	152599	152816	153147	153198
	153409	153507	153577	154913	155134	155302	155503	155570	156610
	157164	157215	157349	157727	157776	158155	158591	158913	159539
	159902	160487	161155	161198	161217	163408			
畫舫	158803	158828						
和服 日本服	147705	163893	163915					
火事	147673	147764	149039	149321	149758	150416	150551	150926	150980
	151578	151659	151725	151730	151771	151821	152207	152571	152719
	153613	154071	154815	154892	156511	157052	158998	159108	159388
	160259	161629	161816	162322	162648	162676	162838	162866	162905
	162966	163000	163038	163174	163175	163339	163397	163437	163461
	163579	163602	163724	163921	163954	164078			
和順	149129							
火藥	150468	151895	153909	155150	156023	159901	162898	162939	163497
	163530							
火藥庫	155150							
花柳病	151360							
火葬	148018	148083	148129	148242	148414	148957	149019	149707	149937
	149982	150077	155655	157194	163786	164095			
火葬場	148018	148083	148129	148242	148414	149019	149707	149937	149982
	150077	155655	157194	163786	164095			
化粧品	149598	155634						

火災	147626	147755	148581	148729	149111	149327	149434	149954	151808
	153050	155269	159196	160373	161512	162038	162067	162966	163000
火田	148446	148803	149571	150206	150955	151356	152198	152274	153456
	153611	153968	154169	154174	154198	154227	154246	154319	154387
	154455	156239	160176	160825	160852	162002			
火田民	148446	148803	150206	150955	151356	152198	153968	154169	154174
	154246	154319	154387	154455	156239	160176	160825	160852	162002
和田純	148408	148610	148768						
和田花子	148494								
華頂寺	148461	149491							
花祭り	150740	150872	151536	151691					
化學	152462	153542	154203	161885					
化學工業	152462	154203							
丸山	147783	149753	152210	153316	153788	154075	159492	159519	161642
丸山學院	147783	159492	159519						
歡迎會	152418	152955	156876	157061	157732	157742	157950	157968	161582
	163584								
活氣	148146	150160	151391	152173	152551	152892	153104	154008	154266
	154296	155924	155951	156613	156643	156670	157031	157065	157096
	157352	161694	162579	162660	162690	163620	163959		
活動寫眞	154306	154382	154449	154521	154740	154894	154966	155013	155043
	155147	155206	155842	161272	161290				
活寫	148254	148346	149406	149495	150450	150714	150871	151695	152418
	152671	152675	152762	152795	152837	154501	154509	154583	154669
	154687	154788	154811	154954	155040	155264	155265	155384	155454
	155490	155525	155553	155657	156055	157056	157129	157190	157307
	157435	157478	157928	157962	158607	158629	159088	159114	159630
	159662	159785	160000	160364	160616	160690	160716	160792	160834
	160999	161272	161290	161342	161523	161566	161589	161618	161692
	161763	161867	162083	162105	163571	163601			
活寫會	148346	151695	152418	152675	152762	152795	152837	154501	154509
	154583	154669	154687	154788	154811	154954	155040	155384	155454
	155490	155657	156055	157056	157129	157307	157435	157478	159785
	160000	160364	160616	160690	160716	160792	160834	160999	163571
	163601								
活況	147973	149374	150269	151714	159468	159536	161266	162495	
皇國	161714	161723							
黃金	149592	151111	151769	152045	152899	153011	153038	153311	154582
	154848	154884	155189	156152	159599	162527	162850		
黃金館	151111								
荒蕪地	149401								
凰城縣	151819								
皇帝	162867	162906							

黃海· 黃海道	148371	148504	148619	149059	149342	149349	149563	149793	149981
	150604	150605	150931	151073	151257	151659	152034	152045	152263
	152378	153479	153553	153870	153901	154032	154417	154460	154470
	154480	154628	154681	155285	155432	156452	156707	157034	157040
	157101	157166	157481	158010	158033	158090	158384	159455	159471
	159620	159649	159726	160365	160946	161038	162001	162179	162203
	162222	162779	162780	162871	163344	163354	163827	163831	163958
	163978								
皇后	149662	151839	153066	161236	161251				
皇后陛下	149662	153066							
會見	147888	149403	152564	156387	157106	157135	157459	157485	159642
	162119								
會計	147836	148075	150457	150754	150834	151969	152971	154619	154650
	155561	157771	161141						
會寧	151743	152793	154568	156270					
懷德驛	161999								
會頭	147837	147978	148222	148614	148840	149172	149327	149499	150009
	150054	151231	151553	151653	152766	152885	153364	153829	154075
	154598	155018	155046	155247	156618	156671	159976	161602	162529
	162818	162851	162902	162940	163096	163674			
會豐	150948	151743	152793	154568	156270				
會社銀行	147653	148399	150254	150730	155700				
回數券	150500	156851							
繪葉書	156625	156652	156726	161571	161595	163071	163375		
會議所	147837	148840	149327	149499	150009	150727	151653	151857	152214
	153364	154075	154598	154967	155247	155375	155769	155863	155893
	156404	156671	156957	158577	158836	159781	160816	160843	161011
	161237	161256	161992	162818	162851				
蛔蟲	149076								
橫斷航路	147781	154908							
橫領	153914	154171	155182	156535	158052	158436	159525	160439	160468
	160762	161141	162816	163838	163860	163956			
橫濱 橫濱	150795	151724	151984	158314	158347	162049	162523	162554	
橫山桐郎	149671	159573	159593						
涸渴	153356	153393	154768	155549					
後藤眞咲	155018	155046							
候補	147558	147747	148157	149707	150204	150237	155061	155091	156985
	159157	159192	160318	162241					
候補地	147558	149707	150237						
訓導	149158	152682	152711	153399	154814	160578	161303	162614	
訓練所	153905	156205	156226	156466	156694	157044	157302	162333	162644
	162672								

訓練院	151480	159226	159249						
訓令	161436	161526	161541						
訓示	147528	147620	148626	149386	149980	152514	152565	154095	155002
	155028	155431	155462	158089	158121	160231	160254	163434	163459
訓戒	149474								
休業	152724	152890	158844	161420					
休學	151997	154673	163383						
凶作	152065	159407	162507	162534	162570	162603			
兇行	150207	152246	152945	154786	155037	155493	157479	157506	158763
	160047								
黑鉛	153057								
吃音者	159427	159456							
興業	150855	151243							
犧牲者	150347	151023	151917	153725	162299	162327			

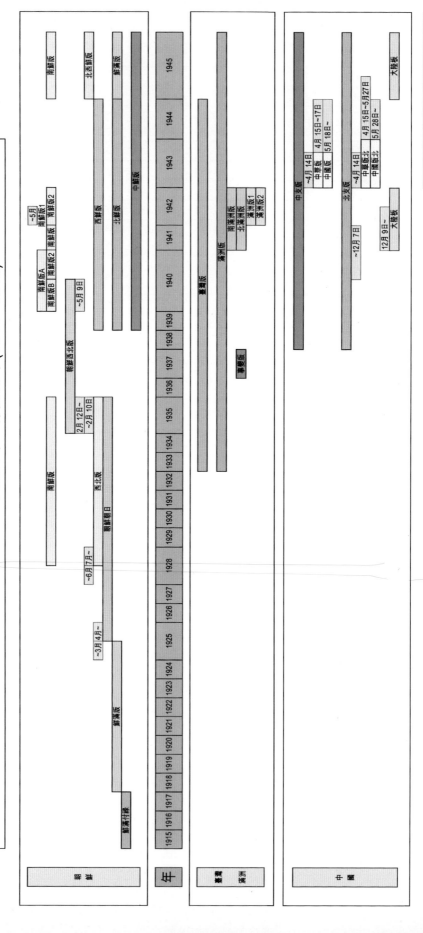

朝日新聞 外地版 세분화 그래프

翰林大學校 日本學研究所 日本學圖書館所藏

大正4年~昭和10年(1915~1945)

* 작성 : 김지인 (일본학연구소 연구보조원)

한림일본학자료총서 아사히신문 외지판 12

아사히신문
외지판(조선판)
기사명 색인_제7권

초판인쇄 2021년 1월 31일
초판발행 2021년 1월 31일

지은이 한림대학교 일본학연구소
     서정완, 심재현, 박상진, 고하연, 김건용, 김유진,
     김은경, 김지훈, 김채연, 김혜진, 백현지, 유 성,
     유혜연, 이윤상, 이하림, 정중근, 최평화, 허성진
        ⓒ Johngwan Suh 2020 Printed in Korea.
기획 한림대학교 일본학연구소
펴낸이 채종준
펴낸곳 한국학술정보㈜
주소 경기도 파주시 회동길 230(문발동)
전화 031) 908-3181(대표)
팩스 031) 908-3189
홈페이지 http://ebook.kstudy.com
전자우편 출판사업부 publish@kstudy.com
등록 제일산-115호(2000. 6. 19)

ISBN 979-11-6603-311-7 91070